The New Cambridge Medieval History
Volume VII c.1415–c.1500

新编剑桥中世纪史

第七卷　　约1415年至约1500年

[英] 克里斯托弗·阿尔芒（Christopher Allmand）　主编

侯建新　等译

CAMBRIDGE

中国社会科学出版社

审图号：GS（2022）14号
图字：01-2009-0821号

图书在版编目（CIP）数据

新编剑桥中世纪史. 第七卷，约1415年至约1500年／（英）克里斯托弗·阿尔芒主编；侯建新等译. —北京：中国社会科学出版社，2022.3

书名原文：The New Cambridge Medieval History, Volume VII, c. 1415 – c. 1500

ISBN 978-7-5203-9384-3

Ⅰ.①新… Ⅱ.①克…②侯… Ⅲ.①欧洲—中世纪史—1415-1500 Ⅳ.①K503

中国版本图书馆CIP数据核字（2021）第258326号

出 版 人	赵剑英
责任编辑	刘　芳
责任校对	赵雪姣
责任印制	李寡寡

出　　版	中国社会科学出版社
社　　址	北京鼓楼西大街甲158号
邮　　编	100720
网　　址	http://www.csspw.cn
发 行 部	010-84083685
门 市 部	010-84029450
经　　销	新华书店及其他书店
印刷装订	北京市十月印刷有限公司
版　　次	2022年3月第1版
印　　次	2022年3月第1次印刷
开　　本	650×960　1/16
印　　张	77.25
字　　数	1231千字
定　　价	298.00元

凡购买中国社会科学出版社图书，如有质量问题请与本社营销中心联系调换
电话：010-84083683

版权所有　侵权必究

This is a Simplified-Chinese translation edition of the following title published by Cambridge University Press:

The New Cambridge Medieval History, Volume VII, c. 1415 – c. 1500

ISBN 9780521382960

© Cambridge University Press 1998

This Simplified-Chinese translation edition for the People's Republic of China (excluding Hong Kong, Macau and Taiwan) is published by arrangement with the Press Syndicate of the University of Cambridge, Cambridge, United Kingdom.

© Cambridge University Press and China Social Sciences Press 2022

This Simplified-Chinese translation edition is authorized for sale in the People's Republic of China (excluding Hong Kong, Macau and Taiwan) only. Unauthorized export of this Simplified-Chinese translation edition is a violation of the Copyright Act. No part of this publication may be reproduced or distributed by any means, or stored in a database or retrieval system, without the prior written permission of Cambridge University Press and China Social Sciences Press.

Copies of this book sold without a Cambridge University Press sticker on the cover are unauthorized and illegal.

本书封面贴有Cambridge University Press防伪标签，无标签者不得销售。

弗德里格·达·蒙泰费尔特罗及其子圭多巴尔多，约斯·范·瓦森霍弗作于约 1476 年，藏于乌尔比诺道奇宫

新编剑桥中世纪史

编 委 会

大卫·阿布拉菲亚（David Abulafia）
罗莎蒙德·麦基特里克（Rosamond McKitterick）
马丁·布雷特（Martin Brett）
爱德华·鲍威尔（Edward Powell）
西蒙·凯恩斯（Simon Keynes）
乔纳森·谢波德（Jonathan Shepard）
彼得·莱恩汉（Peter Linehan）
彼得·斯普福德（Peter Spufford）

本卷主编　克里斯托弗·阿尔芒（CHRISTOPHER ALLMAND）
　　　　　　利物浦大学中世纪史教授

本卷译者　侯建新，天津师范大学欧洲文明研究院教授
　　　　　　刘景华，天津师范大学欧洲文明研究院教授
　　　　　　龙秀清，中山大学历史学系教授
　　　　　　傅新球，湖南师范大学历史文化学院教授
　　　　　　赵立行，复旦大学法学院教授
　　　　　　李艳玲，天津师范大学外国语学院教授
　　　　　　孙立田，天津师范大学历史文化学院教授
　　　　　　徐　滨，天津师范大学欧洲文明研究院教授

張晓晗，天津师范大学欧洲文明研究院副教授
赵文君，天津师范大学欧洲文明研究院副教授
陈日华，南京大学历史学院副教授
陈太宝，天津师范大学欧洲文明研究院讲师
刘　芮，天津师范大学欧洲文明研究院讲师

本卷审校　魏长青，天津师范大学外国语学院（退休）副教授

总 译 序

《剑桥古代史》《剑桥中世纪史》与《剑桥近代史》是剑桥大学出版社出版的三部世界史名著，代表了西方史学研究的趋势和水平，在西方史学界乃至世界史学界享有极高的学术地位，国际史坛习称为"剑桥三史"。其中，《剑桥近代史》的第2版以《新编剑桥世界近代史》的中文译名，已由中国社会科学出版社出版，成为我国学人及广大世界史爱好者的重要读物。

《剑桥古代史》初版于20世纪前期，自70年代开始由英语世界及法国、德国等国的知名学者和专家进行长达30年的重写，由原来的12卷扩展至14卷19册。新版《剑桥古代史》将初版中公元3世纪的古代史下限推到公元7世纪左右，大量增加关于古代埃及、西亚文明与早期希腊历史，以及社会经济史、文化史的内容，在古代文明的起源、古代经济的一般特征、古典文明与东方文明的关系、古代世界的转变等一系列根本问题上，取得了重大突破。

《新编剑桥中世纪史》共计7卷8册，与旧版《剑桥中世纪史》相比，在编写体例和篇章编排上更为清晰明了，突破了传统政治史的旧框架，试图呈现"全面的历史"，将经济、社会、精神、文化等领域纳入论述范围，提供了对中世纪更为全面、翔实的记载。值得注意的是，新编系列摆脱了以往将欧洲视为世界全部的"欧洲中心论"，反对将欧洲各国历史机械拼凑或简单相加，力图从整体上考察中世纪欧洲各国的历史发展轨迹及相互间的影响，反映了一个世纪以来西方学术研究的繁荣与进步。

多卷本《剑桥古代史》（14卷19册）和《新编剑桥中世纪史》（7卷8册），由于篇幅巨大，内容涉及史前史、古埃及史、古代近东史、古希腊史、古罗马史、基督教文明史、伊斯兰教文明史等丰富的历史与多种文字，其中包括大量古代文字，如埃及象形文字、西亚楔形文字、古希腊文、拉丁文等，翻译难度极大，此前一直未能组织翻译出版，这不能不说是中国世界史学界的一大憾事。

改革开放以来，我国世界古代史和世界中世纪史学科取得长足进步，在高校与科研院所中形成了一批受过良好的专业和外语训练的研究队伍，翻译《剑桥古代史》与《新编剑桥中世纪史》的条件逐渐成熟。由于历史学是其他各门人文社会科学的基础，翻译出版两部巨著，不仅会改变中译本《新编剑桥世界近代史》"一只孤雁"的状态，把体现世界史学高水平的"剑桥三史"全部介绍到国内，而且对推动我国世界历史学科，特别是世界古代史和中世纪史学科的建设和人才队伍建设，着力提升中国世界史体系及世界通史研究水平具有重要的学术价值。迄今为止，《剑桥古代史》和《新编剑桥中世纪史》尚无英文之外的译本，中译本的完成和出版，将是这两套重要历史学著作的第一个译本，对于提高我国世界史研究在国际学术界的地位，以及提高我国的文化软实力都有重要意义。

为了将这两部史著翻译成中文出版，中国社会科学出版社于2008年购得了两部著作的中文版权。2010年初启动了由著名历史学家、时任中国社会科学院副院长武寅研究员主持的"《剑桥古代史》《新编剑桥中世纪史》翻译工程"。2010年下半年，该工程被批准列为中国社会科学院重大科研项目和国家社科基金重大招标项目。

在首席专家武寅研究员的领导下，翻译工程集中了全国科研机构和高等院校世界古代中世纪史一流学者组成翻译队伍；聘请国内世界古代、中世纪史老专家作为顾问；组成了由具有较高学术水平和组织经验的世界史专家、出版社领导及相关人员参加的翻译工程工作委员会（简称总编委会），负责翻译工程的日常工作，确保翻译、出版工作的顺利进行。

"翻译工程"不是简单的、一般意义的翻译，而是将这种翻译建立在深入研究的基础上，在某种意义上，这是难度更大、任务更为艰巨的研究性课题。两套史书共27卷册，涉及语种众多，国内和海外对人名、地名及专有名词的译法多有不一。课题组首先组织翻译了各卷册名词索引，又由专人将其汇编成两大本《世界古代史译名词典》和《世界中世纪史译名词典》，作为翻译工程的指南，将来可作为我国世界古代、中世纪史研究和翻译的工具书出版。两部史著不仅涉及的语种多，涉及的学科门类也多，增加了翻译的难度，课题组反复多次请教了不同语种不同专业的专家，解决难点疑点问题。在忠实翻译原著的同时，为便于读者理解，适当增加了译注，在一定程度上反映了国内外最新研究成果和中国学者的观点。

虽然时间紧、任务重，课题组成员发扬艰苦奋斗、精益求精、甘于奉献的精神，按时完成了任务。在此谨对课题组全体成员表示感谢，感谢首席专家武寅研究员，她自始至终率领大家攻坚克难，并从头到尾审阅了全部书稿；感谢于沛研究员做了大量组织工作并审阅了大部分书稿；感谢郭小凌教授和侯建新教授，在完成本卷册翻译任务的同时，还分别担任了古代史和中世纪子课题的负责人，做了大量组织和审稿工作；感谢所有译者，他们拿出宝贵时间，完成繁重的翻译工作。特别感谢刘家和、朱寰、王敦书、庞卓恒等国内著名老专家，作为顾问全力支持翻译工程。感谢中国社会科学院科研局和国家社科规划办提供的多方支持，有力保证了"翻译工程"顺利进行。感谢中国社会科学出版社赵剑英社长在人力财力上给予大力支持，感谢郭沂纹副总编做了大量具体的组织统筹工作，感谢前社长孟昭宇和原副总编辑曹宏举等关心和支持本课题的所有人，没有他们的支持，本课题也不可能顺利完成。

剑桥翻译工程课题组
2017 年 12 月 17 日

《新编剑桥中世纪史》译序[*]

《新编剑桥中世纪史》(*The New Cambridge Medieval History*)的中译本终于要与华语世界的读者见面了！它将与新版《剑桥古代史》中译本一道陆续出版发行，无疑是奉献给中国学界的一道丰盛大餐，尤其助力于我国的世界史学科的基础性研究，想到此，相信付出8年艰辛劳动的译者们无不深感欣慰！

旧版《剑桥中世纪史》是著名的"剑桥三史"（剑桥古代史、剑桥中世纪史、剑桥近现代史）之一，酝酿于1904年，出版时间从1911年至1936年最后一卷完成，前后耗时33年之久。[①] 自面世以来，一直被认为是同类作品中的扛鼎之作。大约20世纪中叶前后，随着西方新史学的兴起，"剑桥三史"的内容渐显陈旧，[②] 此后旧版虽多次有略加修改的重印本，仍不能满足时代要求，因此剑桥大学出版社决定先后启动"剑桥三史"的重新编写工作。1995年，英国剑桥大学出版社首推《新编剑桥中世纪史》（以下简称《新编》）第二卷，自此各卷相继出版，到2005年，共7卷8分册英文版《新编》全部问世。从20世纪80年代后期酝酿重编事宜到全部出齐，《新编》也经历了大约20年。这是一部欧洲史的著作，虽然该书也涉及并写到了近东和北非等地区，仍不能称为世界史作品，然而，它的学术影响却是世界性的。

---

[*] 天津师范大学郑阳博士帮助搜集了相关资料，在此致以谢意。

[①] 参见 P. A. Linehan, "The Making of the *Cambridge Medieval History*", *Speculum*, Vol. 57, No. 3 (Jul., 1982), pp. 463 – 494。Linehan 是《新编剑桥中世纪史》8 人编委会的成员之一，他的这篇文章详细地介绍了老版《剑桥中世纪史》的来龙去脉。

[②] 甚至有人戏称为"鸡肋"，比如，约翰·阿珀斯博士是批评者之一。他于剑桥大学获得博士学位，从事黑死病和瘟疫史研究。他在回忆旧版剑桥中世纪史时说，在其攻读博士学位时无人推荐他去阅读这部作品，包括其导师克里斯托弗·布鲁克在内，尽管该书第七卷涉及他的研究时代，而且该卷主编之一的扎克利·布鲁克还是其导师的父亲。参见 John Aberth, "Review: *The New Cambridge Medieval History*, Ⅵ: *c.1300 – c.1415*", *Speculum*, Vol. 77, No. 4 (Oct., 2002), p. 1324。

一

　　每部史学著作都不可避免地留下时代的烙印。《新编剑桥中世纪史》和旧版《剑桥中世纪史》作为具有谱系关系的两部史著，既有联系又有区别，从内容取舍、写作风格不同到编纂体例和史学理念的变化，都可以品味皇皇巨著背后的时代沧桑。《新编》与旧版主要有哪些区别，或者说什么是《新编》的主要特点？

　　其一，《新编》撰写体例和内容都发生了变化。剑桥大学史学编纂体例的传统是兼顾主题和时段两大要素。[1] 旧版各卷也兼顾了两大要素，只是政治性主题被强化，各卷大都依照特定的政治主题编排。诸如罗马基督教帝国与日耳曼各王国的建立、日耳曼人和西方帝国、东罗马帝国、帝国与教廷之争、教廷的胜利、帝国和教廷的衰落等，显然是一部典型传统的政治史和军事史，显示了那个时代的史学特征。19世纪末以降，兰克学派盛行于世，在史学方法上强调实证主义，叙事内容则以政治史研究为中心。剑桥大学的史学圈深受其影响，其代表人物阿克顿勋爵主编的《剑桥近代史》把西方的政治史推向新高峰。旧版《剑桥中世纪史》则紧随其后。英国史学界对于政治史的过分强调显然限制了《剑桥中世纪史》的研究视野和内容取舍。[2]

　　《新编》编排的方式以时段要素为主，诸分卷依时序相衔接；同时各卷试图紧扣住该时段最具典型特征的历史画面，重视政治，也不忽略经济、社会、文化与艺术等方面。而且，关注下层社会的历史，关注非精英团体的历史，打破了旧版以英雄人物为焦点的传统。[3] 有人认为这种撰写体例有进步也有缺陷，最大的缺陷莫过于主题过多而无法形成有机整体，神形俱散。例如，巴克拉克在对新编第二卷所作

---

[1] 参见 J. O. McLachlan, "The Origin and Early Development of the Cambridge Historical Tripos", *Cambridge Historical Journal*, Vol. 9, No. 1 (1947), p. 83。

[2] 参见 B. Bachrach, "Review: *The New Cambridge Medieval History*, II: c. 700 - c. 900", *Speculum*, Vol. 74, No. 1 (Jan., 1999), p. 217; E. Peters, "Review: *The New Cambridge Medieval History*, IV: c. 1024 - c. 1198", *The International History Review*, Vol. 28, No. 2 (Jun., 2006), pp. 375 - 378。

[3] P. Freedman, "Review: *The New Cambridge Medieval History*, V: c. 1198 - c. 1300", *Speculum*, Vol. 77, No. 1 (Jan., 2002), pp. 122 - 123。

的书评中，就批评该卷由于过多强调社会、文化等当下学界热捧的各个研究维度，致使难以归纳出该时段的历史特征。[1] 阿珀斯在评论《新编》第六卷时，毫不客气地指出该卷各章之间缺乏整合性，只见树木不见森林。[2] 不过总的看，《新编》的体例普遍受到好评，一些学者认为，即使上述那些问题存在也无伤大雅，因为从受众角度看，这部作品主要面对具有相当研究基础的学术群体，属于专业研究生使用的大型教科书，大多数人只是查阅相关部分，很少通读全书，因而在一定程度上回避了该书撰写体例上的缺陷。[3]

其二，改善编纂组织方式，研究视域涵盖整个欧洲。19世纪末20世纪初，民族主义思潮盛行，以致引发世界大战，这给旧版《剑桥中世纪史》留下深深的伤痕。第一次世界大战爆发后，剑桥大学出版社特别委员会决定罢免所有参与《剑桥中世纪史》撰写的"敌对国家"的学者，并以"自己人"取而代之。据此，所有来自德国、奥地利、匈牙利甚至俄国的作者皆遭排斥出局，而这些作者本是当时相关领域的一流学者；取而代之的学者往往相形见绌。[4] 结果旧版《剑桥中世纪史》迟迟不能成书，质量也大打折扣，皆为后人所诟病。第二次世界大战后，人们对于民族主义及其引发的灾难进行了深刻的反思，推动了《新编》编纂的国际合作精神。作为一部英语学术著作，《新编剑桥中世纪史》的非英语撰稿人在各卷中均占有一定的比例，最低占24%，最高则达到46%。[5] 此外，《新编》展现了更为公允的学术立场。以《新编》第二卷为例，主编麦克科特里克及其英籍同事对欧洲大陆历史事件客观而准确的叙述和分析，颇受好评，远非旧版可比，后者的一些表现被斥责为强烈的"盎格鲁中心

---

[1] B. Bachrach, "Review: *The New Cambridge Medieval History*, II: *c.700 – c.900*", *Speculum*, Vol. 74, No. 1 (Jan., 1999), p. 219.

[2] John Aberth, "Review: *The New Cambridge Medieval History*, VI: *c.1300 – c.1415*", *Speculum*, Vol. 77, No. 4 (Oct., 2002), pp. 1324, 1327.

[3] D. Shanzer, "Review: *The New Cambridge Medieval History*, I: *c.500 – c.700*", *Speculum*, Vol. 83, No. 2 (Apr., 2008), p. 436.

[4] 例如，第八卷第四章涉及15世纪的神圣罗马帝国，取代德国学者科伊特根（Keutgen）的是英国学者拉芬（R. D. G. Laffan），在给当时《剑桥中世纪史》主编之一的特纳（J. R. Tanner）的信中，拉芬坦言："我阅读德文很慢，困难重重，因此几乎不能阅读任何重要的德文著作，尽管我有时提及它们；虽然我希望明天去学习这门语言，但在相当一段时间里却无法精通。"见 P. A. Linehan, "The Making of the *Cambridge Medieval History*", *Speculum*, Vol. 57, No. 3 (Jul., 1982), p. 466。

[5] 根据《新编剑桥中世纪史》各卷撰稿人情况统计得出。

主义"。① 旧版《剑桥中世纪史》的所有主编均有剑桥大学的背景，而且一人通常兼管数卷，权限过大，交接无序，无可避免地影响了作品质量。②《新编》的最高编委会由 8 名国际学者构成，各卷的主编向编委会负责，从而有利于编纂组织工作公允有效地推进。

《新编》的研究视角囊括整个欧洲，麦克科特里克指出，《新编》第二卷致力于通过跨学科的方法探究整体欧洲的发展。③ 各卷大多都有北欧、东欧地区的专门章节，而且波兰、捷克、立陶宛、挪威等国的学者直接参与了各卷的撰写并取得了丰硕的成果。④ 同时注重欧洲与周边非基督教文明的互动。事实上，欧洲整体史以及文明互动的观念在《新编》各卷中均有表现。伊斯兰教世界在《新编》中具有更重要的位置，比如《新编》第四卷第二部分中有两章专门探究相关时期的伊斯兰世界。⑤ 对此，彼得斯认为新版欧洲中世纪史的研究视域扩展到了东方和南方的新边界。⑥

其三，史料翔实，并力求史料与分析并重。剑桥史学一向以扎实敦厚的研究院风格著称于史学界，《新编》承继了这一传统，而且原始资料的来源范围更加宽泛。不仅包括各种传统的档案与法典，个人信件、税单、货单、徽章、忏悔书、墓志铭、印章、社团手册和工艺品等都纳入涉猎范畴。近几十年最新考古成果的贡献也相当醒目。应该说，《新编》比旧版的史料基础更为坚实和广阔。各卷末所列参考及进一步阅读书目，占该卷总篇幅的 15% 以上，是全书的重要组成部分。一方面重视原始资料，另一方面重视吸纳和展示当代学者的最新研究成果，浏览参考书目可掂出成果之厚重，也感受到明显的时代气息。《新编》另一个明显的新特征是，加强了历史解释和评论的力

---

① J. Campbell, "Review: *The New Cambridge Medieval History*, II: c. 700 – c. 900", *The English Historical Review*, Vol. 113, No. 452（Jun., 1998）, p. 684.
② 关于旧版《剑桥中世纪史》的编辑组织的变化以及各位执行主编的问题，均见 P. A. Linehan, "The Making of the *Cambridge Medieval History*".
③ Rosamond McKitterick, ed., *The New Cambridge Medieval History*, II: c. 700 – c. 900, Cambridge, Eng.: Cambridge University Press, 1995, pp. xvii – xviii.
④ 例如，T. Noonan 在《新编剑桥中世纪史》第三卷中关于东欧地区的研究便十分出色，被认为具有很高的学术价值。见 J. Contreni, "Review: *The New Cambridge Medieval History*, III: c. 900 – c. 1024", *The International Historical Review*, Vol. 23, No. 3（Sep., 2001）, p. 633.
⑤ David Luscombe & Jonathan Riley-Smith, eds, *The New Cambridge Medieval History*, IV: c. 1024 – c. 1198, Part 2, New York: Cambridge University Press, 2004, chap. 22, 23.
⑥ E. Peters, "Review: *The New Cambridge Medieval History*, IV: c. 1024 – c. 1198", *The International Historical Review*, Vol. 28, No. 2（Jun., 2006）, pp. 377 – 378.

度。它保留了兰克学派实证主义的方法，同时在相当程度上摒弃了述而不论、怀疑论及不可知论，后者曾被调侃为"外交"型历史学家的风格。秉持述论并重的原则，而且不失时机地介绍其他相同的和不相同的观点，无疑使史学思辨更富有张力。

二

下面，笔者对《新编》各卷做简要介绍，以方便读者阅读。

《新编》共7卷8分册，探讨的时段自大约公元500年至公元1500年。其中第一至三卷探究中世纪早期的欧洲历史，第四、五卷探究中世纪盛期的欧洲历史，第六、七卷探究中世纪晚期的欧洲历史。各卷情况大致如下：

第一卷主要阐释6—7世纪欧洲发端时期的背景历史。先以导论方式介绍了晚期罗马帝国、蛮族入侵以及相关史料及其解读。继而以时段为序，以地域性政治实体为单元分别讨论了这一时期的历史。最后一部分以专题的方式探究了犹太人、王权、地中海与北海经济等问题。考古材料和各种非文献史料的运用是本卷的亮点，伊斯兰文明和拜占庭文明在本卷中占有一定的分量，显示了开阔的视野。

第二卷主要阐释8—9世纪欧洲文明形成时期的历史。本卷重点探究以法兰克王国为中心的蛮族王国对欧洲的塑造性作用，包括政治观念、统治方式、社会组织、教俗关系、文化生活等各个方面。本卷分为四个部分。第一部分一般性介绍8、9世纪欧洲各王国和各族的政治史；第二部分分析王权、贵族、经济制度、军事组织、乡村社会等专题；第三部分阐述教宗制度与仪式，以及教俗关系；第四部分从不同方面系统地探讨了8、9世纪的欧洲知识与文化的历史。

第三卷主要阐释"漫长的10世纪"（可上溯至9世纪末下推及11世纪20、30年代），欧洲封建制、庄园依附制出现与形成，欧洲的政治格局和政治版图由此奠定。本卷分成三部分，第一部分为经济—社会史的各类专题，第二和第三部分以加洛林帝国地域为界，分别探究"后加洛林欧洲"各国，以及"非加洛林欧洲"各地区的历史。欧洲在这一时期完成了从古代世界向中世纪世界的转变，欧洲核心区各王国开始了自我认同的历史进程。

第四卷主要阐释11—12世纪政教二元架构下的欧洲。本卷分上下两册，两册的基本内容大多涉及教会或教会与俗世的关系。上册作为专题史，论述了宗教和世俗两个世界的发展与变革，包括人口、农业、贸易、城市、教会改革及其与东派教会、伊斯兰世界和犹太人的关系等。下册侧重于政治史视角，探究教俗重大政治事件的进程与发展，包括教宗制转型、欧洲各王国、各地区精英阶层的兴起与政府组织的发展等。

第五卷主要阐释13世纪的欧洲历史，以西欧地区与外界前沿地区的互动为研究框架，从多个维度凸显"扩张"这一时代主题：如天主教会的扩张、欧洲人口的急剧增长和经济扩张，以及王权的深度发展等。

第六卷主要阐释14—15世纪欧洲的历史，凸显14世纪进步性的一面。传统上认为14世纪以灾难与衰退为特征，特别是黑死病损失了欧洲三分之一的人口。本卷在客观分析大灾变的同时，指出14世纪是旧事物衰落、新事物萌生的时期，例如战争技艺的提高、近代国家的起源、市民阶层的兴起与宪政的发展、农民社会地位和生活水平的提高等。总之，进步隐含于混乱和衰败之中。此外，把东欧作为独立主体进行叙述，是个明显的变化。

第七卷主要阐释1415年前后至1500年左右的欧洲历史，重点是欧洲民族国家的发展。而各国的案例呈现出多样性特征，无论政府和政治体制发展，还是贵族的地位和作用均如此。另外，与第六卷强调14世纪的进步一样，本卷也力图扭转一些非理性的传统观点，多角度展现该时期欧洲所取得的成就，正是在这一背景下，欧洲文明步入现代。

三

《新编剑桥中世纪史》的权威性举世公认，被世界各国历史学科及其他相关学科图书馆列为基本藏书，某种程度上具有了工具书的性质。这种学术性极强的鸿篇巨制，翻译难度相当高，非置身其中是难以体会的。将艰涩的学术语言译成流畅、准确的中文绝非易事，不仅需要深入了解已经逝去的且千变万化的语境，还要排除古希腊文、拉丁文、古英文、阿拉伯文等不常见文字和死文字的干扰。不仅如此，由于是大型系列学术专著，一些规定性语言要求卷内一致，还须各卷一致，中世纪史与古代史也须避免矛盾和误解。仅仅人名地名的统一这项工作就耗费了我们大量的精力和时间。工作初期我们花费了几乎一年时间，逐渐消化有可能产生歧义的数万词条。2013年初，在天津师范大学专门召开了"新编剑桥中世纪史译名研讨会"，对有争议的人名地名"会诊"，反复讨论，逐条敲定。在上上下下的若干回合中，几乎每个词条译法，都集中了大家的意见，最后编成涵盖上万词条的《中世纪史译名手册》，供译者使用。这不是说我们做得很好了，只能说尽力了。由于水平有限，仍难免疏漏和错误。杨绛先生曾云：翻译就像是抓虱子，再小心也不免有落网之虫。那就请大家与我们一起来抓虱子吧！不论译名还是译文，诚恳地期待读者批评指正。随着我国世界史研究水平的提升，也期待着更好的中译本问世。

参与《新编》翻译的各卷册主持人名单如下：

第一卷（$c.500$—$c.700$）徐家玲教授（东北师范大学历史文化学院）

第二卷（$c.700$—$c.900$）郭方研究员、李桂芝副研究员（中国社科院世界历史研究所）

第三卷（$c.900$—$c.1024$）顾銮斋教授（山东大学历史文化学院）

第四卷上（$c.1024$—$c.1198$）彭小瑜教授（北京大学历史学系）

第四卷下（$c.1024$—$c.1198$）陈志强教授（南开大学历史学院）

第五卷（$c.1198$—$c.1300$）徐浩教授（中国人民大学历史学院）

第六卷（$c.1300$—$c.1415$）王加丰教授（浙江师范大学历史系）

第七卷（$c.1415$—$c.1500$）侯建新教授、刘景华教授（天津师范大学欧洲文明研究院）

在《新编》中文版即将问世之际，我对上述主持人表示衷心感谢，对各卷的译者们表示衷心感谢。数年愉快的合作留下美好的回忆。《中世纪史译名手册》的审校工作，彭小瑜教授、徐家玲教授倾注了大量心血，谨致以敬意。感谢项目首席专家武寅研究员，没有她出色的领导，很难组织起如此庞大的、来自几十所高校和研究机构的学术团队。感谢赵剑英、曹宏举、郭沂纹、魏长宝、王茵等中国社会科学出版社的领导、编辑和工作人员的辛勤工作。在译名手册的编纂中，初选上来的数万词条需逐一查重、核准，天津师范大学欧洲文明研究院陈太宝博士默默做了大量的基础性工作，翻译微信群的交流活动等，青年教师刘芮付出劳动，在此一并表示谢意。

是为序。

侯建新

2016 年 1 月 17 日

于天津师范大学欧洲文明研究院

译 者 序

本卷是《新编剑桥中世纪史》第七卷（1415—1500）中译本，内容涵盖了这一时段欧洲的政府、经济和社会发展、精神文化和艺术生活，以及欧洲民族国家的形成。本卷主编是克里斯托弗·阿尔芒（Christopher Allmand），英国利物浦大学中世纪史教授。

侯建新、刘景华教授主持了本卷的翻译工作。具体分工如下（基本按照章节在书中的顺序排列）：天津师大欧洲文明研究院侯建新教授译序言、第一、二、四、五章；中山大学历史学系龙秀清教授译第三、十、二十三章（第二节）、三十章；天津师大欧洲文明研究院刘景华教授译第六、七、十三、十四、十七章、结论；湖南师大历史文化学院傅新球教授译第八、九章；天津师大欧洲文明研究院张晓晗副教授译第十一、十八章；复旦大学法学院赵立行教授译第十二、十五、十六章；天津师大外语学院李艳玲教授译第十九、二十、二十五章；天津师大欧洲文明研究院赵文君副教授译第二十一、二十三章（第一节）；天津师大历史学院孙立田教授译第二十二章（第二、三节）；南京大学历史学院陈日华副教授译第二十四章；天津师大欧洲文明研究院徐滨教授译第二十六、二十七章；天津师大欧洲文明研究院陈太宝讲师译第二十八、二十九、三十一、三十二章；李艳玲和天津师大刘芮讲师译第二十二章（第一节）。此外，陈太宝对全书目录、索引和译名做了统一校对。本卷人名、地名、专有名词等术语的翻译，参考了翻译课题组编发的《新编剑桥中世纪史译名手册》，以及国内业已出版的《外国地名译名手册》（商务印书馆1993年版）等。

非常感谢上述同仁为本卷中译本问世所付出的辛勤劳动，从翻译、数次修订到付梓，历时已近10年。非常感谢多位审读专家提出的各种宝贵意见，受益良多。由于原文涉及的内容相当广泛，常常超出我们的知识范围和语言能力，难免力有不逮之处，真诚期待读者指正。

侯建新
2021年7月于天津

目　　录

插图一览表	(1)
地图一览表	(5)
王朝世系一览表	(6)
作者简介	(7)
前　言	(10)
致　谢	(12)
缩写语	(13)

第一部分　政府

第一章　政治：理论与实践　……………让·菲利普·热内(3)
　　第一节　战争主导的欧洲 …………………………… (3)
　　第二节　政治权力的类别 …………………………… (4)
　　第三节　政治对话的要素 …………………………… (7)
　　第四节　政治的象征意义 …………………………… (8)
　　第五节　论著与演讲：政治理论与实践 …………… (10)
　　第六节　神学与政治 ………………………………… (12)
　　第七节　法律与政治 ………………………………… (19)
　　第八节　文学与政治 ………………………………… (23)
　　第九节　历史与政治 ………………………………… (29)
第二章　代议制(始于13世纪) ……………维姆·布洛克曼斯(33)
　　第一节　问题 ………………………………………… (34)
　　第二节　君主的挑战 ………………………………… (42)
　　第三节　共同体利益 ………………………………… (58)

第四节　发展之路 …………………………………………（66）
第三章　教宗与公会议 ………………………安东尼·布莱克（71）
　　　第一节 ………………………………………………………（71）
　　　第二节 ………………………………………………………（84）
　　　第三节 ………………………………………………………（94）

第二部分　经济与社会发展

第四章　欧洲贵族 …………………………菲利普·孔塔米纳（99）
　　　第一节 ………………………………………………………（100）
　　　第二节 ………………………………………………………（107）
　　　第三节 ………………………………………………………（109）
　　　第四节 ………………………………………………………（111）
　　　第五节 ………………………………………………………（115）
第五章　乡村欧洲 ………………………克里斯托弗·戴尔（118）
　　　第一节　人口危机 …………………………………………（118）
　　　第二节　地区差异 …………………………………………（122）
　　　第三节　发展的替代性解释 ………………………………（125）
　　　第四节　生产率 ……………………………………………（131）
　　　第五节　结论 ………………………………………………（132）
第六章　城市欧洲 ……………………………巴里耶·多布森（133）
　　　第一节　经济领域：衰落和复苏 …………………………（137）
　　　第二节　城市政治与社会：自信心危机？ ………………（147）
第七章　商业与贸易 ……………………………温迪·柴尔兹（156）
　　　第一节　商路和商品 ………………………………………（156）
　　　第二节　运输 ………………………………………………（157）
　　　第三节　商业组织 …………………………………………（159）
　　　第四节　基础结构 …………………………………………（164）
　　　第五节　商人地位和财富 …………………………………（166）
　　　第六节　15世纪动力 ………………………………………（167）
第八章　战争 …………………………………克里斯托弗·阿尔芒（173）
第九章　探险与发现 …………菲利佩·费尔南德－阿梅斯托（187）

第一节 拉丁基督教世界的背景 …………………………… (192)
第二节 制图学和地理学 …………………………………… (193)
第三节 探险家的文化观 …………………………………… (197)
第四节 财政和资助 ………………………………………… (200)
第五节 东大西洋上的群岛 ………………………………… (201)
第六节 穿越撒哈拉沙漠的路线 …………………………… (203)
第七节 穿越北大西洋的航线 ……………………………… (206)
第八节 横跨大西洋的中央航线 …………………………… (208)
第九节 南大西洋的探险 …………………………………… (211)

第三部分 精神、文化和艺术生活

第十章 宗教信仰与实践 ………………………… 法兰西斯·拉普(217)
第十一章 学校与大学 ……………………………… 雅克·弗格(233)
　　第一节 经院哲学和大学体制的成长与变化 …………… (233)
　　第二节 课程 ………………………………………………… (242)
　　第三节 学校和政府 ………………………………………… (247)
　　第四节 学校、大学和社会 ………………………………… (251)
第十二章 人文主义 ……………………………… 罗伯特·布莱克(256)
　　第一节 ……………………………………………………… (257)
　　第二节 ……………………………………………………… (263)
　　第三节 ……………………………………………………… (268)
　　第四节 ……………………………………………………… (269)
　　第五节 ……………………………………………………… (271)
　　第六节 ……………………………………………………… (273)
　　第七节 ……………………………………………………… (274)
　　第八节 ……………………………………………………… (279)
　　第九节 ……………………………………………………… (282)
　　第十节 ……………………………………………………… (284)
　　第十一节 …………………………………………………… (287)
　　第十二节 …………………………………………………… (291)

第十三章　手抄本与图书 …………………… 马尔科姆·韦尔(298)
第十四章　印刷术的肇始 ………………… 戴维·麦吉特里克(307)
第十五章　建筑和绘画 ……………………… 保罗·克劳斯利(319)
　　第一节　法兰德斯和北方 ……………………………… (320)
　　第二节　意大利 ………………………………………… (325)
　　第三节　纪念性作品 …………………………………… (328)
　　第四节　世俗快乐 ……………………………………… (331)
　　第五节　圣像 …………………………………………… (333)
　　第六节　自然融入艺术 ………………………………… (335)
　　第七节　古代 …………………………………………… (337)
第十六章　音乐 ……………………………… 格莱斯·柯蒂斯(341)

第四部分　欧洲各国的发展

第十七章　德意志及帝国 …………………… 汤姆·斯各特(359)
第十八章　胡斯、胡斯派和波希米亚 ………… 约翰·克拉森(390)
　　第一节　社会 …………………………………………… (390)
　　第二节　政治 …………………………………………… (395)
　　第三节　扬·胡斯：教学与活动 ………………………… (396)
　　第四节　胡斯和国会(1419—1436) …………………… (401)
　　第五节　塔波尔派 ……………………………………… (406)
　　第六节　欧洲的波希米亚 ……………………………… (411)
第十九章　法国 ……………………………………………… (416)
　　第一节　百年战争结束时的法国
　　　　　　(约1420—1461) ……………… 马尔科姆·韦尔(416)
　　第二节　法国的复苏(1450—1520) …… 贝尔纳·谢瓦利埃(433)
第二十章　勃艮第 …………………………… 贝特朗·施纳伯(457)
　　第一节　地方和"中央"机构 …………………………… (459)
　　第二节　欧洲的一股政治势力 ………………………… (463)
　　第三节　社会、文化和经济 ……………………………… (468)
　　第四节　"大胆"查理和勃艮第政权 …………………… (478)
　　第五节　勃艮第的灭亡和幸存 ………………………… (484)

第二十一章　英格兰 ……………………………………（486）
第一节　兰开斯特英格兰 ……………… 爱德华·鲍威尔（486）
第二节　约克家族与早期都铎英格兰
　　　　　　　　　　　…………… 罗斯玛丽·霍罗克斯（507）

第二十二章　凯尔特世界 …………………………………（528）
第一节　爱尔兰 ………………… 阿特·科斯格罗夫（528）
第二节　苏格兰（1406—1513）…… 珍妮·沃莫尔德（547）
第三节　威尔士 ………………………… A. D. 卡尔（567）

第二十三章　意大利 ………………………………………（584）
第一节　北部城邦 ……………………… 迈克尔·马利特（584）
第二节　教宗国与那不勒斯王国 ………… 阿兰·里德（608）

第二十四章　伊比利亚半岛 ………………………………（627）
第一节　阿拉贡 ………………… 马里奥·德尔·特雷波（627）
第二节　卡斯蒂尔与纳瓦拉 …………… 安格斯·麦凯（643）
第三节　葡萄牙 ………………… 阿明多·德·索萨（665）

第二十五章　瑞士联邦 …………… 罗杰·萨布洛尼尔（682）
第一节　领主、神圣罗马帝国和贵族 …………………（685）
第二节　城市和农村共同体 ……………………………（689）
第三节　联邦共同体的内部巩固 ………………………（694）
第四节　联邦内的融合与冲突 …………………………（698）
第五节　欧洲政治和雇佣军 ……………………………（701）
第六节　国家形成和民族意识 …………………………（705）

第二十六章　斯堪的纳维亚诸国（约1390—约1536）
　　　　　　　　　　…………………… 托马斯·里伊斯（709）
第一节 ……………………………………………………（709）
第二节 ……………………………………………………（711）
第三节 ……………………………………………………（713）
第四节 ……………………………………………………（716）
第五节 ……………………………………………………（724）
第六节 ……………………………………………………（727）
第七节 ……………………………………………………（734）
第八节 ……………………………………………………（744）

第九节 ……………………………………………………………（747）
第二十七章　匈牙利：王室和贵族阶层 ………贾诺斯·巴克（750）
　　　第一节　西吉斯蒙德统治时期（1387—1437）
　　　　　　　和他的男爵们 ………………………………………（752）
　　　第二节　防御奥斯曼帝国 ………………………………………（753）
　　　第三节　西吉斯蒙德的政府和财政 ……………………………（755）
　　　第四节　贵族议会的兴起 ………………………………………（757）
　　　第五节　空位期和洪约迪摄政 …………………………………（760）
　　　第六节　遗腹子拉迪斯拉斯五世 ………………………………（761）
　　　第七节　马加什·科文努斯的王位
　　　　　　　获取（1458—1490）……………………………………（763）
　　　第八节　征服战争与南部防御 …………………………………（765）
　　　第九节　文艺复兴时代的宫廷与王室赞助 ……………………（768）
　　　第十节　弗拉迪斯拉斯二世时期贵族的
　　　　　　　反应 …………………………………………………（769）
　　　第十一节　为生存而战的失败 …………………………………（771）
第二十八章　波兰王国与立陶宛大公国（1370—1506）
　　　………………………………亚历山大·盖伊什托尔（773）
　　　第一节　地区、人口与气候 ……………………………………（773）
　　　第二节　安茹政府 ………………………………………………（775）
　　　第三节　14 世纪的立陶宛和波兰 ………………………………（777）
　　　第四节　中欧冲突中的波兰和立陶宛 …………………………（779）
　　　第五节　主教兹比格涅夫的摄政和瓦迪斯瓦夫三世的
　　　　　　　统治 …………………………………………………（781）
　　　第六节　王室土地的收复：卡齐米尔四世统治下的
　　　　　　　波兰和立陶宛 ……………………………………（782）
　　　第七节　中欧和东欧的亚盖洛王朝 ……………………………（784）
　　　第八节　国王扬·奥尔布拉奇和亚历山大 ……………………（785）
　　　第九节　波兰各等级与君主制 …………………………………（786）
　　　第十节　贵族、乡绅、农民、城镇、教会和犹太人 ……………（788）
　　　第十一节　立陶宛君主制 ………………………………………（790）
　　　第十二节　14、15 世纪的文化 …………………………………（792）

第二十九章	俄国	南希·希尔兹·科尔曼	(795)
第一节			(795)
第二节			(802)
第三节			(806)
第四节			(813)

第三十章　拜占庭：罗马东正教世界(1393—1492)
　　　　　　　　　　　　　　　　　安东尼·布瑞尔(821)
　　第一节　年代与界定 …………………………………(821)
　　第二节　萨洛尼卡及其大主教 ………………………(827)
　　第三节　摩里亚、佛罗伦萨公会议和普里松 ………(831)
　　第四节　穆罕默德二世与根纳迪奥斯二世·斯科拉里
　　　　　　奥斯 ……………………………………………(837)
　　第五节　1453年后的罗马正教纽带：蓬托斯、阿梅霍兹
　　　　　　与阿索斯山、玛拉 …………………………(843)

第三十一章　拉丁东方 …………………安东尼·勒特雷尔(851)
　　第一节 ……………………………………………………(851)
　　第二节 ……………………………………………………(857)
　　第三节 ……………………………………………………(863)
　　第四节 ……………………………………………………(867)

第三十二章　奥斯曼世界 ………………伊莉莎白·扎哈丽娅杜(870)
　　第一节　安卡拉之战的影响 …………………………(870)
　　第二节　王朝斗争和社会冲突 ………………………(873)
　　第三节　国家的组织形式 ……………………………(879)
　　第四节　战争派与温和派 ……………………………(881)
　　第五节　君士坦丁堡的陷落和扩张时代 ……………(884)
　　第六节　重商主义的努力 ……………………………(887)

第三十三章　结论 …………………………克里斯托弗·阿尔芒(890)

附　录

王朝世系一览表 ……………………………………………(900)
参考文献：原始文献和研究论著 ………………………(907)
索　引 ……………………………………………………(1054)

插图一览表

卷首插图

弗德里格·达·蒙泰费尔特罗（Federigo da Montefeltro）*及其子圭多巴尔多（Guidobaldo），约斯·范·瓦森霍弗（Joos van Wassenhove）作于约 1476 年，藏于乌尔比诺道奇宫（Palazzo Ducale）（图片出处：意大利佛罗伦萨的斯卡拉艺术档案馆［SCALA］）

原文第 490 页和第 491 页之间的插图

插图 1　纽伦堡圣洛伦兹教堂（Nuremberg, St Lorenz）唱诗班内部，《圣母领报》（The Annunciation），维特·斯托斯（Veit Stoss）与圣事堂作（马堡照片档案馆［Bildarchiv Foto Marburg］）

插图 2　扬·范·艾克（Jan van Eyck），《罗林大臣的圣母》（The Virgin of Chancellor Rolin），约 1435 年，卢浮宫，巴黎（图片来自法国国家博物馆联合会［© RMN］）

插图 3　扬·范·艾克和休伯特·范·艾克（Jan and Hubert van Eyck），《羊的奉献》（The Adoration of the Lamb），圣巴夫大教堂（St Bavo's cathedral），根特，约 1432 年（图片来自布鲁塞尔王室文化遗产研究所［© KIK/IRPA Brussels］）

插图 4　罗吉尔·范·德尔·威登（Rogier van der Weyden），《末日审判》（The Last Judgement），天主收容院（Hôtel Dieu），博讷，约 1445 年（图片来自 J. 弗伊/国家历史古迹和遗址基金会［J. Feuillie/© CNMHS］）

---

* 弗德里格·达·蒙泰费尔特罗是意大利乌尔比诺公爵，是教宗雇佣兵队长，也受雇于洛伦佐·德·美第奇。他做雇佣军得来的收入多投入文艺事业中，如修建雕像、图书馆、资助文艺创作等。1474 年，教宗西克斯图斯四世授予他乌尔比诺公爵头衔。其子圭多巴尔多是蒙泰费尔特罗家族最后一个统治乌尔比诺的人。

作者尤斯·范·瓦森霍夫是同时代北方文艺复兴的荷兰画家。——译者注插图5　马萨乔（Masaccio），《纳税银》（*The Tribute Money*），布兰卡齐礼拜堂（Brancacci chapel），卡米纳的圣玛利亚教堂（S. Maria del Carmine），约1427年（图片来自弗拉泰利·阿里纳利博物馆［© Fratelli Alinari］）

插图6　杰罗拉莫·达·维琴察（Gerolamo da Vicenza），《圣母升天与加冕》（*The Assumption and Coronation of the Virgin*），1488年，国家美术馆（National Gallery），伦敦（经信托机构许可后复制）

插图7　多那提洛（Donatello），《希律王的飨宴》（*The Feast of Herod*），青铜浮雕，洗礼堂，锡耶纳大教堂（Siena cathedral）（图片来自弗拉泰利·阿里纳利博物馆［© Fratelli Alinari］）

插图8　迪里克·鲍茨（Dierec Bouts），《男子肖像》（*Portrait of a Man*），1462年，国家美术馆（National Gallery），伦敦（经信托机构许可后复制）

插图9　皮萨内罗（Pisanello），廖内洛·德埃斯特的结婚纪念章（marriage medal of Lionello d'Este），1444年，维多利亚和阿尔伯特博物馆（Victoria and Albert Museum），伦敦（信托委员会［© The Board of Trustees］）

插图10　安德烈亚·曼特格纳（Andrea Mantegna），《贡扎加宫》（*The Gonzaga Court*），婚房（Camera degli sposi），曼图亚宫（Mantua palace），1474年，（图片来自弗拉泰利·阿里纳利博物馆［© Fratelli Alinari］）

插图11　多那提洛（Donatello），加坦默拉塔骑像（equestrian statue of Gattamelata），帕多瓦，（图片来自弗拉泰利·阿里纳利博物馆［© Fratelli Alinari］）

插图12　米切洛佐·迪·巴托罗缪（Michelozzo di Bartolommeo），美第奇–利卡第宫（Palazzo Medici-Riccardi），佛罗伦萨，始建于1444年（图片来自弗拉泰利·阿里纳利博物馆［© Fratelli Alinari］）

插图13　扎诺·迪·多梅尼科（Zano di Domenico），雅各布·德尔·塞拉约（Jacopo del Sellaio）和比亚吉·丹东尼奥（Biagi d'Antonio），绘有骑士比武场景的"嫁妆箱"（cassone），（考陶尔德艺术学院［Courtauld Institute of Art］，伦敦——李的藏品）

插图一览表　　3

　　插图 14　弗德里格·达·蒙泰费尔特罗（Federigo da Montefeltro）的收藏室，道奇宫（Palazzo Ducale），乌尔比诺，1476 年（图片来自弗拉泰利·阿里纳利博物馆［© Fratelli Alinari］）

　　插图 15　安东尼奥·德尔·波拉约洛（Antonio del Pollaiuolo），《海格力斯与安泰》（Hercules and Antaeus），青铜像，国家博物馆（Museo Nazionale）/巴杰罗，佛罗伦萨（图片来自弗拉泰利·阿里纳利博物馆［© Fratelli Alinari］）

　　插图 16　康拉德·威兹（Konrad Witz），《捕鱼神迹》（The Miraculous Draught of Fishes），（艺术与历史博物馆［Musée d'Art et d'Histoire］，日内瓦）

　　插图 17　维特·斯托斯（Veit Stoss），主祭台，圣玛丽教堂（St Mary's church），克拉科夫，1477—1489 年，（马堡照片档案馆）

　　插图 18　乔瓦尼·贝利尼（Giovanni Bellini），《被圣徒簇拥的圣母、圣子与天使》（The Virgin and Child with Saints and Angels），圣约伯教堂祭坛画（S. Giobbe altarpiece），学院美术馆（Accademia），威尼斯（图片来自弗拉泰利·阿里纳利博物馆［© Fratelli Alinari］）

　　插图 19　皮耶罗·德拉·弗朗西斯卡团队（Circle of Piero della Francesca），《理想乡》（An Ideal Townscape），道奇宫（Palazzo Ducale），乌尔比诺（图片来自弗拉泰利·阿里纳利博物馆［© Fratelli Alinari］）

　　插图 20　皮耶罗·德拉·弗朗西斯卡（Piero della Francesca），《耶稣受洗》（The Baptism of Christ），国家美术馆（National Gallery），伦敦（经信托机构许可后复制）

　　插图 21　多那提洛（Donatello），《哀悼基督之死》（Lamentation over the Dead Christ），青铜浮雕，圣洛伦兹，佛罗伦萨（图片来自弗拉泰利·阿里纳利［© Fratelli Alinari］）

　　插图 22　安德烈亚·曼特格纳（Andrea Mantegna），《殉道途中的圣詹姆斯》（St James on his Way to Martyrdom），系列图画《圣詹姆斯传》（The Life of St James the Great），艾雷米特尼教堂（church of the Eremitani），帕多瓦，今已毁（图片来自弗拉泰利·阿里纳利博物馆［© Fratelli Alinari］）

　　插图 23　桑德罗·波提切利（Sandro Botticelli），《春》（Primavera），乌菲兹美术馆（Gallerie degli Uffizi），佛罗伦萨（图片来自弗拉泰利·阿里纳利博物馆［© Fratelli Alinari］）

插图 24　詹蒂莱·贝利尼（Gentile Bellini），《素丹穆罕默德二世》(Sultan Mehemmed II)，国家美术馆，伦敦（经信托机构许可后复制）

地图一览表

（本书地图系原书插附地图）

地图 1	中世纪晚期的欧洲城市	（134—135）
地图 2	欧洲的商业与贸易	（160—161）
地图 3	欧洲人在西非海岸的发现范围	（188）
地图 4	促进发现的风系和洋流	（190—191）
地图 5	1400—1500 年欧洲的大学	（236—237）
地图 6	德意志及帝国	（360—361）
地图 7	波希米亚	（391）
地图 8	法兰西	（417）
地图 9	勃艮第人的领土	（458）
地图 10	凯尔特的世界	（529）
地图 11	意大利	（585）
地图 12	阿拉贡的版图	（628）
地图 13	卡斯蒂尔和纳瓦拉	（644）
地图 14	葡萄牙（和非洲的西北海岸）	（666）
地图 15	公元 1500 年前后，瑞士联邦及其周边领土	（683）
地图 16	斯堪的纳维亚和波罗的海	（710）
地图 17	15 世纪后期的匈牙利	（751）
地图 18	波兰和立陶宛	（774）
地图 19	俄国	（796）
地图 20	15 世纪的罗马正教与奥斯曼世界	（822—823）
地图 21	拉丁东方	（852）

王朝世系一览表

表1 法兰西继承人（包括勃艮第公爵）……………………（901）
表2 勃艮第的瓦卢瓦王朝……………………………………（902）
表3 英格兰王位世系…………………………………………（903）
表4 伊比利亚王国的统治者…………………………………（904）
表5 匈牙利的统治者…………………………………………（905）
表6 波兰和立陶宛的统治者…………………………………（906）

作者简介

克里斯托弗·阿尔芒（Christopher Allmand）：利物浦大学中世纪史教授。

贾诺斯·巴克（Jáons Bak）：布达佩斯中欧大学中世纪史教授。

安东尼·布莱克（Antony Black）：邓迪大学政治思想史教授。

罗伯特·布莱克（Robert Black）：利兹大学历史系高级讲师。

维姆·布洛克曼斯（Wim Biockmans）：莱顿州立大学历史系教授。

安东尼·布瑞尔（Anthony Bryer）：伦敦国王学院高级研究员，伯明翰大学原拜占庭研究教授。

A. D. 卡尔（A. D. Carr）：班戈威尔士大学威尔士历史系高级讲师。

贝尔纳·谢瓦利埃（Bernard Chevalier）：图尔弗朗索瓦-拉伯雷大学荣休教授。

温迪·柴尔兹（Wendy Childs）：利兹大学中世纪史高级讲师。

菲利普·孔塔米纳（Philippe Contamine）：巴黎第四大学历史系教授。

阿特·科斯格罗夫（Art Cosgrove）：都柏林大学校长。

保罗·克劳斯利（Paul Crossley）：伦敦大学考陶尔德艺术学院高级讲师。

格莱斯·柯蒂斯（Gareth Curtis）：曼彻斯特大学原音乐系讲师。

马里奥·德尔·特雷波（Mario Del Treppo）：那不勒斯费德里科二世大学中世纪史教授。

巴里耶·多布森（Barrie Dobson）：剑桥大学中世纪史教授。

克里斯托弗·戴尔（Christopher Dyer）：伯明翰大学中世纪社会史教授。

菲利佩·费尔南德-阿梅斯托（Felipe Fernández-Armesto）：牛津大学现代历史系。

让·菲利普·热内（Jean-Philippe Genet）：巴黎第一大学讲师。

亚历山大·盖伊什托尔（Aleksander Gieysztor）：华沙大学中世纪史教授，原波兰科学院院长。

罗斯玛丽·霍罗克斯（Rosemary Horrox）：剑桥菲茨威廉学院院士。

约翰·克拉森（Jonh Klassen）：不列颠哥伦比亚省兰利市三一西部大学历史系教授。

南希·希尔兹·科尔曼（Nancy Shields Kollmann）：斯坦福大学历史系副教授。

安东尼·勒特雷尔（Anthony Luttrell）：罗马英国学院原助理主任兼图书馆馆长。

安格斯·麦凯（Angus Mackay）：爱丁堡大学荣休教授。

戴维·麦吉特里克（David Mckitterick）：剑桥三一学院图书馆馆长。

迈克尔·马利特（Michael Mallett）：沃里克大学历史系教授。

爱德华·鲍威尔（Edward Powell）：剑桥唐宁学院原研究员。

法兰西斯·拉普（Francis Rapp）：斯特拉斯堡大学荣休教授。

托马斯·里伊斯（Thomas Riis）：基尔大学石勒苏益格-荷尔斯泰因史教授。

阿兰·里德（Alan Ryder）：布里斯托尔大学荣休教授。

罗杰·萨布洛尼尔（Roger Sabloniet）：苏黎世大学中世纪史教授。

贝特朗·施纳伯（Bertrand Schnerb）：巴黎第四大学讲师。

汤姆·斯各特（Tom Scott）：利物浦大学历史系高级讲师。

阿明多·德·索萨（Armindo De Sousa）：波尔图大学副教授。

马尔科姆·韦尔（Malcolm Vale）：牛津大学圣约翰学院院士。

雅克·弗格（Jacques Verger）：巴黎第十三大学历史系教授。

珍妮·沃莫尔德（Jenny Wormald）：牛津圣希尔达学院院士。

伊莉莎白·扎哈丽娅杜（Elizabeth Zachariadou）：雷斯蒙（Rethymnon）地中海研究院教授

前　言

　　1936年，初版《剑桥中世纪史》最后一卷延宕出版了，自那时起已过去两代人的时间，历史研究取得许多进展，本卷就是那一卷的延续。与六十年前的情况相比，今天的历史学家更是不断扩大的国际共同体的一员，这个不断发展的国际共同体自身则是更大的国际化社会的一部分。历史学家的关注点逐渐突破了他们惯常研究的地方的、省际的或国家的范围。历史学家接触到了不断增多的著作和期刊，这些著作和期刊提供了世界各地共同体的知识和观念。在交通便捷的年代，历史学家有机会与同行专家在会议上见面，他可以阅读出版的会议论文集（如果他不能亲自参加会议的话），从而帮助他了解当前理念和研究的现状。此外，历史学家有意识地吸收其他学科的专业知识（比如文学、艺术、哲学）和方法（比如社会科学的那些方法），这使他的劳动成果更具价值，也使他能够更广泛、更深入地理解历史。

　　这些发展极大地拓宽了现代历史学的视域。现在，学校在大量地教授历史，尤其是在大学，这也体现了历史学的发展。与多年前相比，课程更加普及，且包含有不止一个传统学科，这就督促教师和研究者们在更宽泛的框架内研究他们的课题或者感兴趣的时期。再者，欧洲意识正在觉醒，人们逐渐愿意将整个欧洲历史（在其统一性和多样性方面）视作对照和比较的范围。因此，我们手头已经具备进行比较史研究的条件。

　　将本卷目录与1936年版的目录进行比较，很快会发现研究方法的前后变化。本卷比初版更长，分章阐述的地区或国家的数量更多，但不要太关注这些，更重要的是，在广泛的欧洲层面上，涉及此类主题的章节数量增加了一倍。这彰显出，历史学家以此种方式思考此类问题的意愿和能力多年来大大增加了。人类和政治是更广阔的世界境况的一部分，而世界包含着政治的、宗教的、文化的和艺术的思想，以及经济与社会的变化和发展。基于这样的观念，决定将十六个"专题"章节（第一、二、三部分）设置于欧洲各国发展的相关章节之前，而不是之后，并且主要议题贯穿本卷《剑桥史》的第四部分，即最后一部分。在充分评析某一主题和时期之前，先要理解其思想和文化。正是考虑到这一点，才颠倒了通常呈现历史的顺序（政治第一，文化第二），但这并非有意低估欧洲诸国各自的政治史。

可以做出两点结论。在一些人眼中，传统中世纪的最后一个世纪长期被视为腐朽和衰落的时期，因而必然需要重大转变，以使世界重回"正确方向"。然而，这种观念并未过度阻碍住整整一代研究者，他们的兴趣向中世纪晚期发生重要的转变，而且他们的工作极大地丰富了我们对 15 世纪的理解。在整个欧洲，此类研究已经揭示出一个重要的时代，可谓是富有活力、成就斐然，其中有些成就是早期进展的结果，而另一些成就将在未来的世纪完成。尽管短时段的重点研究具有重要意义，但本卷使用的方法需要在长时段（longue durée）视角下，发现多方面的发展。

尽管每一章（尤其是第四部分中的章节）都应该分开和独立，但每一章也应该被视为尝试从整体上介绍欧洲的一部分，而不是单个实体的汇集。此处，对照和比较方法的正确使用，可能会非常富有成效。解释发展的相似性，同解释发展的差异性一样，是对历史学家能力提出的合理的要求。通过这一方法也可以看出，在欧洲历史的一个世纪内，什么是既重要又令人关注的，而这个世纪的历史远未终结，它将要完成早先已经开始的进程，并开启之后将得以完成的进程。

（侯建新　译）

致　　谢

本卷编著颇费时日。付梓之际，主编感谢作者们的辛勤劳动、耐心和理解，以及遇到难题时对他的帮助。主编很高兴感谢朋友和同事们，他们多次给予了慷慨无私的帮助和建议。尤其感谢的是，总编委们在策划阶段的帮助。出版团队成员，尤其是本卷的文字编辑琳达·兰德尔（Linda Randall）、索引编辑梅格·戴维斯（Meg Davies），做了大量的实际工作，帮助将浩繁的打字稿编辑为引人注目的图书。剑桥大学出版社的威廉·戴维斯（William Davies）一贯冷静的鼓励，对我们大有助益。对此深表感谢。安妮·克拉夫（Anne Clough）、斯蒂芬妮·丹尼森（Stephanie Dennison）、斯蒂芬·罗威尔博士（Dr Stephen Rowell）和罗斯玛丽·扎莫斯基（Rosemarie Zamonski）对几个章节做了有价值的翻译工作，这些章节交稿时的语言与最终呈献给读者的有所不同。

缩 略 语

AB	*Annales de Bourgogne*
AHR	*American Historical Review*
AM	*Annales du Midi*
AN	*Annales de Normandie*
Annales ESC	*Annales: économies, sociétés, civilisations*
BBCS	*Bulletin of the Board of Celtic Studies*
BEC	*Bibliothèque de l'Ecole des Chartes*
BIHR	*Bulletin of the Institute of Historical Research*
BJRL	*Bulletin of the John Rylands Library*
BJRULM	*Bulletin of the John Rylands University Library of Manchester*
BL	British Library
BZ	*Byzantinische Zeitschrift*
DBI	*Dizionario biografico degli Italiani*
DOP	*Dumbarton Oaks Papers*
EconHR	Economic History Review
EETS	Early English Text Society
EHR	*English Historical Review*
HJ	*Historical Journal*
HZ	*Historische Zeitschrift*
IHS	*Irish Historical Studies*
JHI	*Journal of the History of Ideas*
JMedH	*Journal of Medieval History*
JModH	*Journal of Modern History*
JWCI	*Journal of the Warburg and Courtauld Institutes*

MA	*Le moyen âge*
NH	*Northern History*
NLWJ	*National Library of Wales Journal*
PBA	*Proceedings of the British Academy*
P&P	*Past & Present*
RH	*Revue historique*
RHS	Royal Historical Society
RQ	*Renaissance Quarterly*
RS	Rolls Series
SATF	Société des Anciens Textes Français
SHF	Société de l'Histoire de France
SHR	*Scottish Historical Review*
STS	Scottish Text Society
THSC	*Transactions of the Honourable Society of Gymmrodorion*
TRHS	*Transactions of the Royal Historical Society*
WHR	*Welsh History Review*

第一部分

政　府

第 一 章

政治：理论与实践

第一节 战争主导的欧洲

1415年夏，英格兰国王亨利五世侵入法兰西北部。这可能是继14世纪之后的另一起闪电战（上次发生在1388年）。但是这一次，一支英军撤退时又被法军穷追猛打；而法军在阿金库尔（Agincourt）再次惨败。这次战役是一支序曲，拉开了一场大约四十年战争的帷幕，先后将两个王国推向深渊。然而如果认识到，这次战役是系列战役之一，且在未来数年内引发了注定成为15世纪特色的大战，那么它的重要性将更加凸显。1410年，卡斯蒂尔（Castile）的摄政费尔南多（Fernando）从格拉纳达（Granada）的摩尔人手中攻占了安特克拉（Antequera）。同年，条顿骑士团在格伦瓦尔德（坦能堡）被波兰—立陶宛联盟击溃。1411年，素丹苏莱曼（Sultan Süleyman）在科斯米蒂昂（Kosmidion）消灭了其王朝最后的敌人，开始重建奥斯曼帝国。大约十年前，帖木儿（Tamerlane）在安卡拉之战获胜的影响似乎已经永远消失了。

从百年战争第二阶段到意大利战争第一阶段，战事连续不断。比如反对胡斯派（Hussites）的十字军东征，"大胆"查理（Charles the Bold）与路易十一（Louis XI）、瑞士、洛林（Lorraine）和莱茵河势力的战争，更不必说还有法兰西、英格兰以及卡斯蒂尔的内战。意大利半岛仅在《洛迪和约》（Peace of Lodi, 1455）签订之后大约二十年，维持着相对的和平，在1439年（阿尔伯特二世去世，Albert II）至1486年之间（统治者马克西米利安与其父亲——哈布斯堡的弗雷德里克三世——联合执政），帝国力量不足以制止腹地的内乱。在东部，莫斯科公国和奥斯曼帝国两股新势力将东欧推入战争杀戮之中。①

在战争主导的年代，15 世纪的思想家渴望和平，希望寻求某种方法和途径重塑认同基督教的欧洲秩序②，而在尼科波利斯（Nicopolis，1396）失败之后，随着土耳其人的不断推进，欧洲已经岌岌可危。这时出现了一批"和平派"的著作，从奥诺雷·布韦（Honoré Bouvet）的《战争之树》（*Arbre des batailles*）、克里斯蒂娜·德皮尚（Christine de Pisan）的《和平之书》（*Livre de la paix*）（以人文主义的演说和论著的形式解释了意大利战争），再到年轻的伊拉斯谟（Erasmus）的首批作品，这类作品激增，并最终形成了独立的体裁。英法再次爆发冲突，促使召开了康斯坦茨公会议（Council of Constance）。在会上，罗马国王西吉斯蒙德（Sigismund）努力促和（1416），但却无果而终。该世纪后期，波希米亚国王波德布雷迪的乔治（George of Poděbrady），在人文主义者安东尼奥·马里尼（Antonio Marini）的帮助下，试图拟订一项不切实际的"普世和平计划"（plan for a universal peace）。③ 但实际上，此项计划只是图谋粉碎教宗庇护二世 [Pope Pius Ⅱ，人文学者埃涅阿斯·西尔维乌斯·皮科洛米尼（Aeneas Sylvius Piccolomini）] 对捷克圣杯派（Czech Utraquists）的进攻。正是这位教宗庇护二世，成功鼓动一批信徒加入十字军东征，但该东征计划因教宗的死亡而流产。④

第二节　政治权力的类别

在欧洲，对抗和竞争的国家组成了相互联系的网络。菲利普·德科米纳（Philippe de Commynes）在其《回忆录》中（*Mémoires*，一种早期体裁，日后迅速普及），试图借助他的个人经验来理解"国家"如何繁荣或衰落。他描述了一个冷酷的世界，其中充斥着黩武

---

① Genet（1991）.
② Hay（1968）.
③ Messler（1973）.
④ Housley（1992）.

第一章　政治：理论与实践

的贵族，有的聪明，有的愚蠢，这些贵族被其顾问们所簇拥，仅仅知晓政治。15世纪欧洲的局势明朗：许多弱小势力湮灭，形成了"更简单"的政治版图。⑤ 在西方基督教世界，大型王国的政治组织已在很大程度上超越了单纯的封建制度，最终实现了稳定。不列颠群岛已经达到此种状况（爱尔兰除外），而苏格兰王国凝聚力强大，足以应对其君主詹姆斯一世（James Ⅰ）长期被囚禁的状况，也足以应对无休止的幼主继位问题。当英国征服的企图落败、勃艮第国家瓦解之时，法国变得比以前任何时候都更加强大、更加统一。当布列塔尼于1491年并入（如果尚未融入）法国，直到路易十二（Louis Ⅻ）于1498年继位之时，只剩下一个重要的公国，即波旁公爵（dukes of Bourbon）的领地。阿尔马尼亚（Armagnac）、安茹（包括安茹自身、巴罗斯和普罗旺斯）和勃艮第家族的战果则扩张了王国版图。在西班牙，阿拉贡（Aragon）和卡斯蒂尔（Castile）王朝合并，新君主得以吞并摩尔人的王国格拉纳达（Granada），这被视为弥足珍贵的政治资产，而这一政治资产通过驱逐犹太人（1492）和穆斯林人（1499）被迅速且野蛮地强化了。第一批"现代国家"（"modern states"）就此成形。

权力集中是普遍趋势，这也存在于其他地区，表现为其他形式的国家类型。15世纪末，意大利半岛实际上分裂为六个地区国家（regional states），其中只有两个——萨伏依（Savoy）和那不勒斯（Naples）——其机构类似于西欧君主制。佛罗伦萨、米兰和威尼斯，在某种程度上至少可称作城市国家（city-states）。教宗国在14世纪就已创建公国模式，已经非常先进了。在帝国内，由于王朝联姻的促进，以及严格反对遗产分割的惯例，地方公国得以巩固，比如巴伐利亚（Bavaria）、勃兰登堡（Brandenburg）、巴拉丁领地（the Palatinate）、萨克森（Saxony）和符腾堡（Württemberg）。该世纪末，选举出的皇帝马克西米利安（Maximilian）取得了最大的成功，他努力统一哈布斯堡家族领地，并且获得了更大份额的勃艮第遗产（佛兰德、阿图瓦、弗朗什-孔泰和低地国家的土地）。然而，马克西米利安由于缺少与"现代国家"相匹配的财政系统而常常受到限制：他的身

---

⑤ Tilly（1990）.

份只是小国产生矛盾和利益冲突时的最高仲裁者。这些小国不仅包括一系列公国，还包括城市、城市联盟、贵族联盟以及各种共同体。其中，瑞士联邦至少在事实上已经实现了独立。

另有一种类型的国家将会出现，可称之为"延伸型"（"extended"），它们位于帝国的边缘地区，比如斯堪的纳维亚、匈牙利、波兰，甚至15世纪末的波希米亚。这类国家的君权有时呈现在一个王朝之中，通常跨越边界（安茹、卢森堡和亚盖洛）；虽然是君主制，但是国王权力被军事贵族限制，这些贵族才是民族意识真正的守护者，并使这些国家成为"贵族共和国"（"noble republics"）。从汉萨同盟的卑尔根（Hanseatic Bergen）到斯本堡（Siebenburg）的"萨克森人"的城镇，这些城市实际上是"外来的"，充斥着犹太人和（或）日耳曼人，而且那里的农民渐渐从自由人退化为一种"新的"农奴。亚盖洛家族通过各支系，将其势力从波兰和立陶宛扩展至匈牙利和波希米亚，我们不能因这一事实而曲解这些国家的真正性质，而且它们有时军力强大。

战争耗资巨大且不断攀升，而当野战炮兵变得不可或缺之时，成本会进一步增加。受资金需求不断增长的刺激，13世纪后半叶西欧发展中的"现代国家"[6] 已经发展出筹集资金的手段，确保能获取比以往更多的收入[7]：国家税收中的军费，在国民收入和财产中的征收比例不断增高，这几乎得到认可。从1449年起，法国利用这一手段供养着一支永久性的职业军队。[8] 这一税收制度尽管遭到极力反对，但它使"现代国家"得以生存和繁荣。税收被明确看作是为了公众利益而转移私人收入；正是因为国王在保护国民的私人资产，所以国王能够以国民自身利益为理由，要求他们在需要时为防务做出贡献。随着社会收入的提高，国家更加有效地运转着。[9]

在西方基督教世界的"现代国家"中，"内部的"（"internal"）权力集中发展甚为迅猛。他们的国家机器的相对效率不管有多低，但在同权力末端的势力（庄园领主）和中间势力（半自治城镇和公

---

[6] Genet（1990），pp. 261–281, and（1992）；Blockmans（1993）.
[7] Genet and Le Mené（1987）；Bonney（1995）.
[8] Contamine（1992），pp. 198–208.
[9] Black（1992），pp. 186–191，争论性著作 Guenée（1991）and Reynolds（1984）.

国)较量时,足以胜出。司法机构,乃至法律在此发挥着决定性的作用。[10] 这种发展进程在各国有所不同(英国先进,法国稍逊,伊比利亚王国更逊),但在"现代国家"更加清晰可见,帝国内的地方公国和意大利半岛虽然速度较慢,但同样也有所发展。即便如此,一些有竞争力的势力延存下来,不断寻求自身存在的合法性及合理性。尽管存在上述统一的双重动力,但这些不同层次的权威彼此叠加、合并,与各类国家共存,在欧洲创造出异常复杂和多样性的权力结构。

第三节 政治对话的要素

西方基督教世界"现代国家"的显著特征是：需要经过同意才能征收的国家税收,可提供大量的收入。这种财政制度的必要条件是,君主与国民之间存在某种程度的对话,且能有效运作,这种对话一般通过代议制实现。对话是君主与国民之间的政治交往,是现代国家的必备条件,不可或缺,因为对话可使税收合法化。对话的理论基础源自以下几方面因素：法律,主要是罗马法(必备的关键概念：同意原则和代议制);神学(政治社会,国家,以国王为首的神秘团体);古典哲学(共和国、公共财产或公共利益的概念)。但是在对话的实践过程中,这些因素的原始形式并不可用。正如现代国家借鉴了政治对话的理论基础一样,它们同样也借鉴了将理论付诸实践的方式和方法。这些方式和方法借鉴自已有的制度——教会或城镇尤其是意大利城市国家,它们已经证明自己就是社会政治体。

理论和实践至少需要在两个层面适应每个国家特殊的政治社会环境。官方观点或许使人误以为,政治一视同仁地包括所有成年男性。实际上,对话仅限于有限的政治团体,通过代议制、贵族和城市寡头进行磋商[11],但受控于那些掌控封建和军事价值规范的上层人物。然而,在另一个不同层面上,对话并不局限于这些组织。1381 年,向英国起义者颁发了自由特许状;1413 年,因屠户西蒙·卡博什(Simon Caboche)领导巴黎平民起义,颁布了卡博什法令;1477 年,为

---

[10] Kaeuper (1988); Gouron and Rigaudière (1988); Krynen and Rigaudière (1992).
[11] Contamine (1989); Bulst and Genet (1988).

了应对根特（Ghent）人民起义，勃艮第的玛丽（Mary of Burgundy）颁授了特权[12]，这些都表明了政治舞台的扩大，而这在意大利城镇中已有长久的历史。

当时的人们关注这些趋势，他们认识到，敌对容易招致冲突。理论家意识到"国家"与"国际"（假定为基督教世界）之间的紧张关系，比如他们会花时间用法律术语定义什么是大使。[13] 在面向普通读者的著作中，这种情况也很明显。下面发生在英国和法国骑士之间的对话就是见证。根据法国人的评论，英国人因为发动非正义的战争而成为罪人。英国人则反唇相讥，认为"君主根据教士和贵族的建议颁布的每一道命令"都是正当的。法国人再次回应，"你们才都是罪人"[14]。然而，一个时代当其权力日益集中于"君主"之手时（他可能是一位施过涂油礼的国王，一位成功的雇佣兵或者一位狡诈的绅士），需要智者注释出社会和统治政权之间的区别。15 世纪，人们慨叹"君主"沉浮，流行"命运"的主题。君主的品质和荣耀，美德和恶习，他所拥有的信任和忠诚度，以及面临君主索求时如何保护"惯例、习俗和自由"，这些都成为讨论的焦点。无论现代或非现代国家，正是君主使得政见、对话和观点分化对立。

第四节　政治的象征意义

因为政治对话面向公众，且政治团体充斥着文化水平不高的组织，所以对任何政治思想和态度做出历史评论，必须避免过度关注那些面向有限的精英们的"伟大著作"；研究政治思想和态度的传播及其知识背景同样重要。[15] 政治信息的传播不只局限于文字；随处可见的硬币、奖章、印章、旗帜和徽章也寓意深刻。那些神圣的标志——比如法国皇家百合，它们随处可见，泛着蓝色和金色色调（色彩层次的首选色）——象征着当选者不能被亵渎，否则便是大不敬。[16] 每个国王、每位君主都拥有自己的"政治"教堂，最初用作王室墓葬：

---

[12] *L'ordonnance cabochienne*; Blockmans (1985).
[13] Arabeyre (1990).
[14] In Gerson, *Opera omnia*, iv, cols. 844 – 849, 引自 Guenée (1987), pp. 295 – 297。
[15] Skinner (1978), pp. x – xi.
[16] Beaune (1985), pp. 233 – 263; 见 Pastoureau (n. d.), pp. 22 – 24。

威斯敏斯特（Westminster）、圣德尼（Saint-Denis）、乔普木的查特修道院（Charterhouses of Champmol，在第戎附近）、米拉弗洛雷斯（Miraflores）、托莱多大教堂（Toledo cathedral）和巴塔利亚（Batalha），所有这些都出于相同的考虑。复杂的图案设计，在王朝、王朝神圣的保护者和整个宗教、政治原则之间建立了有形的、可见的、即时的感官联系。

仪式和典礼也发挥着作用。细心的读者会发现，权力表现为复杂的仪式，以有形的方式生动地体现其象征意义。圣女贞德（Joan of Arc）及其同时代的英国人贝德福德公爵约翰（John, duke of Bedford）都全然明白：法兰西国王的涂油礼以一种可见的且无可争议的方式，令其王位合法化。皇家巡游成为庆典盛会。法兰西国王的出场仪式转变成基督圣体节（Corpus Christi）游行，国王行进在华盖之下，宛如基督的圣体。这一节日是中世纪晚期重要的礼仪发明，更重要的是，该节日还被赋予了市民的、继而是政治的内涵。⑰ 在法国，御临法院（Lit de justice）成为越来越重要的场合，它提供了展现国家威仪的舞台，而舞台中央则是君主。⑱ 甚至最复杂的政治神学——"国王的两个身体"（king's two bodies）的观念——因呈现于公众面前而不再神秘。在国王的送葬队列中，君主华丽的肖像伴随着遗体，向世人昭示着，虽然国王已死，但仍然不朽，因为国王永生不灭。⑲ 在所有这些围绕国王个人的重大仪式中，民众扮演观众的角色。在一些此类典礼中，君主与民众，甚至最底层民众亲密接触：在重要的礼拜仪式中，布拉班特（Brabant）的公爵们与数百贫民共餐；在圣灵降临节，他们与布鲁塞尔（Brussels）的城市织工会餐。⑳ 国家和民间仪式不断融合，这让伦敦行会在英国皇家巡游和典礼中扮演着重要的角色。这些引人注目的事件激起了人们的情感和记忆，给人一种属于单一政治社会的参与感。

意大利半岛情况有所不同。㉑ 在那里，君主权威缺少封建根基，他们不得不转而利用那些节日和庆典，在纷乱的世界中借此确认城市的

---

⑰ Guenée and Lehoux (1968), pp. 15–18; Rubin (1991).
⑱ Hanley (1983); Vale (1974).
⑲ Kantorowicz (1957), pp. 422–423.
⑳ Uyttebrouck (1992).
㉑ Muir (1981); Trexler (1980); 见 Klapisch-Zuber (1985)。

身份认同。每年 4 月 25 日，当威尼斯总督点燃圣马可教堂主祭坛上的蜡烛的时候，他正在向世人展示其职位的神圣性，以及城市与其保护圣徒之间的密切联系。在所有意大利城市，社会各阶层都有类似节日，其中狂欢节是独特的盛典，暗示"颠倒的世界"，从而强调平等主义。

在佛罗伦萨，高贵的洛伦佐（Lorenzo the Magnificent）通过变革传统的游行队伍，降低作为社会支柱的贵族的地位，同时鼓励节日狂欢，从而逐渐削弱了共和秩序。在非封建社会中，强调君主和国民之间的"契约"关系毫无意义，转而强调另一个主题：君主的权威笼罩在神秘和秘密的气氛中，这是君主的力量和智慧之源，也是君主智慧的见证和结果。因此，产生了一种观念，即在行动生活（vita activa）和沉思生活（vita contemplativa）之间存在微妙的相互作用，而这一观念在西欧君主制国家中仍处于萌芽阶段。1465 年至 1475 年间，曼特格纳（Mantegna）效仿普林尼（Pliny）对图拉真（Trajan）的演说，在曼图亚（Mantua）绘制了《贡扎加宫》（The Gonzago Court）。在作品中，曼特格纳深刻思考了象征意义，目的是要表明，君主本身即好政府的化身，同时具有神秘的特质，这是政府的必备条件且不能向民众透露。[22]

第五节　论著与演讲：政治理论与实践

不要误以为只有受过教育的精英才能阅读和理解论著；同样也不要误以为，我们所熟知的绘画、仪态和口语只属于大众文化。实际上，许多仪式内涵丰富。1490 年，查理八世进驻维埃纳（Vienne），该事件展示了如何从意大利人文主义者那里引入了化身形象和观念：赫拉克勒斯（Heracles）从龙形蛇怪手中解放了阿特拉斯花园，现在，赫拉克勒斯化身为法兰西国王，而蛇怪则变身为"意欲占据布列塔尼"的怪物*。[23] 相反，有些著作也在迎合公众需求。罗拉德运动（Lollardy）和胡斯运动（Hussitism）催生了本国文学。此类著作

---

[22] Arasse（1985）.

* 赫拉克勒斯是古希腊传说中著名的英雄。布列塔尼在 15 世纪曾是一个独立公国，后并入法兰西王国。——译者注

[23] Guenée and Lehoux（1968），pp. 295–306.

主要不是面向皈依者自身，而是面向那些负责对皈依者进行系统教育的人。1450 年，英国叛乱者至少请两位公证人起草了他们的请愿书，据说约翰·法斯托尔夫爵士（Sir John Fastolf）曾派仆从拿到了一份。叛乱贵族甚至用书信和布告预先进行宣传。政治宣传活动日臻完善，它们有自己的方法，包括使用书面文字。非理性的政治预言常常挑起统治争端；王侯热衷于占星术；不断增多的神秘主义者传播着神意（其中圣女贞德最为典型），这些都是时代特征。

演讲，尤其是布道，能够明确传达政治思想。英国议会召开伊始，与会成员要听取大臣的演讲—布道（a speech-sermon），而演讲—布道者通常是一位神职人员。㉔ 法国三级会议开会之始，一般是参会人员听取像让·茹沃纳·德乌尔森（Jean Juvénal des Ursins）这样的名流人物的箴诫。㉕ 在德国议会（Reichstag），演讲也是惯例，比如 1442 年，教宗使节库萨的尼古拉（Nicholas of Cusa）曾在法兰克福做过演讲。㉖

"政治演讲"，有时表现为激烈的辩论，通常表达某种政治观念。㉗ 比如让·热尔松（Jean Gerson）的部分演讲便被记录在案并予以传播；让·珀蒂（Jean Petit）所做的一篇为勃艮第公爵约翰（John, duke of Burdundy）刺杀奥尔良的路易（Louis of Orleans）辩护的演讲，后来被载入昂盖郎·德蒙斯特勒莱（Enguerrand de Monstrelet）的编年史。㉘ 上述演讲连同其他一些演讲表明，演讲与理论著作关系密切，虽然它们并非纯粹的政治思想，但却见证了政治思想的有力传播。菲利普·波（Philippe Pot）宣称，"最初，至上的民众（sovereign people）通过投票创造了国王"，他的话呼应了巴黎的约翰（John of Paris）的话语："国王因民众意志而存在"（rex est a populi voluntate）。两者关于政治体的传统隐喻广受欢迎，很多人希望以他们的方式表达政治和社会观念。㉙

㉔ Chrimes (1936).
㉕ Juvenal des Ursins, Ecrits politiques, Ⅱ, pp. 409–449.
㉖ Deutsche Reichstagsakten, ⅩⅤ: 2, pp. 639–646 and 874–876; ⅩⅥ: 2, pp. 407–432 and 539–543; 又见 Angermeier (1984); Isenmann (1990).
㉗ Masselin, Journal, pp. 147–157.
㉘ Guenée (1992).
㉙ Juvénal des Ursins, Ecrits politiques, Ⅱ, p. 444; Cusanus, Concordantia, Ⅲ, p. 41.

这种政治语言，根源众多，呈现出极大的多样性。政治文学和政治哲学可回溯至13世纪晚期"重新发现"亚里士多德，它们向当时的理论家提供了产生"现代国家"所必需的概念和术语，借此描绘和解释这种新型的欧洲经验和政治。然而，尽管那个时代的思想家的影响仍占主导地位，比如托马斯·阿奎那（Thomas Aquinas）和罗马的吉勒斯（Giles of Rome），但其语言还不够强大（"political"一词除外，这一形容词源自希腊语 polis，它最终使拉丁语名词 politia 黯然失色）[30]，不足以建构一个所有政治社会成员共同认可的思想框架。欧洲的政治经验多种多样，且几种政治语言并立共存，不同的势力集团使用着各自的习惯用语。一方是教会和大学，另一方是法律专业人士。还有第三方，该集团以与公众沟通为第一要义，成员精通法律和神学，其作品体裁丰富多样。政治语言无法真正独立：因为它处于从属地位，并随着地区主要事务的变化而改变。因此，每一种政治语言都必须被依次研究，借此发现与那些主要事务相关的政治观念如何发展，尤其要关注它们之间可能的关联点。[31]

第六节　神学与政治

教士和神职人员在人文学院完成大学学业，熟知古代政治著作，比如西塞罗、柏拉图以及亚里士多德的作品。大约1265年之后，亚里士多德的完整版《政治学》（Politica）面世，并且随后做了许多重要的评注。[32] 对神学家来讲，政治只是一系列更为复杂问题的一部分。神学家主要通过圣经注释以及彼得·伦巴第（Peter Lombard）的《教父名言录》（Sentences），清晰明确地表达了他们的政治思想。在特殊场合或危机环境下，神学家才会阐明他们的政治观点。比如，奥卡姆的威廉（William of Ockham），他曾在巴伐利亚的路易的宫殿避难，因受这段经历的直接影响而从事写作；教宗派和保王派反复争夺统治权，催生了"一圣教谕"（Unam Sanctam）和"论教宗权力"

---

[30] Rubinstein (1987).
[31] Carlyle and Carlyle (1903–1936); Burns (1988); Ullmann (1974).
[32] Flüeler (1992a) and (1992b).

(*De potestate papae*)这类体裁的作品㉝，而教会大分裂（Great Schism）时期创作的大量作品，许多都带有浓烈的政治色彩。1407年，奥尔良的路易被暗杀，促使诸如热尔松、珀蒂这样的神学家来应对诛杀暴君的问题。亚盖洛王朝（Jagiellonians）与条顿骑士团（Teutonic Order）之间存在争端。对此，多明我会修士约翰·法尔肯伯格（Johann Falkenberg）认为，立陶宛皈依天主教并不虔诚，且亚盖洛国王是个暴君，理应被推翻；然而，针对这一争端，波尔（Pole）、鲍卢斯·弗拉基米里（Paulus Vladimiri）在康斯坦茨公会议上提出了截然相反的观点。㉞不能仅从字面理解他们的思想；分歧肯定是当时神学的核心问题㉟，在这些争辩中，神学家所持的态度，正是他们对那个时代的政治问题所做的贡献，而这些争辩可追溯至13世纪晚期和14世纪早期。

当阿奎那尝试调和信仰和理性、希腊—阿拉伯知识（Greco-Arabic knowledge）和基督教神学之时，他曾遭人诟病，因为他似乎要将万能上帝降至宇宙历史中机械性的角色。㊱这种诟病，以及重新界定上帝的"绝对权力"（*potentia absoluta*）的愿望，急需不同的方法，尤其要解决两方面问题：一是知识问题（"唯实论"与"唯名论"的区别），二是原罪、自由意志和预定论问题。㊲不少学者经常出入巴伐利亚的路易的宫殿，他们反对教宗。奥卡姆常与他们保持联系㊳，尤其是与帕多瓦的马西利乌斯（Marsilius of Padua）——《和平捍卫者》（*Defensor pacis*, 1324）的作者——保持联系（尽管后者观点有所不同）。在巴伐利亚的政治考验中，两种主要观念被强化：第一种观念是，政治绝对权威高于宗教权威，因为至少在理论上，统治权源于民众的选择和意志，国家和政治组织完全是天然的；法律和正义不需要再寻求合法认可，因为它们建立在自身完全合法的国家之上。马西利乌斯反对任何宗教权威原则。第二种观念是，市民或国民组成了

㉝ Walther（1976）；A. Black, below, ch. 3；关于宗教册子 *De potestate papae*，见 Miethke（1982）and（1991a）。
㉞ Belch（1965）。
㉟ Leff（1976）；Ozment（1980）。
㊱ Leff（1968），p. 229.
㊲ Stürner（1987）。
㊳ Lagarde（1956－1970），V, pp. 281－289；McGrade（1974），pp. 37ff.；又见 Miethke（1969）。

国家，国家只是其公民的集合体。政治共同体概念（相对于教会共同体而言）认为，共同体源于个人，并由个人组成，而且这些个体正式或非正式地选择了某一特定类型的政府。[39]

16 世纪早期之前，奥卡姆和马西利乌斯一直都被学习和模仿。大约 1374 年，国王查理五世命人创作了《果园之梦》(Somnium Viridarii 或称 Songe du Verger)，该书作者便广泛借鉴了马西利乌斯。与此类似，著名的公会议派作家尼姆的迪特里希（Dietrich of Niem）和方济各会修士马赛厄斯·多灵（Mathias Döring），他们也同样借鉴了马西利乌斯。马西利乌斯和奥卡姆的理论反对教宗统治权和教宗至上权威，他们的理论启发了温和的唯名论者，撰写了一批教会会议至上的论文，如皮埃尔·德阿伊（Pierre d'Ailly）和热尔松（Gerson）。这种理论即使采取最温和的形式，也仍遭到教廷的反对。这是 15 世纪政治神学的主要议题，其地位将在另一章详述。[40]

教宗已不能依靠托马斯主义保护自己。尽管奥古斯丁会修士维泰博的詹姆斯（James of Viterbo）试图运用托马斯主义的观念捍卫教廷[41]，但他的影响被多明我会修士巴黎的约翰（John of Paris）大大削弱。巴黎的约翰支持"美男子"菲利普（Philip the Fair），其观点源于阿奎那，赞同君主国家的支持者和教会会议至上主义者，而这两派都竭力反对教宗。另外，奥古斯丁修会的一些成员（包括罗马的吉勒斯）重新挖掘圣奥古斯丁的著作，搜寻几个世纪前在教会与帝国的斗争中曾经使用过的观点。他们认为，每一种所有权（dominium，该词涵盖了从王权直到简单的财产所有权等一系列概念）都是因恩典而生的上帝的礼物；教宗作为世间神恩的源泉，它必然是所有世俗权威的来源。即使教宗"同意"君主是世俗权威的实际执行者，但毫无疑问，世俗权威源于教宗权威，而教宗也拥有行使世俗权威的权利。再者，教会是基督徒的共同体（corpus mysticum christi），所有过去、现在和未来升入天堂的个体与基督成为一体。在俗世，教宗如同天堂的基督，领导着现世的基督徒。

在牛津大学，奥古斯丁主义呈现新的方向，并以间接的方式，证

---

[39] Quillet (1970).
[40] A. Black, below, ch. 3, and (1970); McReady (1975); Hendrix (1976).
[41] James of Viterbo, De regimine Christiano.

明了它对政治学说的根本重要性。当有人问道不支持上帝的绝对权力，是否意味着预定论信仰？是否意味着放弃了自由意志和救赎道路上的独立行动？像皮埃尔·德阿伊这样的唯名论者，他们给出的答案在于区分绝对权力（*potestas absoluta*）和秩序权力（*potestas ordinata*）。秩序权力就如同旷野中的指路明灯，是上帝和人的某种约定；人无须害怕预定论，就像小孩子无须害怕父母权威，因为父母自然爱着他的孩子[42]；通过这一方式，人获得了某些自由。[43] 对唯实论者来说，事情更为复杂。邓斯·司各脱（Duns Scotus）进行了慎重的响应[44]，其观点后来被托马斯·布拉德沃丁（Thomas Bradwardine）的决定论所继承。布拉德沃丁是牛津大学莫顿学院院士，后来成为坎特伯雷大主教。在其著作《论上帝反对贝拉基主义者的原因》（*De causa Dei contra Pelagium*）中，他假定上帝是完美的，不产生任何矛盾，而且每件事情都有一个起点，即第一动因（a first cause）。比如，如果人确实具有意志，那么人的意志完全依赖于上帝的意志。人类行为绝不能脱离第一动因，即上帝意志。随之产生了一个重要问题：上帝的意志会犯错吗？上帝自身可能犯错吗？神学家会详细讨论这一问题。布拉德沃丁认为，原罪的存在是上帝设计创世和救赎的一部分。其逻辑结论就是，因为上帝没有矛盾，所以每个人的命运完全由上帝意志所决定；只有神恩才能拯救罪人。布拉德沃丁在反对贝拉基异端（Pelagian heresy，认为人类完全自由，且独立于上帝）的问题上，与奥古斯丁保持一致，但他冒险进入了预定论的危险领域。[45]

预定论的政治内涵体现在另一场论战中，其中一方是托钵僧修会，遭受反驳的一方是另一位牛津的大师理查德·费茨拉尔夫（Richard Fitzralph）。这位可敬的神学家、阿尔马的盎格鲁-爱尔兰大主教（Anglo-Irish archbishop of Armagh）与方济各会修士意见不合。自13世纪中期以来，托钵僧已经触及福音的贫困（evangelical poverty）这一关键问题的核心，这一问题转而又影响着财产问题。[46] 随着方济各会的建立，并通过创立者的声望和封圣，福音的贫困这一

---

[42] Wilks（1964）；Oakley（1964）；Courtenay（1971）.
[43] Miethke（1991b）.
[44] Vignaux（1934）；Pannenberg（1954）.
[45] Leff（1957）；Oberman（1956）；Genest（1992）.
[46] Coleman，载于 Burns（1988）。

教义使基督成为基督徒生活的绝对典范,并受到极大关注。基督不是穷人中的赤贫者吗?他没有个人财产,没有权力欲望;因此,方济各会修士们自愿抛弃个人财产,过"福音式"贫困生活。方济各会的这一教义既危险又容易产生歧义,自身便导致了教会财产合法性问题。对此,教宗辩驳强调,方济各会的贫困并非因为追随基督的榜样,而是因为他们自愿过苦修生活。至于他们的财产,教宗拥有所有权,而修士们拥有使用权。1279 年,教宗尼古拉三世(Nicholas Ⅲ)首先阐释了这一折中观点,后来教宗约翰二十二世(John XXⅡ)于 1322 年和 1323 年彻底推翻了该观点:为了杜绝日后一切争辩,教宗裁定基督既拥有物质财产又拥有绝对所有权(dominium)。费茨拉尔夫在其《论救世主的贫困》(De pauperie salvatoris, 1356)一书中,依据奥古斯丁神恩理论,重新解释了财产问题。他写道,最初的所有权属于上帝,因为神恩它才被赠予;享有神恩的任何人都可以拥有所有权,就如同人类堕落之前,那时万物都被共同拥有,就像基督及其使徒一样。托钵僧不能将这一所有权当作特权,也不能宣布放弃;他们不是神恩的裁定者,神恩只能由上帝裁决;他们离开恩典便不能过度索取权利,在所有权问题(proprietas,如同它所衍生的使用权一样,是受实在法管辖的人类事务)上,或者在教会范围内,托钵僧应同其他人一样,必须服从教宗权威和教阶制。[47]

与费茨拉尔夫相比,另一位神学家约翰·威克利夫(John Wyclif)走得更远。威克利夫是极负盛名的牛津大学学者,但其教士生涯却停滞不前。他是唯实论者中的极端派,同时也是奥古斯丁的狂热信徒。[48] 截至1373 年,他有五篇著作涉及政治问题:《论神之主权》(De dominio divino)、《论世俗主权》(De civili dominio)、《论国王的职权》(De officio regis)、《论教会》(De ecclesia)和《论教宗的权柄》(De potestate papae)。针对布拉德沃丁和费茨拉尔夫的命题,威克利夫指出,有罪之人没有所有权;相反,享有神恩的人却对万物拥有所有权,并且与同享神恩的人共同分享所有权。如果拥有和使用财产的合法性要依靠恩典而且只能依靠恩典,那么相反的,民事财产的

---

[47] Walsh (1981).
[48] Robson (1961);Kenny (1985);McFarlane (1952);Kaminsky (1963);威克利夫的作品清单见 Thomson (1983)。

合法性则只能依靠实在法。简言之,存在双重合法性:一个是神圣的,依靠神恩和预定;另一个是人造的,依靠财产权和人定法。但是没人能够罔测神恩。威克利夫不同于其他奥古斯丁主义者,他反对教宗特权,否认教宗作为神恩仲裁者的任何权利,他更承认实在法对"世俗罪人"("material sinner")的惩罚。威克利夫主要贬斥那些自以为具有神恩裁决权的教士——他们凭借欺骗手段,掌控了教会的核心权力和财富。教宗及其奥古斯丁派的拥护者遭受指责:教宗因君士坦丁赠礼而彻底堕落,他并非圣彼得的继承人[君士坦丁赠礼指 8 世纪中期,皇帝授予教宗领土权的文书,15 世纪时被人文主义者洛伦佐·瓦拉(Lorenzo Valla)证明系伪造]。圣经是基督给人类唯一可靠的指引,在威克利夫的门徒翻译的圣经中,并未提及教宗只言片语。教会必须回归真正自我,欲达此目的,就要剥夺教会自身财富,还要恢复教士的真正职责,即在国王、领主和地方官员的军事保护之下进行宗教指导和精神关怀。因此,曾是教宗最强大武器的奥古斯丁主义,转而反对教宗。

这些理论及其内涵,被英国统治阶层的部分权贵所接纳。刚特的约翰,即兰开斯特公爵(John of Gaunt, duke of Lancaster)支持威克利夫。许多与宫廷关系密切的绅士名流保护那些传播威克利夫学说的教士和缮写员。至少 1410 年之前,查抄教会财产的观念就在英格兰传播。然而总的来看,威克利夫及其罗拉德派追随者们失败了。1381 年农民起义之后,所有颠覆性活动都遭到抵制,这意味着,被教会指责的威克利夫圣餐学说,让害怕异端的贵族感到惊恐。大约在下一代时间内,这场运动就这样土崩瓦解了。⑭

然而,这些观念还会在波希米亚继续存在。在那里,教士同布拉格大学内的德国、捷克成员的对抗形势一触即发。费茨拉尔夫和威克利夫的著作为人熟知:大学内的德国教师是唯名论者,而捷克教师是唯实论者。最受欢迎的改革者扬·胡斯(Jan Hus)曾读过威克利夫的著作;虽然胡斯想提出自己的理论,但他的著作《论教会》(*De Ecclesia*)几乎四分之一的内容直接借鉴自威克利夫,而且胡斯对教会的定义,即教会是所有选民的共同体(*omnium predestinatorum uni-*

---

⑭ McFarlane (1972), pp. 139-232; Thomson (1965); Hudson (1988).

versitas）则完全是威克利夫的观点。[50] 真教会其实就是基督的神秘身体，但明显不同于战斗的教会（Church Militant）。战斗的教会由现世之人组成，除了得救的选民，还包括那些将下地狱的人。基督仍是战斗的教会中选民的领袖，但是罗马教会（Roman Church）的领袖不是基督的代表；他至多是基督的仆人。况且，罗马教会不是普世的教会，比如还有希腊教会。胡斯的普世教会观点非常重要，据此观点，选民是否属于罗马教会无关紧要。早期教会存在五个宗主教区（five patriarchates），胡斯据此认为世上存在不同形式的教会是合法的。[51] 此外，如同圣彼得一样，那些因德行而成为基督代表的人们，在精神事务之外没有权力。他们要服从世俗权威；至于他们自身的权威，则来源于讲授圣经的权利，是有限的权威。

胡斯的理论在波希米亚、波兰和东欧影响广泛。[52] 然而，这些理论在其他方面也产生了更深远的影响。以奥古斯丁的上帝绝对权威论、神恩论和预定论为基础，威克利夫和胡斯发展出一套详尽的理论，证明教会服从世俗权威的合理性，从而为新政治秩序奠定了基础，即宗教改革。这一时期，甚至东正教君主也通过与教宗达成协议来准备建立新秩序。[53] 教会大分裂（Great Schism，1417）结束后，谈判的确符合君主利益，因为教宗也足够安全，准备做出让步，承认君主对本国教会进行一定程度的控制。逐渐地，君主不再支持教会会议，转向来自唯名论的赦免理论（oblivion theories），并逐渐提出教会整体高于教宗的思想。危机过后，教宗及其神学家们很少遇到有力的反抗；他们重又转向旧托马斯主义和奥古斯丁理论，并以此证明教宗对教会会议和君主拥有绝对权力（*plenitudo potestatis*）。[54] 教宗看上去赢得了战斗，仿佛捍卫了基本理论，但却仍没能成功回击威克利夫和胡斯。

库萨的尼古拉（Nicolas of Cusa）卓有成效的工作，及其旨在恢复教会内部和谐的"共识神学"（consensus theology），更多面向过

---

[50] *Tractatus de ecclesia*；见 Spinka（1966）。
[51] Spinka（1966），pp. 388–389.
[52] Kaminsky（1964）.
[53] Ozment（1980），pp. 182–190.
[54] 比如 St Antoninus，见 Congar（1970）和 Torquemada，*Oratio synodalis de primatu*。

去而非未来。⑤ 这种共识并非"民主"进程的结果，而是所有受到圣灵（Holy Spirit）启示的人们的一致意见⑤；它行之有效，不是要依赖教会共同体或帝国共同体内的代表机构，而是要依赖作为各自共同体化身的教宗和皇帝。教会不是孤立的构成因素；库萨试图恢复帝国和平与和谐，他想恢复皇帝被诸侯僭越的帝国权力，从而挽救德意志民族。皇帝是公共利益的守护者；为了获得权威，皇帝不得不向诸侯和选民宣誓，也要处理危害公众利益的事情。⑤ 这样，库萨非常明确地转向当代政治，建构了二元体制，其中教会（教宗权）和国家（君权）共同并存而非等级关系（皇帝通过选举机构被民众"推举"出来），以此达到普世和谐。在意大利作家的作品中，同样发现了教宗和皇帝的这种二元理论，只是表现为不同的分析过程，比如安东尼奥·罗塞利（Antonio Roselli）的《君主国》（*Monarchia*），皮耶罗·达蒙特（Piero da Monte）的著作（尽管通过最后的解析，他承认了教宗在精神事务上的绝对权威）⑤，以及埃涅阿斯·西尔维乌斯·皮科洛米尼（Aeneas Sylvius Piccolomini）的著作。⑤ 然而，这些意大利作家只不过罗列了两种绝对主义，而库萨比他们都更重视和谐与协同合作。

第七节 法律与政治

神学家中"明星"人物辈出。库萨致力于神学，但他同时也是一位教会法博士；罗塞利（Antonio Roselli）先后在帕多瓦（Padua，达蒙特曾在那里做过他的学生）和锡耶纳（Siena，埃涅阿斯·西尔维乌斯曾在那里做过他的学生）做过法学教授。在教会会议上，当进行教会辩论和政治辩论时，正是教会法学家［弗朗切斯科·扎巴雷拉（Francesco Zabarella）在康斯坦茨，尼古拉·德图德柴斯 Nicholas de Tudeschis（又名帕诺米塔努斯，Panormitanus）在巴塞尔］使众多神学家相形见绌。神学家们在嘲弄"愚蠢的政治"（*idiotae*

---

⑤ Cusanus, *Concordantia*；见 Sigmund（1963）；Mohr（1958）；Watanabe（1963）。
⑤ Watanabe（1963），p. 187.
⑤ *Concordantia*，Ⅲ，pp. 31 – 32.
⑤ *De potestate romani pontificis et generalis concilii*；见 Haller（1941）。
⑤ 文本载于 Piccolomini，*Epistola de ortu*, pp. 50 – 100；见 Widmer（1963）。

politici）时[60]，他们是在做最后一搏。君主们已做出自己的选择，他们让法学家充斥其谘议会和行政部门。教会法学家[61]习惯罗马法原则，熟悉神学问题，他们犹如"船夫"，游弋于神学和罗马法洪流之间。[62] 教会法学家之所以能够两者兼顾，那是因为法学和神学存在一些共同的理论。比如，自然法观念体现着神法[63]，对神学家来讲，自然法决定着财产和权力难题，对法学家来讲，自然法决定着法律和立法的合法性。

一些人摒弃了神权政治观念——法律由上帝授予并由教宗全权（*plenitudo potestatis*）执行——而他们要面对人类创立法律的命题。人定法或者由君主个人创造（称为活的法律，*lex animata*），或者通过更为复杂的程序创造，立法范围从议会形式的立法［经过同意而立法的系统，使所有人成为"人类立法者"（*legislator humanus*）］[64] 到承认习俗的正当价值，而习俗自身则因得到默许而合法。[65] 然而，人定法只有符合自然法才算合法，而自然法因为源自神法，则更为高级。巴尔多·德乌巴尔迪（Baldus de Ubaldis）以及14世纪意大利最具影响力的法学家巴尔托鲁（Bartolus）[66]，都认为教宗也要服从推演自圣经的自然法。英格兰国王曾要求继承法国王位，当裁定该行为的合法性时，英国法学家约翰·福蒂斯丘爵士（Sir John Fortescue）毫不犹豫地援引了自然法（*lex naturae*），就是因为它高于任何人定法，他曾写道，"自然法高于习俗和法规"（"dignitate vero jus naturae prevalet consuetudini et constitutioni"）。[67]

法学家们借助全部法律手段，旨在解决诸如统治权（sovereignty）之类的问题。巴尔多（Baldus）特别关注君士坦丁赠礼（Donation of Constantine），该赠礼似乎与民法原则相矛盾，即统治者不能让与王国的任何一部分。[68] 其中一个原因是，巴尔多认为王国或公国是

---

[60] Krynen（1991）.
[61] Ourliac and Gilles（1971）.
[62] Paradisi（1973）；Maffei（1966）；Gilmore（1941）.
[63] Oakley（1981）.
[64] 帕多瓦的马西利乌斯的用语；见Ullmann（1975），pp. 204–214，和（1961），pp. 283–286。
[65] Doe（1990）.
[66] Canning（1987）；Woolf（1913）.
[67] Doe（1990）；Fortescue, *Opusculum de natura legis nature*，第一册，第5章。
[68] Maffei（1964）；Canning（1987），pp. 45ff.

"公共团体"(巴尔多借鉴了西塞罗的概念[69],将其定义为王国的"公共事务"),因此不会消亡:"政治体不会消亡,因此它没有继承人,因为它独立存在"("non enim potest respublica mori; et hac ratione dicitur quod respublica non habet heredem quia semper vivit in semetipsa")。[70] 这一观点构成了国家观念的基础。因此,王权受到限制,统治者不能损害公共团体,而且,以宗教名义的宣誓对继承者也具有约束力。[71] 另一个重要的原因是,法律上的统治权(皇帝的统治权)和实际上的统治权(通过其他国王、公侯或领主履行)存在区别。巴尔多运用这项原因解释了詹加莱亚佐·维斯孔蒂(Giangaleazzo Visconti)的身份。维斯孔蒂虽是皇帝的臣属(1395年,皇帝出售给他公爵爵位),但他还是一位君主(princeps),享有充分的权力(plenitudo potestatis)。[72] 像维斯孔蒂这样的君主,其诸项权利来源于皇帝,一个典型的证据便是,1158年弗雷德里克·巴巴罗萨(Frederick Barbarossa)在龙卡利亚会议(Diet of Roncaglia)上曾列举过这些封建权利清单。巴尔多对封建权利(Libri feudorum)的评论,被贝尔纳(Bernard de Rouserge)的著作《赞美法兰西的荣誉》(Miranda de laudibus Francie,1450)所借鉴,并被用来提高法兰西国王的优势。[73] 统治权在法律上和实际上有所区别的观念,连同不可让与原则,成为法国高等法院(parlements)成员和许多君王的法学家们有效使用的强大武器。

在评论国王法(lex regia)时,尽管有人强调民众同意在立法过程中必不可少的作用以及国王权威的民众来源,而且,即便那种国王行为必须符合基督徒道德框架的主张,压抑了拥护国王立法权的热忱,大部分法学家还是支持绝对主义观念(absolutist ideas),并努力促其发展。在法国的一个案例中,来自尼姆(Nîmes)的律师让·德特雷弗梅尔(Jean de Terrevermeille)极力主张要完全服从真正的君主(此时的法国王太子,未来的查理七世)。[74] 百年战争伴随着内乱,

---

[69] Mager (1968) and (1984).
[70] Baldus de Ubaldis, Consiliorum... volumen tertium, fol. 45v, 转引自 Mager (1991)。
[71] Kantorowicz (1957), pp. 397–401.
[72] Canning (1987), pp. 221ff.
[73] Arabeyre (1990), pp. 322–323.
[74] Krynen (1981) and (1993); Barbey (1983).

使法国知识界认识到自己的国家缺乏有效统治：让·茹沃纳·德乌尔森批评国王是"权力不足的消极暴政"（"passive tyranny...of inadequate power"）[75]；为了保护法国君主制——两害相权取其轻——最好加强君主制。甚至曾为教会规划"民主"模式的热尔松也成为绝对主义的辩护者："圣保罗指出，所有权威来自上帝，谁违反权威就是反对上帝的法令"，这一真理在法国更有力，因为法国君主比其他国家的君主得到了上帝更多的"赞许和荣耀"。然而，即便在法国，也并非所有的理论家都赞同这一点。[76]

在英国，福蒂斯丘整理阿奎那有关"政治的与国王的统治"（dominium politicum et regale）的理论，并著书《论英格兰的政制》（Governance of England）。此书用英语写成，并与其另一部拉丁语著作《英格兰法律礼赞》（De laudibus legume Anglie）一起，共同指导着爱德华（亨利六世的儿子和继承人）。在其著作中，福蒂斯丘区分了"国王的统治"（dominium regale）和"政治的与国王的统治"（dominium politicum et regale）两种类型。第一种类型诸如法国，其国王实是暴君，未经民众同意便向他们征税并使之贫困。第二种类型诸如英国，政治（politia）得到有效体现，而且民众积极参与统治。如果说该理论宪政意义有限——福蒂斯丘强调国王谘议会而非议会的作用——[77]但它在法律上却影响深远：该理论将大陆法与第一种类型的政权相联系，将英国普通法与第二种类型的政权相联系。遵照传统，这种观念在英格兰已经非常强烈，以至于人们猜疑伍斯特伯爵约翰·蒂普托夫特（John Tiptoft）被判死刑的主要原因，是妄图将罗马法继而将暴政引入英国。[78] 另一位法学家彼得·冯·安德罗（Peter von Andlau），可与福蒂斯丘相提并论，他既支持"国王的统治"形式，又对"政治的统治"模式非常感兴趣。他对后者详加阐述，并将注意力集中于市镇。[79]

如同神学家一样，15世纪法学家争论的大部分重要问题都延续

---

[75] Lewis (1993), p. 178.
[76] Gerson, Oeuvres complètes, VII (2), p. 1140; 参考 Krynen (1981), pp. 322-326。
[77] McIllwain (1932); Burns (1985).
[78] Hazeltine (1942); 又见 Farr (1974), pp. 102-109, 关于 lex fisci。
[79] Andlau, De Imperio Romano-Germanico libri duo; 福蒂斯丘与安德洛的比较，见 Burns (1992), p. 119。

自上一世纪。15 世纪的法学家都不具有独创性，也不享有巴尔托鲁（Bartolus）和巴尔多（Baldus）那样的声誉。究其原因，恰是因为法学家在每个权力领域都获得了成功，这一解释貌似自相矛盾。那个时期法律文献非常丰富。在频增的立法活动中，法学家起了重要作用（英格兰和德意志已经发展到试图禁止法学家进入立法机构的程度）。这种情况体现在以下诸多方面：王室法（从法兰西国王的条令到英格兰的制定法）；地区或市镇法汇编（伊比利亚的法典或纪要，德国市镇的账簿或法典）；判例汇编，其中某一法院［如教宗最高法庭（pontifical rota）、巴黎最高法院（parlement of Paris）］要高于其他法院[80]；汇集了英国法官司法判决案例的《年鉴》（Year Books）。法学家或者应委托人的要求，或者出于法庭本身的需求，投入大量时间起草法律意见（consilia），即提请法庭处理的专家意见。这些法律意见是德意志和意大利法学家们的核心成果，有时被收集起来甚至印刷成册。[81] 与早期相比，15 世纪时的法律与日常行为更加息息相关（包括对政治生活的影响），而不只是注重理论。例如，英国法官们从前在法律意见中详细阐述的理论，现在常代之以简短的序文，或者仅是略加提及。[82]

第八节　文学与政治

神学家与法学家存在诸多共同点。他们作为受过教育的专家，所使用的语言尽管精确，但由于专业性太强致使外行难以理解。所以，他们与非同行谈话时不得不弃用专业语言，比如热尔松和福蒂斯丘。从这一时期开始，在如下人群中出现了众多潜在的读者：国王本人、出入宫廷的人员、行政人员、老练的商人以及城市寡头。读者大众变得如此广泛和多样化，使政治逐渐渗透到散文和诗歌等各种文学体裁中。托钵僧会通过创造一种文学体裁——"君主明鉴"（"Mirror of Princes"）——而开辟了这一道路。这是一类关于统治者形象的卓越的布道式著作，其中最具成就的要属罗马的吉勒斯创作的《论君主

---

[80] Wolf，载于 Coing（1973）；Dolezalek 等，载于 Coing（1973）。
[81] Kisch（1970）。
[82] Doe（1990）。

制》(De regimine principum, 1277—1279)。直到 15 世纪该著作的话题不衰且具有吸引力，至今还遗存着众多译稿和改编本。[83]《论君主制》影响了其后的一批著作，比如弗兰西斯克·埃克莫尼斯（Francesc Eiximenis）在 1385 年至 1386 年间创作的《共和国政府》（Regiment de la cosa publica），托马斯·霍克利夫（Thomas Hoccleve）于 1412 年编著的《君主制政府》（Regement of princes），以及几年后为英格兰的亨利六世匿名创作的《献给亨利六世的君主制政府论文集》（Tractatus de regimine principum ad regem Henricum sextum）。[84] 索尔兹伯里的约翰的《论政府原理》（John of Salisbury's Policraticus）虽然创作于 12 世纪，但因其诛杀暴君的议题和作品中的古典文献（并非所有文献都可信），依然深受欢迎。而伪亚里士多德的《秘中之秘》（Secretum secretorum）原作于东方而非希腊，其众多版本四处流传。

与国王及其行政部门来往密切的专业或准专业的学者们，创立了"明鉴"（"Mirror"）文学体裁。但本笃会修士约翰·莱德格特（John Lydgate）是个例外。托马斯·霍克利夫是英国文秘署文员（chancery clerk），而胡安·德梅纳（Juan de Mena）是卡斯蒂尔的胡安二世（Juan Ⅱ of Castile）的官方史学家。阿兰·沙尔捷（Alain Chartier）毕业于巴黎大学（他的兄弟后来成为本地主教），曾做过皇家秘书，因出使多国从事外交任务而闻名。沙尔捷的著作专为宫廷中的王公们而作，深受欢迎，胜过了克里斯蒂娜·德皮尚，许多手稿留存至今，其中许多标题揭示了当时的事件与焦点。[85]

"明鉴"（"Mirror"）文学体裁主要讲授国王治国安邦的必备素质。作者列举了国王所应具备的品质，以及所有因职业或社会地位而位居领导位置的人具备的美德：公正、克己、慷慨、审慎、知人善任。专业作家和宫廷诗人用叙事框架扩展了主题。他们精通这类文体，使用一致性的语气和语言，且选择吸引读者的题材：从秘密到饮食、从健康保健到相面术和占星术（克里斯蒂娜·德皮尚的父亲曾

---

[83] Singer (1981).
[84] 载于 Four English political tracts of the later Middle Ages, pp. 40 – 168。
[85] Chartier, Poetical works, Œuvres latines, Le quadrilogue invectif and Le livre de l'espérance; Rouy (1980); Walravens (1971).

做过查理五世的占星师），所有主题都起着重要作用；他们认为，精神健康依赖身体健康，并决定着政治体制。这类作家借鉴"社会阶层文学"（"literature of the social orders"，代表作是杰弗里·乔叟的《坎特伯雷故事集》），创造出贵族文学类型，勃艮第的作者尤其擅长此道。[86] 奥维德（Ovid）、瓦莱里乌斯·马克西姆斯（Valerius Maximus）和薄伽丘（Boccaccio）的著作，通常包含着一系列诱人的故事、传奇、历史和说教故事。总体而言，这些著作包含在寓言框架之内（追求想象和虚构），并运用对话和象征主义表现方法实现戏剧化。最重要的是，拟人法的运用赋予抽象的观念以生命；文字紧扣心弦，吸引着读者的才智。与传统论辩、修辞学远远不同，这种方法使作者和读者之间建立起联系，从而成为传达政治观念、政治形象和政治经验的工具。政治由此进入个人经验的领域。

文学发挥着新的作用，这是最重大的革新。即使政治道德遭受破坏，美德本身也无变化。在政治体系中，人际关系仍是决定性因素，掌权者的美德（或恶习）至关重要。贵族这一社会领导阶层，仍需要培育美德从而形成真正的贵族气质，缺乏美德便有失尊贵。对于该主题，克里斯蒂娜·德皮尚在15世纪初即有所阐述。[87] 其他主题也频繁出现，其中包括和平、名望和命运。然而，政治观念并非原创，但它们之所以仍具有影响力和趣味，那是因为表达所用的文学体裁和语言，也是因为政治观念通过一套复杂的规则进入实际权力关系中，而该规则包括连续的、有时是矛盾的献词。[88] 尽管这类文学来自意大利，但它在西欧基督教国家（英格兰、法兰西和勃艮第）的主要宫廷也深受欢迎。这类文学还出现在伊比利亚（尽管范围较小）。在那里，约翰·高尔（John Gower）的《一个情人的忏悔》（*Confessio amantis*）被译成葡萄牙语和卡斯蒂尔语。1444年，胡安·德梅纳向胡安二世献上了《时运迷宫》（*Laberinto de fortuna*）。然而，在意大利半岛和德意志，除了贵族美德和恶习的主题外，该文学类型鲜为人知。沙尔捷的著名诗作《无情的妖女》（*La belle dame sans mercy*）被译成英语、卡斯蒂尔语和托斯卡纳语，但是他的政治作品只被译成了

---

[86] Vanderjagt (1981).
[87] Christine de Pisan, *Le livre du corps de policie*, p. 135.
[88] Gauvard (1973).

英语。

应该指出，那些作品有时也针砭时弊，但政治文学并不完全局限于此类作品。中世纪末期，已经存在一系列著作，它们远不同于已知的文学体裁，也相异于已知的专业作家领域，这类著作被称作"抗议文学"（"protest literature"）。[89] 在英格兰，相关例证尤其多，这些例证仍旧保存在札记簿和个人随笔之中。这类文章言辞激烈，批评税收者的贪婪和上层的恶习，所以它们注定是永远深藏水下的冰山一角。然而，编年史有时能反映它们的思想，比如那些流传于1381年反叛"劳动者"中的思想。[90] 最终，因为这一时期异端运动要宣传自己的主张，包括政治主张，他们便将先辈们博学深奥的拉丁著作译成本国语。罗拉德派就曾发行过几种有关威克利夫政治思想的英文改编本。

同时，人文主义迅速扩散到意大利半岛。在那里，城市为社会、政治和文化领域提供了新的机遇。"人文主义者"这一术语只是到了15世纪末才出现，用来定义那些致力于人文研究（*studia humanitatis*）的人。人文研究包括历史、伦理、文法、修辞以及诗歌，但不包含逻辑学和四艺（*quadrivium*），课程提纲也完全不同于中世纪大学。这样的课程顺应了意大利城市的文化现实，而这种文化现实根植于有活力的市民生活和经济生活。在意大利诸城市，自13世纪末期开始，抄写员们［scribes（*dictators*）］就已经在向未来的律师和商人教授书写方式和书信体裁。为了反对主要针对大学学者的"法语式"书信艺术（*ars dictaminis*），这些抄写员转向古典文法。然而，社会约束禁止他们舍弃书信艺术，他们受雇在意大利国家文秘署教授和使用这种旧式书信艺术，最初只是在自己的诗歌和书信中保留新文体。但是，彼得拉克（Petrarch）惊人的成功确保了新文体的最终胜利；15世纪初，至少在佛罗伦萨，古典文体最终获胜，并从私人范围发展到公共领域，从文法学发展到修辞学。[91]

这种文体预示着新观念吗？有关思想已得以阐述，理论呈现出

---

[89] Coleman (1981).
[90] Justice (1994).
[91] Witt, 载于 Rabil (1988)。

"市民人文主义"("civic humanism")的特点[92],而且基本是共和政体式的。这可见证于佛罗伦萨共和国。该国在 1402 年奇迹般地击退了号称古罗马的化身米兰的詹加莱亚佐·维斯孔蒂(Giangaleazzo Visconti)的进攻。莱奥纳多·布鲁尼(Leonardo Bruni)在其创作于 1400 年的《佛罗伦萨城市礼赞》(*Laudatio florentinae urbis*)[93]中,已经表达了共和国观念,他赞美了故乡的辉煌、政体和命运。在佛罗伦萨文秘署的官方信件中,大臣科卢乔·萨卢塔蒂(Coluccio Salutati)以及后来的布鲁尼本人,都从赞美自由开始,颂扬共和价值,反对维斯孔蒂的暴政和专制。这些观点同样存在另一个共和国——威尼斯共和国。布鲁尼曾和皮耶尔·保罗·维吉里奥(Pier Paolo Vergerio)展开论战,而维吉里奥在其《论威尼斯共和国》(*De republica veneta*)中,宣称威尼斯统治优于其他所有统治。[94]这些著作表述了城市主权或者源于民众的学说,但它们的表述并非新创,这些学说在其他许多著作中皆有不同程度的论述,比如阿佐(Azo)、巴尔托鲁(Bartolus)、卢卡的托勒密(Ptolemy of Lucca)的著作,甚至还有帕多瓦的马西利乌斯(Marsilius of Padua)的著作。但是,布鲁尼和维吉里奥从亚里士多德的"至善政体"观点出发,分别论证了佛罗伦萨和威尼斯政体各自的优点。布鲁尼实际上完全重译了《政治学》(*Politics*)。佛罗伦萨人马泰奥·帕尔米耶里(Matteo Palmieri)曾担任多重职务,他受亚里士多德、西塞罗的启发,创作了《市民生活》(*Della vita civile*)。在该书中,他赞颂市民的和谐与共识,劝导同胞献身自己的故乡。佛罗伦萨人帕尔米耶里、波乔(Poggio)和布鲁尼都强调亚里士多德学说,即强调法律与正义在保障城市共同体和平上的重要性。唯一创新之处在于,帕尔米耶里和达蒙特曾探寻柏拉图的影响;米兰人皮埃尔·坎迪多·德塞姆布利奥(Pier Candido Decembrio)已经在曼努埃尔·赫里索洛拉斯(Manuel Chrysoloras)的帮助下翻译了柏拉图的《理想国》(*Republic*);在威尼斯,特拉布宗的乔治(George of Trebizond)则正在翻译《法律篇》(*Laws*)。然而,直到 15 世纪末,柏拉图的影响才占据主流。

---

[92] Rabil (1988), pp. 140-174; Baron (1966).
[93] 写于 1402—1403 年,见 Baron (1968)。该著作是在米兰人失败之后的回应。
[94] Rubinstein (1979),特别见 p. 210。

我们不应妄自认为意大利人文主义与共和主义存在必然的联系。佛罗伦萨人文主义者贬斥君主国家的专制统治，而君主国家也会招募其他人文主义者维护自己，并赞扬君主统治优于城市体制。安东尼奥·洛斯基（Antonio Loschi，讽刺的是，他是萨卢塔蒂*的学生）是詹加莱亚佐·维斯孔蒂的秘书，他的信件与佛罗伦萨文秘署大臣的信件相抗衡，而德塞姆布利奥的《赞美城市米兰的演讲》（*De laudibus Mediolanensis urbis panegyricus*，1436）成为与布鲁尼的《佛罗伦萨城市礼赞》匹敌的对手。许多特殊场合的演讲［比如德塞姆布利奥为菲利波·马里亚·维斯孔蒂（Filippo Maria Visconti）所作的颂词］，充满着对君主的溢美之词⑨，描绘了"明鉴"中模范君主的理想形象，粉饰君主美德。彼得拉克给弗朗切斯科·卡拉拉（Francesco Carrara）的书信就曾论述过君主美德。德塞姆布利奥在其《论共和国》（*De republica*）中，论证了米兰体制的理论基础。德塞姆布利奥支持米兰，维吉里奥和达蒙特支持威尼斯，而布鲁尼和帕尔米耶里支持佛罗伦萨。⑯

人文主义者明白，他们自己捍卫的观念和价值存在着矛盾。萨卢塔蒂、布鲁尼和洛斯基已经产生了"文人共和国"（"republic of letters"）的观念，该"共和国"会聚着新文体的代表人物，尽管他们各自政见有所不同。莱昂·巴蒂斯塔·阿尔贝蒂（Leon Battista Alberti）于1443年至1450年间完成的一篇杰作《莫墨斯》（*Momus*）敏锐地把握了这一趋势。在书中，他叙述了莫墨斯神因批评朱庇特神（Jupiter）而被放逐人间的神话。莫墨斯侵犯了众神，于是众神将最令人敬仰的女神维耳图斯（Virtus）在其子女的陪同下，派往世间重建真理。她的女儿劳斯（Laus）常用花环装扮头发，莫墨斯于是变作常春藤利诱玷污了劳斯；这次结合生出了怪物法马（Fama）。刚一出生，这个怪物便能讲话，到处宣扬维耳图斯的孩子们劳斯、特洛菲斯（Tropheus）和特留菲斯（Triumphus）是凯撒斯（Casus）和福耳图那（Fortuna）——寓指机遇和命运——的后代。这篇神话所表现的虚无主义和讽刺的道德哲学证明，只有谄媚和伪善才能取得政治上

---

* 萨卢塔蒂反对维斯孔蒂的专制统治。——译者注
⑮ Finzi（1991）；Rubinstein（1991），pp. 31 – 34.
⑯ Rabil（1988），pp. 235 – 263.

的成功，而美德和传统价值观无关紧要，流浪汉的懒惰被视为最道德的行为。⑰ 当然，人们也可从这篇神话中得出不同的教训：要想成功把握时机，人们必须懂得如何使人信服，懂得劝说，如果有必要，甚至可以巧妙地说谎。对于人文学者，唯一的真理是由语言创造；万事皆源于文字。

第九节　历史与政治

有一领域迅速烙上了人文主义的印记，这一领域便是历史。到15世纪，修道院书写历史的传统大部分行将消亡。如同政治一样，历史也历经了文学的改造；让·傅华萨（Jean Froissart）的著作在贵族和中产阶级圈子中的成功便是证明。于是，出现了几种新史学：法国、英国和伊比利亚的民族史（在那里，统治和主权国家成为编年史的写作框架）；德意志和意大利半岛的城市史；传记；旅行、战争以及非凡探险的札记，有时由参与者亲自书写。这些新史学几乎涵盖了所有的语言和文学形式。

在英国，民族史体现在多种版本的《布鲁图》（*Brut**）和《伦敦编年史》（*Chronicles of London*）之中。在法国，官方历史《法兰西大编年史》（*Grandes chroniques de France*）在圣德尼（Saint-Denis）编写而成，其衍生作品起到了同样的作用。一有机会，这些著作便会得以增补，而且增补工作有时由手稿的主人亲自完成。由于材料来源不同，灵感各异，使得历史成了文字的拼凑物。尽管如此，当历史被归集到同一本手稿中时，它们便会呈现出某种一致性。这将启迪读者挖掘历史，发现共同一致的命运。君主们清楚历史的这种作用，某些君主早已尝试借助历史进行宣传。系谱问题对威特斯巴赫家族（Wittelsbach）、约克家族和兰开斯特家族同样至关重要。对于那些处境艰难的公国或者遭受威胁的王国，强调统一性就会很有必要，它们常常通过美化历史（有时虚构多于现实，比如在勃艮第），或者通过宣传某个敏感政治事件（比如1471年爱德华四世重返英格兰）来达此目

---

⑰ Alberti, *Momo o del principe*, pp. 71–80, 121–129; Garin (1988), pp. 97–100, 103–109.
* 编年史的代称。——译者注

的。人们需要历史，数量众多的手稿即是证明。然而，由于历史写作的技巧、类型和语言不尽相同，从而导致局面混乱。离开宗教框架，历史仿佛迷失了方向。

人文主义带来了完全不同的方法。中世纪大学忽视历史，但人文主义研究却将历史作为核心课程。如果不赞美古罗马，还算是什么历史？历史不再试图从基督教的观点书写钦定版的普世史。借助修辞学，历史竭力呈现为令人信服的版本，能够反映政治共同体或个人命运；历史演变为政治叙述史。因此，莱奥纳多·布鲁尼自 1416 年开始编著的《佛罗伦萨人民史》（*Historia florentini populi*）以李维（Livy）为模型，令人赞叹地构筑了佛罗伦萨自罗马共和国以来未曾中断的历史。1473 年，城市共同体出资将这部著作译成意大利文。值得注意的是，除了布鲁尼，另外两位佛罗伦萨文秘署大臣波乔·布拉乔利尼（Poggio Bracciolini）和巴托洛缪·德拉·斯卡拉（Bartolomeo della Scala）[98]也写过佛罗伦萨城市史。在罗马，弗拉维奥·比昂多（Flavio Biondo）希望恢复古罗马的荣耀，于是创作了《复兴的罗马》（*Roma instaurata*）、《意大利图说》（*Italia illustrata*）以及《胜利的罗马》（*Roma triumphans*）。

现在，人们已不能认同中世纪的历史编纂原则。在当时，敌对各方的民族史立场鲜明地阐述道，由于真理自身并不存在，要通过阐述才会出现，所以真理是不客观的。人文主义者反对任何客观性，他们认为自己的著作只是做出评注，并喜欢以凯撒为范例：巴托洛缪·法西奥（Bartolomeo Facio）的《阿方索一世传记评注》（*De rebus gestis Alphonsi I commentarii*，1455）产生了深远的影响。斯福查（Sforza）的历史编纂便深受其影响。[99]然而，不管是以李维为模板的历史，抑或是以凯撒为范例的评注，所用对象和方法都是相同的——对象是政治的，方法是修辞学的。意大利城市的人文主义者弥补了西方基督教世界中现代国家的历史编纂最缺乏的因素，即主题和语言的一致性。首批受雇写作的任务随即而来。在英国，格洛斯特的汉弗莱（Humphrey of Gloucester）资助人文主义者提托·利维奥·达福尔利（Tito

---

[98] Wilcox (1969).
[99] Ianziti (1988).

Livio da Forlì），为汉弗莱的已故兄弟亨利五世国王撰写了《传奇》（*Gesta*）。在西班牙，阿拉贡与那不勒斯关系密切，促使洛伦佐·瓦拉（Lorenzo Valla）创作了《阿拉贡国王斐迪南的历史》（*Historia de Ferdinando Aragoniae rege*）。在卡斯蒂尔，阿方索·德帕伦西亚（Alfonso de Palencia）在意大利半岛跟随特拉布宗的乔治（George of Trebizond）学习，成为继胡安·德梅纳之后的王室史学家。第一部完全人文主义化的伟大民族史直到15世纪末才出现，但是人文主义运动在此之前已经起航。

概览中世纪文化地域，显而易见的是，每个地区几乎（如果不完全是）都彼此分离。这一情况表明，中世纪晚期人们要想清晰地表达所处政治现状，可谓困难重重。神学家或法学家的语言过于专业，面对新型国家权力时，不能表达出社会的问题、疑惑和焦虑。新型国家权力依然模糊，还不能为其命名，而且它正遭受战争暴力以及随之而来的政治混乱的践踏。一群学者，其中不乏伟大思想者，继续在各个领域创作着卓越的作品。掌权的精英——无论这些精英支持还是反对国家，无论他们居于西方基督教世界内的王国和公国（已发展为国家，或者将要发展为国家），还是居于其他政治体制内——成为他们的新读者，而那些著作是对这些新读者的政治抱负的回应吗？在这些政治体制内，联盟和对抗的关系网同样导致战争。教育刺激了这些精英们的求知欲，提高了他们的理解力，同样也给予了他们求知和理解的手段，但还不足以使他们阅读太专业和枯燥的文章。

历史可以部分弥补这一缺陷。社会尚不能对目前遭受的残酷冲击做出解释，但至少希望能够保留和整理历史遗产。历史的成功证明了这一社会期望。然而，至少是在意大利之外，当前和过去都同样很难让人理解。深受新大众欢迎的方言诗人和散文作家局限于不严谨的词汇，不能超越早期"明鉴"的道德俗套，他们的缺陷在于语言不够成熟。而神学家和法学家的缺陷恰恰相反，他们的语言过于专业化。

冒险精神确实能够突破新领域：福蒂斯丘尝试将自己的法学知识和政治经验相结合，透彻地分析英国和法国的制度。在这一过程中，他有效地阐释了思想观念和个人经验。15世纪末，科米纳（Commynes）比他更前进了一步。然而，新思想和新理论寥若晨星；教会会议思想的争论消失殆尽；异教徒威克利夫和胡斯的政治观念被扼杀。

但是，15世纪产生了一些根本性的原则：历史的重要性和吸引力成为现实，而且公众掌握了政治道德的主旨。人文主义赋予历史一张人类的面孔。从古典拉丁语开始，人文主义便打造出一种既具韧性又具精确性的语言，既能严肃表达抽象概念，又能通过灵活的修辞进行愉快且有力的争论。新思想从神学和法学束缚中解放出来，而这种语言将成为传达新思想的工具。15世纪，政治语言以本地语和人文主义拉丁语（humanistic Latin）的形式迸发生机，这是文化革命的时代，缓慢且不易察觉，但却无疑成为现代国家产生的必备要素，与现代国家的发展和自我表达不可分离。

让·菲利普·热内（Jean-Philippe Genet）

侯建新 译

第 二 章

代议制（始于 13 世纪）

政治代议制是基于对当选代表的授权，并在地区和国家层面实施的代表负责制度。代议制是中世纪西欧对世界历史做出的主要贡献之一。某些代议制度，比如英国议会，自 13 世纪起便已存在，且发展至今从未中断。代议制在不同国家名称各异：比如西班牙的 *cortes*，波兰的 *sejm*，德国的 *Reichstag*，挪威的 *stendermøte* 以及荷兰的 *staten-generaal*。将这些名称应用于改革后的现代制度，显然是要证明它们新的合法性。议会与国家史联系紧密，这反而阻碍了从欧洲整体上解释代议制现象。人们一般以某个典型国家为例来解释代议制（通常是英国议会），或者基于现代早期已趋于稳定的观念做出解释，并把这些简单地看作"标准"模式。比较史学大多仅限于并列叙述各国的发展，并过于强调西欧大国。

很少有人全面阐释代议制现象的起源。早在 1931 年，德国历史学家奥托·欣策（Otto Hintze）提出了最具综合性和影响力的理论。他指出了西欧代议制政府兴起这一独特现象的必要条件。欣策认为，西方的政治、社会生活，由封建制度和基督教会双系统塑造而成。高级教士，作为唯一的知识阶层，控制着新兴国家的文秘机构，能够利用基督教伦理对世俗权威施加限制。日耳曼法，尤其当它在封建制度中定型以后，其权力关系互惠的观念构成了第二个限制因素。统治者常常受制于相互的义务，且要遵守某种道德和法律准则。尤其是教会团体、教士、贵族领地和城市居民的豁免权，构成了特权群体的主体公共权利（subjective public rights）的基础。西方国家没有发展成为大一统的帝国，而是形成了松散的世界体系。这个体系共同拥有基督教价值观，而该价值观经由普世且独立的教会传播。国家间不断的竞争使国家制度不断强化,并更趋理性化。统治者借助罗马法传统,并寻求市民的积极支持,他们动用一切资源应对日益激烈的竞争。教会会议中教会模式的代议制,很容易便能移植到世俗环境中。欣策注意到,在代议制度之上,君主权威不断扩张。一方面,他认为君主权威的扩张是代议制发展所必需的条件,因为在他看来:"各地的自治组织结构排斥代议制。"另一方面,他认为毫无限制的封建主义分裂新兴国家,代议制只能在集权的国家发展和成长。①

欣策认为君主集权有利于代议制适当地发展。即使该观点已广受诟病,但他发人深省的洞见仍然令人信服。我们认为,公社(communes)同样能够很好地发展出代表制度,并能管理好公共事务。欣策对等级的结构分类,在理论和实证上都遭到否定。② 安东尼奥·马龙朱(Antonio Marongiu)在1962年发表著述,多方面论述意大利议会制度,他在1968年重新修订该著作,并扩展为"比较研究"。该著作除了论述西方主要国家的实际发展史之外,还精辟阐述了各个国家共同的特征和观念。时至今日,有关代议制的类型、结构演变和功能的争论仍然非常活跃。③

第一节 问题

一 概念与术语

现有研究没有对中世纪欧洲代议制进行总体阐释。前辈学者只关注特定类型的代议制,而忽略了其他类型的代议制度。他们将那些自己关注的代议制称为"理想形态"或真正模式,比如英国议会(parliament)、伊比利亚议会(cortes)、法国三级会议(estates general)和外省三级会议(provincial three estates)以及德国的等级会议(Stände)。而所有其他情况只能参照"理想形态"。这样的研究视野狭窄,但正是由于人为划分史料反而在许多国家发现了多种类型的代

---

① Hintze(1931), pp. 4 – 14, 40 – 42.
② Hintze(1930); Moraw(1992), pp. 5 – 6; Blockmans(1978b) and(1992).
③ Blockmans(1978b) and (1992); Töpfer(1980b), pp. 10 – 11; Krüger(1983); Blickle(1986); Moraw(1992).

表活动，这些国家包括法国、伊比利亚地区和神圣罗马帝国。在英国，1336年之后的二十余年，爱德华三世（Edward Ⅲ）与商人集团讨论羊毛的出口税问题，其中只有部分商人由地方选举，其他成员则都是被单独召集。④ 在法国，地区城市会议、贵族会议和教士会议与外省三级会议并存。在斯堪的纳维亚（Scandinavia）、弗里西亚（Frisia）、帝国南部以及瑞士地区，比如蒂罗尔（Tirol）、福拉尔贝格（Vorarlberg）、西昂（Sion）以及库尔（Chur），那里的农民被视作第四等级的代表。另外，在符腾堡（Württemberg）这样的教会领地没有重要的修道院，在那里，骑士自认为直接受国王领导，他们不再是如同贵族和地方官员那样的 *Ehrbarkeit*（显贵之人），而成为面对主教的唯一阶层。我们能够看到：在同一时间和地区并存有各种类型的代表制度；这些议会（assemblies）面临着同样的问题；在决策过程中，某一议会能够替代另一议会。因此，我们必须保持开放的态度，不能预先划分原本多样性的代议制的类型。⑤

我们已经拥有关于议会实际活动的丰富资料，然而，我们仍需进一步掌握更多基本史料。的确，我们需要出版和分析更多的史料，并以此评估代议制。得益于英格兰君主制早期官僚机构极其罕见的连续性档案，我们长期以来才能不断出版和研究议会案卷；其中还有很多有关议会成员职业状况的资料。此外，正在出版的多卷本德意志帝国会议（Reichstag）档案，向我们提供了有关神圣罗马帝国的重要信息。然而，"代议制"概念本身却仍然不甚明了。⑥ 最新的学术研究表明，只有1470年之后代议机构才确定存在。从1867年起便大量出版的《德意志帝国会议档案》（*Deutsche Reichstagsakten*）收集整理了大量史料，我们从中能够重现议会的历史。但这些议会实际上只是扩展了的法庭会议，而不是严格意义上的代表集会。19世纪的历史学家渴望探寻中世纪时代假定的民主制度的先例，但这一渴望却误导了对历史的解读。⑦ 这一误导影响非常广泛：后来的发展经常错误影响

---

④ Roskell et al. (1992), Ⅰ, p. 119.
⑤ 类似评论见：Dhondt (1950), pp. 295 – 306, 和 (1966), pp. 345 – 347; Bisson (1964), pp. 1 – 11; O'Callaghan (1989)。
⑥ Moraw (1992), pp. 10 – 19; Heinig (1990); Engel (1980), pp. 15 – 17.
⑦ Moraw (1980) and (1992), pp. 15 – 24; Boockmann (1988), pp. 298 – 307.

到对中世纪代议制度的解释。[8]

马龙朱（Marongiu）正确地驳斥了"等级"（estates, Stände, états）这一术语。"等级"术语作为综合性概念，相对于多样性的代议制现象来说过于单一。然而，马龙朱的替代术语——"议会"（parliaments），同样存在类似的问题，除非我们按照它最原始的意思将其理解为"会议讨论"。即便如此，其含义仍然与法国最高法院制度（parlement，即王室法庭）和现代议会相混淆。此外，我们过分强调史料中个别称谓的出现，并以此来说明议会制度的起源和构成，这是个错误。在人们注意到代议制存在之前，三级会议（estates general）、伊比利亚议会（cortes）、德意志帝国会议（Reichstag）以及其他一些协商代议制便已经运行很久了。因为这一制度方便实用，人们才不断地发展它。只有在那个阶段才提出了这些称谓。然而，本章涉及的是更广泛的代议制概念，已经超出了上述术语所包含的范畴。更广泛的主题界定有助于我们在时间和空间上理解差异性并发现相似性。正因为如此，我们选择使用含义更加宽泛的术语"代议制度"（representative institutions）。因为代议制度不具有特定的历史特征，不同于当代史料所做的命名，也不涉及具体的现代概念，所以该术语允许中性的描述，不会一开始就使人联想到与其他时代和地域具有类似之处。

现在，我们将要进一步阐释：（1）议会兴起、衰落或消失的年代差异及其原因；（2）议会的类型。我们需要确定政治代议制在跨地区层面上运行的具体条件。虽然欧洲的每个地区都或早或迟地出现了代议制，但其年代、持续时间及其影响却相去甚远。这也大大削弱了代议制现象所谓的普遍性。人们既不能忽略意大利北部地区（那个时代最发达的地区）或者法国中部地区业已消失的地区代议制，也不能忽略它们对中欧和东欧仅有的微弱影响。在深入探讨之前，还需预先澄清以下几点。

二 代表与选民

谁代表谁？从字面意义理解，代议制意味着代表缺席者到场。这

---

[8] Boockmann (1992a), p. 39.

可发生在一对一的个人关系之中。因为大封建主同其领主之间存在封建契约关系,所以他以个人名义被召集,并有义务提供建议和帮助。只有在不便行动的时候,他才能由其代理人代表出席。于是,大封建主被其领主召集时,他必须出席;否则,便意味着双方要公开对抗。大封建主被召集是因为他的重要封臣地位,这意味着他是一位拥有权势的大地主。因为封建领地内的居民处于从属地位,不能表达政治意愿,所以他们并不能通过封建主来代表自己。因此,在只有封建领主参加的会议上,不存在代议制。即使封建主像13世纪的英格兰、匈牙利和波兰贵族那样,自认为代表"全体民众",这也不能证明存在代议制。同样的个人召集制度也适用于具有封臣身份的高级教士。在英格兰和威尔士,21位教区主教亲自被召集。在法国,直至1468年的三级会议,每次都要召集25位大主教和主教。1483年至1484年,他们强烈反对取消个人召集的新选举制度,而且他们之中仅有24人是由辖区或领地(*bailliage* or *sénéchaussée*)选举产生的教士代表。⑨

然而,通过选举而被委以职务的教士组成的代表制度,是真正的代议制。有时候,由教士会议或修道院会议决定能够代表宗教共同体出席政治会议的人员。共同体由拥有相同司法地位的人员组成,其代议制活动进一步影响到城市和乡村的特权公社。一旦法人团体因为习俗和特权而享有正式权利,并在等级社会得到承认,他们便奠定了代议制的基础,从而能够表达他们相对于其他团体或等级的共同利益。estates("等级")一词,来源于拉丁语 *status*("地位"),最初只表示社会和司法地位。在旧制度(*ancien régime*)中,拥有特权的个人、机构和公社组成的等级制度,是当时社会的主要特征。集体而非个人拥有自由和权利。城市和农村公社拥有习惯权利(customary rights),或者在不同时期以不同形式被授予特权。这些法律地位的多元性要求他们之间要有协议和有效的约定。而途径之一,就是由代理人代表法人团体在等级会议上共同协商。⑩

1213年,英格兰国王约翰曾从各郡召集"四骑士"("four discreet knights"),可见,选举代表已经组成了地区代议制。在英格兰,

---

⑨ Bulst(1992),p. 340.
⑩ Monahan(1987),pp. 111–121.

百户区法庭和郡法庭起源于盎格鲁—撒克逊时期，它们构成政治代议制的选区。1254年，郡骑士首次参加议会。正是国家范围内早期的和系统的乡村共同体组织，促成了这一发展。这也是诺曼国王推动行政集权的副产品。在瑞典，同样是百户区构成国家代议制的基础。然而，在英格兰各郡，各个选区并不能像宗教团体、城市或农村公社那样，随意选举自己社会阶层的代表。

代议制一般被看作君主行为的结果。但这并非一直如此。在法国南部，城市代表集会便是自行定期召集。1252年，都柏林（Dublin）和德罗伊达（Drogheda）经过"城市代表共同协商"结成联盟。1285年，科克（Cork）、利默里克（Limerick）和沃特福德（Waterford）又加入该联盟。联盟规定，集会每三年一次，每个城市派2位至3位市民代表，并在复活主日（Trinity）第二天开会。[11] 在其他地方，比如荷兰、弗里西亚、德国南部和阿尔卑斯山地区，自由农民组成的自由公社自下而上渐渐发展出代表制度。代议制必须要有选民阵营，即要有联合享有特权的共同体，以便能够选派和委任代表。共同体建立在共同的权利和利益之上，它们的代表活动不一定必须由国王来召集。

三 政治体制

人们普遍认为，国家或者在其稳定之前的区域和地区，构成了代议制度从中运行的体制。欣策指出，君主制国家的特征是竞争的、集权的、理性的，这些是等级国家（Ständestaat）全面发展的必要条件。Ständestaat这一概念意指国家内各等级具有宪政性的政治角色，很难将其译成英语。从此角度看，德国史学接受了（地方的）国王和各等级的双重体制观点。甚至最新观点认为，"国王及其宫廷不仅是等级体制分离和对抗的焦点所在，还是地区根本发展的关键"。[12] 虽然这种观点可能适用于欧洲大陆大部分地区，但却完全不适用于城市化的沿海地区。在那里，邦国制和君主制国家影响甚微。君主不是代议制活动的唯一召集者，也不是唯一的中心，所以不能将其视作普

---

[11] Monahan (1987), pp. 124–125.
[12] Moraw (1992), p. 9.

遍规则，甚至在帝国内部亦是如此。在一些城市地区，其他类型的代议制发展成为地区城市联盟；一些城市联盟［同业公会（Einungen）或兄弟会（hermandades）］或领地和平盟约（Landfrieden）也将国王和贵族包括在内。这种体制的发展仅得益于协商和某种类型的代议制。地区城市同盟达成了统一，比如德国汉萨同盟（German Hanse）。对此，德国史学认为这并非另外类型的代表体制，但在我看来并不恰当。汉萨同盟城市各自拥有不同层次的代表会议，而且以会员城市的名义与外部世界交往。依照类似方式，沿海城镇与其他机构建立了密切联系，以便支持市民贸易活动。从巴塞罗那的《康索拉多海商法典》（consulado del mar，自1258年起），到诸侯之间更为传统的商业条约（比如13世纪佛兰德各城市订立的条约），我们都能发现城市代表在城市网络内活动的许多案例，他们完全不同于邦国及其君主的代表。除了商业城市网络，自由农共同体，尤其是养牛农户，他们在贸易伙伴或政治对手面前也能够代表自我利益。

相对于流行的德国历史观点，尤其是欣策的历史观，另一观点认为，代议制并非总是在特定地区、国家或君主国的框架之内成长。反之，并非所有的君主制国家都发展出了代议制度：图林根（Thuringia）和梅森（Meissen）的银矿供给国王充足的收入，直到14世纪国王们都不必要求国民纳税；普鲁士的条顿骑士团（Teutonic Order in Prussia）拥有充足的粮食收入，亦属于此种情况。[13] 而且，君主常常并不愿意召集现有的代表机构。所以，如果认为代议制必然集中于君主制国家及其周边地区，这种观点便过于狭隘。为了扩展视野，并能涵盖不同地区不同类型的代议制活动，我们应从一个更好的层面理解它们的发展与职能。况且，整个中世纪晚期很少有国家是稳定的。王朝阴谋和灾祸常常使领土统一或分裂，从而改变着代议制运行的政治体制。王朝联盟能够使双方的议会（cortes）统一，比如1230年莱昂和卡斯蒂尔的联合王朝，但在邻国阿拉贡（Aragon）各地区则保持着独立的议会。只有在某些情况下，15世纪的阿拉贡国王才召集包括阿拉贡、加泰罗尼亚和巴伦西亚的联合议会（cortes）。然而，卡斯蒂尔和阿拉贡联合王朝从未召开过代表机构的共同会议。上述两种情况

---

[13] Folz (1965), p. 182; Boockmann (1992b).

表明，相对于国王的统一行动，共同体意识非常重要。15世纪，法兰西国王统治着王国各地，其中有些地区有代表会议，有些则没有。国王采取整合行动，剔除了相互并存但类型各异的传统体制。因此，国家并非进行分析的唯一适合单位：国家不是政治代议制的唯一中心，国家自身构成的易变的联合体，并不必然产生代议制度。正因如此，我们应选择适宜的政治体制分析框架。这种分析框架应从各种代表活动自身出发，而不是从各地区出发。

四　分析框架

如果不将国家作为分析单位，那么我们必须转向不太稳定且多样化的政治体制。这些体制是真正发挥作用的共同体，人们能够确实感知它的存在。除了大规模君主制国家，中世纪晚期还长期存在邦国（由世俗或教士统治者管辖）、自治城市（地域有大有小）以及自治乡村。当后两类政治体彼此距离非常近时，常常结成联盟，并可持续数年、几十年甚至上百年，类似于君主制国家。显然，代议制是那些社会中最强大的部分，并萌生于那些社会。因此，我们应该在更宽泛的社会和政治背景下考察代议制。

第一点，要考察统治王朝的实力，这有赖于无争议且有能力的继承人的延续性。王朝的实力依靠成功的婚姻政策，通过婚姻获取尽可能多的遗产和权利。王朝的地位也取决于独立资源的有效性，这些资源可以满足王朝的政治活动。

第二点，从纯粹地理标准考察政治体制。代议制是关于交往的制度，旅行的便利性非常重要。许多体制太过庞大而不能真正发挥作用。强大的王朝常常因为过度膨胀而崩溃。即便不算意大利、波希米亚和其他周边地区，帝国版图仍显庞大，穿行一次就要一个月。交通问题阻碍了信息传递，增加了运输成本。在法国，人们经常召开地区集会，但是他们并没有多大兴趣频繁召开三级会议。1468年，图尔（Tours）的代表为了迎合国王的意愿，同意参加九天的三级会议，但是"他们自己往往不能聚到一起"（qu'ils ne se peuvent pas si souvent rassembler），只能默许国王在诸项事务上的进一步决定。[14] 距离和分

---

[14] Bulst (1992), p. 49.

散的居住点阻碍了在王国范围内产生真正意义的共同体。基于同样的原因，德国汉萨同盟（Hansetag）全体代表会议的出席情况不佳，集会往往徒劳无益；即使水路比陆路更快捷，从伦敦到诺夫哥罗德（Novgorod）照样是长途跋涉，困难重重。因此，一般在直径250公里至300公里的相对较小的地区，代议制高度发展。这些地区大部分位于重要的河流沿岸，或者位于具有优良港口的海岸线上。其间，各大城市发展繁荣，商业活动往来频繁。它们高度的社会融合，需要尽量增加交往，并尽可能为频繁交往提供物质保障。因此，政治体制不一定必然建立在接壤的地域，它也能够由城市网络组成。

第三点，分析政治体制的社会和经济结构。我们的分析框架涵盖一系列变量，其中包括社会和经济结构。权力是所有代议制的最终目标，它依赖于每个行业中从业人员的数量以及所掌握的财富规模，也包括个人享有的自由程度。每个竞争团体在政治体制中都掌握着某些资源，弄清这些资源的性质和规模，对我们的研究目标至关重要。这些物质因素最终决定着竞争者能够有效利用的机会的多寡。然而，在普遍的政治观念中通常将社会比喻为身体，该观念易于使社会不平等合法化。这一比喻源自亚里士多德。在加泰罗尼亚语中，有议会的 *brazos*（手臂）的用辞，意大利语的 *brachia*，*bracci* 或 *bras*，以及佛兰德语的 *leden*，*membres*，皆是类似比喻的效仿，使人联想到这种拟人化观念的踪迹。

第四点，在更广阔环境中考察政治体制的所处位置。比如，易受外部威胁将会严重影响内部关系。地理位置的不同也发生作用，比如是暴露于外部压力之下，还是孤立闭塞缺少联系的机会。商业和军事扩张，抑或军事调动，这些都是代议制政治日程中最常处理的事项。

第五点，也是最后一点，评价制度传统的价值。在每个相对开放的权力关系中，竞争双方都会寻求行为的合法化，这能帮助他们取得认同感。通过协商解决问题的传统，能够疏解冲突，和平解决问题，防止事态升级。新问题能够通过扩展现行规则得以解决。比如1420年，布拉班特公爵约翰四世不但无能而且还滥用权力，但这反而促使上百年的宪政传统更加完善；这还有助于减少流血事件。缺少活跃的代议制传统，权力易于转向君主或贵族。不管怎样，解决问题通常要遵循现行的程序和制度，比如德国的地区和平协定，即同业公会

(*Einungen*)、领地和平盟约（*Landfrieden*），或者类似的谈判协议（将忠诚、建议和协助这些封建观念运用至城市和自由农共同体）。长远来看，特别棘手的情况常常能够激发真正的革新。典型的例证便是法国三级会议以行政区划为单位的新召集程序。1483 年，博热集团（Beaujeu party）在其摄政期间为了巩固自己的地位，他们在王室会议上制定了这一新程序。这一制度剔除了传统的个人召集模式，反而以行政区划为单位预选三位代表，每等级各一名。此项制度一直延续至 1789 年。[15]

第二节　君主的挑战

现在，我们要分析特定形式的代议制发展所需的条件。一旦现实转化为传统，便会被视为习惯权利（customary right）。传统非但不能被轻易丢弃，它还会影响自身的深入发展。基本上，只有两种途径推动民众代议制的制度化进程：或者君主推动，或者民众团体主动采取措施。从民众角度讲，我们只应关注公社情况；（高级）贵族不会建立真正的代议政治体制，教士们也不会这样做（教会公国的教士除外），他们毕竟是统治者。为了制度的创新发展，有些问题必须解决。而我们应该对君主的问题和公社的问题予以区分。

一　君主的问题：承认

1230 年至 1231 年，皇帝弗雷德里克二世（Frederick Ⅱ）为了在重返西西里之前维持安定，他被迫授予德意志公侯和城市一些权利。没有贵族的积极支持，统治者就不能进行有效统治。每一位封建领主首先关注的便是确保附庸的忠诚，即使为此付出代价也愿意。因此，对君主来讲，继位一直是关键，尤其当继承权遭到权利相当者竞争时，继位更显重要。虽然几个竞争者的继承权相当时，强大的实力常能起到决定作用，但是争取尽可能多的人员支持也至关重要。许多继承都是因为继承规则不确定而产生了问题。贵族的婚姻关系纵贯欧洲，不同国家的继位规则也不尽相同，其影响也会有所差异。教会法

---

[15] Bulst（1992），pp. 356–362.

中有关血亲关系的规定,使许多婚姻归于无效。因此,继承权常常落在孩童或妇女身上,而他们的地位一般都岌岌可危。身心孱弱的继位者面临这些情况,往往给敌对势力许多可乘之机。而当敌对势力寻求支持时,常常会挑起更广泛的社会阶层陷入政治斗争。

1188 年在莱昂(León)有一个著名案例。当年,国土阿方索九世(Alfonso Ⅸ)面临继位争议,于是,他召集各社会势力集团广泛商讨。这些集团包括"大主教、主教、宗教团体、伯爵和其他贵族,以及各城市的市民代表"。在这些人面前,国王宣誓要尊重善良的道德(mores bonos)和良好的习俗,并且"未经主教、贵族、贤人的商议,不得宣战、议和或开庭,国王依照这些人的建议进行统治"。接着,这些人则全部"在会议上宣誓效忠,并保持整个王国的正义与和平"。[16] 学术研究和民族自豪感将这次集会誉为首次有市民代表参加的会议。然而,我们不应高估类似这次加冕仪式的特定事件。1135 年,阿方索七世(Alfonso Ⅶ)以西班牙皇帝身份在权贵云集的会议上隆重举行加冕仪式。编年史曾列举了各与会代表,并在列表结尾列举了"法官"的名单,这些人员很可能由城市委员会选出,与 1188 年会议类似。偶然遗存的文献以及著者所用术语,给当今史学家制造了困难。最近曾有人论证,1188 年的著名事件至少曾在 1194 年宫廷会议上被部分阐述过,但不能证明有市民代表参加。[17] 此外,1187 年在相邻的卡斯蒂尔,曾召开国王谘议会,承认贝伦格拉(Berenguela)的继承权。50 个城镇市长宣誓遵守她与霍亨斯陶芬王朝的康拉德(Conrad of Hohenstaufen)的婚约。很有可能,这些城镇的领导者应召参加了 1187 年召开的一个谘议会,而会上婚约早已备妥。[18] 此处不是强调某个日期,而是要注意,城市代表的参与在卡斯蒂尔和莱昂的政治生活中逐渐发挥着越来越重要的作用。在莱昂,城市代表确实参加过 1202 年和 1208 年的议会(cortes,该术语至 1250 年才出现)。在卡斯蒂尔,市民代表也参加过 1222 年的议会。会议次数很少,直到 1250 年之后,集会才达到每两年一次的平

---

[16] Procter (1980), pp. 51–52, 138–143, 176–185; O'Callaghan (1989), pp. 79–93; Estepa Diez (1990), pp. 21–39.
[17] Estepa Diez (1990), pp. 23–27.
[18] O'Callaghan (1989), p. 82.

均频率。

在卡斯蒂尔—莱昂（Castile-León），由代议制承认继位者具有长久的传统。该制度虽然不是正式选举国王，但是却影响着王位继承的确立。然而，代议制的介入却也并非总是必须：1284 年和 1332 年的王位继承就没有代议制参与。1202 年，"整个莱昂王国"向贝伦格拉新降生的儿子费尔南多（Fernando）宣誓效忠。1254 年，国王阿方索十世（Alfonso X）召集大主教、主教、贵族以及城市、要塞和市镇的代表，向其长女贝伦格拉（Berenguela）宣誓效忠；这明确表明，卡斯蒂尔—莱昂王国要保持统一。1275 年至 1282 年发生了有关长子继承权的冲突。在此期间，获取兄弟会（hermandades）的支持非常必要，而兄弟会是包括主教和修道院院长在内的城市自治协会。议会（cortes）削弱了国王阿方索十世的权限，力挺其子桑乔（Sancho），并且阐明了种种限制条件和面临违反承诺时的抵抗权利。议会的力量体现在，它直接拒绝了教宗马丁四世（Pope Martin IV）于 1283 年对桑乔的禁令和革除教籍的绝罚。1295 年至 1301 年，1312 年至 1325 年，接连出现了继承人未成年危机。竞争的候选人不得不广泛承认议会（corts）或兄弟会（hermandades）的权力，而且主张的权力被记录在案，成为控制政府的有效手段。违反协议，将导致其他摄政者的上台。1284 年和 1332 年，虽然卡斯蒂尔—莱昂议会没有干预王位继承，但是未成年继承者及其竞争对手却不断给议会机会，使议会能够影响决策的制定和获取日益增加的特权。[19]

1214 年，邻国阿拉贡在莱里达（Lerida）召开"全体会议"（"general court"），向幼主豪梅（Jaume）宣誓效忠。与会人员有"男爵、骑士、市民以及要塞和村庄人员（附庸）"。趁这次机会，加泰罗尼亚修订了《和平协定》（Statutes of the Peace），使城市和一些不同政见的贵族受益。这次会议还废除了通行税，并且同意在豪梅未成年期间不得向城市征税。[20] 在叛乱之后困难期间的 1228 年，亦即国王豪梅即将离婚之前，他在达罗卡（Daroca）又召开"全体会议"。与会者包括三位主教、若干贵族以及"城镇代表和智者"，共

---

[19] O'Callaghan (1989), pp. 79–93.
[20] Bisson (1986), p. 59.

计超过 180 人。与会名单罗列在一份会议特许状上。30 个城镇的代表,兼以个人和公社的名义向国王的幼子宣誓效忠和臣服。[21] 此次"全体会议"超过 100 人,会上不仅讨论王朝事务,还讨论诸如国内和平、法律、政治、税收以及货币政策等诸项事宜。至少从 1154 年起,这已成为阿拉贡的传统。在 12 世纪,城镇参会受到市政会议(concejos)成员的控制,但现在,城镇获得了更广泛的代表基础——公社、城市、乡镇和村庄每个阶层拥有 2 位至 14 位代表,而且手工业者、牧民也与地方权贵一同参会。当阿拉贡王朝于 1412 年灭亡之时,正是通过阿拉贡、加泰罗尼亚和巴伦西亚—马略尔卡(Valencia-Majorca)议会的共同决议,争权者之一卡斯蒂尔国王胡安一世(Juan Ⅰ)的儿子费尔南多(Fernando)才成为新国王。[22]

卡斯蒂尔、莱昂和阿拉贡的国王,要获得臣民代表——贵族、高官、地方显贵、政治团体的代表——的承认。这种承认不只是正式的仪式,还有附带条件:代表作为附庸或伪附庸(众城市)应召而至,宣誓效忠。这暗示,代表可以如同在封建契约中那样,拒绝认同或撤回认同。在佛兰德,当时的编年史记述了一件 1128 年的早期例证。伯爵威廉(Count William)于 1127 年就职,条件是他要尊重土地特权,尤其是尊重迅速崛起的城市的地权。但是,在一年之内他便破坏了多项约定,以致引发圣奥梅尔(Saint-Omer)和里尔(Lille)地区的城市叛乱,继而爆发了更大规模的反抗运动。在根特,一位同情叛乱者的贵族,以根特市民的名义,向伯爵法庭提出了如下要求:

> 伯爵大人,如果你想公正对待我们的市民,你的自治市居民,并把我们当作他们的朋友,你就不能向我们恶意勒索并充满敌意。相反,你要保护我们免受敌人的伤害,并对我们有所尊敬。但是现在,你已经违反了法律,自己破坏了誓言。我们曾以你的名义宣誓,要减免通行税,维护和平和其他权利。这片土地上的人们,从本地伯爵,也就是你的历代祖先那里……还有你自己身上,取得了这些权利。我们曾和你一起发誓,但是你却不守

---

[21] Bisson (1977), p. 118. 莱里达的例子:"Isti sunt probi homines Ylerdenses qui iuraverunt pro se et pro tota vniversitate Ylerde; Ego Raymundus Petri iuro et hominum fatio."

[22] Bisson (1986), pp. 134–136.

信用，伤害我们……烦请你，在伊普尔（Ypres）这个位于你领地中心的地方召集会议。参会者包括双方贵族、与我们同等地位者以及教俗民众中的所有负责人员（智者）。大家不携带武器，和平相聚。在经过必要的考虑之后，让他们平心静气地裁决，不得带有罪恶企图。如果他们认为，你将来可以继续拥有伯爵地位而无损于这片土地的荣耀，我们就同意你继续当你的伯爵。但是，如果你实际上不配当伯爵，就是说，你目无法纪，背信弃义，是一个欺诈者和违誓者，那么你就要放弃你的伯爵地位，并把它交给我们，好让我们再把它委托给那些合适并有权享有的人。我们是法兰西国王和你之间的中间人，如果你不尊重这片土地的荣耀，如果你不采纳我们的建议，我们保证你在郡内将会一无所获。㉓

这一早期声明非常清晰地表达了由三级代表控制宪政政府的原则，而这一原则源于封建契约观念：当附庸受到不公正对待时，他拥有抵抗权。该篇论辩扩展了这一观念，并将其传达给所有市民；这是在法律基础上的相互忠诚。然而，伯爵拒绝了提议，因而失去了发言人之前对他的效忠，并招致反抗。在伯爵会议上，他反对将伯爵作为公共职务的观念，拒绝服从在会上联合起来的"贤明的"三级代表的裁决。提议召开的扩大谘议会，亦即伯爵法庭，从未得以召开。最终，还是武力成就了市民。12世纪的剩余时间内，继任的伯爵没有重蹈覆辙，而是授予城市新的特权；之后，再也没有提及发布类似1128年声明的任何有效集会。㉔

在其他地区，同样存在统治者需要三级代表承认的情况。这种承认是正式的和有条件的，而且三级代表不仅包括封建附庸，还包括城市和乡村代表。在教会国家，自1200年起曾在不同教省召集过几次会议。在那一年，马奇（Marches）公社"有资格的代表"应召向英诺森三世（Innocent Ⅲ）宣誓效忠，并保证维护和平，保卫领地。在其他情况下，也曾出于类似动机召集过三级代表。这种频繁的交往，

㉓ Galbert of Bruges, *De multro*, p. 95.
㉔ Dhondt (1950).

提供了申诉和请愿的机会,从而限制了权力的进一步集中。但这只局限于教省范围之内。实际上,教宗从未在坎帕尼亚(Campania)或罗马召集过会议。

在西西里(Sicily),皇帝弗雷德里克二世(Frederick Ⅱ)开始施行代议制。在转而效忠阿拉贡王室的过程中,代议制发挥了积极的作用。1282年,城市与村庄的"好人"("better men")开会宣誓效忠国王佩雷一世(Pere Ⅰ),并且使他承认安茹国王统治之前的法律和习俗。1286年,趁国王豪梅(Jaume)加冕仪式之机,召集了另一次会议。会上颁布了限制专制政府的23项章程。1296年,正是"伯爵、男爵和地方官员(syndici)"(城市特使),将王国转让给了阿拉贡的弗雷德里克,他们希望新国王能够比其兄长更好地保护西西里,免遭安茹君主的进攻。弗雷德里克宣誓,他将保留自诺曼时代以来先辈的制度,不抛弃国家,不经全国同意不宣战或求和。弗雷德里克甚至承诺,在每年的万圣节(All Saints' day)都要召开有伯爵、男爵以及合适的城市代表参加的大谘议会,而开会的目的,就是要处理对王室官员的申诉,"国王遵守自身法律才最为公正"。14世纪,由于不必再担心安茹的再次征服,且对于已经不能利用广泛特权的各个等级来说,一连串的孱弱国王似乎已不能对他们构成威胁。[25]

经过所谓反对异教的十字军东征之后,法兰西国王路易八世(Louis Ⅷ)于1226年占领了朗格多克(Languedoc)。继而,他着手接受来自该地区所有高级教士、贵族和市民的宣誓与效忠。国王特使们巡游各地接受宣誓,他们每到一处,那里的执政官和其他市民便代表公社,兼以个人和公共会议的名义宣誓效忠。1249年,通过一系列会议,图卢兹(Toulouse)郡被正式转交给莱昂国王阿方索九世(Alfonso Ⅸ),各领地在会上都宣誓效忠。图卢兹市民也同样宣誓,并确认了自己的权利。至少有66位贵族和地方显贵,同14个公社执政官一起,在(先前在第二次会议上已获同意的)王室权利的基础上宣誓效忠。之后,又召开了另外两次会议,各地区的"男爵、地方显贵以及其他教俗人士"参会。在阿让(Agen),"教区男爵和骑士、阿让的执政官以及地方城镇、要塞(castra)和村庄的执政官和

---

[25] Marongiu (1968), pp. 109–119; Koenigsberger (1978), pp. 22–29.

市民"都参加了会议。但这次会议拒绝了国王特使的效忠要求,理由是他们的权利和习俗与国王权利相冲突。实际上,1279年的会议将领主权转交给了英格兰国王爱德华一世的代理人。参加该次会议的有高级教士、教士团(chapters)代表、男爵、骑士、贵族、城镇和乡村代表。1286年,爱德华国王在全体会议和地方会议上亲自确认了对自己的封建认可。整个事件表明,国王非常有必要通过地方会议的形式获取新臣民的认同,而这些地方会议拥有自己的权利,并且希望这些权利得到尊重。㉖

在神圣罗马帝国,1338年至1344年,巴伐利亚的路易(Louis of Bavaria)同教宗发生冲突。在这困难时期,国王路易急于寻求包括几十个城市在内的全体臣民的积极支持,为此,他曾两度召集会议。㉗ 大多时候,参会者只限于周边地区。特别是教会公国,它们更易陷入继承权的公开冲突当中,而每次冲突都意味着全新的开始。难怪在诸如列日(Liège)这样的采邑主教区(prince bishopric)(它是很早便成长为经济重地和政治自治区的城市之一),多次空位期(先是出现在1229年,后又在下一个世纪不断重现)会催生出城市联盟。代议制的发展尤其与暴力冲突交织在一起,主教、教士团(chapter)、贵族阶级和城市平民之间冲突不断,而城市常常与邻近公国结为联盟。结盟之后,便会修订武力与和平条约,这一直持续到15世纪末。㉘ 在1282年和1329年的梅克伦堡(Mecklenburg)幼主时期,罗斯托克(Rostock)、维斯马(Wismar)城市的贵族和市议员(Ratsherren)组成了摄政委员会。㉙ 1295年,趁波美拉尼亚(Pomerania)同父异母的两兄弟分裂之机订立和平条约,授予附庸和城市抵抗权,以抵制对他们的集体特权的侵犯。1319年,当其中一位公爵与民众发生冲突的时候,该条约产生了实效。1326年,另一位公爵死亡,仅留下幼子,附庸和城市便都加入了摄政委员会。1338年至1339年,附庸和城市拒绝给国王路易(King Louis)的儿子举行就职典礼,不承认路易的儿子为他们的公爵。这些事件强化了该地区这两个主要

㉖ Bisson (1964), pp. 143–163, 234–245.
㉗ Engel (1980), pp. 38–39.
㉘ Töpfer (1980a), pp. 114–135.
㉙ Engel (1980), pp. 46, 53.

领地的集体认同感。㉚

1315年,巴伐利亚王朝问题不断,促使贵族和城市结成联盟(Einung),而且1324年建立的等级代表委员会(Ausschuß)能够决定所有政治事务。㉛在皇帝查理四世(Charles Ⅳ)于1363年侵占勃兰登堡的马奇(Brandenburg March)之后,各等级起先拒绝为其举行就职典礼,只是后来迫于武力而屈服。15世纪,各等级组成摄政,与市议员地位相等,并在长期空位或选帝侯未成年期间统治该地区。㉜1413年,普鲁士等级代表——32位骑士和乡绅,16位市民——与条顿骑士团联合,废黜了自己强大的领主海因里希·冯·普劳恩(Heinrich von Plauen),并向新继承人宣誓效忠。1410年至1466年,在将普鲁士转交给波兰国王的过程中,各等级发挥了关键作用。1454年,贵族和六大城市的代表拒绝服从条顿骑士团,并投靠波兰国王。波兰国王则合并了普鲁士,并使其拥有广泛的自治权。㉝

在这方面,布拉班特公国的传统最引人注目。1248年至1430年,继承问题十之八九皆起因于继承人未成年,抑或因为继承人性别和统治家族绝嗣。在这些情况下,城市代表时常和重要的贵族联合,与将死的或未来的公爵谈判,并获得书面保证。1267年,男爵、大贵族、市民与公爵夫人达成协议,替换她无能的儿子亨利,代之以其弟约翰一世㉞;而在1312年,在可以预见另一个未成年继承人即将上台的情况下,人们成立摄政委员会,其中市民发挥着重要作用。如果公爵侵犯了宪章授予民众的权利,他们有权拒不服从。而这种拒绝服从的权利得到了法案的正式承认。从这些法律文本中,发展出在新公爵掌权时授予权利的传统。这些宪政性法案不断更新,增加到100多项,而这一传统在布拉班特一直持续到1794年。在14世纪,三个等级建立了常规机构,并在1400年左右决定承认勃艮第王朝,但附有严苛的条件,以确保继位者要根据公国内的习俗和特权亲自进行统

㉚ Benl (1992), pp. 123 – 126.
㉛ Engel (1980), pp. 52 – 53.
㉜ Heinrich (1992), pp. 145 – 148.
㉝ Biskup (1992), pp. 85 – 89.
㉞ "De consensu benevolo et voluntate communi Aleidis ducissae Brabatiae, Baronum, Magnatum et communium oppidorum Ducatus" [Van Uytven (1966), pp. 432 – 433].

治。1420年至1421年，公爵约翰四世违反了法律，各等级便迫使他暂且停职，如果他拒不服从，就选其兄弟摄政。自此之后，约翰公爵的统治受到长期的控制。这宗案例表明，王朝异常间断能够发展出强大的宪政传统。[35]

符腾堡（Württemberg）同样发生过类似情况。1498年，议会（*Landtag*）拒绝向愚笨无能的公爵效忠。议会还颁布宪章，决定在公爵未成年的五年内由摄政统治政府。[36] 1482年和1492年，佛兰德（Flanders）各等级拒绝承认摄政政府的权力。但在1483年，一个由伯爵家族和等级代表组成的摄政委员会却得到承认，而且有效统治若干年。然而，统治权位后来落到皇帝马克西米利安一世（Maximilian I）身上，使其能够依赖军事优势强施威权。[37]

在波希米亚（Bohemia），普热美斯王朝（Premysl dynasty）于1306年灭亡。此时，各等级要在两位王位争夺者——卡林西亚的亨利（Henry of Carinthia）和哈布斯堡的鲁道夫（Rudolf of Habsburg）——之间做出选择。大小贵族和市民第一次参加选举，并强行推出了选举协定（*Wahlkapitulationen*）。1307年和1310年，相同的程序再次重演。后来，没有利用价值的卡林西亚的亨利在各等级的压力下被废黜。各等级与罗马国王谈判，要其保证波希米亚王国的自由，并同意新继承方案。新选国王卢森堡的约翰（John of Luxemburg）不得不广泛颁授特权，并特别保证所有王室官职只限国内贵族担任。市民（实际上是小贵族精英）参与了这些事件，但他们仍然实力弱小，不能确保自己长期的政治地位。正式来讲，只有大贵族才被认为组成了14世纪的政治等级架构。

无能国王瓦茨拉夫（Wenceslas）曾在贵族反叛中被废黜，并两度被捕，正是他推动了波希米亚各个等级的发展。在他1411年死后的长期危机中，等级会议实际上已成为代表国家的唯一机构。各个国王城市和宗教兄弟会第一次站在贵族一方长期共享政治生活，前者以布拉格（Prague）地区的三座城市为主，后者则发动了胡斯改革运

---

[35] Van Uytven and Blockmans (1969); Van Uytven (1966) and (1985); Graffart and Uyttebrouck, "Quelques documents inédits".
[36] Folz (1965), p. 190.
[37] Blockmans, "Autocratie ou polyarchie".

动。布拉格的贵族和市议员呼吁拒绝效忠罗马国王西吉斯蒙德（Sigismund），该国王被形容为"波希米亚和所有捷克语王国可怕和残忍的敌人"。1421 年，以无益于波希米亚王室为名，议会（*Landtag*）废黜了西吉斯蒙德国王，另立政府，并开始同波兰和立陶宛宫廷协商，希望推选新国王。1432 年，议会代表参加巴塞尔公会议（Council of Basle）。一年之后，以议会的名义选出了一位统治者。但最终，在接受了三个等级的选举协定（*Wahlkapitulation*）之后，仍是西吉斯蒙德于 1436 年就职。这三个等级包括贵族、骑士和（国王）城市市民，他们要求尊重自己的特权，保障宗教自由（这在当时最为重要）。从 1437 年起，接连的空位期使各等级保持着自己的影响力。1440 年，18 位贵族代表、14 位骑士和城市代表选出国王。但新国王不得不接受多项条件，其中包括允诺只任命本国人担任官员，并同意各等级选举自己的议员参与统治。1468 年王位空出，匈牙利国王马加什·科文努斯（Mátyás Corvinus）趁机侵入波希米亚；但是各等级却转而选择了一位斯拉夫国王弗拉迪斯拉夫·亚盖洛（Vladislav Jagiełło）。在 15 世纪的历史中，波希米亚深受各等级调和作用的影响，这种影响不仅体现在社会和地方事务上，甚至还体现在更深层次的宗教和国家领域。㊳

在瑞典，国王选举也推动了代议制的发展。1448 年，全部由领主组成的 60 位至 70 位"国内居民"（"men of the realm"），推举卡尔·克努特森（Karl Knutsson）为国王。各省代表以"民众团体"（"the commonalty"）的名义，对新国王表示"接纳"并进行"裁决"。1458 年，国王克里斯提安（Christian）通过"法律人士、贤人和民众团体参加的王国会议"，预立其子为继承人。然而在 1464 年，克里斯提安被迫逃亡丹麦，而被放逐的卡尔召集"整个瑞典王国内的贵族、市民和民众团体代表"，并以六省的名义重登王位。王朝危机不仅伴随着暴力征税，它还推动了民众代议制，而其成员要求裁决权。各省代表，尤其是中部地区农民和矿工代表都出席了历次会议，这是确凿的事实。农民聚集在"百户区"（*härad*），在那里他们推选自己的代表。这些情况再次造成了如下事件："瑞典法律规定，每省

㊳ Kejr（1992），pp. 194 – 216；Smahel（1992），pp. 221 – 230；Eberhard（1987），pp. 345 – 348.

各委派 12 位贤人（good men）"，连同"贵族、矿工、市长、斯德哥尔摩（Stockholm）的市议员，以及王国内所有其他市镇居民"一起，在 1499 年仲夏承认克里斯提安之子为储君。㊴

　　君主选举和就职对代议制的出现所产生的上述类似影响，并非每个国家都有。英国、法国、神圣罗马帝国、波兰和匈牙利是明显的例外。原因很简单。英国和法国在 12 世纪后期和 13 世纪，很少出现王朝延续问题，因而可以在王室小范围内做出决定。在神圣罗马帝国，选举程序先被各大诸侯把持，后又被选帝侯所垄断。在波兰和匈牙利，贵族阶层独享特权，其他重要社会团体无法与其抗衡。然而，英国在 1327 年和 1399 年分别废黜国王爱德华二世（Edward Ⅱ）和理查德二世（Richard Ⅱ），议会发挥了积极作用，国王反倒成了贵族斗争的傀儡。在 1386 年、1388 年、1397 年和 1399 年，贵族不断使用弹劾程序反对高级官员、侍臣和王室法官，而《反对国王》（Objectus contra Regem）一文罗列了理查德二世的所谓罪行和劣迹，终使国王被废，这反映了议会之外的权力转移。㊵ 在其他国家，王朝问题不断，这为代议制创造宪政传统提供了机会。这其中，代议制不仅可以有效控制君主选举，而且更重要的是，能够限制君主权力。在极端情况下，还可拒绝承认统治者、暂停其职或者予以废黜。14 世纪早期，在卡斯蒂尔—莱昂、布拉班特和波美拉尼亚，代议机构选定摄政委员会；在 1286 年的阿让（Agen）、1296 年的西西里、1410 年至 1466 年的普鲁士和 1468 年的波希米亚，代议机构裁决了朝代的更迭。所有这些有时导致武力重新划分权力。

二　君主的问题：协助金

　　君主需要援助，这不仅仅限于忠诚的封臣对其领主的承认。在王国内外，君主不断与敌对势力相竞争，他不得不仰仗民众积极的军事和财政支持。军事行动的规模，已从临时性的封建军队转变为职业化常备军。军费急剧增加，这只能依靠经济增长来解决，而经济增长则主要得益于不断扩张的城市、乡镇和港口的商业化。与此同时，社会

㊴ Schück (1987), pp. 27-32; Lönnroth (1989), p. 89.
㊵ Roskell et al. (1992), Ⅰ, pp. 69-76.

不断分化，构成了咨询会议的基础，会议成员不断扩大，而君主常常为了自身利益召集咨询会议。当君主需要的不仅是个人封建义务，还有更稳固和更普遍的军事、财政支持之时，所有自由民众便对额外的封建要求拥有了发言权。我们可以将战争因素单独挑出，并将其作为政治进程的决定性因素，它淘汰了若干独立的地方实体，从而汇成更大的国家。战争特征已发生变化，从强制性履行封建义务的骑马的重装骑士，转变为数量众多的步兵，而这些步兵则来自公社的民兵武装以及雇佣兵，他们使用弓弩和长矛，在15世纪还使用火器。军队征集方式也发生变化，由索取应付的忠诚的役务，转向协商解决征税或士兵报酬问题。13世纪后期，国王们利用教会学说，使他们扩张兵役和索要协助金的行为合法化，他们自称"为了所有人的共同利益，维护王国和平"，法兰西国王菲利普三世（Philip Ⅲ）便是例证。[41]经济的商业化程度越高，就越容易迈向更现代的军队，而军队也因此可能更高效，民众也不用亲自服兵役，只需付钱让他人代替即可。

国王第一步是要突破封建义务的限制——使军役更长、离家更远、采邑课税更重。英格兰国王约翰便曾妄行如此弊政，贵族在1215年著名的《大宪章》中对此也有所阐述。这份文件当然不是出自代表会议，贵族也只是以国王附庸的身份发表言论。即使如此，许多条款后来仍被视作宪政法令，表达了许多基本原则，比如"未经同意不得征税"：

> ［第12条］不经全国同意，国王不得征收盾牌钱（scutage）与协助金（aid）。但下列三项税金除外，即身体赎金、册封长子为骑士的费用、长女初婚的费用。且征收协助金务求适当。关于伦敦城的协助金，遵照相同规定办理。[42]

《大宪章》第14条进一步详细规定，要达到"全国同意"，就应该"通过书信单独召集大主教、主教、修道院院长、伯爵和大贵族；也应该通过郡守（sheriffs）和执行官（bailiffs）普遍召集那些直接保有

---

[41] Bisson (1964), p. 271.
[42] Holt (1965), pp. 320–321.

土地者，在指定日期集会"。之所以单独提及伦敦城，那是因为它与直属封臣地位相同，具有独立封建身份，而不是因为公社代议制。自1254年起，在协商王国内的协助金事宜时，开始出现郡骑士代表。骑士的代表行为，是基于他们在王室巡回法官面前充当本郡发言人的传统。37个郡，每郡派2名骑士。1265年，首次记载了市民代表参加全国议会，但直到14世纪20年代，市民才成为固定代表。1295年，114座城市和自治市镇派出了代表。后来，城市数量在80座到90座之间浮动；每座城市有2名代表，伦敦城有4名代表。[43] 由于国王谘议会面临着不断增长的财政和军费压力，英国议会便逐渐从不断扩展的谘议会中发展起来。威尔士和加斯科涅（Gascon）战争期间（1268年至1295年），保卫王国的观念发生变化，成为全体民众所担心的全国性问题。各个等级在庄严的议会开幕式上，共同听取国王的要求。大教堂和教区教士（后者从1322年议会中消失）以及贵族、骑士和市民单独协商，并提交不同的议案。大约14世纪中期，下议院才成为地方代表的独立议院，其中骑士和市民被选出参加议会。1343年，郡骑士和公社代表在"威斯敏斯特宫的画厅"参加会议。在14世纪期间，下议院的团体特征（corporate identity）不断增加。[44]

在1295年所谓"模范议会"的召集令状中，国王爱德华一世承认"涉及众人之事须经众人同意"（"what concerns all has to be approved by all"），这意味着新关税需经议会同意。该著名引语源自罗马私法原则，并于12世纪晚期被波伦亚法学院（Bolognese law school）改造为一条普遍原则。1222年，教宗洪诺留三世（Honorius Ⅲ）正是利用这一原则，召集了基督教国王和教会要员。1244年，皇帝弗雷德里克二世（Frederick Ⅱ）在召集教俗国王参加的大会议时，也引用了这一原则。1274年，哈布斯堡的鲁道夫（Rudolf of Habsburg）也不得不用了该原则。这一原则业已成为不可或缺的标准规则，可以使政治选择合法化，并在提出困难要求时获得广泛的支持。这一原则同样意味着，国王受法律限制，必须承认相关人员的利益。[45] 1297年，贵族就国王爱德华一世侵略佛兰德事件展开论辩，认为这

---

[43] Roskell et al. (1992)，Ⅰ，p. 41；Wedgwood (1936–1938)，Ⅱ，p. vii.
[44] Roskell et al. (1992)，Ⅰ，pp. 46–47.
[45] Marongiu (1968)，pp. 33–37；Monahan (1987)，pp. 97–111.

不属于保卫王国的事项，并利用"共同利益"（"common profit"）的观念反对国王的"必要性"（"necessity"）论调，而国王的论调意味着平民有义务参战。实际上，在国王的论点占上风的同时，国王为了防务寻求民众援助的权利也受到限制。在与苏格兰休战的9年时间内（1297年至1306年），没有征税；在与法国休战期间（1360年至1369年），也没有征税。同样，1422年至1429年，因为人们认为应该由法国被占领区支付战争费用，所以也没征收任何直接税。在战争频发的1294年至1298年和百年战争开战的1338年至1342年，税收达到前所未有的顶峰，议会趁机将申冤赔偿的请愿与金钱援助结合在一起，在政府各领域大大扩展了自己的权限。1275年，首次引入对出口羊毛征收的间接税；1354年，议会下院出乎惯例地批准了六年时间征收此项税款。羊毛税成为一项受议会控制的王室固定收入。议会只批准短时期征收该项税款，并且要求协商征税期、税额和经费支出，还要提名专门的财政官员，讨论国内和国外商人担负税赋的比重。[46]

在阿拉贡王朝统治下的伊比利亚地区，自1280年起，教士、贵族和市民被召集定期开会。在阿拉贡，骑士或贵族（ricos hombres）同样被单独召集，并在1389年作为第四等级被制度化。1283年法令规定，每年都要召集会议，但在以后几年，召集节奏减缓。会议的常规工作包括监管特权、维护公正与和平、批准法案、投票决定正当用途的税收等。阿拉贡国王对卡斯蒂尔发动了大量战争，这使他高度依赖议会（corts）。1359年，佩雷四世（Pere Ⅳ）不得不转让最高司法权给加泰罗尼亚（Catalonia）议会，以换取资助。议会组成了后来被称作 diputació del general 的机构，即一个常设性行政委员会。由于缺少阿拉贡议会的支持，国王被迫在1429年放弃了对卡斯蒂尔的战争。王朝不断扩张，加之控制撒丁岛和西西里困难重重，这形成了一种共管局势，国王不得不与有影响力的权贵协商。[47]

自1295年起，法兰西国王菲利普四世（Philip Ⅳ）迫切需要在现有的朗格多克地区会议上，利用"国家权利"（"right of state"）这

---

[46] Harriss (1966), pp. 169–178; Foreville (1966), pp. 156–163; Ormrod (1991), pp. 182–183; Roskell et al.

[47] Bisson (1986), pp. 98–99, 118, 143.

一法律依据来强化自己的要求。⑱ 1302 年，他将地区会议的传统扩展至全王国范围。随后他与教宗卜尼法斯八世（Boniface Ⅷ）发生冲突，为此，他寻求尽可能多的社会团体的帮助；1308 年，他再次与王国内的三个等级协商（后来被称作三级会议），解散了圣殿骑士团（Orders of the Templars）。教会的巨大影响促使国王急迫寻求支持。上述两次会议的成功，使国王又在 1314 年召开了第三次会议。在这次会上，国王只是要求财政援助，以便弥补正在进行的与佛兰德战争的巨大花费。14 世纪前半叶，还召开过其他不同形式的会议，有些是地区性会议，有些则是特定阶层的会议。

百年战争第一阶段的灾难性损失，促使奥依语区（Pays d'Oil，法国北部）的三级会议在 1355 年至 1359 年间活动频繁。如同在英国一样，法国君主的特别要求激起了来自代表的对应要求（counter-claims）。1355 年，国王的臣民代表讨论财政稳定问题和同意征税问题，这两者成为法国的主要议题；1356 年，还出现了三级会议控制选任王室顾问的情况。这种事情是对君主的巨大威胁。1369 年的会议同意对英国发动新的战争，而此后国王更愿意与外省三级会议单独协商，通常是与朗格多克（Languedoc）和朗格多伊尔（Languedoil）的三级会议协商。毫无疑问，遥远的距离以及战争期间北部和中部地区不同的命运，致使制度演进并不一致。1421—1439 年，战争频发，国王查理七世（Charles Ⅶ）为获得协助金，几乎每年召集三级会议，或者单独召集朗格多伊尔西部和东部的外省三级会议。但是，在 1439 年至 1440 年引入塔利税（taille）之后，国王不再需要这些麻烦的合伙人。在王国心脏地区，只有危急时刻才召集代表会议；随后它们便完全消失了。周边公国，比如诺曼底、阿图瓦、多菲内、勃艮第，尤其在朗格多克和普罗旺斯，他们的各个等级在纳入君主制之前，便拥有坚实的传统，他们继续集会，至多一年一次，以此来保护他们的特殊利益和特权。在 1484 年国王幼年危机期间，曾再度召开三级会议，超过 2/3 的第三等级代表和 1/5 的贵族代表都是王室官员，结果必然是，他们表达民众利益的言论自由被消减。⑲

---

⑱ Bisson（1964），pp. 282-283.
⑲ Bulst（1987），pp. 313-316，322-329.

第二章 代议制（始于13世纪）

哈布斯堡的鲁道夫（Rudolf of Habsburg），即罗马国王，在1284年和1290年的城市会议上被批准提高税收，从而成功地巩固了自己的地位。[50] 在16世纪之前，类似形式的会议以及普遍的协助金还不曾成为帝国的传统，这可能是因为中央权力弱小，而地方诸侯、贵族相对强大的缘故。在明确划定的各等级制度化之前，布拉班特公爵约翰一世（Duke John Ⅰ of Brabant）肯定于1290年至1293年同贵族团体、城市和修道院进行过协商。当时，他向全体贵族授予过一项特权，向八座主要城市授予过类似特权，并向一些修道院授予了其他特权，而此段时间正是他取得可观的财政援助的时期。也正是在这一时期，他向贵族和个别城市颁授了一项著名的特许权，即当特权遭受侵犯时的抵抗权利。[51] 在公爵约翰三世（Duke John Ⅲ，1312年至1320年）未成年期间，由城市领导的摄政委员会掌权，公爵的财政完全掌控在城市和骑士手中。约翰三世的前任债台高筑，必然促使民众强力介入。[52] 1356年的巴伐利亚也发生过类似事例。当时，各等级组成的委员会负责征税，参与议员选举，并能够立法和听讼。1392年的《卢嫩堡条约》（Lüneburger Saate）也规定了类似的权利。当时，八座城市暂时控制了公爵财政，并可以听讼，甚至还取得了一项权利认可，即当必要时可以没收领地收入，并武力抵抗公爵。

税收是促进代议制发展的重要因素，但不是决定性因素。众所周知，国内悲惨境遇促使法兰西国王成功引入永久性的间接税，而该税不必经过各等级的同意。1355年，三级会议批准了盐税（gabelle），征收商品价值的1/30作为税金，该项税率在1435年扩展到1/20。而且从1440年起，国王官员开始征收每年一次的塔利税（taille）。这些税收使法兰西国王相对独立于各等级。在15世纪的勃艮第，各等级控制了炉灶税（fouage）的征收，并为自己所用。然而，早先被法国王室引入的全部间接税，都避开了各等级的干预。[53] 在布列塔尼公国，各等级可能于1352年首次被召集开会，并同意征收特别税，以支付布卢瓦的查理公爵（Duke Charles of Blois）的赎金——这正是

---

[50] Engel (1980), p. 23.
[51] Van Uytven (1966), pp. 415–425, 432–435.
[52] Van Uytven and Blockmans (1969), pp. 404–405.
[53] Richard (1966), pp. 311–315.

《大宪章》中规定的应该征收的三种封建税之一。1365年，战争耗费需要将炉灶税引入整个公国，而且该税也经过了各等级的批准。然而，没有文献证明公爵曾征收过任何港口税。从整体印象来看，各等级的职责实质上只是一种默许，这种态度使他们在1486年被动承认伯爵的两个女儿为女继承人。[54]

然而，等级会议并不总能因为控制了税收而发展成为权力中心。在许多情况下，税收仅仅控制在代议机构中的某一等级手中，而该等级常常是城市和乡村地区的代表。在13世纪晚期的朗格多克，由于国王发动了反对富瓦（Foix）和加斯科涅（Gascony）的战争，导致军费和协助金负担不断加重，但这并未导致三个等级参加的全体会议的发展。税收问题在地方会议和各阶层的单独会议上就已得到解决。[55] 当时的布拉班特情况与此相同。而在佛兰德，尽管自13世纪下半叶以来，城市会议（有时还包括乡村地区）已经批准了协助金，但直到1400年，伯爵"无畏者"菲利普（Philip the Bold，亦是勃艮第公爵）才引入了三级会议制度。[56]

人们可以得出这样的结论，只有在课税过多或政府处理不当时，尤其是当面临频繁且漫长的战争，且无其他合适的抽税途径时，税收才能成为代议制更充分参与政府统治的诱因。在这些条件之下，民众才得以控制国家（有时甚至是统治者的）财政，并为自己获取广泛的权利。然而我们应该牢记，就算在有城市和乡村代表参加的情况下，也主要是特权精英们在利用代议制来保护和扩展自己的集体特权。

第三节　共同体利益

由于君主自身的推动，抑或由于君主的软弱，给民众提供了参加代表会议以及维护共同体的权利和利益的机会。但这不能解释所有形式的代议制的起因。并非每件事情都能简化为民众对统治者的反抗。为了自身目的，君主大多会利用业已存在的机构，尤其是他

---

[54] Kerhervé (1987), I, pp. 139–144.
[55] Bisson (1964), pp. 271–281.
[56] Prevenier (1965), pp. 20–21.

们自己扩大的库里亚大会（*curia*）或法庭，以及地方司法法庭，比如英国的百户区法庭和郡法庭，朗格多克的管家（*bayles*）、执行官（bailiffs）和执政官（consuls）参加的会议。自1152年起，图卢兹城（Toulouse）的公共会议已被正式看作可与伯爵协商的代议制度。(57) 然而，许多公社并未等待君主创立代议制来解决问题，而是在联合与协商的基础上创建了自己的机构，以此防御教俗领主的侵犯。不管会议是由领主召集还是由共同体自己召集，它们在过去只行使某项特定职能，而现在发展到能够履行其他职能。我们同样要注意历史事件的年代顺序，尤其要注意君主、贵族以及市民的权力发展与衰落的相关时间。 54

一个地区的社会和经济结构具有重要影响，尤其是其商业化和城市化水平。相对于典型的中欧小城镇（*Kleinstädte*），大城市明显具有更广泛的利益和更大的权力。主要城市分布在沿海或大河区域，而贸易线路影响到它们的政治敏感性。一般而言，它们的共同利益包括：商人和货物贸易路线的安全性；货币交易和贸易协定的可靠性；内部市场的规范性。因此，城市自发组织自己的会议，正如它们为了君主利益被单独召集一样。甚至作为议会（*corts*）成员的巴塞罗那（Barcelona）和巴伦西亚（Valencia），也各自掌控着各自地区的城市议员团（*brazo*），并占有半数选票。因此，大城市才是主角，它们是市场层级中的领导者。甚至当众多城市参加会议或三级会议时，大城市的支配地位也显而易见。比如根特（Ghent）、布鲁日（Bruges）和伊普尔（Ypres），它们比佛兰德的其他城市都重要，因而可以未经深入商讨而做出决定。

在意大利北部和中部，城市在社会中的主导地位极其明显。首府城市拥有6万—10万名居民，此外还有许多二级大城镇。皇帝权力既遥远又软弱，终究未能超过这些城市。经过长期冲突，伦巴第同盟（Lombard League）——自身便是由选出的代表组成的城市联合体——与弗雷德里克·巴巴罗萨（Frederick Barbarossa）在1183年议和，但条件是必须尊重城市的自治权。伦巴第第二同盟在1237年战败，但之后，弗雷德里克二世也未能打破日益壮大的城市自治权。弗

(57) Mundy (1954), pp. 32 -40, 66 -68.

雷德里克二世死后，地区国家（regional states）开始出现。在这些国家中，大城市控制着各郡（contadi）、周边乡村和众小城镇。首府城市的政治寡头统治着国家，他们为了自身利益竭力动用行政和法律手段，并在必要时不惜动用武力。14世纪和15世纪早期，公社的自治权广受尊重。户主会议（assemblies of heads of households）保有他们在地方会议的选举权。然而，在由首府城市指定地方代表的体制中，超地区层面的代议制并不存在。唯一能够威胁首府城市及其附属的傀儡城市的统治精英的力量，是民众叛乱或者敌对的地区国家。在与敌对国家苦战时，无须靠代议制促使额外征税合法化，因为可以使用更现代的征税方式。㊳意大利北部和中部存在最极端的例子：某一社会阶层，即大城市寡头掌握着过大的权力，他们作为政治竞争者，有效消减了君主权力以及其他社会团体和阶层的权力。这就为党派斗争决定地方政治生活敞开了大门。党派的基础，不是享有同等权利的共同体内的代议制，而是纵向的保护和依附的准封建关系。然而在欧洲其他地区，权力的多元化占主导地位，使得各种形式的代议制蓬勃发展。

　　自1282年起，卡斯蒂尔的城镇常常组成兄弟会。这是一个自治联盟组织，以此维护自己的特权，不是由国王召集，如有必要甚至反抗国王。它们的运转，远不只是在与王室权力发生纷争时争得一席之地。城市联盟实际上成为议会的先驱者。在1295年至1301年新国王未成年时期，城市联盟要求在王室和文秘署占有一席之地，还要求在征税和保护王室城堡事务上发挥作用。在1312年的莱昂地区，由众多城镇组成的兄弟会要求，由良好市民负责教育年轻的国王，反对非法征税和转让王室城堡及城市；如果国王违背法典（fueros）和习惯权利（customary rights）而不知悔改，城市联盟便会另选一位摄政者。虽然这些要求夸大了城市联盟的统一性，但在1315年众多城市还是组建了一个范围更广的兄弟会，包括180座城镇，其中卡斯蒂尔78座，莱昂45座，此外还包括埃斯特雷马杜拉（Estremadura）、托莱多（Toledo）、穆尔西亚（Murcia）和安达卢西亚（Andalusia）。他

㊳ Fasoli (1965), pp. 71–86; Koenigsberger (1978), pp. 22–24; Comparato (1980), pp. 149–185; Chittolini (1986), Ⅰ, pp. 94–99.

们每年开会，控制王室收入，并有效运行了若干年。这一事件表明，在王朝危机时期，城镇有能力以联盟的方式组织起来，维护他们的共同利益。然而，这一事件同样表明，这些联盟因缺乏统一性而短命，因为大部分未成年危机在某个时间都结束了。[59] 共同体代议制要想延续，还需要更多条件。

在13世纪的佛兰德，由五座主要城市组成的联合体发挥着作用。其中每座城市都拥有超过3万名居民，最大的城市根特超过6万名。它们最早在1209年作为（之后仍是）"六城市"被提及，当时英格兰国王约翰在有关拉罗歇尔（La Rochelle）城市的法令中，曾涉及"六城市"；1213年，它们作为联盟与国王签署条约，这表明它们具有独立自主的外交能力，能和那些与其有着密切商业联系的国家打交道。自1241年起，文献称它们为"佛兰德政务局"（*scabini Flandriae*），其行政官员们的集体行动得到认可，可以处理城市之间的司法冲突，亦可处理单个城市的内部分歧，还负责处理诸如商品贸易和货币监控（包括检验铸币的固有价值）等事务。在所有这些事务中，女伯爵只能"在佛兰德（主要城市）市政官的同意下"有所行动。[60] 甚至在14世纪和15世纪，当郡领地失去两座主要城市之后，"佛兰德三个（或四个）会员"之间的协商体制仍然继续发展。而且在1384年，布鲁日附近最富有和最广大的乡村地区半正式地成为第四个"会员"。布鲁日的乡村地区（自由布鲁日，*Brugse Vrije*）由贵族和富裕农民管理，这长久地拓展了社会代表阶层，使城市联盟体制的支配地位更加稳固，并一直延续到旧制度（*ancien régime*）结束。在最活跃的15世纪前半叶，"四城市"（"four members"*）每年要参加350—450次会议，会期常常相同，有时会议地点会有所不同，有时也负有出访任务。在郡领地内，会议一般持续4—6天。大多数会议并不正式，通常只是由10—15个参会者自行召开。传统的长期影响，加之"四城市"持续牢固的人口和经济地位，使它们在代表体制中居于支配地位，而这一点也为较小的公社以及佛兰德法庭所接受。然

---

[59] O'Callaghan (1989), pp. 53 – 55, 85 – 93.
[60] Dhondt (1977), pp. 73 – 78; Wyffels (1967), pp. 1131 – 1136.
* "四城市"包括布鲁日、布鲁日的法兰克（Franc of Bruges）、根特和伊普尔，它们是中世纪佛兰德议会的成员，在该地区具有相当的权力。——译者注

而实际上，针对最重要的事情，尤其是财政事务，通常要在全郡更大规模的会议上讨论，或者在四个不同地区分别讨论，且每个地区都由一位"成员"主持。此外，小城市和乡村地区频繁请求"四城市"给予司法或外交援助。城市中包括手工业者代表参加的大委员会，以及乡村地区的自由持有农会议，两者在征税问题上都有最终决定权。在1370年至1540年的根特，行会参与行政管理已非常先进，其他地方都不能与之相比。当时，手工业者从他们自己中间选举市政官（aldermen），每年在26位中选出20位。15世纪中期之前，"四城市"主要关注的都是贸易条例、商业诉讼、铸币、财政政策和外交关系。后来，税收和防御成为主要关注事项。伯爵在1400年创立了三个等级参加的会议，但集会次数少于"四城市"控制的会议。然而到15世纪末，因为政府倾向于同更保守的团体合作，所以各等级的会议和三级会议变得更有影响。

在相邻公国布拉班特（Brabant）、列日（Liège）、荷兰和乌得勒支（Utrecht），同样存在上述类似模式——主要城市代表之间非正式的自治会议，且主要处理经济事务。[61] 这些地区深具商业倾向，最远与西班牙和普鲁士都有密切联系。1427年至1433年，勃艮第公爵统治下的低地国家得以统一，推动和鼓励了来自不同公国代表的定期例会。三级会议是所有代议制中最常见的形式，但商业城镇或沿海城市也有自己专门的跨境会议。城市在政治议程上所起的作用不尽相同。农村公社在政治上也并不总是被动。在佛兰德，布鲁日附近的乡村地区长期派代表参加"四城市"联盟（the College of the "Four Members"），而其他地区也同样参加各种形式的会议，有时还包括三级会议。14世纪的佛兰德，虽然伯爵不得不三次向其宗主——法兰西国王——求救，以抵抗城市联合行动的力量，但是在低地国家，贵族依然是关键因素。相比意大利，该地区的贵族很少与城市精英融合，他们更像一个独立等级。出于自身利益，低地国家的自由农公社组建了治理洪灾的地区委员会。该委员会负责监督修建堤坝、运河和水闸，并为此征税，还颁布强制性的法律规章，以确保水利设施得到修缮。

---

[61] Uyttebrouck（1975），Ⅰ，pp. 429 – 469；Dhondt（1966），pp. 357 – 358；Kokken（1991），pp. 126 – 148，216 – 276；Van den Hoven van Genderen（1987），pp. 60 – 145.

第二章 代议制（始于13世纪）

整个体制以全体土地所有者为基础，而且他们在决策和委员选举问题上拥有完全发言权。村庄会议共同选出代表参加地区会议，地区会议再委派代表同政府或相邻城市谈判。

朗格多克地区的城镇或由王室官员召集，或自行召集会议，对粮食出口（1269—1275）和铸币事务（1212年与贵族一起，1292年单独）进行立法，处理请愿书，规定贸易路线。它们还提起诉讼反对英国对加龙河（Garonne）课以"繁重关税"（"great custom"，1285），也提起诉讼反对卡奥尔主教（bishop of Cahors）投放高利贷。[62] 普鲁士的城市和维斯图拉河（Vistula）周围的乡村地区也存在类似问题。他们的代表为了公共福利，常常"为了自己的利益"（"umbe meynes nutcz"）向条顿骑士团团长（Master of the Teutonic Order）请愿。地方法令规定了维斯图拉河上的航运权（1375年及其之后）、城市的手工业条例（1408）、度量衡、铸币、价格、货币贬值后的工资和利率（1420）。1427年的证据表明，该地区不仅规定了啤酒价格和乡村优先购买权，还裁决了有关骑士团的许多事务，比如骑士团提出的宗教仪式、限制庆典以及禁止奢华的法律。这些行为使双方关系日益紧张，终于导致骑士团团长在1434年拒绝了城市的请愿——取消粮食出口许可证以及取消被称作镑税（Pfundzoll）的通行税。1433年也出现了利益冲突。当时骑士和城市指责条顿骑士团发动了对波兰的战争。这两个普鲁士等级作为社会和政治统一体，组织紧密，有实力对抗条顿骑士团。他们投靠波兰国王，维护了大部分特权，包括控制税收的权利。1466年至1519年，他们平均每年召开四次会议，派遣了数个外交使团，而且这些大都是自主进行的。城市会议保持司法独立，而地方议事会（Landesrat）或地方委员会则是农村地区的最高法庭，其中三个主要城市——但泽（Danzig）、埃尔宾（Elbing）和托伦（Torun）——每城各派两名代表。[63]

自治城市普遍关注维持和平、法律和秩序。在凯尔西（Quercy），主教经过贵族和大城市的同意，从13世纪初便已开始征收和平税或城市税（comune）。[64] 在帝国内部，各城市聚集在地区联盟中以确保

---

[62] Bisson（1964），pp. 127 – 130，218 – 228，242 – 243，260 – 265，281 – 288.
[63] Neitman（1992），pp. 60 – 76；Biskup（1992），pp. 89 – 94.
[64] Bisson（1964），pp. 124 – 126.

和平,特别是提防封建领主和骑士。1255年,国王威廉(King William)召集莱茵河自巴塞尔(Basle)以下地区的所有联盟城市的代表,处理有关铸币和无主商品的司法问题。[65]哈布斯堡国王鲁道夫将和平政策扩展为地区和约(Landfrieden),为此,他已经与地方城市会议单独协商,或与贵族协商。1278年,王室官员召集17个城市开会,且同意废除莱茵河上的新通行税,并制定了航行安全措施以及起诉破坏和平者的措施。其他地区也如法炮制。[66]

德国汉萨同盟(German Hanse)便是发展自上述某些地区联盟。在13世纪和14世纪早期,这些地区联盟是正式的商人联盟,其目的是要确保长途商路的安全。同时代在伦敦的佛兰德汉萨,以及出入香槟集市的"十七市镇"联盟亦是如此。在这一时期,城市官员与地方商人行会之间几乎没有差别。[67]但在佛兰德,1302年的手工业者革命及其随后的发展,完全改变了这一局势。此前,由商人行会对外代表共同体,而现在,城市官员接管了这一职能。1356年,德国北部向城市联盟转化。当时,地区商人公会联合起来保护自己的共同利益。但是,历史学家或者忽视或者拒绝将城市联盟(代表某一地区的诸城市)与德国汉萨同盟进行职能比较[68],历史学家更关注地区和君主国,而不是代议制职能。由于君主权力软弱或者偏远,汉萨同盟的各城市,尤其是那些海外城市,沿着商路通过贸易联系更加紧密地团结起来。地区会议或全体汉萨同盟会议(Hansetag)频繁召开,其议程中最为关注的议题就是,共同利益的保护以及贸易规则。而且,它们还执行外交任务,与德国国内或国外各类机构谈判,其中也包括像佛兰德"四城市"这样的代议机构。同其他城市联盟一样,它们不可避免地触及发动战争和征税这些内外政策。然而,它们的海外倾向以及广泛的利益并未促使它们建立城市国家,致使它们在15世纪后期,更易受到来自地区国家越来越多的侵犯。[69]

---

[65] "Sollemnibus nuntiis omnium civitatum pacis federe coniunctarum de Basilea inferius" [Engel (1980), p. 15].

[66] Engel (1980), pp. 24–33; Boockmann (1992b), p. 123.

[67] Van Werveke (1958).

[68] Moraw (1992), p. 6.

[69] Wernicke (1986), p. 190; Blockmans (1986), pp. 183–189, and (1992); Moraw (1994), pp. 119–121.

瑞士联邦（Swiss Confederation）向世人展现了在自治共同体基础上建立自治乡村（*Landschafte*）或自治区的例子。在 14、15 世纪，许多农村公社能够买断领主权利，这些被解放的自由农民便结成了强人的共同体，保护自己的集体权利。大城市不断向农村地区扩大统治，但是它们必须完整保留公社参与决策的形式，在政治领域尤其如此。农村共同体常以养牛为生，所以它们乐于同外界保持密切的商业联系。如遇有冲突，则要在联盟（Einungen）条款基础上进行仲裁，通过这一传统方式予以解决。议会（*Tagsatzung*）——由联邦（*Eidgenossenschaft*）或宣誓联盟（sworn union）全体代表参加的大会——成为调节冲突的政治平台。这一情况在 14 世纪只是偶然出现，到后来便比较普遍。然而很明显，不可能每次都能达成一致，主要城市成立独立协调委员会的尝试也于 1481 年被取缔。同那些意大利城市一样，瑞士相对较小的城市没能力控制乡村地区，且又易受外来入侵，这就促使它们要保持一定的团结。1503 年达成一项协议，规定要将所有外交条约、个人契约和军役合同提交议会多数批准，但该协议从未得以全面贯彻。[70]

在城市最常提起的请愿和申诉中，最受关注的是货币稳定。在波兰，甚至当各城市已经实际失去了批准协助金的权利时，克拉科夫（Cracow）在 15 世纪仍然拥有货币事务的发言权。[71] 在某些情况下，代议机构买断了统治者的铸币权（或铸币税），以防止货币进一步贬值。1293 年，卢嫩堡公爵（Lüneburg）将自己的权利出售给了三级会议，由各等级代表进一步实施这些权利。1307 年，巴伐利亚公爵为了得到资助便出售了自己的造币厂。[72] 1345 年，勃兰登堡（Brandenburg）的三级会议拒绝了边地侯提出的货币改革方案。[73] 佛兰德的城市"成员"以及布拉班特、荷兰的各城市，屡次批准资助金以换取货币稳定。在低地国家，近半数的三级会议都将货币问题作为主要议题。在 15 世纪最初的十几年，佛兰德的"四城市"积极制定货币政策，规定铸币外观和价值，并且校验铸币所

---

[70] Holenstein (1990), pp. 23 – 26; Bierbrauer (1991), pp. 99 – 102; Bütikofer (1991), pp. 104 – 106, 113 – 115.
[71] Russocki (1992), p. 173.
[72] Engel (1980), pp. 47, 52.
[73] Heinrich (1992), p. 145.

用金属。[74]

代表（尤其是城市代表）提出的另一项申诉，是任命外国人担任政府官员。一张不完整清单列出了申诉的地点和时间：波希米亚，1310年和1437年；勃兰登堡和普鲁士，1345年；布拉班特，1356年；乌得勒支，1375年；诺曼底，1381年；匈牙利，1387年；英格兰，1406年；波美拉尼亚，1459年。[75] 代议机构的上述权力要求取得了或多或少的持久成功，但简单列举这些权力毫无意义。真正重要的是，代议机构肩负维护公共福利、保护特权和习俗的责任，它们能够对内外政策提出任何质疑，因为外交政策常常影响到防卫和税收，也常常影响到贸易。比如卡斯蒂尔议会，尤其是各城市的议会，它们深深影响着立法。各个等级以手册（*cuadernos*）的形式向议会呈递请愿书，而这些申诉清单构成了议会所颁法令的基础。1261年，各等级要求在同意征税之前先处理申诉。1268年，价格和工资的详细清单，清晰地反映出了城市委员会的关注点及其职权。[76] 显然，大城市公社主要处理经济问题，这对它们至关重要，关系到它们的特定利益。它们制造、购买和出售商品，由此便派生出诸多问题，而这些问题类型多是贵族议员所不熟知的。处理这类事务，需要果断、实用和有效，只有那些经过正式贸易实践训练的人员才可胜任。这就解释了为何君主不能掌控城市的原因——前者更多关心领地和荣誉，较少关注海外贸易，而后者恰是进行海上贸易的"商站"。

第四节　发展之路

我们从一开始就拒绝仅仅关注理想化代议制类型的做法。实际上，代议制类型丰富，有些类型的代议制相比其他更有能力，一直延存至现代早期。最终的幸存者并不限于某一特殊的制度类型——在旧制度（*ancien régime*）结束之前，还存在城镇和村庄联盟，以及地区

---

[74] Van Uytven and Blockmans (1969), pp. 408–409; Blockmans (1973), pp. 104–122; Bos-Rops (1993), p. 89.
[75] Heinrich (1992), pp. 144, 146; Biskup (1992), p. 86; Soule (1990), p. 109; Bak (1973), pp. 28–29; Kejr (1992), p. 214; Smahel (1992), pp. 229–230; Roskell et al. (1992), Ⅰ, p. 88; Benl (1992), p. 134.
[76] O'Callaghan (1989), pp. 72–75, 121–122.

第二章 代议制（始于13世纪）

会议、三级会议和议会（parliaments，*Landtage* 或 *Reichstage* 三词均指议会，它们具有两个、三个，或四个议院），这些类型的代议制也在继续运作。显而易见，代议制基本创始于两条道路：代表君主寻求政治和物质支持；代表共同体自发维护共同利益。

君主主导的代议制范围往往更大，但这也产生了统一性和连续性问题，在大规模的领土上尤其如此。君主的过度野心以及王朝中断问题，为民众提出自己的要求创造了时机。民众自己的团体（尤其是大城市中的团体）越强大，就越有能力长期控制政府。而这也主要取决于社会类型及其组织水平：人口集中且高度城市化的地区，以及自由农组成的农村公社，比分散的农奴地区更能迅速地做出反应。农奴地区没有解决矛盾的制度化途径，最终只能演变为起义。然而，反复发生的王位继承问题以及旷日持久的百年战争，频繁地威胁着君主，这就为该地区代议制度的有效发展创造了机遇。即便如此，代议制的发展主要还是取决于政治体制中最具权势的团体，他们有实力为了自身利益而向政府长期施压。这些实力包括密切的联系（只是有限范围内的联系）和现代化、商业化的经济。君主召集的代议制会议，源于扩大化的国王法庭，而其合法性则是基于罗马—教会法理论。然而，君主向代表出让权力并不符合其自身利益。一旦政府压力减轻，比如获得了独立资源或者引入了永久税，那么开会次数便会减少，甚至在一段时期内就根本不开会。在14世纪和15世纪前半叶，英国议会平均每年召集不止一次。然而1450年之后，百年战争行将结束之时，会议次数大幅下降，截至1510年仅有20次，而在1497年至1504年的七年时间内，一次会议都没召开。这样的不规则性当然损害了议会的效率。[77]

国王拥有特权召集和解散代议机构，有权停付薪金和津贴，这使会议难以抵御国王的操弄。法国三级会议就是只在紧急时刻召集，而在问题解决之后就被解散。君主显然害怕对三级会议失去控制，巴黎起义便是在1355年和1413年三级会议开会期间爆发的，这让君主对起义心存忌惮，所以此后都是在首都之外召开会议。[78] 代议机构的独

---

[77] Powicke and Fryde (1961), pp. 512–534.
[78] Bulst (1992), p. 372.

立影响力大量丧失，而对代表身份及其社会背景的系统研究，更确切地揭示出这一原因。对1484年法国三级会议的群体传记学研究（Prosopographical Study）表明，在269位代表中，王室官员就占84位，接近1/3。王室官员占整个第三等级代表的63%，贵族代表的约22%。贵族等级与君主制联系更为密切，他们或者被授予荣誉头衔，比如"王室议员"头衔（83位贵族代表中有40位享有此头衔），或者领受王室津贴。参会代表中只有21位城市官员（不到8%），且其中3位后来被授予王室或地方官职的荣誉头衔。城市官员中只有13%拥有大学学位（大部分主修法律专业）。而与会的王室官员代表70%拥有大学学位，教会人员93%拥有大学学位。在这方面，拉丁语的使用显然使大学毕业生大为受益。1484年的王室官员以及委托人数量甚至超过了1468年，他们作为跨地域的权力精英，将地方利益与宫廷联系起来。一般而言，城市以及各等级的自治权，在权力掮客的扩张网中明显迷失了方向。[79]

英国议会也有相似现象。对此，已经进行了大量的群体传记学研究。自1445年起，已不再需要选民选举地方代表，这就导致大量乡绅和其他外部人士侵占自治市席位。议会成员不断利用选举权为自己及其委托人获取职位和官职，或者通过请愿的方式获得更多其他私利。1420年，国王未经下议院允许就批准了这些私人请愿，而下议院未能成功阻止国王的这一行为，这不仅为私下安排留下了可能性，甚至还威胁到公共福利。[80] 从1439年至1509年，选出的约700名郡骑士中，超过81%是郡治安法官。一半郡守都会在其人生的某个阶段被选出参加议会；而数以百计的议会成员被任命为"复归财产管理官"（escheators，国王封建遗产税代理人）、征税官、验关员、王室城堡司令官，或者其他王室、郡官职。议会开会期间任命了许多这类职务。可以得出结论，希望获得任职权是入选议会的强大动机，而这种思想逐渐侵蚀着代议机构的自治权。群体传记学研究进一步表明，对法国和英国来讲，等级之间或议院之间明显缺乏社会区分。英国议员拥有大学学位的比例可能比法国三级会议的要低——大约

---

[79] Bulst (1992), pp. 338–367.
[80] Roskell et al. (1992), Ⅰ, pp. 43–45, 63–67, 101–103.

第二章 代议制(始于13世纪)

1420年,英国议员只有1/5拥有大学学位——这可能是法律体制差异造成的。但是,国王任免权不断扩展,逐步从内部侵蚀代议制度,除了代议制成员正在丧失影响之外,该制度本身也正在普遍丧失其政治影响力。[81]

在其他类型的代议制中,公社代议制大多是在非正式的基础上自下而上组成的,而且至少部分独立于君权。城市和农村公社的利益与大地主的利益并非完全一致,当双方利益完全不同甚至相反时,他们便组织起来保护自己的利益。他们组成公社联盟,并在自由参加的基础上进行协商。外部威胁持续存在,他们的联盟也更加制度化,并逐渐广泛行使政府职能。尤其在贸易事务上,他们比君主的官僚机构更有效率。这证明在相对较小的范围内效率最高,在那里,交往频繁,且共同体利益被广泛认可和接受。远途贸易是组成城市联盟和类似代议机构的普遍动机。公社类型的代议制不由君主召集,因此不易受君主任命的影响,但只要它们的经济基础依然坚实,它们就会以自己的方式继续运行。然而,面对强大的外部压力,它们缺乏集权和凝聚力,这成为一项劣势。有时候,联盟被吸纳为(最终融入)君主及其官员主持的等级会议的成员。于是,公社模式的代议制向君主模式的代议制转化。正是以这种方式,汉萨同盟城市加入了各个地区的代议制度。在远离君主的地区,代议制能够在君主领地之外以各种形式(部分重叠)发展。然而,在中世纪晚期的国家形成过程中,君主权力无处不在,且较少依赖民众同意。

政治体制中的权力多元化,而且利益竞争集团需要彼此妥协,这些成为代议制出现和延续的必要前提条件。代议制在时间、类型和演进道路上存在区域差异,这实质上取决于自上而下和自下而上的召集模式的相互作用。代议制的君主模式和公社模式在演进中交汇于某一点。城市只能在高度城市化的地区发挥重要作用。在中世纪晚期,随着国家变得更加强大,它们试图合并那些一直独立的城市,尤其是要融合城市中的统治精英。城市中的资本积累和货币经济为君主提供了巨大的竞争优势。起初,他们向个体商人借款,后来向贸易连续征收间接税,这既能够保证固定且便利的收入,又不必面对民众令人不快

---

[81] Roskell et al. (1992), Ⅰ, p. 171; Wedgwood (1936–1938), Ⅱ, pp. xvii–xlvii.

的要求。然而在以后的世纪中，甚至当城市不得不在等级会议框架中运行的时候，公社代议制模式将会证明其实力。

中世纪代议制的基本弱点是，君主代议制模式缺少连续性，而在君主和公社两种模式中，都缺乏统一性。共同体意识存在于社会各个阶层，它远远落后于君主的集权手段。这使得君主能够在各等级之间渔利，联合一方对抗另一方。代表们认识到，私人安排比集体行动能获得更多回报，所以他们的制度开始失去效力。在 15 世纪后半叶，众多代议制衰落，其中有两点原因：权力相对丧失或完全丧失；地方精英并入国家机器。

相反的，如果代议制不是基于现有的、政治组织严密的地方共同体，君主也无法建立任何持久存在的代议制。在中世纪晚期，每个君主都在不断努力实现某些目标，如果君主已经拥有足够手段独立实现自己的目标，他甚至不会尝试去建立代议制。

维姆·布洛克曼斯（Wim Blockmans）
侯建新 译

第 三 章
教宗与公会议

15 世纪教宗与公会议的故事,可以分为三个层次:政治或外交与制度层面;教义或意识形态层面;以及关涉欧洲和欧洲人长远发展的文化层面。

第一节

1409 年 3 月 25 日,当比萨公会议拉开帷幕时,教会人士和政治家们多年的耐心交涉似乎终于要有结果了。自 1378 年乌尔班六世和克雷芒七世及其各自继承人之间发生分裂以来,各方统治者和教士大多出于内政或外交的考量而选择"效忠"对象。经过 25 年以上的对峙后,"罗马"教宗格列高利十二世(安杰洛·科雷尔,Angelo Correr)和"阿维尼翁"教宗本尼狄克十三世(佩德罗·德·卢纳,Pedro de Luna)仍未显示出任何愿意让步的迹象,或启动相互退让的程序,法国人在 1398 年首先撤销了对本尼狄克的效忠。从这时起,通过"公会议方式"("the way of the council")来解决分裂的想法占了上风:人们认为,在紧急情况下,可以通过特殊程序召开一次大公会议,它有权以整个教会的名义将解决方案强加给互不退让的双方。公会议有权要求两个"教宗"辞职;如果一方或双方拒不退位,就可以以制造分裂和暗中宣扬异端邪说的罪名审判他们;公会议因而有权废黜犯有此类罪行的教宗,并安排选举一位无可争议的新教宗。公会议方式的支持者也希望借此次公会议启动教会改革,尤其是改革教宗的课税和教宗对高级教俸(senior benefice)的授任权。

两位教宗都拒绝与比萨公会议发生任何关系，并谴责该会及其支持者。本尼狄克在佩皮尼昂（Perpignan）、格列高利在奇维达莱（Cividale）都召开了自己的公会议。比萨公会议就是由退出这两个会议的大约15位枢机召开的。其最强有力的世俗支持者是法国国王查理六世和佛罗伦萨共和国（它授权将比萨作为开会地点）；其他支持者包括英格兰的亨利四世、勃艮第公爵约翰、波兰国王和葡萄牙国王、米兰以及热那亚共和国。德意志的多数公侯原本支持乌尔班六世，这时却出现了各不相同的支持对象；这种情形，又因波希米亚的瓦茨拉夫（Wenceslas）和巴伐利亚的鲁佩特（Rupert）争夺帝国皇位而复杂化了，前者支持比萨，后者支持格列高利。本尼狄克的核心支持者是卡斯蒂尔和阿拉贡。威尼斯共和国的态度暧昧不明。意大利南部的形势受到那不勒斯任性的拉迪斯拉斯国王（Ladislas）的左右，他支持本尼狄克，但他本人却正受到来自安茹的路易的挑战。

由于两位"教宗"显然都不愿退位，比萨公会议的主题就是如何才能让双方教会重新统一。尽管鲁佩特国王（King Rupert）、波兰和英格兰的代表表示反对，但在法国和其他国家代表的坚持下，该会还是通过了反对两位教宗的提案。本尼狄克和格列高利被宣布为异端分子（4月23日），谴责他们拒绝忏悔（contumacia）（5月23日），并予以废黜（6月5日）。6月26日，米兰枢机大主教彼得·费勒日（Peter Philarge）被选为教宗，称为亚历山大五世。7月27日至8月7日间，大会颁布了一系列措辞相当模糊的改革教令，并规定下次公会议三年内举行。

新当选的"比萨"教宗得到法国国王查理、佛罗伦萨、萨伏依、巴伐利亚公爵、奥地利大公和英王亨利的支持；卡斯蒂尔、阿拉贡和苏格兰依然支持本尼狄克。格列高利召开的公会议在阿奎莱亚*举行，神圣罗马帝国和那不勒斯派代表参加，但却在一片混乱中结束，因为会址所在的威尼斯放弃了对格列高利的支持。格列高利被迫出逃，先是寻求拉迪斯拉斯的保护，后又投奔里米尼的马拉泰斯塔（Malatesta of Rimini）。当时，年迈的亚历山大移居波伦亚，受到巴尔达萨雷·科萨（Baldassare Cossa）的控制；他死亡的情形令人生疑。

---

* Aquileia，意大利东北部的一个城市，位于亚得里亚海附近。——译者注

之后，科萨当选为比萨一脉的教宗，取名约翰二十三世（1410年5月）。同一时期，鲁佩特国王死后，卢森堡的西吉斯蒙德（Sigismund）被选为"罗马人的王"（即德意志国王和选帝），结束了帝国的分裂。他宣布效忠约翰。

随后发生的军事与政治事件对教会的历史具有决定性的影响。1411年5月，安茹的路易打败拉迪斯拉斯。1412年3月，曾因任命弗朗切斯科·扎巴雷拉（Francesco Zabarella）、皮埃尔·戴利（Pierre d'Ailly）和纪尧姆·菲拉特（Guillaume Fillastre）等一流才俊为枢机而获强盗恶名的教宗约翰，在拉迪斯拉斯的保护下，及时在罗马召开了一次公会议；西吉斯蒙德、查理六世、那不勒斯和佛罗伦萨派代表参加。但拉迪斯拉斯不久放弃了约翰并入侵教宗国（1413年6月），致使约翰先是逃往佛罗伦萨，继而投奔西吉斯蒙德，以寻求避难。西吉斯蒙德提供庇护的条件是，这次公会议必须在康斯坦茨（Constance）召开，这是直属于帝国的一个自治市。开会地点选在他拥有主权的地方，是为了保证会议能够顺利进行。西吉斯蒙德证明是公会议方式的救星。1413年10月30日，他凭借自己的权威宣布：1414年11月1日将在康斯坦茨召开公会议；并邀请三位"教宗"和所有俗界统治者出席会议。12月，约翰召开了自己的公会议；次年8月，拉迪斯拉斯去世。

1414年11月，康斯坦茨公会议如期召开，得到选帝（emperor-elect）和相当数量的德意志诸侯，以及法国、英格兰、勃艮第、波兰、匈牙利、奥地利和丹麦的支持。卡斯蒂尔、阿拉贡和苏格兰依旧效忠于本尼狄克，拒绝派出代表。但会议既然已经开幕，并得到如此广泛的支持，其宗教考量和道义影响就不言而喻了。这是很长一段时间以来，肯定是自1378年以来，与会者最多、支持者最多并最具有"代表性"的一次大公会议。在如此情势下召开如此盛会，也属首次；无论在古代抑或中世纪史上，绝无二例。

通过召开公会议来谋求重新统一的方案，一直得到大学的鼎力支持，尤其是巴黎大学（欧洲的神学之母）和许多曾在此接受教育的教士，包括许多高级教士的支持。在比萨公会议和罗马公会议（1412年）上，巴黎大学都曾扮演了举足轻重的角色；这次派出参加康斯坦茨公会议的代表由校长让·热尔松（Jean Gerson）领队，他德高望重、知识渊博,是当时一流的神学家。为便于协商与投票,这次会议遵循某些大学的惯例,划分为四个所谓的"民族团"("nations")(英、法、德、意):枢机们有时独自协商。这些标签并不准确:"英格兰"团("English"nation)包括爱尔兰和苏格兰,"德意志"团含有波兰、波希米亚、匈牙利和丹麦。最初采取这种方式是因为,如果会议作为一个整体来投票(像以前的公会议那样),那么,意大利人因为头戴"主教冠"(mitres)的成员(主教和修道院长)众多,就完全可以操纵会议;而在这个场合,事情本身必须在各国之间达成共识。出席会议的具体人数很难确定;据记载法国团超过100票(可能包括许多无"冠"成员),出席人数达到400人;但是,"有冠者"的总人数从未超过100人。这种投票方式的另一个特征和目标是世俗统治者可以直接影响成员,因为许多人要么是世俗领地的代表,要么是在世俗统治者的操控下由地方或国家宗教会议(synod)选举出来的人。另外,与会的国王是由高级教士推荐的;而高级教士本身,又是由王室指派或同意的。

西吉斯蒙德和热尔松在法国、德意志和英格兰民族团(索尔兹伯里主教罗伯特·哈伦带领英格兰代表团,与西吉斯蒙德密切配合)的支持下,要求三位教宗立刻退位。约翰同意辞职,但条件是其他两位也一起辞职(这是不可能的)。1415年最初的几个月是关键性的:3月,约翰出逃,但被扣留。1415年4月6日,会议发布了"本圣谕"教令("Haec Sancta",以前有时也称"Sacrosancta"),宣布:此次大会作为一次普世大公会议,其权威"直接来源于基督","在信仰、统一和改革事务方面",它甚至能够对教宗行使权力。这一授权使得它审判并废黜了约翰(5月29日)。7月,格列高利最终同意"召开"这次公会议,随即辞职。

当时,支持本尼狄克的卡斯蒂尔、阿拉贡和苏格兰依旧组成了一个实力雄厚的分裂集团,为了与他们协商,西吉斯蒙德离开了康斯坦茨。他坚持在他缺席期间,大会只能讨论改革而不要讨论教会统一——即审判本尼狄克和选举新教宗。如果能获得其他欧洲国家的赞同的话,这不失为一项很好的政治考量。但直到1417年1月,他才返回,可见这是一次长期的缺席;就公会议的和谐而言,其代价也是沉重的。这期间,法国与英格兰发生了争吵,这是预料之中的,因为这两个国家仍处于战争状态。热尔松曾是公会议改革运动的精神领袖，但在关于诛杀暴君（tyrannicide）的冗长论战中有失身份。不过，西吉斯蒙德仍旧达成了他的目标，1415年12月在纳尔榜（Narbonne）签署了协议，并于1416年2月在康斯坦茨正式生效，卡斯蒂尔等国撤销了他们对本尼狄克的效忠。然而，阿拉贡的代表直到1416年9月才抵达康斯坦茨，成为第五个西班牙"民族团"；卡斯蒂尔直到1417年3月才加入该团。处理本尼狄克的程序终于启动，他遭到正式的谴责并被废黜（1417年6月）。

现在，争论集中于改革和选举新教宗。改革引发了深层的矛盾，在这方面，康斯坦茨公会议最终证明是无效的。改革与教会统一相关：世俗权力使得重新统一成为可能，但是他们的影响取决于他们掌控其教士的能力，这种控制部分是通过圣职任免制度来实现的。从大分裂直至比萨和康斯坦茨公会议前夕，世俗统治者已经形成了自己的教会政策，或效忠某一教宗，或保持不支持任何一方的中立态度。尤其是法国国王因颁布"高卢人的自由"宣言（1408），事实上已将教宗征税大权和圣职任命权收归王室控制。向法国境外的教会法庭上诉也遭到禁止；而英格兰早在1350年代就采取了类似措施。然而，这类敏感的议题，连同教牧不居教区等弊端，正是改革者们改革方案的核心。这样，当法国人要求取缔教宗的征税权时，意大利人因为是现存制度的主要受益人，坚决反对；英格兰和德意志代表也宣称此举不合时宜。

本尼狄克退位后，面临的问题是先选出一位新教宗，还是先确立要求当选者付诸实施的改革方案。后者显然旨在限制教宗集权，并很可能达成实质性的改革。这个问题一度悬而未决，因为意大利、西班牙和（令人费解的）法国支持先选教宗，而英格兰和德意志支持先改革。1417年9月，被许多人视为教宗理想人选的扎巴雷拉，和英格兰代表团的中流砥柱哈伦（他支持改革和西吉斯蒙德），先后去世。英格兰改变了立场，并说服西吉斯蒙德勉强同意：先选教宗。即便如此，还是通过了《常律》教令（"Frequens"，1417年10月9日）。这份教令对未来具有绝对的重要性。它规定，大公会议以后必须定期召开，一次会议结束之前，必须确定下次开会的时间与地点；如果出现新的教廷分裂的情况，可立即召开公会议而无须任何正式的启动程序，所有对立教宗"依法"（ipso iure）自动停职。

选举程序上的争执是这样解决的：由枢机团和每个"民族团"的 6 位代表组成一个一次性的特别选举委员会，这就将枢机置于少数派的位置（他们不被信任竟至于此）。选举没花多长时间：奥多·科隆纳（Oddo Colonna）当选为马丁五世（11 月）。他是一个时常执掌教会大权的罗马古老家族的子孙，他的当选无疑使得教廷恢复到早期的那种拥有独立领土的状况成为可能。在改革方面，通过了一个非常笼统的教令，要求教宗在公会议和"民族团"的帮助下改革教会和罗马"教廷"。1418 年 3 月，在专门讨论赋税和教俸的会议上，涉及改革，但不是以要求人人遵循的公会议决议的方式下达的，而是采取了教廷与几个"民族团"之间各自达成协议（concordata）的方式。不同寻常的是，马丁并不认可公会议的所有决议，而只承认那些"以公会议方式（conciliariter）解决信仰事务"而颁发的教令，这就为诸如"本圣谕"这类教令的地位留下了争执的余地。这次公会议在 1418 年 4 月解散；5 月，马丁颁布了一个教令，规定即便在信仰事务上，禁止不向教宗申诉而向公会议申诉的行为。在他看来，什么都没有改变。

教会政府这场拖延甚久的分裂与纷争的结束，使得重归统一的教廷进入了一段蜜月期。依据《常律》教令规定，1423 年应在帕维亚（Pavia）召开下一届公会议；但几个月后，才从公会议至上思想的故乡巴黎大学来了唯一的重要代表团。因此，马丁首先将开会地点移到锡耶纳，而后又以开会人数不足为由，解散了会议（1424 年）。

1431 年，下一届公会议如期在巴塞尔召开，巴塞尔当时是直属帝国的一个自治城市。马丁发起了这次会议，但不久就去世了。接替他的是来自威尼斯的加布里埃尔·康杜尔马罗（Gabriel Condulmaro），称为尤金四世。他与马丁一样，也不相信公会议，但发现自己得面对一个全新的政治局势。来自巴黎和中欧的大学人士（博士们，doctores）再次首先抵达；但大多数王室代表和高级教士直到 1432 年春夏才陆续到达。这一次，巴黎代表立场坚定：当尤金颁令解散公会议时（1431 年 12 月），他们搬出"本圣谕"，重申公会议的独立权威，进而依据"公会议坚决主张"（De stabilimento concilii）教令（1432 年 2 月），明申公会议要改变开会地址、延期举行或解散必须得到公会议本身的同意。到了夏季,与会的"有冠者"和(来自)欧洲主要大国的代表的人数甚至远远超过了康斯坦茨公会议。教宗的特使朱利亚诺·塞萨里尼(Giuliano Cesarini)因而建议尤金承认并参加这次会议。出席巴塞尔公会议的人数众多及其获得出乎预料的支持(较之罗马那些坚决支持尤金的人而言),原因主要有两条:第一,激进胡斯派新近赢得了对教宗—帝国联军的决定性胜利,以及随后为了夺取毗邻的德意志地区而进行的侵犯和宣传,使得西吉斯蒙德和德意志诸侯希望通过协商,达成一个包括教义问题在内的解决方案,而温和胡斯派也愿意前往巴塞尔。因而他们需要这次公会议。第二,鼓吹彻底改革——包括将教宗的权力转移给公会议并实行某种程度的去中央集权化——的人士,在尤金身上和他的宫廷里找到了必须改革的新证据。

这是一个重要时刻。世俗当局和高级教士(并不总是泾渭分明的两方)尽管支持公会议,但并不处于能够掌控全局的地位。这是因为,以巴黎的让·博佩尔(Jean Beaupère)等人为首的博士们,在他人抵达之前已经改变了公会议的组织与程序。"民族团"不再由俗人控制,而是基于议题范围而设立几个委员会("deputations"),分别讨论信仰、和平、改革和"共同事务"("*communia*",具体指教纪与外交)。另设一个委员会审查申请人的会员资格。最重要的是,无论品级高低,每个人在委员会和大会上都享有同等的投票权。这一体制的反对者,包括世俗统治者,抱怨说它赋予了厨师和代表一个君王的大主教同样的权威。这种说法或许夸张,不过,它所做的一切,的确旨在彰显知识分子的声音。

这次公会议置尤金于不顾,便开始与胡斯派协商,并就一个完整的改革方案展开讨论。尤金被搁置一旁;公会议接管了听诉、裁决有纠纷的选举、征收某些赋税,以及颁发圣职推荐权等原本属于教宗的职能。这一举措很快使得许多与会者成为左右逢源的既得利益者。西吉斯蒙德和其他统治者力主尤金与公会议和解(1433年12月),但无论是教廷抑或来自大学的公会议主义者,都没有非常认真地考虑和解。每一方都从宪政和意识形态的角度,将之视为一场殊死搏杀。

随后数年里,从1433年到1436年,公会议与温和胡斯派达成协议,因而"波希米亚"不再成为普遍的威胁。它也带来了法国与勃艮第之间的和平协议［1435 年的《阿拉斯和平条约》（Peace of Arras）］。最为重要的是，它颁布了全面改革的教令，包括废除首任税（1435 年 6 月），以教士团（chapter）选举教职取代教宗的任命权（1433 年 7 月和 1436 年 3 月）。然而，这些成就却改变了政治局势，使得公会议冒犯了一些人，另一些人则认为它没有必要。时间、金钱与圣职推荐权使得天平悄悄地偏向了尤金和经他重组的外交使团一边。另一方面，持公会议主义的改革者，却在教宗的死对头、拒不妥协的枢机路易·阿勒曼（Louis Aleman）的领导下，决意要彻底实施他们的宪政方案。正如法国大主教菲利普·德·科特蒂斯（Philippe de Coëtquis）所言，"这一次，我们要么使教廷远离意大利人，要么捆住它的翅膀使它不能成事"①。在巴塞尔公会议上，法国人和意大利人据说视彼此为"近乎天生的仇敌"（"odio quasu naturali"）。②

最后摧毁巴塞尔公会议的有效力量，是与希腊教会进一步协商的问题。希腊皇帝与牧首为求助拉丁教会帮助他们反击土耳其人，愿意讨论神学分歧，但不愿穿越阿尔卑斯山。这是尤金的王牌：在意大利召开公会议对他更有利。公会议主义者虽然认识到了这一点，却忽视了希腊人的情感。这样，那些真诚的教会人士，如朱利亚诺·塞萨里尼和库萨的尼古拉，就面临着艰难的抉择。1437 年 5 月 7 日，在一片威胁要暴乱的吵闹声中，大教堂里同时宣读了两个对立的决议：绝大多数人主张在巴塞尔、阿维尼翁或萨伏依与希腊人谈判，而少数人，其实包括绝大多数高级教士，主张将公会议挪到意大利去开（这意味着随后的争执，包括谁有权在公会议上投票的问题）。尤金立即批准了少数派的决议，将开会地点挪到了费拉拉，继而，为避免随即在巴塞尔暴发的瘟疫，又挪到了佛罗伦萨。

在这种复杂的情况下，巴塞尔与尤金对立的命运很大程度上就取决于世俗当局的态度。领土控制变得越来越起作用。公会议主义者在罗讷河谷（包括阿维尼翁）、萨伏依和瑞士联邦花费了很多精力去发展自己的势力范围，并有米兰作为盟友；它也得到阿拉贡和波兰的支持。尤金控制着教宗国，并得到佛罗伦萨共和国、英格兰和勃艮第的

---

① Reported by Aeneas Silvius Piccolomini, *De rebus Basiliae gestis*, p. 188.
② Haller et al. (eds.), *Concilium Basiliense*, I, p. 435.

支持。还有一大片势力——法国、卡斯蒂尔、皇帝和绝大多数德意志诸侯——保持中立。1438 年 3 月，在纽伦堡召开的一次德意志帝国议会（German-imperial *Reichstag*）上，德意志统治者们正式通过了《中立法案》（Act of Neutrality），卡斯蒂尔也支持该法案。一年后，在《美因兹宣言》（1439 年 3 月 26 日）中，他们以笼统的言语接受了巴塞尔的改革决议，尤其是《常律》教令，以及有关选举、教省会议和教区会议（provincial and diocesan synods）的决议。不过，在教宗与公会议孰高孰低这一问题上，他们拒绝表态。另外，法国查理七世颁布的《布尔日国事诏书》（1438 年 7 月 7 日），令巴塞尔绝大多数改革条款在法国获得法律效力——这是重要的一步，具有十足的马西利乌斯色彩，1516 年之前一直有效——尽管他不承认巴塞尔会议颁布的新法规具有合法性，但还是支持了公会议至上。

从这时起，这些中立势力鼓吹要在巴塞尔和尤金之外独立召开"第三个新的公会议"。就国际外交而论，这与比萨公会议（1409）召开前夕的局势颇为相似。尽管几年期间，帝国议会（*Reichstag*）每年召开一次或两次，还有欧洲其他国家的代表出席，磋商与争论如火如荼，却越来越毫无成果。在教会问题上，形成了鲜明的世俗主义者的态度与政策，表现出对改革、俗人控制与公共秩序的关注。

在巴塞尔公会议上，大多数人似乎并未认识到这一点。1439 年春，公会议不仅面临着德意志和法国的抗议，还得应对来自阿拉贡和米兰等盟友的压力，即便如此，它依旧发布了一个关于公会议至上的更加鲜明也更具挑衅性的声明：公会议无条件地高于教宗；未经公会议同意，教宗无权解散公会议或改变开会地点（"信仰三真理"/The Three Truths of Faith：5 月 16 日）。尤金被宣布为异端分子，并被废黜（6 月 25 日）。退休的萨伏依公爵阿马迪斯（Amadeus）被选为教宗菲力克斯五世（Felix V），但只拥有严格限定的权力。尤金和他的宫廷更精通外交；他们在联合希腊教会方面也取得了明显的成绩，与希腊领袖签署了合一教令（"Laetentur Coeli"：佛罗伦萨，1439 年 7 月 6 日）后，赢得一片赞誉。该教令含有一份关于教宗至上论的夸张申明。9 月，尤金颁令谴责并罢免了巴塞尔公会议所有成员及其支持者们的教职。教宗派对中立势力的处理尤为老练。尽管他们从未赢得过一次思想交锋（并因此可能失去一些支持者），但他们知道这无关紧要。他们吹捧他们的听众温文尔雅,他们只谈论正确的政治语言,最重要的是,他们愿意随时就教会财政和教俸等问题进行磋商("与其失去一切,不如做出让步")。③ 不过,关键在于,他们似乎能够满足召开"第三个新的公会议"的要求,自信法国与德意志在开会地点上永远达不成一致。

1440年,卡斯蒂尔投向了尤金一方;在这里,我们不难洞察罗德里戈·桑切斯·德·艾里瓦洛(Rodrigo Sanchez de Arevalo)这类宗教人士的影响力。在经历西吉斯蒙德的继承人阿尔伯特二世的短暂统治后,新当选的皇帝和德意志国王是来自哈布斯堡家族的青年弗雷德里克三世,他对教宗友好,但直到1444年才公开亮明态度。德意志的另一些重要诸侯仍然保持中立;事实上,有些诸侯即便不是完全赞同巴塞尔的整个方案,仍强烈支持公会议主义与改革。1443年,尤金授予阿方索五世为那不勒斯国王,从而赢得了阿拉贡的支持。1446年春,在与弗雷德里克最终达成协议后,尤金失去了耐心,并几乎葬送了他的事业,因为他以支持巴塞尔公会议为由罢免了科隆和特里尔两位大主教。整个夏天,帝国议会一直在开。直到尤金去世(1447年2月),经验丰富的外交官托马斯·萨尔桑那(Thomas Sarzana)当选为尼古拉五世后,事情才得以解决。他与皇帝和德意志诸侯分别签署协议,承认了中立期间他们所做的教职任命,由教宗与统治者分享教会收入和教职任免权,并承诺在18个月内召开一次新的公会议。只有在这时,德意志诸侯才支持了他。教廷也不得不接受了法国的《布尔日国事诏书》这一原本毫无希望的请求。波兰接受了《教令汇编》("*fait accompli*")。巴塞尔公会议本身也挪到了洛桑,不久就解散了(1449)。

从长远看,巴塞尔公会议的失败对于西部教会、西方基督教国度以及欧洲文明而言,证明都是决定性的。不过,这一点在当时还不明显。大多数有见识的观点,依旧继续将一次真正具有普世性和代表性的公会议视为最好的也是唯一的手段,认为这样才能实施人人期盼的教会改革。个中缘由,部分是因为许多人依然坚信公会议在原则上高于教宗。这是大学里一个众所周知的常识,在这个问题上,它依然追

---

③ Da Monte, *Briefsammlung*, pp. 73–74.

随巴黎的领导。也许,这样一种公会议观正在变成某种理想,远离了高级教士和君主们能够达成的目标。粗暴抨击教宗与教士的声音依旧可以听见,且更加尖刻。一些人转向了神秘主义。在1450年代,要求召开一次改革的公会议并宣称公会议至上的呼声,在最严格的修会加尔都西会中,声音最为洪亮。

  德意志的这些发展早在1440年代便已经开始,现在表现得尤为锐利,是公会议理想的支撑。甚至在康斯坦茨公会议期间,就有这种说法:立即改革是教士阶层的最后希望,尤其在德意志。在这个国家,就如库萨的《论天主教的和谐》(De concordantia catholic,1432—1433)和无名氏的《西吉斯蒙德的改革》(Reformatio Sigismudi,1439)清晰证明的那样,教会改革与帝国改革是密切相关的,这反过来又牵涉到努力构建一个新的公共秩序,并一定程度上关涉国家的统一。1452年在罗马加冕称帝的弗雷德里克皇帝,在这件事上并无领导权。在法兰克福的一次帝国议会(1456)上,反倒是诸侯们起草了"德意志民族的苦难"[Grievances (gravamina) of the German Nation]一文,其中含有谴责教宗指派教俸、干预教职选举、教宗通过征税(预征税款、首任税)和其他手段(赎罪券)捞钱等内容。④其中一位作者是格雷格尔·海姆伯格(Gregor Heimburg),作为诸侯们的顾问,他并不是唯一将教宗视为一股外来势力的人。事实上,他不久就发动了一场运动,抨击波希米亚的异端国王波德布雷迪的乔治(George of Poděbrady)。"苦难"一文的目标,部分旨在贯彻巴塞尔公会议颁布的各种改革;但他们也要求定期召开大公会议和帝国议会,这是《常律》教令和巴塞尔公会议颁布的其他教令所规定的。诸侯们渴望像法国和英格兰那样,教会享有那种独立性。1461年诸侯们在纽伦堡开会时,重申了这一要求。为回应这一要求与其他统治者的类似动议,教宗庇护二世[Pius Ⅱ,1458—1464,来自锡耶纳的埃涅阿斯·西尔维乌斯·皮科洛米尼(Aeneas Sylvius Piccolomini)]在"遭绝罚的"教令("Execrabilis",1460年1月18日)中,以强硬的措辞再次谴责了不诉诸教宗而诉诸公会议的行为。

  罗马教廷的一些成员,尤其是库萨的尼古拉和庇护二世等人,对

---

④ Text in Werminghoff (1910), pp. 113ff.

德意志极为熟悉，也认识到无论是政治抑或精神都需要改革。库萨为庇护二世起草了一份极富想象力的"全面改革"方案（reformatio generalis），而教宗本人也起草了一份名为《万世司牧》（"Pastor Aeternus"）的改革通谕。然而，还未来得及公布，他就去世了。

在这一时期的大部分时间里，欧洲的局势为教宗外交的明显成功所掩盖，无论是改革者们的公会议诉求，还是统治者们威胁要召开一次公会议（作为向教廷施压的一种手段，比如，在发生授俸纠纷的情况下），都迟迟不见成效。在罗马，权力之网似乎完好无损，因为在教宗的赞助下，这座城市已成为建筑和视觉艺术复兴的中心，以重建圣彼得大教堂的宏伟计划而达到高潮。

随着奥斯曼土耳其人在巴尔干、希腊和爱琴海的大规模推进，并最终在1453年攻占了君士坦丁堡（至少具有象征意义），这一东方问题让人们觉得有必要再次发动十字军东征，这促成了下一次国际会议的召开。这次会议的重要性，不在于它是一次宗教会议，而是一次君主们的大会〔事实上，有人曾主张召开这样一次国际性的"公会议"或世俗统治者的"大国会"（general parliament）来解决尤金与巴塞尔之间的争执〕。它是庇护二世的发明，也是由他发起的，1459年9月至1460年1月间于曼图亚（Mantua）举行。即便如此，教宗不是与整个代表团一同议事，而是单独协商。他代表基督徒的共同利益（Christian commonwealth），用优雅的拉丁语阐述了联合反击"共同敌人"（土耳其人）的迫切要求。庇护二世在最后献身于专职的教会生涯之前，原本就是作为一个狂热的公会议主义者和巴塞尔公会议的支持者而崭露头角的，此后又长期服务于选帝弗雷德里克三世（庇护要求他在重振教廷后担任基督教国度的共同领袖）。尽管他洞察世事，却不失浪漫天性，倡导这次会议就是一个绝佳的例子。如果把他对伊斯兰的政策和他以前的两位公会议主义者同仁的政策加以比较，会极为有趣。无论是库萨（现已成为一位教廷内部的改革者）还是塞哥维亚的约翰（John of Segovia，在巴塞尔曾风光一时的一位温和神学家，现已失势，被迫隐退到萨伏依的偏远之地），都着手研究《可兰经》，以便与获胜的穆斯林展开神学争论，而非武装冲突——就像他们在巴塞尔与胡斯派争论那样。

尽管需要一场圣战是召开这次公会议的主要理由；但这次公会议

也具有常规的特征，诸如在枢机们选出自己的一位成员担任教宗之前，他们发誓遵从各种当选协议（electoral pact）。在拉迪斯本*基督教国会（Christian Congress of Ratisbon，1471）期间，有人认为，只有通过一次公会议才能征收必需的钱款。

法国国王路易十二联合一部分分裂的枢机共同召集了一次旨在挑衅教宗权威的公会议，这是他们所做的唯一一次认真，或至少是比较认真的尝试（1511）。当时，教宗尤利乌斯二世（Julius Ⅱ）试图否认法国对意大利北部的统治权，他先是解散了康布雷同盟（League of Cambrai），继而联合西班牙与威尼斯组成了一个新的反法联盟；作为回应，路易在教会问题上大肆攻击尤利乌斯。枢机们，鉴于尤利乌斯迟迟不召开公会议，已然违反《常律》教令和他当选前立下的誓言，因而认为自己理应担当开会之责，并于9月1日在比萨召开了大公会议。这次会议潜在的部分诉求，是遏制尤利乌斯狂妄地扩张教宗国的企图；它得到巴黎大学的理论支持，主要参与者也是受到王室政策鼓励的法国教士。皇帝马克西米利安（Maximilian），也是康布雷同盟的成员之一，支持这次公会议，但德意志的主教们反对。即使那些忠实的改革者与公会议主义者，如尤利乌斯宫廷的乔瓦尼·戈查迪尼（Giovanni Gozzadini），也能够看出这次公会议的政治意图。作为应对，尤利乌斯于1512年4月在罗马召开了自己的公会议，即第五次拉特兰公会议。它得到西班牙的斐迪南的支持，但出席者绝大多数是意大利主教。这次会议做出了进一步改革的承诺。同一时期，比萨公会议已经走得太远了，在马克西米利安动议和解之前，不但重申了"本圣谕"，还对尤利乌斯处以停职。到了这个时候，路易不再需要公会议了，会议本身在挪往里昂后便告解散。而罗马公会议颁布的教令，极少言及改革。以至于直到路德宗教改革爆发，事实上在开始一段时间后，诸如符腾堡的埃伯哈德（Eberhard of Württemberg）和萨克森的乔治（他的许多教士恰巧出席了巴塞尔公会议）这类虔诚的德意志诸侯，还在期盼召开一次改革教会的大公会议。

---

* 雷根斯堡的旧称。——译者注

第二节

在思想领域，关于教宗和公会议及其各自的职能与权威等问题，在"知识分子"（博士/doctores）中，在当权者那里，而且从目前来看，也在较为广泛的公众观念里，均已有相当的发展（尤其是在15世纪上半期）。它们既是宗教场合的议题，也是政治场合的议题，成为那些最善于思考之人的关切对象（约1450年后，意大利人文主义者除外）。这些思想散见于专业神学家、法学家和其他大学人士的讲演或小册子中，也见于代表主权君主的大使们发表的演说中，更展现于公会议或教宗颁布的正式教令中。这些作品差别极大，既有热尔松、库萨的尼古拉（1401—1464）和塞哥维亚的约翰（1393—1458）等人的原创性论述与思考，也有枢机弗朗切斯科·阿勒曼（Francesco Aleman）慷慨激昂的华丽辞藻；既有弗朗切斯科·扎巴雷拉（卒于1417年）和尼古拉·德·图德柴斯［Nicholas de Tudeschis（帕诺米塔努斯），1386—1445］这类教会法评注者的娓娓叙说，也有托马斯·埃本多尔弗（Thomas Ebendorfer）和皮耶罗·达·蒙特（Piero da Monte）这类外交家的优美陈词；既有党同伐异者和谋求官位者的陈腐言论，也有枢机胡安·德·托尔克马达（Juan de Torquemada，1388—1468）这类权威知识分子对相关论证和文本的独断编排。

支持某种形式的公会议至上的人，从教会法中阐发出这样一种传统：如果教宗沦为异端、导致教会分裂或犯下其他严重罪行的话，可以召开一次公会议来审判他。他们求助于早期和教父时代的教会惯例，当时，重大的宗教问题都必须是通过普世公会议来决定的——在组织会议时皇帝也常常扮演一个角色。这激发了某种历史研究和历史发展理论。较为引人注目的首倡者是热尔松，他利用《新约》文本证明：基督是特意将他的权威授予作为一个群体的众使徒的；而后，这种权威通过使徒统绪（Apostolic succession）传递给了现在的主教，他们聚集在一起，就组成了公会议。而授予彼得和他的继承人教宗的权威，是第二等的，次要的；在巴塞尔公会议上，有人就论证说，这种权威只是一种派生物，几乎可以被公会议随意取缔，而且事实上，正是公会议在制定法律，而教宗只是根据公会议的意愿去加以执行。这一理论尤其适合改革这一公案：教宗既不愿意倡导改革，也不愿意执行他人发起的改革。

在康斯坦茨公会议上已有人提出，而在巴塞尔公会议上有许多人都提出了另一个论点：最终权威属于作为一个集体、一个社团（corporation）或一个神秘机体的整个教会（Church *tout court*），作为其代表的公会议的权威就来源于此。这个论点使得主教们的作用变得不那么重要，尤其在巴塞尔公会议上，它还被用来证明监理（dean）、教长（provost）、议事僧（canon）、修士、一般神父乃至偶尔的俗人都享有充分且平等的投票权。这种毫无差别的集体主权的观念（collective sovereignty）首先受到帕多瓦的马西利乌斯的启发和论证，他在阐发其"市民共同体"（*universitas civium*）和"信徒共同体"（*universitas fidelium*）理论时，已从世俗尤其是市民的角度提出了一种朦胧的人民主权论（popular sovereignty）的概念；其次，它也受到经院哲学的影响，经院哲学的一个分支认为，在作为能动实质（dynamic essence）或"形式"的整体与仅仅作为不同的构成要素（这包括教宗本人）之间，已有质的区别；更重要的是，它还受到中世纪哲学与民间传统中极为流行的社会有机体这一观念的影响。这一观念在比萨公会议期间（1408—1409），因扎巴雷拉援引教会法进一步加以论证而极大地丰富了。他将主教堂座教士团（cathedral chapters）行使的集体共享权（collegiate authority）运用于作为整体的教会，这种权威在某些方面可以超越主教；以此类推，这个"共同体"（*universitas*）可以是高级教士，也可以是全体教士——扎巴雷拉等人在这一点上并不明确——他们可以通过那些出席大公会议的人来表达自己的意愿。这种共同体观念与另一种观念是密切相关的，即基督教共同体的权威（Christian Community authority）可以以兄弟般的方式（fraternal manner）来行使；用基督的话来说就是，执掌权柄者应像他人的仆人（*ministri*）那样来行使此权威；基督教的决策（Christian decision making）本质上应当是共同性的、兄弟般的；关键的决策只有经过集体充分讨论后才能做出，亦即说，每一个成员都应该相互理解并达成善意。因而在公会议上，就能形成

"一个思想"和"一种意愿"。⑤

这里的关键问题依然是：如果出于必须和迫不得已，这种具有代表性的公会议能够超越教宗的正常权威，在他坚持错误的情况下，能够审判、裁决甚至废黜他。公会议主义者以这类方式已经阐发出一套理论，即代表性团体具有天生的至上权威（the intrinsic supremacy of a representative assembly），只不过，较之此前就世俗制度提出的任何相关理论，它表达得更加明确，在细节的论证上也更加充分。

对于这类理论，1430年代之前很少有人代表教廷做出回应。最初，教宗的主要论证是防御性的，将公会议的干预限制到最小的范围。而后，有一些亲教宗的作者和宣传者，如威尼斯人皮耶罗·达·蒙特（Piero da Monte，他在世俗事务上是个共和派），狂热分子罗德里戈·桑切斯·德·艾里瓦洛（Rodrigo Sanchez de Arevalo，1404—1470），卡斯蒂尔大使，稍后还有教廷官员，通过发表公开演说和以小册子的形式，就教宗的权力表达了一种极具攻击性的绝对主义理论。不过，那些严肃的亲教宗思想家，包括阐发得最为系统的托尔克马达（Torquemada）在内的许多人（都来自多明我会），都无一例外地承认，教宗作为"绝对"君主的地位并不意味着他的权力实际上就是无限的。托尔克马达声称，当枢机、高级教士和世俗统治者要求召开大公会议而教宗拒绝时，可以把他当成"异端嫌疑犯并可以质疑他作为教宗的合法性"，而公会议可以由枢机、高级教士或君主来召开。他还列举了许多例子证明，当信仰处于危险中时，教宗不能解散公会议，否则以异端嫌疑犯论处。如果教宗和公会议在信仰问题上发生分歧，只要教宗能够捍卫以前界定的教义，就应当得到支持；如果他的主张与此矛盾，则应当坚持以前的界定。当新教义尚在讨论中时，"依据整个公会议的教父们的判断，而不是依据罗马教宗的判断，才更符合常规"；但只有在教宗和公会议达成一致后，才能做出最终决断。⑥ 与14世纪的教会法学家相比，不同之处在于，在采取何种措施来处置犯错的教宗这一问题上，托尔克马达避而不答或保持

---

⑤ Segovia and others in Black (1979), pp. 156–161.
⑥ Torquemada, *Summa de ecclesia*, Ⅲ.8, fols. 28 Ⅳ–2V; Ⅲ.46, fol. 332V, 讨论了教宗被"依法""自我废黜"的可能性；Ⅲ.64, fol. 353；Ⅲ.69, fols. 356v–7r; Torquemada, *Commentarium*, p. 176a on d. 19, c. 8. 也可参见 *Summa de ecclesia*, Ⅱ.92, 101, 112。

了沉默。相反，在法学家中，却依旧坚持公会议扮演"临机决断"的角色，有权判决一个做错事、导致分裂或犯罪的教宗，并奉为标准的教义。这一点，不仅表现在世人公认的教会法权威、亲公会议派（pro-concllia）的尼古拉·德·图德柴斯（Nicholas de Tudeschis）的（绝大多数）言论中，而且稍后也得到世纪之交的文艺复兴教廷的那些忠实廷臣的支持，尤其是费利努斯·桑达攸斯（Felinus Sandaeus）（圣轮法院法官）和乔瓦尼·安东尼奥·桑戈尔吉奥（Giovanni Antonio Sangorgio）（由亚历山大六世擢升为枢机）的支持——虽然后者或许因为顾及其恩人的生活方式而极为严格地将这一权力局限于异端的情况。⑦ 然而，在特殊场合的言论中，甚至像托尔克马达这样的人，也忽略了对教宗权力的任何限制。

康斯坦茨公会议以前，主要问题一直是如何证明违反教宗（们）的意愿而召开公会议的合理性，以及罢免拒绝公会议决议不肯辞职的教宗的合法性。其中，最具说服力的合法论据是，判决一个教宗犯有异端罪、导致分裂或胡作非为；在教会法学家中，一个普遍的共识是：公会议就是一个审判教宗、如果发现有罪就废黜他的法庭（forum）。这个问题，至少在康斯坦茨公会议以前，一直是如何在违背教宗意愿的情况下召开一次值得信任的公会议。在这方面，教会法学家的传统也颇有贡献，因为很长时间以来，那些受人尊敬的法学家早已肯定了皇帝、主教或枢机——或更通常的情况，由这三方的任何一方——召开公会议的临机决断之权。不过，在康斯坦茨公会议后，许多人都认为《常律》教令解决了所有这些问题。

当时，尤其是大约 1416 年后，主要问题变成了另一个极为不同的问题，即公会议的权威高于一个毫无争议的教宗。"本圣谕"连同当时教廷分裂的现实和改革教会的明显要求，在许多人看来，已经解决了这个大问题，并有利于公会议。"改革"（Reformatio）意味着两件事：第一，教士的生活以及教宗和高级教士的统治，应遵循教会法和基督教的道德教诲；第二，教会的法规应清晰明了、令行禁止，以确保犯事的神职人员包括教宗，能够得到有效的处理。这就意味着申

---

⑦ Sandaeus, *Commentaria*, I, fols. 114v – 15r on x. 1. 3. 20; Sangiorgio, *Commentario*, on d. 40, c. 6（unpaginated）; Decius, *Super decretalibus*, fols. 357v – 8v, on x. 1. 6. 4.

明并贯彻公会议的权威高于教宗,而地方宗教会议的权威高于全体教士。越来越多的人希望,第一种改革会带来第二种改革,似乎第二种改革是第一种改革的必要手段。不管怎样,对许多改革者而言,公会议至上是原则问题。

在比萨和康斯坦茨公会议期间,为了证明教会重新统一和改革方案的合理性,已采取了一些措施,以重申教会学(ecclesiology)和政治理论的根基。戴利(D'Ailly)等人以自然哲学为依据,认为教会和任何人类社会都有权利并有能力动用一切手段来防止分裂——也就是它的解体。因此,即便教宗不同意,公会议仍然可以照常召开。扎巴雷拉根据一般社团(corporation)的实践,认为任何一个社团(association)都有权判决并废黜一个犯错误的统治者。这就是权力在共同体(*universitas*)——或者,像"哲学家们"(事实上也包括马西利乌斯)将其运用于市民背景(civic context)中那样,权力属于"全体市民或其较有分量的部分"("the assembly of the citizens or its weightier part")——的根本理由之一。虽然扎巴雷拉的本意是,教会中的高级教士可以集中体现他们自己的意愿,公会议也可以判决一位教宗,但他讨论问题的方式,却被认为是理解教会权力结构的一次观念革命。有些人就是这样理解的。同样,热尔松的主教共享权威论(collective superiority of the episcopate)有时被用神学语言表述为整个教会(神秘)机体至高权威论。这是一种极为不同的看待教会的方式,从中不难找到教宗"君主论"(papal "principate")的言论,这种言论从4世纪以来就一直在发展。在康斯坦茨公会议期间写作的那些小册子中,无论戴利抑或热尔松,都阐明合法的权力与主权(sovereignty)在第一层意义上属于作为整体的教会,在第二层意义上属于公会议,在第三层意义上才属于教宗。

就数量而论,公会议著述的高产期是在15世纪30年代、40年代和50年代。绝大多数作品,都是竭力厘清热尔松的观点,使其与扎巴雷拉保持一致:从根本上看,权力属于作为一个社团或有机体(corporation or body)的"教会",因而也属于大公会议,只是作为派生物或次生物(*ministerialiter*)才属于教宗。这与那种将教宗视为只是公会议决议的执行者或只是一个负有责任的公仆的看法,是一脉相承的。

第三章 教宗与公会议

不过，最著名的公会议理论家库萨的尼古拉（1401—1464）是个例外。作为一位教会法学家，他也研究哲学，并最终成为中世纪后期最为杰出的神学哲学家之一，他的《论有学问的无知》（De docta ignorantia）一书尤其值得关注，因为它对北欧的文艺复兴思想具有深远的影响。《论天主教的合谐》（De concorduntia catholica）一书是他早年的作品，当时他正在巴塞尔，被推举为特里尔诸侯—大主教区（prince-archbishopric）的候选人，却未能成功；事实上，他已获教士团（chapter）的推选，却被教宗驳回。库萨是那个时代的典型人物，他在寻找一条可以照亮整个教会事实上也是整个宇宙的原则，依据这条原则，就可以解决一切有争议的宪政问题（constitutional issue）。当稍后的教宗主义者发现这条原则就是君主制或一元论（monism）时，库萨碰巧找到的却是"同意"（consensus）。尽管这一理论源于这样一个推论：要做出某种形式的决断，尤其是教会选举时，需要法律的同意（juridical consent）；不过，他对"同意"的理解要宽泛得多，他的天才在于偶然发现了一条集形而上的宽泛与法律上的精准于一身的原则。如《合谐》论证的，这条原则渗透于普世等级的每一个角落，因而在基督的教会这一神圣社会中，它必然会得到卓越的发展。这意味着，在原则上每个人都应该享有同意权，并且如库萨所言，人们越赞同，法规或决定就越有权威性。但是，作为一个优秀的新柏拉图主义者，他将这一点与等级观念结合起来：上帝在教会中已经确立了某些官位。这些官位是什么，以及它们相互之间具有多少权威，库萨是通过原创性地阐释教会传统与历史来回答的，在这一点上，他比他的同代人说得更为准确。简单地说，就是拥有宗教会议（synod，库萨喜欢用希腊文字）的教宗要高于单个的教宗；但是，没有教宗的同意，宗教会议不能做出最终的权威性的判决。在不那么重要的程度上，这是有理的，因为一次完整的普世公会议也应包含其他四个古老的宗主教区（patriarchate）。这就解释了库萨为何在1436—1437年宁愿站在亲尤金的少数派一方，因为他们把联合希腊教会置于其他考量之上。在出席佛罗伦萨公会议后，库萨实际上逐渐变成了一个教宗主义者，但仍是一位改革者。其《合谐》的部分内容，尤其是论述选举（他说这取决于神权和自然权利）的诸章，他从未否认过。

巴塞尔公会议期间的其他公会议理论家，则不那么具有原创性。但塞哥维亚的约翰却不一样。他运用圣经和教会史、社团和城邦知识，以及亚里士多德的《尼各马可伦理学》和《政治学》，阐发了一种新热尔松理论，并主导了巴塞尔公会议。他将政治活动（无论在公会议期间或是在承担德意志的外交使命方面，他都是阿勒曼的左膀右臂）和各种小册子，更不用说他那部鸿篇巨制的公会议史，结合起来，维护了他作为一个温和派的声誉。* 结果（借用教宗格列高利七世曾援引的一首赞美诗来说）他死于流放途中；但在此之前，他已开始研究伊斯兰神学。塞哥维亚坚持认为神学，即圣经和教父学，而不是教会法，是教会学本身的决定因素；他从这些资源中，就教会和公会议的兄弟性质（fraternal nature），提出了某些在当时看来非同寻常的看法。他借亚里士多德的嘴说，"真正的"君主制不是绝对的，而是可协商的，受法律限制的。他用各种方式宣称，完整的权力属于教会，因而也属于公会议，而教宗只扮演服从和负责执行的角色。

然而，如同巴塞尔公会议举步维艰一样，同一时期并出于同样的理由，公会议理论也在蹒跚而行：从1437年开始，就一直未能清晰地说明为何只有公会议能够特别代表整个教会。塞哥维亚等人声称，公会议之所以代表着教会，除了道德或形而上学的原因，还因为它是教会的体现，是它的"外延"（extension），因为它聚集了那些有智慧有德行的人。但他们并没有提出具体的标准（criteria），以供人们来评估这届或那届公会议的代表性，因而就为佛罗伦萨公会议事实上还有教廷本身提出的那些主张铺平了道路——关于这种代表性，在库萨稍后的论述中，是"以某种合同的方式"（in a contracted way）代表了教会，正如公会议可以"以一种外延的方式"（in an extended way）代表着教会一样[⑧]——这或许是因为，诸如"有冠者"的人数

---

* 塞哥维亚的约翰（John of Segovia），西班牙神学家，公会议运动核心人物之一，14世纪末出生于塞哥维亚，可能卒于1458年。曾担任萨拉曼卡大学神学教授。1432年出席巴塞尔公会议，参加了宣布尤金拒不服从的第28次分会（1437年10月1日）和宣布尤金为异端分子的第33次分会（1439年5月16日）。1439年6月25日，在废黜尤金四世后，他被任命为选举新教宗的筹委会委员。1439年11月5日，他作为33名代表之一，选出了对立教宗菲力克斯五世。次年晋升为枢机。1449年卸任，退隐西班牙一修道院。他最重要的作品是18卷本的《巴塞尔公会议全史》（Historia generalis concilii Basiliensis）。——译者注

⑧ Cusanus, "Epistola ad Rodericum", pp. 825–829.

或当选成员的范围这类具有操作性的标准,可能并不特别有利于巴塞尔公会议。

从这个时候起,教宗君主论连同教宗制本身,进入了一个明显的复兴期。其拥护者动用一切古老的证据,诸如罗马法中的不对任何人负责的"元首"(princeps)观念,宇宙统一的一元化原则,以及圣经和传统文本,来证明权威属于彼得和他的继承人。在这方面,他们的任务颇为容易;如果教会法和法学家曾提及公会议临时至上地位(occasional conciliar supremacy),那关于教宗的主权,他们的说辞就更多了(按照一个世纪后博丹的看法,他们对主权的理解比任何人都要透彻)。为了反驳公会议主义,这些新的教宗主义者对君主主权论做出了自己的贡献。托尔克马达等人对管辖权威与道德权威做了明确的区分:即便使徒们作为一个智者的群体或公会议享有更大的道德权威,这也并不赋予他们至上的管辖权威。他们认为,在君主制与无政府状态之间并不存在中间地带:社会秩序要求的不是任何形式的政府,而是一种不用求助于上级就能出于公益而采取任何措施的权威。最重要的是,他们通过将新柏拉图主义的等级观念解释成一条统御一切自然体系和社会秩序的普世原则,提出了一种君主制的新神学;无论在自然领域还是超然领域——尘世等级和天国等级——一切权力都是从一而及其他的,因此,一切法律和一切合法的管辖权都必然来自君主。

这类观点,有的得到了支持。从 15 世纪 30 年代后期到 50 年代初期,国王和君主在教宗使节和神学家们的熏陶下,找到了喜欢君主制而不喜欢宪政的理由。当尤金四世和托尔克马达等人宣称没有一元化领袖的社会必将陷入混乱时,只需指出胡斯派暴动的例子就能生动地说明问题:它让君主们警觉公会议主义,因为这种观念将权力赋予"人民从而生出许多波希米亚事件"[9]。在业已衰落的封建政体下,相互对立的管辖权、自治的市民和议会主义者(parlimentarist)的主张错综复杂地纠葛在一起,有了这样一条原则就方便多了,正如教宗主义者指出的那样,议会靠君主召集,并被降为一个纯咨询性的角色。

---

[9] Raynaldus, *Annales*, XXVIII, pp. 197, 199 – 200, 204 – 205 (Eugenius IV in 1436); Aeneas Sylvius Piccolomini, cit. Black (1970), p. 123.

这使得君主有权按照自己的权威来制定法律，有权随意委任自己的下属官员，有权干预任何一级官吏而不会被问责。如有必要，这一新理论可让君主有权绕开下级自行其事；每个人都是最高一级的直接臣属。事实上，正是这种绝对的个人统治观念，防止了领主和官僚的剥削，并为臣民的福利服务，而15世纪中后期的土耳其人就非常成功地宣扬并在一定程度上践行了这一观念。比如，这一时期的一位土耳其作家写道，"若没有君主，人们就不能和睦相处，而会同归于尽。上帝仅将这种权威赋予一人，那么，为了让良好的秩序永存，这个人有权要求绝对的服从"。这一理论植根于古老的波斯和地中海东部，并在很久以前就渗透到了罗马帝国的意识形态中，反过来又影响了早期的教宗制。现在，经过托尔克马达等人的阐发后，能够为近代早期欧洲的绝对主义者们所利用。⑩ 我们从中可以看到一种"现代国家"的模式。即便如此，无论托尔克马达抑或整个教宗制，都强调了统治者的神授权利和地位是非同寻常的。

在更为直接的实际层面，1437年后的分裂表面上可以归咎于巴塞尔公会议，因为它丧失了作为统一核心的诉求。这就破坏了原有的平衡。教宗主义者并没有赢得争论。正如塞哥维亚等人指出的，仅凭贿赂和欺骗不可能赢。公会议本身变得混乱不堪，不知所踪；它缺乏一套严肃的通盘政策。教宗单凭缺席就赢得了胜利。

因此，巴塞尔的失利并不是宪政思想的转折点。我们已经提到，公会议临时高于教宗这一教会法学家的教义并未改变。巴黎和其他大学的那些有影响的神学院也仍在坚持公会议要高于教宗这一观念。在一般舆论里，在知识分子中，以及在宫廷圈子里，似乎支持一种更为温和的观念：在发生异端、大分裂和急迫需要改革的情况下，公会议是教宗的临时上司。最后一条即改革使得人们对召开新的公会议满怀期望，事实上也是必须的：随着时间的推移，支持公会议的小册子陆续出版了。

在巴塞尔公会议上提出的那种极端的"人民主权"的教会观，现在已变得不那么令人信服，许多人不再坚持，转而支持一种与康斯坦茨公会议相关的较为温和的观点，它隐藏在已被多次援引的"本

---

⑩ Torquemada, *Summa de ecclesia*, II.65; Inalcik (1973), pp.66-68.

第三节

　　从较长远的角度来看教宗和公会议，就会发现这一时期的政治学与意识形态对欧洲文化的塑造具有影响。我们虽然不能决定性地证明，引发这场轩然大波的君主主权论或社团主权说，影响到了任何具体的统治者或国家。但是，它们的表达丰富了舆论和政治思想的语言，使得这些观念更为流行也更加精练，并对民众关于构成合法权威与合法统治的普遍观念产生了一定影响。值得注意的是，与一个世纪前的戴利和热尔松相比，阿尔曼和梅杰更加突出也更为自信地强调宗教公会议和等级会议或议会之间的相似性，理由是这两种会议都是这样一条普遍真理的表达形式，即权力植根于作为整体的共同体。显然，这并不能决定未来的宪政史；不过，被认为比任何人都更知晓真理的博士们确信，这是一个重要的社会事实。这个评估，同样也适用于同一时期阐发的君权论（monarchical thought）。

　　公会议斗争对外交和国际关系也产生了影响。为解决教宗之间的分裂以及随后教宗与公会议之间的分裂，引发了如火如荼的外交活动。一方面，这些活动使欧洲各国的君王和教士走到一起，联手行动；另一方面，最终结果是通过一种新的方法达成的，就是教宗与世俗统治者避开作为一个具有自主代理权（autonomous agency）的教士等级，而自行直接协商。

　　无论教会政治学还是国际政治学，在世俗统治者面前，都一度出现在高级教士和博士们的（法律与神学）思想论战中。而且，这些君主都拒绝动用武力来帮助任何重要的辩论者打压另一方。1378年后的意大利一直存在着武力冲突；偶尔，尤金也要求统治者迫害巴塞尔公会议的支持者，把他们当作异端分子；另外，公会议则坚持法律程序。事实上也没有殉道者。这应当被视为宗教论战的一种"开明的"新方式。它意味着在一段短暂的时间里，国际关系是按照非同寻常的思想方式（ideological terms）来处理的。在当时的语境中，就是相信以理服人。这是化解危机的一种特别而新奇的方法。修辞学（art of rhetoric）还未得到明显的发展；相反，用来讨论实际政治问题的，还是经院哲学家和法学家奉行的那种文本参证和辩证的方法。大多数论战参与者都接受过大学训练,因而大学里的那种讨论程序也被施用于各国宫廷、公会议本身(这是常态),以及诸如帝国议会这类国家或半国际性的集会中。这背后隐藏的,就是突出地信奉词语的力量(power of word)。当然,决定胜负的不是辩证逻辑或改弦易辙。埃涅阿斯·西尔维乌斯(Aeneas Sylvius)曾说"只有傻瓜才会认为君主被那些大部头和小册子打动",他表达的是意大利人的"现实主义"。⑭ 但这一点可以置而不论。1450年后,真正的教会权力——能够影响人们并能成事的能力——似乎暂时搁置了。事实上,行使道德统治的能力已经转移给了那些声称具有基督般魅力的个人,尤其是那些能够集魅力和智慧或学识于一身的人,也就是博士,他们的影响力因为出版的文字而得到强化。一些兼具这些品格的人如萨沃纳罗拉(Savonarola)、伊拉斯谟或路德,就拥有极为强大的影响力。

此外,改革教会潜在的实际能力现在已掌握在世俗统治者手中。我们可以将公会议运动视为旨在再造"基督教共和国"(*respublic christiana*)和天主教教士体制(Catholic clerical system)的尝试,因为这一宗旨自君士坦丁(Constantine)甚而更早的时代以来就一直存在,只不过其形式有别于自11世纪以来教宗统治下采取的那种方式。它的失败表明,改革几乎必须来自体制之外;而且,有些人也开始认识到了这一点。在1378—1417年的整个危机期间,人们一直奉行这一设想:世俗当局会扮演关键角色;正是他们与本土的高级教士联手,才有效地决定支持哪位教宗,是否参加公会议。西吉斯蒙德必须由自己来倡议召开康斯坦茨公会议这一事实,也增强了他们的地位。在比萨公会议(1409)和康斯坦茨公会议召开之前,各国都召开了宗教会议,这些会议在皇家的监督下,就经费、代表和职权范围已达成决议。在1437—1449年的危机中,公会议已不再是决定事务的舞台;现在,问题一方面已变成国家统治者与教廷直接谈判,另一方面则是巴塞尔公会议本身。由宫廷决断来一锤定音。这影响了看待教会权威和一般权威的方式。皇帝、君主、国王甚至教廷本身的发言人开始谈论国家统治者是教会的代表或"首脑";库萨和他的同意理论最

---

⑭ Cit. Black(1970), p. 114.

明确地表达了这一点。[15] 而在比萨—里昂公会议（1511—1512）期间，事情就更加清晰了：法国君主当时就是通过一份协议（1516）来解决事务的，尽管他否认这是他的发明。

  罗马与欧洲之间的关系已经改变了。1450年后，欧洲大部分地区和一些统治者已逐渐疏离或漠视罗马的权威。其结局就是国家与教会的分离。

安东尼·布莱克（Antony Black）
龙秀清 译

---

[15] Palacký *et al.* (eds.), *Monumenta*, Ⅲ, p. 314 (declaration of neutrality, 1438); *Deutsche Reichstagsakten*, ⅩⅦ, pp. 142, 145-146 (Cardinal Carvajal); and Cusa himself in *Deutsche Reichstagsakten*, ⅩⅤ, p. 874; ⅩⅥ, pp. 428, 432, 381, 384. 亦见 Black (1970), pp. 97n. 4, 109。

第二部分

经济与社会发展

第 四 章

欧洲贵族

与其他任何社会阶层或团体（包括教会团体）相比，中世纪末期的欧洲贵族更有必要且值得研究，这一研究不仅要依据社会—经济的观点，也要从政治和文化的角度去分析。在本章，欧洲被视同于拉丁基督教世界。但这并非暗示当时人们认为贵族仅仅存在于拉丁基督教国家。这可通过纹章图册加以证明。在法国和其他地方编辑的纹章图册中，收录的纹章包括大汗（Grand Khan）、巴比伦（Babylon）的素丹、土耳其皇帝（Grand Turk）以及格拉纳达国王（在图册中，这些纹章在亚美尼亚基督教国王的纹章之后）。作者吉勒·勒布维耶（Gilles le Bouvier）* 在其《诸国述况集》（*Livre de la description des pays*，约1450）中，特别提到了土耳其贵族。某种程度上，15世纪基督教世界的居民认为贵族是一个普遍的社会阶层。

既然不只存在一个欧洲社会，还有许多其他社会，而每个社会又各具特征，那么，对其研究必然要采用比较的方法。鉴于这些社会的丰富多样性，我们有必要考虑该比较方法是否可行，最重要的是要看该方法是否有用，是否具有启发性和说服力。人们对该方法的有效性尚存疑虑，比如在农民身份问题上怀疑该方法的有效性，但贵族的情况有所不同。首先，存在两个问题：第一，有没有一支欧洲贵族？第二，这支欧洲贵族是否具有欧洲观念？

在此，贵族被定义为一个阶级。在一个认同并希望自身为等级制的社会中，贵族阶级自认为，其他阶级也同样认为，贵族占据等级社

---

* 15世纪中期的法国纹章官，游历广泛，记录了法国、英国、苏格兰、德国、意大利以及其他欧洲国家的纹章。——译者注

会金字塔的顶端（就声望、权力、财富、生活方式和生活水平而言）。此外，贵族阶级通过出身以及合法的父系血统，成员世世代代得以补充和更迭，而人们普遍认可其继承人的独特身份。随即出现的主要问题是，贵族的客观生存环境随着时代和特定考察区域的变化而变化；像术语"教士"一样，"贵族"一词同样包罗万象，涵盖人们的生活方式、权力、声望和财富，呈现出极大的多样性。与当时人们所广泛采用的分类法相一致，历史学家习惯将贵族至少分为高级贵族和低级贵族两类，并对两者进行比较。然而，这一划分过于粗略。贵族不止两个等级，还需对其进行更精确的描绘，进而划分为三个或四个等级。比如在15世纪末，卡斯蒂尔的贵族被清晰地分为三类：贵族（*titulos*）、骑士（*caballeros*）以及后来的绅士（*hidalgos*）和侍从（*escuderos*）。

第一节

在当时，人们自己有时也进行对比，这成为支持比较研究方法的论据之一。众所周知，路易十一（Louis XI）在其统治末期，以英国和意大利贵族为模型，试图改造法国贵族："大臣宣告，国王同意拟在王国内从事商业活动的贵族不会丧失贵族地位或其他特权，就如同意大利半岛和英格兰王国的习俗一样。"[①]

卡斯蒂尔贵族迭戈·德瓦勒拉（Diego de Valera，1412—1488）曾游历过多个国家，并撰有论文《真正贵族明鉴》（*Espejo de verdadera nobleza*，1441）。此书很快译成法语，并为勃艮第宫廷所用。在译文中，作者提出一个问题——"依赖世袭的贵族"能延续多久？他借助著名意大利法学家萨索费拉托的巴尔托鲁（Bartolus of Sassoferrato，约1314—1357）做出了回答。巴尔托鲁给出的历史悠久的答案是："普通绅士"仅延续四代；那些"确立了高级职位和领主权的人，即国王、公爵、伯爵、男爵等，他们的地位和领主权赋予他们贵族身份"，只要能够保持其职位和领主权，他们会一直保有贵族身份。然而，迭戈·德瓦勒拉也指出，巴尔托鲁的理论不再适用，因为

---

① Commynes, *Mémoires*, Ⅲ, p. 345.

"各处的习俗已经改变"。德瓦勒拉认为,如果能追溯至已故很久的祖先,其贵族身份最为高贵。②

接下来,迭戈·德瓦勒拉对其他国家进行了评述。"在德意志,只要贵族生活高尚,且不从事不相称的活动或职业,贵族身份就会一直延续。"在意大利半岛,"合法贵族的所有后裔都将是贵族,只要他们没有因从事不相称的工作而破落或辱没身份,因为若是那样他们将不再高贵"。在此,迭戈·德瓦勒拉与同时代的维罗纳人(Veronese)巴托洛缪·奇波拉(Bartolomeo Cipolla)观点一致。奇波拉写道:"如果一个人已经破落或者从事了有辱身份的工作,他就不应被称作或被视作贵族。"而法国的情况恰好相反。根据迭戈·德瓦勒拉的观点,在法国并不考虑纯粹经济因素:"只要贵族生活得体、高贵,那么其贵族身份就将延续,而不考虑穷富与否。"在西班牙,尤其是在卡斯蒂尔,贵族标准更为宽松:

> 所有这些条件都没有经过严格检查和考虑,虽然某些人是非婚生子,但国王已使其合法化,虽然他们已经从事了有辱身份的工作,或者不具备应有的美德和体面的习惯,但只要他们能够证明自己的父亲或祖父免于向国王缴纳盐税(*gabelle*),那么他们就被认为具有贵族血统,哪怕所有这些做法是不正确的,并有悖于王国法律。王国法律规定,若贵族举止有失体统,工作卑贱而自贬身份,就会丧失贵族身份。

对德瓦勒拉来说,这样的事态着实令其悲叹。只有遵守法律,"真正高贵的贵族生活才能如其本来那样倍受尊敬"。

迭戈·德瓦勒拉还将这种令人关注的比较方法应用于纹章学。他一开始就强调,"骑士和贵族应该佩戴纹章并携带纹章旗,以此作为他们及其家族的身份标志"。这些纹章可以标示出家族或职位,抑或同时标示出两者。比如勃艮第公爵,"他因其血统而拥有四分之一的法国纹章,并在纹章边缘做出了区分,还加入了自己主要爵位的纹章图案"。德瓦勒拉阐述了可以获得和佩戴纹章的四种方式:世袭、君

---

② 引自 Vanderjagt,"*Qui sa vertu anoblist*", pp. 260 – 261。

主授予、战争获取以及个人自主佩戴。随后，德瓦勒拉转到君主授予纹章的话题，并评论道，"虽然这一习俗主要存在于德国、法国和意大利，但该习俗仍然具有普遍性"；他补充道，"这一习俗以前最先传入西班牙，现在又传入你的王国（即胡安二世的王国）。并且在你的王国内，那些由你的父亲，即先王恩里克三世（Enrique Ⅲ）授予纹章的人们，有些尚在人世"。他指出，在战斗中佩戴盾形纹章的习俗，"在法国和英国比在其他地方更加普遍，在这两个国家，任何骑士或贵族，即使他非常贫困，也在战斗中佩戴自己的盾徽"。最后，德瓦勒拉指出，"主要在法国和德国"，"中产阶级可以任意使用纹章"，但主要限于在家中和教区教堂佩戴，而"贵族可以在任何地方佩戴纹章，并可缝在衣服上"（无疑，他在此处主要考虑的是"马上比武大会"和"马上长矛比武"*）。尽管如此，德瓦勒拉仍然认为，中产阶级如果由国王授予了爵位，他就有权随处佩戴纹章，就如同古代世袭贵族一样。

1441年，帕多瓦人迈克尔·萨沃纳罗拉（Michele Savonarola）在写作时也采用了类似的比较方法，其目的是要对比"军人的"骑士精神（"military" chivalry）和"平民的"及点缀性的骑士精神（"civil" and ornamental chivalry）。前者特别存在于西西里和西班牙王国，而后者存在于托斯卡纳（Tuscany）。在托斯卡纳，即使骑士精神与普通民众联系在一起，城市贵族仍然因为虚荣心而渴望拥有这种点缀性的骑士精神。这些"贵族"（"patricians"，当时人们并不使用该词）毫无军事热情；他们从事毫无体面而言的商业、农业和手工业。即便如此，他们也要像真正的贵族那样，拥有供自己驱使的战马、猎狗、猎鹰和仆人。③

在《论李维》（*Discourses... on Livy*）中的一章里，马基雅维里（Machiavelli）试图考察国家结构。④ 他将"绅士"（"gentlemen"）定义为有闲阶级，该阶级不从事贸易活动，也无职业，主要靠地产收入

---

* "马上比武大会"和"马上长矛比武"分别对应"tournaments"和"jousts"。这两个词常常互换，但严格来讲两者存在区别。"马上比武大会"指骑士分作两队，双方骑马比武，而"马上长矛比武"是指单独两个骑士之间手执长矛骑马比武。——译者注

③ 引自 Ventura（1964），pp. 291-292。

④ Machiavelli, *Discourses on the first decade of Titus Livius*, bk Ⅰ, ch. 55, in *Chief works*, trans. Gilbert（1965）.

第四章　欧洲贵族

生活。他强调，那些拥有城堡、司法权和臣民的人（简言之，拥有封地的人），严重威胁着公共秩序。随即，马基雅维里将视线转向德国城镇，他认为，在那里公民道德和诚信，尤其是经济诚信占据主导。为何会这样？在马基雅维里看来，这是因为平民不了解外部世界，所以没有因此而堕落；因为他们安分守己，因为绅士与平民严格分离。这种绅士存在于那不勒斯、教宗国、罗马涅（Romagna）和伦巴第；然而，在意大利城市共和国——佛罗伦萨、卢卡、锡耶纳——绅士为数不多，而且也不拥有城堡。但在威尼斯，不是只有绅士才能担任官职吗？实际上，这与马基雅维里的理论并不矛盾，因为这些威尼斯人只是名义上而非实际的绅士，他们的财富来自贸易，既无土地也无城堡，更没有民众管辖权。而且，他们只在荣誉上享有贵族身份；所有威尼斯人都明白这些游戏规则，这就不会引发动荡。只有当强大的君主统治时，贵族阶级才能成为真正的社会阶层。相同道理，如果任何人为了自身目的，想要在一个平等的社会中建立公国或王国的话，那他最好先创造贵族，并授予贵族城堡、领地和司法管辖权，作为回报，贵族将为其服役。

15世纪，有一批谙熟贵族事务的公认专家，他们是仲裁人，甚至是法官，而同时也是见证形形色色贵族生活的专家。这些专家就是纹章官：皇家纹章官（kings of arms）、典礼纹章官（marshals of arms）、纹章官助理（pursuivants）。他们多多少少组成了官员等级的一部分，而他们的职业和眼界都是跨越国界的。纹章官的工作不仅是编辑纹章图册。他们四处游历，在城堡之间穿梭，在宫廷之间旅行，在各式比武场之间访问，包括"马上比武大会""马上长矛比武"以及"通行比武"（passages of arms），他们还从婚礼现场游历至骑士节日现场，也同样穿梭于外交会场之间，当然也穿梭于各个战场之间。因此，这些纹章官有理由自认为深谙贵族圈内的知识，特别是自己国家的贵族知识。然而，他们还有一个或多或少公认的目的，即将欧洲范围内所有的贵族归纳为同一个模式。这成为后来被称作《欧洲王族家谱年鉴》（Almanach de Gotha）* 的源头，也最终导致了19世纪欧洲排他性的贵族社会。

---

* 又译作《哥达年鉴》。——译者注

在这些纹章官中——托伊森·多尔（Toison d'Or）、纳瓦拉·赫勒尔德（Navarre Herald）、里士满·赫勒尔德（Richmond Herald）以及克莱门特·普林萨特（Clément Prinsaut）——贝里·赫勒尔德（Berry Herald）最值得关注。因为他的著作除了《纹章图册》（Armorial）以及《国王查理七世编年史》（Chroniques du roi Charles Ⅶ），还留有《诸国述况集》（Livre de la description des pays）。在《诸国述况集》中，作者的视野已经超出了拉丁基督教国家的界限，广泛涉及了不同地区的贵族，并分别予以评述——普瓦图（Poitou）有"大量的贵族"，图赖讷（Touraine）有"高贵的领主"，巴尔公国（duchy of Bar）有"优雅的贵族"，而布列塔尼有"高贵的领主、贵族和绅士"。在作者看来，法国贵族数量超过任何其他两个基督教王国贵族之和。这位纹章官可能还对其他一些国家感到好奇，但他对某些国家的描述比对其他国家的描述要更加可靠，因为他只对后者的贵族特征做了简要评述：臣民的数量（勃艮第伯爵领）；战争中的勇敢行为（葡萄牙）；勇气和荣誉精神（苏格兰）。在这些传统的陈词滥调背后至少隐藏着一个观念，认为对任何国家来讲，拥有一个数量众多、勇敢的贵族等级，且该等级还拥有臣民、领主权和城堡，都是有价值的资本和荣耀。

如果说欧洲贵族表现出一定程度的统一性，那么这在相当程度上是由于强烈的内部通婚趋势所致。这一特点尤其体现于诸侯和王室家族。萨伏依公爵阿马迪斯八世（Amadeus Ⅷ, duke of Savoy, 1391—1451）为我们提供了内部通婚的范例。他有十六位高祖父母，其中包括蒙费拉侯爵狄奥多勒二世·巴列奥略（marquis of Montferrat, Theodore Ⅱ Palaiologos）与阿尔珍蒂纳·斯皮诺拉（Argentina Spinola，来自一个热那亚贵族家庭）；波旁公爵路易一世（Louis Ⅰ, duke of Bourbon）与埃诺的玛丽（Mary of Hainault）；瓦卢瓦的查理（Charles of Valois）与沙蒂永的马奥（Mahaut of Châtillon, 在香槟）；瓦卢瓦国王菲利普六世（Philip Ⅵ）与勃艮第的若昂（Joan of Burgundy）；波希米亚国王卢森堡的约翰（John of Luxemburg）与波希米亚的伊莎布（Isabeau of Bohemia）；阿尔马尼亚伯爵贝尔纳六世（Count Bernard Ⅵ of Armagnac）与罗德兹的塞西尔（Cécile of Rodez）。阿马迪斯的先辈带给他广阔的贵族背景，范围覆盖法国、意大利半岛和神圣罗马帝国。而阿马迪斯自己的王朝家系，通过勃艮第的安妮（Anne of Burgundy，她是贝德福德公爵约翰的妻子）延伸到英格兰；通过孟福尔伯爵法兰西斯（Francis, count of Montfort）延伸到布列塔尼；通过纳瓦拉的伊莎贝尔（Isabel of Navarre，她是阿尔马尼亚伯爵约翰四世的妻子）延伸到纳瓦拉；通过塞浦路斯国王约翰二世（John II, king of Cyprus）延伸到塞浦路斯；通过米兰公爵菲利波·马里亚·维斯孔蒂延伸到意大利半岛；通过巴伐利亚的威廉（William of Bavaria）延伸到巴伐利亚；通过奥地利公爵利奥波德四世（Leopold IV, duke of Austria）延伸到奥地利；通过克利夫斯的阿道夫四世（Adolf IV of Cleves）延伸到低地国家。

骑士勋章（chivalric orders）和骑士纹章（chivalric devices）出现于14世纪的第二个二十五年，迅速扩展至大部分西方基督教国家。这是文化和制度发展的典型例证，其发展跨越了语言、政治和国家疆界。这些"骑士团"（"orders"）或"联盟"（"associations"）——"兄弟会"（"fraternities"）这一名称可能更恰当——规章的主要目的之一，就是能够让某位国君（即所提及的骑士团首领）更容易聚集国家、领地和统治范围内的贵族，并为他自己效力。金羊毛骑士团（Golden Fleece，法语"Toison d'Or"）在这一目标上最为成功，它正是无组织的勃艮第存在的唯一的集权机构。许多骑士团，比如英国嘉德骑士团（Order of the Garter），吸纳了大量外国成员，这除了促进骑士团统治的外交和政治目的之外，也确实为骑士团增添了重要的国际化特征。

西方不同基督教国家的贵族能够在宫廷相遇。一篇呈给国王查理七世（Chaeles VII）的论文曾敦促他对国内外的贵族都要表示欢迎。贵族当然也能在战争中相遇。纹章法（jus armorum），尤其是有关赎金的部分，帮助保护处于对立双方贵族之间的关系。一般而言，宫廷式准则与骑士原则在实际上并无差别，而且所有国家的贵族其社会传统使他们抱有相同的荣誉观念。普鲁士远征成为西方贵族的"十字路口"，这一特征在14世纪比15世纪更典型。1396年，十字军在尼科波利斯（Nicopolis）战败，留下了永久的后遗症：它毁掉了菲利普·德梅齐埃（Philippe de Mézières）建立受难骑士团（Order of the Passion）的计划，尽管有"野鸡宴誓言"（Oath of the Pheasant，1454）以及庇护二世（Pius Ⅱ）的鼓动，但在15世纪，基督教贵族还是失去了组织大规模十字军东征的机会。然而在陆上和海上，小规模反抗土耳其的斗争从未中断，这就为不同国家的贵族交往提供了机会；而"耶路撒冷圣约翰医院骑士团"（Order of the Hospitallers of St John of Jerusalem）这个完全具有国际化特征的骑士团，也在继续运转。一般而言，贵族之间形成了多种不同的关系，他们四处自由游历，随身携带推荐信和安全通行证，甚至在见习期间也能如此，这些是很自然的事情。旅行札记揭示出，在欧洲范围内贵族们互相认识，或者至少认出自己的同辈。尽管大量的习俗和语言障碍可能使他们有分歧，但他们意识到自己属于同一个社会阶层。值得注意的是，贵族等级越高，他们的世界就变得越受限制。

不言而喻，有关贵族和贵族身份的词汇，在不同语言也各不相同。但是通过媒介拉丁语，整个西方基督教国家使用了共同的术语，以此表达社会观念。这也就解释了，为何法语 noblesse 对应着（如果不是完全符合的话）英语 nobility、意大利语 nobiltà 和西班牙语 nobleza。需要说明的是，在15世纪，整个西方基督教国家已经知晓，或者比以前更加普遍接受了关于头衔和官职的传统等级制度：公爵、侯爵、伯爵、子爵、男爵、骑士以及乡绅。该制度起源于罗马、法兰克或法国，以上术语被译成各种语言。比如在14世纪的法语/佛兰德语/英语中对应的译法分别是："duc"/"hertoghe"/"duke"（公爵）；"comte"/"grave"/"earl"（伯爵）；"chevalier"/"ridder"/"knyghte"（骑士）；"écuyer"/"sciltknecht"/"squyer"（乡绅）；而法语"grants seigneurs"（"大贵族"）分别被译作佛兰德语"grote heeren"和英语"great lords"。

文本或者译文相同的贵族和骑士概念从它们的起源地不断传播，促使人们对其进行注释。比如，加泰罗尼亚人拉蒙·勒尔（Ramon Lull）撰写的"*Le libre del orde de cauayleria*"（《骑士规则全书》）就曾被数次翻译。1484年，威廉·卡克斯顿（William Caxton）"在绅士和乡绅的要求下"，亲自翻译并出版了拉蒙·勒尔的著作，书名译为"*The book of the ordre of chyualry*"，指出"绅士凭其美德可以进入骑士阶层"。⑤ 早些时候，苏格兰文学家，海耶的吉尔伯特（Gilbert of the Haye）翻译了同一著作，书名译为"*The buke of the ordre of knychthede*"。在 15 世纪末，阿兰·沙尔捷的"*Bréviaire des nobles*"（《贵族精要》）以类似方式被译成英语散文，而书名译为"*The porteous of Cadzow*"；克里斯蒂娜·德皮尚的"*Livre des faits d'armes et de chevalerie*"（《战争与骑士的事迹》）也被译成英语。⑥ 最典型的例子是写作于 1428 年的拉丁语著作"*Controversia de nobilitate*"（《有关贵族的论辩》），该书由博纳科尔索·达蒙太马诺（Buonaccorso da Montemagno）撰写，他是皮斯托亚（Pistoia）的一支贵族家庭的后裔。该著作被译成意大利语、法语、德语和英语。其原稿和译稿均被授予了印刷权，因而确保它们能广泛传播。

第二节

实际上，每个欧洲地区都有种类不同的贵族，表现出不同的特征（前文提到的路易十一和迭戈·德瓦勒拉并非唯一知晓此点的人）。波兰贵族不同于德国贵族，也不同于法国、意大利贵族。因此人们甚至可能质疑，在帝国境内或在意大利半岛，是否存在统一的贵族。

首先要考虑的是贵族的实际数量，这一点非常必要。我们不可能提供欧洲所有国家确切的贵族比例，即使是近似值亦不可得；现有数字并不完整，也非常不准确，尚不足以理清 15 世纪这一地区的可能性趋势。在中世纪末的法国，贵族阶级被当时的人称为"高贵的人"（"peuple des nobles"），其范围从王族血统直到谦逊的乡绅（squires）和普通绅士（gentlemen）。这些贵族占总人口的 1.5%—2%。但这一数字掩盖了地区差异。尤其是在布列塔尼，约有 9000 个贵族家庭，按每个家庭 5 位成员估算，合计有 4.5 万人，在大约 150 万总人口中，他们约占 3%。在多菲内（Dauphiné）和萨伏依（Savoy），贵族比例估计不低于 4%，而在其他地方，比如沙特尔（Chartres）周边地区，贵族比例勉强能到 1%。

---

⑤ Lull, *Ordre of chyualry* (trans. Caxton), p. 121.
⑥ Pisan, *Book of faytes of armes*.

在英格兰，情况完全不同。1500年左右，严格意义上的贵族（作为"世俗贵族"应召出席议会的"上院议员"）结成集团，该集团由60位世袭贵族组成，实际上是60个家族。他们之下则是士绅（generosi）。这些士绅自称在文化和社会层面上都属于贵族阶级，虽然广义上如此，但根据法律规定，他们在15世纪末已不再被视为贵族。据粗略估计，该群体大约包括500位骑士，800位乡绅（组成了乡绅阶层）和5000位绅士。更低的社会阶层便是约曼（yeomen）。不管怎样放宽标准，约曼都不属于贵族阶级。因此，广义上讲，英格兰的贵族阶级有3万人，假定总人口为250万人，那么贵族仅占1.2%。

卡斯蒂尔在1500年左右估计有500万人口。根据当时资料显示，所有等级的贵族（grandes and titulos，caballeros，hidalgos，donzellos and escuderos）占总人口的1/6（16.6%）。大多数历史学家认为这一数据过高。有些人建议降至4%；另一些人则建议降到至少10%，即有50万人口或10万家庭，这一数字或许更为贴切。不过地区差异很大（比如法国）。在阿斯图里亚斯（Asturias）、莱昂和布尔戈斯地区（Burgos），绅士（hidalgos）超过半数，而在科尔多瓦（Cordova）和塞维利亚（Seville）等教区，绅士（hidalgos）并不普遍，相反地，它们拥有在城市居住的骑士（caballeros）。在纳瓦拉王国（Navarre），贵族比例提高至15%，出乎意料的是，阿拉贡的比例却低达1.5%或2%。

在斯堪的纳维亚地区，贵族经过很长时间才得以稳定，15世纪是其发展的重要阶段。在1500年左右，挪威拥有30万人口，其中约有300个贵族家庭；贵族家庭的比例占总人口的0.5%。在邻国丹麦，贵族家庭数量有250—300家——其中20家左右属于高级贵族——占大约50万总人口的0.25%。总之，这类社会并不具备明显的封建基本特征；富裕农民（well-to-do peasantry）才更为重要。

波兰、匈牙利和波希米亚正相反，它们的贵族数量众多。据称，波希米亚有2000个贵族家庭。匈牙利人口中5%是贵族。在波兰，贵族比例并非以往长期认为的10%—15%，而是3%—5%，但这仍是一个不可忽视的比例。

最后，在苏格兰约有2000个贵族家庭，即1万人，约占总人口的5%。相对于这个贫穷国家来说，该比例明显偏高。但这恰好能够解释苏格兰为何持续移民到法国服军役。

贵族比例问题具有重要的历史意义。贵族阶级规模较小，则意味着这些"少数幸运儿"享有一定程度的富裕生活，他们较少消耗产品，尤其是农业产品，但这也更多地意味着贵族对社会的整体控制力较弱，贵族的光环淡化。相反地，过剩的贵族带来的必然是贫困。因为在贵族的基本观念中，舒适的生活是他们最起码的要求。

在欧洲，贵族阶级在不同社会具有不同的意义。这首先体现在这些社会长期的历史中，尤其是其历史结局中。如果一个贵族生活在百户人家的堂区，而且另外还有10—15个贵族家庭，其地位则完全不同于唯一拥有此种身份的贵族。在后种情况中，贵族往往是领主（因此名字中使用"de"，"von"，或者在波兰使用-ski, -cki做后缀），庄园教堂的长椅为其预留，而他的彩绘玻璃窗上则描绘着他的纹章。

第三节

各地有爵位的贵族都或多或少地脱离了贵族群体：其成员占据高位，常被称为大领主或大贵族。他们只有几十个家族，在成百上千个贵族家庭中，他们的比例只有1%—5%。当时的文献仔细记录了法兰西王国内的公爵和伯爵及其封建身份。但必须指出，同一贵族可能同时拥有几块大采邑，而且那些"大老爷们"（"sires"）偶尔也可能是男爵或子爵，他们自称属于高级贵族——法国有拉特雷穆瓦耶家族（La Trémoille）、夏巴纳家族（Chabannes）、埃斯图特维尔家族（Estouteville）和罗昂家族（Rohan）。在1474年的卡斯蒂尔，有49个家族被称作 *titulos* 或 *grandes*（包括公爵、侯爵、伯爵和子爵）；他们组成了统一的集团，拥有巨额财富，有适当的教养，并对社会影响巨大，但还不足以严重威胁到君主不断巩固的政治地位。在15世纪的苏格兰，新兴贵族在反对地主的过程中，发展为上院议员、公爵、伯爵和领主。他们享有被国王单独征召参加议会的特权。他们约有60位成员（60个家族），数量与英格兰相当，但英格兰总人口却是苏格兰的五倍或六倍。在匈牙利，贵族在1430年至1440年占有40%的土地，约有 60 位成员，并形成了独立阶层。在葡萄牙，首位公爵头衔出现于 1415 年，首位侯爵出现于 1451 年，首位男爵出现于 1475 年（都由王室册封）。在 15 世纪下半叶，大约有 30 位有爵位的贵族。在 15 世纪的波兰，有权势的贵族共同体（即著名的 *slazchta*）在政治上，甚至在经济上成功削减了城市团体的权力，夺取了国家控制权，并自称是波兰唯一的政治团体。不仅如此，他们还力图阻止爵位世袭制，防止形成独立且排外的上层贵族等级。借用公认的术语，波兰开始发展成为"共和体制"（"republic"）或"贵族民主制"（"noble democracy"）。

实际上，波兰是个特例。一般而言，最高等级的贵族拥有自己的附庸，自己的忠实侍从（在匈牙利使用的术语是 *familiaritates*），这些附庸许多本身就是贵族，或者本身就是绅士，比如英格兰。实际上，英格兰大贵族与其侍从之间形成了一种契约性质的联系（indentures）。侍从受到大贵族的恩惠，他们身着大贵族的家族制服，并从他们那里获得薪酬或年金；侍从还可能粗暴地干预司法自由。因此，现代历史学家创造出"变态封建主义"（"bastard feudalism"）这一术语，用以描述这种新型的人际关系。"变态封建主义"取代了 12、13 世纪的"经典封建主义"（classic feudalism）。这种现象或趋势超越了制度差异，同样存在于大陆地区。在西班牙，大公身边围绕着一群仆人或侍从，其中有些是贵族的私生子。在法国，国王以及公侯和大领主可以要求，并能轻易获得中级或低级贵族（男人、女人和年轻人）向他们提供并不卑贱的役务。这些中小贵族成为家庭侍从，他们担任财物管理员（chamberlains）、马夫（grooms）、管家（stewards）等职务，在战时与和平时期跟随着大贵族，并帮助管理地产。对一大批贵族而言，加入某个有权势的贵族群体是获利的正常步骤。

在许多情况下，这些附庸发展为"集团""派系"和联盟，活跃在政治舞台。尽管这种发展时有间断，但该现象的确存在于众多国家和社会。拉马什的奥利弗（Olivier de la Marche）为我们提供了贵族派系之争的例子。他报告说，在 1465 年"公益战争"（war of the Public Weal）爆发前夕，那些支持法国的查理（Charles of France，他是国王路易十一的兄弟）的人联合反抗国王。据传，他们向在巴黎圣母院（Notre Dame）举行的会议表示效忠。"那些秘密传送印信的人，腰系丝巾，以便识别身份，他们就此结成同盟。超过 500 人（公侯、骑士、乡绅以及其他人）坚定地支持着同盟，但国王对此一无所知。"事实上，该"公益同盟"（league of the Public Weal）的支柱之一，正是王国内一批不满的贵族，他们在几个大贵族的支持下，试图抵制国王对他们的权利和特权的侵犯。然而，这些团体（他们的凝聚力并不明显）相对整个贵族阶层（或者相比英国的骑士、乡绅和绅士的数量），总数仍然太小。显然，许多普通绅士并没有保护人，他们只能被迫依靠自身资源，因此生活深受限制。

无论从哪方面讲，下述观点都过于简化：即认为政治冲突仅发生在国王（或诸侯）与大贵族之间，这些大贵族维护自己的"封建"特权从而阻碍了现代国家的产生，从墨守旧秩序的低级贵族中寻求军事力量。人们时常忘记，国王（和诸侯）也有自己的贵族附庸。这些附庸的财产更丰厚，长远来看，他们成功的机会更大，而且数量更多，目标更坚定。有时候，低级贵族也通过支持国王反抗高级贵族。在 15 世纪末的匈牙利，马加什·科文努斯（Mátyás Corvinus）为了摧毁附庸（familiaritates）体制，就曾利用低级贵族反对高级贵族，从而建立了一支完整的王室军队同土耳其人作战。

我们已对社会—政治结构做出了纵向分析，除此之外，其他分析则基本是横向的。关于这种倾向，我们可以举例说明。反城市（或反君主）的骑士联盟["赫纳"（"Hörner"）、"法尔克纳"（"Falkner"）、"圣乔治联盟"（"St Georgsbund"）、"艾力芬特联盟"（"Elephantenbund"）]源于中世纪末的德国。大约 1475 年，洛林地区的贵族为了巩固反勃艮第的防御联盟，同意将他们的纹章盾放置在南锡（Nancy）的圣乔治大教堂的唱经楼内。

第四节

因为遗传因素和文化因素，世袭贵族阶层遭到家族消亡的厄运，这是一个典型的历史现象。历史学家试图对这种现象做出解释，他们或者以地区为研究单位，或者局限于文献丰富但范围狭窄的大贵族。在 1300 年至 1500 年间，英国领主家族消亡的比例是每二十五年消减 27%（如果将仅有女嗣，甚至侄子外甥仍在世也定义为消亡的话）。

1299年12月，曾有136位男爵应召参加议会，但到了1500年，他们之中仅有16位有男性后裔。在苏格兰，根据相同的条件计算，公爵和伯爵家族在15世纪的消亡率为17%—39%（以25年为时间段）。在法国的少数几个地区，对整个贵族的研究也得出了类似的数据，其中对福雷郡（Forez）的研究最为可信。⑦ 在德国，趋势同样相似：1440年，有资格参加马上比武（Turnieradel）的138个巴伐利亚贵族家庭，到1500年只剩68家。在威斯特伐利亚（Westphalia）的奥尔珀地区（Olpe），14世纪已知有40个贵族家庭，到15世纪只剩20家。对一个异常关心延续自己的家系、地产、姓氏和盾形纹章的阶级来说，这种衰亡过程更加不幸。众所周知，贵族订立并实施了各种法规（包括各种长子继承权的法律：长子继承、限嗣继承），以使他们的家族能够继续昌盛。同样令人熟知的是，贵族的婚姻方案也非常审慎。在西班牙，一个贵族世家包含几个家族，并由年长者（pariente mayor）掌管。他作为家族年长支脉的首领，控制着家族墓地（entierro）、教会任免权以及主要职位和领地房屋（casa solar）。尽管贵族特别承受着生存的心理困扰，如果贵族消亡数量真如上述如此之高的话，许多历史学家就会视其为不争的事实，即该阶级遭受了严重的危机。这一观点得到了加强，因为事实上确实发生了大量的财富转移，尤其是不动产的转移（谁将得益？）。尽管如此，在1400年至1500年间，贵族人口比例并未明显下降。这很可能是因为那些年涌现出了大批新贵族成员，但在一个看重血统的文化之中，这种形势必定会产生问题。

然而，对上述历史现象做出解释的确需要限定条件，因此要澄清以下几点。第一，通过研究个体家庭，人口统计学家发现，在任何群体内，家族灭绝事件其数量都基本相当，而与社会身份无涉。第二，统治阶级（贵族自诩为统治阶级）的典型特征，就是排斥其他低等级阶层。第三，历史学家习惯将女嗣排除在计算之外，人为增加了消亡率。应该注意的是，这种现象并非15世纪所独有：就贵族而言，消亡规律在任何时代都有效。第四，根据专业研究，每隔25年贵族25%—30%的财富（即领地）就转移到居于有利地位的贵族（包括

---

⑦ Perroy（1962），p. 27.

国王或诸侯）手中，或者转移到教会和其他非贵族手中，这种可能性非常小。

不管怎样，重要的是要理解这种消亡是如何发生的。英格兰和苏格兰贵族的例子表明，家族消亡非常普遍，消亡原因甚至与经济无关。某个英国伯爵家族的消亡，并非由于穷困潦倒，而只能是自然和遗传因素的结果。根据这条标准来评判，法国几支王族的确曾于1328年、1498年和1515年先后灭绝，两个世纪发生了三次。

即便如此，当把贵族视作整体时，经济因素的确在起作用。在欧洲社会中，各地都将贵族的贫困视为反常现象；人们普遍认为，贵族一定有方法维持自己的"地产"。在现实或法律中，贵族与许多职业实际上都格格不入，这在一些国家尤为明显。尤其在这个时期，各地的贵族都要有土地收入，即一份众所周知的不可靠的收入来源。此时，称作 dérogeance（丧失贵族资格）的恐慌抬头。由于财政原因，该现象在法国异常广泛和严重。奇怪的是，该术语在其他欧洲语言中没有对等词，因此不宜翻译。然而，各地区或多或少都能在观念和实际中发现它的思想踪迹。

在英格兰，王室严格控制着加入贵族的许可资格，但士绅的情况却有所不同。士绅与众不同，因为他们有权佩戴纹章（显然，绅士有佩戴纹章的资格），有权使用"爵士"（"sir"）、"乡绅"（"esquire"）或"绅士"（"gentleman"）等头衔（据称，术语"gentilman"在15世纪首次开始使用，以表明社会"等级"或"身份"；该术语首次出现于15世纪中期的一个丧葬记述中）。[⑧] 要想成为绅士，或被视为绅士，前提条件是要拥有一定数量的财富，尤其是土地收入（普通绅士每年10镑，乡绅20镑，骑士40镑），并且从事令人尊敬的职业，比如担任国王、大贵族、主教的侍从，或在城镇中从事法律甚至医疗职业，他们还要肩负政治或行政责任，并广泛参与商业活动，但不能在土地上或家中直接劳作，也不能直接从事手工业。那些希望维持或提升自己社会地位的人，最好只是偶尔从事一下自己的职业（即使是令人尊敬的职业），或者通过中介进行工作。

在法国大部分地区〔布列塔尼公国是个例外，那里有贵族"休

---

⑧ Morgan (1986), p. 33 n. 54.

眠"("dormant")的观念,即允许贵族暂时中止其贵族身份,直到他通过各种措施,包括采取丧失贵族资格的行动(dérogeance)重聚财富],主要问题是贵族能否从事贸易活动,包括能否参加大型商行。贵族当然能够出售产品,或找人代售产品,也可亲自耕作土地(如有必要便亲自耕地,此项传统仍被现代布列塔尼小乡绅所保留)。他们从事各种法律职业,在国王或公侯手下服役,抑或进行商业冒险投资,比如航运或牲畜租赁。即便如此,贵族也不能成为小旅店老板或者信誉良好的商人。显然,这限制了赚钱的机会,导致贵族式的生活不能充分利用各种途径获利。15世纪末,对勃艮第、奥弗涅(Auvergne)、波旁(Bourbonnais)和其他地区所做的研究表明,那些地区存在一大批低微的乡绅。许多文献还出现了穷困教士的形象,甚至出现了"可耻的贫困"(shameful poverty)或"隐匿的贫困"(concealed poverty)的观念。众多遗嘱表明,遗产能够帮助"待嫁的贫困少女",她如果没有这笔侥幸所得,就很可能永远不能出嫁。在百年战争的混乱年代,许多绅士不得不屈尊从事被认为有失身份的职业;于是,当他们试图恢复贵族身份,尤其是财政特权时,问题便随即而至。

在意大利,威尼斯和热那亚的典型例证表明,贵族与商业基本相融。即使如此,也存在远离商业的趋势(那些希望被视作高级贵族的人们,最好尽可能远离日常贸易活动),而该趋势又作为不断发展的文艺复兴精神得以强化。巴尔托鲁表达了人们的普遍观点,他写道:"任何从事手工业的人都无法成为贵族"("Qui facit artes mechanicas, non potest esse nobilis")。⑨ 另外,西班牙城市中的许多骑士(或富裕或贫穷)虽是统治精英,但同时也是皮匠、铁匠、小旅店老板或屠户。无数来自农村地区贫困潦倒的绅士(hidalgos),领着贫困救济(多为贫穷的侍从),耕种土地,充当技工,甚至成为后来文学传统主题中的流浪汉或乞丐。1418年,在穆尔西亚地区,西班牙次级贵族已成为医生、裁缝、毛皮匠、刀剪匠和梳子匠。

对承袭贵族爵位的控制越严格,生物学意义上家族的灭亡就越普遍。在法国和西班牙,为了被尊为贵族,人们只需证明其父亲和祖父

---

⑨ 引自 Ventura (1964), p. 289。

是贵族即可。在混乱的15世纪,贵族私生子获得贵族身份的成功率很高。相反,在神圣罗马帝国,第四等级的贵族也需要父母双方都有悠久的贵族血统。

不管原因如何,贵族阶级不能仅仅通过生育而自我延续(问题的大小无疑因地而异)。每个时代都有短暂的衰落。虽然谈到了危机,但这很容易弥补,甚至当财政特权不起作用时也可弥补。这是完全反驳"危机"理论的关键(尽管有些学术观点支持该理论)。在社会的眼中,贵族阶层最受羡嫉。15世纪的贵族可能比14世纪更遭嫉妒。在14世纪,尤其在意大利半岛和法国,中产阶级和大众阶层通过质疑贵族一无是处的社会功能,而否定其存在的理由。这种情绪在15世纪发生变化,那个年代有大量的候选人争当贵族。最高当局(国王、诸侯)的任务就是鼓励和控制这种影响广泛的社会反应,并通过各种适当措施将其转化为有利条件,比如颁发贵族册封证书,授予贵族特权,册封骑士(因此出现了卡斯蒂尔的特权骑士)以及授予头衔和爵位。这对社会产生了相当广泛的影响,对国家来讲,重要的是激励或简单地加强贵族中的这一观念,即贵族是一个能够(或应该)在文职和军队中奉献的阶级——奉献自然是光荣且有所回报的。

第五节

贵族理想保持着强大的吸引力,甚至有所加强,而且贵族阶级表现出比预想更大的适应性,当他们面对困难时绝不是无动于衷。历史学家不应冒险低估这些困难。除了东欧,传统上支撑贵族的领主制在15世纪经历了相当大的震荡,而封建结构也只是衰弱和过时的遗迹。虽然存在地区差异,经济形势也变化无常,但15世纪绝不是土地收入的黄金时代。实际上,土地收入灾难性地频频跌落。许多贵族感受到了来自新精英的威胁。这些精英能够充分利用法律、财政、行政甚或军事专长,常被视作竞争对手。甚至在代表会议仍然存在的地方(大多数国家都存在代表会议),1500年与前一个世纪相比,那些将贵族联合起来的制度其活力也大为减弱。

然而,许多贵族的确在设法探寻新的收入来源(比如为国家效力),最终经济形势好转并使贵族受益。贵族们也在大学或其他地方学习知识和技能,以备将来统治和管理之用。教会上层也未能避开贵族的侵蚀:15世纪任命了36位匈牙利主教,其中16位是男爵身份,10位是贵族出身。至少在军事和外交领域(现代国家的两大支柱),贵族占据统治地位。在15世纪的比萨,几十家贵族家庭向伯爵领地(contado)内的城市提供雇佣兵、城堡主、行政长官(podestà)以及大使和高级教士。文艺复兴见证了宫廷繁荣以及朝臣升迁。一个人生活在贵族环境中,确切地说是贵族政治环境中,其事业自然会兴旺。对于他们的竞争者,历史学家强调,"局外人"期盼有一天成为"局内人",千方百计进入这个诱人的圈子。布尔戈斯(Burgos)的富商引以为豪的是他们的家世和盾形纹章,他们沉溺于精良的武器,完全醉心于狩猎的闲暇时光。这些富商受到了贵族的熏染,但他们不是唯一被感染的欧洲社会成员。在16世纪的法国,逐渐形成了"长袍贵族"(noblesse de robe),他们被视为传统"佩剑贵族"(noblesse d'épée)的威胁;但这些新贵族同样赞誉传统贵族的观念:古老、富足、个人美德、服务社会。在意大利半岛北部和托斯卡纳,统治阶级由大众和贵族融合而成。因此,克里斯蒂娜·德皮尚能够将威尼斯贵族等级定义为由"自称为贵族的古代中产阶级家庭"组成。而她对中产阶级的定义是,"出身于古代城市家庭;他们的名字、姓氏以及纹章都是古老的,他们是城镇中最重要的居民,并有固定岁入;他们继承房舍和地产,这些是他们唯一的收入来源。在一些地方,当人们长期享有相当的地位和声望时,其中最长者即被称为贵族"[10]。她的前后两个定义值得比较。

这一世纪贵族阶级的肖像画可谓千姿百态、零散繁杂,而且充满分歧。因此,不可能在一位贵族公爵和普通绅士之间找到相同之处,在卡斯蒂尔贵族(hidalgo)、苏格兰领主(laird)和普鲁士容克贵族(Junker)之间,在有自主地的西西里贵族和威尼斯贵族之间,或者在法兰克尼亚的强盗贵族(Franconian Raubritter)与英国乡绅、治安法官、议会成员之间,同样没有共同之处。然而,人们有理由描绘这样一幅贵族社会的图景,其中超越明显的差异,不仅从这些差异中归

---

[10] Pisan, *Le livre du corps de policie*, p.183.

纳出贵族社会的精髓和生命力,而且贵族社会自视为等级社会(*Ständegesellschaft*)中独特且相同的一个等级。

这一世纪的另一幅画面则描绘了缺乏理性的贵族正遭受着缓慢的衰落,包括经济的削弱和人口的消减。他们不能确定自己的身份和职业,受到国家、商人和律师的威胁,且只能被动防守。他们现在逐渐远离现实(仅对骑士节日有益)。总之,贵族面临着永远丧失其历史地位的危险。对此,人们应该转变对文艺复兴时期的世界的认识。其中,封建主义的遗产逐渐转移给了贵族,比如帝国的绅士(*Herren*)和骑士(*Ritter*)融合组成了贵族(*Adel*)。实际上,旧制度(*ancien régime*)之下的贵族始于15世纪。在法国,贵族至少延续到1789年大革命。而在欧洲其他地区,贵族的身份和本质至少保持到第一次世界大战。

菲利普·孔塔米纳(Philippe Contamine)
侯建新 译

第 五 章
乡村欧洲

相比 1150 年以来的任何时期，15 世纪的欧洲乡村人口都更为稀少。这一事实影响着对该时期的历史认知。"人口危机"大约发端于 1300 年，其影响无孔不入，基本问题包括人口过剩、过度开垦和生态失衡。该危机由 14 世纪的饥荒和瘟疫开始，其影响在某些国家持续至 1500 年之后。① 本章首先假定，"人口危机"的观点能帮助我们理解 15 世纪。但过度依赖该观点将导致歪曲和不完整的描述。在考察过危机之后，我们将做出另一替代性的解释，从而对"人口危机"观点做出补充和修订。

第一节 人口危机

14 世纪多数欧洲国家人口死亡严重。自 1400 年之后，瘟疫和其他流行疾病持续暴发，导致高死亡率。这些危机与 1348—1349 年黑死病初期相比，危害较小且呈现局部性特征。但来自托斯卡纳、英格兰和低地国家的证据显示，多数地方在 15 世纪经历了 8—12 次严重传染病。每对已婚夫妇的子女数量相对较少。比如在里昂地区，14 世纪 20 年代每份遗嘱平均涉及 3.9 个孩子，至 15 世纪 20 年代，该数据减少到 1.9 个。② 我们应谨慎对待这些统计数字。子女减少现象一直存在，但不能解释为统计漏报。家庭规模小，只反映了死亡率的

---

① 主张"人口危机"的著作包括：Abel（1980）；Genicot（1966）；Le Roy Ladurie（1974）；Postan（1952）and（1966）。
② Lorcin（1974），pp. 220 - 224，504 - 505.

一个方面，即婴儿和儿童易染疾病，但家庭规模小也很可能缘于结婚年龄的变化。在人口低谷（许多地区在 1420—1450 年的某个时候达到人口最低），总人口减至黑死病前的 1/2 或 2/3。佛罗伦萨的孔塔多的人口，从 1338 年的 30 万人，减少至 1427 年的 10.4 万人；普罗旺斯的人口在 1315—1316 年合计约 40 万人，但到 1471 年（恢复之后的几十年）只有 15 万人。国家的人口数据含有推测成分。但据统计，法国人口从 1330 年的 1800 万人降至 1450 年的不足 1000 万人。而英国人口在 1348 年之前约有 600 万人，到 15 世纪中叶只有 250 万—300 万人。③

人口危机导致定居点被遗弃，数量减少。农田、村落和整个乡村沦为废墟。现在的考古学证据有时能体现昔日境况。在德国，黑死病之前总计 17 万个定居点，但在 14 世纪和 15 世纪，超过 4 万个定居点消失。"商数"（"quotients"，指遭遗弃村庄之百分比）存在地区差异。但在勃兰登堡或士瓦本的高地地区，"商数"高达 60%—70%。欧洲其他国家也丧失了数以千计的村庄，"商数"非常之高，比如普罗旺斯高达 38.4%。④ 在瑞典，遭遗弃农田的"商数"因地而异，从 10%—36% 不等。斯堪的纳维亚半岛的挪威，承受着衰退的压力——半数农田遭弃，这些农田常位于土地贫瘠的高地和偏远地区；规模较小、较贫穷的定居点，以及新建定居点最可能被遗弃。⑤

乡村地区人去屋毁，大量耕地得不到耕作。在巴黎盆地，以前的耕地可能 60% 在 15 世纪中叶之前不再被耕种。这导致农耕地丧失，灌木丛生。但是，农田往往被牧场所取代，这给占有者带来收益。相比谷类作物，他们从畜牧产品中能获得更好的价格。而且这还可以避免支付高昂的劳动力成本，因为一个羊倌或牛倌就可在一大片土地上照管牲畜，而如果在该土地上种植农作物，则至少需要两个长工和十几个临时雇工。某些地区面貌完全改变——比如英格兰中部地区，以前的村庄变成了被圈占的牧场；或者在因战争而荒废的法国凯尔西地区，来自邻近地区的季节性迁移放牧，占据了业已闲置的草场。混合农业系统常常转移重心，因此更多的土地被用作放牧，而个体农民则

---

③ Herlihy and Klapisch-Zuber（1978），p.172；Baratier（1961），p.120；Le Roy Ladurie（1978），p.117；Smith（1988），pp.189－191.

④ Abel（1955）；*Villages désertés*（1965）；Mayhew（1973），pp.93－98；Rösener（1992），pp.255－256；D'Archimbaud（1980），pp.14－15.

⑤ Gissel 等（1981）。

获得了更多的羊群和牛群。在朗格多克，农民有多达200只的羊群在15世纪很普遍。

上述农业发展基本达到了新的生态平衡，花粉样本的科学证据可予以证明。花粉样本显示，谷类植物和农田杂草的花粉比例减少，而牧草和树木花粉比例增加。在殖民者的大斧前长期退缩的林地，重新开始复原。在德国的瑟灵斯瓦尔德（Seulingswald），树木覆盖面积增长了约1/3。几个世纪以来，人们保护树木用作木材和燃料，还通过限制狩猎保护其他资源，但这些保护措施首次得以放宽——1401年，法国掌管水域和森林的大臣终能宣布，"进入森林吧，去砍伐树木，开垦荒地，烧制木炭……猎取野兔、野猪和其他野兽"⑥。

为适应新的日常饮食需要，农业发生了变化。在人口下降之前，人们不得不食用最廉价的低卡路里食品，主要是谷类食物：黑麦、大麦面包，而非小麦面包；高地地区的燕麦蛋糕；各种燕麦粥、豆粥或大麦粥以及欧洲南部的面食。但到15世纪，普通民众——手工业者、农民甚至打工者——也可大量消费肉食，而此前肉食仅供贵族享用。在西西里，葡萄园工人每周消费1.2—1.6公斤肉；在英国，收割工人每2磅面包搭配1磅肉；在穆尔西亚（在卡斯蒂尔），甚至囚犯也允许每人每天食用40克肉。⑦ 粮食仍是日常饮食的主要部分，但更贵（而且更富营养）的小麦开始代替大麦和黑麦，成为主要做面包的材料。在北欧，更多的谷类作物被用来酿造麦芽酒或啤酒，或用来饲养牲畜。

在欧洲，大多数农村的经济趋势都受到了人口不足的影响。谷物价格随着收获年景的好坏而每年发生变动，同时也因货币和战争而变动——15世纪的前75年完全呈现下降趋势。耕地数量的减少小于消费者数量的减少，因此供给超过了需求。畜牧产品，比如羊毛、兽皮、肉类、干酪和黄油，它们的价格或涨或跌，但都比不上谷物价格的变动幅度。工资上涨（尤其用可购买食物的数量计算时），工人紧缺，因此他们的价值提高了。与谷物价格相比，工业品价格趋于上升，至少在部分时期，人们感到了"价格剪刀差"（"price scis-

---

⑥ Mayhew (1973), p. 100; Le Roy Ladurie (1969), pp. 122 – 123.
⑦ Aymard and Bresc (1975), p. 594; Dyer (1989), pp. 151 – 160; Menjot (1984), p. 200.

sors"）；尤其是贵族，他们发现自己要购买的商品和劳役变得越来越贵，而自己地产上的农产品价格恰恰相反。地租趋于下降。而且地租问题比较复杂，从而使人们不易察觉它的变化。地租包含不同的支付方式：货币支付、劳役支付以及实物支付。分成租（champart rents）主要存在于欧洲南部，农民按约定比例支付一部分收获物。分成租在13世纪的农业发展中达到顶峰，常常占农作物产量的1/2或1/3，但现在普遍下降至1/4或更少。货币地租经过地主和佃户之间的谈判而固定下来，因此更易受到市场力量的支配——比如租地费（leasehold rents）、入地费（entry fines），——最终货币地租也下降了。因习俗而固定下来的各项支付项目——比如农奴租费——也同样下降，甚至在佃户同领主斗争之后被全部取消。如果没人愿意承租租税过重的土地，领主便不得不做出让步：在德国，闲置土地受《荒地法》（Ödrecht）管辖，农民借此可数年不用交租。在德国以及其他国家，农民的土地保有条件得以改善——之前不稳定的租赁权变得可以继承，而且延长了租约年限。

这些变化削弱了贵族领主和教士领主的财富与力量，并至少改善了部分农民的境况。领主收入在许多方面都在减少：因土地被遗弃而完全丧失地租和什一税；在佃户缺乏的情况下，领主对佃户的谈判力减弱从而导致租金减少；因佃户不能或不愿支付而导致拖欠的地租也不断累加。在黑死病之前，许多领主直接参与某些农业活动。但大约到了1400年，因为高昂的劳动力成本和低廉的农产品价格，有些领主被迫出租剩余的自营地和庄园给农场主。在欧洲许多地方，贵族不断抱怨陷入贫困，修道院也陷入债务危机。尤其在法国，贵族不得不担任官职赚取更多收入。在德国和其他地区，贵族数量减少，因此土地资源集中到更少人手中。

某些变化对农民有益，比如地租减少，许多农奴获得自由。农民有机会获取廉价的土地，从而扩大自己的持有地，而且拥有之前被不同家庭占有的两三处住宅。如果将农民定义为小规模土地拥有者，那么我们怀疑，一个积累了40公顷或更多土地的人能否还被当作农民。人口压力的缓解帮助了大多数人（当然是农民），他们拥有中等规模土地，即2—20公顷耕地，这部分农民增加了公共牧场、林地和沼泽地的份额。小农（小农的定义因地而异，但无疑包括那些拥有不足2

公顷土地的数百万家庭）从工资增长中获益，因为他们能够通过打工获得部分收入。人们可能产生疑惑，中等或上等农户同样出售剩余产品，而且也使用雇工，本应也会经历一些收益率问题，就像领主在农业生产中遭遇到的那样。我们不应过分强调这些疑惑。这部分农户的大多数农作物仅是家庭自用，只出售相对较少的部分，因此没有过多受到价格下降的影响。总体来讲，人口危机给寡妇、孤儿或者离乡背井的人带来了苦难，但人口危机也导致收入向下层社会转移，并促进了人口的地域流动和社会流动。

气候变化加剧了危机。大约自1550年开始，漫长的寒冷期代替了之前凉爽且湿润的气候。在高地地区，温度变化促使农民遗弃农田（比如挪威），并将更多的耕地变为牧场。气候状况不如上一世纪稳定，导致连年歉收。其中最严重的事件是1437—1439年的北欧饥荒。连年歉收不仅给忍饥挨饿的人们带来苦难，还扭曲了整个经济。因为消费从非必需品转向食品，从而导致商业萎靡，工业领域失业。

人为灾难也在作祟，比如法国的百年战争后期、欧洲中部的胡斯战争、德国的各种内部冲突、低地国家的内部分裂尤其是1477—1492年勃艮第土地的继承争端。这些灾祸摧毁农田、村庄、庄稼和牲畜，阻碍耕作和农产品贸易，并增加了战区之外的税负和不稳定。这些暴力事件部分缘于人口危机，因为贵族试图通过战争弥补他们在土地上损失的收入。军事行为将已有的人力短缺和资本短缺掺杂在一起，无疑加深了衰退进程。

第二节　地区差异

荒废的农田、杂草丛生的荒野、身陷财务危机的贵族（农民状况得以补偿性的改善），这些只描绘了欧洲历史图景的一个方面。各地区不同的历史进程让人对人口危机理论产生了怀疑——它是否是上述我们所讨论的变化的唯一解释。当过分强调客观的生态力量时，我们应当谨慎。

第一，欧洲人口并未遵循统一模式。14世纪的瘟疫对东欧部分地区和伊比利亚半岛（尤其是卡斯蒂尔）的影响有限。在弗罗茨瓦夫公国（Wrocław），人口下降以及农业危机推迟至 1425—1480 年。⑧ 卡斯蒂尔在 1400 年之前遭遇了一定程度的人口下降，但在 15 世纪早期又呈现人口增长的迹象。

第二，那些完全遭受人口下降（下降过半或更多）影响的国家，其复苏时间并不一致。在西西里，到 15 世纪 50 年代或可能更早，人口开始增长。而在托斯卡纳的农村地区，在 1460 年之后才有明显的人口扩充。总体来讲，法国地区于 15 世纪中叶人口开始复苏——里昂始于 15 世纪 30 年代，诺曼底始于 15 世纪 50 年代。在布拉班特，直到 1495 年之后才出现明显的人口回升。英国人口虽然自 15 世纪 70 年代以来便呈现轻微的上升趋势，但直到 16 世纪才真正增加。当时的法国和意大利部分地区已接近黑死病前的人口密度。⑨ 人口规模的变动是非常复杂的现象，部分取决于传染病发病率。即便在人口增长期间也有充足的传染病证据。人口变化也取决于结婚年龄以及婚内生育率。这一点既受到社会风俗的影响，也受到诸如可用土地面积和就业这样的经济因素的影响。

第三，某些地区的独特特征决定了它们在这一时期特有的发展道路。东北欧部分地区——现在的波兰和波罗的海国家——常被视作不同的模式，遵循着与西方相反的发展道路。软弱的国家、不发达的城市以及强有力的贵族，这些意味着农民状况的恶化。从"第二次农奴制"（"second serfdom"）时期开始，佃农迁徙受到限制，并被迫担负沉重的劳役。实际上，东欧的农民是首次进入农奴制（他们被鼓励到东部新土地上定居，并在先前几个世纪里享有特权和优惠条款）。农奴化过程持续了很长时间，开始于 15 世纪后期，到 1500 年之后仍未结束。因此，这不能被视为人口下降的直接后果。⑩

卡斯蒂尔较大的贵族扩展了自己的财富和力量；在 14 世纪末，君主制因内战而衰弱，并让渡司法管辖权给大批新兴家族。与别处领主退出农业生活正相反，卡斯蒂尔贵族大幅增加了对佃农和土地的控制。比如比列纳（Villena）的侯爵领地扩张了超过 2.5 万平方公里。这些

---

⑧ Hoffman（1989），pp. 273 – 374.
⑨ Epstein（1992），pp. 33 – 68；Herlihy and Klapisch-Zuber（1978），pp. 181 – 182；Lorcin（1974），pp. 209 – 247；Bois（1984），pp. 49 – 77；Neveux（1980），pp. 165 – 166；Poos（1991），pp. 91 – 110.
⑩ Blum（1957）；Wunder（1983），pp. 265 – 272.

贵族热衷于耕种自营地。而且他们拥有大规模羊群，并由牧羊主协会（*Mesta*）管理牲畜季节性迁移放牧。到1467年，牧羊主协会曾驱赶多达270万只羊群在国内夏、冬季草场之间迁徙。15世纪的第二个十年，在卡斯蒂尔北部建立了若干新村庄，并增添了许多耕地。⑪

这些例子都来自人口相对稀少的地区。人们认为它们规避了因"人口过剩"而引起的生态问题。然而以撒丁岛为例，虽然此地1348年之前人口密度很小，但仍然经历了所有的危机症状。这使我们怀疑，瘟疫之前的过剩人口与随后的人口下降、农业衰退之间，是否存在直接联系。低地国家南部地区人口密度非常高，这里本应符合传统人口危机模式。然而，该地区却避免了理论上应该遭受的衰败——非常小规模的土地在15世纪早期不仅保留下来，甚至还有所增长。长期来讲，遭遗弃的定居点并不多，地租也没有普遍下降。城镇规模巨大且数量众多，在它们身上体现了高产农业系统的适应力——在小块土地上集约耕作，多投人力，广施肥料，淘汰或减少休耕地。⑫ 其他城市地区也存留着小块土地，比如意大利北部部分地区。在那里，农民境况不佳，他们感到短期"租佃分成制"（*mezzaddria*，即作物收益分成协议）契约并不可靠。

畜牧业地区，比如林地、荒野或丘陵地带，通常与人口危机背道而驰。这些地区越来越重视畜牧业。人们设想，晚垦殖的"边缘"地区往往更易缩减人口，但与此相反，畜牧区分散的居住点顽强、持久地存活下来，反而低地地区种植谷物的村庄衰落，有时则完全消失。"边缘"地带更乐意接受乡村工业，部分原因是他们有原材料和燃料，部分原因是畜牧业让男女农民有闲暇从事手工业。从伊比利亚、德国的采矿业和金属加工业，到约克郡和埃塞克斯郡的纺织业，到处都能见到高地地区和林地地区工业的联合发展。

对各地不同历史的考察表明，"人口危机"更适合于农业耕作的低地地区。对于将人口周期性收缩和扩张作为历史变化的唯一解释的观念，我们必须提出质疑。正如我们所见，15世纪末人口水平不断恢复，而且有时恢复迅速。作为决定论的人口理论，将会预测到的趋

---

⑪ Vicens Vives (1964), pp. 241–257; Dufourcq and Gautier-Dalché (1976), pp. 234–235, 238–241.

⑫ Day (1975); Van der Wee and Van Cauwenberghe (1978); Verhulst (1990), pp. 89–130.

势包括（很多趋势却与此背道而驰）：建立新定居点（比如在瑞典）；耕地重新扩展，并代替了牧场（在奥弗涅）；小块土地增加（在法兰克尼亚）；工资下降，谷物价格上升（在诺曼底）。然而，这些趋势并非到处存在，它们也并不适用于农村生活的每个方面。就像法国北部大农场主（gros fermiers）或者英国约曼（yeomen）的兴起那样，14世纪末和15世纪的许多变化保留下来：1500年之后，大块土地在不同环境下存留并繁荣。有些发展在1348年之前就已开始，之后持续不断。比如在意大利北部，领主制长期衰退，终被更商业化的土地管理模式所取代。再比如各处成长起来的乡村工业。生产组织内部正在发生着清晰的结构变化，并且社会阶层之间的关系不断调整，而这些都不受人口起落的支配。以上情况促使我们转向欧洲乡村的发展，但这些发展不由人口水平决定，而是取决于其他因素。

第三节　发展的替代性解释

一　市场

到15世纪，欧洲已经历了几个世纪之久的商业化和城市化进程。在有些地区（尤其是意大利北部和低地国家），1/3或更多的人口生活在城镇。在大陆大部分地区，五个人中就有一人其主要生计来自工业或商业。15世纪中叶，纵然存在商业萎靡、"银荒"（"bullion famine"）以及其他麻烦，但繁忙的国内外农产品贸易仍在继续。实际上，在许多情况下呈现出发展而非萧条的迹象。虽然潜在消费者数量减少，且贵族购买力受挫，但危机幸存者仍有剩余产品可以交换。农民既是消费者又是生产者。他们的市场需求量增加，既需要更多廉价且中等品质的毛织品和亚麻布，又需要更多的铁质工具和家庭用具。这恰恰可以解释，为何这一时期乡村工业不断发展。在凯尔西，老农与其继承人订立协议，转让土地以换取基本生活保障（一份养老金）。协议的细节使我们获知当时人们的生活必需品详情。除了制作面包的谷物、油、盐、酒和猪肉，每位老农每年还会领到价值2镑图尔币（tournois）的衣物（大约一头猪价格的两倍）。[13] 数百万农民在

---

[13] Lartigaut（1978），p.513.

这个规模上积累起来的购买力,创造了一个强大的市场。

生产的目的是销售。在领主自营地(逐渐受到农场主的控制),人们最大限度地进行着这种为了销售的生产,而且很大比例的农民也在从事着类似的生产活动,这让耕地农民得以用现金支付地租并购买工业品。农作物种植结构发生改变,这是迎合市场需求的体现。比如在英格兰,大麦种植面积增长与麦芽酒和啤酒饮酒量增加相关。在德国,葡萄园增加,并扩展至新地区,这是因为更多的人能买得起酒。市场也能促进大范围的地区专业化分工。比如在东北欧,人们大范围种植黑麦,以供给低地国家各城镇。这促使低地国家的农民分配更多的土地种植经济作物。在15世纪,但泽(Danzig)的谷物出口不断增加,这反映了低地国家的粮食丰收。同样,挪威进口波罗的海的谷物,而自己集中从事制酪业和捕鱼业。

在低地国家和莱茵兰(Rhineland)的人口中心地区,人们对肉类的需求,尤其是对牛肉的需求不断增加,促进了大规模的跨国畜牧贸易。在丹麦、匈牙利和波兰饲养的牲畜,沿着固定的路线,通过集市和其他贸易点,被长途贩运至城市屠户手中。丹麦每年出口的牲畜数量,从1423年的2000头,增加到1484—1485年的1.3万头。⑭ 在南欧,饲养牲畜的专业化,促进了管理组织的发展。管理季节性迁移放牧的组织,不仅有西班牙的牧羊主协会(mesta),在普罗旺斯、托斯卡纳和意大利南部也都有所发展。在西西里,农业发展走向专业化。在西部岛屿种植谷物(用于出口),在东北部岛屿的高地地区放牧,在沿岸地区集中酿造葡萄酒。马耳他的耕地农民种植棉花和小茴香销往国外,并进口小麦,他们发现这样能够从商业经济中获益更多。⑮

当城镇居民获得了土地时,他们便更直接地影响着乡村。城镇居民不断在城市周边获取土地,但这与里昂和弗罗茨瓦夫情况有所不同,城镇居民视土地为一项安全的投资。土地既用来种植供自己消费的粮食,又用来种植城市工业所用的原材料。他们往往并不引进新技术。但在巴伦西亚,城市资本被用于建设灌溉项目,发展肥沃的农业

---

⑭ Blanchard (1986).
⑮ Epstein (1992), pp. 160 – 181; Wettinger (1982).

区。城镇居民投资乡村工业,从而更多地改造了乡村经济。他们修建纺织厂、金属加工厂和造纸厂,并且像企业家一样进行管理,榨取工匠的劳动。

二 农民

农民共同承担着大部分农业生产任务。他们的活动受到限制,但也并非完全受制于社会和自然环境。他们保护自己的利益,并做出艰难选择,以使农业经营适应新环境。地租减少、土地保有条件和个人地位的改善,并不能随着人口减少而自动出现。领主会尽可能长时间地固守权力和捐税。而且领主和国家也在不断推出新方法,以从农民身上攫取收入。对此,农民常予以抵制。

相比之前和之后的几个世纪,15世纪很少发生大规模农民起义,但农民仍然卷入了无数的谈判、法律诉讼、请愿、冲突和乡村骚乱。相关记载使我们了解到农民所面临的困境,以及隐含在他们行为背后的观念。农民往往关心消除旧苛税,即那些他们认为负担过重和不公平的盘剥。英国农民静悄悄地,但有效地拒绝支付农奴租费,比如塔利税(tallage)和集体罚金(collective fines),他们还降低了每年的主要租金,即"定租"("assize" rents)。加泰罗尼亚的农奴被称为 remences,他们更为公开地反对"坏习俗"("bad customs")。凭借这些"坏习俗",如果农民死后没有遗嘱或者没有合法继承人,领主便可坐享该农民的财产;如果农民的妻子通奸,领主便可没收该农民的财产;如果农民房屋烧毁,则要课以罚款;在农民婚礼上,订立财产协议也要征收费用。这些习俗倒退了二或三个世纪,并且成为农奴身份的标志性特征。黑死病之后,危机加剧了双方的对抗情绪。领主试图坚持旧有捐税,特别是当他们向那些已占有闲置土地的农民强加这些"坏习俗"时,更加激起了怨愤。农奴(remences)得到君主的支持(但君主的支持摇摆不定),试图就租税构成问题与领主谈判,而且他们还参加了1462—1472年的内战和1484—1485年的起义。最终,这些坏习俗于1486年被废止。⑯

反对新苛税的斗争包括1439—1493年的德国"鞋会"(Bunds-

---

⑯ Freedman (1991), pp. 154–202.

chuh）起义，该起义因苛税和司法滥用引发；1467 年的加利西亚（Galicia）"兄弟会"（*Irmandada*）起义，该起义反对不断增加的领主税金及其暴行；1434—1436 年的诺曼底起义，因为英国征服者强行征税，更加深了反对苛税的怨恨。在马略尔卡（Majorca），城市放贷者盘剥农民，引发了长期的有时是暴力的反城市运动。[17]

在德国，领主与农民之间的小规模冲突最具典型。有些地区试图强制推行新型农奴制，并侵占林地和牧场的公共权利。乡村共同体奋起反抗。它们由富裕农民，即正直的人（*probi homines*）领导，就习俗问题与领主谈判。谈判结果记录在有关权利义务的声明（称为 *Weistumer*）中。共同体通过集体行动支持谈判，比如出资购买公地，向领主赎买权利，拒绝有争议的地租和劳役。在东部，此类抵抗由庄头（*schulz*）领导，而庄头最初是由领主官方指定来管理村庄的。这一时期，我们看到共同体组织不断规范化；在法国西南部，乡村像城市一样，也拥有了执政官和集会，并且集体支付租金。

在领主看来，这一切都是傲慢无礼和煽动性言行。我们可引述巴伐利亚一座修道院的法庭记录加以说明：农民"蔑视我们的命令，并且在修道院这一神圣之地，用粗暴的言辞和威吓的行为伤害我们"[18]。但在农民看来，他们是在争取尊严和自我捍卫的能力。在他们的言行中，我们能够看到不同的社会观点——强调集体价值，主张平等思想。比如在 1422—1431 年的福雷郡（Forez）起义中，起义者向往亚当时期无阶级的社会，认为贵族也应该工作。加泰罗尼亚的农民相信古代自由的国家，认为那些"坏习俗"是由查理曼强加的定期惩罚。农民改善了自身环境，获得了新的机遇，因此增强了自信心和思想独立；农民无可置疑的成功，引领他们顽强地抵抗权威。

许多农民生活在软弱的领主权威之下，或者根本没有领主。甚至那些被领主施加沉重负担的农民，通常有能力购买土地，出售产品，并且普遍能够在农事活动中自己做一些主。土地规模的大小，部分取决于农民的估算，他们要估算最方便和最有效的生产规模。在英国西部和法国北部，有些约曼和农场主拥有大规模的土地（40 公顷或更

---

[17] Dufourcq and Gautier-Dalché (1976), pp. 245, 258–259; Leguai (1982); Laube (1975).
[18] Toch (1991).

多)。与此不同,在朗格多克或诺曼底,最成功的是 10—20 公顷的中等规模土地。而在低地国家或意大利北部部分地区,小块土地依然可行。历史学家往往想当然地认为,大生产单位是技术革新、效率提高和市场化的必备条件。但这个推断并不适用于那些拥有非常小块土地的佃农,他们有能力改善生产方法。中农和小农也在耕地与牧场之间寻求平衡,并且使用集约化耕作和专业化种植方法。

农民社会发生了变化,但变化节奏并不一致。在南欧部分地区,比如朗格多克和托斯卡纳,劳动力短缺促使形成了紧密而又复杂的家族单位,并由族长进行管理。在北欧,农民家庭因人口危机而削弱。这促进了人口迁徙——既有村庄之间的小规模迁徙,也有长途迁徙。人口迁徙重新恢复了更多的富饶土地,比如遭战争蹂躏之后的巴黎地区。

虽然乡村共同体对外界权威表现出明显的谈判实力,但在内部却产生了富农和贫农之间的分裂,并且个体利益与公共利益不断冲突。有些个别农民不正当地侵占公共资源(在公共牧场大量放牧),通过圈地或私自耕种土地私吞资产。这些个体农民与多数村民爆发了冲突。这些问题在我们的时代通常也不能得以解决。但我们必须多角度看待问题——比如为贫困村民提供简陋的饭食("poor tables"),设立济贫院——在 15 世纪,农民共同体的凝聚力已经增强,也因此束缚了那些更具创新性、野心勃勃和利己的农民。

三 领主、城镇和国家

具有进取心和主动性的绝不仅限于农民。在这一时期,贵族常被描绘为衰退状态,实际上,他们也在积极保护自己的地位。在有些情况下,贵族是以防守的方式维护特权,就如同加泰罗尼亚贵族在 15 世纪大部分时间所做的那样。历史学家有时评述说,显然是因为制度惯性才使得古老的领主制得以延存。但我们不应低估,当面临农民反抗时,领主维护地租和司法权的努力。在德国,贵族持续采取攻势,尤其是在西南部地区,还引入了新型的人身奴役制度。农民被束缚在土地之上,如要获准离开,或者更换佃户,就要被迫缴纳高额的罚金。有些领主坚决主张,农奴结婚须征得他们的同意。通过与邻近领主交换逃亡农奴,领主权得到巩固,逃离领地的农奴则被带回并加以控制。在欧洲其他地方，领主的行动并不如此协调，但他们也在努力恢复权利，尤其在 15 世纪末更是如此。

领主不得不非常现实地判断他们面临的问题，但他们仍能维护自己的利益。百年战争之后，法国乡村重建需要恢复庄园生产。为了吸引定居者，领主往往许以大片低额租金的土地。在巴黎地区，领主为了再次从领主专卖权中获益，投资几百镑修建磨坊和烤炉。在托斯卡纳，土地不断合并为大块耕地，即农场（poderi），而农场对外出租，并从"分成租佃"（mezzaddria）契约中抽取高额地租。

尽管家庭农场普遍放弃了直接为市场而生产，但它们仍在为领主的家庭（比如在意大利北部）生产。而且有些贵族也冒险投资有利可图的生意。比如在卡斯蒂尔，贵族大规模养羊；在西西里，贵族修建磨坊和水渠（每座庄园花费 8000 弗罗林币），用以建造甘蔗园。[19] 英国乡绅在 15 世纪晚期投资修建树篱和围墙，用以圈占村庄土地。他们往往将羊群和牛群租给放牧人或屠户经营，而放牧人或屠户则要支付大量租金租用这些专业农场。

城镇不断干涉内陆乡村，进一步压迫乡村生产者。与个体市民购买土地截然不同，城镇宣布对其周边乡村拥有权利：要么由城市统治伯爵领地（contado），比如在意大利北部；要么城市宣布对个体的城外市民（outburghers）拥有司法权，比如在北欧。弗赖堡市（Freiburg）买下全部林地、牧场甚至整个村庄，以增加公共资金，而且还控制着诸如燃料这样的资源供应。[20] 各处城镇都急于为其居民寻求最廉价的粮食供给，并且为达目的采取各种措施，比如宣布邻近地区的剩余产品只能在中央城市市场买卖。在贵族相对软弱的地区，比如荷兰，通过干预市场，以及通过市民向不断借贷的农民抽取租金，城市与领主一起充当着剥削者的角色。

最后，国家干预乡村社会，再一次充当了农民剥削者的角色。特别是在法国，王室税收与领主的租金负担相当，甚至还重。统治者渴望维持收入，或者竭力避免混乱，抑或希望两者兼得，为此他们可能进行干预以保护农民。我们前文已列举了加泰罗尼亚的例证，而且在

---

[19] Epstein (1992), pp. 210–222.
[20] Scott (1986), pp. 31–46.

德国我们也发现，诸如巴伐利亚公爵、布伦瑞克公爵（Brunswick）这样的诸侯，他们阻止了领主过分的行为，这些领主妄图强施人身奴役制度。但国家的角色往往模棱两可——正如加泰罗尼亚的例子所表明的，君主只有在最困难的情况下才会反对贵族利益。国家干预通常偏袒领主，比如惩罚叛乱佃农，立法限制工资增长，或者试图抑制农民消费奢侈品。只在少数情况下，我们才能见到国家推动乡村经济增长。比如国家平息骚乱；或者免除通行税，消除其他国内贸易障碍；抑或像米兰公爵那样，直接建造排水和灌溉工程，开凿运河，鼓励种植新作物，比如桑树。

第四节 生产率

15世纪的经济是发展还是衰退？该争论与"人口危机"的解释密切相关：我们必须既要强调生产的整体下降，又要强调生产率和个人生活水平的提高。持"经济衰退"观点的人认为缺乏技术革新。但我们的确发现，许多农业技术即使不是首次被引入，也在这一时期得到传播。许多农作物与以前相比被更广泛种植：经济作物，比如亚麻、靛蓝和茜草；饲料作物，比如芜菁和油菜；为迎合新消费模式而种植的农作物，比如糖、柑橘、番红花、啤酒花和桑树。在西班牙，新的商业化葡萄园得到发展，比如赫雷斯（Jerez）和里奥哈（Rioja）地区；在巴伐利亚，通过蓄水养鱼增加收益；在东盎格利亚，则通过扩大养兔场提高利润。增加牧场灌溉，从而收获更多干草。长柄大镰刀取代了普通镰刀，更广泛地用作收割工具。在尼德兰，土地排水系统首次引入了风车驱动的排水机。轮作制在前些世纪已被发明，现在得以扩展，尤其在低地国家更是如此：或者常年休耕与连续耕作周期交替；或者更密集地轮作种植，取消休耕，种植更多饲料作物。总之，在欧洲每个地区，耕作用地和牧场用地之间建立了新的平衡。

这些调整与发展尚不足以导致农业革命。我们不应沿着13世纪或者18世纪的标准判断15世纪，也不应认为15世纪缺少"进步"而有所欠缺，我们应该探寻的是，这一时期的农民和农场主的生产方式是否有效。他们能够满足自己以及消费者的需求吗？实际上，谷物收获量能达到非常高的水平。比如在劳动密集的法国北部和低地国家南部地区，每公顷土地产出 18 公石小麦（每英亩 20 蒲式耳），或者达到播种量的 12 倍。[21] 然而就总体水平来讲，产量接近这些数字的一半，并趋于下降。这表明，当时缺乏劳动力，缺少价格刺激。高产也许并不必要。我们不能认为 15 世纪是深陷饥荒的一个时期。在 1437—1439 年的严重饥荒之后，并未长期连续伴随着坏年景。虽然在卡斯蒂尔存在某些生存危机和粮荒暴动（food riots），虽然在低地国家世道艰难，生活水平下降，但通常粮价都相当低廉。农业能够供养的非农业生产者（尤其是城市居民）的比例，与 1300—1750 年的任何时候都一样高。这归因于多种因素——稳定的气候，有效的市场体系——但其中最重要的是相对丰富的土地资源，以及农业雇工减少而导致的人均生产率的提高。总之，农业系统的发展满足了以其为基础的社会需求。

第五节 结论

15 世纪的乡村经历了一场人口危机，因此改变了乡村图景及其社会结构。然而，这不能解释该时期的所有特征与历史发展。不同地区的农业史取决于各自的农业传统、社会组织以及经济机遇。与人口下降引起的趋势相比，我们必须更关注市场的影响，关注领主与农民之间的相互作用，以及农民、农场主、市民和政府官员的决策。

克里斯托弗·戴尔（Christopher Dyer）
侯建新 译

---

[21] Tits-Dieuaide (1975), pp. 82–115; Derville (1987).

第 六 章
城市欧洲

"城市是人们以某种社会纽带联结起来的一种形态。"[①] 任何研究15世纪欧洲城镇和城市的历史学家，都希望能给予比圣奥古斯丁这个定义更精确、更有益的释义，但他们注定会失望。即便一个城市共同体为其自身历史的分析提供了清晰的社会建构，这一点看起来越来越不确定，但要知道怎样去区分中世纪晚期基督教世界的小城镇和大村庄也是异常困难的。这样的定义问题，以及档案遗存的不确定性，使得从总体上去估计欧洲城市共同体的数量是不可能的，也许还是毫无意义的。这样，虽然15世纪德意志的城镇总数有时被估计达3000座之多，但按照意大利、佛兰德甚至英国的标准，这些城镇中大多数确实是非常小的。更严重的是，新近的研究表明，15世纪城市的政治和经济命运大多是空前的变动不居，兴衰起落周期可以十年代来计，甚至逐年以计。"关注这一时期经济演变的历史学家有这样一个印象，他好像在观看接力赛跑，火炬轮流从一个城市传到另一个城市，有时在轮换了一或两代后又回到了起点地。"[②] 更有讽刺意味的是，即使所幸存的有关15世纪城市和市民本身的原始资料数量大量增加，如佛罗伦萨举世无双的税收纪录，巴塞罗那的大量民政登记册和低地国家大毛纺生产中心丰富的行会档案，但要以此为基础弄清城市最重要的长期趋势，有时困难不减反而增多。

[①] 圣奥古斯丁：《上帝之城》（*De civitate dei*）15.8，仍是用于15世纪城市最通用的定义；例子可见乔瓦尼·巴尔比的《万灵之药》（1286年，1460年美因兹印刷本），s. v. 城市。这一资料我感谢彼得·比勒博士。

[②] Bautier（1971），p. 176.

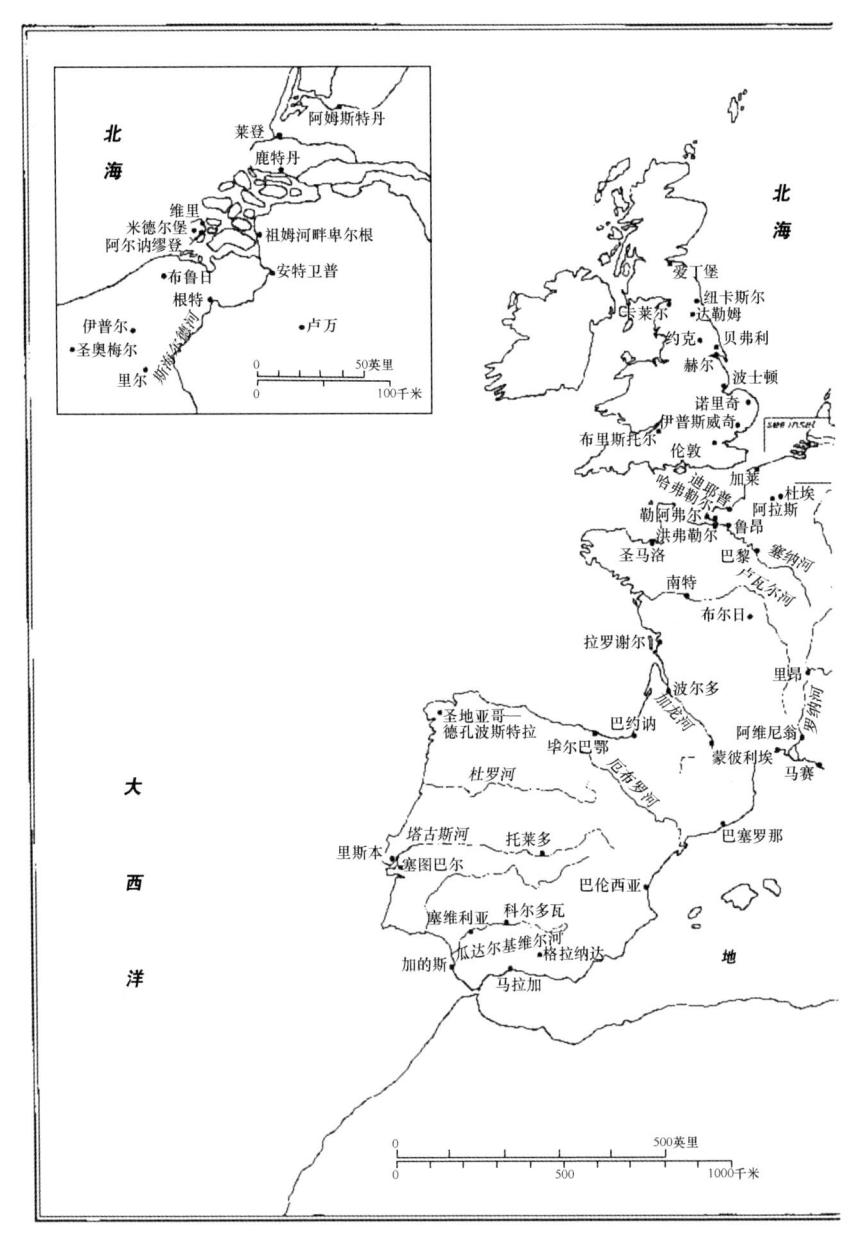

地图1 中世纪晚期的欧洲城市
（本书地图系原书插附地图）

第六章　城市欧洲

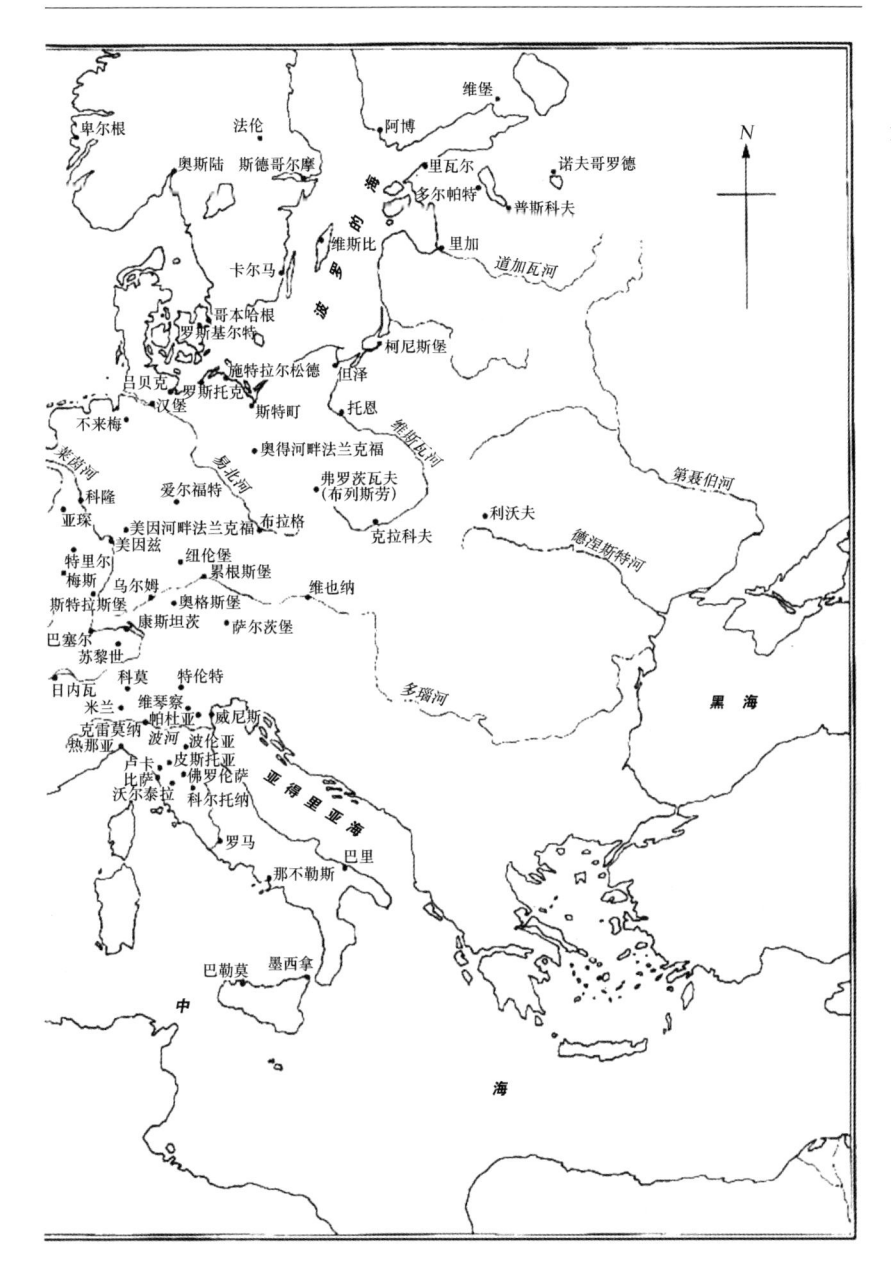

很自然，尽管有不少这样的努力，但想利用那些通常自相矛盾的宏论假说将15世纪欧洲城市视为一个整体的想法，已被证明是不可能的，而近些年里这些假说却又颇占上风。这些城市在多大程度上是经济持续衰落的牺牲品，或者是较短时段的人口危机及随之而来的"后危机时代"（après-crise）或"15世纪贵金属荒"的牺牲品呢？这些城市居民本质上的保守姿态，只是偶然而非有意取益于"艰难时代与文化投入"间的巧合吗？还是15世纪见证了一种有新型特质的市俗阶级意识兴起吗？由于许多关于中世纪晚期欧洲城市发展的现代理论未能解答，或至少没能证明什么问题，因此研究15世纪城市的历史学家应该少依赖那些定式而应依据印象。对于后者，那些无数近代旅行家所做出的热切反应压根都不重要，这都是他们在第一次见到这些中世纪城市遗址时所做出的。他们看到了一座座城市各有不同，如佛罗伦萨不同于托莱多，布鲁日不同于布拉格。很显然，这些城市及其他中世纪晚期城市里那些宏大的历史纪念碑遗迹，仍然是15世纪历史最有形的纪念物。这个世纪见证的不单是建筑创造力的生动展演，也是"第一个（或许是唯一的）西方城市时代"的顶点。③ 雅克·科尔在布尔日的宅所，尼德兰的呢绒大厅，德国的厅堂式教堂（Hallenkirche），布鲁内莱斯奇设计的佛罗伦萨育婴堂，均以各自不同的式样，展现那个无与伦比时代的独一性作品。这个时代欧洲各地城市的富人们，感到自己摆脱了外来干预，完全自由，可按照自己的时尚去追寻自己的目标了。

这种团体的和个体的自由，当然从不是绝对的，有些还是从以往的更自由的14世纪城市承继而来的。它们主要集中在由威尼斯、热那亚和佛罗伦萨构成的意大利北部三角地带，在低一点的程度上，则散见于塞纳河和莱茵河之间法国北部和尼德兰的城市中。基督教世界的其他地方，如瓦诺瓦时代法国的"特权城市"（bonnes villes）*，中世纪晚期英国的议会自治市，甚至德意志"帝国"中那些多多少少享有"自由"的城市，城市的政治主动性经常是"在国王指令下的

---

③ Holmes (1990), pp. 3–4.
* 特指由国王授予特权的城市。——译者注

自治"形式,并因这一缘由而受到许多限制,或者不能很好维持。即便如此,在这些不很幸运的地区,有几个 15 世纪城市也足够庞大,拥有自我创建城市社会的能力,能将自身共同体价值观融入宗教、仪式、文学和艺术形式中。考虑到作为任何中世纪大城市之基础的零售商业和手工业天然就有强烈的离心和分权倾向,城市这些共同性的目标就会比通常想象的更难达到。具有讽刺意味的是,达到城市辉煌和自我保障的高水平境界,几乎是这些商人寡头统治的城市的最大目标,他们的视线已经延展到了本市城墙之外很远的地方。这些重要城市,在下文考察中自然需要付诸首要关切,它们中大多令人感兴趣但在某些方面又很例外。

第一节 经济领域:衰落和复苏

诸如佛罗伦萨、威尼斯、布鲁日和巴塞罗那的城市议员都知道,不论是城市的自我展示还是城市的政治势力,总是依赖于本地的经济繁荣。这一繁荣能使其市民产生超额财富,虽然并不那么均衡。在这个意义上,大多数研究 15 世纪城市的现代历史学家考虑经济问题是恰当的。特别是,长期以来对中世纪晚期人口问题的高度集中研究,为探索前宗教改革时期欧洲城市化的大致情况带来了希望。不得不承认,我们对已出版的有关人口统计的原始资料考察得越仔细,对资料可信性的疑虑就会越多,更不用提那些外加的曲解了。逃税行为的不均衡分布,难以预测的乡村移民,以及出生和死亡率的年差过大,都易于导致这些曲解。在充分考虑到以上因素可以看出,总的来说 15 世纪基督教世界城市人口的增长并不显著,其他任何地区也是如此,这一点是够清楚的。1500 年,在 27 个左右居住人口超过 4 万的城市里,只有 5 座城市(威尼斯、米兰、那不勒斯、巴黎,或许还有君士坦丁堡)看来维持着 10 万以上居民。其余 22 个欧洲大城市的人口数量也不令人惊奇:它们多集中于意大利(佛罗伦萨、热那亚、波伦亚、布雷西亚、克雷莫纳、罗马、那不勒斯和巴勒莫)或伊比利亚半岛(巴塞罗那、巴伦西亚、科尔多瓦、格拉纳达、塞维利亚和里斯本)。除此之外还要加上其他地区几个主要商业中心,即法国(里昂、鲁昂、图卢兹)、德意志帝国(科隆和奥格斯堡)、低地国家

（根特和安特卫普），以及英格兰王国（伦敦）。④ 有充分的理由认为，这些欧洲主要城市在1500年所拥有的人口，比它们在1348—1349年黑死病第一次暴发前夕所拥有的数量还少。自然，也很难避开以下这个众所周知的反论，即欧洲城市史上最富创造性的时代之一，伴随的却是市民数量的急剧减少，以及随后的增长迟滞。

不过，对中世纪晚期城市进行人口学分析也有众所周知的危险，最重要的是需要探寻城市人口规模与其经济生产及影响之间的直接关联。在有限的程度上，同样的预设也必能适用于数十个中等规模的地区中心城市（人口或许在1万至4万之间）。在这一时期，它们与占人口绝大多数的乡村间的直接联系，比上述"大都市"城市常常重要得多。在黑死病之后一个多世纪里，无数的欧洲小市镇都在持续受损，因为它们所服务的本地人口在持续缩减；但一些大的地区中心，如布列斯劳和巴塞尔，纳尔榜和诺里奇，这时却因能向顾客提供比以往更多样的经济服务而得到弥补，其中最重要的是供应和销售相当丰富的奢侈品和半奢侈品。但是，当瘟疫持续暴发使得某特定城市的工业活动不能维持自身消费水平时，这种相对繁荣也就逐渐消失了。没有一个15世纪城市的市政会能泰然自若地面对自己最重要的手工业以及相关的零售业的衰落。尤其是，大多数西欧和中欧城市的呢绒工匠明显发现，要将他们传统的呢绒生产维持在黑死病之前的水平日益困难。1400年，佛罗伦萨、根特和伊普尔成了呢绒业严重衰落的人所共知的例子；但许多其他城市毛纺业衰落持续到15世纪的情况却很少有人评析。例如在布拉班特的卢万城，呢绒生产数量从1400年的一年2000匹，下降为1500年的仅仅200匹。由于兴旺的毛纺业实际上是每个中世纪晚期城市共同体繁荣的"必要条件"（sine qua non）之一，故而15世纪呢绒制品市场的不稳定也就成为许多城市最大的经济难题。这些既有城市中心呢绒生产的衰落，能在多大程度上由别的手工业，或许是麻织业，或许是越来越多的"新呢布"织造来弥补，还是个值得讨论的问题。但几乎没有疑问的是，在这个世纪里，英格兰、尼德兰和意大利的传统毛纺业出现了一个明显趋势，即从城市转移到乡村腹地。1500年，欧洲北部城市的贫穷居民们经常

---

④ Mols（1974），pp. 41–44.

穿的，是由波兰、西里西亚和波希米亚农村织造出来的呢布衣服。

至少在某些15世纪城市里，传统手工业基础的损伤可以得到补救，正如将要看到的，在诸如丝绸、武器和盔甲等金属品这样一些奢侈品领域出现了工业革新。对许多欧洲中小城市来说，更重要的是它们能继续作为行政中心存在，其作用还得到扩大。这里最为突出甚至无可比拟的例子，是历代教宗对罗马城的影响。当尤金四世1443年返回后，这里或多或少成了教宗的永久驻地。此后50年里，这个先前半废弃常年无发展的城市，变成了已知世界无可争议的"教会都城"，居住人口约为5万居民。而在欧洲其他地方，基督教世界的大主教和主教们（即使是科隆或美因兹）对所在主教城市福祉的影响，其重要性这时还不如他们的教士团。黑死病之后一个世纪里，从圣地亚哥到萨尔茨堡，从托莱多到特里尔，这些教士团等大教堂教职团体成员的物质欲望，对保护所在城市共同体经济免遭彻底崩溃起了很大作用。在许多情况下，甚至靠近一座大型本尼狄克修道院，也对城市的福祉极为关键，因为市民们的生计完全依赖于向修士们提供消费品和劳动力。这种情况，如英格兰北部的大主教城市达勒姆或丹麦的罗斯基尔特，城市的头面人物多不是商人，也不是手工工匠，而是教士家族或为大教堂教士团提供文书和法律帮助的公证人。

那些运气不佳的城市，其在15世纪的重要性归结于它们作为防卫性城市的角色。即使在意大利，军事行动也常常是无规律、难预测的，难以说单为了战争目的而创建永久性城市。欧洲也有许多城市，时刻都处在可能的军事进攻危险之下，如英格兰西北部的卡莱尔。就因这一理由，它们一般都由当地贵族和乡绅所统治。更明显的例子是战争和政治对加莱命运的影响。在整个15世纪里，它多少都处在英国国王的掌控之中，是这一时期欧洲最为奇特的城市共同体。即使加莱有众多变动着的人口，又具英国羊毛出口商公司中心的地位，其政治影响也未能充分保障城市的自足和成长。德意志和东欧的诸侯们"都城"的变迁，是对其未来产生影响的更重要的因素。1340年代，查理四世迅速而成功地将布拉格发展为波希米亚的政治和文化中心，这对推动欧洲其他诸侯仿效产生了不可估量的效应。如布拉格大学是建立在德意志帝国境内的第一所大学（1348）；到宗教改革前夕，莱茵河以东地区差不多有20所大学，所有大学都被诸侯们有意设立在他们辖下的主要城市里。这种依世俗统治者意志建立永久都城的困扰,其实在西欧也存在;但却是在东欧达到了最高峰,特别是伊凡三世治下(1462—1505)的莫斯科。

事实上,无论布拉格、维也纳、克拉科夫,还是莫斯科,均非15世纪的新创城市。当然,1400—1500年建立的那种颇具行政或经济意义的"新城市",少于11世纪以来的任何时候,这很难说是巧合。在中世纪晚期的西欧边缘地区,如爱尔兰、挪威和瑞典(那里只有5个城市人口达到1000名居民),都是欠城市化的(deurbanised)。在斯堪的那维亚大部分地区,真实可见的城市网络之前景,迟至17世纪才实现。同样清楚的是,在整个中东欧,即使该地区那些自由帝国城市,"也没有实现早年的期许"[5]。同样,15世纪苏格兰城市史中最显著的特征,根本不是广泛的城市复兴,而是"爱丁堡的持续崛起"[6]。苏格兰在这一点上并非不具代表性。由于中世纪晚期欧洲有如此多的地方城市仍被工业基础萎缩、周围农村移民不足等问题搅扰,因此经济影响和政治势力日益集中在少数几个"超强"城市的城墙内,这一点已经非常明显。于是,在15世纪的瑞典,斯德哥尔摩城包含了将近7000名居民,远远多于该国任何一个其他城市。伦敦和伦敦商人在英格兰王国内主导地位的持续增强,是这一现象的最突出例子;而在意大利北部大城市(这也许是相对于小城市来说)里,显赫的富有家族集团比以往上升到一个更强的优势地位。

虽然当时伦敦、巴黎和佛罗伦萨有许多观察家怀疑,黑死病之前兴起的大多数欧洲重要城市在面对15世纪严峻的经济挑战时首当其冲,但现在看来这一事实是足够清楚的了。特别是,作为最大受害者而出现的热那亚、佛罗伦萨、米兰和威尼斯,人口灾难经常如此无情地吞噬了它们自身及其市场。随着基督教世界西部对基本食物需求的下降,奢侈品和国际贸易商品只有在最大的商业中心才能找到市场,此时尤甚。这就是商机,巨大而又惊人,这个时代颇有经验的意大利商人将它抓住了。[7] 尽管不断有加泰罗尼亚和法国南部港口的激烈竞争,但从总体上说,地中海仍然是一个"意大利湖",直至1499—

---

[5] Wolff (1977), pp. 306–311; Graham (1986—1987); Sedlar (1994), pp. 126–139.
[6] Lynch et al. (1988), pp. 3–5.
[7] Sapori (1970); De Roover (1974); Heers (1961); Lane (1944).

1503 年土耳其战争期间威尼斯人被严重削弱（还包括他们丧失了在摩里亚半岛*莫登的战略大本营）。⑧ 然而，15 世纪威尼斯和热那亚商人持久抗击奥斯曼帝国压力的能力，只是他们闻名于整个欧洲的活力的象征之一而已。当梅迪奇银行在伦敦、布鲁日和阿维尼翁的最重要的代办机构被清洗后，不到 20 年即 1494 年它就在佛罗伦萨崩溃了。说明这时即使最富有的意大利城市也受到缺乏资本之苦，不能集约性地进行工业和商业投资。但意大利城市的毛纺业继续繁荣，尽管其出口主要局限于地中海区域，输送至那不勒斯王国、罗马，尤其是奥斯曼帝国。1489 年，佛罗伦萨政府还将精制呢绒等奢侈品出口至埃及。具有讽刺意味的是，这类商品在一个世纪前还是伊斯兰自身的骄傲。

由于专门技术知识和技术创造性受到重视，意大利北部的城市作坊自然继续让外来访问者印象深刻，甚至震惊。在有时被誉为"欧洲第一个铁器时代"的年代里，米兰武器和甲胄之声誉仍能抵挡来自奥格斯堡等南德意志城市日益增长的残酷竞争；例如，一座建造于 1449 年左右的与沃里克伯爵理查德·博尚真身同等尺寸的著名铜像，其身上所穿的盔甲就代表了当时米兰最高的工艺水平。⑨ 造船业也像武器、甲胄和弹药的生产一样，自然也是此时意大利主要城市成本密集的企业领域；投资于新方法来增加能源本身也是如此。1416 年，一个来自罗得岛的工程师向威尼斯市申请一项使用新式漂洗机的专利权，"或许这是颁发给发明者专利的第一例"⑩。另一个更受忽略的发明领域是光学，佛罗伦萨在 1450 年代变成了无可争议的"世界光学之都"，其重要性可与近代的织布机或蒸汽机相提并论。1462 年，米兰公爵订购了上百副昂贵的佛罗伦萨眼镜，作为礼物送给朋友和廷臣。⑪ 而在另一端，15 世纪意大利城市将理性和技巧成功应用于城市防卫等大部分基础设施，逐渐引起了从地中海到英吉利海峡的战争艺术革命。1485—1495 年，莫斯科的伊凡三世从波伦亚等地雇用军事建筑师重建克里姆林宫，在俄罗斯心脏竖起了北意大利式的巨大

---

* 希腊南部伯罗奔尼撒半岛的古称。——译者注
⑧ Lane (1987), pp. 146 – 173.
⑨ Stone (1955), pp. 208 – 210.
⑩ Ashtor (1989), pp. 28 – 30.
⑪ Ilardi (1993), p. 513; cf. Eco (1986), pp. 64 – 65.

堡垒。

北意大利商人的显著优势和所具有的巨大深远影响,在商业和银行组织方面尤甚。在一个经济形势并不利于商业成功的世纪里,威尼斯、热那亚和佛罗伦萨的市民,依靠其精巧的商业实践(pratica della mercatura)等方法,顶住了连续危机的考验,这在阿尔卑斯山以北都是无与伦比的。除此之外,北意大利商人发现,或许可以将各种复杂的商业技术(各类合伙契约、货物转运保险、专利权运用以及无处不在的信用安排)用一种方法高度结合起来,进行充分灵便的、小规模的贸易活动,扶持真正的企业精神。仅举一个最为人所知的例子,在科西莫·德·梅迪奇居于政治统治地位时期(1434—1464),佛罗伦萨的梅迪奇银行成为一种中央控制机构,许多辅助性、差不多也是自治性的分支机构散布在欧洲大部分地区。佛罗伦萨的商业公司相应也就成了关键性过渡的先锋,这在15世纪十分引人注目,借此欧洲大多数商业活跃城市的货币兑换商上升为私有银行的掌门人。不足为奇,即使是北意大利银行家,有时也不能满意地应对国际汇兑问题,以及长期的抑或间歇性的黄金短缺问题。[12] 尽管如此,他们的金融技巧和他们的高文化水平,保证了他们在大多方面仍是中世纪晚期欧洲城市中无可置疑的金融精英。

可以肯定,15世纪基督教世界再没有市民比这些意大利商人更有影响力。到1500年,意大利商人已安居在意大利本土之外至少20个城市的社区里,从南德意志(奥格斯堡、乌尔姆、拉文斯堡、纽伦堡和特伦特)和伊比利亚半岛(巴塞罗那、巴伦西亚、塞维利亚和里斯本),到西北欧最重要的商业中心(伦敦、巴黎、鲁昂、布鲁日和安特卫普)。该世纪末,在这些城市以及阿尔卑斯山以北其他主要城市,城市发展模式通常要比意大利自身神秘得多,这常常无法解释,只能解释为高度本土化。在欧洲这个整体中,最令人感兴趣、也最易被忽视的是具有这种不确定性的样本,也许是至今还笼罩着西班牙和葡萄牙大部分重要城市的历史模糊性。有理由相信,15世纪里伊比利亚半岛总人口的15%以上是城市居民。作为欧洲一个城市化较强地区,它对西班牙南部摩尔人的逐渐再征服(以1492年收复格

---

[12] Day (1987), pp.1–54; De Roover (1948) and (1963), pp.358–375; Munro (1972).

拉纳达为顶点),伴随而来的是城市增加和人口增长。15世纪末,通过伊比利亚港口的贸易几乎毫不例外地掌握在本土商人手中。可以说,加泰罗尼亚先前与东地中海的重要商业联系在1450年后逐渐减少,部分是因为热那亚人的激烈竞争,部分是因为巴塞罗那进入了高死亡率和政治冲突时期。阿拉贡境内最繁荣的城市也因此变成了巴伦西亚,这是丝织业再生之重地,并与格拉纳达有密切联系。沿大西洋城市的巨大发展对未来更有意义,在那里,塞维利亚、加的斯和里斯本早在1490年代航海大发现前就已成为兴旺的港口。1503年,阿拉贡的费迪南五世毫不困难地就意识到,塞维利亚这个世界上最大的哥特式教堂所在地,也是一个理想的"交易之家"(Casa de Contratacion)坐落地:没有别的欧洲城市能为新旧大陆之间关系承负更大的责任。

然而,对于15世纪更为重要的是,存在已久的南德意志城市突然作为欧洲大陆的工业巨擘出现,要比热那亚人克里斯托弗·哥伦布于1493年3月带着他的重大发现回到西班牙早得多。作为15世纪欧洲难以预见的具有商业眼光的成就之一,著名的奥格斯堡、拉文斯堡和纽伦堡等地贸易公司的成功,既归结于它们自由地摆脱了外部干预,更归结于它们靠近斯洛伐克、匈牙利、波希米亚和蒂罗尔的铜矿和银矿。相应地,纽伦堡的金属工业尤其为欧洲北部大部分地区提供了那些非常宝贵的商品,如护身盔甲、十字弓、指南针和手镜等。[13] 如同15世纪各种商业合作一样,拉文斯堡大公司(1380—1530)、纽伦堡的斯特罗尔公司(1340—1490)、奥格斯堡的威尔塞公司和福格尔公司,都面向市场经营各种产品。可是,虽然这些南德意志公司涉足的经济领域很广,但它们的财富甚至生存都严重地系之于城市家族组织的持续存在,正是他们才催生了这些公司。相反,德意志的城市手工工匠,无疑也都幸运的是帝国城市或"自由"城市的居民;更幸运的是,他们能从整个北部欧洲对最新技术产品的日益增长的需求中获益。例如,当1400年前后机械钟被热心于此的各地大教堂和市政采用时,这些工匠比其他地方同行

---

[13] Ennen (1979), p. 183; Sprandel (1969).

做的推广工作要多得多。⑭

　　这样一些技术进步只是该时期北德意志城市不甚显著的特征。而且也出于更基本的原因,整个15世纪里,由于利润递减,汉萨同盟许多城市已很难维持自己的凝聚力和繁荣。来自南部、西部和东部的海军及政治压力,逐渐限制了北德意志商人自身的活动范围;1478年伊凡三世征服了诺夫哥罗德(那里1336年时曾有多达160个汉萨商人居留于彼得霍夫),剥夺了北欧在东方最重要的前哨基地。⑮ 但是,若将汉萨同盟实际解体之前很久就存在的强大经济力量勾销掉,这也是个常识性错误。它们无疑经历了外交和海上力量的逆转,但也产生了重新凝聚波罗的海南岸60来个文德城市的效应,由它们构成汉萨同盟的核心。尽管后者在军事上和制度上有众所周知的缺陷〔15世纪下半叶,同盟大会(*Hansetag*)六到七年才举行一次〕,但1400年后它也在战斗中表现得相当顽强,当然这也许看起来只是些败仗的追忆。将海上劫掠与积极外交机敏地结合起来,总能将英国渗透波罗的海的企图遏制住;晚至1449年,在博格纽夫海湾进行食盐贸易的舰队有将近一半属于汉萨同盟船只。虽然按意大利标准没有形成规模城市,但趋近15世纪末时,吕贝克(始终处在同盟活动的中心)、不来梅和汉堡都从北德意志农村的大移民中受益,居住人口都超过了2万。⑯ 然而,当1490年代伊凡三世没收居留在彼得霍夫的所有德意志人的财物时,以及但泽凭借自身变成了重要的港口时,统治汉萨城市的商人寡头们的国际力量已经明显衰落了。

　　相反,如果说15世纪晚期有哪个新发展能促使北欧城市转型,那就是荷兰航运业的飞速成长及随后所确立的优势。它也许是最容易被忽视的,但却是最有影响力的。他们在控制北海转运贸易中日益成功,超过其英国对手。该世纪末,产自荷兰和西兰的造价低廉的船只,挤满了北大西洋和波罗的海水域。虽然这种密集的海上活动开始迅速改变尼德兰北部城市生活的性质,但它不一定必然要创建这样大的新城市。晚至1498年,其命运完全系之于毛纺工业的莱登城,仍

---

⑭　Bautier (1971), pp. 225 – 226; Le Goff (1980), pp. 35 – 36, 45 – 49.
⑮　Dollinger (1970), pp. 294 – 295, 312.
⑯　Ennen (1979), p. 188; Du Boulay (1983), pp. 115, 164.

然是整个荷兰和西兰地区的最大城市（14240 名居民）。[17] 然而毫无疑问，15 世纪见证的低地国家北部的城市化革命，是以佛兰德（根特、伊普尔、杜埃和里尔）和阿图瓦（圣奥梅尔和阿拉斯）地区曾经高度工业化的城市逐渐衰落为代价的。即便是布鲁日，在该世纪前几十年里影响达到高峰，既是商业和银行业中心，也是奢侈品销售贸易的中心，但它的首要地位很快让位于安特卫普。[18] 晚至 1470 年代，无论英国的经济还是英国的有形文化，都严重依赖从布鲁日进口的各类昂贵物品，从明矾、染料到圣坛画和彩色装饰的手抄本。在接下来的三十年里，安特卫普不仅取代了布鲁日的角色，而且锋芒还盖过布鲁日，成为北部欧洲最大的国际贸易中心。

安特卫普在 1470 年代至 1540 年代之间上升到大城市地位，被当时人普遍认为是他们时代最引人注目的城市现象。这样一个相当不起眼的斯海尔德河港，15 世纪初不超过 5000 人，它能走到主导欧洲所有商业贸易活动这一步，事实上不像通常所认为的那样容易解释。晚至 1450 年，当该城人口接近 2 万人时，它还不可能预见自己将作为尼德兰最大的城市共同体而出现经济"起飞"。但略作回顾也很清楚，安特卫普市民拥有政治和地理两方面优势。兹温河逐渐淤塞阻塞了布鲁日的出海口，不巧布鲁日人自己又犯了重要的政治错误，即抵抗领主瓦卢瓦家族的勃艮第公爵及继承人——后来的马克西米利安皇帝。反过来，原先制约安特卫普港口地位的因素（它一直离外海有 90 公里左右），则由于西斯海尔德河航行条件的自然改造而改善了。正是由于这一原因，到 1500 年时，许多处于莱茵河流域的邻近港口，如米德尔堡、祖姆河畔卑尔根、维里和阿尔讷缪登等，就不能再像安特卫普那样成为北欧商业都市的备选地了。更有决定性意义的，是葡萄牙皇家代理人决定在安特卫普而不是布鲁日销售其国民海上冒险事业的商品。1501 年 8 月，第一批胡椒等东方商品从里斯本运达安特卫普。此外，这时的安特卫普变成了英国人、南德意志人和葡萄牙商人同等的商业交换中心。在这个意义上，安特卫普的突然繁荣主要是不受它控制的外部力量活动的结果，尽管它自身也有相当规模的呢绒

---

[17] Brand (1992), pp. 18–19.
[18] Van Houtte (1966).

制造业和鲱鱼捕捞业。虽然它实际上并不是亨利·皮雷纳等人所常加赞颂的"资本主义的"或"现代化原型的"城市,但它确实在 1500 年前后经历了一次奇迹般的扩张,证明了它有能力在集中国际贸易活动方面开创一个令人振奋的新阶段。[19]

后来被费尔南德·布罗代尔冠之以"活动得到更好组织的城市"(une meilleure orgnisation des activités urbaines)的事物,显然也在法兰西王国存在过,虽然规模上要小很多,时间是在法国从百年战争的灾难中复苏之后。[20] 路易十一与其治下商人的劝慰式谈话是否对法国地方城市的经济命运产生积极影响,也许值得怀疑,但至少可以说 15 世纪末各地区得到较大恢复,主要基于乡村市场对城市产品的需求增长,这些产品由散布在法国各地数十座有城墙的小城市生产和出售。此外,这也是法兰西王国港口终于在欧洲商业中扮演重要角色的时期。这时的马赛才开始在地中海贸易中担当主要角色,其成长与波尔多、鲁昂、迪耶普、圣马洛的日益繁荣一道,都依赖 1516 年法兰西斯一世在阿弗尔—德—格雷斯(勒阿弗尔)修建的皇家新港口,和 18 年后雅克·卡蒂埃在大西洋对岸尝试建立的新法兰西。另外,虽然 15 世纪末法国地方城市大多强化了自身作为行政和社会中心的角色,但也有人较公正地认为中世纪末法国城市尽失发展机会。"看起来很可能在 1540 年就会发生的工业革命没有变成实际。"[21] 按照他们最博学的历史学家的说法,始于 15 世纪晚期的法国"特权城市"的发展,实质上是"资产阶级之背叛"(trahisons des bourgeois)研究的一个案例,这时法国已面临着强大的国家集权倾向。在英国,那里的人已不大在乎荣誉,而法国城市社会的头面人物为了地位上升,正日益占据国王辖下的各种官位,并更愿将城市工商业所获利润投入地产中。在这个意义上,曾构成中世纪晚期法国"特权城市"的市民自治共同体,或许自身内部已经分化,进入一种终极性衰落状态。"市民绅士"(*bourgeois gentilhomme*)很快取代了纯粹的市民(*bourgois*),成为法国艺术、文化和文学史上更具影响力的形象。

---

[19] Van der Wee (1963); Sortor (1993).
[20] Contamine *et al.* (1993), pp. 390–396; Chédeville *et al.* (1980), pp. 455–471.
[21] Chevalier (1982), pp. 151–171.

第二节　城市政治与社会：自信心危机？

在法兰西王国即将变成大陆上政治最强大的国家之时，"特权城市"中的统治精英亦因此愈来愈意识到，他们再也不能掌控自己的命运。不论是果敢还是抑郁，一种难以否定的主调可以说流行于整个西欧，这就是：1500年后，已没有几个城市的寡头还能享有高度自治权，还能像前两个世纪里他们的先辈那样普遍具有高度自信。实际上，15世纪大多数城市的政治史，就单个城市的兴衰历程而言，或许用这种自信心的强弱来解释为最好。后者自然并非由市民自身的政治主动性所决定，而是由其领主或君主所表现的对它们关注程度的不同（从漠不关心到积极干预）所决定。巧合的是，1378年教会大分裂爆发后的半个世纪里，就迎来了一个绝好的机会。这时几个教宗并立，德意志帝国分散，法国君主制混乱，给许多城市提供了不可多得的自立机会。㉒ 但是，在各地，如西班牙和德国北部大部分地方，城市的自由严重屈从于诸侯们的意志，尤其是15世纪早年。在霍亨索伦家族的腓特烈于1417年获封勃兰登堡侯爵之后的两代人时间里，他及后继者对柏林和奥得河畔法兰克福这种自治城市进行的直接攻击取得完全成功。㉓ 1500年汉萨同盟衰落的一个不小原因，就是当地诸侯对北德意志许多城市所发起的无穷尽的争斗。

在15世纪欧洲别的地方，其中最醒目的是北意大利和佛兰德，公爵和诸侯们用武力将自身权威强加于难以管束的市民身上的企图愈演愈烈，当然也颇为持久。因此，许多重要城市的市民自然在实际上也可能保留了较强的独立性，有的甚至还包含了对抗其领主（*Widderstandsrecht*）的法律权利，至少德意志部分地区是这样。15世纪下半叶，来自这些德意志城市的代表，在成分繁杂的代议制议会（representative estates）中经常扮演着领头羊的角色，它逐渐成了帝国境内许多诸侯政府的重要特征。考虑到城市贵族既得的天然利益在于降低战争引起的苦难和经济混乱，那么这些议会在政治上有时也能获得

㉒ Holmes (1990), pp. 4–6.
㉓ Carsten (1943).

特别突出的成功。例如1492年，符腾堡代议制议会介入了一个长期自相残杀和冲突的公国重新统一行动。六年后，因公爵所谓的坏政府，他们发动了一场政治革命废黜了他。虽然这些城市以所谓同盟的形式相互协助，但对德意志城市政治和军事力量的限制，到该世纪末已变得非常明显。只有在非常特殊的情形下才能让巴伐利亚、士瓦本等地城市完全忘掉彼此间的敌对状况，而去达到一个共同目标。一个极端例子是：城市—国家联盟为了反对哈布斯堡的压迫，最终导致了16世纪初羽翼丰满的瑞士联邦的创建。

如果说中世纪晚期德意志城市市民只是看起来（相对它们自身及其后裔来说）政治上强有力而实际上并不如此，那么相反，15世纪意大利城市公社的公民们仍能在自己的城墙之外发挥着他们自己有时都想象不到的巨大影响。由于文化水平较高，又流行所谓"公证人文化"，那些较大的意大利城市国家的大量居民，都无疑要比欧洲其他地区的同类更为"政治化"。这样的政治意识被城市内频繁的党派分裂，或城市间长期存在的政治军事紧张形势所强化。1400年后，意大利北部所有的小城市国家，都成了萨伏依家族、米兰公国、佛罗伦萨和威尼斯共和国间领土之争的牺牲品。这是个逐步而又漫长的过程。到该世纪末，这些国家的领土扩张，在多种意义上说，也是意大利城市要求有充分的经济腹地或"孔塔多"这个恼人老问题的逻辑伸展。它将佛罗伦萨的权威从比萨扩展到皮斯托亚，从沃尔泰拉扩展到科尔托纳。更为壮观的是1404—1484年的80年里威尼斯人在伦巴第平原所获：之中包括了较大城市帕杜亚和维琴察，也有布雷西亚和贝加莫。在这个中世纪基督教世界最大的海上国家向陆地帝国的转型中，它们必定贡献良多。[24]

虽然意大利市民对自己城市的忠诚有如今天，在政治集权化过程中没有受到明显伤害，但当时人也十分清楚，意大利北部的最高政治权力正日益集中在少而又少的几个人手里。这样，在大多数意大利城市的城墙内，特别是中世纪晚期，看起来同样明显的一个变化，就是城市公社已落入个人统治者，或所谓世袭的暴君统治者手中。他们把

---

[24] Law (1981), pp. 26 – 28; Luzzatto (1961b), pp. 150 – 155; Hay and Law (1989), pp. 47 – 74, 112 – 119, 244 – 275.

自己当成反对外来侵犯的城市保护者与城市和平的看守人。一个明显而且较典型的例子,是弗兰切斯科·斯福查的做法。他作为一个雇佣兵(condottier)将军与维斯孔蒂家族的一个私生女结婚,当他1450年成为公爵后,便将自己的权威施加于米兰大多数公共生活领域。但夸大中世纪晚期这些暴君(signoria)的专制或僭越心,都是不明智的。1454年斯福查与威尼斯共和国签订洛迪和约后,意大利北部各城市之间的关系通常都走外交途径来处理,而不是战争。在许多方面,马基雅维里和圭恰尔迪尼等人将1494年法国发动侵略之前的意大利,描述成城市政治自由的黄金时代,这是正确的。法国才是具有长期威胁性的。真正的群众激进运动,比起1400年前后几十年来说要少得多。但是,已广泛深入扎根的市民意识,地方立法权的实质性残存及不安分贵族对其的觊觎,使得15世纪意大利市民常会怀有一种容易激发的政治躁动情绪。这在欧洲别的地方是没有的。

的确,真正的新城市意识(即现在所称的"市民人文主义")15世纪初出现于佛罗伦萨,就是这种政治躁动的结果。更准确点讲,按照对佛罗伦萨"文艺复兴"起源最有影响的阐释,1380年代吉安贾利亚佐·维斯孔蒂突然崛起,控制了整个伦巴第,不仅用大规模军事屠杀手段来对付托斯卡纳城市,而且据说也使得佛罗伦萨统治精英们担忧自己城市的生存。结果,科卢乔·萨卢塔蒂(1331—1406)及其极有才智的后继者们,作为佛罗伦萨城市管理者做出了反应,即创造出一种中世纪基督教世界最为独特的城市宣传活动。用一种极为模糊的方法,将15世纪早期佛罗伦萨与共和时期的罗马相类比,这就很容易认为,不仅共和主义生来就比君王个人统治要优越,而且佛罗伦萨宪制继承了雄辩的西塞罗所倡导的价值和美德(virtù)。不光萨卢塔蒂这样做了,列奥纳多·布鲁尼及佛罗伦萨许多其他知识分子也称颂西塞罗主义的共和自由美德,并且顺理成章地往前推进,鼓吹付诸行动(via activa)的根本重要性,而不只是停留于私人生活或公共生活中的沉思型理想。借用西塞罗本人的话,维托里诺·达·费尔特在该世纪后期向卡马尔多里派修士致辞时说:"人类的全部荣耀在于行动"[25]。

---

[25] Baron(1955);Cicero, De officiis, Ⅰ, Ⅵ;Woodward(1897),p. 82.

不过，虽然 15 世纪意大利城市特别是佛罗伦萨的早期人文主义者毫无疑问要对"道德形式的巨大变革"负责，但内涵这样深刻的意识形态兴起很难让欧洲城市产生一个政治聚核体。即使是佛罗伦萨自身，这样一个计划出现于 1400 年前后，这也只是城市内部生活中社会和文化力量短暂交集的独特结果，以及对维斯孔蒂军事侵犯的担心。㉖ 中世纪晚期欧洲大多数重要城市，尤其是 1494 年法国入侵后的意大利本土，早晚得面临外部国王干预的危险，他们对城市一直过于关注。很少有这种情况，即难题缠身的城市去依照佛罗伦萨或别的什么模式，努力发展一种激进的、对立的新城市意识形态。15 世纪的德意志城市，虽然其实际独立程度相当高，但与此相对，也有一系列久未摆脱的虚况，"生活在巨大的、防卫性的保守主义状态中"㉗。或许更具启发意义的是，战争和征服对巴黎（1420—1436 年处在英国控制之下）的破坏性影响，却没有刺激这个所谓中世纪基督教世界的大本营产生高度发达的抵抗或抗议文学。㉘ 不管意大利市民受过多么良好的教育、具有多高的文化涵养，到 1500 年时，佛罗伦萨"市民人文主义"似乎与现实政治目标越来越没有关联。该世纪末，意大利文艺复兴的价值已表明完全适用于诸侯的目的。最后，具有讽刺意味的是，在中世纪城市势力范围之内创造的最具特性的意识形态运动，开始有利于国王和贵族而不是城市议会。也许只有威尼斯继续为后中世纪欧洲曾经失去的城市宏大政治理想提供了一份重要记忆。

如果说 15 世纪城市不是一种面向未来的范例，那么它提供了探测欧洲历史上城市社会深层变化的第一次真正机会。在分析经济社会领域时，尽管围绕主题有许多难处理的证据问题，但新近许多研究正在改变对中世纪晚期城市的传统描述。毫不奇怪，或许对中世纪晚期城市生活状况概括出结论不会比上一代人容易，但有些普遍性的东西是很清楚的，其中最明显的就是城市的所有人口中财富极端不均衡，这一点有许多可信的统计资料证明。譬如，按照 1427 年佛罗伦萨著名的新征税法（castato），佛罗伦萨人口中最富的 1%（约 100 户）

㉖ 例证见 Holmes（1969），p. 53。
㉗ Du Boulay（1983），p. 159；引自 Röig（1967），pp. 181–187。
㉘ 例如，可将 Journal d'un bourgeois de Paris，1405–1449 与近乎同时代的 Leonardo Bruni's Historiarum Florentini populi libri 第 12 卷相比较。

占有了城市财富的四分之一。在情况很不一样的巴塞尔城,稍后几年即 1446 年,档案记录的 2841 个户主中只有 72 个富户(占不到 3%)交纳总额超过 2500 古尔得(guldeb)的估税值。[29] 西欧每个地方看来都是这样,财富上的巨大差异构成了当时市民之间粗略和既有区别的基础。这些市民既包括了殷实家族也包括了"市井社群"(*menus communes*),或者说既有"权势者"(*potents*)又有"老百姓"(*popolani*)。不管这种城市社会的两分法现在看起来是多么的粗线条、不充分,但它还是在各地城市档案中频繁出现,从吕贝克到卢卡,从贝弗利到波尔多,因此它肯定是 15 世纪市民观察自己社会地位和政治实力的基本方法。[30]

然而,城市社会这种可察觉到的持久性裂变,是否必然引向城内政治的对抗和暴力,尚是个可多予讨论的问题。在有的地区,特别是佛兰德和意大利北部,地方性的阶级冲突无疑要持续好几十年,虽然总的说来它在 15 世纪晚期已远不如佛罗伦萨的西翁皮时期(1378)或巴黎的迈洛丁时期(1382)那样激烈。而且,大部分现有证据显示,许多 15 世纪城市的"普通人",特别是在法国、英格兰和德意志,他们通常都对城市统治精英所控制的政府表示满意。虽然常因一些大家所熟悉的问题如过度征税或手工业行会间纷争而发生暴力,但大多数城市市政会都深知在社会冲突时需要用法律等手段来恢复和谐。这些市政会也像现代史学家一样,发现对城内流动居民很难形成较为准确的印象。他们都不是市民,多是通称"外来人"的贫困或半贫困移民。这些人很不容易确认,除非他们暴力犯罪或公开卖淫。这些"边缘人群"(*marginaux*)也许对城市秩序不构成太多危害,其危害还比不上现代纽约市的掠夺者(predator)。但在许多中世纪晚期的大城市里,如 15 世纪的巴黎,这些贫困移民真的带来了另一种城市社会(但并不一定是革命性的),证明了劳动力市场的一种惊人力量。这在城市档案中从未有过记载。[31] 只有那些规模较小、管理得

---

[29] Miskimin *et al.* (1977), p. 9; Miskimin (1975), pp. 149 – 155; Herlihy and Klapisch-Zuber (1978); cf. Schöberg (1879); Pounds (1994), pp. 277 – 278.

[30] Waley (1969), pp. 182 – 197; Cohn (1980); Maschke (1967); Rotz (1976); Hilton and Aston (1984), pp. 138 – 141.

[31] Geremek (1986) and (1987); Gurevich (1988), pp. 176 – 225;对托斯卡纳城市 1527 年的许多贫困移民问题,参见 Miskimin (1977), p. 11。

很好的城市才有望掌控市场，控制它们所依赖的乡村腹地所不断迁来的移民。由于这时城市死亡率往往高于周围乡村，因此这样的移民都是很受欢迎的，尽管这些人群带来了不稳定和不安全因素。在这个意义上完全可以说，工业化最终带给欧洲城市的不是"危机"，而是随后的稳定，因为它将纪律引入了一个先前一直不稳定的社会秩序里。

这种不稳定由所有15世纪城市无数的手工业行会等将其真正理性化，并改善到什么程度，仍是城市史上一个很不好回答的问题，也许是无法回答的。如果说在这种复杂的背景和众多的地区差异中还有什么的话，那么可能最应该有的，是行会的友善对城市零售商和手工业者所具有的无可置疑的社会吸引力，这是任何相同层次的独立的经济或政治权力所不可比拟的。[32] 总体上看，城市政府日益约束着行会，其目的是将自身重点从手工工匠的技能转向对劳动力和供应的控制，例如布鲁日、根特和里尔。无论怎样，手工业行会等联谊性组织所享有的影响，无疑表明家族观念和组织的向心性在公共生活和私人生活中不是趋向于减弱，而是强化。可以说，关于15世纪城市家庭的每一特点，多少都有一定程度的争论，至少在家庭规模方面。例如纽伦堡，1431年每户家庭成员平均为5.3人，而这时佛罗伦萨市的相同指数为3.8人，后来在1469年升到4.89人，1480年达到5.2人，1552年不少于5.66人。[33] 虽然这些数据以及类似统计不大恰当地来源于税收指数，及对家庭户的定义本身，但它们也已清楚地显示了许多15世纪城市家庭处于一种无止境的流动状态，这是死亡率和平均婚龄变化的结果。许多现存证据显示，鉴于市民的生命预期进一步复杂化，许多有足够经济能力的市民初婚的年龄大致在28岁，新娘的年龄则会早10年左右，这样许多城市的家庭结构里就形成了一种特有的年龄失衡。[34]

并非所有的15世纪城市居民都一致期待这样做。例如他们肯定感知到，大多数重要城市都包含了所谓"双层式家户制度"，如1427年的佛罗伦萨。在这种制度下，该城最富有的家户都在有意地扩展，吸

---

[32] 许多15世纪城市里行会权力所受的限制，以各种形式出现在新近由Black（1984）、Swanson（1988）和S. A. Epstein（1991）所做的该问题研究里。

[33] Waley（1985），p. 247；Herlihy et al.（1967），pp. 173–184。

[34] Herlihy（1985），pp. 103–111, 157–159；Kowaleski（1988）；有关北部欧洲城市生命周期不同的概率，参见Goldberg（1986）。

收家族的远房成员和大量奴仆。㉟ 不论 15 世纪欧洲城市是否常被年轻人而不是年老者来统治（这已在对意大利情况的争论中讨论过了），现在非常清楚的是，他们的仆人在支撑家庭和城市经济中扮演着比以往所认为的更重要的角色。他们的妻子女儿，（尤其是）他们的遗孀也是如此，特别是在紧随瘟疫而来的劳动力严重短缺时期。毫不奇怪，正是在传统的女性职业领域如洗刷、清洁、酿酒和烘烤中，妇女的形象在各地档案中都是最醒目的。她们的职业薪酬通常较少。当某个妇女出现在税收档案上时，她们都是处在经济等级的底层，譬如 15 世纪的瑞典。妇女自然也为家庭稳定特别是家族延续做出了许多贡献，这是该时期所有最发达城市最富有家庭的标志。不论是托斯卡纳的"家族"（*famiglia*），热那亚的"旅店"（*alberghi*），摩兹的"平等者"（*paraiges*），还是布鲁日的银行家或德意志的"家族"（*geschlechter*），15 世纪的城市统治向我们展现的大多是"一种裙带经济"。㊱

佛罗伦萨商人乔瓦尼·鲁塞莱 1465 年立遗嘱时，嘱咐其执行者说，他的宏大宫苑应该永远保留为他的直系继承人的宅所（到现在依然还是）。然而，15 世纪欧洲的富有市民没有几个将自己的所有资源彻底贡献给本家族，因为他们同样知道自己对基督教的义务肯定不能抹掉。即使是乔瓦尼·鲁塞莱本人，也曾自己出费，将圣玛丽亚·诺韦拉教堂外墙上部的重修工作（1456—1470）委托给莱昂内·巴蒂斯塔·阿尔贝蒂。㊲ 圣玛丽亚·诺韦拉教堂曾经是、现在仍然是托斯卡纳最大的多明我会教堂。这个永久性纪念物所体现的，是该修道会在所有 15 世纪城市里都扮演的关键角色。在北意大利本身，这种角色一直很显著，不只是因为修士们在佛罗伦萨世俗社会中创建知识酵母具有影响。在这种酵母作用下，激进的新思想模式在 1400 年开始出现。当然，15 世纪的大修道院教堂有时比大主教座堂更甚，它们更能表明城市是"被非神圣化乡村所包围的神圣飞地"。㊳ 要证明

㉟ Herlihy (1985), pp. 149 – 159; Lestocquoy (1952), pp. 86 – 114; Thrupp (1948), pp. 222 – 233.

㊱ Bertelli (1978); Du Boulay (1983), p. 141; Chevalier (1982), pp. 197 – 210; Queller (1986).

㊲ Preyer (1981); Hay and Law (1989), pp. 30, 34 – 36, 42 – 43.

㊳ Holmes (1973), pp. 111 – 134, and (1986), pp. 45 – 88; Trexler (1980), p. 5.

阿尔卑斯以北地区城市宗教是"围绕着修道院而不是堂区教堂"[39]来组织，殊为不易，无疑这在一定程度上是因为证据不充足。但是，一些拆毁已久的修道院教堂的巨大规模和名气，表明修道会在北方城市宗教生活中仍起着重要作用，如伦敦的灰修士会教堂和黑修士会教堂，更不用说布鲁日、根特和伊普尔的15个修会了。

看来更为确定的是，在15世纪进程中，基督教世界的堂区教堂变成了比以往更吸引市民的中心。在世俗势力强力介入宗教事务的时期，这些教堂可以为堂众及其家庭的公开秀、宗教奉献和个人纪念提供流动性更高、更易接近的中心场所。无疑正因为这一理由，"没有哪个时期能像15世纪的英国堂区教堂那样，可以在资金投入上任意挥洒"[40]。对伦敦、布里斯托尔、约克和诺里奇等例子所做的概括，尤其是心理概括，完全适用于欧洲许多城市教堂，随机抽取两组例子，如吕贝克的马林克尔切教堂和葡萄牙塞图巴尔的伊格雷扎·德·耶稣教堂。许多城市教堂是城市富有贵族成员所捐建的小福音堂，其中多为各种宗教活动的繁忙场所，同时也能对世俗干预做出高度反应。尤其是，由于许多欧洲城市在15世纪里变得"过度教堂化"，一些另类的富商（像理查德·惠廷顿）此时得到机会将其本地小教堂转变为慈善性学院。这在某种意义上是中世纪早期"私家教堂"（*eigenkirchen*）的奇特复兴。别的地方，如纽伦堡的圣洛伦兹教堂这个特别大的堂区教堂，就成了俗界教徒一个宏大的家，其执事直接对市政会负责。[41] 市政在宗教事务上的主动性更加凸显，表现为整个15世纪基督教世界建立了许多医院和救济院。这一时期城市里充斥的许多社团，总的来看大多是城市社会整体出于相同的抱负和价值观而创建的。

不论15世纪欧洲的男女市民个人对宗教的担忧和焦虑是什么，而且它们肯定千奇百怪，他们都深信，日益介入教会事务给了自己在这个世界上更多的而不是更少的自信。当然也可以说，这种不断增长的自信也出现在"世俗专业化主义"中。它有时被看作14世纪对文艺复兴早期佛罗伦萨和意大利其他城市国家最重要的影响，最终表明

---

[39] Holmes (1990), p. 18.
[40] Thompson (1947), p. 128.
[41] Abulafia *et al.* (1992), pp. 3–22, 311–332; Du Boulay (1983), pp. 217–218.

第六章 城市欧洲　　　　　　　　　　　　　　　　　　　　155

它是15世纪所有重要城市留给1500年后欧洲的最大遗产。[42] 在这个遗产中，知识阶层特别是大学里的知识阶层只起了很小的作用，公证人和文书员的作用则要关键得多。略具讽刺意味的是，中世纪晚期城市市民及其妻子实际所接受的教育，常常是那些有关他们自身的最神秘事情。但也很清楚，广泛发展的城市文化加强了上述各方面的发展。这也是男女市民们所经历的极大程度的知识振兴。他们在佛罗伦萨和威尼斯所享有的文化程度，高于低地国家和法国北部的同侪，后者对文献的掌握姗姗来迟且不稳定。[43] 总起来看，印刷术的原初发明和早期传播（从1456年美因兹的约翰·古腾堡到1515年威尼斯的阿尔德乌斯·马努提乌斯去世）被视为这个世纪中最为惊人的城市成就可以说是名副其实。在此之前，城市的成就从来没有像这个世纪这样丰富多彩，让人印象如此深刻。印刷术即将到来的历史也具有象征性意义，因为15世纪城市很快就不能把握自己的主动性。热那亚的克里斯托弗·哥伦布，"鹿特丹人"德西迪里厄斯·伊拉斯谟，都为这一成功做出了突出贡献，但他们是在远离本土城市的地方取得成就。还有一个更为基本的反论，那就是在欧洲历史上开创了最具爆炸力的城市新观念的意大利人文主义者，最终却摧毁了情趣和利益的共同体，而城市共同精神正是确立在情趣和利益之上的。那些力图从1500年后欧洲大陆寻求市民阶级文化特质的历史学家们，甚至会发现更难以达到他们的目的。

巴里耶·多布森（Barrie Dobson）
刘景华 译

---

[42] Mundy (1989), pp. 815–818.
[43] Murray (1986).

第 七 章
商业与贸易

在总体上，15世纪可看成一个1460年代末之前经济紧缩、其后则扩张的世纪，虽然其间发生过多次短期的波动。在这样的压力之下，商业结构具有灵活性；贸易网络紧密结合，促使了专业化；组织的精密程度在早期能适应因价格效应而日益增长的需求，以及到该世纪末不断增加的商机。

第一节 商路和商品

贸易在地方、区域和国际等层次开展。主要的海上国际商路穿过波罗的海到达北海，另一分支到达冰岛。汉萨商人出没在诺夫哥罗德、卑尔根、布鲁日和伦敦的商站（Kontors），是该大贸易区的缩影，当然汉萨商人也不是航行于波罗的海的仅有人员。重要的商路包括：沿着英吉利海峡和大西洋岸边航行，连接布鲁日和伊比利亚。通过意大利人、加泰隆人和巴斯克人的商船队，以及后来英格兰和低地国家的商船，北方也与地中海直接相连接。同等重要的商路通达整个地中海，并进入了黑海。陆上主要商路则跨过欧洲。北方与地中海的联系穿过法国，沿着罗纳河谷到达马赛或翻过阿尔卑斯山西段关隘；或沿着莱茵河谷穿过德意志，越过圣伯纳德关隘或圣哥特哈德关隘；或更往东翻过圣布伦纳关隘。陆上主要商道也有东西方向的，布拉格是重要连接点之一。布拉格通过美因河畔法兰克福而与布鲁日和科隆相联系，通过累根斯堡或维也纳而到达威尼斯，经过布达而通往多瑙河口和黑海。更北的一条东西商路是从美因河畔法兰克福到弗罗茨瓦夫，并经过利沃夫到黑海。由于这一地区日益不安定，它的终点渐渐往西退缩，从塔那退到克里米亚，然后至别尔哥罗德（亚克曼）。另外的变化则发生在大西洋。通往冰岛的航线越来越忙，一度被英国人所控制。更多的船只则冒险前往西非、加那利群岛、亚速尔群岛和马德拉群岛探航。这个世纪末，通往美洲的航路、绕行非洲到达亚洲的航路业已开辟，但这时它们的商业意义还不是很重要。

除这些主要商路外，还有些较小的陆上、河流和海上商路存在，以适应区域和地方贸易。众多的商路可使商人们避开战争地带或通行税增加的地区，可走道路、桥梁和关隘状况较好的路线。所有的商路都与国际贸易有着密切的关系，产品、食品和原料沿着这些商路流动着。它们直接维系着贸易本身，或供养着城市的人口和工业。正是这些城市组织了国际贸易，并为它而生产商品。

在国际商道上流转的奢侈品只是商业冰山之一角。半奢侈品如葡萄酒，原料如明矾、染料、羊毛、铁、锡和铜，必需品如谷物、木材、鱼类、食盐和啤酒等，既是国际贸易货物，也是地区贸易和地方贸易货物。商品来自欧洲、亚洲和非洲，在这个意义上15世纪欧洲已是"世界经济"。布鲁日（直到它被安特卫普取代）是其缩影，在这里可以买到波罗的海毛皮、冰岛鳕鱼干、英格兰呢绒、波兰谷物、伊比利亚葡萄酒、佛罗伦萨丝绸和印度香料。通过从里斯本到克拉科夫的许多重要城市，种类齐全的国际性商品流通到了更小的地方城市。

商人们将合适的商品配发到市场。意大利人为埃及和突尼斯购买各种英国呢绒，图卢兹商人为自己的顾客订购特制的英国红呢。生产者随着需求的变化而做出反应，如当毛麻混纺术在南德意志传播时，又开拓了新的工业以满足那些携有剩余现金的人。举两个例子。一是用青铜制造大炮，促进了军火贸易；一是印刷技术的发展，引发了投机性的书籍贸易。困难时代商人和生产者都想牟利的欲望，促进了通过专业化或运用新技术（如纺轮和高熔炉）来降低成本的生产。

第二节　运输

运输早已组织得很好，常态化了，并依赖专业运输公司，在不断改进。在陆地,良好的桥梁、堤道和隧洞都在不停地修建(1480年火药被用于改善蒂罗尔的道路);而在海上,商人们寻求更廉价、更快捷和更安全的船只,并改进了港口设施(如石建码头和吊车)。

陆路货物主要依靠驮畜运输,有时也用马车或牛车,其中最大的车辆载重可达一吨。道路路面粗糙,冬天尤其难走,但足以供大批量的货物通过。速度如何既要视道路情况,也要依人畜的耐力而定。超长程的路上运输要比海上运输昂贵得多,但具体如何则看商品性质,以及所预计的海上危险程度。14世纪晚期,一个佛莱明客商写道,昂贵的呢绒可以承受高昂代价从陆路运到意大利,而廉价呢绒则不然。15世纪中期,英国羊毛从陆路运到威尼斯,可与海上长船队运输形成竞争。

大多数货物都适宜用船只运输,因此海上活动中以商业航行最突出。可以说中世纪船只并非专业化用途,但并不意味着所有的船只都一样。在地中海,两种船型即划桨长船和圆船均用于商业;在别的地方,船只样式和大小也各有不同。长船是有效的战船,但用来运货却很昂贵:桨片使它更具机动性、安全、速度快,不过需大量桨手又增加了成本,并占用了载能。因此从商业角度说,它们最适宜于运输贵而轻的物品,如在利凡特和黑海的贸易中,而且还需要国家给予一定补贴。在威尼斯,载重达250吨的长船都是国家建造的,使用权每年都向商人拍卖。它们也受到特别的关税保护。不仅跨大陆运来英国羊毛受关税保护,而且由与之竞争的帆船从叙利亚海运来棉花也是这样。另一个极端例子则是热那亚,其兴趣主要在大宗货物,特别是明矾。最初是用长船将明矾从小亚细亚运到佛兰德,后来很快使用了廉价帆船,可将其他大宗商品如红酒、橄榄油和干果等相对廉价地运往北方。15世纪,热那亚营运着中世纪世界已知的最大的帆船,即载重达800吨至1000吨的"卡拉克船"(carracks)。长船和卡拉克船之间最本质的区别,可以从15世纪中期佛罗伦萨新舰队那里得到解释。为了使自身毛纺织业得到稳定的羊毛供应,佛罗伦萨选择了可信赖的长船,但如果没有利凡特商品来补偿它们的航行,则会无利可图。在最适宜帆船海上航行的其他地方,其船只大小、船体式样、船体结构和桅帆数量各异。汉萨人用大型科格船(cog)装运谷物;低地国家船只则多为小型平底,易于进入浅水港。伊比利亚发展了轻快帆船

(caravel)。所有的大西洋和地中海国家都普遍使用一种三桅全装置航船。

航海是一个既需资本又很专业的事业。一个人拥有多只小型船舶是一种极端情况,他可能也是这些船的船长;另一极端情况则是船为多人共有。在英格兰,这些人中最著名者当属布里斯托尔的威廉·坎宁斯。1470年代,据说他拥有9艘大型船只,吨位从140吨至900吨不等,另有一艘50吨的"盖尔约特"(galyot)船;他的船上共雇用了800人工作,另加100名工人、木匠和石匠等。他不是唯一的例子。在布里斯托尔、达特茅斯和伦敦,另外也有人拥有多艘船只,既有独有的,也有共享的。股份(可以买卖、馈赠和累积)很普遍,外行和妇女可以将其作为一种投资,他们对海洋并没有别的兴趣。为了维持利润,业主们让船只终年航行,通过向租船者明确规定装卸时间来限制其在港口的停留时间。

15世纪的航海技术是不错的。在冰岛、马德拉、亚速尔群岛和加那利群岛,远洋航行较为普遍。而在波罗的海和地中海则主要是离岸航行。海员们使用船装罗盘、测量绳和沙漏、测深锤。专业领航员也出现了。地中海水手使用波尔多兰航海图(Portolan Charts),而北方水手则多采用手描海图或航迹图(routiers),其中提供了有关北部海域潮汐、洋流、水深测量的必要信息。

第三节 商业组织

商业组织高度发达,足以与地理扩张条件下各类规模的商业活动相适应。不直接参与经营的合伙者可以将闲置财富投资,而且一个人可以雇用数十人。如同拥有船只一样,这种行为必须被看作资本运作。

意大利人以运用其时代最先进的公司组织和商业技术而著称。最初在12、13世纪时,商业技术发展是为了适应商业的扩张和高风险性,但后来得以不断地完善。有固定数量的合伙人和固定资本、固定时间,有预定的利率及利润分配方案,公司就能正式成立。其在海外的分支机构由新合伙人或受薪雇员管理,钱币以汇票形式进行国际性流动,国内的本地储蓄银行可以将支票作为等值物支付员工。复式记账法不断传播,保险业出现。该世纪最大的公司(尽管比14世纪的

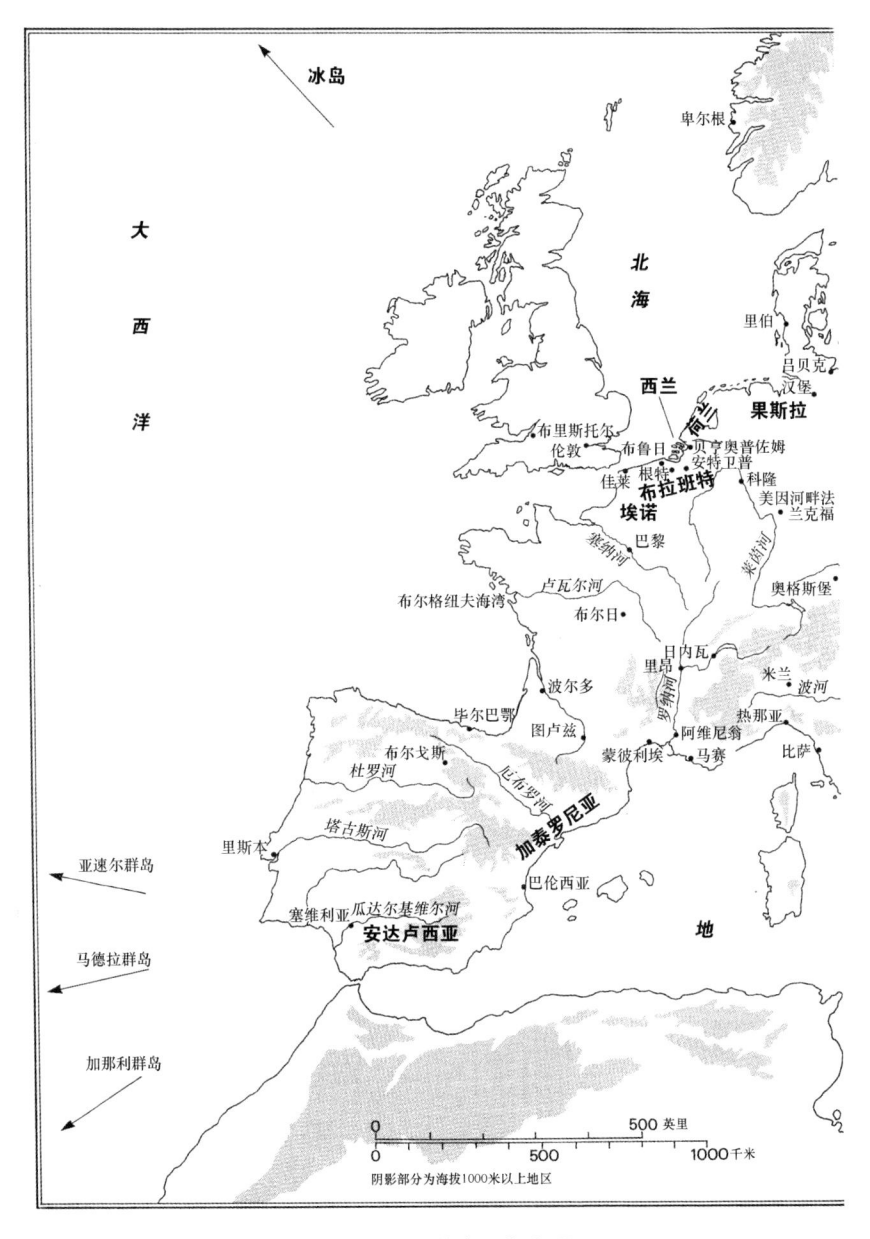

地图 2　欧洲的商业与贸易

第七章 商业与贸易

147

- 里瓦尔
- 多尔帕特
- **利沃尼亚**
- 诺夫哥罗德
- 里加
- 道加瓦河
- 波罗的海
- 但泽
- 维斯瓦河
- 别尔哥罗德（亚克曼）
- 易北河
- **西里西亚**
- 弗罗茨瓦夫（布列斯劳）
- 第聂伯河
- **萨克森**
- 布拉格
- 纽伦堡
- 库特纳霍拉
- 利沃夫
- 塔那
- 累根斯堡
- 维也纳
- 德涅斯特河
- **克里米亚**
- 布达
- **黑海**
- **蒂罗尔**
- 威尼斯
- 多瑙河
- 佛罗伦萨
- 台伯河
- 君士坦丁堡
- 福西亚
- **中**
- **海**
- 亚历山大里亚
- 尼罗河

佩鲁齐公司要小）是梅迪奇公司，其8个分支银行的全部员工约有60人。① 其创建者乔瓦尼·迪·比奇·德·梅迪奇，曾谨慎地经营着一家银行和羊毛店，在意大利有几家分支机构，在日内瓦也有一家。1420年，其子科西莫和洛伦佐（死于1440年）接班。他们开设了第二家羊毛商店和一家丝绸商店。后又相继在布鲁日、比萨、伦敦和阿维尼翁开设分店，1435—1451年的16年间，其利润上升到290791佛罗林。② 科西莫在政治和商业两个领域都很活跃、精明，公司的扩张远超出了他父亲的雄心。1464年他死后，公司日益衰落；到1494年，公司濒临破产。值得一提的是，公司快速增长时期，正是被认为该世纪经济最为困难的年代。

并非所有的意大利公司都达到了这一水平。许多公司不大，基本没有海外分支机构。商业技术也不是只有意大利人才具备。加泰兰商人也发展了高度发达的银行组织。英国、法国和德国的商人都使用汇票。德国和英国商人还具有很强的商业合作能力，如以汉萨同盟而著称的北德意志城市组成的大型联盟，还有英国羊毛出口商公司。在汉萨同盟的四大海外中心（商站）里，有三个（诺夫哥罗德、卑尔根、伦敦的"钢院"）建立了封闭式的商人和代理人居留区。在卑尔根，机构组织异常严谨，指导着送到这里来习商的大量年轻人。在第四个中心（布鲁日），他们散居在城内，但也能强烈感知到自己的族群认同。在威尼斯，方达科·戴·特德希同样也是一种封闭性居住区，不过它服务于所有的德意志人而不只是汉萨商人。它甚至还被威尼斯所倡导以便监督德意志人的活动，限制其在地中海竞争。北部汉萨城市的合作扩大，定期在吕贝克开会，共同协商经济政策。这也导致从战争到禁运等保护贸易的政治和军事行动。但随着汉萨同盟的发展，它变得越来越没有内聚力。科隆的利益在于往南与莱茵河流域交往，这很不同于吕贝克的利益所在，后者对斯堪的那维亚有特别强的兴趣。而但泽的利益又与此不同，它发现与英国的贸易是自身东方利益的最好补充。在紧张的经济形势下，这些差异经常凸显。

---

① De Roover (1963), pp. 72, 95.
② 在1420年前的23年里，乔瓦尼自己获得利润151820佛罗林；他的几个儿子在此后15年里获得利润186383佛罗林［De Roover (1963), pp. 47, 55, 70］。

英国羊毛出口商公司诠释了另一种不同的贸易组织。该世纪初，该公司仍按照规约公司的思路经营运转，通过法令维持高价格。1429年"分立法案"后的重组，将它转变成了某种意义上的合股公司，公司同意将单个商人的羊毛分等，并掺入别的同一等级羊毛中，当所有的羊毛卖完了，各个商人便可分享自己的所得。不幸的是，与之相联系的贵金属匮乏和政治反应阻碍了羊毛销售，小商人被迫退出公司事务，他们不可能像大商人那样长久地坐等出口羊毛的回报。因此，一些规则就在1440年代放宽了，商人们又能够各自做生意了，条件是必须按照公司规定的最低价格。

这种合作型组织内部的贸易活动，一般通过家族商号来进行，或父与子，或一两个兄弟，或常见于独营的小型合伙企业。这些商人熟悉单式记账（single-entry accounts）、保险、信用交易。例如英国的杂货商公司很少做对内贸易，而是从面向低地国家的销售中用汇票将钱付回国内。像意大利商人一样，北方商人也知道需要最新的商业信息。韦金楚森家族和塞利家族的信件，表明了当时人们在不断讨论贸易形势和政治新闻。尽管他们的信件传递不如意大利人的做法先进，但通过仆人和代办在若干地方经营就足够了。他们的经营规模与许多意大利小合伙制差不多，必要时也可以利用意大利银行家。

韦金楚森家族的事业诠释了中等规模汉萨商号存在的可能性。西维特和希尔德布兰德兄弟的事业起步于里瓦尔，从汉萨城市多尔帕特、里加、吕贝克和科隆，以及布鲁日和根特的家族关系中受益。他们向西发展，两人均于1390年代来到布鲁日。西维特最终确定在吕贝克扎营，希尔德布兰德也变成了吕贝克市民，却留在了布鲁日。他有时会亲自前往布鲁日，但通常会坐镇本部指挥那边的贸易，而且多为信用形式。韦金楚森家族主要在北部地区，沿着波罗的海岸边，在佛兰德、美因河畔法兰克福、科隆等地进行贸易。1407年，他们用5000马克的资本，建立了一个"威尼斯商社"来供应北方市场。

塞利家族的信件也揭示了同样的商业实践，不过他们的地域范围要小些。理查德，他的三个儿子，还有他们的堂兄弟，经常在伦敦和加莱之间定期来往，造访布鲁日、贝亨奥普佐姆和安特卫普等地。他们同样也以信用结算，非常熟练地用汇票来转移货款。他们也小幅地扩充经营范围，自己购买船只，加入波罗的海红酒贸易。他们相当富有，与卖羊毛给他们的乡绅们有相同的利益。有些英国商人则通过经纪人和代理人，将业务扩展到但泽、布鲁日、冰岛、波尔多和伊比利亚；有的人甚至还通过意大利代理商将自己的羊毛送到地中海地区。

随着意大利与东欧关系的加强，南德意志提供了大量的机会以及德意志大公司的例子，如大累根斯堡公司和福格尔公司。后者起源于奥格斯堡的毛麻混纺工业，后来在一群能干的兄弟手上发展了贸易、金融和采矿业，特别是雅各布·福格尔。该公司征收教宗税后，将之贷给了哈布斯堡公爵和匈牙利国王。他们的债权用银矿和铜矿作抵押，使得福格尔家族后来能投资新技术进行生产。他们在意大利、低地国家、德意志、西里西亚、波兰、利沃尼亚开设了许多分公司，在16世纪早期扩张中上升为巨富。不过，15世纪最惊人的个人崛起之例，当属法国的雅克·科尔。他在1420年代作为成功的毛皮商在布尔日起家，30年内便建成了一个广大的商业和金融帝国。1432年他涉入国际贸易，购买了2艘长船，进入了高风险但获利大的利凡特贸易。他租了矿山，购置了造纸工场，在蒙彼利埃、马赛、布尔日和全国范围内都拥有财产。1440年他被加封为贵族，他贷款给法王，并在诺曼底打败了英国人。科尔在1451年垮台缘于政治因素（崛起太快而让别人滋生了怨恨），而不是商业或金融上的无能。据说他的财富有100万金克朗之多（当时相当于20万英镑以上）。像科西莫·梅迪奇一样，科尔发迹最快时期也是经济最萧条的年代。不过，科西莫的发展是稳健的、持续的，而科尔则在遇到每个机会时都展现了充沛精力，不管是否冒险。很显然，两种方式即使在困难年代也能成功。

第四节　基础结构

科尔崛起的奇特之处在于，它不但发生在通常认为的经济萧条时期，而且出现在一个被认为受到最沉重的战争打击的国家。它揭示了欧洲传统商业结构坚固的实质。在既有的市场网络里，只要商人有充沛的精力、娴熟的技巧、前瞻的眼光和幸运的时机，就能够取得成功。所有的大城市都具有永久性的批发和零售窗口。海运和陆运终年进行，然而某些商业的运行节奏仍然是季节性商品，诸如红酒、鱼类和成批的羊毛。集市已不像 13 世纪那么重要，但一直与那些永久性市场同时存在，创造着机会让大量的消费者和供货者接触，也见证了大量的货物买卖和结算。英国羊毛出口商公司通常使用低地国家的四个集市：贝亨奥普佐姆的复活节集市和冬令集市（"冷市"），安特卫普的惠特森集市（辛克森）和秋市（巴米斯）。重要集市如法兰克福集市和日内瓦集市，也出现在先进的西欧和发展中的东欧之间商路的主要交叉口。集市是值得操控的，路易十一强势地将里昂作为日内瓦集市的替代，促使梅迪奇家族于 1466 年将其分支机构从日内瓦迁到里昂。

正如路易的行为所表明的那样，政府热心于鼓励贸易，它们将之视为一种外交杠杆，更看作一种岁入来源。中世纪政府的基本目标被认为是保障和平与国内秩序，仅这方面的成功便可使商人受益。中世纪后期日益集权化的政府走得更远，即通过立法和有效的法庭提供了特别的商业保护。但并非所有的政府行为对所有的商人都是保护性的。政府也可能将一个或一组集团的利益置于其他集团之上，有时还赐以正式的特许状；相应地，它们的某些行为则被某些商人视为政府的干预。因此，并非所有的商业立法都得到了严格遵守。但对很多商人来说，额外征税和贸易控制能被王室的稳定和保护所抵偿。

政治稳定支持了常规贸易，因而商业走向专业化。以运输特殊商品为主的专业化海运，已在前面提及。商品的专业化也是欧洲经济整体的组成部分。地区的专业化主要缘于其自然资源，缘于人类掌控其环境的决策。由此波尔多周围与罗纳河谷葡萄树的生长是以减少谷物为代价的。图卢兹大量种植菘蓝，向来自布尔戈斯的商人提供了获取更多利益的企望。他们在海运比斯开铁块和梅斯塔羊毛的同时还能海运菘蓝，因而成了卡斯提尔最富有的商人群体之一。牲畜饲养的专业化包括了西班牙梅斯塔*的活动，他们的转场放牧线路得到了皇家特许状保护。谷物专业化在东欧贸易中很明显；而马德拉的种植园主则将种植谷物变为种植糖料，严重损害了先前的地中海贸易。③ 人类的

---

* 梅斯塔（Mesta），中世纪晚期至近代早期西班牙的牧羊人联盟。——译者注
③ Rau and Macedo（1962），p. 14.

选择也使一些工业中心发展起来,不论是佛兰德的毛纺织品、奥格斯堡的毛麻混纺布,还是埃诺的亚麻布或者佛罗伦萨的丝织品。

信用的广泛运用、汇票的转移货币功能,前文已述。可信赖的市场和运输使得银行业在交换基础上发展起来。为获取利息的放贷被教会禁止。以一种现金形式放贷而以另一种现金形式偿付,因为存在一定风险因素,因此能摆脱教会禁令。某些货币市场很有预见性,因此风险小;通过汇票(实体的和虚拟的)放贷,成了商业的一种常态。它使得梅迪奇这样的公司成了国际银行家和商品贸易人。硬币仍在不安全的市场(包括汉萨商人所涉及的远至俄罗斯的地方)用于最后结算,或用于那些贸易长期不平衡的地方(尤其是利凡特)。物物交换也见于某些边缘市场,例如冰岛,或见于物质短缺或过剩之时。

第五节　商人地位和财富

商人可以变得非常富裕,但他们的地位却与此相矛盾。教会教诲说,商人不能逃离原罪。违约(因而违背誓言)、撒谎、欺诈、贪婪和掺假,似乎是商业生活不可或缺的部分,但临终的忏悔和赔偿,在世时的慈善工作,则会有所助益。财富基于土地和地租的贵族都鄙视商人。即使在意大利城市里也有一种认识,即旧式贵族能意识到自己渊源于土地和地租,新贵族则完全基于贸易。然而,社会流动发生了:英格兰的萨福克公爵德·拉·鲍尔斯家族,不久前还是商人身份;较小的土地家族则将幼子送到商业中赚钱立业;在整个欧洲,商人已达到能影响政治和宫廷的地步。虽然有鲁莽的或倒霉的商人失败了,但 15 世纪也如此前一样,"商人"的名称通常能让人想到相当不错的财富和尊贵。

许多商人拥有可供炫耀式消费的剩余财富。有的商人成为艺术资助人,给我们留下了其存在的永久性象征,远胜过那些丰富的美食和华丽的服装。有的商人专注于修建纪念性的教堂建筑,其中如威廉·坎宁斯为布里斯托尔城圣玛丽·雷德克利夫教堂捐建的附属小教堂,卡斯特罗和马鲁恩达家族在布尔戈斯城的纪念碑,至今仍表现着他们的趣味与财富。如同在前些世纪一样,另有人致力于修建重要的世俗建筑:15 世纪伦敦商人的财富建成了宽敞的市政厅,当然,它也许没有低地国家大城市的同类建筑那样宏大。还有人将自己的钱财投入私人宅邸的修建。雅克·科尔在布尔日豪宅建于 1450 年代，着眼于家内舒适程度，其内外都用雕塑装饰。几乎同时代的科西莫·德·梅迪奇，是个伟大的藏书家和艺术资助人，在佛罗伦萨建立了自己的新宅邸，外观看起来较为简朴，但内饰富丽堂皇，因为科西莫将装修工作委托给了贝诺佐·戈佐利、保罗·尤塞洛、多那提洛和罗吉耶·范·德尔·韦登等人。他死后，该家族继续其赞助事业，1467 年，委托布鲁日的汉斯·梅灵绘一幅《最后的审判》送到佛罗伦萨。在这一层次之下，许多规模舒适的商人住宅遗留在欧洲各地城市中。

第六节 15 世纪动力

15 世纪的商业世界远非静态的，这已经很清楚。以上各节中都提到了变革——并非都往同样方向，亦非同样步伐。不少变革延续了一个多世纪，新的竞争者挑战旧的中心，新的风格式样出现，特有形势加速或阻碍了特有地方的贸易发展等。但是，历史学家也认识到，许多地区共有的经济压力使得该世纪初经济紧缩，世纪末则扩张。这方面例证既零碎又很难解释，而且毫不奇怪，经济紧缩的程度、时间甚至是否存在本身，都引起了许多争论。有的历史学家将紧缩看得非常严重、时间长，足可称为萧条；少数人则将之视为 14 世纪晚期严峻形势后的扩张；但大多数人选择的是更中性的词"紧缩"，来指代各种不同反应，这就在总体上展现了一幅衰微和不顺的画卷。东欧大部分地方虽然经济上远落后于西欧，但却未受到紧缩的影响，在该世纪里继续发展着。在西欧，每当迫在眉睫的灾难减少时，经济就开始复苏，表明了其经济恢复力和健全的基础结构。某些经济部门和某些地区做得很好，但它们是否能够弥补别的地方衰落则很难评说。英国呢绒出口是经济扩张的一个极佳例子，其出口数量从该世纪初每年 4 万匹，上升到 1440 年代的每年将近 6 万匹，又暴跌到 1450 年代的 3.5 万匹（仍然远高于 14 世纪中期），在接近该世纪末时又回到了 6 万匹。1380 年，图卢兹销售的呢绒中，80% 是佛兰德和布拉班特产品；而到 1430 年时，80% 是英国呢绒。但当英国呢绒出口增长时，英国羊毛出口和佛兰德呢绒生产却衰落了。意大利北部是一个迅速复苏和调整的地区：米兰城发展了主要的武器工业，热那亚挺进西地中海贸易，威尼斯增加了在利凡特贸易中的份额。一些商路的交叉点继续繁荣，尚存的贸易主要集中在它们那里（威尼斯、布鲁日）；另外一些地方，如德意志，则随着西欧和东欧之间贸易的增长而发展（美因河畔法兰克福、奥格斯堡、纽伦堡）。

如果说西欧总体上是紧缩的话，那又是什么引起紧缩的呢？当对其确切影响还未取得一致看法时，那么有三个问题可以确认，它们在一定程度上影响着整个欧洲。各地对此的反应程度依其资源与基础结构因素，也依这些问题在该地区的综合影响程度。虽然人们说，每一次发展必然带来自我破坏的种子，这是缘于饱和与过度耗竭，但这些问题的确认则在很大程度上取决于"外在的"因素——人口变化、贵金属短缺和战争。

从宽泛程度上说，贸易反映了人口的波动。人口及其需求和生产，在该世纪初是很低的。人口下降也许开始于14世纪初，1348年由瘟疫的发生而加速。1400年时，大瘟疫结束了，但在许多城市里继续小规模地发生：巴塞罗那在1396—1427年发生过11次；巴黎在1414—1439年发生过8次。城市依靠移民来填补人口数量，鼓励从农村向城市迁徙，从边缘地区向发达地区迁徙，结果留下了一些地区人口极其稀少。在西欧许多地区，人口下降了三分之一至一半，有的地方甚至更多，留下的人口很少。消费者和生产者的这种减少必然意味着需求和生产的缩减，也就是贸易量的缩减，尤其是必需品。但是，谷物的低价，通常表示着农业的衰退，有时被过于当作该世纪普遍经济危机的标志，而真实情况则是，那些主要依赖谷物牟利的大农业生产者遭受损失，而那些此时扩大了租地或首次获得佃地的小农则无法从物价上涨中获利也遭受损失。而对那些以前一无所有的人来说，能够实现粮食自给自足或小有剩余，就能够释放精力，赚取额外收入，增加消费机会。再有，所有的土地占有者都可从种植粮食转向种植更有利可图的作物，转向牲畜饲养或邻近城镇的市场化园艺，或转向经济作物，如菘蓝、茜草和亚麻。圆白菜、蒜和葱成了英国从低地国家稳定进口的货物；牛群从丹麦的里伯被赶往汉堡；在西班牙，1467年梅斯塔的羊群达到了270万只。当自己的土地转向种植更有利润的作物时，西欧仍能享用来自东欧的廉价谷物。这样，当西欧农业生产和贸易总量下降时,其价值下降并不多。有关纺织品贸易的例证也同样复杂。13世纪低地国家南部廉价毛纺品出口的国际"大众"市场,在14世纪消失了,到15世纪早期也没有再度出现,其失去的产量并未被其他地方产量增加所弥补。但佛兰德和佛罗伦萨昂贵呢绒生产的日益集中,斜纹绒布、亚麻布、丝绸和大鹅绒产量的日益增长,意味着纺织品贸易总值的下降同样小于其总量的下降,有的地区可能还增多了。而且,欧洲大多数地方对各种奢侈品的需求量都明显增长,如俄罗斯毛皮、佛兰德绘画和挂毯以及意大利的丝绸、玻璃和珠宝等。

因此,贸易量的减少与贸易类型的变化形成了对立。人口衰减的影响如何,引发了历史学家之间的不同观点。有的人强调贸易量减少,另有人则强调经济的适应能力,其实这两种观点并非不相容。这些强调的重复反映了研究的区域倾向。北部欧洲尤其是英国的历史学家认可炫耀式消费和奢侈品行业的增长,但倾向于强调因工资提高和佃地扩大所带来的生活标准提高,强调商人持续的广泛存在却又规模不大的繁荣。另外,在南部欧洲,历史学家们则强调对奢侈品的高度需求以及富人和穷人之间鸿沟的扩大。这一点可能反映了越是城市化经济,城市寡头越能有效地控制工资,而南部农村的庄稼分成制结构产生了一个更穷的农民阶级。

第二个问题即贵金属短缺,虽然从来没有被忽视,但在前一代人那里已很少付诸关切,他们的争论集中在人口变化之影响。最近一段时间它的影响已被更多地关注。最为短缺的时代被认为是1450年代后期和1460年代。银块因磨损和分切及偶然损失而减少。④ 有的则因储藏而退出了流通,既有当作谨慎储蓄手段的,也有以银制器皿方式保存的,此种行为在一个奢侈生活时代趋向增多。担忧多是战争的结果,这也促使储藏行为增多,特别是当货币贬值之时。这样的储藏加剧了硬币短缺。贵金属还流向东面,用来换取北方的毛皮特别是东方的香料和奢侈品。从东方的进口能日益被向东方出口所对冲,如手工制造品、橄榄油这样的生活品,甚至还有原本须从利凡特进口的染料,但贸易从来没有平衡过。当欧洲的白银供应充足时这倒不是大问

---

④ 据估计在十年里要损失2.5%左右[Spufford (1988), p. 345 and note]。

题,但白银生产在 14、15 世纪之交时下降了,白银东流开始出现。如果金银比率合理,黄金在利凡特贸易中充当替代品还是有吸引力的,但在地方贸易中它却不是合适的替代物。⑤ 信用只在暂时短缺时可作替代,而长期的货币紧缩必然会引向信用收紧和高利息率。利息率提高了 2%,商业贷款 12% 的利息率并不是特别高,但比一个世纪前高了许多⑥,这足以使需求减少。贵金属短缺也不是整齐划一,主要依各地资源和贸易流量而定。英国和威尼斯努力保持了货币稳定,尽管还存在一些问题。英国对货币的忧虑表现为用立法来反对国际贸易中的信用,当时有文献批评威尼斯人在英国的信用交易⑦,但贸易还是能够充分地实现平衡,全英国都如此。威尼斯也有难题,但由于送到利凡特的贵金属大都经它之手,故而短缺问题被掩盖了。威尼斯也因邻近的波斯尼亚和塞尔维亚提供少量银块而受益,直至土耳其人征服了那里。可是即使在威尼斯,1464 年也报告说该城暂时没有银币了,它全送到叙利亚了。同样尖锐的危机也打击了巴伦西亚,1451 年的报告说,有两艘长船的货物已经没有买主。在别的地方,短缺和战争还引起了贬值。它给商人所带来的直接损害,尚小于那些以固定地租为主要收入的人。除非商人自己对货币新贬值持有观望姿态,采用不平衡的汇票和信用交易,否则他们的所得最终也只是抵消损失而已。这时的出口面临着更多的竞争,消费者要为进口商品付出更高的价格。然而,虽然紧张形势各有不同,贵金属短缺还是一个根本性问题,特别是在 1450 年代和 1460 年代,毫无疑问它使需求增长放缓,损伤了商业信心。最终,短缺也带来了对前景的展望,对技术的改进,从 1460 年代开始,银块开始从萨克森和蒂罗尔的新矿山流出,也从库特纳霍拉和果斯拉再度开采的矿山中运出。

战争是第三个主要问题,但其影响是间歇性的,地理上也分布不均。它总是萦绕在商人们的心头。当一些人从军队给养、铁贸易和武器工业中受益时,大多数人则是受损,既直接受害于市场关闭,亦间接受苦于商路骚扰、商船压缩、海盗和路匪活动加剧、税负增加和货币管制等。15 世纪里,国家机构组织得更好,更有能力征收钱财和

---

⑤ Spufford (1988), p. 354.
⑥ Ibid., pp. 347–348.
⑦ 《银币论》(*Libelle*, 著于 1436 年),第 396—455 行。

人员，因而能应付更大规模的战争。可它们控制不了已被它们松绑的力量，"自由的公司"在行动，特别是在法国和意大利北部。在英法百年战争最后阶段，整个欧洲的商人都必须面对各地混乱的市场。英法国王分别与葡萄牙、卡斯蒂尔、勃艮第（其公爵继承了佛兰德然后还有布拉班特、荷兰和西兰领地）和热那亚不同程度地结盟。到最后，英国因丧失与其有较密切联系的加斯孔市场而暂时遭受损失，而法国其他地方则因战争的终结而受益。再往南，意大利城市国家之间的敌对也引起了几乎连续不断的战争。威尼斯的大陆扩张带来了强制性的战争借款，1431—1441年估计已占其市民年度财富估值的28%。税收通过工资和购买必需品而再循环，贷款最终偿还或付清利息，但两者都妨碍了贸易。在北方，英国与汉萨同盟之间的紧张关系，导致了1449年它在英吉利海峡扣押了大约60艘汉萨船只，也导致了1468—1472年公开爆发战争。战争中科隆不愿服从吕贝克的领导地位，从而暴露了汉萨同盟的内部分歧。胡斯战争则搅乱了波希米亚贸易。再往东，是奥斯曼土耳其人的扩张。1453年君士坦丁堡陷落其手，实际上打乱了黑海和利凡特商路。即使这里的贸易未曾停止，但风险和成本增加了。威尼斯很好地抗住了这些，它作为面向东方的主要欧洲国家，该世纪末或许占了欧洲利凡特贸易的三分之二，与该世纪初只占三分之一成对照。

毫不奇怪，关于15世纪早期经济的观点各异。复杂的是，样本虽多但统计几无，上述三个普遍问题之强度因地因时而异。人口的减少在该世纪初期最为糟糕，但它并没有影响到东部；贵金属短缺在该世纪中期最为严重；战争则是间歇性的。比较一致的观点是，开始于该世纪中后期某个时间的扩张，使西欧和东欧在该世纪剩余时间里能够比较一致地发展。要去争论变化之确切时间，是不可能有结论的，这是因为各地的形势或放慢或加快了复苏；但在1460年代晚期和1470年代贵金属恐慌过去后，大多数地区也显现了人口增长的迹象。贵金属和人口增长又一同驱动了发展。英国呢绒出口在1497—1498年度又一次达到了6万匹，1507—1508年度上升到9万匹。波尔多1448—1449年仅装载了162船红酒，1481年则达到了310船，1509年为587船。其他方面的经济扩张还包括新的印刷业和图书贸易；繁忙的波罗的海贸易中，关税显示厄勒海峡1497年通过了795艘商船，

1503年达到了1222艘；对西非和大西洋岛屿的探险一直在进行，并于1490年代以发现美洲和通往亚洲的新航路而达到顶点。即使在扩张中，也是几家欢乐几家愁。在荷兰人和英国人日益强劲的竞争下，汉萨同盟失去了对波罗的海和斯堪的那维亚贸易的控制权，虽然它的贸易总量也有增加。布鲁日最终败给了安特卫普。英格兰的地方城市输给了伦敦。布尔戈斯的富商很快输给了塞维利亚。通过事后的认识，我们可以看到通往美洲和亚洲的航路开辟是一个新时代的象征，商业的引力中心无情地西移，正走向一个真正的"世界经济"的发展。而产生这一新纪元的航海和商业技术早已为人们熟知，并在艰难的15世纪初和繁荣的该世纪末得到了磨炼和提高。

温迪·柴尔兹（Wendy Childs）
刘景华 译

第 八 章
战 争

"战争是何等惬意之事啊,因为战争过程中的所见所闻有很多精彩之事,还能从中吸取很多教训。"这是 15 世纪中期《青春》的作者让·德·比埃伊所说的勇武之言,他用此语描述那些参加过军事活动者的感想。① 不过,战争不只是训练身体的时机,或者为他人利益采取行动,从而让人铭记以赢取盛名的机会。普遍的看法是,战争是保障和平和正义的一种方式。韦吉提乌斯在 4 世纪后期写道:"谁期望和平,谁就要准备好战争。"② 此说得到了让·德·比埃伊的回应:"当战争是出于善意而战时,则是为了正义和捍卫权利而战。"③ 在某种意义上,战争可能是合法的、封建的、王朝的,在大多数情况下是"历史性的"。战争是不得已的手段,是确保和维护正义的最终合法手段。同样,胜利则被视为来自天国的启示:上帝将胜利赋予为正义而战的人。

然而,战争并非都像北欧各王国所常见的那样,是以正义之名发动的。意大利北部地区的冲突起源于各城邦要保护它们的县(contadi),或为它们提供人力、食物和原材料的周边城区,而当地的繁荣与生存正是依赖这些周边城区。其他的冲突是要保护或者获取更多的商业利益,其手段就是要控制港口与河流这些关键地方,还有的冲突

---

① "战争是一件令人高兴的事,从中可以见到很多美好的事情,并且也能够学到不少东西。"(C'est joyeuse chose que la guere; on y voit beaucoup de et y apprent moult de bien)(Bueil, *Jouvencel*,Ⅱ,p. 20)

② "谁期望和平,谁就要准备好战争。"[(Qui desiderat pacem, praeparet bellum)*Epitoma rei militaris*, bk Ⅲ, Preface]

③ "战争的目的是好的,那么战争就是正义的,是为了捍卫权利。"[Quant elle est en bonne querelle, c'est justice, c'est deffendre droicture(Bueil, *Jouvencel*,Ⅱ,p. 20)]

就是那些野心勃勃的人和决意不让他们获得权力的人之间的相互斗争。从人文主义的视角看,维斯孔蒂·米兰属专制政府,因此,起初,佛罗伦萨开始便站在他的对立面;后来,佛罗伦萨又为了阿尔诺河的入海通道与比萨敌斗;而1429年与卢卡的战争是为了确保城市的安全和获得财富。

在意大利半岛的东北部,威尼斯的领土野心使它与其他城邦发生冲突,因为它把自己的统治权扩展到了大陆,同时,当它在亚得里亚海的商业利益受到威胁时,它也寻求保护自己的商业利益。北意大利社会经济主要集中于制造业、商业与贸易,而这些都需要扩张与保护,这种性质决定了半岛内和周围水域的战争目的。由于缺乏大君主国的中央权威,意大利城邦太容易诉诸战争,以实现其雄心壮志或保护其利益。

发生在欧洲的主要战争,其背后的原因在于宗教和社会制度的不同。在东南欧那场被视为圣战和领土征服的战争中,土耳其军队先在瓦尔纳(1444),然后又在科索沃(1448)取得了胜利,因此这有助于维持十字军东征的光辉。1454年,在君士坦丁堡陷落一年后,在里尔勃艮第宫廷里的雉鸡宣誓表明一些欧洲宫廷尚存有十字军东征的激情。但实际上,只有在西南部,西班牙君主才成功地发起了对伊斯兰的战争,并于1492年重新从摩尔人(the Moors)手里控制了格拉纳达。然而,社会宗教冲突对未来也很重要,它以其强烈的民族主义色彩,在该世纪上半叶的波希米亚历史上占有了重要地位。在这场战争中,教会的权威与被视为德意志统治的威胁受到了胡斯派的挑战,他们企图创立新的社会秩序,投身于当时最重要的"人民"战争。

毋庸置疑的是,尽管变化的速度和方式不一,战争的性质在欧洲大部分地区正在发生变化。就对未来的影响而言,最具决定性的发展是将军事组织和指挥权集中化,这将在欧洲许多地区得以实现。在英法,两国之间的长期战争已经促成了一些发展,这些发展将持续到15世纪。④ 以契约或合同为标志的雇佣军取代封建军队到此时已近乎

---

④ 关于契约方面,详见琼斯(Jones)和沃克(Walker)的《私人契约》(*Private indentures*)。1459年的匈牙利军队[Borosy(1982)]和稍后几年的勃艮第军队[Vaughan(1973),第218—219页]中仍然存在封建因素。

完成。代表国王行事的人可以训练军队，同时通过定期召集确保数量和可接受的装备标准得以维持。⑤

随着要达此目标的机构的发展，想向军事集权迈进的不只是北欧君主国。威尼斯在大陆发动的战争也旨在促进这种发展。从元老院到军队的指挥系统得到了重组，而怎样架设和维持文官政府和指挥官（通常是雇佣军）之间的工作联系这一问题在任命了监事（*provveditori*）后得以解决。作为具有相当丰富经验的中间人，监事处于非常有利的位置，这使他们能够向一方解释另一方的主张与愿望，而同时又能保证军队服从其威尼斯雇主的意志。威尼斯武装在这一时期声名鹊起，这在很大程度上也要归功于其对军队人员和军事生活的重要方面，如给养实行控制的系统，没有这些，军队就不可能成功。⑥

集权化的显著趋势无处不在。在勃艮第，查理公爵于1468—1473年颁布一系列军事条令，确立了公爵对人事、组织和指挥结构的权威。在米兰举行的一次仪式上，一年前任命的军官们交出了他们的指挥棒和公爵军事条例的副本。至于士兵们，他们只能乖乖地定期接受训练，以便在使用武器时能达到更高更有效的标准。⑦ 在匈牙利，西吉斯蒙德国王未能成功地推行改革之后，洪约迪·贾诺斯（János Hunyadi）及其之后的马加什·科文努斯（Mátyás Corvinus）则有意识地对军队进行改革，其用意就是建立皇家控制下的军队（就像沿多瑙河构筑城堡的护城系统抵抗土耳其人一样）。⑧ 这里，比如在那不勒斯王国，就是国王发挥了积极的个人的作用，将军队的各个部分结合在一起，使之成为一个整体。⑨

军事结构的集权化是主题之一，另一个主题是，那些年有很多国家设立了常备军。在这一发展中领先的是威尼斯。在15世纪初，威尼斯建立了一支常备军，以便在以后的世代中继续发展。军队的发展和组织的连续性导致士兵留下来的时间越来越长，而强调训练和实践

---

⑤ Rowe (1931).
⑥ Mallett and Hale (1984), pp. 102–103.
⑦ Vaughan (1973), pp. 204–210, and (1975), pp. 127–128. 正如韦格提乌斯（Vegetius）所写的那样："谁渴望胜利，谁就要勤勉地训练士兵。"("*qui victoriam cupit, milites inbuat diligenter*") (*Epitoma rei militaris*, bk Ⅲ, Preface)
⑧ Held (1977); Rázsó (1982); Fügedi (1982); Engel (1982).
⑨ Ryder (1976), pp. 284–285.

导致了国家步兵的建立。1454 年，洛迪和约（the Peace of Lodi）在意大利开启了一段相对有序的时期，军队的规模本来可以减少，然而，即使在相对安宁的时期，常备部队的概念也被接受，并继续在意大利运作。15 世纪 90 年代意大利之所以败于法兰西，与其说是缺乏军事能力，不如说是由于缺乏政治的凝聚力和有效的组织结构，这些结构体是由各城邦之间尚未相互信任的联盟产生的。

英国企图建立一个"专业的官僚主义控制的军队"，但基本不成功[10]，与此相反的是，法兰西在取得了一些基础性发展后，在 1445—1450 年建立了一支制度化的皇家军队。起初，这支基本由骑兵组成的军队（骑士团，the *companies d'ordonnance*）是由精挑细选的合适人员组成的，定期给他们发工资并对其进行检阅。挑选上的士兵要承认国王的权威，只有国王才有权招募他们，从而使所有其他军队都是非法的。1448 年，步兵有了新的动力。当时，设立了所谓的法兰克弓箭手（*francs archers*），每个教区（后来为每五十户）要派遣一名士兵来进行常规训练，而且要随时听候召集，此人获得了一定的财政特权。根据传统做法，领导权仍基本掌握在具有贵族背景的人手中。但是，那些并非出身贵族的人也有望在军队中成就一番事业，以赢得升迁。毫不奇怪的是，有些在国王新军队中服役的人选择把在这种非常专业的军队中服役的记录刻在墓碑上。即使是死后，这也是值得骄傲的一件事。[11]

拥有常备军队的不只是威尼斯和法兰西。他们的榜样影响了意大利其他地区，最著名的是米兰公国；那不勒斯王国也随之效仿，它们的存在实际上受到了洛迪和约的认可。勃艮第公爵查理，一直视自己为尤利乌斯·凯撒第二，他要发展一支军队，1471 年后，"法令"（de l'ordonnance）部队成为永久性核心力量。[12] 在匈牙利，匈雅提和马加什一世努力创造了一支传统和新式混合的军队。[13] 而西班牙在该世纪最后十年对格拉纳达的战争导致了一系列的改革（某种程度上与法国模式相结合），赋予了君主更大的权力来集结和控制军队，也

---

[10] Curry (1979).
[11] See Contamine (1964), p. 227, and (1972), plates 8, 9, 11 and 13.
[12] Vaughan (1973), ch. 6, and (1975), pp. 126–128.
[13] Engel (1982); Rázsó (1982).

因此为该国常备军队奠定了基础。⑭

这些发展变化的中心在于士兵本身。在新近发展起来的军队观中，他的位置何在？的确，那些不属于这种军队的人到底怎么样看待该军队？以往，人们害怕和不信任士兵，因为他代表暴力，所以多数人宁可不沾他的边。当有危机来临时，他打仗靠得住吗？临阵脱逃是挺常见的，外籍雇佣兵们更是如此。在那不勒斯王国，在军队服役的外来者可能需要现金或土地作为抵押；而在威尼斯，一个擅离职守的军官将冒着让人将他的画像倒挂在公共建筑的墙上的风险。⑮ 在法国，早在14世纪就已做过认真的尝试，将士兵描绘成国王的仆人，而国王的利益即代表和平社会的利益，以此让士兵有更好的公众形象。⑯ 到了15世纪，这种努力仍在继续。为国王服务就是为公共利益服务，而货币报酬（the peccune publique）就是对这种服务的认可。公共服务既被看作一种荣誉，也被视为一种为了他人利益而尽的责任。

然而，尽管如此，建立常备军的趋势并没有得到普遍的赞同。罗贝尔·布隆代尔把这样一支军队看作对付所有敌人、稳定法国国防的方式。让·茹沃纳·德乌尔森（Jean Juvénal des Ursins）认为应对士兵给社会带来的道德和人身危险的最好办法是让他们从事他们最擅长的事：对他人发动战争。托马斯·贝森认为，军队构成了双重暴政：它既极端昂贵，又是对自由的威胁。他建议说，为什么不回到过去，让王国的防卫权掌握在贵族手中？那个被广泛认为是动荡、危险和破坏根源的士兵应该成为公众利益的守护者，这太矛盾了，不可能获得普遍接受。所以，人们对变化的反应不一。⑰

发展常备军的自然结果是服役期的延长，这几乎就是一种常规，如威尼斯这样的城邦国家就对为其服役的士兵们提出了这样的要求。⑱ 在法国，尤其在布列塔尼，服役多年的士兵给军队带来了一定的稳定。⑲ 士兵也希望谋取军职，这种希望基于另一种变化，这种变

---

⑭ MacKay（1977），pp. 144–151；Ladero Quesada（1964）；Stewart（1969）。
⑮ 关于临阵逃脱，详见 Newhall（1940），pp. 150–154；Heymann（1955），p. 496（10）；Borosy（1982），p. 65；Mallett and Hale（1984），pp. 122–123。
⑯ Allmand（1991）。
⑰ Solon（1972）；Contamine（1992），pp. 205–208。
⑱ Mallett（1973），p. 131。
⑲ Jones（1985），p. 153。

化在14世纪里已经被广泛地讨论并在15世纪变成现实：士兵的升迁主要是靠经验而不是出身，因为他们对军事胜利做出的贡献越来越得到人们的赞赏。贵族们认为战争是个人机会的体现，这种观点正被另一种观点所取代：每个国家，无论大小，其命运都取决于那些为国家而战的人们的集体努力。取胜，实际是生存的必要性现在占据了主导地位。为了避免战败的集体后果，导致社会招募战士，特别是领导人，都是从那些具有良好实战经验的人员中遴选。[20]

在"旧式"的军事英雄（如让·弗瓦萨尔）和"新式"职业士兵（如菲利普·德·科米纳）之间是订了契约的雇佣军首领，或雇佣兵队长，自13世纪以来，这是意大利历史上的最熟悉的人物。是一个为意大利半岛城邦提供领导和军队（特别是时代要求的专业军队）的人，因为这些城邦的军队并非总能自给自足。他和他的部下可能并不只是意大利人，也有德国人、法国人、英国人或西班牙人。因为人们通常认为雇佣兵残忍且不可靠，所以，尽管他们有战斗技巧，他们同雇主之间经常是一种爱恨交加的关系。然而，总的来说，雇佣军首领是一个明星式的人物，他能将士兵招至麾下，各国与他谈判，希望他能捍卫他们的利益，尽管当认为他违背雇主的利益时，他也会面临风险。比如弗朗切斯科·布索内，一个牧羊人的儿子，后来成为卡马尼奥拉伯爵，因不服从命令，漫不经心对待敌人和未能"交付"战果而被武断的威尼斯城邦处决。但是对每个像布索内一样的雇佣军首领来说，有时是可以做到兼顾雇主利益和自身事业的，并以不同的方式使自己的英勇得以认可，如终生享有的头衔和土地，死后享受国葬的厚遇，在少数情况下，还有诸如在公共场合给他们立雕像纪念等，以示他们个人在为雇佣他们的国家服务时起到了很好作用。[21] 这些纪念碑经常带有较浓厚的骑士精神传统，这种骑士精神坚持颂扬那些把自己的技能提供给政治领袖以换取认可和奖励的人。

15世纪见证了战争方式的一系列进步。一个多世纪以来，总的趋势是步兵的重要性在增加。不断上涨的战争费用，特别是战马及为保护战马和骑手所需的日益精密的盔甲费用的上涨，对传统的军队构成

---

[20] Allmand (1988), pp. 67–73.
[21] Mallett and Hale (1984), pp. 191–198.

产生了重大影响。到了 14 世纪中叶（不能再往前追溯），骑兵们已经饱受大批弓箭手的折磨，这些弓箭手能在 200 米范围内给骑兵致命一击。但是骑士和战马的时代还远未结束。在东南欧有利的物质条件下，骑上构成土耳其和匈牙利军队的中坚力量。再往西，在 15 世纪的下半叶，骑兵是重组后的法国和勃艮第军队的主体。无论在战场上还是追击敌军时，他们都继续发挥重要作用。[22] 意大利半岛各国雇用的雇佣军首领都是骑兵部队的首领，他们的形象常常是骑跨着威武战马，保罗·尤塞洛（Paolo Uccello）的画作"圣罗马诺之战"（可能创作于 15 世纪中叶），场景主要是战马和全副武装的骑士。至于轻骑兵，在西班牙更加常见[23]，而那些受雇于意大利的巴尔干骑士在欧洲最负盛名。来自遥远的亚得里亚海沿岸地区和希腊的威尼斯雇佣军只装备了短矛和弓箭，但是他们的多面才艺使他们既可以使用弓弩也可在适当的时候动用手枪。这些部队虽然损失了一些辎重，但是无疑在灵活性上大大提高了。作为一支相对廉价的军队，他们很容易被威尼斯政府控制，他们在达尔马提亚、莫里亚和弗留利地区抗击土耳其人时因战斗技术而广受欢迎。而他们在 1482 年威尼斯对抗费拉拉战争上的表现，只是他们在意大利后来若干年冲突中的初露头角而已。[24]

然而有利于步兵的发展趋势仍在继续着。瑞士军队徒步作战，他们的长矛方阵威震全欧，仅举三例，法国、勃艮第和威尼斯就雇用过他们。正如 1476 年 3 月在格朗松战役中表现的那样，瑞士长矛兵在面对骑兵时的训练有素消除了那些重装步兵在未来能否起决定作用的疑虑。[25] 这个方阵大约有 7000 人，队列约 100 米长，80—90 人一行，纵深约 70 人。方阵前列是长矛兵，随后的是持戟的士兵，吓得惊慌失措的骑兵就是被这些戟钩下了马。1515 年 9 月的马里尼亚诺（Marignano）战役中，没有哪个骑兵有机会抵抗如此多的尖锐钢制武器，这些武器能够而且确实以高度纪律严明的队形移动。然而，第二天，同样在马里尼亚诺，当法国火炮对令人生畏的方阵造成毁灭性打击时，瑞士军队的偌大弱点——密集方队（仍是强大战力之源）对

---

[22] Vale (1981), pp. 127-128.
[23] MacKay (1977), p. 149; Macdonald (1948), pp. 36-40.
[24] Mallett and Hale (1984), pp. 47, 73.
[25] Hale (1957), p. 263.

抗火器的脆弱暴露无遗。

步兵在其他地方也给战争艺术留下了自己的印迹。据科米纳（Commynes）描述，勃艮第骑士为了与弓箭手战斗而跳下战马的做法是从英国学来的，英国弓箭手在 15 世纪末依然享有很高声誉。[26] 在波希米亚，扬·日什卡（Jan Žižka）发展出的一种独特的作战风格，与使用马车式堡垒密不可分，这种移动堡垒主要用于防御骑兵。但是就像日什卡（Žižka）本人 1421 年 12 月在库特纳霍拉（Kutná Hora）战役中所展现的那样，这种坦克般的战车还可以攻击性地驱逐和击退敌人。正如弓箭手、马车式堡垒（很快就被匈牙利的农民所仿制）和长矛方阵所表现的那样，有各种各样的手段能对抗重骑兵那惊人的威力。[27]

日什卡（Žižka）的军队还充分利用了 15 世纪初期勃艮第军队使用过的手持火药武器。15 世纪 30 年代，在法国的英国军队就已经使用了便携式火枪了，它使用昂贵的火药并射出铅弹。[28] 配上木梁，装上支架或三脚架，在防御时（例如从城堡城垛开火）火枪很能发挥作用，同样，在进攻时（例如围城）可使防御方付出代价。从源头上讲，火枪同弩机不相上下。弩机仍然易受技术进步的影响，如整体用钢材制作，其威力将大增。尽管弩手依然存在，没有理由要用火枪取代他们的武器。尽管那不勒斯的阿方索（Alfonso of Naples）军队中的弩手比火枪手更多[29]，但是在"大胆"查理（Charles the Bold）治下的勃艮第和瑞士兵手里，火枪的使用范围越来越广，当时的证据、档案、文学和艺术作品很好地证明了这一点。1490 年，人们认识到威尼斯对德国火枪手的依赖，并启动了一项训练计划。[30] 在如此至关重要的事情上，威尼斯并没有落后于人，尤其是在火绳枪即将帮助创造类似现代火器的东西的时候。

攻城炮和野战炮的发展具有更直接的影响。在 14 世纪下半叶，

---

[26] Commynes, *Mémoires*, Ⅰ, p. 23.
[27] 关于 Žižka, 详见 Heymann (1955), pp. 295 – 296, 450 – 453; 关于一个胡斯马拉堡垒的绘画作品, 详见 Heymann (1955), pl. 3. 关于这场战争对德国的短期和长期影响, 详见 Heymann (1955), p. 452; 关于匈牙利, 详见 Held (1982), p. 87.
[28] Vale (1976), p. 134.
[29] Ryder (1976), p. 282.
[30] Mallett and Hale (1984), p. 79.

第八章 战争

为围城战开发出了枪械,在接下来的一个世纪中,枪支(制造各种规格)进入了对战局起主要影响作用的全盛时期。但是,枪支并没有在全欧洲得以持续发展。虽然早在 15 世纪初火炮就在威尼斯使用了,但是直到 15 世纪中叶,共和国才开始正式使用火炮,那不勒斯王国同样如此。然而在北欧,情况则有所不同。尤其是出于防御目的,城市社区(他们有钱造火炮)可能拥有自己的火炮。到 15 世纪初期,德国、低地国家和法国都如此。英国、法国和勃艮第之间的战争主要在法国北部和东北部进行,这大大促进了欧洲这一地区重型火炮的使用。自阿夫勒尔之围(1415)开始,英国的政策是夺得城镇和军事要塞。无论在此之前还是之后,勃艮第的政策也同样如此。无论是使用射石炮还是重型加农炮,抑或是各种轻型加农炮,只要短距离水平发射,并瞄准到城墙的下三分之一处,它们就能对石质防御工事造成巨大破坏。在爱尔兰,情况则截然不同,直到 15 世纪末,火器才开始出现。㉛

15 世纪的前半叶是使用重型火炮的实验期。经过若干年实验后,开发出了硫黄、木炭和硝石发挥最大威力的准确配比;如何运送重型火炮(最初用大批的马或牛拉四轮货车,后来将其悬挂在两轮之间,或者最好是水运)这一问题也慢慢得以解决。㉜ 炮耳的发展也促进火炮改变射击角度和射程的能力,虽然这种火炮的威力是通过使用铁而不是石头或大理石来增强的,但从 15 世纪 30 年代开始,人们就生产出了大小一致的炮弹。因此,15 世纪前半叶是发展有效利用加农炮的重要时期,只是到了该世纪的后半叶,当最初的问题得以解决,火炮的有效性在福米格尼战役(Formigny)(1450)和科斯蒂永战役(Castillon)(1453)中得以证明时,它才几乎在欧洲所有地区受到青睐。到本世纪的第三个 25 年,这种新型点火武器在战场上的特殊价值完全彰显时,大部分的国家都将它们的炮兵辎重置于中央任命的军械官控制之下。在法国,从与火炮相关人员任职的连续性中可以看出炮兵部队的特殊重要性,其中一些人在皇家军队中的服役时间长达 20 余年。此外,国王通过垄断硝石供应来强调这种武器的重要性,

---

㉛ Eltis(1989);Salamagne(1993)。关于在爱尔兰作战的不同方式,详见 Simms(1975)。
㉜ Contamine(1964),pp. 252, 256;Mallett(1981),p. 270;Sommé(1986);Vale(1976),p. 60。

同时斥巨资向皇家军队提供他们所需的大炮。所以不足为奇的是,法国的炮队冠绝欧洲,并在1494年入侵行动中给意大利人留下深刻印象。但是,那时,意大利人已经开始发展应对火炮的建筑——角堡垒,它不仅削弱了炮击的效果,而且使防御者能够利用他们的防御作为反击的平台。在某种程度上,有利于被围困者的传统平衡正在恢复,这种平衡曾由于大炮技术的进步超过了防御者所能获得的技术而受到威胁。[33]

到了15世纪,海战开始具有真正的军事意义,无论是运输还是战争,都需要随时接近船只,这有利于塑造外交局面和影响国家之间的关系。造船是昂贵的,并不是所有的国家都需要为自己提供一支基本的永久海军力量;勃艮第公爵和那不勒斯国王并不是唯一通过批准私掠行为来推进自己战争目标的人,这些人在这种活动中具有物质利益。总的来说,这个世纪将要见证海战的进步和(例如在波罗的海)专门为战争而建造的船只的使用。[34] 海军部队在阿夫勒尔(Harfleur)解了英国驻军的围,冲破了敌人对该镇海陆两面的封锁(1416),这显示了海军武装的重要性。在荷兰和汉萨同盟(1438—1441)之间的争端中,海军的使用见证了在一场真正的贸易战中封锁波罗的海的技术。[35] 在此背景下,河流的利用同样意义重大。人们逐渐认识到航运的价值,它们廉价且便捷的运输方式,可以确保人员、给养和大炮等重型攻城机器的内陆运输安全。因为可以从海上经过塞纳河直达鲁昂,英国人更易围攻诺曼底首府(1418—1419),也提高了成功的概率;无论是土耳其人还是他们的基督教敌手,在多瑙河下游都使用大帆船;由于控制了波河和阿迪杰河的出海口,并可随时使用造船厂,威尼斯人在伦巴第的主要河流上使用了内河舰队,包括桨船和西班牙大帆船(一种带有上层甲板以装备火炮和装载士兵的大帆船)。[36] 这些舰队的重要性不仅在于为国家的军事成就做出重要贡献,同时也强调了这样的一个事实,即在某些国家里,海军组织更多地由中央控制,并且成为更广泛战争的一部分。那不勒斯的阿方索(Alfonso of

---

[33] Hale (1965a); Vale (1982), pp. 188-190.
[34] See Richmond (1964), (1967) and (1971); Rose (1982); Mallett (1994), pp. 554-557; Contamine (1992), ch. 12; Paviot (1995).
[35] See below, pp. 684, 693.
[36] Allmand (1992b), pp. 230-231; Mallett and Hale (1984), pp. 96-100.

Naples)早就认识到这一点的必要性;在西班牙和英格兰,由国王支付年薪,保证海军舰长长期服役。㊲ 在欧洲的两端,苏格兰的詹姆斯四世和土耳其素丹穆罕默德二世及巴耶济德一世给海军投入大量经费,这反映出无论在战争还是和平时期,海洋的重要性正在得到广泛认可。㊳

各国的战争目标不仅可以通过直接冲突来推动,而且可以通过谈判和外交手段来推动,而现在,谈判和外交越来越被人们视为战争的重要补充。自13世纪末起,在北欧,尤其是英国,已经发展出了外交程序的基本轮廓。㊴ 不过,15世纪取得最大进步的却是意大利。意大利习惯了诸国间激烈的长期对抗,习惯了通过战争维护经济利益,在寻求和平时,它力图维持诸国间的某种平衡。毫不奇怪的是,这里最需要建立起邻国间的有效联系,建立并维持同盟关系,以及及时得知他国的经济计划和目的,因此正是在欧洲的这一地区出现了第一批常驻外交大使(或一些人所认为的间谍)。㊵ 同样,为了在一个竞争激烈、缺乏权威的世界中保持平衡,联盟应运而生,如1454年创立的洛迪联盟,其目的就在于用集体威慑力量来制止侵略。1454年和平的确立为半岛在接下来的40年带来了相对稳定,这一成就使这些联盟成为欧洲外交舞台的一部分,并一直延续到16世纪。

为了单个国家的利益而战,其不断上升的战争成本最终还是由这些国家承担。到1450年,一匹好战马的价格可能相当于一个法国重骑兵6个月以上的报酬,而一套精良的金属盔甲的价格相当于一个法国士兵3个月的工资㊶;因此,战争费用必须越来越多地由国库支付也就不足为奇了。重型火炮的供给,加强现有防御工事以对抗新型武器的需要,更别提海军力量日益增长的需要,所有这些都凸显这一点。战争对任何一个社会的繁荣都是一个巨大的拖累。整个欧洲,无论是奥斯曼帝国还是罗马帝国,同伊比利亚诸王国一样,都在不断加征新税以维持战争活动。佛罗伦萨在15世纪20年代就不得已强征新赋税,其整个国家在15世纪上半叶的财政收入仅仅只有战时所需的

㊲ Ryder(1976), ch. 9; MacKay(1977), p. 150; Allmand(1992b), p. 227.
㊳ See below, pp. 519, 829.
㊴ Cuttino(1985).
㊵ Queller(1967); Mallett(1981).
㊶ Vale(1981), p. 126, and(1982), p. 178, citing Contamine(1972), pp. 658–663.

1/3 左右；而西班牙与格拉纳达长达 10 年的冲突可能耗费了西班牙国库财政收入的一半以上；即使在和平时期，也就是 16 世纪初，威尼斯也要为常备军耗费约 1/5 的财富。军费开支决定了战术和特种部队的使用。在有利的条件下，使用重骑兵可以迅速取得成效，瑞士方阵的战术也是如此。这些是直接对抗的"高风险"策略，而不太富庶的国家对待战争更是小心翼翼。避免出现激战，代之以小规模冲突和掠夺，消耗敌人的精神和物质财富，这种策略常常奏效，因而对于不太富庶的一方很有吸引力。[42]

战争促进了与之相关的经济发展，尤其是武器装备的供给和制作武器的相关材料方面。紫杉大部分生长在葡萄牙地区，用于制造弓箭，而橡木则用来建造船只。炼铁需要大量的木材，其中大部分来自西班牙和荷兰南部，用于铸造厂制造各种型号的火枪火炮。这样的铸造厂通常在城镇中发现，设计和制造火炮的工作通常由具有其他相关技能的人来担任，如钟表制造，这需要对金属进行精确加工的经验。武器制造商的到来帮了梅赫伦（Malines）和图尔奈（Tournai）这些城镇的忙，那时它们的传统布料贸易正在走向衰退。[43] 究其本源，出于防御目的而开发使用火炮起源于城镇，这并非巧合，而借枪筒之力，勃艮第公爵们称霸欧洲城市化程度最高的地区之一，这亦非巧合。个别火炮的高昂费用使大炮成为国家中央集权的积极工具，而国家中央集权一旦实现，也将由同一支军队来保卫。

这个世纪见证了关于战争理论和实践的文献的长足发展，这很大程度上得益于古典时期的传统。[44] 毫无疑问，从过去传承下来的最著名的作品是韦吉提乌斯（Vegetius）的《罗马军制论》（De re militari），它很有可能编纂于 4 世纪晚期，其影响在未来几个世纪中依然存在。在 13 世纪、14 世纪和 15 世纪末的白话翻译中该书自由地"现代化"了，它的魅力不在于歌颂战士的个人美德，而在于其对战争的合理化以及对赢得战争胜利的一般原则的阐述。作为对韦吉提乌斯（Vegetius）作品某种意义上的补充，1 世纪罗马作家弗龙蒂努斯（Frontinus）的作品

---

[42] Ryder (1976), p. 282. 关于意大利人和法国人对战争的不同态度，详见 Clough (1995), pp. 193–194。

[43] Gaier (1973).

[44] Vale (1981), ch. 1.

第八章 战争

《谋略》（*Stratagemata*）主要汇集了古代历史学家作品中的实用智慧。1439 年，这部著作被翻译成法文（此前不久法国国王实施了军事改革），并在 1487 年首次印刷出版，1494 年再版（第二次是和韦吉提乌斯、埃利亚及其他人的作品一起出版）。㊺ 这本兼具哲学性与实用性的著作教导说，胜利取决于"纪律"，这个词可以理解为军队中的"团队协作"；取决于随时利用战场内外各种机会的能力，就指挥官而言，则取决于他从经验中学习的意愿。所有这些都有共同之处：它们都可以通过训练来获得。在 16 世纪头几年创作《战争的艺术》（*Traité sur l'art de la guerre*）一书的贝罗·斯图尔特（Bérault Stuart），强调这种实用性特点对战争取得圆满胜利至关重要。㊻

在写作 14 世纪末的战争大事记时，傅华萨（Froissart）将注意力主要集中在个人的战争功勋（*faits d'armes*）上；100 年之后，科米纳（Commynes）几乎可以忽略它们。其间的几年中，人们对战争的态度和作战方式都发生了许多变化。路易齐·达·波尔托（Luigi da Porto）（"百人对百人"）、巴尔达萨雷·卡斯蒂廖内（Bldassare Castiglione）和其他人可能更喜欢公开的战斗，以及个人英勇被看到和评论的机会。㊼ 大炮可以命名（很多都被命名），而且被（挺认真地）当作个体对待㊽，一如罗伯特·瓦尔图里奥（Roberto Valturio）的《罗马军制论》（*De re militari*）（写于 15 世纪中叶，1472 年在维罗那出版）一书所描写的一些机器，它们被赋予了动物性特征，好像是要强调它们的个性。㊾ 然而，他们都没有考虑到随着战争的进行而发生的根本变化，主要是对每个士兵作为个体角色的限制。无论是瓦尔图里奥（Valturio）著作中发现的机器，还是在 15 世纪早期康拉德·克耶塞尔（Conrad Kyeser）所著的《战争堡垒》（*Bellifortis*）（该世纪早期所著）㊿ 中的机器，无论多么精巧，都没有多大前程。而最富骑士精神和最忠诚的法国人谢瓦利埃·巴亚尔骑士（the Chevalier Bayard）在 1524 年被火绳枪所杀。到了 15 世纪末，人们越来越认识到，

㊺ See bibliography, *sub* Vegetius and Frontinus.
㊻ Stuart, *Traité sur l'art de la guerre*.
㊼ Cited in Clough (1993), p. 108.
㊽ Vale (1976), pp. 63 – 64, 71 – 72.
㊾ E. g., BL, Add. MS 24, 945.
㊿ Kyeser, *Bellifortis*.

战争的成功与其说取决于个人的卓越功绩，不如说取决于训练有素的军队的集体努力。而更符合时代和武器发展的是公元1世纪的埃利安（Aelian）编著的专著《战术》（The Tactics）［人文主义者狄奥多勒·加沙（Theodore Gaza）于1487年在罗马印刷的拉丁文版本，并附有图表，例如已在14世纪的著作手稿中发现的图表］，该书反映了战争艺术的科学方法，印刷页面的相对一致性为其提供了进一步的维度。比这些古老著作的"重印本"更有意义的是（这可能会有争议）那些拥有最新战争经验的人最近撰写的关于战争的著作。比伊埃（Bueil）写于15世纪60年代，1493年在巴黎出版的《青年》（Jouvencel），以及罗贝尔·德·巴尔萨克（Robert de Balsac）（死于1503年）和贝罗·斯图尔特（Bérault Stuart）（死于1508年）的论述，都没有过分地依赖古典模式。相反，它们都反映了作者在各自时代的战争经历。作为罗马晚期以来第一批关于战争的实用性著作，它们反映了一种将战争主题提升到实用、具体和科学性领域的尝试。这些作品代表了一种态度的显著变化。[51] 尽管上帝可能会介入，但战争结果的主要责任却落在人类身上，意大利在15世纪最后几年联合起来对抗法国的外交失败突出了这一点。作为一种新思维的象征，贝罗·斯图尔特的职业生涯中不仅有过外交官的经历，也有过一段较长的军人生涯。外交是古人备战思想的新表现；战争不仅仅是在战场上发生的。同时，人们对埃利安书中的图表产生了兴趣，巴尔萨克和斯图尔特二人都强调经验（这个想法不久就导致了训练军官的官事学院的建立）[52]，以及坚持精良火炮对于未来战争的作用，所有这些都有助于突出人们日益重视战争中人类的理性、创造性和独创性的作用。韦吉提乌斯曾建议，不要听天由命；用士兵的技能对付敌人。现在把失败归因于命运或上天的不悦，已不再足够了。人们需要知道它发生的原因，以便弄清昨天的失败如何转变为明天的胜利。

克里斯托弗·阿尔芒（Christopher Allmand）
傅新球 译

---

[51] Contamine,"中世纪晚期的战争文学"。
[52] Hale（1976）。

第 九 章
探索和发现

一个有幸从高处俯瞰 15 世纪世界的宇宙观察者，会注意到许多文化和文明因距离遥远，沟通不畅，有时甚至互不了解或缺乏兴趣而相互隔绝。然而，他可能已经发现——在拉丁基督教世界以外的大部分地方——边缘地区已经引起了一些骚动：政治边界的扩张，扩张运动的开始，移民、贸易、征服和传教，这将使未来几个世纪的世界成为帝国竞争的竞技场，在这里，不断扩张的文明相互碰撞，所有的人类、社区都卷入了冲突、商业和传染病之中。要实现这一巨大而显著的变化就必须在先前孤立的或几乎不交流的人群之间创建切实可行的通道。

在本章中，"探索"指的是对这些路线的识别、调查和记录。这一过程由来自拉丁基督世界的探险家主导，然而，我们假定的观察者，除非同样具有远见卓识，否则在这个世纪发达之前，可能无法预测这样的结果。这种动机的来源，如物质上的迫切需要、科学上的好奇心、传教的热情、商业精神或肆意的侵略，并非世界上任何一个地方特有的，而且，与中国和伊斯兰国家相比，拉丁基督教世界缺乏技术资源，无法进行长途旅行、无法维持旅程中的生活，无法在陌生的地方找到方向，无法记录和交流收集到的信息。

其他一些本来有发展前途的文化甚至受到了更大的技术限制，这可能抑制或剥夺了他们在探索方面取得更大成就的资格。例如，阿兹特克人及其邻居，像撒哈拉以南的非洲土著民族一样，没有海上远程航行的手段。在秘鲁，没有地图。被浩瀚的太平洋包围的波利尼西亚人，利用他们掌握的技术可能已经达到了他们所能接近的世界极限。

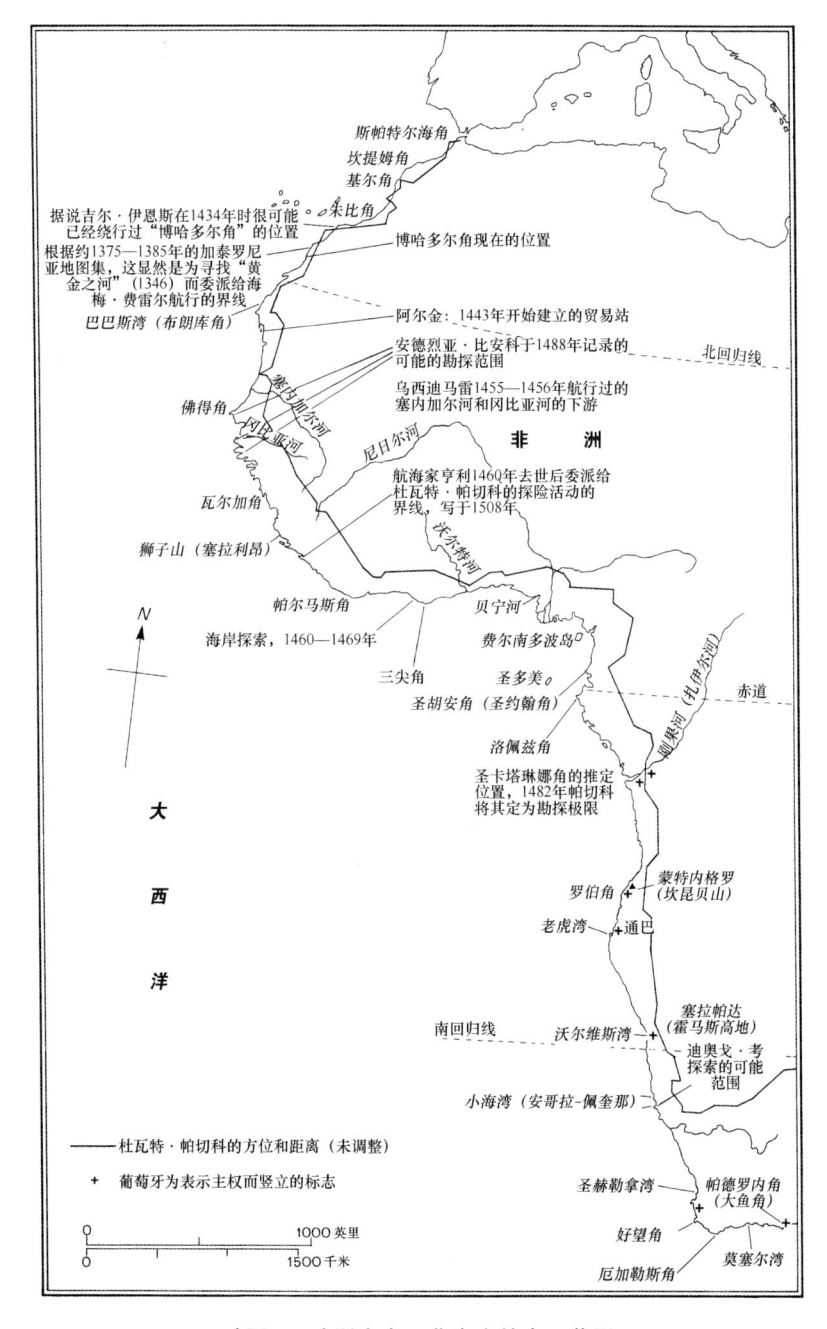

地图 3　欧洲人在西非海岸的发现范围

在这些社会中,探索和记录的路线跨越了很长的距离——秘鲁跨越了30个纬度,而波利尼西亚跨越了数千英里的海洋——这些记录显示了在技术不足的情况下可以取得多大的成就。

事实上,装备最精良的人并没有实现他们作为探险家的诺言。比如爪哇,到14世纪晚期,它的制图传统和造船技术至少和其他地方一样好,但它所有的航运都被南亚和远东之间一个相当有限的区域内的贸易所吸收。到了14世纪中期,阿拉伯游记和朝圣者指南覆盖了整个伊斯兰教世界并有选择地向世界以外扩展,比如撒丁岛和中国。到15世纪下半叶,阿拉伯人的航海指南已经覆盖了从南部非洲延伸到中国南海地区的印度洋。然而,在阿拉伯商业帝国得到了地中海和远东地区那梦寐以求的领土后,穆斯林人的进一步探索就变得断断续续且微不足道了。特别是,在大西洋海域上几乎没有人愿意付出一点点努力去效仿印度洋上的航海家们,像他们一样去发现和探索。而且那些水手们也满足于熟悉的线路所带来的利润,对冒险穿过印度洋向南的那一片暴风雨地区不感兴趣。当新大陆已经变成基督教国家的延伸,葡萄牙人发现了一条从大西洋通往东方的捷径时,此时奥斯曼苏丹才开始叹息他们的失策,但为时已晚。

同时,中国探索精神的传承出现了近似的停滞。虽然海上航行长期以来仅限于经贸和外交的范围;但在中国,这一范围则是一片广阔的世界,纵横远超丝绸之路和印度洋。地理学家对收集而来的信息进行整理和绘制。例如,大约在1220年,一位学者和外交官通过个人观察,对中国南海、东南亚和印度进行了详细的描述。一个世纪后,人们绘制了可以通行的印度洋地图,其中可能包括非洲海岸到好望角以外的地方。[①] 在1405年到1433年之间,在宦官郑和率领下的远洋朝贡贸易,不仅对原有商业航线信息进行了校正,而且也在实地经验的基础上,增加了像吉达(Jiddah)和马林迪(Malindi)这些遥远的地方的记录。然而由于尚不完全了解的原因——如派系斗争的起起落

---

① Needham *et al.* (1961 –), Ⅲ, p. 352; Snow (1988), pp. 9 – 12; Norwich (1983), pp. 15 – 16; Fuchs (1953), p. 50; review, by J. Duyvendak, of Fuchs (ed.), Mongol atlas, in *T'oung Pao* 39 (1959), pp. 198 – 199.

178

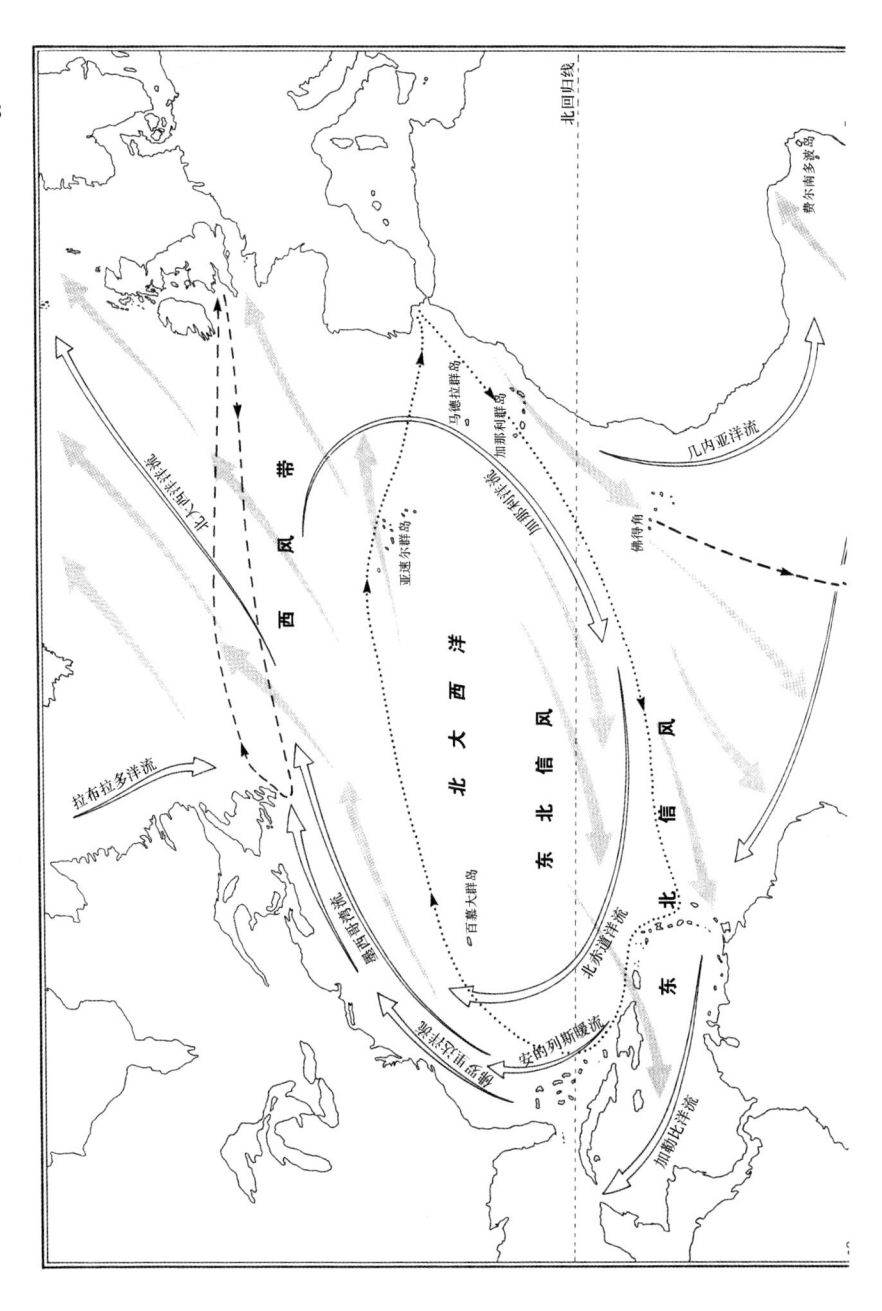

北回归线

费尔南多波岛

几内亚洋流

佛得角

北大西洋

东北信风

北赤道洋流

安的列斯暖流

加勒比洋流

亚速尔群岛

马德拉群岛/加那利群岛

百慕大群岛

墨西哥湾流

拉布拉多洋流

西风带

北大西洋暖流

第九章 探索和发现

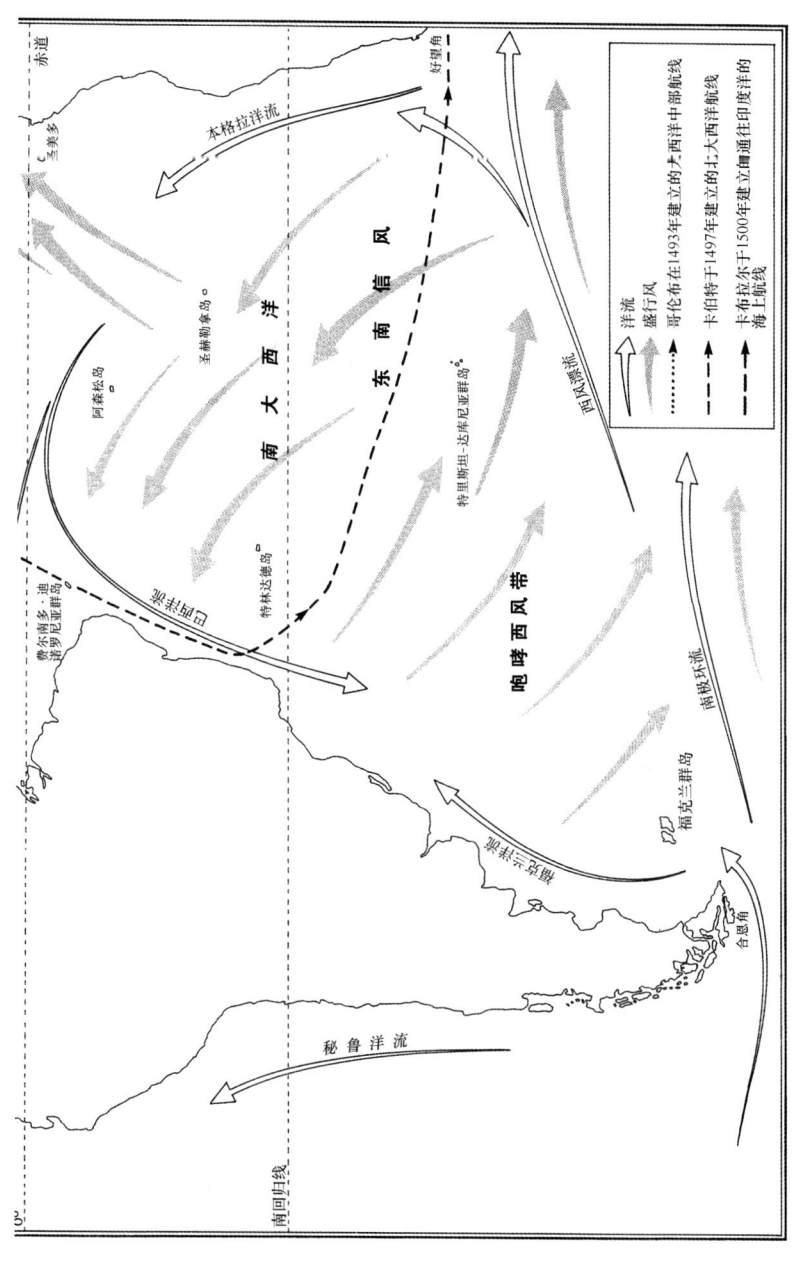

地图 4 促进发现的风系和洋流

落、士人阶层对宦官和商人的敌视以及远洋航行高昂的费用——致使这种潜在的帝国首创精神不幸夭折。海军造船难以继续，许多有关郑和政绩的官方记载也被销毁。

因此，当更繁荣、更成熟的文明满足于其传统联系的开发时，寻找新资源，扩大势力范围，并最终将世界大部分地区纳入其线路的任务就落在了来自拉丁基督教世界的探险者身上。他们最大的优势来源可能是他们在大西洋边缘的起点。而在依靠帆船航行的时代，航路的发现主要依赖于有利的风向和洋流。来自印度洋和西太平洋的航海家即便是想在季风区之外找到适宜远程航行的条件，也难以找到。在殖民时期美国西海岸贸易发展起来之前，唯一可以向东跨越太平洋的航线实际上是一条死胡同。从印度洋向南的航线既艰苦又危险，据我们所知，航线最终通向的也只不过是一些无利可图的目的地。相比之下，大西洋则是通向世界其他地方的捷径。它的风力系统为连接太平洋和印度洋以及新旧世界提供了潜在的通道。这些航路的确定和开发历尽艰辛，完成于15、16世纪，不愧为世界历史上的一项革命性成就。虽然在世界其他地方也有一些有趣的或重要的故事，但15世纪的探险故事主要是穿越大西洋，将海岸连接起来并通向其他海洋。

第一节 拉丁基督教世界的背景

若想了解这个故事，得先了解中世纪晚期拉丁基督教世界内部探险的背景。对欧洲探险家职业起源的探索，只有以一个非常长远的眼光来看待，并承认这一过程从一开始就缓慢而不均衡地成长起来，才能得到回报。从某种意义上说，它可以追溯到11世纪晚期至12世纪拉丁基督教世界自我发现的时代。当时，在驯服鲜为人知且尚待开发的环境这一浩大工程中，生活在河畔的人们征服了原始森林，观察家和旅行者转向内部去寻找和描述欧洲内部的蛮族：生活在森林、沼泽和深山里的原始人群，未完全同化的边缘住民，他们聆听到的福音非常有限，他们的栖息地也往往在地图上一无所注。与此同时，殖民者和十字军扩展了拉丁基督教世界的边界，增加了对这些洞穴之外世界的了解。西欧的学者们通过十字军东征的经历了解了世界的广阔无垠——在13世纪和14世纪早期，又通过商人和传教士的描述增强了了解，这些商人和传教士，沿着蒙古帝国的驿道远达中国大地，或者乘坐当地的船只，在印度洋上航行。

这张地图必须从各种来源逐步拼凑起来。其中有两张追溯到古罗马时代：在现存的诸多中世纪的资料中，罗马道路地图保存在 14 世纪维也纳的坡廷格尔图表上；还有当地的测量技术，其连贯性可以从古罗马的测量师（Agrimensores）和他们的继承者所绘制的这些残存的地图上体现出来。那些富有的修道院的地产地图可以覆盖广阔的地区，有的时候彼此之间相隔很远，所以地产管理和分布广泛的教会集体事务就形成了确切的活动路线——本质上来说，就是一系列的歇脚点。而朝圣和皇室出巡也会形成这样的行程路线，这些路线相当大一部分在 13 世纪以后就以地图的形式留存了下来。由于传统的线性模式被测量员们用来呈现空间关系的传统给改进了，所以区域地图也得到了发展。战争的需要不断刺激着技术的发展：例如，马里诺·萨努多（Marino Sanudo）的十字军东征宣传，就借助于网格绘制了精确到不可思议的地图。在 15 世纪，地图逐渐成为战地指挥官的常规装备之一。皮耶罗·维斯孔特（Pietro Vesconte）为萨努多绘制的地图，都是些有关探索的文献。它所覆盖的区域以前从未由基督徒绘制过地图，就像那些来自库萨的尼古拉在 15 世纪绘制的波罗的海到黑海之间的欧洲地图一样，包括了最近才并入拉丁基督教世界的地区。

在 13 世纪时，类似的发展将书面的众多航海指南变成了海图。于 1270 年远航至突尼斯的圣路易（St. Louis）就拥有一份这类图表，而幸存下来最早的类似图表就在不久之后出现。尽管比例概念直到 16 世纪才开始严格运用，但作为记录陆路和海上交通线路的工具，中世纪晚期的制图学产物变得非常实用。

第二节　制图学和地理学

哥伦布认为，水手这个职业，"促使所有追随它的人都想了解这个世界的秘密"[2]。而探索发现和地理学的假想滋养了彼此，也都反

---

[2] Varela（ed.），*Crístobal Colón*, p. 277: "似乎使所有干这行的人都产生了一种想知道世界奥秘的心情。"（"*La mesma arte inclina a quien le prosigue a desear de saber los secretos d'este mundo.*"）

映在当时的地图中,而那些地图囿于当时的地理知识,又旨在囊括实际的发现及由此引发的猜想。在中世纪晚期,不仅仅地图包含的范围发生了变化,地图本身的性质也发生了变化。从现存的例证得知,直到 13 世纪,欧洲世界地图一直是宗教物品,旨在以示意图的形式唤起上帝的和谐设计,例如,适合作为祭坛的装饰物。到 15 世纪,像文艺复兴时的艺术家们钟情于自然主义一样,地图绘制者们对地理写实主义产生了同样的兴趣。地图绘制者们收集整理了有经验的航海家所写的记录,而在某些情况下,这些航海家恰恰就是为了证实绘制者们的猜测而出发航行的。从 1339 年起,航海图表就成了记录大西洋新发现的常用工具,这逐渐成为地图的明确功能。有一位热那亚的地图制作者于 1403 年绘制了一幅未出版的地图,他记录了如何将自己所绘地图的细节与水手们的经验和信息相对照。③ 1448 年,由热那亚的安德烈亚·比安科(Andrea Bianco)在伦敦绘制而成的一张有名的地图,专门记录了葡萄牙航海家们在大西洋上的最新发现。

  航海图和战略图表本质上就是很实用的工具,因此,易受变化并对新的信息做出反应。世界地图上充斥着更为顽强的传统,这些传统源自这种流派的虔诚起源。传统上是将世界描述成一块连绵不断的大陆,四周被岛屿包围着,边缘有海洋环绕(拉丁语为 orbis terrarum)。在整个这一时期,这一传统被一些最新潮的绘制者所秉承;例如,德国人亨利库斯·马特尔鲁斯(Henricus Martellus)大约于 1489 年在佛罗伦萨所作的世界平面图就把最新的"葡萄牙人的描述(Descriptionem Portugalensium)"都包括在内。④ 通常,地图上的最东方是人间天堂,而耶路撒冷至少大致是在世界的中部。无论如何,世界地图(*mappae mundi*)和地球仪越来越常用来描绘地球轮廓以及各地区相对位置的特定理论概念:最常见的是 15 世纪托勒密的那些作品,例如《地理学》,该书 15 世纪早期就被翻译成拉丁语,书中使用了图解来填补原作中的空缺,并使困难的语言变得容易理解。15 世纪的其他例证还包括德国地图,图上标有未知的处于对跖点的大陆;佛罗伦萨的皮耶罗·保罗·托斯卡内利(Pietro Paolo Toscanelli)在 1474

---

③ Kraus (1955), pp. 62–66.
④ Nebenzahl (1990), p. 16; Vietor (1962).

年以前绘制后来又遗失的地图,就阐明了他关于狭窄的大西洋可航行的理论;而 1492 年传统上被认为是马丁·贝海姆设计的纽伦堡地球仪,设计中至少在一定程度上是为了表明,根据马可·波罗的记载,航抵日本岛具有可行性。

即使在世界地图上——这些地图给了它们的绘制者一个很好的机会去想象遥远的东方和印度洋的旖旎风采——最受瞩目的就是 15 世纪出现的对大西洋的描述。这表明了对大西洋探险的想象力的刺激,以及对令人兴奋和可利用的大西洋空间意识的发展。在 14 世纪所出现的地图里,通常只是将神话里的岛屿标记在想象中的位置上——像布伦丹、圣厄休拉和巴西——一张 1424 年的威尼斯地图就增加了一些又大又美丽的岛屿,包括"安提利亚岛",也就是"七城联盟"岛,关于该岛有一个跟圣厄休拉一样的传说,讲的是 8 世纪由来自摩尔人的葡萄牙难民们修建岛屿的故事。⑤ 这些岛屿成为后来的制图传统的标准,并启发了人们寻找它们的航程。直到 1514 年,葡萄牙的官方航行指南还绘出寻找这些"仍未发现的"岛屿的航线,而 16 世纪最有趣的伪造品之一就是西班牙征服圣布伦丹岛的"编年史"。⑥ 人们试图将这些精神漫游与可能的真正发现联系在一起,通常与哥伦布发现美洲大陆以前的理论联系。但是一旦人们意识到 15 世纪大西洋的无限可能性而引起真正的兴奋,那么,猜测的繁殖力似乎就得到了充分的解释。

新的发现是直接的诱因:15 世纪 30 年代时,首次在地图上大略正确标出亚速尔群岛的马略卡制图者也在地图上添加了一些新猜测的岛屿。安德烈亚·比安科对新奇真实的事物感兴趣,就像他 1448 年的航海图表现的那样,他在 1436 年的世界地图里零星画着一些海洋里的虚构岛屿,甚至在 1448 年的地图上他也画了一些传说中的岛,并确信在大西洋赤道面 1500 英里的海面上有一座"真正的岛屿"。⑦ 比安科似乎觉得,古老的地理确定性必须被抛弃。几年后,他的合作者,即弗拉·毛罗,这个公认的威尼斯制图学校的大师含蓄地提出了

---

⑤ Cortesao (1975).
⑥ Benito Ruano (1978).
⑦ Yule Oldham (1895), p. 222; Kamal,《制图记录》 Monumenta cartographica, v, no. 1492: "ixola otinticha"。

同样的观点,在他 1448—1460 年画的当时最完整的世界地图上,承认他自己画的地图还不完整,因为世界还是未知的。⑧ 15 世纪的地理学家就像被囚的战俘一样,在牛油蜡烛的光照下看不见自己牢房的墙壁,却能想象自己获得了自由。

在学术地理学的推测中,在地图绘制者的想象中,都可以感觉到推测的自由。这一领域的旅行文学和学术作品的分界线,或者说旅行文学内部奇迹和真实报道之间的分界线,对于某些作品而言,是很难划分的。威尼斯商人尼科洛·孔蒂在 1414—1437 年的印度洋航行经历,被波乔·布拉乔利尼写成了故事,其寓意为"命运的变化无常"⑨。但是这些经历中充满事实,所以很快就被载入地理课本和学术地图中。在 14 世纪出现的作品中,约翰·曼德维尔爵士的《游记》是很"臭名昭著的",因为它不过是一个足不出户的旅行家的空想罢了。但是,它也是一篇极具说服力的论著,它为宇宙的命题辩论:认为地球是圆的;所有的大洋都适合航行;所有的陆地皆可到达;地球上还存在着另一个相对应的世界,等等。马可·波罗被一些人认为是一个寓言贩子,被另一些人视为实际观测的真实记录者而给予高度评价。哥伦布对以上两本以最后名字命名的书的感激之情表明了这些著作是如何影响和鼓舞了探险家们。

尽管历史学家们寻找"文艺复兴"和"地理大发现"之间的联系时,有时会带着一种绝望的神情,但更多的学术文献——包括对古典时代的重新发现,也会助长猜测的氛围,在这种氛围下,探险家们开始了探险活动。15 世纪以来最著名的例证就是托勒密和斯特拉波。托勒密的《地理学》成为 15 世纪拉丁基督教世界使用最广泛的地理参考书;它帮助激发了埃涅阿斯·西尔维乌斯·皮科洛米尼(Aeneas Sylvius Piccolomini)和皮埃尔·德·阿伊(Pierre d'Ailly)写出了有影响力的地理学著作;哥伦布读了这本书,为了支持他的计划,他把它翻了个底朝天;其中包括对印度洋性质的猜测,15 世纪 90 年代葡萄牙探险队的部分目的就是验证这一点。斯特拉波尤其重要,因为他

---

⑧ Mauro, *Il mapamondo*, p. 62: "Quest opera ... non ha in si quel complimento che la doveria, perchè certo non è possibile a l'intellecto human senza qualche superna demostration verificar in tuto questa cosmographia".

⑨ Bracciolini, *De varietate fortunae*, pp. 153 – 177.

提出了关于对跖点可能存在的争论；1423 年他的著作出现于意大利；他的一些思想从 1439 年的佛罗伦萨会议开始就广为流传（这是一个交流宇宙学和教会辩论的大好时机）；翻译成拉丁语的译本在 1469 年出版。尽管他对"对跖点"⑩的引用听起来很讽刺，但它们似乎在哥伦布前往新大陆之前，使倾向或同情人文主义的地理学家们相信，那些关于未知海洋里的大陆的传说是很有根据的。

第三节 探险家的文化观

然而，在某种程度上，在 14 世纪和 15 世纪，那些极大地扩展了地图覆盖范围的探险家们，必须被视为独立于学术地理学家的影响而行事。哥伦布身上的书卷气以及他对理论宇宙结构学的喜爱更使得他独树一帜；而且，即使以他的情况来看，他的学术兴趣似乎并不是由于对探险家职业的期待而发展起来。⑪ 探险家们确实拥有拉丁基督教世界特有的共同文化，这可能有助于解释西欧部分地区在这一领域的卓越地位；但它的来源必须在其他文本和其他传统中寻找，它的成分不是通过思想，而是通过行为模式来辨别的。这项任务并不容易，因为大多数探险家——那些不成功或默默无闻的人——可能仍然默默无闻，他们的纪念碑的不确定性是显而易见的：除了葡萄牙的唐·恩里克家族，很少有编年史家来详细记载他们的丰功伟业；能像哥伦布或韦思普奇·阿美利哥（Vespucci Amerigo）那样自高自大的人就更少了；只有迪奥戈·考把自己的功绩刻在了石头上。许多已知的名字只是在地图上或主要在地图上出现：热那亚人兰扎罗托·马罗塞洛（Lanzarotto Malocello）是 1339 年一位制图师在加那利群岛上记录下来的，现在仍有他名字的版本；在一份地图制作者的笔记中，据记载，马略卡岛的豪梅费雷尔于 1346 年在西非海岸失踪；葡萄牙人迪奥戈·西尔维斯可能在 1427 年确定了亚速尔群岛的真实位置，马略卡岛地图上唯一的纪念碑却不小心被乔治·桑德泼洒的墨水弄得模糊不清。但是，正如可以从地图上部分地重建他们的工作一样，他们的

---

⑩ Geography of Strabo, Ⅰ, p. 243.
⑪ Fernández-Armesto（1991a）, pp. 23 - 44.

共同概况可以从一些尚存的文件中建立起来。

一开始,探险家们主要是来自热那亚和马略卡岛,后来,葡萄牙、安达卢西亚和一些其他的北欧航海集团也逐渐加入其中。他们通常都有十字军东征经历或抱负,比如普瓦图(Poitevin)的探险家加迪菲·德·拉·萨尔(Gadifer de la Salle),他于1402年到达加那利群岛;让·德·莫拉,他是1366年阿拉贡国王在加那利群岛水域的船长;还有哥伦布,他最终的目的地是耶路撒冷。其他人有海盗或私掠的背景,比如葡萄牙恩里克亲王的随从,据说在15世纪30年代袭击了阿拉贡的船只;还有来自安达卢西亚的船员,他们在15世纪90年代随哥伦布的航行,并且他们的船只曾作为私掠船在几内亚海岸与葡萄牙船只作战。他们中的一些人是商人,在寻找海外财富;更多的是没落贫穷的贵族或自称为贵族的人,他们是为了逃离国内机会有限的社会。他们意图像费雷尔和拉·萨尔一样寻找一条"黄金之河"[12],或者是一条香料之路,比如维瓦尔迪兄弟,他们的船在1291年"往大洋里的印度去"("ad partes Indiae per Oceanum")[13] 的途中时失踪;或者一个富饶的渔场,就像1481年布里斯托尔的商人为了寻找传说中的巴西岛而把盐装上船一样;或者是奴隶的来源,比如塞维利亚的拉斯卡萨斯和佩拉萨家族,他们从1393年开始在加那利群岛发动了一系列的掠夺和征服。

他们想要获得采邑封地或建立王国,就像拉·萨尔(La Salle)的合伙人让·德·贝当古(Jean de Bethencourt),他曾在塞维利亚的大街上宣称自己为加那利的国王,或者是恩里克的"骑士和侍从",他觉得自己的星座运势在召唤他完成伟大的事业。他们来自一个充满理想化冒险的世界:15世纪40年代,佩拉萨家族在戈梅岛上跟还处于石器时代的土著居民进行了肮脏的战争,这在骑士文学中得到颂扬;贝当古家族的盾形纹章满是野蛮人,以纪念让的野蛮对手。他们以故事书里的名字命名,比如加迪弗和兰斯洛特,还有一个为恩里克亲王服务的恶棍,叫作"岛上的崔斯特拉姆"。他们渴望成名,却被人们遗忘。

---

[12] Grosjean (1978), sheet Ⅲ; Russell (1979), p. 19; Taylor (1928): "Rio de oro".
[13] *Monumenta Henricina*, Ⅰ, pp. 201–206.

第九章 探索和发现

他们中的大多数人都分享并努力体现西方中世纪晚期的伟大贵族风范，即骑士精神的"守则"。他们的榜样是那些自由自在的王子，他们在流行的骑士文学中通过勇敢的行为为自己赢得了王国，他们通常都有海上航行背景：像中世纪的布鲁特斯这样的人物，当特洛伊城沦陷后，他在阿尔比恩找到了一个新的王国；还有高卢的阿马迪斯五子，他与巨人作战并赢得了一座被施了魔法的岛屿；他们的发言人是卡斯蒂尔的骑士佩罗·尼尔尼诺爵士（Count Pero Nino），他的编年史由他的旗手（standard-bearer）在 15 世纪下半叶撰写，融合了历史、浪漫史和骑士精神：《胜利》（EL Victorial）歌颂的是从未在格斗、战争或爱情中被击败的骑士，其最伟大的战斗是在海上进行的。⑭ 哥伦布的人生轨迹与海上骑士传奇的情节惊人地相似，他心中可能也有类似的榜样。他自诩第一次横渡大西洋时就看到了陆地，这也许不是赤裸裸的贪婪，而是因为他的旅行，尽管事实上没有先例，但在文学上是有先例的：在一本西班牙版的中世纪亚历山大传奇中，亚历山大通过海路发现了亚洲，诗人强调说，他是第一个在所有水手之前看到亚洲的人。⑮

虚构的海上传奇英雄的人生轨迹也可以在现实生活中延续。一个很有启发性的例子是哥伦布的岳父巴托罗缪·佩雷斯特雷洛（Bartolomeu Perestrelo）。他是皮亚琴察的一个商人的小儿子，这个商人在葡萄牙发了财，足以使他把他的孩子们安置在宫廷或邻近地区。巴托罗缪进入了恩里克亲王的家族，作为一名海员和殖民者，他在 1446 年获得了圣波尔图岛的世袭船长地位。哥伦布眼前的这个例子，是大西洋其他岛屿上冒险家的典型经历。马德拉岛的"崔斯特拉姆"主持了一场骑士式的哑剧表演，他的仆从们按照古老的习俗互相亲吻和握手。哥伦布的热那亚同胞安东尼奥·达·诺利自命为佛得角群岛圣地亚哥的统治者。佩拉萨家族在一个石头建的城堡中统治戈梅拉岛，并推崇骑士的自我认知。1499 年，佩德罗·阿尔瓦雷斯·达·卡米尼亚梦想在他几内亚湾圣多美岛上建一座可以和罗马媲美的城市。这些自我塑造的浪漫英雄就像桑丘·潘沙的前化身，乞求堂吉诃德能让

---

⑭ Díez de Games, *El Victorial*, pp. 40 – 47, 86 – 96, 201.
⑮ *Libro de Alexandre*, p. 182; Navarro González (1962), pp. 241 – 311.

他成为某个岛屿的统治者。他们的海上骑士精神与陆地人的自满和对海洋生活的蔑视形成了鲜明对比,而这种蔑视在中国或马格里布人的主流价值观中占主导地位。

第四节 财政和资助

即便如此强烈的冒险精神,如果不克服令人生畏的物质限制,也不可能开辟新的海上航线。而船舶的适航性通常并非一个不能克服的问题:探险家们的探险活动既少,规模也不大——正常只需要一到三艘船,每艘船只要二十到五十名船员——这个时期这种规模的探险活动是可以通过许多地中海西岸和大西洋港口的航运来维持。然而,很少有探险家有财力自费从事自己的职业,也没有权力保护自己的任何发现不受外来者掠夺。因此,探索的进展依赖于强大的赞助人和富有的支持者。唐·恩里克将探险作为一种转移其庞大而不受约束的家族到可能有利可图的目的地的手段;他是探险家的赞助人,他可能曾与其他皇室王子分享过这个角色,后来这一角色由国王若昂二世担任。约翰·卡伯特(John Cabot)从亨利七世(Henry Ⅶ)和皇家探险委员会那里得到了一笔津贴,类似于哥伦布。比起到达新大陆,哥伦布花了更长的时间去寻找一位贵族或皇家赞助人:据早期资料记载,他至少接触过两个贵族家族,可能接触过四个或五个君主。除葡萄牙外,王室的财政捐助一般不多;倒不如说,赞助人的作用是授予探险者潜在回报或利润的合法权利。

即使在葡萄牙,商人赞助者也是必不可少的,正如推动前往大西洋诸岛航行的弗莱明斯和热那亚人,或在恩里克亲王死后买下其沿非洲海岸进行探险权利的费尔南·戈麦斯(Fernão Gomes),或者资助瓦斯科·达·伽马前往印度的佛罗伦萨人,还有1501—1505年为北大西洋航行提供装备的亚速尔群岛人和英国人组成的联盟。一大批布里斯托尔商人在15世纪80年代和90年代联合起来,资助寻找巴西岛,这些商人大多从事冰岛贸易,并且全部与西班牙和葡萄牙有贸易往来。圭耶拉兄弟是塞维利亚的硬饼干供应商,是哥伦布航海之后的著名投资家。哥伦布的赞助商有两个集团,其中的大多数成员之前曾进行合作,为加那利群岛的征服和殖民活动筹集资金,包括皇家财政官员连同塞维利亚的热那亚和佛罗伦萨商人。王室的财政作用在很大程度上仅限于将哥伦布纳入皇家供奉，并承诺他的赞助人将从皇家的赎罪券收益中得到补偿。

探险者团队企业的生存能力很难评估。唐·恩里克（Dom Henrique）的航海家们找到了可以廉价买卖奴隶和黄金的地方，但在很长一段时间里，恩里克似乎一直利用自己在渔业、肥皂业（或许还有海盗业）的利益来补贴勘探活动。他死时负债累累，但菲纳奥·戈麦斯（Fernao Gomes）是认识到自己的努力是有利可图的人之一。尽管在航运和人员上损失惨重，但瓦斯科·达·伽马发现的这条通往印度的航线立刻证明是有利可图的，这在很大程度上归功于胡椒的价差，这使得胡椒成为非常贵重的货物。然而，在北大西洋探险的情况却并非如此，在那里，航海家们以非凡的毅力坚持不懈地调查研究云岸和浮冰。哥伦布的团队虽然最终实现了盈利，但却因回报太少而岌岌可危。他急切地想为支持者带回一些可能有利可图的贸易或农产品的证据，这是他讲述自己首次横渡大西洋的幸存版本的一个强烈的主题。

第五节　东大西洋上的群岛

在我们所关注的这一时期，由拉丁基督教世界主宰的探险活动，主要是沿着五条新的远程路线进行的。由于每条线路主宰着故事的不同但重叠的阶段，因此可以方便地依次处理它们。第一，对东大西洋主要群岛的探索始于13世纪末或14世纪初，尽管在14世纪80年代已经取得很大进展，但直到15世纪中叶才完成；第二，寻找穿越撒哈拉沙漠的路线，直到15世纪之前进展甚微，但一直持续到1488年，整个非洲海岸都被探索到了好望角以外的地方；第三，对一条进入和穿越北大西洋的新航线进行调查，这在15世纪50年代就有详细的记录；第四，哥伦布于1492—1493年在中纬度地区发现了穿越海洋的航线；第五，是早期对南大西洋的探索开辟了通往印度洋的航线。

这些阶段的第一个阶段是中世纪高级技术的小小奇迹：嵌齿轮、罗盘、航海图和原始天体导航，通过肉眼观察太阳或北极星的高度来粗略估计公海上的相对纬度。[16] 在13世纪，当地中海的航海家们克服了穿越直布罗陀海峡的可怕逆流，开始大量地频繁往返大西洋时，一些人转向北方的法兰德斯和英格兰等利润丰厚、知名的市场；据我们所知，几个世纪以来，其他船只向南驶入了非洲西海岸水域。仅有一次这样的航行记录得以保存：1291年，维瓦尔迪兄弟试图乘坐热那亚大帆船环游非洲。从此再也没有听到过他们的消息。但很有可能还有其他相同方向的旅程。根据彼得拉克在13世纪40年代写的"祖先的记忆"（"memoria patrum"）[17]，加那利群岛可能就是在这样的旅行过程中被发现的。最早的关于加那利群岛的记录，可能还有马德拉群岛的记录，出现在1339年的一张地图上。在14世纪40年代，关于这些岛屿的航海记录非常多。其中一篇提到了意大利、葡萄牙和西班牙的参与者，是薄伽丘复制的，日期为1341年。从1342年开始，马略卡岛的文件记录了一系列被称为古柯（cocas）或鸟蛤（coques）的船只航行到"西部新发现的岛屿"。[18] 尽管档案中存在一些空白，但这些活动的历史或多或少一直持续到14世纪80年代，尽管航海事业的性质在其过程中发生了改变，从1352年起，传教士取代商人成为其主要推动者。可以从风系的性质和制图证据中推断出对亚速尔群岛（Azores）和马德拉群岛（Madeira）的访问，从风系来看，它往往会使从加那利群岛返回的船只大胆地进入海洋，而地图上的证明表明，除了亚速尔群岛最西端的两个岛屿外，其他所有岛屿在14世纪80年代都为地图绘制者所知悉。[19] 在1402—1405年，贝当古（Bethencourt）和拉·萨尔的淘金探险队在兰萨罗特岛和富埃特文图拉岛上完成了第一次陆地探险旅程，并以一种可以绘制成地图的形式传播开来。一项由葡萄牙独力进行的事业在1427—1452年间断断续续地发展，建立了亚速尔群岛之间的真正联系，使制图者能够大致确定它们的准确位置，并把两个最偏远的岛屿——弗洛雷斯岛和科尔沃岛添加到已知的记录上。

---

[16] Adam (1966), pp. 91–110; Verlinden (1978), pp. 105–131.
[17] Petrarch, *Le familiari*, Ⅰ, p. 106.
[18] Rumeu de Armas (1986), pp. 35–37, 157–170; "a les parts de les illes noveylment trobades envers les parts de occident".
[19] Fernández-Armesto (1986).

第六节　穿越撒哈拉沙漠的路线

　　尤其是在后期阶段,这项事业已经与葡萄牙亲王恩里克的名字密不可分,他希望在非洲海岸外建立一个岛屿土国,这符合欧洲市场和宫廷长期以来的愿望,即改善对跨撒哈拉黄金贸易来源的获取。探寻可能早在 13 世纪中叶就开始了,因为有个貌似可信的传说可以追溯到 1253 年一支热那亚探险队到达萨菲(Safi)。1283 年,雷蒙·劳报道了一次从休达(Ceuta)前往黑人之地的旅行。[20] 14 世纪初,乔瓦尼·迪·卡里尼亚诺(Giovanni di Carignano)绘制了一幅地图,描绘了西吉马萨(Sijilmassa)绿洲,这条穿越撒哈拉沙漠的骆驼路线将黄金带到了特勒姆森(Tlemcen)。1324 年,马里的曼萨·穆萨(Mansa Musa)前往麦加朝圣的报道,加强了西非内陆地区盛产黄金的名声,他们的挥霍无度导致了埃及的通货膨胀;但是,在 14 世纪,试图迂回穿越撒哈拉的路线,以及开辟直接的海上交通的尝试没有成功。在加那利洋流不能到达的地方,在陆地上很难找到淡水的高纬度地区,航海的自然危险似乎太可怕了。

　　这条陆上线路不时吸引着探险者。据报道,1413 年,安塞尔姆·伊萨古尔带着一群黑人妇女从加奥(Gao)回到图卢兹(Toulouse),但没人知道他是如何深入非洲腹地的。1447 年,热那亚人安东尼奥·马尔凡特曾远达图亚特。1470 年,佛罗伦萨的贝内德托·戴(Benedetto Dei)声称去过廷布切尔(Timbuctoo),并观察到那里的欧洲纺织品贸易非常活跃。从 15 世纪 50 年代到 15 世纪 80 年代,葡萄牙商人努力从阿金出发,经过瓦丹,穿越整个国家,前往同一个目的地:至少他们似乎成功地使一些黄金商队转向与他们会合。然而,很明显,由于陆上路线的不便,所以需要海运。

　　三个方面的发展使这种方法逐渐可行:一种操纵高度灵活的船的出现,配备了大三角帆以增强逆风前进的能力;改进了用于长途旅行的食物储存方法——特别是水桶的建造,可以将饮用淡水保存长达数月而不是数周;从 1439 年开始,在亚速尔群岛建立了中转站,船只

---

[20] Lull, *Libre de Evast e Blanquerna*, II, p. 191.

从西非海湾经过大西洋深处，在长途航行返回途中可以在这里停下来补充食物，以寻找返航的西风带。

传统上，航海事业所取得的重大突破有一部分是要归功于1434年恩里克亲王的一支绕行博哈多尔角的船队；但是，根据现存的15世纪和16世纪初的地图和航海指南来判断，在当时模糊多变的地名中，人们所熟知的这个角就是现代的朱比（Juby）角，它肯定已被环绕过很多次了。[21] 无论如何，"对帝国大厦的逐个描绘"[22] 都是一种英雄主义的歪曲，源自编年史家祖拉拉（Zurara）的叙事技巧，他在书中歌颂了唐·恩里克（Dom Henrique）的随从们的事迹。更重要的是15世纪50年代中期恩里克赞助的热那亚航海家带领的探险队取得的成就，他们报告了佛得角群岛的存在，考察了冈比亚河和塞内加尔河的下游，并同马里帝国的前哨站建立了联系。这些都是真正史无前例的探索成就。此外，他们还出版了由一个名叫阿尔维斯·达·摩斯托（Alvise Da Mosto）的威尼斯参与者撰写的见闻报告，在哥伦布的著作流传之前，他对塞西内冈比亚地区的人与环境的观察在探险家的描述中无与伦比的生动。

在1460年恩里克去世后，探险家们似乎已经停止了探险，大概是由于缺乏赞助以及非洲凸起的背风海岸而使他们却步。1469年，由于菲纳奥·戈麦斯被授予了探矿权，这一倡议又重新开始。他将葡萄牙船只航行的区域增加了1200英里的海岸线，并把测绘范围扩大到了圣卡特琳娜角纬度（北纬2度）左右，这是在远洋航行中沿有利水流航行的近似极限。尽管他的垄断只维持了六年，但从表面上看，与恩里克的试探性努力相比，他的探索以惊人的速度增长。但现在的情况比较有利。在极其恶劣的航海条件下，他们找到了一条通往非洲的道路，这使得往返非洲的道路变得非常艰难，而一条艰难但可行的回家的路，则是通过物资储备充足的港口建立起来的。此外，由于发现了更多象牙和马拉奎塔胡椒这类的畅销产品，探险队的盈利能力得到了提高。

1475年，也许是为了对抗几内亚海岸上的卡西利亚人，国王废

---

[21] Mauny (1960); Campbell (1987), p. 141.
[22] Russell-Wood (1982), p. 29.

除了菲纳奥的垄断地位，西非的航行任务由王室大王子若昂亲王负责。此后，葡萄牙就有了继承人，自 1481 年他登基之后，国王就致力于对非洲的进一步勘探和开发。他有勇有谋，在与卡斯蒂尔争霸战争中得到锻炼。作为"几内亚至高无上的统治者"，他推进了非洲本土航海事业的发展，集中控制了商业贸易，在离伏尔塔河口约 100 公里的地方建立了一个黄金贸易大市场，并且主持了一场非同寻常的变革，对迅速变节的非洲酋长们进行一次又一次的严峻考验。[23] 他也是新探险壮举的赞助人，这使恩里克和费尔南·戈麦斯的时代相形见绌。

1482 年，迪奥戈·考（Diogo Cao）与刚果王国（Kongo kingdom）取得了联系，并进入扎伊尔河（Zaire river），于 1485 年在将南纬 22 度以上的地方确定了海岸的形状，他在面对逆风和洋流时表现出惊人的坚韧。1487 年的夏天，巴托洛缪·迪亚士带着三艘船和一个委任状离开里斯本，寻找环绕非洲的海上航线。起初，他沿着康的海岸线航行，后来他似乎非常大胆地离开了海岸，大约在南纬 27 度或 28 度，寻找有利的风。这个结果对了解南大西洋的风系做出了重大贡献，因为康遇到了西风带，并在好望角以东约 300 英里处登陆。探险队的准备似乎异常充足，这表明绕道进入公海是事先计划好的。

新金矿和奴隶的发现意味着西非探险的直接经济效应具有革命性。然而，在 16 世纪，跨大西洋和印度洋贸易的发展在很大程度上把西非世界抛在了后面，那里有危险的海岸、恶劣的气候、难以进入的道路和相对有限的回报。然而，探险为拉丁基督教世界的发展带来了巨大的好处。南大西洋季风系统的发现开启了通往印度洋和太平洋的大门，经过长时间的信息不充分的辩论，经验证据确定了非洲的形状和向南延伸的范围。此外，非洲的探险活动还把欧洲水手第一次带到了赤道以外的一个半球，在那里，在看不见北极星的地方，一个陌生的天空对天文航海家提出了新的要求：事实证明，这极大地促进了航海科学技术的发展，也提高了航海的声望。因此，早期的现代航海方法、航行范围和结果的革命在 15 世纪的非洲航行中就已经准备好了，并且在某种程度上预示了这一点。

---

[23] Russell（1986）.

第七节　穿越北大西洋的航线

在北部水域，没有像恩里克亲王和若昂二世那样既有财力又有毅力的伟大赞助人，也没有像祖拉拉（Zurara）这样的编年史家，把探险家的探险活动系统化或浪漫化，这是很令人惊讶的。北部海域充满了传奇故事。例如，它们是圣布伦丹历险、阿玛迪斯冒险、赫斯塔·亚瑟理（*Gesta Arthuri*）的征服之旅以及14世纪尼古拉斯·林恩修士游记的背景，后者声称自己去过五次北极。[24] 然而，也许是由于结果令人失望，与这些引人入胜的幻想相比，他们探索的真实故事却鲜为人知。

有一条横跨北大西洋的路线可能被称为传统路线：它从斯堪的纳维亚半岛出发，经由法罗群岛以北的东风向洋流，到达冰岛和格陵兰岛。这条路线可以一直走到纽芬兰，在那里，一股逆流阻碍了进一步向南前进，当盛行西风时，船只可以返航。在纽芬兰的安斯梅多斯（l'Anse-aux-Meadows）的一个长期被遗弃的定居点或中转站的遗迹与挪威人的起源相符合；这些都与冰岛的传奇故事有关，即在10世纪末发现了一块叫作文兰的土地，并在11世纪初临时定居下来。直到1347年，冰岛的编年史还在继续记录着到马克兰进行贸易或诱捕动物的旅程。马克兰这个名字显然适应于北美大陆纽芬兰以北的部分地区。不过，此后，这条穿越大西洋的路线的重要性降低了，部分原因可能是由于寒冷的天气，这似乎是中世纪晚期北纬地区的特征。与格陵兰岛定居点的联系中断了，15世纪初人们试图复兴与格陵兰岛的联系，但发现殖民者已经灭绝或消失了。如果可以相信16世纪的传说，那么这种尝试是在该世纪的最后三十年由丹麦时断时续地进行的。如果像人们通常认为的那样，从欧洲港口出发的捕鱼或捕鲸探险队继续航行到大西洋深处，他们是没有记录的。

大西洋的贯穿轴在15世纪向南移至盛行西风带。这似乎是自相矛盾的，但这是一个奇怪的事实，在整个海洋探索史上，除了季风气候之外，大多数航海者似乎更愿意逆风而行，大概是把目前的困难作

---

[24] Taylor (1956a).

为一种投资，希望将来能获得回报。1452 年弗洛雷斯和科尔沃的发现，标志着一系列此类大西洋航行之旅的开始，这可能有助于激发灵感。在 1462—1487 年，至少有 8 次从亚速尔出发旨在发现新大陆的葡萄牙委任状留存下来；其中一些明确提到了海图的证据。其中最笼统的用语是 1474 年费尔南奥·泰勒斯授予他的"七座城市或他将找到的任何岛屿"。1487 年，费莱明·斐迪南·冯·奥尔门，同样是在葡萄牙的赞助下从亚速尔群岛出发，被委托去寻找海洋中的岛屿和大陆，其委任状的术语与哥伦布的委任状惊人地相似。㉕

与此同时，在布里斯托尔，一个类似的计划也初步成形，长期从事冰岛贸易航海家们对北大西洋水域了如指掌。安提利亚群岛或七城岛之于阿索兰人的野心，正如巴西之于布里斯托尔人的野心。关于巴西的传说起源不明，但在中世纪大西洋的海图上，一个假定的同名岛屿出现在不同的位置。骑士文学作家威廉·沃塞斯特（William Worcestre）在 1480 年的个人备忘录中注意到，一场似乎持续不断的探索计划开始了。在 7 月 15 日，他记载，一艘属于两个著名的商人家族的船只（这两个商人家族经常与冰岛和伊比利亚半岛进行贸易），从爱尔兰岛西侧的"巴西"出发。（"usque ad insulam de Brasylle in occidentali parte Hibernie"）㉖，糟糕的天气迫使他们不得不在 9 月份无功而返。第二年，一大批规划者宣称要进行一次同样目标的探险活动。1498 年的一封信的措辞建议继续进行或恢复探寻，在信中，一位卡斯提尔使节向他的君主们保证，布里斯托尔人每年都会装备探险队去寻找巴西岛和七个城市。㉗

这番话的背景是使节想让他的上司了解约翰·卡伯特的消息，这位热那亚航海家曾把布里斯托尔作为基地，进行一项更雄心勃勃的计划：横渡大西洋抵达中国。关于地球的大小和海洋的范围的学术辩论鼓励了关于东方可以通过西方到达的推测。保罗·波佐·托斯卡纳里（Paolo del Pozzo Toscanelli）在 1474 年写给葡萄牙宫廷通讯员的一封信中提出了这一建议。这个想法似乎隐含于马丁·贝海姆（Mangin Behaim）的地球观中。1492 年，哥伦布曾试图沿着相对偏南的纬度

㉕ Verlinden (1962) and (1970), pp. 181–195.
㉖ Worcestre, *Itineraries*, pp. 308–309.
㉗ *Calendar of state papers; Spanish*, 1485–1509, p. 177.

将这一想法付诸实施,因此,跨越的距离比向北延伸的距离更长。纽伦堡的内科医生——希罗尼穆斯·闵采尔(Hieronymus Munzer)曾在1493年就呼吁葡萄牙国王赞助一次尝试。在一些人看来,哥伦布的经历似乎证实了该计划的可行性:哥伦布本人声称相信自己已经接近了中国,他的一份出版的报告显示,穿着东方服装的商人访问了他发现的土地。卡伯特在1496—1498年进行尝试的结果是记录了一条可行的直接西行路线,往返于纽芬兰,随着西风带返回,并利用短暂的春季多变的风。布里斯托尔(Bristol)似乎已经知道这些风的作用,在那里,卡伯特的发现被认为意义不大,且被认为与巴西岛有关。[28] 卡伯特的功绩也没有激起那些受哥伦布启发的模仿者和效仿者的兴趣,直到16世纪,对穿越北大西洋通往亚洲航线的探索才重新开始。

第八节　横跨大西洋的中央航线

在哥伦布探索的纬度地区,横渡大西洋的航行条件远比南方更优越。然而,正如他在谈到其1492年的横渡时所说的,"据我们所知",他的路线是以前从未航行过的[29],在他之前有一个"佚名领航员"的假设虽然经常被传播,但从未得到证实。与有记载的向北航行的尝试相比,哥伦布的独创性在于他敢于随风航行,这让他的一些船员惊恐不已,直到他登陆之前,都不确定他是否能找到返回的途径。仅此一点就可说明他空前成功的原因。那种他事先就完全了解季风系统的假设虽然很诱人,但却是不合理的:他是一个不安分的实验者,一个孜孜不倦的经验认识论倡导者,在四次横渡大西洋的过程中,他尝试了三条路线去探索发现,又尝试三条返回的路线。在他第一次横渡时,他选择了在两点之间逻辑上的最短路线,试图向西航行。如果正如他的语言所暗示的那样,他是靠罗盘掌舵的,那么实际上这就意味着由于磁场的变化,他的航行路线是在西偏南的地方;他打算走原路返回,甚至在转向熟悉的北大西洋西风带之前,就开始了

---

[28] Gil and Varela (1984), p. 269.
[29] Varela (ed.), *Cristóbal Colón*, p. 16:"por donde hasta oy no sabemos por cierta fe que aya passadonadie"。

第九章 探索和发现

更偏南的路线。经过进一步的试验，1493年，他的第二次航行被确定为最佳航线：沿东北信风向外航行，沿着一条对角线从加那利群岛到安的列斯群岛，然后回到亚速尔群岛纬度附近，再转向正东方向。事实上，除了1513年由于发现了墨西哥湾流而对返航路线进行了修改外，哥伦布确立了在整个航海时代欧洲和大部分新大陆之间最受欢迎的航线。

哥伦布穿越大西洋的最初动因仍是一个尚未解决的争议话题。在拟订计划的不同时期，他似乎考虑过若干不同的目标：发现新的岛屿、寻找对跖点和通往亚洲的捷径。正如我们所看到的，所有这些都是常见的猜测问题，在学术地理学中进行了讨论并在制图学中进行了说明。到1492年哥伦布第一次横渡大西洋时，他的注意力已经集中到寻求一条通往亚洲的捷径：这至少是自己的航海记录中唯一提到的目标。尽管如此，这可能是他的赞助人和支持者的选择，就像他自己的选择一样。哥伦布后来坚持认为，他发现的确实是亚洲，或接近亚洲，这不应该被视为他早期职业生涯思想的证据。他关心的似乎不是他会发现什么，而是从社会意义上说，他会不会"到达"。对哥伦布来说，他的目标的地理性质是可以协商的；他所坚持的是一次航行的机会；况且，如果他发现了可开发利用的东西，无论是什么，他都可以要求获得一个航海英雄应得的财富和荣誉。他的真正目的在他第一次横渡时被潜在的反叛者识破，据早期的叙述，这些人抱怨说，哥伦布想要"成为勋爵"的愿望给他们的生命带来了危险。[30]

他的航海方法和设备都没有什么新意。他的导航方式，被他自己描述成"先见之明"[31]，是传统和直觉的结合。他依赖原始的天文导航，并且可能在较小程度上依赖于航位推测法（即用罗盘标出航线，通过估算速度而确定位置）。在必要的时候，他会采取一些古老的权宜之计，比如跟踪鸟儿的飞行。他带着一个四分仪或星盘，给他的部下留下深刻印象，但他从来没有掌握它的使用方法。他固定纬度的方法是计算太阳的小时数并从印刷表上读取相应的纬度。[32] 从科学的观

---

[30] Las Casas, *Historia de las Indias*, Ⅰ, p. 189: "por hacerse gran señor".
[31] Varela (ed.), *Cristobál Colón*, p. 325: "a visión profética se asemeja esto".
[32] Laguarda Trías (1974), pp. 13–17, 27–28; *Ymago mundi de Pierre d'Ailly*, ⅰ, pp. 144–145, 159–63, plate facing, p. 272.

点看，他试图用日食的时间来计算陆地的经度，是毫无价值的。他用一种神秘的方法来解释天气——在一个船友看来，简直是完美至极，"因为热那亚就是热那亚"㉝——他在不熟悉的海洋中寻找避风港的本领是令人羡慕的。他对技术革新真诚而热情地感兴趣，但是他的成就依赖的是已经存在了几个世纪的技术。

当他的探险生涯结束时，哥伦布已经取得了十分耀眼的成就。除了发现跨大西洋的联系这一重大成就外，他还观察并描述了伊斯帕尼奥拉岛的整个海岸和部分内陆地区，以及巴哈马群岛、古巴、牙买加、波多黎各、维尔京群岛、小安地列斯群岛和特立尼达拉的部分地区。他穿越了加勒比海，探索了从洪都拉斯湾到乌拉瓦湾，从奥里诺科河河口到玛格丽塔的新大陆沿海地区。他意识到南美洲是"另一个"和"一个非常大且迄今为止，人类依然一无所知的大陆"㉞，尽管他错以为它接近或毗邻亚洲。他建立了持久的跨大西洋联系，开启了一系列以前无法想象的文化交流，并开启了西班牙在新世界的殖民。

严格地说，在他所涉足的领域里，他没有给其他探险家留下什么可做的。他的皇室委任状条款授予他对自己的发现拥有航行的垄断权；但是，1499—1502 年，他在宫廷中失势，效仿者被授权从瓜达基维尔河口及其周边的少数港口沿着他的路线走。他们中有他的合伙人和水手：文森特·亚涅斯·平松，他是哥伦布第一次横渡时的旅伴，也是哥伦布第一次横渡大西洋时的联合指挥官的兄弟，其家族在帕洛斯港航运业务中占主导地位，为哥伦布提供船只和招募人员；阿隆索·德·霍杰达（Alonso de Hojeda），哥伦布在西班牙政府里极为倚重的一个人；佩拉隆索·尼诺（Peralonso Nino）和胡安·德·拉·科萨（Juan de La Cosa），两个人都至少陪伴哥伦布的一次探险；克里斯托弗（Cristobal）和路易斯·圭耶拉（Luis Guerra），他们给哥伦布提供补给，还有阿美利哥·韦斯普奇（Amerigo Vespucci），他是哥伦布支持者之一的商业伙伴。这些年来，在这一方向上的探险领导者中，只有罗德里戈·德·巴斯蒂达斯（Rodrigo de Bastidas）、迭

㉝ Gil and Varela（1984），p. 269：" desde que Génova es Génova"。

㉞ Varela（ed.），*Cristobál Colón*，p. 238："esta es tierra firme grandíssima, de que hasta oy no se a sabido"。

戈·德·莱佩（Diego de Lepe）和路易斯·维勒兹·德·门多萨（Luis Velez de Mendoza）来自哥伦布的圈子之外。

他们在两个方面扩大了哥伦布的成就。霍杰达（Hojeda）和德·拉·科萨（de La Cosa）在1499年，尼诺（Nino）和圭耶拉（Guerra）兄弟在1499—1500年，巴斯蒂达斯（Bastidas）和德·拉·科萨（de La Cosa）在1501—1502年带领探险队，沿着被哥伦布遗漏了的从玛格丽塔到达连半岛（Darién）的美洲大陆海岸航行。1499年11月，平松（Pinzon）从帕洛斯出发，在比哥伦布更偏南的地方登陆来试图获得更新颖的效果。他取道佛得角群岛，穿过几乎是最南端的东北信风区，于1500年1月下旬到达现在的巴西沿岸，当时他把这个地方命名为"安慰角"（Cabo de Consolacion）。然后，他又沿着海岸向北穿过亚马逊河口，到达了哥伦布所熟悉的区域。因此，他可以被认为是第一个有记录的发现巴西的人，并为卡斯蒂尔宫廷提供的有关新世界的资料提供了有力的补充。1500年7月，韦斯普奇（Vespucci）声称其先于平松到达亚马逊河口，他从北面出发，绕过霍杰达（Hejeda）的远征队；但是就像韦斯普奇（Vespucci）或以他的名义发表的大多数声明一样，这一说法无法得到独立证实。

第九节　南大西洋的探险

平松（Pinzon）的航线进入了南大西洋，到达了巴西海岸，如果他选择向南而不是向北走，洋流就会带他越过南回归线进入咆哮西风带。而路易斯·维勒兹·德·门多萨（Luis Velez de Mendoza），紧随平松（Pinzon）之后，确实向南转了弯，但并没有走远。1501—1502年，在葡萄牙人的支持下，韦思普奇和贡萨洛·科尔贺一起紧跟在平松之后，沿着洋流的路径追踪海岸的范围。他至少到达了里约热内卢——在1502年元旦那天到达——根据他自己的说法，或许还要更远一点，虽然他报告的最南端沿海岸达到了50度，在向东转入公海后达到了52度，但这必须根据他夸大的习惯和当时的航海家在确定纬度方面的一般不良记录来判断。韦斯普奇毫不吝惜自我吹嘘，他的一些同时代人在这一方面同样对他印象深刻。16世纪早期，南美洲大西洋海岸的图像迅速传播，越来越精确，这在很大程度上要归功于他的努力和影响。因此，当整个美洲大陆都以他的名字命名时，人们往往认为这不是一个大错误。

从其结果来判断，必须认识到对南大西洋风系的探索要比划定海洋海岸更为重要。然而，目前可用的资料只能对这些事件进行不完整的、差强人意的重现。从1488年巴托洛缪·迪亚士回来到1497年达·伽马出发到印度洋去，这段时间里，没有人知道是否在这片海域进行过任何探险；由于迪亚斯的试探性程序和达·伽马的大胆做法之间的对比，因此认为记录的某些部分已经遗失。前者在本格拉海流（the Benguela current）中缓慢行驶了很长一段时间后，才将船头转向大海，以便寻找带他绕过好望角的西风带。然而，达伽马用方帆船航行，这表明他打算一路顺风。在第一次前往佛得角群岛后，他在于塞拉利昂的纬度附近出海，在第一次顺风（大约南纬30度）后转向，在东南信风带的帮助下，向南和西进行了一段很长的航程。事实证明，即使这样做也不够大胆，因为他在奥伦治的河口附近登陆，然后不得不沿着非洲南端的海岸线前进。如果他的计划是绕过好望角而不登陆（这似乎很有可能），他就应该冒险沿着一条更宽的弧线进入南大西洋，并在南纬35度以下向东转弯。这是1500年佩德罗·阿尔瓦雷斯·德·卡布拉尔探险队采用的路线，这支探险队被派去继续完成达·伽马的事业，在远航中向西航行很远，在大约南纬17度的时候在巴西海岸登陆。不过，值得注意的是，没有比迪亚士更彻底的勘察，达·伽马就能进行这次伟大航行——可能是迄今为止从欧洲远海出发历时最长的一次航行——历时93天，看不到陆地。

我们甚至不能肯定，达·伽马是否知道这次危险且艰苦的航行会最终使他进入印度洋。根据托勒密的传统，15世纪晚期的地图表明，海洋被陆地所包围，无法从南方进入。对此问题的调查是1487年委托给佩德罗·德·科维尔哈（Pedro de Covilha）的任务之一，他报告印度洋的香料路线的任务由一些投资于葡萄牙探险大西洋的佛罗伦萨商人资助的。现存的关于他的事迹的描述包含了浪漫的情节，但他调查了印度南部和东非之间最南至索法拉的路线。在听说被派往阿比西尼亚的尼格斯担任葡萄牙大使的一名同事死亡后，他决定亲自担任这个职务；1520年，葡萄牙大使来到这里，发现他仍然住在尼格斯宫。但与此同时，他已向里斯本提交了一份调查报告。虽然没有证据表明报告曾经到达过里斯本,但它的存在增加了一种可能性,即瓦斯科·达·伽马可能曾受到某些此类情报人员的指导。[35] 尽管达·伽马以新颖的路线进入印度洋,但是到达索法拉(Sofala)之后,达·伽马并没有从事勘探工作,而是——就像许多在他之前从事当地航运的欧洲商人一样——在当地向导的帮助下沿着现有的贸易路线前进,其中最著名的是一位古杰拉特(Gujerati)穆斯林,他为达·伽马指明了从马林迪到卡利卡特的道路。

探险是拉丁基督教文明获取并长期掌控世界资源的一种方式。探险家为全球范围内的命运逆转做出了重大贡献。在此过程中,其他文明,在某些情况下似乎被赋予了更好的天赋和更好的装备,成为旁观者,最终沦为"西方"霸权的受害者。而今回首,在15世纪对大西洋的征服似乎是决定性的一步,因为大西洋航线通往以前与世隔绝和未开发的土地,并与其他海洋相连。然而,在拉丁基督教世界的这一巨大飞跃之前,人口数量出现了一段时间的下降,而且在大多数战线上,边界都在不断缩小。

这也许正好有助于西欧迎头赶上:在较富有的社会中,人们寻找新的财富来源的动力较弱;更强大的文明,更自给自足,更安全,可以蔑视世界其他地区。从一个角度来看,欧洲探险者在这一时期的努力类似于当今"发展中"经济体的努力,他们拼命钻探近海资源。此外,正如我们所看到的,作为世界探险的基地,拉丁基督教世界的西部边缘作为世界探索的基地具有重要的优势:大西洋一侧的位置和一种"探险家文化",这一职业比某些潜在的竞争文明享有更高的声望,这体现在文学榜样的鼓舞上。也许不应该过分强调长途旅行的技术先决条件的分布:哥伦布的成就表明,初级和过时的技术足以完成革命性任务。至于非洲和南大西洋勘探所需的新技术,规则似乎是解决了导航问题。

毫不奇怪,涌现探险家和探险技术的区域大部分位于地中海西部和大西洋沿岸,特别是在热那亚、马略卡岛、伊比利亚半岛的大西洋海岸,以及英国、法国、佛兰德斯的部分地区,可能还有丹麦。从广

---

[35] Beckingham (1980), p. 310.

义上讲，公平地说，整个时期内，这一首创精神总体上从其他中心转移到了葡萄牙和下安达卢西亚，这些地区享有进入相对多产的中大西洋和南大西洋航线的特权。

15世纪90年代的这些显著成就提出了一个解释的特殊问题。短短数年时间里，在新世界和印度洋取得了决定性的突破。哥伦布和达·伽马的航行经常被强调为亚当·斯密所说的"历史上最重要的事件"[36]的重要组成部分，这些事件有助于将"中世纪"的世界转变为一个"现代"的世界。这些术语并不是很有用，近现代史学的渐进主义假设倾向于迫使我们把事件放在漫长而艰难的变化过程的背景中来看待。然而，进程的速度各不相同，变化之快令人眼花缭乱。欧洲人探险的故事持续很长，但15世纪，特别是15世纪90年代，故事情节集中的加速和影响仍然需要得到承认。

这一时期的探险家不仅影响了所谓的世界力量的平衡，而且由于探险家与制图师之间信息交流的日益增多，他们对所接收到的世界图景也产生了重大影响。一幅公认的世界地图是人类的共同资源：我们的地图是经过一段很长的时间，主要是在过去500年里慢慢拼凑起来的。以前的文明从宇宙学教条、归纳推理、启示、继承的传统或对理论的阐述中得出了他们对世界的形象，而我们今天的成就很大程度上要归功于那些我们称为探险家的经验主义观察者的实际贡献——他们在危险的环境中收集的信息，经过其长途跋涉而被记录下来。

菲利佩·费尔南德-阿梅斯托（Felipe Fernández-Armesto）

傅新球 译

---

[36] Smith, *Wealth of nations*, p. 590.

第三部分

精神、文化和艺术生活

第 十 章
宗教信仰与实践

15世纪的宗教史是以教会大分裂（the Great Schism）为主导的。分裂的直接后果因公会议危机而延长到1448年，而它的长远影响直到15世纪末依然明显。对基督教知识分子而言，没有什么比修复这场不幸造成的伤害并预防教会重蹈覆辙更为急迫的了。这种忧患意识首先推动了《从头部改革》（reformatio in capite）的出台。甚至在教宗权力的恢复使得康斯坦茨和巴塞尔公会议上教父们达成的那些措施化为乌有之前，《从肢体改革》（reformatio in members）的重要性已得到了公认。每一位高级教士，每个宗教团体的首脑，都被期望对以他为首的那个组织进行规范，无论它是一个教区，一个信众群体（congregation），还是一个修道院。不仅世俗教士和隐修士的弊病亟须改正；这场规正运动也被推及一切基督徒。再则，向信徒们指明他们应该遵循的道路也是极为重要的。在教士们优先认真履行的职责中，俗人的宗教教育还从未被抬到如此高的地位。

对教育事业的热忱，成为推动让·热尔松（Jean Gerson, 1363—1429）的力量。这位巴黎神学大师的学识与道德权威，在其有生之年已受到世人敬仰，身后也一如既往地受到推崇。他宣称的神学教义与他的牧养天职（pastoral vocation）相得益彰：人，如果运用上帝赐予的力量走正道，就能获得拯救；迫切需要的是知晓这一点，并逐步养成对旅程中所应遵循的规则的理解。唯名论（nominalism）在大学的成功有助于传播这些具有鲜明的贝拉基（Pelagian）色彩的观念。不少"新路派"（via moderna）的忠实支持者对热尔松推崇的方式也做出了回应；他们并不满足于只是沉溺于"神学思考"（theologia speculativa），还竭力试图交流他们的知识。加布里埃尔·贝尔（Gabriel Biel）就是一个很好的例子：他的《弥撒经诠释》（Expositio canonis Missae）影响了大量的读者，路德只是其中佼佼者之一。

教育与塑造基督徒的愿望不仅启发了热尔松及其阐释者，也得到了"新虔诚"（devotio moderna）的支持者们的积极回应。共生弟兄会（The Brethren of the Common Life）就热衷于选编训导文本，编制其他文本，并确保两种文本被尽可能多的读者阅读。他们也是精明的教育者，更关注培育学生的智识，而不只是灌输信息。他们在德文特（Deventer）的学校很快就获得了高效的美名，这确属实至名归。寻求唤醒青少年思想的方法，也是诸多意大利人文主义者尤其是维托里诺·达·费尔特（Vittorino da Feltre）和瓜里诺·达·维罗纳（Guarino da Verona）关注的焦点。他们的关切与正在寻求如何"引导年青一代走向基督"的热尔松异曲同工。毫无疑问，他们都正在回应西方社会越来越广博的视界，并期盼认识和更好地理解这个世界。阅读越来越成为一种必须，而在一些地区，识字率已达到10%。拉丁学校的剧增预示着16世纪新教文法学校（gymnasia）和耶稣会学院的繁荣。当时要务，是让流动的学者群稳定下来；也必须为未来的学生做准备，以便他们能够受益于大学教育。

大学正在吸引越来越多的年轻人。事实上，大学网络在相当程度上已变得更为密集。进入大学的年轻人，有很高的比例随后献身于神职。而且，在15世纪末，每三个教士中就有一个，有时甚至更多，曾在某个院系学过几学期，这已属正常，虽然他们绝大多数只学习人文学科。培养预备教士的学院也建立起来，如1494年因格斯塔特（Ingolstadt）建立的格列高利学院（Collegium Georgianum），只是稍后应特伦特公会议要求而在每个教区建立的那些神学院的原型。不过，托钵修会事实上仍然是唯一一个以知识和培训来装备其成员的组织，其教学内容已被很好地整理为《通识学习》或《专业学习》（studia generalia or particularia），并依法施教。就神学而言，世俗教士常常被简化为自学；主教推荐购买的书籍，比如居伊·德·蒙特罗彻（Guy de Montrocher）的《襄礼员手册》（Manipulus curatorum），抑或《学生之眼》（Pupilla oculi）（1385年写于牛津，而在1514年的斯特拉斯堡仍有需求），就含有堂区教士可能有机会学习的大部分内容。

第十章　宗教信仰与实践

在最普通的图书室，一般也藏有《布道的艺术》(Ars praedicandi)，有时甚至成为其主要特征，这样，即便那些偏远乡村的堂区主持(rectors)和代牧(vicars)，也有阅读的机会。这类辑本规定了布道的基本原则，并最简略地解释了如何运用它们。布道准备不只是牢记某种辑本的一套规则。各种劝谕故事集(collections of exemplu)，犹如樱桃之于蛋糕，提供了许多适于插入布道场合的富于启发性的故事，可以用来阐发各种论点，吸引听众的注意力，因为这些听众，与其说乐意聆听精妙的逻辑推理，不如说更热衷于奇闻逸事。求助各种范例也颇为便利：如英格兰的多明我会士约翰·布罗姆亚德(John Bromyard)的《布道大全》(Summa praedicantium)，就是一件宝贵的工具；而在德意志境内，让·德·韦尔登(Jean de Werden)的布道辞也被集结成书，冠以"消困秘笈"(Dormi secure)的美名，以方便那些教育不达标的神父使用。印刷术使得书本的价格降到极低的水平，微有资财者均能购买得起。各种布道集数以千计地不断出版，流传于基督教国度的各个角落。比如，匈牙利的方济各会士特默斯沃的佩尔巴图斯(Pelbartus of Temeswar)的布道辞，就是在阿尔萨斯印刷的；它们被不断发行的事实，证明了它们的成功。越来越多的人使用了这类书籍。对法国卢瓦尔河以北地区宣讲员(preacher)的一项研究表明，他们的人数在15世纪超过1600人，其中的1000人，属于1450—1500年这一时期，这与14世纪后半期的不足350人形成鲜明对比。①

能够胜任且热衷于布道的神父，绝大多数其实生活在城市里，因而，能够聆听他们布道的常规会众，只占整个基督徒人口的一小部分。但布道员们也没有完全忽视乡村地区。执礼于乡村堂区、对布道略有领悟的神父，不再成为稀罕之事；我们越来越频繁地发现那些借助专门的书籍就能够拼凑一篇布道辞的人。无论受教育与否，堂区主持和代牧都能够在周日弥撒时刻宣讲信仰的基本真理。贞德(Joan of Arc)回答法官的言辞证明，一位尽管不识字却聪慧的年轻妇女，可以很好地利用这种机会。城市当局对布道也并非没有兴趣。在德意志南部和瑞士的许多城市，当局就鼓励确立"布道资格"(preacher-

---

① Martin (1988).

ships），持有者要求具有博士学位，或至少拥有学位。他们的任务就是在周日和节日按时布道。在英格兰，尽管出于担心威克利夫的影响而在 1407 年后采取了限制措施——也就是遭到托马斯·加斯科因（Thomas Gascoigne）猛烈抨击的那些措施——但在许多教堂和公墓里，布道台还是竖了起来，因为在这些地方，人群更容易会集。法国市镇更喜欢托钵修会：教堂的堂区管事（church warden）或市政议员（town councillor）委托他们在基督降临节和大斋期作循环布道。从相关的财政账簿可知：较之于世俗教士，他们的布道有多频繁。亚眠（Amiens）在 1440—1520 年，220 位布道员布了 11000 次道，年均布道 137 次。[②] 在罗莫朗坦（Romorantin），据极为谨慎的估计，尽管要低很多，年均布道仍然可以达到 40 次。更重要的是，这些数字只包括酬劳在账簿中有据可查的次数。很可能，这些需要付薪的布道员，只是那些在特殊场合如节日、危急时刻或特别庄重的场合才被招来布道的人。

这些布道具有"作秀成分"（show-piece），其组织者显然是谋求那些素有雄辩美名的知名人士参与。布道是一项"需要社会认可的"职业，要求它的成员尊重"明确规定的布道条件"，包括酬劳的档次。[③] 布道明星处于档次的顶端。在法国，收费最高的"明星"来自方济各会和多明我会，如纪尧姆·若索姆（Guillaume Josseaume）、奥利维尔·马亚尔（Olivier Maillard）和让·克莱埃（Jean Clérée）等。正是这些托钵会士，尤其是方济各会严规派（Franciscan Observants）会士，以饱满的激情与技巧实践着激励大众的艺术。如多明我会的文森特·费雷尔（Vincent Ferrer）在 1399—1419 年，就多次四处远行，劝告民众悔改。紧随其后的效仿者不乏其人，锡耶纳的贝尔纳迪诺（Bernardino of Siena）、卡皮斯特拉诺的约翰（John of Capistrano）与贾科莫·德勒·马尔基（Giacomo delle Marche），只是这些先知般布道大师中的佼佼者。为了让听众接受他们传递的信息，牢记他们劝告的效果，他们动用了当时能够使用的一切资源。他们满怀激情的布道，其影响是如此有力，以至聆听布道之人，做出了极为惊人

[②] Martin (1988), p. 152.
[③] Martin (1988), p. 188.

的决定。随之出现了"烧尽一切浮华之火"（rogo della vanità），它使得基督徒偏离了那条狭窄的通天大道，引导他们堕入罪中。那位名叫萨沃纳罗拉（Savonarola）的托钵会士，以一人之力，在佛罗伦萨这个财富与文雅的中心，掀起了一场简朴之风，尽管为时短暂，却足以证明：一位受人喜欢的演说家的言辞，当它满怀激情地旨在让人悔改时，绝不会掷地无声。阿尔卑斯山以北，虽然类似的布道运动激发的宗教热忱不断增加，却不如意大利那么频繁。不管怎样，伽尔默罗会的托马斯·孔乃特（Thomas Connecte）和方济各会的理查德弟兄（Brother Richard）获得的成功，证明法国人对于这些精彩的演说也并不总是毫无反应的。

在布道中，关涉布道主题尤其是那些可能激发焦虑或义愤的实例，演说者越是加以渲染，听众就越愿意聆听。布道员的主要目标是打动听众，为此，他会借用戏剧风格，布道因而会呈现出某种戏剧特征。借用偶像来暗指受难与死亡的情形很多。系统地运用寓言，也是旨在使得布道中的那些最重要的要点更容易记忆，因为触发会众的情感并不是唯一的目的，更重要的是旨在教化。事实上，布道就是"最初的教义问答"。④ 它教导正确的信仰之路，以便使人过上更好的生活；通过强调道成肉身和受难，展现神对人的爱，鼓励世人修正自己的道路，以便神的仁慈不至毫无回应。

一次布道的有效性可以通过它激发的忏悔人数来测量，那些最著名的严规派布道员，身边总是跟随着随时准备听取忏悔的神父。忏悔罪过并非这一过程的唯一成分；在给予赦免之前，告解员（confessor）要纠问忏悔者，以便让他更好地理解其过错的性质与严重性。因而，告解员自身必须受到足够的教育，才能胜任。写作《告解员大全》（Sommes de confesseur）旨在教导他们，不过，在印刷术降低成本以前，推荐购买该书或多或少只是浪费时间。基于同样的理由，那些旨在供信众购来用以检查良心的方法，也只是在1470年后，才变得随处可得，在德意志尤其如此。合格的告解员能够确保勤勉的忏悔者不乏灵性指导。佛罗伦萨的圣安东尼努斯（St. Antoninus）就为两位出身名门的女信徒创作了《闺房之歌》（Opera a ben vivere）。拥

---

④ Martin（1988），p. 295.

有一位灵性导师，他的引导尽管不一定正确，却终归是少数特权阶层的优势。绝大多数信徒，仅能满足于履行他们在复活节期间的义务，而这一时节听取忏悔的本堂神父，并无足够的知识去教化他们。

同样，那些有机会通过阅读来培育其宗教生活的人，也是精英阶层。被推荐的书丰富而多样。最为普遍的是祷告文集，其内容总是依次配合祷告时间的序列。它们的语调依气质而变：在英格兰，主流声调是用富有韵味的诗行表达甜美，尽管整体而言，也不乏神学的威力；在低地诸国，"新虔诚"的影响清晰可辨；在德意志，同样的传统被汇入神秘主义的大潮。《圣经》面世，不再披上神圣史的伪装。翻译使得俗人可以阅读其整个文本。印刷取代了抄书作坊，市场上到处都是方言版的宗教书籍。然而，产品超过了市场的需求。因为相较于技术，教育的进步要缓慢得多，阅读成为培育灵性的一种手段，只是对极少数基督徒而言的。

210 不过，圣像对每个人都有吸引力的。雕塑与图片剧增，它们各具形态，大小各异，形成祭奠组群，如布列塔尼（Breton）基督受难像，便于提携的祭坛装饰画，图案组群和木刻群雕，都是旨在维持信徒在家庭内室的虔诚。图像（image）可以变得鲜活起来：英格兰和意大利游行中的"流动舞台"，法国和德意志诸邦国的戏剧排演，就是如此。大城市会组织起几组演员和参与者，在复杂的舞台布景下，演出经过资深神学家用学识包装过的神秘剧。制作圣像（image-makers）甚至比教育更能激发情感。观看这些艺术品，基督徒会因为看到坐在母亲膝盖上玩耍的婴儿耶稣而感动；圣母怜子图（Pietà）会打动他们的心灵；守护圣徒的出场则会坚定他们的信心。但尽管如此，"死亡舞蹈"（danse macabre）还是警示他们不要忘记一切凡尘俗事的结局。

教会带给基督徒的教义是丰富的，但它的教诲并非没有缺陷；它不系统，颇为零散。即便少数知识分子认为，确保小孩接受宗教指导和教义问答至关重要，但这类指导并不存在，直到16世纪，教义问答才由天主教和新教信仰创造出来。不过，就像热尔松和贞德证明的那样，即便在乡村地区，父母（指导孩子的责任大多落在他们身上）也能卓有成效地完成这项任务。

在15世纪初，宗教裁判所的一份规则列出了一个"虔诚的好基督徒"的典型行为：去教堂做礼拜，时常捐献，保持忏悔，欢迎托钵修士。这份清单并未列全，其他编辑者可能会添上完全不同的其他优先选项。这里不必理会就恩典与善功的关系而发生的神学争论，因为这些问题很少会影响到广大信众，他们不会注意也弄不懂学者们的那些深奥的分析。

天主教属于一个复杂的社会，若无神父，它就无法运行；最重要的，他们是圣餐的分配者。正常情况下，他们主持洗礼，尽管有时施行得稍微有些马虎。父母对婴儿接受洗礼极为关心：不然，怎么解释有些圣域（sanctuaries）如此受人青睐——在这些地方，童贞玛利亚能够让流产的婴儿存活到他们被洒上圣水？所有信徒都会接受洗礼，但相对而言，继续接受坚振礼的人常常就少多了，因为遇上一位主教（只有他才能行此礼）的机会相当罕见。至于终傅礼，是恐惧而非安慰的源泉，而且因为人们总是愿意推延，所以病人常常没有接受终傅礼的救助就死去了。神品礼只与教士相关。至于婚配礼，宗教与世俗当局都竞相强调它的重要性。为争论合法婚姻而在宗教法庭上耗费的时间，证明教会的认可不是一纸空文，虽然许多人由于缺乏适当的手段使其婚姻获得合法地位而处于同居状态。

我们刚刚讨论的这些圣礼，正常情况下只施行一次，在基督徒的一生中，它们标志着一个决定性阶段。告解与圣餐共融却非如此，它们需多次施行，且需要神恩的强化。教会规定，它们每年至少要接受一次。我们不知道信徒们在多大程度上履行了他们在复活节期间的义务。大城市的人较容易逃避这种义务，而在乡间，神父的信众较少，使他足以认识和监督每一个人。依据堂区管事的记录，绝大多数信徒只履行这种强制性的圣餐共融，圣体消费量相对不高也可以证明这一点。如果人们来到了圣餐桌边却很少领受圣餐，那并不必然表示他们缺乏虔诚：胆怯与敬畏会使他们不敢领受。教会的教诲和仪式都大肆宣扬上帝真实地存在于面包和酒中（God was actually present in the guise of bread and wine），这类说教难免让人心生顾忌。久而久之，信徒们养成了一种过分崇敬圣餐的心理，不惜花大力气加以保存。在大教堂里，他们建造了高如房舍的神龛以便保存和供奉圣餐。当神父手捧"最后的圣餐"走向垂死者之家时，沿途的信徒会下跪恭送。当祝圣的圣餐庄严地穿行于大街小巷或绕行某个堂区时，也会尽可能地举行各种仪式。基督圣体节不再是宗教游行的唯一场合,现在,堂区教民们(parishioner)对这类游行的要求极为频繁,使得不少神父叫苦不已。展示生命面包(Bread of Life)的圣体匣(monstrance)被信徒们供奉起来,他们对此极为热诚,至少要看到它。要分享这种不流血的重演救赎献祭(Sacrifice of Redemption)的属灵恩典,并不绝对需要参与弥撒的属灵交流,甚至也不需要在场。旨在保证永远按时重演这些仪式的小礼拜堂(chantry),1400年后所建的数量比之前并未减少。即便如此,预订大量弥撒的做法,变得更加普遍,它要求遗嘱人一旦死亡就尽快诵读或吟唱弥撒经。这类弥撒常常是念诵安魂经(requiem):因为炼狱变得越来越令人苦恼与焦虑。1215年后,忏悔礼变得具有强制性,在托钵修会的竭力鼓动下,已引起忏悔者对惩罚的极大关注:恕罪并不是一笔勾销,罪是必须补赎的,不是在此生,就是在来世。

神学教义授予了教宗减轻这种责罚的权力,也授予主教小一些的权力。信徒们相信,拥有这种减责的恩典,且作为虔诚之举的报偿,可以缩短在炼狱里停留的时间,甚至完全避免炼狱之苦。渴望影响来世命运的心情是如此急迫,以至信徒们从各级教会那里获得了越来越多的赎罪量。完全赦罪(plenary indulgence)起源于十字军东征,随后通过发明大赦年(jubilee)而变得每25年即可获得,只要他们去罗马朝圣。这种大赦还越来越频繁地授予由圣徒守护的各种圣域(patron of sanctuary),它们在大赦年期间的几周内,享有罗马诸教堂的地位。这些恩典的发放极为泛滥,以至"通货膨胀"一词都不足以表述这种猛增,尤其是,由此而获得的捐献代表着大笔的金钱,它们的划拨与转运会引发大规模的金融业务。

赎罪只能减轻罪罚。临死之前如果不能获得重罪(mortal sin)的赦免,死者仍有可能被打入地狱遭受永恒之火。因此,猝死是极其危险的,因为它使得死者不能及时忏悔其罪。狂热的基督徒会精心准备后事,安排好每个细节;即便今生过得并不如意,至少要尽其所能地获得善终。让·热尔松和丁克尔斯比尔的尼古拉(Nicholas of Dinkelsbühl)都编有《往生术》(Ars moriendi),从许多虔敬作品中总结出各种技巧,推荐给读者。

这里展示的行为只是最重要也最受推崇的技巧。在几乎一千年的

第十章　宗教信仰与实践　　　　　　　　　　　　　　　225

布道与虔诚（devotion）创生的各种仪式中，它们只是其中一部分。在每一天、每一季和生命的每一阶段都要有节奏地不断祈祷、献祭和祈福。而早在异教时代就被用来崇拜超然力量的地方，常常已被基督教化并被转化为朝圣之地。时间与空间都留下了宗教的印迹，这些烙印在中世纪末期几乎无处不在。

真正的虔敬（piety），绝不只是增加宗教尊奉而已。许多布道员一再告诫会众，千万不要以为单纯地奉行教会规定或推崇的行为就有保证。要获得善果，这些行为必须是具体体现福音精神的情感与旨意的表达。在整个 15 世纪，玫瑰经（rosary）显然极为流行，但它绝不是简化为机械地反复念诵"主祷文"（Our Fathers）和"圣母颂"（Hail Marys），而是引导信徒们默想救赎的奥端（mysteries of the Redemption）。*"新虔诚"的创始人倡导的一种祈祷方式，通过玫瑰经教友会（Confraternities of the Rosary）而在基督徒共同体中蔓延开来。同一时期，一些作家正在敦促信徒将朝圣转化为某种归心内省（itinerant retreat），将日常生活变为一种属灵的朝圣。印刷术的发展增加了阅读的机会，也壮大了文化精英阶层，越来越多的人可以借助虔诚文本（devotional text）而默想，从而进一步拓展了个人祈祷的空间。1476 年，士瓦本（Swabia）的一位市民妇女在大斋期到复活节**期间就如饥似渴地读完了整部《圣经》。

在中世纪末期，正如哥特艺术使得原本清晰明快的建筑风格装缀上了富有特色的炫丽饰物一样，围绕基督徒崇拜的基本行为，虔诚也正在衍生为一个由过多的虔诚行为构成的万花筒。当然，在 15 世纪，基本真理没有变化，也没有增多；只不过，教俗人士举行的仪式和念诵的祷告辞，因为反映了他们的情感，因而形成了这一时期宗教生活的独特风格。这些主题值得关注，因为它们像主旋律一样，一再出现

213

---

* 《玫瑰经》（正式名称为《圣母圣咏》），于 15 世纪由圣座正式颁布，是天主教徒用于敬礼圣母玛利亚的祷文。"玫瑰经"一词来源于拉丁语"Rosarium"，意为"玫瑰花冠"或"一束玫瑰"。"Rosa"即玫瑰之意。此名是比喻连串的祷文如玫瑰馨香，敬献于主与圣母像前。一般教友不谙（拉丁文）圣咏，遂以 50 次圣母经代替，并以串珠计数，谓之（玫瑰）念珠（Beads）。念珠每串 53 小珠，6 大珠及一苦像，每小珠念圣母经，大珠念天主经及圣三光荣颂，并默想耶稣及圣母之事迹，每串又分欢喜、痛苦、荣福各五端，涵盖了耶稣的救恩史。——译者注

** 大斋期（Lent），也称四旬节，指复活节前的 40 天，基督徒在此期间要斋戒；复活节（Easter）是纪念耶稣复活的节日，在春分日（3 月 21 日）之后月满后的第一个星期天。由于每年的春分日都不固定，故每年的复活节的具体日期也是不确定的，但节期大致在 3 月 22 日至 4 月 25 日之间。——译者注

于各种私下和公共的崇拜中。

此外，表明上帝爱人类的基督救赎行为也备受重视。作家和布道员尤其是托钵僧，都力图将那些杰出的属灵领袖，尤其是像圣贝尔纳等人对神秘事物的思考结果传输给全体信徒。神化身为人，其所隐藏的生命受到的试探与磨难，他受难时经受的折磨，在骷髅地（Calvary）的死亡等，被一再援引为据。它们承载着诸多诉求，首先通过促发人们对基督的怜悯，进而触发效法他的愿望，以回应神子化身为人以赎亚当之罪的义举。圣周尤其耶稣受难日[*]，依然是一年礼拜的核心，但纪念救主承受的苦难已经扩展到每一周，每周的最后三天都提供了在灵性上重新体验基督救赎一幕的机会。冠名为"受难计时"（Orloges de la Passion）的小册子，将一天的每一小时与基督和他的母亲承受的每一种哀痛一一对应起来：如晚祷（Vespers）会触发人们联想玛利亚将儿子的尸体抱在膝头时的悲痛。为此，德意志人将"圣母怜子图"（Pietà）命名为"晚祷哀怜图"（Vesperbild）。与时间一样，空间也越来越多地被十字架所笼罩。最容易激发信众情感的那些场景，被描绘在教堂的内部和四周，如墙上的壁画、玻璃窗上的彩绘，以及祭坛的幕景。在墓地，可以看到"端坐于橄榄山上的基督"的雕塑。在十字路口，十字架被竖立起来。标识苦伤大道（via dolorosa）站点的那些石像，指明了前往朝圣之所的道路。最后，由于有了木刻，救主受难像甚至可以放置在最卑贱者的陋室中。

圣像制作者——画家与雕塑家——为营造这一多面孔的宗教，将他们的才干与技艺发挥到了极致。这一时期，尤其在阿尔卑斯以北，艺术正力图传递人物的情感与形态。稍微关注一下佛兰德的那些大师就会知道，他们创建了很多学派，力图促使艺术家们尽可能精准地描绘个体、衣着、内心和乡村；这些特质容易吸人眼球，触发情感并付诸行动，而这正是宗教教育的目标。诚然，熟悉会使感觉麻木；要恢复感觉必然会无限渲染旨在刺激感官的恐怖场景。折磨被描绘得越来越惟妙惟肖，甚至也更加血腥。如在神秘的葡萄榨汁机中，基督遭到螺旋转动的无情挤压。在各各他山顶被钉十字架前的几分钟，忧伤者

---

[*] 圣周（Holy Week），也称受难周，指复活节前的一周。耶稣受难日（Good Friday）指复活节前一周的星期五，是基督徒纪念耶稣基督被钉十字架的日子。——译者注

(The Man of Sorrows)被描绘成被痛苦压弯了腰,这是要提醒信徒牢记他们的救主承受的巨大精神痛苦。当"血腥味"与"玫瑰的芳香"混杂在一起时,似乎显得更加刺鼻。⑤ 描绘圣婴的场景也被置入受难场景中,前者的静谧正是为了烘托后者经受的残忍。婴儿耶稣被描绘成正在玩弄那块他被钉十字架的木头,并被荆棘冠扎伤了。

从伯利恒到骷髅地,童贞玛利亚一直伴随着她的儿子。在图像中,她从未远离过他。无论谁崇敬她,必然就会崇拜她怀抱的婴儿基督,或她抱在膝头的那具毫无血色的尸体。玫瑰念珠是最受欢迎的崇拜玛利亚的方式,信徒们在吟诵玫瑰经时,被要求默祷的就是这些救赎的各端奥迹。吟诵完150遍"圣母颂",相当于《诗篇》的篇目,会回到救赎故事的开端"天使报喜"(Annunciation),这在15世纪的虔诚中具有突出的地位。被路易十二世抛弃的妻子法兰西的让娜(Jeanne de France)就将她建立的持戒团契命名为"报喜姊妹会"(Annonciade)。在引发神学家们群起争辩的玛利亚受孕的论战中,那些相信无玷受胎说(Immaculate Conception)的人,如方济各会和热尔松这样的大学者所持的观点,与那些如果参与这场争论的普通信徒可能持有的观点,无疑如出一辙。就神的母亲而言,没有什么是她不配的。

"玛利亚,罪人的避难所"(Mary, Refuge of Sinners)、"救苦救难的圣母"(Notre Dame de Bon Secours)、"施救圣母"(Maria Hilf)这类祷告词,经常被用来祈求那些最受推崇的代求者(intercessor),它们也是至高无上的审判者最愿意听到的辩护词。吸引朝圣者前往的地方几乎在无限增多,因为玛利亚处处显示奇迹,表明她的仁慈。在15世纪末的某些区域,这类通常颇为简朴的圣域是如此之多,以至无论哪一个,不用花上一天的时间就可徒步到达。基督对玛利亚的孝道也被推及她的亲戚:她的母亲安妮,作为耶稣的外祖母,她转呈的请求会被拒绝吗?可以肯定,有的代求者被更为频繁地求助。在教会大分裂的混乱期间,热尔松将约瑟夫推到了前台,基督的养父肯定不允许教会——他的配偶——消亡。神圣家族(Holy Family)逐渐变成了一幅以圣母和圣婴为核心的肖像。这个家族的祖业是圣地。只有

---

⑤ Huizinga(1955), p. 26.

富人和要人才能去那儿朝圣,但在某种意义上,有个地方也可满足儿童朝圣的愿望:天使将拿撒勒的"圣家"(Santa Casa)搬到洛雷托(Loreto)的传说就极为意味深长。*

人们也向其他众多的代求者发出请求。他们各有专长,各司其职:莱昂纳尔(Leonard)照看囚徒,安东尼医治坏疽病患,罗奇(Roch)或塞巴斯提安(Sebastian)照料瘟疫患者,芭芭拉(Barbara)和克里斯托弗(Christopher)预防猝死。1445年,法兰克尼亚(Franconia)的一位牧羊人得到一个启示:驱邪十四圣徒(fourteen Apotropaics)可提供及时帮助,他们中的每一位都有一种防治某类疾病的独特疗法。11000名童贞女或10000名殉道者享有的崇拜,也证明人们力图得到强有力的帮助。不过,与此同时,个人还是会与某个特定的圣徒即他的守护者建立起特殊的关系。

圣徒常常被认为是保护者,他们树立了值得效仿的榜样。因为他们的生活证明:真正的上帝之爱来自爱邻人。慈善(Charity)是基督徒的首要责任,即便国家、王国和城镇确已发现贫困是一种社会罪恶,济贫乃是一种政治需要。慈善机制的范围一再扩展,变得越来越多样;癫痫病患、精神病人和性病患者,均有其专门的救助机构。孤儿、老无所依者、没有嫁妆的女孩,也没有被忘记。即将被关进劳教所(work-house)的穷人,当时还被认为是发放恩典以交换施舍的基督。遗嘱使得生前没有完成或完成得不好的善举可以在死后达成。生者与死者之间存在着一种强烈的团结情感。教友会(confraternity)在绝大多数情况下是一种互助的社群,常常代替家庭为那些没有亲戚的死者(在城市里这类人很多)作周年祭奠。宣讲赦罪的布道员随处可见,他们的"赦免"也适用于"穷人的灵魂"。即便在最贫困的堂区,不仅有圣魂兄弟会(Fraternity of Holy Ghost)照看生者,也有炼狱施舍碗(Purgatory alms-bowl)募捐奉献以便为死者祈祷。基督徒社会是一个其机制扩及来世的有机体。

对于这些虔诚,基督教民众有何回应?他们一丝不苟地加以奉行吗?是否具有一致性?鉴于目前的知识状况和证据的性质,不可能得

---

* 洛雷托(Loreto)位于意大利中部的一个座小山上,可望见亚得里亚海,是著名的朝圣之地。据传说,1294年天使乘风将马利亚在拿撒勒的圣家搬迁到这里。1486年教宗保罗二世在此建立了圣家教堂(Santuario della Santa Casa)。洛雷托圣母是飞行员的守护圣徒。——译者注

出一个清晰明了的答案。一些布道因为颇为激烈，引发了俗人们暗中或公然的漠视甚至敌意；不过，雄辩与夸大其词总是相伴而行的。这是否意味着不用考虑这些辩词呢？显然是错误的，因为夸张的描述只是夸大缺点而非无中生有。其他资料如教牧人员的巡视报告，宗教法庭的裁决，教堂、慈养院（hospices）和兄弟会的财政账簿，都提供了有据可查的事实与数据。虽然，它们提供的信息尚不足以描述一幅完整的画面，在已完工的区域，还存在着大片的空白。

不过，我们至少可以尝试做初步的勾画。拒绝遵守教会的法律首先是异端分子的行为。15世纪是以波希米亚大火拉开帷幕的，这场大火因为处死胡斯（1415）而点燃，而在西吉斯蒙德出兵镇压时掀起燎原之势。几乎在15年里，这里爆发了各种各样的宗教论战。1436年，正统派的胜利并不是一场绝对的胜利；失败的一方并不真心拥护征服者们的信仰。胡斯派信徒尽管被驱散，但未被根除；其残存势力像罗拉德派那样，仍旧秘密存在，而这两个异端教派，因为威克利夫的缘故而关系密切。瓦尔多派残余（Waldensian cells）同样也散布于欧洲大部；为了生存，其成员假装服从正统以躲避迫害，因为即便在阿尔卑斯山谷，安全也常常没有保障。1450年后，这些异端派别在思想和行动上越来越孤立，但他们的一些教义传播得更加广泛，并使得民间的反教权主义更为激进。这未必是质疑官方教会的原则；对教士尤其是托钵僧的指责，更多的是他们生活而非信仰的不完美。这些批评，至少一部分，应归咎于教会滥用谴责；因债务而频繁动用破门律，使得桀骜不驯的基督徒越来越多，他们干脆不再谋求赦免，因为缺乏解决问题的资金。

就我们能够加以评估的宗教实践的频度与常规而言，可以确认，绝大多数信徒还是年复一年地履行了教会规定的活动。这些活动的数量有某种程度的波动，非常规的活动经常会改变这种状况；有些人厌烦了，不再出席弥撒，但总有人愿意回归羊群。由虔诚的天主教徒构成的大军，或许10人中只有1人受洗，他们作为主力的先头部队，仅满足于履行其复活节的义务，并在重要节日出于虔诚而接受圣餐共融，却将那些落后分子和不服从者甩在了后面。不必考虑创办小礼拜堂，甚或安排安魂弥撒，它们总是被大量地预订。这些虔诚事工是需要花钱的，不能因为缺钱就说穷人不虔诚。

最后，富人的慷慨难道不是炫耀财富和维持体面的一种方式吗？宗教史不能仅仅建立在统计史的基础上。促使基督徒履行教会戒律并自发衍生出诸多宗教实践的动机是什么呢？从这个角度来考量的话，我们既有的文献就很难解释：我们怎么才能打开一扇窗去窥探人们的灵魂呢？如何剥去伪君子的伪装并确认那是真正虔诚的迹象呢？毫无疑问，有不少男女笃行《福音书》的要求。有些人的非凡美德得到公认，身边不乏以他们为榜样的效法者。比如，弗朗切斯卡·罗马纳（Francesca Romana）的身边就聚集了许多妇女，足以组建一个俗人姊妹会；而共生弟兄会抄写装订的启蒙小册子也能找到买主并能获利。阿尔萨斯的人文主义者雅各布·威姆费灵（Yakob Wimpfeling，1450—1528）为人愤世嫉俗，一度也颇为乐观，甚至于说出身极为卑贱的人也正在阅读《圣经》《效法基督》（Imitation of Christ）和《教父列传》（Lives of the Fathers）。

精英的圈子无疑是狭小的，他们的热忱与大众的随意形成惊人的对比。大众与宗教事务的关系常常带有熟而生蔑的特征，这注定会遭到15世纪的宗教当局的谴责。他们很难禁止教堂里上演愚人节之类的狂欢活动。一度风行于整个欧洲的各种形式的誓言，源于高声祈祷，现在完全翻转；它们请求的是咒骂而非救赎，并嘲讽一切理应受到崇敬之物，如基督的身体和四肢。不过，反复亵渎上帝变成了一种习惯，对神的法律，与其说是冷漠，毋宁说是视若无睹。

然而，这种冷漠可能会受到恐惧和焦虑的严重震撼。面对窘境，人们会寻求属灵者（the spiritual）。他们大多无疑持有一种"客观主义者"（objectivist）的宗教观念，这种观念倾向于将宗教视为一种外在的、看得见的诸种行为的集合物；他们通过积累这些事工，难道就不能构建一个预防危险的坚不可摧的堡垒吗？"圣母颂"被上百遍地倒背如流，弥撒被一打一打地预订，而在得不到全赦时，人们就尽力获得价值数千天、数千周或数千年的赎罪券。许多人期盼举行仪式能够引发即刻回应，把他们的祈祷变成了念咒语。有些物件被认为具有慈悲的力量，一旦需要，人们就会完全指望它们去拦截那些神奇的光束。看一眼圣克里斯托弗的圣像可以保证不会猝死；到亚琛（Aachen）的朝圣者，常常被人潮湮没，看不见展示的圣物（relics），就在自己的帽顶装上一块小镜子。在这些事例中，基督教只不过是受到远古异教信仰利用的一个幌子。非常态的现象容易被视为神悦或神怨的显示。惊异被视为神奇,神奇被提升为奇迹。在谣传有圣者显灵的地方,高级教士们努力控制人们的热忱:圣—帕普勒(Saint-Papoul)主教让人填平了一个池塘,因为农民们谣传有头牛在池塘边跪下了,因而取水时满怀崇敬之情。但并非所有事例都如此简单。比如,德意志北部维尔斯纳克(Wilsnack)的圣体问题,学者们和当局就争论了数十年;一些人依据朝圣者的人流,认可了崇拜的有效性,相信神的干预使得那块被奉为神圣的面包幸免于大火;他们的对手则拒不承认这一新虔诚的倡导者们所报事实的真实性。这种公然的分歧必然使得一般民众心中疑云重重。

大学人士大多赞同热尔松和库萨的尼古拉的立场,谴责民众通常以迷信的方式来履行肆意滋生的各种仪式、驱魔和朝圣。在一些山区,教士尽力通过宗教教化来消弭无知和平息纷争,结果有时却殊难预料。曾经被容忍的活动,现在被禁止了。农民的生活方式与布道员阐释的圣经观念存在着矛盾。旧的习俗死而不僵;那些不能抛弃旧习俗的人会有负罪感。以至教士怀疑是否有魔鬼作祟,阻止人们走上真正的宗教之路。有些宗教裁判官从这种孤立的境遇中精心炮制出一整套理论;治病术士(healer)和他们的病人并不是单纯的无知之人,而是被撒旦纳入门下的叛教者;方士(sorcerer)就是接替清洁派(cathars)和瓦尔多派(Waldensians)的新型异端分子;打击他们已刻不容缓。教宗在1484年发布的教令《热切期盼》(*Summis desiderantes*),和宗教裁判官的手册《女巫之锤》,将这些看法提升为官方教义。在阿尔卑斯山区,为根除瓦尔多派,常常进行有针对性的布道,因而在14世纪末期,首次出现了对撒旦的恐慌。这种恐慌情绪此前已见于莱茵河谷,《女巫之锤》的作者就是在这里观察并发明其猎巫理论的。在法国,审判贞德(Joan of Arc,1431)和阿拉斯焚巫案("Vauderie" of Arras,1459—1465)标志着一场灾难的发端,它在16世纪演化为十足的罪行。这套镇压机制一旦开启,很快就势不可挡,却也正好导致了它力图压碎的那些观念的传播。

以上所述,只是提供了一份快速素描,但它可以构成一幅精致油画的主题;不过,这里考虑的只是整个西欧的那些共同特征。详尽的研究要求揭示画布上那些令人迷惑的差异性。15世纪的旅行者,就曾注意到某些国家基督徒生活的特殊风格：意大利人震惊于德意志人的热忱，因为他们毫无顾忌地抨击拉丁人的轻率。宗教在形成民族认同时也扮演着一个角色：在这方面，捷克人的自尊心因为遣责胡斯而受伤，预演了德意志人对路德的敬仰，路德本人也将自己打扮成捍卫他们荣誉的卫士。如同民族一样，社会环境也为宗教行为的多样性提供可能。城市居民文化水平的提高，比乡村民众要迅速得多，更容易对宗教劝诫做出回应，从而赋予基督教一个真正属灵的维度；在市镇里，对冥想而言总是不可或缺的书籍，也并不罕见。再则，农民之间也有差异，他们对来自城市共同体的影响也不是完全无动于衷。那些与城市居民保持着定期联系的村民，不可能与那些居住在高山峡谷地带、与外界隔绝的民众形成同样的思想氛围。我们也不能忘记性别（gender）影响所产生的差异。15世纪的男性已经不希望表现得心胸狭隘。妇女接受圣餐更为频繁，施舍也更加慷慨；遗嘱、基金章程（foundation charter）和教友会（confraternities）的登记簿都可以证实这一点。这些评估，难免挂一漏万，仍需加以限定和修正。宗教情感的历史是一个需要人们长期耕耘的葡萄园。还有最后一个问题，它可能同样也没有确切的答案：在这一世纪，宗教活力的强度有变化吗？就目前的知识状况而言，要在曲线图上划出宗教晴雨表的任何企图，必然注定会失败。不过，看来虔诚不会容许宗教永久地丧失活力；一些特征在衰退，新的特征会取而代之。虔诚在成长，到16世纪初长成为吕西安·费弗尔（Lucien Febvre）所谓的"对神的渴求"（appetite for the divine），在他看来，这种渴求正是宗教改革的原因之一。

法兰西斯·拉普（Francis Rapp）
龙秀清 译

第 十 一 章

学校与大学

至少到教会大分裂危机到来之前,中世纪学校和大学历史上的显著特征是不断进步,并且总体来说具有连续性。相较而言,15 世纪预告着一个变革时代的来临。当然,这个时期依然出现了新的进展:新的教学机构、不断壮大的教师和学生群体、日益强烈的社会需求。然而,与此同时,教学机构正在发生转型,开始世俗化;传统的自治在新的政府压力面前迅速减弱;课程本身史无前例地成为批评的焦点,这些批评有含蓄的,也有直言不讳的。本章主要探讨新与旧,传统与变革的关系。

第一节 经院哲学和大学体制的成长与变化

这些体系自然很大程度上仍以传承自 13、14 世纪的结构为基础。就大学而言,大约 1400 年,有近 30 所正在运作的综合性学府（studia generalia）,它们接受帝国和教宗赋予的特权,明确确定了自己的地位,其中只有三所在此后一个世纪里不复存在。[①] 其余的学校影响力也有很大的差异:最古老的大学（波伦亚、巴黎、牛津、萨拉曼

[①] 1400 年正常运作的学习机构有:昂热（法国西部一城市,位于南次东北偏东。建立在罗马时代以前,曾是安茹的历史都城。——译者注）、阿维尼翁（法国东南部城市）、波伦亚（意大利城市）、布达、卡奥尔、剑桥、科隆（德意志联邦共和国城市）、克拉科夫（Cracow）、埃尔福特（Erfurt）、佛罗伦萨（意大利都市名）、海德堡（德意志联邦共和国西南部城市）、韦斯卡（Huesca）、莱里达（Lérida,西班牙）、里斯本（葡萄牙首都）、蒙彼利埃（法国南部城市）、那不勒斯（意大利西南部港市）、奥兰治（法国南部罗纳河畔城镇,荷兰王室祖先的居住地）、奥尔良（法国中部城市）、牛津、帕多瓦（意大利东北部城市）、巴黎、佩鲁贾、佩皮尼昂（Perpignan）、皮亚琴察（Piacenza）、布拉格、萨拉曼卡、锡耶纳（意大利中部城市）、教廷大学（Studium Curiae）、图卢兹（法国南部城市）、巴利亚多利德（Valladolid）、维也纳（奥地利首都）。特维索（Treviso）的学习机构 [studia 转下页]

卡）始终最负盛名，是能够在国际舞台上保持吸引力的少有的几所大学，吸引了相当数量的学生——据统计，到 1450 年，牛津大学可能有大约 2000 名学生，相当于巴黎大学的两倍。②

此后的大学总体水准都不如从前。特别是一些地中海国家小型的合法大学陈旧过时，缺少活力，只能吸引几百名当地学生［有时仅有几十人，比如法国的卡奥尔（Cahors）或是奥兰治（Orange）］，而且遭受战争和流行病等各类灾难的影响。不过，在这些新建的学校中，还有一些学校尽管有时起步艰难，但是似乎在 15 世纪呈现出优势地位。他们没有传统结构的沉重压力，能够聘请知名教授，开设研究课程，他们或多或少受到人文主义影响，取得新的突破。因此它们扩大了生源，公开与老校竞争。例如在英国，剑桥在落后牛津几个世纪后实力大增，学生数量成倍增长（从 700 名增至大约 1400 名），逐渐走出逆境。③ 由于教会大分裂，法国对帝国影响不断衰退，最早的德意志的大学（维也纳、海德堡、科隆）利用了这一机会。布拉格和后来的克拉科夫也以中欧重要的学术活动中心而著称。在意大利半岛由于波伦亚大学学术相对停滞，几家有胆识的大学［帕多瓦（Padua）、佩鲁贾（Perugia）、锡耶纳（Siena）］有机会吸引了来自阿尔卑斯山脉另一边相当数量的生源，其数量不少于来自亚平宁半岛的学生。

这种总的发展趋势，连同君主们基于各自目的对国家和地区大学越来越强烈的渴望，恰恰解释了 15 世纪新大学机构迅速增加的原因——尽管这是在非常困难的时期。在 1400—1500 年间，大约有 34 所大学（除了四所大学身份有所争议，四所倒闭的大学重新运营以

（接上页）generalia］。在 1400 年之前肯定消失了。萨勒诺（意大利西南部港市）、维罗纳（意大利北部城市）、卢卡（Lucca）的学习室似乎不能被认定为真正的综合性学府（studia generalia）。布达大学（1460 年代）、皮亚琴察（Piacenza）的大学（1412 年移至帕维亚）和佛罗伦萨大学（1472 年移至比萨）在 15 世纪从记录中消失（Ridder-Symoens，1992，Ⅰ，pp. 62 – 65）。

　　studia generalia. 一词译法很多，其含义是一种探讨学问的人们聚集的场所，探讨和学习内容广泛，学者来源也很广泛。12—13 世纪所有具有这种特点的组织都使用这一称谓。因此这里将其译作综合性学府。——译者注

② Aston (1979)；Favier (1974), pp. 68 – 76.
③ Aston et al. (1980).

第十一章 学校与大学　　　　　　　　　　　235

外)。欧洲大学数量在一个世纪中翻了一倍。④

然而事实是，这些新机构没有几家彻底失败（尽管有一些计划胎死腹中），多数机构至少在1500年之前从来没有显示出特别的重要性。缺乏名师、生源，影响只局限在本地区，学生规模小，最多不过几百人，这是这些机构面临的普遍问题。有些机构很快停滞了；相较而言，其他的一些则经历了一段繁盛期（如法国的卡昂大学和布尔日大学、比利时卢万大学以及德国、苏格兰一些新兴大学）。这些新机构的地理分布值得重视。它们既不在英格兰，也不在意大利半岛（除了都灵、卡塔尼亚地处意大利半岛边缘以外），这些地区的现存体制已满足了需求。15世纪后半叶兴建的七所大学地处伊比利亚半岛；然而这些机构命中注定要保持平庸，唯有阿尔卡拉（Alcala）是个例外，它成为天主教君王统治下的西班牙人文主义运动的桥头堡。法国15世纪新建的八所大学位于作为地区政治中心的城镇（例如，普瓦蒂埃、南特、布尔日），他们很快便与地方政府建立了经常性的联系。然而正是在欧洲中部和北部（德国、苏格兰、斯堪的纳维亚），大学运动发展最为强劲。这些地区的大学机构受到君主们和城镇的经济资助及扶持，明显体现了这些中世纪末期"新兴国家"的重要地位，也显示了他们完全融入欧洲文化的决心。此前欧洲占统治地位的文化中心在意大利半岛、法国和英国。

15世纪大学的活力不能仅以这种新机构的涌现来衡量。人们还必须记住这个时期一些古老的大学接受捐赠建立了新的学系，特别是

---

④　下面这些综合性学府建于15世纪：维尔茨堡（Würzburg, 1402, 1413年以后消失）；都灵（Turin, 意大利西北部城市）（1404）；莱比锡（民主德国城市）（1409）；普罗旺斯地区艾克斯（法国东南部城市）（1409）；圣安德鲁斯（1411）；罗斯托克（东德港市）（1419）；多尔（Dole, 1422）；卢万（比利时, 1425）；普瓦蒂埃（法国, 1431）；卡昂（法国, 1432）；波尔多（法国, 1441）；卡塔尼亚（意大利, 1444）；巴塞罗那（西班牙, 1450）；格拉斯哥（1451）；瓦朗斯（1452）；特里尔（德意志联邦共和国城市, 1454）；格莱夫斯瓦尔德（Greifswald, 1456）；弗赖堡/布赖斯高（德国西南部, 1457）；巴塞尔（瑞士西北部城市, 1459）；因戈尔施塔特（Ingolstadt, 1459）；南特（法国西部港市, 1460）；布尔日（Bourges, 1464）；波祖尼（Poszony, 1465; 1492年以后消失）；萨拉戈萨（西班牙东北部, 1474）；哥本哈根（1475）；美因兹（德意志联邦共和国西部城市, 1476）；图宾根（1476）；乌普萨拉（瑞典东南部城市, 1477）；帕尔马医阿尔卡拉（Palma de Majorca, 巴利阿里群岛, 1483）；锡古恩萨（Sigüenza, 1489）；阿伯丁（苏格兰东部旧郡名, 1495）；法兰克福/奥德（1498）；阿尔卡拉（Alcalà, 1499）；巴伦西亚（西班牙港市, 1500）。比萨（1406年以后）、帕维亚（1412）、费拉拉（意大利, 1430）和罗马［1431，后来加入这类综合性学府行列：见阿多尼（1992），pp. 416 – 421］都是重新开张的。帕尔马（1412）、赫罗纳（1446）、威尼斯（医学学院, 1470）和热那亚（1471）几所学校是否可以被称为大学值得怀疑［Ridder-Symoers（1992），Ⅰ, pp. 62 – 65］。

新编剑桥中世纪史 第七卷

- ● 科隆大学，1400年以前建立
- ■ 布尔日大学，1400—1500年建立
- ○ 萨勒诺大学，1400年以前建立，地位不确定
- □ 帕尔马大学，1400年以前建立，地位不确定

方括号中的名称表示不确定其发展

0　　　　　　　　300 英里
0　　　　　　　　500 千米

阿伯丁大学
圣安德鲁斯大学
格拉斯哥大学
剑桥大学
牛津大学
卢万大学
卡昂大学
巴黎大学
奥尔良大学
昂热大学
南特大学
布尔日大学
多勒大学
普瓦蒂埃大学
波尔多大学
卡奥尔大学
[格勒诺布尔大学]
瓦朗斯大学
奥兰治大学
图卢兹大学
阿维尼翁大学
蒙彼利埃大学
艾克斯大学
巴利亚多利德大学
韦斯卡大学
佩皮尼昂大学
萨拉曼卡大学
锡古恩萨大学
莱里达大学
赫罗纳大学
科英布拉大学
萨拉戈萨大学
阿尔卡拉大学
巴塞罗那大学
里斯本大学
巴伦西亚大学
帕尔马大学

地图 5　1400—1500 年欧洲的大学

第十一章　学校与大学

乌普萨拉大学
哥本哈根大学
格莱夫斯瓦尔德大学
罗斯托克大学
法兰克福大学（奥德）
莱比锡大学
科隆大学
埃尔福特大学
克拉科夫大学
美因兹大学
[维尔兹堡大学]
布拉格大学
特里尔大学
海德堡大学
图宾根大学
因戈尔施塔特大学
维也纳大学
弗赖堡大学（布赖斯高）
[波佐尼大学]
巴塞尔大学
[布达大学]
帕多瓦大学
帕维亚大学　维罗纳大学　威尼斯大学
都灵大学　[皮亚琴察大学]　费拉拉大学
热那亚大学　帕尔马大学　波伦亚大学
[佛罗伦萨大学]
比萨大学
锡耶纳大学　佩鲁贾大学
罗马大学
那不勒斯大学
萨勒诺大学
卡塔尼亚大学

神学（阿维尼翁 1413 年，蒙彼利埃 1421 年，莱里达 1430 年，巴利亚多利德 1436 年）。尤其是在 15 世纪之前一些物质供给存在不确定性的机构，此时必要的建筑和图书馆数量大增，也设立了大量的大学学院。当然，学院这一概念是旧有的，但是其社会和文化作用被加强了，这一点我们将会在下文中提到。由于提供住所的规模增大，因此它们被置于城市环境之中。尽管学院设施数量较之 14 世纪的巴黎（12∶37）和英格兰（9∶12）有些少，但有时却是非常富有的（如牛津的众灵学院和莫德林学院，剑桥的国王学院和女王学院）；特别是组成帝国的国家（27 所学院建于 15 世纪）、中欧（3 所）、苏格兰（3 所）以及伊比利亚半岛（6 所）新建的大学中，学院数量均有增长。

这一时期大学成为欧洲教育机构的最高层次，在同时代人的眼中最具声望，并始终保持其盛名。其他层次的教育机构缺乏王室或教宗授予的特权，普遍呈现多样性而非一致性。聘用教师的标准不确定；学生人数，正如他们的社会来源，很大程度上一直是个谜；缺乏档案材料，无法复原这些机构的财政和管理状况；尽管教学实施毫无疑问是大学课程的缩影，但实际上在这方面的信息极不完整。

首先，有一些传统的教会学校，大多建于大教堂、牧师会主持的教堂和城市修道院的邻近地区。虽然它们主要是针对年轻的教士或修道士，但也接受其他俗界学生。有时它们周边也有小型学院，为贫困学生提供食宿。这些传统机构的重要性不可小视：伦敦圣保罗大教堂学校是该城市最重要的学校[5]，而在 1469 年，纽伦堡的圣吉尔斯本笃会修道院学校学生人数已达到令人瞩目的 230 人。[6] 这些教会机构提供的教育通常由大教堂枢密（Chancellor）或教堂歌咏班领唱人负责。这种教育有不同种类：有专为唱诗班歌手举办的单纯的歌咏学校；有文法课程，也有专为未来的教士开设的哲学、神学课程，有时还设有教会法规课程。

在整个西欧甚至更多学校可以被冠以"小学校""拉丁学校""文法学校"等名称。这些学校水平参差不齐：神父可能会教授几个

---

[5] Orme (1973), pp. 194–223.
[6] Miner (1987).

第十一章 学校与大学

堂区的少数孩子;其他地区,教师——有时是神父,有时仅仅是在会的神职人员甚至是俗界信徒——自己提供一个私人场所或与某些家庭达成协议教他们的孩子,偶尔收留一些寄宿生。其他学校由宗教机构提供资助(人们可以在英格兰发现许多这种例子),或是受市政津贴资助;即便如此,这些学校很少是完全免费的。

学生的数量在一所特定的学校可能多达几百人,但在大多数情况下超不过数十人。虽然有一些知名的"女教师"⑦,例如在巴黎,但学生主要是男孩,一般年龄在 9—15 岁。教师的背景和资质大不相同,理论上对教师的控制权掌握在教会或地方政府手中,但在实践中经常并不明晰。只有少数教师有大学资格证书(主要是文学硕士或文法硕士)。教学主要关注"文法",即或多或少达到高级水平的拉丁文法学习(阅读和书写),辅以一些基本算术。很难判断这种教育中本族语言的学习程度。这些学校大多招收相对贫困的学生,包括工匠或农民的儿子。贵族子弟经常聘请私人教师。

毫无疑问,在 14 世纪,西方几个国家文法学校数量开始明显增长。15 世纪这种扩张继续,这时期不仅在成规模的城镇中,甚至在一些小市镇和村庄里也能见到这类学校。据记载,14 世纪后半叶,英格兰至少有 72 个地区拥有一所自己的学校;15 世纪后半叶这一数字提高到 85。⑧

不过,需要注意的是整体教育状况依旧不能太过乐观。15 世纪,意大利半岛所有城镇,甚至是较小规模和中等规模的城镇都资助一所或多所市属学校,但是阿尔卑斯山以北则是另一番景象。尽管那里的大多数重要城镇也都有几所学校,但在一般地区远未达到标准。15 世纪,在香槟区的马恩河畔沙隆(Chalons-sur-Marne)主教区 300 个堂区中只有 37 个被认定拥有一所学校。⑨ 此外,许多学校似乎只断断续续地存在,其质量经常很差。大多数学校注定处于一种基础水平,很少能够真正传授正确的拉丁文基本知识,也不能为学生升入大学学习做准备。因此,大多数男性人口和更多的女性都是文盲。印刷

---

⑦ 巴黎的男教师和女教师名册可以从在大教堂领唱人面前所做的誓言中发现,详见 *Chartularium Universitatis Parisiensis*, Ⅲ, no. 1713。
⑧ Orme (1973), pp. 291-325.
⑨ Guilbert (1982).

术的发明对基础教育的影响是缓慢的。

必须说明的是，这种教育状况并未引起君主或教会的重视。学校教师不同于大学博士，他们没有较高的社会地位——甚至早期的人文主义者除了公开指责他们残暴或无知外，也很少提及他们。初等教育财力有限，其运转依赖市政当局和家庭。不过，15世纪的确产生了一些令人关注的教育变革，在传统的教育设施（大教堂、修道院、大学）之外出现了一些善于接受新思想的、声誉好的教育机构。

这里不考虑从13世纪已经存在的托钵修会创办的学府，修会未来的诵经师和传道士所接受的教育被认为实际上是大学教育。可能有时候俗界学生也能接受这种教育。在大学内部，继14世纪学院运动之后，一些学院继续开发它们自己的课程，与各学系特别是文学系竞争；学院日益自治，学院通识课程（de plein exercice）（也就是说提供完整的课程）因此也能够开设像希腊语和修辞学那样的人文课程；例如15世纪60年代的索邦神学院、15世纪末的牛津莫德林学院。

15世纪一些大学学院附带开设了文法课程，使学生入学前能够做更充分的准备。同样，牛津和剑桥的文法学校享有极佳的声誉，因为尽管它们处于大学的外围，但也受到大学的监管和扶植。

其他机构完全独立于大学。特别是在意大利半岛，早在15世纪初人文学者如皮耶尔·保罗·维吉里奥和莱奥纳多·布鲁尼已经强调了教育匮乏的重要影响，文学系只能提供有限的可能性，一些城镇新建了一批高水平的文法学校和哲学学校。威尼斯市原本没有大学，因此15世纪出现了为将来担任政府官职的年轻贵族们开办的雷埃尔托学校（哲学）、圣马可学校（人文课程）。同样需要提及的是在地方当局或君主的倡导下建立起来的"人文学院"（共生会，contubernia），包括加斯帕里诺·巴齐扎（Gasparino Barzizza）在帕多瓦（1408），瓜里诺·达·维罗纳（Guarino daverona）先是在维罗纳（1420），后来在费拉拉（1436），维多利诺·达·费尔特在曼图亚（1423）建立的机构。这些机构完全是贵族式的，其特征既表现在学生接受的开放课程，也体现在课程充满了新理念（修辞学的重要意义、直接获取古典文本、希腊语的学习）。

意大利半岛之外也发现了类似的倡议，尽管在这些地区的教育机构数量上非常少，创新也较少，但他们同样意识到文学系缺少传统教育。在英格兰，威克汉姆的威廉主教在温彻斯特开设的学院（1382）和亨利六世在伊顿建立的公学（1440）都是为了给未来的牛津大学和剑桥大学的学生在文法上打好坚实的根基。阿尔萨斯的塞里斯塔学校（1450）也同样是为进入莱茵兰地区的大学（如巴塞尔、弗赖堡）学习文法和修辞学的学生开办的预科学校。

学校教育改革方面，15世纪在意大利半岛以外最重要的改革运动是共同生活兄弟会的运动。这一宗教改革运动（现代虔信派，the devotio moderna）产生于14世纪晚期的低地国家，很快被纳入文法学校创建的基本目标之一。文法学校的创建能够为学生提供稳定的环境和有效的教学。这种氛围是严肃的、完全宗教式的，但是其教育原则（按能力分班；直接阅读《圣经》和教父作品）呼应了人文主义思想，后来证明这是极其重要的。15世纪兄弟会建立的最重要的学校位于海尔德兰（Gelderland，荷兰东部）的德文特，库萨的尼古拉、伊拉斯谟和鲁道夫·阿格里科拉都在此就读。这场运动从那里迅速蔓延。兄弟会在卢万大学附近开办了一所大型学校，15世纪末让·斯坦敦克对蒙泰居学院（1490）进行改革，甚至将这种教育体制的原则引入巴黎。斯坦敦克后来定居卢万，1499年在大学内部建立了"穷学生之家"（domus pauperum）。

中世纪的学校和大学已经放弃了被称为职业训练的学徒方式；通常为学徒提供训练的场所在家庭、商人店铺，为显贵提供的训练在宫廷。不过15世纪仍随处可见最原始的职业培训雏形，或许在工匠、抄写员和法律从业者那里还表现出一种不断增长的文化需求。对这些职业人群而言，大学教育看上去高不可攀也不适合他们的需求。人们在意大利半岛发现了为数不多的"珠算教师"，特别是在托斯卡纳，他们为一些商人的儿子教授计算和记账基础知识。在伦敦，大法官学院（the Inns of Chancery）和律师学院（Inns of Court）在14世纪成立，15世纪趋于成熟：它们基本上都是私立学校，传授衡平法和普通法知识。较之大学民法学系，他们以更注重实践的方式培养了一大批统治集团行政和司法部门的官员。他们享有真正的声望，富有才智的法理学家约翰·福蒂斯丘爵士（Sir John Fortescue）就出自其中。

第二节 课程

如果从教育体制本身转向学科和课程体系，就会发现同样存在不同意见，但是偶尔有些守旧、传统，改革仍需完善。

很明显，我们对大学还是很了解的，它们保留了丰富的章程、教学大纲以及教学讲义手稿。事实上，教育始终忠实于初创时的原则，这些原则源自12、13世纪，很大程度上承继于中世纪早期甚至古典晚期。知识的分类，学科等级和分类，透过各学系的等级和分类反映出来，过去的和现今的权威名录都是从那时候保存下来的。

文法教学是基于多纳图斯（Donatus）和普利西安（Priscian）的理论，偶尔有埃夫拉尔·德·贝蒂纳（Evrard de Béthune）和亚历山大·德·维尔迪厄（Alexandre de Villedieu）的理论做补充。亚里士多德主义在逻辑学和哲学中继续占据统治地位，与其说是一种连贯的学说体系，倒不如说是一种包括心理学、物理学和宇宙学范畴的全部术语、知识分类和概念的总称，不论是隐性的或显性的。

同样，在高级学系中，课程和教学方法也是直接从之前几个世纪的学校中继承下来的。注释和提问仍是两个基本的智力训练过程，讲课和论辩是其中的实践环节。经院哲学严格地、僵化地将权威和理性结合在一个强势的推理框架中，凌驾于新生的求知欲之上。正是亚里士多德的《工具论》（Organon），后经西班牙的彼得的《逻辑大全》（Summulae）（13世纪）完善，被认为是可以提供给每个人定义和解释所有知识的万能钥匙。

就这一知识的实际主旨而言，仍旧可以列出一系列极为神圣的权威经典书目：在医学系，有盖伦和他的阿拉伯文注释本；在民法和教会法学系，《民法大全》[Corpus iuris civilis，即查士丁尼法典，13世纪被《封土之律》（Libri feudorum）加以补充]以及《教会法大全》(Corpus iuris canonici)[14世纪初加进了约翰二十二世的《编外卷》(Extravagantes)]；在神学系，有《圣经》、彼得·伦巴第的四部《教父名言录》。这些"经典著作"的现代注释者们的专著、概要和文选等对其做了补充，成为阅读经典本身的必读书目，注释者很多：萨勒诺和蒙彼利埃学派的博士们、波伦亚学校的注释者和评论者们、巴黎的逻辑学家和神学家们；所有这些经典注释都可以回溯到 12—13 世纪，最晚到 14 世纪前几十年。

然而，如果仅凭这种传统运作方式的强化就得出结论说，中世纪末的大学教学出现衰退或毫无进步可言那就错了。以哲学和神学为例，开始于 14 世纪的被称作"唯名论"（一个比较方便但或许有些争议的语汇）的复兴对众多的文学系和神学系仍有着持续的重大影响。在巴黎大学和牛津大学自然是如此，在德国的新建大学，特别是图宾根大学也是如此，1484—1495 年加布里埃尔·贝尔在此教学。和这种现代派学说对立的是对古典学说的拥护，后者又分为托马斯主义和司各脱主义。活跃的论辩来自这种思想对抗。一些大学（海德堡大学、弗赖堡大学、因戈尔施塔特大学）允许两个学派共存，学生可以选择一派或另一派的学位课程。其他地区则出现相互敌视的情况：巴黎大学从 1474 年至 1481 年禁止"唯名论"作品，但是到 15 世纪末"现代派"又恢复了支配地位。所有这些说明了 15 世纪的大学生活并没有陷入僵化的折中主义，墨守成规。同样，阿维洛伊主义此前在巴黎是被禁止的，但在意大利半岛的很多大学内都有一席之地，特别是帕多瓦大学，皮耶罗（Pietro Pomponazzi）（1462—1525）曾在此任教。

法学系和医学系也在 15 世纪分享了经院哲学的晚期繁荣。在意大利半岛，法理学家保罗·笛·卡斯特罗（Paolo di Castro）和教会法学者尼古拉斯·德·图德柴斯（Nicholas de Tudeschis）完成了源于 14 世纪注释家们的标准注本。医学领域的成就也没有显著下滑，97 部医学著述的作者出现在 15 世纪的法国，比 14 世纪几乎没有减少（14 世纪是 107 人）。其中几位显示了鲜明的独创性，例如巴黎的雅克·德帕和蒙彼利埃的雅克·安吉列。[10] 然而，必须强调，这种相对的活力并非普遍存在，它仍然受到经院哲学方法的束缚，明显地限制了它的发展范围。不过，15 世纪对这些传统制约提出了质疑，开辟了新的天地。

我们不能夸大其词。教育领域的成就，如上所述的明显标志（包括新的学校和大学建立，学生数量普遍增加），都显示了握有政

---

[10] Jacquart（1981），pp. 199 – 205.

治权力的人，或者更广义上说，社会统治阶层仍对教育抱有信心。让我们还回到这一点上。批评家们经常仅仅暗示：历史学家相信凭借他的观察力能够在教育体系中发现越来越多的瑕疵，但不能肯定当时的人们也很清楚地意识到这些问题。然而，这些问题毫无疑问存在着，而且在一个世纪里愈演愈烈。学位课程组织混乱，很多学生离开大学时甚至连初等学位都没拿到，其他得到初等学位的学生也没有完成章程规定的必要学习期限。由于这些原因，加之教学人员中无故旷工现象的蔓延，学校仅能开设部分课程，辩论这种实践也被废止。考试费用和成本上升了，考官经常被指控偏向家境富有的学生。某些情况下资格证书不再被认为是通过真实的学习获得的。[11]

这些问题出现的原因多种多样，但很明显，所有的事情都证明了，为适应学生实际期望而提供的部分课程是失败的。简言之，这些失败显然成为许多学生，甚至教师（包括一些可以从中获得社会收益的人）对现存制度不满的证据。

和这些重要的反应一样，15世纪也出现了许多对经院哲学和大学制度的正式批判。宗教改革家和普通的传道士们相对传统：他们指责教授们高傲自大、法学家们贪得无厌、神学过分理论化，毫无用处。王室顾问们更多地从政治角度指责学生们的行为目无法纪，同时反对课程的过度冗长，过分理论化。最后，人文主义者谴责拉丁文的经院式的垄断，对希腊语的无视，大学对古典文籍和人文主义书籍的轻视，对学生道德教育的漠不关心。有一个极尽讽刺的例子，洛伦佐·瓦拉1431年曾经作为修辞学教授访问帕维亚大学，因为直接指责高级学系的同事，很快被开除了。

很多人建议改革。在巴黎，早在1400年校长让·格尔森就制定了神学系的改革方案。[12] 巴塞尔委员会全体委员审查了几份同样性质的计划。在法国，查理七世的顾问在百年战争之后不断敦促国王在王国内部重组工作中不要忽视大学的改革。

改革的实际步骤确实实施了。以法国为例，几乎没有大学避开改革：昂热大学在1398年和1494年经历了两次改革，图卢兹大学在

---

[11] Verger (1977) and (1986a).
[12] Jean Gerson, *OEuvres*, II, pp. 23–28.

1394—1425年和1470—1499年提出两个系列改革章程,奥尔良大学和巴黎大学分别在1447年和1452年经历两次"全面改革"。不过在阿维尼翁,1459年同样的改革尝试则形同虚设。⑬ 还应提及的是,15世纪50年代,红衣主教使节贝萨利翁也在波伦亚大学进行了改革。⑭ 然而,各种改革收效甚微。那些改革家主要专注于大学权力和公共秩序等问题,而且由于教学人员固守传统,丧失活力,仅仅对学位课程和教学大纲做了些许调整。

如果得出结论说15世纪西方基督教世界教育领域没有真正的改革,也是不合适的。改革存在,只不过是有限的、局部的,经常发生于一些不太重要的机构和领域中。这一体制的支柱——传统的大学和高级学系——实际上并不欢迎改革。

一些教育复兴的手段已经被提及。共同生活兄弟会学校、意大利人文主义的学园（contubernia）、一些大学学院（至少就选修课程而言）引进了新的师生关系观念。改革首先是在文法教学和文学系中开始了按年级分班制度,学生们按年龄和成绩编班。教学不再是经年累月的、经常但不定期的、令人生厌的重复同样的经文。小组自由讨论的活跃氛围代替了,更确切地说是补充了呆板的常规授课或经院哲学式的辩论。除了按法定的教学大纲进行学习,现在更多关注道德的和宗教的教育。有些学校以经典游戏为特点,还有的学校表演戏剧。

大学课程中出现了新思想。但高级学系受到的影响最小。教授们的保守主义和政治限制产生了共同影响下,保留了旧有教学大纲,压抑了变革。改革几乎没有立足之地,仅有少数的极端分子赞同新观念,他们只进行了一些非正式的变革行动。文学系相对更多样化,较少被束缚于某种框架中,更具适应性,如同一些非大学机构和其他摆脱传统束缚的机构一样。在这些情况下,教育复兴与一种认识相契合,即今天我们所谓的"中等教育"是一个特殊领域,完全不同于严格意义上的大学,也就是所谓的高等学系。

很明显,这一发展过程是逐步的、渐进的,直到16世纪才达到顶峰。不过在15世纪就已经初见端倪。意大利的大学似乎是发展的

---

⑬ Verger (1976a).
⑭ Nasalli Rocca (1930).

急先锋：在1450年以后，半岛上绝大多数人文学系都开设了全部人文主义课程（studia humanitatis）。阿尔卑斯山以北，修辞学、希腊语、希伯来语课程也都不同程度地得到发展，至少是间断性的，这要归功于意大利教师，或者说曾经在半岛接受过教育的教师。确实，人文主义者倡导的"海外游学"在当时盛极一时，许多来自阿尔卑斯山以北地区的学者到意大利半岛，特别是到帕多瓦游学，接受新观念。

  一些例子足以说明情况。1458年利利奥·蒂夫纳特在巴黎开设希腊语课程；稍后在萨伏伊，纪尧姆·菲歇（Guillaume Fichet）担任神学院院长时，在相对传统的课程上增设了索邦神学院开设的修辞学课程。在剑桥大学，圣方济各会修士洛伦佐·特拉弗尔萨·迪·萨沃纳开创人文主义修辞学课程。然而由于王室和高级教士对课程的资助，德意志、匈牙利和波兰新建的大学更多受到意大利的影响。1447年埃涅阿斯·西尔维乌斯·皮科洛米尼（日后的教宗庇护二世）在维也纳开设古典诗词课程；紧随其后是人文主义天文学家格奥尔格·波伊巴赫（Georg Peurbach）和约翰内斯·米勒（Johannes Müller）（即：雷格蒙塔努斯）来到匈牙利的波佐尼大学任教。从1440年开始，萨诺克的乔治和其他在帕多瓦大学接受过教育的讲师在克拉科夫孕育了人文主义环境，哥白尼学说从这里出现——他自1491年至1495年在这里学习文科。

  发展不仅仅局限于人文学科的课程。与此有关的如哲学、科学（数学和天文学）、法学、神学、圣经评注等也都依次体现出人文主义文法和修辞学复兴提出的语言学需求。安杰洛·波利齐亚诺（1454—1494）着手编纂《民法大全》的新版本，同时，在佛罗伦萨开设了关于希腊文诗集的著名课程。在巴黎大学，雅克·勒费弗尔·德塔普尔（1450—1537）进行了亚里士多德学说和圣经的人文主义版本编著工作。新的文本，新的原则也出现了。15世纪初，作为对经院哲学过度枯燥乏味的回应，让·热尔松一直在宣扬神秘主义神学，这在人文主义者中引起了共鸣。约翰·多克特（日后将担任国王学院院长），通过对《斐多篇》（Phaedo）进行评注（1470）将佛罗伦萨的新柏拉图学说（莱奥纳多·布鲁尼、马尔西利奥·菲奇诺）引入剑桥大学。

最后需要提出一个问题：印刷术的发明和传播对1500年以前大学和整个教育界究竟产生了多大的影响？事实上，尽管法国和意大利半岛的大学图书馆在15世纪好像处于停滞状态，但德国和英国的大学和学院并没有等待印刷书本的面世，由于经常得到王室的慷慨解囊，甚至在1450年以前，它们就已经大量地扩充了手抄本书籍，包括古典书籍和意大利人文主义者近期的作品。最具特色的例子就是在埃尔福特，曾任教区长的安普罗纽斯·雷丁克（Amplonius Ratingk）于1433年将他自己规模宏大的图书馆遗赠给他新近建立的学院，图书馆拥有637卷书籍（大学原本已拥有800多卷）。大学城一般并不缺少手抄本或价格相对适中的手抄本的生产途径。早期的印刷商没有轻视大学和学术领域的顾客，但他们确实更愿意在商业规模较大的、没有大学的城镇中做生意（如纽伦堡、奥格斯堡、米兰、威尼斯、里昂、伦敦）。尽管没有被完全忽视，大学城镇仍处于第二位：巴黎第一家印刷厂于1470年建于索邦学院附近，卢万在1473年有一处，克拉克夫（Cracow）1479年建有一所，而剑桥直到1520年才有了一所印刷厂。这些早期的印刷厂出版的教科书首先是基础文法课本，附有一些古典作品和意大利人文主义者的手稿；他们因此主要面向大学预科的学生和进入文学系学习的学生。在高级学系采用"权威著作"和中世纪作品（Summae）印刷本的过程更为缓慢。因此不能说1500年以前印刷品就已彻底改变了大学的教学习惯。

第三节　学校和政府

人们似乎普遍接受这样的观点，即15世纪学术机构和大学改变不大。教会学校很明显仍然直接隶属于它们所属的修道院、女修院、大教堂或是牧师会主持的教堂。城市里的学校一般是通过所在社区和它引进的教师之间订立契约来进行管理。不过，大学的情况更复杂些。表面上看，他们还保留了13世纪的基础，即学术的和（或）学生的自治团体，以及对应部分——"同乡会"和学系——同样的经选举产生的行政人员——学院院长、系主任和学监。大学自治依赖教会和世俗政权给予、最终由教宗认定的一批特权。大学自身制定的规章制度控制内部的管理和纪律。

15世纪的新建大学或多或少严格地以较古老的大学章程为模板制定自己的章程。在阿拉贡王国,莱里达大学(自身受波伦亚大学鼓舞)是最普及的模式。德国和中欧,以巴黎大学为范式,进行相当的调整。法国各省的新建大学的章程杂糅了多种来源的综合元素(巴黎、波伦亚、蒙彼利埃、图卢兹)。[15] 在苏格兰,圣安德鲁斯大学的章程仿效了奥尔良和昂热的规章,而后者又被格拉斯哥大学模仿。需要说明的是,15世纪最后十年确实出现了一种原创体系,即"大学学院"或是说被授权可以授予大学学位的学院,这首先出现在西班牙的锡古恩萨(Siguenza,1489)和阿尔卡拉(1499),以及苏格兰的阿伯丁(1494—1505)。

然而,在这种相对僵化的表象背后,值得注意的变化正在发生。并不是说大学自治和特权变得毫无意义:教师和学生正努力维护自治和特权,尤其是在最古老的、最负盛名的大学,如巴黎大学和牛津大学。教师和学生为捍卫传统的自由而并肩作战,首先是通过罢课等形式,他们设法保住了一部分重要的权利。他们得以或多或少保持了对课程和考试的组织管理权,他们能够保留各种特权保证的关键要素,这类保证赋予他们一种免受军需、税收和地方世俗法庭控制,享有特权的个体地位。不过,他们无力阻止对大学自治的实践原则的挑战,也就是说这种挑战是针对综合性学府除教宗以外不受任何控制的权利的(教宗的控制遥不可及)。因此,它们共同逃避王室强加给他们的政治和经济体制的制约。中世纪末期,王室的制约在每个领域都有所强化,政治权力越来越不能容忍社团自治,一些官员可以介入支持他们的大学内部事务。

同时,需要说的是,有些大学由于自身的文化地位,渴望发挥直接的政治作用,而这却使得外部的控制收紧了。面对各种严重的问题,法国国王们历来设法寻求巴黎大学的意见和支持。学校成员很多参加了康斯坦茨和巴塞尔会议,之后发生的教会大分裂危机,使巴黎大学教师更加坚信,通过接续某个摇摇欲坠的权威(这里是指教宗)的衣钵,他们能够直接参与实际的权力运行。因此,在15世纪初的几十年中,巴黎大学在让·格尔森(参见他于1405年发表的演讲

---

[15] Verger (1995a).

《国王万岁》）任校长期间，一直为国王效力。⑯ 大学参加代表会议，后来还支持了盎格鲁—勃艮第政权，并敦促对圣女贞德（Joan of Arc）的定罪。这样的政治参与是不计后果的，在 1436 年后引发了查理七世无休止的敌意。还有其他的例证：布拉格大学是胡斯运动的倡导者之一，站在温和派"卡里克斯汀（Calixtins）"一边。⑰ 牛津大学对威克利夫和他的罗拉德派继承人的长期宽容，使大学在 15 世纪初险些被清理，这一时期罗拉德派被兰开斯特王朝的国王们视为颠覆运动的意识基础。

从更广义上来说，正是中世纪末期政治体制的普遍进化，进一步解释了为什么各地政府，不论是公国抑或是城市共和国，都在寻求将古老的大学的自治权弱化到政府可接受的程度，同时他们捐助一批新的大学，是他们自己开办的，其自主权受到严格的限制和监督。

这种控制以什么形式出现？正如大家看到的那样，这绝不会妨碍王室对这些机构及其创办人的兴趣和尊重。这些机构的创办人的个人地位是有保证的：他们有良好的社会地位和声望，职业前景非常好，甚至王室中尊贵的职位也向他们敞开大门。15 世纪城镇和君主们都从财政上大力支持大学的发展。大量财政资金投向新建机构和旧有设施，用于学院的新建或扩建、大学校舍的建造（此前几乎闻所未闻）、学生奖学金或教师薪酬的资助、图书馆的藏书。这种慷慨支持与希望大学接受更高程度的控制相对应。然而，在那些著名的大学中，事情也不总是一帆风顺，君主们有时会强行给不合作的学校施加"综合性改造"，以使法令和特权更符合新的政治秩序的要求。先前提及的大学改革也都得益于政权的行使。例如，巴黎大学的教育改革是 1452 年由一名教宗使节正式颁布的，但事实上它是由查理七世在位期间委派的一个皇家委员会着手准备的。它公开宣称的目标是恢复一所教育机构以往的秩序，这所机构经常罢课，其批判精神和社团的傲慢都着实惹恼了国王。

政府甚至渴望以他们严格的正统思想控制课程内容。在牛津大学，坎特伯雷大主教托马斯·阿伦德尔（Thomas Arundel）以国王和

---

⑯ Jean Gerson, *OEuvres*, Ⅶ/1, pp. 1137–1185.
⑰ Kaminsky (1972).

他本人的大主教名义调查罗拉德派。在巴黎大学，1474年路易十一世同意暂时驱逐全部的"唯名论者"。

最重要的是，政府对大学特权问题尤其敏感。政府虽然没有要废除这些特权的想法，但坚持将大学置于政府和普通法庭的监督之下。在15世纪40年代的法国，巴黎最高法院和图卢兹最高法院确认并扩展了对大学的司法裁判权。与此同时，牛津大学和剑桥大学的校长办公室不再由从同侪中选举产生的校务委员来掌控，而是转移到宫廷高级教士、国王亲信的手中。意大利半岛的城市中指派的官员们事务处理或改革研究专员，即"萨维德洛委员会"（*trattatores or reformatores studii*，"Savi dello studio"）负责执行公社对大学的政策。另外，曾经作为综合性学府反抗的重要手段的罢课或退出等传统自卫武器也被废弃了。

值得一提的是，君主们想要获得监控大学招生情况的权利。此前这些学校招生都是由讲师选举或自由推荐的，学生注册不受限制，不考虑他们的社会地位和地缘。带薪讲师制度（或是提供给教师一部分牧师薪俸的制度）使上层权力直接干预教师的录用。招生也开始受制于各种各样的规章条例。意大利半岛的社团和贵族（signorie）要求只有本国的臣民才能进入当地大学。因此，1407年帕多瓦成为威尼斯地区的官方大学。从理论上来说，外国学生仍旧是受欢迎的，但教会分裂和经常性的战争，伴随着民族主义情绪的全面激化，意味着被除名的威胁经常笼罩着他们。1470年，路易十一从巴黎驱逐了一批臣服于"大胆"查理的勃艮第籍学生，1474年他颁布命令，今后校长必须是法国人。同时，学生情况的真实性更严格地受到管制。由于大学的宗教地位，许多伪造身份的或长期不毕业的学生提出本无权享受的财政权和司法权，官方非常厌倦这样的情况，因此实行了更严格的注册等流程，并最大限度地延长了在学时间。1499年路易十二在巴黎大学一直严格地执行这一决策。

毫无疑问，这些举措至此并未一以贯之，但是却揭示了一种态度上的明显变化。外部权威对大学的控制逐渐加强（教会控制相应削弱），事实上这是对相当高的社会期待，特别是官方和管理层期望的一种反应，他们委托大学对其后代进行教育。至少一些校内人士已经对此表现出极大的兴趣。

如果我们过分强调13世纪近乎理想的状况（不受社会或地域因素限制的招生制度，学校自治和民主管理，学习积极性等）和中世纪晚期衰落之间的反差，那是不对的。事实上，那样的理想状况无疑根本就不存在，此外，这种对比至多只包括了古老的大学，很少考虑到更多数新建校。实际上，15世纪普遍的政治气候对大学的内部管理和生活方式都产生着影响。等级制和集权的特征在各个方面都得到了强化。在政治权力权重逐渐增加，教师成为王室更顺从的合作者权威扩大之前，波伦亚大学模式中的"学生权力"就像团队精神一样，在它存在的地方就开始让步了。会员大会被有限委员会取代。大学的生活方式改变了，以至于地方权力机关和等级制的影响更加显而易见了。有关各种经文译本争议减少，服饰和设施日益奢华，各种仪式，特别是学位授予仪式成本昂贵、奢侈浪费，这些都更清晰地反映出了大学日益融入政治秩序掌控之中。这是中世纪末期大学真正"贵族化"之所在，并非假想的生源范围在缩小。这种贵族化具有更显著的地方特点。一些历史悠久的中心（巴黎、波伦亚）和新的区域［克拉科夫（Cracow）、卢万（Louvain）］保持足够的声望吸引远道的生源，尽管数量有限。而且在意大利人文主义者的推动下，学校吸引越来越多的来自欧洲各地的生源来到了半岛上的综合性学府（帕多瓦、费拉拉、佩鲁贾、锡耶纳）。不过，其他各地由于新建大学数量增加，招生"地区化"成为确定的政策，这成为学校和当地社会、政治结构越来越密切联系的明显标志。市政精英和地方官员更加轻松地紧紧控制着这些机构。由于"寄宿"成为规定（学院、会馆和所有的校外宿舍都这样规定）——例如，这是1452年巴黎大学改革试图强加的某些规定——确认了一种打破传统大学生活中的某些不再适应新的社会和政治秩序的特定方面的行之有效的方式。

第四节 学校、大学和社会

中世纪的学校和大学从来都没有处于世外，因为像前几个世纪一样，15世纪教育机构的演进很大程度上是社会的需要和期望。这并不意味着纯粹的知识因素没有影响。完全有理由相信，社会对有能力的文化精英和大学毕业生的需求持续增加。那些13世纪就已经存在大学的地区本已有强烈的需求，在此基础上，先前的边缘地区也有了需求，现在也因建立了新的学校和大学而受益。

教会仍为大学提供数量庞大的生源。传统的修道院制度仅发挥少许作用，而托钵僧修会继续为大多数成员提供稳定的智力训练，由于内院（internal studia）和外院（university studia）双重网络，通过建立新的神学院，其成员数量大增。托钵僧学习了人文学科和哲学后，就重点学习神学。在许多地区，特别是欧洲地中海区域，他们或多或少垄断了大学神学学科，为其担任传教士或宗教法庭上的审问官做准备。此外，在俗教士中，教会法律师人数大大超过神学家。也有许多神职人员只有人文学科硕士学位。因此会发现在许多地区，在俗教士中的毕业学生比例在 15 世纪总体上达到了前所未闻的程度。在英格兰的 79 位主教中，1399—1485 年有 72 人曾经在大学学习，1 人就读于律师学院。[18] 同样的情况也发生在大教堂牧师会成员中：15 世纪，约克郡 80% 的附属教堂在籍教士是大学毕业。在法国，至少是北部地区，这一数据也是具有可比性的：拉昂的教士在 1270—1378 年，大学毕业生占 43%，而 1409 年，这一数字已翻了一番，达到 86%（尽管其中几乎半数仅仅是文科硕士）。[19] 其他地方，大学毕业生人数增长稍显缓慢，但也是明显的。例如，罗斯基尔特的丹麦教士中大学生的比例从 1367—1430 年的 55% 增加至 1431—1493 年的 78%，而文科以上学历毕业生从 19% 增至 45.4%。[20] 到了 15 世纪末，许多地方的毕业生数量增长如此之快，以至于有些毕业生得不到大教会牧师职位，只能屈就于一个堂区了。

如果一个教会职位仍旧是那些曾经就读于学校或大学的年轻人最寻常不过的期望的话，那么来自俗界的需求使 15 世纪教育进展惊人，尽管需要注意的是，在此期间许多俗界职位仍旧为教职人员，至少是由低级修士所充塞。比如在英格兰便是如此。一般来说，平民毕业生不能进入王室委员会，这个委员会仍是高级贵族的特权。大法官法庭（chancelleries）和最高法院（sovereign courts of justice）正好相反——例如英国王座法庭（the king's bench）、法国最高法院

---

[18] Rosenthal (1970).
[19] Millet (1982), pp. 87–100.
[20] Mornet (1983).

（parlement）——从1400年代早期很大程度上就掌控于平民毕业生手中。即便在情况并非如此的地方，该世纪毕业生的数量也在迅速增加：在布拉班特（Brabant）委员会，公国最高法庭，毕业生人数从40%增至70%。[21] 甚至更多的职位是在王室管理下的地方政府部门，它支撑起由辩护律师和法学家形成的附属团体。在这里，法律专业毕业生可能为自己找到舒适的职位。不过15世纪末，毕业生实在太多，例如在靠近巴黎的司法区（bailliages），某些博士或有开业执照的人至少在从业初期被要求担任低级职位，这些职位以前都是由没有大学学历的人担任的。

越来越多的城镇、意大利半岛和德意志相对独立的城市国家，以及法兰西、英格兰、西班牙等纳入国家君主制度的小村镇（Bonnes villes）也都使用有大学学历的博士和法学家。在一些情况下（巴塞罗那、蒙彼利埃、纽伦堡等地），对商人贵族等级的持续不信任限制了他们的基本职业地位。而在其他地方，他们最终有机会进入市政事务的实际管理。这种进步明显伴随着重大的社会变革：商业资本家开始把他们的儿子送入大学，把女儿嫁给大学毕业生。私人事务所同样也把机会提供给了法律或医学专业的毕业生。仅有文科硕士文凭的，如果不继续留任神职，至少能当中小学的教师。

最后需要补充一点，单纯出于学习的目的，或者说至少在近期内看不到职业前景的学习，在15世纪也不鲜见，或许也有一种复苏的趋势。由于印刷技术产生了丰富的"大众"书籍，特别是在15世纪后半叶，在城市人口（甚至在手艺人圈内）和贵族当中，进入读写世界的更广泛的渴望推动了大量的青年学子进入学校，这是其中一个因素。其他影响来自新的需求，甚至来自普通信徒——无论出自文化享受抑或仅仅是流行的因素——受到宗教改革运动（阅读圣经）和意大利人文主义声望的激励。如果固守旧传统的老教师不欢迎这样的变革，那么新建立的学校（共同生活兄弟会的学校、人文主义者的学校）则显然在这方面更具优势。这也是新学校成功最重要的因素。由于新的游学（peregrinatio academica，现代访学的前身）形式的出现，英格兰、德意志、斯堪的纳维亚的年轻贵族开始到意大利半岛各

---

[21] Ridder-Symoens (1981).

主要的大学做短期访学。这也是这种文化取向的特征。

在这一背景下,尽管至少到1450年前普遍存在人口萎缩,"时代不幸",但15世纪无论从相对的情况还是真实的情况看,接受教育的人数确实在猛增,这也容易理解了。如果说一些古老的大学中心(如巴黎、蒙彼利埃和图卢兹)或许经历了一段停滞的时期,那么其他地方的发展则是明显的:牛津和剑桥总人数在1400—1500年从大约2000人扩展到大约3000人。德意志的发展最为惊人:1480年前后,每年有2500名新生注册,那是大约100年前的五倍多。[22]

仅有统计数字还不够充分。数字背后揭示的发展态势有两点应该注意。首先,必须记住,尽管教育发展,但涉及的只是人口总数的一小部分,而且主要是男性。特别值得注意的是,尽管"学习"对他们越来越重要,但很多职业还徘徊在学术体系之外,或是遭到冷遇或是缺乏关注,仅限于提供职业性学徒训练或是家庭式协会——比如艺术和设计人才的培养,土木工程学(采矿、冶金学)和军事工程学(炮兵、防御工程)的肇始,或是贸易和船运业原理都是如此。甚至与学术研究更为接近的一些职业,其课程也并非由大学提供,因为大学满足于对课程设置行使一定的管控权。理发师和外科医生,公证员和抄写员(很快被印刷工替代),仍旧采用学徒训练方式。在与此完全不同的层面上,在资产阶级和贵族圈子里,特别是在意大利半岛,新型的学者协会(学会)建立起来,这使得传统的大学教育更为经济有效。

其次,我们需要探究不断扩充的在学和毕业的大学生人数所带来的社会的和文化的效应。尽管当时有人撰文抨击大学毕业生过剩——这是研究课题的第一个内容,也注定是个经久不灭的课题——但认为接受教育者数量扩充已经达到恐慌程度也是不对的。尽管有些毕业生在选择职业的初期遭遇到了困难,可是并没有出现供过于求的现象。尽管如上所提,大学存在各种弊端,反映了大学课程缺乏一定实用性,但大学文凭依然是走向社会的通行证。需要以一种"文化层面上的普遍增长"观念取代那种可以理解但不切实际的知识贬值、学者贬值的理论。最好从思考15世纪以来出现的那些发展现象开始。

尽管如此,我们应该庆贺现代知识精英政治的降生吗?尽管得自

---

[22] Schwinges (1986).

于教宗资助的津贴减少了,学习成本急剧上升,一些地区采取了限制性规定,但是教育仍旧是社会流动的一种途径。可以援引很多熟悉的个案:热尔松,是阿丁高地农民之子;库萨的尼古拉,是摩泽尔船夫之子。回想15世纪德国大学生中大约20%都被划入穷人阶层;不错,许多学生都没有完成文学系的学习,因此他们也只能担任低等的在俗教士。贵族在任何教育机构都没有占据垄断地位:他们在学校所占比例并没有超过他们在社会中的比例。15世纪初,法国南部贵族中上大学的不足大学总人数的5%[23];1380—1500年,牛津大学新学院贵族不到13%,大多数属绅士阶层。[24]

然而很明显,学生中的大多数来自范围广泛的中等阶层,特别是英格兰的乡村、意大利半岛和神圣罗马帝国的城市,他们多数是农夫、手艺人、生意人的儿子,如果不读书,他们都是所谓"倾斜"或平行流动的受益者。上学读书为他们提供了从商业或零售业的小圈子进入宗教界或管理层的通道,这些地位毫无疑问确保了更多的安全性和声望。从起步阶段他们便拥有了经济手段和人际关系(亲属关系、朋友关系、保护关系),因此有能力不费力气地完成职业的变更,有时还伴有地理上的迁移,而这些只有学历才使之成为可能。

在随后的几代人中,可以看出真正的大学毕业生王朝的形成:得自于最好学院的地位,考试费用降低,书本由父亲传给儿子,或从叔伯传给甥侄;所有这些促生了法官、律师、教师等社会等级,其文化和学识像家庭传统和财产那样代代相传。

当然,在15世纪末期,并不存在大学毕业生供大于求的问题。不过,在中世纪末期发展起来的学校和大学并没有刺激普遍的社会流动,它们首先是促使社会去适应这个时代中不断变化的政治、经济形势。但这并不意味着教育和学术的短期和长期的重要意义已经被预见,并得到了控制,这无疑是西方文化史上的幸事。

雅克·弗格(Jacques Verger)
张晓晗 译

---

[23] Verger (1976b).
[24] Lytle (1978).

第 十 二 章

人文主义

要讨论文艺复兴时期的人文主义，必然要从布克哈特开始。他的《意大利文艺复兴时期的文化》自 1860 年问世起，就为迄今为止的学术界设定了讨论和分析的前提。布克哈特对人文主义的解释不是特别新颖，但是其对观点的阐述非常简洁和富有系统逻辑性。如今的学者们不可能全面接受布克哈特的论文，但是人们必须承认，正是这篇论文提出了与人文主义有关的关键性历史问题。

在布克哈特看来，文艺复兴本质上并不主要是古典的再生，"没有古典的复生，现象的本质可能没有什么不同"，这一术语曾经被"片面地选定为总结整个时期的名词"①。相反，布克哈特认为，文艺复兴的"典型特征"② 是新的个人主义精神。从 13 世纪中叶到 16 世纪早期，意大利所再生的与其说是古典主义，倒不如说是它自身。

> 在中世纪，人类意识的两方面——内心自省和外界观察都一样——一直是在一层共同的纱幕之下，处于睡醒或者半醒状态。这层纱幕是由信仰、幻想和幼稚的偏见组成的。透过它向外看，世界和历史都罩上了一层奇怪的色彩。人类只是作为一个种族、民族、党派、家族或社团的一员——只是通过某些一般的范畴，而意识到自己。在意大利，这层纱幕最先烟消云散；对于国家和这个世界上的一切事物做客观的处理和考虑成为可能的了。同

---

① Burckhardt (1990), p. 120.
② Burckhardt (1990), p. 230.

时，主观方面也相应地强调表现了它自己；人成了精神的个体，并且也这样来认识自己。③

布克哈特特别连贯地勾勒了人文主义者的形象，其中他所探讨主题的色彩和轮廓，不是学术性的，与人类学倒有几分相像：表面上，人文主义者似乎是人们崇拜的古代和自己的时代之间的传递者④，但实质的定义却是人性和个性："敌视一切的自高自大"，"惹人憎恶的放荡不羁"，"轻视宗教"，"过度淫乱"。在布克哈特看来，并不是因为热衷于古代，使他们在16世纪堕落，相反，他们是"一种极端主观主义的最鲜明的例子和牺牲者"⑤。

因此，布克哈特清晰有力地表达了几个有关文艺复兴人文主义的基本问题，自此以后，这些问题就牢牢吸引着学术界。本质上，人文主义与复兴古代文化有关，还是如他本人所认为的，代表着更加根本的人性的变化，或者至少代表着一种人性哲学？人文主义同以前的时代，即同中世纪有何联系？它代表着与以前文化传统的彻底决裂，还是应该说它是一种延续和进化而非革命呢？

第一节

自从《意大利文艺复兴时期的文化》问世以后，布克哈特的论题主宰着对人文主义的诠释至少达半个世纪之久。他用人性的而非学术化、文学化的语言定义的人文主义和文艺复兴，为西蒙兹（Symonds）、维拉里（Vallari）、格茨（Goetz）、泰因（Taine）、蒙兹（Müntz）等颇具影响力的人物所接受。⑥ 布克哈特设定了文艺复兴个人主义起源的政治解释，他认为，文艺复兴个人主义是意大利城市国家利己主义和无道德的政治环境的产物⑦；在布克哈特的综合分析中，这一观点很快就遭到众多学者们的挑战，如伦南（Renan）、索

---

③ Burckhardt (1990), p. 98.
④ Burckhardt (1990), p. 135.
⑤ Burckhardt (1990), pp. 177 – 179.
⑥ Ferguson (1948), pp. 198 – 221, 226 – 250, 245 – 250; Symonds (1875 – 1886); Villari (1877 – 1882); Goetz (1907) and (1914); Taine (1866); Müntz (1889 – 1895).
⑦ Burckhart (1990), pp. 19 – 98.

德（Thode）、杰巴尔特（Gebhart）和布尔达赫（Burdach），其中布尔达赫的挑战最具渊博的学识，他认为文艺复兴源于宗教性的中世纪精神世界。⑧ 然而，这些早期进行修正的人，尽管对文艺复兴的源头意见不一致，但仍然用布克哈特的人类学方法对人文主义的性质进行探讨。所谓的"中世纪史家的反抗"也大都运用布克哈特式的概念，这种反抗在19世纪的上半叶势头开始增强；他们一直强调早期对世界和人的发现，强调"真正的文艺复兴精神"，个人主义、感性、理性主义和现实主义都明显是布克哈特的分析范畴⑨，甚至当试图否定文艺复兴作为新历史时期的地位，将其贬低为中世纪的没落时——以赫伊津哈⑩为代表的"心态史"（Histoire des mentalités）类型——也带有布克哈特的色彩。然而，尽管有这些修正主义者，但应当记住，直到20世纪，布克哈特仍然有无畏的支持者，特别是现代美国学术界中的两位德国流亡者——厄斯特·卡西尔（Ernst Cassirer）和汉斯·巴伦（Hans Baron）。在卡西尔对人文主义哲学所做的研究中，个人主义是中心议题；而且，他对某种文化和历史时期各要素之内在联系的强调——社会、国家、宗教、教会、艺术、科学——明显属于布克哈特的概念。⑪ 在这里把汉斯·巴伦与布克哈特联系起来似乎有些矛盾，前者无疑突出人文主义的共和国线索，而后者则将专制统治视为影响文艺复兴时期意大利的决定性政治力量；然而，巴伦关注中世纪和文艺复兴的强烈反差（"世界观的根本转变"）⑫，关注近代世俗价值观的出现，关注圭尔夫派和帝国等中世纪概念的衰落，乃至他贬低纯粹的古典主义以及试图将文化史的各种因素结合起来（政治和史学思想、艺术现实主义、财富的积极价值）——他解释意大利早期人文主义的所有这些特征，都牢牢地立于布克哈特的传统中。⑬

但明显的是，在意大利的学术传统中——尤其是在哲学史领域中——人们一直对布克哈特有着强烈的共鸣。这在一定意义上颇具讽

---

⑧ Ferguson (1948), pp. 297 – 311；Renan (1884)；Thode (1885)；Gebhart (1879)；Burdach (1893), (1910) and (1913).
⑨ Ferguson (1948), pp. 333 – 341.
⑩ Ferguson (1948), pp. 373 – 376；Huizinga (1990).
⑪ Ferguson (1948), pp. 218 – 220；Cassirer (1963).
⑫ Baron (1958), p. 28.
⑬ Baron (1938) and (1966).

第十二章 人文主义

刺意味,因为在《意大利文艺复兴时期的文化》中几乎就没有提到文艺复兴哲学。[14] 然而,布克哈特曾经宣称:"形成一个完整一致的整体的各个文明时期不仅在政治生活上,在宗教、艺术和科学上表现出来,而且也在社交生活上留下它特有的印记。"[15] 戈布里奇(Gombrich)曾经无可辩驳地证明说,布克哈特这一关于时代精神的概念,来自黑格尔的唯心主义历史哲学。[16] 伯特兰多·斯帕文塔(Bertrando Spaventa)在19世纪60年代将黑格尔的唯心主义引入意大利的哲学界[17],而且他的方法决定性地影响了20世纪初两位意大利哲学的巨人——克罗齐(Croce)和詹蒂莱(Gentile)。克罗齐尽管支持黑格尔派的文学历史学家德·桑克提斯(De Sanctis),含蓄地批评了亲天主教的修正派人物托法宁(Toffanin),并因此为意大利的布克哈特传统增加了砝码,但是他并没有具体关注人文主义。[18] 特别突出的是詹蒂莱,对意大利文艺复兴人文主义所做的黑格尔式或唯心主义的解释,在他那里得到了发扬:中世纪贬低了人和世俗的生活;相反,意大利人文主义恢复了人的尊严、人类头脑的潜力以及世俗存在的价值。詹蒂莱因此有利地支持了布克哈特的观点,即文艺复兴的意大利人是"近代欧洲儿子中的长子"[19]。在当今的意大利哲学界,这种布克哈特的或黑格尔的方法依旧得到了强有力的支持。确实,第二次世界大战后意大利首屈一指的学者欧金尼奥·加林(Eugenio Garin)就是詹蒂莱的门徒;如果他在文艺复兴人文主义方面强调一种连贯的观点,将其视为关于人的新哲学,区别于中世纪对人性的贬抑,一点也不令人感到奇怪。[20] 同样,如果说加林吸收了巴伦的许多观点,包括后者的"市民人文主义",也不会令人感到惊讶[21];确实,加林发现布克哈特本人尤其值得赞同:

> 人文主义在于重新信任人和他的能力,在于在各种可能的意

---

[14] Kristeller (1961), p. 30.
[15] Burckhardt (1990), p. 230.
[16] Gombrich (1969).
[17] Spaventa (1867) and (1908); Ferguson (1948), p. 222.
[18] De Sanctis (1930); Croce (1941); Ferguson (1948), pp. 240–241, 350.
[19] Ferguson (1948), pp. 222–223, 240–243, 350; Gentile (1912), (1931) and (1968).
[20] Garin (1965).
[21] Garin (1965) and (1969).

> 义上赞美人的活动……布克哈特以前充满力量的概念,将重新肯定人与重新肯定世界联系起来,将重新肯定精神和重新肯定自然联系起来,也应当不加修饰地以前的这一观点相联系,即文艺复兴成功地带来到了新的和谐。这种和谐的理想和完美的人的尺度流行于……这些世纪之中。[22]

同样具有讽刺意味的是,从20世纪30年代起,对布克哈特关于文艺复兴和人文主义的观点提出最有效和最有力挑战的,是詹蒂莱的另外一个门徒。可以毫不夸张地说,保罗·奥斯卡·科里斯特勒(Paul Oskar Kristeller)在过去50年里颠覆了对文艺复兴人文主义的研究和解释。其中的原因并不仅仅是他现在完成了长达六卷本的,有关未出版的人文主义者手稿集的分类目录(Iteritalicum),从学术上集中关注思想史中未出版的原始资料的研究[23],而且因为他从根本上否定了布克哈特的论题:文艺复兴人文主义代表了关于人的新哲学。他在20世纪写了一篇有关文艺复兴人文主义的最有影响力的文章[24],其中,他否定了这样的解释,"人文主义是文艺复兴的新哲学,它起源于对中世纪的旧哲学经院哲学的反对",而宣称"就整体而言,意大利人文主义者既非好的哲学家,亦非坏的哲学家,而是压根就不是哲学家"[25]。相反,他将文艺复兴人文主义视为一场文学运动,集中于语法和修辞研究;人文主义者涉足哲学王国通常是飘忽不定的、业余的和肤浅的。人文主义不可能取代经院哲学成为文艺复兴的新哲学,其原因很简单,因为经院哲学和亚里士多德哲学一直到17世纪中叶都非常繁荣。由于人文主义并非一场哲学运动,所以在科里斯特勒看来,它不可能代表关于人的新观点:

> 如果我们思考或听到"文艺复兴关于人的概念"这一主题,我们马上就会想到文艺复兴时期非常普遍且经常被人重复的观点:根据这一观点,文艺复兴对人和有关人的问题特别感兴趣,

---

[22] Garin (1965), p. 221.
[23] Kristeller (1963–1997).
[24] Kristeller (1979b), pp. 85–105.
[25] Kristeller (1979b), pp. 90–91.

第十二章 人文主义

而且也非常关注。在我们看来，人们经常错误地把这种观念和被称作文艺复兴人文主义的现象联系起来，而且在强调文艺复兴与以前时代的区别时，会直截了当地说，文艺复兴的思想以人为中心，而中世纪思想是以神为中心的。㉖

在科里斯特勒看来，文艺复兴人文主义实质上所关注的，恰恰是布克哈特所否定的，即古典的复兴。在破坏布克哈特大厦的一个基石时——人文主义的人类学定义——科里斯特勒并没有忽略布克哈特论文中其他重要原则；科里斯特勒除了强调人文主义新古典主义的重要性之外，也强调了它与中世纪的密切联系：即法国中世纪古典研究的语法传统，希腊学术的拜占庭遗产，尤其是意大利中世纪写作艺术的修辞传统（ars dictaminis）。㉗

科里斯特勒对文艺复兴人文主义进行解释的最大优势——确实也是其具有持久吸引力的关键所在——是他对原始材料进行的文献学研究；同德国和意大利的一些前辈以及同时代的人不同，他进行研究的前提，不是追随某个过时的哲学学派或方法论。在现代含义上，"几乎任何关联到人的价值的东西都被称为'人文主义的'"㉘，但是科里斯特勒抛弃了这些现代的含义，而将其还原为15世纪后期当时的用法，当时出现humanista一词，是用来指称教授人文学的教师，类似于表示法律学者（legista）、法学家（jurista）、教会法学家（canonista）或艺术家（artista）等中世纪大学的头衔。㉙ 尽管，人文主义一词是19世纪创造的，但是，科里斯特勒把humanista与一组明确界定的科目，即人文学（studia humanitatis）联系起来㉚，在15世纪30年代，未来的教宗尼古拉五世在为科西莫·德·美第奇筹建图书馆时，把人文学与语法、修辞、诗歌、历史和道德哲学等同起来。㉛ 而且，科里斯特勒引用了15世纪布鲁尼、菲奇诺、安东尼奥·贝尼维耶尼、

㉖ Kristeller (1979a), p. 167.
㉗ Kristeller (1964), pp. 147–165.
㉘ Kristeller (1979a), p. 21.
㉙ Kristeller (1979b), p. 99.
㉚ Kristeller (1979b), p. 98.
㉛ Kristeller (1979a), p. 282, n. 60; Kohl (1992), p. 186.

阿拉曼诺·里努奇尼和蓬塔诺[32]等人的大量文献（现在还应该加上萨卢塔蒂、巴齐札和特拉维萨里）[33]，更不要说上述图书馆的标准，其中很清楚的是，人文学被视为文学课程，集中于语法和修辞，与哲学、数学、医学、科学和神学研究形成明显的区别。科里斯特勒最后指出 14 世纪的人文主义者[34]是如何基于西塞罗的用法（在其《为诗人阿尔齐亚斯辩护》的演说中，pro-Archia）[35]而将"人文学"一词复活的（事实上最初是由萨卢塔蒂在 1369 年复活的），其含义是文学或人文教育。这一切都表明，人文主义是一场自觉的文化和文学运动，至少可以追溯到彼得拉克 1333 年发现《为诗人阿尔齐亚斯辩护》的日子。

随后的学术界仍然肯定科里斯特勒关于人文主义的定义在文献上的精确性。最近一部集子收录了从 1369 年至 1425 年"人文学"这一词的各种用法，并选择了 1467 年之前的例子，它用事实证明，该词尽管并不能总是被阐释得很清楚，但是其含义是指文学和文化的科目。[36] 在这里也许应该指出的是，古代人也有点难以理解西塞罗所说的含义，因此，格里乌斯（Gellius）对 humanitas（人性）一词做了如下的注释。

> 那些讲拉丁语和那些正确使用该语言的人，就"humanitas"一词所给出的含义，与人们通常所认为的，也就是希腊人所称的 $\varphi\iota\lambda\alpha\nu\theta\rho\omega\pi\alpha$ 的含义不同，该词指毫无差别地对所有人的友好精神和善良情感；但是他们也用 humanitas 指称希腊词 $\pi\alpha\iota\delta\epsilon\alpha$（教育）的力量；也就是指我们所称的文科教育和训练……我们早期的作家们，尤其是马库斯·瓦罗和马库斯·图里乌斯，正是在这种意义上使用这一词汇，绝大多数的文学作品都表明了这一点。[37]

---

[32] Kristeller (1979a), pp. 282–283, nn. 60, 62.
[33] Kohl (1992), pp. 191–192, 195–196, 199.
[34] Kristeller (1979b), p. 98.
[35] Kohl (1992), pp. 187–188.
[36] Kohl (1992).
[37] Aulus Gellius, Attic nights, bk XIII, ch. 17.

当 15 世纪的作家们在使用"人文学"一词时,普遍接受的是古代有关人文主义在教育意义上而非博爱意义上的正确含义,表明了科里斯特勒的定义在文献学上的正确性,同时也表明将人文主义与人性价值或新人性哲学相关联,存在着固有的时代错误。而且,布鲁尼、波乔等著名人物在大量的文本中,都说自己的特定专业是"人义学"("我们的研究","我们所有人所追求的人性研究","我们的人性研究","nostra studia","nos omnes qui prosequimur studia hec humanitatis","nostra studia humanitatis")[38],这些文本肯定人文主义是一场自觉的运动,带有真正的团体精神(esprit de corps)。最后,尽管人们怀疑"人文学"最初与语法、修辞、诗歌、历史和道德哲学相连[39],但是需要指出的是,彼得拉克认为这五个学科是自己特别感兴趣的领域。在乌尔曼所出版的他最喜爱的书目中[40],彼得拉克写道:"我特别珍视的书籍,我也常常光顾其他书籍,像个搜索者而不是个遗弃者。"[41] 除了实际的标题之外,这个书目也非常有意义地表明了彼得拉克如何界定自己的学术专业领域。经院哲学、哲学学科各限于一卷,辩证法仅仅占有很可怜的位置:"谈判而已"[Tractat(us)(et)n(ichi)l ult(ra)]。该书目的其他部分则以"道德""修辞""历史"(通常带有子目"故事")、"诗歌"和"语法"为标题。[42] 我们没必要强调这些就是"人文学"的五个分支,它最早出现在帕伦图切里(Parentucelli)的经典中,在 15 世纪后半叶变得越来越普遍。

第二节

科里斯特勒埋头于成千上万的人文主义的手稿,这使他不会轻易通过少量文本进行归纳,也不会按照布克哈特式的或理想主义的模式,对那些不太著名的著作甚或未出版的著作弃之不顾,仅仅青睐一部或几部著名人文主义者的文本。

---

[38] Kohl (1992), pp. 192 – 193, 200.
[39] Kohl (1992).
[40] Ullman (1955), pp. 117 – 137.
[41] Ullman (1955), p. 118.
[42] Ullman (1955), p. 122.

他写道，从整个进程来考察，也就是考察1350年到1600年的整个时期，文艺复兴思想呈现为非常复杂的图景。不同的学派和不同的思想家，就人和其他方面的概念，表达出许多观点，如果要将这些不同的观点归纳为一种统一的性质，即使是可能的，也是极为困难的。[43]

在1979年的著作中他仍然承认，"人们认为文艺复兴思想尽管在虔诚方面不亚于中世纪，但更加'人性化'和更加世俗，而且更加关心人的问题，这种观点至少包含着真理的内核"[44]，但是，对布克哈特传统的这一小小让步，也因过去和最近的研究而变得不再可能。首先，人们已经普遍认同，文艺复兴对人的强调，是有意识地从古典、《圣经》、教父和中世纪的作者那里嫁接来的[45]；不乏这样的中世纪作家（如奥顿的洪诺留、彼得·达米安或圣维克多的于格），其论点（如上帝选择化身为人，按照他的形象造人或人是宇宙的黏合力量等）后来得到文艺复兴时期人的尊严倡导者们的青睐。[46] 而且，是要为人类的悲惨状况而伤感，还是为人的尊严而欢呼，文艺复兴的人文主义者们并没有共识。法西奥（Facio）[47] 和曼内提[48]所作的赞美人的尊严的著名论文，当然聚集了人们的目光，而波乔在《人类悲惨的处境》(*De miseria humanae conditionis*) 中所提出的另外的观点，则被人默默地忽视。[49] 确实，在英诺森三世所做的典型中世纪的探讨中，人类的悲惨和尊严被视为一种对比互辩（即用不同的修辞论证一个问题的两个方面），但英诺森三世预示着人类尊严的论文并没有被用来补充他的《人类悲惨的处境》；而事实上，波乔"不仅借鉴了英诺森的标题，而且详细阐述了他所讨论的许多主题"[50]，其中［也在《论不同之命运》(*De Varietate Fortunae*) 中］，突出了人类的脆

---

[43] Kristeller (1979a), p. 167.
[44] Kristeller (1979a), pp. 167–168.
[45] Garin (1938); Trinkaus (1940), pp. 64–79, (1970), pp. 179–190, and (1983), pp. 343–363; Buck (1960); Kraye (1988), p. 306.
[46] Kraye (1988), pp. 309, 311.
[47] Facio *De humanae vitae felicitate*.
[48] Manetti, *De dignitate et excellentia hominis*.
[49] Garin (1965), pp. 56–60.
[50] Kraye (1988), pp. 306–307; Bracciolini, *Opera*; Trinkaus (1970), pp. 258–270.

弱、悲惨的命运和愚蠢。[51] 所谓"文艺复兴早期多才多艺的人"[52]，莱昂·巴蒂斯塔·阿尔贝蒂[53]，创作了早期的《席间闲谈》（*intercoenales*）以及更为成熟的《诸神的起源》（*Theogenius*）和《论讽刺》（*Momus*），其中所描绘的人类忧郁的形象，在别处很难找到。另外一个重要的事实是，大多数人文主义道德哲学中的反理智主义和僧侣主义，表现出人的潜力有很大的局限性。彼得拉克的《秘密》（*Secretum*）告诉我们，单纯的知识并不能获得基督教美德，只能通过具备恩典的意志和经验获得。[54] 在《新约汇集》（*Collatio Novi Testamenti*）和《新约评注》（*Adnotationes in Novum Testamentum*）中，瓦拉认为，语文学有助于提高人们对神学的理解，但是，在《论意志的自由选择》（*De libero arbitrio*）中，他又说，人的自由意志和得救预定论，是人们必须要作为信仰行为来接受的概念。[55] 同样，在《论真善与假善》（*De vero falsoque bono*）中，瓦拉不再试图坚持通过理性哲学获得信仰的结论；在描绘来世生活时，他借助的是信仰、想象而非知识。[56] 另外一个人们通常会忽略的事实，是人文主义和16世纪早期的宗教改革之间将要发展起来的联系。在否定人的潜力和尊严方面，没有人比路德和加尔文走得更远；例如，在路德看来，"如果我们相信基督用他的血救赎了人类，我们就不得不承认人已经彻底迷失了"[57]，这一观点也得到了后者的强力支持："无论你转向何方，你都会明白你只是垃圾、邪恶、疾病和罪恶，令人百般讨厌；一切救助、救赎和尊严都必须期待上帝赐与。"[58] 过去通过伊拉斯谟之口说出的观点[59]，即宗教改革的人类学，是为文艺复兴人文主义所否定的，现在已经不再有人接受。学术研究已经表明，无数的宗教改革家曾经是也仍然是人文主义者，也确实是主要靠他们的努力，宗教改革才能遍

---

[51] Vasoli (1988), p. 64; Bracciolini, Opera.
[52] Gadol (1969).
[53] Alberti, *Opera inedita*, *Momus o del principe* And *Opera volgari*; Vasoli (1988), p. 64.
[54] Petrarch, Prose; Trinkaus (1988), p. 330.
[55] Valla, In Latinam Novi Testamenti, De libero arbitrio And collation Novi Testamenti; trinkaus (1988), p. 342; Lorch (1988), p. 334.
[56] Valla, De vero falsoque bono; Kristeller (1964), p. 33.
[57] De servo arbitrio, cited by Kraye (1988), p. 314 n. 78.
[58] 见 Kraye (1988), p. 314 n. 81。
[59] Phillips (1949).

及欧洲。⁶⁰

作为人文主义的一般定义,必须要抛弃布克哈特及其无数后继者的人类学;确实,要想把人文主义纳入某种哲学框架,将其归属于一般的哲学内容或原则,注定是徒劳的。我们不能按照特定的命题或观点来界定经院哲学⁶¹,同样人文主义也并不代表一种综合的思想宗旨或观点。人们经常说,人文主义蕴含着中世纪所缺乏的新的历史意识⁶²,人文主义者的大多数语言性工作也确实都基于对文本、手稿归属关系和翻译的新历史见解。然而,同样的事实是,许多人文主义者作为臣属、秘书或语法学和修辞学教师,并没有致力于原创的或富有意义的语言学活动。而且,说中世纪缺乏历史意识,而此后历史意识成了文艺复兴人文主义活动的特点,这种观点明显是错误的。⁶³ 例如,在教会学等领域,中世纪作者们有强烈的历史变化和历史阶段论的意识;这种观点忽略了圣伯纳德、卢卡的托勒密、但丁或帕多瓦的马西利乌斯等作家所进行的对早期教会和同时代教会的生动历史比较。⁶⁴ 同样,人们很难找到一种方法,它比古代神学更缺乏历史性,却得到文艺复兴人文主义者的强烈支持——这种观点认为,一系列神秘的教义传给了摩西和赫尔墨斯·特利斯墨吉斯忒斯(Hermes Trismegistus),然后神奇地毫无变化地经过埃及人、波斯人、希腊人、罗马人、教父和中世纪拜占庭人保存下来,并一直到达15和16世纪的欧洲。⁶⁵ 这些归纳——就如同帕诺夫斯基所提到的文艺复兴⁶⁶形式和内容统一一样,尽管有名但同样是虚假的(谁会真心地辩解说那些身穿古代经典服装的人物体现的却是15或16世纪艺术的特征?),只不过是黑格尔时代精神主题的变体;没有人会认同文艺复兴的"典型特征",因为它仅仅存在于黑格尔、布克哈特和他们的追随者的头脑中,并非存在于历史现实中。甚至对经院哲学的厌恶也并非是人文主义的总体特征;彼得拉克、布鲁尼、瓦拉或伊拉斯谟的攻击是很

---

⑥⁰ Spitz (1975), pp. 371 – 436, and (1988), pp. 380 – 411.
⑥¹ Kristeller (1979a), p. 99.
⑥² E. g. Burke (1969).
⑥³ Kelley (1988), pp. 236 – 237.
⑥⁴ Black (1995).
⑥⁵ Walker (1972); Yates (1964).
⑥⁶ Panofsky (1960).

著名的,但是也应该指出,波乔对阿奎那却是既赞美又尊敬⑰,而且他的后继者佛罗伦萨的大臣贝内德托·阿克尔蒂(Benedetto Acolti)等人,与前代的人文主义者不同,重新表现出对经院哲学以及对自然哲学、思辨哲学和形而上学的兴趣,发现许多经院哲学家值得赞美,而对佛罗伦萨前辈曾经誉为具有最高哲学家地位的西塞罗,却予以否定;阿克尔蒂同时代的许多人,包括阿拉曼诺·里努齐尼(Alamanno Rinuccini)、多纳托·阿恰约利(Donato Acciaiuoli)和菲奇诺等,都持有这样的观点。⑱

科里斯特勒将人文主义定义为"人文学",告诉我们人文主义者自己是如何描绘自己特定研究领域的,但是,每个历史现象的性质当然不是由那个时代的人清晰说明的,只不过是因为在他们看来,其本质特征如此明显,根本不需要进行解释。就人文主义而言,任何具有一般知识的研究者仅仅通过拉丁语就能觉察到人文主义文献的存在;若一位作者试图向读者表明,他正在使用古代的而非近代的(或带有近代色彩的中世纪的)拉丁语风格,就向人们清晰地表明了他与人文主义运动的密切关系。因此一位人文主义者就是某个类似其他人文主义者的人;这就是同时代的人认同人文主义的方式,这样的定义,去除了历史主义的外表,同样对我们产生影响。具体以马基雅维里为极端的个例,且不论他全部的世俗文学创作,仅仅因为他非常规的以及缺乏人文性的观点,人们就经常否认他的人文主义者的地位。⑲但是他接受的教育,他以学术和文学活动为起点,他早期的拉丁技巧和古典拼写方法,都表明马基雅维里具备所有人文主义者的特性,而且,通过任命他担任第二长官,接替阿莱桑德罗·布来瑟斯等其他类型的人文主义者,当时的佛罗伦萨人显然认为他是合格的人文主义者。⑳在《君主论》的献词中,他指出自己"一直阅读古人的作品"㉑,他在用当时人永远不会误解的方式来表明自己的身份。

---

⑰ Bracciolini, *Lettere*, 1, p. 16; Kraye (1988), p. 327 n. 144; Camporeale (1972).
⑱ Accolti, *Dialogus*; Black (1985), pp. 211–214; Field (1988), p. 5.
⑲ E. g. Stephens (1986), p. 49.
⑳ Black (1990), pp. 72–78.
㉑ Machiavelli, *Il Principe e discorsi*, p. 13.

第三节

"人文学"的发展源于中世纪的语法和修辞传统;帕多瓦、阿雷廷和波伦亚的前人文主义者以及彼得拉克本人的活动,都根源于意大利的"写作艺术"(ars dictaminis),以及北欧尤其是法国的古典主义。[72] 但是各种成分的混合则是史无前例的:中世纪法国的语法研究对修辞并未过分强调,而"写作艺术"与阅读和模仿古典作家并无直接的关系。尽管人们对人文主义的起源进行了详细的考察,但是并没有完全令人满意的解释,可以说明13世纪末在意大利语法和修辞方面所出现的转向。人们提出了各种各样的假设:例如,前人文主义者几乎都有法律背景,这使他们通过古代法律文本和汇编与古代遗产建立了直接的联系。[73] 另外,人们把最早的前人文主义者洛瓦托·洛瓦蒂(Lovato Lovati)所引发的实际变化,归之于对古典诗歌的模仿,而将这种模仿反过来解释为缺乏意大利拉丁诗歌传统的缘故,因此,洛瓦托在模仿古代格律形式方面毫无阻碍。[74] 所有这些都是有启示意义的,而且毫无疑问为这一根本的风格转换提供了有价值的背景线索;但是它最终不可能对人文主义的出现提供完整的历史解释,主要是因为,暗示着古典模式在语法和修辞方面占有绝对优势的古典文学风格,在中世纪并无先例。最终,艺术方面任何根本的风格变化都是无法解释的。各种环境和条件能够作为背景,说明为什么希腊人在公元前5世纪发生了决定性的转向,从僧侣式的艺术转变为自然主义艺术;说明为什么乔托超越了奇契马布埃的表现主义,而走向了真正的迷妄论;说明马萨乔为什么会从国际性的哥特式转身,创建了新的不朽的庄严风格(*Gravitas*);说明多那提洛为什么重新发现了人体解剖学;为什么莱奥纳多创造了文艺复兴盛期的风格。但是,最终我们遇到的是天才和引领潮流者。洛瓦托、穆萨托(Mussato)和杰里·德·阿雷佐(Geri d'Arezzo)等也是这样:他们对古代文学风格的新感情出自他们自己的创作。

---

[72] Kristeller (1964), pp. 147–165; Witt (1982), (1983) and (1988).
[73] Weiss (1969a).
[74] Witt (1988).

如果人文主义最终的源头超出了历史研究的范围,那么,我们就能更加广泛地描绘它到 15 世纪末为止所取得的成就。许多人文主义者是技巧非常熟练,甚至是专业的抄书员和抄写员,而且他们发起了对字体的革新,这些字体一直延续到今天。[75] 他们放弃了在 13、14 世纪主宰欧洲的哥特手书体,创造了人文主义的字体,人们相信这种字体是对罗马手书体的模仿,但实际上是基于加洛林文艺复兴时期的字体,这种字体曾经在 13 世纪早期流行于阿尔卑斯山的南部和北部。人文主义者也革新了草书体,远离了哥特式钱塞里体(Gothic chancery),创造了现代被称为斜体的字体。这些都是伟大并产生持久影响的成就,但是就他们复兴"古代文学"(littera antiqua)的目标而言,这些都不算是完全的成功。人文主义者关于古文书编年的观念是粗糙的,他们把加洛林字体看作罗马字体非常古怪,就如同 15 世纪人们普通相信佛罗伦萨的洗礼池是罗马的马尔斯神庙一样。而且,他们甚至对加洛林字体的模仿也很难说获得了完全的成功:人文主义手书体富有特征的圆状,是对 14 世纪圆形哥特体的改编;人文主义者从没有意识到加洛林的"t"曾经和"C"一样是个低位字母,只是在 13 世纪的时候才将其升高半行;他们也从来没搞明白,加洛林的抄书者通常在书稿第一条平行线的上端书写,而不是像哥特手稿那样在下端书写;他们喜欢哥特手稿中更加正方形的页面布局,而不是加洛林抄本中标准的长方形。这些仅是现代古文书学者用来区分人文主义手稿和加洛林手稿的几个标准,而它们反映出人文主义者革新字体的局限;而且,人们应当记住,斜体字是一个混合式产物,它以哥特的钱塞里草体为基础,加上了改造自加洛林书写体的某些成分,类似的东西从来没有在哥特之前存在过,更不用说古代了。

第四节

人文主义者的主要愿望是复活拉丁语言,就此而言,他们的成功必然是不完满的。人文主义者希望重新"点燃已经失去或死亡的古

---

[75] Ulman(1960);de la Mare(1973).

代雅致风格"[76]，但是近代学术通常太受他们这种自说自话的影响；事实上，早期人文主义，甚至15世纪某些作者的拉丁语，"其词汇、拼写和句法的许多特征，在古典拉丁语中都没有对应物，反而可以在中世纪拉丁语那里找到"[77]。15世纪有关新词的争论，表明那时如同中世纪一样，仍然在大量创造新词；一些生僻的词汇，并不真正具有古典拉丁的特征，变成了15世纪人文主义者的标准用词，以极力拓展有限的古典词汇。尤其突出的是，尽管某些批评者（如瓦拉[78]或科特西[79]）对中世纪习惯中的某个实际用语进行了理论性批评，但是人文主义者并没有能够在实践上区分古典诗歌和散文的语言。在某些情况下也很难确定，人文主义者非古典的用语到底是受到俗语的直接影响呢，还是基于晚期古典拉丁语中发展的、在中世纪尤其是通过"写作艺术"所混合的传统用法。事实上，从中世纪继承来的拉丁概念本身，在15世纪是缓慢消亡的。中世纪的看法是［但丁在《论俗语》（De vulgari eloquentia）中对此进行了经典表述］[80]，古代有两种语言，即俗语和拉丁语——前者是人们自然学会和口头使用的，后者是某些伟大的作家为了其文学作品和哲学作为技巧发明的，是后天通过学校教育而获得。这种观点（得到早期人文主义者彼得拉克[81]和布鲁尼等人的支持）在15世纪中期遭到比昂多、阿尔贝蒂、波乔、瓜里诺和菲勒尔佛（Filelfo）等人的挑战，他们认为，古代罗马只有一种语言，中世纪的俗语是从因蛮族入侵而被破坏的拉丁语中发展起来的。这种争论，无论就俗语语法的兴起还是对人文主义者复活拉丁语的态度而言，都具有重大意义。一方面，如果所有的语言都是自然的——拉丁语和俗语——那么，它们都会有合理的结构；因拉丁语历史观念的改变而出现了阿尔贝蒂的第一部意大利语语法，绝不是偶然的现象。另一方面，只要人们相信古代罗马人与现代人处于类似的地位，那么，复活拉丁语并不是不可完成的任务：如果罗马人不得不人

---

[76] Solerti (ed.), Le vite, p. 290, trans. In Ross and Mclaughlin (eds.), *The Portable Renaissance reader*, p. 128.
[77] Rizzo (1986), p. 388.
[78] Valla, *Elegantiarum latinae linguae libri sex*, 1, 17, p. 22; Rizzo (1986), p. 388.
[79] Cortesi, De hominibus doctis, p. 123.
[80] Dante Alighieri, De vulgari eloquentia, 1, I, 3; Rizzo (1986), pp. 402–403.
[81] Rizzo (1990).

为地学习拉丁语,那么就没有理由说现代人不能这样做。有必要做的只是清除中世纪的腐蚀而用最纯净的文本来武装自己;瓦拉成为传统的中世纪拉丁语概念的最热情支持者,也并非什么偶然现象,他的《论拉丁语的优美》(*Elegantiae*)的前提是相信曾经存在着一种古代的俗语,纯正的拉丁语是通用的和永恒的,只能被重新发现和净化。然而,到了15世纪末,当人们理所当然地认为拉丁语是一种自然语言时[如波利齐亚诺(Poliziano)],人文主义者认识到,他们再也不可能继承古代人的衣钵了。现在许多人认为,他们必须诉诸极端的措施,抛弃15世纪早期常见的兼收并蓄式的模仿,而是义无反顾地追随一种模式——因此在16世纪初西塞罗主义特别突出。[82] 人文主义者最后认识到他们的根本目标是不可企及的:正如希尔维亚·雷佐(Silvia Rizzo)用格言般的语言所指出的那样,"只有当人们意识到拉丁语曾经是一个活的语言时它才变成死的语言"[83]。

第五节

文艺复兴人文主义者的基本目标是回归古代的修辞学,与复兴古代拉丁语相比,他们在这方面所遇到的问题要少得多;雄辩术也是古代罗马人必须要学习的,他们遗赠给后代许多优秀的教科书,其中包括伪西塞罗的《论公共演讲的理论》(*Rhetorica ad Herennium*)、西塞罗的真作《论修辞学的发明》(*De inventione*)和昆体良的综合性著作《雄辩术原理》(*Institutiones oratoriae*)。在中世纪,人们通过"写作艺术"这一古典技艺的一种低等的派生物来运用修辞,古典的技艺本身尽管已经不再实际运用,但是中世纪对西塞罗那两本教科书进行评论的人们,仍然在理论和学术层面上对它进行研究和教授。在14世纪初波伦亚的许多权威们(dictatores)对《论公共演讲的理论》和《论修辞学的发明》的评论中,我们可以看到人文主义的早期痕迹。西塞罗的演说在中世纪被人忽视,而从14世纪30年代到15世纪20年代,西塞罗的所有演说、其他修辞学著作全本以及昆体良

---

[82] Rizzo (1986) and (1990); Tavoni (1984).
[83] Rizzo (1990), p. 32.

《雄辩术原理》的复得，进一步加强了早期人文主义对古典的强调，在中世纪，这些著作要么不为人所知，要么不为人所用，要么只能获得残破的版本。到 15 世纪早期，人文主义者已经基本上放弃了"写作艺术"，重新统一了古典修辞的理论和实践，他们不仅评论古代的手册，而且用它们来指导修辞学实践，这一点也基于对西塞罗演说的模仿——中世纪从来未出现过这样的事情。而且，人文主义者甚至在复原阿斯科尼乌斯·佩底亚努斯（Asconius Pedianus）的评论之前就开始注释西塞罗的演说词；在此，他们在一定程度上脱离了古代的实践，从纯粹语言学的注解转向了修辞学结构的讨论，这反映了他们效仿古代模式的新考虑。

所有这些都大大超越了中世纪的成就，然而就是在修辞学领域，人文主义者也不能完全无视中世纪遗产。因为在中世纪，《论公共演讲的理论》一直是应用最为广泛的教科书。人文主义者在新的理论著作方面没有贡献什么，而是更偏向于编纂古代艺术的摘要；15 世纪末所创作的唯一重要的新的长篇修辞学论文是特拉布宗的乔治的《修辞学五卷》（*Rhetoricorum libri V.*）。[84] 更重要的是，人文主义者没有能力复活曾在西塞罗时代运用的古典修辞。古典的论文把修辞学分成三种类型，即司法性的、审议性的和辞藻性的。但是在古典后期和中世纪，代表法庭演说和公共辩论的前两种类型已经不再使用，只留下了用于赞美和谴责的修辞，用于诸如婚礼和葬礼演讲、大学社交集会或正式的市民庆典。人文主义者尽管仍然对司法和审议性的演说予以理论上的关注，但是，修辞学的社交功能从 13 世纪意大利公社的早期起就没有发生变化，结果除了虚饰卖弄（epideixis）外，人文主义者遗赠给后人的演说性的文献极为稀少。更加明显的是人文主义者继续强调信件写作，这曾经是"写作艺术"所关注的重心。14 世纪西塞罗信件的重新发现为信件的技巧和原则提供了新的样板；人文主义者放弃了"权威们"所发明的或者当时所使用的信件形式，无论在信件的模仿方面还是在出版自己的书信集方面都将西塞罗视为典范。然而，他们从没有成功地甚至从没有打算为了演说而再次打破修辞文学的平衡；15 世纪人文主义者写作的有关写信技巧的大量论文

---

[84] George of Trebizond, *Rhetoricum libri quinque.*

第十二章 人文主义

表明,他们的主要兴趣是补充"写作艺术",而不是恢复修辞学演说术这一主要的古典功能。[85]

第六节

历史学作为"人文学"的五个科目之一,是人文主义者的主要关注对象,他们不仅勤勉地研究古代罗马史,而且创作自己的尤其是后古典时期的历史,在此他们主要效仿的对象是李维和萨鲁斯特。针对后者的著作,中世纪人曾经广泛阅读甚至进行模仿。[86]而前者则被抄写和阅读[87],但并没有被当作样板。在这种意义上,莱奥纳多·布鲁尼是一位革新者,他的《佛罗伦萨人民史》(*History of the Florentine People*)写作的是后古代的历史,明确地是对李维进行模仿;李维也同样给人文主义历史学的第二位先驱提供了灵感,弗拉维奥·比昂多叙述的罗马帝国衰亡以后的历史[《罗马衰亡以来的千年史》(*ab inclinator imperio*)],类似于李维所撰写的罗马的兴起[《罗马建城以来史》(*ab urbe condita*)]。有时人们认为,早期人文主义历史学家的成就,已经超越了形式上对古典语言学研究的模仿。[88]这在有关城市和国家建立的内容方面是非常正确的;例如,布鲁尼对古典的素材进行批评性分析,证明佛罗伦萨并不是在尤利乌斯·凯撒手下建立的,而是在共和国时期建立的。[89]这种研究与人文主义者对古典文献进行语言学研究是紧密相关的,因此他们把新的批评技巧用于这一历史编纂的领域并不令人感到惊讶。人们同样坚持认为,他们把对材料进行的语言学批评应用到他们历史著作的本体。然而,如果说早期人文主义者在写作后古典历史的时候接受了新的批评性的写作方法则令人生疑。布鲁尼[90]、比昂多[91]和阿科尔蒂(Accolti)[92]不仅没有综合或

---

[85] Kristeller (1979a); Monfasani (1988).
[86] Smalley (1974).
[87] Billanovich (1951).
[88] Santini (1910), pp. 50ff; Fueter (1911), pp. 106ff; Ullman (1955), pp. 321–344; Fubini (1966), p. 546; Cochrane (1981).
[89] Bruni, *Historiarum florentini populi libri XII*.
[90] Bruni, *Historiarum florentini populi libri XII*.
[91] Biondo, *Historiarum ab inclinator Romano imperio decades III*.
[92] Accolti, *De bello a christianis contra barbarous gesto*.

比较其历史著作中所用的材料,而且还虚构了一些额外的段落。他们追随中世纪长期使用的方法,即取材一部主要的编年史,然后根据模仿古典的需要用另外的材料来填充和润饰自己的叙述。布鲁尼偶尔使用档案材料与比昂多和阿科尔蒂使用更古老的编年史具有同样的目的:补充而不是取代或核实主要编年史的叙述。历史学被视为修辞学的一个分支,其中真相并不被界定为忠实于材料,而是界定为逼真或可能。[93] 对历史编纂采纳更加批评性的方法是以后的事,那时,对历史法则态度的改变影响了人文主义历史学家。在早期文艺复兴中,历史学家们追随西塞罗在《论演说家》(De Oratore)中的观点,认为历史并不需要特别的理论性研究,但是 15 世纪末随着人们就如何才能真正达成古典风格进行论证,才开始意识到,除了模仿之外,也需要一些法则。[94] 这种观念立刻被应用到历史之中,在 16 世纪初出现了一系列新颖和详尽的"历史技艺"(Artes historicae)。在缺乏规则的情况下和已经变化了的批评氛围中,包括佛罗伦萨的大臣巴托洛缪·斯卡拉(Bartolomeo Scala)在内的许多历史学家,都对如何写作历史没了把握;而特里斯特诺·卡尔克(Tristano Calco)[95] 等人则开始强烈批评前辈的成就并重新思考新的历史方法。新出现的"历史技艺"不仅讨论风格而且也讨论历史方法和真理,通常按照可信度将历史素材分类排列。这些新的氛围影响了最伟大的人文主义历史学家弗朗切斯科·圭恰尔迪尼(Francesco Guicciardini)[96] 的历史观和方法,他一丝不苟的研究方法不可能已经远离了布鲁尼或比昂多等早期历史学家的修辞习惯。[97]

第七节

语法教师是人文主义者主要的职业活动之一,人们认为,"15 世纪的人文主义者改变了拉丁课程,是一场重大的学术革命","这短

---

[93] Black (1981) and (1985).
[94] Cortesi, *De hominibus doctis*, Pontano, *I dialohi*.
[95] Calco, *Historiae Patriae*.
[96] Guicciardini, *Storia d'Italia*.
[97] Black (1987).

第十二章 人文主义

短的50年——1400—1450年,在西方教育史上是少见的"[98]。确实,人文主义教育家攻击了他们中世纪前辈的课程;然而,事实上,他们在课堂上所造成的改变比某些现代学者所认为的更为复杂和缓慢,他们受到了人文主义者夸大的自我宣传的误导。

中世纪和文艺复兴时期的语法课程分为两个相对不同的阶段:初级教育和中等教育,前者包括学习阅读和写作,后者则是要正确地学习拉丁语,包括创作散文和学习文学。就初级教育而言,无论在人文主义到来之前还是之后,意大利学校的基本教科书都是关于演讲内容的论文,人们将之归到罗马语法学家多纳图斯(Donatus)名下,其实是对普利西安(Priscian)材料的汇编,传统上,现代学者根据其韵文导论的第一个词将后者的著作称为《伊阿纽阿》(Ianua)。其中无论在正文中还是在方法论的术语方面,都表现出中世纪和人文主义之间完整的连续性:从14世纪初起,对《伊阿纽阿》的学习分成两个阶段,首先进行发声阅读而不考虑含义,然后重新阅读并通过文本的含义识记。[99] 作为《伊阿纽阿》补充阅读的材料是带有导论的诗歌集和道德格言集,即《加东格言集》(Disticha Catonis),这是一部古代后期的文献,在16世纪仍然被广泛使用,甚至伊拉斯谟也对它进行了评注。[100] 学习《伊阿纽阿》意味着要记住基本的拉丁形式,这样学生们在离开初级学校后,便开始学习拉丁句法,最终进入散文创作和文学写作。这要通过"语法规则"(Regulae grammaticales)来完成,这一名称通常用来指称由中世纪语法学家戈罗·德·阿雷佐(Goro d'Arezzo)、佛罗伦萨的菲利波·迪·纳多(Filippo di Naddo)或比萨的弗朗切斯科·达·布蒂(Francesco da Buti)等所撰写的论文,也同样指瓜里诺·韦罗内塞(Guarino Veronese)、加斯帕尔·达·维罗纳(Gaspare da Verona)或佩罗蒂(Perotti)等人文主义教师的作品。从菲利波·迪·纳多到佩罗蒂,教科书风格的最显著特征就是其延续性:中世纪的支配概念(concept of governance)12世纪发源于法国北部,被不加改变地用来说明句子各种成分之间的关系;

---

[98] Grendler (1989), pp. 140-141, 404. 同时参见 Garin (1953) and (1967) and (ed.) Il pensiero pedagogico。

[99] Black (1991a) and (1991b); Schmitt (1969)。

[100] Grendler (1989), pp. 197ff; Avesani (1967), pp. 24-25。

记忆性的韵文也被用来在学生的头脑中固定规则；中世纪的语法术语也是随处可见；完全非古典性的经验句法规则仍然被普遍使用，如普遍存在的根据单词顺序对语法功能进行解释［无始（a parte ante）及无终（a parte post）］；仍然用虚构的而非取自古典作家的句子举例说明语法的用法。[101] 说瓜里诺等人文主义者开启了简明语法教科书是毫无根据的，因为类似的著作在13世纪（如锡耶纳的提奥巴尔德的《规则》）[102] 和14世纪（如戈罗·德·阿雷佐的《语法规则》）[103] 已经开始传播。佩罗蒂在结束他的论文时用了一节来探讨写信之技巧，这被认为是一种新方案，事实上，这种所谓的新方案也是一种传统惯例：弗朗切斯科·德·布蒂《规则》的许多手稿在结尾时也附有讨论信件写作的论文。[104]

在学校层面上正规语法方面的延续性，也反映在阅读内容的延续上。为了学业，无论是中世纪还是文艺复兴都把拉丁作家分成两组：次要作家（auctores minors），指创作了一系列古代晚期和中世纪的文本，主要是诗歌的人；主要作家（auctores maiores），主要是指罗马诗人，也指一些散文作家。[105] 尽管人文主义者针对次要作家的著作进行了猛烈批评，但是在15世纪意大利的学校里人们仍然阅读他们的著作，在15世纪的意大利，有许多手稿抄本可以证明这一点，它们要么是这一时期抄写的，要么就是在这一时期进行了主动的注解[106]；甚至波利齐亚诺的门徒皮耶罗·克里尼托（Pietro Crinito）也继续教授塞提默罗的亨利（Henry of Settimello）的《挽歌》（Elegies）。[107] 14、15世纪广泛使用的教材是波埃修（Boethius）的《哲学的慰藉》（Consolation of Philosophy），这部作品介乎次要作家和主要作家的作品之间。确实，随着15世纪末印刷机的兴起，这部文献如同其他次要作家的文献一样都经历了衰落；然而，直到该世纪末，同其他次要作家的作品一样，其复制的手稿仍然为学校广泛使用。[108]

---

[101] Percival (1972), (1975), (1976), (1978), (1981) and (1988).
[102] Black（即将发表）。
[103] Marchesi (1910).
[104] Black (1966), p. 113.
[105] Avesani (1965).
[106] Black（即将发表）。
[107] Ricciardi (1990), p. 265.
[108] Black and Pomaro（即将发表）。

第十二章 人文主义

在整个中世纪，罗马的古典作品在学校里一直被人阅读，通过研究残存的手稿教科书，这一点是非常清楚的。然而，无论在样式还是关注点方面它们都经历了重大变化，人文主义者在其中通常发挥着重要作用。在 12 世纪的意大利学校，要完成语法课程，要学习诗人维吉尔、卢坎、奥维德、尤维纳利斯（Juvenal）、波西乌斯（Persius）、贺拉斯、泰伦斯和斯塔提乌斯（Statius）的作品，以及西塞罗的散文和萨鲁斯特的两部历史。13 世纪，随着新的尤其是北欧学校课本的出现，如杰夫里·德·文索夫（Geoffrey de Winsauf）的《新诗学》（*Poetria Novella*）、亚历山大·德·维尔迪厄（Alexandre de Villedieu）的《学说》（*Doctrinale*）[109] 和埃夫拉尔·德·贝蒂讷（Evrard de Béthune）的《希腊风格》（*Graecismus*）等[110]，维吉尔、波西乌斯和西塞罗似乎已经被剔除出课程表（《论公共演讲的理论》和真作《论修辞学的发明》除外，它们被认为是修辞学研究的内容）。在 14 世纪，许多古典文本首次进入了课程之中，包括塞涅卡的《悲剧集》（*Tragedies*）和瓦勒里乌斯·马克西姆斯的《言行录》（*Facta et dicta*）[111]，这也许受到前人文主义者洛瓦托（Lovato）等人的部分影响。然而，最重大的课程变化是 15 世纪初在课堂上恢复了西塞罗，当然也恢复了维吉尔和波西乌斯。西塞罗的短篇道德论文（《论友谊》《论老年》《禁欲主义的悖论》和《论义务》）在 12 世纪意大利的课程中拥有一席之地，在被忽略了大约两个世纪后，在 15 世纪又成为学校广泛阅读的作品。而且，中世纪不被人所知的西塞罗的信件，在 15 世纪的意大利学校里尽管没有像其他古典文献那样成为课堂上语言学评注的对象，但被人们广泛接受为信件的样板。[112]

因此，说到古典作家们，其情况是非常复杂的：无论将其描绘为革命还是演进都不确切，但是用连续性可以很好地描绘从 13 世纪到 15 世纪末人们对韵文语法的普遍运用。古典语法并没有用韵文写作，但人们发现，在中世纪，诗律是刺激学童记忆力的主要方法。在整个 15 世纪意大利仍然经常运用《原理》和《希腊风格》[113]，当作为语法

---

[109] Alexandre de Villedieu, Das Doctrinale des Alexander de Villa-Dei.
[110] Evrard de Béthune, Graecismus, Black（即将发表）; Alessio (1986)。
[111] Black（即将发表）。
[112] Black (1996)。
[113] Black (1991c) and (1991d)。

教师的洛伦佐·瓦拉想要取代《原理》时,他开始亲自编写完全非古典的韵文语法。[114] 同样,从中世纪到 15 世纪末在语法学校中为作家们讲授的方法也有连续性。瓜里诺等人文主义教师曾经宣称,他们的目标是将学生转变成更好的人[115],但实际上讲授活动是非常单调的:通过研究佛罗伦萨图书馆中所藏的从 12 世纪到 15 世纪末的大量手抄教科书和它们的评注,可以证明,人文主义者和中世纪语法学校所获得的巨大进展,只是在语言学方面(历史、神学、语法、简单的修辞、修辞手法、地理学、释义学),而不是道德哲学。[116]

事实上,如果说在意大利课堂中发生了教育法上的革命,那么,它不是发生在 15 世纪初而是发生在 14 世纪。正是在这一时期,俗语开始成为广泛使用的教授拉丁语的工具,不但用来阐明词汇,而且作为工具教授拉丁散文创作;以前,要以拉丁语为媒介教授学生用拉丁语写作,但是从 14 世纪初开始,可能最早在波伦亚然后在托斯卡纳,通过使用"主题"(*themata*),或从俗语翻译成拉丁文的段落来教授拉丁散文创作。[117] 这样的活动在整个 15、16 世纪一直持续着,甚至像波利齐亚诺等人文主义者也用它来指导他的学生小皮耶罗·迪·劳伦佐·德·美第奇(The Young Pieero di Lorenzo de' Medici)。[118] 课程表中一项补充性的变化是缩编《伊阿纽阿》文本,尽量减少其有关拉丁语法的部分,最大限度地保留适合阅读技巧练习的部分,这样的变化似乎在 14 世纪初也发生过,代表着一种退让,因为在一个俗语逐渐占上风的文化中想利用教育技巧的人越来越多。该文献仍然用拉丁语教授,但现在教授的人通常是专门的初级学校的教师(词源学老师不同于语法学老师),他们所拥有的拉丁语知识基本上不会超出所教授的文本之外,目的是为以俗语为教学语言的算盘和算术学校培养人材做准备,并最终进入商业领域,后者无一例外都是用俗语进行的。[119] 毋庸讳言,俗语及其文化在教育方面的这种新的重要角色,与意大利人文主义并没有什么关系。

---

[114] Rizzo and De Nonno (1997).
[115] Grafton and Jardine (1986).
[116] Black(即将发表);同时参见 Grafton and Jardine (1986)。
[117] Black (1997).
[118] Poliziano, *Prose volgari inedited e poesie latine e greche edite e inedited*, pp. 17 – 41.
[119] Black (1991a) and (1991b).

第八节

在中世纪和文艺复兴的传统中,诗歌主要意味着古代诗人的研究,因此在课程表系统中它通常归在语法学科之下。所以某些要素仍然要归入伦理学(*Moralia*)或道德哲学,即"人文学"的决定性构成要素,依据典型的人文主义的主张,"人文学"要用来"改善和美化人"[120];人文主义者严厉批评他们的经院学者敌人只是枯燥地学习,而没有激发人类的美德[121],但人文主义者对道德也没有什么新贡献。[122] 人文主义的道德哲学基本上都基于古代的伦理,其中许多内容都在中世纪广泛研究过。在13世纪,亚里士多德《伦理学》的主要材料都被翻译成拉丁文,大学里也对它进行了评注;而且,塞涅卡和西塞罗所阐释的斯多噶伦理学,是中世纪道德思想中的典型成分。尽管在15世纪,人文主义者曾努力复兴中世纪表现很弱的哲学素材,但是上述两种传统同样成为大多数人文主义道德哲学的核心。人文主义者所复兴的哲学首先是柏拉图主义,然而,同亚里士多德主义不同,它并没有促进道德的组合,其原因部分是因为柏拉图的作品本身不像亚里士多德那样系统,部分是因为大多数文艺复兴时期的柏拉图主义者同古代、中世纪和拜占庭的前辈一样,更加关注宇宙学和形而上学,而不是关注道德伦理;柏拉图有关沉思生活和爱的理论的原则明显属于道德伦理,但在15世纪柏拉图主义者手里,这些内容甚至也成为通过唯灵论、神秘主义和形而上学思考的背景。尽管阿伯拉尔和阿奎那非常细致地研究了伊壁鸠鲁主义[123],而且卢克莱修和第欧根尼·拉尔修以赞赏的态度对伊壁鸠鲁的研究逐渐引起了人文主义者的兴趣,但是,在中世纪,人们对伊壁鸠鲁主义的了解和理解,无法和柏拉图主义相比。伊壁鸠鲁的伦理学提出思想的快乐是生活的目标,曾令考斯马·莱蒙迪(Cosma Raimondi)信服并吸引了菲勒尔佛[124],但是,西塞罗对它的否定看法使多数人文主义者都怀有偏见;甚至包括洛伦

---

[120] Bruni, *Epistolarum libri* VIII, II, p. 49.
[121] Gray (1963).
[122] Kristeller (1965); Kraye (1988).
[123] Kraye (1988), p. 376.
[124] Kraye (1988), p. 382.

佐·瓦拉,他曾经喜爱伊壁鸠鲁主义而非斯多噶主义,但最终他也老套地提倡基督教道德,而不是其他道德体系。[125]

　　人文主义的政治思想严格来说是道德哲学的一个分支[126],曾令现代学术界非常关注。根据巴伦的"市民人文主义"理论,布鲁尼和他的追随者首创了共和的思想倾向,这成为某些——并非全部[127]——文艺复兴政治思想的特征。[128] 然而,现在清楚的是,早在布鲁尼之前,充分发展的共和国思想意识就已经存在于意大利的公社中,他们的政治思想观念只是漫长传统的一个阶段,它发端于公社的成长以及与帝国和专制的斗争。早期的公社培养出了《罗马事迹》(fet des romans)的作者帕多瓦的罗兰迪诺(Rolandino of Padua)和布鲁内托·拉蒂尼(Brunetto Latini)这样坦率直言的共和主义者,对亚里士多德《政治学》的翻译和吸收促进了阿奎那和马西利乌斯(Marsilius)政治思想中的共和倾向,并激发了卢卡的托勒密(Ptolemy of Lucca)的激进、彻底的共和主义。[129] 中世纪市民共和主义者所使用的古代文献主要限于亚里士多德、萨鲁斯特[130]和西塞罗的《论义务》,最后的这部文献在13世纪后期和14世纪早期影响力可能减退了,可以证明这一点的是,也许随着亚里士多德经院哲学的兴起,西塞罗道德哲学手稿的流传大幅度下降。[131] 布鲁尼对共和主义原初的贡献是恢复了它的西塞罗基础——这一进程在他的导师萨卢塔蒂那里就已经开始,后者在倡导政治平等时曾直接引用了《论义务》。[132] "市民人文主义"的追随者夸大了布鲁尼的积极生活优于沉思生活的观念。确实,在拥护积极市民权方面,他比他的许多前辈都走得更远,但是同以前的思想家一样,他对这一问题也并非毫不含糊,这一点清楚地反映在他对这一问题最重要的评价之中,即反映在他的《道德准则入门》(Isagogicon Moralis disciplinae)中,其中他说道:"这些生活方式每一种

---

[125] Kraye (1988), p. 322.
[126] Kraye (1988), pp. 303–306.
[127] Kristeller (1965), pp. 46–47; Trinkaus (1970), pp. 282–283; Rice (1958), p. 49.
[128] Baron (1966); Witt (1971) and (1976).
[129] Davis (1974); Skinner (1978); Rubinstein (1982).
[130] Skinner (1990).
[131] Black (1996).
[132] De Rosa (1980), pp. 118, 120.

都有值得赞美和举荐的品质。"[133] 这种恰当的评价可以在亚里士多德《尼各马科伦理学》的第十卷找到源头,对这一分析,布鲁尼在 1441 年他晚年的一封信中进行了更加细致的探讨。[134] 布鲁尼的犹豫不决,回应了他的导师萨卢塔蒂在自己的作品中以及在阿奎那的思想中对该问题的复杂分析,后者在评判积极生活方面实际上走得更远。布鲁尼声称在提出有关积极生活的论点方面,他在力度上有某些独创性,但是他有关该问题的总体政治思想模式,都是沿着阿奎那和萨卢塔蒂已经开创的路径,对亚里士多德思想进行拓展。[135]

在研究意大利公社的政治思想时,强调中世纪和文艺复兴的反差——这是巴伦学派的基石——尤其不合时宜,意大利公社的实际历史表明 14 世纪和 15 世纪有明显的连续性;尝试把人文主义的政治观念与特定政权、政治团体的野心和外交需要联系起来,而不考虑元历史概念,这样的探讨更加富有成效。例如,很清楚的是,在 1382 年佛罗伦萨反专制政体失败后的那些年里,强调平等和精英统治是萨卢塔蒂政治思想中同时并存的特征。在此谴责这位佛罗伦萨大臣的不一致和不诚实是很容易的,但是这样做就忽视了萨卢塔蒂的政治思想与佛罗伦萨政治生活现实的紧密联系。实际上,1382 年之后,佛罗伦萨的政体能够成就更宽泛的政治阶层担任公职的野心,但同时也能够容许受到限制的寡头牢牢掌握真正的政治权力。通过给予更多市民获得最高公共职位的资格,同时通过运用"小袋子"(borsellino)和"选举秘书"(accoppiatori)等合法的操纵手段给寡头优先权,就能够达到这种平衡。[136] 这样的做法不仅可以说明萨卢塔蒂为什么同时强调民主和精英统治,也可以解释布鲁尼的政治自由定义,后者在 1428 年为那尼·斯特罗齐(Nanni Strozzi)所做的演说中将政治自由定义为平等获得官职的希望[137],这一观念反映了 1382 年到 1434 年佛罗伦萨政治界的现实,当时"许多人被选任公职但很少人进入政府"。[138] 同

---

[133] Bruni, *Humanistisch-philosophische Schriften*, p. 39.
[134] Bruni, *Epistolarum libri* VIII, II, pp. 134ff.
[135] Kristeller (1984) and (1985).
[136] Najemy (1982), pp. 263–300.
[137] Bruni, *Oratio in funere Nannis Strozae*, p. 3.
[138] Cavalcanti, Istorie, p. 20.

样,萨卢塔蒂在《论专制》(*De tyranno*)[139]中倡导君主制度是最好的政府形式,巴伦将此解释为"政治寂静主义"[140],因此反映了他头脑中残存着中世纪的、保守的世界帝国的信仰,从而与他的学生布鲁尼的真正的文艺复兴共和主义是对立的,人们认为,后者在《佛罗伦萨城礼赞》(*Laudatio Florentinae Urbis*)[141]中的观点,更加契合反对米兰专制时期佛罗伦萨对自由的需求。然而,现在清楚的是,事实上,萨卢塔蒂的君主主义比布鲁尼一般的共和主义更符合佛罗伦萨的外交利益;萨卢塔蒂实际上支持佛罗伦萨同盟不可侵犯的帝国权威,即巴拉丁选侯鲁佩特(Rupert),由于将帝国的米兰公爵领出售给佛罗伦萨的敌人詹加莱亚佐·维斯孔蒂(Giangaleazzo Visconti)[142],他的威严已经遭到贬损。与巴伦所谓佛罗伦萨自由和米兰专制相互冲突的模式相比,并不系统的探究反而能够更微妙地解释意大利的政治思想,就历史事实而言,当时两者都属于帝国的势力范围,所陷入的冲突是想通过消灭其邻居的政治自由而确立自己的地域性帝国。

第九节

扎根于布克哈特并最终溯源到黑格尔的一种观点认为,人文主义在一定程度上代表了思想史上的一个新阶段,为了驱除这种观点,有必要强调人文主义成就的局限性。事实是,"人文学"核心科目的变化是不规则和不稳定的,不同的固有传统和外部环境交替制约或促进着它们。确实,仅仅因为人文主义者在语法、修辞、历史和道德、政治哲学方面缺乏有影响力的思想革命,并不能说明他们在其他领域没有形成与中世纪过去的彻底决裂。在拉丁学术方面,15世纪的人文主义者通过发现或再发现中世纪很少阅读或毫无所知的文献,事实上完成了现在所知的古典拉丁的素材;因此,在塔西佗、卢克莱修、卡图鲁斯、普洛佩提乌斯或西塞罗的信件的研究方面,人文主义代表着与中世纪的彻底决裂。[143]同样,公共图书馆的概念是文艺复兴的发明

---

[139] Salutati, *Il trattato "De tyranno"*.
[140] Baron (1966), p. 163.
[141] Bruni, *Laudatio florentinae Urbis*.
[142] De Rosa (1980), pp. viii, 164–165; Black (1986).
[143] Sabbadini (1905–1914).

创造。在印刷术发明之前,彼得拉克等人文主义者强烈地意识到,通过抄写进行保存和传播必然意味着文本的劣化;因此,佛罗伦萨、罗马、威尼斯、乌尔比诺和切塞纳公共图书馆在 15 世纪的建立,就是要给学者提供权威的版本,以抵消文本的进一步讹误。[144] 人文主义者也大大改善了文本批评的措施。中世纪的学者为了保证文本优良,除了对手稿校对外,别无他法,但人文主义者现在有时可以进行成功的甚至富有创造力的推测性校正。而且,波利齐亚诺开创了根据年代对文本进行分类的做法,而且他的努力甚至预见了现代的文本分类;就这种意义而言,人文主义者是现代古典文献学的鼻祖。[145] 另外一个重要的贡献是古物研究;在中世纪,人们赞美古典的制品主要是因为它们很珍贵,并不是它们古老。相反,彼得拉克开始搜集古物是因为它们为他唤起了失去的古典世界;他研究古物的努力仍然带有很大的浪漫色彩,但他的人文主义继承者波乔和比昂多,实际上真正开始了对古代遗物的批评性研究,为现代考古学提供了遥远的基础。[146]

然而,毫无疑问,15 世纪人文主义者最伟大的成就是复活了希腊语,这项努力在中世纪的西方几乎没有先驱人物。中世纪西方并没有希腊学术的传统,西方的图书馆里几乎没有希腊手稿,在学校或大学的课程表中希腊语没有一席之地。把希腊文翻译成拉丁语仅限于少数作家,以及有限的学科。顶尖的中世纪学者毫无例外都不懂希腊语。[147] 人文主义者复活希腊语的先驱来自拜占庭,在那里,对古典希腊语和希腊文学的研究贯穿整个中世纪。[148] 虽然彼得拉克和薄伽丘聘请了希腊语教师,但是希腊语的真正复兴从赫里索洛拉斯(Chrysoloras)那里才开始,他在 14 世纪末被召唤到佛罗伦萨教授希腊语;他的学生构成了自古代以来西方第一个庞大的希腊语学者圈子,自此开始希腊语研究成为教育和学术方面的主要活动。[149] 在此,最重要的是在西方抄写和传播希腊语手稿,尤其是将希腊文学、哲学和科学等典籍翻译成拉丁文,其中包括以意译的方式对中世纪流行的亚里士多德

---

[144] Ullman and Stadter (1972).
[145] Grafton (1977).
[146] Weiss (1969b).
[147] Berschin (1988).
[148] Geanakopolos (1966).
[149] Thomson (1966); Cammelli (1941–1954).

等作家的著作进行翻译。⁽¹⁴⁹⁾让西方人能够得到绝大多数的古典希腊文学作品，或是原始文本的编辑或是拉丁文的翻译，这不啻为文艺复兴人文主义最大的成就。

15世纪人文主义希腊学术中最具原创性的内容，是由瓦拉进行的，他对新约进行了语言学的研究；将圣经本身置于批评性的文本分析中，确实是西方历史上一项真正的创新，无论在古代还是在中世纪都没有先例。瓦拉对拉丁文圣经和希腊文本进行了对比，运用了人文主义者所积累的所有有关古代语言的语言学知识——在哲罗姆的译本被尊为神启和权威长达一千年的情况下，这是革命性的一步。伊拉斯谟将自己视为瓦拉作品的续作者，而且瓦拉的作品也深刻地影响了路德对圣经的解释和一般看法，然而，在瓦拉所处的世纪里，他的圣经批评仍然被看作离经叛道，一直到1505年伊拉斯谟的版本出现之前，都未曾出版也没有什么影响。⁽¹⁵⁰⁾事实上，尽管希腊语的复活对未来的历史意义重大，但是在15世纪它仍然是有限的活动。许多重要的人文主义者从来都没有学过希腊语，几乎没有人能够熟练地使用这一语言来写作（菲勒尔佛的信件和波利齐亚诺的诗歌例外）。许多希腊作家并不被赏识，也不为人所知，甚至连拉丁译本也是如此，而且奇怪的是，诸如匿名的法拉里斯的信件等伪造的文献，在译本的传播方面远远超过荷马。15世纪所嗜好的是希腊化的而非古典的希腊文学，如果了解这样的事实，即人文主义者最为熟悉的罗马作家是希腊化希腊而非古典希腊的直接继承人，这一现象就不会令人感到惊讶了。尽管有了希腊的复兴，但总的来说，15世纪所谓的古代主要还是指罗马的古代。

第十节

一方面，彼得拉克和他的许多追随者所发展起来的人文主义运动，从否定的角度而言是对知识的狭隘化，从肯定的角度来说是对知识的深化。例如，我们可以从彼得拉克最喜爱的著作目录中看出这一

⁽¹⁴⁹⁾ Schmitt (1983).
⁽¹⁵⁰⁾ Valla, *In Latinam Novi Testamenti*, and *Collatio Novi Testamenti*; Bentley (1983).

点。彼得拉克的兴趣都在"人文学"上,古代和中世纪在科学、哲学(伦理学除外)和神学方面的遗产实际上都被弃之一边。就连他喜爱的奥古斯丁,这位有百余部神学和哲学著作的人,也仅有四种书来体现——《上帝之城》《忏悔录》和两本祈祷性的著作[152],这表明彼得拉克已经严重背离了中世纪将奥古斯丁视为哲学和神学权威的观点,也间接说明他成了一个更加具有个人灵感和道德灵感的人物。[153]另一方面,所收罗的古典著作形成一部专门的合集,涵盖了从中世纪文学正典的主流中被剔除的一些著作和作家(如《论演说家》、西塞罗的演说和李维的作品);确实,彼得拉克的图书后来会收录许多中世纪人几乎一无所知的晦涩著作。[154]

当然,并不是所有人文主义者都像彼得拉克那样讨厌形而上学和思索性哲学;他最著名的直接继承人萨卢塔蒂对经院哲学非常了解,其中包括唯名论和斯各特主义(Scotism)的最新趋势。[155]尽管包括曼内提在内的许多其他人文主义者,以"人文学"为基础,在许多年里一直致力于哲学和神学的研究[156],但清楚的是,人文主义和经院哲学的学科之间并没有内在的联系;有人将彼得拉克或瓦拉强调意志而非智力与中世纪后期唯名论的发展联系起来,从而表明两者具有类似的倾向,这种尝试也仅能说明最一般性质的联系,最多只能说明中世纪后期从神秘主义、虔诚主义、信仰主义到唯名论和人文主义,都共同具有唯意志论色彩。[157]然而,"人文学"在哲学和思考方面的贫乏也令许多15世纪的人文主义者感到苦恼。例如,阿拉曼诺·里努齐尼批评15世纪50年代以前的那一代人文主义者只不过从哲学的杯子里啜了一小口而已,认为仅仅浅尝一下伦理学便足够了。[158]乔瓦尼·皮科在他1485年写给埃尔莫劳·巴尔巴罗的著名信件中,最有力(也是最有趣)地表达了这一观点,当时,他讽刺说,相对于崇高的哲学研究,人文主义者纯粹是在玩弄辞藻。[159]

---

[152] Ullman (1955), p. 123.
[153] Kristeller (1956), pp. 355–372.
[154] Ullman (1955).
[155] Witt (1983);Trinkaus (1970).
[156] Vespasiano da Bisticci, Le vite II, pp. 520ff.
[157] Trinkaus (1970) and (1988);D'Amico (1988).
[158] Field (1988), p. 5.
[159] Breen (1952).

皮科在他著名的《演说》，也就是那篇偶然地、开创性地涉及人的尊严的文本中[160]，多次提及作为"神学研究"序曲的萨卢塔蒂的"人文学"构想；这篇演说的真正目的是巩固传统的从语法和修辞学到辩证法和哲学并最终达到神学的传统学问次序（这是900论题的主题，是这篇演说要维护的内容）[161]，神学为诸科学之王。如果15世纪的整个知识体系仍然是如此保守的话，那么"人文学"所规划的学习方案最终必然会被看作是不完整的。我们要从这样的背景来考察15世纪显著的柏拉图复兴。人们已经做出许多努力用政治术语来考察这一思想史上的里程碑，尤其是涉及佛罗伦萨的时候，其中，人们已经把诸如朗迪诺（Landino）和菲奇诺等柏拉图主义者所发起的对沉思生活的重新重视与美第奇的不断专权和人们越来越不可能真正参与政治联系起来[162]。然而，仅仅基于一个简单的事实，这一论点现在便遭到了彻底否定：即佛罗伦萨向沉思生活的转向发生在15世纪50年代中期，当时美第奇家族对佛罗伦萨的控制已经面临崩溃[163]，而这一事实是热衷于推翻巴伦"市民人文主义"的学者所忽略的。另外一个同样不成功的解释集中在阿吉罗普洛斯（Argyropoulos）的演讲中，他从15世纪50年代中期就在佛罗伦萨教书，据说他支持柏拉图胜过支持亚里士多德；许多学者赞同这一由加林最先提出的论点[164]，但明显没有仔细阅读过阿吉罗普洛斯的原作，后者的著作清楚地说明他是一位亚里士多德主义者，视柏拉图为其伟大学生的不成熟的前辈[165]。然而，如果说阿吉罗普洛斯没有对柏拉图主义本身有所作为，至少对佛罗伦萨哲学文化的兴起发挥了决定性的作用。拜占庭的学术传统，将研究领域从修辞、语法和文学扩展到哲学、科学、数学和神学，阿吉罗普洛斯就是这一学术传统的代表性产物；绝大多数的拜占庭学者都对这其中的某些领域有浓厚的兴趣[166]。当阿吉罗普洛斯来到佛罗伦萨时，他自然会拓展"人文学"狭隘的范围，批评布鲁尼等

---

[160] Salutati, *Epistolario*, IV, p. 216.
[161] Pico, *De hominis dignitate*.
[162] Brown (1986); Garin (1965).
[163] Field (1988).
[164] Garin (1954), (1958), (1961), (1965) and (1975); Holmes (1969); Geanakopolos (1988).
[165] Field (1988).
[166] Geanakopolos (1988).

人文主义者忽视哲学,批评他们始终认为哲学和雄辩必然相连,以及批评他们轻视思索。[167]对思索哲学持赞成态度的种子,也许是马苏匹尼(Marsuppini)在佛罗伦萨大学播下的,在讲授人文学的课程中,他似乎使自己超出了惯常的范围,同时也有其他重要的开拓性人物,包括经院学者洛伦佐·皮萨诺(Lorenzo Pisano)以及菲奇诺的老师尼科洛·蒂格诺西(Niccolò Tignosi)[168];另外,15世纪后期在佛罗伦萨社会明显增强的精英主义也为菲奇诺"特殊的神秘基督教形式"提供了善于接受的对象群。[169]然而,美第奇佛罗伦萨后期新哲学文化的种子,以及以菲奇诺和皮科的柏拉图主义为基础的对人文主义真正的批评态度,一定来自阿吉罗普洛斯以及他所代表的拜占庭传统。

第十一节

15世纪的人文主义全然是一种意大利的现象,但是长久以来人们就承认,在16世纪初以前,文艺复兴就开始跨越阿尔卑斯山。[170] 20世纪早期的爱国学者们热衷于找出北部文艺复兴土生土长的根源,但他们的努力大都化为泡影。[171] 例如,最近的研究表明,荷兰的"现代奉献"(*devotio moderna*)是一场信仰运动,而非一场教育运动,它与某些(并非全部)意大利人文主义者一样厌恶经院神学,纯粹出于巧合。[172] 另外,人文主义同经院主义一样,都根源于早期中世纪的文科学习;在意大利这最终导致从13世纪末期起更加细致地研究古典拉丁著作,而在北欧,这一趋向则尽可能指向课程表中的语法、修辞内容,以便最终用于研究逻辑、哲学和神学。然而,北部从来没有彻底抛弃拉丁经典,而且也出现了细致研究古典的时期——例如14世纪上半叶后期牛津和剑桥的一群天主教会修士。[173] 然而,这些英国的托钵僧对古典感兴趣主要是为了祈祷,迥异于意大利人文主义者

---

[167] Seigel (1969).
[168] Field (1988).
[169] Hankins (1990),Ⅰ,p. 287.
[170] 对近来研究所做的很好的简介,参见 Nauert (1995), pp. 95–123。
[171] Mestwerdt (1917);Hyma (1965).
[172] Post (1968).
[173] Smallery (1960).

对中世纪学问的摒弃,14世纪许多具有古典头脑的法国教士也是同样的情况。[174]

人文主义是从意大利引入北方的。最初,一些当地的学者尽管深受意大利人文主义者的影响,但是他们未能在阿尔卑斯山外稳固地确立这一运动。例如,这些人包括法国国王的秘书和布鲁尼的好友让·德·蒙特勒依(Jean de Montreuil)、尼科利(Niccoli)[175]以及与彼得拉克通过信的早期帝国的朝臣约翰内斯·冯·纽马克特(Johannes von Neumarkt)。[176]在15世纪的英格兰,波乔的短暂停留并没有带来持久性的结果,但是其伟大的庇护人格罗斯特侯爵汉弗莱(Humphrey)聘请意大利的秘书,搜集了大量古典书籍和人文主义者的文本,并把意大利人文主义者列入他的联络者之中,但是他并没有确立土生土长的英国人文主义运动:15世纪中期英国的人文主义局限于蒂普托夫特(Tiptoft)、格雷(Grey)、佛莱明(Flemyng)或弗雷(Free)等人那里,他们都是在意大利学习期间具有了人文主义倾向,从未设法在家乡确立稳固的制度基础。[177]

15世纪,人文主义在阿尔卑斯山以北大陆的德国地区获得了重大进展。早期的著名人物是瓜里诺的另一个学生彼得·卢德(Peter Luder),他在海德堡、乌尔姆、埃尔福特和莱比锡教授"人文学"。[178]更加重要的人物是鲁道夫·阿格里科拉(Rudolf Agricola),他在意大利,主要是在帕维亚和费拉拉待了十余年的时间;他关于辩证法的论文尽管直到16世纪早期出版后才产生影响,但是它却成为人文主义逻辑学改革的里程碑,强调可能性和说服力而非强调确定性,并将西塞罗和昆体良定为高于亚里士多德的权威。[179]对在德国和尼德兰确立这场运动来说,特别重要的是人文主义语法学校的建立,其中最著名的是德文特的圣莱博文学校,该学校由亚历山大·黑休斯(Alexander Hegius)领导,其学生包括德国神秘人文主义者马梯亚努斯·鲁夫斯(Mutianus Rufus)和伊拉斯谟本人。黑休斯是个典型的过渡性

---

[174] Simone (1969).
[175] Simone (1969).
[176] Hoffmeister (1977).
[177] Weiss (1941).
[178] Bernstein (1983).
[179] Mack (1993); Ong (1958); Monfasani (1990); Akkerman and Vanderjagt (1988).

的人物:他使用传统的中世纪韵文语法《原理》,但也可能引入了希腊的研究,批评使用中世纪的、带有逻辑倾向的思索性语法,赞成当时意大利流行的简单的语法方法。[180]

到 15 世纪末,人文主义者——一些是土生土长的,一些在意大利接受了训练——遍布了整个德国。一些人是保守的,如直言不讳的民族主义者雅各布·威姆费灵(Jakob Wimpfeling),他和黑休斯一样,号召语法的简化,在抵制奥维德和卡图鲁斯等作家的同时,支持教授西塞罗、维吉尔等异教作家作品;经过一番踌躇之后,威姆费灵维护经院学问的价值。一个尽管在宗教上非常保守但更加重要的人物是约翰·赖希林(Johann Reuchlin),他三次长时间拜访意大利,在那里与洛伦佐·德·美第奇、菲奇诺、皮科和埃尔莫劳·巴尔巴罗建立了联系;就在 15 世纪末之前,沿着偶像皮科的足迹,他开始研究希伯来语,在 1506 年他出版了第一部可用的希伯来语法,因此成为北方第一位了解三种古代语言的学者。他从菲奇诺和皮科那里接受了古代神学,并同样持有后者的观点,即喀巴拉(Cabala)体现着隐秘的智慧,是上帝直接启示给摩西的;他自己的喀巴拉著作为佛罗伦萨的神秘主义和后来在北欧的发展之间建立了确实的联系。比威姆费灵和赖希林更善于破除旧习的是康拉德·凯尔特斯(Conrad Celtis),他是一位杰出的拉丁诗人,在意大利之行时遇到了瓜里诺的儿子巴蒂斯塔、菲奇诺和波姆波尼奥·莱托(Pomponio Leto);在返回后,也许是受到了佛罗伦萨和罗马学术团体的启发,他在因戈尔施塔特大学、海德堡和维也纳等各个德国城市建立了人文主义社团或人文主义学院。同样重要的,是他在 15 世纪末在维也纳教授诗歌时得到了皇帝马克西米利安的庇护。作为一名强烈的德国爱国者,凯尔特斯在 1500 年出版了学生版的塔西佗的《日耳曼尼亚志》,它有助于把人文主义和令人灰心的日耳曼民族主义主义之间联系起来。[181]

到 15 世纪末,人文主义已深深扎根于德国,出现了大量地方社团、人文主义学校,在大学的课程表中尽管它处于次要地位,但已经比较稳定,更不用说出现了一些土生土长的杰出代表人物。这场运动

---

[180] Post (1968); IJsewijn (1975); Cameron (1990).
[181] Spitz (1957) and (1963); Hoffmeister (1977); Strauss (1972); Bernstein (1983); Karant-Nunn (1990); Heath (1971); Overfield (1984); Nauert (1973), (1986) and (1990).

在法国的发展则微不足道。在 15 世纪，巴黎的纳瓦拉和蒙太古学院仍然非常保守。一位意大利的人文主义者格雷戈里奥·蒂夫纳特（Gregorio Tifernate）在 15 世纪曾被授予希腊语的教授职位，经院哲学家纪尧姆·菲歇（Guillaume Fichet）曾经开设有关古典作家的讲座，并设立了法国第一家印刷厂，所印刷的东西包括大量古典的和人文主义的文献以及菲歇本人的作品。但是，直到罗贝尔·加甘（Robert Gaguin），法国才出现了第一位真正的人文主义者。在数度访问意大利后，他不但在其周围聚拢起了规模不大的古典学会，而且还出版了俗语版的李维和恺撒的著作，同时在 1498 年还出版了其有关法兰克起源的历史著作。尤其重要的是他鼓励了年轻的伊拉斯谟，后者最初两部著作都是加甘出版的。15 世纪后期另一重要的发展是计划用意大利人文主义者所翻译的亚里士多德的著作，取代中世纪的译本。这一时期的重要人物是雅克·勒费弗尔·德塔普尔（Jaques Lefevre d'Etaples），他受到埃尔莫劳·巴尔巴罗的鼓舞，致力于阐释出自亚里士多德的形而上学和自然哲学的真正观念，有意将长期积累的经院哲学评论传统放在一边。在几次意大利访问中他遇到了菲奇诺和皮科，此后，勒费弗尔接受了柏拉图主义和赫尔墨斯主义；对法国民族情感非常重要的是，他出版了古代后期新柏拉图神秘主义者亚略巴古的狄奥尼修斯的著作，将其错误地等同于圣保罗派的皈依者以及法国的保护圣徒丹尼斯。尽管出现了这些重要的进展，但清楚的是，到该世纪末，人文主义在尼德兰和德国取得的进步比法国要大得多，在这里，找不到什么确切的证据证明它对语法学校的教育产生了影响。[182]

　　西欧其他地方的情景则并不相同。15 世纪西班牙仅仅产生了一位著名的人文主义人物，即安东尼奥·德·内布里加（Antonio de Nebrija），他在波伦亚接受教育，出版了或许是最成功的人文主义拉丁语法书，很快，这部著作就行销全欧洲，也包括意大利。[183] 在英国，人文主义的诉求似乎被夸大了，其原因主要是约翰·克利特（John Colet）令人误解的亲缘关系。最近的研究表明，虽然他访问过意大利并赞赏佛罗伦萨的柏拉图主义者，他的教育改革表明他厌恶大

---

[182] Simone（1969）；Gundersheimer（1969）；Lefèvre d'Etaples, The prefatory epistles；Renaudet（1953）.

[183] Lawrance（1990）.

多数的古代文学,在他为圣保罗学校所订立的课程表中古典文学毫无地位,赋予该学校真正人文主义方向的,是它的首任校长威廉·里利(William Lily)。[184] 其他有些名气的人物有托马斯·利纳克尔(Thomas Linacre),他是一名医生,师从底来特里·卡尔孔狄利斯(Demetrius Chalcondyles)和波利齐亚诺。他们的另外一名学生威廉·格罗辛(William Grocyn)15 世纪末首次在牛津开设了希腊语讲座。对未来的发展特别重要的是伊拉斯谟 1499 年在英格兰的短暂停留。最近的研究表明,英国的大学尽管所当然地为传统的经院教学大纲所控制,但与以前人们所认识的不同,它为人文主义的发展留出了很大余地。在牛津,一位微不足道的意大利人文主义者科内利奥·韦特利(Cornelio Vitelli)15 世纪 80 年代在新学院教授语法。同时也私下担任希腊语教师;马格达林学院学校创建于该世纪末之前,也从一开始就强调古典作家著作的阅读。早期更大的进步则是在剑桥取得的;1472 年至 1482 年洛伦佐·特拉费尔萨格尼(Lorenzo Traversagni)在那里教授修辞学和道德哲学,同时另一位意大利人文主义者欧博里诺(Auberino)和后来成为罗切斯特主教的约翰·费希尔(John Fisher)一起,教授古代作家的作品。最著名的是 1488 年颁布并于 1495 年强化的规章,即在剑桥设立"人文学"公开讲席。[185]

第十二节

就在 15 世纪阿尔卑斯山北边人文主义取得有限成就的同时,意大利自然成就斐然;但是,就其核心领域而言,人文主义保留了许多传统特征并表现出与中世纪学问之间的明显联系。它的许多真正创新,包括文本批评和希腊语的复兴,都是少数人的追求,大多数人文主义者没有这方面的实践,当然也没有掌握它们。因此这样的疑问犹存,为什么人文主义作为一场文化运动如此成功:如果它与中世纪的学问有如此多的共通之处,那么它为什么在意大利甚至最终在整个欧洲都有无可置疑的吸引力,其秘密何在?科里斯特勒从来没有提出这

---

[184] Gleason (1989).
[185] Cobban (1988); McConica (1986); Leader (1988).

样根本的问题,更没有做出回答;指出整个文艺复兴时期传统亚里士多德研究的连续性和发展,强调人文主义聚焦文学而非哲学,只能提供否定的答案:人文主义的成功不可能是由于它作为文艺复兴新哲学的所谓吸引力,因为事实上它并没有真正替代经院哲学的东西。汉纳·格雷(Hanna Gray)进一步问道,为什么人文主义者"没有认可,甚至否定了与中世纪实践的连续性",并疑惑为什么他们在自己"特定的时代"得到了那样高的评价。她的回答聚焦于"对新奇事物的主观意识":人文主义者成功的原因,是他们相信并能让全世界相信,他们的研究——由于是对口才的追求——能够比经院主义提供更加确实的通向美德和美好生活的道路。[186]戈布里奇同样强调了人文主义的主观感染力、它高人一等的作风;同时装一样,它的成功在于给它的追随者以优越感。[187]

此类的解释是对"中世纪学者之反抗"的自然反应——科里斯特勒在一定程度上当属此列:如果人文主义在主观上与中世纪学问没有什么不同,那么它的魅力一定是客观的。毫无疑问有许多东西可以支撑这种态度,但是这不可能是故事的全部。人文主义在15世纪席卷了意大利社会,接着16世纪在整个欧洲又大获全胜。如果没有人文主义背景就不可能找到大学校长、私人家庭教师或公职之类的工作。精明而实际的佛罗伦萨商人支付给人文主义教师大笔钱财教育自己的孩子,支付给书商钱财用古典和人文主义的文本填满自己的图书室,给经销商和代理人钱财用非常昂贵的古物装饰豪宅。这仅仅是时尚吗?而且确实是一种将要流行几个世纪的时尚吗?他们花费了所有的钱财、努力和时间,所期望的东西肯定要比纯粹的美德或高人一等要实际。

对该问题的一种回答则以14世纪晚期和15世纪意大利的"市民社会"为核心,说明人文主义的成功在于它实际的政治经验。该回答认为,经院哲学仅仅提供了思想指导;而人文主义相反,教会人们如何在现实世界做出艰难的政治和道德决策。人文主义有吸引力,是因为意大利市民发现它的经验比经院哲学更具实践效用。[188]这种观点

---

[186] Gray (1963).
[187] Gombrich (1967).
[188] Nauert (1995).

第十二章 人文主义

不仅全面接受了人文主义者的自我宣传，而且也远离了意大利的政治生活现实。事实上，人文主义者的论文同他们效仿的西塞罗和塞涅卡一样，并没有提供多少政治现实方面的经验；他们在道德方面的陈词滥调，对那些要就战争或和平、结盟、派别冲突、属地的税收或治理做出决定的政治家，不可能提供什么帮助。这种解释事实上描绘了"人们闻所未闻、见所未见的共和国和公国"的理想政治世界，因此马基雅维里在《君主论》第 15 章对此进行了无情的嘲笑。人们发现，某些佛罗伦萨审议会（Pratica）中的辩论，包含着许多精心制作的演讲、有大量来自古典作家的引文，而且与 15 世纪最初 10 年的历史有许多关联，这明显是误导骗人的。[189] 然而，这些变化和佛罗伦萨的档案人员的更新是同步的，也许代表着官僚的苦心经营而非真正不同的辩论风格，据知同样的情况也发生在 15 世纪其他时期。[190] 更加重要的是，佛罗伦萨档案中的记录表明人文主义的教化几乎与演讲者无关；所争论的是真正的政治生活甚至生存的问题。人文主义的魅力远超出共和国体制的佛罗伦萨或威尼斯：这表明在精英主义不断发展、政治自由不断丧失的时期，认为市民仍有很大的余地参与到米兰、曼图亚、费拉拉等城市退化的公社体制中或者帕多瓦、维琴察、阿雷佐或比萨等许多不独立城市中，是不合时宜的；这些城市的公民对这样的事实再清楚不过了，即他们已经失去了自由和任何有意义的积极政治生活。人文主义教育家承诺传授道德创造有价值的市民；事实上，他们在实际的课堂中并没有努力履行这些主张，那些认为人文主义的成功是因为能给社会带来实际益处的论题必然会失去根基。任何"共和国的"或"市民的"阐述都不能解释人文主义取得胜利的简单原因，即在人文主义时代，市民和共和国生活迅速变得不合时宜。

一位历史学家曾经写道："这种新文化被当作精英社会的普遍潮流而非几个古怪之人的癖好，取决于精明而又实际的佛罗伦萨寡头们得出的结论，即人文主义研究对统治阶级有用。"[191] 这种表述的正确性取决于对"有用"一词的定义。如果有用是指为日常政治和社会

---

[189] Brucker (1977) and (1979).
[190] Black (1985) and (1986).
[191] Nauert (1995), p. 33.

生活提供实际的或相对实际的经验，那么这种表述显然是错误的。然而，如果"有用"是指符合统治阶级的利益，那么我们终于窥到了人文主义成功的原因。在数个世纪里，意大利都是自命不凡的、精英的社会；甚至佛罗伦萨也是如此，它如同威尼斯一样不再确立天生具有特权的排他性的贵族阶层，但从不允许像典型的中世纪意大利经济那样，让财富迅速而极端地波动，从而抹平社会等级的界限。传统上，古典教育对意大利上层阶级而言并不意味着什么。他们所要求孩子的是认足够的字、识足够的数来经营家族商业，维持和提高家族的世袭财产：用阿尔贝蒂的话说，对他们而言，"知道怎样写自己的名字，知道如何计算别人欠你多少钱就足够了"[102]。正是遵循这样的原则，一位佛罗伦萨的贵族伯纳多·曼内提（Bernardo Manetti）为他的儿子提供了如下教育：

年轻时，他遵照城市的习惯，将他送去学习读和写。在很短的时间内，当这个男孩掌握了成为一个商人所必需的学识后，他的父亲带他离开了初级学校，把他送到算术（算盘）学校，在那里，几个月后，他同样学会了足以成为一个商人的知识。10岁时他进入了银行。[103]

另外一位佛罗伦萨人梅塞·安德烈亚·德·帕奇（Messer Andrea de' Pazzi），是佛罗伦萨显赫的古老封建世袭家族的成员，他并不鼓励自己的孩子皮耶罗去接受教育：

作为梅塞·安德烈亚的儿子和面容俊朗的年轻人，皮耶罗沉湎于世俗的欢乐，一点也不想学习拉丁文学：他的父亲是一位商人，而且同那些自身没有接受过教育的人一样，对学习漠不关心，也不认为他的孩子要在那方面表现出兴趣。[104]

一位著名的人文主义的父亲也持有类似的观点，他这个人"按照该城

---

[102] Alberti, *Opere volgari*, I, p. 68.
[103] Vespasiano da Bisticci, *Le vite*, II. p. 519.
[104] Vespasiano da Bisticci, *Le vite*, II. p. 309.

的习俗，更加关注挣钱而不是学习"，因此他并不鼓励儿子进行古典学习。[195]

然而，意大利（以及欧洲）关于贵族的概念，由显贵重新进行了定义，他们最初聚在萨卢塔蒂周围，且在后者死后变得更加具有影响力。在帕拉·斯特罗齐（Pala Strozzi）、尼科洛·尼克利（Niccolò Niccoli）、罗伯托·罗西（Roberto Rossi）、安东尼奥·科尔比内利（Antonio Corbinelli）和阿尼奥洛·潘多尔菲尼（Agnolo Pandolfini）等人看来，古典学问是贵族风度的必要组成部分，是成为社会精英分子的必要资格——这一观点是通过对古人的研究而得出的。有些古典文献——西塞罗的《演说家》《论演说家》和昆体良的《修辞学艺术》，要么是在15世纪初首次被人研究，要么就是人们重新对它们恢复了兴趣，给人们提供了最令人信服的理想罗马贵族的形象；通过这些文献，佛罗伦萨的先锋派人物因如下观点而得到肯定：若无古典教育，任何人都不应拥有高等社会地位，无权称自己为贵族，没有资格进行统治。这些观念是所有人文主义教育论文最具有影响力的核心，如维吉里奥的《论绅士风度与自由学科》（*De ingenuis moribus*）[196]，这篇论文是作者居留在佛罗伦萨并作为赫里索洛拉斯的学生与萨卢塔蒂的圈子交往之后大约在1402年写成的。维基里奥这部作品的目的在于指导社会领导阶层的教育，不管他们是市民、君主还是朝臣；它将古典学习定为获得或保留政治权利以及社会领导权的必要资格。新人文主义的教育理想可以与任何领导者或精英联系起来，不管他们是共和国的还是君主国的，因此在整个意大利甚至整个欧洲都有很强的适应性。最伟大的人文主义教师瓜里诺，经常光顾赫里索洛拉斯的课程，后来从1410年到1414年在佛罗伦萨教书，他也很快开始宣传人文主义者所谓教育社会统治者的主张，这在他1419年写给波伦亚一位长官的信中有所体现：

> 我明白，当市民的骚乱最近引发了波伦亚的市民武装冲突时，你表现出了一个战士的勇敢和口才，恰如你以前实施了法官

---

[195] Vespasiano da Bistcci, *Le vite*, II. p. 519.
[196] Vergerio, *De ingenuis moribus et liberalibus adolescentiae studiis*.

的公正判决……因此你对缪斯女神充满感激,而与她们,你从小就有不解之缘,正是依靠她们你才长大成人。她们教会你如何履行社会的职责。因此,你活生生地证明了,缪斯不仅管理乐器也管理公共事务。[197]

阿尔贝蒂非常清楚地揭示了教育理想从传统中世纪到文艺复兴所发生的重大变化:

> 谁不知道对孩子有用的第一件事情是拉丁文学呢?拉丁文学如此重要,若某人目不识丁,不管多么尊贵,都被认为一无是处,不过是乡巴佬而已。我愿意看到年轻的贵族经常手执书卷而非托着鹰……如果有某样东西能与教养优美地匹配,能够带来别样的生活,能够为家族增加体面、权威和名声,那肯定是文学,若无文学,没有人配称拥有贵族地位。[198]

人文主义之所以成功,是因为它说服意大利和欧洲社会相信,若没有它的教化,谁都不适合领导和统治。对这场教育革命,人们普遍误解的是它在内容、课程表和意识形态上都发生了变化。[199] 在教育的实际利益方面不可能也从来没有发生;拥有良好的拉丁语并不意味着道德优越或政治技巧高明。课程表方面的变化是逐渐的,在15世纪变化缓慢,然后到16世纪开始加速。但是意识形态方面的变化是快速和决定性的。

那么这一人文主义的教育规划吸引上层阶级的到底是什么呢?意大利社会自从公社兴起之后总是处于不稳定状态;在一种财产和声望不仅依靠土地也依靠商业和工业财富,依靠地方也依靠遥远的国际和海外贸易冒险的经济中,家族和个人令人瞠目结舌地起起落落。在这个世界中,社会始终注意更好地定义社会和政治的可接受性。14、15世纪公社性的意大利尤其如此,那时,贵族的传统定义,已经因为与雇佣军和如佛罗伦萨权贵等在政治上被放逐的团体相联系而遭到贬

---

[197] Grafton and Jardine (1986), p. 2; Guarino Veronese, *Epistolario*, I, p. 263.
[198] Alberti, *Opere volgari*, I, pp. 68, 70; Black (1992).
[199] Grendler (1989); Nauert (1995); 见 Black (1991c)。

损。人文主义的独特定义拥有最可能被人赞成的标记——它是古代人赞同的。西塞罗和昆体良的主要文献在中世纪鲜为人知;而且,西塞罗的道德哲学著作总体上在上一个半世纪中期经历了严重衰落。在此,戈布里奇和格雷所强调的主观性开始发挥作用。没有将拉丁语、美德、社会领导权和政治力量真正等同起来无伤大雅。它适合每一个人——无论是人文主义者还是社会精英。任何人都不会说人文主义教育是空虚的,因为它的成果表现为杰出的拉丁和希腊语学者。没有人质疑古典教育与道德和政治美德之间的等式关系;如果它对古代有足够的好处,那么必然对文艺复兴也有足够的裨益。

罗伯特·布莱克(Robert Black)
赵立行 译

第 十 三 章
手抄本与图书

15世纪里，始于13世纪后期的图书和手抄本生产达到了顶峰，其中最重要的是俗间作坊相对于宗教机构抄写室（*scriptoria*）的生产优势日见增长、商业化图书贸易的兴起、欧洲主要图书生产中心里名副其实的出版机构的诞生。同时，这一时期也见证了宗教团体复制教仪类书籍工作的一定复兴。它也会见证运用新的活字印刷术所制作的图书进入市场，见证那些不愿采用新技术的图书出版商和经销商的厄运。

为满足俗界文化人增长的需求，以及教会人士的需求，需要建立一种更高级的图书贸易组织。从事个体性劳动的独立抄写员仍然存在，但他只是构成图书生产复杂过程的要素之一。一种由企业家和中间人控制的组织结构出现了，"在中世纪（晚期），现代意义上的真正出版社出现了"[①]，其中最著名者位于低地国家和意大利北部，同时英格兰、法国和德国也有可与之相媲美的出版机构。不论欧洲北部还是南部，出版机构（*officine*）和印刷作坊（*atelier*）之间已有明确区分。出版商和书商与书写员和书籍装饰工的关系，在各个出版中心都有所不同。"普通的书"与用优质绵羊皮或山羊皮制作、精心装潢的手抄本之间的区别亦很重要。后者一般更能存放，而廉价的日用书通常印在纸张上，不利保存。因此，要对任何给定时期的图书流通量进行估计，都是困难重重的。

从14世纪后期开始，图书生产中纸张使用量显著增长。虽然用

[①] Delaissé *et al.*（1959），p. 12.

第十三章 手抄本与图书

于档案文献的碎布优质纸张早在 13 世纪晚期就使用了，但将文学、神学、祈祷和科学作品印在纸张上，则是在 1400 年后才大量出现的。纸张曾通过意大利从中国进口。意大利还建立了欧洲最早的造纸工场，最好的纸张出产于法布里亚诺。1390 年前后，纽伦堡的施特罗默建立了一个造纸工场，纸张制作很快就遍布欧洲北部。纸张是一种较羊皮纸要廉价的介质，这可使出版商将大量相对廉价的图书推向市场，但其用途却受到一定制约。1460 年代以前的佛罗伦萨，商业性生产的图书中使用最普遍的材料是羊皮纸。羊皮纸为手抄本绘图师提供了更好的介质，特别适合于满足富有资助人和顾客需要的豪华型（de luxe）版本。图书的价格因此而下降。1450 年代晚期佛罗伦萨的图书价格各不相同，既有 50 个佛罗林左右的用羊皮纸制作的大开本插图豪华型祈祷书，又有两三个佛罗林的纸质版的古典作品和人文主义作品。即便如此，图书也不是一种特别便宜的商品：因为 18—20 个佛罗林就可以雇用一名佛罗伦萨年轻人当一年学徒。这些常常未加装订的纸质图书，很少具有二手转卖价值，英国人遗嘱中提到的成箱成柜却没有详细说明的书，大概指的就是这一类东西。

15 世纪也见证了社会许多阶层对插图本书籍前所未有的需求。上有诸侯、贵族和富有的城市贵族定制的装帧豪华卷帙，下有专为卑微的俗界文化人制作的普通图书（rapiaria），包括各种各样配有木刻插图的教仪课本。活字印刷术之前，最常用的书籍已开始使用机械方法来印制。《一个农夫与死神的对话》（Der Ackermann aus Böhmen，1400 年左右），是 1460 年被阿尔布雷希特·菲斯特挑来用木版重印的第一部插图本德文书。以《穷人的圣经》（Biblia pauperum）闻名的插图版冥想辅导手册也经历了同样的重印过程。一系列雕版图书取代了先前流行的手工绘图版本。教士和城市俗界社会的中等阶级都能阅读这些书，反映了祈祷书的普及化。在这些祈祷书中，《旧约》对《新约》所述事件和教义的预言以图画形式予以描绘。而手工插图的书籍仍在上流社会中流行。如 15 世纪中晚期德意志的《家庭手册》（Hausbücher，主要源于莱茵河地区）和《族谱》（Geschlechtsbücher，记录家庭史、描绘城市和宫廷生活场景的摘录簿）就非常流行。德国城镇里有关个人及联谊会的比赛书籍也是这样。它们赞颂了人们对比赛的参与，最有代表性的是那些为萨克森选侯和奥格斯堡马克斯·瓦尔特（约1480—1520）这样的城市贵族所制作的鲜亮的插图卷帙。

行会和公司较为松散地控制着图书的制作和销售。图书的生产过程必定都集中在城市，这就不能避免中世纪城市手工业中那种常见的劳动分化与分工。文具商、抄写员和装潢工有别于专门的画师组。布鲁日的图书销售商、装潢工和装订工最先组成自己的团体，并在1457年作为一个只为福音书作者圣约翰服务的行会而得到认可。在佛罗伦萨，"卡托莱"（cartolai）即图书生产者及经营图书材料的商人，这时已是梅迪奇·斯伯兹亚利行会的成员。这些人经营与图书生产相关的原材料，其中一些进取心强的人也会兼做图书复制和装潢过程中的中间人。监督和规范总是有困难，因为与图书制作有关的手工工匠移动性很强。美因兹约翰·古腾堡的早期生涯就是这一事实的明证。同样，尼德兰最有影响的装潢工之一威廉·弗雷兰特，1454年离开乌特勒支，加入了布鲁日装潢工行会（该行会共有52个成员），并随身带来了荷兰的书籍插图方法和风格。

在每一个图书出版商号里，都遵守严格的劳动分工。羊皮纸的准备和切划，内容的抄写，基本的装潢，插图和装订，都是各自独立的活计。未装订的书（cabiers）还可送到别的城市的画师那里做插图。如欧登纳阿德的让·塔维尼耶，就专门加工里尔、布鲁塞尔等地送来的手抄本书（1450—1460）。在佛罗伦萨，大多数手抄本图书由"卡托莱"按照顾客的委托而制作。他们也是雇用不属于自己作坊的独立抄写师和装潢工，通常付计件工资。有时也会尝试建立"封闭式作坊"；1427—1457年，布鲁日就发布了一系列法令，限制绘画的输入（主要来自乌特勒支），除非这些画在本城装订在手抄本中。1447年，画师与抄写师之间出现冲突，结果市议会（échevins）提出解决方法，即手抄本插图师只能使用水彩画，而将应用金、银和油彩的权利保留给圣鲁克画师公司。这类限制是很难实施的，残存的手抄本表明了这些规定经常被打破。

建立出版机构的趋势前文已经提及，它在低地国家和佛罗伦萨特别凸显。1440—1460年，让·沃克林师傅及继承人雅克马尔·皮拉维恩在蒙斯建立了出版企业；1460—1480年，戴维·奥贝尔也在布鲁塞尔、布鲁日和根特也是这样做的。他们采用的程序和方法很相似，此后克拉尔德·曼西昂及威廉·卡克斯顿也照此办理，包括流行文本的选择、改进和翻译。同样的模式也可在北意大利见到。在佛罗伦萨，"卡托莱"韦斯帕西尔诺·迪·彼斯提奇（约1422—1498）作为一个现代意义上的真正书商出现。他从其先辈尼科利（死于1437年）和特拉弗萨里（死于1439年）那里学会了做生意。佛罗伦萨特有的文化知识生活环境，造就了对奢侈的和普通的手抄本书的需求。韦斯帕西尔诺得到了科西莫·梅迪奇的支助，为后者的圣马可修院图书馆以及在菲耶索尔的巴迪亚新建立的图书馆提供图书。韦斯帕西尔诺也接受了外国顾客的特别委托，如1460—1461年的阿拉斯主教简·茹弗鲁瓦，1465—1482年的乌尔比诺公爵菲德里戈·德·蒙泰费尔特罗。韦斯帕西尔诺也经营新书："他非常大胆地着手开拓非订制图书的潜在市场。"[②] 他在自己店里陈列新书，试图引领和创造需求。作为企业家，他在佛罗伦萨几乎毫无对手，或许在别的地方也是如此。只有另一个佛罗伦萨"卡托莱"扎诺比·蒂·马里奥诺企图赶超他。韦斯帕西尔诺在佛罗伦萨图书贸易中建立了极有影响的霸权，不过相当短暂。1465年印刷术引进后，激起了强劲竞争，导致人文主义著作出版过多，需求很快急剧下降。1478年，他的书店因经营惨淡而关闭。他拒绝采用新方法。

德国企业家没有蔑视这种新方法。原本很完善的手抄本生产体系吸收了新技术。曾有人说，"很明显，在德国有一个广布的家族和个人网络，他们工作在纽伦堡、美因兹、斯特拉斯堡，（和）班伯格……既是对手亦是朋友，都对生产这种作交流之用的消费品感兴趣"[③]，这包括了羊皮纸、纸张、书籍装订和木刻品。当需求增长时，欧洲主要的图书生产中心也极力反对竞争。一直能给予图书贸易以重要刺激的，或是大学的存在，或是受某些匠师或知识倾向吸引而来到巴黎或卢万，或是在佛罗伦萨—费拉拉宗教会议（1438—1439）和曼图亚大会期间（1459）来到佛罗伦萨的一群群学者和游客。15世纪里建立了许多新大学，这也促进了图书生产，但大多数学者仍努力以更经济的方法如自己动手来抄写书籍。

[②] Garzelli and de la Mare (1985), p. 404.
[③] Du Boulay (1983), p. 16.

插图手抄本的主要支持者依然是王侯宫廷。王侯及廷臣的影响力，基本决定了这一时期为广泛阅读而生产的手抄本图书的内容与形式。"豪华书"市场继续由他们所主导，竞相仿效的还有富有的城市贵族和市民。王侯们的图书馆对于品位的形成，出版家对复制手抄本的选择都至关重要，韦斯帕西尔诺·迪·彼斯提奇和威廉·卡克斯顿便是例证。14世纪便已形成的藏书习惯这时开始固化。1420年，法国查理六世的皇家图书馆藏书达1000卷左右。法国皇家藏书在北部欧洲是一个特例。北方诸侯中也有个特例，即勃艮第的好人菲利普也努力增加其图书馆藏书，1420—1467年，其藏书从250卷增加到900多卷。他的丰富藏书量，有乌尔比诺的菲德里戈·德·蒙泰费尔特罗可与之媲美，后者的图书馆在1482年建成时，收藏了900多卷书籍。乌尔比诺图书馆的藏书大约有一半购自韦斯帕西尔诺·迪·彼斯提奇，或经该人之手购得。菲德里戈颇为沾沾自喜地描述它为"所有地方最完美的图书馆"。虽然那一著名的"它不包含任何印刷书籍"的声明不那么真实，因为菲德里戈确实拥有一部1481年印刷本《奥利金》，以及之前用该技术印刷的版本，但这些只在他宏大的手抄本收藏中占极小一部分。

至于王侯之外的那些收藏者，15世纪末若能收藏100本以上的手抄本图书，便是一个莫大的成就。1518年，法国法兰西斯一世的藏书量只有254卷，因为早期的皇家藏书已在1420年代分给了贝德福公爵约翰等人。其中150多卷来自15世纪勃艮第贵族和廷臣路易·德·布鲁日即格鲁修斯爵士（死于1492年）的图书馆。格鲁修斯的藏书对英国爱德华四世从布鲁日和根特定制的豪华插图手抄本产生了型制上的影响。哪怕只拥有小量书籍，也是贵族和绅士受过良好教育的一个必要标志（*sine qua non*）。在勃艮第、安茹—普罗旺斯、米兰、乌尔比诺、卡斯蒂尔、阿拉贡、匈牙利和波希米亚等地的宫廷里，对世俗文学的资助提高了图书出版水平。尽管人文主义者极力倡导古典语言，方言著作开始与拉丁文作品竞争，并从15世纪晚期开始更为广泛的传播。在英国、尼德兰北部、德意志、意大利和西班牙，本国语言已被接受为宫廷语言，这就使法语和拉丁语作为文化和文明首要媒介的地位遭到极大挑战。手抄本通过呈交给潜在的皇家和贵族资助人而得到传播，并在随后大量地复制。为皇家和诸侯图书馆制作的书卷往往会大规模地复制。例如，让·沃克林曾为好人菲利普制作了一部豪华版的《埃诺编年史》手抄本，1448年8月他又提供了一份纸质本给一个叫布拉索特的市民。克拉尔德·曼西昂和威廉·卡克斯顿也做过同样的事情，他们为勃艮第公爵藏书库和格鲁修斯图书馆制作了不少图书复本。拥有图书常用加签章来表达。这时候，图书常从一个收藏者转手到另一个收藏者，这可从图书所有权变化时所加盖的徽章标记看出来。在宫廷圈子里，图书经常交换、转让和借读，这就会在风格上导向某种一致性，如"勃艮第的玛丽师傅"风格，该世纪后期就在低地国家广泛传播。

这一时期插图本书籍风格和形式最重要的发展，源于手抄本绘画和组图画师艺术之间的密切关系。这一趋势肇始于14世纪，林堡兄弟为贝里公爵让所做的工作，是这一趋势的样板。在豪华版手抄本里运用组画艺术，特别是光线、阴影和透视技术，来绘制整版的小画像，变得日益普遍。胡伯尔和扬·范·艾克（逝于1441年）的革新很快就用于绘图本书中。有人认为，源于埃诺—荷兰伯爵家的所谓"都灵—米兰祈祷书"，就是范·艾克的作品，当然其手抄本归属及其遭到部分损坏的时间尚有争议。书中的图画描绘了极其真实的场景，其中对地形、海岸和家内装饰的描绘特别注意细节，和对自然的细致观察，这正是"艾克"艺术的标志。这些革新可使手抄本绘画获得书籍主人更真诚的喜欢（特别是"祈祷书"，经常出现崇拜圣母圣子连同在场众圣徒的画面），能以更生动更直接的方式传递教义真理和教仪形象。由范·艾克和罗吉尔·范·德尔·威登所教授的这些课程，渗入了欧洲手抄本绘画艺术。在意大利尤其是威尼斯和那不勒斯，能强烈地感觉到这种影响。而有名无实的那不勒斯和西西里国王安茹家的雷讷，其意大利式的雄心是将意大利手抄本传到法国，其做法是开始采用尼德兰画法（如较多地集中于风景画和肖像画）；而雷讷自己的画师即"巴尔特勒米师傅"，是扬·范·艾克的一个亲戚，则将意大利风格与尼德兰风格糅合在一起。

插图本书并不是满版都充满着大图片。花边装饰、首字母和版式也相当讲究艺术性和创造性。学习尼德兰和意大利手抄本的饰边艺术，使得专业抄写员和工作室得以出现。由于精心地运用叶状等图案结构，使得艺术家们沉迷于幻觉、怪诞（grotesquerie）以及纹章之类隐喻图像。版式的手写体自然是此人不同于他人，此地不同于他地，但完善于低地国家的"哥特式"的"巴斯塔达"体（barstarda）和圆体字（rotunda），却得到了广泛的赞赏和模仿。即使在佛罗伦萨，唱诗班乐谱也用大号的、得体的哥特式手写圆体字来抄写。这种书用起来，比人文主义者及其抄手的草写体好认得多。15世纪晚期，插图本书籍成为一种艺术作品形式，要经过许多人的劳动。这时也有比较兴旺的图书出口贸易：匈牙利国王马加什·科文努斯（1459—1490）组建了最大的图书馆，收藏了从佛罗伦萨商人手中买来的大量手抄本图书；而阿拉贡的卡洛斯即维阿纳亲王，则购买尼德兰和意大利两地的手抄本书，进而影响着加泰兰和阿拉贡的艺术家。插图书的书页这时就像向自然世界打开的"窗口"，反映了勃艮第公爵治下低地国家在风景画和人物肖像画上的进步。

不过，宗教情感仍然是图书生产的重要激励。对圣餐、教仪和祈祷书籍的需求热度不减。从《祈祷书》算起，俗界就在为祈祷书、布道书、基督教生活手册、丧葬祈祷仪式书（ars moriendi）、神迹书以及方言《圣经》等创造着市场。这些书构成了许多（如果不是大多数）图书收藏点的核心部分，反映了随着俗界文化人的增多，他们急于更好地了解教义和信仰事务。1441年完成的托马斯·肯皮斯的《效法基督》（De imitacione Christi et contemptu omnium vanitatum mundi）被译成多种易读的语言版本，就很好地表明了祈祷用书普及化。很快又出现了荷兰文本。已知的还有四种法文本，其中一部有可能是尼古拉·菲内特的译作，他是康布雷教堂牧师会成员，以及勃艮第公爵夫人约克的玛格丽特手下的赈济官。通过这样一些书籍，宫廷和贵族圈的人由此也对其时的宗教激情和祈祷实践的潮流保持着了解。这些书有的源于名为"新式信仰"（devotio moderne）的运动。

"信仰"（devotio）本身也在图书生产中起着重要作用。格哈德·格罗特及后继者如佛洛朗·拉德维金斯（约1350—1400）在低地国家的代芬特尔、兹沃勒和温德斯海姆，以及威斯特伐利亚和莱茵兰等地，建立了图书生产作坊，它们的首要工作之一就是抄写、装饰和装订书籍。1450年，共有19个"兄弟姐妹共同生活"作坊，那里遗存了不少手抄本书籍。兹沃勒的作坊是一个多产的图书生产中心，由雅可布·范·特里尔撰写的有关其成员的《传记》，连同肯皮斯自己写的圣阿涅丝山修道院的《年代记》，提供了有关该团体工作的一幅动人画面。圣阿涅丝山修道院的第一任院长让·范·肯彭（1399—1408），是一个出色的抄写员和装潢工。而亨里克·曼德（约1360—1431）是温德斯海姆一个修道院的早期成员，在其皈依于"信仰"运动之前，他曾作为一个抄写员和书记员，为埃诺与荷兰伯爵威廉四世服务。早前在温德斯海姆时，他至少抄写和装潢了14部手抄本书。威廉·沃尼金是圣阿涅丝山修道院的第二任院长（1408—1425），开始"为唱诗班和图书馆抄写了大量的藏书……并亲手装潢了许多书"[④]。而且这些团体不只是为了自用而生产图书；埃格伯特·范林根，兹沃勒修院的副院长，还装饰了一些"用于出售的手抄本"书。[⑤] 毫无疑问，兄弟会的作坊也位于其时最重要的圣餐和教仪书生产者之列。他们出的书，在意大利可以与佛罗伦萨和威尼斯修道院成员为别的教堂制作的圣餐教仪抄本及唱诗班用书媲美，在北欧则可以同加尔都西派僧侣宗教活动用书比肩。加尔都西派僧侣作为隐修者，贡献了充足的时间用于写作和抄写书籍，如英国人在茅恩特格雷斯和西昂建立的机构，就承继了早期修道院"经文体"的角色。

15世纪手抄本插图师的工作，是将不可视的"精神"世界以视觉形象展现给人类，他们其实也仿效了组画师和壁画师。在低地国家，日常生活的有形物品和单调场景，常与意义、情绪和基督教象征主义融为一体："艺术家更倾向于他所熟知的人类的经历，而非他创造的那个未观察到的形象世界。"[⑥] 在意大利，人文主义的古典化和理想化倾向成了插图手抄本的一个特征，但来自北方的影响也非常明显。法国从邻近的低地国家学到了许多，但图尔的让·福克特（约1420—1480）的作品中引进意大利形式和风格，通过普罗旺斯安茹家的勒内王廷，让法国式装饰采纳了更大的折中主义。西班牙卡斯蒂尔、阿拉贡和加泰罗尼亚的图书生产，吸收和模仿了尼德兰和意大利两种模式，而在德国土地上则主要是仿照尼德兰模式以及衍生的莱茵兰模式。英格兰支持本土的图书生产者和装饰者，受尼德兰风格影

---

④ Thomas Kempis (1906), p. 46.
⑤ Thomas Kempis (1906), p. 74.
⑥ Delaissé (1968), p. 90.

响较大。在整个西欧，到 1500 年时，手抄本和图书的流通量大为增加。由于读者遍布，从而对图书形成了很好的需求，企业家们的存在就是为了满足他们的需要。如此，15 世纪晚期的欧洲已做好应用新技术的准备，以让图书批量生产和广泛传播。

马尔科姆·韦尔（Malcolm Vale）

刘景华 译

第 十 四 章
印刷术的肇始

　　可以说,在 15 世纪的所有变革中,没有什么能像印刷术发明那样影响深远。2000 多年里,欧洲大都依靠手写文字,至少在某些方面是这样。基督教世界的历史,就是由一部手写的宗教经典即《圣经》来解释的,至今仍是如此。在这一背景下,印刷术的出现预示着诸多革命性变化的来临。像所有的革命一样,印刷术的发明,随它而来的进程,它的影响,以及运用它的方法,引发了许多与该发明并非直接相关的诸多问题,即运用冶金学的、化学的、书法的和雕刻的技艺去制作印刷版页,这在以前从未有过。

　　文本和版式完全相同的多本复制,并非新的理念。9 世纪时,在众多修道院中,图尔的修道院,已专精于《圣经》复制,并将其输送到加罗林帝国的各个中心。13 世纪,巴黎、波伦亚和牛津等地大学对相同教材的需要,用所谓"佩西亚"(*pecia*)方法获得了解决。这就是授权将书籍部分副本借出去复制。这一过程是让几个人同时誊抄同一本书,既能加快造书进度,又能减少(如果不是消除)错误概率。在 13 世纪的巴黎,制作小本《圣经》供私人用,就是在此前从未有过的规模上进行的,而且极为一致。在 15 世纪的低地国家,温德舍姆集团和兄弟共进会负责批量制作手抄本教仪书,以满足由新式信仰运动(*devotio moderna*)所激起的俗界公众日益增长的兴趣,这一运动旨在促进个人的虔诚。在意大利北部,出版商们满足了人文主义者对古典文献的需求,他们能够统一指挥抄写员、装潢师和画师的劳动。这就是与图书生产相关的所有活动。针对廉价市场,尤其是为了满足对宗教画像的广泛需要,木版画像至少在 14 世纪后期就进入了流通。从现存的例子(当然把它们加在一起也不能算是充分的例证）看，对这类画像的生产和需求，主要集中于巴伐利亚、士瓦本、奥地利和波希米亚，以及北部的低地国家。

所有这些不同种类的文献，不论宗教书籍还是教育书籍，都有一个共同点：它们不仅由自身内容所决定，也取决于市场需求。如果我们从最早的印刷业来考虑书籍出版物的范围和性质，那么团体组织起了实质性作用。这里既有僧侣和普通教徒团体，也有行政机构、大学或其他教育机构。在传统手抄本市场，时间和原料的投入意味着投机性生产受到严格限制，而由印刷术带来的最强烈的区别之一，就是原材料投资的大幅增加。这还不算最初用金属制作字模和模板的费用。单就所谓古腾堡《圣经》或四十二行《圣经》来说，古腾堡在美因兹所努力要完成的主要工程，或许从一开始就被认为要解决制作120—150个副本所需要的纸张问题——除了用来印刷35—40个副本所需要的羊皮纸之外，每个印刷副本还大概需要使用320页纸。1450年代早期，与古腾堡印刷业相关的其他主要印刷品都比较短，对印刷材料的资金投入相应也要少些。古腾堡本人对材料价格的关心，反映在他对四十二行《圣经》的设计上。该书虽然美观、视感好（通常对诵经台上置放的《圣经》有此要求），但在版式上非常紧凑，以避免浪费空间。换言之，须对投资、材料和设计等因素综合考虑，方能达到印刷术的基本理念：若能足量生产，图书造价就会更加低廉。

某些证据表明，决心制作昂贵的台式《圣经》的行为，本身是由修道院改革运动所促成的。四十二行《圣经》以及别的地方制作的摹仿本，肯定不是为了普通私人家用，当然据知也有些副本为个人拥有。从装订和装潢的例子看，这些工作都在当地即靠近或位于该副本的最终使用地进行，而不是一定要在美因兹完成。这些副本仅在几年内就传到了德国大部分地方，东到莱比锡，北至吕贝克港口，也到了布鲁日和伦敦。所以，下述规律从一开始就显现出来了：大开本图书若要批量生产，必须要有广泛分布的销售市场。

同样，早期在美因兹、斯特拉斯堡和班伯格印刷的许多其他书籍，也在一定程度上表明：装潢美观的大开本书，不会像同等大小的手抄本图书那样昂贵。约翰·富斯特和彼得·舍费尔先后于1457年和1459年印制了两本诗集。第二本专为本尼狄克修道院制作，第一本则是适用于美因兹城内外的通用本。也可以认为，杜兰德斯论宗教仪式的《理性》（1459），教宗克雷芒五世的《宪制》（1460），是为了适应同类消费者的需求而生产的。两部书都是富斯特和舍费尔印制的。在斯特拉斯堡，第一批书都是大对开本，针对以教会机构需要为主的市场。从大约1454年四十二行《圣经》本的出现到1470年，拉丁文《圣经》在美因兹、斯特拉斯堡、班伯格和巴塞尔共印制了9个版本，都是对开本。

这种对市场机制的强调，受到了市场对书籍需求的制约。图书馆和社团不需要经常性地购买同一种书。1450年代，古腾堡应俗界的需求而印刷了《圣经》简明本，以及学校教材、赎罪券等。在班伯格，阿尔布雷希特·菲斯特将目光投向了德语方言文学书籍，尽管很短暂。科隆的第一个印刷师乌尔里克·泽尔，1464年在这里建立了工场。从他的工作可以看出，其对拉丁文著作的重视有明显变化。他最早的工作包括印制一系列四开本图书，销售对象以个人为主，也有机构。这些书包括"佛罗伦萨"的安东尼努斯的《忏悔论》，西塞罗、让·热尔松、约翰·赫里索斯托姆和圣奥古斯丁的著作。

对文献资料及图书残本的细致考察，大大揭示了1450年代美因兹印刷术发明时的背景及资金、过程等细节。然而只要考察第一批印刷书籍的种类、大小、外观，以及读者、市场和对这一生产的鼓励者，就会明白为什么会有这么多的精力和金钱投入前景并不明朗的发明和技术上。看起来，并不是只有古腾堡身边的团队在寻求一种大量制作副本的途径；可能还有其他人在阿维尼翁等地为此而奋斗。古腾堡的这一发明，实际上是由相对独立的几个部分组成，将金属加工、书法以及化学结合了起来。虽然还不清楚，1450年代早期第一批印刷书籍出现之前的几十年里，这些过程是以何种顺序出现，但将其如此排序比较方便。

那么，首先是字模。虽然可以用木料来雕版并印刷（就像至少在6个世纪以前远东所做的那样），但这一加工过程太慢，即便是篇幅较短的书籍也要花费大量精力。西方已知最早的木刻画出现在14世纪晚期。带字的木刻在15世纪第一个25年就出现了，不过现存大多数木版书是15世纪晚期甚至16世纪早期的。古腾堡发明了将单个字母组词的方法，创造了一种灵活且可修改的活字法来制作印刷面。

活字使用后，还可拆除和重组，用于不同的版面，而资金投入则不再仅限于一次印刷。他于1440年代至1450年代初创造的这一方法，其原理一直沿用到20世纪中期出现照相制版技术为止。将每个印刷符号浮刻在软钢条的末端，冲压成字头，然后再将其嵌进一根小铜条里，便制作出了字模；将字模进行修整，使其各边都成规整的方形，再置于模板里，并按照字母的不同宽度进行调整，如"i"就比"m"要窄得多。正是字模铸造成为古腾堡发明的核心技术。当他采用其他现有技术，如冲压切割技术和了解不同金属性能时，麻烦最多。熔化后的活字金属液（熔点低，铅锌合金，并加以硬化介质）倒进铸模中，一个字模或铅字就铸成了。每一个铅字，不论是单个的字母或数字，还是一组字母，都是分别铸造的。

哪怕是最简单的一套铅活字版，亦由全套字母组成，包括了上部和下部两种形态（即大写字母和小写字母）、数字、标点符号、空格。但15世纪中期德国的标准字体样式却不利于这种区分，相反它依赖于大量的缩略词、连体字母、区分符，以及一些与现代很不一样的标点符号。据计算，古腾堡的杰作即四十二行《圣经》所用的铅活字版达270种之多。这还是在经过了一番分析和简化之后，因为人们猜想印刷书籍与手抄本应该有同样的版式、字体以及易读性，而这本身要依赖于对手抄本的熟悉。由此可以推想，古腾堡的主要合伙人之一彼得·舍费尔，作为一个专业抄写员，他的技艺对这一方面发明极为关键。

另外，需要一种新油墨。这种油墨能够用于没有渗透性能的金属面（而非如手抄本那样使用多孔的纸张或精制的羊皮纸，或加工好的鹅毛笔尖），且能在喷用时保持色彩均匀。美因兹印刷术最初采用的油墨由碳、铜、铅和硫构成，今天看来其中金属含量特别高。尽管我们不怎么了解最早的印刷机，其最早雏形可能是在压榨葡萄或橄榄的机械基础上改造而成。当然15世纪出版商的主要投资不是印刷机，因为这东西本地木匠或铁匠也可做成；其主要花费在于铅活字版，早期似乎是出版商自己铸造的。直到1470年以后铸造铅活字版才成为独立行当，其发展对书的外观有关键影响，因为这意味着多家出版商可能使用同一种设计式样。

同样重要的，也是批量生产图书之理念最实质性的，是纸张。大部分书都印在纸张上,只有特殊的书才印在精制羊皮纸上,如频繁使用的学校教科书之类,或天主教弥撒教规书。印刷图书需用的纸张数量之大前所未有,印书费用主要由纸张的开销构成。1492年,斯柏恒的本尼狄克修道院院长、人文主义者约翰内斯·特里特米乌斯,在其短宣文《颂歌集》里提到手抄本和印刷书之间的区别时,特别论及印刷所用材料即纸张的属性是最终会被毁掉,而精制羊皮纸做的手抄本却可使用更长时间。到15世纪中期,西欧的纸张贸易已很稳定。造纸术于12世纪传入西方,从西班牙到德国北部,整个欧洲都建有造纸工场。造纸工场选址主要取决于洁净的活水、供应稳定的破布,以及或靠近需求稳定的区域,或有运送至市场的便利,其主要地区有意大利北部、香槟、法兰西岛以及法国西南部。在德国,文献记载的第一个造纸工场直到14世纪末才在纽伦堡建立,仅比古腾堡发明印刷术早50年。低地国家的第一个造纸工场建立于里尔,时间也在此前后。瑞士的第一个造纸工场于1433年建立于巴塞尔。该地很快就成了满足急剧增长之需求的主要货源地。并非所有地区都有自己的造纸业,如英国1490年代之前就没有造纸工场。

  印刷术的发展和传播依赖于企业、机会、投资、交通和市场这几大因素的相互作用,其中市场是终极因素。活跃的国际印刷书贸易很快就形成了,这种贸易并不依赖于新出版商的分布态势。印刷业发展的头20年里,印刷业不仅被引入莱茵地区主要城市,即美因兹、斯特拉斯堡(1460)、科隆(1464)和巴塞尔(1467);还被引进到更东边,如美因河上的班伯格(1460年前)、纽伦堡(1470),以及奥格斯堡(1468)。至1470年,北至科隆,南至罗马都有出版社。但在欧洲中部,仅是东至班伯格西至巴塞尔之间地区才有出版社。唯一的例外是巴黎。在这个城市里,索博讷修道院前院长纪尧姆·菲歇,于1470年鼓励建立了有着独特人文意味的出版社,由米哈伊尔·弗里伯格、乌尔里克·格灵和马丁·克兰兹三人领导,他们的背景以及对出版物的选择使其成为史上第一个非宗教学术出版社。接下来十年之内,从布达佩斯和克拉科夫到塞维利亚和萨拉曼卡,从波罗的海边的吕贝克和罗斯托克到地中海岸的那不勒斯和科森扎,都先后建立了出版社。伦敦的印刷业也完善地建立起来了。圣阿尔本斯和牛津也有小型企业,尽管比较短暂。从低地国家经过莱茵河流域和多瑙河上游直至意大利北部，印刷业形成了一个非常明显的南北通道集中区。我们可以说，到1500年时，印刷术的传播与人口的总体分布产生了密切的关系。

其原因很复杂，与地理因素、贸易路线、人口结构、文化程度、地方上的积极性，以及教育和管理的日益增长的需求相关。没有证据表明印刷事业与人口数量的变化有关，15世纪后期似乎人口数量变化不大。总体上来说，印刷业扎根大学城的进程很慢；即使在巴黎和科隆这种已建立印刷业的地方，最早的出版商或对本地教育需求兴趣很小，或因出资人初始热情衰减而转向别的主题。出版社与大学之间的紧密联系直至1470年代才得以建立，然后这种联系主要体现在高层次上而非起点水平上。印刷和出版依赖于资本投入和交通设施，繁荣和发展仅存在于有良好贸易条件的城镇。值得注意的是，到15世纪末，许多小镇甚至村庄的达官贵人，不管是否属于基督教会，都为了扩充其权力影响而尝试引进这种新技术。但很少几家出版社能维持几年，雇用的工人都纷纷迁走或跳槽。

出版商要经一番周折尝试好些地方才能安定，这也算是印刷术传播方式。在北方受到培训的德国人将技术传到意大利；印刷术在欧洲的德语区有稳定发展，而意大利与其有强劲的贸易和文化联系。在苏比亚科，最初的出版商是康拉德·斯维奈姆和阿诺德·潘那茨，他们分别来自美因兹主教区和科隆主教区；斯维奈姆可能在富斯特和舍费尔的印书社受过培训，1462年在美因兹被解雇后迁往南方。威尼斯的第一批出版商是来自斯佩埃尔的约翰内斯和温德利努斯·德·斯皮拉兄弟。在佛利格罗，来自美因兹的约翰·纽美斯特于1470年建立了一个短命的出版社，同年约翰·雷因哈特在附近的特雷维也建立了一个出版社，同样短命；也是在佛利格罗，档案显示早在1463年就有过"摩甘提尼书法社"，当然不一定是印书社。在欧洲其他地方，巴黎的第一批出版商来自瑞士；里昂的第一个出版商纪尧姆·勒鲁瓦来自列日，其专业性贸易联系似乎已在科隆和莱茵河下游地区形成；在塞维利亚，虽然第一批出版商（出现于1477年）异乎寻常地竟是本地西班牙人，但另一些出版商则来自德国；迈因哈特·昂古特曾在那不勒斯工作过，名叫"阿拉盟伙伴"的商行也与意大利或许是威尼斯有联系；在英国，威廉·卡克斯顿与众不同，他是本地人，但在科隆学过手艺，在布鲁日干过印刷，后把技术带回了英国，于 1476 年在威斯敏斯特建起自己的出版社；英国的第二个出版社是 1478 年来自科隆的西奥多里克·路德经营的，位于牛津，不过不久就关掉了。

这样的过程意味着许多早期出版商都是游历行商，犹如一些德国出版商去南部欧洲工作之生涯所显示的那样。这种移民的效应不单是反映在建立了一些出版社，其中只有少数生存下来，还反映在欧洲各城市都建立了本地的印刷企业。同时也缔造了一个由新印刷媒介所主导的关系网络，其规模之宏大是手抄本贸易无法比拟的。在意大利北部，由于游走型出版商很多，很多依赖于单一出资人投资和兴趣的私有或半私有的小出版社，只能维持很短时间。亨里库斯·德·科洛尼亚的父亲原籍为科隆附近的戴仑，他本人在 15 世纪最后 25 年里先后在布雷西亚、波伦亚、莫德拉、锡耶纳、卢卡、诺扎诺和乌尔比诺工作过，都只是短短一段时间后又换地方，有时同一地可能回返数次。来自波伦亚的狄奥尼修斯·博托库斯也于相同时期里，先后在雷焦艾米利亚、维琴察、特里维索、威尼斯、波伦亚和莫德拉工作过。同大多数出版商一样，他们除操持印刷业外还顺带其他营生。实际上，从他们的产品数量和法律文件中提及其活动的用语来判断，印刷业只是他们生活的副业。例如，从根特南迁的格拉尔杜斯·德·利萨，1462 年曾是特里维索的一个学校校长。1471 年，他出版了第一版的伪奥古斯都《手册》(*Manuale*)。由于邻近特里维索的威尼斯有更大势力的出版商和图书商竞争，他于 1477—1478 年离开了那里，去乌迪内和奇维戴尔后只短暂地从事印刷业，而后又返回特里维索。1499 年他在阿奎雷亚去世时是天主教堂唱诗班领唱。他一生先后做过学校校长、售书商、出版商、诗班领唱、音乐家和债务追讨人等。

在某些方面印刷行业被移徙来的德国人所造就，尤其是 1480 年代以前，而他们又常常很偶然地被当地人所取代；在某种程度上，印刷业以携带机具游走各地寻求生计的手工艺人为主要从业者，但是这一行当其实被少数几个国际性企业所控制。15 世纪七八十年代接踵而至的印刷业危机使这种趋势有增无减。引起危机的原因是有些书籍过度印刷，而不能在市场崩溃中得到适当的投资回报。在威尼斯，一个来自特鲁瓦附近的法国人尼古拉·杰森于 1470 年建立了出版社。

其时城里只有另外一家出版社，其颇为强势的创建人约翰内斯·德·斯皮拉刚去世不久。他早先的出版物主要是拉丁文经典教义本，包括印在精制羊皮纸上的豪华本，并留有彩绘空间。这一策略帮他安然度过 1473 年的行业危机。兹后他与一批德国资本家合伙，化解了又一次危机。很快这种强劲的辛迪加就被证实是成功的，他迅速主宰了威尼斯这一行业，进而占领了欧洲大部分市场。随着温德利努斯·德·斯皮纳的后继者约翰内斯·德·科洛尼亚和约翰内斯·蒙森的加入，这个辛迪加对市场的占有得到进一步巩固。

其余成功的大商行也是由单个家族的成员所主导。在纽伦堡，没有任何一家比得上克伯格家族。这个城市地处交通要冲，是来自东部人口稀少地区的牲口与手工产品进行交换的要地，尽管这里直至 1470 年或稍早一点才建立出版社，但克伯格家族以学术出版商的身份系统而又快速地发展，迅速全面利用当地金属制造等工艺的优势，使纽伦堡成为欧洲最重要出版中心之一，长达半个世纪之久。出生于纽伦堡的安东·克伯格，1470 年或 1471 年建立了出版社，雇用了像汉斯·阿梅巴赫（后来该人自己也在巴塞尔成了成功的出版商）和曾在斯特拉斯堡工作过的约翰·贝肯霍普这样的编辑。他的作者群包括人文主义者维利巴尔德·皮尔克海姆、康拉德·凯尔特斯和哈特曼·舍德尔。哈特曼·舍德尔于 1493 年所著《纽伦堡纪事》，是克伯格出版社所出版的最引人注目的书。该出版社的书以丰富的木雕插图著称，曾于 1486 年收丢勒做学徒的迈克尔·沃尔格马特与威廉·布莱登沃夫一道负责最精致作品的出版工作。到 1490 年代，克伯格已拥有 24 家出版社，雇用上百名学徒。它还在里昂、巴黎和图卢兹有分社，在米兰和威尼斯、吕贝克和安特卫普有代办处，并与英国和西班牙有贸易联系。克伯格家族企业的规模在当时是独一无二的，他把小型企业所能及的作为扩展到了整个欧洲范围。手抄本及其贸易远没有消失，但印刷业则能以前所未有的规模渗入新市场，赢得新读者，凝聚读者群，其地位不可逆转地确立起来了。

印刷技术的潜力，与纸张的采用密不可分，因其宗教、学术和社会价值而很快得到认可。但它并非受到全社会的普遍欢迎，其效果也并非总是促进知识进步。在威尼斯，多明我会抄写员菲力波·德·斯特拉塔就攻击新式印刷书有道德败坏和亵渎神灵之嫌。在佛罗伦萨，旧出版商（cartolaio）韦斯帕西尔诺·迪·彼斯提奇继续供应手抄本，其规模表明手抄本并非局限于富人享用。毫不奇怪，旧式书商失掉利益最多，也是最反对这门新技术的。这都是些极端情况。15世纪下半叶的意大利、法国、佛兰德和荷兰，涌现了两三代成熟而有才华的图书装饰师，他们的工作包含了引进印刷书籍，以及逐步建立面向印刷书籍而不是手抄本的市场。由于某些原因，直至16世纪末印刷书籍才取代手抄本。对一些富人来说，某些特选文字的手抄本，不论插图装饰还是更为常见的传统法装饰，仍是他们的首选（de rigueur）。据说乌尔比诺公爵弗德里格·达·蒙泰费尔特罗就极力避免使用印刷书。在匈牙利，国王马提亚斯·科威努斯于1490年招聚一些意大利抄写员和绘图师，建起一个以人文主义为内容，偏向保守主义（但不限于保守主义）的手抄本图书馆。在英国，有插图装饰的手抄本仍被指定为皇家图书馆收藏。在勃艮第公国，1477年"大胆"查理去世结束了公爵支持制作豪华精美手抄本的时代。但手抄本的传统和技艺仍在佛兰德留存，不仅迎合了诸如根特的拉斐尔·德·马尔卡特里斯（死于1508年）和格鲁修斯勋爵路易·德·布鲁日（死于1492年）等新一代富人的需要，也为无数顾客提供了较朴素的手抄本。其中大部分顾客是国外的，他们希望祈祷书仍是手抄本。

随着印刷本的优点被接受，那些曾为满足手抄本需求而工作的人或者转行，或者在印刷业里再找工作，或者继续为印刷书提供装饰服务。在布鲁日，前抄写员克拉尔德·曼西昂，曾先后制作了薄伽丘（1476）和波埃修（1477）著作的豪华版本，其华丽的铅字体酷似勃艮第精品书籍的字风（lettre batarde）。他在两本书的页面里都留有较大空间以便单独加图解或说明。波埃修著作中所留空白原本是留作手绘之用，而薄伽丘著作中的空白则已加上了版画，这就使其成了第一本有版画而非木刻图的印刷书。在巴黎，安东尼·维拉德擅长于将文字印刷和定制的插图装饰结合起来，书的造价有时相当贵。在1470年代的威尼斯，尼古拉·杰森等人留下的页边空间相当富余，经常被个体艺术家或工作室充分利用来进行所希望的装饰，其工作有时是与印刷商而非旧式书商合作。这些行为大多具有过渡性质，因为图书行业和读者都在对印刷的认知上逐渐走向一致。绝大多数图书都是无装饰的，或以最简单的方式加上红字标题，且以最大限度利用纸张所提供的空间来印制。如同大多数手抄本是简装本，大多数印刷书也是这样。

15 世纪后期，铜版雕刻印刷早就被用来为手抄本祈祷书作插图。16 世纪后，人们仍普遍将手抄稿和印刷本装订在一起，并不计较其不同的制作方式。总的来说，不仅手抄本和印刷书同时并存，两种方法也经常用在同一本书里。印刷商在印刷书中留有空间以便人们加上手抄信息，也有很多手抄本直接抄自印刷书。印刷术的革命是缓慢进行的。

对有些文本来说，这一进程发展更慢。如铸造希腊文铅活字时的技术难题，在于其语言中的连字、气息音和重音；在投资、学术、语言技巧和市场等方面的词语要求，同样也是古希腊文学印刷品出现较晚的主要因素。即使在英国，尽管卡克斯顿在倡导印刷主要英语文学著作上取得了令人瞩目的成就，包括马娄（1485）和乔叟（1476年和1483年）的作品，但还有许多本土文学直到进入16世纪才出现印刷版。凡有出版社的地方，应用印刷术成了传播本土文化的一种手段，在想象文学、政府管理、立法、宗教目的和实用指南等方面，起到了促进语言文字稳定的效果。在英国、低地国家和西班牙，其出版社建立之时，欧洲图书市场早已被标准的拉丁文本经典及文献所占据，这一现象也成为促进早期出版商将注意力投向本土文化的原因之一。而且在整个西欧，烹饪和日常药物之类实用技巧书籍仍然是私人手抄本多过印刷书。但就所有的科目而言，印刷术的成功并不需要以常用书籍的首版日期来衡量；因为只要有足够的手抄本在流通，就不再需要印刷本。这也许能部分地解释前面提到的大学为何对印刷术这一新技术反应迟缓。

可以看到，不同的顾客群希望有不同的印刷书。印刷书具有内容同一且价格低廉的特点，但这并不是人们通常希望或赞赏的品质。对于经典作品来说，应用印刷术本身并不表明它能保证精确和权威，这就意味着人文主义者手稿的考据传统会延续下去，而这样的考据有时极不精准。更有甚者，如奥维德作品之情形，与原版（*editio princeps*）很快保持一致的权威手抄版（波伦亚，1471），挤掉了差不多同期在罗马印刷的更好版本，虽然后者也不完美。不论印刷术

第十四章　印刷术的肇始

有何等优势，即使在 15 世纪，不适当和不精确的文本草草制版后，传播到广大难以管控的读者大众那里，这令许多人感到极其失望。而对许多经典著作来说，至少经过了一代以上的学者艰苦努力，更早更精确的手抄本才被引入印刷业。印刷术也带来了一种新的竞争，尤其是同一著作有不同版本出现在市场上时更是如此。广告业也应运而生。如 1470 年，彼得·舍费尔提醒消费者不要购买杰罗姆信件的手抄本，因为他很快就要出一种高级版，由修道院和天主教的藏书资料经过严格整理汇编而成。

印刷书籍因其数量的缘故而不易失传。但印过的部分也可能被遗忘或降格，而且不只是在经典作品中。木雕插图提供了一种精确的画面重复制作的方法，适用于植物学、医药学、工程学、天文学和肖像学。不过由于这些影像是依次复制的，没有追索原本，所以有些关键细节可能粗化了。在这种情形下，印刷版次事实上导致了知识的倒退，只能通过新版本的积极营销才能得以修正。植物学的插图尤是如此。在制图学方面，贝尔纳·冯·布雷登巴赫伟大的插图本《圣地行记》（美因兹，1486）中的地图，清晰地显示在红海北端有两个岔口，但后来的制图学家却忽略了，直至 17 世纪才重新加到地图印刷中。1482 年乌尔姆印刷的地图中有格陵兰岛，但在 15 世纪任何其他地图中却找不到。威尼斯的地图将里海清晰地绘成南北向，但晚至 1721 年却常被显示为东西向。

无论其成就与局限性如何，印刷术的出现宣告了广泛的、重要的并且无可替代的变化。以往主要以讲话和书写方式进行的语言交流，被冠以一种新的面貌，以远超此前的迅猛速度，深入形形色色的大众中。印刷品包括流行文学、各种指南、年鉴、宗教著作，甚至对文化程度不高的人来说，阅读都成了日常生活的一部分。这得益于其单价低廉，以及成百上千的各种作品。在学术作品的出版工作中，编辑劳动不单是由于印刷版存在而转变为按照近乎统一的标准，去整理散布在欧洲各地的手抄本。印刷版的广泛传播也带来了一个新的紧急情况需要探讨。一个多世纪里印刷带给古典学的影响颇为混乱，亟待重新评估。教会方面也是如此，古腾堡印刷赎罪券仅仅暗示了规模上所能达到的程度，却没能指明宗教等论争该以何种方式转变。出版社在加强法律法规传达、促进引导教育、科学交流以及医疗诊断等方面的能力，也有助于带来更快速的分享。印刷出版，作为第一个大众交流媒介，既是社会交往前所未有的发展的工具，也是其原因；而社会交往是早期现代世界明确的特征之一。

戴维·麦吉特里克（David McKitterick）
刘景华 译

第 十 五 章

建筑和绘画

在艺术史上，没有一个时代像 15 世纪那样在西方成就中占有如此中心的地位，但又如此无法进行清晰的时代和范畴区分。15 世纪的基督教艺术，处于两种泛欧洲的艺术风格（以巴黎为中心的哥特式艺术与以罗马为基地的文艺复兴盛期和巴洛克早期艺术）之间，横跨两个历史时期（"中世纪后期"和"文艺复兴"），被赋予"中世纪后期的""文艺复兴早期的""哥特式后期的"，甚至"华丽的""艳丽的"等多种称号，呈现出混杂和纷繁多样的画面。这一时期大约从 1400 年所谓国际性的哥特式后期风格到莱奥纳多·达·芬奇和米开朗基罗娴熟的自然主义，表现出西方艺术史中视觉语言的最根本变化。在被复杂的政治单元和差别明显的地方方言搞得四分五裂的欧洲，15 世纪以艺术风格的多样性而引人注目。超越这些传统和经验分歧的，是 15 世纪意大利新古典语言和活跃在阿尔卑斯山以北的哥特式风格的彻底决裂，其中后者一直抵制着古代的形式融入 16 世纪。这种南北的模糊划分，使得想从总体上定义 15 世纪艺术变得更加困难。布克哈特将意大利文艺复兴与中世纪和"北部哥特式"进行的经典区分，只要限于艺术语言的风格范畴内并指向古代形式的决定性复兴，就始终没有问题。但是当进入更加模糊的历史范畴，如"个人的发展""世界的发现和人的发现"时，这种区分就为赫伊津哈对 15 世纪"衰退的"北部文化——它实质上是受到宫廷审美感和病态影响的中世纪后期艺术——和乐观的、个人主义的和进步的意大利文艺复兴之间进行虚假对比扫清了障碍。这些自信的对立长久以来已经失去了根基，因为我们意识到意大利文艺复兴和当时尼德兰绘画之间有富有成果的交流，同时认识到中世纪和文艺复兴文化之间具有连续性，这不仅表现为古代文化在中世纪间歇性地复兴（厄尔温·帕诺夫斯基的"复兴"），而且表现在就连最进步的文艺复兴艺术家和庇护人也仍然存在着中世纪的思维习惯。

在为安德烈亚·曼特格纳（Andrea Mantegna）所作的传记中，瓦萨里通过观察对15世纪后期的意大利艺术进行了界定，他在其中的评论适用于整个世纪："当时有成就的艺术家开始了对自然真理的明智探究和热情模仿。"15世纪"艺术"和"生活"之间的新型关系，这有助于抹平两者之间的鸿沟。艺术改变了15世纪欧洲的面貌。它彰显出人生从洗礼到死亡的重要阶段，它清楚地将城市公共生活表达为喷泉、十字架和街道雕塑，同时也短暂地表现为户外演出的神奇装置（插图6）；它脱离了教会和城堡那种古老的精英环境，用双折画和表达信仰的面板装饰中产阶级的房屋；它用洗礼盘、圣坛、圣礼室、坟墓和巨大的祭坛杂乱地装饰教堂（插图1、3、17、21）。它确立了新型的、更加流行的图解说明和印刷风格。反过来，随着生活渗透进艺术的各个门类，艺术开始以新的精确性和逻辑性探寻世界的多彩。艺术家以更具分析性、更具科学性的态度对待自然，使用更加高明的工具来表现自然。这些画家所记录的新的真实，除了自然之外当然还包括许多其他范畴。15世纪画家和理论家追求"自然主义"和模仿自然的公开目标，会深深地为他们半自觉地带入表现行为中的技巧、价值观和信仰——其中许多都渗透着中世纪的观念——这一综合体所修正。然而，15世纪艺术中最深刻的变化似乎是由提供视觉真实的技巧所促动的。在15世纪初，佛罗伦萨发现有规则的直线透视法，与法兰德斯同步参透油画和空间透视的所有奥妙，促使欧洲艺术从两个派别开始启程——即意大利派和法兰德斯派，它们将在接下来的200年里主宰着欧洲艺术。

第一节 法兰德斯和北方

在北欧，与中世纪的决裂并不是以古代的复兴为中心，而是通过创造新语言来表现自然（和超自然）界，最深刻的变化必然来自最具模仿性的介质，即手稿和版画，而建筑一直到16世纪中期都没有什么变化，雕塑变化更少。并不是说建筑在北方失去了活力——相反，它在功能和着重点方面发生了根本的变化，在处理装饰性的线条样式方面表现出令人惊叹的精湛技艺，尤其是在拱顶和窗饰方面。15世纪见证了"大教堂"的退场（在低地地区和西班牙有一些自命不凡的例外）和更加世俗、更加公共风格的发展：教区教堂和礼拜小教堂不断增多，城堡转变成了宫殿，而且作为特别铺张装饰重点的市政厅登台——尤其是在城市化的法兰德斯——足以媲美甚至超越城市的主教堂（例如布鲁塞尔，1444—1454年建造）。正是在这样的背景下而非在古老的大教堂里，后期哥特式建筑师浮夸的想象力自由飞翔。15世纪后期德国最具影响力的两座建筑都是宫殿——梅森的阿尔布莱希特城堡（始建于1471年）和布拉格城堡中的瓦拉迪斯拉夫厅（始建于1490年）。西班牙后期哥特式的最精彩部分，反映在颇具伊比利亚风格的多角形葬礼教堂上，它融合了装饰性的拱顶和奢华的纹章展示（例如康斯塔伯的小教堂、布尔戈斯大教堂，始建于1482年后）。而且，在英国垂直式教区教堂如箱体般的简洁结构中，在德国厅式教堂开阔的狭长视野中（插图1），建筑师们逐渐发展出一种空间漫射、装饰淡雅的礼堂，适合用来布道、都市宗教游行，以及展示吸人眼球的新型微建筑陈设——洗礼盘盖子、圣体安放处和圣礼室。然而，北方的建筑师在风格上一如既往，就像阿尔贝蒂和布鲁内莱斯奇从未存在一样。没有人实质上脱离14世纪后期为他们设定的模式。

乍看之下，雕塑因其固有的立体性和与古典的联系，似乎应成为北部艺术变化最有希望的介质，尤其在这一新的世纪，在欧洲两端的两个大型工作室——在布拉格和维也纳大教堂的帕尔勒家族以及以第戎附近查普摩尔地方勃艮第伯爵沙尔特修道院为中心的克劳斯·斯吕特学院——同时演化出一种特别稳定且冲击心灵的风格，该风格通过具有穿透力的肖像描绘和大师般地展示立体带褶帏帐来体现。然而，从风格上，斯吕特（1406年去世）对版画的影响，限于法兰德斯祭坛装饰画外围采用灰色画法的"模仿雕塑"，而他对后来雕塑的影响，却因法兰德斯画家自身突出物体的扩展、空间感以及叙述风格而很快消失。大多数晚期的哥特式雕塑家——在德国、都铎英国，特别是在西班牙（那里绝大多数人都是法兰德斯的移居者）——则满足于精心阐释该世纪前半叶的法兰德斯艺术风格。确实，彩绘人物以及把版画融入雕刻的祭坛饰品中的做法，表明雕刻家从来没有摆脱与画家和油画之间富有成效的张力，这种关系一直持续到该世纪末，那时，蒂尔曼·里门施奈德（Tilman Riemenschneider）和维特·斯托斯（Veit Stoss）把一种新型的单色雕塑引入南部德国。斯吕特的真正影响体现在工作室业务的变化中。他强烈地实体展现有违建筑的人物雕像，为15世纪北方雕塑最重大的变化铺平了道路，使其从建筑中解放出来。雕塑从教堂入口那种传统位置中摆脱出来，现在可被视为半独立的艺术作品，它的材质通常是木头而非石头，竖立于而非附着在建筑背景中。雕塑家因此从石匠的房间（在这里，他们被分成石头切割、黏结、石头琢磨等小组）搬到了城市的独立工作室（作为雕像制作者），在这里，他们回应新的庇护人和委托（通常是个体市民或市民组织所订购的单个奉献用雕像或祭坛装饰），发展出新的专业机构，并有了自己的行规。

最先迈出决定性的步伐，走向以重新忠实于自然为目标的艺术的，是该世纪前几十年的版画三巨头——罗伯特·康宾（Robert Campin）、扬·范·艾克（Jan Van Eyck）和罗吉尔·范·德尔·威登（Rogier Van Der Weyden）——他们为布鲁日、布鲁塞尔和图尔奈的市民以及法兰德斯极为富裕的勃艮第公爵服务。他们的新风格标志着政治和艺术力量从法国向低地国家的转移，成为北欧绘画、金属作品、雕塑和挂毯的共通语言，引起了从那不勒斯到威尼斯的意大利鉴赏家的青睐。意大利人最赞赏的优点之一——巴托罗缪·法齐奥（Bartolommeo Fazio）等人文主义者认为这出色地体现在扬·范·艾克（约1390—1441）的艺术中——是法兰德斯油画技巧的卓越，瓦萨里认为，这种技巧不是范·艾克发明的，但一定是经他处理才创造出看起来不可思议的真实错觉。油画颜料能使画面立体感的过渡最为柔和，并能保证细部惊人的精确性。它能用空间透视和投影制造出漫射光的微妙效果，而且它甚至能用艳丽但透光的彩色釉料照亮最暗处的细节。扬·范·艾克魔法般地驾驭这一媒介（瓦萨里称他为炼金术士），幻化出新的几乎可以触摸得到的世界，其中颜料本身——尤其在呈现光线、质地和材料方面——好像就是所要表现对象的组成元素。范·艾克的艺术技巧不夸饰，不露痕迹，似乎与自然的法则和本

第十五章 建筑和绘画

质融为一体。范·艾克将一种细致入微和不带感情的观察，引入"北方"肖像画和风景画的传统主旨之中——在14世纪的法国和尼德兰的书籍绘画中已经用精致的自然主义处理这些主题。范·艾克已经散失的《世界地图》备受法齐奥的赞赏，因为它精确地而且按照可以测量的距离绘制出了地球上的各个地区。同这幅作品一样，在西方艺术史上，他的风景画最早在环境方面构成令人信服的全景图，以精确的细节过渡到在发光的地平线（插图2），或迎面而来仿佛要将观看者包围（插图3）。在这种宏观放大的感觉之外，是精致描绘的细节的微观魅力，两种极端（帕诺夫斯基称之为"无限"）都是一个统一连续体的一部分。

然而，范·艾克梦幻般堆积的细节，既"真实"又同样充满"想象"。它们不仅重现了自然，而且用新的清晰表现和意义对它进行了重构。意大利人文主义者赞美法兰德斯的绘画，不仅因为它的技巧卓越，而且还在于它独特的虔诚性。那是一种"怜悯"（pietissimo）和"崇敬"（devoto）；它会感动观看者，使其与作品中的人物产生共鸣。换句话说，它会让中世纪的虔诚在新的介质中重新显露并重新组合。在对神圣素材和对象［如《罗林大臣的圣母》（约1435）（插图2）中的大理石柱、彩色玻璃和饰以珠宝的王冠］梦幻般的描绘中，范·艾克加入了对这些珍宝本身传统的神秘解释；颜料介质的透明性如同镜子的影像一样，似乎提取了中世纪版画金色背景的具有魔力的光亮，让其渗入画面的每个部分。而且通过类似的散播过程，原来集中于孤立的神圣物体上的正式象征主义，现在扩展到整个自然之中，尽管不显眼但无处不在。范·艾克的所有宗教绘画（大多数法兰德斯宗教绘画均如此）具有奇特不真实感的核心所在，是一种宇宙万物均神圣的感觉——一种安静的但无处不在的圣洁，这是意大利人特别赞赏的，其中表现最为明显的是休伯特和扬·范·艾克的著名祭坛画《羊的奉献》（The Adoration of the Lamb，约1432）（插图3），这部作品在16世纪以前已经被奉为法兰德斯艺术创建者的杰作。在此，从美化的自然的视角来看，这一到目前为止与哥特式教会雕塑密切相连的盛大神学仪式，被注入了悦人的自然主义，并暗示了范·艾克的新人性概念。

范·艾克征服了"外在的"现象界，这一世界基本上是静态的和没有感情的，通过超然的观察而得以确立，而且其整体渗透着无所不在的泛神论意义，和范·艾克相对应的是罗吉尔·范·德尔·威登（1399—1464），他擅长强烈个人情感的"内在"风景。范·德尔·威登主要关注人的行为和精神领悟。更多的是由于吸引人的新表达语言而非范·艾克引起视觉错觉的自然主义，使油画和观众之间没有了界限，保持了范·艾克的精确性，但新的宏大性和直线的表达力使其更加纯净。范·德尔·威登的新方法则直接表达沉思的想象力，他把半身的捐赠者的形象绘入小型的圣处女对折画中，或者把当代人物描绘为圣经事件中的主人公（在慕尼黑古代艺术博物馆的《科伦巴祭坛画》中，"大胆"查理成了三博士之一）。新型的人物构图，加上通过姿势或面部表情以前所未有的技巧描绘各种情感，使范·德尔·威登的油画具有了强烈而又直接的力量。普拉多的《耶稣降下十字架》（*Deposition*，约1440）（一边把耶稣从十字架上降下，一边哀悼），几近痛苦地把由伤心欲绝并情绪不稳定的人物构成的新颖全景，压缩到一个狭小的空间之内，这个空间就是当时虚构的木质祭坛的箱体或框架（*Corpus*）。他最有抱负的一部作品是《末日审判》祭坛画（插图4），它大约是1445年为博纳的尼古拉斯·洛林医院绘制的，其中动用了范·德尔·威登所有的心理洞察力和戏剧表现力，为病人忏悔和获得善终做好准备。它表现了世界末日具有反差的画面。在下面狭小的空间内挤满了该下地狱的人，每人的脸上都显露出丰富变化的恐惧感，把他们赶入地狱的不是魔鬼（范·德尔·威登是第一个在最后审判中不画魔鬼的人），而是他们自己强烈的罪恶感。在他们之上形成梦幻般对比的，是纪念碑式的和示意性的天宫中的人物，这些人物并非处于"真正的"空间里，而是一些面对金光闪闪的超自然背景的静静的轮廓。

范·德尔·威登和范·艾克之间对比明显的情感构成了两端，直到该世纪末尼德兰的绘画就在这之间摇摆。迪里克·鲍茨（Dierec Bouts，约1415—1475）把范·艾克对空间结构和气氛效果的兴趣与范·德尔·威登对个性化面孔和纪念碑式人物的感情结合起来（插图8）。雨果·凡·德·古斯（Hugo van der Goes，约1435—1482）是范·德尔·威登情感主义的忠实倡导者，他把对肖像画高度个人敏感的系统性透视规则的把握与对出人意料的比例失调的偏好融为一体

(《波提那利三联画》)(*Portinari Triptych*, 1475)。在尼德兰之外——法国、西班牙和德国——无论在雕塑还是在绘画方面——范·德尔·威登简单、直接并因此难忘的语言,在与他迥异的艺术家舍恩高尔(Schongauer)、康拉德·威兹(Konard Witz)(插图16)和来自阿维尼翁维列纽威的创作《圣母怜子图》(*Pietà*)的匿名大师(1454)那里,都能找到回应。该世纪后半叶北方绘画相对保守的性质,可能与行会组织的培训和生产方法有关,同时,这些行会强调长期学徒,有通过现有的大师来评判"杰作"的体系,且由熟练工人组成的大型作坊不断发展,这些工人成批地生产带有自己师傅风格的作品。确实,除了让·富凯(Jean Fouquet, 1420—1481)是个明显的例外外,北方艺术基本上没有受到当时意大利绘画革命的影响。

第二节 意大利

人文主义——或者更精确地说是"人文学"——从来不是意大利独有的现象,但是,在该世纪初的佛罗伦萨,出现了把古代文学和学问复兴与古典艺术和建筑复兴结合起来的最初尝试,这种尝试得到了三位艺术家的支持,他们的职业生涯体现着"纯"艺术的新类型:建筑师布鲁内莱斯奇(Brunelleschi, 1377—1446)、雕刻家多那提洛(约1386—1466)、画家马萨乔(1401—约1428)。也许,佛罗伦萨的共和主义加速了这种结合,因为1402年在其最危险的敌人詹加莱亚佐·维斯孔蒂死后,弥漫于城市中令人陶醉的自由意识,由其历史学家莱奥纳多·布鲁尼(约1370—1444)严格依据佛罗伦萨独有的古典历史进行了详细阐述:"在所有民族中佛罗伦萨最赞赏自由,而且是暴政最大的敌人……你的创建者是罗马人,是世界的征服者和主人。"(《佛罗伦萨人民史》,约1430)① 布鲁内莱斯奇、吉尔贝蒂和多那提洛在创造"古典风"(*all' anticha*)的新风格时,其第一步迈在佛罗伦萨市民团体赞助的最伟大纪念性建筑——大教堂、圣弥额尔教堂和洗礼堂——的布置传统上,同时也受到人们熟悉的佛罗伦萨艺

---

① Leonardo Bruni, *Historiarum florentini populi libri* XII, trans. D. Acciaiuoli, 3 vols., Florence (1850 – 1860).

术家竞赛设计的驱动,这种竞赛是由城市行会设立和进行评判的。佛罗伦萨人文主义者承认,古代的拉丁语因为但丁和彼得拉克的托斯卡纳俗语而获得了文学的尊严,同样,佛罗伦萨的艺术家——毫无疑问受到这样的神话的影响:中世纪期间,罗马的文化已经根据天意转换到佛罗伦萨——在中世纪托斯卡纳的模具中,塑造了其古代形式的复活。位于卡米纳圣玛利亚教堂的布兰卡齐礼拜堂中马萨乔创作的宏大并充满情感力量的人物雕像(约1427)(插图5),为文艺复兴绘画增添了新的分量和有力的表达方式,其总体上应归功于乔托雕塑般的稳定性以及乔瓦尼·皮萨诺14世纪雕塑的热情的风格——后者本身就是以古典模式为基础的。圣弥额尔教堂中多那提洛的《圣马可像》(*St Mark*)(1410),第一次真正再现了古典的两脚歇站风格(classical contraposto),如果没有托斯卡纳14世纪雕刻家们对古代人文风格过早的复兴,这是不可想象的。布鲁内莱斯奇有关罗马遗迹的第一手材料,以及他在佛罗伦萨大教堂的巨大圆顶中对罗马建筑技巧的灵活运用(1420—1436),都毫无疑问为他获得了英雄般的赞誉,因为他带来了古典建筑的复兴,但是他的佛罗伦萨建筑——从1419年的育婴堂到大约1440年的巴齐礼拜堂——的总体风格仍然是托斯卡纳的而非罗马的。尽管这些建筑的外形新颖纯正,比例精确清晰,但是它们令人想起的是佛罗伦萨罗马式建筑的精致连拱廊和大理石外表,而非罗马帝国时期建筑的恢宏和厚重。布鲁内莱斯奇其他同样有影响的成就是发明了系统的、精确线形透视,这也许同样来自他有关佛罗伦萨建筑的直接经验,因为几何坐标,也就是加于画面空间上的一点透视(single-point perspective)(阿尔贝蒂用关于城市的术语称之为"铺设的路面"),最类似于测量员和建筑师(布鲁内莱斯奇本人也当属此列)测量真正的城市空间的技巧。特别明显的是,布鲁内莱斯奇选择两种透视方法(现在已经失传)展示他的新发明,这两种方法反映了14世纪佛罗伦萨城市发展的最重要的两方面,即市民生活中宗教和世俗的两端:大教堂广场上的洗礼堂和市政广场上的韦奇奥宫。精确数学空间有序却熟悉的城市环境之间的结合后来在卡尔帕乔(Carpaccio)的城市风景画中变得更加明确,其中,威尼斯本身成为其宗教历史和市民生活仪式的全景舞台。在意大利城市行会和兄弟会所发起的露天戏剧表演所提供的形象和城市景观的重叠交错中,街道有序的景色和艺术理想空间的统一肯定表现得更加明显。在油画中如同在生活中一样，透视为精确规则的世界提供了窗口，同时为戏剧活动、为历史绘画（istoria）提供了清晰的舞台。莱昂·巴蒂斯塔·阿尔贝蒂（1404—1472）在他探讨绘画的论文《论绘画》中（De picture，约1435）首次呈现了布鲁内莱斯奇的透视公式，相信画家的主要职责是揭示明显存在于数学比例法则（mesura）中的和谐原则（concinnitas）以及统领作品的透视。换句话说，画家要像科学家那样（15世纪80年代的克里斯托夫洛·朗迪诺将阿尔贝蒂描绘为"自然科学家"）不但要关注模仿自然的外部现象（natura naturata）——这是法兰德斯画家最主要的兴趣所在——而且要理解其中所蕴含的创造性力量。但是，如果阿尔贝蒂时代的画家一定要与几何学和光学保持一致，那么他必须也遵从古典修辞学的规则，像诗人一样，他必须描绘英雄的故事（istoria）；他必须把文学创作原则（compositio）应用到人物体形、四肢和平面之中，以确保令人愉悦的动作和色彩的变化（varietas）；他必须加上光、影和空间效果营造一种投影的感觉（rilievo）；最后，他必须通过姿势和面部表情（vivacità and prontezza）来表明内心状态。

阿尔贝蒂的《论绘画》同他另外两篇论文《论雕塑》（De statua）和《论建筑》（De architectura）一样，似乎是写给有见识的人文主义艺术庇护人的，而不是写给职业的艺术家的；但是它们详细阐述了15世纪早期佛罗伦萨主要艺术家的趣味和实践活动，并被后代确立固定为样本（exempla）。马萨乔在布兰卡齐礼拜堂的《纳税银》（Tribute Money）（插图5）或多那提洛为锡耶纳大教堂所创作的青铜浮雕（约1425）（插图7）设定了戏剧性的历史绘画，在熟练地描绘以完美透视安排的古典建筑中，围绕"变化"和"构图"这两个互补的优点进行创作（朗迪诺称赞多那提洛"无论在构图还是在变化方面都是非常令人惊叹的"）。就如同朗迪诺称赞马萨乔的"投影"一样——这使他成为模仿自然的大师——朗迪诺在多那提洛的葬礼上称赞他"把自然置入大理石中"——这一说法能够涵盖他重新恢复的所有雕塑风格，从坟墓、独立的裸体人像［佛罗伦萨巴尔杰洛的《大卫像》和骑马像（插图11）］到他特别精湛的浅浮雕雕刻（relievo stiacciato）（如伦敦维多利亚和阿尔伯特博物馆中的《耶稣升天图》，约1428），其中表达的氛围和柔光效果通常与绘画相关。但是，在这里，"自然"也无疑让人想起那种独特的活力，心理上和紧张不安的力量，这种力量贯穿于他所有的作品中，从早期圣弥额尔教堂中的《圣乔治像》（约1416）到他晚年佛罗伦萨圣洛伦兹讲坛上的浮雕（1460—1466）（插图21）。

不管阿尔贝蒂的论文产生了何种具体的影响，但是它们用修辞和数学，并因此用人文科学鉴定美术，从而在西方艺术中引入了区分艺术和手艺的新方式，至少从理论上把艺术家从粗鲁的匠人（Mechanicus）提升为文人。当然，只有最杰出的艺术家才能够保持这种资格，但是最早的一位艺术家的传记——曼内提的《布鲁内莱斯奇传》（life of Brunelleschi），最早的古代和近代大师的合传以及已知最早的艺术家的自传——吉尔伯提的《评论》（Commentaries），都表明重要的意大利艺术家都带有某种文学风格。他们独特的地位使他们与当时阿尔卑斯山北部的重要艺术家区别开来。当纽伦堡年轻的丢勒1494年到达威尼斯时，他被这种区别所震惊："在这里我是一位绅士，而在家乡我是个食客。"

第三节 纪念性作品

在一个如此强调个人才能和品德，强调声誉和人性（umanità）的时代，不可避免地会在与纪念相关的问题上倾注大量创造力。肖像是有用处的，它可以超越个人声望之类的内容。肖像可以精确地记录一对准夫妇或者对外国的好奇心（詹蒂莱·贝利尼的《素丹穆罕默德二世》）（插图24）。但是它们通常的目的是用端庄和活泼来传达韦斯帕西尔诺·迪·彼斯提奇（Vespasiano da Bisticci）在他的《列传》中所称的"人性"——模特的兴趣、个性和外表。在北方尤其是在法兰德斯，肖像画扩展了其社会范围，从14世纪的国王、君主和高级教士延伸到富裕市民客户。罗伯特·康宾、扬·范·艾克和罗吉尔·范·德尔·威登让这些一本正经和朴素的市民呈现出非凡的面貌，使他们受到强烈关注，让他们以四分之三的面目面对观赏的人，把他们的尺寸限定于头部和肩膀（因此强调面部，有时也强调手部），通过手拿书信、官服项圈和服装细部等来表现他们的个性和成就。在该世纪的后半叶,首先在尼德兰然后在其他地方,这样封闭的布局通过具有描绘性的或象征性的背景而获得突破,其中最著名的是"窗户肖像"——开拓者是迪里克·鲍茨,他创作了《男子肖像》(1462)(插图 8)——其中,主人公在视觉上和象征意义上与他背后更广阔的世界互动,也暗示着与他前面的观赏者互动。

在意大利,人文主义者的"人性"思想,被他们对古代的留恋和学术上的领先所渲染。韦斯帕西尔诺·迪·彼斯提奇的《列传》将最长的篇幅留给学者,似乎伟大不是基于等级而是基于美德和智慧。15 世纪认可了各种各样对个人的纪念,不仅纪念圣德或者出身,也纪念政治、军事、文学和艺术的成就。任何工艺品都没有圆形肖像徽章能更巧妙地包容这种声誉的平民化,这种徽章受到古代钱币的启发,但是安东尼奥·皮萨内罗(Antonio Pisanello,1395—1455)将其发展成为一种新型的独立的艺术形式。这种像章,以其正面极富特点的侧面像和背面含蓄或深奥地暗示主人公品德的寓言性图案,使意大利社会中大部分人都变得不朽,从君主和教士,一直到包含教师和哲学家的卓越阶层(插图 9)。其准纹章式的侧面像也许说明了侧面像为什么能在意大利持续这么长的时期(见乔瓦尼·德·奥雷欧所作的雷奥内罗侯爵像,伦敦国家画廊,约 1447),直到最后在波提切利和墨西拿的安托内拉手里,才让位于尼德兰四分之三的造型格局,甚至让位于(更加少见的)正面像。

群像的空间背景使得主人公和环境有了更加广泛的联系。群像起源于捐赠者肖像,从小型和边缘的特点(根特祭坛画)发展成实物大小,即使仍然处于次要地位,但成为重要事件的见证人,基兰达约(Chirlandaio)在圣三一教堂的萨歇堤礼拜堂对洛伦佐·德·美第奇、他的家族和家人突出的刻画(约 1480),反映出群像在佛罗伦萨成为非常强大的力量。此后,人们很容易全面抛弃神圣的背景,用整组壁画来描绘大人物的生活(锡耶纳教堂皮科诺米里图书馆里平托利奇奥的《庇护二世传》,1502—1508)。曼图亚公爵宫中曼特格纳(Mantegna)的《贡扎加宫》(*The Gonzaga Court*,1474 年完成),抛弃了任何宗教的或世俗的历史画形式,把画家所了解的贡扎加家族直接呈献给我们(插图 10)。《贡扎加宫》中,群像随性地背对着幻妙的平台和天空背景——虚构门廊与 16 世纪别墅景观的先驱——成为独一无二的艺术主题。

丢勒将绘画的第二个目标定义为保存去世之人的面容,这长久以来是雕塑而非绘画的任务,在意大利,最杰出的古代纪念性体裁的复活——半身胸像和青铜骑马像——成就了该世纪最深刻的肖像作品。最早的半身像,如米诺·达·菲耶索尔(Mino da Fiesole)的《皮耶罗·德·美第奇》(佛罗伦萨,国立博物馆,1453)就结合了罗马的风格和对中世纪圣骨盒上半身像的模仿;而在帕尔多瓦,多那提洛制作的青铜《加坦默拉塔骑像》(1445—1450)(插图11)则复兴了一种传统,可追溯到从14世纪维罗纳的《斯卡里杰利骑马像》(Scaligeri riders)到《圣马可的青铜马》以及罗马广场上的《马库斯·奥勒留》。这些都是君主和皇帝的纪念碑;加坦默拉塔仅仅是威尼斯共和国成功的将领,以彼得拉克《胜利》(Trionfi)中的精神(pro insigni fama ipsius)矗立于圣安东尼教堂前的广场之上,成为个人英雄主义和罗马市民生活理想的纪念碑。古代风格的复活与全新的纪念方式相契合。与加坦默拉塔及其仿作(维罗琪奥的《巴托洛缪·科莱奥尼骑马像》,Bartolomeo Colleoni,威尼斯,1480—1488)的华丽风格不同,佛罗伦萨圣十字教堂中莱奥纳多·布鲁尼的坟墓(约1445—1450),是推广到西班牙、英国和波兰的古典壁画墓的第一个成果,它表现的是伟大人文主义者的理想性形象,即头戴桂冠,手执书卷。他认为获得不朽的原因不是地位而是智慧。在他的下方是古典学问的标志(宙斯的鹰、有翼妖怪),上面是天使簇拥的圣母,布鲁尼成为人文主义学识和基督教希望的美德样板(examplum virtutis)。

布鲁尼墓的节制,并没有在威尼斯总督夸耀的凯旋门式的纪念碑和詹加莱亚佐·斯福查坟墓中菲拉莱特那妄自尊大的形象那里被仿效。坟墓的雕刻总是沦为夸饰。这种虚荣的纪念物,如布尔戈斯省卡图加米拉弗洛雷斯的阿方索王子的坟墓(1489—1493),按照西班牙风格用令人窒息的装饰围起来的跪姿死者像,或者豪华的微型建筑华盖覆盖的英国坟墓中的雕像(温彻斯特大教堂中主教博福特的坟墓,约1447),在15世纪与恐怖的"谦卑"(humilitas)标志并存:正在腐烂的尸体的形象(transi)置于着衣模拟像的光彩之下,让人毛骨悚然地想起死亡。这种或那种道德说教主题在北欧的流行,如《三个活人和三个死人》《死亡的舞蹈》等，并非仅仅表现了中世纪后期受黑死病困扰的欧洲文化的病态和悲观主义。这种在最理性和开明的背景下提示死亡的形象，如佛罗伦萨圣母玛利亚教堂中马萨乔的《圣三位一体》（约 1427），凸显了坟墓作为名声的载体或提醒救赎的功能。

第四节　世俗快乐

主宰 15 世纪艺术的是宫廷文化：米兰的斯福查、费拉拉的伊斯特和曼图亚的贡扎加、乌尔比诺的蒙特菲尔特罗、佛罗伦萨的美第奇以及最令人羡慕的尼德兰的勃艮第公爵好人菲利普的宫廷。最显赫的纪念物是他们的宫殿。米切洛佐在佛罗伦萨建造的美第奇-利卡第宫（Palazzo Medici-Riccardi）（插图 12），1444 年动工，是为科西莫·德·美第奇所建，它把雅致的古典式内部凉廊和外部巨大的纪念物融为一体，为 15 世纪佛罗伦萨宫殿的风格设定了模式，并将意大利城镇宫殿确立为欧洲最大和社交上最重要的城镇建筑类型。比较而言，阿尔卑斯山北部的所有城镇建筑，甚至布尔日的雅克·科尔宫（Jaques Coeur's palace）（1443—1451），似乎都显得俗气和不协调。在它们令人望而生畏和防卫性的外立面背后，房间里面有与公共和私人生活礼仪协调的世俗装饰。主要的房间里，装饰着昂贵和时尚的尼德兰挂毯，并有大型的壁画和版画，其平面的装饰性风格明显是要模仿前面的挂毯，展示了迅速扩展的世俗主题：宫廷生活向乡村转移（狩猎、十二农时）、古典英雄的冒险（勃艮第公爵在荷斯丁的城堡，绘有金羊毛神话的历史故事，其一系列"情节"模仿美狄亚所召唤的雷、电、雨，显得生动活泼），还有关于胜利的主题——这无疑受到彼得拉克《胜利》的启发，其中有强烈的爱国信息。保罗·乌切罗《圣罗马诺之战》（*Battle of San Romano*）的三款大型镶板，是 15 世纪 50 年代为美第奇宫绘制的——其热闹的表面风格与同一房间里美第奇珍爱的勃艮第公爵狩猎的壁毯交相辉映——表现的是佛罗伦萨对锡耶纳胜利的庆祝场面。这种对市民美德的展示，把环绕 15 世纪宫殿的寓言性的题材，与当时市厅中以教化为目的将正义和善治人格化结合起来（例如罗吉尔·范·德尔·威登画在布鲁塞尔市政厅中现已失传的正义人像)。这些佛罗伦萨房间中精致的家具——床、庆生盘(deschi da parto),特别是嫁妆箱(cassoni)(插图 13)——展示了古典和信仰的各种主题。嫁妆箱的外表经常表现说教性的古典故事,而背部面板的内面(spalliera)则惯于描绘色情的东西,或者是猥亵的笑话,或者是吉祥的符咒——如波提切利《维纳斯和马尔斯》中交媾后精疲力竭的马尔斯(伦敦国立美术馆,约1485)。

人文主义君主(或王后)会从圆形建筑(camera)的公共空间,退缩到书房、画廊和艺术品收藏室等工作室(studiolo)的私人空间。在乌尔比诺的宫殿里(1476)——该建筑数学上的精确性和严谨雅致令巴尔达萨雷·卡斯蒂廖内非常着迷,因此他把它用作其《廷臣论》的背景——弗德里格·达·蒙泰费尔特罗公爵(Federigo da Montefeltro)建了一个工作室,如同韦斯帕西尔诺·迪·彼斯提奇的《传记》为他作的赞颂性的传记那样,让人联想起其个人性特征(插图 14)。与"引发错觉的"镶嵌版(代表着想象中的摆放伯爵书籍、盔甲和乐器的柜子)相配套,书房里独创性地摆满了登上人文科学宝座的人物像,其中还有一座伯爵戎装读书的坐像,既唤起人们艺术鉴赏的乐趣,也能让人联想到知识分子生活有条不紊——通过木质镶嵌细工的精确透视——的陈设中,弗德里格表现自己是一名成功的战士,同时也是一位开明的庇护人。

这样的小工作室——充满了硬币、宝石和天然艺术品等小物件,这些东西挤满了 15 世纪在书房里的学者圣徒形象的背景(如波提切利的《圣奥古斯丁的幻象》,佛罗伦萨奥尼桑蒂教堂,约 1480)——通常有珍爱的青铜小雕像,这是在该世纪中期由安提柯和安托尼奥·德尔·波拉约洛(Antonio del Pollaiuolo)所复活的古代风格,是世俗的或者坦率地说是享乐主义趣味的象征。波拉约洛的《海格力斯与安泰》青铜像肌肉发达的力量(约 1470)(插图 15)或里乔(Riccio)改造成青铜台灯的裸体人物或动物诙谐扭曲的样子,除了表明技巧高超外没有任何含义。它们展示了 15 世纪整个欧洲所推崇的特征:引人注目的技巧,即"纯熟的技巧"(facilità)和"举重若轻"(difficoltà)的结合体。对艺术个性敏锐的意识反映在人们越来越奖赏艺术的技巧而非艺术家的原材料方面(这一事实可以解释为什么一些受过训练的金匠,如布鲁内莱斯奇、波拉约洛、波提切利和基兰达约,会改行去从事绘画和建筑);人们不但为艺术家的材料付钱也为他的技巧付钱,同时在合同中坚持要大师亲手操刀而不是徒弟制作,这种风尚因此得以凸显;它也可以解释为什么新的版画媒介会流行,因为在波拉约洛、曼特格纳,尤其是丢勒手里,版画可向大众展示精湛的技艺(突出的签名使它更加显眼)。但是它的主要影响还是表现在 15 世纪绘画面貌的最突出的一个单一变化上:抛弃了中世纪艺术当中的"物质性的"金色背景而青睐空间透视和线性透视。阿尔贝蒂建议说,画面中所有存在的黄金或贵重物品都应该用"普通的颜色"来描绘,这样就会使工匠"更令人钦佩和赞赏"。技巧不仅可胜过材料而且可以胜过主题。1502 年,当伊莎贝拉·德伊斯特(Isabella d'Este)与乔瓦尼·贝利尼商讨"基督诞生"的交付和主题时,她所关心的并不是主题是否合适,而是该"历史画"出自贝利尼本人之手。

第五节 圣像

纯美学价值和兴趣的培育,加上北欧和意大利新型世俗艺术的繁荣,并不能掩盖这样的事实,即 15 世纪的艺术仍然具有很强的宗教性。15 世纪城市的神秘主义,尤其是方济各会和多明我会在神的启示方面的神秘主义,在有关宗教形象三重目的的正统定义之中——教育没有文化的人,帮助记忆圣经和圣史,促进人们沉思——进一步强调了视觉的作用。观赏与信仰紧密相关,有其自身的神圣价值。圣体节的习俗强调俗人从视觉上分享圣体,这直接导致新型的圣餐展览出现,如精致的金属圣体匣、壮观的圣礼室等,在德国和尼德兰,它们都呈现为纪念碑式哥特尖顶形式(圣洛伦兹,纽伦堡,1493—1496)(插图 1)。布道和插图版的信仰手册,是 15 世纪信仰的主要来源,把沉思形象化,在宗教意象中留下其痕迹。在天使传报中圣母所经历的各种感情,由传教者展示为一系列精神和心理状态,同时在虔诚的想象中被重新体验,并显现在 15 世纪众多"天使传报"作品的各种姿势和感情中,特别是安杰利科修士(Fra Angelico,1387—1455)的作品,他是因虔诚而同时被瓦萨里和朗迪诺挑选出来的本世纪唯一的意大利艺术家。意大利《神秘花园》(Garden of Prayer)祷文建议读者以自己的城市为背景表现耶稣受难的故事，想象性地和自己熟知的演员一道表演——但这样的劝告在意大利绘画中鲜少有人遵守，它只是提供了一个粗略的框架，而观看者可以在该框架内自己补充细节和活动，但在北方人们却比较严格地遵守，那里尼德兰的艺术家们（比较著名的有罗伯特·康宾和他的工作室）引入了新型的圣母子像，放置在中上层家庭的内室里；同时，康拉德·威兹的《捕鱼神迹》（*Miraculous Draught of Fishes*）（日内瓦，1444）以自己所在的日内瓦湖为背景（插图16）。

　　这种虔诚的私人和情感特征，与家庭或小礼拜堂私人使用的小型宗教艺术品的繁荣相互呼应，后者通常描绘圣母或耶稣的受难：批量生产的十字架、忧患之子、痛苦的圣母和戴荆棘冠的耶稣双折画、圣维罗尼卡的《圣巾》（*Sudarium*）、百叶窗上带有祈祷文的小版画（相当于流行的插图祈祷书）以及佛罗伦萨特定的圣母画家（*madonnieri*）（瓦萨里很势利地这样称呼他们）批量生产的圣母像，其中德拉·罗比亚家族在廉价白釉赤陶上的作品最有魅力和人情味。在这种宗教作品系列的另一端是祭坛装饰，它特别聚焦于宗教情感和社会身份。范·艾克的根特祭坛画（它的宏大否定了法兰德斯艺术都是小型画的看法），把哥特教堂入口的布局、规模和神学一致性有效地转移到教堂内部，而且用新的有说服力的自然主义使描绘更加活泼。但是正是在该世纪最后二十五年的南部德国，祭坛装饰获得最广泛的形式，当时，德国因奈特谢姆的阿格里帕（Agrippa of Nettesheim）所称的"虔诚和手艺"而享誉海外。德国的祭坛画的中央是大型的耶稣的身体，加上其他的雕刻人物，旁边是绘制或雕刻的两翼，上方是带有哥特窗饰的高高的上部构造——整体都用易于雕刻的椴木进行雕刻（尽管经常用奇幻的色彩进行涂色或绘制）——这些德国祭坛画将微型建筑、雕刻和绘画中所有可能的技巧和美学，都置入这一自从哥特盛期的教堂以来欧洲见所未见的宏大的整体艺术品（*Gesamtkunstwerk*）中。这些作品的绝大多数都是城市富裕的小贵族或有此类家世的教士所委托的。其中最大的是主祭坛，如维特·斯托斯（Veit Stoss）为克拉考的圣玛丽教堂造的庞然大物（1477—1489）（插图17），标榜着整个团体的身份；较小的委托品则用来装饰宗教兄弟会的附属小教堂。其一系列的圣徒，以亲切的和熟悉的《神圣对话》

（*Sacra Conversazione*）的风格呈现，每一位都被用作特定的保护人和庇护人，以回应俗人个体及其兄弟会在精神保障方面的需要。这些巨型祈祷机器普遍的成功也使他们遭受了炫耀和偶像崇拜的指责。在慈温利、塞巴斯蒂安·弗兰克或萨伏那洛拉等激进改革家看来，15世纪的宗教变得如此与形象密不可分，因此改革也必须进行破坏。

第六节 自然融入艺术

阿尔贝蒂科学和理性的自然概念，并未能妨碍15世纪意大利的庇护人和艺术家因其更突出的自然主义魅力、愉悦人的设计和技巧而赞赏那些绘画作品。别忘了，朗迪诺曾经赞美马萨乔是"模仿自然的行家"，而且，当15世纪中期，有关法兰德斯著名"油画"（ad olio）技巧的知识开始传到费拉拉和威尼斯时，北部意大利的画家们便迫切地接受了，其中包括科西莫·图拉（Cosimo Tura，1431年前—1495）、墨西拿的安东尼拉（Antonella da Messina，死于1479年），以及后来佛罗伦萨的艺术家安托尼奥·德尔·波拉约洛（约1432—1491）等，两者都是直接和快速的创作方法，是一种技巧，它能使壁画和彩绘雕塑的不透明变成真实的质感、光亮的表面和远景效果，其效果与彩塑相当，这在马萨乔和他的同时代人的艺术中是看不到的。乔瓦尼·贝利尼（约1427—1516）是他所在时代最伟大的威尼斯画家，1506年丢勒称他"仍然是最重要的大师"，在他那里，严格的透视和马萨乔的浮雕手法与尼德兰提升光线的颜料技巧结合起来——一种色彩饱和的光线，像威尼斯玻璃器皿那样光亮鲜艳——成为所有作品中最主要的和无处不在的要素（插图18）。

贝利尼对自然充满感情和诗意的反应，与阿尔贝蒂寻求数学般和谐的原则形成鲜明的对比，后者建构着世界和我们对它的认识。他的三篇论文都围绕着光学、数学和透视。《论绘画》首次对布鲁内莱斯奇的单点透视进行了恰当的公式化表述。《论雕塑》检验了波里克里特和维特鲁威不符合经验观察的人体比例，并创建了新的科学的比例标准——这一原则由丢勒和莱奥纳多进一步拓展，16世纪早期米开朗基罗和莱奥纳多等首批艺术家通过解剖尸体而达到了科学和解剖学的深度。相应地，波拉约洛在《海格力斯的丰功伟绩》（*Labours of*

Hercules)（插图15，原书如此——编辑注）中的各种描绘合起来成就了他个人抱负的宣言，用莱奥纳多的话说，就是要成为"解剖学的画家"，因为他们在描绘各种剧烈运动中的男性裸体方面达到了新的自然主义高度。《论建筑》（de re aedificatoria）则根据功能的得体、数学的美感，以论述城市生活的合理安排为中心，因为（借用普鲁塔戈拉的话说）人是万物的尺度，而且（借用维特鲁威的话说）在建筑和建筑的局部中能最好地辨别出人体的比例。阿尔贝蒂的新斯多噶派美学融合新柏拉图主义的宇宙观，后者将人体看作音乐和谐和决定万物次序的宇宙和谐的缩影。卢卡·帕乔利（Luca Pacioli）是方济各会的数学家，是乌尔比诺的皮耶罗·德拉·弗朗西斯卡（Piero della Francesca）和米兰的莱奥纳多的朋友，他的观察是人体"包含着所有的比例，上帝正是借此而揭示了自然最深处的秘密"，这正好对应了维特鲁威人的图表，即一个人在方形或圆形中伸展着四肢的形象（弗朗西斯科·迪·乔治和莱奥纳多对此进行了描绘）。15世纪大部分教堂建筑在几何学上的明确性（从阿尔贝蒂的未完成的里米尼的马拉泰斯塔教堂到莱奥纳多向中央集中的教堂草图），尤其是对圆顶和圆形的强调，都具体表现了宇宙—身体的和谐。与15世纪大多数城市真实的、中世纪风格的杂乱无章相比，在乌尔比诺城为弗德里格·达·蒙泰费尔特罗所绘制的理想城市风光，有严格的透视和比例完美的外表，最全面地反映了阿尔贝蒂理想的城市—宇宙秩序（插图19）。

  皮耶罗·德拉·弗朗西斯卡（约1420—1490）在乌尔比诺工作过一段时间，他将这一清新、高贵的世界提炼为形象艺术。在皮耶罗看来，数学提供了一把钥匙，使人们能够理解15世纪后期人们用"自然"所表达的大部分内容。他的教科书《论算盘》（De abaco）为商人们计算立方容积提供了一个日常的工具。他关于透视的论文《论绘画透视》（De prospeciva pingendi）为数学家（如他的学生帕乔利）提供了有关空间投影的理论上最精确的定义。而且，对艺术家而言，那篇论文强调了"通约性"（commensuratione，根据透视原理人物在空间的比例关系）作为绘画主要技巧的具体数学价值。但是最后，在皮耶罗和他同时代的大多数人看来，绘画的"真理"超越了数学的精确。在他不夸张的色彩和谐和庄严自然的人像中——所有都笼罩在水晶般的日光中——数学被归于象征、宏大甚至质朴之中。

莱奥纳多·达·芬奇（1452—1519）一心一意地将知识与艺术结合——这需要艺术家百科全书式地把握自然而且掌握适当代表它的理论原则——将皮耶罗的观察发展到完整的宇宙观。莱奥纳多的艺术（尤其是他的绘画，他把它提升为一种新型的研究工具）跨越了各种艺术和科学学科之间的传统界限，不但成为知识的工具，而且成为所有理论的顶峰："绘画……驱使画家的心灵转变为自然本身的心灵，在自然和艺术之间来回转换，用自然来阐明受自然法制约的自然现象的原因。"这种沉迷于过程和非个人原则的后果，明显表现在莱奥纳多的作品中。因为掌握知识远远重于技巧的实施，因此一旦理论（实质）问题得以解决，艺术品也就经常不再完成。而且由于艺术家揭示了自然的秘密，所以他也就接近了上帝本身的心灵。阿尔贝蒂曾经称呼艺术家是"第二位神"（alter deus）。丢勒将艺术家的活动概括为"如神一般创造"，而且在 1500 年——在一种徘徊于自命不凡和"效仿基督"（Imitatio Christi）的精神中——他画了一幅自画像，采用令人惊讶的正面和僧侣般的姿势，这种姿势只限于表现国王和基督（慕尼黑旧美术馆）。莱奥纳多将画家提升为"神圣贵族"（signore dio）。这种对艺术家的神化，为后浪漫派时期对艺术家天赋的崇拜埋下了伏笔。令莱奥纳多与同时代的人区别开来的是他否定历史尤其是古代历史的教谕价值，而当时波提切利和年轻的米开朗基罗正在为了创造新文化而重新评价托斯卡纳和古代史。与莱奥纳多亚里士多德式地沉迷于创造的多样性相反，必须将新柏拉图主义——在世纪末的几十年当中，伟大的洛伦佐圈子当中的许多佛罗伦萨艺术家都信奉新柏拉图主义——信仰置于艺术家"创意"（invenzione）的力量中，置于艺术家和诗人之间，而非艺术和科学之间的亲缘关系中。

第七节 古代

事实上，人文主义并不认为古代和自然之间存在着对立。在阿尔贝蒂看来，同样在莱奥纳多·布鲁尼和马基雅维里看来，古代不仅仅提供了具有活力的供后人模仿的样板，而且还可以用于理解物质性和人性——尤其是其比较复杂和难以捉摸的部分。充斥着 15 世纪后期许多绘画背景的奇异怪物和类似植物的装饰（如菲利普诺·利皮在佛罗伦萨新圣玛丽教堂的斯特罗齐礼拜堂创作的《龙的驱逐》，完成于1502年），背后体现的是15世纪80年代在金屋（Domus Aurea）、大竞技场和哈德良别墅考古中发现的古代后期怪诞的墙壁装饰风格。15世纪后期的艺术家们对情感特性表现出越来越浓厚的兴趣，主要表现在强调运动、头发、衣饰和姿势，在这些兴趣背后，不仅存在着颇令人亢奋的法兰德斯绘画的情感主义，而且也存在着古代酒神狂喜与痛苦的"哀婉原则"（pathos formula）（沃伯格如此称呼）。安得烈亚·德尔·卡斯塔尼奥（Andrea del Castagno）的《大卫》（华盛顿国立美术馆，约1450）是尼俄伯（Niobe）的变体；多那提洛最后作品中强烈的哀伤，加上其中迈那得般（Maenad-Like）的痛苦姿态以及狂欢的丘比特裸体像，将狂欢释放的古典修辞转化为深厚的基督教情感语言（插图21）。

这样的变化提出了所谓"得体"的问题，莱奥纳多将其定义为"得体的动作、服饰和环境"。基兰达约将穿抖动衣饰的人像仅用于下层社会的女孩。阶层的优越性明显表现在庄严和难以察觉的动作中。同样，15世纪许多古典的主题有一种做戏的氛围，尤其反映在嫁妆箱和庆生盘上，其中人们穿着当代的服装表演古典的历史，这种氛围引起15世纪许多批评家的注意，其中菲拉雷特（Filarete）说："应该按照恺撒和汉尼拔的品质和特性来塑造他们的形象。"为古典主题创造一种新的古代风格，是安德烈亚·曼特格纳（1431—1506）的主要成就，在人文主义者众多的帕尔多瓦大学长大，他的艺术每一方面都有浓厚的古典氛围。他英雄般地唤起罗马的"庄严"，尤其明显表现在帕多瓦已经毁坏的艾雷米特尼教堂中他创作的《圣詹姆斯传》（The Life of St James）系列画中（约1450）（插图22），作品展示了有关罗马建筑、盔甲和碑文的学术知识以及对罗马雕刻的特殊敏感性，这不但表现在画的雕刻细节中，而且表现在无处不在的石头质感中（瓦萨里已经注意到了这一点），因此赋予他所描绘的所有物体，不管有生命的还是无生命的，那种最坚硬的罗马大理石的质感。同样，他在绘画中对古代石质或镀金青铜浮雕的模仿（伦敦国立美术馆，约1490）表明他对古代浮雕和宝石有所了解，这些东西他也许在伊莎贝拉·德伊斯特的工作室里看过。行家的推崇同样渲染了他高品质的绘画和雕刻作品，两者都成为收藏家的藏品，后者确立了他拥有欧洲最具影响的艺术家的地位。

曼特格纳创作的古典风格的作品，与该世纪末人们日益热衷于大量描绘异教题材，通常是与古典神话题材相一致。最早的此类作品，如波拉约洛为美第奇宫创作的已经毁坏的《海格力斯的丰功伟绩》（大约于1460年开始创作），将美第奇家族与佛罗伦萨共和国及其古典保护神海格力斯·佛罗伦提努斯（Hercules Florentinus）的美德结合起来。但是现存的许多绘画作品，尤其是波提切利的《维纳斯的诞生》和《春》（插图23）（佛罗伦萨乌菲齐美术馆，均创作于约1480年），唤起了一连串暧昧晦涩的色情、哲学和诗意的联想。两幅绘画都是为年轻的皮耶弗兰切斯科·美第奇（Pierfrancesco Medici）创作，可能是为他1482年的婚礼而作，两者都是用来作为私人殿堂的装饰，而且——尤其是《春》——是用来替代昂贵挂毯的。同曼特格纳的《帕纳塞斯》（Parnassus）（巴黎罗浮宫，约1500）一样，它们将"隐晦的古风色情作品"的魅力和严肃的、令人振奋的含义结合起来。任何想断开其层层联系的努力，永远不可能取得满意的结果，因为暧昧不清对它们的宗旨而言是必不可少的。毫无疑问，对它们的"方案"进行安排的人——这与波提切利本人不同——心中一定想到波利齐亚诺（Poliziano）的《比武篇》（Giostra）（1476—1478）和各种古典的阿佛洛狄忒的读画诗（Ekphrases），而且毫无疑问他试图通过参照普罗旺斯、德国游吟诗人和但丁"温柔新体"（dolce stil nuovo）的骑士爱情诗，将这种色情神话转变成基督教之爱（caritas）的道德寓言。同样具有决定意义的，是佛罗伦萨新柏拉图主义者的圈子的影响，它由皮耶弗兰切斯科的精神导师马尔西利奥·菲奇诺（Marsilio Ficino）领导。菲奇诺在1478年写给皮耶弗兰切斯科的著名信件，讨论了维纳斯传达最高人性美德的力量，是以占星术的方式表达的，标志着15世纪的意大利全神贯注地将占星术作为宇宙秩序的媒介，以及神干预人类事务的直接渠道。因此，古代神在许多世俗文艺复兴艺术中得到复活——以传统的（中世纪的）形态出现在星座日历中；出现在人体作为微观宇宙的图解中；出现在扩大了的神话中神祇的圈子里（锡耶纳共和国宫中的礼拜堂）；出现在占星学的天花板上（佛罗伦萨圣洛伦兹的旧圣器收藏室）；最后也出现在完整的占星术体系中（科西莫·图拉和弗朗切斯科·科萨在费拉拉斯齐法诺亚宫的壁画）。在菲奇诺看来，波提切利的维纳斯就像护身符一样，有能力去令人陶醉和升华，向热爱她的人传授文化和教养的美德。在他对天地融合的新柏拉图主义信仰中，维纳斯既代表"神圣之爱"（amor divinus）也代表"人间之爱"（amor humanus），这两端界定了人类的低等本性和高等本性之间无休止的争斗。皮耶弗兰切斯科也许并没有意识到这些含义的隐含意义，但是他的老师们意识到了；将这种世俗的绘画与那些崇高的内容贯通，是有意识地将它与宗教艺术的功能等同起来。同圣像一样，这种新神话风格的力量在于其高度的隐晦性，在于它隐喻和象征的面纱，既揭示又掩盖了最高的真理。对人文主义者来说，在意义的迷宫中追索是新加入者的标志，是与困难相匹配的训练。然而，对我们来说，生动地唤起已逝古代的魅力，并不在于智力的改善，而在于赋予其生命的诗性"创意"。

保罗·克劳斯利（Paul Crossley）

赵立行 译

第 十 六 章

音 乐

　　我们所拥有的所有证据都证明，15 世纪生活的每一步，从民众和贵族的娱乐到宗教和市民的仪式都充斥着音乐。其类型之广令人惊叹——乡土音乐，反映着普通人的活动和关切，其中也包括大众宗教崇拜和大众戏剧中的音乐；教会的"官方"音乐，尤其是无伴奏的单声圣歌旋律，被认为因格里高利一世教宗编写而神圣化，流传到继后的时代；各种节日场合所用的音乐，从最实用的开场小号到特别委托制作的大作。对 15 世纪贵族们而言，音乐的作用更多的是为了炫耀个人成就的辉煌，而非用来消磨时光。他们用音乐品味高雅或个人的虔诚，为了这份虔诚他不惜在自己的小礼拜堂上花费重金。音乐由个人或团队利用乐器演唱或演奏，演奏时不看乐谱，即兴创作或读取乐谱；作为"四术"（quadrivium）之一，它甚至成了一种脑力劳动，其中声音似乎完全让位于哲学和数学思索。

　　然而，要把这种概括转变为明确的目录，能够供人考察和归纳，则是非常困难甚至是不可能的任务。这不仅仅是缺乏资料的问题。首先，清楚的是，当时的情况与现在非常相似，大量的资料如同促使其产生的环境一样都是转瞬即逝的，不值得保存。毫无疑问，从最广义上讲，音乐表演可能不仅包括歌手和乐器演奏者，还包括"口头诗人、讲故事的人（通常和着音乐）、弄臣、玩杂耍的、杂技演员和跳舞的人；演员、哑剧演员、滑稽演员；魔术师、玩木偶的和驯兽师"[1]。其次，大量的音乐很少或几乎没有记谱传统；民间音乐在这

---

[1] Southworth（1989），p. 3；虽然主要是关于英国游吟技艺的，但是其中大部分材料都应用面很广。

方面很明显但绝不是特例。再次且更加微妙的是，许多音乐取决于表演者的个性和临场发挥，因此没有必要将其记录下来。确实，若要这样做，就要提供某种貌似权威的版本，但实质上却是半即兴创作出来的，因此在每个不同的场合都有新的创作。清楚的是，人们可以料想舞曲和吟唱叙事诗会是如此。然而实际上，诸如游吟诗人之类的职业表演者的所有活动可能都是如此。

实际上，游吟诗人的地位并不特别令人艳羡。因为他们大多数人报酬和社会地位都很低，只是有些行当相对而言更受重视——例如，号手似乎处于该等级的顶端，其原因可能是他们在更加正式的场合起着关键作用。即便如此，游吟诗人的音乐实质上也是即兴的，但我们不能说此类音乐或演奏它的人从来没有获得过声誉。确实，那些游吟诗人，无论是定居的还是四处游走希望参加仪式庆典的，只要幸运地为宫廷所雇用，个人都会获得很大的名声。因此，在人们熟知的《妇女的捍卫者》（Le champion des dames，约 1440）的某个段落中，马丁·勒弗朗（Martin le Franc）提到勃艮第宫廷有一对盲人表演者，他们的才华如此之高，令当时两位最著名的作曲家纪尧姆·迪费（Guillaume Dufay，1397？—1474）和吉勒·班舒瓦（Gilles Binchois，约 1400—1460）都感到羞愧和嫉妒。[2] 另外，与宫廷有关系的四处游走的表演者，当他们在市民的节日和可能的庇护人的宅邸里进行巡演时，就能获得丰厚的酬金；如果他们一年都待在宫廷里，他们和他们的同事就总是有可能获得额外不菲的礼物。[3]

马丁·勒弗朗择将游吟诗人与当时两位最知名的弗莱芒乐派作曲家进行比较，尽管有某些历史价值，但这是有意误导或者仅仅为了诗的破格。实际上，游吟诗人和"教士"音乐家（他们受训读谱或在某些情况下创作音乐）在 15 世纪的音乐生活中所拥有的地位完全不同——而且社会地位也相差悬殊。尤其是，这些教士音乐家与游吟诗人的即兴表演毫不相干，他们所演唱的音乐作品大部分都是书面创作的。总体而言，他是合唱团队中的一员，因此不可能像个体表演者

---

[2] 在音乐史中被广泛引用；另参见 Fallow (1987b)，pp. 205–208，其他重要的评论。

[3] 这是一种奇异的悖论，尽管游吟诗人事实上地位很低，但是也被视为传说的一部分，其最典型的代表是大卫王和天使们——参见 Carter 的文章 "Menestral" (1961)。如果总体上了解有关游吟诗人的进一步的信息和文献，参见 "Minstrel" in New Grove (1980)。

那样走到聚光灯下。另外，尽管他有时也演唱和创作世俗歌曲，但他正式的职责通常是专职教士；因此他属于大教堂或其他类似的机构，或者隶属于宫廷礼拜堂。④

毫无疑问，比较有水准的娱乐节目来自高级游吟诗人的活动；而教士音乐家的曲目则是那些谱写出来的东西。然而，如果要试图进入他的世界，我们必须认识到，对音乐进行复制并不是为了音乐；这样做通常有某种特定的原因。也许并非如人们所设想的那样，音乐是由于某个特定的曲目会被视为美学思索的对象才使其有了艺术地位——尽管我们后面会看到，15世纪对这个概念并不完全陌生。⑤ 相反，最有可能是因为它的功能才使其得以保留下来。随着天主教礼拜仪式的发展，而且经过几个世纪后传播到整个欧洲，它与仪式中演唱的单声圣歌实际上变得无法分离。结果，经文和与此相关的音乐几乎获得了圣经一样的权威，因此必然在罗马教会庞大的势力范围内进行复制。因此，实际上，尽管曲目因为地方礼拜仪式的运用而有了许多地方性的旋律变化和更多的变奏，但其大部分都变得非常国际化。这种单声圣歌本质上是教士音乐家真正谱写出的曲目。

用音乐和仪式活动来衬托礼拜仪式，渲染的程度各不相同，这提示我们单声圣歌并不仅仅是功能性的，更关键的是也具有装饰性。因此，举例而言，祈祷和诵经章节仅仅吟诵就可以了（主体部分只用单音，但在乐句的开始和末尾要用短而重复的旋律进行吟唱），而经文的其他部分则用不太严格但更加独特的旋律吟唱。同样清楚的是，更加宏大的礼拜仪式要用装饰性更强的旋律风格来表现：因此，在最盛大的节日，为了表明和庆祝这一时刻的庄严，要演唱特别华丽的圣歌。

装饰的等级反映着场合的重要程度，这一基本原则为我们提供了非常重要的线索，解释为什么神圣的经文要谱成复调音乐，也就是用

---

④ 将教士音乐家视为歌手这一事实，并不排除他也演奏乐器这一事实，这所引发的困难是，他所表演的乐音类型到底是否包含着乐器。直到20世纪70年代，人们普遍认为其中包含乐器——至少世俗曲目当中如此。然而最近，普遍的意见是，乐器至少不一定与歌曲相伴相随，而且在圣乐，尤其是在弥撒中，它们肯定是不受欢迎的——但这当然并不是说从来不使用它们。也许最保险的立场是，乐器主要属于游吟诗人，尽管并非完全如此。唯一重要的例外是风琴，某种留存下来的短篇记录乐曲是为风琴而作，其中主要是复调音乐编曲。

⑤ 参见下文，第327—328页。

不同独立声部演奏的音乐,即我们最容易与教士音乐家联系起来的曲目。简单地说,复调音乐可能是润饰曲调的更深的一个层次,它可能是简单的,甚至是朴素的,或者正好相反。因此,在最基本的层面,特定经文的复调乐曲只不过是普通单声圣歌的简单和声;确实,15世纪的素材中有大量此类的乐曲留存下来,尤其是来自日课和弥散仪式中的经文。[6] 此外,一则复调音乐要调动作曲家所有的巧思妙想,而且当然需要表演者大量的读谱和技巧。[7]

当然,我们这里谈论的是教士音乐家们最大的努力,这可以为我们提供非常便利的机会,考察其作曲活动中某些最显著的特征。就15世纪早期大型的音乐而言,尤为突出的是,它似乎最初是非常普通的活动,先是构建一个基调作为框架,然后作曲家加上经文并创建复调音乐的细部。因此,举例而言,在主要产生于14世纪并在15世纪中期仍然使用的等节奏颂歌(isorhythmic motet)中,作曲家们作曲的起点是一首单声圣歌,在该圣歌上,作曲家加上了重复的韵律模式,并在其中加入衬托上方旋律的"固定声部"。[8] 在该声部之上或之下,他依次加上另外的声部,其中也许同样包含一定程度的原来的节奏;不同的部分可以构成相互的旋律变化(isomelism),基础单声圣歌随后的重复呈现在越来越短的音值之中(半长、三分之一长等),给人乐曲走向高潮的印象。非常普遍的是,作为更深层次的复合,不同旋律的谱线标记着不同的经文歌词,或者是同一个主题,或者是互相的评论。[9] 这种另外的加工完全出于选择或者地方传统;然而,这种复式音乐风格明显且普遍的特征是,一座复杂的大厦的建造是通过在原来的基础声部上不断叠加独立的旋律完成的。比较而言,后来的音乐大都创作为适时隔开的一系列小项。

在15世纪30年代和40年代间,传统上深奥难懂的节奏颂歌,

---

[6] 同样有充分的证据表明,歌手被训练用这种方式即兴创作——例如,参见文章"Faburden" in *New Grove* (1980)。

[7] 传统上,复调音乐最为吸引音乐理论家的关注,而且现代版本可以找到大量此类的曲目。可以通过 New Grove (1980) 中作曲家的文章追溯在20世纪70年代后期所付印的曲目(包括大量的参考书目)。那些不满足于此处所提供的选择性参考文献的人,可以通过 Strohm (1993) 等最近的历史进行补充。

[8] C. f. Latin *tenere* = 持有。

[9] 所有这些特征都在一定程度上展示在15世纪广泛传抄的等同节奏圣歌,即 John Dunstable (c. 1390—1453) 所创作的 *Veni sancte spiritus/Veni creator* 作品中。这部作品和其他作品刊载于 *Musica Britannica*, VIII 中。

因为所谓的回旋弥撒,即常规弥撒套曲[一般是垂怜曲(Kyrie)、光荣颂(Gloria)、信经(Credo)、欢呼颂(Sanctus)和羔羊颂(Agnus Dei)]而失去了往日的盛名。起初,当时最普遍的作曲步骤之一是,首先把特定的单声圣歌(通常取自日课圣咏)片段安排到事先定好的旋律上,而这个预定的旋律则或多或少在下方五度的位置重叠主声部。与节奏颂歌一样,其余的声部接下来在该基础声部上进行创作。[10]

这样的音乐当然非常依赖创作之初所决定的作曲方案;毫无疑问,当已经选出了一则圣歌作为同节奏颂歌,同时选出了和它相配的旋律模式时,整体结构和音乐的大部分细节都已经事先定好。那种创作过程就类似于将非常严密的建筑方案逐步精致化;确实,在某些传统中,基础的音乐结构与歌词的结构甚至相反都是可以接受的。例如,在英国的弥撒曲目中,把三段的垂怜曲经文跨越两个乐章进行分割已经司空见惯,因为大致分成相等两部分的做法已经成为传统中约定俗成的内容。

据说从该世纪早期起,就同步流行着一种规模小巧的乐曲,通常是额外礼拜仪式的还愿经文曲,其中歌词的形式似乎驱动着音乐而非相反。推测起来,这些乐曲开始时一定是教士音乐家的创作中比较一般的作品。然而,到该世纪中期,主流趋势则是这种以经文为导向的方法也被接纳进声誉颇高的风格之中,从 15 世纪 50 年代起,通过迪菲后期的弥撒曲[11]和其他类似的作品,歌词的形式决定音乐基础的形式已经变得司空见惯。[12]

规模小巧的音乐也趋向于以不同的方式进行创作,即几个较为简单的声部同时构思而非依次叠加。确实,随着 15 世纪的继续,这种新的多声部同时创作的形式逐渐成为一种趋势,甚至在日趋复杂的复调音乐中也是如此。确实,到该世纪末,叠加的创作方式很快过时而

---

[10] 例如,这用于最初的英国弥撒回旋曲,如 John Dunstable 和 Leonel Power(c. 1380—1445)所创作的作品。这可以追溯到 15 世纪 20 年代或 15 世纪 30 年代早期。到该世纪中叶,圣歌和世俗歌曲的素材被用作弥撒回旋曲的基础,而非用一首圣歌,但这却仍然是大陆的主要特征。

[11] 例如,弥撒曲 *Ecce ancila Domini and Ave regina celorum*。迪菲的这些和其他大量流传下来的作品都刊载在 *Corpus mensurabilis musicae*,I 。

[12] 这明显表现在弥撒配乐传统的不断发展,其中作曲家有意地发展复杂的技巧设计——例如,15 世纪后期的许多弥撒都以"武装的人"歌曲为基础,其中,作曲家似乎都相互竞争,力争更加精致;同时 Johannes Ockeghem(c. 1410—1497)在 Missa prolationum 中也开发了非凡的技巧。

被另外一种风格所取代,在该风格中,一首特定的乐曲被划分成子段落,每一段由简短、精练的乐思(Musical idea)组成,后者围绕着声音照此传递。随之明显出现了如前所述的"适时分割的小项"发展的趋势,出现了音乐张力从一个阶段向另一个阶段变化的潜力,从而有了进行突出表现的可能性。甚至在该世纪的早期,将非常深奥的节奏圣歌领域和早期的弥撒轮唱与当时更具沟通性的小规模音乐模式进行比较,也是非常有益的。[13] 尽管许多作曲家对"表现歌词的意义"仍然模棱两可,但是明白无误的总体趋势是走向更加明晰的为文本配乐的风格,尤其是15世纪的后三分之一。也许这一趋势最著名的作品是若斯坎·德普雷(Josquin Desprez,约1440—1521)后期的颂歌,其中,作曲家不但表现出令人印象深刻的将音乐风格与经文匹配的能力,而且刻意培养了吐字的清晰,这成为16世纪宗教复调音乐的典范。

到目前为止,我们清楚的是,复杂的复调宗教音乐对宗教仪式而言并不是必不可少的——确实,大多数人如果从来未与大教堂或君主和其他贵族的宫廷接触过,他所听到的不过是单调的圣歌或最基本的复调音乐。相反,导致建立有能力演唱复杂复调音乐的教士团体并为该团体提供音乐的动力,只可能来自教会、国王或其他贵族庇护人;确实,个人家庭小礼拜堂的品质是反映他的地位的主要标志。[14] 相应地,某些贵族想尽一切办法把高水平的音乐家吸引到自己的宫廷。因此,勃艮第公爵好人菲利普所雇用的最优秀的音乐家是班舒瓦和英国人罗伯特·莫顿(Robert Morton,约1430—1472年后);同时他的儿子,即最初的夏洛来伯爵和后来的勃艮第公爵仍然维持了非常出色的小教堂,并把安东尼(Antoine Busnois,1430—1492)作为其最杰出的常驻作曲家。同样著名的还有15世纪70年代米兰的斯福查宫廷,它不但夸耀拥有若斯坎,而且还有名气稍逊的人物如加斯帕尔·范·维尔伯克(Gaspar van Weerbeke,约1440—1518)、约翰内斯·马丁

---

[13] 讽刺的是,由于圣母轮唱歌曲在英国的重要性日增,它倾向于重回古老的编曲方法。确实,与大陆所出现的情况相比,最矫饰的英国音乐(如Eton Choirbook中的音乐,——参见后面)转而叠加更多数量的音节(通常用六个而不是以前的三个或四个),逐渐变得更加华丽。扩展旧式的样式而不是发展新的样式,说明英国音乐在15世纪后半期的迅速衰落。

[14] 毫无疑问,这是对15世纪明确趋势的诸种解释之一,即从三个或四个独唱者演唱转向使用小的合唱团。

尼（Johannes Martini，约 1440—1497 或 1498）、卢瓦塞·孔佩尔（Loyset Compere，约 1445—1518）和亚历山大·阿格里科拉（Alexander Agricola，1446—1506）。此外，有名的还有费拉拉的伊斯特宫廷，它在不同的时间里雇用过若斯坎、马丁尼和雅各布·奥布雷赫特（Jacob Obrecht，约 1450—1505）。在教宗职位未受到政治压力以及教宗对音乐感兴趣期间，教宗的礼拜堂同样吸引了重要的音乐家，其中大部分来自弗莱芒乐派。迪菲、让·普罗瓦（Jean Pullois，死于 1478 年）和若斯坎都在教宗的礼拜堂里待过几年。在英国，最著名的作曲家传统上都被吸引到皇家礼拜堂或与某些君主亲近的王室成员的礼拜堂。

在这种情境下，人们会想象到，许多教士音乐家最令人印象深刻的作品，都是为国家甚至是国际上重大场合创作的。所以，迪菲的节奏颂歌《和平为人类之至善》（Supremum est mortalibus bonum）和《最近玫瑰绽放》（Nuper rosarum flores）分别是为庆祝西吉斯蒙德国王于 1433 年进入罗马和 1436 年佛罗伦萨大教堂的圣祝仪式而创作，而他的弥撒曲《欢万福天上母后》（Ave regina celorum）很可能是 1472 年为康布雷大教堂圣祝仪式而创作的。⑮ 这些颂歌的歌词通常明显带有论题性，甚至有时带有论辩性，而且庆祝性的作品多少包含着对当事人明显的恭维。例如，若斯坎的弥撒曲《费拉拉的赫尔克里斯》（Herculé Dux Ferrarie）是在将费拉拉公爵埃尔科尔（Ercole d'Este）名字中原音相对应的音作为乐曲主题的基础上创作而成的。但同样清楚的是，相当数量圣乐的创作是为各种唱诗班机构提供曲目，这些机构尽管受到贵族或教会庇护人的资助，但基本上独立于宫廷。这些机构是英国非常普遍的特征，而且通常——如同当时建立的牛津和剑桥大学一样——功能扩展到教育的领域。尽管现在，人们通常认为这些大学或某些学校（如伊顿学院）主要是教育机构，但是当初它们通常更加关注演唱复调圣乐，通常是献给圣母玛利亚的轮唱颂歌。⑯

尽管复调圣乐在 15 世纪一直是例外而非某种惯例，而且毫无例

---

⑮ Fallows（1987a），pp. 34，45 and 79.
⑯ 对英国合唱团体的广泛考察，见 Harrison（1963），特别参见第一和第四章；同时参见 Bowers（1975a）。唯一流传下来的此类歌曲集是 Eton Choirbook（Eton College MS 178），其内容刊载在 Musica Britannica，Ⅹ–Ⅻ。

外地属于贵族和最富裕教堂及机构的领域,但是毫无疑问人们对它的运用越来越多。因此,这些不同的宗教和世俗机构对曲目的需要,一定不断刺激了音乐市场。在某些情况下,由地方满足这种需要似乎是可能的:例如,15世纪英国两部最大的音乐手稿,《奥尔德霍尔藏稿》(Old Hall Manuscript)和伊顿唱诗班曲集(Eton Choirbook),所收集的是相当狭窄的作曲家圈子的作品。[17] 然而,这些机构通常要面向更广的范围来补充地方的曲目,因此,可能的是,传播包含着各种不同的路径。

毫无疑问,音乐经常通过各种不同类型的直接接触进行传播。例如,五部英国弥撒曲出现在勃艮第的手稿中,时间大致是"大胆"查理和约克的玛格丽特于1468年结婚的时期。[18] 这些作品实际的复本是否随着玛格丽特的随行人员而到来并不是重点:事实是,英国和勃艮第宫廷的文化接触到了如此的地步以至于可以使音乐从前者流传向后者,而且肯定存在着许多类似的情况,使文化作品可以进行传递。[19] 在某些情况下,直接接触甚至发生在作曲家之间。例如,奥克冈(Ockeghem)作为法国国王的第一位牧师和该宫廷最著名的作曲家,很可能在他15世纪60年代两次拜访迪费的时候把音乐,包括他自己的音乐,传递到康布雷大教堂。[20]

关于音乐如何和为什么从一个地方传播到一个地方的确切细节,我们基本上不得而知。关于传播的手段,可能是音乐以所谓的分册手稿的形式四处传播,或是单个的未装订的曲目集,或是联系不怎么紧密的组曲,其中包括一两首有价值的作品,或者一组不太突出的曲目。[21] 这些分册此后要么被装订成大型的书册,要么其内容被复制到大型的曲目集中。也有一些证据证明,尤其是在该世纪后期的低地国家中,存在着手稿作坊。[22] 这些作坊要完成委托,或是利用委托人所

---

[17] 当然,其内容多是英语的,唯一的例外是在 Od Hall MS(London, BL, Add. MS 57590)中的一些法语乐曲;关于 Old Hall 音乐,参见 *Corpus mensurabilis musicae*, XLVI 。

[18] Brussels, Bibliothèque Royale Albert 1er, MS 5557;这些著作刊登于 *Early English church music*, XXXIV 。关于此时英国和勃艮第宫廷之间出现的更加广泛的政治和文化联系的画面,参见 Armstrong (1983),尤其是 pp. 409ff 关于手稿的部分。

[19] Strohm(1990)探讨了这样的论点,即布鲁日是最重要的文化联系的中心之一。

[20] Fallows(1978a), p. 74.

[21] Hamm(1962), *Passim*.

[22] 其中最著名的是 Pierre Alamire,他在15世纪90年代和16世纪30年代间,至少同两名同事一起,复制了许多音乐手稿,其中有50首流传下来。

第十六章 音乐

指定的曲目，或是利用可以得到的适合的音乐曲目库。此类作品往往是用于赠送的手稿，在多数情况下并不是为了平常使用。如人们所想象到的，为歌手而复制的作品通常有严格限定的目的：如某一特定的素材要包含用于弥撒或日课的音乐。令人惊讶的是，也有一些手稿的内容是随意收集的音乐集；有一种解释是显而易见的，但并非没有问题，即这些手稿是曲目库，为演唱而谱写的手稿就是从中编辑出来的。[23]

不管在回答有关传播这一具体问题方面遇到怎样的困难，但毫无疑问的是，音乐确实在四处散播；千真万确的是，许多音乐风格在非常短的时间内就变成国际性的了。例如，大致起源于14世纪晚期法国的尖利、刺耳的风格为何能如此广泛地传播开来就很值得注意；从中产生的比较平顺的风格似乎同样很快被传播到欧洲信奉大主教的各国，这是颇令人玩味的。此后不久，令人惊讶的是，对15世纪圣乐风格发展最为关键的要素肇始于英国。确实，英国的模式（即所谓的 contenance angloise）被描绘为新的颇受欢迎的音乐类型的源头（fons et origo），其最著名的倡导者是约翰·邓斯塔布尔（John Dunstable）。[24] 然而，尽管从15世纪30年代到该世纪中期，他的作品以及其他那一代英国作曲家和下一代作曲家的作品被大陆的音乐家广泛传抄和效仿，但该风格杂乱无章的乐感最终还是失去了支持。最终，该世纪后期弗莱芒乐派的作曲家将其紧凑化，尤其是将其不加停顿的歌词截短，让歌词更容易听清楚。因之而形成的所谓弗莱芒乐派风格成为一种新标准，如同更早期的风格一样迅速传播到整个天主教欧洲。

中世纪后期教士音乐家所拥有的所有风格中，宫廷世俗歌曲也许最接近"艺术品"（objet d'art），人们根据它自身而非按照某种外在的功能来考虑它的美。其主旨是高度程式化的——甚至是深奥的，如同阿维尼翁教宗宫廷中的一些独特的作品一样，它把非常神秘的经文与自觉的音乐技巧结合起来。[25] 然而，总体而言，15世纪趋向于越来

---

[23] 这些范围广泛的集子中最为大型的，是所谓的 Trent Codices，包括副本在内，它包括了1425—1470年所创作的1800首曲子。

[24] 见 Johannes Tinctoris 所作的论文 Proportionale musices（c. 1476）；关于质疑的段落，参见 Strunk (1950), p. 195.

[25] 这一曲目集发表于 Corpus mensurabilis musicae，LIII。

越不矫揉造作，歌词更加直接依赖于宫廷爱情传统中的语言和象征。根据惯例，歌词文本和音乐要根据悠久的"固定形式"(formes fixes)传统进行结合，"回旋曲"(rondeau)是最受欢迎的风格。所涌现出的风格——而且确实在15世纪余下的大部分时间里支配了宫廷世俗歌曲——是雅致和精细的模式，仍然被称为勃艮第歌曲，但在实践中人们在一般意义上而非严格意义上使用这一名词，因为这种风格的倡导者多数与勃艮第宫廷没有多大关系。

在此，应该关注歌曲库中那些特别漂亮的呈献手稿的存在，其中最著名的是心形歌曲集（Chansonnier cordiforme）[26]，它之所以被这样称呼，是因为它的形状是心形的，而且事实上当集子打开后，两瓣心似乎合为一体。然而，必须说，到15世纪末，总体上对这种华而不实的宫廷爱情仪式的追捧大大衰落了。勃艮第歌曲相应地让位给新的结构不太僵硬的风格，这种风格最终发展成为16世纪早期声调优美、如舞曲般的法国"尚松"（chanson）和意大利的弗罗托拉（frottola）。

总体而言，该时期非宫廷的俗语歌曲基本上没有谱写出来，以至于它没能历经时间而留存下来。尽管在整个欧洲都留有一些痕迹，但是保存下来最为常见的曲目是英国的颂歌，这是一种带有韵文和副歌的乐曲，关于其真正的功能仍然是未知之谜。[27] 从15世纪早期起，主题从宗教性［《没有如此娇美的玫瑰》（Ther is no rose of swych vertu）］转向政治性和爱国色彩［《我们的国王行进》（Owre Kynge went forth），或者被称为阿金库尔颂（Agincourt Song）］，而且主题的多样化一直持续到16世纪早期这种风格的消失。令人惊讶的是，音乐的风格仍然非常广泛——尽管总体的趋势转向音调优美的半通俗的方式，但是仍然存在许多非常精致高雅的乐曲，尤其是在该世纪后期非常严格的宗教颂歌中。

从根本上讲，教士音乐家是仆从，他的职业前景非常明显地依赖于宫廷或教会。然而，即使是他的音乐能力首先吸引了庇护人的注意，但是他不可能仅仅被雇用为音乐家。因此，举例来说，一位具有一定名望的大教堂音乐家除了他的"正式"职业外还担任许多圣职；

---

[26] Paris, Bibliothèque nationale, Collection Rothschild, MS 2973.
[27] 颂歌曲集刊登于 Musica Britannica, IV and XXXVI；有关该风格的文学方面，参见 R, L. Greene (1977)。

第十六章 音乐

正如前面已经指出的,即便是宫廷中的神职乐师通常也是专职教士;他们也会担任他们的雇主凭自身影响为他们获得的圣职。

无论是仆从与否,某些教士音乐家似乎过上了完全不同的生活,甚至获得了显要的社会地位——在此,考察一下迪菲的生活是非常有意义的,他是 1500 年以前作曲家当中被记录最多的,同时尽管他可能与许多人不同,但也只能说他具有典型性。[28] 迪菲生于 14 世纪 30 年代,可能在康布雷大教堂接受了音乐或更加全面的教育,尽管在 1414 年以后的某段时期,教堂没有关于他的记录,但是他一生都与该教堂保持着联系。接下来数年他的行踪模糊不清,他可能是康斯坦茨宗教会议中(1414—1418)皮埃尔·德·阿伊(Pierre d'Ailly)家族的一员,他也确实在 15 世纪 20 年代与马拉泰斯塔家族的里米尼和皮萨诺有关系,且在 20 年代中期可能居住在拉昂。到 1427 年他是红衣主教路易·阿勒曼(Louis Aleman)的随行人员,然后在波伦亚担任教宗使节,很可能在次年年初成为一名神父。虽然有关他早年的文献非常稀缺,但是它们并没有显示迪菲的活动是纯粹音乐性的,尽管他作为宗教和世俗歌曲的作曲家而获得了重要名声。同样清楚的是,不管他在这些年里从一系列有影响的庇护人那里获得怎样的酬劳,但他如同大多数其他有名望的教会音乐家一样,也在一定程度上依赖圣俸。

在 1428—1437 年的大部分时间里,迪菲都在担任教廷的歌手,其间在萨伏依宫廷短暂停留,其原因显然是因为 1433 年由于一系列政治和财原因教廷的唱诗班极度衰落了。人们可以通过他在这一时期所接受的委托来判断他的地位。[29] 在这一时期的大部分时间里,文献显示他担任了教廷小教堂的院长(master),但实际上这意味着什么我们不得而知。然而,他的活动不可能完全是音乐性的。例如很清楚的是,他最晚在 1436 年获得了教会法的学位。

就他的整个名声而言,像迪菲这样的作曲家不可能与政治事件无缘。因此,1438 年随着教宗尤金四世被对立教宗的菲力克斯五世所废黜,他发现自己被迫在康布雷大教堂的慷慨赞助和对立教宗难以预

---

[28] 有关迪菲全面的生平,参见 Fallows (1978a), pp. 7–85. 如下是对其生平的概略。
[29] 参见前文,第 325 页。

料的资助之间做出选择，前者蒙恩于勃艮第公爵好人菲利普，他是尤金的支持者，后者是萨伏依的阿玛迪斯八世公爵，曾经在1433年雇用过他。考虑到康布雷是更加安全的选择，他在1439年返回到那里担任了一个职位，由于缺乏资料我们无法了解这一职位到底是什么。然而，他很快就成为该大教堂小牧师会（petits vicaries）的院长，担任各种行政职务并负责彻底修正大教堂的音乐书籍，既包括复调音乐也包括单声圣歌。他似乎与勃艮第宫廷也有密切的联系，在记述中他分别被描绘为伯爵的附属教堂牧师（cappellanus）、歌手（cantor），甚至家庭随员（familiaris）。

人们也许会想，迪菲被公认为当时最伟大的作曲家，且已年过四十，应该会静静地在康布雷定居下来度过余生。然而，不知什么原因，他在15世纪50年代的大部分时间里都在其他地方度过，也许与萨伏依宫廷有关。然而，在1458年他又返回到康布雷直至去世。尽管年事已高，但清楚的是，他晚年仍在创作歌曲，并仍然与外界保持着广泛的交往，其中包括勃艮第的"大胆"查理。他的社会地位显然很高，当阿拉斯主教皮埃尔·德·兰奇科特（Pierre de Ranchicourt）在1472年访问康布雷向大教堂奉献时，他受托进行接待。

毫无疑问其他教士音乐家也同样都过着丰富多彩的生活——但班舒瓦当了几年士兵也许是个例外，他可能作为占领法国北部的英国军队的一员服务于萨福克伯爵威廉·德·拉·波尔（William de la Pole）。邓斯塔布尔引人注目不仅因为是作曲家，还是数学家和天文学家；另外，他还一度被赐予管理法国北部某些土地的权利，并被授予"佩戴徽章权利的人"（armiger）称号，这说明他获得了音乐家很难获得的地位。[30] 不过，有一些非常普遍的特征还是比较明显的。首先，许多作曲家的生涯都具有国际性，在某些情况下都经历四处游走。例如特别普遍的是，弗莱芒乐派的音乐家都会在意大利度过一段职业生涯。其次，有理想和能力的作曲家都会获得教会和世俗权威的广泛赞助。当然，他需要得到有财政保障的圣俸，这需要从教俗权威二者之一手中去谋求好的职位；结果他很可能担任某种等级的圣职。

---

[30] 英国的作曲家也许更经常获得高等社会地位，尤其是皇家小教堂的贵族；例如，参加Bowers（1975b）对Leonel Power的描述，后者在晚年也称呼自己为"佩戴徽章权利的人"。关于Dunstable, Power和其他一些英国作曲家的土地收益，参见Wathey（1989），pp. 197ff。

第十六章 音乐

最后,正如我们所了解的,他的职业并不一定局限于音乐领域。

在这一考察中我们把音乐教育这一主题留到了最后,因为它开启了有关音乐是什么的更加广泛的问题,这一问题不仅局限于传统上组织声音的含义上,而且也包括更加广泛的哲学思想领域。确实,教士音乐家最初的训练在性质上是很直接的。一位有良好前景的男孩也许要从很小的年龄起,就要在大教堂、学院或其他专门为演奏圣乐而设立的机构中接受教育。在这里,他要学会圣歌曲目,而且根据机构的不同,他也许还要学会歌唱、阅读和即兴创作所需要的各种技巧水平的复调音乐。尽管缺乏证据,但是有些更有才能的人要继续接受类似学徒过程的继续教育。推测起来,基本上不用谱写音符的传统,仍然依赖于类似的学徒训练。我们也有证据证明,无论是贵族还是廷臣都渴望获得音乐技巧,以此作为社交才能的标志,可能是在常驻的游吟诗人或教士音乐家的指导下获得;但是很少有人能够达到勃艮第的"大胆"查理的水平,据说他曾经在迪菲的指导下创作过歌曲和颂歌。[31]

许多探讨音乐实践内容的论文留存了下来,其中包括记谱法、作曲和对位法的即兴创作等,这并不令人感到惊讶。[32] 然而,也有大量更加抽象和学术性的论文流传下来,这令我们认识到,音乐教育所关注的并不全是音乐实践。从最高的层面来理解,音乐是"四术"(*quadrivium*)的一个组成部分,是所有中世纪和文艺复兴大学教育的基础。[33] 它的研究从哲学性的"宇宙音乐"(*musica mundi*)和"理想和谐的人类音乐"(*musica humana*)一直延伸到听得到的"乐器音乐"(*musica instrumentalis*)。最后提到的音乐依次分为高级和低级两种——分别是抽象的"思索性音乐"(*musica speculative*)和"实践性音乐"(*musica practica*),前者实质上是对音乐理论进行数学性描述,后者则是创作和演奏的音乐。

对音乐进行学术研究的基础和大部分思索性论文的基本素材都是源自波埃修的论文《音乐原理》(*De Institutione Musica*),它主要是数

---

[31] Fallows(1978a),p. 73. 也可参见下文,第 444—445 页。
[32] 大多数中的论文可以参见 Coussemaker(ed.),*Scriptorum de musica medii aevi* 以及系列丛书 *Corpus scriptorium de musica*。
[33] Carpenter(1958)继续在该时期的大学里保持古典音乐研究。同时参见 Gushee(1973)不同理性的思考性论文以及对 Carpenter 观念的批评性论文。

学式的文献,其风格为后来许多教师所附和,我们从该书卷一非常武断的结论中捕捉到这种风格:

> 从事音乐艺术的人分为三个阶层。第一个阶层是那些演奏乐器的人,第二个阶层是创作歌曲的人,第三个阶层是评论乐器演奏和歌曲的人。但是依赖乐器并把所有精力花在这上面的那个阶层的人,是不能理解音乐知识的……他们都不会运用理性;更确切地说,他们完全缺乏思想。演奏乐器的第二个阶层是诗人阶层,他们主要是靠某种本能而非理性和思想创作了歌曲。因此这个阶层也远离了音乐。第三个阶层谋求判断的能力,以便能仔细地全面衡量节奏、旋律和作曲。这个阶层由于完全基于理性和思想,可以恰当地称它是懂音乐的。如果一个人展示了自己的才能,依据与音乐相关或适合音乐的思考或理性形成判断,而音乐是有关调式、节奏、歌曲风格、和音……以及诗人歌曲的,那么他就是一位音乐家。㉞

波埃修选择将音乐家分成三个类型也许并非偶然;尽管人们不愿意进行深入类比,但是还是会想起柏拉图在《理想国》中所做的划分。当然波埃修从古典哲学家那里获得了很大的权威,尤其是柏拉图和新柏拉图主义流派、亚里士多德、托勒密,自然还有毕达哥拉斯的追随者。然而,就他的数学理性主义而言,我们发现音乐(确实如其他地方一样)中的数字永远不可能与道德联系割裂开来,这种思想特征清晰地扎根于中世纪晚期和文艺复兴早期他的门徒的思想中。如同"四术"的其他内容一样,其最中心的概念是比率,因为数学、几何、天文、音乐各自体现了数字、表面、空间和声音中的均衡。在所存在的不同类型的比率中,倍数(2∶1,3∶1等)是最简单的,达到最完美的形式,关系越复杂则完美性越差。这其中包含着明显的声学的意义,因为倍数和其他简单的比率与最完美的和音有关。㉟ 然

㉞ Boethius, *Fundamentals of Music*, p. 51.
㉟ 理论家的"乐器"是单弦琴,它有一根其长度可以变化的弦,因此而产生出不同的音符高低。实质上,不同长度必须形成简单比例,可以产生最和谐的音符——因此,2∶1的比例可以产生八度音阶,3∶2可以产生五度音阶,等等。

第十六章 音乐 355

而，简单比例的道德内涵是，它们不仅关系和谐音优于不和谐音；而且意味着在其可见的所有表现形式上都是和谐的，因此被认为带有上帝创世的和谐完美。

在实践中，这样的考虑也并非完全学术性问题。当然，无须动用强烈的信念也能够想象得出，即便不太被看好的"实践性音乐"，如果能以某种方式追求这种完美，便可以在更宽广的知识框架内使自己得到提升。确实，人们渴望最精彩的音乐如此做，作为它理想抱负的一种标志。因此，在某些音乐作品中如果不是全部也是普遍使用比例并非令人惊讶的事情——例如，在等节奏颂歌中分节的长度，经常以3∶2∶1或6∶4∶3的比例进行划分。[36] 然而实践远比所预期的要复杂。尤其是，所使用的此种比例并不一定保持波埃修认为具有完美道德性的那种简单。确实，很明显的是，作曲家通常对重要的数字更感兴趣而非简单的比例，他们选择这些数字或是因为其数学上的简洁或是其象征意义。[37] 正如人们在数学家那里所期待的那样，邓斯塔布尔的音乐广泛使用具有数学或象征意义的比例和数字；确实，在某些情况下，他的用法看起来非常神秘，在一大堆独特精巧的数学设计中吸收了希腊的几何学。[38]

自然，我们在这里遇到了深邃的艺术，其中各层装饰被包含在一个上层建筑之内，该上层建筑并不是无规则的，而是进一步添加了上帝肯定知晓而听众和歌唱者均未觉察到的象征意义。它代表着中世纪最不可调和的学术形式上或者说最玄奥形式上的"实践音乐"。重要的是，我们也已经进入了一个无论波埃修还是中世纪音乐理论家都缄口不言的领域——这个领域肯定被认为是比"四术"更高层次的研究。但从根本上说，它属于一种与15世纪所发生的风格变换不相协调的思维方式。确实，一些作曲家，其中大多数是英国人，直到15世纪20年代还在开发比例和重要的数字；然而，在等节奏圣歌失势以后找不到充分的证据证明大陆音乐中使用此类技巧。我们再一次看

---

[36] 尽管可能有额外的复杂性，但是比例和有意义的数字（见后面）都是基于所给定歌曲片段小节的长度而定。
[37] 例如，数学上雅致的数字包括三角数和平方数；在数字命理学的模糊世界里，任何数字都有某种意义——明显的例子是，33代表耶稣在大地上所度过的岁月。
[38] Trowell (1978)。这种用法几乎不能仅限于音乐；参见 Peck (1980) 在中世纪英国文学中的例证。

到从极富中世纪特征的"装饰层叠的大厦"的彻底转向。我们看到出现了更加实用的风格和"适时隔开的系列小项"的趋势,它们都有不同的内涵,最终将目光投向了更令人神往的与文艺复兴价值相关的歌词内容。

格莱斯·柯蒂斯(Gareth Curtis)
赵立行 译

第四部分

欧洲各国的发展

第 十 七 章
德意志及帝国

谈15世纪若用"德国"一词，那是一个时代错误。直至该世纪晚期，史料中提的一律是"德意志土地"（German lands）；即使16世纪流行的说法，即单数词"德意志之地"（*Deutschland*），事实上也可能是从一种复数形式衍生而来的。那么，是什么使这块土地被称为"德国"呢？查考地理学、民族学或语言学资料，立刻会发现它们各执一词，并无统一说法。举一个最明显的例子。在西面，罗马时代莱茵河就把日耳曼尼亚（Germania）和高卢隔开了，但到14世纪中期，斯特拉斯堡编年史家弗里切·克卢森提到特里尔大主教对"位于德意志地"（*in tutschem lande*）的这部分高卢拥有政治权力。16世纪早期，阿尔萨斯的人文主义者对莱茵河西岸日耳曼族群的历史根源问题，陷入了一场激烈的争辩中。雅各布·威姆费灵（1450—1528）认为，自罗马帝国起，阿尔萨斯在地理上和政治上一直都是"德国"的，而托马斯·默内尔（1475—约1527）却嘲笑这种观点幼稚。偶尔也有这种情形，即作者选择将阿尔曼尼亚（莱茵河以西）与日耳曼尼亚区分开来，但也有将阿尔曼尼亚、塞托尼亚和日耳曼尼亚本土等名词互换使用的情况。更远一点，由于殖民，易北河以东的德意志地区按种族来讲是混居着斯拉夫人的。在西北部，弗里西亚人沿北海岸边定居下来，尽管属德意志范围内，但并非严格意义上的德语族，故到中世纪末时，他们的西边邻居，即尼德兰的北部省份，则渐渐地不再算成德意志土地，尽管他们不容置疑的是日耳曼裔。从语言学上说，最初的证据并不模糊。整个15世纪里，"日耳曼口音"被用作与讲外语（welsch）的人相区分的语族标签。但这

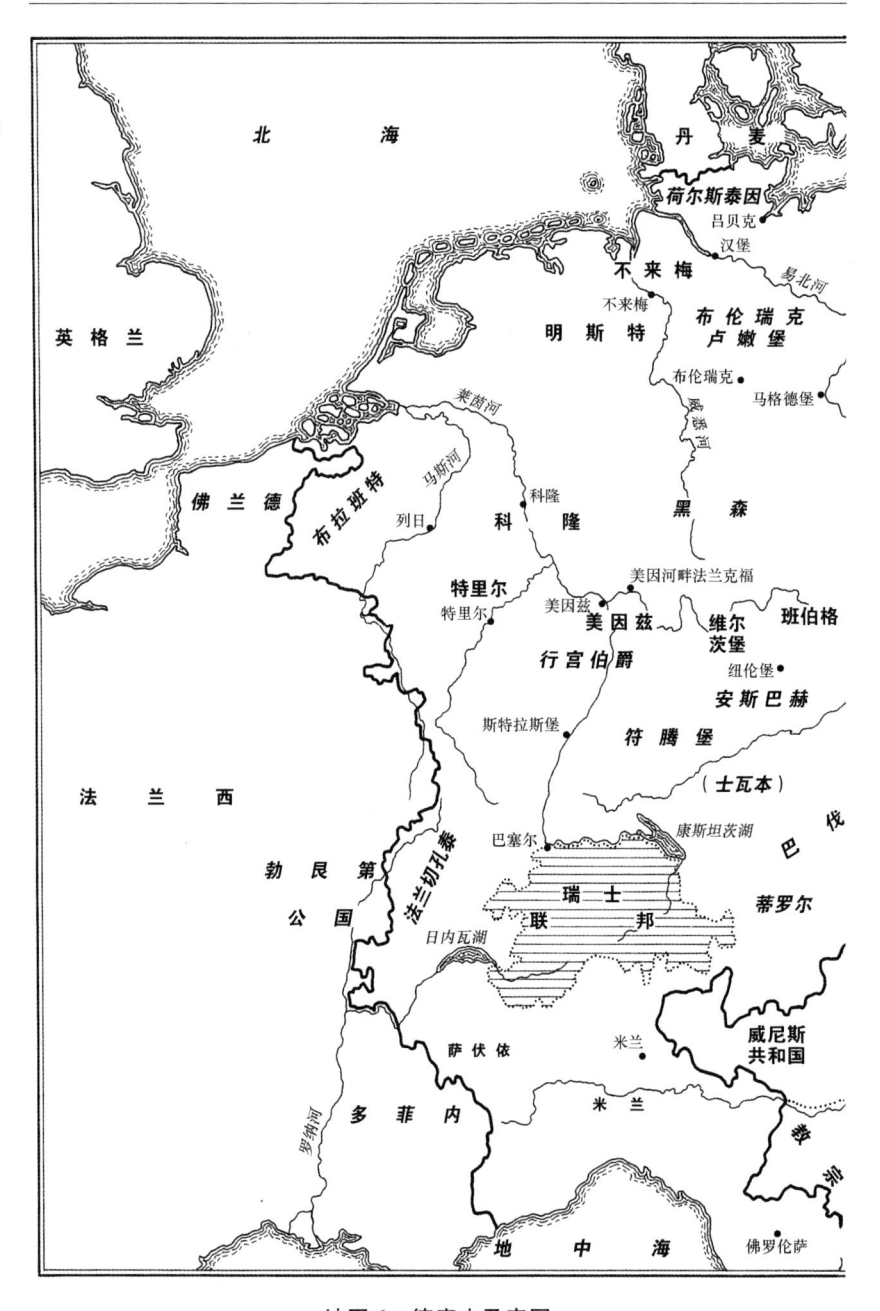

地图 6　德意志及帝国

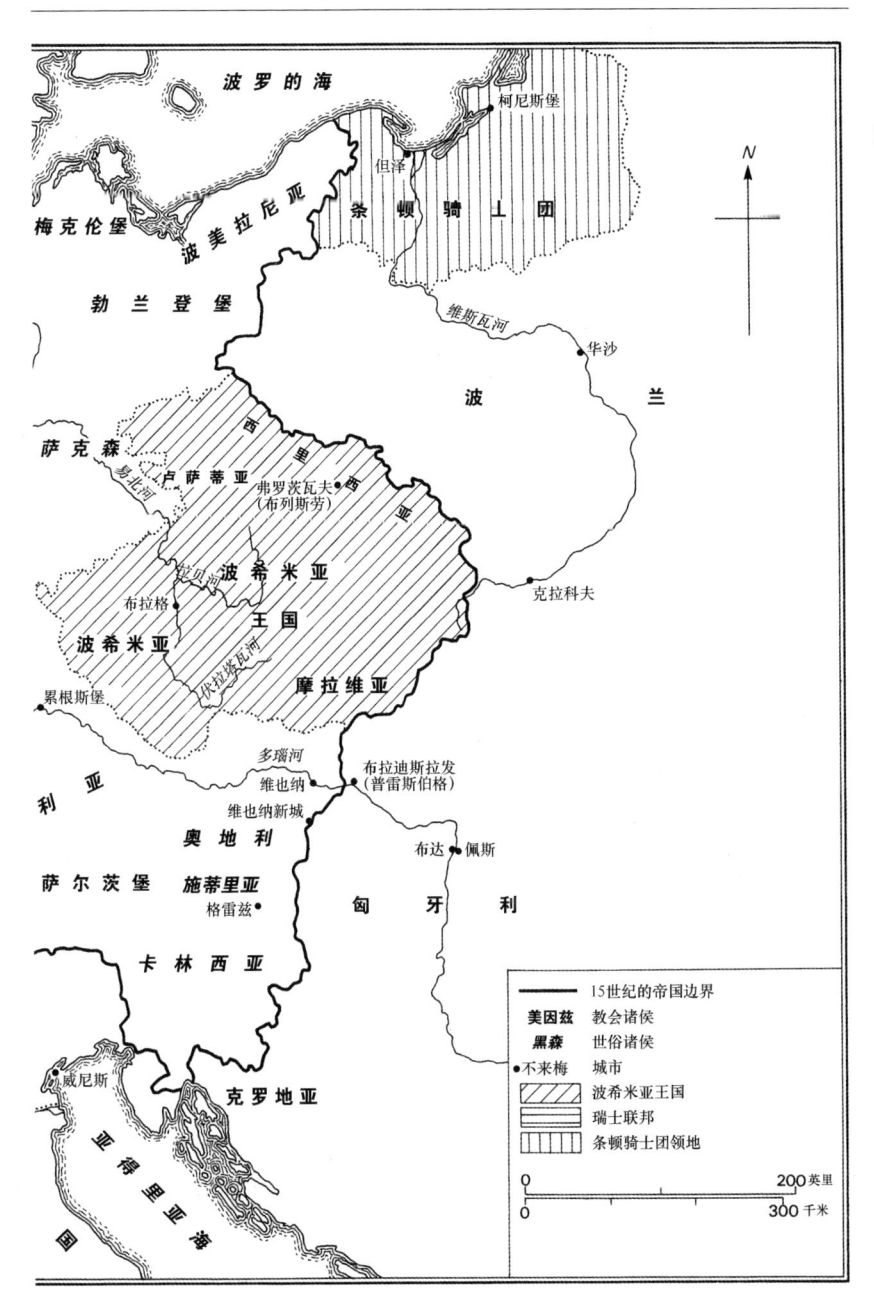

第十七章 德意志及帝国

波罗的海
柯尼斯堡
但泽
条顿骑士团
梅克伦堡
波美拉尼亚
勃兰登堡
维斯瓦河
华沙
波兰
萨克森
西里西亚
卢萨蒂亚
弗罗茨瓦夫（布列斯劳）
易北河
波希米亚王国
艾格河
布拉格
伏拉塔瓦河
克拉科夫
波希米亚
摩拉维亚
累根斯堡
多瑙河
布拉迪斯拉发（普雷斯伯格）
维也纳
维也纳新城
布达 佩斯
奥地利
利亚
萨尔茨堡
施蒂里亚
格雷兹
匈牙利
卡林西亚
威尼斯
克罗地亚
亚得里亚海

——	15世纪的帝国边界
美因兹	教会诸侯
黑森	世俗诸侯
• 不来梅	城市
▨	波希米亚王国
▤	瑞士联邦
▥	条顿骑士团领地

0　　　　　200 英里
0　　　　　300 千米

一语族到 13 世纪晚期被分成了特征各异的低地德语和高地德语，两种语言相互间并不总能听懂。在低地德语区，生成了一种标准语言，那是随着吕贝克方言作为一种优势语言渗透汉萨同盟而来的。但往南方，即使是铅活字版印刷术的发明，也只是在 1500 年前使高地德语各种方言有所接近而已。在随后一个世纪里，随着路德的德语版圣经所产生的影响，才逐渐达到统一。不论怎样，"口音"（Gezünge）在这一时期越来越接近，最终成为德语的认同标志；1450 年代的改革计划里，"口音"常被用来翻译拉丁语"种群"（natio）。

事实上到该世纪末，单数的"德意志民族"已经取代了复数词"德意志土地"。这种转换的原因，与其说是自然滋生的民族感，不如说是高层的政治诡计。该世纪中期后，三大主教选侯企望摆脱罗马教廷及它对德国教士的苛税的愿望在《阿尔曼尼亚*人的不满和动乱》（gravamina et turbaciones provinciarum et nacionis Almaniae）之中得以表达。这种特殊的德国民族感在 1400 年后在试图愈合教会大分裂的努力中得到加强。德意志土地上两大议会［康斯坦茨议会（1414—1418）和巴塞尔议会（1431—1439）］的呼声不仅引入了"民族"（nationes）范畴——这个概念曾被用于划分大学生，但随后被延伸到更广阔的政治语境中，用于区别议会的参与者；同时它也重申了德国人保护基督教世界、维持基督教统一的神圣使命。传统上用于归化异教徒的精神使命，到 15 世纪更表现出一种新的紧迫感。因为在与波希米亚异教徒的斗争中，在阻挡土耳其人向巴尔干半岛的推进中，德国人首当其任。这种责任基本来自"帝权转换"的教条，查理曼加冕典礼是该教条的象征，故而德意志民族从一开始就与帝国神圣的宗教特征及功能绑在一起，并受其制约。至 15 世纪中叶，这两个因素融合成一个新的实体，"德意志民族的神圣罗马帝国"，但这一词语本身直到 1492 年才有官方记载。然而，这个一度疆土广大的帝国与特定的民族认同之间的平衡，必将在实际政治中产生影响。

欧洲十字军按照罗马教宗的命令发动了反胡斯派的战争，但其军事组织和财政负担促使帝国各成员进行更密切和更频繁的磋商。因胡斯战争的紧急需要产生了第一个帝国军费份额分配表（Matrikel,

---

* 阿尔曼尼亚，德国古称之一。——译者注

1422），这是最早向帝国所有居民征收人头税（1427）的尝试。政治和宪制生活的强化伴随着众多的帝国改革建议，尽管绝大多数只是蓝图设计，但却刺激了帝国各社会阶层的公开讨论，这就促成了一种关注共同命运和共同目标的全民性舆论。"民族"（nation）于是被指为政治性民族，即帝国的社会等级（estates）。当马克西米利安（1493—1519年在位）在1495年"沃姆斯帝国会议"上呼吁"德意志民族"时，国王不是在唤起一个想象中的"民族"（Volk），而是以这种身份向宪制对手（或敌手）喊话。尽管如此，马克西米利安仍然非常愿意将人文主义者对德国历史的关切作为对自己帝国规划的宣传。1455年在赫斯菲尔德修道院重新发现塔西佗《日耳曼尼亚志》抄本，其后该书在纽伦堡印刷出版，这促使人们相信德国是古典英雄诞生地的观念。人文主义大学者康拉德·凯尔特斯（1459—1508）计划出一部《日耳曼尼亚志》注释本。在他手上，上述信念可以上升成过度的民族主义热情，也可以骤降为引发论战的种族主义。如同一本小册子作者在1500年所吹嘘的，如果德意志民族继承罗马帝国的衣钵，那么帝国实质上就会退缩成一个纯粹的德意志王国。以"日耳曼人之王"或"阿尔曼尼亚王"之面孔来保留"罗马人之王"名号的努力，最终放弃了；君主不仅换成了德意志人，而且其疆土（不管边界在哪）不再由基督教拉丁世界的族群来界定。实际上，弗里切·克卢森在早期确实用过"德意志恺撒"（Deutscher Kaiser）这一名号来称呼君主，但他的理解仍是德意志种族的或德意志人的皇帝，而非"德国"的统治者。然而到15世纪，"治权"（regnum）和"主权"（imperium）［两者都曾一度译成帝国（Reich）］开始分开。"治权"逐渐表示日益制度化的（德意志）"帝国"，其成员与君主共享二元主义宪制。而"主权"则被视为皇帝对德国内外臣民所具统治权的原则认定，这些臣民对皇帝保有封建性忠诚。

理论上，帝国的边疆仍如中世纪盛期一样，远超出了"德意志土地"。往西，它包括阿勒雷特，即古代勃艮第王国，从汝拉山伸展到地中海。但在14世纪末，普罗旺斯失于安茹家族，多菲内失于法国。1378年，查理四世皇帝将帝国对阿尔勒王国的管辖权授给了王太子即后来的查理六世。作为他在帝国西部与法国接壤的行政区，查理四世在1361年成功地将萨伏伊伯国纳入帝国管理之下。但自法国于 1481 年从安茹家族获得普罗旺斯后，来自法国的压力不断增大，最终致使公爵们（均为 1416 年从伯爵提升而来）于 1536 年将驻所从尚贝里迁往皮埃蒙特的都灵；此时萨伏伊家族早已不参与帝国事务了。狭义上的勃艮第，即公爵领地和伯爵领地（法兰切孔泰），横跨在法国和帝国的边界上。1477 年勃艮第最后一个公爵"大胆"查理去世时，理应将所有权全部传给马克西米利安，后者因与查理女儿玛丽亚通婚而成为他的继承人，但法国对公国提出了继承要求，声称它一直都是法国王室的封地。帝国对境内的法兰切孔泰和勃艮第其余地区（包括卢森堡和低地国家）所拥有的统治权，直到 1493 年桑利条约才最终得到认可；按照条约，法国甚至应将说法语的佛兰德和阿图瓦割让给帝国。然而，查理五世死后，勃艮第遗产落入西班牙哈布斯堡王朝手中。在他有生之年，卢森堡尽管在语言上和民族上都属于"德意志土地"，却不再是德意志帝国治下的一部分。而法兰切孔泰尽管与位于阿尔萨斯的外奥地利疆土即后来的因斯布鲁克毗连，却变成了受西属尼德兰管理的一部分。卢森堡和法兰切孔泰之间是洛林地区。那里的公爵尽管是帝国封臣，但在"大胆"查理没能征服公国之后毅然脱离了帝国，而与法国国王结盟。

早在 15 世纪之前，瑞士的许多城市和乡村公社，宣布它们将从封建领主尤其是哈布斯堡家族治下独立出来，不再承负对帝国的义务。1438 年哈布斯堡家族登上帝国皇位，非但没能阻止它在瑞士东部所有地产的削减，还将地方性封建领主与自治公社之间的斗争引向高层政治舞台。1470 年代，勃艮第的威胁使得瑞士与西吉斯蒙德大公短暂地恢复邦交。大公是哈布斯堡对蒂罗尔和外奥地利的统治者。尽管如此，按照 1474 年 6 月 11 日签订的《永久和约》（*Ewige Richtung*），西吉斯蒙德必须放弃对瑞士的一切权益诉求。从这一协议衍生出的低地联盟，是上莱茵领主和城市组成的防卫性同盟。它与康斯坦茨联盟中的盟友联合，曾连续三次击败勃艮第势力。当 1493 年马克西米利安意图恢复低地联盟，以作为实现其在西部的帝国—王朝计划的工具时，他却失败了。瑞士与皇帝合作的意愿总是很短暂的。1499 年的瑞士（或士瓦本）战争，几乎就是一场德国南部和奥地利的贵族反对"共和的"瑞士的内战，也证实了它们之间互不信任。战争的结果是瑞士联邦大获全胜，这就意味着他们实际上已从帝国分离出来，即便在法律上还没有。瑞士作为"主权"体无意离开帝国，它作为司法主体体现了广泛拯救的目标。他们要拒绝的是任何将"治权"体整合成国家般机构并负有财政和宪政义务的企图。在阿尔卑斯山那边，帝国在意大利的权力长期以来都是形式大于实质。除了1401—1402年行宫伯爵*反王（anti-king）鲁佩特发动镇压米兰的战役牺牲了外，15世纪里没有任何德国君王为重掌帝国在伦巴第和托斯卡纳的权力做过努力，直到1494年意大利战争引发了哈布斯堡和瓦洛瓦之间争夺欧洲霸权的斗争。除了强势的特伦特主教区外，只有阿奎莱亚高级主教区和位于亚得里亚海岸的戈尔兹（戈里齐亚）区对帝国保持忠诚。在1500年马克西米利安继承了特伦特和戈尔兹，将其纳入了哈布斯堡基业之前，威尼斯人对它的图谋都被断然拒绝。

　　帝国的东部边境至少在15世纪已很清晰地得以确立。它把奥地利东部地区（亚得里亚海岸的卡尼奥拉、施蒂里亚和上奥地利）、波希米亚王国、波希米亚伯爵所占的相邻的卢森堡地产、西里西亚及卢萨蒂亚公国、勃兰登堡和波美拉尼亚地区纳入了版图。但同时它无疑也是帝国在该世纪大部分时间里麻烦最多的边界地。异教徒、敌对王朝势力和土耳其的威胁，耗费了该世纪三个皇帝的精力，他们是：卢森堡的西吉斯蒙德（1410—1437年在位），他的继承人即其女婿、统治短暂的哈布斯堡阿尔伯特二世（1438—1439年在位），以及统治期特别长的弗雷德里克三世（1440—1493年在位）。胡斯运动使波希米亚王国与帝国处于隔离状态达半个世纪以上；其实质性独立因选举"民族"之王波德布拉迪的乔治（1458—1471年在位）而强化。在南方，施蒂里亚和奥地利公爵领地不断遭受另一个"民族"之王——匈牙利的马加什·科文努斯（1458—1490年在位）的进攻，迫使弗雷德里克在1485年曾一度逃离首都维也纳。然而，在针对波希米亚和匈牙利王位的错综复杂的策略手段后面，能看出巴尔干半岛上一场争夺政治霸权的更大的斗争，相对一切对手来说，哈布斯堡家族是最终受益者。其成功的基石是皇帝弗雷德里克三世在1491年11月7日《布拉提斯拉瓦（普雷斯堡）条约》中奠定的。条约确认，如果王位主人即来自波兰亚盖托家族的弗拉迪斯拉夫死后无嗣，马克

---

　　* Palatinate，旧译巴拉丁伯爵。——译者注

西米利安便是两个王位的继承人。当历经数次王朝变化、马克西米利安的孙子奥地利大公爵费迪南最终于1526年遂己心愿时，结局却不是料想的那样扩大了德意志帝国，而是缔造了一个由哈布斯堡家族世袭统领的、独立的奥地利—匈牙利帝国。

在北方，帝国边界由北海和波罗的海按天然地理划定。两者之间有丹麦半岛，在那里，采邑和领土纷争横跨帝国边疆地带，就像在勃艮第一样。按照传统，荷尔斯泰因地区标志着与丹麦的分界线，但从1386年起，其统治者即沙夫恩堡伯爵也占有北部紧邻的石勒苏益格公爵领地，作为丹麦的一块采邑。1460年两者均被废弃，荷尔斯泰因和石勒苏益格地区落入丹麦国王克里斯提安一世（1448—1481年在位）之手。但按照封建法律，荷尔斯泰因（1474年升为公爵领地）仍隶属于帝国。位于帝国北部疆域里的迪特马尔申和弗里西亚在中世纪大多数时候都远离帝国权力。这些沿海族群都有一种强烈的地方独立感，颇似瑞士人。迪特马尔申长期与其有名无实的特权领主不来梅大主教进行斗争，后被弗雷德里克三世卖给了丹麦王室，但它于1500年重新夺回自治权，只是到了1559年又被并入荷尔斯泰因公国。在另一端，弗里西亚成了皇帝西吉斯蒙德决意要重申帝国权威的目标。先是1417年的帝国保护宪章，后在1420年代又提出了一系列更强势的财政要求，旨在以文件方式将弗里西亚作为一个政治性民族纳入帝国。然而直到该世纪末，马克西米利安方才觉得指定萨克森公爵勇者阿尔伯特为弗里西亚总督比较适宜。帝国在北方还有一个偏远的采邑利沃尼亚，它是14世纪转入条顿骑士团之手的。1346年，条顿骑士团从丹麦王室那里购得爱沙尼亚，从而使他们在芬兰湾的司法权得以圆满。这些地区，也就是现在的爱沙尼亚共和国和拉脱维亚共和国，从地理位置上来说离帝国甚远，但取海路穿过波罗的海很容易到达。事实上，里加和里瓦尔（塔林）早在13世纪初就作为德国人殖民点建立起来了，随后又变成汉萨同盟的重要成员。在利沃尼亚和勃兰登堡公国及波美拉尼亚公国之间还有个普鲁士，这是条顿骑士团的心脏地带，却位于帝国版图之外。但不论是征召兵员还是宗教使命，条顿骑士团都和帝国大君主紧密结盟，虽然它不属其辖内"治权"，但肯定属其"主权"范围。弗雷德里克三世即位后，这一联系的确存在，他发布命令召骑士团长老参加帝国议会。然而在该世纪中期以后，第二次托恩（托伦）和约的软弱条款迫使该骑士团臣服于波兰统治（尽管弗雷德里克和马克西米利安从未承认过），这就有效地切断了其与帝国"主权"体的联系。普鲁士联盟（条顿骑士团的政治对手）的一些城市，如托恩、但泽（格但斯克）和埃尔宾（埃尔布隆格），发现自己仍须缴帝国税；但泽事实上甚至漠视波兰的抗议，有意冒犯其权威，宣称自己直接属于帝国（on mittle zum beyligen Reich gehorig）。

"属于帝国"就意味着承认它的君主权威。帝国的真实性不是源于领土权，而是源于王权的特性及其与教廷的联系。然而在罗马教宗为皇帝加冕之前，还需有德国选侯选举皇帝并为其加冕的程序。15世纪，对选举和加冕为德国之王的期待远超出加冕为帝国皇帝。弗雷德里克三世是最后一个在罗马由教宗加冕的皇帝。相反，他的儿子玩了个漂亮的手法，于 1508 年在特伦特自称为"当选的罗马皇帝"，既不加冕也不涂油受膏。当选举成了中世纪德国君主制弱化之源时，1376 年查理四世（1346—1378 年在位）为了瓦茨拉夫，1486 年弗雷德里克三世为了马克西米利安，都去说服选侯们在自己有生之年选举自己儿子，这样可确保继承权没有争议。早先的法国加佩家族用过同样方法在法国建立了王朝权威。而且，如同哈布斯堡家族所公然证明的，一个足够强大和富足的王朝可以通过贿买方式来继承"罗马王"* 王冠，故此推选的方式就可以流为形式。在任何情况下，七个选侯，包括美因兹、科隆和特里尔三个大主教选侯，四个世俗选侯即行宫伯爵、勃兰登堡伯爵、萨克森公爵和波希米亚国王，都无权罢黜德意志国王—皇帝。这是 1356 年查理四世《黄金诏书》中所明确规定的，直到 1806 年都是帝国的宪制基础。15 世纪里，罢黜帝王和双重选举这两种做法实际上都已很少见了。行宫伯爵鲁佩特（1400—1410 年在位）是最后一个反王；1410 年见证了最后一次双重选举。这都是帝国不断得到巩固的标志；帝国内也有别的宪制势力企图作为政治民族欲与选侯一道参与帝国政治，以图遏制他们惯有的独裁力量。废黜弗雷德里克三世的计划（基于他被指称忽视除其王室领地

---

* King of the Romans. 早期依照法定程序，先要被选为"罗马人之王"，由教会加冕后才能称"神圣罗马帝国皇帝"。——译者注

之外的帝国，*Binnenreich*）之所以失败，原因很清楚，那就是在该世纪中叶时一个众所认可的宪政框架牢固无比。

日益巩固的德意志帝国，尽管也曾哀叹君主的失利和君主奢华的受阻，却不敢质疑君主体制本身，因为其成员从其封建特质中获得了自己的合法地位。然而，不论这国王是多么弱势，贵族们的封地、特权和专利也只能由他授予，国王被视为正义和职权的施予者，而非政治力量的源泉。可在一个高等贵族主导的帝国里，他仍能以其至高无上的君主的地位，要求得到臣属在政治上的忠诚。晚至1487年还发生过令人惊讶的例子。弗雷德里克三世突然结束纽伦堡议会的议程，宣称宫廷会议（*Hoftag*）的决定置于帝国议会（*Reichstag*）的审议之上，并进一步要求其诸侯附庸在此集结，按照他们的效忠誓言，毫不迟疑地跟随他去和匈牙利的马加什·科文努斯作战。无疑这是固执于主权一元论而不能容忍二元主义制度的君主的最后一搏。然而，这也强调了德国君主之个人的和封建的而不是制度的特性，因此其君主权威主要取决于他是否亲历帝国事务。皇帝长期无暇理政于王室领地之外的帝国领土（*Binnenreich*），不但无助于其权威，反而使其销蚀，如西吉斯蒙德缠身于他自己匈牙利王室领地的事务，弗雷德里克三世的精力长期投入奥地利公爵领地的麻烦事中。西吉斯蒙德死时，已有计划在君主无法督视帝国时任命帝国的牧师作为代理人。弗雷德里克三世过多地专注多瑙河事务，以至于他想获得整个帝国支持其为王室服务而非为帝国利益的政策越来越难。的确，土耳其人的威胁是整个帝国所关心的，但弗雷德里克对匈牙利王权的宣示很明显不是基于帝国需要。在该世纪末，马克西米利安为了他在意大利的战争征收补助税而反复努力，祈求一种帝国命运感，但每次都遭到各社会阶层断然拒绝，表明帝国需要这一概念与他们是多么背道而驰。

尽管该世纪大多时候（无论如何，直到马克西米利安时代为止）君主制的外在表征无疑削弱了皇帝的个人权威，它们仍可以在与君主联系密切的那些方面感觉其帝国尊严的存在。帝国的那些直属部分（*reichsunmittelbar*），如帝国修道院、伯爵、骑士和城市，属于"国王肢体"组成部分，依附于君主。王权是其独立的保证，也是抵挡诸侯将它们置于司法管辖权下之意图的保护者。帝国这些"直接的"臣属常集中于原有的王室领地上，通过设置管辖区（*Landvogteien*）

第十七章 德意志及帝国

的方式来管理,以士瓦本和阿尔萨斯最明显。15世纪,尤其是城市,已成功地从管辖区执行官的司法管辖权中解放出来,但仍保持着对帝国的忠诚。例如在胡斯战争中,士瓦本的若干帝国城市和修道院自愿响应西吉斯蒙德的征兵号召,但坚持认为他们只是将辖区长官作为军事长官来服从。广义地说,受皇家影响的地区遍布中南部德国,尤其是法兰克尼亚、南黑森区、莱茵河中上游和士瓦本部分地区。例如,在美因河畔法兰克福以北的威特劳,汇聚了一大批受帝国王室认可的小集团,他们在15世纪早期形成了相互保护的同盟。帝国骑士的集体身份,已于1422年为西吉斯蒙德颁给的特权所承认。他们集结在美因河及其支流的法兰克尼亚、莱茵河与内卡河之间的克雷克高地区,以及士瓦本大部,这些地方也坐落着许多帝国修道院。1500年,帝国城市和自由城市达68个左右①,主要分布在莱茵河中上游地区(在阿尔萨斯,光"十城同盟"里就有十个)、康斯坦茨湖畔,以及符腾堡北部和法兰克尼亚。这些地区因此可以是"靠近国王"(*konigsnab*)的地方。② 国王从这些地方(如同从王室领地)提拔朝臣和官员,相应地也向它们尤其是城市征兵和征税。这也主要是些领主权碎片化的地区,在这里较大的诸侯巩固着自己的领地(这一过程在15世纪极为活跃),皇室命令几乎不生效。这类地区不仅包括地理上较远的北方,还包括南方强大的诸侯巴伐利亚。在"靠近"和"远离"皇帝的地区之间还有别的一些地区,它们与君主个人联系较少,但还是受到皇室潜在的影响。莱茵河上游就是典型的例子,这里除了帝国城市外(其中一些真的不比村庄大),皇室的管理权已下放给阿尔萨斯管辖区,但在该世纪大多时候里,它仍抵押给了行宫伯爵。然而在该世纪进程中,皇室影响的地区性差异在缩小。随着帝国的巩固,税赋征收份额表所反映的对帝国的贡献,渐渐使帝国的所有远近成员,都在与皇帝来往方面处于同等位置。

帝国不断增长的、以"国王和帝国"形式表达的二元主义,最强烈地反映在接近15世纪末时,以往松散的用语帝国"成员"

---

① 帝国城市原本指那些直属国王的城市,通常位于原有的王室领地上;或指那些国王有权管理的城市;自由城市指主教或大主教以前居住的城市。到15世纪,这些区别大都被抹掉了。1521年帝国征税份额表上列有85个帝国城市,但这个数字与现实政治不再相符。

② 这一术语由彼得·莫劳创造,现代只做学术用途。

(*Glieder*）被废弃，取而代之的是"等级"（*Reichstande*）一词。尽管各等级视自己为个体而非代表，但这种向团体认同的转变，在该世纪初由选侯们做出的法庭审议和裁决中就有所预示。所有成员都有义务保卫帝国，但1356年的黄金诏书又给选侯们加上一条特别责任，那就是保证帝国的完整性，推进联邦制。皇室的无能或缺位促使选侯们最大限度地履行这一责任。正是选侯们的联盟于1399年废黜了国王瓦茨拉夫（1378—1400年在位），并导致了行宫伯爵鲁佩特作为反王就任。西吉斯蒙德在统治期间，将勃兰登堡伯爵的选侯票，于1415年赐给其盟友纽伦堡伯爵霍亨索伦家族的弗雷德里克四世（1415年和1417—1440年在位），以此将那些选侯们拉拢到自己的身边。随着1423年阿斯坎公爵死时绝嗣，他又将萨克森侯爵的选侯资格赐给来自韦廷家族的迈本伯爵。在这两件事上他却没找到一个可信赖的伙伴；相反，选侯们又再次绑在一起，在1424年的宾根"选帝侯联盟"（*Kurvurein*）会议上反对国王。可以看得出来，在这些年里，选侯们寻求着集体认同和共同目标，表现在他们为与胡斯党人战斗而组建军队中，也表现为集体做出决定，宣告在教宗尤金四世与巴塞尔议会的冲突中，他们以帝国的名义保持中立。这使得德意志在1438年阿尔伯特二世短暂统治的时期被置于纷争状态。然而，弗雷德里克三世与尤金单独谈判，暴露了选侯团内部深刻的政治分歧，这被那场中立事件给掩盖住了。该世纪中期后，选侯的地位虽然在制度上不可动摇，但因为西部三大主教选侯相对衰落以及世俗领土诸侯作为其对手在帝国舞台上崛起而受到进一步损害。

这一舞台由国王议会提供，它远超出由国王主要封臣组成的宫廷议会。该世纪初的一段时间里，似乎由选侯们篡夺了皇家特权，因为他们开始召集秉承自己意志的议会。最先是1394年，瓦茨拉夫被自己的波希米亚臣民投入大牢。此后在1420年代和1430年代，经历了"没有国王的议会"（*konigslose Tage*）的全盛时期，它们奉教宗使者之命而召集，目的是与胡斯党人作斗争，而西吉斯蒙德则在他的匈牙利国土上苦斗。当然，这种议会在帝国法律上是没有依据的；然而它表明了需要一种平台，可让政治民族在不依赖国王兴致召集皇家议会的情况下，能够表达自己的意愿。即使那些按照皇家敕令召开的议会，在该世纪大多时候也是在国王缺席的情况下举行的，尽管在理论上国王的出席对这些议会的合法性至为关键。因此毫不奇怪,与会者已倾向于视自己为独立于国王的人,是在自己权利范围内的宪制实施者。结果,曾经的"国王议会",从 1470 年代后却以"帝国议会"(*Reichstag*)而为人所知。当然,只是在 1495 年具有伟大改革意义的沃姆斯帝国议会休会后,"帝国议会"一词才变成官方说法。也许比术语更有意义的是原则,1460 年维也纳帝国议会和 1481 年纽伦堡帝国议会就有预示,即皇帝已没有选择,只能召集帝国内所有等级开会,只要"帝国议会"有能力对帝国事务履行职责。

可是帝国议会远非国会。君主们躲避出席帝国议会(以王朝情况紧急或缺乏资金为借口),很明显是因为他们不愿意让自己的出席为会议程序增添分量。就参加会议的各等级来说,最好情况下也是参差不齐。在所有等级中,只有选侯们能对 15 世纪中期后的议会起实质性影响。相反,那些不是选侯的世俗领土诸侯,和君主一样不信任帝国议会。他们担心,在一个其领地基础(raison d'être)由享有帝国地位的人即选侯、直辖贵族和城市等来定调的议会里,自己的影响会边缘化。直到 1487 年,世俗贵族才形成了一个足以与选侯并驾齐驱的集体——库里亚(*curia*)。在诸侯之下的帝国城市和自由城市,由于它们被视作"国王肢体"的组成部分,因而极少有机会发出自己独特的声音。它们在帝国议会中没有自己独立的选票(仅在 1648 年获得),相反还被期待与诸侯的决定一致。举一个著名的例子。1471 年,弗雷德里克三世命令帝国城市抛弃将财政出资与公共和平保障相联系的企图,而应将自己的责任调整得同那些拥有完全投票权的等级一样。这些城市对他们的事业几乎没有什么帮助,因为它们坚持要自己的代表就这些提议回传以获得批准。不过,尽管这些城市很不情愿在政治上担责,但它们在帝国议会的影子下还是能进行自己的宪制活动。档案记载,独立的城市议会(*Stadtetage*)从 1471 年就有了。为了协调政策,它们先于全体会议而举行,其刺激因素来自进行土耳其战争所需的超量税收负担,这些负担不成比例地落在了城市身上。城市会议的大量举行(其最初的 20 年里举行过 31 次),证明了帝国各等级的政治活动不断。当然,早年的埃涅阿斯·西尔维乌斯·皮科洛米尼(1405—1465),这个弗雷德里克三世的秘书、后来的教宗庇护二世,曾嘲弄这样的会议只是引来下一个会议而已。帝国议会的效力肯定是减弱了，因为大部分选票是不可知的。直到1497年，这时的法律虚位制被引进，即一纸出席会议的召集令便能表明对会议最终决定的接受，而无须成员是否真的到场。帝国议会拥有的权力实际上在于它可拒付人力和财力的消极权利；它从未自称有什么特权可与君主及朝廷比肩，更没有在这个国家最高法庭的豁免权。因此，帝国议会只是帝国二元制度中的一个要素而已。在这个帝国中，政治国家只是与君王并列，最终均归属于哈布斯堡王朝。这一特征用这一事实足可证明：奥地利王室领地上的诸等级在帝国议会中没有席位。

该世纪里一直存在的难题，是帝国的二元主义反映在两大事务上。一方面，国王们建立王朝权力基础的需要足够强大，使他们能够像皇帝那样行使有效统治；另一方面，是帝国成员对在德意志境内建立公共秩序和法律统治的关切。对前者来说，外交政策尤其是与教廷的关系置于首要位置；对后者来说，国内政治是至高无上的。在这个世纪之初，这两方面都没有出现有利的征兆。

1400年8月21日，威特斯巴赫·鲁佩特于伦斯被四个莱茵选侯（三个是美因兹、科隆和特里尔大主教诸侯，再加上他自己作为行宫伯爵选侯的选票）单独选为（反）王。在其短暂任期内，他一直不被三个东方选侯（萨克森公爵、勃兰登堡伯爵，自然还有作为波希米亚国王的瓦茨拉夫本人）所接受。在西部的行宫伯爵选侯领土控制着莱茵河中游及其重要的关税站，但他占有的大约一半土地是帝国抵押地，因而有可能易手。鲁佩特的唯一重要所得是再次征服了上巴拉丁地区。该区位于安贝格和苏尔兹巴赫周围，原由威特尔斯巴赫抵押给卢森堡家族，这里铁矿藏广为分布，其财库收入之大相当于他在莱茵河的关税。可以肯定，来自纽伦堡和累根斯堡的富商资助了鲁佩特进行的意大利战争，期望能从国王手中获得有利可图的采矿出让权，但战争结局不佳。这一战争借驱逐米兰自命不凡的吉安贾利亚佐·维斯孔蒂（1395—1402年在任）——他被瓦茨拉夫提升为公爵以及帝国诸侯激起了公愤，并在很大程度上导致了瓦茨拉夫被废黜——力图表明鲁佩特对维护帝国福祉的承诺（他也由此而合理地声索王位）。兹后，鲁佩特希望能获得罗马教宗卜尼法斯九世（1389—1404年在位）的认可。他曾支持过卜尼法斯与对手、法国支持的阿维尼翁教宗卜尼法斯十三（1394—1417 年在位）对抗。这是终结"教会大分裂"的前奏。但鲁佩特在布雷西亚被击退了（1401 年 10 月 21 日），他原本就不足的军队被击退时，在混乱中逃越了阿尔卑斯山。卜尼法斯对鲁佩特迟来的认可（1403 年 10 月 1 日），只是一个虚假姿态，而且其所用的语言，像是在极力恢复早期教宗干预皇位选举的那种态度。

鲁佩特返回后，在好几次帝国议会上提及公共和平主题，但很快就遭遇到一个在其选举中曾帮了大忙的诸侯的敌意，这就是美因兹大主教纳索的约翰（1397—1419 年在任）。作为帝国的首席大臣，约翰被国王怠慢了，后者拒绝给他管理大法院的真正的发言权。而且，他也怀疑鲁佩特有借着新获得的王位之名谋求领土扩张的野心。纳索的约翰有能力组织一个强大联盟来削弱国王的权力目标。这就是马巴赫联盟（1405 年 9 月 14 日成立），包括了南方 17 个帝国城市，它们都反对鲁佩特的财政需求。美因兹和行宫伯爵的敌对延续了整整一个世纪，有助于确切地说明中世纪晚期的德国公共和平事务为什么如此棘手。该世纪初作为版图上大致相等的邻居，两者谁也没指望统治对方（虽然行宫伯爵曾试图这么做过），但两者一直都警惕着对方对自己主权的任何侵犯，因为这种侵犯会激起长期的争斗和报复。鲁佩特受马巴赫联盟所迫，不得不采取防守姿态，从而不能履行其对帝国的责任。对于地方上的冲突，他也无力干预。其中最著名的冲突是阿彭策尔与帝国圣加仑修道院之间的战争，1401—1408 年达到高潮，士瓦本贵族和康斯坦茨湖畔城市均被卷入。虽然鲁佩特最后在康斯坦茨成功调和（1408 年 4 月 4 日），但获胜的阿彭策尔已于 1405 年加入"湖上同盟"，促使士瓦本领主们在两年后组成了自己的"圣乔治盾"骑士组织。这种互相保护的联盟（*Einungen*），是帝国当局太弱或太远从而不能维持和平时的唯一诉求。同时，这种自助性的地方联盟大量存在，又带来了将纷争上升到群体性层次的新危险。在外交事务方面，鲁佩特也沦为旁观者的角色。他无望地看着两派红衣主教团 1409 年在比萨按照自己意愿召开宗教会议，他自己则只能维持对罗马教宗格列高列十二世（1406—1415 年在位）的支持。不论鲁佩特对红衣主教团是法国国王党羽的怀疑是否正确，当他自己的对手（至少不只瓦茨拉夫本人）忽然地承认了比萨当局时，他感到被孤立了。这次宗教会议宣布废黜现有的两个教宗，推选亚历山大五世（1409—1410年在位）取而代之，但是罗马教宗和阿维尼翁教宗均拒绝退位，使得基督教世界暂时拥有三个教宗。鲁佩特极力支持格列高列教派，但他在1410年5月18日死去。当时他正准备与美因兹摊牌，后者承认了亚历山大，增加了其在诸侯竞争中的筹码。

卢森堡家族最后一个戴帝国皇冠者西吉斯蒙德继位，预示着15世纪对外事务最混乱的一代人到来。它消耗了该君主太多的注意力，以至于西吉斯蒙德在位27年里只有两年多一点时间花在德国本身。皇帝几乎遭遇四面楚歌，既有实际冲突亦有潜在危机。作为匈牙利国王，他在东部和南部边界面临着来自土耳其人的侵犯，后者曾于1396年在下多瑙河地区的尼科波利斯击溃过十字军。他也与威尼斯因亚得里亚海出海口形成敌对关系，由此卷入意大利政治。也可能面临波兰人通过安吉文家族最后一个公主杰德维加（黑维格）而提出对马扎尔王位的要求。在波希米亚，皇家权威因胡斯党人的叛乱而日益瘫痪，西吉斯蒙德只是在瓦茨拉夫1419年死后才继承了遗产。当他1420年在布拉格加冕时，各等级只准备承认他为波希米亚国王，而不是"罗马人之王"，虽然他在邻近的卢森堡家族领土摩拉维亚、西里西亚和卢萨蒂亚得到承认。在其王室领土以外的帝国版图，他的王朝权力是无效的。卢森堡公国本身也被其侄女戈尔利兹的伊丽莎白所统治。她是布拉班特的安东尼的遗孀。后来她无视各等级反对，将其割让给了好人菲利普，后者毫不犹豫地将之置于勃艮第控制之下。剩余的遗产即勃兰登堡选侯国，是块遥远而又统治薄弱的版图，西吉斯蒙德意欲将其赐给霍亨索伦家族的弗雷德里克。此人曾在鲁佩特手下为巴拉丁事务服务，但在鲁佩特死后他很快转向效忠于卢森堡家族。西吉斯蒙德当选本身就是件怪异之事。选侯之一即萨克森公爵，仍然忠实于瓦茨拉夫，其余大多数选侯则选择了西吉斯蒙德的表兄——摩拉维亚的约斯特，他是勃兰登堡的统治者，也就是一张选票的持有者。西吉斯蒙德极不合法地以代其投票方式将这一票投给了自己。这样，在这几个月极其滑稽的局面中出现了三个皇位声索者，且都出自同一家族。约斯特于1411年1月18日的早逝，瓦茨拉夫的软弱，使得帝国逃脱了一场可能的阴谋与内战灾难。即使如此，西吉斯蒙德直到1414年之后才在亚琛举行了加冕礼。鲁佩特死后八周，又

第十七章 德意志及帝国

一场危机发生了，条顿骑士团军队在 1410 年 7 月 15 日的格伦瓦尔德（坦能堡）战斗中被波兰国王弗拉迪斯劳（1386—1434 年在位）击溃。不但帝国"主权"体，甚至西吉斯蒙德作为匈牙利国王的地位，也因此次失败而受到威胁，因为他这个妹夫（此人作为立陶宛大公与杰德维加结婚，并在皈依基督教后取得了波兰王位）自己也觊觎着马扎尔王位。在随后的（第一次）《托恩和约》（1411 年 2 月 1 日）中，条顿骑士团得到了比期待更多的本不应得到的实惠。除了许多赎金外，它只需交出夹于利沃尼亚和普鲁士之间的萨摩吉坦。在随后一年里，西吉斯蒙德与弗拉迪斯劳达成了一项谅解，旨在保证波兰能够出席教会的大宗教会议。

西吉斯蒙德很快就觉察到能带给"主权"体的好处，为了推动改革，可以恢复皇帝对教会的管理权。但与前任不同，他毫不犹豫地挑战教廷，将自己置于公会议运动的首领位置。比萨教宗约翰二十三世（1410—1415 年在位）屈服于西吉斯蒙德的压力，在康斯坦茨召集了宗教会议，他自己也被迫亲自参加（他是唯一这么做的对立教宗）。约翰于 1415 年被废黜，两年后奥多·科隆纳被选为教宗马丁五世（1417—1431 年在位），恢复了西方基督教世界的统一，这是来自教会内部的改革努力的高峰：其一，宣布公会议决定可以约束所有的基督教徒，包括教宗（1415 年 4 月 6 日《本圣谕》，Haec Sancta）；其二，规定召开经常性的会议来推进改革（1417 年 10 月 9 日弗里昆斯敕令，Frequens）。康斯坦茨宗教会议明确确认西吉斯蒙德为皇帝和教会的保卫者。但就帝国而言，西吉斯蒙德的胜利则要模糊得多。在德意志土地上召开会议，当然表明了皇帝有能力在"靠近"国王的地区按照自己的利益对各个地区进行动员，其结果就是以某种方式来抵消法国人和意大利人对教廷的强势影响。这个会议也让胡斯作为异端被烧死（1415 年 7 月 6 日），这不仅将一个地方性宗教革新运动转变成了一次准民族性革命，而且也促使波希米亚与帝国相分离，使西吉斯蒙德在自己国内维持二十年稳定统治的希望变得渺茫。同时，西吉斯蒙德宣布没收哈布斯堡家族蒂罗尔大公弗雷德里克五世（1406—1439 年在位）在西部的土地，罪名是支持被废黜的反派教宗约翰二十三世，这就打开了在南德意志和瑞士北部恢复皇权的前景。曾几何时，士瓦本和上莱因的奥地利城市被直接置于帝国的管辖之下。最终，西吉斯蒙德太弱了，没有能够阻止这些地产再遭流转；弗雷德里克重新占有了莱茵河以北土地，而哈布斯堡对莱茵河以南土地的领有权，则无可逆转地落入了瑞士人之手。

西吉斯蒙德进一步介入欧洲政治，最多只取得了小小成功。他曾极力阻止立陶宛—波兰与波希米亚形成泛斯拉夫联盟。1429年，他授予立陶宛大公维陶塔斯（维托尔德）一个自己的皇家名号，尽管1420年代初他曾受到来自他所挑选的代理人即霍亨索伦家的弗雷德里克的王朝计划的阻碍，但他对此全然不顾，还让其次子与波兰女继承人杰德维加通婚。相反，他在法国内战期间和贞德势盛之时蹚法国政治之浑水显然是不恰当的。西吉斯蒙德企图玩法国、勃艮第和英格兰于股掌之中，挑起它们相互争斗，但这没有带来任何外交利益。相反，他们却没有能够防止勃艮第公爵好人菲利普（1419—1467年在位）兼并帝国采邑。此人在1429—1433年相继夺取了布拉班特、林伯格、埃诺、那慕尔、荷兰和西兰。1437年曾疯狂组织军队抵抗勃艮第，但该尝试在一次短促出击林伯格公国的行动中先赢后输。对勃艮第扩张的虚弱反应，暴露了帝国军事组织的弱点，它在胡斯战争中未曾有过任何改进。西吉斯蒙德自己仅参加了1420年的第一次十字军讨伐行动；在随后的四次进攻战中，以1431年8月14日的多马兹利克（陶斯）之战耻辱的失败为顶点，皆因诸选侯未曾履约，他们组建"宾根的选帝侯联盟"（Kurverein，1424年1月17日）目的是建立一条对抗胡斯党人的统一战线，当时胡斯党人正在袭击萨克森、法兰克尼亚和下巴伐利亚。但这个选侯群体内部也有分歧，尤其美因兹选侯和行宫伯爵选侯路易三世（1410—1436年在位）之间敌意不断。后者反对西吉斯蒙德1422年趁他缺席时挑衅性地任命其新的大主教道恩的康拉德（1419—1434年在任）为帝国代理人，这一职位路易比较公正地认为应是行宫伯爵选侯的特权。结果，胡斯战争落入老套：形式上基本还是旧时十字军风格，没能给军事组织和军事技术带来任何进步，也没有在这里发展出帝国的常备军。这与法国形成截然对照，查理七世（1422—1461年在位）在此期间创立了常备骑兵队，以对付雇佣兵"剥皮者"（ecorcheurs）的暴行。胡斯战争对巩固帝国的贡献在于其他方面：设立了计划征收帝国普通人头税的份额清单，所有15岁以上基督徒和所有犹太人都需缴纳。这些财政改革

（虽然没有实施）标志着在通向"共同便士税"的漫长道路上迈出了跟跄一步。该普遍税法案最后在1495年沃姆斯帝国会议上通过。

西吉斯蒙德任内皇室权威在"治权"上的孱弱，在他促进公正与公共和平的计划里有生动揭示。国王自己的高等法庭（Hofgericht）因距离遥远而无效，因为它得跟随国王而移动，无论怎样，选侯与大诸侯长期拥有可以免于被传唤到庭的豁免权。相反，西吉斯蒙德选择鼓励原告向私人上诉法庭（Veme）起诉，该法庭源起于威斯特伐利亚的自由伯爵法庭。由于开庭是秘密进行，故而这些法庭很快就得到了恶名；事实上，危险更在于案件量大增，从而导致自相矛盾和明显的随意性判决。私人上诉法庭于是变成了诸侯和城市日益仇视的目标。该法庭自1430年代开始衰落，其职能被皇家法庭（Kammergericht）所取代，后者在西吉斯蒙德统治的末期已取得制度上的认可。它的发展应大大归功于国王财政大臣康拉德·冯·维因斯伯格，他在第一时间就恢复了士瓦本和阿尔萨斯已被割裂的帝国邑地和抵押地。这个冠之以"收复失地"的政策，只是西吉斯蒙德针对帝国直领地和直系臣属重申主权的广博决心的一个方面而已。一方面，他结束了对帝国城市的抵押（虽然它们的岁入仍然不时用作抵押）；另一方面，他挑选一些帝国骑士，在那些"靠近"国王的地区作为皇权代理人行事。特别是1430年代，他极力建起骑士大联盟，包括了士瓦本圣乔治盾牌骑士、法兰克尼亚小贵族和巴伐利亚独角兽骑士联盟。这些努力创立了一个反对日益扩张的领土诸侯的堡垒，必须要说的是，更成功的还是西吉斯蒙德在其统治早年极大地利用褫夺公民权（Acht）来对付强势的臣属，如蒂罗尔的弗雷德里克。西吉斯蒙德一直没有设法解决公共和平事务，只是到1434年，他才根据早年计划拟定了一个16条款方案，将帝国划分为四个司法巡回区。由于这些司法区冲击了诸侯们的领土司法权，这一计划很快便半途而废。在三年后的切布（埃格）帝国会议上，诸侯们提出了相反提案，既将领土主权看作他们的起点，同样也招致了皇室的不满。巴塞尔宗教会议上的争吵，使得皇帝和诸侯都有所分心。这次会议重新挑起了公会议与教宗权威之间的斗争，将德国教俗诸侯与皇帝之间的原有紧张关系公开化。这些事情还未解决，西吉斯蒙德就于1437年12月9日在波希米亚南部的兹诺伊莫（兹奈姆）死去。

虽然西吉斯蒙德挑选了他的女婿、上下奥地利的阿尔伯特公爵作为自己的继承人，但其挑选并不意味是预设结局。勃兰登堡老迈的弗雷德里克一世，作为地位最高的选侯，怀有做皇帝的念想。以科隆大主教为首的西部各选侯，则想把皇位献给勃艮第的好人菲利普。阿尔伯特当选，最终归因于这种可能性，即他在匈牙利和波希米亚继承权方面的困难，能防止他过于严密地干预皇室领地之外的帝国其他地区事务，也同样归因于在自负而又反复无常的西吉斯蒙德之后，他所拥有的不容置疑的个人品格。这一点也的确得到了证明。阿尔伯特被匈牙利贵族选为国王，并于1438年1月1日在斯泽克菲黑瓦尔加冕。但他很快就需对付土耳其人跨过多瑙河进行的大规模骚扰。相反，他的当选在波希米亚引起了少数人争议，他们寄希望于由一个波兰人来担任国王。皇室领地上的这些问题，在15世纪剩下的日子里将会使他的继承人烦恼不已。在位的20个月里，阿尔伯特从来没有巡行过帝国内地。他做的却是，将波希米亚财政大臣卡斯帕尔·施利克派往纽伦堡的帝国议会，听取选侯们对帝国改革的建议。但在谈判中引人注意的是，阿尔伯特自己的皇室领地包括奥地利公国，并不在议事日程中。还未等达成任何协议，阿尔伯特就于1439年10月27日在塞尔维亚与土耳其人作战时因感染痢疾而死。

他的表弟弗雷德里克，这个施蒂里亚、卡林西亚和卡尼奥拉诸边远省份的统治者，被一致推选为"罗马人之王"。这彰显了选侯们的愿望，既在他们自己和皇帝之间设置一个安全距离，虽然他们也始终担心皇帝会有意忽视皇室领地之外的帝国其他地区（*Binnenreich*）事务。在这一点上他们成功了，因为弗雷德里克在其53年的统治中只将一小部分精力放在西部事务上。这些年里王朝和"治权"的活动范围差异巨大，这可从各自都建立了独立的皇家法院来证明，一个主要适用奥地利皇室领地，另一个则覆盖帝国的其余地区。弗雷德里克对波希米亚和马扎尔王位的要求，因阿尔伯特遗孀遗腹子拉迪斯拉斯在弗雷德里克当选三周后出生而复杂化了。在接下来的12年里，皇帝将拉迪斯拉斯作为被监护人放在宫里当人质（实际上就是囚犯），用于多瑙河政治博弈中。但他的首要关切是强化对奥地利自身本不牢固的控制。1371年，奥地利的版图分为两个支系，即阿尔伯特支系和利奥波德支系；紧跟着在1411年，后者又分为施蒂里亚和蒂罗尔两个分支。因此，弗雷德里克便面临着来自各方的诉求，这些诉求已在各敌对方之间引起了严重内战。弗雷德里克作为拉迪斯拉斯的保护人可以治理（pro tempore）阿尔伯特支系（即上奥地利公国和下奥地利公国）的领土，但在利奥波德支系的版图上，他就得与其弟阿尔伯特四世的野心竞争。他曾于1446年被迫授予阿尔伯特外奥地利土地（Vorderösterreich）的管理权。他同奥地利各等级的关系也不轻松。即位一年时即遇到维也纳的一次起义，反对他将阿尔伯特国王的债务转移给公国各等级的计划。在各等级看来，一个施蒂里亚人将他们置于无序状态，是非常令人愤怒的事情，因而他们于1452年发起了对弗雷德里克在维也纳新城（当时属于施蒂里亚）住处的围攻。九年后，在阿尔伯特公爵的煽动下，这些人再次在维也纳围攻弗雷德里克。只是1457年遗腹子拉迪斯拉斯和1463年阿尔伯特公爵的死亡，才使得弗雷德里克获得了对奥地利心脏地带的控制权。即使在这时，蒂罗尔和外奥地利土地也处在倒霉的西吉斯蒙德大公统治之下，直到他最后于1490年退位养老。这些国内难题对理解一个其动机和政策总被认为是难以捉摸和动摇不定的国王极为关键。奥地利家族王朝地位的巩固，表明他之所想是无可置疑的，即便他酷爱写成神秘花押字AEIOU的伟大名言"奥地利是世界帝国（Austriae est imperare orbi universe）"也只能被归为个人自负。然而直至1452年他36岁时，弗雷德里克一直没结婚（结婚是任何王朝延续的前提）。他的新娘埃莉诺来自葡萄牙阿维斯王族，为他带来的利益只是些丰厚的嫁妆而已。而且，也只是在弗雷德里克拒绝与法国、萨伏伊和卢森堡结成颇有希望的联盟之后，婚约才最终缔结。相反，责备弗雷德里克忽视帝国（轻视选侯们的两面态度）并没有抓住重点，他的统治可分为几个阶段，只是在其中的1452—1471年这一阶段中，才可以说他已完全退居家乡施蒂里亚。可是这种退居极令人困惑，因为这个新婚的弗雷德里克已在罗马由尼古拉五世加冕。1452年前，尽管弗雷德里克在1444年后没有驾临过王室领地之外的帝国其他地区，但他在帝国事务中肯定是活跃的。

易于以傲慢姿态看待自己权威的弗雷德里克感到，调节与教廷的关系比起鼓励公会议的事业来，更有利于他的帝国权力，何况后者越来越不可信任，并日益败落。尽管选侯们宣称中立，但他们中大多数倾向于受巴塞尔的公会议主义者支持的反教宗菲力克斯五世（1439—1449 年在任）。此人作为萨伏伊的前阿玛迪斯伯爵，曾与他们同为帝国的诸侯之一。然而谨慎的弗雷德里克推动他们去接受尤金四世（教宗）。谈判在 1448 年尼古拉五世（1447—1455 年在位）主持下的维也纳和约中成功告一段落。这一和约被帝国境内的所有等级适时接受，其效力一直持续到 1806 年。尽管其条款对诸侯"库里亚"（curia）更加有利，胜过了 1438 年法国那个大致相当的布尔日国事诏书——但该诏书没有废除教宗的圣职预任权，而大部分主教区的教士仍须向罗马缴纳"首任税"（annates）——和约确认了三年前就已达成协议的弗雷德里克对其奥地利辖区的主教任命权，从而为世俗诸侯在自己领地内行使同样权力铺平了道路。弗雷德里克将棘手的教俗关系事务，颇为娴熟地转化为对自己有利：和约是在没有各等级干预下达成的；它为四年后他自己加冕称帝奠定了基础；它也见证了谈判期间他的秘书和最信赖的幕僚埃涅阿斯·西尔维乌斯·皮科洛米尼随后作为庇护二世当选为教宗。而条约的失败则主要在于没有能在德国土地上发起彻底的教会改革；普通俗众对教界诸侯的封建权力颇为忿噪，而后者也同样蓄积着自己对罗马的不满。

弗雷德里克打理帝国事务的自由，从一开始就被经费长期匮乏所限制。西吉斯蒙德皇帝之前就抱怨，他从皇土（Reichsgut）上所得收入，每年最多也就 13000 吉尔德（佛罗林），可他至少还是个富裕王国匈牙利的统治君王。弗雷德里克没有这样的资源，尽管他与尤金四世的和解让他在 1446 年得到了教宗加冕的保证和 10 万佛罗林的报酬。而在自己的公国里，他促进了卡林西亚阿尔卑斯山区铁矿和铅矿的开采，以及奥西地区的盐矿建设，但来自蒂罗尔矿山的皇家收入规模更大，在他有生之年却从未被他掌控。弗雷德里克来自王室领地的收入很难估计。他继续着西吉斯蒙德收复失地的政策，重新赎回了许多帝国城市的抵押性收入。同时，他实行了可量化的财政政策，如向那些重续自由的城市征收更高的税费，或以赐给额外特权方式来换取其岁收的分成。但是，从帝国城市那里征得的收入和从犹太人那里征得的税收（事实上，这是德国尚存的唯一的皇家收入），又常常抵押给了他自己的幕僚，或允诺给了债权人。单是帝国世袭的元帅海因里希·冯·巴本海姆个人的酬劳，就被认为花掉了王室领地常规收入的相当一部分。政府官职经常出租给任职者：卡斯帕尔·施利克曾为大法官职务每年付出 10000 佛罗林，但即使这样还得将因大法官事务而获得的财物分一些给皇帝本人。随着其统治期的慢慢推进，弗雷德里克越来越有赖于那些非常规的收入来源。他大规模地出售封建名号、贵族特权、司法权和行政职位。他也颁赐免除兵役权以换取数额巨大的补偿。例如 1470 年，美因河畔法兰克福愿付 2500 佛罗林，以求免征一个分队兵员去对付行宫伯爵选侯，但弗雷德里克索要 8000 佛罗林（最后他仅收到了 1500 佛罗林，称之为"贷金"）。只要价格合适，他甚至愿意取消放逐令。靠这样一些途径，弗雷德里克在统治期间获得了相当大的财富，但又丧失掉了。其中大部分收入都进了他的下属囊中，余下的则在与勃艮第"大胆"查理、匈牙利马加什·科文努斯的战争中消耗掉了。弗雷德里克的年收入能否比得上那些富裕的德意志诸侯（如行宫伯爵选侯，或巴伐利亚—兰茨胡特公爵），值得怀疑；更不用说法国国王或勃艮第公爵了。然而，财政问题的解决需要付出高昂代价。官员的贪婪和腐败，弗雷德里克本人无耻的取利，既损害了君主地位，也损害了司法声誉。

在其最初的统治期间，弗雷德里克并非毫不关心德意志的公共秩序和福利。在 1442 年的法兰克福帝国议会上，他明确提出了帝国和平法令整体方案，称为《弗雷德里克改革法案》（*Reformacio Friderici*），它远超出了由联盟（*Einungen*）制定的地区性和平条约。在其实施中帝国城市是一个幕僚角色，他们迅速利用这一身份要求成为全权资格的等级（*Reichsstandschaft*），但是没有成功。这一动议的失败在于皇帝不希望有任何制度化的法律实施形式，因为它作为司法的源泉将背离皇帝的权威。该世纪中叶选侯们提出一个反提案，要求帝国议会能作为永久性上诉法庭，权力与巴黎的议会或教宗法庭相当，由帝国税收的财政支持，但弗雷德里克唯一的反应就是宣布另一个《永久和平法案》（*Ewiger Landfriede*），并在 1465 年将之升格为帝国法律。弗雷德里克本人关于皇家司法的概念逻辑，使得他在两年后更为高调地宣称公共和平，依此违法者将被认定为反君主（*lèse-majesté*）罪，自动给予驱逐和没收财产的惩罚。然而，这一举措的含义太深远了，如若实行，将会使诸侯们在自己领地内加强权力的行为面临危险，因而弗雷德里克在 1471 年被迫废除了这一敕令。这样，维系帝国公共和平便转化为对地区的责任，最明显的是士瓦本各等级的努力，他们在皇帝最亲近的幕僚豪格·冯·维登伯格伯爵的建议下对抗巴伐利亚的扩张，这种努力在1488年建立包括有贵族、主教、骑士和城市的士瓦本联盟时达到了高潮。

士瓦本联盟的组成极具意义，因为它第一次将诸侯和城市组合在一个共同的防御性同盟里（真的，这不容易）。帝国境内的无法无天状态，在该世纪中叶达到了顶峰，这时已转向了诸侯和城市之间的敌对。在那些争斗中，诸侯往往并不是挑衅者。科隆大主教莫尔的迪特里希（1417—1463年在任）试图将自己的版图辖权扩及整个德国西北部，这一权力开始于授给其兄弟们以相邻的帕德博恩、明斯特和奥斯纳布吕克等教区，但他的扩张最终导致了公开的战争，因为其时威斯特伐利亚地区的领土城市索伊斯特于1443年违抗了他的司法权。随后的冲突持续到1449年，双方都力量耗尽，索伊斯特归入了克勒维斯公国。但这没有阻止迪特里希发动另一次同样无效的战争。其兄弟1450年死后，他仍力图控制明斯特教区。这次战争又一次以科隆大主教失败、克勒维斯建立对这一教区的权力而告结束。同样，南德意志地区也发生了勃兰登堡的阿尔伯特·阿基勒斯（1437—1486年在位）与纽伦堡城之间的冲突，后者的乡村领土将安斯巴赫和贝娄思的总督辖地分裂。法兰克尼亚和士瓦本的强大城市是诸侯们的肉中之刺，因为它们愿意将市民权颁给领主们的封建臣属；而城市，则抗议对他们贸易活动的干预、商路上的杀人越货和过度征收关税。早在1466年，南部31个城市就组成了互助同盟，但所谓"第二次城市战争"（1448—1453）暴露了它们无法维持一个统一战线。它们毕竟是商业内部的对手。该世纪中叶后，正是强大的威特斯巴赫诸侯如巴伐利亚—兰茨胡特公爵富人路易（1450—1479年在位）、行宫伯爵选侯胜利者弗雷德里克（1451—1470年在位）等人的版图野心极大地威胁着帝国本已很脆弱的政治稳定。当然，1471年皇帝宣布弗雷德里克是一个违法者，他的选侯资格予以取消，不过这一敕令从未实行过。尽管诸侯之间敌对严重，也没有能阻挡各自领土内法律和命令的有效实施，就像霍亨斯陶芬的弗雷德里克二世所为，他在1440年后镇压了勃兰登堡总督区贵族的暴乱。

1450年后二十年里，皇帝忽略了除王室领地之外的帝国其他地

第十七章　德意志及帝国

区，结果引发了好几个废黜他的图谋。作为一个备选，美因兹大主教的谋臣马丁·梅耶博士（或梅尔，约1420—1480）于1457年建议推选行宫伯爵选侯胜利者弗雷德里克为"罗马王"。这一做法是非常不合适的，只有君主的儿子才可这样。但在王室领地上，皇帝的政策还是有些效果的。遗腹子拉迪斯拉斯死后，弗雷德里克通过《维也纳新城条约》（1463年8月17日），将自己的皇家名号加于匈牙利国王；该条约还进一步承诺，只要马加什·科文努斯死时没有法统纠纷就允许他继承王位。1471年，中欧的力量平衡严重脱离了皇帝控制，因为土耳其人侵入了他的故乡施蒂里亚，而科文努斯则占据了波希米亚王国的东部省份。弗雷德里克于绝境之中不得不亲自争取聚集在雷根斯堡议会和奥格斯堡议会周围的各等级的支持。同时，弗雷德里克在西边又面临着勃艮第"大胆"查理（1467-1477年在位）对列日主教区、盖尔德斯公国和祖特芬伯国的赤裸裸侵犯。弗雷德里克所为完全符合他的性格特点，即最初通过选择和谈来规避危险，而不是动用军队。他在查理面前以"罗马王"王位作诱饵，或创建一个独立的勃艮第王国作为帝国采邑，以换取马克西米利安与查理的女儿玛丽亚结婚。但是，当谈判于1473年在特里尔拖延下来时，弗雷德里克则表现了无可置疑的精力，组织了一支由40000个封建附庸组成的军队去解救勃艮第人包围的科隆之西的纽夫，公开宣称勃艮第人正在威胁"神圣帝国和德意志民族"。在那些政治民族利益处于危难的时刻，皇帝对它们爱国热情的动员能力再次获得了成功确认。但这种胜利转瞬即逝，因为皇帝没有将它们的热情转化为支持行动，来对抗更为遥远的科文努斯。此人在1477年后公开发动对奥地利本土的战争，迫使皇帝逃离故园，孤独而贫困地待在东部。主动权转移到马克西米利安手中，他为取得西部遗产而斗争，最终维护了旧皇帝的王朝眼光，创建了真正具有欧洲性质的哈布斯堡勃艮第—奥地利帝国。

　　在整个15世纪里，帝国的公共权威问题使当时的人们颇长见识。在讨论帝国改革事务中，教士、法学家和政治作者们在无数小册子和宣言书中举起了一面面时代的镜子。然而镜子中更多地是反映文艺复兴对国家建设乌托邦模式的幻想，而不是对"王国—帝国"二元主义制度所隐含意义的真实理解。许多人设计由主教们来治理帝国，从《西吉斯蒙德皇帝的改革》（1439）的匿名作者往前回溯，中经库萨的卡迪纳尔·尼古拉（1401—1464）的《论天主教的和谐》（1433），直到1417年巴拉丁法学家乔布·韦纳尔博士（1370—1447）提出的建议，甚至可以前推到更早的14世纪晚期。同理，司法管理也将下放到地方，一个金字塔式的法院结构呈对称式的梯级排列。这些管理蓝图实质是追求更好政府的规划，而不是社会叛乱的号角声。只有《西吉斯蒙德皇帝的改革》（可能由出席巴塞尔宗教会议的一个教士所编写）走得远一点，它要求教会诸侯世俗化，要求禁止资本主义实践，禁止废除农奴制。不过，该书一直没有受到重视，直到1476年才第一次出印刷本。当然，此后它的大量版本出现表明，它在极大程度上拨动了德国大众的心弦。从《西吉斯蒙德皇帝的改革》，到15世纪中期后预言文学的泛滥，再到1500年前后所谓"上莱茵革命者"的不寻常的《百章手册》，这些有眼光的著作所持续关心的，是强化君主制，认为一个新皇帝应该雄起，扫荡那些傲慢的、自私的诸侯和教士，这样才能恢复日耳曼民族的繁荣与和平。更冷静的声音则认为政治权威的问题根源在别处：不在于君主与政治民族之间的简单对立，而是帝国内不同等级对政治代议制的不同要求的竞逐，或许还包括各个地区对核心地位的争夺。在该世纪初，改革建议集中于国王——皇帝与选侯们的关系调节上；但到了该世纪中叶时，马丁·梅尔已经认识到，如果没有领土诸侯们作为一个整体参与，帝国将无法统治。他在1458年征收帝国普通税的计划里承认，计划的成功有赖于帝国境内四个主要王朝的一致行动，即哈布斯堡、威特斯巴赫、霍亨索伦和韦廷，他们既统治着选侯国，也控制着非选侯地区。他的方案里没有列入三位教会选侯，说明他们的影响在这个世纪里已大为下降。

15世纪德国世俗大诸侯地位的巩固，显示了某种制度和政治特征，这在欧洲其他地方标志着民族国家诞生。但是，这种巩固很少是基于购买或征服土地的有意的"版图"思想的表达，相反，诸侯们是在追求一个更为传统的王朝目标，即通过转让、婚姻和继承协议、抵押等方式，增加自己的可世袭财产。举一个例子。小领土诸侯黑森在该世纪里成功地将自己上升为大诸侯，主要依靠其1450年将隔在上黑森和下黑森之间的兹根海因伯国转变为封建附庸，以及1479年通过继承权而获得卡兹内恩博根伯国，从而控制了莱茵河上具有战略意义的关税站。诸侯们依然将自己各种土地视为可世袭财产,每一个男性继承人都可提出继承要求。析产法更为常见,长子继承制在 16 世纪以前则不大流行,而削弱诸侯的原因更多的不是析产制存在的事实而是其存在的环境。南方的巴伐利亚先是在 1445 年之前被分成了四份,然后又被分成三份,随后又由威特尔斯巴赫的两支后代即兰特和慕尼黑所统治。但即使这样也不能阻碍巴伐利亚—兰茨胡特公国这样一个富裕的农业国家在帝国事务中扮演着重要角色,因为它坐落于哈布斯堡领地区的边界上,离皇帝"很近"。相反,北方布伦瑞克令人尊敬的威尔夫(或圭也夫)公爵,眼睁睁地看着其领地因多次析产而支离破碎,只剩下卢嫩堡作为资深的帝国诸侯还具有一定影响。还有,布伦瑞克离帝国的心脏地带太遥远了,因而几乎不能产生更多的政治影响。无论怎样,析产制并不需要打乱现有的管理行为,或妨碍相近各支系在共同关切事务上的合作。例如萨克森,在该世纪中叶内战之后,含有独立国库的中央和地方政府,在阿尔伯提和厄内斯坦因公爵领地分别建立起来之后,在 1485 年韦廷领地析分后仍然保留了下来。而且,1499 年还在瑙姆堡召开了两地议会的联合会议,听取针对萨克森主教的诉冤,考虑教会改革方案。虽然 1500 年前长子继承制只在一个德意志领主诸侯那里确立——即符腾堡,它在 1482 年主要通过《明兴根条约》(Treaty of Münsingen)将斯图加特和乌拉奇两支重新统一了起来——诸侯们还是努力用其他手段来保持自己的领土完整。1473 年,阿尔伯特侯爵阿基勒斯对其家族中的继承做出了规定,做法是具有选侯资格的勃兰登堡侯爵领地必须完整保留在长子手中,而安斯巴赫和贝柳思则通过抽签传给两个幼子。事实上,长子继承制在 1599 年前的勃兰登堡没有正式形成约束力。在行宫伯爵领地(按照 1356 年的黄金诏书,其作为选侯国是不能分割的),胜利者弗雷德里克被迫做了一个更绝望的设计。在 1452 年 1 月 13 日的僭越行动中,他宣布自己为摄政侯,过继侄儿菲利普作为封号继承人。该人只是个小贵族,仍为单身,没有后代。这样一个制度上的巧妙设计为其他选侯所接受,但被皇帝所坚决拒绝,他正想废黜弗雷德里克。

当然,教会领主不会受到析产制的威胁,因为他们不奉行家族继承的原则。虽然科隆莫尔斯的迪特里希的图谋表明这些原则不是绝对化的，但教会诸侯还是长期屈从于做一种事实上（de facto）的陪臣，借此世俗领地统治者用扩张他们自己王朝政策的方式，在邻近教区安插自己的亲属和主要谋臣。典型的例子就是行宫伯爵选侯国。那里的司法大臣，马赛厄斯·冯·拉蒙于1464年被指定为斯派尔主教，他的继承人约翰·冯·达尔伯格于1483年成为沃姆斯大主教，而这两个人都保留了他们的俗界职务！在科隆，当莫尔斯的迪特里希死后，胜利者弗雷德里克于1463年让其弟鲁佩特成为大主教。而鲁佩特远没有恢复大主教区的荣耀，而是将其带入了混乱。他邀请"大胆"查理前来介入对付反叛他的大主教堂教士团，这就招致了1474—1475年对纽夫的致命围攻。另两个大主教选侯中，美因兹蔓延无边的大主教权，在该世纪初因拿骚伯爵的诡计而被削弱；后来它又花费了大量财力来抵御俗间掠夺者（主要是黑森和行宫伯爵），到该世纪中叶它几乎破产（如同科隆一样）。在该世纪末帝国改革的进程中，美因兹著名大主教亨尼勃格的伯特霍尔德（1484—1504年在任）的参与，可能是出于拯救或掩盖美因兹主教权崩溃的需要。第三个教会选侯特里尔大主教，在这个世纪里经历了更为平静的过渡，但它太小了，受勃艮第的影响太大了，难以对帝国政治产生更多影响。此外，主教区版图一般都受到它们自身选侯性质的阻碍。主教与其教士团之间的冲突会引起更广泛的政治不稳定，这已由该世纪无数的教会争斗（Stiftsfehden）所证明。总之，当不实行析产制使得教会领土得以保存，不至于陷入四分五裂时，不实行王朝政策也使它们在与世俗诸侯的公开争斗无法增强自己的力量。条顿骑士团则是完全不同的命运。随着立陶宛皈依基督教，骑士们失去了他们的领地基础（raison d'être），骑士团日益变成一个帝国南部和西南部贵族幼子们的避难所。骑士团在格伦瓦尔德的失败，花掉了大量赎身金，这也只能在诸侯帮助下才能筹足。但骑士们的心态既落后又排外，难以形成一个体制能让当地贵族和城镇在政治上发声。骑士团与诸侯之间的十三年战争，于1466年以缔结第二次《托恩和约》而结束。骑士团被置于波兰控制之下，其版图也被分成互不相连的两半："西"普鲁士，即其起源地，和利沃尼亚，由一个独立的"大主"（High Master）统治。普鲁士版图世俗化后，条顿"大主"的职位被"日耳曼大主"即骑士团中日耳曼骑士队首领所僭取。骑士队在帝国中是一个独立实体，组成了 12 个"贝里威克"(bailiwick)。

不过,条顿骑士团虽于 15 世纪在政治上解体了,但其在会计和地产经营方面的开创性的成就不能抹杀,没有这些东西,其版图就很难巩固。骑士团的《大租金书》(初编于 1414—1422 年,重编于 1437—1438 年)或许就是一个墓志铭,记载了租金的消失与财产的废弃,但其规模和精确度则是前所未有的。紧跟着,骑士团在德意志人许多版图里,特别是萨克森地区和巴伐利亚地区,建有许多领地岁入(*Rentmeister*)征收办公机构,不过财政署(*Kammer*)的建立通常要稍后一点。而且,诸侯们的关注面也在这个世纪里扩宽了,从狭隘的财政金融——税收、关税、矿产、货币,到更宽泛的公共福利事务,并上升到经济和社会立法,用当时的话说就是"好政策"(*gute Polizei*)。到 1500 年,有 13 个领地诸侯颁布法令,改善司法管理,促进公共福利,许多其他领地在下个世纪里也纷纷效尤。③ 相应地,要能监督和实施这样一些法令规定,也需要建立一个地方和中央的官员网络。由拿薪官员组成的领地官僚机构的发展,无疑是这个时代的标志。但需要记住的是,这些职员在诸侯宫廷里处于社会等级底层;他们撰写的大量文字记录不能当成真实的行使权力的反映。这种权力仍然是诸侯在机密场合通过口头指令传达给贵族近臣。不论怎样,一个专业官僚阶层的崛起是毫无疑问的,他们多为市俗出身,受到成文民法("罗马法")的训练多于日耳曼习惯法。为了培养这些人做臣子,诸侯们在自己领地里创建大学:1380 年至 1480 年,帝国境内共建立了 12 所高等学校(若与人口指数相联系,其比例在这一时期仅次于苏格兰),还有几所在筹建。④ 不过,只是到了 15 世纪中叶,与教会法相对立的市民法才在大学课程中占主要地位。

在许多地方,诸侯权力的集中伴随着地域等级阶层的成长。这些

---

③ 颁布相关法令的有图林根(1446)、下黑森(1455)、巴伐利亚—兰茨胡特(1474)、行宫伯爵莱茵区(1475)、萨克森(1482 和 1488)、蒂罗尔(1487)、列日(1487)、巴登(1495)、符腾堡(1495)、上黑森(1497)、纳索(1498)和巴伐利亚—慕尼黑(1500)。
④ 这些大学相继于 1381 年建立于海德堡(为行宫伯爵)、1388 年建立于科隆(由城市所建)、1392 年建立于埃尔福特(为图林根)、1419 年建立于罗斯托克(为梅克伦堡)、1425 年建立于卢万(为布拉班特)、1454 年建立于特里尔(为选侯)、1456 年建立于格赖斯瓦尔德(为波美拉尼亚—沃尔加斯特)、1457 年建立于布赖斯高的弗赖堡(为外奥地利)、1459 年建立于巴塞尔(由城市所建)、1459—1472 年建立于因哥尔斯塔特(为巴伐利亚—兰茨胡特)、1476 年建立于图宾根(为符腾堡—斯图加特)以及 1476 年建立于美因兹(为选侯)。有关这一时期欧洲大学的建立,参见前文原书,第 220—221 页。

等级是最坚定的领土完整捍卫者,他们反对抵押和析分。在教会诸侯国里,各等级常被强势的贵族式教士团所左右。例如科隆,莫尔斯的迪特里希失治之后,教士团甚至想设立一个永久性领地议会,与大主教平分领地治理权(因此行宫伯爵选侯鲁佩特在 1470 年代攻击该教士团)。在各个世俗诸侯领地,领地各等级的构成和能力各不相同。在那些诸侯主要依靠自己收入的地方,不论这些收入是来自领地和关税(如行宫伯爵领地),还是来自国王的经济权利(regalian)(比如在萨克森),他能够经常根据需要召集各等级投票征税,在这种情况下,领地各等级在政治上显然较弱。在君主年少或领土分裂的情况下,他们可以短时地发挥自身作用、展现自己,但当恢复了统一和稳固的统治时,各等级的力量又降低了,比如黑森侯爵伟者菲利普(1518—1567 年在位)在其漫长未成年期之后的统治中便是如此。在巴伐利亚,贵族等级在分裂年代里控制着二元议会,但 1503 年重新统一的公爵领地建立了强大的中央管理机构、压制了地方贵族的司法权后,各贵族的影响便日见削弱。相反在符腾堡,由于乌尔利希公爵(统治期为 1503—1519 年、1534—1550 年)基本失治,促使领地各等级积极参与政治,并获得了图宾根条约的正式承认(1514 年 7 月 8 日)。

符腾堡是若干德意志人领地之一,主要位于南方,其城市和农民的利益都能在等级议会里得到充分代表。符腾堡的平民议会(Landschaft),基于该公国的行政区(Amter)划分,各区由一个小城市和周围农村组成。当然,只有城市显贵才能在领地议会里发出有效声音,而非普通人。在其他地方,平民组成了一个政治等级,如萨尔茨堡教会诸侯领地(那里的平民议会曾于 1462 年反抗大主教),又如巴登伯国(那里的第三等级仅由农民构成),以及奥地利的蒂罗尔伯国(那里共有四个等级,城市和乡村的平民各单独构成一个等级)。领地等级议会中的平民成员在南德意志较多,绝非偶然,因为那里的乡村公社(Gemeinde)作为政治团体已经高度发达。的确,在 15 世纪里,南方的许多乡村公社都积极谋求扩大自己的权力,希望也能控制堂区的管理权。这些共同权利亦以惯例形式(Weistümer)固定下来,其中排除了封建领主所要求但被农民所否定的杂税。在那些惯例较少的地方,如德意志北部和东部,村庄作为政治团体的地位很弱,没有平民议会（当然，弗里西亚和迪特马尔申除外）。南方较小的诸侯，如分散于士瓦本各地的那些修道院领地，在该世纪末时，经农民年复一年地反对封建义务，在有些特殊情况下成功地与自己的领主签订了"领主条约"（Herrshaftsvertrage），领主对农民共同体的要求做出了相当大的让步。但是，在以司法权分化和细化为特征的南德意志大部分地方，不可能以整个领地为框架建立平民议会来表达平民意志。在这种情况下，他们自然会代之以更松散的合作联邦形式，瑞士联邦便是其标志。它似乎可以作为一个永久性的提示：君主和等级的二元制度表明，15世纪帝国政治的巩固并非德意志通向现代的唯一道路。

汤姆·斯各特（Tom Scott）

刘景华 译

第 十 八 章
胡斯、胡斯派和波希米亚

15 世纪初,波希米亚国王和贵族争夺各自认为的王国利益。到 1405 年,贵族们已经中止了瓦茨拉夫四世(Wenceslas Ⅳ)为争取中央集权所做的努力,在很大程度上掌控了政府。很快,扬·胡斯和他的追随者们就开始呼吁教会和宗教生活的改革。胡斯的追随者也试图把这一政治体制内所有社会组织都动员进来,扩大到包括他们所在的城市和乡村的平民机构。出于对基督教信仰和上帝律法的特殊理解,波希米亚社会各阶层都有共同的信仰,都讲同一种语言——捷克语。不过,传统对他们而言过于沉重。到了 1434 年,贵族已经击退了激进分子,到 15 世纪末,重新统治了国家。呼吁主权在民的声音平息了。

第一节 社会

波希米亚王国与摩拉维亚、西里西亚、上卢萨蒂亚和下卢萨蒂亚一起,组成了圣瓦茨拉夫统治下的五省联合。这片土地上的人包括捷克人、德意志人、波兰人、卢萨西亚塞尔维亚人和犹太人。到 15 世纪初,波希米亚的贵族法庭和城市议会使用捷克语记录公事;年代史编者用捷克语记录历史;宗教作家用捷克语宣扬信仰。革命时期,神学家使用捷克语表达短语和抽象概念的细微变化,此时捷克语逐渐得到认同。其他人用捷克语激励人们奋起改革,进行革命,在普通人中间建立起民族意识。在 15 世纪初,多数德意志人住在边缘地区,但在一些内地城镇,诸如库特纳霍拉(Kutná Hora),即使捷克人口占

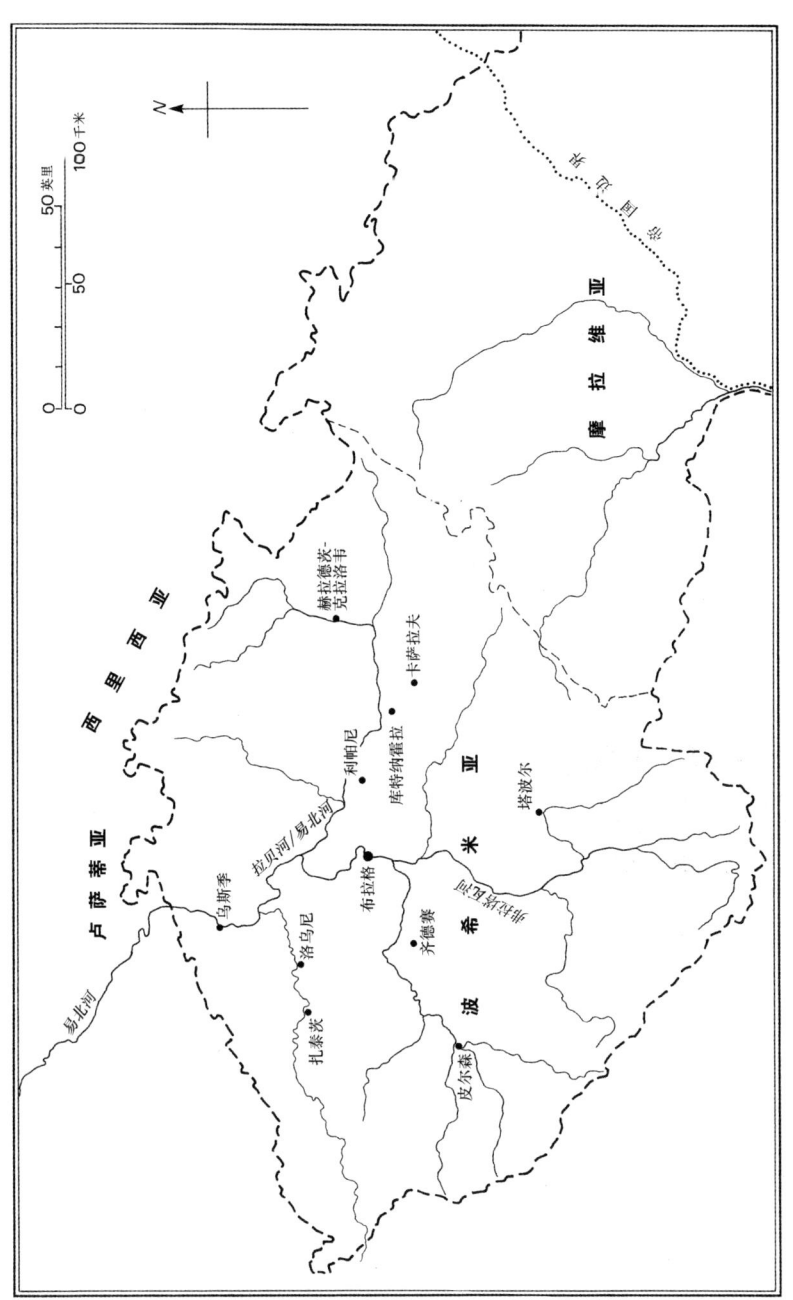

第十八章 胡斯、胡斯派和波希米亚

地图 7 波希米亚

多数，但政府仍掌握在德意志人手里。在布拉格，一些手工业和商业有种族的区分。但是在重要的纺织业中这两个种族力量均衡。布拉格旧城政府掌握在德意志人手中，尽管1408年前，这种情况没有激起什么不满，但此时，这种状况阻挠了胡斯和他的追随者掀起的宗教改革运动。

经济生活状况存在问题。波希米亚在14世纪中期黑死病的重创，以及随之而来的人口恶性减少中挺了过来。但瘟疫于1380年、1395年和1413—1415年多次来袭，破坏性很强，造成1380—1420年人口全面下降。特别是农业生产者受到伤害，其产品价格还抵不上劳动力成本。消费缩减也影响商业和手工生产。[1] 皇家内部争权夺势的斗争，以及国王和大主教之间、国王和贵族之间的争斗，也严重影响了经济发展。1400年，当德意志选帝侯们废黜了瓦茨拉夫的德意志帝国帝位时，王室法庭离开了布拉格，不再保护这里的企业家和手工工匠。经济增长主要依靠国内贸易，因为捷克产品很少出口。布拉格和那些较小的城镇，如皮尔森，生产纺织品供给国内市场。布拉格出口军用武器和皮革，从皮尔森运到国外市场。为了支付进口商品，捷克出售在库特纳霍拉（Kutaná Hora）开采的白银。他们还有意使布拉格格罗森银币贬值，在15世纪头20年其价值较邻国匈牙利货币下跌了20%。用于支付大多数日工和农民报酬的赫勒硬币（heller）的贬值速度甚至更快。更糟的是，革命前的几十年里，王室和教会地产的税收负担也大幅增加了。1418年是税收最糟糕的一年，布拉格新城区的居民需要缴纳7倍的税金。

有牧师俸禄的人处于最富有的人群中，但也有很多的贫穷教士。在革命前，教会拥有约占总面积28%的土地。像圣维图斯牧师会的主教们享有18000格罗森的年薪，或是约50格罗森的日薪，与之形成鲜明对照的是，祭坛持有人只得到1格罗森，技术工只能挣2—3格罗森。而且，1395—1416年，在寻求圣职的20000名神职人员中只有4000人找到了堂区的教职或其他生计。[2] 教士们要面临来自日常生活方方面面的挑战，他们既是精神的引领者，又是世俗领主。到

---

[1] Maur (1989), p. 40.
[2] Šmahel (1985), p. 23.

第十八章 胡斯、胡斯派和波希米亚

14 世纪，世俗的宗教团体如瓦尔多派在波希米亚南部地区、赫拉德茨—克拉洛韦（Hradec Králové）、布拉格和扎泰茨等地非常活跃，为胡斯运动提供了新成员。

贵族对政治生活的统治依赖于他们的军事技能和经历，也有赖于他们对土地和城堡的拥有，这些都象征着他们对乡村和村民的统治权力。贵族和绅士们行使着圣职授予权，覆盖了这个国家 60% 以上的堂区教会，这一数字也反映了他们的土地所有权份额。贵族之间的财富也存在差异，有的领地面积广大，如罗森堡（Rožmberks），其南部的广阔领地在很大程度上堪与国王匹敌，有的则面积有限，如斯万堡（Švamberks），时常受到皮尔森附近城市和王室势力扩张的压力。然而它们并未形成一个联合体，正如一个大男爵地主瓦特朋克的凯纳科（Čeněk of Vartemberk）表现出来的那样，他在 1415—1419 年，领导了公众反抗康斯坦茨会议对扬·胡斯的死刑判决，组织防御，并任命了胡斯派的教士，这些行动给予胡斯运动至关重要的帮助。

由于乡绅们（vladykové or zemané）拥有土地，并可以正式注册，所以他们就构成了统治阶层的一部分。他们也参战。15 世纪初，波希米亚大约有 2000 个这样的家族，分为两个集团：上层集团，称为骑士和乡绅 [rytíři（milites）]；下层集团称为小绅士 [panoše（clientes, armigeri）]。只有少数人拥有他们的小城堡，而多数人住在简陋的农场，地位比他们的佃户高不了多少。有关 1395—1410 年乡绅的研究显示，大约 80% 的人租金收入在 120—600 格罗森，租金来自三至五家农户。由于 600 格罗森大约是最低生活水平，这些乡绅家庭同时还需要获得其他收入。③ 有的为更有权势的君主卖命以提高生活水准，还有的干脆干起抢掠之事。他们之中有些人作为个人进入了权力机构，因为国王、贵族或教会需要他们的特殊技能。15 世纪初，进入贵族圈子的条件越来越严格。结果小贵族们便有了自身得到政治认同的意识。

小贵族们的政治经历和威望促成了 1420—1434 年激进派的成功。扬·日什卡（Jan Žižka）进行了辉煌的军事改革，他的精锐部队、他的领导才能在寻求实现政治理想中十分出众。他并不是孤证：胡斯的

---

③ Polívka (1985), pp. 154–157.

尼古拉也塑造了为实现胡斯派理想不惜牺牲俗世成就的典范。他家境贫寒，但他成功地成为一个属于维什赫拉德教会的城堡领主。不过他参加了激进派，放弃了所有这一切。1419年7月，他成功地代表公众与国王谈判，要求国王赋予儿童参领圣餐的权利。

  农民社会由于地域的不同，其财富存在着极大的差距。到15世纪初，大多数劳务消失了，不少农民缴纳货币地租，使自己得以解放出来耕种自家的土地，出卖剩余农产品获得利润。大致说来，最富有的4%—5%的农夫耕种了20%—25%的土地。大多数农民持有中等规模的地产，对土地的需求似乎不大。14世纪晚期，靠近塔波尔地区的查诺威（Chynov）的整个村庄被全部废弃，这里后来成为激进派农民的中心。④ 然而，在为生存而战时，农民群体面对的是不确定性、耻辱和虐待。当他们有望得到新的尊严时，他们响应了胡斯的号召，拥护新的教会和新的社会。这些以前的奴隶和佃农带着激进的豪情和自信加入塔波尔军队，与地方官、管家甚至是乡绅并肩作战，他们是信仰上的兄弟。不过，回到自己的村庄，一切如故，没有什么变化。在这里他们又成了侍从，欠下地主的租金，服从他们的主人，某些情况下，这些主人就是塔波尔的官员。整个战争时期，农民们也面临着额外的负担，用他们的土地上辛辛苦苦种出来的作物供养革命的常备军。《古代捷克编年史》一书的作者生动地描绘了1460年代价格是如何上涨的。当农民准备收割时，士兵闯了进来，烧掉庄稼；农民要开始耕地了，士兵又来干扰他们。还是那些士兵，以国家权威的名义，反复向农民征税。⑤

  在一些皇家市镇中，富有的自由民拥有那些国内贵族的地位。城里人有相当的自由来管理自己的城市，尽管国王可以随意干预，任命管理者。城市收入主要来自商业、手工业、贷款以及租金中产生的利息。人们花钱从农村购买土地，这在贵族们看来是一种威胁。富有的精英阶层掌握着市镇议会的政治权力。他们的虔诚体现在他们支持讲捷克语的传道士，用方言翻译《圣经》，为农民提供医院、公共浴室和其他物资支持。他们的资助对始于14世纪末和15世纪初的改革起

---

④ Šmahel (1993), Ⅰ, esp. pp. 426–432.
⑤ Šimek (ed.), *Staré Letopisy České z Vratislavského Rukopisu*, p. 146.

到了积极的推动作用。

在一些小城镇，大多数居民靠农业和来自私有财产的租金生活，手工艺匠人、生意人则靠满足当地需求谋生。税收记录显示，不管是粮食和耕牛，还是铁器和陶器的地方商品贸易都很兴隆。穷人和无产者可以免税，但不能参加他们所在地区的公共活动。农民和城市平民响应胡斯派的号召，追求一种建立在使徒时代的生活模式：布道、禁欲和施予。布道者给予平信徒决定他们的教士是否符合道德资格的权利。1419 年革命爆发时，平民在阻止国王西吉斯蒙德登基中发挥了关键性的政治和军事作用。

第二节 政治

14 世纪，卢森堡王朝的历任国王们试图在与有产者阶层之间建立封建联系的基础上发展君主权力，因此他们单独设立了一种皇家机构，与现存的机构并存。国王享有教会地产、王室管辖的城镇和地产（包括王室采邑）的司法权。国王是君主和绝对统治者。王室法庭负责审理有关这些地产的纠纷。但是王国最高统治机构是高等法院（*zemsky soud*）。法院一年开庭四次，受理全体自由持有农、男爵、骑士和乡绅的案件；甚至国王也会被传讯到庭。国家机关的首脑是四人委员会，成员在旧有的男爵家族中轮换。国王缺席时，由大领主主持法庭，召集军队保卫和平。首席宫廷大臣签发传票，安排司法调查，主持听证会，宣布法庭判决。首席法官任命陪审团，依据传统的法律手续监督法庭的诉讼过程。首席公证人记录法庭情况。这些显赫家族同样声称有权管理王国内划出的十二个区。

15 世纪初，贵族一直在为与国王瓦茨拉夫的斗争胜利做最后的努力，在这场斗争中贵族代表了整个社会的利益。1394—1405 年，贵族曾经争夺君主的权力，指控国王威胁他们的财产完全保有权，同时也指控他将议会向外国人开放，允许那些接受贿赂的人在王室服役，损害了贵族家族长期存在的利益。在他们看来，国王的政策对王国的利益具有很强的破坏力。因此，他们在 1394 年协约中声明：

> 寻求国家利益，促进和影响国内真正的正义，永远支持正

义，热情积极地维护国家利益。

如果任何人试图以任何方式压迫我们或我们的同胞，违反这块土地上的习惯或由王国法庭制定的法律，我们将虔诚地帮助我们的同胞。⑥

在贵族眼里，国家利益就意味着由他们来掌控政府。1405年，国王默许了他们在1394年提出的二十一个要求，其中有六个是关于填补政府部门职位的。第十五条最具代表性，其内容是：

布拉格贵族的公职依旧由土生土长的本地贵族担任，他的职位须经由贵族议会确定……其他职位也是如此，应由自古以来就是贵族的人担任；这类职位须任命贵族出身的领主担任。⑦

国王瓦茨拉夫也被要求停止任命乡绅和市民进入国王的高等会议。领主进一步要求恢复法庭运作中的传统程序，按照古老的习俗来施行法律，王室官员不得干涉地方政府的事务。对他们来说，传统和习俗再次意味着贵族掌权。1405年，国王最终同意了这些请求，他说这是为了整个民族的利益着想。此后必须经男爵们同意才能通过对任何王室委员会的任命。1405年12月，一项在财产权辩论中提出的反对国王的裁定明确强调了国王在王国中的地位，他仅是同等级中的第一位。男爵们取得胜利后不久，捷克陷入宗教改革问题之中。在这一过程中，男爵们迫于胡斯派改革者的压力，从根本上进行了修正，在语言和宗教信仰等方面扩大了对民族共同体的理解，囊括了所有社会群体。

第三节 扬·胡斯：教学与活动

15世纪著名的胡斯派革命，试图改造人们的宗教生活。胡斯主要关注个人和教会的宗教生活的改革。他作为大学教师和布道者，能

---

⑥ Palacký, *Archiv Český čili staré písemné památky ceské i moravské*, Ⅰ, p. 52.
⑦ Palacký, p. 57.

够比较容易地抓住捷克追随者们的想象力和对他的忠诚。1415年他去世后，他们继承了他的事业，他们试图将国家意志与他的主张融合在一起。他和他的追随者强调个人道德、邻里互助、由世俗政府管理教职人员的改革。他们呼吁建立这样的社团，其政治和教会两个方面的规章及生活方式，都应该以上帝的律法为基础。同时他们的言辞也呈现出强烈的民族性。

胡斯的主张被记录在1413年撰写的小册子《教会论》中，这些主张深受英国约翰·威克利夫思想的影响。胡斯将教会定义为生活在基督法则之下的团体。每个人因出生后经过洗礼而成为教会的成员。但是，并非每个教徒都忠实于基督。胡斯认为，教会之中既有将得到救赎的好人（绵羊），也有必将受到诅咒的坏人（山羊）。因为那些在信念上注定追随基督之爱的人只是后天才显露出来的，因此每个人的身份并不确定。然而，信仰源自人的行为。胡斯教导说，真正的基督徒应从他们修得的正果来判断。

胡斯宣扬一种标准的天主教的虔敬。人们在了解上帝之前需要认定自己是有原罪的。他们必须戒绝物质世界，包括财产、享乐和地位。他告诫人们，是上帝的恩典拯救了大家，努力地工作，得到上帝至高无上的爱，这就是一种生活信念。上帝的话语应当自由地宣讲，因为它照亮了理智，规制了欲望，消除了原罪，体现了上帝的仁慈。他倡导富人接济穷人，反对繁缛的葬礼以及大张旗鼓地为死者做弥撒。⑧ 皮尔森天主教城镇有产者减少了对教职人员葬礼仪式的供奉而增加了对穷人的救济，从这种行为判断，可以说胡斯的说教赢得了广泛的支持。

胡斯让信众自己选择是否服从牧师，认为他们应该只认可那些过着圣洁生活的牧师。那些高级教士过着奢靡、浮华、空洞的精神生活，他们贪污给穷人的救济，囤积圣俸；教宗也一样，他令人屈膝服从，亲吻他的脚，这些人不称他们的天职。正如14世纪后期胡斯的前辈所做的那样，胡斯也强调，面对普遍贫困，教会的财富和富裕的生活方式是罪恶和不忠的表现。他抨击教会的烦琐仪式，教堂的绘画和礼服，圣杯、钟、风琴、圣歌等，他声称这些使人们远离上帝。要

---

⑧ Spinka（1966），p. 217.

求普通信徒，无论男女都要劝告牧师依据《圣经》行事，如果牧师拒绝接受归正，人们则无须信任他。基督徒因彼得的品质，将其封为教会的"首领和牧羊人"，只有品行高尚的教宗们才能够被选。实质上，这些理念赋予了人民至高的权利，代表了一种政治理论的基础，胡斯派据此认为他们有权选择自己的国王，而塔波尔派将其作为建立自己的共和国的依据。

胡斯还教导说，教会的权威只局限于精神王国。权力的钥匙给了彼得，是为了精神上的目的，为了摈弃原罪，而不是为了司法的或君主的统治。强制的政府权力仅仅属于世俗的领主和国王。最初，胡斯相信，如果他将《圣经》中的信仰阐述给他同乡的教士，他们会自觉进行改革。但是，波希米亚教会拒绝了他的邀请。胡斯接受威克利夫的观点，即国王和贵族应该改革教会，强行剥夺它的世俗权力和财产。教会应该服从世俗统治者的统治。毫无疑问，胡斯对教阶制度，包括对教宗制的抨击，使他的改革在康斯坦茨会议上无法获得通过。

围绕着改革派和他们鼓励平信徒同基督教会抗争的主张的争议激发了阅读《圣经》的热潮。像威克利夫一样，胡斯想让广大民众都学习《圣经》，为此他倡导把《圣经》翻译成捷克语和德语，尽管这要面对基督教会的反对。在此前一个世纪，《圣经》的一部分被译成捷克语，这是为修道院修女们全年礼拜用的圣经选文集准备的。接着，在1381年，布拉格一位有钱的市民曾经赞助翻译一本德语版《圣经》，其中部分翻译已经完成。1392年詹诺夫的马修（Matthew of Janov）似乎译有捷克语版《圣经》，但被宗教法院没收。为了满足对《圣经》的渴求，1406年胡斯发表了捷克语版的《圣麦克拉斯圣经》，包括"新约全书"，旧约中的诗篇和智慧书。胡斯的《波希米亚正字法》（Orthographia Bohemica）发表时间不晚于1412年，这个版本早于《高卢正字法》（Orthographia Gallica）至少8年的时间。这个本子对捷克神学和道德文章作家，以及诗人和故事讲述人起到了引领人作用。胡斯在乡村平民的组织中提倡将《圣经》全部翻译成捷克语，并译出一个简化本，将烦琐的复合拼写简化，如"cz"简化为"č"，使这本书更便宜，更易让普通人得到。弗朗蒂切克·巴图斯（František Bartoš）认为胡斯在1413—1414年出版了一个完整的捷克语《圣经》的修订版本。⑨

胡斯还鼓动妇女公开参与国家生活。他对妇女的认可体现在他1412年的宗教宣传小册子中，其标题为"认识真正的救赎方式"，或称"女儿"。在这本小册子中，他把妇女当作一般意义上的人的代表。开篇第一章论述了上帝创世，他提醒读者，女人是按照上帝的形象创造出来的，应该具有尊严和勇气，不要惧怕男人。⑩ 妇女响应了他的召唤。女性资助者将改革者安置到堂区，妇女也宣讲并撰写小册子。1420年7月，在布拉格一场关键的反击战中，妇女发挥了决定性的作用。转年，一部分妇女占领了市政厅，强行修改了一些政策，将布拉格重置于温和派阵营手中。然而她们的回报却很少。1421年后，捷克人又恢复到男人掌握特权的时代，政治团体还是男人的天下。

1407年以后，胡斯和他的追随者进一步抨击教会财产和赎罪券。波希米亚的生活日益充满种族竞争的色彩。在大多数捷克改革者和德意志对手之间的斗争引发了这一年第一场危机。捷克人发现他们的努力被阻挡，因为大学中的有权有钱的职位都掌握在国外对手手中。国王瓦茨拉夫希望在比萨委员会（这个委员会旨在和解教会的分裂）有一个代表，这一希望，帮助了捷克人。1409年1月，由于大主教兹德涅克（Zbyněk）没有派出代表，瓦茨拉夫通过《库特纳霍拉法令》（Kutná Hora decree）将大学的管理权交给捷克教师和学生，他们随后授权派代表团进入比萨。

在关于教会生活的这些争论期间，改革派呼吁在信仰范围内的民族和种族认同。1409年，布拉格的杰罗姆认为他的民族并非是大学民族团所指的地域共同体，而是一个捷克语言共同体，是一个政治团体，其成员讲捷克语，其父母双方均为捷克人，都支持波希米亚—威克利夫派宗教改革运动。他的捷克共同体或说是民族，包括三个阶层：贵族、教士和平民，每个阶层又各自有自己的分支。他将正统信仰列为最主要的群体，讲其他语言的人如果支持改革也不会被排除在外。另一位改革者——耶塞尼克的约翰（John of Jesenice）律师主张

---

⑨ Bartoš（1947），pp. 250–255；Kejř（1984），pp. 123–126.
⑩ Molnár，"Dcerka-O Poznání česty pravé k spasení"，pp. 164–165.

国王有权培养自己在本国内的力量担任王室和教会高级职位,因为他们追求王国的利益,外国人做不到,这种主张激化了冲突。

由于国王瓦茨拉夫侵吞教会财产,1410年大主教和胡斯之间的紧张关系加剧。尽管国王、索菲亚王后、一些领主和市议会支持胡斯,但教宗仍传唤他到元老院。胡斯没有去,1411年,教宗宣布将其逐出教会,并颁布了对大多数布拉格人的禁令。转年,国王改变了立场,在赎罪券的问题上支持教会。同年秋天,胡斯离开布拉格,辗转来到南方,在那里,他用捷克语布道和写作,为这一地区的宗教改革争取广泛的社会支持。1414年年末,为回应西吉斯蒙德皇帝的要求,胡斯来到康斯坦茨公会议上,他以国王和法庭、代表贵族的高等法院,甚至是清洗他异端思想的审判长等人的各种声明为依仗,来捍卫自己的事业。大约同时,在布拉格许多教会的集会上,平信徒都从斯特里布罗的雅考比克(Jakoubek of Stříbro)领受葡萄酒。圣餐杯因此成为胡斯派运动的标志,也是反对教会叛乱的标志。这种非正规的仪式并没能帮助在康斯坦茨的胡斯,1415年7月6日他被处决。

胡斯事件激励了一些贵族将宗教纳入他们的管辖区域内。从1415年到1419年国王瓦茨拉夫去世,贵族们发动了整个民族进行教会改革。以捷克王权为名义,他们联名反抗对胡斯的火刑。他们代表讲捷克语和全体纯正的或贫穷的捷克人,不管他们的信仰如何,谴责捷克的一些天主教徒,说他们勾结国外的共同阵线背叛了捷克王室和捷克语言。他们认为,公会议对胡斯的处决是对捷克这个虔诚的基督教王国的侮辱。为了强调他们的声音,他们组成一个联盟彼此保护;和牧师共同抗击外敌。这些联盟一部分保护胡斯派牧师,另一部分保护天主教徒,以期维持贵族对社会秩序的控制。胡斯派联盟1417年并入地方绅士联合会,保护和担保改革的发起者,他们包括想要简化烦琐仪式和礼服的激进派,也包括希望被欧洲基督教世界接受的温和派,后者希望两派都能容许所有基督教徒参加圣餐礼,改造教士们的胡作非为。胡斯派贵族的保护和资助在1417—1419年尤其重要,当时教会发动了一场运动来镇压改革派。国王和大主教在面对贵族时踌躇不决,因此直到1419年瓦茨拉夫去世,一种"自己生存,也让别人生存"的态度在捷克盛行。然而,有确定继承权的西吉斯蒙德(Sigismund)考验了这种宗教容忍。他对胡斯派的镇压,使得他无法被接受为国家统治者。结果他不得不等到 1436 年才继承王位。

西吉斯蒙德的立场迫使胡斯派面对他们想要哪种政体的问题。由于对世俗统治的失望,一些人将希望寄托于基督的即将复临和他的王国。当基督并没有在预定的日子复临时,这些人绝大部分加入有巩固根据地的激进派中,如波希米亚南部的塔波尔派,东部的西雷德克·克拉洛维(Hradec Králové),或是布拉格新镇。为了保持国家公共秩序,胡斯派基本上分为两部分:(1)温和的贵族、大学教师、布拉格市政官员联盟;(2)激进派,由乡绅和受过大学培养的教士们领导,他们的政治动力依托于城市平民和农民力量。温和派用来建立民族秩序的手段是议会(the diets),在 1419—1435 年大约召集过 20 次,建立了国家管理委员会。激进派派代表进入这些会议,但是当时他们的建议不被采纳,他们在野战军的保护下集中精力组织地方社团。

对激进派来说,温和派看上去像是卖国贼,因为他们通过谈判,放弃了城堡,出卖了宗教原则,只盲目地期望西吉斯蒙德和教会能接受胡斯派的改革。温和派放纵的生活方式,过于繁缛的圣餐仪式、礼服,以及拒绝给婴幼儿圣餐的做法和实践,都是激进派不喜欢的。对温和派而言,激进派攻击修道院和教会,摧毁了财产,颠覆了社会秩序。双方都认为自己能提供良好的社会秩序。温和派希望通过与国王谈判,用含蓄的方式做出让步。激进派强调王国的利益,要求对个体进行完全的宗教净化,并建立他们自己派别的社区,以便达到宗教的纯洁统一。

第四节 胡斯和国会(1419—1436)

1419—1436 年,议会主要关注民族统一、社会秩序问题,前提是接受西吉斯蒙德为国王,以及即将与天主教会达成的协议。1419 年前,国王或他的代表曾经召集议会,有时高等法院会议承担了审议会议的角色。1419 年以后,国王没有召集会议,也没有出台程序原则。在革命期间,为了更有成效,决议必须全体一致通过,这种情况只有在一个或多个极端派别缺席的时候才有可能。天主教男爵们经常拒绝参加,有时候胡斯派主要领导也会缺席。决议的执行取决于谁能控制哪个地区。实际上这意味着议会决议仅在胡斯派辖区才生效,但即便在那里也只是在分地区生效。研究胡斯派的历史学家在关于一些会议是否应该称为官方议会或仅仅是某个党派的战略会议方面意见并不统一。议会依然声称享有全国范围的权限,15世纪30年代出现的国家政府便是由他们当中产生的。

在革命开始的时候,政府中最有意义的改变是降低了男爵的作用。市民和绅士们对宗教的坚定信仰,加上布拉格的经济实力,鼓励他们更加自信,在政体中发挥更重要的作用。皇室的城镇声明与贵族享有同等的法律地位。他们根据当时的需要主动召开会议,帮助制定工作议程。一些会议甚至有平民代表出席。

革命时期的第一次议会承认了城市的权力,并决定赋予捷克在整个王国内的统治地位。1419年8月的例会各派都参加了,发布了一系列法规,在某种程度上,仅仅是延续自卢森堡王朝统治以来统治者们提出的要求。不过这届议会也反映了整个民族日益增长的自信,特别是城里现在都懂捷克语的居民的利益。1413年,国王规定在布拉格旧城,半数市议会成员应该是捷克人,另一半是德意志人。1419年,在捷克人能够掌控的政府部门中,德意志人都被排除在外。而在前一个世纪查理四世规定捷克语言是可选的官方语言,而1419年会议则要求法院各项工作一律使用捷克语。在教会,拉丁语不再作为圣礼上的唯一语言。议会决定应该允许在礼拜中使用捷克语,包括唱诗和诵读书信集。议会规定,一般情况下捷克人在王国内应该有主要发言权。在表达布拉格的心声时,议会包括贵族,都希望成立一个民族共同体,广大的普通民众在其中第一次有了发言权。

外国军队进入波希米亚,妄图根除异端,获取物质利益,这激发了捷克人强烈的民族情绪。1420年3月,西吉斯蒙德决定强行夺取皇位。为了支持他,教宗马丁五世发布训令,宣布十字军抗击波希米亚。胡斯派大搞宣传,要唤起民众反抗。他们诋毁国王的道德品质,他的宗教信仰,以摧毁他在民众中可能享有的皇家权威。他们还唤起了民族情感。1420年4月,一份胡斯派宣言把德国十字军称为捷克语族的天敌。激进派号召捷克人首先为上帝的法律而战,其次再对抗存在了几个世纪的语言上的敌对者。此外,他们唤起了对勇敢的捷克祖辈们和荣耀的赞助人圣瓦茨拉夫以及所有爱国者的

第十八章　胡斯、胡斯派和波希米亚

回忆，鼓舞人们使最纯粹的基督教王国摆脱压迫。如同布拉格知识分子探寻激发民族情绪的途径，他们激发了自己所在城市的情绪，他们把它描述为捷克王权的源起，使民族和国家人格化。一位城镇发言人指责 1420 年贵族们过于仓促，为国王西吉斯蒙德举行的加冕礼不合规制，反映了这种政治上的自负。他提出，贵族们没有权利为他加冕，"因为你们没有得到首都的同意，也没有得到其他捷克城镇和社区的认可；你们仅仅是在按照自己的意愿，在一个铁匠铺将王冠加于他头上，宣布他为国王"[11]。

1421 年 6 月召开的卡斯拉夫（Cáslav）会议明显反映出布拉格的领导地位，胡斯派和天主教派都出席了这次会议。会上提出一系列的不满，并声明对西吉斯蒙德国王宣战，绝不心慈手软。胡斯派内部脆弱的民族团结在《四纲领》中表达出来：圣餐（包括面包和红酒）；自由宣讲上帝的指令；限制教士们的财产；公开审理罪行。会议成立 20 人委员会。其中有 5 名贵族，8—9 个绅士［尽管日什卡（Žižka）和迈彻维斯的希沃（Chval of Machovice）代表塔波尔派，也就是平民］，7 个市民。几份会议的正式文件都将民族共同体的领导权归于布拉格，而不是男爵们。布拉格老城和新城的平民的声音在这个民族委员会上被接受，这是特别有革命意义的。1424 年 10 月 28 日在扎迪什（Zdice）召开的会议也给了平民管理委员会的代表权。[12]

尽管广大民众获得了成果，但三层社会结构的概念早已在大多数人思想中根深蒂固。这种以等级差异为特征的心态有利于贵族重新获得控制国家政府的努力。1423 年 11 月在布拉格召开了圣高尔会议，对西吉斯蒙德采取了温和的态度，这标志布拉格的地位下降，贵族重新产生影响。现在布拉格排在第三位，处于大主教和贵族之后。会议成立的 12 人委员会中包括 6 名来自每一个宗教阵营的贵族。胡斯派的 3 位贵族是布拉格的盟友，但是布拉格城市本身没有代表，它的活动仅限于发放安全通行证，提供公证人和文书。不过，1423 年会议的保守纲领基本上没有反映实际的实力。日什卡（Žižka）的军队在大多数对皇室军队的作战中获胜，会议在不顾及日什卡和激进派主

---

[11] Daňhelka (ed.), *Husitské Skladby Budyšínského Rukopsiu*, p. 66.
[12] Hlaváček (1956), p. 80; Tomek (1899), pp. 158 – 164; Heymann (1954).

张的情况下根本就无法解决西吉斯蒙德的王位继承或是与教会和解问题。[13] 保守派想重新恢复欧洲的教会和政治秩序的愿望，不得不等到1434年激进派被挫败之后才得以实现。

1420年代末，胡斯派内部产生分歧，加上对战争的厌倦，不久以后，在巴塞尔委员会上表现出人们希望谈判来解决问题的迹象，这极大地推动了温和派阵营中贵族的努力。在1433年年末举行的会议上，绅士和一些城镇代表出席了，人数不多。贵族为掌控政府做了较充分的准备，首先指定阿勒斯·弗列斯托夫斯基（Aleš Vřešťovskŕý）作为国家摄政者。尽管他是贵族，但在很大程度上受到胡斯派的推崇，因为他曾经与日什卡并肩作战，并在波希米亚东部帮助建立了一个激进派兄弟会。像希雷德克的门哈特这样的男爵始终徘徊在天主教会与胡斯派中间。他们希望他掌权，因为他具有贵族身份。阿勒斯（Aleš）将会继续保持与12名成员的关系，他们多数是男爵和绅士。会议给贵族恢复政治秩序的动机以合理性。同时，激进派野战军受到天主教城市皮尔森的长期围攻，纷争不断，一蹶不振，失去了数个绅士联盟。这给了保守的城市居民、贵族和绅士以机会。1434年他们在利帕尼击败激进派军队，然后开始实施他们的计划。自此以后更保守的胡斯派开始成为他们在波希米亚行动的代言人。

1435年3月的会议集中反映了革命的成果以及最温和的革命纲领。波希米亚各等级、城镇、绅士和贵族一起起草一份请愿书，呈递给西吉斯蒙德国王。事实上，贵族提出了与城镇不同的要求，反映了他们并不接受这些要求完全进入民族政体。三个社会阶层都呼吁更多的自由，饼酒同领，将外国人排除在公职之外。绅士们要求在高级法庭有骑士和乡绅的地方代表，声称男爵的垄断给他们带来极大的困难。布拉格规定城市的副财政大臣必须是胡斯派布拉格人。城镇也要求享有高等法院代表权，对国王任命的军队长官有批准权利，以及免除额外税收的权利。他们也想能够有权裁决涉及流放人员的财产争端，坚持主张德意志人不能成为市议员。城市进一步确定了自己的宗教需要，包括抵抗妨碍他们宗教信仰的权利。[14] 绅士和城镇的要求是

---

[13] Hlaváček（1956），pp. 85–90；Šmahel（1990），p. 365.
[14] Tomek（1899），pp. 668–770；Hlaváček（1956），pp. 98–100；Šmahel（1990），pp. 487–488.

史无前例的。男爵们的要求与长期的传统相一致，而绅士和城镇则表达了一种新的自信，他们寻求收获革命的成果。1436年7月20日西吉斯蒙德在一个精心安排的国王加冕仪式上批准了这些请求。

布拉格争取自治和全国政治发言权的斗争一直延续到15世纪末。最终的胜利是在天主教会和胡斯派城镇弥合他们的政治分歧之后取得的。在天主教派选择的波希米亚国王匈牙利的马加什·科文努斯（Mátyás Corvinus）、饼酒同领派（圣杯派）（15世纪后期对胡斯派的称呼）选择的弗拉迪斯拉夫（Vladislav）［波兰国王卡齐米尔（Casimir）之子］之间的争议在1479年平息以后，弗拉迪斯拉夫支持天主教贵族们重新恢复天主教的企图。但是通过激烈的抵制，布拉格人阻止了使他们的城市重新回到天主教传统的努力。布拉格的胜利成果之一是贵族们开始更多地与其他贵族达成共识，城镇与其他城镇追求共同利益，即使他们没有共享同样的信条。天主教派和胡斯派贵族在1485年和平协议中相互合作，任何一派都容许另一派别和平生存。1487年后，绅士们获得了皇室和最高法院的席位。贵族上层和下层将注意力共同转向抵制城镇的主张。结果，1500年弗拉迪斯拉夫制定纲领，驱逐城镇在议会中的代表。作为回应，城市也成立了一个天主教和圣杯派的联盟，以保护他们的政治权利。直到1517年之后城市才取得国会的代表权。但是贵族等级仍然控制会议，他们决定王室委员会和法庭的组成。到1500年，他们要求委员会成员和官员宣誓效忠国王及议会。贵族的短见埋下了日后各等级最终向哈布斯堡集权屈服的伏笔。

革命的最富传奇色彩的影响在于财产的再分配。据估算，30%—40%的可耕地改变了所有权。教会沦为次要的财产所有者，王室也失去了土地。如西吉斯蒙德1436—1437年将土地偿还给盟友，许多胡斯派成为新的持有者。天主教和胡斯派贵族获得了土地，但是少数贵族家庭仍最大限度地瓜分了教会财产。这种财产再分配导致个别乡绅和新贵族的地产超过了许多旧有的家庭，结果引发了剧变。例如利帕的尼古拉·特尔奇卡（Nicholas Trčka of Lípa），他曾经是一个不起眼的乡绅家庭的成员，1450年得到巨额财产，包括9个城堡和庄园，14个城镇，超过320个乡村。不过，对多数乡绅而言，地产规模仍然太小了，不足以依靠租金为生。然而将财产所有权从教会转移是贵族掌握权力的重要因素。

第五节 塔波尔派

15世纪20年代,捷克人中相当一部分居住在政府管辖范围之外,并提出了关于社会秩序的另一条道路。激进派试图贯彻严格的个人道德理念,他们相信国家的幸福需要对个体进行完全的宗教纯洁化,这比温和派主张更激进。1419年9月在皮尔森附近召开的一次政治行动筹备会议上,他们说道:

> 我们都有一个意愿……请求上帝洗清所有的罪孽和有损灵魂的东西,永远向善……这样,最亲爱的人们,为了上帝和你们的救赎,我们恳求你们星期六在十字架前加入到我们的行列……为了上帝律法的自由,为了整个王国的利益和高尚的福祉而联合起来,在上帝、国王、领主、骑士、贵族以及整个天主教社会的帮助下,终止和清除犯罪、丑闻和争端。[15]

这些人的道德和宗教观同时也是整个国家的政治规划。激进派(或称塔波尔派,1419年在波希米亚南部一个被称为塔波尔的小山聚集,由此得名)依然没能使整个民族统一在他们的宗教和国家改革的思想之下,这个失败后来在布拉格和温和派贵族与西吉斯蒙德(Sigismund)谈判,拆除他们的防御工事那年他们才意识到。同时,保皇党抢夺了胡斯派的财产,赶走了他们的教士,杀掉了他们的兄弟姐妹。一些激进派,或称锡利亚主义的信徒,将此解释为反基督教的行为,他们得出结论,上帝的惩罚很快就会降临尘世,紧随之后耶稣便将复临。他们拒绝所有现存的社会和政治形态,宣布忠实的信徒是时候离开家乡,到五个城市去寻求避难,拿起刀剑保护他们自己反抗上帝的敌人。短时期内,那些逃到五个城市的人仿效使徒的行为,集中他们的资源,教士们设置了募捐箱,将食品分配给穷人。他们的领

---

[15] Palacký, *Archiv Český čili staré písemné památky české i moravské*, Ⅲ, pp. 205–206; Kaminsky (1967), p. 300.

袖劝解他们等待耶稣的降临，消灭敌人，为千年王国来临铺平道路。瓦茨拉夫——布拉格一个小酒馆老板，马丁·胡斯卡——波希米亚南部的外科医生，解释说上帝的选民将占有他们敌人的全部财产，自由管理他们的财产和村庄。金和银都可以自由获得；付给领主的租金可以取消，各种剥削形式都会消亡。选民可以自由地、和平地拥有村庄、鱼塘、草地、森林和以前领主的地产。所有上层人物都可以像木头一样被砍伐。妇女可以毫无痛苦地生产，不再忍受失去孩子的悲痛。[16] 甚至那些不接受千年至福理论的人都受到平等派社会秩序理论的影响。

有好几个城镇，从东部的赫拉德茨—克拉洛韦州（Hrades Králové）到西北部的扎泰茨（Žatec）以及南部的皮塞克（Písek）等地区都是激进派逃往的重镇。塔波尔，因被遗弃在乌斯季镇（Ústí）附近的赫拉德斯特（Hradiště）的城堡得名，在许多方面都是最为重要的。在这里和其他激进的城镇，其首领们深知一个稳定的有秩序的社会必须执行强制的法律法规。这些男人和女人在人类平等理念激励下建立起了社会、政治、经济和军事组织，而同时也被传统和物质的现实生活所限制。他们将在他们中间建立的其他一些社会组织视为威胁。如彼得·塞尔切斯基（Peter Chelčický），他认为使用暴力，无论是反抗敌人还是建立社会，抑或是强制人们以基督教方式行事，都与圣经教义相违背。塞尔切斯基坚持认为，领主不能要求农民干那些他本人不想干的农活。他反对三个等级的社会结构，呼吁形成一个基督教信仰下有机联合的社群，其成员彼此平等，互相爱戴。塞尔切斯基也进一步推翻了存在数个世纪的传统偏见，即妇女低人一等。在一个未记载日期的圣诞日布道中，他先提出当前的关于女性的消极成见，然后提醒他的听众们男女两性都有恶的和善的两面，勇气和力量并不是男人专有。[17]

另一个威胁来自马丁·胡斯卡（Martin Húska）的自由精神派卡尔特主义（Pikartism）。这可以被视为锡利亚思想的温和地延续。胡斯卡相信上帝将使男人和女人产生真正的改变，从而使他们行为自

---

[16] Kaminsky (1967), pp. 310-360.
[17] Smetanka (ed.), *Petra Chelčického. Postilla*, I, p. 66.

觉，不必再依靠法律。他教导人们基督没有出现在圣餐理论中，当信徒忠诚地分组围在餐桌旁，效仿基督，善良地关注每一个人，这一基督教仪式才能获得真正的意义。因为神参与到他们的行动中，普通人朝着实现这一时代最终目标的更好方向转变。一小股分离分子由彼得·卡尼斯（Peter Kaniš）领导，推行一种裸体仪式，他们的敌人指责他们聚众举行性爱盛宴。他们的行为被认为是对更广泛的胡斯派事业的破坏，于是在 1421 年 4 月这一小股力量被扬·日什卡消灭。

塔波尔派试图参与建立民族政府的努力取决于他们改革教会的思想是否被认真地采纳。他们的代表出席了 1421 年的恰斯拉夫（Čáslav）会议，其中两个军事首领扬·日什卡和迈彻维斯的希沃（Chval of Machvice）被提名进入二十人组成的委员会。然而，在 1426 年，塔波尔派反对它的同盟关于建立一个基于地域而非忏悔堂的管理机构的决议，该决议的目的是与中央政府合作，并同国王西吉斯蒙德达成一致。[18]

然而，塔波尔派和其他派合作至少建起了一点点社会和谐。直到 1434 年，塔波尔派一直是革命中同盟军的一部分，包括大多数来自波希米亚东部和南部的乡绅和市民，也包括西北部的扎泰茨（Žatec）和洛乌尼（Louny）等城镇。由于塔波尔派的首领与愿意为边远地区提供军事安全保障的贵族达成了协议，因此与结盟的领主建立关系是非常自由的。思想上的一致是自愿的，领主一旦实施与塔波尔派之间的协议条款，就可以参加天主教仪式。这些贵族是非常有用的同盟者。他们能把武装好的随从带到战场。他们担任一些城堡的管理者，这些城堡曾经被农民的武装组织占领。他们还建立独立的武装。然而，有地位的贵族诸如伦伯克的尼古拉·索科尔（Nicholas Sokol of Lamberk）、克雷姆兹的约翰·斯米尔（John Smil of Křemž）和克拉诺瓦的普利比克（Přibík of Klenová）也许很容易背信弃义。当保守力量 1434 年 5 月在利帕尼战胜激进派兄弟会时，这些人当中没有一个人站在激进派一边。那些在农民武装帮助下获得财产的人后来抛弃了平民以便进入胡斯派贵族行列。

当塔波尔派在废弃的高原要塞建立起自己的家园，这些定居下来

---

[18] Šmahel (1990), pp. 337, 379.

的人觉得自己已经与古巴比伦彻底决裂，没有受到旧传统的熏染。然而，最初落户的人们只顾自己的利益，占有了最好的土地，暴露出一种贪婪的特性，这正是改革者所谴责的。尽管如此，新的聚居点依然代表了一种社会革命，因为有些人在革命前只有很小的居所，现在住在受人尊敬的城区。[19] 而且，塔波尔派的建立是一个人民主权和自发的自由意志的行为，这些激进的胡斯派不承认世间有宗教的或是政治的王。他们试图复兴教会，实现自治，就像他们在《圣经》中所见到的那样。塔波尔派个体开始在礼拜中实践这种自由。布道、简单的仪式、唱诗都使用捷克语言。在讨论中人们基于自己的阅读、聆听过的许多布道或是阐述，提出许多有见地的关于公共生活的意见。塔波尔作为城市中心，并不附属于任何领主，反对将自己称为城镇，宁愿以更平等的"共有地"自称。当提及"我们，塔波尔派平民"时，他们意指一个有同样信仰和目标的社群，兄弟姐妹都是自治政体的成员，享有特权和权利。他们在城市共同体这种传统思想中加入共同信念的含义。霍华德·卡明斯基（Howard Kaminsky）将那里的民主形式描述为"以一种并不固定于常规体系中的，大家认同的方式，领导和人民一起行动"[20]。早期，妇女可能参加过社区自治政府，尽管她们可能没有投票权。

　　城市政府最高机构是全体公民会议，由长老会负责。这一"伟大平民院"做出重要决议，如1450年，一位温和派领袖波德布雷迪的乔治要求议会服从于他，平民院必须要决定如何回应。通常他们每年开一次会，选举24位长老，再从中挑选12位在镇政府任职。"大平民院"批准和通过税收及预算等事务，讨论战争与和平等国家大事。到15世纪20年代末，他们选出一位统治者（vladař），他要在战时领导塔波尔派及其联盟。长老们直接负责地方上的非军事事务。1432年以后城镇委员会一年选举一次，每个成员轮流担任主席，任期4个星期。法官在委员会选举时同时产生。他监督城镇内的产权市场，协定债务，出售无遗嘱遗产。在镇长官支持下，他关注治安和消防安全需求。委员会听取对他的决议提出的诉求。

---

[19] Kaminsky（1967），p. 385；Šmahel（1988），pp. 256–263.
[20] Kaminsky（1967），pp. 484–489；Šmahel（1990），pp. 355, 581–584.

尽管持有平等理论，但激进派联盟领导权实质上由贵族把持。每个城镇的新统治者首先以整个城市各阶级为代价，寻求巩固他们自己的地位。那些阶级成员只有很少的人担任塔波尔派代表或出任军队将领。这种传统的倾向反映在1427年塔波尔派长老会上的争论中，作为仲裁者，长老会支持世袭法官反对佩尔赫日莫夫（Pelhřimov）城镇委员会自治。[21]

塔波尔公社的民事、精神和军事生活的职权及管辖界限很不清楚，直到1437年西吉斯蒙德国王在宪章中才得以明确。尽管提倡兄弟姐妹的平等，但教会人员和军队这两股非正式精英力量处于统治地位。塔波尔派教士受过良好教育，更善于表达，发挥了巨大作用；他很快成为煽动者、组织者、议员和战士，使公社带有神权特征。到15世纪20年代中期，任命了两位军队领导，一个负责内部军队，另一个驻扎在附近的要塞，在更远的战场上指挥军队。"秃头"普罗科普（Prokop the Shaven），是一位教士和军队指挥，他控制激进派武装联盟很多年。然而，在一场严重的危机中他不得不屈从于他的士兵。在恶化的军事局势中，对天主教皮尔森围攻失利，士兵批评他的策略以及将领选择不当，1433年他们免了他的职，并对他实施了短期囚禁。

西吉斯蒙德国王就职以后，在1437年曾授予塔波尔以皇城地位，因而它进入了中世纪晚期常规的政治框架中。它可以选举自己的委员会，对于城市和地方法庭的上诉，可以先于国王或他的代表做出裁决。皇家法官或律师服从于城镇委员会。塔波尔可以不向王室缴纳税收，只需每年两次缴纳300格罗申的费用即可。塔波尔一直是一座自由镇，直到1448年才与波德布雷迪（Poděbrady）的乔治政权合为一体。

因为激进派要在整个欧洲全面复兴教会，在革命的早期阶段他们没有利用全民辩论的手段。不过，他们的实践和经历扩展了捷克身份的认同。他们提倡捷克语作为教堂礼拜用语，从而使信徒能够更好地与上帝沟通。对塔波尔派领导人来讲，最重要的莫过于他们的子女能够读圣经、唱圣歌。到了1446年，为学校单独建造了独立的校舍。

---

[21] Šmahel (1990), pp. 385–390.

男孩女孩在这里学习读、写、算、拉丁语以及其他属于七艺的课程。学校使用捷克语。

塔波尔人变得更孤立了，它认为它自己独自代表捷克人民，正如1441年它对扎姆帕克的科尔达（Kolda of Žampach）的支持所表明的那样。科尔达是一位领主，他扰乱和平，政府在讲德语的西里西亚帮助下采取行动反对他。政府认为自己是在西里西亚所属的王国土地上维护和平；他们不是外国人，仅服从于王室。不过，作为捷克同胞，塔波尔派支持科尔达。在1441年5月27日的一封信中，塔波尔特别抗议在政府军队中西里西亚力量的破坏行为。为了保证捷克语的地位，他们帮助朋友科尔达抵制捷克的贵族君主和这些人的德国同盟军。他们说："让好人们看看，是谁热爱捷克语和斯拉夫语，谁在提升上帝的美誉，谁在普及捷克语。是我们，还是那些帮助外来者的人？"[22] 这种爱国言辞反映了激进派已经从他们早期建立救赎欧洲的愿望中走得更远了。

第六节 欧洲的波希米亚

西吉斯蒙德国王的统治是短暂而有争议的。他在1437年去世，当时波希米亚内部政治发展是很脆弱的，无法抵挡来自周边地区的干涉。罗马教宗的权力还没有失去效力，与不满意的附属地区和野心勃勃的邻国合作，会严重动摇异教国家统治者的地位。任何人想统治波希米亚都面临三方面的挑战：（1）满足胡斯派共同体最低限度的需求；（2）建立内部政治秩序；（3）确保国家在面临周边近邻威胁时的安全。

波希米亚国王的对手们能够轻而易举地利用尚未稳定的宗教局势。西吉斯蒙德在1436年就职时，确认了作为《四纲领》简化版的《契约条例》。起初这些条款呼吁给平信徒的圣餐中加红酒，自由布道，教士放弃奢靡、贪婪以及世俗贵族身份，停止对公众原罪的声讨。1436年西吉斯蒙德附加上了重要的保留条件，只有在教士和平信徒中共享圣餐，才能签署协定。西吉斯蒙德也支持会议选举胡斯派

---

[22] Palacký, *Archiv Česky čili staré písemné památky ceské i moravské*, I, pp. 368–369.

约翰·罗基卡纳（Rokycana）做大主教。国王的行为对温和派至关重要，但是不论巴塞尔委员会、教宗还是回归的天主教教士都不承认罗基卡纳。结果，天主教徒和胡斯派之间的分歧继续阻碍了波希米亚单一教会的成立。

不过，1440年波希米亚天主教派与胡斯派共同起草了和平宣言，批准了上述的约定，并且指出除了罗基卡纳，不考虑其他候选人。与市政府和教宗的谈判没能成功，但胡斯的事业在波希米亚得到了推进，1448年9月波德布雷迪的乔治（George of Poděbrady）占领了布拉格。这一事件使罗基卡纳进入教会并获得了领导权。然而，他和他的教会还是想得到教宗的承认，否则他无权任命教士。胡斯派的希望没有实现。1458年教宗皮乌斯二世任命瓦茨拉夫·克鲁姆诺夫（Wenceslas Krumlov）为布拉格大主教管区的主管，粉碎了罗基卡纳的希望。后来在1462年3月31日皮乌斯宣布约定无效。不过，两派信徒至少部分地尊重了王室法令，和睦相处。当弗拉迪斯拉夫（Vladislav）1471年就任国王时，他确定了胡斯派信仰自由。1485年在库特纳霍拉协定中，天主教和胡斯派许诺共同管理堂区，彼此不再争论。所有社会阶层可以根据天主教或胡斯派礼拜仪式自由选择信仰。但是直到1561年才有大主教被任命到布拉格。

国王的对手们也在利用朝廷中悬而未决的问题。西吉斯蒙德国王死于1437年12月，却没有留下男性继承人。他的女婿是奥地利的阿尔伯特，可他不久以后也去世了，留下一个名叫拉迪斯拉夫的婴儿。波希米亚的政治力量分为两派，一边是天主教派，以罗兹伯克·乌尔里克（Ulrich of Rožmberk）、门哈特·希雷德克（Menhart of Hradec）为首领；另一边是胡斯派，最初由海内克·普塔色克（Hynek Ptáček of Pirkšteijn）领导，1444年以后以波德布雷迪的乔治（George of Poděbrady）为首。胡斯派要求得到合法统治者对圣杯派的认可。为此目的，他们劝说拉迪斯拉夫的保护人——奥地利的弗雷德里克三世，将尚未成年的继承人送到布拉格，建立稳定的政府。在继承人缺席情况下，乔治想成为总督或是行政官。从1444年至1448年，乔治筹划获得这个职位，他与信奉天主教的昆霍拉·斯特恩伯特（Kunhura of Šternberk）结婚，将他的对手门哈特·希雷德克逐出弗斯赫拉德和希雷德卡尼（Vyšehrad and Hradčany）皇家城堡。1450年6月，乔治打败了南部和西南部的敌对力量史特拉科尼希（Strakonice）联盟。1452年4月27日的一次会议任命乔治为总督，与拉迪斯拉夫合作两年。1453年10月，捷克欢庆拉迪斯拉夫继承王位。

1458年，拉迪斯拉夫去世后，天主教派和胡斯派各阶层都同意选举，认为这是解决王位继承问题的最佳方式。普通民众也参与进来，尽管不是直选。胡斯派选出的当选主教罗基卡纳把他的传教士和牧师送进城镇和城堡中，走进普通市民家中，以土生土长的孩子乔治的名义向他们施加影响。他们的宣传强调由来已久的德意志人和斯拉夫人之间的竞争和冲突。他们描述德意志人是天生好战者，阴险狡诈，易北河的斯拉夫人就是他们的牺牲品。捷克的历史就是一个警告，千万别接受德意志国王。[23] 这次决定性的会议是1458年3月2日在布拉格老城市政厅举行的，泰恩大教堂和市政厅之间的大广场挤满了人。在检查过以往的档案之后，会议决定贵族、骑士、王家城镇的代表有权进行选举。天主教贵族单独约见，劝说那些最保守的成员接受一位胡斯派国王。天主教斯特恩伯克的兹德涅克（Zdeněk of Šternberk）指出各阶层的选举可以以宣告"总督可以成为我们的国王"的方式确定而不需要正式的选举程序，然后他跪在乔治·波德布拉迪面前。聚集在一起的选民发出赞同的信号。乔治在人群簇拥下走到泰恩教堂，那里牧师和学生唱着"赞美颂"（Te Deum），从那里到王室驻所，他的队伍唱着古老的颂词，歌颂圣瓦茨拉夫。转年，帝国皇帝弗雷德里克三世宣布乔治继承王位，是帝国的选帝侯。[24]

由于一国之主打上了异端的烙印，乔治在罗马天主教教会政治制度面前是很脆弱的。1466年12月，教宗保罗二世宣布乔治为异端。由于他们无须遵从乔治，他的贵族臣民们利用这一机会选举匈牙利的马加什·科文努斯（Mátyás Corvinus）为国王。他忠于罗马，不愿意突袭胡斯派军队。不过，由于王冠和徽章握于卡尔斯汀（Karlštejn）的乔治之手，不可能举行加冕礼，而且由于不论德意志王室成员还是波兰的卡齐米尔都不支持马加什，乔治继续掌权。但是他不得不放弃指定他的儿子为继承人，以及建立一个本土王朝的想法。1471年3

---

[23] Šmahel (1970), pp. 146–149.
[24] Odložilík (1965), pp. 93, 103; Heymann (1965), pp. 153–160.

月他死后，会议投票邀请波兰的弗拉迪斯拉夫为国王。弗拉迪斯拉夫授予王国传统特权和自由，包括《契约协定》，1471 年 8 月 22 日他戴上王冠。1477 年他被弗雷德里克三世确认为国王，1490 年莫拉维亚、西里西亚和卢萨蒂亚（Moravia, Silesia and the Lusatias）的各等级联合波希米亚，以便圣瓦茨拉夫王权范围内的土地能够再次由单一的统治者统治。[25]

乔治对帝国的外交努力，以及他对欧洲福祉的贡献，使得他成功地躲避了教宗的某些攻击。总体说来，他的宫廷是活跃的外交活动中心。1460 年，他支持对帝国进行改革，并准备反击土耳其的进攻。他也承担了威特斯巴赫和阿尔布雷希特·阿基里斯以及勃兰登堡的侯爵们（Wittelsbachs and Albrecht Achilles and the margrave of Brandenburg）之间的调停事宜，因此他获得了尊重和友谊。他在宫廷里提出一个欧洲合作的计划，这出自安东尼奥·马里尼之手。这个提议建立的联盟的核心部分是最高会议。会议也就使用什么武器反抗土耳其、陆军和海军的作用、最高指挥们的任命、物资的控制、医院的建立等方面做出了决定。提议全欧洲通行统一货币，建立共同基金。[26] 由于没有一个欧洲君主认真考虑放弃自治，因此联盟计划落空。

胡斯派在境外受到了不同的对待。1433 年在巴塞尔大会议上，胡斯派的名气迫使，委员会保护者和城市地方行政官威胁要杀死那些有意加入胡斯派或与之讨论神学问题的人，并剥夺其财产。胡斯派领袖被要求禁止信徒在邻近村庄传道。波德布雷迪的乔治却依然能够阻止教宗将他的国家从欧洲分离出来的企图，他统治时期捷克人在境外都会很自在。然而，胡斯派的波希米亚仍然是海中孤岛，外来者视异端的捷克人不完美，他们的国家需要调整。捷克旅行者曾报告说一位德意志小酒馆老板娘诅咒所有捷克人是异端，而一些法国人以为捷克人是野蛮人，但却惊讶于他们的用餐礼仪。[27]

15 世纪波希米亚的生活深深地打着胡斯派宗教改革的烙印。15世纪 20 年代，最激进的信徒握有兵权，他们威胁要彻底根除国王统治，取消国家范围内其他政府机构。一时间，胡斯派竭尽全力将民族

---

[25] Odložilik (1965), pp. 220–221, 271–272.
[26] Heymann (1964).
[27] Šmahel (1970), pp. 174–176; Šmahel (1990), p. 433.

情绪和普遍的民众自治观念结合起来,这种努力体现在布拉格世俗条款和塔波尔宗教条约中。传统、对教会的期盼以及欧洲普遍认可的合法王权,对于这种早期民主形式而言,实在是太过强大了,以至于无法自行建立。结果,贵族们抓住了时机。他们建立了临时政府机关,在战场上击退了激进派,为恢复君主制而发起了多次谈判。作为主要的仲裁,他们对国王和其他各个社会阶层制定了法规,提出了要求。激进的胡斯派的衰败,公众对他们幻想的破灭,以及他们军事上节节败退,使他们没有能够促成民族团结。然而,获胜的贵族也不怎么成功。它拒绝领导一个社会普遍接受的共和国,它的狭隘的民族共同体的观念,只代表贵族的利益,使得捷克在15世纪建立一个民族国家主权的尝试半途而废。

约翰·克拉森(John Klassen)

张晓晗 译

第 十 九 章

法　　国

第一节　百年战争结束时的法国（约 1420—1461）

1521 年，法王法兰西斯一世（Francis Ⅰ）访问第戎（Dijon），有人向他展示了勃艮第公爵"无畏者"约翰（John the Fearless）的头颅。据说，陪同国王访问的加尔都西派（Carthusian）修士曾说："国王陛下，英国正是通过那个洞进入了法国。"他指的是 1419 年 9 月勃艮第公爵在蒙特罗（Montereau）被一把斧头砍成重伤并跌倒在桥上，随后不治身亡。这起暗杀事件的阴影长期笼罩着法国，瓦卢瓦（Valois）王朝在随后的一段时期内经历了英国入侵和法国内战这样一场深刻的危机。"无畏者"约翰显然是内讧的牺牲品，自 1407 年奥尔良的路易（Louis of Orleans）被勃艮第敌人谋杀以来，国内的内讧一直困扰着法国上层。英王亨利五世（Henry Ⅴ）之所以能够成功的部分原因在于他凭借自己的能力利用法国贵族内部的分歧与冲突来达到自己的目的。长期以来，瓦卢瓦王朝能否继续存在一直遭受质疑，直到 15 世纪 30 年代晚期至 40 年代瓦卢瓦王朝才逐渐露出复苏迹象。

亨利五世在 1415、1417 年入侵诺曼底之后，查理六世的法国王权经历了一系列严重挫折。法王的间歇性精神病给国内的两大派系以可乘之机，奥尔良派和勃艮第派围绕着王位发动了战争，最终勃艮第派在 1418—1419 年的时候占了上风。1418 年，法国王太子查理被迫带着支持者从巴黎仓皇出逃，后来这批人成了处于风雨飘摇中的瓦卢瓦王朝的长期支持者。这些人包括政府官员、律师、教士和贵族等，

第十九章 法国

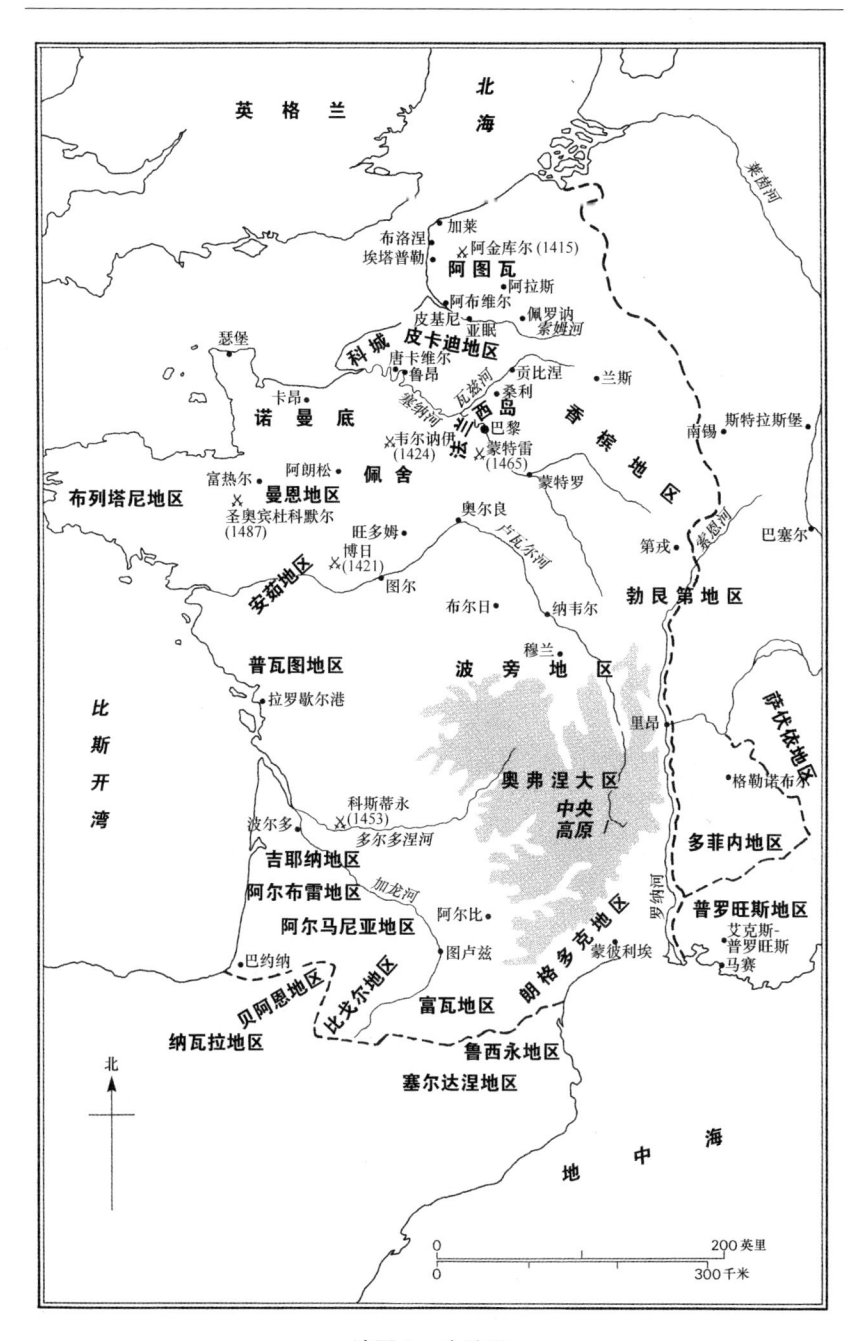

地图8 法兰西

其中茹沃内尔·德乌尔森（Jouvenel des Ursins）、哈考特（The Harcourt）、库齐诺（Cousinot）和唐卡维尔（Tancarville）几人最为重要。1417—1419 年，诺曼底节节败退，大片领土落入英国手中，迫使诺曼底公国内的高官贵族与王太子一起流亡。巴黎落入了盎格鲁—勃艮第人（Anglo-Burgundian）的手中，他们通过塞纳河（the Seine）得到诺曼底的供给；而奥尔良派（Orleanists），即所谓的阿尔马尼亚（Armagnacs）人，不仅身体遭受了暴力，而且他们的财产也被剥夺。那些过分自信的巴黎商人支持勃艮第派，很大程度上是因为他们与勃艮第低地地区有商业贸易往来。王太子查理的事业此时正处于低潮。亨利五世1419—1422 年的战争使塞纳河谷落入了兰开斯特人（Lancastrian）（或称盎格鲁—勃艮第人）的手中，他们正南下向卢瓦尔河（the Loire）挺进。

1420 年 5 月，法国的几个主要公爵，如勃艮第公爵和布列塔尼（Brittany）公爵，他们向英王宣誓效忠，并同意当法王查理六世去世后由兰开斯特人继承王位。根据《特鲁瓦条约》，王太子手中的全部领地转归英王。1422 年的几个月内，法王查理六世和英王亨利五世相继去世，亨利六世即位，并兼领法国国王，兰开斯特人实际上创建了一个英法二元王朝。自 1340 年爱德华三世（Edward Ⅲ）自称为法国国王之后，这是对瓦卢瓦王权最严重的威胁。

追求自我利益引发了王室之间的竞争和对抗。法国上层贵族和许多中下层领主发现，他们可以从向谁宣誓效忠的选择中渔翁得利，并可以利用一方去打击另一方。勃艮第公爵，即"好人"菲利普（Philip the Good）就充分地扮演了渔翁的角色。他发誓要为被谋杀的父亲报仇，因此支持兰开斯特派而反对王太子派。瓦卢瓦王朝的权力逐渐向卢瓦尔河以南地区倾斜——如普瓦图（Poitou）、贝里（Berry）、奥弗涅（Auvergne）和朗格多克（the Languedoc），而原卡佩王朝的中心地带——法兰西岛（Ile-de-France）、香槟（Champagne）、佩舍（Perche）和皮卡迪（Picardy）等地则落入了盎格鲁—勃艮第人的手中，这与路易七世（Louis Ⅶ）、菲利普·奥古斯都（Philip Augustus）和"美男子"菲利普（Philip the Fair）时代的权力重心截然不同。诺曼底和阿基坦（Aquitaine）位于瓦卢瓦王朝领地的外围，由于曼恩（Maine）、安茹（Anjou）和普瓦图已经落入兰开斯特及其同盟的手中，因此重建一个安茹帝国（Angevin empire）已经不再是问题。瓦卢瓦王朝的权力重心逐渐转移出巴黎盆地，这个权力转移的影响是持久的，其后果也是非常严重的。卢瓦尔河谷成为法国王权的大本营，被剥夺了继承权的王太子查理在1422年10月30日被支持者拥立为查理七世（Charles Ⅶ），他的大部分时间都是在布尔日（Bourges）、普瓦蒂埃（Poitiers）、安布瓦兹（Amboise）、希农（Chinon）和图尔（Tours）度过的。亨利六世的法国摄政——贝德福德公爵（duke of Bedford）约翰统治着巴黎到鲁昂地区，太子党则建立了"布尔日王国"，他们主要从南部领地获得支持。

查理七世的大臣们在布尔日和普瓦蒂埃分别建立了一套行政体系，包括最高法院（parlement），即最高上诉法院，审计署（chambre des comptes）、秘书处（chancery）和内政部（household）。对普瓦蒂埃的法院记录进行分析后发现，这是一个有效的司法管理机构，由一些能力出众、富有才华的人进行管理。查理七世此时的内政部也不是像历史漫画所讽刺的那样是一个破旧不堪和经济拮据的机构，因为它靠近法国南部的自然资源，通过拉罗歇尔港（La Rochelle）与商业网络和海上通道相连，因此这些有利条件能够保证这个宫廷的正常运转。朗格多克地区定期的税收为这个政权提供了资金，在前线与"敌人"的非法交易也给瓦卢瓦王朝统治下的这个地区带来了不少收益。

1425年查理七世取得了一个重要的外交胜利，他赢得南部大家族——富瓦（Foix）的效忠，作为回报，他同意将有争议的一些地区，包括长期引起争议的比戈尔地区（comté of Bigorre）授予该家族。亨利五世死后，兰开斯特人未能让法国南部大家族和教士站到他们这一阵营。除了阿尔马尼亚家族，朗格多克的重要家族都倾向于瓦卢瓦王朝这边，图卢兹（Toulousain）、阿尔比（Albigeois）地区的重要城镇，博凯尔—尼姆（Beaucaire-Nîmes）和卡尔卡松（Carcassonne）的辖区（senechaussees）也都全部承认查理七世是"真正的继承人和法国国王"。当查理七世最需要帮助的时候，他得到了安茹家族的支持。

1422年8月亨利五世的去世给以兰开斯特军队沉重一击。除了1421年3月22日博日（Baugé）战争失利，亨利弟弟克拉伦斯

(Clarence)战死之外,兰开斯特人的军事霸权在此之前从未受到挑战。然而,这仅仅是一个暂时性的挫折,1424年8月17日英军在韦尔讷伊(Verneuil)大胜王太子及其苏格兰的同盟军,这场胜利彰显了兰开斯特军队持久的战斗力。诺曼底现在安全了,继续扩张占领区(pays de conquête)迫在眉睫。将香槟地区吞并到英法二元王朝的领土内并非难事,现在英军面临的主要问题是香槟以南地区,因为该地区是通往太子派在卢瓦尔河以南据点的入口。诺曼底的三级会议准备向兰开斯特政权提供财力上的支持(至少到1428年),勃艮第人的援助是征服和占领法国北部的先决条件。但在诺曼底和勃艮第势力之外的地区,瓦卢瓦王朝得到了奥尔良派,即阿尔马尼亚派及其联盟的强有力支持。对勃艮第及其同盟军的憎恨,以及任何意义上的早期的法国民族主义情绪构成抵制兰开斯特军队的强烈动机。1428年,在向前推进包围奥尔良的过程中,盎格鲁—勃艮第军队受到了前所未有的顽强抵抗。

"只有上帝知道用什么方法才能拿下对奥尔良的包围",1434年贝德福德公爵写道。尽管公爵在关于该话题的备忘录中具有自我辩护的口吻,但跟他同时代的一些人比起来,贝德福德公爵对兰开斯特人在法国军事实力存在的局限性的观察更实事求是。如果没有得到勃艮第人的全力支持(1428—1429年没有支持),兰开斯特人对奥尔良的远征不可能成功。1434年,贝德福德是这样描述贞德的,"一个被叫作圣女的门徒,施展了她的魔法",她的出现使兰开斯特王朝的军队遇到了一场在百年战争中前所未有的精神战争。[1] 将这场冲突演变为一场宗教战争并非易事,贞德的成功就在于她迅速提高了瓦卢瓦王朝的可信度。她的使命具有象征性和精神性:1429年7月17日,查理在兰斯举行加冕和涂油礼,远远超出了她短暂的军事生涯所获得的胜利。解除对奥尔良的包围是一个显著成就,对此查理的军官们发挥了很大的作用;但是为王太子举行加冕和涂油礼,抬升其地位,这对法国的兰开斯特王权的精神和实际权力是个沉重打击。

正如贞德自己所承认的,兰斯加冕后,她完成了使命。但是

---

[1] *Proceedings and ordinances of the Privy Council of England*, ed. N. H. Nicolas, 7 vols., London (1834–1837), IV, p. 223.

第十九章 法国

1430—1431 年事件表明，她的价值已被榨干。查理的主要随从——兰斯大主教勒尼奥·德·沙特尔（Regnault de Chartres）、乔治·德·拉·特雷穆耶（Georges de la Trémoïlle）、罗贝尔·勒马松（Robert le Maçon）、拉乌尔·德·高科尔特（Raoul de Gaucourt）——刚刚完成兰斯之旅就迫不及待地否定贞德的作用。1430 年 5 月，勃艮第人在贡比涅（Compiègne）抓获了贞德，然后卢森堡的路易（Louis of Luxemburg）又将贞德出卖给英军，在巴黎大学的要求下，她被移交到宗教法庭。她的神圣天职未能使她在奥尔良之围后为王太子赢得任何重要的胜利，诺曼底还牢牢掌握在兰开斯特人的手中。在鲁昂举行了对贞德的审判，博韦（Beauvais）主教皮埃尔·科雄（Pierre Cauchon）主持了法庭审判（法国人占压倒性多数），作为一个故态复萌的异端分子，1431 年 5 月 30 日贞德被判处死刑。这个审判表明了盎格鲁—勃艮第集团、巴黎大学和法国北部教会相互勾结的程度。贞德的成功不仅仅在于她所表现出来的奉献、勇气和不屈不挠为后代树立了良好榜样，贞德更重要的成功在于精神领域。年幼的亨利六世在 1431 年 12 月 16 日在巴黎匆忙加冕，这一事实表明瓦卢瓦王朝的合法地位已经在兰斯得到认可。舆论上的胜利在随后的进程中即将发挥作用，那些怀有背离之心的人逐渐被争取到查理七世这方。

虽然兰开斯特人在诺曼底的统治比较稳固，但并不等同于英格兰和勃艮第的关系同样稳定。"好人"菲利普有充足的理由对法国的兰开斯特政权对其所表现出来的态度进行抱怨：他在法国境内没有得到任何好处；弗兰德斯（Flemish）领地的上诉案件仍然要递交到巴黎最高法院；格洛斯特（Gloucester）公爵汉弗莱（Humphrey）和贝德福德公爵的婚事都没有实现勃艮第人的目标（贝德福德公爵的第一任妻子是菲利普的姐姐，勃艮第的安妮，她去世后，公爵与卢森堡的杰奎达再婚）；摄政王拒绝将香槟伯爵的称号授予他，这件事也使菲利普疏远了亨利六世的阵营。到 1432 年，他已经下定决心脱离盎格鲁—勃艮第联盟。这对兰开斯特英法二元王朝来说是致命的打击。一些英国人，如红衣主教亨利·博福特（Henry Beaufort）和约翰·法斯托尔夫（John Fastolf）爵士，试图用各种方式拯救盎格鲁—勃艮第联盟，但对于菲利普和他的大臣来说，1435 年能够与杀父仇人达成和解的诱惑太强烈了，根本难以拒绝。1435 年 7 月，查理七世又向勃艮第大法官尼古拉·罗林（Nicolas Rolin）和其他高官大肆行贿。菲利普从波伦亚大学（Bologna）的教授那里得到了有利的法律文书，有充足的理由废除《特鲁瓦条约》（the Treaty of Troyes），因此1435年9月勃艮第与查理七世在阿拉斯（Arras）最终达成和解。虽然有些历史学家认为勃艮第的掉头转向无足轻重，但它却动摇了兰开斯特人在北法的统治基础。勃艮第不再是亨利五世实现其战争目标的必不可缺的同盟者：自此以后英格兰和勃艮第人都必须重新确定各自的目标。"好人"菲利普逐渐远离了法国政坛，在低地地区扩充了大片领地；亨利六世不得不退回到诺曼底和曼恩地区，这些事件将在具有决定意义的阿拉斯会议后表现出来。

瓦卢瓦王朝逐渐露出复苏的迹象。1436年4月，收复巴黎。兰开斯特人在法国北部的势力仅仅局限在诺曼底及其边界地区。1435年，贝德福德公爵的去世对兰开斯特人又是一个沉重打击。虽然对瓦卢瓦王朝来说获得了精神上的胜利，但是战争还在继续。1436年，勃艮第试图占领加莱，但被格洛斯特公爵的军队挫败。在被剥夺财产的威胁下，在诺曼底和曼恩的英格兰军官更加积极地捍卫既得利益。在这一阶段，瓦卢瓦王朝在外交方面的成功远远大于军事上的成功。百年战争外交史的转折点是1435年阿拉斯会议和1439年英法两国在格雷弗利内斯（Gravelines）的谈判。这个时期，兰开斯特王权首次表示了准备放弃亨利六世兼领法国国王的念头，冀望得到更多的土地作为补偿。这又走回到亨利五世当政之前的老路上去了。红衣主教博福特（Henry Beaufort）继续为英国的战争提供贷款，关注诺曼底和吉耶纳（Guyenne）的地位的提高，希望能够将其作为谈判桌上讨价还价的砝码。关于法国王位的问题，在兰开斯特议会中出现了意见分歧：格洛斯特指控博福特和他的支持者违背了亨利五世的战争目标。围绕软弱无能的亨利六世产生的派系冲突似乎在复制曾经困扰法国查理六世时期的政治环境。令人难以置信的是，查理七世也只是能够从对手在英格兰和兰开斯特的法国两地日益崩溃的权力中获得好处。

复苏的过程是渐进的。查理七世虽然表现出高度的政治敏锐性，但他还不能控制自己的重臣。让·卢外（Jean Louvet）、乔治·德·拉·特雷穆耶等一些自私自利的朝臣曾困扰他多年，现在他们又屈服于权力复苏的王子和高级贵族。奥尔良公爵查理，自1415年阿金库

第十九章 法国　　　　　　　　　　　　　　　　　　　423

尔（Agincourt）战役被俘后一直被关在英格兰的监狱中，1440年回到法国，这又成为重臣抵制以及随后的布拉格雷（Praguerie）叛乱，或称贵族叛乱的口实。这时期，几乎没有证据表明法国的高官重臣想把英国势力逐出法国，就像贞德要求他们所做的那样。勃艮第支持布拉格雷叛乱，阴谋反对查理七世，几乎难以给派兵攻打英国的瓦卢瓦王朝提供支持。奥尔良和安茹两大家族为了实现自己的目标，将目标转向意大利，15世纪40年代这两大家族在意大利都提出了领地要求。波旁（Bourbon）家族参与了布拉格雷叛乱，部分原因是因为王室官员插手了他们领地上的事务，尤其是王室大法官（baillis）蒙费兰（Montferrand）的干涉。无论是在法国南部还是北部，除非对这些高官做出重大让步，否则他们根本不愿意支持查理七世反对兰开斯特法国的战争。

　　查理七世成功地镇压了布拉格雷叛乱，但若想赢得贵族的支持和信心，仅仅镇压是不够的，必须适当地出让一些土地给他们作为诱惑。为了收复诺曼底、曼恩和吉耶纳，有必要将重新收复的领地授给瓦卢瓦王朝的忠实支持者，但这种局面却被1417—1435年没收财产的阴云笼罩着（1429年颁布了没收土地和剥夺财产的贡比涅法令）。那些在1429年被没收的土地是否应该归还给它们的所有者呢？那些土地又将会以怎样的状态归还呢？在瓦卢瓦王朝的长期支持者中，很多人被盎格鲁—勃艮第剥夺了土地和动产，瓦卢瓦王朝应该如何奖赏他们呢？这些难题一直困扰着查理七世的顾问和律师们。然而，此时的法国王权却拥有了一个天赐良机——财政收入逐渐稳定。当兰开斯特人的战争越来越呈"恶性螺旋上升的"态势时，瓦卢瓦王朝的财势却趋向好转，原因之一就是查理七世政府征税能力的提高。法国许多省份的居民，特别是位于战争前沿的居民，明显更愿意在财力上支持瓦卢瓦政权，因为这样可以避免军队的泛滥，或许这只是他们的希望。一些地区的居民准备向王室指定的（élus）部门直接缴税，其他地区的三级会议也准备投票同意缴税——塔利税（taille）、补助金（aides）和盐税（gabelle）——以使查理七世能够募集一支训练有素的军队，铲除在乡村四处流窜的"盗匪"（écorcheurs），打击那些经常向百姓收取赎金和保护费的散兵游勇。1439年，法国王室颁布法令，宣布只有王室有权力征募军队，试图取缔私人武装和强盗团伙，这个法令虽然执行起来有些困难，但却是一个具有非常重要意义的法令。瓦卢瓦王朝努力减少过度泛滥的武装组织，与兰开斯特王权在诺曼底和曼恩地区面临着日益增多的困难形成了鲜明的对比。没有军饷的英国军队在乡村地区肆意抢劫和掠夺，他们的恶劣行径所引发的一个后果就是法国农民在科城地区（pays de Caux）起兵反抗和在公国南部地区发泄不满情绪。

  查理七世的军队改革在历史教科书中占有重要一页。1445—1448年，他组建了一支大约由 12000 名骑兵组成的军事武装，即著名的大、小警卫连。这支军队每连有 100 名执矛士兵，或者 100 支由一名身着铠甲的重骑兵领头的 6 人小队。警卫连共 20 个，为王权提供野战兵和卫戍部队。在建立之初，查理并没有打算把它建成一支常备军，他的目的就是减少武装混乱和将英军赶出法国。1448 年，一支完全由弓箭手（francs-archers）组成，靠着在国内征收炉灶税而招募的民兵组织被改编为步兵。没有被警卫连征募的其他军事武装被宣布为非法，并被解散。颁布法令比执行法令要容易得多。虽然很多士兵早已是职业士兵，还有的根本就是那些"盗匪"，但这种新型的军队模式源自于英国和意大利。法国完善了 1417—1424 年亨利五世和贝德福德公爵在诺曼底军队管理时集合和检阅的惯例，同时，法国常备军还通过普通出纳员（civilian pay clerks）为士兵发放军饷，他们还定期对连队进行检查，保证士兵的数量达到规定的人数，军事装备正常，防止连队队长为了骗取士兵的薪饷而让士兵们远离驻地。查理七世的军事大臣和其他财政官员早就清楚地预见到了武装混乱和国内叛乱之间的关系，其中一些官员之前曾经为兰开斯特在诺曼底的政府工作过。我们还可以看到，为法国王室提供保护的警卫人员趋于稳定，并延长了警卫队长的任期，一种团队精神初步显现。由于法国王室是唯一能够为军队提供军饷的人，大大降低了重臣对卫戍部队的影响力。查理七世时期，由于警卫连的形成，减少了私人武装产生的危险性。然而，这个代价颇高：据菲利普·德·科米纳（Philippe de Commynes）估计，查理七世每年可以征税 1800000 法郎，大约 50% 以上的税收用于军队开支，但它带来的好处显而易见，它抑制了原来一直困扰法国各省的不安定因素，为这些曾经武断乡曲的人提供了职位。通过建立常备军，查理七世通过他的骑兵队长（prévôt des maréchaux）

和弓箭手们对极其不稳定、杂乱无序的军队进行了某种程度的控制。

常备军队创建之前的一段时期，查理七世的军队在英法对抗中已经占了上风，尤其是在兰开斯特占领区的南部。1441—1443 年，国王在吉耶纳地区采取主动，从盎格鲁—加斯科涅军队（Anglo Gascon）的手中收复了一些失地，诸如达克斯（Dax）、拉雷奥（La Réole）等地区。亨利六世和阿尔马尼亚伯爵女儿（Armagnac）的婚姻谈判流产了，表明兰开斯特在这个地区的权势衰落了。加斯科涅地区，特别是兰德斯（Landes）地区长期以来一直支持英国，然而现在加斯科涅的一些贵族背叛了英国，暗中损害了兰开斯特王权。1444 年 5 月在图尔（Tours）举行的停战谈判给冲突双方以喘息之机，使双方都可以利用这段时间巩固各自政权和地位。瓦卢瓦王朝面临的一个主要障碍是来自地方武装的抵抗。在北部，为了既得利益，诺曼底和曼恩地区的英国军官想方设法阻碍法军的进攻；传统上来说，南部的加斯科涅与瓦卢瓦王朝势不两立，尤其是在波尔多（Bordeaux）和巴约纳（Bayonne）地区，还有他们的税收问题，这些难题使法国王室试图合并这个地区的努力难以成功。根据亨利六世的助手，萨福克公爵在 1445 年 3 月与查理七世签订的协议，曼恩归还法国，但是由于英国骑士和贵族在诺曼底和曼恩占有大量土地，马修·高夫（Matthew Gough）和福尔克·艾顿（Fulk Eyton）等人拒绝将曼恩地区让给法国王室。由于吉耶纳与英国的经济联系，该地区长期效忠英王，它们的地位与新近占领的诺曼底截然不同。然而，持续的战争导致这两个地区经济混乱，遭到了不同程度的破坏。对诺曼底的破坏更为严重：即使在全面停战的时候，被拆的手工工厂、被毁的农作物、被焚的村庄随处可见。没有军饷的英军肆意掠夺，还有那些声称效忠查理七世的诺曼底军队趁乱打劫，这些恶劣行径都给诺曼底留下了难以抹去的阴影。托马斯·贝森（Thomas Basin）的名画中曾经描绘了被摧毁后的诺曼底：光秃秃的田地里没有一粒谷物，也看不见任何动物，显然这有些夸大其词。战争的后果确实是非常严重，但这仅仅是局部和间歇性的。只有在 1449 年之后，当查理七世派出大批远征军进攻诺曼底，经济上的毁坏才到了难以忍受的程度。即使那样，这种破坏也只是持续了相对短暂的一段时期，因为中世纪时期军队的破坏力有限。

可以说，15世纪40年代是非常关键的十年，因为政治、外交和军队之间的权力平衡正朝着有利于瓦卢瓦王朝的方向发展。1449年3月，一支来自阿拉贡的英国雇佣军在弗朗索瓦·德·苏里恩讷（François de Surienne）的带领下，占领了布列塔尼的前方要塞富热尔（Fougères），打破了五年前图尔签订的休战协定。受到宫廷内强硬的布列塔尼派的鼓动，查理七世决定夺回诺曼底，1449年7月31日英法重新开战。在15个月内，瓦卢瓦王朝就收复了以前由亨利五世和贝德福德公爵占领的诺曼底和兰开斯特王朝在法国的全部领地。瓦卢瓦王朝在十年前就开始了收复失地的准备工作。奥尔良的查理、安茹的勒内（René）等重臣野心勃勃，但是当他们对意大利的野心彻底破产后，这间接给查理七世帮了大忙。1442年至1449年间，他们试图利用法国军队占领意大利半岛，现在这个危险期结束了。除了英军的负隅顽抗和长期存在的财政问题之外，没有什么可以阻止法国王权收复诺曼底。一个天赐良机（force majeure）帮助解决了后一个问题：1451年7月，法王没收了财政大臣雅克·科尔（Jacques Coeur）的财产，雅克·科尔出身卑微，后来负责法国王室的信贷资金，借给法国王室大量资金。根据捏造的叛国罪，他的财产被没收，直接用于收复诺曼底和吉耶纳。他的财产总计约3500弗罗林（florins）（商业大亨梅迪奇家族约有5000弗罗林），他家的盘子熔化后被用来铸币，在1453年7月为吉耶纳的军队支付军饷。朗格多伊尔（Languedoil）和朗格多克地区的税收也用来资助战争最后一个阶段的开支，商人巨贾们也乐意为王室效劳，因为他们可以借着王室授予的大量特许权而从自己领地上的税收中获取利益。布雷奥（Bureau）兄弟不仅利用有效的攻城武器——大炮，还施展了各种阴谋手段：贿赂、策反、煽动当地居民，收买贿赂英军要塞的官员等，他们终于为查理七世赢得了诺曼底。1450年8月，最后一个负隅顽抗的堡垒——瑟堡（Cherbourg），终于落入了法军手中。

在吉耶纳，至1451年8月，主要通过围攻的方式，法军成功占领波尔多、巴约纳（Bayonne）和公国内的其他领土。或者通过布雷奥兄弟重型火炮的轰炸，或者通过磋商谈判，一些战略要地的城镇和领主城堡纷纷向法军投降。公国内的当地居民未能得到来自英国的援助，不过，查理七世授予的条款却是相当的慷慨，加斯科涅的自由和豁免权都得到了保护。然而此时,战局突然急转直下,一群来自加斯科涅的抵抗者,有的是流亡英国的人,有的人代表波尔多的商业和运输公司,他们反对法军占领加斯科涅。此时,英国的援军也到了,打着"维护海上秩序"的旗号,英国施鲁斯伯里(Shrewsbury)伯爵约翰·塔尔伯特(John Talbot)带着远征军在1452年10月突袭波尔多。亨利六世暂时收复了加斯科涅公国的沿海地带,但是试图逆转瓦卢瓦王朝命运的努力未能持续很久。塔尔伯特未能得到英国国内的援助,一支包括野战兵和攻城装备的法国远征军,于1453年7月17日在科斯蒂永(Castillon)打败英军并杀死了他。波尔多坚持到了10月19日,最终不得不第二次向法军投降。查理七世政权向负隅顽抗的加斯科涅施以重罚,这些惩罚直到路易十一世期间才被解除。到那时,路易十一公爵允许加斯科涅公国拥有自己的主权法庭——波尔多最高法院,1462年正式开始举行圣徒受封仪式,为亲英的波尔多大主教佩伊·贝兰(Pey Berland)举行仪式。1454—1455年,公爵国经过授权建立上诉法庭——临时大法庭(*Grands Jours*)。吉耶纳也逐渐被完全纳入了法国的司法和行政管理体系之中。法国开始在此地征税,从波尔多治安官的账簿中一眼就可以看出它的收益。加斯科涅与英国葡萄酒的贸易特权被废除,波尔多和巴约纳的经济经历了一段困难时期。

相互关联的两个问题使瓦卢瓦王朝迈向胜利的美好图景蒙上了阴影:一个是王太子路易(Dauphin Louis)的作用,另一个是勃艮第公爵"好人"菲利普对查理七世获胜的态度。路易自从1446年在多菲内(Dauphiné)定居以来,一直暗中对其父图谋不轨。1456年,他逃到勃艮第,公爵"好人"菲利普将其庇护在布鲁塞尔(Brussels)和热纳普(Genappe)。1449—1453年,勃艮第公爵没有参与诺曼底和吉耶纳反对法国的战争,此时的法国和勃艮第明显处于"冷战"状态,主要因为查理七世支持勃艮第境内的反对派弗兰德斯人。如果查理七世的军队没有在1453年夏天与吉耶纳开战的话,他极有可能会支持根特反对"好人"菲利普的战争。查理的幕僚在勃艮第领地上也制造了不稳定,他们支持弗兰德斯人上诉到巴黎法院;与此同时,"好人"菲利普违背查理的意愿,对王太子进行庇护,使勃艮第处于被控叛国罪的危险中。1458年10月阿朗松公爵(Alençon)让

(Jean)因亵渎君主罪在旺多姆(Vendôme)高等法院受到审判。在这关键时刻,勃艮第公爵没有出席审判,勃艮第史官夏特兰(Chastellain)在报告中陈述公爵因为担心受到同样的指控而又不能被赦免,所以才缺席审判。最后,调解人纳韦尔(Nevers)伯爵让(Jean)等人努力阻止日益紧张的法国—勃艮第关系进一步升级,这种紧张态势直到路易十一世登基之后才趋于好转。

如果对1461年查理七世去世时期的法国进行准确客观的评价,需要将两种因素考虑在内,一方面是查理七世在位时取得的显著成绩,另一方面是法国同时还存在着深层次的不安定因素。法国人实际上已经赢得了对英国的战争,虽然人们还有点担忧英国的战争目标还有可能死灰复燃,(正如1475年发生的那样),但是英国国内兰开斯特派和约克派不和谐的政治关系影响了英国对法国进行干涉的政策。加莱(Calais)成为英国在欧洲大陆唯一的据点,查理七世牢牢占据着法国王位,法国贵族之间的内战大多被平息了。法王先制服了阿尔马尼亚伯爵(1445),后又指控阿朗松公爵犯有叛国罪(1458年),通过某种妥协,使布列塔尼(Brittany)公爵效忠了王权(在1446年和1450年)。派系之间的冲突,如阿尔马尼亚/奥尔良派与勃艮第的宿怨,已经不再使法国高层贵族四分五裂。查理七世的大臣们可以光明正大地宣布法国已经恢复了社会和政治和谐。诺曼底、曼恩和兰开斯特法国的收复,对吉耶纳的合并,使法王名利双收。1461年,吉耶纳上缴了30000里弗尔(livres tournois)的补助金,70000里弗尔的塔利税,这两种税收都是在法国收复之后新设立的。1452年秋,诺曼底三级会议认为这些税的负担过重,因而提出恢复以前的特权和制度。一些法国王室官员在新近收复地区过于疯狂的举动也存在着一定的危险,但这些是获得和平和整合法兰西王国所需要付出的代价。在诺曼底,原来英国的占领地上萌发了一种地方爱国主义情怀,他们希望建立符合当地情感的体系和制度。② 法国王室在1454年颁布了蒙蒂勒—图尔(Montils-lès-Tours)法令,随后又对当地的习俗进行了查询,因此在诺曼底,地方主义情结复苏,恢复古老特权的自我意识逐渐膨胀。

1461年,在某种程度上,地方主义的问题因为高级贵族权力的

---

② Allmand(1983),p. 304.

增长而变得更为复杂。地方主义情绪与领主或者贵族的独立倾向一道阻碍了法国境内各地的巩固与团结。在上层,王太子被父亲及其统治法国的重臣疏远,王太子路易的未来态度和行为也充满了不确定性,这些都给人们带来了焦虑和不安。人们担心路易与勃艮第公爵的密切关系会导致勃艮第的政变,可能使瓦卢瓦王朝的老臣和忠臣被取代而离开在查理七世时期的位置。勃艮第公爵成为反对派的核心和焦点,作为大部分低地国家的统治者,"好人"菲利普的地位已经稳固,与英国的战争实际上使查理七世无暇、无力、无心处理勃艮第的扩张和独立建国问题。因为战争,因为还要给贵族和那些支持反对兰开斯特的重要城市提供丰厚奖赏等,这些使瓦卢瓦王朝的资源消耗殆尽。尽管查理七世的大臣和律师们经常可以从被剥夺的财产或者重新划分的领地中获得大量好处,但是设法为那些遭受损失的忠臣给予补偿实际上也耗尽了查理七世大臣们的耐心和灵性。巴黎议员们如奥雷蒙特(d'Orgement)和库齐诺(Cousinot)的巨额财产,大部分是在战后获得的。很多议员在首都和其他地区从穷困潦倒的小贵族手中购买地产,议会的主要作用是管理土地,因而这极大地提升了议员的身份和地位。"成为国王的顾问或者议会的支持者就可以过贵族式的生活。""长袍贵族"(noblesse de robe)的概念确立了。[③] 一些人纷纷从政府中辞职,转而依附于有地位的亲戚,或者私下里贪赃枉法,这种风气已经侵蚀到法律、金融和官僚机构的各个层面之中。很快,这对王室的司法体系提出了挑战。

从很多方面可以看出,为王室服务的律师和财政人员迅速增长。担任政府要职可以使一个人实现向上的社会流动,同时也增加了其流动资本。战后,担任法律或财政的要职既可以获得抑或失去财产。与财政相比,法律是实现向上的社会流动更为稳妥的一个渠道。对于那些试图通过借给国王和贵族金钱而使自己和家族获利的商人和金融家来说,雅克·科尔(Jacques Coeur)的命运就起到了很好的警示作用。凭借法律一夜暴富很难,但是因为战争而导致法律官司的数量急剧增加——主要是民事诉讼和财产纠纷——这些成为巴黎和其他各省议会中的顾问和支持者稳定的收入。在巴黎、图卢兹或者波尔多周围

---

③ Autrand (1981), p. 261.

投资购买土地，使自己成为领主，对这些人来说具有很大的吸引力。他们利用法律而获得收益保证他们具有偿付能力，从而规避了因为收成不好而导致收益减少带来的风险。一些重要家族，如图卢兹的萨尔圭赫（Ysalguier），14 世纪作为王室的债权人而起家，但是这个家族之所以衰落就是因为他们将全部财产从贸易和商业领域转行为经营土地。土地收益的递减，加上战争造成的破坏，使他们难以支撑"贵族式生活"的消费，也因为不能给女儿体面的嫁妆而难以维持他们在图卢兹社会中的地位。

15 世纪中期，当时的经济形势被称为"金银饥馑"的时代，因此各国政府往往需要把维持和增加资金的流动性放在首位。如果商人想保证其财产的稳定，想获得逐步上升的社会地位，他们需要通过到政府任职来达到其目的。正是通过这种方式，居住在布鲁日（Bruges）的卢切塞（Lucchese）商人、扬·范·艾克（Jan van Eyck）的赞助人乔瓦尼·阿尔诺菲尼（Giovanni Arnolfini）将巨额商业财产转给了他的侄子吕扎什（Luzarches）的领主、巴黎的民选代表（élu）马克·赛纳姆（Marc Cename）手中。法国王太子路易在勃艮第流亡期间，阿尔诺菲尼曾借钱给他，1462 年路易登上王位之后，阿尔诺菲尼成为他的财政顾问（conseiller sur le fait des finances）。阿尔诺菲尼就是以这种方式建立了政府任职、土地所有和流动资本的积累三者之间的平衡，从而保证了刚刚被授予爵位的家族在贵族阶层中获得一席，并得以幸存下来。

从艺术作品中同样可以看到查理七世时期瓦卢瓦王朝的复苏。与光彩夺目的勃艮第宫廷文化相比，法国宫廷文化似乎显得黯然失色，但是在 15 世纪 40 年代，法国宫廷开始表现出重视文学和视觉艺术的明显倾向。国王身边的扈从中，除了因贪污和假公济私而受到伦理学家严厉谴责的托马斯·贝森外，还包括让·茹沃内尔（Jean Juvénal）、纪尧姆·茹沃内尔·德乌尔森（Guillaume Jouvenel des Ursins）、埃蒂安·谢瓦利埃（Etienne Chevalier）、洛朗·吉拉尔（Laurent Girard）和西蒙·德·瓦里尔（Simon de Varie）等人。所有这些随从都因支持艺术而闻名：兰斯大主教纪尧姆·茹沃内尔·德乌尔森自己就是编年史家和劝告词的著名作者。其他稍显逊色的人，如诺曼公证员诺埃尔·德·弗里布瓦（Noël de Fribois）创作了具有宣传作用的历史故事,歌颂查理七世的胜利,为法国王室的合法性和瓦卢瓦王朝力克众敌而获得霸主地位摇旗呐喊。弗里布瓦 1459 年撰写的《简明编年史》(Chronique abrégée)中包含了令人难以忘记的主张,"无论何时提到了英国,我就难以控制手中的笔"④,在所有表现对宿敌的愤恨时,他的言辞最为激烈。15 世纪四五十年代,查理七世身边还涌现出大量作品对他进行歌颂,当然除了托马斯·贝森这个不和谐的音符之外。在悼词《胜利的国王》(roi très-victorieux)中,大家几乎异口同声地称赞查理七世,1453 年之后的法国宫廷(现在位于卢瓦尔谷的城镇和城堡中)成为表示忠心的焦点和寻求庇护的中心。

艺术家们利用视觉艺术来表现查理七世王权的形象。当国王进入重要城市时,他们努力提升国王的高贵形象;其他的王室庆典和仪式,如议会的全体大会等都被艺术家记录下来。艺术家让·富凯(Jean Fouquet),出生在图尔(大约 1420—1480),在他的作品中,查理七世身处的环境成为非常重要的画像背景。在以某些重要事件为背景的作品中,如 1458 年在旺多姆审判阿朗松公爵时,富凯是这样描绘国王的:一位高高在上的国王,身边被一群高级教士、世俗贵族、议员和王室官员团团围住;在埃蒂安·谢瓦利埃(Etienne Chevalier)的《祈祷书》(Hours,大约 1452—1455)中,他又成为三贤人(Magi)的长者向圣婴表示敬意。国王高高在上的尊严掩盖了他不太讨人喜欢的外表,富凯的作品向世人证明了国王肉体的世俗性和法国主权的不朽之间存在显著差别。富凯的赞助人大部分是政府官员,都在他的笔下得到了很好的展示。法国大法官(chancellor)茹沃内尔·德乌尔森(Guillaume Jouvenel des Ursins)为富凯提供资助,让富凯为自己画了一幅肖像画,画中的乌尔森身着红色毛皮长袍,站在镀金的意大利建筑前。法国财政大臣埃蒂安·谢瓦利埃,用薪水购买了一幅非常奢侈的插图《祈祷书》(Book of Hours),这幅画因使用了意大利的图案而闻名于世。法国审计署(Chambre des Comptes)官员洛朗·吉拉尔(Laurent Girard)拥有薄伽丘(Boccaccio)的手稿,现收藏在慕尼黑(Munich),里面有一幅审判阿朗松公爵的卷首插

---

④ See BL, Add. MS 13961, fol. 58v: "Toutes foiz que je suis en matiere qui touche les Anglois, je ne puis contenir ma plume"[cited in Lewis (1965), p. 3, and (1985), p. 195].

图，回顾了一个伟人的堕落。此外，不久之前还发现了富凯的一幅《祈祷书》，画中的主人公是纪尧姆·德·瓦里尔（Guillaume de Varie）的兄弟，雅克·科尔的代理人西蒙·德·瓦里尔（Simon de Varie）。他委托富凯为自己画了一幅授封时（1448 年授予爵位）的画像，在画中，他全副武装，跪在圣母、圣婴和祈祷者（Obsecro te）的画像前，旁边醒目地摆放着授予他的纹章。新贵族就是以这种方式从视觉上，甚至有点庸俗地表现自己——富凯以自己特有的方式表现了身为政府官员的赞助人的偏爱和嗜好，这种新意大利风格，足以说明暴发户（arriviste）的心态。这些为查理七世朝臣和官员创作的光彩夺目的手稿和画像说明了这样一个事实：1420 年之前艺术的赞助者主要来自法国北部，尤其是巴黎地区，现在形势发生转变，1420 年之后很多赞助人来自低地国家。1445 年之后，来自图赖讷（Touraine）的艺术家占有优势，这说明巴黎艺术家的作品在数量和成就上再也不能达到先前的水平了。

  1461 年的法国还不是一个统一的君主国家，法国君主还没有强大到能够建立一个中央集权的有机体，这个机制曾深受 19 世纪历史学家的喜爱。有人认为，这根本不是 15 世纪后期法国国王的主要目标。能从一个国家大部分居民那里得到的无外乎是对王朝的忠诚，以及对国王权力的认同。由于法律、语言和风俗习惯的差异，1461 年的法国并不是现代意义上的"国家"。尽管法国北方方言逐渐渗入到南方方言，但是直到 1539 年法兰西斯一世（Francis Ⅰ）颁布维莱科特雷（Villers-Cotterets）法令，法国才统一法律和政府机构所使用的语言。地方主义的强大导致王室权力的弱化：缺乏沟通影响了中央政府对地方的有效管理。随着各省议会的建立，在司法和行政管理方面新一轮的地方分权又开始了，从中诞生了强大的地方法人团体。与英国进行战争的一个直接后果就是，部分古老的政体模式被重新创建起来。收税制度和常备军的建立，很大程度上调整税收和司法体系，降低了代表大会的作用，这些现象在查理七世去世时就已经非常明显。法国开始艰难地向绝对主义方向发展。

马尔科姆·韦尔（Malcolm Vale）
李艳玲 译

第二节　法国的复苏（1450—1520）

法国在 1453 年取得抗英的决定性胜利后，如何定义它的复苏呢？对目前流行的观点大家都比较熟悉了。法国不仅收复了失地，合并了领土，并朝君主专制的方向迈出了关键一步。这种分析方法，它的灵感是基于对单一民族国家颂扬的历史观，这具有一定道理。然而，根据新近的调查研究和解释，需要重新审视这一观点。在过去的半个世纪中，法国历史学家和研究法国的其他学者们的视角发生了很大变化。我们不再将路易十一统治结束时期（1483），甚至查理八世结束时期（1498）看作"15"世纪的终结，即中世纪的结束。我们不能就这样含糊不清地用这个漫长的年代跨度来指"两个世界"——中世纪和近代之间的时期，这个观点在过去就已经有衰落的趋势了。虽然意大利战争关涉他们自己的切身利益，但是在面对强大的封建公国时，它们理应被看成法国统一运动的一部分，尤其需要重新强调路易十二（Louis Ⅻ）的作用。

不仅仅是时间尺度需要重新审视，视角也需要再考虑。贵族的情况已经了解很多了，与其说战胜英国、国家复苏是法国皇室的一个必然胜利，还不如说这是一个羸弱的君权（正如在 15 世纪中期那样）如何战胜强大的多元权力的故事。本章将主要描述这些是如何实现的：包括政府机构、军队、财政和法律的用途以及对它们的激励等；王室和地方社会，城市和农村地区，它们之间是怎样建立联系的；政治观点和理论是怎样发展的，以及如何将这些思想（特别是权力思想），用语言符号和象征主义表示出来。最后，需要对深受人文主义影响的过去进行大胆的猜测，基于此我们才可以了解现在。历史和传统，虽然在很大程度上是虚构的，但是它们将被转化为政治财富，帮助建立现在所需要的国家认同感。

一　君主政体的完整性
（一）问题

查理七世一直设法保持君权和贵族多元权力主体之间的一种不太稳定的平衡，但是在 15 世纪 40 年代布拉格雷叛乱之后，贵族遭到重创。查理七世开始在整个法国境内行使君权,理论上说,东部领土以埃斯科河(the Escaut)、默兹河(the Meuse)、索恩河(the Saône)和罗纳河(the Rhone)四条河流为界,这些河流流经的地区自然而然地被看作边境地带,然而不久之后,莱茵河(The Rhine)就取代了它们,成为新的边界。实际上,法王只能在将近三分之二的领土上畅通无阻地推行他的政策。当然,他可以依赖已经确立的国家统一理论,从路易十二时代起,这个理论被概括为一句箴言:"一个上帝、一位国王、一个信仰、一部法律"(Un Dieu, un roi, une foi, une loi)。国王的军械库里有一件令人敬畏的武器,1458 年审判阿朗松公爵的时候就曾经检验过它的威力:叛国罪和亵渎君主(lèse-majesté)一样是重罪。

然而,在余下的三分之一领土上,王权必须与当地的公爵进行妥协,他们根本不是那些已经寿终正寝的封建公国的残余,而是真正的、有组织的政权。有的地区由具有王室血统的王室后裔统治着,如勃艮第、波旁(Bourbon)、安茹、奥尔良和阿朗松等。有的地区还在某些贵族的手上,他们通过联姻结成同盟,有的在法国境内,如布列塔尼、富瓦—贝阿恩(Foix-Béarn)、阿尔马尼亚和阿尔布雷(Albret)等;有的在境外,如洛林(Lorraine)和萨伏依(Savoy)等地。这些贵族要求与王室后裔同样享有特权,在 15 世纪,这些神秘人物表示出统治整个王国的倾向意图。就连路易十一也认同他们的观点,他留给自己儿子的最后忠告是:"要听从我们血亲和同族领主的忠告和建议,相信他们的管理,按照这个原则约束自己。"⑤ 因此,国王统治下的管理原则是必须让高级贵族参与其中,有时候还需做出让步,1442 年纳韦尔同盟(the League of Nevers)中曾经详细解释了这个管理体系,可以看出,这种议会政体明显受到英国模式的影响,尤其是吸引了三级会议(the estates general)代表的注意力。

绝大多数的贵族在境外都有封地,有的已经登上王位:勃艮第公爵所在的低地地区,波旁公爵所在的栋布(Dombes),安茹公爵所在的普罗旺斯和那不勒斯(Naples);按照米兰公爵的期望,奥尔良公

---

⑤ *Ordonnances des rois de France de la troisième race*, XIX, p. 56.

爵将在阿斯蒂（Asti）地区，富瓦公爵（Foix）在他妻子的王国纳瓦拉（Navarre）登上了王位。这或许为国王通过支持血亲进而操纵国外势力提供了良机，但与此同时，如果国王势力衰微的话，他们也构成对国王的威胁。实际上，在整个基督教国家内，所有贵族都能够和他们的同侪进行讨价还价，因此整个国家也处于被肢解和分割的危险中，这也是整个神圣罗马帝国的真实写照。对某个贵族的任何支持都会招致国王支持者的怀疑，对他们来讲，王室的权力是神圣不可侵犯的，保护王权就是捍卫他们自己的切身利益。

（二）国王与贵族之间生死攸关的斗争（1465—1483）

然而，极具讽刺意味的是，1461年7月22日，以路易十一身份登上王位的恰恰是那个曾经领导贵族叛乱的人。很快，他就因为行为不一而招致大家的反感：因其自大傲慢，对待国王特权问题出尔反尔，之前的同盟者和贵族都反对他；因为他对以前的叛乱牢骚满腹，他父亲忠实的老臣们，彻头彻尾的君主主义者们对此头痛不已；其他人也因为他的大胆改革而胆战心惊。因此，1465年3月，贵族们打着捍卫"公益同盟"（Public Weal）的旗号，爆发了一场叛乱，这场叛乱还有另一个理由，为了贵族的利益。三位公爵组织策划了此次同盟：勃艮第（通过他的继承人查理）、波旁和布列塔尼。1465年7月15日，在蒙特雷（Montlhéry）这场并非决定性的战役中，假定继承人，路易的弟弟查理目睹了野战部队是怎样在陆地上制伏了路易。幸亏得到了一些重要城市（bonnes villes）的支持，国王路易才被从灾难中挽救出来，因为这些城市既拥有大量财富，也拥有捍卫自身权益的实力，他们有权出席三级会议。假若没有这些忠实的城市，如果英王不实行中立（法国王位的另一个候选人），他几乎就要屈膝投降了。

这场悬而未决的危机引发了国王和对手之间的一场残酷斗争。过去，路易善用阴谋诡计，往往使敌人陷入可怕的"蜘蛛网"中，他被诗人让·梅斯基诺（Jean Meschinot）冠以著名的绰号——"万能的蜘蛛"（universal spider），而如今的路易，不再是什么"万能的蜘蛛"，他常常生活在恐惧中，时而担心被推翻，时而提防遭人暗杀，他的这些恐惧导致多人被处死，1475年处死了圣波（Saint-Pol）的治安官，1477年处死了内穆尔（Nemours）公爵。对于贵族们来说，他们依旧担心害怕，因为如果不能维持统一战线，他们就会失去地位，如果过早摊牌，他们将会失去生命。

　　1465—1477 年是法国历史上政局最为紧张的一段时期，就在路易十一让弟弟查理成为诺曼底公爵后不久，他丝毫不顾刚刚对查理做出的保证，把自己的弟弟逐出了诺曼底。路易把查理赶到吉耶纳，并于 1472 年"恰如适宜"地死掉了。国王再一次控制了贵族们，因为他们缺乏统一的目标。勃艮第公爵"大胆"查理（Charles the Bold），对路易数不清的阴谋和不守信用感到厌倦。1468 年，路易来到佩罗讷（Péronne），自信满满地认为自己能够战胜勃艮第公爵，但是他被查理打败，被迫做出重大让步。此时，法国的政局重新趋于融合。

　　政治上的谈判和武装实力的展示使路易意识到，他必须小心谨慎地保持着自己和贵族之间的平衡。他试图求助于舆论，1468 年他甚至主动要求召开三级会议。那段时间战事不断，虽然持续的时间不长，但对阿尔马尼亚公爵来说是致命的，对于布列塔尼公爵来说是破坏性的，对于勃艮第公爵来说是徒劳无益的。最后，1475 年，国王的几个对手之间形成了秘密联盟，但这个联盟并没有起到它应有的作用和意义，因为它没有像 1465 年联盟那样具有威胁性。密谋者中不仅有法国的治安官，英格兰人也参与其中。密谋者的拖延又一次使局势逆转，路易又处于花钱买和平的局势中，他在皮基尼（Picquigny）与爱德华四世签订条款（1475 年 8 月），因而这起事件的密谋者受到重创。此时的"大胆"查理放弃了同盟，陷入了与莱茵河城市、奥地利、瑞士和洛林公爵的战争中，使自己成为"勃艮第王朝的掘墓者"⑥。好运再一次降临在路易十一这位平庸无能的国王的头上。

　　1477 年 1 月 5 日，勃艮第公爵在南锡（Nancy）城外战死，查理的突然去世使路易从危机中解脱出来，但同时使他面临艰难的抉择：他是应该为勃艮第带来和平，将领地归还给查理的女儿，唯一的继承人玛丽呢，还是厚颜无耻地继续用武力摧毁勃艮第家族及其在法国境内所有的同盟者呢？他选择了后者，这或许可以让他成为勃艮第公爵，但必须付出一定的代价，他必须要在法国东北边界与哈布斯堡（Habsburg）的马克西米利安（Maximilian）进行长期的战争，因为玛丽为了挽救勃艮第和躲避潜在的危险，她与马克西米利

---

⑥ Contamine（1977）.

安进行了政治联姻。最终,在极为不利的情况下,路易十一与他们在阿拉斯缔结了条约(1482年12月23日)。在条约中他们约定,路易十一年幼的王太子查理与玛丽和马克西米利安的女儿玛格丽特(Margaret)结婚,她的嫁妆包括玛丽从勃艮第继承的一部分领地——阿图瓦和弗朗什-孔泰(Franche-Comté)。路易还有计划地使用一系列恐吓手段威胁其他贵族,并通过一桩强制的婚姻使奥尔良家族保持中立:1476年,奥尔良公爵路易与路易十一的女儿——可能没有生育能力的让娜(Jeanne)——结婚。1481年,安茹家族的世袭财产也落入路易十一之手,这又使他成为安茹公爵,在曼恩、普罗旺斯和巴吕瓦(Barrois)等地区行使权力,他甚至还把手伸到了那不勒斯王国。

(三)贵族之间的冲突:欧洲的冲突(1483—1491)

与大多数人的观点相反,尽管路易很成功,但是当路易在1483年8月31日去世时,国王与贵族之间的竞争并没有按照常规发展。新国王查理八世,因其年轻而没有成为众矢之的,但新问题出现了,谁将代表他统治法国?他的姐姐安妮(Anne)与她的丈夫——1488年成为波旁公爵的皮埃尔·德·博热(Pierre de Beaujeu)——一同成为摄政王的候选人。这样,这对贵族夫妻就能时时刻刻眷顾自己家族的利益。事实上,在安妮晚年,她甚至建议自己的女婿——波旁的治安官——与勃艮第家族结成同盟反对法国国王。当时,博热家族和法国王室的利益实际上融为了一体,照例,他们的对手就是假定继承人——奥尔良公爵路易,路易得到大多数贵族的支持,要求承担摄政一职。冲突使贵族分化了。

1484年,三级会议召开之前贵族间的对抗首次公开化,局势有利于博热家族,对抗随后又延续到战场上。以"公益同盟"的名义,密谋者们继续鼓吹反对残暴政府,要求改革国家。第二年发生了"疯子战争"(Guerre Folle),叛乱被迅速镇压,使叛乱者从中得到明确的教训:路易十一已经组建了自己的军队,没有一个贵族联盟能够组织有效的抵抗。联盟的成员主要依赖一个相对独立的政权——布列塔尼的军队,有时候则更多地依靠国外的援助,这是路易十一强权政治留下的遗产。对哈布斯堡的马克西米利安来说,确保他女儿完整地继承勃艮第至关重要。1487年,奥尔良的路易逃到布列塔尼,北部边境又爆发了一场残酷的战争。在加莱附近,英王始终是个威胁,同时,在法国南部,西班牙正在集结部署军队,试图收复 1462 年路易十一以不正当手段得到的鲁西永(Roussillon)。对于博热家族来说,这是一个信号,他们可以重新发动战争击败奥尔良公爵,是可以一劳永逸地摧毁布列塔尼家族,因为布列塔尼的法兰西斯二世只有两女儿可以继承爵位。对于法国军队来说,圣奥宾杜科默尔(Saint-Aubin-du-Cormier)战役(1488 年 7 月 23 日)是决定性的胜利,奥尔良公爵被俘,布列塔尼的军队被彻底击败。然而,法军还是有必要与卡斯蒂尔(Castilian)、英格兰和日耳曼人的分遣队进行战斗,因为他们曾向奥尔良施出援手。在法国实行的强权政治导致了法军和三方同盟战争的爆发,这个三方同盟因布列塔尼公爵的继承人安妮的婚姻而加强,安妮嫁给了已经成为鳏夫的哈布斯堡的马克西米利安。在 1489 年和 1490 年,法王的军队在布列塔尼境内几乎获得全胜,1485 年事件的主谋之一,阿兰·德·阿尔布雷(Alain d'Albret)向南特(Nantes)投降,雷恩(Rennes)被迫停止抵抗。最终,为了使自己能够从绝境中体面地解脱出来,年轻的女公爵安妮被迫与马克西米利安分手,而与法国国王结婚(1491 年 12 月 6 日)。博热彻底打败了他的竞争者,但没有打败英格兰、西班牙和奥地利王朝的三方同盟,因此战争仍然在继续。

(四)方向的改变(1491—1520)

当年轻的查理八世接管了王权后,他却以不同的视角看待目前的局势。查理八世成年后,他决定放弃先前那种毫不妥协的政策,即以损害贵族和国外同盟者的利益为代价,也要坚决捍卫王权和王国的统一。1491 年 6 月 28 日,他主动释放了自己的堂兄——奥尔良的路易,并与之和解。这次事件,虽然没有得到重视,但却是一次真正的政变(coup d'état)。[7] 查理八世厌恶了他父亲和姐姐采取的打击贵族的措施,他试图将法国贵族团结在王权周围。为了与勃艮第家族和平相处,他本应该迎娶马克西米利安的女儿——"大胆"查理的孙女,奥地利的玛格丽特,但是,虽然没有什么热情,他却同意了强加在他头上的与布列塔尼的安妮的婚姻。同时想方设法结束强权政治,他先

---

[7] Labande-Mailfert (1975), p. 95.

后与几个国家签署了条约：与英格兰的《埃塔普勒条约》（Etaples，1492 年 11 月 3 日）；与西班牙的《巴塞罗那条约》（Barcelona，1493 年 1 月 19 日），西班牙重新得到了鲁西永；与马克西米利安的《桑利条约》（1493 年 5 月 23 日），将他的女儿和嫁妆——阿图瓦和弗朗什—孔泰，一并归还给他。

年轻的国王希望采取一个不同于以往的措施，一个既是"贵族的"又是"国王的"方法，即不仅要捍卫王权，也要拉拢贵族。查理以安茹家族的继承人自居，借此提出对那不勒斯甚至耶路撒冷拥有主权，同时将贵族拖进了一场"辉煌的战争"，这并不是什么国内战争，而是"试图征服遥远的异国，或者说这是一场为基督教信念而战的战争"⑧。

查理的继任者——奥尔良的路易在 1498 年登基，法国王室正面临着两条明显不同的道路，先前贵族叛乱的领导人以路易十二的身份登上了王位，他先是与法国的让娜（Jeanne de France）离婚，然后和前辈的寡妇——布列塔尼的安妮结婚。这是他为了建立更强大王权而迈出的坚实一步吗？很可能不是这样的，因为从 1501—1506 年国王的行为来看，关于要走哪一条路国王似乎一直处于犹豫不决中，是依靠、拉拢贵族呢还是树立王权呢？他依旧控制着自己的领地布卢瓦（Blois），开始提出对米兰公国拥有主权，然后又声称拥有那不勒斯。1501 年，他向勃艮第的继承人查理（未来的神圣罗马帝国皇帝查理五世）许诺，将女儿克劳德（Claude）许配给查理，还将布列塔尼给他。这样的一个协议表面上没有给法国的统一带来任何好处，但它却能够给欧洲带来和平。但是，路易十二却在暗地里密谋，让克劳德和自己的堂弟、王位继承人安古莱姆（Angoulême）的法兰西斯结婚，想借此方法保证自己家族的统一，保证法国和布列塔尼永久联合。1504 年签署的《布卢瓦条约》（The Treaty of Blois）明显得到了女王安妮的支持，因为她希望法国走第一条道路，即依靠贵族，但是到 1506 年，法国建立强权政治的政策得到了三级会议代表的支持，因此第二条道路占了上风。

在这样的情况下，1515 年登上王位的法兰西斯一世清楚地知道，

---

⑧ *Débat des hérauts d'armes*, p. 12.

他应该坚定不移地执行"树立王权"政策。相反,他认为"辉煌的战争"在意大利很有可能重新开始。然而,不久以后,为了自己家族和法国的利益,他决定没收波旁家族首领查理的土地,在那设立了巡警制度。波旁家族感到异常愤怒,1523 年他们与勃艮第家族的首领、神圣罗马帝国皇帝结成同盟。虽然他想组建一个新的"公益同盟",但是没有人支持他,就连长期遭到王权轻视的阿尔布雷(Albret)伯爵也不准备帮他重新夺回纳瓦拉(Navarre)的比利牛斯山以南的领地,后来这块领地在 1512 年被卡斯蒂尔占领。时代变了。自此以后,贵族们都意识到自我保护的最佳方式是在王权的护佑之下。

二 国家的巩固、复兴

如果一个君主国家认为有必要对贵族进行镇压,那么最主要的原因在于要求对防御、司法、财政和精神等方面的公共权力进行垄断。法国实现了这些目标吗?

(一)军事力量的垄断

法国新的军队建制主要区分了普通武装、战时部队、职业军队和特殊部队,这些主要依靠贵族的服役完成。1461 年,职业军队主要包括由法国人和苏格兰人组成的王室卫队和 7000 重骑兵组成的警卫连(compagnies des gens d'armes de l'ordonnance),警卫连士兵大部分受过一定教育,由国王为他们支付薪饷。还有炮兵(artillery),炮兵的四个连都是在路易十一时期组建的。紧急武装部队通常驻扎在边境地带,不过步兵是其弱点。由弓箭手组成的后备部队,只有在紧急时刻才会调动起来,经过多年证明,这样的军事力量难以令人满意。1480 年,国王决定组建一支由 14000 人组成的常备军取代原有的军队,这是一个颇为昂贵的实验,因此路易的继承人放弃了该项计划,转而支持另一个计划,即在有需要的时候征召志愿兵(aventuriers)和利用瑞士的雇佣兵。尽管法军元帅德盖耶(de Gié)在 1504 年草拟了该项计划,但法军仍然保留了属于"特殊部队"范畴的步兵。

步兵的职责是保卫国家领土,但不负责王宫的安全,步兵由忠实于国王的老臣控制着。一些重要城市的防御工事都交给了当地人,由贵族负责征兵,经常采用"全民征兵"(arrière ban)的形式,但骑兵装备简陋,简直就是一支非常可怜的地方自卫部队。

此后，只有国王才能控制一支有效的军队，理论上说，贵族没有权力征召士兵。即使这样，个人之间的私斗并没有完全消失，如1483年至1512年间，富瓦家族的两个分支就在米缇（Midi）发生冲突。战争期间，志愿兵很难控制，他们不断威胁当时当地的法律秩序，尤其是在1520年。警卫连的控制权被分散在一些贵族手中，警卫连队长一职是个美差，士兵经常为他们的队长服务，警卫连队长独自一人负责招募新兵，因此，国王经常将警卫连队长作为一个恩惠赏赐给从贵族中挑选出来的人。总之，国王在武装力量的调动方面很难具有稳定的垄断权。当然，维持职业军队所需相对便宜些。1472—1483年路易十一与勃艮第和布列塔尼的敌人展开了奢侈的军备竞赛，除这段时间之外，1520年法国的军队仅仅是查理七世去世时（1461年）军队的1.5倍，而同时期法国的资源却增加了2倍以上。

（二）作为正义执行者的国王

然而，国家的基石并不在于军事力量，而是在于维护正义，它的原则是"国王进行统治，同时整个王国、各个公国和君主政体才能保持稳定"[9]。国家的这种主要属性促使人们把国王和作为"正义的太阳"的耶稣进行对比，查理八世期间，这成为王室肖像的一部分。[10] 人们期望国王通过在议长领导下的议会能够执行这种正义。由于正义被赋予的重要性，1497年，大议会（grand conseil）被独立出来，成为一个真正的、专业的正义执行机构——法院（court of justice）。无论正义的执行者是谁，或许由国王本人来执行，或许由国王的代理人来执行，至关重要的应该是对正义进行良好的管理和认真的执行，因为它是建立在恒定不变的和容易理解的法律之上的。1454年，国王做出决定，记录所有的当地习惯，并草拟为法律条款，经过漫长而艰辛的工作，1506—1515年汇编完成了相应的法律文件。同时，颁布了相当数量的旨在改革法律的重要法令（1490—1539年颁布了10部法令），路易十二在位期间，他目睹了第一部印刷的法令集，即法兰西法律汇编的前身。

当然，国王没有实行法律垄断，而且他从来没有奢求获得垄断

---

[9] *Ordonnances des rois de France de la troisième race*, XX, p.386.
[10] Scheller (1981-1982).

权。教士们依就被传唤至教会法庭,他们不会接受世俗法庭的审判,即使犯了叛国罪也是如此,如 1469 年红衣主教让·巴吕(Jean Balue)和 1487 年乔治·德·安布瓦兹(Georges d'Amboise)案件所证明的那样。绝大多数案件都是由领地法庭进行审理,执行正义的这种方式是迅速并且代价不高的,虽然有时候不能得到法律的保证。与王室法庭相对的是代表领主的大法官法院(bailliages)和司法总管辖区法院(sénéchaussées)。作为上诉法院,它们接收了越来越多的一审案件。数量上的增加(1515 年有 323 个,普罗旺斯和布列塔尼除外)更充分地说明了它们比王室法庭的网络更密集,因为没有一个诉讼当事人愿意跑一天以上的路去上诉。以这种方式,国王充当了正义执行者的角色。

(三)财政状况

1436 年重新夺回巴黎之后,法王重新建立了财政制度,其收入主要来源于两个完全不同的渠道。一个是领地的收入,是作为领主的法王,根据其权利所获得的常规收入;毫无疑问,另一个是特别税收,即王权强制收缴的税款,但必须经过所有臣民的同意。两种收入决定了两种财政体系的存在,两种财政体系相互平行,具有独立的管理系统;双方的支出都必须得到财政大臣或者财务总监(généraux des finances)的批准。然而,两种体系并不具有同等的重要性,因为常规收入只占全部财政收入的 2% 不到,而特别税收则包括了需要直接收缴的塔利税(taille),还有间接征收的购买商品需要缴付的补助金(aides)和盐税(gabelle)。

现在,法国国内无人质疑收税的原则,即使在国王拥有自己地产的一些地区,如朗格多克(Languedoc),由于保留了可以与国王商讨缴纳税款额度的权利,因此贵族们认可了王权对税款的垄断权。1512 年,虽然让·德·阿尔布雷(Jean d'Albret)是纳瓦拉的国王,但是如果没有得到批准的话,他也不敢在法国境内自己的领地内征收用于收复失地的补助金。不用遭到任何反对就能收取税款的权利实际上成为君主专制主义的标志。即使这样,法王的财政制度若想达到他所声称的一致性和连贯性,还有很长的路要走,因为常规收入和特别收入这两个体系之间还存在着明显的差别。支撑这个财政体系的基本概念还没有达到一个公众自愿的理想,还仅仅停留在国王为民众承担了某种责任，民众将税收作为一种回报上交给国王的层次上。对于国王来说，慷慨大方并不是其弱点，而是一种美德，是除了正义之外他应该得到的一种尊敬。他有责任施与恩惠和善行，他可以从自己的领地收入中拿出一部分作为救济金、养老金和工资；或者自行决定支付一些抚恤金等，国王领地收入的 2/3 落入了中间阶层的手中——1460—1520 年，这部分费用总体上占了国家总支出的 35% 不等。当国王在授予警卫连队长或者其他职位时，他也是在施与恩惠，这些职位能为它们的持有者带来工资、养老金和其他特殊津贴。在这个方面，1523 年出现了贪赃枉法的情况，以借款为幌子出卖政府的职位，以此方式确保他们在财政上的回报。

　　传统上来说，国王的慷慨赠予需要臣民提供服务作为回报：贵族需要为国王提供武装，官员需要履行他们的职责，教士需要为国王祈祷。对于穷人来说就截然不同了，他们缴了塔利税，可是他们什么也没有得到。国王对穷人的赠予体现在训练有素的军队中，这些军人正常按期领薪归功于穷人上缴的税收。按照这个传统，从特别收入支出的任何其他款项，尤其是养老金这部分，根本不算慷慨，而是荒唐的奢侈浪费，这些曾经遭到了道德家和理论家纪尧姆·比代（Guillaume Budé）、克劳德·德·西赛尔（Claude de Seyssel）等人的严厉斥责。在某种程度上，法国的财政改革与其说是一个政治问题，还不如说这是一个道德问题，如 1523 年将常规收入和特别收入合并于财政部（trésor de l'epargne）之下，这被证明是个几乎无效的改革。

　　因此，尽管法国有了财政体系，但它缺乏真正的效率。为了支付过去十年中庞大的军费开支，路易十一把他父亲时代的税收提高了一倍，增加到大约 140 吨的银币。法国民众把增加的税款更多地看作是违背他们的权利而不是负担过重，因此三级会议代表强行将税收恢复到 1461 年的水平。法国这个国家具有如此的伸缩性，竟然能够顺畅地用一半的生计过活。扣除物价因素，16 世纪 20 年代之前，法国的税收每年没有再超过 60 吨银币。换句话说，法国再度繁荣时期，国家反而变得相对贫穷了。由于很难满足目前的开支，为了筹措战争经费，法王被迫求助于借款，或者到意大利劫掠。为了使收支平衡，财政大臣不得不运用些财政手段和策略，或者以他们自己的名义从里昂（Lyon）的外国银行家那贷款。1522 年，第一批长期公债（rentes）

的发行表明法国已经准备就绪,要冒险尝试求助于公众信用。

(四)王座与圣坛

继续谈论这个老掉牙话题的一个主要原因是,如果绝对主义王权的确存在的话,那么它首先有点"神秘"。[11] 法国国王又被称为"笃信王"(Most Christian),一个古老的称谓,1469 年经教宗派庇护二世(Pius Ⅱ)之口变成了外交用语,没有人能够比路易十一把这个称谓利用得更好了。献祭时涂抹圣油礼,来自圣瓶里(sainte ampoule)的神奇力量使国王们成为当今的大卫们。路易,这个被神圣化的人物,在 1479 年与教宗的对抗中,他耀武扬威地公开宣称王权具有垄断性,是最重要的权力。国王有权成为法国教会(Gallican Church)的首领,在王国境内,他既能行使领主权力,又能作为上帝的助手行使宗教权力,这成为路易十一在 1461 年之后采取的主要宗教政策。这一年,在乱发了一顿脾气之后,他废除了国事诏书(Pragmatic Sanction),采用了政教合作政体,虽然这个政体未能让坚决主张限制教权的议会和教会满意,但是它却能让路易及其继任者们与教宗和谐地处理一个又一个的教会问题,解决问题时尽可能兼顾双方的利益,并且将教会的需求考虑在内。1516 年,双方签署了一个真正的政教合作条约,把许多形式上的惯例正式确认下来。

国王手中有大量的圣俸,他可以把圣俸奖励给自己喜欢的人,这是国王的另一种厚礼,而且绝对是最重要的一项厚礼。因此在 1484 年三级会议中,曾有饶舌的代表把一些人讥讽为路易的主教。路易总是利用手中的任免权,把这些厚礼奖励给他的意大利客户。总之,1470—1520 年,78% 的主教职位授给了国王顾问班子的成员或者与他们有关的人。显而易见的是,教会和世俗政体融合的趋势是增加而不是减少。

说到这里,我们还不能武断地认为国王的心愿能够随时得到满足,能够漠视地方候选人的实力,曾有证据显示弗兰索瓦·德·埃斯坦(François d'Estaing)在 1501—1504 年异常艰难地成功竞选罗德兹(Rodez)主教一职,还有王室主教路易·德·安布瓦兹(Louis d'Amboise)在阿尔比,埃蒂安·德·蓬舍(Etienne de Poncher)在

---

[11] Lot and Fawtier (1958), p. 46.

巴黎等地，他们都未能成功地担任主教。作为向教权施加外交压力的一种手段，国王曾召开教士团会议，1478年与1479年的教会改革非常关注这件事，1493年、1510年与1511年的教会改革也是如此，1484年的三级会议也非常关注此事。高卢教会似乎经常充当国家道德卫道士的角色。克劳德·德·西赛尔（Claude de Seyssel）毫不夸张地写道："既然国王按照法律和基督教教义来生活，他就不能施行暴政。但如果他施行了暴政，每位教士，或者具有良好品质的，能够首先把人民放在心中的其他宗教人士就有权反对他，有权谴责他。"[12] 路易十一在临终之时，下令归还鲁西永，查理八世在位时将其归还；让·斯坦敦克（Jan Standonck）反对路易十二离婚等就是最好的例子。法兰西教会，在"笃信王"的支配下，绝不仅仅是国家组织机构中的一个小齿轮。

（五）一个权力分散的国家

"神秘的"绝对主义与生俱来就是有限的，它的世俗形式包含了许多限制条件。尽管长期以来，历史学家已经接受了这个理论，但是在1450年之后，恢复了生命力的君主国还不能被视为一个集权的国家，一个由各尽其职的官员组成的等级体系进行管理的集权国家。相反，随着公国的逐渐消失，法国虽然以国王的名义进行了中央集权，但还是在各地实施了地方分权，以地域为单位或者按照制度上的惯例，充分尊重了各省的特殊性。

法国国土的面积在整个西方基督教国家内是无与伦比的，执行力也是如此。即使当路易十一创立了皇家邮政体系之后，从东至西，或者由南到北穿越国土仍然需要四周的时间。在这种情况下，只能像1450年至1520年那样，在全国设立10个省（gouvernements）级行政区，将每个省委托给拥有庞大权力的省长（lieutenants généraux）负责管理。至关重要的，这些重要人物取代了先前的地方公爵，这样一来，国王不再需要设立封地或属地。特别是1483年之后，这些省长主要从国王的近亲中遴选，使人感觉到法国的君主政治具有强烈的贵族气质。

在这样的背景下，我们不应该忽视高等法院的数量大量增加这一

---

[12] Seyssel, *Monarchie de France*, p. 116.

事实。有时候，虽然将决策主体分开是不可能的，如国王的顾问团（conseil du roi）、司法部（chancellerie）或财务部（généraux des finances）等部门，但是将行政管理机构分离却是有可能的。尽管有的公爵国已经垮台，但是为了打击巴黎的霸主地位，继续保持省会城市的名誉和地位，几个城市先发制人，抢占先机。1450年之后，波尔多、格勒诺布尔（Grenoble）、第戎、鲁昂和艾克斯—普罗旺斯（Aix-en-Provence）等几个城市在巴黎、图卢兹之后也拥有了最高法院（parlements）；像蒙彼利埃一样，鲁昂、第戎、格勒诺布尔等地也创建了审理间接税案件的最高法院（cours des aides），路易十二还坚持在布卢瓦设立了审计院。上述被挑选出的地方恰恰是那些省级三级会议能够保持活力的地区。

地方自治并没有在很高的层面上发挥作用，却在一些相对较小的范围内起到重要作用，如在一些领地（châtellenie）、乡村机构或者重要城市中；还有半径在6—7里格之内的局部地区，通常是一些重要财政和司法机构的所在地；一个宗教中心或者繁荣的市场等。在一个拥有市政机构的地区，有市长和地方法官，这个城镇通常能够享有完全的军事自治，充足的财政资源和管理上的自治等，它所受到的唯一的限制来自城市领主。城镇是中央政府在地方上的管理机构，是由来自地方寡头的政府官员和法律人士组成的精英团体在管理。他们行使着由其财富和终身职位确保的独立自主权。来自相同背景的还有那些新的省级法院的成员和下议院代表，两者都是省级三级会议成员，因为这些都是教士和贵族放弃的职位，还有那些被召集负责起草海关条例或者决定金融和商业问题的各种成员等。1515年，5000名官员足以管理广大的法兰西王国，这是因为国家对地方事务的干涉降到了最低。新生的王权绝不是专业的官僚机构。

地方自治的力量，如同广袤的法国国土面积一样大，这同样可以解释为何法国的三级会议比较稀少。由于涉及的问题大多发生在地方，只有当解决一些特殊事件时候才需要召集全体会议，如1468年拒绝国内的分裂活动，1484年伪摄政事件，1506年商议克劳德·弗朗斯（Claude de France）和安古莱姆的法兰西斯（Francis of Angoulême）结婚等。即使法国贵族派获得成功，他们也根本不可能改变这种状态，也不会沿着英国的道路将三级会议改造成议会。

三 社会力量
（一）经济的复苏

英法百年战争后，法国新生力量因经济复苏而得以维持，国家成为经济复苏的受益人，而不是创建者，这是一个欧洲现象。当时所有迹象表明，法国的人口、农业和商业全部呈上升的态势，从而形成了一个"稳步增长的态势，毫无疑问，这种趋势在路易十二期间达到顶峰"[13]。这是一个真正的增长还是仅仅恢复到14世纪初的水平呢？这一点值得商榷，但是随着时间的推移，这个增长实际上成了"伟大的16世纪"的主要特征，这个"伟大的16世纪"肇始于1460年。

首先看看人口的增长。尽管这个领域的研究已经有了相当的突破，我们还是难以准确地描述人口的发展阶段。然而，还是可以分清三个时期：1450—1470年为复苏时期；1470—1500年为惊人增长时期；16世纪20年代之前为稳步上升时期，之后人口增长出现了第一次停滞。总之，法国人口恢复到了1500万的水平，在西欧具有举足轻重的影响力。

农业方面，曲线图的数据显示，除了在人口激增前废弃土地的恢复有一段普遍的停滞时期之外，农业显然随着人口的增加而增长。根据什一税上缴记录推断，农业产量迅速增加，特别是谷类作物的产量，在1450—1500年，农业产量增加了一倍。随后，有一段时期出现了缓慢增长，但是农业税收持续增加，主要因为农产品价格开始上涨。1520年之后，反复出现了几次食物短缺，说明这个时期的农业产量达到了马尔萨斯（Malthusian）所说的极限值（ceiling）。总而言之，虽然人们的工资收入还能继续增加，当国家对财政收入不那么贪婪和经济环境有利时，首先获利的是那些通过耕种土地而获得利润的农民家庭，小土地持有者和贵族也能够得到好处。

贸易的复苏并没有与人口和农业的增长同步。首先复兴的是广泛的商业活动，主要为每周的市场和规模较小的季节性集市提供产品，这些商业网络被重新建立起来，并且数量增加了很多。王室颁发的专

---

[13] Le Roy Ladurie and Morineau (1977), I, pt 2, p. 992.

利特许证中，其中的 13% 都授予了这些大大小小的城镇，而且都是 15 世纪设立新集市的专利特许证。大规模的海上贸易和长距离贸易随后重新开始并缓慢复苏。为了与日内瓦（Geneva）的集市竞争，路易十一在里昂建立的集市在 1465 年之后变得日益重要起来，1475 年之后，拉芒什海峡（the Channel）和大西洋沿岸港口的作用更为突出；但是，马赛（Marseilles），作为朗格多克的代理，则处于全面衰退中，直到 15 世纪末期才逐渐恢复了生机。16 世纪最初的 20 年之后，大规模的贸易才完全恢复。

（二）乡村社会

乡村领主，"经济复苏中唯一合法并稳定的框架"[14]，充分利用了当时有利的经济环境。例如，诺曼底的唐卡维尔（Tancarville）的税收在 1450—1520 年增加了一倍。[15] 广义地说，法国农村社会主要有两种领主。一种是无数的小领主，退回到他们自己的领地和农场上，享有很多的传统权利；另一种领主大部分是爵位较低的贵族，虽然有着自己的生活方式，但他们的生活和农民几乎没什么两样，他们还没有资格接受征召诏书（arrière-ban），然而他们却对自己的贵族血统引以为豪。尤其是在 1450 年后，这些领主逐渐被附近城镇中的商人（bourgeoisie）所掌控。

重要领主可以执行审判，更多的是那些拥有一定头衔的人，他们往往从担任城堡主（châtellenies）开始，"成为国王的仆人是最好的投资"[16]，他们购买这些头衔并不是为了获得利润，利润率最高为 4% 或 5%，而是因为这个头衔可以为他们带来荣誉和安全感。在加筑了防御工事的城堡内，他们可以执行正义；维持法律秩序，规范市场，保证合同真实可靠。对于乡村居民来说，城堡通常是唯一一个具有行政管理权和司法权的地方。

王权并不干涉这些领主的管理，但是作为最高上诉法院，王权还是会对他们造成极大的影响；在处理有关收税事宜，以及招募弓箭手等方面，他们往往直接绕过这些领主。在这些情况下，王权直接与教

---

[14] Neveux (1985), p. 62.
[15] Bois (1976), p. 232; Eng. trans., p. 257.
[16] Olland (1980), p. 530.

区打交道，这样教区的性质发生了改变，成为一个世俗的行政区和一个对居民进行管理的社区，只剩下教会的身份。因此，在每个乡村都有一群精英成长起来，在他们中间招募一些重要职位，如律师、领主当局官员，税收稽查员、农场主和塔利税的收税官等。在王权的支持下，他们形成了法国的"约曼"，在经济复苏的大背景下，他们重新恢复了生机与活力，成为一支能够与教会和领主当局抗衡的势力。以这种方式，虽然有点缺乏自信，但农民们逐渐在政治上获得了一席之地和宝贵经验。

（三）城镇和贸易

关于商品经济，王权及其合作伙伴商人——"一个控制国家的阶级"[17] 所起的作用是非常关键的。路易十一被赞誉为商人阶级的国王，虽然这个观点在今天看来有点牵强附会。然而，确凿无疑的是，一些经济思想正逐渐显现，从路易十一时代颁布的各项法令到大法官杜柏德（Duprat）1517年在城镇中的演讲，通过分析这些内容，我们可以追溯到当时的经济思想。在这些经济思想的指导下，法国采取了大量措施，期望能够为大范围贸易打开国内市场：例如，为了扶植丝绸商品的生产而采用关税保护政策，为国内的制造业提供一些优惠条件等。为了提供有利的汇率，法国还采取了一些其他措施：如禁止贵金属的出口，禁止使用国外货币等。然而，所有这些并没有形成大量的经济理论和连贯的经济政策。

事实上，在关乎一些重要的商业贸易时，法国王室总是被国外力量所控制。1484—1494年是里昂集市短暂的衰退期，衰退期前后两个阶段成功地在里昂设立新集市；1481年合并马赛，巴黎重新恢复活力后，拉芒什海峡的港口在罗纳河、索恩河（Saône）、塞纳河构成的水运轴心中重新发挥重要作用，但这熄灭了布尔日和图尔人的一度生出的希望。但是经过仔细审视就会发现，这些商业活动或者通过由意大利或日耳曼人控制的里昂银行进行，或者通过卡斯蒂尔或葡萄牙人在西海岸的港口的进出口贸易完成，由此可见，法国在资本积累方面处于劣势。这就是为何路易十一和法兰西斯一世（Francis I）总是意图控制米兰和热那亚（Genoa），因为其他金融中心，尤其是位

---

[17] Imbart de La Tour (1948), p. 414.

列金融中心首位的安特卫普，完全在他们的掌控之外。

在这些年中，从来没有一个巨商大贾可以对法国的国家政策施加影响。雅克·科尔（Jacques Coeur）的继任者似乎只是模仿者，仅仅充当了财政部和里昂银行之间必不可少的中间人。让·德·博纳（Jean de Beaune）和他的儿子雅克两人先后成为塞姆布兰开伊（Semblançay）的领主。他们都不是商人，而是法国历史上的第一批"金融家"（financiers），他们主要利用国家的贫穷而拥有了权力。1523年，这两个人垮台了，并于1527年在塞姆布兰开伊被处死，除了为意大利人稍稍打开了"大门"之外，这件事没有给法国带来任何改变。

法国商人的实力没有在金融方面展现出来，而在"沉默贸易"（silent trade）方面则显示了不俗实力，从而对手工制造业产生极大的推动力，这可以部分地解释为何在16世纪20年代，法国城市经济健康发展，并帮助缓解了乡村经济的落后趋势。商人数量大大增加，但他们未能在政治上占有重要地位，主要是因为缺乏国内市场，也因为他们在社会等级中的地位逐渐下降。[18] 除了里昂之外，在其他城市中，他们不属于杰出的城市精英，王室官员和律师使他们相形见绌。同样，在300多个重要城市中还存在着等级制度，其中大部分是由一些核心成员控制着。然而，正是这些地方势力，主要是他们在政治上具有的优势，使王权发挥了其掠夺性的作用，从而对国家的乡村行政产生了不利影响。

（四）社会动态：政治社会

身处复兴中的法国社会，投身于商业领域并不能迅速提升社会地位，为国王或者为教会服务才是捷径，这在意料之中。那些野心勃勃的人最大的梦想就是赢得王室的支持，对他们来说，宫廷具有难以掩饰的魅力，但是宫廷也是长期以来被道德家们所鄙视的一个地方。颂词《无可责难的骑士》（Chevalier sans reproche）就讲述了一个名叫路易·德·拉·特雷穆瓦耶（Louis de la Trémoïlle）的年轻人，完全不顾他父亲的警告，毅然加入了路易十一的朝廷。在当时，你可以在两个地方献媚：王室家族和顾问团。在王室家族那，你可以先围在国王

---

[18] Chaunu and Gascon (1977), p. 233.

的身边，之后你可以围在皇后布列塔尼的安妮身边；顾问团则负责王国境内的日常行政和管理。这个管理范围环境并不明确，长期以来形成了一个小朝廷，构成政府官员（civil servants）的主体。如果试图将旧贵族（noblesse d'épée）和顾问团中的新贵族（noblesse de robe）进行比较常常会引起误解。在《贵族的对话》（Dialogue de noblesse）中，西姆福里安·尚皮埃尔（Symphorien Champier）最恰当地写道："我们有三种贵族：第一种是神学方面的，第二种是由血统决定的，即天生的贵族，第三种是政治方面的。"[19] 换句话说，国家的管理者全部诞生于贵族之中[20]，无论这个人是依靠血统还是靠命运成为贵族的。即使在路易十一时期的顾问团成员的三分之二是贵族，其中公爵占了四分之一。

在众多的贵族中，那些"政治"贵族形成了寡头政治结构，他们往往通过委托人的推荐成为贵族，通常在一个封闭的系统内发挥作用。既归功于他们对世俗和教会职位的驾驭能力，也感谢国王慷慨的赠予，这些成员都拥有大量惊人的财富。[21] 然而这些贵族并没有形成完整的一体，他们被那些出身高贵，在国王的顾问团中任职，或由于具有特殊才能而掌控小朝廷的那些人所分化。

如果说政治贵族的顶端是宫廷，那么它的根基则在市民社会中。在小城镇或者重要城市的核心地区，还是有可能获得些许的权力，从而使自己处于一个有机会获得国王青睐的网络之中。然而，还存在一些不确定的因素，因为各种不名誉的问题可能随时都会袭来，随之招致世俗社会的遗弃。因此，无论背景如何，政治贵族有必要为寡头政权的某些成员服务，或者获得富有领主的认可，从而确保自己的地位；通过在教会担任圣职或者在王室朝廷中担任某些职位也能获得类似的保障。当国王和公爵之间的战争结束，或如果失去国王的恩惠不再意味着必须丢掉性命的话，这种体制运行得还不错。1504年，虽然被裁定犯有亵渎君王罪，元帅（marshal of Gié）皮埃尔·德·罗昂（Pierre de Rohan）不仅能够体面地退休，而且也保住了自己的地产，然而大约20年后，金融家塞姆布兰开伊领主（Semblançay）却走上

---

[19] Harsgor (1980), IV, p. 2751.
[20] Contamine (1971), p. 156.
[21] Contamine (1978a), pp. 72–80.

了绞刑架。

四　民族意识和国家视野

漫长的历史孕育了民族意识，复苏的人文主义也丰富了民族意识，如果想看到这种民族意识的增长，我们必须从一个最有利的角度看看这个社会的核心，从最宽泛的意义上看看这个国家的政治。正是这种民族意识的觉醒将法国国内最为偏僻的地方和不同地区的市民社会连接起来。

（一）艺术

仅仅在一所法国艺术学校，人们根本不能一眼就识别出文化领域内的民族统一。如果画家和雕塑家们服务于高贵的宫廷，他们就不仅仅享有地方艺术家的美誉。图尔和布卢瓦（Tours and Blois），穆兰（Moulins）和艾克斯—普罗旺斯（Aix-en-Provence）都有独立的艺术学派，其中勃艮第派（如弗兰德斯 Flemish）是其中最为耀眼的一支。在音乐方面，勃艮第派占据了霸主地位已经是不争的事实。在世纪之交，北部风格的主导地位并没有因意大利艺术家的到来而变化，以法国城堡为原型，将堡垒与贵族驻地相结合，完美地体现了重新获得的领主权力，几个意大利艺术家的出现并没有影响这种无与伦比的建筑艺术在西方基督教界的绽放。作为一种创新模式，这种新型的建筑艺术在卢瓦尔河两岸，在国王和朝臣中的城堡中得到充分体现。

（二）文学、语言和历史

如果一定要从文学作品中寻找民族文化，那么在王室和贵族的宫廷文学及饱受非议的大修辞诗派（grands rhétoriqueurs）的作品中都可以寻觅得到。法国的文学艺术分别出现在不同的家族中，勃艮第的宫廷文学最为闪耀，其中乔治·夏特兰（George Chastellain，死于1475年）和让·勒梅尔·德·贝尔热（Jean Lemaire des Belges，死于1524年）是最重要的代表人物。同时，由于开始使用法语这种"原材料"，从而使文学艺术形式实现了更深层次的统一。

这是国王、宫廷和首都的语言，在当时，也是卢瓦尔河两岸使用的语言。自14世纪末期开始，除了拉丁语之外，作为一种语言文化，法语已经获得了一席之地。它曾经被学者称颂为"特洛伊"的遗物，从社会和地域两个角度得到整个政治社会的认可。到 1450 年，它征服了罗纳河河谷地带，1490 年左右，征服了下朗格多克地区（Bas-Languedoc），1520 年，征服了波尔多地区。在这里，我们根本无法找到文化帝国主义的踪迹，与此相反，却可以找到民族和语言自豪感的证据。使用国王的语言可以使自己更好地为国王服务，同时可以承认自己是法国人。

（三）法国的复苏（1450—1520）

人文主义的大修辞诗派不仅仅是民族语言最好的宣传者，他们还是历史的奠基人。宫廷诗人和檄文执笔者剪裁了自己的作品以适应新情况，他们以经典的方式将自己转变为应时而生的历史记录者甚至历史学家。一些享有盛名的教会学者也加入了这一行列，如罗贝尔·加甘（Robert Gaguin）的《法国简史》（Compendium，1495）曾经获得了极大的成功。还有王室的公证员和书记员。对于《法兰西年鉴与编年史》（Annales et chroniques de France，1492）作者尼科尔·吉勒（Nicole Gilles）来说，历史就是一种交易工具。这些人的作品有相当广泛的读者群，在读者眼中，《法兰西年鉴与编年史》（Grandes chroniques de France）如同圣经一样[22]，不仅有书面文字，还有各种图片、图案、符号表征等，通过国王入城的庆典仪式可以看到萦绕着中世纪城市的氛围。[23] 所有这些作品，犹如拉丁文圣经，帮助宣传了君主政体和辉煌的国家起源这些基本概念。特洛伊起源说曾经遭到学者的抨击，但由于发现高卢人既不是罗马人也不是日耳曼人的子孙，而是诺亚的直系后裔，这种学说又重新复苏。众所周知，诺亚的子孙曾经迁居到意大利和东方世界，并在那里建立了特洛伊城，特洛伊城陷落之后，他们踏上重返家园之路，重新融入了仍旧留在故国的同胞之中。他们到处传播智慧、知识和正义的法律，其中最著名的就是萨利克法典（Salic Law），该法典的颁布应归功于墨洛温王朝国王法拉蒙（Pharamund），萨利克法典在 1500 年左右成为完美的象征。这些高卢人受洗后成为基督徒，他们和法兰克的战士一起，在神圣王朝的代表人物圣·克洛维（St Clovis）、圣·查理曼（St

---

[22] "presque une Bible"［Guenée（1971），p. 124；Eng. trans. p. 58］.

[23] See above, p. 8.

Charlemagne）和圣·路易（St Louis）的带领下，保持了最正统的教义。法国国王现在成为新的上帝选民的领导者，上天注定由他们捍卫教会和知识的胜利，将希腊的知识转变为高卢—法兰克人的，从而保证了罗贝尔·加甘和纪尧姆·比代（Guillaume Budé）等所有法国人文主义者对意大利人的优势。

（四）皇帝的天职（Imperial vocation）

民族意识的觉醒还包含了一种皇帝的天职，再现了古老的、神圣的和广义的君王概念。当与公爵对决时，路易十一需要宣称自己是法国的皇帝，但是他几乎没有为这个国家做出什么贡献。他公开宣称自己的天职是通过召集全体会议（General Council）来改革普世教会（Universal Church），教宗绝对不能对这个威胁掉以轻心，如同1478年发生帕奇阴谋的时候，还有当1494年年末亚历山大六世目睹查理八世抵达罗马的时候，教宗必须小心谨慎。1503年，在两次独立的教宗选举中，罗马教廷中的意大利人当面对另一位候选人——路易十二的首要顾问乔治·德·安布瓦兹（Georges d'Amboise）的挑战时不得不认真应对。当1511年11月1日在比萨（Pisa）召开期盼已久的会议时，教宗尤利乌斯二世（Julius Ⅱ）也是战战兢兢，如履薄冰，虽然该会议因为法国军队的失利无果而终。有充分的证据表明，这些都涉及外交阴谋。然而，很难将这些阴谋背后的动机全部归因于政治因素，因为这些阴谋很可能是在将灵魂全部奉献给上帝的国王的积极鼓励下，由一部分并非缺乏宗教意识的主教们来完成的。

只有当涉及意大利问题时，法国才表示出改革教会的愿望，因为意大利不仅是教宗国所在地，而且还是但丁妙笔下的"帝国的花园"。对意大利的战争，并不是对国家利益漠不关心的国王企图在骑士理想国中炫耀自己的丰功伟绩，而是因为从国家的和国王的视角来看，他们还不能放弃对高卢—法兰克的历史认识。战争是多种因素造成的，有对公爵家族的担忧，有对古代权利的捍卫，还包含了国际政治等因素的考量。然而，最为重要的一点是，这些宏伟战争与法兰西帝国的神圣天职相一致。路易十一一直对意大利虎视眈眈，甚至当1478年那不勒斯和教宗相互抵牾的时候，他还视自己为意大利半岛和平的捍卫者。虽然他对事态的进一步发展无能为力，然而，出于报复的心理，他坚持反对勃艮第家族。查理八世，消除了这些隐患，急

第十九章　法国　　　　　　　　　　　　　455

于抵消"天主教君主"因占领格拉纳达（Granada）而带来的荣耀，致力于恢复自己尊贵的权利，履行作为一位国王在那不勒斯和耶路撒冷王国内的职责。无论科米纳（Commynes）怎样说，作为讨伐土耳其的前奏，查理八世强烈要求进行这场远征。在法国，那些关于弥赛亚的预言与琼·米切尔（Jean Michel）有关，在意大利和西班牙也是如此[24]，这些预言使这场远征的意义更为重大。当法王隆重地进入那不勒斯时（1495年5月12日），教宗、威尼斯和阿拉贡结成神圣同盟，将反对法国列入议程，但是1495年7月6日的福尔诺沃战役（Fornovo）表明法国可以用武力确保其霸主地位。当时的奥尔良公爵路易十二，对他的前任查理八世仅仅将卢多维科·斯福查（Ludovico Sforza）从米兰赶出不满，最后路易的军队在边境俘虏了斯福查，1500—1501年，路易十二又与阿拉贡国王斐迪南（Ferdinand）联合，重新占领那不勒斯。他还发动了最后一次十字军远征，最远到达米蒂里尼岛（Mytilene），与波希米亚国王弗拉迪斯拉夫（Vladislav）结成同盟进攻土耳其。即便在1504年丢掉那不勒斯之后，路易在1507年还能够镇压热那亚的叛乱，在1509年阿格纳德洛（Agnadello）战役中打败威尼斯，从而成功地保卫了伦巴第（曾经被认为是高卢在阿尔卑斯山以南的领土）。这些战争展示了法国作为强大帝国的形象。那顶现在被封存的皇冠带有国王军队的标记，法王在意大利成了其特洛伊先祖的复仇者。1506年三级会议授予他国父的称号，使其成为一个新的"奥古斯都"。[25] 甚至在意大利，画家们也用古典风格庆祝他的胜利，在画像中，他被描绘成由9个杰出的罗马国王（从奥古斯都至查士丁尼）围绕的人物。[26] 在战场上，路易实际上只有一个真正的对手，同样具有帝王的威严，这就是另一个凯撒——教宗尤利乌斯二世（Julius Ⅱ）。颇具讽刺意味的是，这位教宗为了"保护教会"，拯救意大利，防止帝国的领土落入蛮人之手而组织了反对法国的神圣同盟（Holy League）。虽然在1512年拉文纳（Ravenna）战役中遭受失败，但教宗尤利乌斯二世（Julius Ⅱ）最后还是战胜了他的对手。尤利乌斯二世去世后，神圣同盟在1513年的诺瓦拉（Novara）

---

[24] See below, pp. 616–618.
[25] See below, pp. 635–636.
[26] Scheller (1985).

战役中大获全胜，但是1515年的马里尼亚诺（Marignano）之战使诺瓦拉大捷黯然失色。一切又再次融合在一起。

值得思考的是，无论这些战争是为了法国国王实现占领意大利的梦想，还是为了改革教会，领导十字军，又或者是为了法王头顶上的皇冠，法国人从来没有指责这些战争是无用、无效的。尽管长期以来人们对此有所议论，然而查理八世在整个战争期间从来没有暗示过他想要什么。与之相反，1491年之后，哈布斯堡（Habsburg）的马克西米利安（Maximilian）却不断公开宣称要占领整个德意志（他从来没有能够得到它），进而占领整个欧洲。没有一个法国国王曾经对这些公开宣称做出回应，只有在1501年，路易十二许诺既不想确保欧洲的安全，也没有表示他想成为欧洲的皇帝。[27] 这足以证明1516年之后法兰西斯一世（Francis I）对于来自德国的邀请做出的热情回应并不是一个没有先例的白日梦。为了获得霸权，马克西米利安策划的1517—1518年东征，1516年协定的签署，这些足以证明马克西米利安（Maximilian）的鲁莽行为和谋求霸权的政策带来了不可避免的后果。在上帝的选民眼中，作为皇帝候选人的法兰西斯一世和他的对手查理相比毫不逊色，因为查理更像一个勃艮第人，而不是德国人。

如果法兰西斯一世在1519年成为神圣罗马帝国皇帝，是法国还是作为整体的欧洲受益更多，对此我们无从得知。然而，正如让·泰诺（Jean Thénaud）在1523年写到的那样，事实已经充分表明，复兴的法国及其主权已达到顶峰——"一个最虔诚的、最冷静的、最神圣的法国王权"[28]。

贝尔纳·谢瓦利埃（Bernard Chevalier）

李艳玲 译

---

[27] Zeller (1934), p. 499.
[28] Jean Thénaud, *Le voyage d'outre-mer*, cited by Zeller (1934), p. 505.

第 二 十 章

勃艮第

1404年4月27日，勃艮第公爵"勇敢的"菲利普（Philip the Bold）在布鲁塞尔（Brussels）以南的小镇哈尔（Hal）去世。当代作家——克里斯蒂娜·德·皮尚（Christine de Pisan）将此事描述为事关一位贵族的完美离世。在他临终之时，谆谆教导他的三个儿子约翰、安东尼和菲利普（John, Anthony and Philip），告诫他们要向法王效忠，并将他在位40年获取的土地平分给三个儿子。土地划分的方式是由当时的条件决定，直到两年后才生效。菲利普去世后，大儿子"无畏者"约翰继承了勃艮第公爵领地和夏洛莱地区（Charolais）；不到一年，1405年3月当他母亲玛格丽特·德·马尔（Marguerite de Male）去世后，他得到了母亲从娘家继承的大部分领地，即佛兰德（Flanders）、阿图瓦（Artois）和勃艮第的弗朗什—孔泰（Franche-Comté）地区。1403年他弟弟安东尼没有正式参与分割"勇敢的"菲利普的遗产，由于布拉班特女公爵珍妮（Jeanne）没有子嗣，"勇敢的"菲利普与让娜协商，安排安东尼继承她的领地；1404年安东尼成为布拉班特的摄政王，1406年让娜去世后，他继承了布拉班特公爵的称号。"勇敢的"菲利普的小儿子，也叫菲利普，则得到了他母亲在雷特尔（Rethel）和纳韦尔（Nevers）的领地。

这种分配和继承方式保证了勃艮第公国领地的完整性。新公爵继承了父母双方的大部分领地。安东尼继承的布拉班特，可以视为"勇敢的"菲利普在死后依然进行扩张的一个范例。现在整个神圣罗马帝国境内都可以感受到勃艮第的影响力，他们缔结的一系列同盟非常奏效。老公爵让勃艮第的三位公主与帝国境内的贵族联姻：1385年，勃艮第的玛格丽特（Margaret of Burgundy）被许配给埃诺（Hainault）、

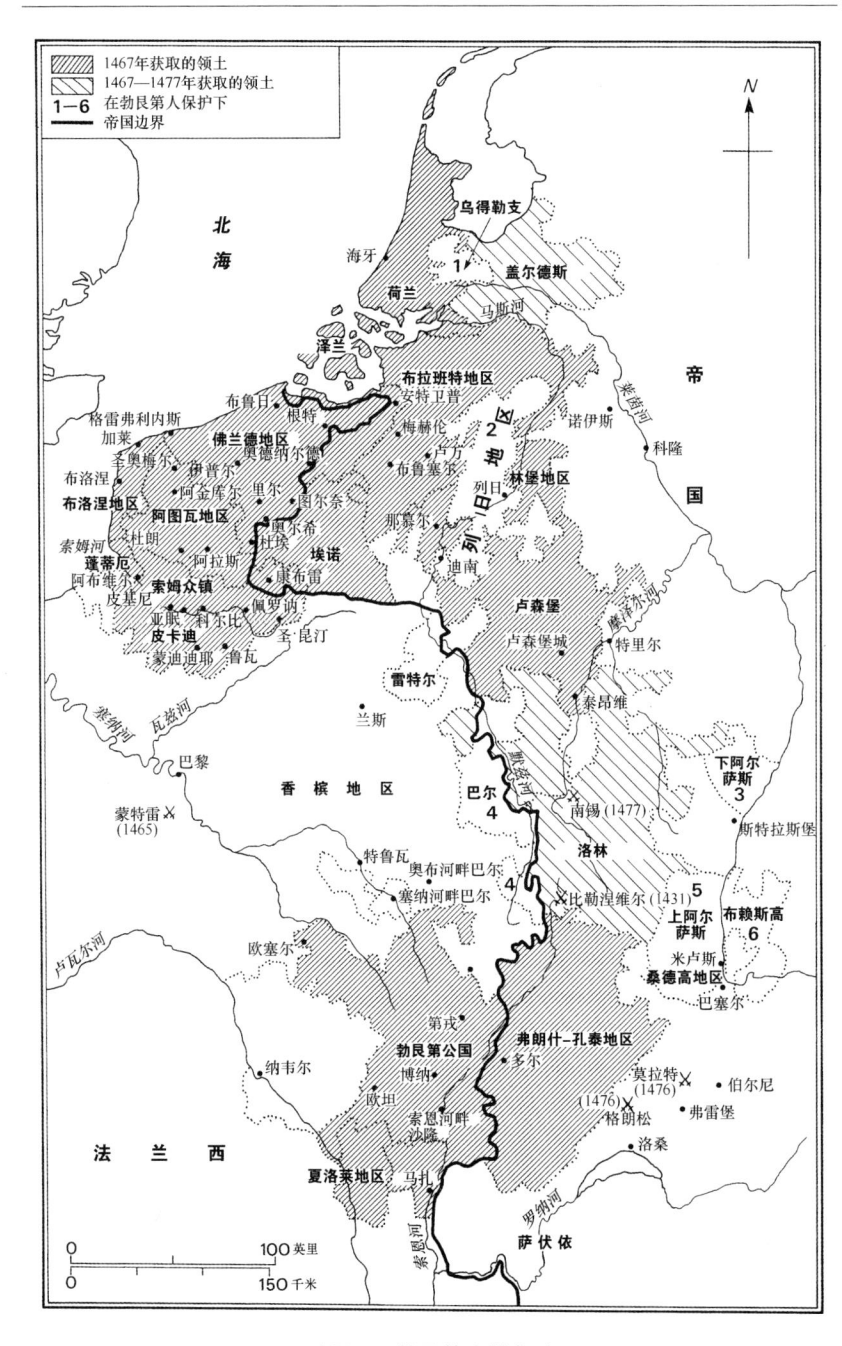

地图9 勃艮第人的领土

荷兰（Holland）和泽兰（Zeeland）的继承人巴伐利亚的威廉（William of Bavaria）；威廉的姐姐玛格丽特同时嫁给了未来的"无畏者"约翰。数年之后，勃艮第的凯瑟琳（Catherine of Burgundy）在 1393 年嫁给了奥地利公爵，哈布斯堡的利奥波德四世（Leopold Ⅳ）；1401 年，勃艮第的玛丽（Mary of Burgundy）又嫁给了萨伏依（Savoy）伯爵阿马迪斯八世（Amadeus Ⅷ）。

即使如此，1404—1405 年，约翰公爵的某些情况却不令人满意。虽然他拥有大片的领地，但他的财政状况不太良好。自他父亲那个时代起，公爵领地的财政在很大程度上是由勃艮第公爵在法国内部事务的地位决定的。1395—1404 年，公爵领地的年税收为 450000 里弗尔（livres tournois），其中大约 30% 是法王查理六世赐予其叔叔勃艮第公爵的礼物和补助。这个数字反映了公爵在法国王室的重要地位。然而，菲利普去世后勃艮第公爵很快失去了这个收入来源，他的儿子约翰只能依靠两个领地（公爵领地和伯爵领地）的收入。1405 年 3 月之后，勃艮第公爵在佛兰德和阿图瓦收取的税收，分别占菲利普时期（1395 年至 1404 年）的 12% 和 43%。[①] 不久，新公爵被迫到处借钱，从政府内的各种雇员到领地内的各城镇，还有富有的臣民和支持他的商人和金融家，如卢切斯（Lucchese）、迪诺·拉庞迪（Dino Rapondi）和巴黎人纪尧姆·桑吉恩（Guillaume Sanguin）等。1404 年，公爵可以明显地感受到勃艮第在法国王室内的影响力日益下降（现在，法王的弟弟奥尔良公爵在法国王室内的影响力举足轻重）。由于财政收入过多地依赖于法王对勃艮第的政策，他们失去了将近三分之一的法王对领地的税收，勃艮第必须寻求新的收入来源。

第一节 地方和"中央"机构

新勃艮第公爵不仅是一些重要封邑的继承人，他同时掌管着公国境内的行政和司法机构。如果从整个公国来看，这些机构既没有统一化也没有集权化。虽然公国北部已经存在一些"中央"机构，并且这些机构带有明显的勃艮第特色，但是勃艮第公国和伯爵领地内的机

[①] Nordberg（1964），pp. 27, 29, 31, 34 - 36；Van Nieuwenhuysen（1984），pp. 373 - 383.

构和功能截然不同。

公爵几乎很少访问勃艮第领地,即便偶尔去那也是甚为匆忙,因此他需要一名代表,他或许可以让公爵夫人作为代表[这与"无畏者"约翰的情况类似,巴伐利亚的玛格丽特的大部分时间都待在了第戎(Dijon)],或者也可以委派一名地方官员,他得到授权,可以行使公爵的行政和司法权力。② 除了公爵代表之外,两个勃艮第境内的政府主体实际上是在第戎的公国议会。从 1386 年开始,这个行政主体就开始接受来自公国境内的上诉案件,从而成为事实上的司法机关。与之平行的是其他一些上诉法庭,设在博纳(Beaune)的临时大法庭(Grands Jours)最为重要,它同时接受来自公国境内和夏洛莱郡的案件。该法院只接受来自既属于勃艮第公国但同时又位于法国境内的案件,这些经博纳的法庭审理后的案件仍然可以上诉至巴黎的法院。因大部分的公爵领地都是法王的采邑,因此公爵的臣民最终亦可以将案件从公国法院转到巴黎的法院。这种情况通常被称为"上诉至巴黎",这是法国王室对勃艮第拥有主权的最切实有利的证据:这种局面一直持续到"大胆"查理(Charles the Bold)成为勃艮第公爵。

勃艮第伯爵领地(属于皇家领地)的司法管理与之不同。位于多尔(Dole)的议会负责司法管理,它作为主权法庭受理案件,并为最终结果。尽管两个勃艮第领地的司法机关有所不同,但差异不大。他们试图将两地机构进行统一并收到不错的效果,博纳的临时大法官法庭与多尔的议会所起的作用相同。

公国北部封地的行政和司法机构与此不同,它们按照勃艮第的惯例进行管理,这意味着它们虽然缺乏统一性,但是它们的关系更为密切。自 1386 年起,位于里尔(Lille)的议会作为司法执行主体出现,与第戎的议会在各个方面也极为相似。上诉法院的权力拓展到佛兰德、梅赫伦(Malines),甚至远到安特卫普(Antwerp)。公爵的佛兰德臣民曾经抱怨说他们的机构是"法国式的"。当"无畏者"约翰成为佛兰德伯爵时,他意识到臣民们的抱怨有理,于是决定将议会地点转移到奥德纳尔德(Oudenaarde,1405),然后又转至根特(Ghent,

---

② Richard (1957a).

1407），并下令审理案件时可以使用佛兰德语。那些住在法国境内的人，只要服从于当地法院，但他们可以自己决定上诉地点，如果愿意，他们仍然可以上诉到巴黎的法院。

当勃艮第行政和司法体系达到顶峰的时候，出现了有些可以被称为"中央"的机构。在某种意义上，勃艮第不同地区的政府联合起来，作为整体表达意见。例如，大议事会（grand conseil）陪同公爵巡行，这些成员包括公爵亲属、政治伙伴和一些重要官员；他们都享有"公爵顾问"的称号（conseiller de monseigneur le duc）。与第戎和里尔的议会不同，这个议会以法庭为中心，是政府的主体，虽然缺少某些特殊权力，但它依然能够帮助处理与公爵相关的各种事务。它的首领是大议事会（grand conseil）议长，实际上也是勃艮第的司法和行政首脑。1405—1422 年，议长是简·德·绍尔克斯（Jean de Saulx）——顾尔帝夫隆（Courtivron）的领主，然后是图尔奈（Tournai）主教让·德·索万西（Jean de Thoisy）。1422 年，索万西让位于尼古拉·罗林（Nicolas Rolin），一个曾经在位四十年的显赫人物。

勃艮第的地方管理出现了"两极化"的趋势：两个首府，一个在第戎，一个在里尔，两者不仅都能行使司法权和行政权，而且还能涉及公国的财政事务。"勇敢的"菲利普决定从1386年开始两套机构并列运行。除了地方机关之外，勃艮第政权有两个收税官，一个是在佛兰德和阿图瓦（Artois），另一个是在勃艮第公爵和伯爵领地内。同样地，勃艮第还有两个审计署（chambre des comptes），一个位于里尔，负责北部封地；另一个在第戎，负责勃艮第公爵、伯爵领地和夏洛莱。在地方上，这些审计署不仅负责监督所有收税员的账户，管理公爵地产，它们还需要保管所有财务和地产记录。不仅如此，它们还有一定的司法权，与位于巴黎的国王审计署所行使的权力如出一辙。③

与这些地方机构平行的还有随公爵出行的财务部门，包括总务室和内务部。总务室（recette générale de toutes les finances）负责管理公爵的收入，虽然名义上是负责收入的，实际上他们也负责公爵的开支，远不止控制公爵的财政那么简单。内务部（chambre aux deniers）

---

③ Andt（1924）；Cauchies（1995），pp. 50 – 51.

主要负责管理王室的消费。这些"中央"机构的财务先是受到第戎审计署的监督，1420年之后里尔的审计署行使监督职能。④

勃艮第公爵可以从各种各样的税收中获得收入，如领地税收，其中佛兰德是主要的收入来源。不仅如此，勃艮第公爵还可以从复杂的税收制度中获得收益。14世纪末期的勃艮第有一套相当精细的税收制度。除了直接缴纳的炉灶税（fouage）之外，他们还有三种间接税［交易税，税率为1/20，或者1里弗尔（livres）须缴纳12第纳尔（deniers）；酒税，税率为1/8，或者1里弗尔须缴纳30第纳尔；盐税（gabelle）与法国境内一样］。最后一种税需要公爵提出申请，经过勃艮第三级会议批准同意。⑤ 在阿图瓦，税收需要经过三级会议的批准，在佛兰德征税需要经过根特、布鲁日（Bruges）、伊普尔（Ypres）和布鲁日的法兰克（"Franc"of Bruges）"四大成员"的同意。⑥ 征税需要经过公爵和封地的代表机构协商进行，能够获得多少税收取决于双方代表的协商程度，取决于公爵在封地内的受欢迎程度，还要由封地的经济繁荣程度决定。"无畏者"约翰统治期间（1404—1419），北部封地［佛兰德、阿图瓦、里尔、杜埃（Douai）和奥尔希（Orchies）］总计上缴了超过1092000里弗尔（livres tournois）的税金，仅佛兰德一地就贡献了1029000里弗尔。而同一时期的两个勃艮第领地只收取了129500里弗尔的税金。⑦

这些司法、金融和财政机构反映了勃艮第公国的运行机制，但有时候这些管理也会招致臣民的不满，甚至叛乱。虽然在这个世纪内勃艮第境内并没有发生叛乱，但是在勃艮第的北部封地，情形则大不相同了，特别是在佛兰德地区，公爵遭遇到了来自各城镇的大量的甚至非常激烈的抵抗。"无畏者"约翰的父亲在1382—1385年甚至动用武力反对根特和它的同盟者；与其父不同，约翰则尽可能满足佛兰德"四大成员"代表提出的各种要求，同时设法说服佛兰德各城镇不要起兵反叛。我们不能忽视约翰的作用，特别是在1408年列日

---

④ Mollat（1958）；Vaughan（1962），pp. 113 – 150, and（1966），pp. 103 – 129；Cauchies（1995），pp. 48 – 51, 63 – 64.
⑤ Dubois（1987a）and（1987b）.
⑥ Prevenier（1961）.
⑦ Vaughan（1966），pp. 110 – 111.

(Liège)事件中进行的调停,当时的贵族主教、巴伐利亚的约翰正在列日镇压叛乱。在这种情形下,经过与他的姐夫——埃诺伯爵(Hainault)、巴伐利亚的威廉协商,公爵首先给贵族主教,也是威廉的弟弟提供援助。对于勃艮第公爵来说,他期望通过这件事使自己在一系列地方同盟中成为最重要的一分子,更重要的是想彰显其实力,将其臣民中的反叛倾向扼杀在摇篮中。仅仅从一个视角是难以看清整个事件的全貌,我们必须从更宽泛的背景中去观察才能充分理解其重要性。

第二节 欧洲的一股政治势力

从14世纪末期开始,无论从广度还是从时间长度上看,勃艮第公爵在欧洲的政治、军事、外交方面都具有举足轻重的影响力。他首先是一位法国贵族:先是"勇敢的"菲利普,然后是"无畏者"约翰和"好人"菲利普,这几位勃艮第公爵都有野心,都想在法国的内部事务中发挥重要作用。在这期间,尤其在15世纪上半叶,法国面临的最主要的政治问题便是与英国的冲突。

1404年"勇敢的"菲利普去世,趁法王查理六世病重,约翰公爵试图恢复他父亲在位时候的影响力。他的企图激怒了奥尔良公爵、国王的弟弟路易。他们两人正在进行一场赌博:谁控制了决策团体,谁就能够掌握王室的财政。约翰的目标是想再次成为国王馈赠的受益人。作为勃艮第公爵,他也需要对外交政策施加影响,与奥尔良公爵截然不同,他主张通过协商解决对英问题,在他看来,经过长期的停战,在英法关系中,协商比战争更为有利。从这层意义上说,公爵是佛兰德臣民的支持者,特别是"四大成员"的支持者,作为英国的经商伙伴,佛兰德人希望确保海上商道的安全。

权力争夺导致奥尔良公爵被暗杀(1407年11月23日),这起事件是由约翰公爵一手策划的。被杀者是国王的同胞弟弟,恰恰又发生在巴黎,这起暗杀事件直接导致法国境内爆发了持续28年的内战。[⑧]

---

⑧ Autrand (1986), pp. 349–421; Guenée (1992).

起初，勃艮第公爵能够成功地应付这起谋杀事件。约翰公爵得到以《为诛弑暴君辩护》的作者——神学家让·珀蒂（Jean Petit）为首的巴黎大学的支持。他还组织了一系列宣传活动，为自己的暗杀行为辩护。在巴黎大学和一部分巴黎人的支持下，约翰得到了强有力的武装支持，同时因 1408 年成功镇压列日叛乱受到了鼓舞，约翰有能力攫取了权力。但 1410 年后，反对派又重新集结在老奥尔良公爵的儿子查理和他的岳父——阿尔马尼亚（Armagnac）伯爵贝尔纳（Bernard）周围。他们之间的斗争很快上升到白热化，中间偶尔有休战协定，但斗争双方都未能遵守。屠夫行会及其成员是约翰公爵在巴黎最积极的支持者，1413 年发生了卡波士（Cabochians）暴动，约翰公爵的名誉因这些屠夫的过激行为遭到毁损，后来约翰失去了对巴黎和法国政权的控制，直到 1418 年 5 月他才卷土重来。

　　1415 年，英国借机对法国进行军事入侵，试图以武力夺取法国王位，局势变得比以往更为复杂。1415 年 10 月 25 日，英军在阿金库尔（Agincourt）将法军打得落花流水，并打算在两年后征服诺曼底（Normandy）。现在，不仅"勃艮第派"，就连他们的老对手"阿尔马尼亚派"都受到英王亨利五世的威胁。尽管勃艮第公爵曾试图说服反对派的领导人——法国王太子（dauphin）（未来的查理七世），希望两派能够团结一致共同反对英国的入侵，但后来发现两派之间的分歧很难让他们联合起来共同面对来自英国的危险。需要注意的一点是，约翰的态度似乎有些模棱两可，因为他同时也在与英方进行谈判。终于，1419 年 9 月 10 日，约翰公爵在蒙特罗（Montereau）与王太子会晤时被对手阿尔马尼亚的议员谋杀，从而报了十几年前奥尔良公爵被杀之仇。

　　此次事件对英国—勃艮第关系产生重要影响。新公爵"好人"菲利普和他的顾问们仔细全面地考虑了当时的局势，并且主要考虑了当时的经济状况，决定与英方进行协商谈判。1419 年 12 月签署了英国—勃艮第协议，随后在 1420 年 5 月 21 日又签署了《特鲁瓦条约》。由勃艮第派控制的法国王室和"好人"菲利普公爵同意成立英法联合王国，王位将由亨利五世及其与凯瑟琳的继承人统治，凯瑟琳是法王查理六世的女儿，王太子的姐姐。《特鲁瓦条约》在未来的 15 年中影响着勃艮第的政策。⑨

1422年8月和10月，亨利五世和查理六世相继去世，年轻的亨利六世不允许菲利普公爵继续控制法国政权，因此法国摄政权落到了亨利六世的叔叔贝德福德（Bedford）公爵约翰的手中。这个事实至关重要，因为勃艮第公爵逐渐远离了法国政权，他采取的方式与他父亲和祖父的方法大相径庭。根本不需要违反《特鲁瓦条约》，菲利普自己采纳的政策完全抛弃了《特鲁瓦条约》。他一直与查理七世保持联系，虽然他面对着一个由贝德福德公爵统治的"英法王国"，但查理七世仍然控制着半壁江山。1424年9月，他甚至出面安排与之进行停战。他试图将势力扩大到低地地区，这使他遭到了贝德福德（Bedford）公爵的弟弟——格洛斯特（Gloucester）公爵汉弗莱（Humphrey）的嫉妒。这种对立无疑伤及了法国境内的盎格鲁—勃艮第关系。菲利普公爵的目标是确保对皮卡迪（Picardy）地区的控制，以保证从他的领地到巴黎和其他地区，一直到香槟地区商路的畅通，这些道路使他既能够到达北部领地，也能到达南部的两个勃艮第领地。也只有以上三个目标可以解释为什么勃艮第对英国实施军事援助，而反对王太子和他的支持者。

1429—1430年，战争发生逆转，局势向着有利于查理七世一方发展（查理七世在1429年最终登上法国王位），这种局面促使菲利普公爵考虑割断盎格鲁—勃艮第联盟。1432年，勃艮第的议长尼古拉·罗林（Nicolas Rolin）与查理七世的代表进行磋商，1435年双方达成和解并签署《阿拉斯和约》，标志着肇始于1407年的国内冲突正式结束。查理七世同意在领地方面做出让步，勃艮第派则中断与英国的同盟关系，转而加入法国阵营，1436年春，法国光复首都巴黎。勃艮第派曾经组织了一次包围加莱（Calais）的联合军事行动，但是以失败告终。在皮卡迪和佛兰德，他们接连遭受英军的重创，并且还经历了布鲁日1436—1437年的叛乱。最后，为了确保佛兰德的经济利益，菲利普公爵1438年在格雷弗利内斯（Gravelines）与英军进行谈判，1439年，他甚至展开斡旋促使英国和法国达成永久的和平。⑩

---

⑨ Bonenfant（1958）.
⑩ Thielemans（1966），pp. 49–163.

15世纪40年代初，为了保障自己不遭受重大损失，勃艮第公爵想方设法使自己处于英法冲突的边缘地带。此时他已经拥有众多的封地，而且封地的数目还在不断增加。从地域上看，他的领地正好位于西欧的中心地带，因此他的地位举足轻重。在法方看来，勃艮第公爵在1435年的《阿拉斯和约》中获得了重要的领地：查理七世保证让出皮卡迪、鲁瓦（Roye）、佩罗讷（Péronne）和蒙迪迪耶（Montdidier）等地区的三处重要领地，这些领地在1418年的时候原本就转让给了约翰公爵；除此之外，国王还将蓬蒂厄（Ponthieu）和圣·昆汀（Saint-Quentin）、科尔比（Corbie）、杜朗（Doullens）、亚眠（Amiens）和阿布维尔（Abbeville）等城镇抵押给菲利普公爵，如果将来需要，国王必须出资400000埃居（écus）将其赎回。不仅如此，查理七世还将勃艮第境内的塞纳河畔巴尔（Bar-sur-Seine）、欧塞尔（Auxerre）和马扎（Mâcon）让给公爵。

1420—1440年，勃艮第通过几个阶段，以不同方式向东拓展领地。1421年菲利普公爵试图通过协商购买那慕尔（Namur），那慕尔伯爵让三世（Jean Ⅲ）最终同意让出他的领地来换取总额达132000埃居的终身权益。根据这个协议，1429年，那慕尔成为勃艮第的一部分。向东扩张的下个阶段异常艰难。1425年，"好人"菲利普和他的堂妹、埃诺、荷兰和泽兰的女继承人巴伐利亚的杰奎琳（Jacqueline）爆发了战争，杰奎琳得到了格洛斯特公爵汉弗莱的支持。经过三年的战争才使女伯爵签署了条款，1428年7月，通过《德尔福条约》（Delft），勃艮第公爵成为她的继承人，1433年4月，她放弃了所有的权利。在此期间，菲利普的两个堂弟让四世（Jean Ⅳ）和菲利普·德·圣波尔（Philippe de Saint-Pol）在1427年和1430年相继去世，由于没有子嗣，他们把领地遗赠给菲利普公爵，因此他成功地夺取了布拉班特（Brabant）公国。尽管布拉班特的三级会议对这个遗赠不太情愿，他们对菲利普怀有明显的敌意，菲利普最终还是在1430年10月正式进入布鲁塞尔。经过大约12年的努力，他最终成功地控制了勃艮第低地地区，用当代语言来说，就是"这边的土地"（the lands on this side）。这个过程并非一帆风顺，但是他得到了卢森堡公国的认可，女公爵戈利茨的伊莉莎白（Elizabeth of Görlitz）在1441年将领地让给菲利普，但是他遭遇到卢森堡公国臣民的反对，萨克森公爵（Saxony）威廉也主张这一领地的权利，两年后他不得不动用武力捍卫这块领地。

勃艮第在帝国领土上的扩张，是在造成诸多紧张关系的情况下实现的。卢森堡家族的西吉斯蒙德（Sigismund）在1433年加冕成为神圣罗马帝国皇帝，在一片敌意之中将这些地区据为己有：埃诺、荷兰和泽兰等伯爵领地，还有布拉班特公国。1431年，勃艮第出兵干涉洛林（Lorraine）的继承权问题，当时安茹（Anjou）的勒内（René）遭到了沃代蒙（Vaudémont）伯爵安东尼（Antoine）的强烈反对。西吉斯蒙德强烈抗议"好人"菲利普在1430年10月入主布拉班特公国；1434年在洛林继承权问题上，他坚决反对得到勃艮第支持的沃代蒙伯爵。同年，西吉斯蒙德向菲利普公爵宣战，反对其占领布拉班特，并冀望得到查理七世的援助以对付共同的敌人。但是令这位神圣罗马帝国的皇帝大失所望的是，他没有从法国王太子那里获得任何援助，而同时法国和勃艮第却在1435年达成和解并签署了《阿拉斯和约》。1437年，西吉斯蒙德去世，从而结束了神圣罗马帝国与羽翼丰满的勃艮第的长期对立。然而不可否认的是，在面对神圣罗马帝国的问题上，勃艮第的外交政策罕有成功。的确，在帝国境内，"好人"菲利普可以从一系列同盟中获益，他的姐夫克利夫斯（Cleves）的阿道夫一世（Adolf Ⅰ）、奥地利（Austria）公爵阿尔伯特（Albert）和他巴伐利亚的堂兄弟都是其主要的支持者。但是在1452年加冕为神圣罗马帝国皇帝的哈布斯堡的弗雷德里克三世（Frederick Ⅲ），既没有采取措施对抗勃艮第公爵，也没有让勃艮第的野心得逞。1445—1448年，双方的关系要好于以往任何时候，即便如此，弗雷德里克三世仍继续支持萨克森公国对卢森堡的权利。他提出勃艮第在帝国境内的全部，至少部分领地应该升格为王国，但是他的提议无果而终。

1454年，菲利普大张旗鼓地到雷根斯堡（Regensburg）参加帝国国民议会（Reichstag）。然而，举办方的奢华盛宴并没有为公爵赢得支持，而公爵也未能说服与会者给他授权，组织对土耳其的讨伐。土耳其"问题"实际上也是当时的主要问题之一。对于勃艮第小朝廷来说，君士坦丁堡（Constantinople）的陷落又燃起了勃艮第贵族对十字军远征的热情。从"勇敢的"菲利普时代起，所有的勃艮第公爵都认为自己理应站在基督教世界的"前线"，这是他们的神圣天职之一。1396年,未来的"无畏者"约翰就在反对土耳其的远征军中发挥了积极作用,不幸的是,这次远征在尼科波利斯(Nicopolis)以灾难性的结果收场,但与战争失利矛盾的是,这次远征却给勃艮第家族带来了极大的荣誉。"好人"菲利普公爵总是对利凡特(Levant)表示出极大的兴趣。他的几个侍从,像吉耶贝尔·德·拉努瓦(Guillebert de Lannoy)和贝特朗东·德·拉·布罗凯尔(Bertrandon de la Broquière)等人当他们到此处巡游之后,起草了巡游报告给他们的主人。勃艮第的外交政策也受此影响,那些反对伊斯兰教的基督教国家总是寻求勃艮第公爵的支持,同样的情况也发生在格拉纳达摩尔王国的邻居卡斯蒂尔(Castile)。15世纪40年代,勃艮第的海军曾经在东地中海和黑海出现就反映出"好人"菲利普对远征的热情。[11]

1453年5月当君士坦丁堡陷落时,勃艮第公爵没能马上做出反应,因为他正在与根特作战。第二年年初,在里尔举行的一次雉鸡节盛宴上,"好人"菲利普和他领地上的高级贵族们庄严地承诺,要派兵征讨基督教的敌人土耳其,然而这次征讨未能实现。[12] 勃艮第公爵的私生子安东尼曾经率一支规模不大的海军远征,最远也就到了北非外,除此之外,组织远征的种种困难,政治上的问题以及公爵健康恶化等情况,使他未能实现他所希望的远征。

第三节 社会、文化和经济

勃艮第小朝廷既是一个政府机构又是一个彰显声誉的地方,一个由森严的等级体系控制的朝廷。[13] 围在公爵身边的是高级贵族,大多是公爵家族中最有名望的人物。"好人"菲利普时代,这些高级贵族包括公爵夫人葡萄牙的伊莎贝尔(Isabel),享有夏洛莱伯爵称号的继承人——埃唐普(Etampes)伯爵让·德·布戈涅(Jean de Bourgogne)和克利夫斯(Cleves)公爵阿道夫一世(Adolf I)。1448年,阿道夫一世去世后,他的儿子让一世(Jean I)和阿道夫的兄弟拉文斯坦(Ravenstein)领主成为公爵的亲信。这一阵营值得一提的人

---

[11] Paviot (1995), pp. 105–151.
[12] Lafortune-Martel (1984).
[13] Paravicini (1991).

物还包括公爵的几个私生子,如勃艮第的杂种高乃依(Corneille)和安东尼。排在公爵近亲之后的是一些贵族,"好人"菲利普时代的贵族有来自皮卡迪、佛兰德和埃诺等地的大家族,尤其是克罗伊(Croy)、拉努瓦(Lannoy)和拉朗(Lalaing)等大家族在公爵周围发挥了重大作用。作为议会成员,他们也发挥了重要的行政和军事功能。克罗伊领主安东尼(Antoine)是最重要的贵族,他既是议员也是公爵的内臣(chamberlain),承担了重要职责,他有时担任那慕尔和卢森堡的政府首脑或者上将,或者同时兼任这两个职位,也曾经担任布洛涅(Boulogne)的郡长。两个勃艮第领地的高级贵族也在朝廷和政府机构中担任要职:例如,沙尔尼(Charny)领主皮埃尔·德·博弗勒蒙(Pierre de Bauffremont)曾经担任勃艮第的首脑;纳沙泰勒(Neufchâtel)领主蒂保尔特(Thibault)九世在1443年至1469年期间担任勃艮第的元帅。[14]

1430年1月,"好人"菲利普利用他和葡萄牙的伊莎贝尔大婚的时机将这些贵族精英组成了金羊毛骑士团(Order of the Golden Fleece)。组建这个骑士团,公爵希望达到三种意图:加强他和贵族代表的联系;将来自勃艮第各领地的贵族成员统一在一个组织内;提高自己作为骑士团统治者和创始人的声望。这个骑士团受到了异教英雄杰森(Jason)和基督教代表吉迪恩(Gideon)的双重保护,我们当然也可以看到公爵一直被神秘的东方所吸引,一直希望实现十字军远征的理想。然而,最关键的是,这个金羊毛骑士团成为勃艮第公爵手中一个重要的政治工具。很快,骑士团与日俱增的声望开始增加他的外交实力。1430年的时候,只有公爵的臣民和封臣可以加入骑士团,但不久,骑士团的标志(collar)就授予了那些与勃艮第没有关系的贵族们:布列塔尼公爵约翰五世、奥尔良公爵查理、阿拉贡国王阿方索五世(Alfonso V)。[15]

我们不要理所当然地认为,勃艮第的宫廷仅仅由贵族成员组成,宫廷里还有一些法律界和金融界的代表,形成了非常团结的精英群体,这些成员经常通过家族纽带连接在一起,寻求升职和提拔的机

---

[14] On Bauffremont, see Caron (1987), pp. 315ff.

[15] For a list of the knights of the Order, see De Smedt (1994).

会,[443]还有的成员通过婚姻关系加入旧贵族的行列。这个精英群体的核心是尼古拉·罗林（Nicolas Rolin），出生于勃艮第公国欧坦（Autun）的一个富裕家庭，他在巴黎法院中开始了自己的职业生涯。他先是为"无畏者"约翰服务，在"好人"菲利普当政时期首次成为议员，1422 年成为公爵的大法官。从那时起至 1456 年那次丢人事件发生止，他参与了绝大多数的管理工作，并成为勃艮第境内仅次于公爵的第二号人物。1444 年，第戎（Dijon）市长写信给他："正是通过他的管理，各项事务比以往任何时候都要顺利。"罗林在社会上获得的成功成为一个典范。在职业生涯的顶峰时期，他的年收入达到了 25000 里弗尔，其中 4000 里弗尔来自公爵的津贴。经过几个阶段，他崛起为贵族。1412 年，他娶了勃艮第伯国境内一个贵族家庭的女儿桂·德·萨琳（Guigone de Salins）；到 15 世纪 20 年代，他已经购买了大片的领地，过着"体面的贵族生活"，1424 年他受封为骑士，自我感觉成了真正的贵族。他的子女也都被视为贵族，从事着与其身份相匹配的职业：长子安东尼·罗林（Antoine Rolin），阿梅瑞斯（Aymeries）的领主，成为公爵的内臣和高级法官（grand bailli），埃诺（Hainault）伯国的海军上将；次子让（Jean）获得两个法学博士学位并进入教会，随后又成为议员，1431 年成为索恩河畔沙隆（Chalon-sur-Saône）的主教，五年后成为欧坦的主教，1449 年成为红衣主教。[16] 让的职业经历再次证明高级教士在宫廷中的重要作用：图尔奈（Tournai）主教让·谢弗罗（Jean Chevrot）是公爵国议会的议长，沙隆主教让·杰尔迈因（Jean Germain）是金羊毛骑士团的首领，后来图尔奈主教纪尧姆·菲拉特（Guillaume Fillastre）接任了这个职位。

值得注意的是，公爵家族在宫廷中同样发挥了重要作用。从 14 世纪下半叶起，勃艮第公爵家族开始仿效法国王室，宫廷中六个部门的功能和法国王室如出一辙，宫廷成员按照严格的等级组成。除了这些家族成员之外，还有公爵的祭司、教会成员、乐师、高级纹章官、传令官、侍从、养鹰员、猎手和其他人等。公爵家族的日常消费亦是由一个特殊部门内务部（chambre aux deniers）负责。

---

[16] On Nicolas Rolin, see Berger (1971); Bartier (1955); Kamp (1993).

第二十章 勃艮第

对于贵族成员来说，拥有一个头衔，加入公爵家族并不意味着能够有效地行使公爵家族的特权，仅仅表示他拥有着一个或许可能具有某些潜在利益的名誉职务。这个家族所具有的不仅仅是一个家庭的功能，家族成员的数量（"好人"菲利普时期随行人员达到700—800人）和生活方式反映了公爵的名誉和地位。从很早的时候起，这个家族就发挥了重要的军事作用，并在"大胆"查理时期达到顶峰，在15世纪初期常备军的创建，勃艮第经常从家族成员中挑选一人担任常备军首领。

"好人"菲利普和"大胆"查理时期的勃艮第是当时欧洲最耀眼夺目的宫廷之一。为纪念外交会议、签署和约、十字军东征等各种政治事件和一系列国内重要事件而举行的宴会和仪式，当时的视觉语言充分反映了勃艮第公爵国的财富和权力。[17] 这些令人炫目的宴会和仪式试图给与会者留下深刻的印象，一方面可以确保同盟者的支持，另一方面也可以震慑对手；与其说勃艮第宫廷以一种粗俗的方式炫耀财富，还不如说这是一种十足的政治宣传。勃艮第宫廷从各个方面对文化事业进行慷慨赞助，彰显出勃艮第宫廷焕发出的无可比拟的文化光芒。画家和雕塑家们为勃艮第宫廷创造出一系列不朽作品。这些伟大的雕塑家，让·德·马维尔（Jean de Marville）、克劳斯·斯吕特（Claus Sluter）和让·德·拉·于埃塔（Jean de la Huerta），还有画家布梅尔希奥·布罗德兰姆（Melchior Broederlam）等人[18]，他们的名字与位于第戎（Dijon）附近的沙特勒斯修道院（Chartreuse de Champmol）的艺术装饰紧紧联系在一起，勃艮第的三个公爵长眠于此。画家科拉尔·德·拉昂（Colart de Laon）和壁毯工匠尼古拉·巴塔耶（Nicolas Bataille）也曾经在这里工作。画家罗吉尔·范·德尔·威登（Rogier van der Weyden）接受委托，为"好人"菲利普、"大胆"查理（当时是夏洛莱伯爵）和私生子安东尼（Antoine）画像，而画家扬·范·艾克（Jan van Eyck）被任命为公爵内阁成员之一。除了上述这些例子之外，宫廷里的一些高官还曾经为许多艺术家和画室提供赞助：尼古拉·罗林（Nicolas Rolin）委托范·德尔·威登为1443年建

---

[17] Lafortune-Martel（1984）；Caron（1994）.
[18] David（1951）；Camp（1990）；*Actes des journées internationales Claus Sluter*（1992）.

在博纳（Beaune）的上帝之家（Hotel-Dieu）礼拜堂作末日审判（Last Judgement）的祭坛画；他还让范·艾克创作了一幅他在圣母和圣婴前祈祷的画像，后来他把该画捐赠给欧坦（Autun）的教堂。范·艾克也为里尔市长和金羊毛的骑士博杜安·德·拉努瓦（Baudouin de Lannoy）作画。图尔奈主教——公爵国议员让·谢弗罗（Jean Chevrot）请范·德尔·威登作七项圣事的祭坛画。范·德尔·威登还曾经为桑培（Sempy）的领主菲利普·德·克罗伊（Philippe de Croy）和"大胆"查理的秘书让三世格洛斯（Jean Ⅲ Gros）画像。[19]

音乐在勃艮第宫廷中也占有重要地位。令人难忘的是，来自埃诺（Hainault）的作曲家吉勒·班舒瓦（Gilles Binchois，1460年去世）是"好人"菲利普公爵的御用乐师，他不仅为教会创作宗教音乐，而且为公爵的盛宴和娱乐创作世俗音乐。[20]

在高雅文化的大背景下，勃艮第文学也占有一席之地。"好人"菲利普和"大胆"查理并不是公国内唯一热爱读书和收藏图书的人。众所周知，勃艮第的私生子安东尼（Antoine）、埃唐普（Etampes）伯爵让·德·布戈涅（Jean de Bourgogne）、克雷基（Créquy）领主让（Jean）、于格·德·拉努瓦（Hugues de Lannoy）、布吕赫（Gruuthuse）领主布鲁日的路易（Louis de Bruges）、瓦夫兰（Wavrin）的私生子让（Jean）等人都拥有大量的藏书，并且大部分都是具有极高艺术价值的手抄本。浓郁的文化氛围催生了多种多样的文学形式。[21] 与历史人物有关的小说，如《亚历山大大帝的壮丽一生》（Livre des conquêtes et faits d'Alexandre le Grand）和《鲁西永的吉拉尔》（Girart de Roussillon）都是作家让·沃克林（Jean Wauquelin）的作品，它们在勃艮第宫廷非常流行。这类作者的意图是在讲述名人故事的同时，给他们的贵族读者提供一种能够抒发豪迈的骑士精神的作品。我们当然不能忘记，这些作品中不可避免地具有阿谀奉承的成分，特别是"好人"菲利普心中念念不忘建立东方帝国的理想，他经常把自己比作亚历山大大帝。至于鲁西永的吉拉尔，曾经12次征服"秃头"查理，他成为勃艮第公爵战胜法国王室的象征。

---

[19] De Patoul and Van Schoute (1994), pp. 144–179. See plates 2 and 4.
[20] Marix (1939).
[21] Doutrepont (1909); Régnier-Bohler (1995); Martens (1992).

然而，勃艮第宫廷的文学品位并没有被叙事文学垄断，故事集在勃艮第宫廷文学中也占有一席之地，如深受薄伽丘（Boccaccio）影响的《百篇故事集》（Cent nouvelles nouvelles）就反映了当时的人们对轻松文学的喜爱，他们也被一种幽默的世俗文学所吸引。

在勃艮第公爵的图书馆中还发现了一些完全不同类型的作品，如许多具有说教意义的论文，内容涉及了打猎、医学和占星学等方面。图书馆中还有一些军事著作，如古罗马韦吉提乌斯（Vegetius）的《兵法简述》（De re militari），这是一本被翻译了几次的经典的军事著作，"好人"菲利普和"大胆"查理就曾经拥有过。勃艮第的图书馆里还可以找到一些其他著作，都是刚刚为歌颂公爵而完成的作品：如勃艮第的著名将领，同时也是金羊毛骑士团成员的作品《利勒亚当领主战事记》（Livre du seigneur de l'Isle-Adam pour Gaige de Bataille）；骑士团首领纪尧姆·菲拉特（Guillaume Fillastre）创作的作品《金羊毛勋章》（La toison d'or）等。我们还应该关注与历史人物有关的一些作品。值得强调的是，从 15 世纪早期起，勃艮第宫廷的历史文学力图表达出一种明显的政治意识形态。《布戈涅伯爵的丰功伟绩》（Geste des ducs de Bourgogne）这部作品受到宫廷斗争的影响，表现出对奥尔良宫廷的明显的敌意，就是这类早期作品的一个例证。随后，皮卡迪的编年史记录者，昂盖朗·德·蒙斯特勒莱（Enguerrand de Monstrelet）本人虽然与勃艮第宫廷没有多大关系，相对而言他与卢森堡宫廷关系似乎更为密切，但他仍然表现出自己是"无畏者"约翰和"好人"菲利普的崇拜者。1455 年勃艮第正式任命的第一个"史官"更增加了这种政治倾向性：乔治·夏特兰（Chastellain，1475 年去世）和让·莫利内（Jean Molinet，1507 年去世）两人先后履行了自己的职责，从勃艮第的正面视角看待历史。拉马什的奥利弗（Olivier de la Marche）步他们的后尘，他把《回忆录》（Mémoires）献给了"英俊的"菲利普（Philippe le Beau），即勃艮第玛丽和哈布斯堡的马克西米利安（Maximilian）的儿子。

勃艮第的宫廷文化自然而然地仅仅反映了勃艮第上层社会贵族的精英文化，但是这些贵族精英仅占整个社会的一小部分。在勃艮第的领土上，贵族仅占人口的 1%—2%，教士不到 1%。其余 97% 的人口具有明显的多样性。从社会层面来看，勃艮第公爵统治的各个领地之间存在着巨大差别,因此很难将勃艮第的低地地区与勃艮第公爵领地和伯爵领地相比较。勃艮第北部,城市生活占很大比重,15世纪的最后25年中,1/3(34%)的居民生活在城镇中,而布鲁日、根特和安特卫普,每个地区都有20000名以上的居民。与此相反,勃艮第其余部分大都是乡村地区,公爵国最大城市第戎在1474年人口仅有13000人左右。[22]

即使北部地区也很难说是一个同质性的社会。城市贵族发现自己处于不同的发展阶段。在佛兰德(Flanders),贵族的权力已经被手工业行会侵蚀,而在布拉班特,贵族在经济和政治领域中依然享有很多特权。公爵的代理商和侍从也构成城市精英的一部分,如果一些城市还能够发挥重要的行政职能,它们还是相当重要的,如里尔(Lille)是审计署(chambre des comptes)的中心、里尔市长所在地,杜埃(Douai)和奥尔希(Orchies)分别是两个司法机构的所在地,各有一座公爵的行宫。[23] 除了公爵的代表之外,还有控制着经济活动的资本家(bourgeoisie),从事葡萄酒和布匹贸易的商人们,各种经纪人,还有那些皮毛、皮革和啤酒等制造业行会的高层人员。

手工业者内部也是非常多样化的。在他们的内部等级结构中,各个行会组织有序,并且非常具有影响力,他们在城市活动中占有重要地位。以根特(Ghent)为例,14世纪后半叶,根特有53个行会,大部分与羊毛、皮革、金属、食品和建筑业有关。然而,无论行会的规模有多大,数量有多少,都不可能将所有的手工业者吸收进行会,那些没有正式资历的人往往被排除在行会之外。虽然到15世纪,由于贸易量的萎缩,一些行会被迫关闭,但是情况依然如此。这种现象同样出现在低地地区。这些情况说明,各个行会都下决心执行严格的会员制度。各个行会为了保证严格的会员制度,不惜提高入会费,甚至出现了为本行业成员的子弟保留入会资格的倾向。1450—1479年,264名新成员加入根特酿酒行会,其中249人是行会成员子弟。然而,同样应该意识到的是,同一时期内,特别是在布匹加工和啤酒业中,在几乎没有受到行会影响的小城镇和乡村地区,手工业者活动大

---

[22] Prevenier and Blockmans (1986), pp. 30, 43–45, 391–392; Humbert (1961), pp. 20–23.
[23] Fourquin (1970), pp. 219–234.

量增加。[24]

在勃艮第，城市还具有另一种功能。在第戎（或者里尔）这样的城市中，有大批为公爵服务的人员，他们在城市中发挥了重要作用，还有一些商业精英，他们的财富主要来自葡萄酒、布匹和谷类食品的贸易等，这两种人构成主要的政治和经济阶层。手工业者组成了行会，但是公国首府和乡村腹地依然存在着密切联系，来自居住在城镇中的大批种植者的压力使这种联系得到加强。[25] 在勃艮第乡村，以传统模式经营领地的领主们依然存在，因为他们想提供一种乡村社会所适应的结构，但是农民的身份性质出现了多样化。一些社区是"自由的"，其他社区则是不自由的（农奴）。勃艮第的农奴必须缴纳各种税赋，如支付婚嫁纳金等。自从 14 世纪中叶以来，当局曾经采取一些措施改善农奴的穷困生活，但是在 15 世纪时期，他们的地位几乎没有任何变化。然而，当人口下降，出现经济危机或者战争的时候，农奴的地位就会对传统领主产生威胁。给一些农奴自由，或者提高他们的地位，成为整个社会走出危机时期的一些手段，这一点可以从下面这件事上看得非常清楚。1454 年 12 月纪尧姆·德·博弗勒蒙（Guillaume de Bauffremont）和他的妻子让娜·德·维莱塞克塞勒（Jeanne de Villersexel）给松贝农（Sombernon）地区的农奴颁发特许状，帮助他们从经济中复苏；据说在过去的勃艮第战争和灾难期间，特别是在十年前遭受雇佣兵袭击时期，他们经历了很多苦难。[26]

社会差别同样体现在经济方面。在勃艮第公爵统治的领地中，那些位于大的商路两边，或者商路交会的地方，在那个时期的国际贸易中占有重要地位。在北部封地，一个经济中心在布鲁日，另一个中心是安特卫普，后来安特卫普的作用日益重要。勃艮第同样位于两大交通轴心交会处：即索恩—罗纳河（Saône-Rhone）和约纳—塞纳河（Yonne-Seine）的交会处；巴黎向北的通道、里昂向南通往洛桑（Lausanne）和日内瓦（Geneva），向东南进入意大利和向东通向巴塞尔（Basle）及莱茵河（Rhine）谷地区的阿尔卑斯通道。

这样一个优越的自然地理位置极大地促进了勃艮第的对外贸易。

---

[24] Prevenier and Blockmans (1986), pp. 156–170.
[25] Gras (1987), pp. 87–92.
[26] Chartes de communes, II, pp. 593–597.

当然，由于地区差异，各地的产品不尽相同。勃艮第的葡萄酒久负盛名，产于博纳（Beaune）地区的葡萄酒在大城市的市场上可以卖到很高的价格，甚至连公爵们自己也不遗余力地赞美本地产的葡萄酒质量上乘。1395 年，"勇敢的"菲利普宣称，领地内的葡萄酒是法国境内最好的，是"为了人民的利益"而生产的最好的葡萄酒；1459 年"好人"菲利普宣称自己是基督教国家内品质最佳的葡萄酒的主人。不仅如此，勃艮第也盛产盐，主要在萨兰（Salins）地区，萨兰地区的盐销往两个勃艮第地区，同时还大量出口到日内瓦、洛桑、巴塞尔、伯尔尼（Berne）和弗赖堡（Freiburg）地区。[27]

北部地区出口的商品性质也不相同，反映了勃艮第境内两大封地内截然不同的经济结构。任何涉及这个时期低地地区经济的话题都会让人们联想到纺织品，联想到佛兰德和布拉班特的布匹生产。然而值得关注的是，早期曾经在大城市兴盛一时的织布工业在 15 世纪期间开始逐渐衰落。布拉班特地区的城镇，如卢万（Louvain），1350 年布匹的年产量为 756000 厄尔（ell），到 1476 年，它的年产量仅达 26600 厄尔，而当时的人口数量（约 18000 人）却几乎没有下降。在一些较为发达的城市中心可以感受到经济衰退所带来的强烈冲击：1311 年，伊普尔（Ypres）城内有 1500 台织布机在运行；1502 年，织布机的数量下降到 100 台，同一时期该城的居民数量从 20000—30000 人下降到 9500 人。这些年中，毛织品和亚麻布的生产逐渐转移到乡村地区或者小城镇之中，促使生产发生转移的是那些试图避免受到大城市中手工业行会限制的手工业者们。[28]

城市中其他经济活动的增长弥补了布匹加工业的衰退趋势。15 世纪，勃艮第低地地区依靠那慕尔（Namur）、列日（Liège）和林堡（Limburg）地区的铁矿石，大量增加了炼铁产品的出口，荷兰、泽兰和佛兰德沿海地区的盐和鲱鱼也大量出口。奢侈品的商品交易量大幅增加，特别是来自阿拉斯（Arras）、里尔和布鲁塞尔（Brussels）地区的挂毯，在 15 世纪最后 50 年中产量大幅增加。

在所有的经济活动中，布鲁日发挥的作用非常关键。这个城市是

---

[27] Dubois (1978).
[28] Prevenier and Blockmans (1986), pp. 45, 79.

两大商业网络的枢纽(一个是地中海地区,另一个是波罗的海地区),是一个金融、贸易和仓储中心。它的经济活动是真正的国际化,外国商人在这里都有自己的办事处和贸易设施,它还能享有公爵授予的特权。所以,威尼斯、佛罗伦萨和热内亚都在这里设有"领事馆",卡斯蒂尔人、葡萄牙人和一些东方人(Uosterlingen)也都有类似的设施。德国的汉萨人实际上是勃艮第低地地区的主要贸易伙伴,布鲁日、伦敦、卑尔根(Bergen)和诺夫哥罗德(Novgorod)是主要的贸易口岸。来自波罗的海的大部分商品(谷类食物、木柴、皮毛、蜡、蜂蜜和琥珀)经过布鲁日抵达大西洋港口;同样,来自大西洋港口的各种产品(奢侈品、盐、葡萄酒和纺织品)经过布鲁日抵达波罗的海。布鲁日的贸易量持续扩大一直到1470年左右:1369年,贸易量达到212000马克(Marks);1419年达到651000马克,1467年达到1332000马克。但是在15世纪80年代之后,贸易量逐渐下降,布鲁日的作用逐渐被安特卫普取代。[29]

15世纪的布鲁日还是欧洲主要的金融中心之一,那里的商业交易、信贷和外币兑换等业务非常广泛和频繁。布鲁日有个经济人家族——范·德尔·博斯(van der Buerse),欧洲的第一笔外币兑换正是在他们家族拥有的交易所中完成的。银行业务的拓展吸引了来自海外的金融家,特别是来自意大利的金融家们。意大利卢卡(Lucca)的商人和银行家拉庞迪(Rapondi)在14世纪后半叶将业务拓展到布鲁日,为勃艮第家族不仅投资而且还献计献策。同样的还有梅迪奇(Medici)家族,布鲁日的交易所是他们重要的业务部门之一。

勃艮第充满了活力,它又恰恰位于西欧的中心地带,他们重要的经济活动等给当代人留下这样的印象:勃艮第有着无与伦比的繁荣。在著名的篇章《回忆录》(Mémoires)中,菲利普·德·科米纳(Commynes)曾经把"好人"菲利普统治末期的勃艮第描述为比其他任何地方都更接近"希望之地"(the promised land)。因此,勃艮第家族的突然衰落是一件尤其值得评论的事件。

---

[29] Dollinger (1970).

第四节 "大胆"查理和勃艮第政权

"大胆"查理究竟是创建了勃艮第政权还是为勃艮第的衰落挖掘了坟墓呢？1465年，作为"好人"菲利普的一名副将，他开始接管勃艮第，到1477年在南锡战役中阵亡，他统治勃艮第一共12年。在其统治期间，他在领地内进行了广泛的体制改革。与此同时，新体制的迅速发展使勃艮第政权先是达到鼎盛，然后突然衰落。[30]

查理，"好人"菲利普和葡萄牙的伊莎贝尔（Isabel）之子，总是对政治表示出极大的兴趣，对国家事务的干涉导致了他与父亲的直接对立，这不仅仅是代沟的问题。15世纪60年代，特别是当路易十一（Louis XI）加冕为法王（1461）后，查理一直担忧法王意图分解勃艮第在皮卡迪的防御体系。1463—1464年爆发了一场危机，这场危机源于路易十一要求重新磋商领地一事。根据1435年的《阿拉斯和约》，法国将"索姆河城镇"割让给了勃艮第，当路易十一上台后，他从勃艮第处赎回了这片土地。对当时的夏洛莱伯爵（count of Charolais）查理来说，这是他父亲曾经犯下的一大政治错误。查理认为，当时他父亲年事已高，受到了倾向于法王的克罗伊（Croy）家族成员的蛊惑才造成错误。当这场危机结束，克罗伊家族的成员被免除了职务，"好人"菲利普将实际的控制权转交给他的儿子。查理决定通过实行"公益同盟"政策（League of the Public Good）直接在法国进行干涉。这个联盟将法国的几个贵族联合起来［法王的弟弟查理、布列塔尼公爵弗兰索瓦二世（François Ⅱ）、波旁公爵让二世（Jean Ⅱ）和其他人］，新法王的政治举措都涉及了这几位贵族的切身利益。1465年10月，根据《孔弗朗条约》（the Treaty of Conflans），路易十一被迫和同盟成员签署协议，将"索姆河城镇"归还到查理手中。

第一次对决彰显出皮卡迪地区对法王和勃艮第家族两者的重要性。公爵查理一直非常关注这个地区的问题，公爵心中挂念的另一个重要问题是如何保持勃艮第政权的内部凝聚力，即如何控制各个城

---

[30] Contamine (1992b).

市，如何处理勃艮第与各个城市的关系。查理上台不久就出现了列日问题。自"无畏者"约翰时代起，列日主教区一直处于勃艮第的影响之下，但是一些重要城市，如列日和迪南（Dinant）却拒绝承认勃艮第的统治。1465—1468 年，公爵查理曾经四次镇压列日居民的反抗，先是派兵洗劫了迪南然后又袭击了列日，1467 年公爵任命中将（lieutenant-general）居伊·德·柏赫耶（Guy de Brimeu）为汉姆考特（Humbercourt）领主，列日主教区成为勃艮第的保护区。[31]

1467 年 6 月 15 日，"好人"菲利普去世，查理成为勃艮第公爵，他首先面对着领地内各个城市的反对。他的先辈们在镇压城市反抗方面积累了相当多的经验：1382—1385 年"勇敢的"菲利普领导了反对佛兰德的战争，1437 年"好人"菲利普勉强重新控制了布鲁日，并于 1453 年控制了根特。1467 年秋天起，查理不断面对来自根特、安特卫普和梅赫伦（Malines）等城市的强烈要求，他们都要求捍卫自己城市的特权。自勃艮第占领低地地区以来，这些城市的特权长期以来被勃艮第政权忽视。新公爵不得不进行妥协，但是公爵的体制改革，以及对这些城市征收的重税导致公爵与这些城市进一步对立。尽管查理艰难地开始了他的统治，但是他还是毅然地进行政治改革，试图创建一个中央集权的、独立的勃艮第政权。这绝非易事，要想改革成功，他必须突破地方主义，与法王保持一定距离，还需要扩充领地，同时他还需要在自己继承的领地内进行广泛和重要的机构改革。

"大胆"查理的第一个目标是要将勃艮第与法国连接在一起的司法纽带剪断。1468 年 10 月，机会降临了。借着他与路易十一在佩罗讷（Péronne）会晤的机会，查理宣称，法王的代表曾经鼓动列日进行反叛，并借此要求法王同意签署一项条约，规定勃艮第从此不再接受巴黎法院的司法管辖。这是对王权的直接挑衅，当路易刚从对手的控制中解脱出来，他就公开谴责公爵查理实际上在利用《佩罗讷条约》（the Treaty of Péronne），使勃艮第不再服从于法国的司法管辖。

为独立而进行的斗争最终上升到武力冲突，这期间偶尔有些停战。在冲突期间，"大胆"查理在保卫皮卡迪、勃艮第、夏洛莱和马康奈（Mâconnais）的领地时候困难重重，一些重要城市相继失守，

---

[31] *Liège et Bourgogne*（1972）.

尤其是亚眠（Amiens），1471年被法国重新占领。为了获得和平的局势，1475年9月，双方在索勒夫（Soleuvre）签署停战协议，根据这个协议，双方停战并一直持续到1477年。

在勃艮第人看来，对法政策与对英政策之间总是关系密切，英格兰内战后，法国和勃艮第往往紧随其后，也爆发内战。当英格兰国内兰开斯特和约克两大王室家族产生冲突的时候，法王采取了一种实用主义政策，由于自己与安茹家族关系更为密切，所以他倾向于助兰开斯特派一臂之力。"大胆"查理也是如此，虽然相当谨慎，但他还是从外交和经济上支持约克家族。1468年他和爱德华四世的妹妹，约克的玛格丽特（Margaret of York）结婚，并在布鲁日举行了一场奢华的婚礼。1470年10月，他接纳了被逐出英格兰的大舅子爱德华四世，并在海牙（The Hague）热情款待了他。随后，他为爱德华四世提供了资金、人力和船只，帮助他重新夺回英格兰。爱德华的成功冒险使"大胆"查理获得了一张王牌（a trump card），使他能够在与法王的对决中充分利用。1474年7月，通过《伦敦条约》（the Treaty of London），他们结成了一个直接对抗法王的同盟，然而，他们未能顺利地履行该条约。因为受到勃艮第与神圣罗马帝国缔结的条约的限制，当英国大军在1475年7月在法国登陆时候，查理未能给予爱德华以援助。由于深感失望，爱德华四世最终放弃了与勃艮第的联盟，8月29日，他与路易十一在皮基尼（Picquigny）签署协议，然后打道回国了。

"大胆"查理所遭遇的挫折只能用他在帝国内的野心过大这个原因来解释。他不仅想方设法从法国那里获得独立，他还采纳了极具野心的向东扩张政策，该政策的特点是通过紧锣密鼓的外交活动和旨在领土扩张的运动来实现。从传统上看，神圣罗马帝国境内的一些公国，如巴伐利亚和克利夫斯（Cleves）都是勃艮第的联盟者，现在这个联盟者的名单上又加上了波希米亚（Bohemia）、匈牙利和奥地利的国王，从而确保了更稳固的联盟。查理从来不掩饰他对神圣罗马帝国的野心：为了实现这个目标，他选择了扩张主义的道路。1469年，通过《圣奥梅尔条约》（the Treaty of Saint-Omer），他借给奥地利公爵50000莱茵弗罗林（Rhenish florins），他获得了作为抵押物的上阿尔萨斯（Upper Alsace）、桑达高（Sundgau）和布赖斯高（Breisgau）

等地。1473 年，他妄称一场冲突正在分裂盖尔德斯（Guelders）公爵家族，派兵占领了这个公国。同年，他在特里尔（Trier）与神圣罗马帝国皇帝弗雷德里克三世（Frederick Ⅲ）会晤，这次会议标志着勃艮第对神圣罗马帝国推行强硬的外交政策达到高潮，因为公爵查理竟然希望讨论"罗马帝国皇帝"的称号，希望至少获得"帝国代理人"（imperial vicariate）的称号，甚至妄想将其公爵领地提升为王室领地，但是会议无果而终。弗雷德里克三世当然要努力维护皇家的尊严，勃艮第家族将手逐渐伸向神圣罗马帝国，并已经明显威胁到帝国境内的一些公国和重要城市，特别是威胁到了莱茵河谷地区的城市。虽然查理提出让自己的女儿，唯一的继承人玛丽和皇帝的儿子马克西米利安（Maximilian）联姻，但是他发现自己的阴谋受到了挫败。他只能保证为盖尔德斯公爵（Guelders）授职，授职之后，弗雷德里克三世匆忙离开了特里尔。

此次的外交失利并没有阻碍查理试图建立一个新政权的野心，1473 年标志着他的改革达到顶峰。梅赫伦（Malines）被选作勃艮第低地地区的首府，1446 年该城正式获得官方认可，并被确立为巡回首府。1473 年 6 月，大议会（Grand Conseil）在梅赫伦正式建立，很快该城又建立了法院，成为所有低地地区的主权法庭。㉜ 1473 年 12 月，勃艮第颁布了《泰昂维条令》（the ordinance of Thionville），宣布废除布鲁塞尔和里尔的两个法院，梅赫伦成为唯一被认可的法院。

"大胆"查理不仅进行了司法和金融改革，他还对军队体系进行了彻底的改革。在那之前，勃艮第只拥有一些封建领主的护卫队和由志愿兵和雇佣兵组成的连队。按照传统，公爵常常根据需要与否召集或者解散军队，并没有常备军。这样的军队体系，在"无畏者"约翰和"好人"菲利普时代可以满足他们的需要，但是对于怀有野心的"大胆"查理来说，这种军队体系难以满足他的要求，因为勃艮第的军队难以与法国的王室卫队（compagnies d'ordonnance）相抗衡。查理下定决心组建一支与法王相似的军队组织。查理 1471 年在阿布维尔（Abbeville）、1472 年在博安（Bohain）、1473 年在圣·马克西敏·德·特里尔（Saint-Maximin-de-Trèves）分别签署了三道组建军

㉜ On the institutions at Malines, see Van Rompaey (1973).

队的法令，从而基本构建了他的军队组织。理论上讲，常备军需要20个警卫连（compagnies d'ordonnance），每连大约有900名士兵。㉝

为支付各种改革所需要的经费，公爵不得不对税收体系进行调整。从公国早期到"好人"菲利普时代末期，公爵每年必须就税率问题同两个勃艮第和北部各个封地进行协商。㉞ 此外，"大胆"查理努力确保连续几年的税收，并试图向他的属地统一征税。1470年5月，他与各个属地单独协商，要求北部封地在三年内上缴120000克朗（crowns）的税收。1473年3月，他决定采取另一种方式，要求北部辖区所有封地的代表到布鲁塞尔开会，要求他们在未来的六年里，每年上缴500000埃居（écus）的税收。同年10月，他要求两个勃艮第、夏洛莱、马康奈（Mâconnais）和欧塞尔（Auxerrois）等地的各个属地在未来六年中每年要上缴100000里弗尔（livres）的税收。显而易见，这是公爵固定税收制度的第一步，但是公爵没有时间将这些计划付诸实施。

1474年年初，勃艮第政权似乎开始形成，至少在司法、金融和军队等方面各项建制已经形成，这将是欧洲一个颇具实力的政权，其君主会广受敬仰。然而，在这个关键时刻，它开始瓦解了。这场危机肇始于莱茵地区。勃艮第沿米卢斯（Mulhouse）和巴塞尔（Basle）方向扩张到上阿尔萨斯（Upper Alsace），它的扩张严重威胁到瑞士联邦及其同盟者的政治和经济利益，给莱茵各城市，特别是斯特拉斯堡（Strasburg）带来忧患。这个地区的局势逐渐紧张，随后又上升为冲突。1474年春天形成了一个广泛的反勃艮第联盟，即康斯坦茨联盟（League of Constance），这个联盟包括瑞士联邦、莱茵地区的一些城市和奥地利公爵等。除了外交局势急转直下之外，勃艮第所属的上莱茵地区紧接着爆发了叛乱。勃艮第随后又与袭击了弗朗什—孔泰（Franche-Comté）地区的瑞士联邦发生了武装冲突，1474年11月，勃艮第在埃里古（Héricourt）战役中失利。

此时，"大胆"查理既不能重新夺回上阿尔萨斯，也不能对瑞士联邦进行反击，因为他正在科隆（Cologne）大主教区忙于一场军事

㉝ On the military affairs and the reforms of Charles the Bold, see Brusten (1954) and (1976); Vaughan (1973), pp. 197–229, and (1975), pp. 123–161.

㉞ Vaughan (1970), p. 262.

行动,这个军事行动实际上是他在特里尔与帝国皇帝会晤失败的后果之一。查理既然下定决心对神圣罗马帝国怀有觊觎之心,他认为动用武力是必要的。他拯救了同盟者科隆大主教,帮他镇压那些在黑森(Hesse)伯爵的蛊惑下发生叛乱的封臣。"大胆"查理决定围攻叛乱的中心诺伊斯(Neuss),但事实表明,这个军事行动以失败而告终,因为从1474年7月29日至1475年6月,勃艮第长达10个多月的包围是无效的。后来皇帝出面斡旋,解除了对该城的包围,查理最后退回到卢森堡。

随即,"大胆"查理又把注意力转移到洛林(Lorraine)。自15世纪初起,连续几任勃艮第公爵都对这个连接着卢森堡南部和勃艮第伯国北部的地区青睐有加。这块领地在勃艮第政权内部具有重要的战略地位,随着公爵逐渐放弃法国转而把目光投向神圣罗马帝国,这个地区的重要性日益增加。15世纪初,洛林公爵查理和勃艮第还明智地保持着良好的关系。1431年老公爵查理(Charles)去世,法王查理七世的姐夫,安茹王室的成员之一勒内(René)继任,这造成了洛林和巴尔(Bar)两个公爵国之间局势紧张,并导致勃艮第直接进行武装干涉[1431年7月比勒涅维尔(Bulgnéville)战役]。[35] 后来,洛林的安茹公爵与勃艮第达成同盟,这个同盟一直保持到1475年公爵勒内打破这个同盟体系为止。在危机时期,瑞士联邦,特别是伯尔尼和弗赖堡(Freiburg),不仅威胁了勃艮第领地,同时也威胁着萨伏依公爵,"大胆"查理不能允许自己的领地由北至南的轴心被切断,因而,1475年11月,他越过洛林公国,经过短暂的包围之后,直接占领了南锡。

现在"大胆"查理的目光又投向了沃州(Vaud),这个地区由勃艮第的两个联盟者萨伏依女公爵约朗德(Yolande)和隆蒙特(Romont)伯爵雅克·德·萨伏依(Jacques de Savoy)控制。伯尔尼人入侵这个地区,"大胆"查理立即派兵进行干涉。令众人吃惊的是,"大胆"查理两次铩羽而归,一次是在1476年3月2日的格朗松(Grandson),另一次是在6月22日的莫拉特(Morat)。第二次失利后,勃艮第政权处于风雨飘摇之中,再也不能复苏了。当米兰和萨伏

㉟ Schnerb(1993).

依公爵撕毁同盟协议之后,勃艮第联盟彻底土崩瓦解了。当公爵的代表要求两个勃艮第和北部封地提供资金支持的时候,他们或者以沉默对抗,或者干脆直接拒绝。这时,洛林公爵直接起兵反抗勃艮第的统治,从而加速了勃艮第的衰落。为了重新夺回南锡,试图保证途经洛林道路的畅通,"大胆"查理联合他的南部和北部领地在1477年1月5日向洛林进发,洛林、阿尔萨斯和瑞士联军与勃艮第军队展开激战,最终"大胆"查理死于城外的一场战役中。

第五节 勃艮第的灭亡和幸存

公爵查理的去世令他亲手创建的政治大厦轰然倒塌。随后几周,路易十一撕毁了在索勒夫(Soleuvre)签署的协议,命令他的军队向两个勃艮第、皮卡迪、阿图瓦和埃诺的部分地区进攻。现在的勃艮第政权落在唯一的继承人——过世公爵的女儿玛丽(Mary),和他的第三任妻子——现已成为寡妇的约克的玛格丽特(Margaret of York)名下。就眼前来说,她们不得不面对北部的叛乱,三级会议迫使玛丽授予他们"特别权利"(Grand Privilège),以限制玛丽的某些权力,恢复以前被剥夺的权利和传统。他们还要求废除新建立的以梅赫伦(Malines)为中心的中央集权,这被视为公爵独断专权的一种象征。1477年4月,根特人起兵叛乱,目标直指前公爵的两个近臣,处决了大法官纪尧姆·于戈内(Guillaume Hugonet)和汉姆考特(Humbercourt)领主。

约克的玛格丽特和勃艮第的玛丽看到,能够拯救并继承勃艮第的唯一途径是与哈布斯堡王朝联盟。1477年8月,玛丽和神圣罗马帝国皇帝弗雷德里克三世(Frederick III)的儿子马克西米利安(Maximilian)结婚。马克西米利安有责任抵抗法国的进攻,并解决勃艮第问题。因此,路易十一未能实现他的所有野心。1482年的《阿拉斯条约》(The Treaties of Arras)和1493年的《桑利条约》(Senlis)使勃艮第仅仅失去一小部分领土。如果法王路易十一和查理八世能够确保勃艮第和皮卡迪公国,确保哈布斯堡继承勃艮第家族的权利,能够让其控制弗朗什—孔泰地区(Franche-Comté)和大部分的低地地区,那么新的疆域划分将会对16、17世纪的欧洲历史产生重要的影响。

第二十章 勃艮第

在法国入侵的危急时刻,女公爵玛丽在 1477 年 1 月写信给第戎的审计署成员(chambre des comptes),信中要求他们"永远忠诚于勃艮第"。这些劝告词表明 15 世纪在法国与勃艮第的对抗中,勃艮第人已经形成了一种对勃艮第的历史归属感。这种意识形态的源头可以从勃艮第公爵们希望从历史中寻找案例帮他们实现自己政治抱负的作法中找到,然而他们的政治抱负又遭到了法国王室的强烈反对。"好人"菲利普时期,勃艮第流行着一种宫廷文学,唤醒人们古老的记忆,过去曾经被伟大王国占领的地方现在已经成为勃艮第公爵的封地:6 世纪洛泰林吉亚(Lotharingia)的贡都巴德(Gondebaud)和阿尔勒王国(Arles)曾经统治着勃艮第。㊱ 然而,回忆起这些名字并不能对那些贴近公爵,处于政治小圈子之外的人们产生任何影响。勃艮第的臣民直到很晚才具有了一种对勃艮第的归属感,并且这种归属感在各地的发展也不均衡。随着对公国忠诚度的增长,人们才第一次意识到了这种归属感,勃艮第也能够有效利用这种归属感进行宣传。法国和勃艮第之间的武装对抗,使公爵领地的人们内心中滋生了仇恨,并由此形成了国家认同的两大要素——效忠本国君主和抵御外敌。

"大胆"查理去世后,人们把对勃艮第的效忠转向对哈布斯堡王朝,瓦卢瓦公爵具有政治野心的继承人的效忠。1477 年事件之后的危机和混乱时期,有利于培育一种新的情感,一种对光荣过去的怀旧情结,这种怀旧情结通过以拉马什的奥利弗(Olivier de la Marche)和让·莫利内(Jean Molinet)等人为代表的政治文学抒发出来,他们所表现的态度和写出的文字使其成为这种意识形态的宣传者,公爵们同样如此。1493 年 6 月,当哈布斯堡的马克西米利安和勃艮第玛丽的女儿——奥地利的玛格丽特(Margaret of Austria)被迎接进入康布雷城(Cambrai)时,人们用传统方式高呼"万岁!万岁!"(Noël),玛格丽特则回答"当然啦,勃艮第万岁!"

贝特朗·施纳伯(Bertrand Schnerb)
李艳玲 译

㊱ Lacaze (1971).

第二十一章
英格兰

第一节 兰开斯特英格兰

"我,兰开斯特的亨利,以圣父圣子圣灵的名义,向英格兰王国及其全体封臣和仆从提出王位继承的权利要求,这是因为我是尊敬的英王亨利三世的直系血缘后代,正是上帝的恩典使我在家族和朋友的帮助下废除弊政、恢复良法,拥有了继承王位的权利。"①

亨利·博林布鲁克(Henry Bolingbroke)凭借上述言辞于1399年9月30日从其表兄理查德二世手中取得英格兰王权。亨利之前被理查德剥夺了继承权并被流放,但是自从1399年7月返回国内之后,他迅速果断地采取行动智取理查德,分化并瓦解了他的支持者。这是一场大胆惊人的政变,爱德华二世的废黜也未遇反抗,前所未有。英格兰的王位世袭历时200年而未曾中断,亨利的篡权标志着一个彻底的转向,预示着一个动荡不安的百年王朝的到来。在1500年之前,另有三位国王,爱德华四世、理查德三世和亨利七世,他们都没有依照传统的长子继承制而是凭借武力夺得了王权。另一个英王亨利五世也以同样的方法获得了法兰西王权:依据1420年签订的《特鲁瓦条约》(the Treaty of Troyes),他成为法国国王查理六世的继承人,而王太子查理则被剥夺了王位继承权。

1399年亨利篡夺王权事件创造了一个先例和模式,对15世纪英

---

① *Rotuli parliamentorum*,Ⅲ,pp. 422 – 423.

格兰政府管理和政治思想产生了深远的影响。这个非正统的兰开斯特头衔削弱了继承惯例,因而扩大了王位继承人候选范围。亨利四世得到了一些大贵族的支持,尤其是珀西家族(Percies),这就使得他从一开始就受惠于某个派别而威胁到了其统治的稳定性。珀西家族对他们作为"国王拥立者"得到的奖赏十分不满,在1403年和1405年两次发动叛乱,这与60年后爱德华四世决心主张独立而引起了沃里克伯爵理查德·内维尔(Richard Neville)的不满和反叛,并无二致。以违背加冕誓言和疏于严谨治国的理由迫使理查德二世退位一事,使得在此后一个世纪中每当王室政府处境困难之时,国王在贯彻法律实施、保卫国土以及维持财政稳健方面的责任更为显著。

一

　　从亨利四世篡夺王权至亨利六世1461年退位,整个兰开斯特王朝一直被三个交织在一起的因素困扰:战争、军役和财政。亨利四世1399年的登基、随后几年的武力平叛及兰开斯特王朝的合法性都与军事斗争的成败密切相关。1415年的阿金库尔战役稳固了兰开斯特王朝的统治基础,然而,1449年至1453年法兰西的衰落却不能挽回亨利六世统治的式微。虽然军事斗争的胜利可以加强政治的稳定,但是这两者都取决于国王指挥的由贵族和乡绅组成的封建军役的实力。亨利四世所能依赖的只是一小部分忠诚可信的兰开斯特家族的追随者。亨利五世的领导才干和在法兰西的胜利总体上为其赢得了绝对的政治支持;然而,亨利六世成年统治期间形成的一个小家族的结党统治孕育着内讧和分裂,也为玫瑰战争的公开化准备了条件。财政的匮乏和对议会批准征税的依赖使得兰开斯特王朝的各位国王麻烦缠身,即使亨利五世也不能解决,只得拖延。由于法兰西兰开斯特王朝的崩溃,并于15世纪40年代瓦解,压倒一切的债务负担使亨利四世的统治陷于瘫痪,从而严重阻碍了英格兰的战争进程。

　　战争、军役和财政等问题从亨利四世即位之初就已显现。亨利为稳固其王位不仅要镇压接二连三的叛乱,甚至至少到1407年,他还要面对由欧文·格林·德乌(Owain Glyn Dŵr)领导的威尔士全面叛乱、断断续续的苏格兰叛乱,以及来自法兰西王国的加斯科涅(Gascony)和加莱(Calais)的威胁。亨利四世的统治在很大程度上依赖于兰开斯特家族的封臣们在军事和政治上的忠诚与能力。战争和军役耗费巨大，对亨利四世来说更是全无把握。连续不断的军事斗争和亨利四世即位初收买民心的花费带来了严重的财政问题，他与议会就税收和王室财政问题争吵不休。

亨利四世军事上的胜利使他得以攫取并保住王位。作为一名军事领导人，他的指挥能力和谋略不仅在 1399 年取得王位争夺战的胜利中，而且在面对其执政过程中最为严峻的挑战即 1403 年珀西（Percy）反叛时，都得以极好地展示。在这两个事件中，亨利四世都是在其对手武力集结前，就将其从地理上分化瓦解各个击破。亨利四世在几个不同的战场都得到了十分得力的封臣的辅助，例如威尔士（Wales）的亨利王子（Prince Henry）、北部威斯特摩兰郡（Westmorland）的伯爵拉尔夫·内维尔（Ralph Neville）、加莱（Calais）的萨默塞特郡（Somerset）的伯爵约翰·博福特（John Beaufort）。

军役是亨利四世统治期间最富争议的话题之一。作为一个篡位者，亨利四世只是以一个家族的领导身份取得王权，缺少受广大贵族拥护的统治基础。在其统治期间，兰开斯特家族的亲缘特征从未消失。在即位之初，为巩固统治，亨利四世对其封臣的赏赐毫不吝惜，可是亨利四世政权的核心支持者来源于 1399 年前的兰开斯特家族追随者。亨利四世任命了许多可靠的兰开斯特家族的骑士和骑士扈从担任王室官员，其中有约翰·诺伯里（John Norbury）、约翰·蒂普托夫特（John Tiptoft）、托马斯·埃尔平翰（Thomas Erpingham）和休·沃特顿（Hugh Waterton）。尤其是在亨利四世统治的前半期，也就是在 1406 年议会危机和贵族委员会建立之前，这些官员在王室政府中的各个方面都表现得出类拔萃。

1398—1405 年的政治危机期间，大量的头衔罚没或叛乱导致大贵族数量锐减，这使得亨利四世对本家族骑士的依赖愈加严重。只是在 1407 年后，新一代贵族才崭露头角，他们中的一些人与威尔士王子关系紧密。在亨利四世统治过程中最为关键的中间时期，国王本人可以依靠的贵族十分有限。他们是北部威斯特摩兰郡（Westmorland）的伯爵拉尔夫·内维尔（Ralph Neville）以及博福特家族国王的异母兄弟，其中包括萨默塞特郡（Somerset）的伯爵约翰·博福特（John Beaufort）、托马斯·博福特（Thomas Beaufort）、温切斯特（Winchester）大主教亨利·博福特（Henry Beaufort）。内维尔因其第二任妻子琼的而成为博福特的妹夫，因此，从一开始博福特—内维尔联姻就成为兰开斯特王朝政治联盟的核心。这种联姻最终在15世纪50年代早期破裂，也就标志着原来的政治联盟的瓦解。

战争和军役负担沉重，加之缺乏有效的国库管理，这使得亨利四世陷入了严重的财政危机，很快他就不能履行其即位之初许下的诺言，即"国王靠自己的收入生活"，无须议会的税收。事实上，国王必须不断地向议会提出征收赋税的请求，因而要面对接二连三的批评，这些批评最终在1406年的"长期议会"中达到顶峰。议会下院（the House of Common）批评的依据源于国王虽然征收了大量赋税，但在保卫国土和镇压叛乱方面都遭到了失败；国王不能维护社会秩序和司法公正；也不能管理好王室财政。下院要求在议会中成立王室委员会，要求王室政府进行改革（尤其要求限制王室税收用于王室内部的开支额度），要求只对特定的军事需求征税拨款，要求任命专门监管税收支出的官员。

在1406年议会上，上述所有要求都得到了满足。一个新的、以贵族为主的委员会在威尔士王子的领导下建立起来，新成员宣誓保证坚持下院提出的改革诉求。为了控制政府支出，新的委员会剥夺了国王将税收用于王室支出的特权，实行"核心治理"政策，目的在于确保国土安全、恢复国王的财政信誉、重获议会的信任。

最初，亨利王子在委员会中的工作仅仅是形式上的，它实际上是由英格兰大法官、大主教托马斯·阿伦德尔（Thomas Arundel）领导的。不过，在平叛了威尔士格林·德乌（Glyn Dŵr）领导的叛乱后，亨利王子有了更多的闲暇时间可以待在威斯敏斯特，从1407年开始，他在中央政府中发挥的作用越来越大。由于亨利王子不仅能干，而且对王权统治明显不满，加之亨利四世病魔缠身，身体日渐衰弱，使得社会上流传着国王退位的谣言。亨利王子与其父亲就干涉法兰西内战一事争执不休，致使老国王重申其至高无上的统治权力，但事实上在此之前，确切地说在1410—1411年，作为委员会首脑的亨利王子已是王国的实际统治者。

由于政治危机的影响，成年后的亨利四世，首先是贵族，然后才是国王。他最重要的功绩就是巩固了兰开斯特王朝的统治。但是，亨利四世殚精竭虑的努力损害了自身的健康,他篡夺的王位统治时间越久就使得理查德二世一派的贵族对他的愤恨越厉害。政治和军事的不稳定直接转化为财政风险,而且在议会的操纵下,他的破产丢尽了王室颜面。尽管如此,亨利四世依旧是一个为民尽职的好国王。事实证明他的家族成员确实精明能干,尤其是威尔士王子;另外几个最可信赖的封臣,如蒂普托夫特(Tiptoft)和埃尔平翰(Erpingham),以同样杰出的才干辅佐他的儿子和孙子执政,在兰开斯特王朝政府中始终如一。

亨利五世于1413年3月登上王位,他为即位所做的准备比爱德华一世以来的任何一位英王都更为充分。虽然登基时年仅26岁,但他已经有十年沙场的战争经验,五年的政府管理经历。因而他深谙此道,不仅具有一个统治者的极强的可信度,而且建立了一个包括大贵族和王室官员的关系网。这也有助于解释为何他能充满自信、坚决果断地僭取权力:在他身上,看不到任何爱德华三世或理查德二世执政初期年轻草率的表现。

1410—1411年亨利五世一度担任委员会的首脑,亨利五世成为国王后实际上只不过是重新接手了他之前的工作。从这一意义上说,从亨利五世父亲统治的终结至他即位的头两年,英格兰社会政治保持了一种很好的连续性。在1413年的五月议会中,下院对亨利四世反复承诺但未能履行恢复"核心治理"的诺言提出了尖锐的批评,特别指出了上任统治遗留下来的几项"未竟事务",其中包括加莱和加斯科涅的防御、海峡的保卫、格林·德乌叛乱后威尔士的安置和公共秩序的恢复等。

另外,亨利五世决心采取措施终止1399年以来盛行的贵族派系争斗、财政和政府管理的失效以及普遍的法律失序状态。最紧迫的事情是兰开斯特王朝要与那些被亨利四世剥夺继承权而遭受损失进而反叛的贵族各派和解:尤其是霍兰家族(Hollands)、莫布雷家族(Mowbrays)、蒙塔古家族(Montagues)和珀西家族(Percies)。这时的亨利五世非常幸运,因为这些家族的继承人像1413年的大多数贵族一样,都是跟亨利五世年纪相仿的年轻人,他们没有亲身参与叛乱的污点。亨利五世为一些被他的父辈剥夺了封号和土地的贵族进行了平反,显而易见的是,进一步的平反措施取决于那些贵族是否能够不断积极地服役,首要的就是战争中的骑士役。

第二十一章 英格兰

亨利五世即位初的两年花费了相当多的时间和精力用来重建王室财政和公共秩序。通过财政署对收入执行严格的管控和财尽其用,王室的信誉迅速恢复。这些有效的措施增加了议会对国王的信任并同意征税,有助于建立一个债务清偿的良性循环机制,从而使亨利五世筹集到了超过 13 万镑的军费,为发动阿金库尔战役做了准备。② 国土为重建公共秩序而发动的战争也取得了胜利,特别是在威尔士边区(Welsh Marches)和中部地区。1414 年,王室法庭从威斯敏斯特来到莱斯特郡(Leicestershire)、斯塔福德郡(Staffordshire)和希罗普郡(Shropshire)进行巡查。王室法庭传唤数千名被控告的违法者受审,其中包括一些兰开斯特家族强有力的支持者,亨利四世在位时期对他们的罪行视而不见。

虽然亨利五世尽了最大的努力,但是直至 1415 年王国的上空一直笼罩着不祥的阴霾。社会上有着各种各样的不安,既包括苏格兰人(Scots)支持的理查德的反叛,也包括亨利五世家族内的成员罗拉德派的约翰·奥德卡瑟爵士(Sir John Oldcastle)在 1414 年举行的叛乱,他因持有异端信仰与国王闹翻,并试图推翻世俗和教会贵族建立的王国。1415 年 7 月剑桥(Cambridge)伯爵阴谋的流产说明,尽管边区伯爵埃德蒙·莫蒂默(Edmund Mortimer)支持国王,但是在阿金库尔战役前夕,王朝统治的合法性并未被广大贵族所接受。

二

亨利五世 1415 年对诺曼底的远征是在英格兰有着强烈的胜利征兆条件下发动的。法王查理六世的愚蠢导致了一场王子间的权力争夺战,进而恶化为一场阿尔马尼亚(Armagnac)与勃艮第派之间的内战。亨利五世的重要外交目的就是利用贵族间的分裂实现其军事目标,1417 年至 1419 年间阿金库尔战役的胜利与对诺曼底的征服就得益于法兰西人没能组织起一个统一的联盟进行反抗。勃艮第公爵"无畏者"约翰(John the Fearless)对英格兰的入侵保持中立是其中一个尤为重要的因素。

1415 年 10 月 25 日的阿金库尔战役的胜利使亨利五世十分惊讶,

---

② Harriss(1985),p.164.

这场战役也是英法百年战争的决定性转折点:如果没有这场战役的胜利,对诺曼底的征服和《特鲁瓦条约》的签订是难以想象的。这场战斗不仅是一次毁灭性的军事打击,致使阿尔马尼亚(Armagnac)的大部分贵族或是战死或是被俘,而且对英格兰政治心理的影响也是难以估量的。大战胜利后的喜悦席卷英格兰,这不仅体现在1415年11月伦敦对亨利五世的欢迎场面上,也体现于饱含民族主义激情的赞歌《阿金库尔颂歌》(Agincourt Carol)。③ 在半个世纪的军事失败和政治动荡后,英格兰终于能够有一场胜利同克雷西战役(Crécy)与普瓦蒂埃战役(Poitiers)相提并论。沉浸在欢庆胜利中的人们不再质疑兰开斯特王朝统治的合法性。下院放松了对国家财政税收的监管:1414年就同意了两倍以上的辅助金,1415—1419年下院也毫无怨言地投票通过了六又三分之一倍的辅助金。此外,1415年11月的议会又同意了亨利的羊毛补助金。

最为重要的是,先前对阿夫勒尔(Harfleur)的占领和阿金库尔战役的胜利进一步打开了征服法国的大门。1416年海战的胜利巩固了阿夫勒尔这个滩头阵地,随后1417年8月亨利五世开始有计划地征服诺曼底。统治法兰西的阿尔马尼亚家族更多地关注于勃艮第公爵对巴黎的包围战,对英国的入侵无法组织有效的抵抗。经过十八个月的持续战争,包括一系列围攻和两次冬季战役,亨利五世最终征服了诺曼底。在持久的围攻后,1419年1月诺曼底公爵领地的都城鲁昂(Rouen)陷落。

在战争进行的数月中,亨利五世一直与阿尔马尼亚家族(现在名义上是由王太子查理领导)和勃艮第公爵家族保持着外交谈判。尽管亨利五世取得了一些胜利,但他清醒地意识到1417—1419年的大规模军事行动不可能持久。他试图与交战的一方签订合约以保持法兰西的内部分裂,巩固他的领土范围。可是,他好高骛远,野心勃勃,既想要在1419年确立对诺曼底和阿基坦(Aquitaine)的全部领主权,还想迎娶查理六世的女儿凯瑟琳(Catherine),致使合约无法签订。因为这样的行为威胁到了国家领土的完整,所以无论是阿尔马尼亚家族还是勃艮第家族都不敢接受,否则就会失去全部政治信誉和支持。实际上,

---

③ *Historical poems*, ed. Robbins, p. 91.

1419年6月亨利五世和"无畏者"约翰（John the Fearless）在默朗（Meulan）同伊莎布王后（Queen Isabeau）的谈判失败后，人们一直希望两派能够暂时搁置纷争共同抵御外来入侵之敌。

1419年9月蒙特罗（Montereau）发生的法国王太子派人谋杀"无畏者"约翰（John the Fearless）事件使得局势发生了戏剧性的变化。外交僵局被打破了，在几周内亨利五世决定与勃艮第的新公爵菲利普（Philip）建立牢固联盟。他外交的目标随着形势的变化逐渐提升，实际上就是觊觎法兰西的王位。

我们可以从1420年5月的《特鲁瓦条约》中看到，亨利五世的全部要求都被勃艮第公爵、伊莎布王后（Queen Isabeau）和病弱的查理六世所接受。亨利被宣布为"法王的继承人"，查理六世也认可亨利作为他的儿子和继承人；这一地位由于他与凯瑟琳公主（Princess Catherine）的婚姻得到巩固。王太子查理被剥夺了继承权并从法兰西驱逐出境。1420年12月亨利五世得意扬扬地进入巴黎，见证了法兰西三级会议对这一条约的批准。

历史学家们对《特鲁瓦条约》众说纷纭。一方面，《特鲁瓦条约》标志着百年战争中英国胜利的顶峰。二元君主国的建立是爱德华三世亦未曾取得过的成就。另一方面，亨利五世所宣称的最终和平仍远未实现，《特鲁瓦条约》这未实现亨利五世所宣称的最终和平——其实是兰开斯特家族对这场无休止的征服战，以及对抗法国王太子党的消耗战的一个无限期承诺，即使把与勃艮第公爵的同盟考虑在内，这场消耗战也远远超出了兰开斯特家族的能力范围。由此可见，兰开斯特王朝衰落的根源在于亨利五世对《特鲁瓦条约》持有的过度机会主义态度。

当然，亨利五世为自己安排的工作量严重超过了其身体负荷。寒来暑往，连年不断的战争早已耗尽了亨利的所有精力，《特鲁瓦条约》签订后不过两年，在1422年8月，亨利五世死于痢疾，年仅36岁。他的王位由年仅9个月大的亨利六世继承，1422年10月亨利六世的外祖父查理六世去世，他也继承了法王王位。

1422年后，摆在少数委员会面前的工作既简单明确又令人生畏：那就是确保和巩固亨利五世的成就直到襁褓中的国王成年。在亨利六世年幼时，对《特鲁瓦条约》的废除或重新谈判简直不可思议，少数委员会的政策没有多少灵活性。这种做法最初毫无弊端。胜利的势头得以保持，二元君主国的维持也提供了唯一凌驾于一切的鹄的，它为兰开斯特王朝的建立增添了凝聚力和目标上的一致性。不过，随着15世纪二三十年代的一些失败，《特鲁瓦条约》越来越成为一种负担，耗尽了英王本就匮乏的资源。

亨利五世的哥哥贝德福德（Bedford）公爵约翰篡夺了兰开斯特家族对法兰西的统治权，成为法王查理六世死后的法国摄政。亨利五世令其弟弟格洛斯特（Gloucester）公爵汉弗莱（Humphrey）担任其幼子的监护人。这位格洛斯特公爵试图利用监护人的地位夺取英格兰的统治权，这一举动受到了大贵族的强烈反抗，因而政府被置于议会下的一个委员会来管理，格洛斯特公爵作为监护人成为委员会名义上的负责人。这个委员会的成员大都来自那些才干超群、忠心耿耿的兰开斯特家族的封臣，包括博福特家族中（Beaufort）亨利五世的叔叔们，沃里克（Warwick）伯爵理查德·博尚（Richard Beauchamp）和约翰·蒂普托夫特爵士（Sir John Tiptoft）。

这个委员会的首要工作在于继续进行对法兰西的战争和维持与勃艮第的同盟关系。贝德福德公爵的统治基础在巴黎，手下拥有几名富有经验的贵族，效忠于亨利五世，其中比较著名的有索尔兹伯里（Salisbury）、萨福克（Suffolk）和塔尔博特（Talbot）。最初，他们取得了相当大的胜利：1424年法国维尔讷伊（Verneuil）战役的胜利使其占领了诺曼底边境，并且将战火烧到了曼恩（Maine）和安茹（Anjou）地区。不过，从战争一开始，英格兰就受到了资金匮乏的困扰。亨利五世在位期间进行了数次前所未有的征税，国内资金趋于枯竭，因此在《特鲁瓦条约》后，下院希望兰开斯特家族统治下的法兰西能独自承担相关费用。最终，议会在1422年至1429年间没有批准任何辅助金，王室财政不可避免地陷入赤字。

在15世纪20年代中叶，少数派政府的凝聚力受到了威胁，格洛斯特公爵要求通过其妻子获得低地国家的继承权，这导致了法兰西方面政府支持者的流失，与勃艮第的关系也变得不稳固。格洛斯特公爵在被法国逐出政坛的同时，他自认为在英格兰的合法身份也遭到了否认，于是他与主教博福特激烈争论，不满情绪溢于言表。博福特主教拥有的财富和政治人脉使得他在少数派政府中的地位举足轻重。贝德福德公爵被迫两次回到英格兰解决格洛斯特公爵和主教博福特间的争端。

1429年5月英格兰围攻了奥尔良（Orleans），对法兰西的征服进程也在此戛然而止。虽然英格兰的连续军事胜利使得法兰西长期士气低落，但是，查理七世的支持者们受到了梦幻般的圣女贞德的鼓舞，他们迫使英军停止围攻奥尔良，并且放弃了在卢瓦尔河建立的桥头堡，在雅尔若（Jargeau）战役和帕提（Patay）战役中亦使英军接连受挫。奥尔良的两名指挥官萨福克（Suffolk）和塔尔博特（Talbot）均被俘获。法兰西军队乘胜向北追击至巴黎东部，1429年7月查理七世在兰斯（Rheims）加冕称王。

1429年的春夏时节是百年战争的一个转折点。奥尔良与帕提战役的失败终结了兰开斯特王朝给查理七世以致命一击并征服法兰西的愿望。这时候贝德福德公爵的精力集中于军事管理。他对巴黎及其郊区的控制权也就正式移交给勃艮第公爵，他个人可以集中精力关注诺曼底的防务。

查理七世加冕礼的大肆宣传需要一个直接的回击。在1429年11月，英王亨利六世在威斯敏斯特加冕，转年他便从议会得到了一笔双倍辅助金，这样他就可以实现去法兰西的远征。由于糟糕的军事状况，在拖延了很久后，1431年12月十岁的亨利六世在法国巴黎圣母院加冕成为法兰西国王。

15世纪30年代初，虽然法属英格兰的领土内的财富缓慢增长，但是政府决策一直受到财政匮乏的困扰。1433年英格兰财政大臣拉尔夫·克伦威尔发表的财政声明显示，英格兰的债务已累积超过16万英镑，而如果没有议会批准的辅助金，英格兰每年的财政收入也才不足6万英镑。贝德福德公爵和格洛斯特公爵对于如何最有效地利用财政资金产生了分歧：格洛斯特公爵要求加强加莱的防务，贝德福德公爵则重视诺曼底的防务。

军事和财政的窘境迫使少数派政府与查理七世互相妥协并开始谈判，因此1430—1435年英格兰、法兰西与勃艮第间的外交活动频繁。在进行了几次以全面和平为宗旨的谈判之后，勃艮第公爵使英国的同盟者对其不再抱有幻想，英国开始慢慢朝着与查理七世恢复友好邦交的方向前进。无疑，英国人的谈判砝码没有任何弹性，因为在亨利六世的少数派政府掌权期间，他不能接受颠覆了《特鲁瓦条约》内容的最终和平协议。1435年在阿拉斯（Arras）召开的和平会议以英王放弃对法国王位的继承要求为前提条件，打破了法兰西的坚持。几天后，法兰西—勃艮第联盟形成，勃艮第公爵宣布不再效忠于亨利六世。

阿拉斯协议的签署标志着亨利五世《特鲁瓦条约》中所构建的二元君主国的解体。在协议签署后一年内，不仅巴黎丢失了，而且兰开斯特王朝对亨利五世最初征服的诺曼底的统治权也遭削弱。这些事件加之摄政贝德福德公爵在阿拉斯协议签署后不到一个月就去世了，加速了少数派政府的灭亡。正是在1429年至1431年间，政府以亨利六世加冕回应了军事危机，所以现在试图重建王室权威。1437年11月13日，亨利六世在过完十六岁生日短短一个月后就正式取得了王权。

三

亨利六世的悲剧恰恰在于他的性格很像他的母亲而不是他的父亲。忍让、顺从、优柔寡断、内心脆弱等品性主导了亨利六世的一生。与亨利五世面对国内外形势时所具有的各种才能相比，在指挥战争和领导政府方面，亨利六世没有表现出一丝能力。他的主要兴趣在于精神生活和教育，他创办了伊顿公学、剑桥大学学院以及位于卡昂的新大学。人们将他描述为一个"刚毅与柔弱交织的危险人物"[④]，亨利六世试图与法兰西外交和谈的尝试注定是失败的。然而，他留给世人的刚毅印象也许只是一种错觉，这种印象源自国王的职位而非他本人。在15世纪，政府依旧要首先依据国王的意志处理事务，即使国王并未在场，也必须依照国王的意志发号施令。[⑤]

亨利六世领导下的政府特征反映了国王的个人魅力或国王缺乏个人魅力。少数派的政府不久就垮台了，代之而起的是王室内部的极少数人组成的私党，这个小圈子由萨福克（Suffolk）伯爵（后来成为公爵）威廉·德·拉·波尔（William de la Pole）领导，他曾经从

---

④ Wolffe（1981），p. 133.
⑤ Watts（1996）.

1433年后开始担任王室的总管。国王的优柔寡断和对政府事务的漠不关心使得王权的管理方式被完全改变。一种自英王爱德华二世即位以来从未有过的现象便出现了,不是国王通过王室来统治,相反王室通过国王掌控一切。

国王长大成人引发了大家对任免权的争夺,其中最主要的受益者无疑是王室成员。慷慨大方的年轻国王在颁发请愿书方面毫无节制,以至于在1444年试图建立一个监管请愿书的咨询机构来阻止那些不合法的颁发。这一现象的出现所带来的影响绝非是暂时的。

亨利六世任免王公多有任性,例证之一便是,1441年对康沃尔(Cornwall)领地总管授予德文郡(Devon)伯爵的任命,这一官职早已被德文的敌人威廉·邦维尔爵士(Sir Willam Bonville)所领有。重复任命无疑会增加两个大贵族间的紧张关系,引发中央的混乱,必须通过一次次漫长的会议来解决这个问题。

在税负沉重的兰开斯特法兰西地区,财政管理不当所造成的影响是灾难性的。亨利五世成功的基石——设立执行紧缩财政政策的"核心政府"被抛弃了。在15世纪40年代早期,王室财政依靠红衣主教亨利·博福特(Cardinal Henry Beaufort)的一笔巨额借款尚能应付自如,这也使得博福特对政策有着很大的影响。

国王一方的多数派在法兰西政策的指导方针上产生了严重的分歧,这种分歧自1422年开始就一直悬而未决。性情温和的亨利六世赞同与法国达成一个最终和解的解决方案。1440年,作为和平意愿的表示,他单方面释放了奥尔良公爵查理(阿金库尔战役中被俘获),亨利五世把释放查理视为一个重要的外交筹码,直到他的儿子亨利六世成年才将其释放。格洛斯特公爵是亨利五世最后一个在世的弟弟,他认为这一举措是对上个十年就已确立的政策的一种倒退行径,为了捍卫原有政策,他甚至采取了强有力的军事行动。较为年长的政治家如红衣主教博福特和财政大臣克伦威尔都认为,王室财政的匮乏和对法战争的窘境使得英国需要通过和谈来赢得恢复的时间。但是,亨利六世的法王头衔是不容谈判的。甚至连1439年格雷弗利内斯(Gravelines)的和平会议上暂时搁置法王头衔的提议也不能被接受。

与此同时,在诺曼底和加斯科涅的军事战况由于缺乏大量的资金、人力和王室的关注每况愈下。1439 年，英王在法兰西的代表沃里克的伯爵理查德·博尚（Richard Beauchamp）去世之后，直至 1441 年约克公爵理查德被匆匆任命为新的英王代表前，诺曼底群龙无首。约克公爵抵达诺曼底不久，王室委员会就向亨利六世发出了严厉的批评，痛惜国王对公爵领地的放弃。加斯科涅的防卫同样被忽视，只是在 1442 年法兰西进攻后，来自波尔多（Bordeaux）的惊慌失措的求助才使得威斯敏斯特做出一些反应。亨利六世暂时放弃了和平策略，转而寻求由他的外甥萨默塞特郡的公爵约翰·博福特指挥一场更大的军事战争。不幸的是，财政大臣克伦威尔清楚地说明，国家无力支持在诺曼底和加斯科涅同时进行两场战争。然而，萨默塞特公爵的目的表面上是通过向卢瓦尔河谷进军将查理七世卷入战争来减轻英王统治两个公国的压力，实际上萨默塞特公爵的真实意图是加强自己在曼恩和安茹的地区利益。1443 年的军事行动实属于代价极高的虎头蛇尾之举，次年萨默塞特公爵便因郁郁寡欢而去世。

1444 年在图尔（Tours）的和平会谈重新开始，英格兰代表团由萨福克公爵领导。当时英格兰的弱势带来的痛苦是显而易见的，亨利六世婚姻的外交价值仅仅是换来了与法兰西的两年休战。而且，安茹公爵勒内（René）的女儿，即亨利的新娘玛格丽特（Margaret）证实这一联姻最初的目的就是，法王查理七世想借此向英王亨利六世施压，迫使其放弃对曼恩（Maine）的领有权。虽然亨利在 1445 年婚后不久，就秘密允诺放弃对曼恩的领有权，但是当这一秘密公之于众的时候引发了骚乱，最终只在 1448 年产生了实质影响。查理七世在没有付出太大成本的情况下再次赢得了一个重要的让步。

在 1444 年后的休战期间，亨利六世政府没有意识到恢复崩溃的诺曼底防卫的紧迫性。1445 年约克公爵在代表团任职期满后被召回国，其继任者萨默塞特公爵埃德蒙·博福特（Edmund Beaufort）直到 1448 年 3 月还未到任。随着 15 世纪 40 年代末财政问题的日益恶化，政府资金已无力支撑诺曼底保持充足的驻防部队。与此相对，查理七世利用休战期实施了一场重要、影响深远的军事改革。

国外政策的彷徨与迟疑同国内的恣意挥霍和管理不当遥相呼应。王室的债务负担不断增长以致在 15 世纪 40 年代末实际上已经破产。1449 年王室的债务和现实的花费约为 372000 镑（与此相对的是从议会辅助金中得到的实际收入仅为 30000 镑)。虽然面临财政危机,但是亨利六世仍然滥施授予官职的权力。兰开斯特王朝的姻亲关系和家族政府的建立使其家族人口激增至前所未有的程度。诸省皆在兰开斯特家族的统治之下,他们滥用其权控制了法律和地方政府。萨福克的封臣,东英格兰的托马斯·图登汉姆(Thomas Tuddenham)和约翰·黑顿(John Heydon),肯特郡(Kent)的塞伊(Lord Say)和色尔勋爵詹姆斯·法因斯(James Fiennes),是最臭名昭著的几个家族成员。

随着 1447 年国王的叔叔格洛斯特公爵汉弗莱(Humphrey)因背叛国王的嫌疑而被逮捕,亨利六世统治生涯中最不幸的时刻在 15 世纪 40 年代终于来到了。对汉弗莱公爵来说,这件事情给他造成了极大的伤痛,他自感深受其辱,没能熬过这致命的一击。虽然对汉弗莱公爵的怀疑几乎是毫无依据的,但是他依旧无所忌惮地反对亨利六世的和平政策,(此举加重了)国王对其的不信任感。为了打败他们唯一惧怕的对手——大贵族格洛斯特公爵,萨福克集团显然利用了国王对格洛斯特公爵的不信任感。在伯里·圣埃德蒙兹(Bury St Edmunds)的逮捕事件充满了戏剧性和不可预见性:格洛斯特公爵大部分扈从和他本人一起被捕。格洛斯特公爵的封地被迅速地封赐,其中一些地产转让安排在公爵被处死当天。

由于各种事件交织在一起,兰开斯特王朝在法兰西的统治不可避免地陷入了危机。导火索发生于 1449 年 3 月,在萨福克公爵和萨默塞特公爵的默许下,英军占领并劫掠了布列塔尼(Breton)的富热雷(Fougères)要塞。布列塔尼公爵在 1446 年向法王宣誓效忠,就此向法王查理七世发出求助。这就为查理重新开战提供了借口,1449 年 7 月末,法王征服诺曼底的战火重燃。萨默塞特公爵领导下的英军对法军的进攻几乎全无准备,法军在未遇任何有效抵抗的情况下直奔诺曼底。这场军事惨败中,最为耻辱的时刻是 10 月份鲁昂(Rouen)的萨默塞特公爵投降,整场战役甚至没有一次象征性的围攻。鲁昂(Rouen)是这块领地的首府,曾在 1418 年坚持反抗亨利五世六个月之久。约克公爵与萨默塞特公爵之间的不和,在 1452 年愈演愈烈,鲁昂的陷落成为约克公爵指挥萨默塞特公爵的严重口实。1450 年 1 月,阿夫勒尔(Harfleur)陷落,在圣托马斯·凯勒尔(Sir Thomas

Kyriell)的领导下,同年 4 月在福米格尼(Formigny)英军由于救援部队不足而战败。随着卡昂(Caen)在 6 月失守,至 1450 年 8 月 12 日,瑟堡(Cherbourg)成为英军的最后一个据点。

从长期来看,显然,诺曼底的丧失给了兰开斯特家族致命的一击。从 1437 年后王室政府就已深深陷入了瘫痪、混乱和无力的状态,一系列军事的失败证实了这一点。民众和议会愤怒的矛头并没有直指亨利六世本人,而是亨利六世的大臣们。1450 年 1 月,身为掌玺大臣的亚当·莫林斯(Adam Moleyns)在率军前往诺曼底的路上于朴次茅斯(Portsmouth)被随军将士杀害。次月,议会开始着手指控萨福克公爵。在 15 世纪 40 年代他作为国王的主要大臣要对这一时期的外交和军事失败负全责,从释放奥尔良公爵查理到曼恩(Maine)的投降以及诺曼底的丧失。所有这些都被视为萨福克公爵阴谋推翻国王亨利六世的证据,指控他在法国人的帮助下,想让自己的儿子约翰成为国王,约翰曾与萨莫塞特公爵约翰·博福特的继承人即他的女儿玛格丽特(Margaret)订婚。亨利六世作为国王,在处理此事上体现出了少有的对臣属的宽容,他减轻了议会对公爵的指控,并将对萨福克公爵的处罚判为五年监禁。可是,这一切并没能挽救这个失势的宠臣的命运,1450 年 5 月萨福克公爵在前往流放的路中,在英吉利海峡的一艘船上被人杀害。无头的尸体在多佛尔(Dover)海滩被发现。

萨福克公爵遇害事件在数周内引发的反抗迅速席卷肯特郡和东南部大部分地区,来自诺曼底的坏消息和王室内部的镇压更是使之雪上加霜。肯特的反抗是由杰克·凯德(Jack Cade)领导的,起初相对和平,只是要求清除国王身边的"虚伪的叛徒",恢复大贵族委员会的职权。亨利六世毫无理智地以武力镇压进行回击。当亨利六世面对凯德军队强取豪夺和毫无军纪之时,没有进行镇压,而是离开了中部地区,此举无异于火上浇油。凯德领导的反抗队伍 7 月初从老家萨瑟克(Southwark)出发,直奔伦敦,并对这座城市进行了三天的劫掠。他们抓获并惩罚了人们尤为憎恨的财政大臣塞伊勋爵(Lord Say),作为一名肯特郡的大地主,他是王室宠臣,擅于敲诈。7 月 7 日在得到赦免特许状后反抗者分散回家,但这种动荡不安从夏季到秋季一直笼罩着东南部地区。

凯德叛军的一个主要不满就在于王室近臣的"贪得无厌",他们以王权和王国为代价中饱私囊。这是反抗亨利六世统治的主题，类似的反抗也在对萨福克公爵的控诉及稍后 1452 年约克人对萨默塞特公爵的指控中出现。议会采取强制措施，废除了自国王即位以来他本人或以其名义颁发的所有特许状；比起进一步征税而言，恢复统治秩序才是下院面对糟糕的财政状况要做出的即刻回应。1450 年第一个恢复法案获得通过，但是由于免税特权的存在使得该法案在很大程度上近乎无效。于是，1451 年议会又通过了第二个恢复法案，该法案规定王室可以按照传统方式在一段时期内将王室领地的收益用于王室内部的开支。

随着国王派驻爱尔兰的代理官约翰公爵理查回国，1450 年 8 月危机进入了一个新的阶段。由于 15 世纪 40 年代约克公爵从亨利六世的核心圈子中被排除出来，一系列事件驱使约克公爵毫不犹豫地开始反对王室。约克公爵在政治上毫无污点，无须对王室的失败承担责任。在 1450 年狂热的氛围中，约克血统、财富和地位使得他能够蛊惑大众。杰克·凯德（Jack Cade）的化名之一就是约翰·莫蒂默（John Mortimer），其目的可能是暗指莫蒂默曾试图争夺王位，这一行径如今被约克公爵理查德重演。

约克公爵公开承认在未得到国王许可的情况下返回英格兰的意图在于回击叛国的非难，保护其名誉。随着萨福克公爵的去世、萨默塞特公爵的诺曼底之辱和国王信誉的消失，他也许发觉自己有机会在政府中重新掌权。然而，他很快发觉萨默塞特公爵不仅并未蒙羞，而且还获得了远在萨福克公爵之上的宠爱，被任命为英格兰的王室总管。虽然当鲁昂陷落时他在爱尔兰，但是因为萨默塞特公爵 1449 年对鲁昂的放弃，引发了对约克公爵依法作为这座城市管理者的质疑，这对他来说也是无法忍受的。⑥

约克公爵回国后，力图取代萨默塞特公爵攫取政府权力，并就诺曼底的丢失对其提出控诉。在 1450 年年末与亨利六世的私人会面中，他向国王施压，由他起草的书面提案随后广泛印发。在同年 11 月，约克公爵的管家威廉·奥尔德霍尔爵士（Sir William Oldhall）被选举为议会发言人。约克公爵和议会下院一起对亨利六世进行了猛烈的抨

---

⑥ Jones（1989），pp. 285-307.

击,要求对国王身边的"叛国者"进行司法审判。政治氛围一直动荡不安,几名大贵族为了议会向伦敦增派了大批扈从,在肯特和东南部地区不时地发动骚乱。12月,萨默塞特公爵可谓九死一生,为了保护自身,他不得不躲进了伦敦塔。

国王及其御前大臣一直对约克公爵抱有敌意,并且十分怀疑他的动机。亨利六世否决了约克公爵提供的解决方案,拒绝接受其为恢复法律与秩序所提供的一切帮助。议会提出要对以萨默塞特公爵为首的三十名王室成员做出流放的处罚,国王对此反应冷淡。与此同时,约克郡的议员托马斯·扬(Thomas Young)提议重新确认约克公爵有权继承尚无子嗣的亨利六世的王位,这一提议得到的答复却是议会会议已经在1451年6月结束了。

1450年可能是一个革命的年头。危如累卵的不是亨利六世的王位,而是从1437年以来已经形成的政府结构及其人事安排。约克公爵显然是能够从王室政府倒台中获取最大利益的贵族,可是王室政府并没有垮台,约克公爵陷入孤立并被揭发。十分矛盾的是,从表面上看约克对国王的挑战似乎团结了丧失信心的王室官员,他们重新集结在萨默塞特公爵身后,共同反抗同一个敌人。约克公爵的失败很大程度上在于没能抓住1450年这一重要时刻,他没能在这时联合一个非常重要的贵族派别:这些贵族对约克公爵控告萨默塞特公爵之举的正义性并非完全信服。虽然王室政府没有下台,但最后的代价是亨利六世的王位宝座:如果约克公爵在1450年能够成功战胜萨默塞特公爵,并清除王室官员,那么1455年第一次圣奥尔本斯战争所导致的国家政治分裂,也许就能避免,王朝争夺和国内战争也许就不会发生。

在最初的危机过后,尽管英格兰在法兰西的领地还在不断丢失,王室权威在1451—1452年还是出现了一定的复兴。国王似乎有一种不寻常的精力,在南部和中部地区展开了一系列关于刑事案件的巡回审判。萨莫塞特公爵加强了个人的权力,约克公爵越来越感到自身难保。格洛斯特公爵被捕一事警醒着人们反抗朝廷的下场,这一切都发生在过去五年内。1451年秋季,约克公爵卷入了西南地区邦维尔勋爵(Lord Bonville)和德文(Devon)公爵的冲突,使得国王对他更加不满。约克公爵没有自知之明,天生具有一种不顾一切的性格,他冒险以武力的方式向英王强加其意志,英王果断地平叛了这种公开的反抗。1452年3月,由多数主要的贵族支持的一支王室军队在达特福德(Dartfort)击败了约克公爵的军队。约克公爵被迫蒙耻认错。国王根本就没有把约克公爵提供的萨默塞特公爵反叛证据放在心上,并要求约克公爵对自己宣誓效忠,发誓不再图谋篡位,并且随时听候国王的召唤。

1453年夏季的一系列事件挽救了约克公爵的政治生命。1453年7月,英格兰派驻加斯科涅(Gascony)的远征军在科斯蒂永(Castillon)战役中失败,彻底粉碎了英王重新恢复法兰西西南地区统治的希望,这一地区在1415年被查理七世的军队占领。科斯蒂永战役失败几周后,亨利六世就精神崩溃,直到1455年前他再也没有露面。为应对这场不可预见的危机,约克公爵不可能被排除在贵族委员会之外。一旦得到允许,约克公爵便很快取得领导权:1453年11月萨默塞特公爵被判送入伦敦塔监禁,随后,1454年3月英王大法官、大主教约翰·肯普(John Kemp)去世,约克公爵被任命为摄政和主要大臣。

在这段历史中,国王对约克公爵财产复兴的觊觎十分重要,而大贵族间暴力冲突逐步升级的影响亦不遑多让。大贵族间最严重的冲突当属北部地区的内维尔—珀西(Neville-Percy)争端,这一争端在1453年8月升级为武装对抗,埃格雷蒙特勋爵托马斯·珀西(Thomas Percy, Lord Egremont)领导的军队在约克郡的赫沃斯沼泽(Heworth Moor)伏击了内维尔家族的一桩结婚庆典。当年轻的埃克塞特公爵亨利·霍兰(Henry Holland)控告与其长期不和的兰开斯特王朝的老臣克伦威尔勋爵(Lord Cromwell)时,沃里克伯爵理查德·内维尔(Richard Neville)也与萨莫塞特公爵就格拉摩根(Glamorgan)的统治问题争执不休。

这些大贵族间冲突的扩大反映出国王已无力控制和解决贵族间的矛盾。但争端的影响依旧不断扩大,它预示着贵族集团的分崩离析。为首的大贵族为保卫兰开斯特法兰西的共同目标而形成的持续凝聚力开始崩溃。最重要的是萨默塞特公爵与内维尔家族之间出现了裂痕,这就使得内维尔家族与约克公爵结盟。从亨利六世即位以来,内维尔—博福特联盟一直是兰开斯特王朝的中坚力量,这一联盟的终结标志着兰开斯特王朝的衰落进入了一个重要的阶段。

约克公爵在担任摄政的短暂任期内，试图恢复公共秩序，压缩王室规模与开支。索尔兹伯里（Salisbury）伯爵理查德·内维尔（Richard Neville）被任命为大法官。在克伦威尔勋爵和内维尔家族的支持下，约克公爵来到约克郡主持一场对埃克塞特公爵和珀西家族的追随者的巡回审判。埃克塞特本人，因曾公开否认约克公爵的摄政地位的权威性，被判监禁于庞蒂弗拉克特（Pontefract）的索尔兹伯里城堡。可是，约克公爵没能对萨默塞特公爵提出控告，虽然他从后者手中接管了对加莱的领导权，但他并没能在1455年年初亨利六世复位前在此确立其有效统治。

亨利六世神志清醒后迅速结束了约克公爵的摄政地位，恢复了约克公爵政敌的权力。萨默塞特公爵很快便被释放，并宣布免除叛国嫌疑罪。索尔兹伯里伯爵被迫释放埃克塞特，并在3月辞去大法官的职务。5月贵族委员会在莱斯特（Leicester）举行会议，开会的目的表面上是为了保卫国王的安全，实则可能意在强迫约克家族的贵族屈服。约克家族以武力相抗。在圣奥尔本斯（St Albans）他们攻击了前往莱斯特的王室一行，萨默塞特公爵和诺森伯兰（Northumberland）的珀西（Percy）伯爵被杀，国王被俘。

在圣奥尔本斯战役中，约克公爵"最终在半小时内以武力的方式解决了近五年来被排除在政治之外的痛楚：他的主要政敌被彻底消灭……国王本人也被控制"⑦。然而，他赢得的胜利是短暂的，这种胜利是以违反针对国王暴力的传统限制为代价的。虽然国王在圣奥尔本斯战役中仅受轻伤，但其声誉的下滑揭示出他本人的权威趋于衰落。亨利变成一个王室感召力的表演者，其统治合法性可以为任何党派操控。更为重要的是，圣奥尔本斯战役见证了官方政治话语权的消失，也是贵族结成一连串血海深仇的开端。

约克公爵在圣奥尔本斯战役后，取得了对国王的监管，便开始了约一年的摄政。亨利六世在1455年11月旧病复发（此后他就再也没有痊愈），使得约克公爵再一次当选为期不长的摄政。不过，1456年夏季，女王玛格丽特（Queen Margaret）离开国王从威斯敏斯特来到兰开斯特王朝在中部地区的据点。女王是年幼的威尔士王子爱德华的

---

⑦ Wolffe（1981），p. 294.

母亲(爱德华生于1453年10月13日,此时正值亨利六世精神病发),她取得了兰开斯特家族的领导权。像1388年后的理查德二世一样,她试图利用兰开斯特王朝的直辖领地威尔士公国和切斯特的伯爵领地,以地区为基础重建王室权威。她的目的在于积累足够的军事力量以战胜约克家族,防止圣奥尔本斯战役重现。尽管如此,从伦敦的撤离表明政治分裂的进程进入了一个新的阶段。

1459年夏季女王玛格丽特和她的盟友觉得他们已经强大到足以去面对约克家族。5月,忠诚的兰开斯特家族被召集到莱斯特服军役,接下来的一个月大贵族会议在考文垂(Coventry)举行。约克、索尔兹伯里和沃里克公爵都接到了会议的召集函,但都没有出席。他们的缺席为女王采取军事行动提供了借口。10月,王室军队与约克公爵的军队在勒德洛(Ludlow)附近相遇:约克公爵的军队乱作一团被击溃,士兵们拒绝反抗国王。约克公爵逃到了爱尔兰(Ireland),他儿子边地侯爱德华(Edward)和内维尔家族(Nevilles)一起跑到了加莱,因为沃里克公爵是那里的领主。边区伯爵旋即于考文垂召开了议会,约克家族被剥夺公民权,他们的地产被没收。

女王的胜利仅维持了不到一年。加莱有职业军队的驻防,是发动反攻的理想基地。1460年6月,索尔兹伯里公爵、沃里克公爵和边地侯在肯特登陆,占领了伦敦。几天后,沃里克公爵和边地侯的军队在北安普顿(Northampton)打败了王室军队,并俘获了国王。反叛的贵族继续保留他们对亨利六世的忠诚,但是当约克公爵9月从爱尔兰回来后,大家才清楚约克公爵的目的在于攫取王位。他明确地表示希望获得大家的支持,推翻亨利六世:事实证明他错误地估计了形势。世俗贵族和高级教士都不支持废黜国王。亨利六世的弱点既不在于他绝非是像查理二世那样的暴君,也不在于他没有子嗣。一个令人为难的妥协达成了,那就是基于对《特鲁瓦条约》基本赞同的《调解法》:亨利六世保留王位,约克公爵成为其王位继承人,这样就剥夺了爱德华王子的继承权。

对于这个解决方案,处于主导地位的兰开斯特家族并不是失败的一方。女王和王子在苏格兰避难,与此同时,埃克塞特(Somerset)、诺森伯兰(Northumberland)和萨默塞特公爵(Somerset)在北方公然藐视国王。1460年12月,他们在威克菲尔德(Wakefield)给予约克家族以毁灭性打击,约克公爵和索尔兹伯里公爵都被杀害,从而为圣奥尔本斯战役雪耻。

约克公爵之死最终打破了从1450年危机以来的瘫痪的国家政治僵局。约克公爵的继承人边地侯因忠于亨利六世而得到赦免。兰开斯特家族胜券在握,便一路向南。1461年2月,他们在圣奥尔本斯击败了沃里克的军队,通往伦敦的大门已经向他们敞开。在此关键时刻,女王的优柔寡断是致命的。女王没有利用她已取得的优势,却又一次将军队撤回至中部地区,放弃了对约克家族都城的占领。沃里克公爵和边地侯重新回到了伦敦,1461年3月4日,约克公爵的继承人举行加冕礼,成为英王爱德华四世。三周后的陶顿(Towton)战役中,新的英王彻底打败了兰开斯特家族,亨利六世的统治实际上已经结束。

亨利六世王国的瓦解和崩溃再一次揭示出本章开篇提出的兰开斯特王朝统治历程中战争、军役和财政三大主题的重要性。在这些方面,亨利六世本人的表现显示出他完全不能胜任国王一职。他最大的失败在于军事。《特鲁瓦条约》的签订标志着亨利五世在其任期内获得的成就达到了顶峰,他在法兰西取得的连续军事胜利使得兰开斯特王朝不可避免地从中攫取了大量财富。中世纪英格兰的诸位国王中,亨利六世是十分令人瞩目、独一无二的,他从未主动参与过任何军事行动。在其成年后,他也从来没有去过他在法兰西的领地。尽管他的军事指挥官们付出了努力,但由于缺乏他的领导,兰开斯特征服法兰西的伟业也最终不了了之。显然,百年战争最后阶段贵族和乡绅参战的明显减少与亨利六世自身缺乏示范作用有着一定的联系。

亨利六世在军事政治方面领导不力,其结果使得他无法有效地指挥贵族和绅士完成其封建役务(军事役务),以维持社会稳定和政府的有效运转。他实际上放弃了国王的政治权力,由萨福克公爵、萨默塞特公爵来代理,这就意味着王权由于部分贵族利益而被扭曲了。正是在此背景下,贵族集团的分裂使得玫瑰战争的发生成为可能。亨利四世的统治依靠的是兰开斯特家族,亨利五世超过了他的父亲,不再局限于一个家族,而是赢得了全民的支持。亨利六世时期,兰开斯特家族的二元君主国重新变成了政治权力的基础,其成员利用王权谋取私利。

王室财政危机的爆发与亨利六世政治和军事指挥上的无能密切相关。议会只愿意与一位积极鼓吹战争的国王达成征税妥协,从而为在法兰西的战争提供充足的财政支持。国王必须实行严格的财政管制以充分利用有限的资源。由于亨利六世滥施授予官职的权力,因而无法最大限度地征收战争税。最终结果就是1450年的财政赤字已经达到了近乎破产的程度,导致王室政策陷于瘫痪,致使兰开斯特王朝收复在法兰西的领土成为不切实际的奢望。

亨利六世执政的失误带来了深远的影响,远远超出了他的任期范围。1450年至1460年的十年间政治动荡,贵族集团严重分化,其影响之深绝非一代人可以消除。玫瑰战争与随后都铎王朝的建立导致了英格兰政治社会的永久变化。王室权威在危机中显著增强(与查理七世统治下的法兰西有异曲同工之处)。随着王朝更替,封建地产被剥夺和再分配,削弱了地方大封建主对国王的传统忠诚,促使国王和地方乡绅之间建立了更为密切的联系。最终,社会动荡和内战的伤痛记忆被定格在民族集体意识中,这种民族意识有助于16世纪英格兰政治文化的形成。

爱德华·鲍威尔(Edward Powell)
赵文君 译

第二节　约克家族与早期都铎英格兰

一

爱德华四世从1461年3月4日起担任国王,这一天伦敦人为他欢呼,在威斯敏斯特大厅举行了加冕礼。不过,约三周后的3月29日,他在陶顿战役中领导约克家族赢得了胜利,才正式宣告其成为名副其实的英王。这是玫瑰战争中最大的一场战役,其决定性意义在于迫使除了兰开斯特家族死党外的所有人承认了爱德华的英王头衔。然而,新国王对当时的有些状况还不是很适应。在一场军事较量后,爱德华四世废黜了亨利六世,这是其巩固统治的第一步。前面两次对爱德华二世和理查德二世的废黜更多的是基于广泛的政治舆论。由于大家对亨利六世的去留没有达成共识，所以 1461 年以武力见分晓是必须的。爱德华四世也是第一位在其即位后让前任国王享有自由的君主。陶顿战役进行时，亨利六世和他的妻子仍旧生活在约克，在获悉军队战败的消息后，他们逃到了苏格兰。

爱德华四世面临着严峻的形势，他需要为自己树立起合法的、有影响力的英格兰统治者的形象。在他即位之初，面对的是接连不断的英格兰北部地区的战争，在那里兰开斯特家族能够得到苏格兰的支持，与此同时在威尔士和其他地区也有零星的战斗。直到继兰开斯特家族仍旧控制的诺森伯兰城堡投降后，1464 年约克家族在赫克萨姆（Hexham）战役获胜时，爱德华四世的军队才被认为在其辖区内取得了完全的胜利——在 6 月与苏格兰达成了休战共识。

采取对抗的态度并非爱德华四世统治初期的显著特征。从即位之初，这位新国王就表示，他一直愿意获取之前的兰开斯特家族的支持，并希望他们所服军役能为其所用。考虑到爱德华的权力基础比较狭窄，这一政策取得了良好效果，这也是十年来的党派之争后，为恢复有序的政治生活的一个深思熟虑的尝试，同时也是爱德华作为被征服人民的救世主身份自我认定的一个表现。这项政策也带来了一些戏剧性的失败，包括兰开斯特家族邓斯坦博城堡（Dunstanborough）的领导人拉尔夫·珀西爵士（Sir Ralph Percy），在 1461 年约克家族占领这座城堡后，他仍然被允许保留对城堡的领导权，次年他的城堡大门仍只向兰开斯特家族敞开。但是，总的说来，大家愿意支持这位事实上的国王，国王也愿意依靠他们，爱德华四世所获得的成功在某种程度上体现在亨利六世最终被大家抛弃，他于 1465 年 7 月在兰开斯特王朝世代相袭的心脏地区兰开斯特郡被捕。

爱德华在寻求国内安全的同时，也需要确立新王朝在欧洲大陆的地位。显然，法王路易十一渴望将布列塔尼（Brittany）和勃艮第（Burgundy）领地牢牢置于法兰西的控制之下，由此导致法兰西与这两块领地之间的紧张关系与日俱增，正是这种紧张关系促使英格兰在 15 世纪 60 年代打开了直通欧洲舞台的大门。英王爱德华在这场冲突中的利益所在并不明确。法国是宿敌，但夏洛莱（Charolais）伯爵查理作为勃艮第领地的继承人（已是实际的领导者），像布列塔尼（Brittany）公爵法兰西斯二世一样，对兰开斯特家族有同情心。推迟

第二十一章 英格兰

做决定对英格兰而言有明显的外交益处。双方都要获得英格兰的支持，或者至少否认他们的对手对该领地的权力，爱德华因此在欧洲获得了绝无可能的重要地位，但当他做出选择后这种重要性也就削弱了。一旦爱德华明确选择支持勃艮第公爵，法王查理就可能在1467—1468年的谈判中讨价还价。

勃艮第联盟正式形成于查理公爵与爱德华姐姐玛格丽特的婚姻，这是约克家族唯一一次"王室"联姻。为爱德华及其弟弟克拉伦斯公爵乔治在欧洲选择新娘，是英格兰早期外交的一个特征，但是寻而未果。实际上，爱德华在1464年5月1日就娶了一位名叫伊丽莎白·格雷（Elizabeth Grey）（娘家姓伍德维尔）的英国寡妇，使其摆脱了婚姻被操纵的境遇。这次婚姻是秘密举行的，直到转年秋天，爱德华意识到情况比较糟糕，这场婚姻才获得认可。

爱德华的行为无疑是一个错误的选择，许多评论家都认为和伍德维尔的婚姻是其执政生涯期间所犯的最大错误。从社会地位来看，国王迎娶了地位低于自己的妻子。伊丽莎白的父亲是一个谦和的地主，里弗斯（Rivers）伯爵曾见证了他与亨利五世的弟弟贝德福德公爵约翰的遗孀卢森堡（Luxembourg）的雅克塔（Jacquetta）的婚姻。尽管由此促成的欧洲现状有助于爱德华同勃艮第结盟，但同时也丧失了一次重要的外交机遇。正当英格兰在欧洲的权力预想即将实现之时，爱德华四世的婚姻使其丧失了一个宝贵的谈判筹码。更为糟糕的是，国王隐瞒婚姻事实，致使其使臣现已无法同法兰西进行一场平起平坐的谈判，爱德华四世本人的统治也被指责为错失良机，不守诚信。

这场婚姻对国内政治没有直接的影响。伊丽莎白将一个庞大的且多为未婚的家族带入了王室：两个与前夫生的儿子，还有五个兄弟和六个姐妹。在18个月中，爱德华将王后的姐妹全部嫁给了王室贵族。这一系列婚姻不可能仅是由于国王对这个新妻子的迷恋。爱德华非常务实，他借此抓住了与英格兰贵族结成稳定联盟的机会，一个更具说服力的事实就是他对帮助妻子的男性亲属寻找新娘的兴致并不高。这些婚姻加强了与约克家族现有的盟友关系，如赫里伯特家族（Herberts）和鲍舍尔家族（Bourgchiers），也造就了与斯塔福德家族（Staffords）和菲查伦家族（FitzAlans）的新联盟。这也不是说全部优势都在国王一方。至 15 世纪 60 年代中期，爱德华王朝通过政治联姻扩大王室家族的威望和影响力，对几次婚姻的承认并不能被认为是爱德华换取了对其统治的默许，而是双方互惠结盟的首要成果。[8]

可是，不是每个人都能以积极的眼光看待伍德维尔家族。国王的这场婚姻标志着他与昔日的盟友沃里克伯爵理查德·内维尔（Richard Neville）结盟关系的转折点。至少以当时的立场来看，这位伯爵曾是 1460 年那几个月约克家族利益的掌控者。[9] 沃里克伯爵不仅是约克家族谈判的代表，看来也是幕后各种政治交易中能言善辩的高手。爱德华四世是否会一直依靠这位表兄弟是值得怀疑的，如同约克公爵在这几个月中的所作所为一样，但王国初期的不安表明任何变化都不会立即显现。从事后来看，爱德华的婚姻产生了一个庞大的王室大家族，因而带来的第一个明显变化就是先前举足轻重的沃里克伯爵的地位受到削弱。

这些影响在当时还不明显，沃里克伯爵的直接反应也没有明显的敌意。沃里克是两大贵族之一，另一个是国王的弟弟克拉伦斯（Clarence）公爵，克拉伦斯负责护送伊丽莎白·伍德维尔（Elizabeth Woodville）作为王后第一次公开亮相，克拉伦斯后来担任了王后第一个孩子的教父。更重要的是，沃里克公爵设法通过撮合他的一个女儿与克拉伦斯公爵的婚姻，来为自己在王室谋得一个有利的职位，克拉伦斯公爵在这时还是国王的男性继承人。爱德华的反应冷淡，随着沃里克公爵影响力的日渐衰微，在后来的几年中两人的关系逐渐疏远。

由此引发的政治上的紧张气氛在 15 世纪 60 年代末兰开斯特家族一系列闻名的反抗行动中有所体现。尽管这些行动几乎没有取得多少胜利，但是可以表明再次反对爱德华四世的统治似乎是可以成功的，也表明当时的人们已经充分认识到这些反抗行动到底失败在哪里。有证据表明无论是在英格兰还是法兰西，沃里克公爵都插手了这些反抗活动，虽然这不过是部分不满者的一厢情愿，但这本身已经证明大贵族不满所带来的严重后果。

---

[8] For a more critical interpretation than that offered here, see Hicks (1979).
[9] Johnson (1988), p. 214.

第二十一章 英格兰

1469年这些不满最终爆发，成为公开的冲突。夏初，英格兰东北部发生了一次重要的起义。这次起义完全是由地方不满而起，起义的领导人"雷德斯代尔的罗宾"（Robin of Redesdale）是沃里克公爵的封臣，这场动乱,有助于将国王的势力牵制在英格兰北部地区，正好实现了沃里克公爵自己的计划。7月11日，克拉伦斯在加莱迎娶了沃里克公爵的长女伊莎贝尔（Isabel）。第二天两人发表共同宣言，表达了民众对国王的诸多不满，希望以此将国王的注意力转移到"为了上述拥有自治权的领主的荣耀和利益，以及王国的共同福祉"上来。这些抱怨针对的是一些著名的国王的近臣，包括爱德华四世在15世纪60年代中期通过和伊丽莎白的婚姻扩充进王室的成员。他们都被指控强行提高赋税来弥补由于贪得无厌导致的财政亏空及袒护犯罪人士以致法律不能被有力执行。这两名贵族要求对违法者进行处罚，要求国王今后能够更好地听取建议。⑩

共同宣言的论调在许多方面毫无新意，让人回想起15世纪50年代约克家族对亨利六世身边近臣的批评。这两名贵族认为亨利六世治国无方的解决办法就是更多地依赖王室直系血脉给出的建议。同约克家族也一样，他们发觉这些事情不能强加给国王，1469年至1470年发生的事件是1450—1460年理查德公爵面临的困境的重演。

起初，诉诸武力似乎可以使克拉伦斯公爵和沃里克公爵得到他们想要的一切东西。爱德华四世的几个近臣被无情地处死之后，王室军队在7月26日的埃奇科特（Edgecote）战役中被打败。国王本人落入了反叛者手中，被沃里克公爵转移到了内维尔伯爵在温斯利代（Wensleydale）的米德尔赫姆（Middleham）要塞。虽然反叛的贵族们成功地摧毁了唯一的王室统治集团，却发现他们并不能创建另一套统治结构来取而代之。当这些贵族们意识到王室权威失效时，不断出现的暴力事件使他们无从应对。9月初，沃里克公爵承认失败，开始寻求国王帮助镇压北部地区的兰开斯特家族的反叛，这块领地本是内维尔家族（Neville）的控制区。当爱德华四世召集其支持者一同返回伦敦时，沃里克公爵未作任何抵抗。

正如爱德华四世即位之初那样，国王似乎希望以今后的军事服役

---

⑩ Warkworth, *Chronicle*, pp. 47-50.

为条件赦免反叛的贵族们。他审慎地强调：沃里克公爵和克拉伦斯公爵都是"他最好的朋友"，对于他们所提出的不满应该认真对待。⑪但这两人害怕爱德华四世是在为自己的复仇计划争取时间，爱德华自己的仆从中也流传着这种说法，而且这种说法在爱德华于 1470 年年初恢复诺森伯兰（Northumberland）伯爵亨利·珀西（Henry Percy）的爵位时得到了某种程度的证实。

1461 年，在陶顿地区与兰开斯特家族的战斗中，最后一个珀西伯爵战死，随后对其地产的剥夺为内维尔家族在北部地区的统治扫清了障碍。爱德华四世通过重振与内维尔家族势均力敌的珀西家族，表明了其想要限制内维尔家族在英格兰北部地区统治权力的意图。克拉伦斯公爵和沃里克公爵被要求放弃珀西家族被剥夺地产的份额。不过，真正的受害人是沃里克公爵的弟弟约翰，1464 年他成为诺森伯兰的伯爵。作为爱德华四世的一名王室支持者，与沃里克公爵和克拉伦斯公爵不同的是，约翰的损失得到了补偿，但补偿是以一种取消他现有利益的方式进行的。他的新头衔蒙塔古侯爵（Marquess Montague）表明他正式得到提拔，但没有恢复他曾丢失的伯爵领地的统治权，作为交换条件，他的新领地主要在西南部地区，在这个地区他没有任何既得利益，需要建立新的权力基础。

没有任何理由可以让我们相信爱德华四世想削弱约翰·内维尔伯爵的权力。他的封地曾经成为德文郡的科特尼（Courtenay）伯爵领地的中心，最近一直为国王的亲信汉弗莱·斯塔福德（Humphrey Stafford）公爵领有。埃奇科特战役（Edgecote）之后汉弗莱去世了，使得这块封地被再次分配。这块封地的规模和连续性非常适合封赐给一名新的侯爵，爱德华四世可能也在思考让内维尔伯爵替代斯塔福德公爵成为该地区的国王代表，就像国王曾让内维尔伯爵的弟弟格洛斯特公爵取代另一个反叛的贵族威尔士彭布罗克（Pembroke）的伯爵威廉·赫伯特（William Herbert）一样。但这段插曲表明爱德华擅于操控土地利益为己谋私，他显然没有意识到或者根本就不关心，发现自己被随意处置的贵族们的愤恨。虽然爱德华四世在其他方面显得非常精明，性格上的精明在 15 世纪 70 年代更为突出，但是他也有冷酷

---

⑪ Paston letters，Ⅰ，p. 410.

第二十一章 英格兰　　513

无情的一面,15 世纪 70 年代这种冷酷无情有时候就会像在这件事情中一样,带来事与愿违的结果。

虽然约翰·内维尔(John Neville)的弟弟和克拉伦斯(Clarence)公爵迅速返回,进行反抗,但是约翰没有立即表现出他对国王的怨恨。1470 年春天,约翰·内维尔(John Neville)的弟弟和克拉伦斯公爵利用林肯郡的骚乱重新挑起了反叛,(按照官方的说法)他们的目的在于让克拉伦斯公爵继承王位。这种说法备受质疑,一些学者竭力宣称爱德华人为扭曲反叛目的,力图以此证明其对沃里克公爵和克拉伦斯公爵镇压的合法性。⑫ 然而,假如废黜爱德华四世不是他们初衷,那么不久之后也会如此。反叛失败后,他们逃到了法国,沃里克公爵在那里声明他与被流放的兰开斯特家族结盟,其目的在于让亨利六世复位。无论他们在春天时的情况如何,到夏天时他们像约克公爵一样狡猾地逃脱了严惩:革职似乎是摆脱这一集团恶意不忠与被怀疑的唯一方法。

1470 年 9 月,沃里克公爵和克拉伦斯公爵在法兰西的支持下,于英格兰西部登陆。约翰·内维尔这次支持了他们,他让打着爱德华旗号的手下军队倒戈反对国王。爱德华没有意识到他以前盟友对他的背叛,逃跑到低地国家。克拉伦斯公爵和沃里克公爵从伦敦塔中将亨利六世解救出来,并使他重新成为英格兰国王。

爱德华四世来到勃艮第领地的行为使他的妹夫查理公爵非常尴尬。作为沃里克公爵获得法兰西支持的代价,新的英格兰王国被要求支持法兰西对勃艮第的入侵。查理公爵为了避免给新的盎格鲁—法兰西同盟的入侵提供借口,最初与爱德华四世保持距离——既是实际的也是象征性的。直至 1470 年 12 月法王路易十一对勃艮第宣战后,查理公爵才放弃了其中立立场,同意支持约克家族进攻英格兰。

入侵发生在 1471 年 3 月。爱德华四世这时与克拉伦斯公爵达成和解,在巴内特(Barnet)战役中击败了沃里克公爵,三周后又在图克斯伯里(Tewkesbury)战胜了兰开斯特家族的军队。1461 年,爱德华四世继承王位的要求通过战争得以实现。但这次有一个重要差别。兰开斯特的爱德华王子死在了前往图克斯伯里的路上。只要他活

---

⑫ Ross(1974),appendix V; Holland(1988),pp. 849 – 869.

着，而爱德华四世还没有抵达，约克家族就有各种理由保证被监禁的亨利六世活着：让兰开斯特家族的王权要求者处于安全的监护状态有着明显的优势。随着爱德华王子的去世，这种观点没有了说服力。在爱德华四世胜利返回伦敦的当晚，亨利六世就被杀害了，约克家族声明亨利六世死于"郁郁寡欢"，不论在当时还是在今天看来，这种解释都不足为信。[13]

二

爱德华四世王位的废立被时人视为命运之轮变幻无常的最佳印证。后来的学者们认为这种社会动荡恰恰是一个标志，它说明王室权威已经被大大削弱，再也不能被有效重塑了。但是1469年至1471年发生的一切几乎不能支持这种解释。虽然沃里克公爵和克拉伦斯公爵与约克公爵理查德相比，在整个反对派区域采取的行动更为迅速，但是，在劝说人们反对国王方面，他们做得就差多了。沃里克公爵发现在1469年和1470年要集结他的封臣们是很难的，这些封臣将对他的役务与对国王的役务连在一起（"双重效忠"有时候被认为不利于王室权威），从总体上来说忠于国王。1469年至1471年（以及红白玫瑰战争）的重要教训在于有效确立王室权威。正如爱德华四世在1469年所发现的那样，中心地区伴随混乱的自发暴动，一般来说可以重新聚集支持国王的力量。

然而，这段时期所发生的一切表明，要求王位继承权的竞争敌手带有特定危险，仅是其存在就足以使双方的对抗十分可观。准确来说，克拉伦斯公爵对王位继承权的要求是反叛行为，而沃里克公爵支持的亨利六世则不是。随着兰开斯特家族两位王位继承人被处决，人们会感到与15世纪60年代相比，70年代对他们的态度截然不同。简言之，爱德华四世的执政虽尚显稚嫩，犯了很多错误，但他的国内政策表明其统治已稳固而不容置疑。当时人对爱德华四世的统治非常认可，他在15世纪70年代初与兰开斯特家族的绝大部分成员达成了和解，例如，在15世纪60年代里一直反对国王的理查德·邓斯塔尔爵士（Sir Richard Tunstall）。也有例外，包括那些拥有兰开斯特家族

---

[13] *Historie of the arrivall of Edward* IV, p. 38.

一半血统的贵族门，如贾斯帕·都铎（Jasper Tudor）和他的外甥亨利，以及那些认为在约克统治下他们要回自己的封地无望的人们，像牛津的伯爵约翰·德·维尔（John de Vere），他的地产被封赐给了爱德华的弟弟格洛斯特公爵理查德。牛津伯爵在1473年获得了法兰西的支持，但是像那个时代的所有骚乱一样，疾风过后没有任何影响。

爱德华树立权威最典型的例证就是他成功地掌控了财产的继承权：最著名的事件就是剥夺莫布雷（Mowbray）继承人的继承权转而赐给他的二儿子。继承的公正性对土地领有者来说是一个十分敏感的话题，1399年理查德二世剥夺博林布罗克（Bolingbroke）继承权的代价是丢失了王位，而爱德华对封臣继承权的干涉却没有遇到实质的反抗，这就证明他的权威已经确立。许多封建土地财产关系的再调整以议会法案的形式被记载：这也是约克王朝议会易于控制的一个表现。

封建财产的再调整并非直接把土地赏赐给王室家族。爱德华四世采取相同的策略将不在其计划之内的人边缘化，重新规划了英格兰的政治版图。威廉·赫伯特二世（William Herbert Ⅱ）的父亲在15世纪60年代曾是爱德华在威尔士最得力的封臣，他被要求用其在彭布罗克（Pembroke）公国的领地来交换西南部的土地。他父亲的地位由在勒德洛（Ludlow）的一群与威尔士王子建立的王室委员会有联系的地位较低的王室仆从取代。

赫伯特是一个无足轻重的人。但爱德华也能够迫害自己的兄弟克拉伦斯公爵。1478年在克拉伦斯公爵以叛国罪行刑的时候，他的权力也被故意削弱，一方面他不再受到王室的支持，另一方面收回了他的一部分领地。爱德华通过议会的收回土地法案实现了后者，他执政的特点在于把亨利六世在位时曾被视为对王室特权不可接受的限制做法，变成其手中王权武器库中一个宝贵武器。爱德华定期利用议会收回土地法案，不仅是为了重新审视封臣的忠诚（如以克拉伦斯公爵为例），而且表明他为了赢得效忠不惜任何代价，因为他对这一法案的每一次废除，都是对其封臣忠诚的进一步检验。

爱德华对土地操控的目的是在摧毁一种权力的同时建立一种新的权力。爱德华在位期间，他积极为他最为可信的支持者建立地方权力基础，其中包括他的弟弟格洛斯特公爵（在15世纪70年代有效地掌控了英格兰北部地区),他的管家威廉担任黑斯廷斯(Hastings)的领主(取代了克拉伦斯公爵在内陆北部地区的影响)。在后来的许多评论家看来,这项政策就是一场灾难:一个本可以更为大家所熟知的国王权威被不合理地降低了。但是,这种观点认为爱德华四世授予其封臣的权力不再属于国王本人,实际则不然。克拉伦斯公爵的经历说明爱德华所做的,他自己也都能违抗。即使没有王室进行干涉,原来的反王室同盟也会发现(正如沃里克公爵那样)爱德华四世不可能让所有人群起反之。

代表国王管理全国的贵族与管理地方的小土地所有者其地位稍有不同。在约克王朝时期,这些贵族与国王的联系总体上是通过他们王室成员的身份而正式确立的,王室构成了中央权威与地方政府的必要纽带。当执行国王命令的人同时也是国王的仆从和封臣时,王室政府的表现就是共同合作而非反戈一击。

这种共同合作不应被视为王权衰弱的一种迹象。对于爱德华四世而言,这种封臣代理并没有削弱其权力,甚至看不出一丝否定王权的因素。恰恰相反,允许封臣利用其影响力足以证明王权才是其权力的来源。这也就能解释爱德华四世为何在积极支持他的盟友不断扩充地盘的同时,却玩世不恭地对其他现有利益集团不予理睬。显然,这两个特点贯穿其整个统治时期。1470年爱德华四世的驱逐事件没有迫使这一统治模式发生变化;他的对手没有从中得到任何好处。他们的不满完全是个人行为而非集体行为。

上述事件同样可以说明爱德华四世自身对王权的态度。与亨利七世形成鲜明对照的是,爱德华四世对于建立一种有序的统治组织结构毫无兴趣。他统治时期令人印象至深的就是维持了封臣对他的依附。他重新设计的政治版图完全取决于一系列私人关系。威尔士亲王议事会是爱德华四世在当地设立的最大的组织"机构",但当爱德华的继承人不再是威尔士亲王时,这一机构随着国王的去世也就不可避免地走向消亡。

类似的批评也指向了爱德华四世统治下的宫室(chamber)的发展,在其直接控制下,宫室发展成一个金融机构。在这一制度下,王室土地的受封者(大部分是国王的家臣)将他们采邑的收益直接交给宫室,国王从宫室可以直接支取。由于财政署对经费的安排取决于预期收益,这样就使得宫室比财政署在资金支配方面具有更大的灵活性。宫室也保持着高效地运转。与此同时,国王及其家臣也在共同努力扩大宫室的特权收入,例如监护权和无人继承的教会财产的收入也都直接划归宫室管理,这使得爱德华四世建立起自己的资金储备,在其统治末期,他在向议会要求征收军费前,就已经准备好了为期一年的苏格兰战争的军费。然而,当爱德华四世的直接统治权被剥夺后,宫室组织也就解散了,财政署必须重新回来收拾残局。

显然,爱德华四世发现他很适合直接掌控权力。有记载的爱德华四世的国王公告表明国王对于如何统治臣民非常自信。具有重要意义的是,一个最令当时人印象深刻的事情就是爱德华四世记忆力惊人,对其见过的人过目不忘,这也被认为是个人专制的一个必备条件,而亨利六世明显不具备这种特质。

当爱德华四世1483年4月9日去世之时,他是公认的英格兰的主人。在他死后不到三个月,他的王位继承人,年仅12岁的爱德华五世便被废黜,格洛斯特公爵攫取王位成为理查德三世。未成年王位继承人的废黜事件前所未有,那种认为其中缘由存在于爱德华四世统治时期的解释一直备受争论。爱德华四世乐于扶植亲信势力,导致派系斗争在国内一直饱受诟病,使得他的控制力刚一消失,反对派的领导者们便将各种愤恨转变为暴力反抗行动。由此看来,尚未成年的爱德华五世是人们对伍德维尔家族长期敌视的牺牲品,如此亲近的血缘关系使得伍德维尔家族的政治声誉随着爱德华五世被废黜而彻底消亡。⑭

不过,无论是在爱德华四世生前还是死后,这种规模的派系冲突并不多见。在15世纪70年代,伍德维尔家族在很大程度上被当时的政治环境所同化,就其家族利益而言,王室的宽容政策促进了这种同化。十分清晰的是,当时的人们对于爱德华四世去世后如何实现政治平衡有着很深的焦虑,这必然影响到4月至6月间表现出来的政治局势;正是在这几个月内,格洛斯特公爵成为真正的政治主导者。在4月底,他控制了年轻的国王,宣称他本人是护国者。不到两个月后,他就宣称他的哥哥爱德华四世犯有重婚罪,其后代的王位继承资格也

---

⑭ As argued by Ross (1981) and Ives (1968).

是非法的，因此，他才是王位的合法继承人。7月6日，他登基加冕。

理查德三世在其发布的公告中，强调了他继承王位的根本原因，他认为必须有人确保其哥哥爱德华四世统治的延续性，而他就是这个人。爱德华四世按惯例传位于一个未成年的孩子，此举的弊端也许就是各政治派别乐于接受格洛斯特公爵成为摄政的原因，即使（这看上去很可能）违背了故去国王的本意。但这绝不是理查德三世废黜其侄子的根本理由。尽管理查德全力兑现其诺言，在他统治的最初几个月中，王国确实保持了他哥哥在位时的安宁，但反抗其统治的斗争还是很快就出现了。7月，一个营救爱德华五世及其兄弟的计划被发现，10月反叛席卷了英格兰南部。

这些反抗表明理查德三世的篡位彻底破坏了王国的政治稳定。绝大多数参加反叛的人都是爱德华四世的旧臣。其中，最著名的是伍德维尔家族，他们被理查德剥夺了权力因而反叛，但也有许多人虽然支持反叛，却没有任何实质原因。反叛者中也有一些是先前兰开斯特家族的成员，他们在爱德华统治期间失去了土地，这是他们在过去十年内第一次觉得，此时发动反叛是最佳的时机。反叛者最初的目的就是恢复爱德华五世的王位，反叛的起因可能是理查德试图在7月密谋杀害他的侄子。平定叛乱的举措都没能成功。到9月份的时候，理查德新的竞争对手出现了，他就是亨利·都铎（Henry Tudor），玛格丽特·博福特（Margaret Beaufort）和亨利六世同父异母弟弟埃德蒙·都铎（Edmund Tudor）的儿子。约克家族暂且不说，与理查德三世篡位引发的严重动乱相比，亨利·都铎的王位要求不可小觑。

反叛对新生的理查德政权构成了严重的威胁，但理查德幸运的是这些反抗在形成气候前就都由于国内的派系斗争失败了。反叛的失败使得国王的权力在几个月中达到顶峰，在此期间国王控制了一个极其顺从的议会。但是，战争的消失只是意味着反叛被推迟，而不是被征服。反叛也给理查德三世带来了一些新问题。在15世纪60年代初期，出现了一个众所周知的王位的竞争对手。亨利·都铎成功逃亡到布列塔尼，理查德立即与降者展开和谈。到1484年夏季，理查德三世已然接近胜利了，但有人向亨利通风报信，他化险为夷逃至法兰西。

反叛也表明理查德在英格兰南部的统治并不牢固，爱德华四世在那里建立的家族统治已经受到致命打击。理查德没有时间也没有打算在那些逃脱反叛罪名的地方乡绅中培植亲信,他利用从反叛者手中罚没来的土地和官职,在受反叛影响的地区"扶植"自己的封臣(这些封臣大都来自英格兰北部)。虽然这使理查德三世很容易在英格兰南部各郡建立一个忠于自己的家族管理层,但是这些强加的外来管理者引发了当地民众的强烈不满,他们揭露理查德结党营私。

在 1484 年夏季,南部的叛乱势态进一步恶化。虽然没有一次反叛产生过大的影响,但是总让人感觉政权不稳。秋末,以前支持理查德的人们开始重新考虑与他的结盟,在英格兰出现了一些倒戈事件,更让人忧虑的是,甚至在加莱要塞的守卫部队中也出现了哗变。亨利·都铎在 1483 年的圣诞节立下誓言,并迎娶了爱德华四世的女儿伊丽莎白为妻,从而获得了约克家族的支持。1485 年年初,理查德三世在他的第一个妻子过世后,曾支付礼金希望改变婚约,由他迎娶伊丽莎白。

都铎在 1484 年逃亡法兰西之举使其可信度大大提升。与布列塔尼不同,法兰西拥有采取军事行动对抗理查德三世的实力和意愿。英格兰和法兰西从 1483 年春季开始就一直处于濒临战争的状态。在有明显迹象表明英格兰准备不再继续支持勃艮第反抗法兰西后,1482 年 12 月,法兰西与勃艮第最终签订《阿拉斯条约》。这一条约允许法王路易十一不再履行《皮基尼条约》(Treaty of Picquigny)的条款,这是 1475 年英格兰军队入侵法兰西后法王与英王爱德华达成的合约。这次外交失败使爱德华四世大为恼火,直到 1483 年 4 月他去世前,他都一直在积极谋划向布列塔尼派一支军队。虽然这一计划被迫取消,法兰西显然还是担心英王理查德重新启动该计划,自然而然的是,都铎成为对抗理查德一个有用的政治力量。

都铎率军于 1485 年 8 月登陆英格兰,8 月 22 日在莱斯特郡博斯沃斯地区(Market Bosworth)南部与英王军队相遇。理查德的军队由于临阵变节被击溃,英王理查德本人也在战斗中被杀,这场战役通常被视为英格兰历史的一个转折点。理查德三世对博斯沃斯战役的判断不够准确。王室军队的构成显示理查德仍然依靠 1483 年那些帮助他登上王位的部下,但是都铎率领的军队更为庞大,距离胜利也越来越近;与此同时,亨利·都铎能够抵达战区完全是由于法兰西与苏格兰的撤退。如果人们不是很想与理查德三世开战，显然，那么他们对都铎的支持热度也不会太高。无疑，这场战役的一个教训就是在经历了一代人的战争后，人们不愿再浴血奋战。

理查德三世在成为英王后的两年后本应能扩大其执政基础（像亨利七世在1487年斯托克战役中所表现的一样），但他的失败使人们对他和他的王国不抱任何幻想。理查德不受欢迎的直接原因很多，尤其是来自北方的理查德的封臣们在南部地区建立的"殖民地"引发了当地人的强烈不满。更为根本的因素是理查德在爱德华四世连续多年的稳定统治之后，引发了政治冲突，而且无论是否公正，实际上完全出于私利。与他的哥哥保持政策稳定的治国政策相比，理查德巩固统治的政策在约克王朝政府中实际上就是优先保护自身的利益。

三

理查德三世的短暂统治已经说明其政治稳定政策的失败，但这不能证明中世纪晚期的政治体具有某些根本性的缺陷。1483年所发生的一切都是独一无二的：结果便是一个年幼的国王与一个试图僭越正常政治边界的人并存。具有重要意义的不是原有政治秩序被颠覆，而是当时的绝大多数人千方百计地希望降低这种风险发生的概率。爱德华四世的统治表明人们已经乐于支持一个实际掌权的国王作为抵御社会持续动荡的防波堤。假如理查德能在博斯沃斯取得胜利，那他几乎必然也得益于这一态度。此后事实证明，亨利七世也是这一观念的受益者。一旦他击败了理查德三世，对于打内战的这一代人来说，人们唯一的选择就是团结一致支持他。

这就是亨利统治时期要面对各种矛盾的根源。从客观上来看，尽管博斯沃斯战役的胜利暗含着神的制裁，实际上，新国王身上存在很多易受攻击的弱点。在1485年，他还是个无名之辈，王位继承人的头衔实际上根本不存在。约克家族不缺王位继承人，尤其是克拉伦斯公爵的儿子沃里克伯爵爱德华，他的头衔比理查德要高，亨利七世在只身来到伦敦前，对他采取了预防措施。还有萨福克公爵夫人伊丽莎白，也是理查德妹妹的儿子们德·拉·波尔（de la Poles）伯爵；以及身份不明的爱德华四世的儿子们。虽然当时很少有人怀疑理查德三世杀死了爱德华四世的儿子们，但是证据的不足为这些觊觎王位者们

第二十一章 英格兰

提供了借口。

亨利对自身的弱点浑然不知，他实行的一系列政策只是为了巩固他的统治。最显著的例证就是他用契约来约束主要的封臣安分守己。这个策略不是新鲜事物。约克家族的两位国王都曾采用过这种策略，不过通常只是在特殊情况下：爱德华四世以此对其封臣进行控制，埋查德三世以此应对他不信任的封臣。在亨利七世的统治下，这种做法几乎成为一种惯例。

国王积累财富的办法也是如法炮制。显然，亨利与约翰·福蒂斯丘爵士（Sir John Fortescue）达成共识，如果国王想变得强大，就必须比其封臣更为富有。[15] 鉴于这些政策的形成并没有遭到多大的反对，由此针对王权自身弱点的建议似乎并不合适。亨利从不虚张声势，他得到了王权"强大"的名声：他清除了那些怀有野心、权倾朝野，引发了红白玫瑰战争的封臣们。对这段历史的传统解读时常误导人。亨利七世之所以成功，主要原因是他的主要封臣们对他的支持，没有他们的支持，他自身无法管理国家。

亨利七世面对的各种挑战可想而知。虽然各种反叛连续不断，至少反叛的谣言不绝于耳；但是公开的反叛在英格兰境内很难得到有力的支持。果然不出所料，博斯沃斯战役后，北部理查德家族腹地的反叛就接连而至，但是在10月20日前，亨利取消了率军平叛的计划，他宣称他们"已经自己撤退了，并且各自散伙、羞愧难当"[16]。在转年的春季，由洛弗尔子爵法兰西斯（Francis, Viscount Lovell）谋划并发动的北部反叛没有赢得地方的大力支持；与此同时，他的同谋（伍斯特郡）格拉夫顿（Grefton）的汉弗莱·斯塔福德（Humphrey Stafford）希望在监禁沃里克伯爵之地获得支持的尝试，也宣告彻底失败。

洛弗尔（Lovell）的失败给了亨利一个短暂喘息的机会。直到1487年年初，国王察觉到了一个新的阴谋。这一期间他的政敌推出了一个傀儡：这是一个名叫兰伯特·西姆内尔（Lambert Simnel）的年轻人，他曾被训练为沃里克伯爵的假冒者。亨利国王立即让真伯爵出现在伦

---

[15] Fortescue, *Governance*, pp. 128–130.
[16] Hughes and Larkin (eds.), *Tudor royal proclamations*, Ⅰ, p. 5.

敦街头,但是这不能阻止阴谋叛乱。卷入叛乱的大多数人都是决不妥协的理查德派,像洛弗尔子爵(Lovell)和兰开夏郡弗内斯地区的托马斯·布劳顿(Thomas Broughton of Furness),当时他们与理查德三世姓德·拉·波尔的外甥中最年长的那位,即林肯伯爵约翰合谋。在博斯沃斯战役之后林肯伯爵受到国王的青睐,亨利对林肯伯爵十分信任,由其负责斯塔福德叛国案的审理。他的背叛使亨利七世受到一定的打击,但其行为并没有使叛军力量强大。叛军之间的信任来自于国外而非国内的支持。勃艮第的公爵夫人约克的玛格丽特(Margaret)提供了财政支持和2000名德意志雇佣兵。基尔代尔(Kildare)的伯爵杰拉德(Gerald)提供了其他军事帮助及入侵起点,他认为约克家族恢复王权,为其在爱尔兰事务中保持优势提供了绝佳时机。

与之相反,亨利七世稳步扩展他在国内的支持范围。从其即位之初,他就想尽力获得理查德三世追随者们的支持。在1485年10月11日,他宣布赦免在博斯沃斯战役中与其反抗的北方各郡的全体人民,但有8人被排除在外。⑰许多以前理查德家族的支持者,包括米德勒姆(Middleham)卫队的核心人物约翰·科尼尔斯爵士(Sir John Conyers)也被邀请加入王室政府。理查德的统治已经证明,那种忠诚并非发自内心而是做做样子,但在当时显得非常真挚。当亨利面对1487年6月16日在靠近(诺丁汉郡)纽瓦克(Newark)地区的斯托克(Stoke)的叛乱时,他得到了先前支持理查德三世的几个贵族的军事帮助。

斯托克战役对国王来说是一场具有决定性意义的胜利。林肯伯爵(Lincoln)被杀,洛弗尔失踪。西姆内尔在王室仆从的居所被发现后落入亨利七世的手中。从传统意义上看,通常认为这场战役是红白玫瑰战争中的最后一次战役,但这并不标志着反抗亨利王权的结束。1489年理查德一派仍有支持者在北部发动叛乱,其中诺森伯兰(Northumberland)伯爵被杀,虽然这次叛乱的直接起因是反抗王室税收,但是这次叛乱除了使亨利在东北地区选择了另一个接管者珀西(Percies)家族外没有任何政治影响。

1491年,爱尔兰又有人企图篡位,他自称是爱德华四世的次

---

⑰ Hughes and Larkin (eds.), *Tudor royal proclamations*, I, pp. 3–4.

插图 1　纽伦堡圣洛伦兹教堂唱诗班内部,《圣母领报》,
维特·斯托斯与圣事堂作

插图 2　扬·范·艾克（Jan van Eyck），《罗林大臣的圣母》，
约 1435 年

插图3　扬·范·艾克和休伯特·范·艾克,《羊的奉献》,
圣巴夫大教堂，根特，约1432年

插图4　罗吉尔·范·德尔·威登,《末日审判》,
天主收容院，博讷，约1445年

插图5　马萨乔,《纳税银》,布兰卡齐礼拜堂,
卡米纳的圣玛利亚教堂，约1427年

插图 6 杰罗拉莫·达·维琴察,《圣母升天与加冕》,1488 年

插图7 多那提洛,《希律王的飨宴》,青铜浮雕,洗礼堂,锡耶纳大教堂

插图 8　迪里克·鲍茨,《男子肖像》,1462 年

插图 9　皮萨内罗，廖内洛·德埃斯特的结婚纪念章，1444 年

插图 10　安德烈亚·曼特格纳,《贡扎加宫》,
　　　　婚房,曼图亚宫,1474 年

插图 11　多那提洛,加坦默拉塔骑像,帕多瓦

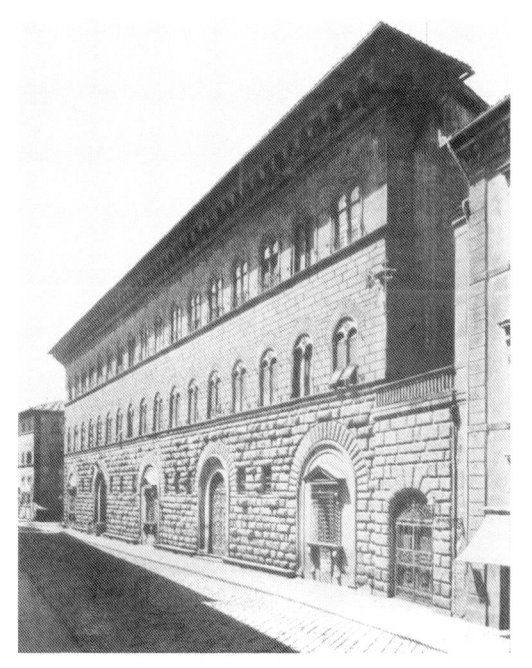

插图12 米切洛佐·迪·巴托罗缪,美第奇-利卡第宫,佛罗伦萨,始建于1444年

插图13 扎诺·迪·多梅尼科,雅各布·德尔·塞拉约和比亚吉·丹东尼奥,绘有骑士比武场景的"嫁妆箱"

插图 14　弗德里格·达·蒙泰费尔特罗的收藏室，道奇宫，乌尔比诺

插图 15　安东尼奥·德尔·波拉约洛，
《海格力斯与安泰》，青铜像

插图 16　康拉德·威兹,《捕鱼神迹》

插图 17　维特·斯托斯,主祭台,圣玛丽教堂,
克拉科夫,1477—1489 年

插图 18 乔瓦尼·贝利尼,《被圣徒簇拥的圣母、圣子与天使》,圣约伯教堂祭坛画

插图 19　皮耶罗·德拉·弗朗西斯卡团队,《理想乡》

插图 20　皮耶罗·德拉·弗朗西斯卡,《耶稣受洗》

插图21 多那提洛,《哀悼基督之死》,青铜浮雕,圣洛伦兹,佛罗伦萨

插图22 安德烈亚·曼特格纳,《殉道途中的圣詹姆斯》,
系列图画《圣詹姆斯传》,艾雷米特尼教堂,
帕多瓦,今已毁

插图23　桑德罗·波提切利,《春》

插图24　詹蒂莱·贝利尼,《素丹穆罕默德二世》

子——约克公爵理查德。这位篡位者名叫佩金·瓦尔伯克，人们对他反应冷淡，不久他就到其他地方寻求支持。随后的几年中他走遍了欧洲的各个王庭以此作为反抗英格兰的有力外交武器。1492年，当英王亨利七世准备以武力支持布列塔尼时，法王查理八世成为他的第一个支持者。可是，在同年11月3日，两位国王共同签署了《埃普塔勒条约》(Treaty of Etaples)，该条约承诺双方今后不再支持对方的反对力量。瓦尔伯克不久便来到了低地国家，他在那里得到了约克家族的玛格丽特的鼎力相助。他也得到神圣罗马帝国皇帝弗雷德里克三世的继承人马克西米利安（Maximilian）及其子菲利普的支持，由于菲利普的母亲是勃艮第的查理公爵唯一的女儿，菲利普便成为低地国家的统治者。

瓦尔伯克在英格兰境内受到的支持程度不甚明了。显而易见的是，亨利七世认为支持者甚众，在1494年，以与篡夺王位者相通的叛国罪为理由，他处决了一批反叛者同时剥夺一些人的财产和公民权。从那些被剥夺财产和公民权的人们来看，与其说亨利七世此举是对同情理查德家族者的雷霆之怒，不如说是其建立的都铎王朝的阴谋之举。一些被处罚者曾经是理查德家族的成员，但是他们（例如乔治·内维尔，他在斯托克战役中就曾支持亨利七世）全都向国王称臣。效忠都铎王朝的其他封臣回到了博斯沃斯（Bosworth），最著名的受害者是国王继父的兄弟威廉·斯坦利（William Stanley），在博斯沃斯战役中他的介入使亨利七世取得了胜利。

人们不得而知是这些被剥夺财产和公民权愤愤不平，还是这些人让亨利七世忧心忡忡。非常清楚的是，如果有人在这时支持瓦尔伯克，国王就会采取行动消灭它。1495年7月，当这个王位觊觎者在勃艮第的帮助下率领叛军在肯特登陆时，没有得到当地人的支持，被迫逃离。1496年9月，从苏格兰的另一次入侵，也没有取得成功。值得注意的是，只是因为1497年年初为了筹集侵夺苏格兰的一次有计划的战争款项而开征税款，才引发了西南地区一次比较大的反叛。在这次叛乱中，康沃尔叛军在进军伦敦的途中未遇任何抵抗，直到抵达布莱克希斯（Blackheath）才被多布尼勋爵（Daubeney）率领的王室军队击溃。

康沃尔反叛一直被认为是民众反抗的先河，在后来的政治环境下，这种反抗日益成为表达财政不满的普遍选择。但现在看来，民众的反抗得到了西南部重要的"政治"支持，至少亨利七世是相信这一点的。亨利七世的统治暴露出来的弱点使得反叛看起来更有可能成功，而亨利对那些被认为参与反叛之人的惩罚措施也获得了一些成效，由于亨利七世任期内反叛频发，所以这两者之间一直存在着一种张力。

尽管对反抗活动有了新的认识，但是将布莱克希斯之役（Blackheath）而不是斯托克战役（Stoke）视为红白玫瑰战争的最后一役，依旧是难以理解的。（从传统上看，）反抗者否认他们是在批评国王，更无意废黜国王。这些反叛并没有得到瓦尔伯克（Warbeck）的支持，当这个觊觎王位者在1497年9月从西南部登陆时，他试图利用这些反抗活动，但又没有得逞，被活捉入狱。1499年，由于他策划从伦敦塔逃出，并与无视国王统治的沃里克公爵合谋反叛，二人都被处以极刑。

当然，"谋反"罪名完全是置沃里克于死地的一个栽赃。亨利七世当时正在与西班牙讨论其继承人亚瑟（Arthur）的婚姻，沃里克这个拥有王位继承权的危险人物无疑是一块绊脚石。但是，如果亨利以为沃里克的死就可以终结王位的权力斗争，那就太令他失望了。约克家族内还潜藏着一位王位继承者埃德蒙·德·拉·波尔（Edmund de la Pole），他和他弟弟理查德一起在1501年夏天逃到了马克西米利安王庭。亨利七世立即开始试图夺回埃德蒙，但在1506年前并不成功，直至马克西米安的儿子菲利普被风暴吹抵英格兰海岸，受到了亨利的热情款待后，马克西米利安国王才被说服移交埃德蒙。

在此起彼伏的反抗亨利七世统治的历史事件中，亨利的态度说明他更多地关注于其作为一个国王在国际舞台的影响力，而非维护国内社会的稳定。欧洲大陆当权者支持篡位者的意图证明亨利被卷入欧洲大陆绝非仅仅出于防卫。在他统治的早期，国王不能独自决定其政治立场，只能用一系列短暂停战协定来进行自我安慰；然而，1488年后他开始寻求更为积极的政策。

亨利最初关心的是布列塔尼地区，1488年弗朗西斯二世（Francis Ⅱ）去世后，布列塔尼的管理权留给了他的女儿安妮（Anne）。尽管亨利对查理八世亏欠一个人情即查理八世曾帮助他获取王位，但是亨利宣誓他要保护布列塔尼，抵抗法兰西。1489年2月，安妮与亨利签署了《雷顿条约》，安妮由此接受了亨利七世对其进行保护。在接下来的一年半中，亨利建立了一些反法的军事同盟。1490年9月，他与马克西米利安和西班牙达成协议，随后签署《梅迪纳·德尔·坎波条约》（Medina del Campo），为英格兰与西班牙的政治联姻铺平了道路。

亨利在欧洲各国事务中的实力鲜为人知，甚至不值一提，通过这次联姻，他才作为一名精明且强有力的外交家正式登上欧洲历史的舞台。但这并不能阻止法兰西向布列塔尼的扩张，至1491年年末查理八世占领了雷恩（Rennes），并且迎娶了布列塔尼的安妮。就在此时，查理面对英格兰的军事报复，开始支持瓦尔伯克（Warbeck），正如他在早先试图束缚理查德三世的手脚以支持都铎。亨利七世并没有因此心烦意乱，但他在布列塔尼重建英格兰影响力的诸多努力却缺少布列塔尼的热忱拥护，于是，在1493年这两股力量达成了《埃塔普勒条约》。

这个条约对亨利七世来说无疑是一场胜利。查理八世在取消对瓦尔伯克（Warbeck）支持的同时，同意向英格兰王室支付1475年《皮基尼条约》（路易十一曾拒付）的补偿金欠款，同时补偿英格兰在布列塔尼期间所花费的各种费用。这些令人欣喜的条款的达成并非因为法国受到英格兰军事上的威胁，而是查理八世急于在发动对北意大利的战争前解决边界的事务。这件事本身就证明亨利七世有能力使得欧洲事务朝着有利于自身的方向发展，这也成为亨利此后外交政策的特点。事实上，英格兰从未真正掌控西欧各国力量的均衡，但是，亨利个人娴熟机动的外交策略开创了一个不错的局面。

在国内事务中，亦是如此。亨利向世人证明了自己是一位十分能干的统治者。他最大的魄力在于把约克王朝统治时期非常不正规的权力结构统一规范化。显然，亨利喜欢治国有序，可能因此留下了很多档案纪录，所以与非正式的管理相比，他在过去一直被视为一个改革家。事实上，他名不副实。他所做的一切几乎没有革新，当然这也不是批评。当时的人们并不希望国王成为激进的新君主。

最明显的例子就是财政署。1483年财政署彻底解散。1485年它再次建立，这次重建花费的时间很长。但是当亨利将其精力转向财政署时，他就建立了一个权责相当明晰的管理机构。这并不意味着亨利放任不管，恰恰相反，他亲自审阅全部账簿，当他 1509 年去世时，财政署已经完全制度化。

如果将亨利七世视为一位只是集他人的聪明才智于一身的君主，那就有所偏颇了。在他的领导下，财政署带头增加王室收益，尽管是基于约克王朝留下的基础，但他使得财政署较之以往更有效率。亨利最主要的一个贡献就是特许权的使用。理查德三世似乎是委派地方委员会执行王室特许权的第一人，这一委员会致力于不为人知的王室权益，亨利七世在位的最后阶段效仿了这种做法，他任命了一位监督实施国王特许权的官员。但是这种统一化管理与他从中增加王室财政收入取得的巨大成绩相比，就显得不那么重要了。这完全是个人成功而非组织的结果。因为尽管他的儿子亨利八世保留了财政署，仍旧花光了财政盈余。作为一个管理者，亨利七世统治艺术的一个表现就是个人专制，这个说法也并非全然否定他。从个人专制的角度看，亨利七世的成就是灵活善变。

处于一个更为广阔的政治舞台中，亨利七世的政治意愿显而易见，即改革现有模式。这不是对其统治的传统评价。许多学者认为国王的影响不止于内战的一代，他拉开了大力推进政治改革、健全政治组织的大幕，权力趋向集中到中央（王室），远离地方。实际上，这也就意味着任命官员的权力在很大程度上取决于国王本人：王室委员会中的法学家和行政官员，以及王室政府中的乡绅。与此同时，国王的目的就是限制地方贵族的自治权，欢迎他们成为王室政府的点缀。

这种解释把中央和地方不切实际地对立起来。然而，更为重要的是，亨利七世的统治下存在国王、贵族和乡绅三股主要的政治力量，没有证据表明这三股力量在权力平衡方面有结构上的改变。但这也不是完全否认没有变化，仅仅强调这种变化不是很重要。三种力量的平衡不是静态的，不过亨利统治期间的一切变化，都是在体制允许的情况下朝着好的方向发展。

亨利七世没有发起过一场限制地方贵族权力的运动。在过去的几十年中，贵族的数量一直在减少，像爱德华四世一样，亨利七世封赐的大都是处于低级爵位的人，而且封赐的爵位是男爵而非公爵和伯爵。这可能说明，亨利已经意识到与其一味削减贵族的重要性，不如考虑让他们处于何种地位。亨利不是众人想象中的老练的政治家，只是对贵族和骑士气质怀有一种十足的尊重。在这种情况下值得注意的是，他从未试图授予他的财政顾问雷诺·布雷（Reynold Bray）爵位，尽管他本人的地产已经合乎条件。

亨利一直将贵族视为国王在地方事务管理中的主要代表。没有人能够得到像爱德华四世委托给格洛斯特公爵那样的权力，当然这种比较不太公允。格洛斯特公爵的权力只是例外，在亨利七世统治下，像德比（Derby）的伯爵托马斯（Thomas）以及布罗克的威劳比领主（Willoughby de Broke）罗伯特等人就和爱德华四世时的其他贵族一样。亨利也许一直不想让他的贵族们拥有过多的自由，但是他也没有尝试削弱这些贵族在地方社会中自然而然的统治权威。

在中世纪晚期无论哪个政府，王室显然是贵族的一个组成部分，而非它的替代品。王室和贵族作为国王与地方的桥梁，在不同的工作中有着不同的称谓。在王室称为乡绅，而非贵族，这表明其职责就是负责管理王室在地方的琐细事务。在亨利七世统治期间这种状况没有变化。王室也没有削弱贵族。中央（国王及其扈从）与地方间的权力关系也没有任何调整。亨利1495年的变革，设立了一个不同于财政署的私人财政机构，成员并非社会中的精英，这说明国王的管理方式并不透明。与爱德华四世不同，亨利七世似乎对于获得更为广泛的政治基础并不感兴趣。这种改革不应被视为有意地试图通过更高层级的财政部门降低地方贵族的影响力。

如果亨利七世的统治没有带来任何激进的变化，那只是因为他的统治不需要激进。与历史学家们的预想相反，亨利在被大多数臣民抛弃后并没有努力重建王室权力。最初几十年的动荡不安反而使得政治社会更为认可王室权威。但这并不意味着亨利七世可以在集权体制中完全专制。中世纪的政府还不能如此运作。亨利七世是一位成功的国王，他能够说服他的臣民在需要时出手相助，同时他也承认地方自治。与亨利七世后来的继任者们相比，他在说服臣民的过程中，更倾向于利用大棒，而不是给他们一些不能兑现的胡萝卜。无论是在这方面还是在其他方面，亨利七世调整的都是手段，而非目的。

罗斯玛丽·霍罗克斯（Rosemary Horrox）

赵文君 译

第二十二章
凯尔特世界

第一节 爱尔兰

在中世纪的英格兰国王中,理查德二世与众不同,或者说是唯一的一位在位期间曾经两次访问爱尔兰的国王。对于爱尔兰来说,国王造访的结果是如此的令人失望。1399 年年末之前,爱尔兰的首席长官(chief governor)向英格兰政府报告说,"爱尔兰的敌人"既"强大又傲慢,掌握着巨大的权力",他们在英格兰叛乱分子的支持下袭击国王陛下忠实的臣民,出现了"法律不能实施,也没有官员敢于执行法律"这样的局面,因为爱尔兰没有军队,也没有军饷支付给士兵来保卫国王的臣民免遭攻击。[①]

虽然国王的巡访最终收效甚微,但是理查德二世至少试图走出了他军事控制的边界,希望制定一个更为持久的政治解决方案。他不得不意识到爱尔兰内部的种族分歧问题,正如我们所看见的,都柏林政府甚至根据那些真的或者假定的身份将敌人划分为"英格兰的叛乱分子"(英格兰政府的对手)和"爱尔兰敌人"(怀有敌意的盖尔爱尔兰人)。12、13 世纪殖民者的后裔和爱尔兰本岛古老土著居民的子孙之间的差异,即爱尔兰编年史作者所说的,外来人口(*Gaill*)和本土居民(*Gaedhil*)之间的差异,在 1366 年获得了爱尔兰议会在基尔肯尼(Kilkenny)的立法认可。基尔肯尼法案在前言中就已经提到,摒弃英格兰的社会、法律和文化习俗可能会导致政治上的背叛,

---

① *Roll of the proceedings... King's Council*, pp. 261–269.

第二十二章 凯尔特世界

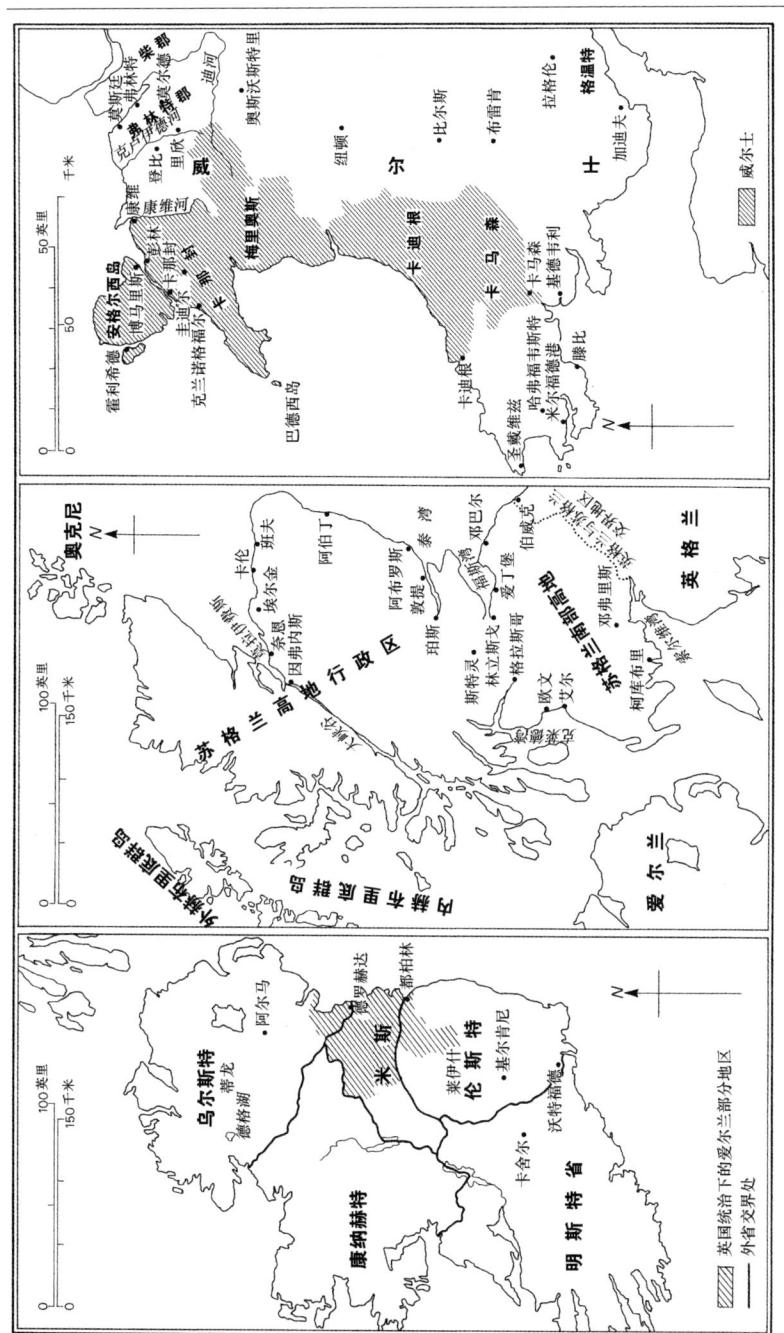

地图10 凯尔特的世界

为了进一步防止种族渗透，他们必须尽力阻止当地的殖民人口（英格兰—爱尔兰人或盎格鲁—爱尔兰人）[②] 接受"爱尔兰敌人"（盖尔爱尔兰人）的风俗和习惯。因此，该法案坚持，殖民地居民应该使用英格兰的语言和法律，着英格兰的服装，骑马的马鞍和马镫也应该遵循英格兰的式样。为了防止盎格鲁—爱尔兰人的英格兰风格被侵蚀，严格限制盎格鲁—爱尔兰人和盖尔爱尔兰人接触，特别明令禁止两个种族间的通婚，禁止两个都明确信仰基督教的群体通婚，这是一个不同寻常的例子。

理查德二世似乎见证了隔离政策的撤销。1395年向国王提交的一份建议书中，许多盖尔领主承诺在国王召集的时候会参加国王会议或议会，这一迹象表明，理查德二世试图把盖尔贵族引入政府体制内，希望在政府体制内把这两个种族群体全部包括在内，在这之前，他曾经想方设法阻止盖尔贵族进入政府体制中。居住权特许状一直向某些特殊的盖尔爱尔兰人开放，允许他们和盎格鲁—爱尔兰人一样享有同等的法律身份和权利。1395年，理查德二世还准备将平等的身份权覆盖到全部盖尔爱尔兰人，至少，那些希望拥有平等身份的人可以享有这个权利，从而使1331年法令具有了实质性内容，该法令公开宣布要拓宽英格兰法律[③]的适用范围，要让忠诚而不是种族出身成为衡量一个臣民忠诚度的尺码。然而这个计划遭到了两个族群的反对，使得国王试图通过平等对待的方式永久解决爱尔兰问题的方案受挫，1402年基尔肯尼法案重新颁布，标志着原有官方政策的胜利。直到亨利八世在位期间才又有了一项重要举措使盖尔爱尔兰的领导人进入英格兰政府的体制内。

毫无疑问，自13世纪巅峰期后，殖民地在面积、安全性和财政方面开始衰退。对爱尔兰领主盈利的过高估计激发了理查德二世的野心，试图将国王势力扩张到爱尔兰整个岛屿，冀望使爱尔兰成为王室的另一个财政收入来源。显而易见的是，1399年之后，爱尔兰的财政收入根本不足以支撑殖民地进行扩张的任何行动，实际上，殖民地甚至难以维持。在爱尔兰的任何扩张必须得到英格兰的财政支持，而

[②] Cosgrove（1990），pp. 104–106; Frame（1993），pp. 83–104.
[③] Murphy（1967），pp. 116–138.

英格兰本土也不可能心甘情愿地为爱尔兰支付大批的费用。1406年，英格兰下院抱怨说，他们有充足的理由相信，在当时情况下，用于支持爱尔兰战事的资金收效甚微。他们坚持认为，爱尔兰应该和威尔士边界地区等其他不安定地区一样，防卫需要的资金应该由地方巨贾和地方财政来支付。④ 1415年，英国与法国重新开战，这也加剧了爱尔兰在英格兰财政支出优先权方面的弱势地位，这一点可以从1421年不同地区得到的分配数额看出来，加莱得到了19100镑（£19100），苏格兰边界防卫支出是9500镑，而爱尔兰仅仅得到了1666镑。⑤ 爱尔兰抱怨资金匮乏，悲观地预测将产生的后果，这些观点的反复表达，反而使其变得苍白无力，这或许可以证实英格兰政府对统治问题的棘手性所做出的估计。15世纪30年代，奥蒙德伯爵（Ormond）曾经提出这样的观点，如果把一两年用于法国战事的资金投在爱尔兰问题上，或许可以征服整个国家，然而，他的观点得不到任何支持。⑥自然而然地，全神贯注于英法冲突的英格兰政府毫无疑问地将爱尔兰看作是几乎没有什么利益可图或者不可能带来任何荣誉的次要战区了。

英格兰政府认为爱尔兰问题应该依靠当地资源解决，与此观点一致，英格兰政府实施了《非居在业主法》（Absentee Acts），要求在爱尔兰拥有土地的人或者回到那里居住，保卫自己的土地，或者为自己的土地提供保护。瘟疫的接连暴发造成英格兰人口减少，加上爱尔兰内部令人困扰的环境，人们纷纷利用这个诱人的机会，渡过爱尔兰海，离开自己的领地。1394年，理查德二世下令，所有居住在英格兰，但在爱尔兰出生的人必须回到爱尔兰，这反映了一位编年史家提出的观点，"大批的爱尔兰人来到英格兰挣钱，以至于那块地都没有什么男人和女人了。这件事的后果就是，纯爱尔兰人，英格兰—爱尔兰人的敌人，没有受到任何抵抗，就毁掉了忠于英格兰国王的那部分岛屿"⑦。从以下事实也可以看出切实贯彻执行了这个命令：500多名出生在爱尔兰的居民向国王缴纳了罚金，获得了在英格兰的居住权。

---

④ *Rotuli parliamentorum*, Ⅲ, p. 573, no. 33; p. 577, no. 40; p. 610, no. 17.
⑤ Wylie and Waugh (1929), Ⅲ, pp. 274-275.
⑥ *Libelle*, p. 39.
⑦ *Ypodigma*, p. 367.

1413 年 9 月,为了补充殖民地人口,确保英格兰王国境内的和平与安静,英王再次下令,除了一些规定的例外情况,爱尔兰出生的居民必须在 1413 年圣诞节前回到家乡。⑧ 1431 年、1432 年和 1439 年,英王接连几次颁布了类似遣送回乡的法令,这些法令在爱尔兰以法案的形式并行不悖,规定未经都柏林政府的允许,禁止移民出境。大主教阿尔马的约翰·斯维讷在 1428 年的评论——"离开这块土地的自由民要比待在这里的人多得多"⑨——表明,没有任何措施可以有效地增加殖民地人口,理查德二世在位期间提出的再度殖民计划直到 16 世纪才被重新予以考虑。

对于那些负责统治爱尔兰的人来说,与缺乏人力资源相比,获得财政支持通常是一个更为迫切的问题,因为他们没有充足的资金支付薪俸,或者他们无能为力从他处获得资金用于支付薪俸。通常,爱尔兰的统治委托给了国王的总督和一个有执行权的副总督,大多数情况下,这个副总督负责都柏林的行政管理。⑩ 在某些紧急情况下,如果总督或副总督因去世或者离任而这两个职位出现空缺,或因国王的去世而对此职位的任命暂时中止时,会任命一个被称作"首席长官(justiciar)"(chief governor)的临时负责人主持日常行政管理,直到有新的安排为止。14 世纪后半叶,国王的总督每年从英格兰至少可以得到 6000—7000 镑的薪金。到 1408 年,他们的年收入降低到 7000 马克(Marks)(合 4666 镑)。当亨利五世即位时,此时约翰·斯坦利爵士(Sir John Stanley)担任总督,又进一步降低了爱尔兰总督的薪金,第一年 4000 马克(合 2666 镑),以后每年 3000 马克(合 2000 镑)。在兰开斯特王朝时期,随后被任命为爱尔兰总督的人都得到了相似的数额,到 1453 年,这个数字被确定为这个职位的固定数额了。然而,即使当爱尔兰总督之位空缺,他的全额薪金也不能给负责行政管理的人带来任何好处,因为副总督或者首席长官都不能直接获得这笔收入。副总督们试图就收入问题和总督们进行协商,但是有迹象表明,副总督的大部分收入还是由地方财政来支付。按照传统,首席长官每年可以得到 500 镑的收入,有时候还可以得到 12 名士兵

---

⑧ *Statutes of the realm*,Ⅱ,p. 173.
⑨ *Reg. Swayne*,p. 108.
⑩ Moody et al. (1984),pp. 475 – 477.

第二十二章 凯尔特世界　　533

和 60 名弓箭手的护卫,但是首席长官的薪金和护卫队的费用由爱尔兰财政收入来支付。因此在大多数情况下,殖民地的防卫任务主要依靠首席长官的个人能力,利用地方资源来完成。[11]

15 世纪上半叶,有 10 人被任命为爱尔兰总督,其中 9 人为英格兰人,来自不同的级别,上至国王的儿子兰开斯特的托马斯——克拉伦斯公爵 (Thomas of Lancaster, duke of Clarence), 下至普通骑士,如约翰·斯坦利爵士 (Sir John Stanley) 和约翰·格雷爵士 (Sir John Grey)。唯一的例外是盎格鲁—爱尔兰的权贵要人詹姆斯·巴特勒 (James Butler), 第四代奥蒙德伯爵 (fourth earl of Ormond)。1420 年 2 月首次任命他为总督,英格兰至少部分相信他能够更有效地利用当地资源以减少对英格兰财政的依赖。他的前任,来自英格兰的约翰·斯坦利爵士和约翰·塔尔伯特——费尼瓦尔勋爵 (John Talbot, Lord Furnival) 留下了很多未偿付的债务,与这些前任截然相反,1421 年,奥蒙德伯爵向爱尔兰议会郑重承诺他要按期支付所需要的款项。事实上,他做了更多,他用自己部分土地的租金做抵押,支付那些在他任期结束时还未偿付的债务。同一届议会正式感谢了这位总督所做的贡献,因为"他废除了一个非常坏的、令人可憎的、让人不能容忍的被称作'供养费'(coigne) 的恶习"[12],即政府被迫为驻扎在乡村的军队提供给养,按照惯例,以前的首席长官因为资金来源不足经常采用这种做法。奥蒙德摒弃了这种为军队提供给养的做法显然受到了盎格鲁—爱尔兰人的欢迎,但是这并没有彻底废除"供养费"(coyne and livery),这个做法一直延续到 16 世纪,当时这被形象地描述为"为他人养马而得不到分文"[13]。

在处理与盖尔爱尔兰人的关系上,特别是与那些在盖尔社会中具有准教士身份、享有豁免权的知识阶层打交道的时候,奥蒙德也不同于来自英格兰的总督们。1414 年,斯坦利公开攻击那些游吟诗人,露骨的字眼对这些有身份的人不屑一顾,按照编年史家的说法,这最终导致了他的死亡。因为这些诗人用极为恶毒的诗句对他进行反击,在这些作品出现五周后,他就去世了。他的继任者,塔

---

[11] Matthew (1984), pp. 97–115.
[12] *Statutes and ordinances*, p. 573.
[13] *State papers... Henry* VIII, II, p. 12.

尔伯特（Talbot）继续对这些诗人进行攻击，试图用自己仍然能够幸存下来这件事来证明这些人的攻击性诗句是多么的苍白无力。然而对于奥蒙德，根本不存在这些指控。作为历史悠久的盎格鲁—爱尔兰贵族家族的一员，他对盖尔文化和社会的态度显然与众不同。他的父亲会讲爱尔兰语，这使得他在 1395 年成为理查德二世和盖尔爱尔兰领导人会面时的译者。奥蒙德在自己的领地内雇用了一个盖尔人的法律专家（brehon），而他自己也获得了盖尔诗人的赞誉。他的敌人则指控他让一个具有盖尔血统的爱尔兰人作为郡骑士非法当选了议员。[14]

与英格兰议会相比，爱尔兰议会不仅规模小，而且在议会构成方面也有所不同，因为它的选举代表中包含了来自主教区的教士代表，而在英格兰，他们是被置于坎特伯雷和约克大主教区的教士会议之内。议会成为盎格鲁—爱尔兰群体表达意见的主要场合，因此爱尔兰议会经常向英王提出诉求，希望英王能够更多地关注爱尔兰问题，担心如果英格兰国王没有投入更多的力量，预计会出现可悲的后果。[15] 爱尔兰议会中根本没有盖尔爱尔兰人的代表，除非有时候盖尔爱尔兰的主教因为教会的职位偶然进入议会中。因此对奥蒙德非法性的指控正是由伯爵和约翰·塔尔伯特之间长期以来的宿怨造成的。

1414 年塔尔伯特抵达爱尔兰不久，奥蒙德和塔尔伯特之间就产生了争执，这场争执持续了三十年之久，造成了爱尔兰殖民地内部两个派系之间的斗争愈演愈烈。行政管理和整个社会内部的纷争所引起的分裂导致了殖民地的衰落，这个衰落在涉及领土问题时经常提到。15 世纪 20 年代，大主教阿尔马的斯维讷（Swayne）宣称，在都柏林有效控制下的区域不到一个郡大小。在 1453 年向国王递交的报告中，作者悲观地估计，在都柏林、米斯（Meath）、劳斯（Louth）、基尔代尔（Kildare）四个地区，只有大约长 30 英里、宽 20 英里的地区可以服从英格兰王室发布的命令。在《英格兰政策控诉书》（*Libelle of Englyshe polycye*）一书中简明扼要地表达了同样的观点：

---

[14] Simms (1989a), pp. 177–197.
[15] Cosgrove (1983), pp. 34–36.

第二十二章 凯尔特世界

与爱尔兰人相比,我们的土地只有一点点谷物。[16]

由英格兰政府控制的有限地区,"英格兰佩尔区"(English Pale)这个地理上的概念已经出现,虽然官方在 1495 年最早使用这个术语,当时爱尔兰议会下令"制定关于英格兰佩尔区的法令"。[17]

不应该过分强调佩尔区和这个国家其余地方的差异。佩尔区之外还有很多地方使用英语,对英王表示忠诚。所有主要城镇都属于这一类,但是它们中的大多数必须依靠自己的资源进行防卫,因为都柏林的政府没有能力帮助它们。例如,沃特福德(Waterford)和都柏林之间的路途就很不安全,因此沃特福德的市长没有被要求到都柏林向英王宣誓效忠,1448 年,都柏林政府正式确认沃特福德实行军事自治,授权该城市自己组建防卫体系。都柏林政府允许他们向成规模的反叛者进攻,以此通过城市有效地向敌人展开了私战。[18] 这个国家的其他地区也是如此,影响力逐渐增大的盖尔传统和习俗受到了抵抗。一个对基尔肯尼(Kilkenny)和蒂珀雷里(Tipperary)地区最近的研究将已被征服但没有被殖民的地区和人口稠密的定居区进行了区分,可分为两类。在前一种地区(没有被殖民的地区),盖尔化现象进展迅速,或者因为本土居民重新占有土地,或者因为稀疏分布的定居群逐渐接受了盖尔人的生活方式。然而在后一种地区(人口稠密的定居区),盖尔传统和习俗遭到了强烈并成功的抵制,因为殖民地团体认为盖尔人威胁了他们的土地和传统,他们继续依靠百户区和庄园法庭来解决争端,而不是按照盖尔爱尔兰法律来解决。[19] 在佩尔区之外,这些殖民点显然是分散的,但是并没有完全消失,他们仍然寄希望于英王势力的介入来复兴殖民点。如果英王本人不能到爱尔兰,那么他应该从英格兰派一个大领主过来。1447 年,约克公爵理查德被任命为爱尔兰总督,似乎是对上述请求的回应。当 1449 年理查德来到爱尔兰时,从他受欢迎的程度可以看出,经过前半个世纪的衰退之后,人们对他恢复殖民地往日的荣光寄予厚望。

---

[16] *Reg Swayne*, p. 108; Betham (1830), p. 361; Libelle, p. 37, lines 726 – 727.
[17] Conway (1932), pp. 127, 215.
[18] Lydon (1979), pp. 5 – 15.
[19] Empey (1988), pp. 457 – 462.

约克是亨利六世的首席顾问萨福克（Suffolk）反对派中最潜在的对手，难怪当时的年代史编者把约克担任爱尔兰总督这个任命解释为"萨福克公爵恶毒建议"下的被流放或者放逐。[20] 然而，直到1449年7月，约克才抵达爱尔兰。盖尔爱尔兰领导人最初的恭顺给约克公爵的一名随从留下了深刻的印象，1449年秋，这位随从说："在上帝的庇佑下，12个月终于结束了，野蛮的爱尔兰人应该向英王宣誓效忠。"[21] 到来年春季，盖尔爱尔兰领主们重新燃起了对公爵的敌意，并且他们延迟支付按照规定应付给公爵的薪水，以此来发泄他们的不满。1450年6月，公爵在写给他妹夫索尔兹伯里伯爵（the earl of Salisbury）的一封信中强调，他急需现金。如果他得不到他应该得的薪水，他就没有办法服从英王的命令继续待在爱尔兰，而要被迫返乡了；因为他不能让别人说，是因为他的疏忽而失去了爱尔兰。后面的抗议是种暗示，约克公爵表明，他不能为失去爱尔兰的领地而承担责任，而此时的亨利六世政府因为失去之前在法国的领地而面临越来越多的指责。萨福克公爵因为失败而付出了最为惨重的代价，1450年4月，在流放的途中他被谋杀了，那年夏天杰克·凯德（Jack Cade）的反叛也使亨利六世政府更加不受欢迎。叛乱分子的要求之一就是召回约克公爵，甚至有谣言称，约克公爵要取代亨利六世登上王位。没有任何证据表明，约克公爵和凯德的反叛有任何联系，但是不可避免的，他被怀疑参与了叛乱。叛乱很快被镇压下去，凯德也被杀死，但是有消息称约克公爵被指控犯有叛国罪，这成为他下决心在1450年8月末离开爱尔兰，离开这个毫无希望之地的主要因素之一。

约克在爱尔兰逗留期间并没有给殖民地带来什么利益，但是他的确巩固了盎格鲁—爱尔兰人和约克家族的联系，这种联系持续了四十年，并且对英格兰和爱尔兰之间的关系发挥了虽然零星，但有时候是非常关键的影响力。约克公爵和奥蒙德伯爵家族之间的联系却没有能够继续维持下去。就在他离开爱尔兰之前不久，约克公爵和奥蒙德伯爵达成协议，后者向约克公爵宣誓，为他效力，因而每年获得100马克的酬金。当他不在爱尔兰的时候，约克公爵挑选奥蒙德担任副总

---

[20] Johnson (1988), p.70; "Benet's chronicle", p.195.
[21] Curtis (1932), p.168.

督。1452 年 8 月，奥蒙德伯爵去世，这不仅使爱尔兰政坛上失去了一位重要人物，而且其副总督的称号传给了他不在爱尔兰的儿子，詹姆斯·巴特勒（James Butler）。他和埃莉诺·博福特（Eleanor Beaufort）结了婚，她是约克公爵的主要对手，萨默塞特（Somerset）公爵的女儿。1449 年，巴特勒被封为威尔特郡伯爵（earl of Wiltshire），从而成为英格兰的贵族。与他的父亲不同，新奥蒙德和威尔特郡伯爵坚定地站在了兰开斯特派阵营中，成为国王的坚定支持者，这也加速了他们家族和约克支持者之间的分歧，这种分歧在 1453 年春天任命奥蒙德伯爵，取代约克公爵作为爱尔兰总督一事中反映出来。约克反对对奥蒙德的任命，混乱局面一直持续，1454 年 2 月，政府不得不做出决定，分配给爱尔兰的钱应该先交给英格兰财政大臣保管，直到能够合法地裁决出"谁应该担任爱尔兰总督"。随后的 4 月份，在英王精神错乱期间担任监护人的约克公爵，按照他的意愿解决了纷争。[22]

英格兰局势逐渐恶化，兰开斯特家族和约克家族两个派系的对抗进而迸发为 1455 年 5 月在圣奥尔本斯（St Albans）开战，两个家族的对抗使约克公爵无暇过多介入爱尔兰的事务，除非在爱尔兰提出诉求时。当约克公爵再次回到爱尔兰时，他不是作为救世主，而是作为 1459 年秋在英格兰军事和政治失败的逃亡者来到爱尔兰。他的大儿子，边区伯爵（earl of March）爱德华和他的主要支持者沃里克伯爵（Warwick）本来计划也来到爱尔兰，但是他们最终待在了加莱。[23] 因此在 1459—1460 年中，当亨利六世最终保持了对英格兰的控制权的时候，两个"英格兰佩尔区"——一个在爱尔兰，一个在法国，实际上都掌握在英王的对手之中。

1459 年 11 月，英格兰议会宣布约克犯有叛国罪，剥夺了他所有的公职，也包括爱尔兰总督一职。但是在 1460 年 2 月，约克公爵在德罗赫达（Drogheda）召集爱尔兰议会，确认了他爱尔兰总督的职位，任何挑战其权威的人被判有谋反罪。爱尔兰议会进一步明确了他的权力范围。议会宣布，爱尔兰在过去、现在、未来一直是个独特的

---

[22] Wood (1928), pp. 156–157.
[23] Johnson (1988), p. 195.

实体，它不会受到英格兰法律的约束除非爱尔兰议会接受了这些法律。它进一步宣称，以下事实可以说明爱尔兰是一个法人实体（corporate de luy mesme），没有人可以被传唤到爱尔兰以外的地区接受指控，除非以正确的形式进行传唤，也就是说，这个传唤书上必须有爱尔兰的印章。[24]

在某种层面上，这些措施可以被简单地看作以法律手段确保了约克在爱尔兰的地位。爱尔兰声明只受到被自己议会接受的法律约束，这一主张表明英格兰法律宣称约克公爵的叛国罪在爱尔兰并不适用，随后的立法宣布所有将人传唤到爱尔兰以外地区接受指控的令状无效，除非这些令状得到都柏林政府的批准，这些声明让约克公爵可以合法地拒绝服从逮捕他的令状。这些措施给叛国行为披上了合法的外衣，而同时并没有公开否认英王室对爱尔兰的权威。

然而这个立法也表达了盎格鲁—爱尔兰人想为殖民地获得更大自治权的观点。同一届议会随后的法案确立了一套独特的爱尔兰货币体系，从而重申这种观点。这些措施的合法性在于，虽然爱尔兰服从于英王，在英格兰王国的辖区内，但是它独立于整个王国，独立于英王的所有法令，除非这些法令被爱尔兰议会自主地接受。[25] 更广泛地说，这些立法可以被看作盎格鲁—爱尔兰人独立意识增长的结果，爱尔兰越来越意识到他们的传统和机制的独特性，意识到他们自己和英格兰人的差别，他们是具有"英格兰血统"的人，而那些是在英格兰出生成长的、具有"英格兰出身"的人。对于那些去过英格兰的盎格鲁—爱尔兰人来说，他们越发感受到他们和英格兰人的差别，他们偶尔会接到被遣送回乡的命令，进入大学和律师学院学习也受到限制。更为明显地，1440年，出生在爱尔兰的人被正式划分为外国人，他们必须缴纳向外国人收取的人头税。都柏林政府抗议这种划分，其中也包括了这样悲伤的请求，爱尔兰殖民地的人应该具有"这样的自由……和土生的英格兰人一样所具有的"[26]，抗议最终获得了成功。

然而，这个立法的直接受益人是约克公爵，他确立了在爱尔兰的地位，得以让沃里克伯爵（Warwick）在1460年春来到爱尔兰，两

---

[24] *Statute rolls of... Henry the sixth*, pp. 644–646.
[25] *Statute rolls of... Henry the sixth*, pp. 664–665.
[26] National Library of Ireland (Dublin), MS 4 (Harris Collectanea), p. 337b.

人密谋推翻亨利六世。英格兰政府试图通过帮助盖尔爱尔兰人来抵制约克的影响力。有四个人被指控从英格兰携带信件，煽动盖尔爱尔兰人反叛约克公爵，议会的措施试图证明约克派这一指控的真实性，他们在政治宣传中声称亨利六世被说服"用自己的私人印鉴给他爱尔兰的敌人写信，之前从来没有一个英王像他这样做，凭借这个，他们可以毫无顾虑地进入到被征服的地区"[27]。

如果这些指控是真实的，这可以证明亨利六世政府，在1460年的特殊情况下，准备牺牲对爱尔兰的控制权，以巩固对英格兰的统治权。然而，在1460年秋离开爱尔兰之前，约克的地位从来没有受到任何威胁。之后，局势迅速发生逆转，在他的支持下，沃里克伯爵成功地从加莱起兵，在7月10日的北安普敦（Northampton）之战中打败兰开斯特军队。10月，亨利六世和约克公爵达成妥协，亨利六世在有生之年可以继续保留王位，在亨利六世过世后，将由约克公爵和他的继承人继承王位。然而这个协定并未使双方都满意，战争重新爆发，约克公爵在1460年12月威克菲尔德战役（Wakefield）中阵亡，但是约克家族并没有因为他的去世而消亡，在来年3月的陶顿战役（Towton）中约克家族获得胜利，确保约克的大儿子继承王位，成为爱德华四世（Edward Ⅳ）。

爱德华四世的胜利结束了兰开斯特的英格兰和约克的盎格鲁—爱尔兰持续对立的可能性，然而1460年的事件清楚地表明，爱尔兰可以成为暂时失利的一方进行反攻的大本营。对于顽强的兰开斯特派支持者来说，这个教训不能忘却。

约克派胜利造成的死难者之一是奥蒙德和威尔特郡伯爵，他在陶顿战役之后被处决。他的两个兄弟，要求继承爵位的约翰爵士和托马斯·巴特勒（Thomas Butler）在1461年11月被宣判为叛国罪，从而被国王剥夺了所有土地，其中也包括了在爱尔兰的大批财产。1462年，约翰·巴特勒爵士（Sir John Butler）带兵进入爱尔兰，试图重新获得自己继承的土地，同时向爱德华四世发动了一场新的来自兰开斯特派的有力挑战。都柏林政府没有足够的资源来解除威胁，在危机时刻，正是即将成为德蒙伯爵七世（seventh earl of Desmond）的托马

---

[27] *English chronicle*, p. 87.

斯·菲茨杰拉德（Thomas Fitzgerald）让巴特勒家族的军队在位于舒尔河畔的卡里克（Carrick-on-Suir）的皮尔顿战役（Piltown）中遭受重创。作为奖励，1463年春他被任命为爱尔兰副总督。

中世纪晚期在爱尔兰的基尔代尔、奥蒙德和德蒙三个伯爵家族中，德蒙家族中的菲茨杰拉德可能是和盖尔爱尔兰人联系最密切的。德蒙伯爵家族占据首席长官这个位置大约有一个世纪之久，第七任伯爵的抉择是一个全新的选择，是个有点冒险的启程。德蒙平息了兰开斯特在爱尔兰具有潜在威胁的反攻，虽然解除了爱德华四世的烦恼，省去了国王个人资金的投入，但是存在着明显的危险，即把爱尔兰事务委托给了一个和盖尔爱尔兰人关系密切的人。当宣布对他的任命时候，国王在一封私人信件中，告诫他要按照传统法律和法令进行统治，特别嘱咐他一定要消除"那个该死的、不合乎法律的敲诈勒索，被称作'供养费'（coyne and livery）的东西"㉘。同时，爱德华四世写信给爱尔兰会议的其他成员，敦促他们要控制德蒙方有可能出现的任性妄为。

对德蒙统治的反对声很快在佩尔区浮出水面。有人指控他在米斯郡收取供养费，指控他受到了叛乱分子和叛国者的影响，以及德蒙的追随者和在英格兰出生的米斯主教威廉·舍伍德（William Sherwood）追随者之间的冲突造成了九人死亡。德蒙虽然最终逃脱了1464年夏天被传唤到英格兰接受指控的命运，继续保留了副总督的职位，但是1465年提出的更换总督的动议，终于1467年成为现实，国王最信任的亲信之一，伍斯特伯爵约翰·蒂普托夫特（John Tiptoft）被任命为爱尔兰副总督。在他抵达爱尔兰的四个月内，他就让议会通过了一个议案，指控德蒙、基尔代尔和米斯一个显赫家族的成员爱德华·普朗科特（Edward Plunkett）犯有叛国罪。当德蒙来到德罗赫达（Drogheda）对指控进行答辩时，他遭到了逮捕，整个周末他被羁押在那里，周一（2月15日）就被迅速处决了。

德蒙被处决的主要后果就是德蒙家族和都柏林政府彻底疏远。16年后，理查德三世（Richard Ⅲ）试图重新赢得被处决伯爵的儿子——第八任德蒙伯爵詹姆斯（James）的忠诚，理查德三世承认处

㉘ Public Record Office (London), E28/89 (30 March, 3 Edward Ⅳ).

死伯爵是个错误，恳求詹姆斯既往不咎，敦促他放弃盖尔爱尔兰生活方式，重新向国王宣誓效忠；甚至送他一些英格兰服装，让他可以按照英格兰风俗着装，放弃爱尔兰的服装习俗。几乎没有什么证据表明，这个恳求有任何效果。直到1533年，奥索里伯爵（Ossory）还评论说：德蒙家族的伯爵们"有这样一种邪恶的叛乱企图，在德罗赫达处死德蒙伯爵是明智的，因为他们已经不知道忠诚为何物……正如一个土耳其人准备信仰上帝一样"㉙。

第七代德蒙伯爵垮台的原因之一就是他和盖尔爱尔兰人（Gaelic Irish）的关系。这些人在1366年政府颁布的民族隔离政策的严格解释中被称作"爱尔兰敌人"。对盖尔爱尔兰人负面而刻板的印象早已存在于英格兰，这主要从12世纪威尔士的杰拉德的作品中反映出来。他的作品在整个中世纪广受欢迎，并经常被其他作家借鉴，这样使得对盖尔爱尔兰人懒惰、落后、无宗教信仰、缺乏道德和野蛮的描写广为流传。㉚外来的观察者也区分了爱尔兰内部的两个族裔群体。一位编年史学家写到，在这个国家有：

> 两个民族说着两种语言，其中一个说着蹩脚的英语并居住在好的城市、城镇、城堡以及国家的要塞和海港中……另外一个是一群野蛮的人说着奇怪的语言……并一直住在林地或者山里，在他们当中有很多首领，其中最有势力的，赤脚走路并且不穿马裤，骑马也不用马鞍。㉛

从14世纪晚期开始，"野蛮的爱尔兰人"（sylvestres Hibernici）一词越来越多地用来描绘盖尔人，并把他们同盎格鲁—爱尔兰人区分开来。1401年一个爱尔兰奥古斯丁修道院的修士在伦敦被短暂的拘押，罪名为他是"一个野蛮的爱尔兰人"。另外，1422年有人宣称在牛津及其附近的郡中发生的很多犯罪行为是由来自爱尔兰的学生所犯下的，"这些学生中有些是国王的臣民，但是其他人却是国王和王国的敌人，我们称之为野蛮的爱尔兰人"。

㉙ *State Papers... Henry* Ⅷ, Ⅱ, pp. 229 - 230.
㉚ Gillingham (1987), pp. 16 - 22.
㉛ *Chronique de la traison et mort*, pp. 28, 171.

盖尔爱尔兰在地理和文化上当然都处于西欧主流世界之外，直到哥伦布发现新大陆时仍然是已知世界的边缘。除了在多内加尔的著名朝圣中心圣·帕特里克圣地之外，它鲜有可以吸引外界访问者的地方。人们认为，那些进入德格湖（Lough Derg）中央岛上的洞穴或深坑的造访者能够与逝者通灵。加泰罗尼亚的骑士雷蒙·德·派瑞罗斯（Ramon de Perellós）在1397年秋天从阿维农长途跋涉来到爱尔兰，希望能够探知他最近故去的国王阿拉贡的琼一世在另外一个世界的命运。在从圣地返回的路上，派瑞罗斯宣称，他在圣·帕特里克圣地成功见到了国王琼，并与阿尔斯特地区的盖尔爱尔兰人头领尼尔·欧尼尔共同度过了圣诞节。他在那里遇到了很多令他感到惊奇的风俗和习惯。他注意到地处北部的盖尔爱尔兰社会带有显著的游牧生活方式。人们视牛为财富来源，那些照看畜群的人赶着牲畜从一个牧场到另外一个牧场。人们日常饮食主要以牛奶和黄油为主，在一些特殊场合才会吃牛肉，在圣诞节时尼尔·欧尼尔会把牛肉施舍给穷人们。人们的穿着同样吸引了派瑞罗斯的注意，社会各阶层的人无论男女都穿斗篷或者爱尔兰披风。大领主们喜欢穿连帽斗篷，遮盖住衣领剪裁很低的束腰外衣；他们既不穿马裤也不穿便鞋。当他们用通常的爱尔兰方式骑马时，会把马刺放到裸露的脚跟上，骑坐在一个垫子而不是马鞍上。这个来自加泰罗尼亚的骑士明显感受到盖尔爱尔兰社会与他熟悉的世界有很大的不同。另外，他还叙述了与尼尔·欧尼尔的谈话（通过一个翻译，用拉丁语交流），"从他的言谈中我感到他们认为自己的习俗比我们的更好，并且比世界上其他所有的地方都好"[32]。

盖尔爱尔兰社会的特点是明显的，盖尔爱尔兰人和盎格鲁—爱尔兰人之间（Gaedhil and Gaill）的分裂是贯穿整个中世纪晚期的一贯特征。1421年两个比较巧合的事件很好地诠释了他们之间持久的相互对抗。那一年的爱尔兰议会向国王的请求之一就是国王应该要求教宗向盖尔爱尔兰人发动十字军东征。因为他们的首领们违背了向理查德二世效忠的誓言，并且没有向教宗支付作为惩罚的罚金。[33] 就在同一时刻，盖尔爱尔兰裔的卡舍尔大主教理查德·奥希迪安被其一名副手指

---

[32] Carpenter (1988), p. 111.
[33] *Statute rolls... of Henry the sixth*, pp. 564–567. The petitioners were echoing a similar request made ninety years earlier in 1331. See Watt (1956), pp. 14, 20.

控"是个十足的爱尔兰人,不喜欢英国人,不对任何英国人施以恩惠,他甚至还建议其他的主教不要给任何一个英国人哪怕最小的恩惠"。[34]

后一个事件说明了民族对抗对教会的影响。阿马尔大主教管区内两个"民族"的分裂在中世纪晚期得到正式确认。主教管区被一分为二,北方为以盖尔爱尔兰人为主的主教管区,南方为位于佩尔之内的以盎格鲁—爱尔兰人为主的主教管区。按照1366年《基尔肯尼法令》(Statute of Kilkenny) 中的一项规定,许多宗教团体的房屋都是沿着这种民族界限分列开来的。该法令还禁止两个"民族"之间通婚,虽然不能一直得到执行,但是对异族通婚的反对也并没有局限于立法者的层面,1448年阿尔马宗教法庭的一桩婚姻案的记录就很好地说明了这一点。案卷记载,一个叫玛比娜·汉斯(Mabina Huns)的姑娘想要取消她与约翰·布瑞吉姆(John Brogeam)的婚姻,因为约翰在与她签订婚约的时候已经与一个叫凯瑟琳的盖尔爱尔兰女人合法结婚了。证据表明约翰作为一个盎格鲁—爱尔兰人确实已经在1436年与凯瑟琳秘密举行了婚礼。他的很多朋友很不喜欢这桩婚事,因为他们认为"一个好父亲的儿子娶这样一个盖尔爱尔兰女人为妻"是不合适的。其中一些人不断努力想要把约翰从这桩他们认为十分不合适的婚姻中解救出来。九年之后他们成功了,并且安排了约翰和玛比娜的婚姻,婚礼在米斯郡的斯坦科艾伦(Stackallen)教区教堂内举行。有人证实在他第二次结婚时,凯瑟琳仍然活着。[35]

不过,两个民族之间的对抗和纠葛不应该被过度夸大。事实上的接近使得妥协和某种同化不可避免。1447年议会制定了一条禁令,显而易见是用来处理在佩尔边界的盖尔爱尔兰人和盎格鲁—爱尔兰人在穿着上类似以至于无法辨识的问题。该命令规定,任何想要被认为是英国血统的人,必须至少每两周刮一次上嘴唇的胡须,以保证没有小胡子。那些没有遵守这一命令的人可能会被当作"爱尔兰的敌人"对待。1463年明斯特省的四个城市呼吁取消与盖尔爱尔兰人进行贸易的法律障碍,他们宣称"这块土地上的每一个市场、城市和城镇的利润主要取决于爱尔兰人把他们的货物带到上述的城市或城镇"。

---

[34] Henry of Marlborough, *Chronicle* (1809 edn), p. 30.
[35] Public Record Office of Northern Ireland (Belfast), Reg. Prene, fol. 54r – v; Trinity College, Dublin, MS 557, vol. V, pp. 213–215.

最近一项关于爱尔兰贸易的研究总结道,"从政治意义上说这个岛屿或许由两个民族组成,但是从经济意义上说它却是一个整体"。[36] 教会教区和阿尔马省被分开了,但是大主教却能够,事实上也不受民族之间竞争的影响,并在盎格鲁—爱尔兰教会和盖尔爱尔兰教会之间实现了"一种值得注意的权宜之计"。[37] 不断颁布的禁止接受盖尔爱尔兰人进入都柏林以及在这个城市内穿着盖尔爱尔兰服饰的命令表明,甚至在这个盎格鲁爱尔兰人殖民的首都都不可避免地受到盖尔人的影响。两个民族之间的关系过于复杂而不能把他们的关系归结为一贯的反感和疏远的简单模式。

爱尔兰在佩尔和英国城镇之外地区最明显的特征是政治的分散性。这种分散的程度或许被 1515 年爱尔兰情况报告的作者夸大了,他声称爱尔兰被分割为 90 个独立的"国家",58 个被盖尔爱尔兰领主所统治,32 个被英国血统的首领所统治。然而,权力行使的地方化却是不可否认的,很多领主处理他们的事务,仅仅在个别时候会提及都柏林的行政管理部门。同盟的组成以及敌对行动的发生取决于当地的利益而不是民族出身。在北部,蒂龙的欧尼尔家族和欧多内尔家族不断争夺阿尔斯特控制权的斗争,涉及苏格兰军队偶尔从西部岛屿的入侵,佩尔的北部经常要向欧尼尔家族支付大量的"黑租"或者贿赂,以阻止他们的攻击。在西部,欧康纳斯家族的分支与南北方康纳特的盖尔化的伯克家族争夺霸权。德蒙伯爵在西南部的控制权偶尔会受到麦卡锡家族和欧布莱恩家族的挑战。奥蒙德家族横跨明斯特和伦斯特边界的统治,因为 1452 年到 1461 年间伯爵爵位的空缺以及爱德华四世在陶顿战役胜利之后没收了爵位而削弱了,1477 年恢复爵位之后伯爵们长期不居住于此地也在一定程度上削弱了他们的统治。麦克默多(McMurroughs)发起了对伦斯特省的统治权利的诉求,像奥法利郡的欧康纳斯或者莱伊斯郡的欧摩里斯家族等其他家族也强大到足以从佩尔榨取黑租,作为免受他们侵略的代价。

来自英格兰的首席长官想要在佩尔之外执行王室的权威只能依靠大量并昂贵的军事力量支持。而反过来,一个盎格鲁爱尔兰贵族却能

---

[36] *Statute rolls... of Edward the fourth*, pp. 139–141; O'Neill (1987), p. 130.
[37] Watt (1989), p. 54.

够利用当地资源和对当地复杂政治关系的熟悉,以更小的代价对王室产生更大的影响。因此,不足为奇,在 1470 年之后的半个世纪当中,英国人在首席长官的职位上只做了 5 年,剩下的 45 年中的绝大多数时间对都柏林政府都由基尔代尔伯爵领导。基尔代尔伯爵在奥蒙德伯爵缺位并且德蒙伯爵被疏远的情况下是盎格鲁—爱尔兰社会的天然领袖。

1478 年菲茨杰拉德接替其父继位第八代基尔代尔伯爵,并成为爱尔兰首席长官。1479 年在成功化解了竞争对手的挑战后,他被爱德华四世任命成为副总督,并且在他余下的 34 年生命当中除了 4 年以外一直是国王在爱尔兰的主要代表。王权的委派加之他本人在盖尔爱尔兰广泛的关系和影响,基尔代尔在这个国家内取得了无人能敌的政治统治地位,这一地位以前只有第四代奥蒙德伯爵实现过。某种程度上,他的统治地位依赖于爱德华四世和理查三世愿意给予他在爱尔兰较大的活动空间。新的都铎国王亨利七世似乎同样愿意延续他的职位,但是兰开斯特血统的国王登基在 1460 年盎格鲁—爱尔兰贵族内部激发了明显的同情约克派的情绪。当冒牌货兰伯特·西姆内尔在 1487 年来到爱尔兰时,他被当作合法的约克派王位觊觎者沃里克伯爵爱德华受到欢迎,并在都柏林基督大教堂加冕为爱德华六世,并由基尔代尔召集的议会正式承认。伯爵的兄弟托马斯·菲茨杰拉德还曾枉费力气试图在 1487 年 6 月的斯托克战役中把西姆内尔推到英国王位上。

虽然基尔代尔在 1487 年夏天很谨慎地留在了国内,并没有直接卷入这场战争中,但是这也不能抹杀他对亨利七世公开的不忠行为。然而,都铎国王的地位如此之弱以至于不能够承担与他对抗的后果,直到 1488 年 6 月才派遣了一位特派员理查德·埃奇康姆爵士(Sir Richard Edgecombe)到爱尔兰以获取盎格鲁—爱尔兰领主们对日后忠诚的坚定保证。依照亨利七世已经从英国贵族中获取的约定和保证,埃奇康姆要求基尔代尔和其他盎格鲁—爱尔兰首领向亨利七世效忠,并附带规定倘若他们违背誓言,他们的领地自动没收给王室。基尔代尔和他的追随者公然反对这一要求,宣称与其接受这样的誓言,"还不如他们每个人都变成爱尔兰人"㊳。这些人威胁说会像德蒙伯爵那

㊳ Harris,"The voyage of Sir Richard Edgecombe",Ⅰ,p. 65.

样"皈依本土",这或许只是虚张声势,但是埃奇康姆却不能够对此视而不见,最后他不得不满足于他们简单的宣誓效忠。

第二个约克派的冒牌货佩金·瓦尔伯克1491年到达爱尔兰后终于促使亨利七世采取更为果断的行动。虽然基尔代尔没有直接参与这个所谓的爱德华四世的小儿子取代亨利七世的阴谋,但是他也没有对参与到这场阴谋当中的人采取行动,这使得他在1492年6月被免职。1494年秋天,国王终于把爱尔兰的统治交给他自己最信任的仆人之一爱德华·波宁爵士。

波宁在爱尔兰做副总督只有一年多的时间。最初的时候,他和基尔代尔伯爵之间的争吵导致后者被逮捕,随后以叛国罪被监禁在了伦敦。1495年他的军队强迫在爱尔兰再次出现并围攻沃特福德的佩金·瓦尔伯克离境。波宁还召开议会显著地加强了王室对爱尔兰政府的控制。此次议会专门否决了1460年制定的爱尔兰居民不能被英格兰签署的令状传唤到爱尔兰以外的主张。所有来自英格兰的王室法令都应该被遵守,尽管1460年有人声称拥有子虚乌有的特权。在这一后世知名的《波宁法令》中规定,将来没有国王的明确许可爱尔兰不能召开议会,任何法律在颁布之前必须首先被英格兰的国王和宫廷会议检查并批准。该法令的基本目标就是确保爱尔兰议会无法通过像1487年议会认可兰伯特为国王爱德华六世那样的与英国国王利益相对立的议案。

波宁已经成功地驱散了来自爱尔兰的约克派的威胁,但是付出的代价却是爱尔兰的财政收入增长不足以抵偿。设在爱尔兰的英国首席长官和军队的维系仍然只是权宜之计而不是持久的政策。1496年对基尔代尔叛国罪的指控得以撤销,他也官复原职。向约克派效忠,不再是英格兰—爱尔兰关系中的一个因素。基尔代尔和盎格鲁—爱尔兰已经接受了都铎王朝时代的来临。

在亨利七世接下来的统治时期,基尔代尔都是爱尔兰的首席长官,如果将王室的职权委派给一个盎格鲁—爱尔兰贵族这一政策具有危险性,政策会被允许延迟执行并慎重地考虑选择其他的统治方法。

阿特·科斯格罗夫(Art Cosgrove)

李艳玲 刘芮 译

第二节 苏格兰（1406—1513）

15世纪的苏格兰社会，暴力充斥[39]，四分五裂。然而，这些都不是使得苏格兰如此与众不同的因素。15世纪欧洲君主、罗马教廷和世俗社会所遭受的困扰，既有来自外部的威胁，也有来自内部的对抗。无论如何，苏格兰高地和低地的分裂，是被苏格兰高地浪漫主义者和寻求极度混乱者之间的相互对立夸大了，它并没有特别地把苏格兰与由独立的领主统治和大封地构成的法国，或公国林立的德意志帝国区别开来。不过，有一个时期确实使苏格兰脱颖而出，这个时期开始于1406年，就在这一年，国王罗伯特三世令人惋惜地去世了；结束于1513年，最杰出成功的国王、享有"高贵统治荣誉"[40]的詹姆士四世离世。每一次统治的终结，无论其成败，其结果都是一样的：王室权威的又一次崩塌，权力旁落于少数人之手，派系冲突加剧。斯图尔特王朝诸国王的早亡——无论是死于臣民之手、死于大炮的事故，还是死于英格兰人之手，均导致他们无法在有生之年看到自己的儿子们长大成人，由此导致了一个问题，这个问题不能归结为是由竞争者造成的不稳定性带来的——从教宗到国王争夺法国、英格兰或卡斯蒂尔的王位，或是渴望权力的王子和权贵。这说明斯图尔特王朝王室世系本身存在着明显和持续的缺陷。

如果说15世纪时苏格兰的统治存在着问题，那就是周期性的未成年人的统治，这种情况在欧洲任何王国都是无可比拟的。另外一个令中世纪早期和晚期的苏格兰史学家们感到困惑的问题是，苏格兰的文献遗存不足。人们只需要对比苏格兰与爱尔兰就能看到明显的不同，甚至威尔士早期的文献遗存也胜过苏格兰。与法国和英格兰大量使用书记员相比，苏格兰档案记录之所以匮乏，是因为公共机构中使用的书记员人数少，这是个完全不同的问题，无疑与当时苏格兰人希

---

[39] 近年来关于15世纪苏格兰的研究已经发生了很大改变。由于诸多领域的研究成果，权力争夺和无序冲突的两维研究已经成为过去，取而代之的是一个新的视角。苏格兰不再是英格兰的缩小版，而是一个具有其自身显著特点的社会。

[40] Lindsay, "Testament of the Papyngo", p. 71, line 504.

望政府运作的方式直接相关。然而，文献作品的相对缺乏则带来一个非常复杂的问题。由于 15 世纪的苏格兰不是一个明显落后和失败的社会，因此，在史学家和文学家中存在着这样一种倾向，即突出表现苏格兰社会所拥有的一切，而不是去追究该社会未能拥有更多的原因。任何一位对苏格兰诗人（从詹姆士一世到罗伯特·亨利逊和威廉·邓巴），或对苏格兰编年史学家，如温顿的安德鲁和伟大的瓦尔特·鲍尔进行过认真思考的人，都有可能对苏格兰文献档案不足的想法感到奇怪。然而，当鲍尔在 15 世纪 40 年代后期完成他那部最不完整的苏格兰编年史之后，就再也没有什么作品问世，直到 16 世纪 20 年代叙事史才再度出现。另外，在试图理解 15 世纪苏格兰的心态（*mentalité*）时，史学家们自然着重强调温顿和鲍尔的爱国主义和他们的前辈，如 14 世纪晚期的编年史学家福尔登——曾赞美过苏格兰人在击退强邻扩张领土时的英勇无畏表现，以及在 14 世纪 70 年代从事写作的伟大叙事诗人巴伯和一个世纪以后的盲人哈里。在苏格兰文学中还必须加上威廉·埃尔芬斯通这位 15 世纪后期的阿伯丁主教的作品，他是这些人中最鼓舞人心又有魅力的人之一，他用苏格兰的礼拜仪式取代了"萨拉姆礼"（Sarum Use，天主教礼仪——译者注），恢复了对苏格兰诸神的崇拜，并增加它们在日历中的天数，从屈指可数到超过 70 天。乍一看，似乎令人印象深刻，但它实际上意味着什么呢？

当然，我们面对一个非常奇特的现象：苏格兰王国完全不能创作出一些材料来突显和提高本民族的地位。从 13 世纪末开始，独立战争为爱国主义作品提供了丰富的材料，并且刺激了修道院缮写室就业人数的增加。然而，所有修道院都没有建立过编年史写作的传统。梅尔罗斯和霍利鲁德曾在 14 世纪之前各自创作过一部编年史，但都不是专门的苏格兰编年史。令人不解的是，战胜英格兰这样一件值得苏格兰人骄傲的事情，发生在 14 世纪 70 年代两部伟大叙事诗中的第一部——巴伯的《布鲁斯》（*Brus*）完成之前，却未在苏格兰文学史中出现过。14 世纪 80 年代，当约翰·福尔登为了搜集所需史料而周游欧洲时，虚构了一个故事，即邪恶的爱德华一世曾消除了所有苏格兰编年史的证据。爱德华一世无疑罪责难逃，但他不是唯一的罪魁祸首，另外一个原因是苏格兰人对于苏格兰历史保持的缄默。

在 15 世纪早期和中期，拉克利文（Lochleven）修道院院长温顿的安德鲁和因奇克姆（Inchcolm）修道院院长瓦尔特·鲍尔很可能曾计划以巴伯的作品为基础，建立起撰写国史的传统，但是他们的努力未能得到延续。《苏格兰编年史》（Scotichronicon）的删节版的确存在，15 世纪 60 年代写成的《普拉斯卡敦之书》（Liber Pluscardensis）* 一书其书名与普拉斯卡敦修道院有关，但该书更有可能是在邓弗姆林完成的。在 15 世纪 70 年代，第二部伟大的独立战争叙事诗《华莱士之歌》（Wallace）由盲人哈里完成，在他们看来，这些作品给人留下深刻印象。巴伯的名句"自由是高贵的事"，为我们奠定了思想基础。福尔登和温顿有一种明显的使命感，他们要在基督教国家历史的大背景下显示苏格兰作为一个自由王国的重要性。鲍尔卷尾令人难忘的"苏格兰人不是基督教徒，那本书看来不同意那一看法"，显然强调了国家史的观点。[41] 哈里的《华莱士之歌》虽然淡化了历史色彩，但比其他作品更具神话色彩，他常常在诗中歌颂华莱士，并将独立战争中这位最伟大的英雄之一拔高成一个英雄式的传奇人物。但是在一个世纪里的五位作家中，又有谁能培养出苏格兰人对国家地位和国家认同的兴趣呢？

若考虑到这些作品的赞助人时，这个问题会变得更为复杂；因为确实很难判定这是皇家利益所需。1378 年巴伯确实从伟大的罗伯特·布鲁斯的孙子罗伯特二世手中得到了一笔养老金，这也许是因为他创作了《布鲁斯》这部作品。罗伯特，斯图尔特家族的第一位国王，同时也是斯图尔特王朝中最凄凉的国王之一，毫无疑问需要所有他能得到的帮助，但那只是关乎他个人利益的问题。温顿、鲍尔和哈里的赞助人根本不是国王，而是地位低于国王的贵族成员：金卡丁（Kincaldrum）的约翰·戴姆斯爵士和罗塞斯的大卫·斯图尔特爵士分别是温顿和鲍尔的赞助者，哈里的赞助者是克雷吉的威廉·华莱士爵士和霍科斯顿（Halkerston）的詹姆斯·利达尔爵士。在以后的 15 世纪，当原稿复本的证据开始积累的时候，我们发现是法夫郡的教区牧师委托写了《布鲁斯》，一群地主和教士买了他们的《苏格兰编年

---

* 即《普拉斯卡敦之书》（The Book of Pluscarden）。——译者注
[41] Barbour, Brus, II, p. 9, line 225; Scotichronicon, VIII, p. 340.

史》。另外，詹姆斯三世拥有维吉尔作品的优秀复本，并且委托创作了《约翰·曼德维尔爵士旅行记》，虽然我们不知道詹姆斯三世是否读过他手里那本维吉尔创作的史诗，但我们可以肯定的是：相对于记录苏格兰辉煌历史的史诗而言，詹姆斯三世显然更喜欢阅读轻松活泼的《约翰·曼德维尔爵士旅行记》（Travels of Sir John Mandeville）。继13世纪的亚历山大三世之后，詹姆斯三世是第一位追求对英格兰采取和平政策的国王，苏格兰的英雄与存在已久的敌人拼杀以及恶人爱德华一世的故事也许并不完全合他的口味。然而，令人感到些许惊讶的是，苏格兰王国来之不易的独立和取得的成就，对于詹姆斯三世本人或那些不太支持对英格兰采取和平政策的前辈和后继者来说，显然都没有多少吸引力。

"国家主义"题材作品的赞助和购买显示了这些作家满足了一些下层贵族成员的需求。但是问题没有就此结束。巴伯可能，至少是部分地，用自己的作品来支撑已经步履维艰的斯图尔特王朝的统治，正如盲人哈里曾用自己的作品来提醒对英格兰采取和平政策的詹姆斯三世：英格兰确实是苏格兰的敌人。鲍尔最为人称道的是他对国家历史的歌颂，但实际上，他对国王的失败和成功有着同样的兴趣。因此，很可能在爱国主义作品中看到的对国家成就的关注并不像对王位的关注那么多。由此得出结论，苏格兰社会明显的奇妙特征是它的随意和自信的成就感，这种感觉不需要过分地粉饰，而是理所当然形成的。它也提供了另一条研究的线索，将注意力从"国家地位"转到"王权"带给我们苏格兰社会的另一个焦点——君主制。在这里，缺乏宣传和形象塑造变成一个值得探讨的问题。

15世纪苏格兰国王们留给人们的深刻印象，是他们几乎不能从始至终坚持任何一种思想基础，他们没有采取任何措施去激发民族认同感，他们自身当然也没有把这种观念与自己联系起来。他们没有尝试把他们的臣民与古老或庄严授予的君主制联系起来。他们没有为祭司形象做任何事：没有苏格兰的"皇家印记"。他们也没有祈求古老的祖先给予帮助。16世纪后期，乔治·布坎南自豪地夸耀欧洲最古老的两个君主国是丹麦和苏格兰，但这一主题的价值并不被斯图尔特国王们认可。巴伯曾编写过他们的家谱，即《斯图尔特·奥里格纳斯》（Stewartis Orygenale），现已散佚。奇妙的是这部家谱把斯图尔特王朝一直追溯到了特洛伊人，那时每个自尊的苏格兰人都知道他们的祖先来自古希腊和埃及，希腊人征服了特洛伊人，促使他们去往英格兰。困扰斯图尔特国王们的那些问题或许本可以鼓舞他们利用激动人心又有声望的神话来保障他们的王权。但是相反，他们只是强调事实上他们的祖先都不遥远，而根本不是古希腊英雄。随着一个 Jacobus Seneschallus（詹姆斯·斯图尔特）继任另一个，事实才得以重述：斯图尔特王朝起源于最初在布列塔尼的多尔伯爵家里世代担任管家的家族。直到现在，威尔士亲王的头衔中还包括"苏格兰管家"的称号，提醒他祖先所使用的宣传口号；家庭管家已成为王国的管家。但即便那也是非正式而且偶发的，这与它强调古老或神圣的王权思想无关。

王室对更为强大的国土的宣传技巧令人费解地表现出的漠不关心，这些例子并非全部。强调王权的"民族主义"作家，把我们带入了占星裁决的领域。

这里，国王再一次表现出漠不关心的状态，这似乎是可以理解的。国王们想被教训吗？然而，即使仅仅是为了似乎渴望实现理想的宣传价值，通常答案似乎都是肯定的。因此，中世纪晚期的苏格兰国王们与英格兰国王们形成明显反差，从爱德华三世到爱德华四世的每一位国王，都为自己的王子们购买过至少一本忠告方面的书籍。在苏格兰，类似的著作当然已经得到传播。但是，虽然詹姆士一世想给他的公正审判做一个崇高的评价，来掩盖他在英格兰被监禁18年后回到苏格兰建立起来的残酷权威和对苏格兰臣民土地的无情剥夺，但他并没有鼓动鲍尔对他的公正做出评价，尽管鲍尔已经做好了为他的统治歌功颂德的准备。吉尔伯特·海15世纪中期的《君主统治指南》（*Buke of the governance of princes*），是伪亚里士多德信徒的作品《禁忌的秘密》（*Secretum secretorum*）的翻译本，是为奥克尼伯爵威廉·辛克莱写的。备受批评的《佩布利斯镇的三位普莱斯蒂》（*Thre Prestis of Peblis*）和《莱克的兰斯洛特》（*Lancelot of the laik*）都写于15世纪中期，都不是皇家著作。罗伯特·亨利逊的诗《道德寓言》（*Morall Fabillis*），虽然对王权进行了评论，但也不是皇家著作。尽管在匿名诗《竖琴》（*The harp*）里提到了"我至高无上的领主……"（"My soverane Lord, sen thou hes gevin me leif"），它是附属于《普拉斯卡敦之书》的,最近的讨论认为它实际上不是詹姆士二世委托写的。约翰·艾兰德(John Ireland)的《智慧之镜》(Meroure of wyssdome)第七卷被形容为"最接近真实的知识宝库",是为詹姆士四世写的,已经被证实大量地借用了格尔森著作内容,因此"削弱了它作为中世纪晚期苏格兰本土政治思想历史的证据价值",尽管它十分重要。[42] 直到詹姆士四世为其子亨利写成《王室赠礼》(Basilikon doron)时,王权才有了规范。与此同时,其他地位较低的赞助者(patron)则尽力向国王展示什么样的统治才是明智的统治,但是证据表明国王并未对他们的建议给予很大的关注。

他们做出巨大的努力就是为了说明:即使他们没有关注《帝王镜鉴》(specula principis)本身,至少还存在着一个蓬勃发展并且生气勃勃的宫廷文化。宫廷文化的确在某段时期内呈现出繁荣的景象。不过,在1488年之前我们很难把国王当作文学赞助人,不管怎样,在王位空缺或未成年国王统治的岁月中,苏格兰有很长一段时间是没有宫廷的。当成年的国王们统治时,他们确实会进行一个合理的展示。例如,对詹姆斯一世的一个主要批评是,为向英格兰支付他的赎金而提高的税收,转而用于了宫廷的奢侈享受。1448年,雅克·德·拉兰和两名同伴从宫廷生活的典型——勃艮第来到苏格兰,在詹姆士二世出席的骑士比武大会迎战詹姆士·道格拉斯爵士和另外两名苏格兰骑士,詹姆士二世封他们为爵士,并主持了盛大典礼,虽然这场真实的搏斗恶化为一场缺乏骑士精神的斗殴。我们对詹姆士三世知之甚少,由于他"偏爱出身低微的人",因此大家对他文化与艺术品位低下的传说深信不疑[43],甚至那座辉煌的建筑——斯特灵的大厅,也并非他的杰作,而是他儿子詹姆士四世追随其曾祖父和祖父在林立斯戈峻和福克兰大兴土木的脚步,在斯特灵和霍利鲁德都建造的宫室。但是詹姆斯三世也是一个斯图尔特王朝的狂热分子:枪作为最高地位的象征,在1460年罗克斯堡的围攻中被证明对詹姆斯二世来说是至关重要的。除了枪之外,詹姆斯四世又增加了另外一个兴趣,那就是船。他花费巨资建立的海军并未用于捍卫苏格兰王权的利益,而

---

[42] *Liber Pluscardensis*,Ⅰ,p. 382;Mapstone(1991),pp. 413 – 414;Mason(1987a),p. 135;Burns(1990),p. 170.
[43] Macdougall,in Brown(1977),pp. 17 – 32;Macdougall(1982),esp. ch. 12.

是在1513年被派往法国。"伟大的迈克尔号"作为当时世界上最大的一条船，为它的建造者带来了无比的自豪感，但也遭到他的英格兰内弟亨利八世的嫉妒，亨利八世建造的"上帝保佑亨利号"与詹姆斯四世的"伟大的迈克尔号"规模相仿。

他们的宫廷自然是学者和作家聚集的一个中心。他们不缺少文学作品，实际上，詹姆士一世本人就是一个诗人，他是《国王之书》（*Kingis quair*）的作者。但是只有詹姆士四世显现出试图与他的同辈君主在赞助和宫廷陈列的级别上竞争的态势。1503年他与玛格丽特·都铎举行的婚礼为王室的所有奢华生活进入首都提供了一个机会，从而使苏格兰统治者慢慢感受到已经为西欧所熟悉并在14世纪末就已被法国和英国所接受的时尚。显而易见，"宫廷诗"最终是在詹姆斯四世统治时期形成的，其中最有名的是杰出诗人威廉·邓巴。然而，偶然也好，幸运也罢，这段时期苏格兰国王和苏格兰宫廷的确在造船和宫廷诗的创作方面，超越了英格兰，这导致那个失败的宫廷诗人约翰·斯克尔顿所创作的愤世习俗和冷酷无情的反苏格兰讽刺文学的出现。在那之前，我们只是大概了解宫廷的文化生活。就国王们自己所支持的而言，普遍的印象就是他们对作品中表现出来的权力象征的兴趣。

王权成功的显著标准是指一个强有力的君主能够通过外部威胁、皇家宣传，或二者兼而有之的手段来统治人民，从而证明君权神授。不管怎样，苏格兰王权也不符合这一标准。当然，在15世纪的欧洲没有一个国家实现了这个理想。苏格兰人的问题，尤其是苏格兰国王们，在于他们几乎没有尝试过。并非苏格兰人不为他们自己而感到无比自豪；"骄傲得像个苏格兰人"是一句在16世纪早期到处流传的短语。但是，令人吃惊的是，苏格兰人的那个自豪感却源于平淡和低调，明显缺少一个坚固的思想体系和基础。苏格兰人的自豪感是在英格兰人对他们施加压力的情况下产生出来的。在爱德华一世的压力下，苏格兰创世神话在没有任何早期发展的情况下突然就进入成熟阶段。当人们需要这样一部神话时，苏格兰人对爱尔兰神话《入侵爱尔兰之书》（*Lebor Gabal Erenn*）进行了抄袭，150年后，在15世纪40年代福尔登（Fordun）的一部手稿中可以看到苏格兰创世神话配有一幅精美的插图，画的是斯科塔（Scota）和加斯洛茨（Gaslots）

戴着当时流行的勃艮第帽子乘船前往苏格兰的景象。1320年的《阿布罗斯宣言》(Declaration of Arbroath)宣称苏格兰是一个独立的王国,已经摆脱了英格兰最高领主的统治,这种说法使中世纪产生了苏格兰王国共同体思想中最动人的概念之一。但这却是危险的时刻。总的来说,王室和"民族"都明显地很少谈论他们自己;甚至国王的反对者们对于自我辩护都表现出惊人的随意性。当我们把苏格兰同英格兰、法国、阿拉贡或卡斯蒂尔王国进行比较的时候,任何一个事情都会在某种程度上使我们对15世纪的苏格兰产生疑问,同时也会为我们提供了一条理解苏格兰的线索。

苏格兰的史学家们不可避免地试图以当时的经历来证明苏格兰王国的成就。这就意味着史学家们竭力从十分有限的证据中挖掘出"现代"流行的模式。中世纪早期英格兰中心地区与边缘地区之间的关系这一更早的模式是研究苏格兰的一个比较好的起点。正如苏格兰国王詹姆斯六世(后来成为英格兰国王詹姆斯一世)后来提醒被激怒了的、但却忠诚的英格兰议会那样:臣民因爱而注定要支持他们的君主。在7世纪那意味着臣民供养着国王。在英格兰的"中心区",即享有王室法官主持的巡回法庭的地区,臣民以殷勤待客的方式供养国王:他们杀死赖以生计的母牛,为国王提供晚餐。边缘地区也制定了同样的规定,不过,国王很少在这里出现。在英格兰王国比较偏远的附属国中,臣民们要把牛送到英格兰国王那里。由此可见,位于中心区的臣民们实际上是可以见到被视为最高领主和最强大的守护神的国王的,招待国王的宴会就是一个向国王提出建议、讨价还价和寻求回报的机会。处于外缘区的人很少有这种机会,但相对而言其负担较轻。在偏远地区,在国王从臣民手中攫取牛的同时出现了两种状况:最好的状况就是臣民勉强地顺从国王的统治;最差的状况就是激起了臣民对国王的仇恨。不过,拒绝把牛献给国王可能会招致国王御驾亲临,随之而来的不是对臣民的保护,而是武力镇压。[44]

为中世纪晚期的苏格兰援引早期中世纪的模式或许看起来有些古怪。但是,从变得越来越特殊的程度来看,有效的苏格兰王权形式仍然是巡游的王权。在三级阶梯模式的每一阶梯中,在苏格兰都能找到

---

[44] Charles'Edwards, in Basset (1989), pp. 28–33.

与之相对应的状况，苏格兰高地和苏格兰的边境地区不仅在地理位置上是苏格兰王国最偏远的地区，而且在政治上也是与苏格兰王国关系最松散的地区。国王对这些地区的控制只能是亲自率领军队到达这里，正如詹姆斯一世在 1428 年针对群岛领主亚历山大·麦克唐纳所进行的挑衅性打击，和詹姆斯四世在 15 世纪 90 年代对西部沿海地区发起的一系列远征一样。在这个过程中，无论是小王国中世纪晚期布列塔尼那样的半独立的凯尔特行省，他们的贵族统治均受到了镇压。这些行动并没有解决"高地问题"。实际上，王权的过度活跃开始导致"高地问题"的形成，这在 16 世纪末得到了充分的印证。最初，国王对高地的社会结构进行了断断续续的军事袭击，然后又试图把权力从麦克唐纳家族手中转移到处于上升势头的坎贝尔和戈登两大家族的手中。国王在这里设立了中尉官职，分别由西部的阿盖尔伯爵和东北部的亨特利伯爵担任。这些力量日益强大的权贵们越过苏格兰高地与低地的边界，可能会将苏格兰高地纳入王权更加严密的控制之下。但即使到了 1513 年，尽管众所周知福尔登把苏格兰人分为蛮勇的苏格兰高地人和温顺的苏格兰低地人，而且在 15 世纪中叶理查德·霍兰所写的《枭之书》（*Buke of Howlat*）和邓巴所写的《邓巴与肯尼迪的斗诗》（*Flyting of Dunbar and Kennedy*）中明显地出现了反对盖尔语的笑话，但是当时苏格兰高地与低地社会之间的差异和对抗绝不像后来发展的那样鲜明。例如世仇的审判，在盖尔人氏族中不是一个野蛮的存在，而是一个有效的苏格兰司法制度，这个制度是以低地王室宗亲规则和高地的领主制为基础，审判语言使用凯尔特语和英格兰语两种语言。"Assythment"一词是指解决世仇的赔偿问题，属于中古英语，而"slains"一词则被用来描述受损害方告知已收到赔偿的信件，凯尔特语为 slainte，即法律意义上的赔偿保证书。类似的二元性出现在法庭语言和法庭程序中。众所周知的苏格兰语中"tocher"（嫁妆）一词，是盖尔语，在中世纪被用来翻译嫁妆（*Maritagium*）的。据西班牙使臣佩德罗（Pedro d'Ayala）的说法，詹姆斯四世本人至少能说些盖尔语，尽管我们不知道这是否意味着詹姆斯四世不只是会说几个基本的短语。此外，他任命的中尉阿盖尔伯爵阿奇博尔德，以及他的儿子科林，都是盖尔文学的资助人，可能接受过游吟诗人的训练。早在 1 个世纪以前，詹姆斯六世为了向英格兰人表明苏格兰人之间相处得十分融洽，就把苏格兰高地社会从本质上看成是一个独特且不会给苏格兰造成拖累的社会，即使当时不是所有与他同时代的人们都同意他的这一观点。历史学家在总体评价高低地关系时，应谨慎援引他的话语。15 世纪真正的核心问题是王权的不断扩张。国王致力于扩大他的地盘，并使用古老的语言作为武力：有时候国王会亲自上阵，有时候则会通过皇家专门调查委员会。因为苏格兰国王视语言如同其最暴力的不睦臣民一样有暴力。

不太显眼的是，14 世纪 30 年代在英格兰最终尝试的巡回法庭的审判，于 15 世纪乃至整个 16 世纪在苏格兰得到了延续。真正成功的巡回法庭恰恰是那些被国王驱赶到边远地区的巡回法庭。这为我们理解不爱巡视的詹姆斯三世（1460—1488）和喜欢巡视的詹姆斯四世（1488—1513）各自的命运提供了线索。詹姆斯三世试图留在爱丁堡，并在那里管理政府是他失败的一个重要原因。詹姆斯四世带着一帮议员和法官无休止地定期在王国内进行巡视，毫无疑问这位富有魅力又充满精力的国王是成功的并受欢迎的。这两个国王都死于暴力。詹姆斯三世死于镇压叛军的战役，而詹姆斯四世则在 1513 年率领苏格兰军队挑战英格兰军队时，被英格兰军队击败，这是他一生中所犯下的一个致命的错误，苏格兰军队只是在 1314 年的班克诺本战役中战胜过英格兰，因此明智的苏格兰国王通常采取其他方式处理英格兰扩张主义，而不是与他们打仗。然而，当詹姆斯四世在 1513 年的弗洛登战役中在最前面指挥着这支从苏格兰王国各地招募的公认的超大型军队的时候，他被砍死在雨水泥泞之中，如果结局不是这样一个悲剧的话，那就足以证明詹姆斯四世王权统治的成功。

到那时为止，爱丁堡已成为苏格兰王国毋庸置疑的首都。就伦敦或巴黎，或就中世纪中央集权中心中最为成功的罗马而言，这种说法陈腐而又平淡无奇，但是在苏格兰那时的背景下，称爱丁堡为苏格兰毋庸置疑的首都既不陈腐也不平淡。虽然毫无疑问爱丁堡是中世纪晚期苏格兰最大的城市，但其首都地位的确立明显较晚。在詹姆斯一世亲政的 13 年中，珀斯是他的首选，议会和大公会议（宗教会议——译者注）举行的会议除了两次分别在斯特灵和爱丁堡之外，其余全部是在珀斯举行的。詹姆斯一世被谋杀的事实可能使其继位者有所醒悟，尽管如此，詹姆斯二世统治时期议会仍然选择这三个城市举行会议,其中在爱丁堡举行过13次会议,在斯特灵举行过9次,在珀斯举行过6次。直到詹姆斯三世统治时期,爱丁堡才成为苏格兰王国毋庸置疑的政府所在地。虽然詹姆斯四世没有推翻议会和最高民事法庭的程序(尽管最高民事法庭自1425年成立以来就开始巡回,一直巡回了50年),但是他把国王对地方政府和刑事审判的权力交还给地方政府。这是中世纪早期的模式仍然能够在800年后繁荣的社会中奏效的一个原因。这与社会和文化的落后没有任何关系。相反,这是由于国王们认为巡游能够在他们对整个王国实行强制统治的过程中发挥最有效的作用。在苏格兰,王权与政府权力的分离还达不到英格兰的程度,以至于政府机构和司法机关(如专管王室岁入并审理有关案件的税务法庭就一直是哪里方便就在哪里进行审理)与"首都"之间的关系甚远,无论其是否是国王的所在地。这种王权运行模式在苏格兰王国十分奏效。

然而,史学家们在研究这种王权运行模式时会有一些麻烦。学者们更愿意研究诸如亨利七世这样的君主,因为他们保留并签署了账册,而不愿意研究詹姆斯三世这种比较随意的国王,因为他去世后留下了一批无法量化的"珍宝",这批珍宝分别被装在不同的黑匣子中。詹姆斯三世曾粗心地将其中的一个黑匣子带到索奇伯恩(Sauchieburn)战役中,他的对手胜利后在战场上捡到了这个黑匣子,并且立即开始寻找其更多的珍宝。目前为止我们还未找到有关他积累这些珍宝的途径和具体数量的证据。但历史上曾经有过类似的事情。奥托一世曾被描述为"公平对待一切他敢于对待的事情,但是付出了高昂的代价"。因此,952年当北部地区的人们得知他即将从意大利返回的时候,大家都尽快与自己的对手了结分歧,以便于令他无案可审[45]。在15世纪的苏格兰,对血亲复仇的审判属于例外,原因在于它涉及地方暴力,而且国王在认识到其价值的同时,会与一些家族和领主勾结,强制使用赔偿的方式让受害一方公开宣布已经获得赔偿,从而使这些家族和领主的行为得到豁免。然而,放手就意味着低估斯图尔特王朝的国王极力干涉的权力。由于15世纪的苏格兰人无法像10世纪的撒克逊人那样自己解决纠纷,从而避开国王的审判,因此

---

[45] Leyser (1979), p. 35.

他们在解决争端之后要向国王交纳一定的费用。这使得 1453 年那个专管王室岁入并审理有关案件的税务法庭名册上简明扼要登记的内容十分有意义，它记录了在詹姆斯一世统治时期密封豁免书所用蜡烛的费用是 6 英镑，后来的历史学家们都相信鼓吹公正审判的国王詹姆斯一世就是这样收费的。1473—1474 年，王室从豁免书中获取的费用将近 13000 英镑，这就使大家产生了一个疑问：詹姆斯获得的财富是否是通过这种渠道呢？这个数字同时也可以解释为何议会对其在不履行司法责任的情况下只收取豁免书费用的行为特别提出批评。无疑那是一件有利可图的事情，颁发包括豁免书在内的司法文件在 1507 年和 1511 年分别为詹姆斯四世带来了 29000 英镑和 31000 英镑的收益。王室审判不是盲目或其他类似的审判，而是个人的，通常又是暴力的，但一般是有利可图的审判。如此一来，鲍尔和《竖琴》作者这些当代作家为公正裁决大声疾呼就不足为奇了，同样，急功近利的国王不再委托他们进行创作也就可以理解了。

然而，苏格兰的血亲复仇问题所涉及的范围较为广泛。王室不只是加强了血亲复仇审判的公正性，并从中获得收益；王室通常也是造成重要政治分歧的煽动者，如詹姆斯一世与其斯图尔特宗亲之间的分歧、詹姆斯二世与布莱克·道格拉斯之间的分歧、詹姆斯三世在不同时期与许多政治国家之间的分歧、詹姆斯四世与群岛领主和安格斯伯爵之间断断续续的分歧等，以及国王与一系列小人物之间发生的冲突，如詹姆斯一世和詹姆斯二世统治时期厄金斯向国王索要马尔伯爵领地、15 世纪 50 年代初克莱顿家族和戈登家族向国王索要马里伯爵领地等。斯图尔特王朝的国王们是国家权力平衡的最高操纵者，他们是冲突的制造者，同时也是冲突的解决者。

詹姆斯一世犯了两个根本性的错误。1425 年，当詹姆斯一世击败他的至亲奥尔巴尼·斯图尔特的时候，他就彻底丧失了挑拨斯图尔特两大家族之间矛盾的机会，这两大家族是由罗伯特二世两次婚姻分别留下的后代而形成的。当詹姆斯一世继续威胁斯图尔特另一大家族的时候，特别是在他使该家族的首脑阿索尔伯爵年老的瓦尔特的财产受到威胁的时候，詹姆斯一世就把自己推向了绝路。1437 年，阿索尔伯爵联合奥尔巴尼·斯图尔特发动政变，詹姆斯一世成为这场政变的牺牲品，阿索尔的目的十分明确，那就是夺取政权，至少要成为年仅6岁的詹姆斯二世的摄政王。这些阴谋策划者们所表现出的无能简直令人吃惊。他们在暗杀了詹姆斯一世之后，才考虑要设法保证詹姆斯二世的安全，而且在暗杀令人敬畏的王后琼·博福特时失败，致使土后在成功逃脱后（"yn hir kirtell"）迅速展开令人恐怖的报复行动。[46] 詹姆斯三世在没有确保其他反对权贵的力量支持的情况下，不断地打击和削弱权贵们的势力，致使权力失衡。1488年2月，他武断地解除了长期担任内阁大臣的阿盖尔伯爵科林的职务，这一做法加速了反叛贵族联合起来于1488年6月在索奇伯恩与其展开激战，詹姆斯三世在战斗中阵亡。他们没有重复阿索尔伯爵及其同伙所犯下的错误，这一次国王的对手控制了王位继承人，王位继承人同时也是名义上的军队领袖。

然而，这些国王垮台之前均实施过长期的专制统治，国王们之所以受到挑战是因为他们的力量过于强大，而非力量虚弱。这个挑战是国王个人受到的以暴力形式出现的政治挑战。斯图尔特王朝本身并未受到威胁。与此同时，也没有人真正做出努力来证明这些挑战为公平正义之举。当詹姆斯一世被秘密杀掉的时候，他被描述为暴君；当詹姆斯三世破坏了他与自己的对手们达成的协议时，他的对手们感到必须向他开战，詹姆斯四世建立的新政权试图杜撰出死去的国王扬言要把英格兰人引进苏格兰的言论。但是，当我们将其与为发生在英格兰国王爱德华二世身上的事情辩护时爆发出来的"人民之声（是）上帝之声"（"vox populi, vox dei"）或之后围绕着亨利四世篡权的理由进行比较的时候，我们发现这不过是一些令人乏味的东西而已。直到1567年玛丽退位，苏格兰人才真正创造出一个能够为他们的行为提供更多依据的政治理论，进而向外界证明其合理性。苏格兰人从来不像英格兰人那样认为有必要向他们自己解释政治问题中最复杂的决议，即已变得无法接受的规定。苏格兰人在非常时期所做出的政治反应，如同在正常时期一样，甚至更加简单明了而直接。

反过来也是一样。詹姆斯二世对强大的道格拉斯家族的摧毁充满了暴力和血腥，该家族的财产和头衔，从西南到东北，覆盖了整个苏格兰王国。詹姆斯二世亲手杀死了第八代伯爵——威廉，并在战场上

---

[46] Brown (1992).

击败了其继承人詹姆斯,他之所以能够很容易地做到这一切,是因为他谙熟政治斗争的本质,他深知这是他拉拢遭受道格拉斯家族权势打击和威胁的那些人的途径。1452年站在国王一边,参与斯特灵城堡谋杀案的那些人都是南部的领主,他们这样做绝非偶然,因为他们有充分的理由憎恨道格拉斯家族对南部地区的绝对控制。此外,还有一件事不足为奇:1452年王室对议会的大力资助(尽管后来撤回了一些资金)使人们确信国王决定摧毁道格拉斯家族更多的是想得到大家对王室的支持而不只是针对道格拉斯家族这个报复对象,以至于在双方较量的最终战役,即1455年的阿金霍尔战役到来的时候,道格拉斯家族已经失去了所有的盟友。在15世纪苏格兰政治丛林的法则中,苏格兰狮王——确如他的纹章装饰———一统天下。

实际上,苏格兰政治社会的性质明显地强调了这样一个论点,即决定国家统治成功与否的因素是政治问题而非宪法问题,这一论点在更为"发达"的社会中是令人费解的。与法国和英格兰的政府机构相比(虽然不是与斯堪的纳维亚或德国的政府机构相比),苏格兰的政府机构可能而且通常被视为"软弱无力"和"落后于人"。然而这却使争论的焦点从政治上是否有效转移到宪法体系和官僚体系是否完善的问题上。即使詹姆斯一世在要求议会增税时也表现出了一定程度的谨慎。1455年的苏格兰议会告诉当时那位因道格拉斯家族没落给其带来物质利益而兴奋不已的贪得无厌的国王:某些指定的土地、贵族领地和城堡必须并入王室的财产中,永远不得转让。1473年,另外一届议会坦率地告知当时的国王詹姆斯三世,与其抱有通过对外军事行为获得荣耀的想法,不如留在国内通过为其国民提供公正的审判而获得名望。1455年的议会实现了他们的目的,但1473年的议会在第二个建议上未能说服国王詹姆斯三世,但是在第一点上获得了成功。1495年以后詹姆斯四世尽力摆脱议会的明显愿望不能说明其在政治上的软弱。此外,我们也不能断言:詹姆斯三世和詹姆斯四世统治下日益专业化的议会缺乏政治活力和意志。这些机构的建立旨在抑制他们的君主,有些时候他们成功地实现了自己的目的。但是他们没有能够用宪政来约束苏格兰的国王和政府,这一点至关重要。

因此,在现实生活中不存在对苏格兰王权的正式约束。对苏格兰王权唯一无法改变的限制只有死亡。因而,对苏格兰国王形象最恰当的展现可能出现在詹姆斯四世的《祈祷书》(*Book of Hour*) 一书中，那是一张苏格兰国王死亡时表情阴森的图片，这不是过去的苏格兰史学家们在贵族权力极大的陈腐观念指导下所使用的象征苏格兰王权衰微的苏格兰国王的形象，但有一点不得不承认，那的确削减了苏格兰国王的权力。15世纪所有的苏格兰国王都早早地死于暴力。这其中既有政治讽刺意义，又存在着政治后果。生存在小王国中的苏格兰人，可能会而且有时确实会受到力量较为强大的邻国的威胁，因此，出于本能，苏格兰人很早就宣扬一种国王永远也不会死去的思想。直到12世纪，君主政体才从以前的凯尔特酋长继承制（选定的国王继承人）中挣脱出来，过渡到后来的长子继承制。人们对王位继承制的质疑，以及独立战争给人们带来的巨大恐慌，使得苏格兰王室分别在1281年、1284年、1318年和1371年对王位继承人的顺序提前进行了限定。1329年，年仅5岁的戴维二世继其父罗伯特·布鲁斯之后，成为苏格兰王国的国王。从这一年开始，苏格兰的王权就一直存在，每一位新国王登基的时间都从其父王去世的那一天算起。英格兰直到1483年才开始实行这一做法。出于直接的政治原因，苏格兰政治国家赋予了苏格兰君主统治的长久性和王朝的稳定性，而这可能是中世纪晚期英格兰和法国的君主们所羡慕和嫉妒的。

然而，这种通往王位继承这一关键政治核心的能力，并没有使苏格兰摆脱中世纪晚期欧洲存在的由未成年人继承王位这一最糟糕的命运。实质上这确实是决定中世纪晚期苏格兰社会本质的一个重要因素。史家们已经开始趋向于接受《圣经》中名篇的事实——"邦国啊，你的王若是孩童，你的群臣早晨宴乐，你就有祸了"。* 在苏格兰，未成年人继承王位意味着接受上帝的救赎。

未成年人继承王位，不可避免地会出现派系斗争，因此，摆脱占主导地位派系的控制，如奥尔本·斯图尔特、利文斯墩和伯蒂斯，是每位苏格兰幼主在其成年后所要完成的首要任务。派系斗争并没有给这些国王带来多少麻烦。他们可以平息由于势力不平引起的愤恨，正如詹姆斯二世所做的那样。更令人瞩目的是，当苏格兰国王打倒了道格拉斯家族之后，国王不仅成为少数派中的受益者，而且凭借国王的

---

* 见《传道书》第10章第16节。——译者注

身份，权势更加强大。然而，颇为自相矛盾的是，少数派却加强了成年后的国王们的力量。如果说国王们可以挑起派系斗争，他们同样也可以使派系斗争减弱，因为苏格兰国王接二连三早夭的事实意味着不会出现派系斗争——王位继承人尚未年长到足以与国王抗衡，也就不会有围绕他而出现派系斗争。无论谋杀詹姆斯一世的凶手们出于什么目的，在一个迅速发生的阴谋中，詹姆斯一世的继承人本身绝对不会是他的敌人；詹姆斯三世是唯一一位在短时期内因继承人问题而遭受严重困扰的苏格兰国王。如果说斯图尔特王朝的国王们都寿命不久的话，那么他们拥有的巨大优势便是年纪轻轻即可登基，很多人甚至尚未做好准备就当上了国王。这件事的全部重要性只能从它给他们带来的信心中猜到，直到詹姆斯六世统治时期，一位苏格兰国王才谈起他作为"摇篮国王"给他带来的深刻影响。

此外，自1406年至1424年詹姆斯一世处于英格兰人的控制之中，苏格兰只是利用这个"未成年人"缺席的机会，制定了一个《废除法案》（Act of Revocation），作为权宜之计。此后，该法案在每位苏格兰幼王成年时都会得到通过。国王废除自己在未成年期以国王名义颁布的所有授权这一惊人的"举动"，比其他任何事例都能更加明显地显示国王的权力和贵族对王权的认可。这一"举动"当然包括国王们将会重新授予已被他们废除的一些权力，这是预料之中的事情。但是国王们没有必要这样做。因未成年国王的出现而可能会感到不安全的人乃是那些权贵，而不是国王。然而，反复出现的未成年国王现象的优势远远超过潜在的不安全的重要性。他们，只有他们，提供了一个喘息空间，从而避开一直以来严酷的王室统治，尽管有时会受到詹姆斯四世君权神授思想的影响。

由此可见，一个强有力的国王统治着一个四分五裂的王国，15世纪的苏格兰正是这样一个矛盾体，其中地方权力的行使已逐渐达到一种异乎寻常的程度，不会受到来自任何方面的挑战。这非常符合欧洲的情形：关于中央政府的文献记录相对较少；而在明确表述自15世纪中叶以来维持领主与附庸之间关系的契约和合约中，则存在着大量地方贵族统治的文献记录。这些契约明确地重申了隐藏在各种复杂的封建关系背后的思想，即领主与附庸的关系取决于领主对自己附庸的保护，以及附庸对领主的忠诚和服务，而不是由物质报酬决定的。

因此，他们就能够用文字的形式将他们之间现存的密切关系表述出来，而且这种做法也变得越来越司空见惯。但是，起初有两个特殊的动机促使他们在羊皮纸上写下协议。一个是由王权建立的家族，如亨特利的戈登伯爵和埃罗尔的海伯爵，他们在道格拉斯家族倒台之后苏格兰政权重组的过程中，看到了自己的优势，于是就以签订契约的方式来维护他们在过去与自己地位相同的那些家族中所拥有的新的优势。另外一个特殊的动机是通过建立规范的人际关系作为已经取得和解的标志，来消灭血亲复仇。因此，契约是暴力社会而非和平社会的产物。尽管如此，签订契约的目的仍然是寻求和平。苏格兰人用契约的方式来加强已经建立起来的地方政权。对于缔结依附性契约的人来说，没有直接的物质利益，因此也没有强大的动机使他们去寻求一个以上的领主，包括冲动之下签约的那些人。因此，15世纪苏格兰的领主身份比"变态封建的"领主身份更加简单而稳定。附庸们确实在血亲复仇中支持自己的领主。同样，附庸遇到问题时，也可以恳求自己的领主帮助解决。同等身份的人之间的血亲复仇和纠纷应该由与他们同等身份的人组成的非正式法庭来解决，这是私人之间审判与仲裁概念中不可缺少的一部分。当人们通过武力（suord），以及庇护和法律的手段来追求自己的目标，获得土地所有权的时候，中世纪晚期社会中的地方暴力就不会从此被消灭。但暴力只是局限在地方，而且是在可控的范围内。

这些契约的存在能够使我们更多地了解关于地方政权的运作，以及地方政权的控制手段。但并非只有未成年国王才能解释在地方分权，以及领主和家族领袖权势之下的生存之道，领主和家族领袖权势更多的是依靠他们在地方上的地位而不是依靠任何王室委任而获得。另外，苏格兰不是一个交战国，在这一点上，苏格兰与众不同。在一个非常看重军事荣誉或耻辱的时代，二者与国内的成败均有直接的关系，这又开始表现出苏格兰衰弱的迹象。毫无疑问，一旦英格兰把注意力转向法国，那么，苏格兰人就丝毫不会引起其他任何人的兴趣，如果15世纪苏格兰人考虑到这个问题的话，这一事实似乎是令他们耻辱的。当然，事实是苏格兰人并没有考虑这个问题。百年战争提供了大量军事冒险的机会。此外，百年战争还使得苏格兰人能够在法国打击他们最大的敌人，这是百年战争给苏格兰人带来的额外好处。

1421年,他们在博日取得胜利。三年后,韦尔讷伊战役展示了这场危机整个的恐怖状况,巴肯伯爵与道格拉斯伯爵只是在这场苏格兰人的惨败中最引人注目的两个人物。不过,苏格兰人也得到了回报。出于感激,查理七世将都兰公国和朗格维尔郡给了道格拉斯伯爵,并在1445年创建了享有声望的苏格兰卫队。具有讽刺意味的是,苏格兰这个民族的居民虽然和平时在欧洲没有什么声望,而且无论何时何地与英格兰人作战都会习惯性地被打败,但苏格兰人的勇气和作战技巧却得到了高度重视。他们轻易地便得到了其他国家花费巨大代价才能得到的声誉。

那不是他们从这个矛盾中得到的唯一收获。与同时期的许多王国不同,苏格兰人不会自不量力地消耗苏格兰王国的资源,这才是苏格兰人从那个矛盾中获得的最大成就。地方战争导致英格兰和法国频繁征税,行政支出不断增长。苏格兰则没有这两方面的负担。苏格兰王国的国王们在成年以后,也能够像其他君主那样,损害自己臣民的利益、干预甚至把自己的意志强加给臣民,他们或许比欧洲某些君主更擅长于此。然而,他们损害的却是极少数人的利益。虽然那些与王权联系最为紧密的人的利益可能受到损害,但是在苏格兰王国占绝大多数的普通人则未被施加压力,而且苏格兰政府也没有必要派遣行政官员和税收官员进入那些不愿归顺政府和对政府充满仇恨的地区,因为苏格兰政府无须不断地为战争而寻找人力和财力支持。这与一再发生的直接王权统治的缺失共同导致了王国共同体的观念得以继续存在,尽管1290年代发生了继承权危机和来自爱德华一世的威胁。最鼓舞人心的是,共同体的思想在《阿布罗斯宣言》以及关于叛国罪的法律条款中都得到了体现。这与1352年的《英格兰法案》中强调的内容形成强烈的对比。根据1352年的《英格兰法案》,叛国罪被认为是一种对国王个人及其妻子和继承人的攻击。但在苏格兰和法国,叛国罪就是反对国王和"kynrik",即国王和王国。这使我们能够罕见地洞察到通常未被档案记载下来的一个现象:即权力根源的意识被分散了,由国王分散到王国、分散到国王与王国的利益。政治的紧张局势不仅仅局限于王室的势力范围内。更为通俗地说,从绝对标准上来讲,苏格兰是个贫穷的国家,然而从其自身来看,苏格兰则是一个繁荣的国家,不仅能够满足本国的基本需求,而且上层社会还能够负担得起奢华的生活，但是，为了满足王室的追求而辛苦劳作生产盈余的产品并不是必需的。

詹姆斯三世只是在 15 世纪 70 年代初期曾短暂地有过率军进攻布列塔尼、圣东日和盖尔盖德（Gueldres）的打算，以此来威胁打破稳定和均势的局面。詹姆斯三世是斯图尔特王朝一位拥有梦想的国王。他想像 14 世纪 30 年代的爱德华三世那样，建立一个有从彭特兰湾到比利牛斯山辽阔疆域的帝国；又想像亨利五世一样统治法国和英格兰；或是像查理八世那样，在征服意大利半岛时炫耀他的炮队辎重。然而，詹姆斯三世的梦想不仅太小，而且没有赖以实现的基础。明智的苏格兰的国王们还有其他方式来使人们感觉到他们的存在。

实际上，比起他们为了国内消费而采取行动的能力来讲他们在欧洲会议上并不重要。1459 年，詹姆士二世调停查理七世与其子路易之间的争执，以及他为了使法国和勃艮第和解所做的努力；1499 年詹姆斯四世在安排法国与丹麦签约中所扮演的角色，以及他在对土耳其的战争中为集聚西欧的强大力量而长期做出的努力；所有这一切都说明苏格兰国王们对自己的国际地位的自信心远比实际被授权的地位要高得多，而且他们还获得了用欧洲力量增强苏格兰国内力量的明显好处。他们的联姻也展现了同样的目的。除了大卫二世的第一次婚姻外（此后没有一位国王如此的屈辱），1307 年到 1406 年间的每一位国王都成为苏格兰贵族家庭的成员。詹姆斯一世在特殊环境下迎娶了一位英格兰贵族妇女（也许这段婚姻中包含着爱情），而他的女儿们则分别嫁给了法国王储、布列塔尼公爵、奥地利公爵以及坎普韦雷（Campveere）勋爵的儿子。与此同时，詹姆士二世娶了盖尔德雷的玛丽。这种向南看的发展趋势因詹姆斯三世迎娶丹麦的玛格丽特而得到了平衡，因为从外交和经济方面来看，苏格兰与斯堪的纳维亚之间的关系与苏格兰同法国和低地国家之间的关系一样重要。更重要的是，苏格兰王国因从挪威手中吞并了西部群岛而得到了全方位的提升，这是苏格兰国王通过联姻的方式与奥克尼群岛及设德兰群岛合并而实现的。苏格兰国王在对待教会大分裂之后，努力重申自己声望和权威的罗马教廷的问题上也表现出了同样过分的自信。实际上，苏格兰的第一所大学——圣安德鲁斯大学之所以能够在 1412 年建立，是因为敌对教宗——本尼狄克十三世在失去所有盟友后，得到了苏格兰的长期支持，从而使苏格兰在本尼狄克在被废黜之前被授予了建立圣安德鲁斯大学的特许权。苏格兰是第一个正式承认国王有权任命高级教职的王国。1487 年，詹姆斯三世从罗马教宗那里获得特许权，这预示着费迪南、伊斯贝尔和弗朗西斯一世随之也会得到这一来自教宗的特许权。毫无疑问，苏格兰能够享此殊荣是因为罗马教廷更愿将这项荣誉给予一个不重要的国家，而不是因为考虑到苏格兰人有多么重要。

当然，成功意味着一切。米兰公爵也许宁可拒绝将其女儿嫁给詹姆斯三世的继承人，也断不会把女儿送到"遥远的苏格兰"⑰。科米纳只用了十分不起眼的一小节文字谈及了推翻詹姆斯三世的苏格兰社会暴力，这部分内容被并入他对约克王朝的垂死挣扎的更为有意思的描述之中。但是苏格兰人认为自己是欧洲人而且是重要的欧洲人的观念却是真实的，一群不为人知的参观者留下了关于这一观念的记录，他们将"1467 年，某位苏格兰人埋葬于此"（"MCCCCLXVII quidam Scoti hic fuerunt"）刻在了圣卡利斯托地下墓穴的墙上。谋求升职的教士、想要离婚的普通教徒和妇女，以及在罗马有很多业务需要离开家到那里居住的苏格兰律师，都非常熟悉罗马地区。事实上，苏格兰的法律制度主要建立在罗马法基础上，本来就与欧洲有所联系。两所更为久远的大学——格拉斯哥大学和阿伯丁大学——建立于 15 世纪，但是苏格兰学者为了获得更高的学位继续流向国外的巴黎、卢万、科隆、蒙彼利埃和其他地方。外交谈判拓展了贸易联系，不仅仅是国王们，而且他们的一些臣民也知道一个非常简单的事实：他们生活在欧洲的边缘，他们得到重视的唯一机会就是要花时间和精力取得别人的注意。这就是为什么内在化的王权概念对苏格兰王权来说不那么重要。这就是为什么苏格兰人没能敲响民族主义的战鼓，因为这一战鼓的敲响本质上是自我警醒，甚至是虚张声势。这不是苏格兰人首要关心的事情，甚至他们强烈的独立于不列颠群岛的主张也不是他们首要关心的事情。16 世纪早期专门为凯尔特的一位圣徒而修建的圣玛加大教堂展示了代表阿伯丁自治镇和阿伯丁大学、苏格兰主教和贵族、苏格兰国王、欧洲主要王公和公爵、神圣罗马帝国皇帝，以及罗马教

---

⑰ *Calendar of state papers... Milan*, Ⅰ, p. 198.

宗的纹章标志。我们今天仍然能够看到这些。这是一个综合性的图景，也是苏格兰一个包罗万象的自我形象。

珍妮·沃莫尔德（Jenny Wormald）
孙立田 译

第三节　威尔士

欧文·格林·德乌的叛乱始于 15 世纪开始前三个月，实际上属于 14 世纪的历史。威尔士历史的下一个篇章开始于叛乱接近尾声的时刻，而"现代威尔士始于 1410 年代"的评论也有一定程度的真实性。[48] 这个叛乱可被恰当地描述为是 1218 年爱德华一世征服格温内斯到 1536 年第一次联合法案的颁布间最重要的事件。它也被描述成一个被征服民族的最大规模的反抗；爱德华一世对威尔士的征服最终使得这一叛乱永远停留在历史背景之中。[49] 叛乱的结束是威尔士中世纪史和近代早期历史中一个具有重要意义的标志，同时也暗示 1485 年这个传统的分期基准在许多方面对威尔士是不恰当的，即使 1485 年确实见证了威尔士王朝的胜利，以及一个曾参与格林·德乌叛乱的人的曾孙继承了英格兰王位。叛乱的结束标志着威尔士政治民族的态度和认识开始发生变化，那种在更为广阔的政治空间中努力奋斗的强烈愿望取代了那种试图恢复原有独立性的愿景。

叛乱的结束是一个渐进的过程，早在 1406 年，一些叛乱团体就已经屈服了。1410 年，叛乱分子对什罗普郡的最后一次重要的突袭被打败。欧文本人也许死于 1415 年，但是他的儿子马勒杜德继续战斗。北威尔士部分地区在 15 世纪第二个 10 年仍然战火纷飞，可怕的是，逃亡的罗拉德教派首领约翰·奥德卡瑟爵士与欧文的儿子马雷都德结盟，而且谈到苏格兰人可能会登陆来支持他们。1417 年约翰·奥德卡瑟在波伊斯郡被俘，1412 年马勒杜德·欧文接受王室赦免后

---

[48] Williams (1959), p. 183.
[49] Davies (1987), p. 462.

叛乱彻底结束，这两件事并非没有意义。令人吃惊的是：报复事件很少发生。叛乱分子个人很早就开始讲和，叛乱团体可以赢得宽恕。在1413年亨利五世即位之后，由于急于着手在法国的战役并关注有可能出现的罗拉德教派的崛起，亨利五世采用强硬与安抚相结合的态度对待叛乱分子，甚至不惜赦免欧文本人。此外，他还取消叛乱分子的剩余债务，停止对叛乱的调查并且专门划拨资金用于家畜的更换，以帮助威尔士北部社区恢复元气。

然而，与这种安抚态度相反的是1401年和1402年议会仓促通过了刑罚法令。尽管这些法令被准确地描述成是带有种族主义的色彩，但加入附加条款的法令也许是公正的，这些附加条款本质上是议会在紧急状态下所做出的反应。其中许多条款重申了13世纪90年代爱德华一世所颁布的一系列法令。[50] 一旦叛乱结束，人们恢复和平，这些法令通常就会变成一纸空文。最清楚的事实是，国王和边疆贵族（marcher lord）都需要地方领袖的支持。无论是王公还是贵族，不与地方领袖合作，就无法履行职责，特别是在地方层面上。一些叛乱分子被正式赋予公民权或英格兰人的法律身份，但是大多数财力雄厚的叛乱分子又很容易地重新受到青睐。叛乱之后执掌地方政权的那些人实际上就是以前曾做过地方官的人。然而刑罚的法令并非总是被忽视，这些法令可以被用来推动个人竞争。例如，1433年，欧文·格林·德乌的女婿约翰·斯卡达摩尔就因埃德蒙·博福特的阴谋而被解除了所有职务。这些法令在整个15世纪都在不断地加强，与此同时，英格兰的自由民也经常提出执行这些法律的要求。

威尔士人并非全都参加了欧文·格林·德乌领导的叛乱，许多人仍然忠于国王或自己的领主，地方政治斗争往往控制着效忠国王的那些人。某些人虽然参与了叛乱，但是他们很有远见，在其大多数同伙尾随上来并从中获益之前，就已经妥协讲和了。这场叛乱使威尔士的经济在短时期内受到严重打击，其消耗相当于一场战争，而英格兰国王凭借其优胜的资源赢得了这场战争。战争的双方均未表现出任何仁慈，甚至对教会也是如此，因为教堂和修道院也成了牺牲品。许多城镇及其财产都是洗劫的主要目标，甚至是南部公国的行政中心卡马森

---

[50] *Statutes of Wales*, pp. 31–36; *Record of Caernarvon*, pp. 131–132.

也遭到劫掠。尽管格林·德乌领导的叛乱所带来的破坏是巨大的，但是大多数物质方面的损失不久就得到了修复。我们不应该夸大叛乱所带来的长期影响，虽然账册上记载着农奴逃亡、社区人口减少以及耕地被闲置后用于放牧的状况，但是这一衰退的根源早在1400年之前就已经存在了。实际上，造成衰退的原因同时也是导致叛乱出现的原因。

15世纪的威尔士不是一个政治与行政紧密联系在一起的统一体；在此之前也不是。它甚至没有精确的领土界限。边疆贵族占据着威尔士的南部与东部，这种状况是11—12世纪诺曼人征服与入侵造成的结果；其他地区，自13世纪以来一直作为英国的郡归王室所有，因而构成了威尔士公国。大部分边疆贵族权力已经更迭数次，所有权的集中也已经开始，兰开斯特公爵所拥有的土地，于1399年也转交给王室；土地集中到了15世纪还在持续，1425年，金雀花家族的约克公爵理查德，从他母亲手中继承了莫缔默的领地，他母亲去世时，该片领地年收入大约在3000英镑。在1461年，约克公爵的儿子继承了王位，即爱德华四世，约克公爵所拥有的封地便永久性地归属于王室。在边疆地区有巨大利益的其他家族分别是阿伦德尔伯爵菲查伦和白金汉公爵斯塔福德。到1485年为止，尽管大片的边疆地区土地都被置于王室的直接控制之下，但这并没有使王室政府的力量得到实质性的增强，因为每个领主都保留了它的身份和自治权。

亨利五世时期，王室政府的目标是使财政和经济得到恢复，以便王室收益恢复到叛乱前的水平。恢复经济也是边疆地区贵族统治的目标，因为对于拥有边疆地区统治权的那些贵族而言，威尔士土地的收益构成了他们收入的一大部分。虽然各个统治机构在短时期内取得了一些成就，但是无法延续下去。从叛乱的直接影响中可能有一定程度的恢复，但潜在的问题是导致叛乱发生的一些根本原因可以追溯到14世纪，这些问题则不那么容易解决。的确，在现存政府体系下，这些问题有可能是无法解决的。

1422年，亨利五世的去世使英格兰失去了一位强大而又活跃的统治者，弱小的亨利六世看到威尔士公国的地方势力在缓慢地加强。政府的有效管理取决于管理者认真地行使任免权，王室领地拥有大量的任免权。尽管亨利五世对官员的任命十分谨慎，但是到亨利六世末成年的统治时期结束之际，威尔士北部越来越多的地方官员，即到那时为止被保护的地方领袖，还是被获准成为王室成员。此外，1437年亨利六世亲政以后，又有更多的人获准成为王室成员。到1450年为止，威尔士北部已处于王室的控制之下，尤其是处于来自柴郡的王室成员的控制之中。尽管在威尔士南部，由于受到了诸如埃德蒙·博福特和约克公爵这些权贵的一些影响，王室并未以同样的方式得益，但是官员的任命逐渐反映了中央派系集团的实力和影响，任免权的使用更多地受外在政治因素的影响。王室把在威尔士的土地委托给一位有能力的威尔士亲王来经营可能会起到重要的作用，但是1413年以后，威尔士亲王均未成年。边疆地区的情况也不是很好，领主的收入正在不断下降，若干统治权因统治者长期未成年而受到困扰。大领主不再直接经营而逐渐依赖于当地的代理人经营，偶尔也会尝试推行某种管理制度，但是无法找到能够替代强有力的当地领主进行长期监管的人选。

　　这些代理人主要来自地方领袖，如果得到有效监督，也不会在这方面出现问题，但问题是亨利六世统治时期王室政府在法国发动了一场无法打赢的战争，同时还被派系之争所困扰，所以无力监管边疆地区。威尔士的许多地区逐渐落入当地地主的掌控中。最突出的例子是，在15世纪40年代至50年代之间，卡马森郡的绅士格鲁菲达普·尼古拉斯（Gruffydd ap Nicholas），在儿子们的援助下，掌控了威尔士西南部，表面上以亨利六世的名义，实质上是作为自己的管辖地。虽然他一直享有埃德蒙·博福特和格洛斯特公爵汉弗莱的任免权，但到了格洛斯特垮台并于1447年去世的时候，他就不再需要任免权了。当中央的紧张局面不可避免地导致内战发生的时候，他有能力完全忽视王室的权威，他是这些地方势力中最有权势的人。但也有像他一样的人，格洛斯特郡骑士拉格伦的威廉·阿普·托马斯（William ap Thomas）爵士是威尔士东南部的著名领袖，他在威尔士公国和边疆地区担任各种官职。在北方没有出现类似人物，北部威尔士处于王室内务府掌管中，在这里，在其控制者托马斯·斯坦利爵士的监管下，王室的控制是安全的，并且王室通过与当地之显赫家族的联姻使其控制得以加强。

　　1461年约克家族的胜利和随之而来的爱德华四世的继位，导致一份处理威尔士统治问题的新倡议出现。爱德华在威尔士的重要支持者是威廉·阿普·托马斯爵士的儿子拉格伦的威廉·赫伯特爵士。到1468年,威尔士的大部分地区都处于他的直接控制之下,诗人刘易斯·格林·科希称他为"爱德华的主锁"。[51] 1461年,威廉·赫伯特升为贵族,1468年,又被封授彭布罗克伯爵。此后,国王把他在威尔士的土地与利益委托给他忠实的仆人威廉·赫伯特管理,赫伯特当时成为王国中最有权势的人之一。赫伯特的快速升迁招来了许多敌人,尤其是在威尔士有利害关系的沃里克伯爵。1469年,沃里克叛变导致赫伯特在班伯里的失败,随后赫伯特被处决,他在威尔士的位置被国王年轻的弟弟格罗斯特公爵理查德占有。但1471年,爱德华重新复位,他任命他的小儿子爱德华为威尔士亲王,派他到拉罗德,并组织一个政务委员会为他提供咨询,以爱德华四世的名义掌控。1483年爱德华四世死后,格罗斯特公爵首先作为年轻的国王爱德华五世的摄政者,然后自己做了国王,并试图继续推行他哥哥把威尔士委托给白金汉公爵管理的政策,但是在理查德争夺王位的几个月内,白金汉公爵发动了一场未遂政变,并被处决。

亨利六世在威尔士的统治往往被认为是特别暴力和混乱的,16世纪末圭迪尔的约翰韦恩爵士的画作对此有最为形象的展现,他描述了北威尔士社会,在那里人们不得不由自己来决定什么是法律,因为整个公共秩序的运行机制已经崩溃。[52] 有证据表明:威尔士的其他地区也出现过类似情况。1454年,考瑟(Caus)的斯塔福德庄园曾雇用一个威尔士雇佣兵来保护佃户。此外,切斯特法庭的审判记录反映出弗林特地区的犯罪率相当高。似乎混乱状况最糟糕的例证是15世纪50年代威尔士的梅里奥尼思郡,那里的秩序和王室政府似乎已经完全瘫痪;被历史学家描述为"粗野和无法无天的"梅里奥尼思郡已经停止交纳任何土地收益。[53]

15世纪40年代和50年代完全是一个暴力横行和法律缺失的20年,人们往往将责任归咎于格林·德乌(Glyn Dwr)叛乱。人们谈及混乱、秩序的彻底缺失以及政府的完全瘫痪常把问题简单化,这一时

---

[51] *Gwaith Lewis Glyn Cothi*, p. 4: "Unclo'r King Edward yw'r Herbard hwn."
[52] *Gwydir Family*, pp. 33–58.
[53] Griffiths (1972b), p. 155.

期英格兰许多地方也出现过同样混乱的状况。威尔士公国和边疆地区都缺少强有力的权贵巨头是威尔士公共秩序缺失的众多原因之一。他们是通过代理人进行管理,而代理人往往来自拥有地方利益和目标的显贵家族,这些代理人只是利用官职加强他们的权势。然而,地方领袖的行为不能完全被蔑视为无视法律和追求个人野心。很多时候,地方之间的斗争是维持稳定和统治的需求,这种稳定与统治只能为一位领导者所主导。各个行政单位不能完全独立,即使是在 14 世纪,领主之间对引渡罪犯、紧急追捕和惩处重罪犯都有安排,而且也有解决争端的正式协议。

来自 15 世纪的若干此类文本幸存下来,此外还有一些文献谈了威尔士不同辖区之间传统的谈判方法,即"三月谈判日",又称为共同边界代表会议。一种做法是执行或者终止威尔士大法庭(the Great Sessions),这通常被视为是导致南部各郡公共秩序和贵族权力衰落的促成因素。此类开庭通告公布之后,将会举行各种协商,其结果将导致国王或领主同意接受以一次性付款的方式获得他们预期的收益。例如,1418 年至 1419 年,通过开庭,布雷肯的领主挽回了 2000 马克。1422 年至 1485 年,在卡马森郡举行的 52 次开庭中,只有 12 次未被中止。然而,与赎买关系更加紧密的是岁入而不是贿赂法官。在威尔士和边疆,各级法庭一直在运转,这种做法实际上是一种税收形式,特别是当领主从传统的收入途径获利越来越少时。

在 15 世纪 40 年代和 50 年代之间,关于威尔士问题已经有多次讨论,但是王室一直没有采取积极措施去解决它们;尤其在亨利六世统治下,王室很难遏制或控制诸如格鲁菲达普·尼古拉斯这种人的行为。随着威廉·赫伯特地位的上升,实际上威尔士出现了一位常驻于此的王室代表。在这些情况下,当地的统治和权力自然落入地方领袖手中,这些人组成了威尔士政治集团。他们的权力和影响依赖于传统的领主权,地方官员的任期、出身、亲属关系,以及日益扩大的土地财富和经济实力。他们被称为乡绅,但用"uchelwyr"(威尔士语)一词来描述他们似乎更加准确。这个阶层的支持对于欧文·格林·德乌来说是至关重要的;当时他们逐渐掌握了威尔士和边疆地区的权力操纵杆,虽然在他们之间,没有多少人能够在封地上超过格鲁菲达普·尼古拉斯,但是他们拥有的领地往往是富饶之地,有些甚至超出了威尔士的边疆范围。显著的例子是威廉·赫伯特,但也有许多其他人。来自基德威利的 Dwnn 家族在威尔士西南扮演重要角色。亨利·杜恩是欧文·格林·德乌的积极支持者,他的孙子格鲁菲达普作为一位年轻人参与了叛乱,并在法国服役中表现突出,格鲁菲达普的儿子约翰,除了在威尔士任职以外,在王室中还担任各种官职。1471 年,约翰被封为骑士,在英格兰获得了大片土地,并被亨利七世委以外交事务。他曾委托一位名气不亚于汉斯·梅灵的画家创作了一幅三联画,现陈列在英国国家美术馆中。虽然这些人与位于威尔士北部彭林地区的威廉·格里菲斯一起构成了这个阶层的杰出成员,但是威尔士还存在着其他许多拥有古老的世系地位和地方影响力的地主,没有他们的支持,威尔士政府就不可能存在。

在威尔士众多地主家族崛起的背后,存在着一系列深谋远虑的婚姻,最典型的例子似乎就是弗林特郡的莫斯廷家族。该家族在 14、15 世纪,先后四次通过与女继承人的联姻,坐拥了贯穿北威尔士的巨大地产。随着 15 世纪的发展,联姻计划更加慎重,在某个地区占统治地位的家族在为自己的儿女选择配偶的时候,越来越看得长远,以便使他们的婚姻能够涉及不止一代人或不止一个孩子。婚姻往往意味着土地;15 世纪是庄园建设规模日益扩大的时期,对于某些家族来说,这一进程早在 14 世纪就已经开始了。一份最近发现的地产契据列出了威廉·格里夫斯在格温内思购买的土地,这使他成为在威尔士西北最大的地主,此外,他还为自己的一个私生子购买土地作为遗产。[54] 其他的新地产包括梅里奥斯的彭尼亚斯(Peniarth)、卡那封郡南部的克莱内诺(Clenennauhe)和卡马森郡的菲多丁(Phydodyn);的确,同样的进程在全威尔士都能看到,就像世袭土地正在被有生意头脑的邻居抢购一样。一些自由的土地占有者先于同伴获得了土地,而且随着时间的推移,他们将进入贵族行列。对于那些已经享有地方权力与影响力的人们来说,他们正在增加他们的持有地。在家族文件册中数百份地产契据印证了土地集中的过程。

这些人是本地社区和政治上的领导人,他们的经济实力日益强大。同时,他们也是本地文化传统的培育者和管理者。1450 年至

---

[54] University of Wales, Bangor, Dept of Manuscripts, Penrhyn Further Additional MSS (uncatalogued).

1550年这一百年是威尔士地方贵族（ucbelwyr）豢养的职业诗人诗作极大发展的时期之一。的确，这些地方贵族中的一些人本身就是诗人，因为每一位绅士至少应该对威尔士诗歌严谨的格律有所了解。15世纪中叶，格鲁菲达普·尼古拉斯，作为一位杰出的赞助人，在卡马森主持了一场威尔士诗歌音乐比赛大会，这次大会对威尔士诗歌传统的格律进行了修订。这一时期的诗歌创作来自威尔士各地，诗人们游历甚广，并且到赞助人家里去拜访他们。这是一个诗人的时代，古托尔·格林（Guto'r Glyn）、刘易斯·格林·科希（Lewis Glyn Cothi）、古藤·欧文（Gutun Owain）、达菲德·南莫尔（Dafydd Nanmor）、达菲达布·埃德蒙德（Dafydd ab Edmwnd）和图德·阿列德（Tudur Aled）都是来自这个时代的诗人，他们中的许多人本身就来自地方贵族这一阶层，并且经历了漫长而严格的学徒期。他们的艺术创作依赖于赞助人对他们的资助，他们赞扬赞助人高贵的血统、慷慨和勇气；诗人从赞助者处寻求礼物，并为赞助者的去世哀悼。他们用诗歌来表述他们所处时代的社会价值。他们在严格的格律框架内创作出了伟大的诗歌，这些作品充分阐明了其所处时代的社会和政治态度。

　　本地文化不可或缺的另一部分是威尔士法律。在征服时期，英格兰法律程序引入威尔士并不意味着本地法学的没落，特别是在南部诸郡和边地，15世纪制定的法律文本仍然有效，并没有成为他们强调的古董。在当时也有一些应用威尔士诉讼程序审判的记录，其中涉及了刑事和民事诉讼，涉及不动产方面的诉讼程序是最突出的。在 tri prid 中被称作不动产转让的威尔士法律诉讼程序，是围绕着世袭的威尔士土地不可剥夺的状况而发展起来的，在土地资产发展中扮演一个重要角色，正如家族文件册中数百份地产契据所示。到1536年，海韦尔·达（Hywel Dda）的法律在威尔士人的日常生活中有着独特的地位，没有威尔士的绅士能够承受忽略这些规定所需付出的代价，尤其是在边疆和南部诸郡。

　　14世纪中叶鼠疫的长期影响因叛乱而日益加剧，这些影响在农奴阶层得到清晰显现。虽然这些人在人口中是少数，但是他们承担着最沉重的捐税和劳役，尽管当时劳役已经折算成现金。至少15世纪的威尔士，农奴身份已经变成增加收益的一种途径。农奴遭受着各种限制，但这时农奴可以很容易地通过支付罚金来规避限制。一些地产契据记录着农奴的售价,但是能够转让的是具有农奴保有资格的土地和他的劳动权利,农奴身份不意味着贫穷;1481年至1482年,一位来自安格尔西岛拥有价值26英镑18先令4便士物品的农奴,不仅把他的女儿们都嫁给了自由人,而且他自己也娶了当地村落的女儿为妻。[55] 另外,许多身为自由人的佃户只能用贫穷来形容。在威尔士公国向英国王室交纳的捐税中,绝大部分来自居住在乡镇的契约奴。自14世纪末以来,就已经开始出现了农奴上缴的捐税的流失。因为叛乱,农奴正在出走。在北部的一些郡,一些村镇已经完全衰败,可耕地变成了牧场。叛乱结束以后,政府建议逃亡的农奴返回家园,但这已经是一些毫无意义的举措。因此,在和当地村落谈判中以补助金形式缴纳的税费不得不被取消。

在地方贵族这样的上流社会中,存在着大量财富。的确,资助诗人本身就是一种显而易见的消费方式。诗人描述了许多堆满进口佳肴的餐桌,美丽的房子和精致的室内装潢。在15世纪初,诗人希荣·康特(Sion Cent)对他所处的时代和社会进行了严肃的批评,他用以下方式概括了当时上流社会的价值观:当人们除了七尺之躯之外一无所有的时候,他们的房子、酒窖、马和猎犬,以及去往英格兰的旅行还会有什么利用价值?[56] 这些地方贵族自信而且生活安逸,遗留下来的房子反映了这一事实,北部和西部的房子是用石头建造的,而东部的房子是用木材建造的。处于上流社会之下的佃农阶层正在兴起;土地占有方式已经发生了变化。在一个高地经济占主导地位的社会中,既存在着贫穷,也存在着财富。西班牙的啤酒和东方的香料都可以在卡迪根郡或安格尔西岛乡绅的餐桌上找到的事实就证明了这一点。财富的增长也反映在教堂的重建和装饰上,尤其是东北部,那是威尔士最繁荣的地区。尽管那里最精美的教堂,例如雷克瑟姆、莫尔德和格雷斯福德,都应归功于斯坦利和玛格丽特·博福特的慷慨资助,但是位于克卢伊达谷的拥有双中殿的教堂,以及位于威尔士其他地方的诸如弗尔的格兰诺夫德尔教堂、滕比的霍利黑德教堂和加迪夫的圣约翰教堂也为重建提供了进一步的证据。

---

[55] Public Record Office (London), SC6/1155/6, m. 11a.
[56] *Cywyddau Iolo Goch ac Eraill*, pp. 288–292.

威尔士主要的产品是布匹和牛。众多漂洗坊的存在反映出羊毛的出口已很大程度上被布匹所取代。人口的减少曾经一度导致更多的土地被迫转向放牧业，这反过来导致养羊业更加受到重视。边疆贵族中最有能力的格雷家族在里辛创办的布业是威尔士组织最为健全的。威尔士把大量的活牛出口到英格兰，甚至一些诗人都有赶牛的经历。[57] 威尔士以铅、煤和板岩形式存在的矿产开采规模较小，木材和森林在经济发展中扮演重要角色。但是全职产业工人的概念还没有出现；产业工人和大部分工匠通常也是小土地持有者，一直保持对土地的耕种。威尔士主要出口羊毛、羊皮和布匹；主要进口葡萄酒、盐、铁和奢侈品。每一个沿海的或入海口的城镇都是一个港口，这些港口中最重要的是北部的博马里斯和西南部的卡马森、哈弗福德韦斯特和滕比，它们与布列塔尼、西班牙和葡萄牙，同时也和英格兰、苏格兰和爱尔兰进行贸易往来。城镇通常都是重要的市场和服务中心，而雷克瑟姆不仅是威尔士北部最大和最繁荣的城镇，还是一个金属加工中心。其他主要的城镇是一些地方商业中心，包括加迪夫、布雷肯、卡马森、登比和纽顿；其他城镇更多地服务当地区域，一些城镇比村落还小。富裕的英格兰市民大量购买土地。康威的市民博尔德的巴塞洛缪经过多年在康威河下游一带购买小块可以世袭的地产之后，建立了一个规模很大的庄园。而在博马里斯，来自柴郡的威廉·布克利在城镇购买了租佃权，然后把他的活动扩展到安格尔西岛的乡村。他的长子娶了博尔德的巴塞洛缪唯一的女儿及继承人为妻，从而使身处博马里斯的巴克利家族成为北威尔士主要的势力集团；他们用了一代人的时间融入了安格西岛社会，并受到诗人们的极大赞扬。

15世纪并非通常意义上的宗教狂热时期。教堂的重修与扩建既是教徒虔诚之心的表现，同时也表达了市民对城市的自豪感或贵族和领主的慷慨。在15世纪的大部分时间中，没有一个威尔士人被任命为主教，也很少有人被授予教会荣誉封号；有能力和有追求的威尔士教徒则前往英格兰谋求发展，通常是担任教士、律师。在教区神职人员之中我们可以找到富有的地方贵族家族成员，这些人是诗人的庇护人，他们的生活方式十分世俗化，与当时诗歌中所反映的状况别无两

---

[57] *Gwaith Guto'r Glyn*, pp. 84–86.

样。不过多数的神职人员,就收入水平和受教育程度而言,与教区内的大部分居民相比,相去不远。许多修道院正面临着日益严重的经济困难,而且教产也越来越多地受到当地贵族们的控制,许多贵族在16世纪修道院解散时都收获颇丰。在约翰·奥尔德卡斯尔爵士被俘之后,虽然很少或者根本就没有证据表明罗拉德派在威尔士仍然活跃,但是也没有证据表明威尔士出现思想骚动或精神生活紧张的状况。虽然教会具有一定的功能,但是我们不能把教会描述成一个斗士或胜利者。对于大多数威尔士人来说,宗教信仰的普及只是习惯问题。像圣大卫和巴德西这样的朝拜中心就颇有人气,然而某些朝拜中心则甘愿建在远处,尤其是孔波斯特拉的圣地亚哥大教堂。宗教诗歌有着丰富的体裁,但却很少具有强烈的感情和献身精神。关于威尔士的教育我们知之甚少。一些修道院可能会保留学校;在奥斯沃斯特里和哈弗福德韦斯特修道院就有一些文法学校,但是约翰·韦恩爵士进入卡那封的学校学习阅读、写作、英语和拉丁语则要归因于他的曾祖父。[58] 1406年,欧文·格林·德乌便通过教宗建立一南一北两所大学,但是直到19世纪威尔士才创办类似的机构。尽管如此,许多15世纪留存下来的地产契据和其他的文献表明,普通教徒具有读写能力,而且大多数地方贵族,以及许多市民肯定也像诗人一样,受过教育。

那些14世纪在法国战争中发挥积极作用的威尔士士兵,仍然发挥重要的作用。在亨利五世及其儿子统治期间,许多士兵都在法国服役,其中包括早年间跟随欧文·格林·德乌起义的士兵。威尔士继续通过各种战争参与到国家事务中来,而且将领战功卓著,其中包括比尔斯的理查德·格辛爵士、格鲁菲兹·邓恩、马修·高夫,以及年轻的威廉·赫伯特。他们中的许多人,特别是高夫,因服役而得到作为奖赏的诺曼底土地,但是这些财富随着1450年法国重新获得该省而消失。国内的诗人非常了解他们的赞助人在海峡对岸的功绩,在他们的诗歌中常常提到这些事迹。事实上,诗人古托尔·格林本人曾经就是一名被派往法国作战的士兵。虽然对法战争通常被威尔士人看作他们作为主要参与者而应该获得财富的一个来源,但是似乎没有一户威

---

[58] *Gwydir Family*, p. 50.

尔士家庭从中获得了资金或土地方面的利益。然而，不管怎样，服兵役确实使威尔士人获得了庇护和有用的社会关系。像格辛和赫伯特这样的人从法国回来之后认识了很多人，经常受到重要将领的关注，这对于他们未来的发展极其重要，因为一个位居高位的赞助者既可以成就也可以中断一个人的政治或军事生涯。在法国服役给威尔士人带来的另一个结果是使他们获得了大量的军事经验，这对于在1455年爆发的英国内战来说，双方都受益匪浅。

英格兰的战争不仅使威尔士进入英国政治主流，而且使威尔士的领导者们登上了英国的政治舞台。威廉·赫伯特的父亲在东南威尔士的事务中是一个杰出的人物，而赫伯特更是如此。约克和兰开斯特两大家族都具有威尔士的权力基础。威尔士公国属于王室领地，主要是兰开斯特王室领地，如曾被封为兰开斯特公爵领地的蒙茅斯和基德韦利。早期的莫蒂默贵族显然属于约克家族，不过两大家族中均有反对派存在。忠诚往往会受到地方权力斗争的支配，在格林·德乌叛乱期间，忠诚甚至会受到所处立场的支配。效忠往往是维护个人利益所做出的选择。格鲁菲兹·尼克拉斯声称效忠兰开斯特王室，但条件是微弱的王室政府让他来控制。1456年，当埃德蒙德·都铎被安茹的玛格丽特送到南威尔士后不久，敌对状态便出现了。边疆地区的其他领主则自行其是。斯塔福家族属于兰开斯特王室，而格拉摩根郡的领主是沃里克的伯爵，他完全凭着他的个人利益行事。位于柴郡和北威尔士的斯坦利家族也根据自身的利益行事。如果说在英格兰主要依靠兰开斯特家族和约克家族辅佐的话，那么在威尔士，则主要依靠贾斯珀·都铎和威廉·赫伯特扶植，他们分别在不同时期被封为彭布罗克伯爵。

1461年，约克家族在莫蒂默斯克罗斯取得胜利之后，贾斯珀·都铎就逃到了爱尔兰，与此同时，赫伯特在威尔士结束了兰开斯特人的抵抗。赫伯特与他同时代的指挥官一样残忍，他和他的手下令英格兰感到恐惧；然而，他身为威尔士人这一事实就意味着他受到了其威尔士同胞的钦佩，古托尔·格林曾请求他把威尔士人团结起来，把英格兰人驱逐出威尔士。[59] 他和贾斯珀都充分地利用诗人来达到宣传的目的。这说明当时的诗人都是为出钱人唱赞歌的趋炎附势者，但是他

---

[59] *Gwaith Guto'r Glyn*, pp. 129–131.

们效忠的是威尔士，而不是约克家族或者兰开斯特家族，他们中的许多人为两大家族的赞助者唱赞歌。在1469年，赫伯特在班伯里战败后身亡，他死后，他的许多追随者随他而去，诗人们将此作为一个全国性的灾难来进行哀悼。

　　1471年，爱德华四世在图克斯伯里大获全胜，对于威尔士来说或许是最具有重要意义的一次胜利。因为它意味着兰开斯特王朝的直接灭亡，而且在他的余生，爱德华的统治地位都是无可匹敌的。贾斯珀和他的侄子——亨利·都铎在布列塔尼找到了避难所。但是他们的地位发生了巨大的改变。贾斯珀一直都是威尔士兰开斯特党的头领，没有什么比这更重要的地位了。可是，现在，小亨利却成为兰开斯特王朝王位继承人最近的候选人。其母玛格丽特·博福特的曾祖父是冈特的约翰，而从他父亲的那一边来看，他继承了北威尔士的主要血统。都铎家族是埃德尼·费尚（Ednyfed Fychan）的后代，埃德尼·费尚是13世纪上半叶格温内思郡王子的管家。在爱德华征服威尔士之后，都铎家族就一直在威尔士公国的当地人中占据着统治地位。尽管他们对于格林·道尔的拥护和支持使得他们在威尔士的统治走向了尽头，但是该家族中的马勒杜德·都铎·格隆尼（Maredudd ap Tudur ap Goronwy）有一个儿子，名字叫作欧文。叛乱结束之后，马勒杜德就从历史记录中消失且无迹可寻，但是欧文从法国服役回来之后，就进入宫廷，并最终迎娶亨利五世的遗孀瓦卢瓦的凯瑟琳。他们育有三个儿子：埃德蒙、贾斯珀和小欧文。小欧文成为威斯敏斯特教堂的修道士。亨利六世明显非常宠爱他的那些同母异父的兄弟们，封埃德蒙为里士满伯爵、贾斯珀为彭布洛克伯爵。随着兰开斯特王室的衰败，亨利·都铎成为兰开斯特王朝唯一的继承人。流亡期间，贾斯珀一直与在威尔士的兰开斯特家族的拥护者保持联系，并为未来的崛起建立了一个党派。在爱德华四世在世的时候，他们几乎没有什么作为，但是在1483年，爱德华四世突然去世，王位由其幼子爱德华五世继承。爱德华四世的弟弟格洛斯特公爵理查德被任命为摄政王，而后的故事就众所周知了。

　　摄政王格洛斯特公爵篡夺王位，他的侄子国王爱德华五世失踪，这两件事情彻底地改变了当时的政治形势。随后，白金汉公爵策动的叛乱流产，白金汉公爵在威尔士不受欢迎，他在那里将得不到多少人的支持。理查德三世的继位，导致人们之间出现了敌对和猜忌，而1483年白金汉公爵策动的叛乱和1485年亨利·都铎叛乱失败所付出的高额代价又使得整个事态的发展变得更糟。所有这些在兰开斯特王朝的事业中注入了新的生气，亨利·都铎的地位一夜之间发生了变化。贾斯珀多年来在威尔士的密谋现在终于开花结果了，诗人们为亨利的事业而辩护。在威尔士，预言诗歌有着悠久的传统，诗歌号召预言之子（mab darogan）起来拯救他的人民。诗人们吟诵这类诗歌，呼唤亨利作为救世主，带领威尔士人走向胜利。一个可以追溯到10世纪的古老传统因一个涉及英格兰和威尔士的特殊原因而被开发出来。为了与预言传统的动物形象相一致，人们歌颂亨利时，把他比喻成燕子和公牛。这首诗并没有表现出威尔士人向凯尔特文化传统的回归，而是时人以传统方式进行的政治宣传。人们对亨利的赞美，恰恰就是对理查德的谴责。有些诗人甚至指控理查德谋杀了他的侄子。[60]与此同时，这类诗歌中大部分都包含了反英格兰的腔调，把预言之子奉为威尔士复仇的保证书。理查德的反对者们开始向布列塔尼进军。1483年秋天远征失败后，亨利于1485年8月在米尔湾的米尔福德诺登陆；在行军穿过威尔士的途中，许多人加入亨利的队伍中，这些人与贾斯珀一直保持着联系，尤其是格鲁菲兹·尼克拉斯的孙子迪内弗尔的莱萨普·托马斯（Rhys Thomas of Dinefwr），他当时是威尔士西南部的重要人物。侵入者通过威尔士前进到内地，在博斯沃斯，理查德三世被击败并且被杀。亨利·都铎，这位贫穷的被流放者，变成了国王亨利七世。亨利的继父斯坦利勋爵和斯坦利的兄弟威廉爵士的介入，对于亨利最终取得胜利起了决定性的作用。

　　博斯沃斯对威尔士形象的影响令人震惊，诗人们的反应体现了这一点。他们认为预言之子已经来到他的人民之中，当地最后一位王子格鲁菲达普·卢埃林的大仇已报，因为一位威尔士人现在已经戴上了伦敦的王冠。许多威尔士人来到英格兰寻找他们的财富，而博斯沃斯这个亨利曾举着红龙旗率领他的军队作战的地方，被视为威尔士胜利的象征。问题是亨利在多大程度上可以被认定是威尔士人，我们还没有确切的答案。亨利的祖父母和外祖父母中只有一人为威尔士人，但

---

[60] Williams (1986), pp. 23–24.

是由于亨利孩提时代个性形成时期是在拉格兰的赫伯特家中度过的，因此他可能确实讲威尔士语，而且喜欢威尔士诗歌。威尔士的红龙是王室纹章的载体之一，此外，亨利还给他的长子起名为亚瑟。人们很容易对这种姿态不屑一顾，认为它只是一种装饰，但亨利·都铎似乎非常清楚自己的威尔士血统，而且他清楚他欠这些威尔士支持者多大的恩情。那些曾站在他这一边的人都得到了奖赏；那个处处帮助他的贾斯珀被封为贝德福德的公爵，并且被委托监督威尔士及边疆地区，即使没有取得像爱德华四世给威廉·赫伯特的授权和理查德三世给白金汉公爵的授权。莱萨普·托马斯同样得到很高的奖赏，1496年他成为南威尔士最高司法官。

当亨利成为国王时，一些游吟诗人曾抱怨国王对威尔士缺乏关注，不过这不代表威尔士地方领袖的态度。他们的地位和影响力没有受到任何影响，他们很清楚恢复社会秩序和王位的稳定是亨利要考虑的首要问题，对于他们来说有亨利在就已经足够了，很多威尔士人支持镇压那些时常发生的起义。1486年在布雷肯领地内发生了约克派的暴动，反叛者夺得了布雷肯的城堡；他们被在博斯沃斯封为骑士的莱萨普·托马斯爵士所镇压。亨利维护和平和秩序的决心在1495年处决威廉·斯坦利的时候才显现出来。威廉·斯坦利曾帮助亨利取得了博斯沃斯战役的胜利，而且他的哥哥是亨利的继父，亨利之所以决定处决他，是因为他参与了佩金·瓦尔伯克（Perkin Warbeck）阴谋。1507年，莱萨普·托马斯爵士在卡鲁城堡举行了一场盛大的骑士比武，这象征着英格兰和威尔士的和解，在整个16世纪的诗人眼中，亨利七世是解放者。伊丽莎白时代的古文物研究者乔治·欧文把亨利七世描述成"是把我们从奴役束缚下解救出来的摩西"[61]。威尔士人开始重新被委派到威尔士的主教辖区任职，威尔士人无论位于哪一级行政机关，只要忠于国王，都会受到奖励。

到1485年为止，威尔士的大部分边界地区都处于王室的控制之中，不在王室掌控之中的边疆地区主要包括威尔士东南部的白金汉勋爵领地和东北部的斯坦利家族的领地。但是亨利并未对威尔士政府进行彻底重组，他以爱德华四世为榜样，在使现有机制运转的同时，加

---

[61] Owen, *Description of Penbrokshire*, III, p. 37.

强王权。幸存下来的领主必须与国王签订契约或正式协议，保证维护社会秩序。然而，司法审判的多样性问题依然存在。尽管国王控制了大部分边疆地区，但是每个贵族的领地都是自治的，而且没有一个中央机构对其进行管理。亨利再次效仿爱德华四世将其长子送往拉德洛并在此建立了一个议事会；这个议事会直到1502年亚瑟死后仍然存在，而且最终发展成威尔士边疆地区议事会。但是国王更倾向于依靠个人而不是制度来控制威尔士，莱萨普·托马斯在这方面扮演了一个重要的角色。

管理威尔士的问题主要在于财政的管理方面。威尔士的财政困难已有很长一段历史了，可以追溯至14世纪后半叶。1490年，威尔士北部采取措施尽可能多地恢复税收，贵族的管家被解职，取而代之的是王室侍从。结果是当地社会感受到极大的压力以致1498年梅里奥尼思郡爆发反叛。国王不得不派一支军队来此恢复秩序，当地社会为此支付了相当多的罚金。边疆地区也面临着同样的问题。1496年布雷肯在斯塔福德统治时期积累下来的2000多英镑的欠债不得不被一笔勾销。欠账的增加是领主们不得不面对的最严重的问题之一。为了解决威尔士北部的问题，亨利七世分别于1504年和1507年授予威尔士公国一些特许权，此外在1505年至1509年间又将一些特许权授予威尔士边界地区的各个贵族领地。这些措施解放了农奴，废除了部分可分割土地的继承权以及大量的传统债务。

亨利七世颁布这些特许权并非一时冲动地向"遭受痛苦奴役的"的威尔士北部地区的人们传递国王的慷慨，这些特许权是接受者花钱从国王那里买来的。这些特许权的合法性曾遭到一些质疑，但这个问题还没有来得及解决，亨利七世就于1509年去世了。其子亨利八世对威尔士几乎没有直接的兴趣，亨利八世统治的前半期，威尔士几乎没有发生什么变化。他依靠红衣主教沃尔西，而沃尔西则依靠传统的威尔士领导者。威尔士南部的关键人物仍然是莱萨普·托马斯爵士，直到他于1525年去世为止；在北威尔士与莱萨普·托马斯爵士处于相同地位的则是彭林的威廉·格里菲斯三世。格里菲斯使用一套非常严厉的手段，他认为统治北威尔士只能采取这样的手段，他别无选择。在边疆地区保留了两个重要的人物。其中一个是查尔斯·萨默塞特，他是亨利·博福特的私生子，第三代萨默塞特公爵。他是1485

第二十二章 凯尔特世界

年与亨利·都铎一起登陆的那批人中的一员,并娶了威廉·赫伯特的孙女为妻。另一个是白金汉勋爵,他富有、傲慢,且不受欢迎。白金汉勋爵同国王是友善的,但是他冒犯了沃尔西,而且他傲慢的方式增加了亨利对他的怀疑,因为如果国王去世时没有继承人,那么他将是那个有足够继承权的亲戚。他被控告犯了叛国罪,并丁1521年审判之后被处死。从某种意义上来说,白金汉勋爵的去世标志着一个时代的结束。边疆贵族统治的时代结束了,实际上整个边疆地区这时都在国王的控制之下。托马斯·克伦威尔一劳永逸地结束了威尔士的异常状态;1536年以及1543年的联合法案与其说是把威尔士并入英格兰,不如说是使威尔士内部得到了统一。

A. D. 卡尔(A. D. Carr)
孙立田 译

第二十三章

意大利

第一节 北部城邦

547　　从很多方面来看，15世纪的意大利已成为一个更加团结的政治性区域，因此，我们很难在不涉及教宗和那不勒斯国王的前提下，把讨论范围限制在意大利半岛的北部地区。这些不断强大并且富有组织性的国家之间的相互关系是这一历史时期的关键内容。甚至由于法兰西、西班牙、神圣罗马帝国皇帝，尤其是奥斯曼帝国都聚集他们的力量，意大利所有城邦在15世纪下半叶更加紧张和惶恐。因此，尽管本章只关注米兰、威尼斯、佛罗伦萨以及周边的小城邦，但是有着相同的经历、前景和恐惧的宽泛意义上的意大利，越来越不能不予以考虑。

　　意大利城邦的经济状况是让当时和最近的历史学家感到疑惑甚至沮丧的主要原因。整个14世纪以及15世纪的大部分时期爆发了人口灾难，"文艺复兴时的经济萧条"紧随其后，它们亦被视为同时发生的，而且，甚至可能为这一时期内意大利的文化繁荣做出了非凡的贡献。① 这种谨慎的经济悲观主义被认为是由热那亚贸易活动的急剧减少、佛罗伦萨毛纺织制造业的突然崩溃和银行投资水平降低等因素形

---

① 洛佩斯（Lopez 1953）、洛佩斯和米斯基明（1962）开启的争论尚未得到圆满解决。尽管以奇波拉（Cipolla 1963）和戈德思韦特（Goldthwaite 1980）为代表的许多学者提出了反对意见（见第一章），但漫长的经济萧条这个观念仍然存在。对此问题最近的分析，见 Brown（1989）和 Aymard（1991）。

第二十三章 意大利

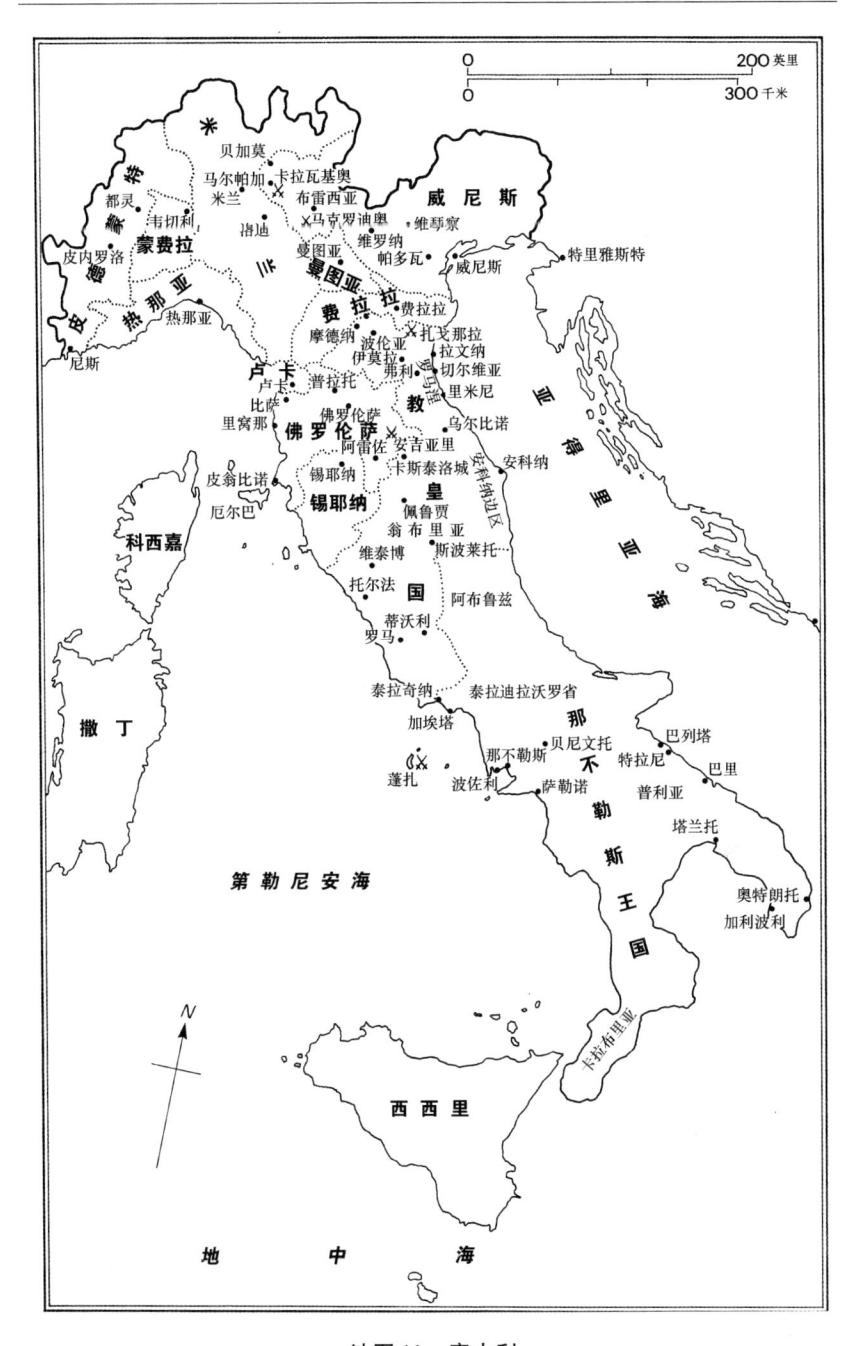

地图 11 意大利

成的。这些问题都经过了很多讨论，但毫无疑问，这些悲观的争论中不乏浮夸之词；热那亚在东地中海区域的败落被复兴的威尼斯迎头赶上。威尼斯在 15 世纪 20 年代的经济幸福感也在总督托马索·莫森尼戈（Tommaso Mocenigo）的著名临终演说中有所体现，并且所有的迹象都表明 15 世纪前半叶共和国的经济活动范围在不断扩张。热那亚此刻正在西地中海区域寻找新的贸易市场，并且在伊比利亚半岛拓展利益的过程中，与阿拉贡产生新的竞争。佛罗伦萨的毛纺织业转向生产更高端和利润更高的产品，精美丝织品加工业中增长的利润抵消了出口业的衰退。同时，1406 年和 1421 年分别对比萨（Pisa）和里窝那（Livorno）的占领，也开启了通往海洋的道路。并且，航海业的开辟使得佛罗伦萨和威尼斯在北欧港口和黎凡特港口产生竞争。15 世纪上半叶，米兰和伦巴第大区的许多城市都从阿尔卑斯山与德意志南部之间的扩张经济活动中获利。

所有这些情况都表明，关于 14 世纪晚期和 15 世纪早期意大利北部城邦的经济发展十分低迷的观点是难以成立的。无疑竞争越来越多，但这种竞争主要是传统地区限制城邦扩张和经济机遇增多造成的。

然而，关于经济环境还有两个更为深入的观点，在 15 世纪上半叶，随着佛罗伦萨和威尼斯扩张成为区域国家，以及那不勒斯地区阿拉贡王朝建立，意大利的国家体系也逐渐形成。伴随着这些发展中央控制权的扩大形成了新的经济力量。即使协调一致的地区性经济尚未出现，但毫无疑问，佛罗伦萨因它对阿雷佐（Arezzo）、普拉托（Prato）、比萨（Pisa）的征服而受益。威尼斯扩张的主要目的，是实现对意大利东北部贸易路线的政治控制，以及支持贸易流转往返于威尼斯近陆一侧。米兰对热那亚的周期性控制使得米兰商人进入了西地中海区域的商业世界。一些资源和人才不可避免地流向这些新兴的重要城市以及较小城邦的中心地区，如都灵（Turin）、曼图亚（Mantua）、费拉拉（Ferrara）等，刺激了这些地区的经济发展。

同时不得不提的是，城邦的管理和防御体系的支出呈现螺旋式上升的趋势，而且总是超出城邦的财力。意大利在 15 世纪面临的实际问题与其说是经济活动的减少，不如说是对可利用资源需求量的大幅度增加。税收和借贷水平的提升，军事和文化领域国家支出的增加，

第二十三章 意大利

侵蚀了个人企业家原有的商业利益，破坏了意大利城邦的经济结构。15世纪上半叶佛罗伦萨用于战争的开销是城邦日常税收的三倍有余。经济活动的集中趋势和中央集权力量的缺乏，将这些负担转嫁到扩张后的城邦的意图未能实现。15世纪有一种夸大意大利文艺复兴城邦扩张的趋势。无论它们是米兰那样的君主国，还是威尼斯或佛罗伦萨那样的共和国，意大利各城邦都缺乏对扩张趋势的对策尤其是切实有效的集权意愿。与地方主义妥协的各种主张盛行，而这也是本章的主要议题。

15世纪早期，首先是维斯孔蒂（Visconti），其次是那不勒斯的拉迪斯拉斯（Ladislas），他们对霸权主义的渴望似乎是左右意大利政治的因素。1395年从神圣罗马帝国皇帝那里获得米兰公爵头衔的詹加莱亚佐·维斯孔蒂（Giangaleazzo Visconti），通过对比萨（Pisa）、锡耶纳（Siena）和波伦亚（Bologna）的征服，从而实现了对托斯卡纳（Tuscany）地区的征服。他在1402年猝死，使得佛罗伦萨解除了包围。并且，当拉迪斯拉斯在1414年将安茹—那不勒斯（Angevin-Neapolitan）势力向托斯卡纳推进时，他也突然去世了。这两件事使佛罗伦萨人有理由认为，上帝和好运都在他们这边。由于这些事件，以及后来米兰和那不勒斯地区力量的短暂衰弱，威尼斯根深蒂固的市民自豪感和共和国的爱国主义注入了新的活力。在米兰公国，取而代之的是离心力；詹加莱亚佐的雇佣军野心勃勃，同时伦巴第大区各城市一直渴望自治，导致了维斯孔蒂中央集权的崩溃。1412年，乔瓦尼·马里亚·维斯孔蒂（Giovanni Maria Visconti）在恢复统治秩序的过程中稍有进展时，却遭到了暗杀。他年轻的弟弟菲利波·马里亚（Filippo Maria），通过与他父亲最得力的雇佣兵队长法西诺·凯恩（Facino Cane）的遗孀比阿特丽斯·腾达（Beatrice Tenda）结婚，使维斯孔蒂的权威开始了更持久的复兴。同时，拉迪斯拉斯的去世也导致了安茹—阿拉贡之间的互相竞争在那不勒斯地区重新出现，霸权主义的威胁也从南部地区暂时清除。

维斯孔蒂力量衰弱而造成的意大利北部地区的真空，为佛罗伦萨和威尼斯提供了扩张和武装自己的机会，以更有效地抵抗未来的威胁。佛罗伦萨在1406年占领了比萨，随后在1421年从热那亚手中购买了里窝那，延伸了对托斯卡纳海岸线的控制，这是共和国的一个关键时期。威尼斯在 1404—1405 年，通过对卡拉拉（Carrara）贵族统治的摧毁，对维罗纳（Verona）、维琴察（Vicenza）和帕多瓦（Padua）的占领，以及在 1420 年对弗留利（Friuli）大部分地区的占领，扩展了它在意大利内陆的有限据点，这些都给威尼斯共和国（Serenissima）带来了全新的政治和经济利益。不管是对于政治利益还是经济利益，军事力量都是扩张过程中的重要因素，尽管还有一个强有力的因素，那就是一些较小的共同体会在那些较大城邦的影响和庇护之下屈服。然而更重要的是，全力扩张的城邦此时需要更加持久和有效的防御体系。在 14 世纪晚期，城邦和雇佣军队长的联系加强了，并且常备军的核心力量建立起来，而且呈现出一种持续增长的趋势。1406 年以后，佛罗伦萨的当务之急是对比萨进行防御，此时威尼斯也在加紧部署大量常备军来保卫新获得的领土。广阔的边防线面临的军事及后来的财政和组织上的问题不同于对城墙和威尼斯潟湖的依赖。

在实现这种更加持久且昂贵的防御承诺的过程中，威尼斯比佛罗伦萨更具优势。常备军海上防御的经费已经是威尼斯政府财政政策的一部分，并且威尼斯国家的日常财政收入实际上比佛罗伦萨要多很多。但或许更值得注意的是 15 世纪前几十年的形势，在意大利北部地区，常备军的准备步骤很清晰；而在意大利南部，在极不稳定的政治环境下，雇佣军队长有机会建立有利可图的临时雇佣军，依旧是这一地区的主导力量。佛罗伦萨发觉，在北部与南部之间的边境上，维持雇佣军队长的忠诚更难，而解散军队更容易，因为可以在需要的时刻招募雇佣军。15 世纪 30 年代，意大利的翁布里亚（Umbria）以南地区有两所雇佣兵学校的战场，分别是斯福尔扎（Sforzeschi）和布拉切斯基（Bracceschi），中世纪晚期意大利的军事传统由此而生。以北地区米兰和威尼斯牢固的军事实力一直在稳步增长。

在意大利北部的三个主要城邦中，15 世纪上半叶的佛罗伦萨最能吸引历史学家的兴趣。这一方面是由于佛罗伦萨城市中发生了引人注目并且具有影响力的文化变革，另一方面是与米兰、威尼斯相比，佛罗伦萨在政治事务中也表现出多样性，更具活力。这两种因素并非毫无关联。佛罗伦萨成为托斯卡纳的统治者，只留下卢卡（Lucca）和锡耶纳（Siena）地区独立，但是领土扩张无望，本章对此已经有过讨论。毫无疑问这是佛罗伦萨自信心高涨的一个重要因素。共和国成功抵御了来自米兰和那不勒斯的"残暴"统治的侵扰,这也被认为是其自信与骄傲的来源。② 但是更多的注意力被放在佛罗伦萨内部的政治和社会变革上,这些变革将佛罗伦萨由一个党派倾轧的、不稳定的市镇变成一个稳定的、团结一致的城邦。从传统上来说,在某些人眼中,这些变化的功过是非都归因于美第奇家族(Medici Family),并且科西莫·德·美第奇(Cosimo de' Medici)在 1434 年从威尼斯结束了短期流放归来,被视为一个转折点。但是在近期,1434 年之前的这三十年得到了更深入的研究,并且佛罗伦萨历史的基本连续性也越来越受到重视。③

佛罗伦萨共和国在 14 世纪晚期逐渐转向寡头政治。经济和人口增长的停滞是这一变化的一部分,但这也是对政治和社会现实的一种被动接受。1378 年梳毛工起义(Ciompi)后兴起的这种统治,以及其后对盛行的平民共和主义的短暂尝试,都是一种自觉的寡头政治。当共和国的自由价值观以及对公共事务的广泛参与还在被大肆宣扬时,统治实权已经向七十个资深的执政官组成的政治体制转变。随着国家的扩张,从司法行政长官、国家虚位元首及八位执政官——他们的任职是通过每两月一次的抽签(抽取放入袋中的有资格当选的行会会员的名字)决定的——到派遣至扩张地区的司法和财政官员,这些公共政府机构官员的任命沿袭了传统的方式。获取官职是市民生活的重要部分以及社会地位的象征,同时意味着财富、家族关系和生活方式的转变。但是在这些表象背后,对合格者名单的操纵,把一些名字放在重要的抽签袋子里,越来越多地请求特殊的、精挑细选的紧急委员会(balie)在特定事务上做决定,将见多识广、经验丰富的顾问(the pratica)组成的常设机构持续作为政策讨论会场进行使用,14 世纪早期所有这些都稳固地处于阿尔比齐家族(Albizzi famliy)控制下的精英阶层的手中。但是,这还不是贵族阶层;而若想进入这个在某种程度上依靠家族联系和家族传统的阶层,则是由在公共事务中的经验、财富以及在邻里间的影响力决定的。这一政体的成员不仅仅

---

② 关于著名的"巴伦命题"(Baron thesis),见 Baron(1966,1988)。来自富有见地的历史学者的首次回应,见 Seigel(1966),而整个论战的扩大主要是由于 Holmes(1969)和 Brucker(1977)。
③ Tubinstein(1966),pp. 1 - 29;Brucker(1977);Hale(1977),pp. 9 - 24;Kent(1978)。

寻求加强他们自身地位的途径，而且为了使得其他人对这一政体表示忠诚，普遍强调市民和共和国价值观的重要性。在这种情况下，不管文化事业是公共建筑的装饰、对特殊艺术作品的保护，还是对爱国历史著作和文化宣传的鼓励，都具有重要影响力。它们有助于向整座城市传播精英阶层的自信心和承诺。

对更广泛情况的日益关注还体现在 1427 年的新税收提案中。地籍簿是对城邦内所有房屋的一项完整调查，既包括人员组成，也包含财富及基于财富的税收和强制借贷。调查重点更多放在财产而不是商业利益上，调查显示，此时财富集中在佛罗伦萨。城邦三分之二的财富被仅占人口六分之一的佛罗伦萨人持有。长久以来，寡头政体与其批评者之间冲突的来源是对更公平的税收体系的需求；15 世纪 20 年代后期的战争使城邦必须征收新税，特别是对这一时期内城邦持续扩张以及试图兼并卢卡的关注，增加了内部冲突。反对阿尔比齐家族政权的核心力量是美第奇家族，此时美第奇家族的财富飞速增长，与教会和教会银行业之间的联系也不断加强。并且，城邦内部对于权力分配问题自觉产生的平民主义，似乎支持了传统的共和主义价值观。精英阶层与佛罗伦萨社会日渐贵族化之间的对比、对于平等主义传统的强烈渴望和支持，都反映在此时的文化趋势中。但是将政治和文化之间的联系分离得太远是错误的。美第奇家族所依靠的对政治派系的有效操控，以及在精英阶层建立起来的支持，与他们依靠的民众诉求差不多。阿尔比齐家族政权在 1433 年试图摧毁美第奇家族的尝试失败了，因为这一举措实施不力而且不彻底。美第奇家族的支持者在第二年得以整编，获得了对主要委员会的控制。另外，随着科西莫被从流放生活中召回，于是一个更高效的寡头政权建立起来。

伴随着意大利地区政权的建立，并重新参与大陆政治新承诺的出现，15 世纪早期的威尼斯在发展方向上发生了明显的变化，这种变化甚至更甚于佛罗伦萨。但事实上，这些变化并没有看上去那么显著。在东地中海区域的利润没有急剧下降；依海之国（stato di mar）继续扩张，并且与黎凡特之间的贸易在 15 世纪 20 年代保持兴旺；在这一时期，威尼斯在扩张的土耳其的威势下似乎能够很容易地独善其身。此外，大陆地区没有新的利益；伦巴底的河道、通往阿尔卑斯山和德意志地区道路的安全问题，在一个多世纪以来已经成为当务之急。基奥贾（Chioggia）战争（1378—1381）的教训就是，热那亚和不断强大的贵族统治集团——例如卡拉拉——之间的商业联盟，对威尼斯的安全和繁荣是一个巨大的威胁。基奥贾之后以卡洛·泽诺（Carlo Zeno）和迈克尔·斯提诺（Michele Steno）为首的政客对大陆地区的活动以及扩张的政治势力扼杀威尼斯脆弱影响力的危险愈加警惕。

因此，这场 1404—1405 年向西远至维罗纳（Verona）、1419—1420 年向东远至弗留利（Friuli）的决定性行动，体现了对已确立的政策更为有效的实施。在某种程度上，威尼斯的利益不可避免地向一些新大陆地区转移；1422 年在传统的智者咨议会（savi del consiglio）和智者长官会（savi agli ardini）的基础上增设了一个新的智者（savi）委员会——大陆长老委员会（savi di terraferma），它们通过元老院控制商业，并且和总督、公爵顾问一起充当威尼斯的政府核心机构。威尼斯贵族也因此可以获得一些职位，例如雇佣军长官、威尼斯统治下的大陆城市的市长（podestà）以及大陆主教区的主教；他们获取大陆财产的势头一直不减。在意大利，统治阶级内部的派系开始明显关注大陆问题和城邦间的关系。

但是这些变化，从长远来看十分明显却发生得非常缓慢。威尼斯坚持对新归属城市的绝对统治，以及坚持维持威尼斯贵族阶级与被统治地区上层之间的差异，却对主持大陆城邦的日常事务缺乏兴趣。一些起源于罗马的城市，如帕多瓦（Padua）、维罗纳（Verona），它们的制度与威尼斯共和国很不一样，并且这些城市以及它们内地的行政机构还操纵在当地上层人士手中。少数威尼斯官员负责安全问题、良好秩序和公平正义；新的行省被要求承担它们自己的行政和防御开销，但不必大量承担中央城邦的开销。威尼斯不像佛罗伦萨，它很少关注经济开发或对新城邦的监管。因此，大陆（terraferma）与威尼斯之间的联系减少了，由此带来的影响远不如预期。④

然而，威尼斯并非著名的"威尼斯神话"中描绘出的一成不变的、平衡的、和谐的社会。这一神话在 15 世纪初期就已经确立，与

---

④ Cozzi 和 Knapton（1986）对于将 14、15 世纪威尼斯同大陆城邦关系史的线索串联起来有着极大贡献。然而，关于威尼斯对臣服省份的态度仍有争议：见 Ventura（1964）；Bertelli 等（1979），第 167—192 页；Cracco 和 Knapton（1983）；Grubb（1988）；Law（1992）；Viggiano（1993）。

佛罗伦萨相比,威尼斯社会确实竞争不激烈并且更加稳定。一种固定的政治等级通过发源于 13 世纪晚期的所谓的"大议会"(serrata)(即类似于市议会机构)建立起来,并且公共服务的传统、个人与公共利益的从属关系,已然也在此时确定下来。到 1432 年,一年有 732 个政府职务向贵族开放,包括主要决策机构元老院的成员资格。五个新的大陆长老委员会(savi di terraferma)的成员以及新的大陆(terraferma)城市的教区牧师只不过占了这些政府职位的很小比例。但在威尼斯,所有职位都由选举产生,而不是由多数人抽签决定;威尼斯比佛罗伦萨更重视官员任职的连续性和丰富的经验,这也产生出一种更正规的精英主义。威尼斯是由总督领导的自觉的贵族社会,总督被选举出来为人民的生活谋福祉,虽然总督正式的权力被牢牢锁定,但其非正式影响力却不可估量。因此,平等原则只是一张空头支票,即使是贵族,事实上在影响力、地位和财富上也是明显分三六九等的。对公共职务的故意逃避、操纵选举、政治活动中的党派主义,都是威尼斯经常上演的一幕幕场景。事实就是重要的政治职位只会被富有选举经验的资深人士获得,这意味着,年长的政治家和在二十五岁甚至更年少的涌入市议会的年轻贵族之间有着明显的区别。年轻人和老年人之间的分裂,在任何有争议的事件中逐渐表现出来,尤其在对外政策上。有一个例子,那就是在 15 世纪 20 年代,弗朗切斯科·福斯卡里(Francesco Foscari)(1373—1457)在 49 岁这样的年纪当选为总督,显得格外与众不同。福斯卡里对大陆(terraferma)事务的参与以及对意大利政治的干预,代表了年轻政治家一派的立场,他们反对当时年长政治家对海洋利益采取保护、谨慎和防御的政策。几乎在同一时期,安东尼奥(Antonio)和马林·康塔里尼(Marin Contarini)凭借他们在威尼斯运河上修筑华丽的卡多罗(Ca'd'Oro)宫殿来挑战另一正统观念。在 15 世纪的这个社会里,传统正不断被挑战,威尼斯也逐渐融入意大利政治和文化发展的主流之中。

前几个世纪里威尼斯最大的商业竞争者热那亚,在这时正经历着不同的命运。在争夺东地中海区域的过程中,热那亚的商业家族被威尼斯大大超越,于是他们开始在西地中海区域寻找新的商业伙伴。由于热那亚城邦在利古里亚(Ligurian)海岸线的扩张遇到了自然环境上和政治上的阻碍,因此以内部团结和发展为代价的对外商业活动得到强化。面对着操纵热那亚经济与社会的强大家族，城邦的行政制度依旧衰弱。圣乔治（S. Giorgio）的银行是一个商业和银行业家族的超级行会，是有时能代替城邦运行的核心机构，但是它作为热那亚上层社会经济活动的焦点，似乎妨碍了城市中社会政治的一体化以及意大利政治事务中的一些重要内容的发展。

1425 年至 1450 年战争主导了一切；但战争不是为了争夺意大利的霸权，而是获取为了生存的空间。这些战争的开端是维斯孔蒂对米兰统治的恢复。菲利波·马里亚·维斯孔蒂（Filippo Maria Visconti）在逐渐重建他父亲完整的公国，在 1421 年他占领了热那亚，并且从潘多尔夫·马拉泰斯塔（Pandolfo Malatesta）统治下收复了布雷西亚（Brescia）。因此他能够挑战商业霸权，并且向位于伦巴德平原中心的、与威尼斯共和国接壤的边境移动。菲利波·马里亚受助于卡马尼奥拉伯爵、弗朗切斯科·布索内（他同时也是一位杰出的军事将领），以及博罗梅奥家族这种米兰金融家，菲利波·马里亚完成了复兴。在 1424 年，菲利波像他的父亲一样，试图扩大维斯孔蒂家族在东南方向的波伦亚（Bologna）和罗马尼亚（Romagna）的影响力。佛罗伦萨尽管害怕但也唯恐失去其在罗马尼亚的影响力，于是反对菲利波的这次进军，但是在扎戈那拉（Zagonara）被打败了。

维斯孔蒂统治下的米兰新政权迅速建立了一个包含米兰在内的北方同盟。卡马尼奥拉对多疑的菲利波·马里亚·维斯孔蒂给他的报酬很不满，投诚威尼斯并且激发了对福斯卡里政权的重新关注。在 1425 年年底，威尼斯和佛罗伦萨之间已经结成了反对维斯孔蒂的联盟。第二年，米兰西边的邻国萨伏依（Savoy）公国也加入了，阿马迪斯八世（Amadeus Ⅷ）联合萨伏依和皮德蒙特（Piedmont）横跨阿尔卑斯山，在那里成功地建立了一个稳定的城邦，通过占领尼斯（Nice）赢得了地中海的部分市场，在 1416 年获得了神圣罗马帝国皇帝授予的公爵头衔。

这一联合对于米兰来说太过强大。在随后的战争中，威尼斯得到了布雷西亚（Brescia）和贝加莫（Bergamo），并且将它的西部边界线扩展到了阿达河（Adda）。卡马尼奥拉在马克罗迪奥（Maclodio）赢得了决定性的胜利（1427）。同时，阿马迪斯八世本希望从萨伏依手中获得韦切利（Vercelli），但是在神圣罗马帝国皇帝的干预下，被迫重新划定了与米兰的边界线,这是他从联盟中撤出的代价。佛罗伦萨只得到了很少的利益;它把占领卢卡(Lucca)作为侵占米兰在卢尼贾那(Lunigiana)势力的跳板,但是这一意图被援助托斯卡纳(Tuscan)共和国的米兰军队挫败。在这一时期出现了弗朗切斯科·斯福查(Francesco Sforza)这一人物,他在接下来的三十五年一直控制着意大利的北部。弗朗切斯科是穆齐奥·亚特多罗·斯福查(Muzio Attendolo Sforza)的儿子,并且继承了他父亲的事业,成为斯福尔扎(Sforzeschi)军事集团的首领。许多1420年至1425年在意大利南部征战的雇佣军首领,很快被意大利北部的军事商机吸引回来,15世纪20年代末弗朗切斯科·斯福查已经成为菲利波·马里亚·维斯孔蒂的主要雇佣军首领。为了确保弗朗切斯科·斯福查效忠自己,维斯孔蒂公爵将自己的私生女即女继承人彼安卡·马里亚(Bianca Maria)嫁给了他,并且鼓励他在边境地区建立卫星国。尼科洛·皮齐尼诺(Niccolò Piccinino)一直与维斯孔蒂保持着微弱的联系。在得到了斯福查和皮齐尼诺的帮助之后,菲利波·马里亚(Filippo Maria)由此拥有了彻底改变自身状况的军事力量。更为糟糕的是,在1432年威尼斯政府对卡马尼奥拉的专制方式失去耐心,开始怀疑他的忠诚,并最终处死了他。

在这时,很多事情取决于弗朗切斯科·斯福查的抱负。他对维斯孔蒂家族的忠心不渝赢得了军事优势,并且大致收复了一些米兰曾十分重视的伦巴德领土。但是菲利波·马里亚既不是一个能保持一贯忠诚的人,斯福查也不是甘于仅成为政治聚光灯下的人。斯福查在边境地区的基地使他有可能涉足意大利中部和南部事务,却没有很多时间扩展北部米兰地区的利益。但是热那亚舰队在蓬扎岛(Ponza)之役(1435)中赢得了对阿拉贡的戏剧性胜利,使菲利波·马里亚获得了作为热那亚霸主的优势地位。他借此和阿拉贡的阿方索(Alfonso)制定了一份协议,这份协议同与萨伏依结成联盟有关。尽管之后热那亚反抗了米兰的统治,但菲利波·马里亚依旧几乎可以笃定地重申米兰在北意大利地区的优势地位。这种威胁使得神圣罗马帝国皇帝支持下的威尼斯—佛罗伦萨联盟再次复兴,弗朗切斯科·斯福查害怕菲利波·马里亚更加志得意满而否认他的婚约,作为雇佣军上将加入了这一联盟。

布雷西亚和维罗纳之间的领地之争以及发生在罗马尼亚内部的战役持续了三年（1438—1441）。尽管经历了长时间的围攻，米兰还是没能攻下布雷西亚，通过巧妙的正面和反面作战，斯福查和加坦默拉塔（Gattamelata）成功地为威尼斯保住了维罗纳。米兰想要与罗马尼亚开战的意图被佛罗伦萨与神圣罗马帝国皇帝在安吉亚里（Anghiari）的胜利所挫败。到了1441年，菲利波·马里亚·维斯孔蒂与他的女婿弗朗切斯科·斯福查达成协议，随着斯福查与彼安卡·马里亚的婚礼庆典的正式举办，卡维莱纳（Cavriana）实现了和平。然而他们之间的对抗被伦巴德中心地区的领土争端引燃。双方的对抗因威尼斯的支持，和受寻求在罗马尼亚地区影响力的驱使，而一直持续下去；弗朗切斯科·斯福查对他岳父的猜疑也没有放松。

当菲利波·马里亚·维斯孔蒂1447年8月13日去世时，混乱横行。蓬扎岛之役结束后，一直有传言说他签署协议后，留有遗嘱将他的城邦赠予阿拉贡的阿方索。同时，弗朗切斯科·斯福查在8月的最后几周时间内重组了米兰军队并且动身前往米兰。佛罗伦萨和威尼斯唯恐阿拉贡人会比斯福查更有可能获得继承权。但在这时，米兰贵族和民众联盟的观点是坚持反对一切外来的干涉，并且建立了安布罗斯共和国（Ambrosian Republic）。斯福查并不愿意强行让米兰意识到自己的存在，更愿意去等待，他指挥着共和国的军队在卡拉瓦基奥（Caravaggio）击败了威尼斯（1448）。他的耐心获得了回报：米兰的商业利益很快就能察觉到共和国已经过于羸弱而无法提供它们需求的庇护；科西莫·德·美第奇（Cosimo de'Medici）由于同样的理由和对威尼斯力量的持续恐惧，最终破坏了佛罗伦萨和威尼斯的长期联盟，并且支持斯福查继承公国的意图。1450年2月26日，弗朗切斯科·斯福查被邀请入主米兰。

这场在世纪初就困扰着意大利的战争，在接下来的四年里达到了巅峰。战争本身在早期的进程中可能不那么紧张，但是牵涉到了政治上的对抗和斗争，这种经常的战争预备状态的代价十分明显。佛罗伦萨和教宗尼古拉五世（Nicholas V）继续支持弗朗切斯科·斯福查和他的米兰新政权。威尼斯和阿方索五世（Alfonso V）现在已经在那不勒斯建立了稳固的统治，组成了一个看似毫无可能的联盟。威尼斯始终反对斯福查控制米兰，因为害怕其不可避免地要收复伦巴德中部的领土。一开始，这无疑仅仅是弗朗切斯科·斯福查的个人计划；在1451年他成功争取到了威尼斯雇佣军首领之一巴托洛缪·科勒奥尼（Bartolomeo Colleoni）的支持，两年后，米兰人和佛罗伦萨人通过外交手段说服了查理七世派兵到意大利，援助三方联盟，支持安茹人（Angevin）推翻那不勒斯的阿拉贡人（Aragonese）。同时一支那不勒斯人的军队活动在托斯卡纳（Tuscany）的西南部，这就证明阿方索五世仍在意大利北部扩展其影响力。

但是到1453年，战争形势变得缓和起来，甚至显示出几乎要和平统一的趋势。弗朗切斯科·斯福查没能说服皇帝弗雷德里克三世（Emperor Frederick III）在1452年到罗马加冕时授予他米兰公爵，这种身份的确认在弗朗切斯科·斯福查的政治计划中比领土扩张更为重要。土耳其人（Turks）攻陷君士坦丁堡（Constantinople）震慑了整个欧洲，尤其使教宗尼古拉五世和威尼斯人十分不安，他们都将意大利的和平视为基督教世界进行还击的必要准备。所有城邦的财政都趋于枯竭，佛罗伦萨更是如此，它被迫独自抵御来自南部的那不勒斯人的威胁，并向联盟者提供辅助金。如梦魇一般的大规模外国干涉随着伦巴第的法兰西军队的出场而升级，所有这些因素相互交织创造了一个短暂的停战环境。和平谈判在教宗尼古拉五世的支持下于1453年11月在罗马举行，但是直到1454年春天才取得了实质性的和平。各种势力间平衡状态发生变化，威尼斯一方再次成功地使科勒奥尼站在它的一边，真正的威胁是查理七世准备转变立场加入威尼斯一方，瓦解了在1454年4月9日北方诸邦达成的洛迪合约（the Peace of Lodi）基础上建立起来的米兰联盟。威尼斯最终获得了克雷马（Crema），并承认了弗朗切斯科·斯福查的米兰公爵身份。战争结束后紧接着的是一系列开放性的会晤与协商，1455年1月成立了一个维护和平的组织，即所谓的意大利北方联盟（lega italica）——意大利人联盟。在北方联盟中，领土现状得到确认，如果某一邦受到攻击，则其他意大利各主要城邦须共同承担以现有军事力量相互增援的共同义务。每种势力都向较小的城邦和贵族委派自己的亲信，结成同盟，由此在理论上将其置于了保护网中——但同时其所带来的政治影响是一把双刃剑。这份协议的有效期是25年，毫无疑问包含了意大利各城邦面对外部威胁——无论是奥斯曼人还是法兰西人的威胁——一致对外的意味。但是国内的纷争不会轻易结束，权力的天平也不会被人为操控得恰到好处。

科西莫·德·美第奇是15世纪50年代中期的意大利更好地维持政治秩序的关键人物之一。由于有他个人财力的支持和在佛罗伦萨外交上的影响力做后盾，科西莫做了大量的工作确保弗朗切斯科·斯福查成功地接管米兰。这样做的结果，使他达成了佛罗伦萨—米兰协定，这一协定在15世纪剩余的大部分时间里持续有效。事实足以证明，在文艺复兴早期那些振奋人心的日子里，佛罗伦萨发生了一些重大变化；佛罗伦萨城市共和国正在与米兰公国形成坚定的同盟。

变化的一部分来自于扩张后的佛罗伦萨城邦。新形成的疆界意味着新的机构和新的职责；佛罗伦萨资深的政治家倾向于花更多的精力到城邦外谋求职位，城邦庇护网得到了延伸，商业机会也因此变得广阔且多样化了。但这些调整却没有让基本政治原则得到多大的改变。城邦内佛罗伦萨及其政治精英的持续统治使人们确信城邦的改变只能是缓慢的。精英们主要关注的是城市内部自身的政治及家族生活。然而，商业机遇的扩张影响仍十分有限，仅局限在政治精英阶层。从某一方面说，这就为商人、企业家、政府官员、土地拥有者提供了更广阔的发展空间；也使得一些人能够拓展其个人影响；更使得传统的竞争与猜疑的紧张氛围得以缓解；还为佛罗伦萨的精英阶层提供了一种新的共同利益。

与此同时，佛罗伦萨社会内部在整体上发生着真正的变革。佛罗伦萨不再是一座欣欣向荣的城市；尽管这里拥有众多商业成功机会，但是却存在于高品质羊毛与丝绸衣服生产中，需要规模有限且熟练的劳动力，还需要原材料和滞销品方面的巨额投资。商业成功机会还存在于经济和金融领域的精算行业。从14世纪80年代开始的大规模移民潮被限制；社会流动性趋于下滑；人们对财富的尊重变为对创造财富的长者的尊重；虽然参与公共事务的职责已经成为社会身份的一个重要部分，但是只有高层政府官员与重大文化捐赠行为逐渐得到了社会的称赞。社会阶层间的差距日益增大，导致了隔阂的产生；嫁妆的通货膨胀既加剧了这种情况，反之这种情况也加速了嫁妆的通货膨胀。简而言之，佛罗伦萨的精英阶层在这一世纪中叶加速成长；这也是美第奇家族的权势日渐煊赫的背景。

形成15世纪中期佛罗伦萨政治风格的另一个基础要素是，政治家普遍认为处理公共事务需要更加注重连续性和专业性。不断扩张的城邦，日益增长的财政，外交关系上的压力，所有这些都表明了这一点。秘密进行的、更为小型和非正式的委员会逐渐凸显出其价值，位于统治核心机构的经验丰富的政治家们一直存在，这些都是政治结构发生改变的标志。他们助长了寡头政治，成为寡头政治的傀儡。领导权力的连续性是发展这种模式的一个基础要素。

1434年，科西莫·德·美第奇从流放归来那一刻起便被视为这一统治的领导者。超过七十人的反对派分子被流放，这次流放遏制住了派系斗争，在15世纪30年代和40年代久拖未决的外部危机中，相对稳定的寡头政权才能够在伪共和体制中的利用传统的政治策略强调统治权威。一方面，最初决定公共职位及分散职位人选的过程是从有资格的公民中抽签产生，现在这一抽签过程及其监督被常设机构（accoppiatori）牢牢控制，其作用不仅确保了政治不坚定者被排除在名单外，而且还可以根据需要安排适合的候选人担任所有高级官职。另一方面，广泛采用传统机制即建立一个拥有广泛权力的特别委员会（balìa）来处理紧急情况。1434年至1454年的战争都是由政府通过这个委员会指挥的，作为国内政治精英的委员会成员被明确地限定在这些年相继通过审查的名单中。当1454年后政治紧急事务不再判定名单中的人是否有资格加入这个委员会时，城邦转而建立了新的稳定的委员会，在1458年建立了百人委员会，在1480年建立了七十人委员会，目的是在一个正式的共和制度的框架下提供相同的有保证的支持。七十人委员会每位委员任期五年，任期满后改选，委员会下设权力颇大的负责内政外交的附属委员会，这就表明寡头政治已经完全融入了共和模式。

尽管科西莫（Cosimo）、皮耶罗（Piero）和洛伦佐·德·美第奇（Lorenzo de'Medici）力求在佛罗伦萨的政治和社会中心地区永久建立起美第奇家族的势力，并且为了获取君王般的权力做着不懈的准备。为达此目的，他们亲手策划了城邦体制的一系列变化；他们之间的团结合作在这一时期内带来的任何影响，都是与美第奇家族而不是佛罗伦萨的精英阶层密切相关的，但是所有这一切都备受争议。⑤ 另外，15 世纪美第奇家族的统治地位主要体现在，家族势力与佛罗伦萨各派精英间达成联盟例如，七十人委员会并不是由美第奇家族的谄媚者组成的一个决策机构，而是对寡头政治团结一致的真实表达；美第奇家族的影响力更多地依赖于家族自身广泛的庇护活动，而不是依赖于特殊的政治机制，所有这一切也都是显而易见的。显然，在那些与科西莫·德·美第奇共同经历过 15 世纪三四十年代困难时期的人中，他是同龄人中第一个被认可的成熟的政治家。但是，洛伦佐身边有二十位军事领袖都是其祖父辈的人，在他们的支持下，洛伦佐成功继承了领导权。他确立了超越科西莫统治时期的优先地位和权威，可能大多是因为时代的政治体制发生了变化，也可能是因为其本人毋庸置疑的才能和个性。在一个贵族统治大行其道时代，洛伦佐必然在某种程度上被视为贵族，或者其行事作风应该像个贵族；但有意思的是，洛伦佐并不具备这一特征，佛罗伦萨的社会状况和他自身的政治才干限制了这一特征的发展。

15 世纪下半叶佛罗伦萨发生的社会转型并不是独一无二的。意大利北部和中部也在发生着同样的变化，走向精英时代的趋势是明显的。在某种程度上，这是一个开拓疆土和集中权力的问题，但近年来，将意大利"文艺复兴城邦"视为建立中央集权的观点不断受到批评。人们研究较多的斯福查公爵治下的米兰就是一个例证。⑥ 我们关注的米兰作为一个重要的城市，毫无疑问地在 15 世纪下半叶迅速发展起来；这里兴建了全新的公共建筑，以希科·西姆纳塔（Cicco Simonetta）为代表的有权势的公爵官员，重建了类似于秘密咨议会（consiglio segreto）的政府机构，所有这一切似乎都表明了公爵的权力在不断增长，同时公爵和米兰的精英阶层之间建立了重要联盟。然而，实际上公爵的权力并不能等同于中央集权；这种权力依赖于与长期存在的地方自治传统的一系列妥协。公爵政令虽然高于市政规章，但通常要经过一个谈判过程；公爵确实任命了伦巴第各城市的行政官（podestà），但他能够选择的通常是地方大亨；在米兰他颁布了新的税种和税率，但财政负担的最终分配要基于当地的传统和惯例，并依

---

⑤ Gutkind (1938); Rubinstein (1966); Hale (1977), pp. 24 – 75; Hook (1984); Ames-Lewis (1992); Brown (1992); Garfagnini (1992) and (1994).
⑥ Jones (1965); Chittolini (1979); Capitani et al. (1981); Frangioni (1987); Mainoni (1988).

据当地水平来决定。公爵的权力依赖于同盟和对整个城邦的忠诚度。公爵政府的许多官员来自米兰之外，原来的封臣是最关键的盟友，再分封有助于他扩大精英统治阶层。新封建主义并不具有与传统相关的法律和司法管辖权的寓意，但它通过土地和官职赐予受其青睐的雇佣军首领（condottieri）、官员和商业银行家以财富。它是封建委托关系网的一部分，也是15世纪意大利王公统治的一个重要特征。

关于这一时期萨伏依公爵和其他贵族的权威，同样存在疑义。由于阿尔卑斯山的原因，萨伏依公国被分成了西面的萨伏依和东面的皮德蒙特（Piedmont），这就产生了管理上的特殊问题。1418年，萨伏依家族的阿卡亚（Acaia）分支继承领地后，公爵们故意没有确立首都，王室按季节在尚贝里（Chambéry）、托农（Thonon）、皮内罗洛（Pinerolo）和都灵（Turin）等地巡行。1451年阿马迪斯八世去世，其后是一连串缺乏效率且短命的统治，最终导致公爵势力的发展出现了阶段性停滞。当地的特权阶层和传统权贵的势力都因此长时间停滞。像曼图亚（Mantua）和费拉拉（Ferrara）这样较小的王室城邦则是另一番情况。贡扎加和埃斯特的家族统治逐渐确立起来并被接受。1433年，乔万·弗朗切斯科·贡扎加（Giovan Francesco Gonzaga）获得了曼图亚侯爵头衔，并且其继承人在16世纪升为公爵。1452年博尔索·德·埃斯特（Borso d'Este）依靠弗雷德里克三世（Frederick Ⅲ）成为摩德纳（Modena）公爵，并于1471年从教宗那里获得了费拉拉公爵的头衔。虽然这些权力得到了重要的认可，但是这些权力最重要的基础在于精英阶层的有力支持，在于对更广泛的公众看法和良好的政府原则给予合理的重视，也在于通过军事协约、土地收益和税收获得的财政支持。虽然在这些小城邦中王室成为权力的中心，但需要强调的是，在这里真正行使权力的是集体而非为大家熟知的王公贵族。

在威尼斯，集体责任和权力共享的原则在一小部分政治精英中得到了很好的确立，共和制就在朝着这一方向发展。不仅如此，来自精英阶层人数减少以及需要更为高效和自信的决策程序的压力，在15世纪中期的威尼斯也十分明显。负责对外政策和国防事务的十人委员会的权限不断扩大，大学（collegio）日常事务管理的重要性的不断增加，都是15世纪下半叶的特征。虽然总督是这些组织的成员之一，但是城市中六个公爵级别的会议成员都来自最高级别的政治家。就像弗朗切斯科·福斯卡里（Francesco Foscari）在大陆（terraferma）的扩张中，克里斯托弗罗·摩洛（Cristoforo Moro）在土耳其战争（1463—1479）中，弗朗切斯科·米奇尔（Francesco Michiel）在费拉拉战争（1482—1484）中，个人影响力在小规模的核心会议里就显得越来越重要，而且特定个体越来越有可能对政策和决议产生影响。这其中有两个人是总督，米奇尔不过是一名国防大臣。即便内部政治精英在逐渐证明自身的影响力，但是在忽视个人政治作用的前提下，这个机构仍能够作为一个整体运行。

新精英的生活方式和文化反映了这一时期的政治趋势。休闲和对休闲的追求成为人们主要的关注点，这些人已经从商业或专业活动中分离出来，转而承担更多公众事务。在这种生活方式下，乡村生活、乡下住宅、生活方式和节日（villeggiatura）逐渐扮演重要角色。对于佛罗伦萨精英而言，乡村财产的保留总是他们生活中的重要部分。但是，在15世纪下半叶，乡下住宅不再只是夏日休息寓所和廉价供应品的来源，而是社会声望和地位的反映，它既是一个娱乐场所，也是一个具有政治影响力的中心。马匹、猎狗、猎鹰甚至作为奖励的牛群，成为精英每天关注的事情和个人形象的一部分。艺术家和建筑家花费大量时间对这些乡下住宅进行了重建和装潢。对于繁忙的政治家来说，他们不仅要有一处乡下住宅，而且还要有一处供周末娱乐的城郊住房。委员会中的所有核心成员因待在乡下住宅而缺席会议导致政治决策被延误，驻佛罗伦萨大使对此表示无奈和叹息。这既反映了决策过程中出现的一种新的紧急情况，也反映了精英生活方式的变化。

对于威尼斯精英而言，这种趋势是很新奇的事物，这段时期仅是开始。但是在某种意义上而言，威尼斯政治阶层不需要一种独特的生活方式；大会议的成员一直都有传统的痕迹，但是这种贵族精英趋势的出现也促使新文化的发端。

15世纪下半叶的社会政治趋势，驱使文化思潮从深受亚里士多德影响的早期人文主义思想转向更为内向和强调个人主义的柏拉图主义，这种看法一直饱受争议。尽管有一条线索表明这种转变的思想狂热在佛罗伦萨得到了马尔西利奥·菲奇诺（Marsilio Ficino）的支持，但这不是一个深思熟虑的想法。15世纪末这些精英最为突出的表现就是越发热衷于学习各种不同的人文主义思想，他们参与修建图书馆，发起整理古典文献和早期作家著作的工作，进行哲学争辩。从严格意义上讲，人文主义不再是一个先锋派运动，而变为政治和社会精英的象征。人文主义不仅进入了政府和大学；而且在乡下住宅和宫殿的新壁画题材中也随处可见。那些壁画描绘了一个日益缩小的社会；画家波提切利（Botticelli）笔下宴会的场景和降生图，曼特格纳（Mantegna）和科萨（Cossa）笔下的贵族圈子，詹蒂莱·贝利尼（Gentile Bellini）和卡尔帕乔（Carpaccio）画笔下的各种赞美诗和人间奇迹，所有这一切都关注精英社会。

文艺复兴时期意大利社会个体文化差异和阶层存在的直接结果就是一种精英之间寻求联合的趋势。统治集团所驱逐的成员在邻邦受到欢迎；通婚也变得更加普遍；精英阶层的孩子们的教父教母名单反映出正在增长的意大利人的实力。旅行成为精英生活中更常见的一种生活方式，这在很大程度上是由于 15 世纪下半叶外交活动的显著增长。由于外部事物在政治辩论中日益突出的地位，外交经验和外部的个人联系对心怀抱负的政治家变得尤其重要。信息正在成为一种非常重要的商品，它通过信件和使节发文进行交换，收集信息也成为迅速发展的委托关系网的主要功能。因为受众变得更加广泛而分散，在具有人文主义精神的大臣和委员的领导下，对修辞学的重视从演讲中转移到了通信上。⑦

1454 年至 1494 年的这段时期常常被描绘为"权力平衡"的时期。在外部事务成为意大利各邦关注焦点的情况下，这种定义还是有一定正确性的。有时这会让人想到，这并不是意大利同盟造成的结构性平衡，也不是少数意大利政治领袖的真知灼见。这也不是看似可以将各邦利益与目标引向更好的统一国家的一种平衡。当时的人们表达了意大利需要一个领导者的愿望，佛罗伦萨的政治家和外交家安杰洛·阿恰约利（Angelo Acciaiuoli）在 1447 年给弗朗切斯科·斯福查的一封信中，写道："在其他场合，我曾对你说你有必要在意大利制

---

⑦ 在过去二十年的历史作品中，所谓"现代外交的起源"问题重新引起了人们的兴趣，这是受到了米兰大使急件（Kendall and Ilardi, 1970—1981）和洛伦法·德·美第奇（Medici, 1977— ）的书信出版的刺激。亦可参见 Mattingly （1955）； Pillinini （1970）； Ilardi （1986）； Garfagnini （1992）， Fubini （1994）, pp. 185 - 360.

造一个足以保护你不受他人侵害的领导者（signore）。"⑧ 但几乎没有任何这种可以统一的机会；这时社会的基调也不是和谐与平静，充斥着猜疑、自私和机会主义。意大利各邦一致认为它们需要某种程度的互相支持、保护以及警惕，但这种需要被长时间的战争和对不断增强的外部力量的恐惧磨平了。不过这种共识更多体现为一系列反抗和平衡联盟的现象出现，而非一些人长期坚持的统一的意大利同盟这种观念。⑨

意大利面临的外部压力的增长越发明显。随着君士坦丁堡的陷落（1453），征服者穆罕默德（Mohammed the Conqueror）领导下的奥斯曼土耳其势力的向西扩张，似乎是不可避免的。在1463—1479年，威尼斯为保护其霸权和贸易利益进行了长达十六年的战争。战争使得威尼斯丢掉了内格罗蓬特（Negropont），也损失了许多人口和船只；在达尔马提亚（Dalmatia）和莫里亚（Morea）阻止土耳其进攻的尝试也基本失败了；从威尼斯的钟楼远远望去，土耳其铁骑侵入弗留利（Friuli）并对乡村大肆劫掠。奥特朗托（Otranto）在1480年陷落，接下来就轮到了那不勒斯。实际上，直到次年伟大的素丹去世后，外部压力才得以缓解，但恐惧并未消失。

与此同时，百年战争的结束（1453）导致了法兰西在意大利利益的复兴。1458年，查理七世赢得了热那亚的支持，并在此任命了他的代理官员。他积极支持安茹对那不勒斯、奥尔良对米兰的领土主张。而路易十一的做法有所不同；他没有时间考虑其高贵臣民的雄心壮志，而更希冀使自己成为意大利政治的参与者与仲裁者这一角色。他喜欢结交意大利问题专家和来自意大利各邦阿谀奉承的外交官。每次意大利遭遇危机时，法兰西大使经常会强行介入其中。

这些压力并未让意大利走向统一。威尼斯和那不勒斯共同面对土耳其带来的恐怖。但也仅此而已，威尼斯在东地中海的问题在其他意大利城邦看来令忧患意识有所消解。米兰和那不勒斯共同面对法兰西干涉带来的恐怖以及对法兰西行动的猜测，在这一时期，安茹和奥尔

---

⑧ "Che altre volte io ve ho dicto queste parole che ad vuy era necessario fare uno signore in Italia il quale fusse sì grande chi ve defendesse da ogni altro." Qouted in *Gli Sforza a Milano*（1982），p. 247.

⑨ 关于1454—1494年意大利各城邦间政治的性质，有着漫长的争论，皮利尼尼（Pillinini 1970）总结道，这场争论大体上需要按照洛伦佐·德·美第奇书信（Medici, 1977— ）编辑提供的大量信息来重新评价。

良的主张罕见的一致。另外,佛罗伦萨和教宗倒向了法兰西,威尼斯也如此。它们为了自身利益和法兰西暗通款曲,或者为转移法兰西注意力而同勃艮第的"大胆"查理(Charles the Bold of Burgundy)私下联系。与此同时,随着西班牙各王权联合以及阿拉贡的斐迪南的欧洲政策,西班牙在半岛事务上的利益也慢慢得以复兴。

然而,意大利内部的不统一是一个长期的难题。对于米兰新建的斯福查王朝而言,关键在于获得皇帝对这个公国政权的承认以及政权的巩固。弗雷德里克三世拒绝承认弗朗切斯科·斯福查政权,以及他的继任者们,这个决定是保住其在意大利的帝国利益的最后机会,这就使斯福查王朝的政权基础更加不稳定。公国曾是反对法兰西干涉的强大堡垒,领导着强大和持久的联盟来抵抗威尼斯帝国主义,这时却极不稳定,随时会分裂。斯福查公爵们集中精力解决内部事务:在1461年花费巨大代价才得以控制热那亚,1478年就失去了;斯福查公爵们与萨伏依相比更具优势,因而在1454年成功地将萨伏依赶出了意大利同盟,但在1468年萨伏依重新与威尼斯结盟;斯福查还暗中勾结南部边界的卢尼贾纳(Lunigiana)、波伦亚(Bologna)和罗马尼亚(Romagna)。所有这些举动在意大利内部激发了怀疑和敌意。那不勒斯的阿拉贡国王惧怕米兰人控制热那亚;佛罗伦萨也质疑米兰人在卢尼贾纳和罗马尼亚的领土要求;这也引起了威尼斯人的怀疑和警觉。但是这时的威尼斯人保持着很强烈的防御心理。威尼斯关注于防御土耳其人的进攻,建立其在东地中海的霸权地位、贸易路线和食品供应链条,较少关注其与在阿尔卑斯山另一侧的奥地利和匈牙利之间的关系。只要巴托洛缪·科勒奥尼(Bartolomeo Colleoni)一直担任马尔帕加(Malpaga)的统帅,就不必担心米兰人,但在波河一线,费拉拉和罗马尼亚仍然觊觎威尼斯。拉文那(Ravenna)早已成为米兰的囊中之物了,1463年切尔维亚(Cervia)的盐田也被占领,这些举动增加了邻国的畏惧和米兰本国一些政治家的信心。

佛罗伦萨在意大利诸邦中是军事力量最为弱小的,较之其他城邦它更需要和平以及同盟的支持。佛罗伦萨与教宗国共享一长段国境线,自然会让人怀疑佛罗伦萨对教宗及其教会(nepots)的非分之想。佛罗伦萨主要依赖同米兰建立的同盟来保障军事安全,维持美第奇家族的统治。对法兰西的持续屈从和对威尼斯时不时的敌对情绪,很大程度上都是以保护商业财富为目的而制定的政策所导致的结果。

在这个问题上,意大利城邦的两部分应当被放在一起进行分析。首先,意大利同盟最初确实旨在寻求最大利益。卡立斯特三世(Calixtus Ⅲ)企图推翻那不勒斯阿拉贡王朝庇护二世(Pius Ⅱ)的统治,但并未成功,之后弗朗切斯科·斯福查和科西莫·德·美第奇致力于维系阿拉贡王朝的统治来反对安茹的侵略。但是在15世纪60年代中期前后,佛罗伦萨与米兰都面临着"继位"危机,一种自然的同盟对立变得明朗了,米兰、佛罗伦萨和那不勒斯在一方,威尼斯和教宗在另一方。虽然米兰—佛罗伦萨—那不勒斯的同盟也面临着可以预见的内部紧张和猜疑,但是两个同盟的并立使得威尼斯和教宗间力量的不稳定趋于平衡。1474年各方势力出现大范围重组,那不勒斯支持了教宗,将尼科洛·韦特利(Niccolò Vitelli)从卡斯泰洛城(Città di Castello)放逐出去,引发佛罗伦萨对教宗西克斯图斯四世(Sixtus Ⅳ)政策提出质疑。加之威尼斯迫切需要帮助来对抗土耳其,导致了北部各势力的联盟,并最终导致了帕奇战争(Pazzi War)(1478—1480)的爆发。在这场战争中,佛罗伦萨合力反对教宗—那不勒斯的进攻,并得到了米兰和威尼斯的支持。但是在1479年以后,没有任何资料能够说明米兰和佛罗伦萨向威尼斯求得和解,所以这种紧张局面在同盟中依然很明显。相似的是,战争的主要结果之一就是,教宗开始反对那不勒斯对南部托斯卡纳的持续影响,而那不勒斯国王费尔南多(Ferrante)也在试图保持自己与教宗的距离。在此背景下,洛伦佐·德·美第奇众所周知的那不勒斯之行以和平告终,一个新的同盟也在这次旅行中形成了。

米兰—佛罗伦萨—那不勒斯轴心同盟在这时得以幸存。西克斯特四世在面对来自轴心同盟和阿拉贡的斐迪南的压力时,解除了与威尼斯的联盟,在这一事件的助益下,轴心同盟成功阻止了威尼斯对费拉拉的进攻(1482—1484)。轴心同盟还成功镇压了那不勒斯男爵们推翻阿拉贡王朝在那不勒斯统治的叛乱,这场叛乱是教宗支持的(1485—1486)。

15世纪80年代后半期,意大利政局更加稳定的一个原因便是洛伦佐·德·美第奇成功建立了超越教宗英诺森八世(Innocent Ⅷ)的优势。这是因为美第奇之女马黛伦娜(Maddalena)与教宗之子弗兰西斯切多·希博（Franceschetto Cibo）结婚，并且美第奇的儿子乔瓦尼也被提升成为红衣主教。洛伦佐借此婚约建立了新的声望和影响，意大利五大政权中的四个政权形成了新同盟，这种影响一直持续到1492年，洛伦佐与教宗在这一年双双去世，圭恰尔迪尼（Guicciardini）在《意大利史》（Storia d'Italia）开篇所描绘的平静繁荣图景令人信服。

但是在15世纪90年代，不只是这种外部团结的表象会误导人的判断。在这一时期，许多政权自身也都处于困境之中。大多数城邦难以应付不断增加的民众骚乱，尤其是寡头政体的有效实施既限制了动荡不安，也进一步引发了骚乱。特别是在佛罗伦萨和威尼斯，有足够清楚的证据表明人民对寡头政体的政治醒悟，大家向往实行更传统的开放政策。这种现象在某种程度上可以从政治辩论中体现出来，但是更加明显地体现在一些私人信件、日记和回忆录中。虽然这些在政治上都没有实质影响，但对美第奇统治以及威尼斯十人委员会不断增长的权威的仇恨暗流仍然清晰可见。

更明显的却不易与反寡头政治主义区分的是，对传统政治精英集团的仇视并将他们排除在新政权之外。尽管卢多维科·斯福查（Ludovico Sforza）在1480年之后作为他的侄子詹加莱亚佐（Giangaleazzo）的摄政，权力不断增加，但其地位受到的威胁不仅来自传统的反斯福查的米兰圭尔夫派（Milanese Guelphs）的反对，而且更多来自那些支持卢多维科的吉柏林派（Ghibelline）巨头。疏远吉安·贾科莫·特里武尔齐奥（Gian Giacomo Trivulzio）这类人预示着斯福查政权内部个人主义的不断兴起，也暗示了政权随之而来的衰落。由于繁重的赋税以及被排除在政府事务之外，1485年那不勒斯男爵最终揭竿而起，这就是一个最典型的例证。

解决这种问题的通行办法便是流放，这一方法被15世纪剩下数年中出现的政权普遍采用。费希（Fieschi）和阿多诺（Adorno）被逐出热那亚，诺维西（Noveschi）被逐出锡耶纳（Siena），圣塞维利诺（Sanseverino）被逐出那不勒斯，阿恰约利（Acciaiuoli）被逐出，这些图谋反抗统治并企图取而代之的行为，不断造成了内部紧张和外部压力。当新的法王查理八世继承了安茹的领地时，15世纪80年代末那不勒斯人被放逐到了法兰西，这是特别不好的预兆。

第二十三章 意大利

倘若这些城邦对金融的控制足够有力的话，这些抵抗根本不会形成气候。但在 15 世纪 80 年代，财政即使不很糟糕也是困难的。帕奇战争和费拉拉战争留下了大量的战争债务。那不勒斯国王费尔南多（Ferrante）向佛罗伦萨银行家举借了大量资金，意大利银行家在这十年间一直处于困难中。银行业依赖的贸易条件十分不利；由于英国限制出口，英国羊毛供给量下滑，这打破了与北方的贸易平衡，而土耳其海军势力的增长又切实威胁着东地中海的贸易利益。在 1480 年，佛罗伦萨放弃了垄断这一地区的航运体系的努力，而且威尼斯对此的热情也开始下滑。同时，随着劳动力和价格上涨，农村的贫困在不断恶化，并且财富都流向了城镇。这些趋势与所谓的"文艺复兴经济衰退"几乎没有关系，而是与经济活动和日益激烈的竞争紧密相连。

真正的问题并不是经济上的限制，而是意大利城邦国家没有能力提供实行高额税收所必需的财政稳定环境。由于内部团体和意大利北部各城邦的联合毫无进展，这种高税收政策收效甚微而且具有危险性。随着财富转移到大城市和权贵手中，各种放贷或是强制性借贷也比高税收更容易让人接受，软弱的政府对此也只能漠然视之。因此，财政政策不可避免地激化了社会矛盾，也导致了各城邦间凝聚力的减弱。

另有证据表明，意大利北部的宗教信仰和动乱也在持续发酵。这种现象在佛罗伦萨尤为明显，对美第奇家族铺张的生活作风以及对教会教化无能的厌恶，表现出一股平信徒虔诚的潮流。与此同时，由于对教宗西克斯图斯四世的长期政治反抗，反教宗和反教权主义在佛罗伦萨已形成一股不可忽视的力量。不可避免的是，由于佛罗伦萨、威尼斯和斯福查的主教们对臣服地区行使主教教区权力，所以乡村地区的教会曾与城邦的统治核心联系在一起。

1494 年法国的入侵以及随后的"意大利危机"大多被记录了下来。大量史料足以证明"危机"和入侵都不是不可预知的。1492 年 4 月，洛伦佐·德·美第奇去世，后来在 1494 年，那不勒斯国王费尔南多和英诺森八世在年初和夏天分别过世，这些事件产生了一系列影响。在米兰及其西班牙盟友的支持下产生了新教宗亚历山大六世，因此佛罗伦萨同那不勒斯私下反对新教宗，这使得原本互相猜疑的意大利同盟很难团结起来。卢多维科·斯福查的意图很清楚，那就是永久放逐詹加莱亚佐（Giangaleazzo）和他的那不勒斯新娘费兰特国王的孙女伊莎贝拉，这使得她父亲继承她祖父王位后，巩固米兰和那不勒斯的关系变得不可能了。皮耶罗·德·美第奇（Piero de'Medici）继位后面临着一个新的危险局面，很多情况都是他父亲时代的政治手段也无法掌控的。

但是，查理八世决定入侵意大利主要不是由于意大利各邦国的求助，也不是因为看到了意大利的不团结；只是欧洲新生力量权力争霸的一部分。查理八世入侵获得的直接显著性胜利，既不是因为查理八世具有压倒性的军事力量，也不是由于意大利军队的落伍和颓败。从1454年开始，意大利各邦便过分依赖外交，其实它们的军队规模较大，军备还是很强的。当然，确实没有一个统一的意大利联盟来反对查理八世的入侵，但这在意大利政治家的眼中是微不足道的。带来更直接危害的是现有同盟的严重分裂，尤其是米兰和那不勒斯之间的分裂。然而真正的失败和意大利的真正危机，在于没有建立起一个精英团结的有效的中央集权国家，而且也没有和衷共济的意愿。值得注意的是，意大利外交的各种努力、政治家和军人的斗志被1494年比萨、1509年维罗纳及其他城邦的投降与精英个人和集团的背叛削弱。当15世纪意大利国家建立所必需的各种制度建设及相互关系有所发展的时候，这些城邦社会的协调发展仍然受到阻碍，也不被重视。

迈克尔·马利特（Michael Mallett）
赵文君 译

第二节　教宗国与那不勒斯王国

那不勒斯王国和教宗国（papal states）的土地，占意大利的一半，但其财富与人口却远不到一半，因为大多数土地都是山丘、沼泽和荒野，不适于居住或农耕。14世纪瘟疫肆虐，人口在15世纪初已跌至谷底，到下一个世纪才开始缓慢地全面回升，尽管仍不时发生流行病和饥荒。6次瘟疫大规模的光顾（1422—1425、1436—1439、1447—1451、1477—1479、1485—1487、1493）和连续5年的农作物歉收，造成了可怕的死亡：维泰伯（Viterbo）的10000名居民在15

世纪初损失了 6600 人,此后 50 年也未恢复;波伦亚据说仅在 1447 年就损失了 14000 人;整个王国在 1493 年死亡 75000 人。在西部海岸因河流沉积而形成的沼泽地带,疟疾肆意横行,持续伤人性命;偶尔还有飞来横祸,如 1456 年 12 月南部爆发的地震,大约就有 30000 人丧生。

活到高龄的人相对较少:1489 年,波佐利(Pozzuoli)77.5% 的市民寿命不到 30 岁,45.5% 的人在 15 岁以下,这些数字对于政府的财政健康而言并非没有意义。人口复苏速度之缓,可依据这个王国的调查数据来衡量:不包括那不勒斯市,整个王国在 1450 年已有 230000 户,而 1500 年只有 254000 户。这种增长的分布也不均匀。乡村人口的锐减与城市尤其大城市人口的猛增并行不悖。仅罗马一省,从黑死病暴发到 1416 年,就有 1/4 的村庄消失,且绝大多数是永远消失。各地的大地主趁机占领废弃的农场,将其并入自己的大庄园——面积巨大、落后而人口稀少的地产绝大多数转化为畜牧经济,生产羊毛以供出口并为城市提供肉食。只有少数气候适宜的地区尤其普利亚(Puglia),才能生产足够的粮食以供大宗出口。相比之下,城市的发展吸引着通常是来自远方的移民。罗马因其政府的多民族特性而尤其开放,吸收了一波又一波的移民潮:热那亚人、托斯卡纳人、伦巴德人,特别是那不勒斯人;只是在 1485 年科西嘉农民大量涌入时才遏制了势头。市镇和城市一般也欢迎新来者入住那些空出来的房舍。大多数城镇都在缓慢地复苏过来进而加速发展,其中一些,按照当时标准已达到很大的规模。罗马既是国际宗教行政与虔诚中心,也是区域性的中心,在一个世纪里,其人口从不足 20000 人增加到大约 50000 人,但由于历任教宗行使着世俗权力,(罗马)继续与教宗国中的其他大城市分享其重要性,比如人口增至 30000 人的费拉拉,或人口恢复到瘟疫前 50000 人的波伦亚。古老的大学有助于将人口吸引到波伦亚和佩鲁贾(Perugia),而罗马的大学早已败落,直到马丁五世(Martin V)才初步获得新生。在王国境内,相较之下,古都那不勒斯重获至高无上的地位,其人口已达到 150000 人,而其他城市的发展依然相当有限,诸如萨勒诺(Salerno)这样的重要城市,也不足 5000 名居民。这些大都市虽有促进工商业的方案,却未能改变它们作为炫耀性消费中心而吸纳当地剩余财富的特征。不过,它们可以夸耀其在本世纪最鼓舞人心的一些发展，无论是公共设施还是建筑的辉煌。不可避免地，也有许多曾经繁华一时的城市在悄然衰落：亚得里亚海北部口岸诸市尤为明显，里米尼（Rimini）和法诺（Fano）因为港口淤塞，其他城市则因威尼斯的敌对。只有安科纳（Ancona）保持了繁荣。

在这种农业经济占绝对优势的情况下，当地商人发现自己仅能扮演二流的、短程贸易的角色。比如，那些来自萨勒诺的商人就不敢走出第勒尼安海（Tyrrhenian Sea），而特拉尼和巴列塔的商人也不会超出亚得里亚海。同样，周边诸地的强势经济也对教宗国产生了抑制性影响。因而，在整个这一世纪，远程贸易和大宗交易，无论商品抑或金钱，都掌握在外来者如佛罗伦萨人、热那亚人、威尼斯人、加泰罗尼亚人（Catalans）和拉古沙人（Ragusan）的手中。事实上，费拉拉和罗马涅（Romagna）可以说已被纳入了威尼斯的经济轨道，而佛罗伦萨对佩鲁贾和波伦亚也日益占据支配地位。

相较于这种商业上的消极角色，王国发展了一支积极的海上力量，这得益于其阿拉贡统治者恢复了那不勒斯的船坞和兵工厂。这里制造的船舰与陆军配合，使得那不勒斯在整个这一世纪成为意大利中部一支不可小觑的力量。教廷没有这种优势，它的海上努力只为圣战目的，这主要是通过在安科纳雇用舰只来实现的。

在政治上，1415 年时，因为教宗的宗主权在经历一个世纪的流亡、教会分裂和公会议挑战后，已丧失殆尽，这一地区遂成为万花筒似的拼凑物。在那不勒斯，安茹统治者的境遇也不被看好：王朝宿怨和无能的君主使得诺曼人、霍亨斯陶芬王朝和早期安茹王朝创造的强大国家机器早已褪色败落，像教宗的宗主权那样已然名存实亡。拉迪斯拉斯国王（Ladislas, 1386—1414）治下的中兴假象，全赖他的军事才干和教廷内乱，与重整朝纲无关。结果，地方权力都落入当地权贵和寡头手中，他们坚决反对中央权力的任何染指。那不勒斯的封建贵族和教宗国的私有地主（proprietary landowner）虽有差异，但都散发着同样的贵族气质，其势力常常渗透整个南部，就像罗马的奥尔西尼家族（Orsini family）那样。有些家族，最有名者如费拉拉的埃斯特家族（Este）、里米尼的马拉泰斯塔家族（Malatesta）和乌尔比诺的蒙泰费尔特罗家族（Montefeltro of Urbino），在教宗代理人（vicariate）身份的掩饰下已获得"事实上的"世袭统治权和独立；塔兰托（Taranto）诸侯乔瓦尼·安东尼奥·德拉·巴尔索·奥尔西尼（Giovanni Antonio del Balzo Orsini）也大致一样，国王不敢向他征税或传他问责。其他家族也怀有同样野心，无情地争权夺利，威胁着国家与社会的结构。

拉迪斯拉斯死后，他们的前景看起来一片光明，因为这些拥兵自重或权势煊赫之人可以放手一搏了。雇佣兵首领布拉齐奥·达·蒙托内（Braccio da Montone）比任何人都更善于利用这一优势；他凭借手中的那支意大利最为久经沙场的军队，在教宗约翰二十三世无奈的默许下，变成了其家乡佩鲁贾的主人，然后在教宗国的心脏地带霸占了一大片领地。他昔日的战友穆齐奥·亚特多罗·斯福查（Muzio Attendolo Sforza），则选择效命于女王乔瓦尼二世（Giovanna Ⅱ）以寻机占领地盘，乔瓦尼是拉迪斯拉斯的长妹和继承人，她已老迈年高，意志薄弱，成为贵族派系倾轧的牺牲品。

西吉斯蒙德皇帝精心谋划欧洲外交，同时也致力于通过康斯坦茨公会议来强行解决西方基督教国度（Christendom）的教会分裂。它最终以1417年11月11日枢机主教奥多·科隆纳当选教宗马丁五世（Martin Ⅴ）而宣告结束。在整个中世纪，马丁家族一直主宰着罗马的大片乡村与城镇，所以他决定在家族根据地建立自己的宫廷，以免依旧沦为公会议势力的囚徒。但他很快就发现，回归罗马是一条漫长而艰难的旅途，执掌教宗国各地大权的人，除了他的亲戚，没人愿意欢迎一位位高权重的主人，因为这种权威他们已有一个世纪不曾见到了。没有军队，囊中羞涩，马丁别无选择，只能以谈判开道，对拦路虎们的要求做出让步。他们的要求——这些领主（signori）已经控制了罗马涅、翁布里亚（Umbria）和安科纳的马尔凯（March of Ancona）的诸城镇——就是承认他们作为教宗代理人"事实上的"独立，每年只交纳微薄的贡赋。头衔被证明是另一种有用的通货：斯波莱托公爵（Spoleto）的头衔就使他在与布拉齐奥（Braccio）的战争中赢得了圭丹托尼奥·达·蒙泰费尔特罗（Guidantonio da Mentefeltro）的效忠，而布拉齐奥当时还在从马丁手里谋取佩鲁贾的代管权和随意征伐的特许权。

1420年9月29日，马丁终于回到罗马，受到热烈欢迎。当时这座城市已颇为荒凉，社会各阶层都期盼教廷的回归能使之起死回生，马丁因而毫无阻碍地推行了城市法规，这赋予他任免关键职位包括元老和财政官的大权，他还将罗马收入的绝大部分拨归自己的财库。科隆纳家族有众多依附者和盟友的支持，为他提供了实现其意愿所必须的力量。位于罗马的富丽堂皇的家族宫殿成了他的指挥部；每块出缺的地产和职位都安排他的亲戚出任；他的一个侄女嫁给了乌尔比诺的领主，另一个嫁入马拉泰斯塔家族。在教廷里，无论高官还是小吏，意大利人的数量很快占了优势。只有奥尔西尼家族及其盟友愤愤不平，满怀敌意，认为科隆纳家族的兴盛必然预示着奥尔西尼家族的没落。在马丁作为罗马之主进行了如此稳固的安排之后，在处理与其领土上的附庸及整个教会的关系时，他仍然一直慎重行事，因为公会议权威的阴影依然笼罩在他的头上。当然，他也没有资源去推行一项冒险的领土政策。1426 年时，教廷勤勉积累的收入结余为 170000 佛罗林，可能只有教会大分裂前的一半，而且得自教会职能与领土支配的收入各占一半，而在此前，后者所占比例相当小。

  马丁在与那不勒斯打交道时的老练，足可媲美他在教宗领地上表现出的稳扎稳打。尽管他已准备承认无后嗣的乔瓦尼为王，以便为其兄焦尔达诺（Giordano）换得慷慨的领土赠予，但经人说服后，他相信为罗马的长远利益计，最好还是支持以普罗旺斯的路易三世为代表的法国人的王位继承要求。1420 年路易在斯福查大军的支持下及时入侵王国以夺取王位。面对这一威胁，女王和塞吉安尼·卡拉乔洛（Sergianni Caracciolo，其情夫和实权派）向年轻的阿拉贡和西西里国王阿方索求助。1420 年夏天，阿方索正在发动战争以保障对撒丁和科西嘉的主权。稍作迟疑后，他以解救某个少女于危难为借口接受了邀请；事实上，他已将自己的名声押在了赢得整个那不勒斯王国上，以便为其祖先在西西里晚祷事件（Sicilian Vespers）时期发动的冒险画上一个圆满的句号。随着外来势力的插手，那不勒斯贵族也分化为对立的两派：斯福查、科隆纳家族和前安茹党人支持路易；布拉齐奥和奥尔西尼家族在塔兰托诸侯的率领下，不出预料地加入了另一阵营。在接下来的斗争中，由于双方势均力敌，王室的权威丧失殆尽。扭转局势的是一对不可调和的矛盾：阿方索自称是王位的当然继承人，而卡拉乔洛决意继续担当女王的主人。阿方索的西班牙卫队的仇外心理和不信任使局势进一步恶化,他们的敌意在 1423 年夏天逐渐升级为公然敌对,结果,加泰罗尼亚的一支舰队劫掠了那不勒斯。1423 年 10 月,受挫的国王怒气冲冲地回到西班牙,对教宗满腹怨恨,认为自己蒙羞受辱是他一手炮制的。相反,马丁则满意地看到乔瓦尼承认安茹王子为她的继承人,更令他高兴的是,布拉齐奥阵亡了。佩鲁贾因而转到了一个贵族寡头的手中,他并不比那位阵亡的好战分子更愿意服从教宗的控制,但其危险性显然小得多。

教宗对那不勒斯王位继承可能施加的那种影响,并不适用于他自己的大位继承。他在生前执掌权力越专横——枢机们试图通过当选誓约条文加以约束的一切努力证明是徒劳的——在他死后将权力归还枢机团时引发的反弹就越激烈。这个群体由卓越人士组成,他们既为世俗恩主的利益服务,也尽力实现自己的抱负,坚决反对一切旨在长期操控的企图。他们的人数在这一世纪翻了一番,只不过反映了意大利各大家族(如美第奇、斯福查、贡扎加和法尔内塞)的涉足,参与游戏的利害方在增加而已。此外,一位教宗统治的时间相对短暂也使得大多数枢机能够成为几朝元老。从马丁五世到亚历山大六世,每位教宗的平均任期大约只有 9 年;这恰与那不勒斯和费拉拉形成鲜明的对比,阿方索和他的儿子统治那不勒斯长达 60 年,而在费拉拉,尼科洛·埃斯特(Niccolò d'Este)和他的三个儿子统治了一个世纪。1431 年 2 月,在马丁去世时,奥尔西尼家族在教宗密选会议上策划了一个反科隆纳联盟,致使出身威尼斯名门的枢机康杜尔马罗(Condulmer)当选,自称尤金四世。他们进而操纵这个"贪婪而愚顽的人"连根拔除科隆纳家族的势力,在罗马与周边乡村大肆屠杀破坏,引发了 1434 年 5 月 29 日的民众起义,尤金因担心丧命而被迫逃亡。由于威胁到教宗国的心脏,他被迫放弃了所有要求教宗附庸服役的主张,并将安科纳的马尔凯让给弗朗切斯科·斯福查,就是那位曾以布拉齐奥方式征服该省的雇佣军前任首领的儿子。同一时期,巴塞尔公会议也在挑战其权威的根基,一场新的教会分裂看似迫在眉睫。尽管枢机乔瓦尼·韦特勒希(Giovanni Vitelleschi)当上雇佣军首领后,在 1434 年年末重新占领了罗马,但这一成功的主要受益人是奥尔西尼家族,尤金本人不敢返回。

在南方,阿方索的野心构成了另一个威胁。自 1427 年以来,有一帮愤愤不平的那不勒斯贵族在塔兰托诸侯的领导下，一直试图劝诱阿方索回来。1432年夏，他率领一支庞大的舰队抵达西西里，显然在伺机进攻那不勒斯，同时急切地敦促尤金承认他的王位要求。1435年年初，安茹的路易和女王乔瓦尼在几周内相继去世，似乎为他扫清了道路，尽管乔瓦尼在咽气前提名路易的弟弟雷内（René）为继承人，但这个王子当时还在勃艮第公爵手中当人质。阿方索既然自称为那不勒斯国王，他就得认真应对热那亚人的殊死反对，因为他们担心自己的死敌加泰罗尼亚人一旦得到了这个国家，就会截断自己的贸易生命线。最初的似乎也是决定性的较量发生在1435年8月4日，热那亚的一支舰队在蓬扎（Ponza）海战中摧毁了阿方索的优势兵力。在这一世纪，还没有哪一次海上交锋的结局如此富有戏剧性：阿方索、他的两个兄弟和他的整个卫队（由西班牙人和意大利人组成）都成了热那亚人的囚徒，最后又成为米兰共和国执政（overlord）菲利波·马里亚·维斯孔蒂（Filippo Maria Visconti）的囚徒。

阿方索以其非凡的人格魅力与口才，将坏事变成了好事，他说服维斯孔蒂从拘押者变成他的共谋者，他提出了一个征服意大利的宏伟计划：将教宗国一分为二，整个北部全归米兰，南部则由阿拉贡掌控。尽管与宿敌的这场交易使得热那亚反叛了米兰，但阿方索又一次获得了自由，1436年1月重新开始了他的那不勒斯远征，而且比以前的任何一次都更占优势。他的对手们缺乏一位有力的领袖，尽管雷内活力四射的妻子伊萨贝尔（Isabel）来了；他们的财力也无法与他抗衡，而他可以从他的其他王国如阿拉贡、西西里、撒丁尼亚获取资源。他以仅次于那不勒斯的第二大港加埃塔（Gaeta）为基地，开始有计划地征服这个王国，先是剑指最富庶、人口最多的泰拉·迪·拉沃罗行省（Terra di Lavoro）。由于人力与财力不足（当时任何一个欧洲国家都会发现，要完成如此宏伟的事业，根本不可能筹集到必需的资金），更因为热那亚和教宗不断插手，这项征服花了他6年多的时间。尤金自1434年以来，一直居住在亲法的佛罗伦萨，半为客人半为人质，不可能放弃安茹的事业；但阿方索不会让他走得太远，在与米兰结盟后，他威胁要效忠于对立教宗菲力克斯（anti-Pope Felix）（1439年在巴塞尔公会上当选）。不过，教宗的财政因尤金权威的崩溃而急剧锐减，根本无望在王国内支撑一场战争。令人生畏的枢机韦特勒希（Vitelleschi）在 1436 年和 1437 年两度率军出征，一路势如破竹，均因后勤供应不足而告终，因为尤金必须将其有限的财源用于接待前来参加佛罗伦萨公会议的拜占庭客人。

安茹的雷内步了教宗的后尘。在耗尽资财从勃艮第赎回自己后，他来到了那不勒斯，作为热那亚抚恤金的领取者，除了讨人喜欢的个性，不能给追随者任何东西。但这种个性并不能阻止背叛的潮流，当贵族和城市觉得安茹的运气不佳时，开始接受了阿方索提供的赦免承诺、官位、头衔和金钱。只有热那亚人和雇佣军首领斯福查和卡尔多拉（Caldora）两大家族坚定追随，因为他们在这个王国拥有庞大的地产，利益攸关。到 1442 年春，雷内成了孤家寡人，被围困在那不勒斯；现在，甚至热那亚也开始绝望了。6 月 2 日，阿拉贡军队攻入城内，占领了首都；6 月 28 日，又战胜了安东尼奥·卡尔多拉和乔瓦尼·斯福查，胜利地完成了征服。

这时，教宗尤金不得不接受这一事实：没有任何一种势力，无论意大利的还是外来的，能够挑战阿方索的胜利，除非让步妥协，不然的话，国王就有可能转而支持对立教宗菲力克斯并入侵教宗国。因而 1443 年 6 月，双方在泰拉奇纳（Terracina）的边境小城达成了和平。教宗一方的代表是他的管家（Chamberlain）、枢机主教卢多维科·达·特雷维索（Ludovico da Treviso），他一直将韦特勒希的披风视为教廷的恐怖物件，而他本人则是亲阿拉贡派；条约承认阿方索和他的私生子费尔南多（Ferrante）对那不勒斯王室的头衔，将教宗的领土贝内文托和泰拉奇纳赐予阿方索终生拥有，向教宗交纳的贡金缩减为象征性地交纳一匹小白马。附带举措还包括将斯福查驱出安科纳的马尔凯，因为他在这里威胁着阿方索在阿布鲁兹（Abruzzi）诸省的据点，这次行动被美其名曰：为尤金驱逐一位不听话的封臣。

大多数意大利人原本与国王的西班牙臣民一样，希望他一旦赢得那不勒斯就迅速离开意大利。但他让他们所有人都失望了，他留在这里度过了余生：一方面因为他想借此逃避伊比利亚永无休止的矛盾纠葛，另一方面也由于他从未对控制这个王国有十足的信心，同时这里的政治文化氛围也越来越惬意诱人。直到 1458 年阿方索去世，那不勒斯一直是主宰西地中海的阿拉贡帝国的政治与行政中心。这个阿拉贡国家的中央议会和日常机构，曾全部由 1432 年随他出征意大利的西班牙人出任，现在依旧运转，只不过与当地业已建立的那不勒斯政府机构分开了，这里的每个职位都由当地人出任。为了让那些执掌王国权力的人——拥有土地的贵族——相信他们的利益与他的王朝密不可分，阿方索确认了他们对自己地产及地产上的人的权威，慷慨地授予他们各种头衔，用各种挂名职位和国会顾问来取悦他们，他的孩子们也与最大的家族如奥尔西尼家族和拉佛家族（Ruffo）联姻。与此同时，他强化了王室对他们的控制（这种控制几乎被三十年的混乱抹杀了），禁止他们保留武装侍从，改革中央与行省的管理，确保有足够的岁入（据估计，1444年达到830000杜卡特），对任何反抗的苗头予以坚决打击。1444年在他镇压一次叛乱后，无人再敢公然作乱。他还努力加强其新王国和他的其他领土之间的联系：推行重商主义，建立以贸易共同体为基础的经济利益纽带；从西班牙贵族和官员的聚居地成长起来的家庭纽带，也被他自己的孩子们带入那不勒斯的贵族中。而阿方索本人，尽管在本性上还是一个西班牙人，展现的却是一位意大利王公的风范，他培育的宫廷文化，就艺术、建筑、音乐、诗歌和人文主义事业而言，融合了意大利和西班牙两大元素，其成就足可与托斯卡纳和意大利北部媲美。他的首都那不勒斯直到1442年依旧顽固地忠于安茹，但随着它作为阿方索帝国心脏的繁荣，风向发生了改变：它的大学重新开放，港口重新施建，道路重新修铺，而贵族们建起了豪宅，国王也将古老的新堡（Castelnuovo）翻修一新，其富丽堂皇远胜于前。

　　有如此令人生畏的邻居，教宗别无选择，只能采用逢迎政策，口头上称阿方索为教宗国的护国公（protectorate），不过，这对于他本人也并非全无益处：它保证了尤金拥有罗马（他于1442年9月已返回），能够全力对付巴塞尔公会议和它选出的对立教宗。同时，米兰公爵菲利波·马里亚·维斯孔蒂也支持他的阿拉贡盟友，尽管不那么坚定；但佛罗伦萨和威尼斯，对阿方索势力的北扩极为惊恐，因而竭力遏制或反击。他们几次三番地救援弗朗切斯科·斯福查，使其在安科纳的马尔凯免于最终覆灭的命运，直到1446年12月，国王亲率大军进军罗马，决心将一切敌人逐出教宗国。1447年1月，他已于蒂沃利（Tivoli）扎营，不过，恐吓教宗为时已晚，尤金在2月23日已经去世，这就有利于安排一个听话的人去接掌教宗大位。

新任教宗尼古拉五世来自教廷官僚系统：这个高级教士精通教廷政治，但没有大家族或财富做后盾；身为人文主义者，喜好和平。他将土地公平地分给科隆纳和奥尔西尼两大家族，为罗马乡村带来了安宁。安科纳的马尔凯问题是自然解决的：斯福查在他的岳父（father-in-law）菲利波·马里亚·维斯孔蒂去世后，为强调他对米兰的权利主张，放弃了在这儿的头衔。其他领主和寡头在尼古拉治下各得其所，相安无事，教宗本人也从这种难能可贵的安定中受益颇多：贡金的缴纳更为稳定，重征季节性放牧的费用（transhumance toll），还有朝圣者口袋里的金钱——为欢庆巴塞尔分裂的和解，他宣布大赦，在1450年，有成千上万的朝圣者涌入罗马。城市明显恢复了繁荣，以至于1453年1月，当城市元老斯特凡诺·波卡里（Stefano Porcari）试图鼓动罗马反对教宗统治时，竟无一人响应。当时的罗马，无论旧人或新人，显贵或平民，其切身利益都与尼古拉的新梵蒂冈所象征的权力联系在一起，梵蒂冈有其国家诸部门、翻新的大教堂和城堡；现在，这里已成为天主教世界稳固的中心。

斯福查远走米兰，而佛罗伦萨和威尼斯都将注意力集中在维斯孔蒂家族领地的命运上，这就使得阿方索成了教宗国的当然主宰。他认为，进攻佛罗伦萨强迫它接受阿拉贡蚕食厄尔巴岛（Elba）南北口岸地带的时机来了。为此，他以教宗国为基地，对佛罗伦萨发动了两次战争。1447—1448年，他联合米兰，亲率大军出征；第二次（1452—1454）与威尼斯结盟，但将指挥权交给了其子费尔南多。两次进攻均告惨败：一次是1448年从皮翁比诺（Piombino）仓皇撤退；另一次是1454年威尼斯私下签订《洛迪和平协定》（Peace of Lodi）而背弃了他。尽管他设法稳住了几个口岸据点，但阿拉贡和那不勒斯联军显然已遭到法国和安茹支持的联军的有效反击；意大利同盟在由此而造成的大致均势中诞生。不过，在其两侧，阿方索仍然找到了施展空间，谋求实现征服热那亚与亚得里亚海东岸地带的构想。

阿方索·博尔吉雅（Alfonso Borgia）是阿方索议会的前任议长，也是他在罗马的心腹，1455年4月，当阿方索·博尔吉雅被选为教宗卡立斯特三世（Calixtus Ⅲ）时，阿拉贡人主宰教廷看来大局已定。西班牙人大量涌入罗马，足以让罗马人甚为不安，因为他们已经越来越习惯由意大利人来垄断教廷的每一个官职；博尔吉雅肆无忌惮地公然大搞裙带关系，他的两个侄子戴上了枢机主教的红帽子，另一个当上了教宗军总司令。阿方索踌躇满志，相信无论是安排教职，还是宣布他与无育妻子的婚姻无效，教宗都能让他事事如愿。出乎预料的是，卡立斯特断然拒绝了他的旧主人，这让欧洲、意大利和阿方索都万分惊愕。当卡立斯特拒绝承认阿拉贡人继承那不勒斯时，冲突几乎一触即发；阿方索的报复方式是蓄意破坏教宗发动的东征土耳其人的圣战计划，这样，在短短一年里，他们就变成了公开的不共戴天的敌人。

罗马与那不勒斯相互拆台，结果两败俱伤。打击首先落在罗马的土地上，卡立斯特鼓动科隆纳家族对抗阿方索的盟友奥尔西尼家族，结束了满怀希望的十年安宁期。无人雇用的雇佣兵首领雅各布·皮奇尼诺（Jacopo Piccinino）在国王的全力鼓动下，纵兵劫掠广袤的罗马涅，而在1457年，阿方索不顾教宗的宗主权，唆使皮奇尼诺和弗德里格·达·蒙泰费尔特罗（Federigo da Montefeltro）进攻他的劲敌里米尼的西吉斯蒙德·马拉泰斯塔（Sigismondo Malatesta of Rimini）。面对这场杀戮，卡立斯特所能做的，就是徒劳地拒绝来自那不勒斯的每一个请求，直到阿方索去世（1458年6月27日），教宗才暂时掌握了这个王国的命运，斩断了它与阿拉贡王室的联系，而阿拉贡的王位也传给了阿方索的弟弟胡安（Joan）。胡安无视那不勒斯人对费尔南多的认同，也许是出于老匪昏庸，宣布那不勒斯是一块无效封地，只有他的侄儿佩德罗·路易斯才配统治那儿。真正的受益者是雷内的儿子安茹的约翰，1459年11月，在热那亚的再次支持下，他在那不勒斯附近登陆，重启王位争夺战。这是对卡立斯特的死后复仇；卡氏已于1458年8月去世。但他对阿拉贡人的仇视并没有传给他的继任者庇护二世，庇护来自锡耶纳，是一位职业外交家，百科全书式的作家，他曾参观过那不勒斯，对阿方索印象深刻，理解搅乱王国的危险也将是他自己的国家面临的问题。因此，在1459年2月，他派出一位教宗特使为费尔南多加冕，尽管法国坚决反对。

卡立斯特、安茹和那不勒斯权贵们为寻找一位更听话的统治者而发动的内战，只不过持续了一个夏天，但费尔南多彻底根除他们则花了4年时间。自始至终，庇护坚定不移地顶住法国压力，调动意大利同盟，自己出资供养军队。他有很好的理由坚持不懈，因为战争的反弹已从那不勒斯席卷到教宗国。皮奇尼诺、西吉斯蒙德·马拉泰斯塔和安圭拉诺伯爵（count of Anguillara）在安茹王朝的支持下，从安科纳的马尔凯一路烧杀，直抵罗马城门，城内一片混乱。直到1463年那不勒斯叛乱失败后，局势才重归平静。

共同的努力促成了教宗与国王的重新和解：庇护的侄子安东尼奥·皮科洛米尼（Antonio Piccolomini）迎娶费尔南多的私生女玛丽亚，通过联姻而结成一条新的王朝锁链。不过，战争使庇护耗资巨大，同时他也像卡立斯特一样，力图以身作则，引领欧洲发动一次十字军战争。冥冥中似有天意，1461年，在罗马西北方的托尔发（Tolfa）发现了丰富的明矾矿藏，这缓解了他的危机，当时这一受益使教宗的岁入增加了20%。然而，这远远不够，因此庇护在1463年又推出了一项新的财政措施，且被其继承人们一再采用，这就是设置专供出售的教廷官爵；购买者购得的其实是一份终身年金。庇护开始扩大卖官的规模，设置了一个由70名草拟员（abbreviator，负责起草教宗谕令的职员）组成的鬻官团。由此所得的一切收入，连同明矾收益，都流入十字军圣战特别账户，正如他在1459年曼图亚国会（Congress of Mantua）上慎重承诺的那样。然而，这并未影响各国的冷漠态度，最终他绝望地来到原定的出征地安科纳，于1464年8月15日在此去世。

这一时期，费尔南多正着手巩固王位，使其基础之雄厚不逊于其父亲的那些支持者。尽管有许多安插在贵族和官僚队伍中的西班牙人仍在为他服务，但绝大多数已返回本土，他们的位置由业经证明忠实可信的意大利人接替，其中显赫者当属首席秘书（principal secretary）安东尼拉·彼得鲁奇（Antonello Petrucci）和乔瓦尼·蓬塔诺（Giovanni Pontano）。为了矫正贵族领地与王室领地的严重失衡，费尔南多将没收的叛乱分子的土地，包括塔兰托诸侯的庞大地产，授予了他众多的后裔和姻亲。作为统治伊始善意的表示，他降低了直接税的税率，但得自日益兴盛的贸易的收入越来越多，足可弥补这一损失。阿方索的商业热情传给了他的儿子。铺修道路的规划，以及禁止贵族在国内和平的情况下滥征通行税和市场税，带来了港口和市集（fair）的相对繁荣。羊毛和丝绸产量的增长刺激了这些原材料的出口。另外，在那不勒斯发展优质纺织品的方案，尽管未能遏制区域性衰落的势头，但首都保持了繁荣，因为地方贵族在王室的鼓励下都在这里修建了宫殿。王位的外援方面，他主要依靠阿拉贡和斯福查治下的米兰，因为它们像那不勒斯一样，受到法国野心的威胁。他与这两个国家都结成了婚姻联盟。意大利同盟尽管在危机中从未完全生效，但还是为对抗佛罗伦萨和威尼斯的敌意提供了某种保证。在教宗国，许多领主都会找一位可靠的后台老板（paymaster），这种需求确保了他在此地具有一定影响力，其中最重要的影响，是通过乌尔比诺的弗德里格·达·蒙泰费尔特罗（Federigo da Montefeltro）来实施的，弗德里格在马拉泰斯塔家族垮台后，已成为当地最大的雇佣军诸侯。不过，费尔南多与他的父亲不同，他在与教宗打交道时很少掌握主动权，只是按照罗马政治游戏的结果随时调整政策。他和教会都很幸运地看到教宗的三重冠在 1464 年传给了威尼斯人保罗二世。保罗是尤金四世的侄子，应当承认，他为人自命不凡，老于世故，但他的性格也有坦率、令人愉快的一面，这在 15 世纪的教宗中并不多见，而且未曾受到勃勃野心的沾染。他为巩固领土而采取的行动是伸张对宿敌领地的权利，先是安圭拉诺（Anguillara）的罗马贵族，后是马拉泰斯塔家族的剩余地产，这招致费尔南多的极度怀疑，并于 1469 年派兵前往里米尼，支援罗伯托·马拉泰斯塔（Roberto Malatesta）对抗保罗。但当时米兰和佛罗伦萨也宣布支持罗伯托，而威尼斯拒绝干预，保罗因而退兵。相比之下，争夺明矾矿的战争以教宗取胜而告终。为了保障得自那不勒斯的阿尼亚诺（Agnano）矿产的收入，费尔南多阴谋破坏受到美第奇家族支持的保罗的经营，以确保对托尔发的所有权。随即，他又策划了一个将教宗利益与那不勒斯利益绑在一起的联合方案，但两次阴谋均告失败。到 1472 年，托尔发矿藏的产量已远远超过其南部合伙人，联合方案遂宣告破产。

收入的增加，不再抵押给战争或十字军圣战，使得保罗能够重启兴建罗马的计划，这项工程自尼古拉五世以来一直受到忽视（保罗二世曾投入了所有的建筑热情，将他出生的小村庄打造成一座标准的文艺复兴小镇）。兴建工作集中于保罗的私宅圣马可教宫而非梵蒂冈，顺便惠及近邻的罗马古老中心市政广场（Capitol）。教宗也能够承受放弃出售草拟员，但这一举措导致了与"罗马学术协会"（Roman Academy）的冲突，这个团体以大学教授波姆波尼奥·莱托

(Pomponio Leto)为首,由人文主义者组成,自尼古拉时代以来,他们的人数在教廷官僚体系中日益增多;其中许多人都投资于新设的官职。然而,仅经济利益并不足以让保罗动心;遏制在庇护二世时期渗透教廷的锡耶纳势力的意图也很明显,比如,教宗重新启用美第奇家族担任教廷银行家,以取代锡耶纳的斯潘诺奇(Spannocchi)。热衷于异教与共和立场的人文主义者,也会因这个宗教独裁者而招灾惹祸;不过,对于他们真正关切的事情,保罗并不敌视,因为他对学者们极为慷慨,早在费尔南多将印刷术带到那不勒斯的三年前,他就鼓励将这门技术引入罗马(1468),并开始修建梵蒂冈图书馆。

保罗治理教会与教宗国手段温和,当它们落到与他迥然有别的继承人的手中时,这一点就一目了然了。西克斯图斯四世(Sixtus Ⅳ)原名弗朗切斯科·德拉·罗韦雷(Francesco della Rovere),是热那亚人,身为方济各会修士,出身寒微,他将自己的教宗冠归因于枢机主教团和整个意大利的反威尼斯情结。对于手中的权力,他没有用来达成任何建设性的目标,而是厚颜无耻地用来扩展其家族势力。他在7年里将6个近亲塞进枢机主教团,其他亲友也鸡犬升天;他的一个侄子乔瓦尼·德拉·罗韦雷(Giovanni della Rovere)迎娶了乌尔比诺公爵的女儿(1474),另一个侄子莱奥纳多(Leonardo)在1472年当上罗马市长(Prefect),并成为费尔南多的一个私生女的丈夫;国王的侄女在1479年嫁给了安东尼奥·巴索·德拉·罗韦雷(Antonio Basso della Rovere),而他的另一个侄子、最为贪婪的吉罗拉莫(Girolamo),被安排从斯福查家族中迎娶一位新娘。在这帮无耻之徒眼中,教廷只是那个世纪每一个意大利暴发户达到目的——世俗统治权——的理想工具;而且他们也知道时不我待,西克斯图斯当选时已经55岁。费尔南多没有像暗算保罗二世那样去阻止他们的企图,而是不明智地选择支持他们,相信自己因此而能够成为这些小王公不可或缺的盟友,从而增加自己在教宗国的影响力,促使罗马做出让步。他的目的确达到了,西克斯图斯终身放弃了那不勒斯的贡金,并于1477年12月晋升国王的儿子乔瓦尼为枢机。米兰和乌尔比诺也与德拉·罗韦雷家族交好,这一立场使弗德里格·达·蒙泰费尔特罗在1474年赢得了公爵头衔。佛罗伦萨被证明不好迁就。教宗与美第奇家族在明矾合同和伊莫拉(Imola)问题上的争执,使得洛伦佐(Lorenzo)

的教宗账户被一位热那亚银行家接手，托尔发的经营权被转给对手帕奇（Pazzi），朱利亚诺·德·美第奇（Giuliano de'Medici）于1478年被谋杀；洛伦佐勉强死里逃生。德拉·罗韦雷家族是否直接涉嫌犯罪并不重要，因为他们稍后抓住了谋杀比萨大主教的暴徒，并囚禁了枢机拉法耶罗·里亚里奥（Raffaello Riario，西克斯图斯的侄孙），以此证明对佛罗伦萨开战的合理性。费尔南多加入了他们，因为美第奇的佛罗伦萨在他看来依然是其王朝不共戴天的死敌。此外，他也希望借此向意大利和他自己的臣民证明，15年的国内和平与整顿的确增强了王室的军事实力。

一支那不勒斯军队在国王的长子、卡拉布里亚公爵阿方索的率领下，联合乌尔比诺的军队，很快就用一系列胜利证实了费尔南多的自信，到1479年年末，佛罗伦萨已陷入绝境。此时，人们开始怀疑为教宗赢得一次大胜是否明智；这种疑虑导致了秘密协商，进而在1479年12月，洛伦佐令人惊异地冒险来到那不勒斯谋求和平。然后，外交局势发生了逆转，其戏剧性不亚于阿方索国王在1435年的壮举：费尔南多和洛伦佐不仅签署了和平条约，还达成了彼此之间的终身和解。西克斯图斯尽管极为恼怒，但也只得满足于远远低于他预期的战利品，主要收获是福尔利（Forlì），他将之作为一个代牧区（vicariate）授予了吉罗拉莫·里亚里奥（Girolamo Riario）。

费尔南多暂时成了意大利的仲裁者，但却发现自己需要寻求它的帮助：1480年8月，长期令人惊恐却在很大程度上被忽略的土耳其侵略军猛攻亚得里亚海港奥特朗托（Otranto）。那不勒斯军队不得不放弃托斯卡纳以对抗土耳其人，而绝大多数的战利品也被奉献出去，以换取米兰、佛罗伦萨和教宗的支援承诺。结果，由于卡拉布里亚公爵的军事才干和素丹穆罕默德二世的去世，使得土耳其人在1481年8月被击退，这次胜利并未得到任何重要的外来援助；教宗的舰队和匈牙利军队当天很晚才抵达。但费尔南多的敌人，决心不让这个凯旋的基督教英雄再次成为意大利中部有威望的领导人。威尼斯人得到了西克斯图斯的准许，开始进攻国王的盟友费拉拉公爵埃尔科尔（Ercole）和王国的亚得里亚海岸，并占领了加利波利（Gallipoli）；他们还煽动某个贵族的不满，因为他对王权的扩张感到惊恐。费尔南多积极应对，派阿方索公爵反击罗马，希望迫使西克斯图斯保持中立；派他的弟弟费代里科（Federico）前往亚得里亚海对抗威尼斯。但此时命运已不再眷顾他，阿方索在罗马城外遭到惨败，只有米兰持续施压试图分化教宗和威尼斯。米兰现在已由费尔南多的昔日宠臣卢多维科·斯福查［Ludovico Sforza，绰号"摩尔人"，费氏曾授予他巴里公爵（Bari）的头衔］掌控。1483年年末，在接连不断的战争压力下，那不勒斯的财政开始枯竭，已无法支付负责抗击威尼斯人的那支军队的开支，费尔南多别无选择，只得接受和谈（1484年8月7日），这项任务主要是由他的米兰盟友来完成的。和谈解救了费拉拉，并使威尼斯交还了大多数占领的土地，但那不勒斯已成一片废墟。对于教宗西克斯图斯而言，长达6年的消耗战，结果更是灾难性的。有传闻说，他的计划化为泡影导致了他在8月12日去世。当然，此时终止其事业可谓正当其时，因为他献身于一种对教宗职位自大狂式的观念；不幸的是，在朱利亚诺·德拉·罗韦雷（Giuliano della Rovere）当选尤利乌斯二世后，它注定还会重现。

像其他许多专制者（despot）一样，西克斯图斯用精美的杰作装点首都，文艺复兴时期的艺术和建筑大师们为此贡献了他们的全部才智。1483年8月，巨大的人群聚集于新建的西斯廷教堂（Sistine Chapel），对其精美惊叹不已。波提切利（Botticelli）、佩鲁吉诺（Perugino）、吉尔兰达伊奥（Ghirlandaio）、品图里基奥（Pinturicchio）、梅洛佐（Melozzo）和罗塞利（Rosselli）为追逐辉煌和名声，全都为他效力。许多富有的枢机也竞相加入资助行列。但不能忘记的是，在这一世纪，对罗马古迹的破坏远多于新建。在教宗国其他地方，每个领主（*signore*），从权贵蒙泰费尔特罗、埃斯特、马拉泰斯塔、本迪维戈里（Bentivogli）到最小的霸王，都投入金钱和热情翻修与装点自己的周边环境。所有艺术都在激烈的宫廷竞争中争奇斗妍。这笔花费，与教廷投入战争及用以维持德拉·罗韦雷家族奢华的生活方式的巨额开销相比，几乎不值一提。缺钱促使西克斯图斯在1478年恢复了草拟员鬻官团（College of Abbreviators），掮客鬻官团（College of Sollecitatori）（1482）和公证人鬻官团（College of Notari）（1483）也相继上市。从欧洲各地寄来请求教宗恩准的如潮水般的信函，是一笔不请自来的巨大业务，他从中也找到了一条财路；负责收费的圣职教俸署（datary）办公室，擢升为教廷内部的新宠。另外，将大赦年的间隔时间缩短为 25 年以刺激朝圣贸易，这一努力在 1475 年没有达到预期的目标，原因是台伯河水的暴涨赶跑了观光客。

选举西克斯图斯继承人的教宗密选会议（conclave）是在充满暴力的氛围中召开的。暴力源自新逝的教宗屠杀科隆纳家族，而该家族已与那不勒斯结盟；同时，他的长期操控行为也冒犯了罗马的城市自主权。这些敌对的利益集团和德拉·罗韦雷家族都渴望保持某种操纵权，经过激烈的讨价还价，一致同意热那亚枢机主教乔瓦尼—巴蒂斯塔·希博（Giovanni-Battista Cibo）当选为教宗英诺森八世（Innocent Ⅷ），他没有能力，只是朱利亚诺·德拉·罗韦雷的傀儡。当罗马人看到恢复自由的承诺无望兑现时，科隆纳家族趁机放手一搏，全力进攻奥尔西尼家族，随即开始了一段尤金时代以来无与伦比的毫无法纪的时期。罗马的混乱不久又赶上了一场更大的骚乱，这就是 1485 年席卷那不勒斯王国的第二次贵族叛乱。战争债务使得捐税猛增，讨厌费尔南多的那种独裁统治方式，对面临其子即更严厉的阿方索的统治这一前景感到忧虑，还有一些人是因为曾私自结交威尼斯而害怕遭到报复，所有这些共同酝酿了一种绝不屈服于王室威逼利诱的普遍不满情绪。枢机德拉·罗韦雷是这一情绪的代言人，他在竭力争取法国和威尼斯加盟的同时，动用教宗的全部影响力来对抗费尔南多，并发出了在 1485 年 9 月 26 日开始暴动的信号。虽然国王最初陷于绝境，但他的处境其实比 1459 年要有利得多。法国入侵并未实现，佛罗伦萨依然忠诚，米兰也支持他，而威尼斯踌躇不前；天主教徒斐迪南（Ferdinand）也派遣西西里军队和西班牙舰队支援他的堂兄。最为关键的是，国内力量的对比从一开始就绝对有利于国王，因为他预防权势转移的措施已行之有效 20 余年。结果，卡拉布里亚公爵在奥尔西尼的支持下进攻罗马，打败英诺森的军队，并签署了城下之盟（1486 年 8 月 11 日）。国王迅速而冷酷地处死了他认为最不忠诚、最危险的敌人，其中就有他的首席秘书彼得鲁奇（Petrucci）、阿尔塔穆拉（Altamura）诸侯、比西尼亚诺（Bisignano）诸侯、纳尔多（Nardo）公爵和梅尔菲（Melfi）公爵；面对这样一位国王，叛乱分子们束手无策。他们大多数人消失在卡斯泰尔诺沃（Castelnuova）的地牢中，引发了很多恐怖的传说。事后，阿拉贡人对那不勒斯的继承权似乎基本稳固了，但英诺森依旧争执了 5 年多，他拒绝接受费尔南多交纳的象征贡金的物品，并利用法国来威胁他。只是到了 1492 年，洛伦佐·德·美第奇在临死前才成功地促成他们达成和解，教宗批准了阿拉贡人的继承权。

这场无谓的争执耗尽了英诺森的所有资源，他别无选择，只能在其他各条战线上退让。奥尔西尼家族重新得宠，与科隆纳家族一起重新主宰了罗马乡村。美第奇家族势力也华丽归来：洛伦佐 30 岁的儿子戴上了枢机的红帽子，他的女儿马黛伦娜（Maddalena）嫁给了教宗的儿子，而他的儿子皮耶罗（Piero）娶了奥尔西尼家族的一个女儿。在教宗国其他地方，教宗也使其权威服从佛罗伦萨的利益，如在佩鲁贾，1488 年巴格朗尼家族（Baglioni）已使自己成为唯一的主人。波伦亚的一场类似剧变，使得本迪维戈里家族将他们的命运更紧密地与米兰绑在一起。这就使得教宗的权威在大城市里逐渐变得无足轻重。由于这种退缩在整个教宗国一再重演，只是规模较小，因而发现英诺森为养活自己，出售了更多的官职，并不奇怪。这些官位包括一个新设的鬻官团和 24 个使徒秘书职（apostolic secretaryship），并明申它们只是虚衔。

这届被公认为充满灾难的教宗任期，尽管因 1492 年 7 月 25 日英诺森去世而结束，但前景并不光明，因为经过几轮不成功的竞标后，卡立斯特三世的侄子罗德里戈·博尔吉雅（Rodrigo Borgia）中标，即位为教宗亚历山大六世（Alexander Ⅵ）。36 年的枢机生涯和 35 年的教廷文秘署副署长（vice-chancellor of Church）的资历，使他成为教廷最有势力的人物，并被认为在那些年干的净是有损教廷的荒唐事。他的三个儿子、一个女儿和一群侄子都以德拉·罗韦雷为榜样，准备着随时去教会里大捞一笔。其中 6 人当上了枢机。对于博尔吉雅家族上一代人野心的记忆，使现已步入老年的费尔南多寝食难安；亚历山大对摩尔人卢多维科（Ludovico il Moro）的兄弟阿斯卡尼·斯福查（Ascanio Sforza）枢机的倚重，也使他心生疑虑，因为 1488 年后，那不勒斯与米兰的关系已经恶化：国王的孙女伊萨贝尔嫁给米兰的领衔公爵后，曾试图借卢多维科之手除掉她的丈夫，夺取他的公国。因为德拉·罗韦雷暗中使坏，将罗马近郊本属于英诺森儿子的地产卖掉，双方的冲突进一步升级。买主弗吉尼奥·奥尔西尼（Virginio Orsini）是美第奇家族的亲戚、那不勒斯军队的总司令。米兰和威尼斯立刻支持教宗的抗议，威胁要武力解决此事。不过，费尔南多不愿卷入战火，1493年夏，他提出了一个双方都不失体面的解决方案；此外，他还设法促成教宗的女儿卢克雷齐娅（Lucrezia）嫁给某个小斯福查，靠的是赞助她的哥哥乔弗里多（Goffredo）与他自己的私生孙女间的婚事。

　　随着西班牙王朝紧缩对罗马和教廷的控制，那不勒斯小朝廷的长期统治即将结束。昔日的死敌，现在因为共同的危机而团结起来。亚历山大最强悍的对手德拉·罗韦雷枢机，在未能阻止教宗任命几位对他怀有敌意的枢机（包括两个博尔吉雅）后，在绝望中，于1493年9月出走法国。在法国宫廷里，他与害怕费尔南多报复的那不勒斯流亡者联手，敦促查理八世（Charles Ⅷ）去角逐他新近继承于安茹家族的那不勒斯的头衔。费尔南多得知事态不佳，立即着手防御。他将陆上守卫交给了令人敬畏的卡拉布里亚公爵，海上防御交给他的次子费代里科，并派使节前往各个宫廷积极活动，以扭转外交局势。如果入侵真的发生，他自信他的儿子们会"用双手、双脚和身体的每一部分"全力战斗，并再次打败战斗力被公认为不如意大利人的法国人。1494年1月25日，他带着这种信念去世。但他想错了。在一年多一点的时间里，他的儿子们先后逃走，查理兵不血刃地开进了那不勒斯。但是，阿拉贡人长达50年的统治造成的深层转变，不是那么容易抹平的，"天主教徒"斐迪南领导的王朝也不会将它拱手让给法国。无论在那不勒斯还是在罗马，都为西班牙人的长期主宰铺好了道路。

阿兰·里德（Alan Ryder）
龙秀清 译

第二十四章
伊比利亚半岛

第一节 阿拉贡

一 卡斯佩和解

国王马蒂的去世（1410 年 5 月 31 日）在阿拉贡王权国家内导致了一场危机。这场危机以一种极端的方式化解，这也成为从那时起争论的原因。马蒂之死终结了由阿拉贡皮特罗妮娜公主与巴塞罗那伯爵莱蒙·白林格联姻而建立起来的王朝，它自 1137 年来不间断地统治着阿拉贡。由于国王之子（小）马蒂在 1409 年 7 月死于撒丁尼亚战役中，国王死后没有合法的继承人——虽然（小）马蒂有个私生子，即国王有一个非法的孙子，年轻的卢纳伯爵弗雷德里克。马蒂一世对小弗雷德里克的宠爱并没有使他忘记孙子是非法继承人的事实，特别是由于有些主张有继承王位权利的人，他们的继承权利毋庸置疑。在这些人中，以乌赫尔伯爵豪梅为最强。豪梅曾经被国王亲自任命为第一个都督和后来的大总管（governor-general）。他也因此几乎被认为是国王正在任命的合法继承人，并在阿拉贡人中引起了宪政问题。从他父亲一边来说，乌赫尔来自"和蔼者"（Benign）阿方索四世的资历较浅的谱系。他虽然贵为一名有权势的加泰罗尼亚家族成员，但是他却被小贵族憎恨。不但如此，巴塞罗那的名门望族也强烈地反对他。安茹的路易、卡拉比亚公爵、费尔南多"德·安特克拉"、卡斯蒂尔公主，这些人都与马蒂关系更密切。但是从母系谱系来说，路易的母亲维奥兰特，是国王胡安一世的女儿，胡安是马蒂的哥哥和他的

地图12 阿拉贡的版图

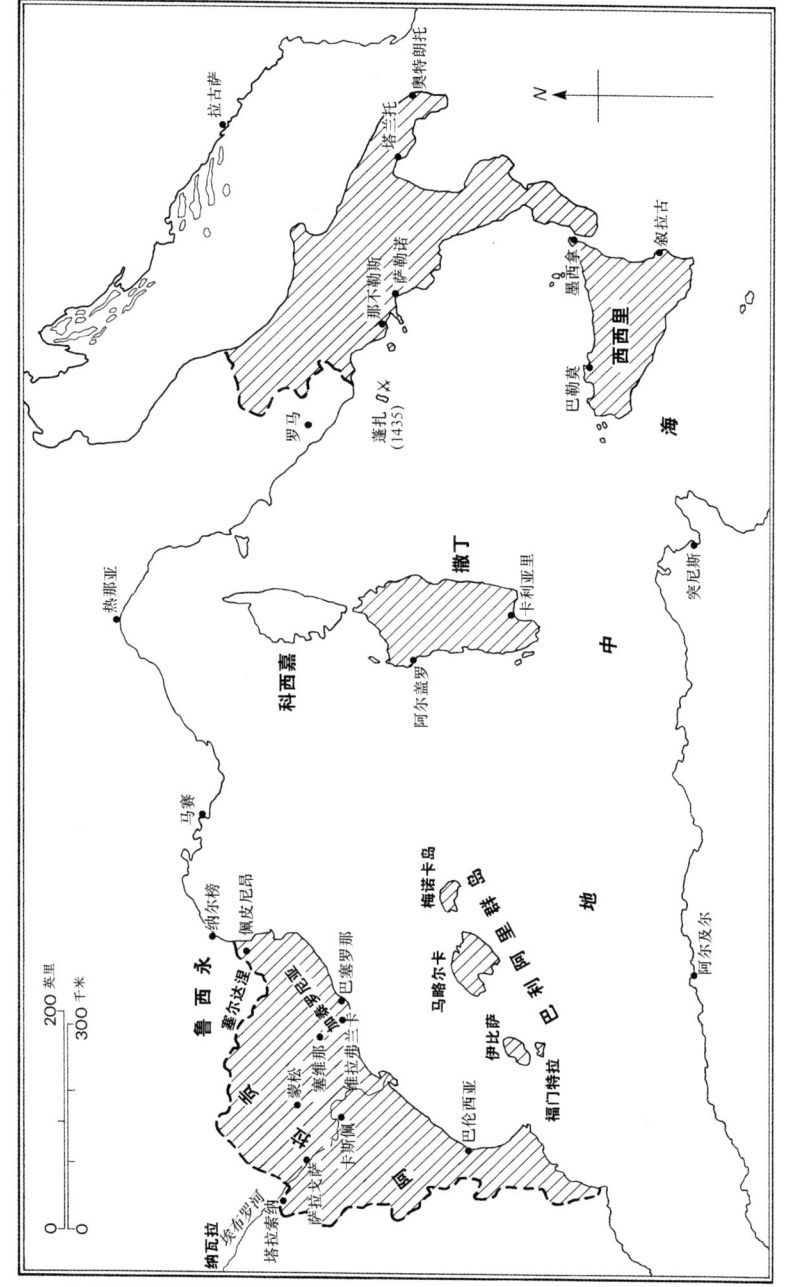

前任国王,而费尔南多的母亲艾丽欧妮,是小马蒂的姐姐,并且又是卡斯蒂尔的胡安一世的妻子。

考虑到问题的性质,作为一个谨慎遵循宪政传统的人,马蒂竭尽全力把这个问题提交王国解决,他要求议会(corts)派代表与他讨论这一问题。同时,他寻求法学专家对以下基本问题的建议:他对此事进行决断受到哪些限制;被认为合法有效的亲属谱系扩展到什么范围。但是由于代表们优柔寡断,迟迟拿不出解决方案,结果直到国王临终前,费雷·德·古奥贝——他是巴塞罗那代表团的领导人兼顾问——才临时提出了一个棘手的问题,他问国王是否同意其王位现在可以依据"公正原则"由最适合的人来继承,马蒂以微弱的声音说"是",加泰罗尼亚的代表也得到了同样肯定的答复。国王死后的第二天,有关继承问题的安排被放在最具资格也是可以利用的最大论坛——大议会——中解决。阿拉贡王权的三个君国组成的大议会包括:阿拉贡、巴伦西亚和加泰罗尼亚。但是发生在贵族派系之间的激烈的冲突——阿拉贡的厄里与卢纳为一方,巴伦西亚的萨特利与维勒拉古为另一方——使这个计划破产。因此只能另寻解决方式:由选举出来的委员会和大议会——这是在空位期间王国内唯一被认可的权威形式——提名的代表共同商定。然而,王位的候选人们开始对这些代表们施加压力。与诸法国、卡斯蒂尔等国的候选者相比,乌赫尔伯爵走得更远,甚至不惜动用武力。1412年1月,在阿尔坎尼茨,鉴于面临着其他会议的内部分裂和他们的抵制行动,阿拉贡会议郑重宣告:阿拉贡具有高于其他王国和阿拉贡王室领地的地位。会议同时决定:在缺少其他会议同意的情况下,它将单独进行宣布。结果,阿拉贡议会呈递给加泰罗尼亚议会一份九人名单:三个王国每个王国三人,赋予这些人推选新君主的权力。阿拉贡籍的教宗本尼狄克八世近乎狂热地赞同这个方案,他希望君主强有力的支持将会使教会重新获得自教会大分裂以来失去的权威。

委员会的召开地点是阿拉贡的卡斯佩城堡,在甄别了所有王位候选人的称号之后,委员会在1412年6月24日宣布了决议。马蒂一世的继任者应该是费尔南多,他是卡斯蒂尔的亲王,其继承的依据是:一方面根据他与已故国王的近亲血缘;另一方面他继承了他的生母——"恭敬的佩雷四世"的女儿——的权利。多明我会会士,同时也是一个折中主义者文森特·弗雷尔在选举中起到了关键的作用；但是巴塞罗那市长伯纳尔德·德·加尔贝斯——他同时又是加泰罗尼亚中产阶级的代言人——也投票支持费尔南多，这样费尔南多就在票数上以 6：1.5 的优势击败乌赫尔伯爵。那些阿拉贡的折中主义者——他们投票给甘迪亚公爵和乌赫尔伯爵——稍后也不得不承认费尔南多是王位最合适的继任者。他们考虑到长期的空位而引起的混乱与公众的麻痹，这样就否定了加泰罗尼亚人后来认为这一决定是强加给他们政权的说法。

卡斯佩协议不能简单地被认为是仅仅发生在阿拉贡王国内王权继承权的单独事件。这一决定产生了深远的影响。在两年的空位期间，王国内所有"政权"的宪政实体都积极活动，普通民众也有巨大的精神投入，后者为后来出现的深度紧张关系埋下了种子。当然，这并不意味着接下来的就是现代意义上的基于民众自决的高度成熟的选举方式。尽管如此，它是一种选举方式，当时的法学家就是这样认为的。阿拉贡的统治阶级，与他们加泰罗尼亚的同行不同，在困难的情况下，能够产生并遵守一个政治计划。加泰罗尼亚的优柔寡断有伦理与政治的根源，并不是简单的社会政治危机的结果。事实上，加泰罗尼亚没有被迫屈从于任何的不公平，它仅仅是适应了其他政权所建议的解决方案，这需要时间。费尔南多·德·安特克拉是一个有实力男爵家族的一员，这个家族满怀雄心壮志，最近已经获得卡斯蒂尔的王位。他代表了一个国家所有人口的、军事的和经济的潜力，它已经远远超越了古老海洋贸易的加泰罗尼亚，具有了迎接新的和不同类型政治权力挑战的能力。

二 阿拉贡王权的政治——宪法结构

从以上所描述的事件可以看出，阿拉贡王国最初的结构是清晰的。用"阿拉贡的王权"这个词来描述可能会更恰当，这个术语在 1562 年杰罗尼莫·苏里塔首次引入到历史编纂之前，就已经被普遍使用了。"阿拉贡的王权"这个术语意指所有受国王统治的王国与领地。在高等法院的语言以及皇家外交的称谓中，它们通常按照在阿拉贡之后的制度等级排列——它的卓越从起源来讲是历史性的。"阿拉贡的王权"概念最初由"casal d'Arago"发展而来，另一种说法"reial corona d'Arago"则是以 14 世纪后半叶在萨拉戈萨教堂举行的神圣加冕为标志的强势王权观念出现后历史逻辑演进的产物。作为在王国领地上自身建立的皇家权威,这最终发展为更具地缘政治色彩的术语"阿拉贡的王权"。

现在这一机制的司法——宪政方面正在成为历史学家再次感兴趣与讨论的主题。现在的历史学著作把这一实体定义为联邦——这是那些认为联邦是现代概念的历史学家所不能接受的,他们相信把所有部分联合起来的唯一纽带是王室,这意味着阿拉贡的王权仅仅是个人的联合体。反对的意见认为:这一联盟的法律概念表明,在阿拉贡、巴伦西亚以及加泰罗尼亚公国之间的这个纽带如此软弱与不充分,以至于不能够描述事实上联合它们的强有力的联系。相反,即便不是从一开始,肯定也是从 13 世纪末开始,已经存在一个具有联邦蕴含的真实联合体;保证这一联合体的不是由个人权威——就这一时期笼统的国家概念是个人地产而言,它可能并且事实上就是衰落的渊源——而是由赋予国王不可分离统治权力的代表大会所表达的臣民的意愿。在所谓的"政治协调形式"中,协调因素并不仅是国王个人,而是对王国所有政权都习以为常的机构,这其中占据统治地位的是王室,在这里各成员国的选举作用并不仅仅依靠王权者的个人选择或者在议会中派别的影响,而是某种程度的制度化。这意味着阿拉贡、巴伦西亚以及加泰罗尼亚"三分天下",都有自己的主政者(major-domo)与副总理大臣(chancellorship),他们对自己的"国家"负责。如前文指出的,不同王国的议会紧密地注视着作为统治部门的中央王室,以至于国王不能改变其功能或构成,或者以任何方式伤害其中脆弱的权力平衡。现代意义的联邦定义是指联邦成员与中央政府之间分享权力,这基本上适合阿拉贡王权,即使联盟成员没有向中央政权转让主权。同样地,主权和权威的来源,一方面是国王,另一方面是议会。

联邦内的每个成员国不仅保留其机构、法律、习惯、特权以及最初的政治身份,同时也保留自己的语言:在公国、巴利阿里群岛以及巴伦西亚(尽管在后两者中有着地区差异)基本上是加泰罗尼亚语;在阿拉贡,与卡斯蒂尔相似,是阿拉贡语。

每个国家的代表会议定期召集,首先讨论国内的问题。假如讨论国外的政策,其范围将受到限制。阿拉贡的议会似乎仅对卡斯蒂尔的边界问题感兴趣；加泰罗尼亚人——他们更加开放与充满活力——关心地中海事务。然而在 1435 年，阿拉贡、巴伦西亚以及加泰罗尼亚三个议会在蒙松召开了一次全体会议，讨论国王被囚与赎回问题，因为国王在蓬扎海战中落入热那亚人手中。

这三个国家有着迥异的社会经济背景。阿拉贡是农业经济，主要是封建贵族，最为落后。例如，阿拉贡议会有四个而不是通常的三个等级，贵族由两个集团即权贵与骑士组成。相比之下，巴伦西亚与加泰罗尼亚是比较发达的海洋贸易社会，拥有强有力的城市贵族，其利益存在于贸易投机、商品交换以及保险方面。

在 14 世纪下半叶，由于经济而不是保护原因产生的各国之间的关税壁垒并没有影响那些经济同化或者政治特殊的区域。其原因在于，阿拉贡王权是一个更广泛经济区域的一部分：阿拉贡、巴伦西亚和巴利阿里是由意大利商业控制的羊毛、大米以及香料生产区；加泰罗尼亚——其工业中心在巴塞罗那与佩皮尼昂——是一个由加泰罗尼亚商人控制，扩及整个地中海的不同的经济体系。

在 15 世纪，所有这三个国家的制度都经历了相同的发展形式。首先，"代表制"作为一种机制形成了。这是议会的永久代表，它首先在加泰罗尼亚产生，作为等级会议的代表，后来在阿拉贡与巴伦西亚产生。它在两次议会召开之间运作，不久成为自治的机构（加泰罗尼亚在 1413 年后，巴伦西亚在 1418 年后，阿拉贡在 1436 年后），独立于议会与王权。代表制由一个复杂的官僚机构所支撑，每个社会集团都有一（如在加泰罗尼亚）到两名成员。他们任期 3 年，并有权挑选继任者。起初行政与经济机构有权征税，并处理公共赤字——这或多或少与他们一起产生，最终代表制发展成为全能的政治体。作为每个政权自由、习惯与特权的保护者，它成为民族认同的焦点。15 世纪时，它在巴伦西亚与阿拉贡发展起来；随后在加泰罗尼亚产生"加泰罗尼亚民族"这一普遍的意识。机构的差异以及强烈的民族情感尚不足以连累王权下的联合。

在这个世纪，新王室费尔南多一世、阿方索五世，与其前任巴塞罗那王室佩雷四世、马蒂一世一样，分享着同样的权力概念，他们都继续工作，力图使机构适应当时的政治现实。费尔南多与阿方索实施了两项政策——它们明显矛盾，实际上都起到了给中央与地区政府更精确角色,并提升它们之间合作的作用。一方面他们加强政权的中央权威,首先通过扩大某些政府机构的总体能力,特别是经济方面,如王室财产的总司库、总审计员与大总管,把他们纳入阿拉贡王权之中。另一方面,这些职能则经历了一个相同的非集权化的过程。典型的是审计员作用的转变,起初这一宫廷官员负责账目的管理。在1419年,由于巴伦西亚市民的坚持,为巴伦西亚任命了一名审计员,不久(在1446年第一次提到)也为阿拉贡任命了一名审计员,这就使得原来的那位宫廷官员只为加泰罗尼亚服务。这些变化的结果是产生了一个总审计员,他的地位比其他审计员高,代表中央的权威。

由于王室宫廷与中央机构变得更为复杂,他们倾向通过加强三个政权的单个力量来寻求平衡。这一进程的部分是不断增加的授权,把权威给予总督、长官、督军,特别是总督军等,他们通常是亲密的朋友或者亲属,当国王发现自己暂时不能进行个人统治时,他们就是在每个政权内国王的最高个人代表。应该感谢这一灵活的制度,它使得阿拉贡王权在这一世纪的动荡中存活下来,并且这些危机对国外正在进行的征服西西里与那不勒斯的活动也没有任何影响,这些被征服的领地在经历了一段单纯的个人与王权结盟之后,就变成了享有充分自由的成员了。

三 新的特拉斯塔马拉王朝

卡斯佩的胜利者安特克拉的费尔南多,不久就决定延续其加泰罗尼亚前辈的地中海政策。他立刻从对立教宗本尼狄克十三世那儿取得了西西里与撒丁岛的主教授职权,因为在大空位期间,确实存在着它们不再属于王权的危险。同样地,他确认了其对科西嘉王国的头衔,这一领地从未被完全征服。然后他开始决定处理那些地区的问题。他平息了西西里,使其行政现代化,并通过派他的儿子佩尼亚菲尔的胡安任总督,避免了西西里自立国王的一贯要求。在撒丁岛,他阻止了纳尔榜子爵接管阿尔盖罗的企图,并且通过与奥里斯塔诺侯爵达成协议,阻止了一场大暴动,这样不仅使得该岛继续处于阿拉贡的控制之下,而且通过移民加泰罗尼亚人与阿拉贡人到岛上,使得减少的人口兴盛起来。然而,费尔南多的抱负并不止于新获得的那不勒斯,他的外交目标是要创造一个有利的氛围,以便扩张阿拉贡人在地中海的主权。他试图让其子胡安与那不勒斯女王——安茹—都拉斯的乔瓦尼二世——联姻。这些计划连同他保护加泰罗尼亚在埃及与巴巴里海岸的贸易利益,是他传给其子"慷慨者"阿方索五世最珍贵的遗产。甚至在阿方索统治下,被现代西班牙历史学家称为"岛国之路"的这一政策,连同加泰罗尼亚为成为大宗香料商业中心而进行的贸易扩张,对卡斯蒂尔那些传统的特拉斯塔马拉利益集团而言,也不是艰难的选择,这个利益集团试图掌握贯穿整个伊比利亚半岛的控制权。在伊比利亚内部,即使在他当选为阿拉贡国王后,费尔南多一世也没有让出卡斯蒂尔摄政者的位子,而是以其兄弟安立奎三世的名义统治。胡安——费尔南多的次子——成为卡斯蒂尔的佩尼亚菲尔公爵;其他的儿子们——安立奎、桑乔与佩德罗——各自成为圣地亚哥、卡拉特拉瓦以及阿尔坎塔拉(Alcántara)等强大军事修会的首领。阿尔坎塔拉的孩子们的婚姻也被用来巩固阿拉贡王权。在被称为阿拉贡王室的婚姻政策中,其长子阿方索 1415 年与卡斯蒂尔公主玛丽亚联姻;三年后,其女玛丽亚与卡斯蒂尔未来的国王胡安二世联姻。

1416 年,阿方索五世继承王位。随着阿方索征服了那不勒斯,在 1442 年后,加泰罗尼亚人所珍视的地中海扩张政策比在伊比利亚半岛的扩张更为重要。阿方索极端个人的地中海与意大利政策是由人文主义的荣耀所激起的,这使得他的行为更像一个意大利国王。然而,这并不妨碍他的政策为加泰罗尼亚人带来重要的利益,这些人在"王国内"获得了以前佛罗伦萨商人与银行家所拥有的金融地位。尽管从其统治一开始,阿方索就决定:他死后,那不勒斯王国应该与其他财产分开,留给他的私生子费尔南多,其余的遗产则留给他的兄弟胡安二世,这并不意味着他承认,离开代价高昂的持续控制,新征服的领地就会得而复失。

阿方索对地中海形势总体的看法为阿拉贡王权所有领地的经济整合提供了一个方案:那些靠近本土的地区应该发展工业,那些更远的地区(西西里、撒丁岛与那不勒斯)可以发展农业。一支扩大的国家(加泰罗尼亚)舰队能够促进所有地区间的贸易,而保护法将使得佛罗伦萨商人与意大利船只远离这个巨大的市场。在 1455 年,随着洛迪和平协定以及成为意大利同盟成员,阿方索不得不延缓敌对佛罗伦萨的政策,而佛罗伦萨人已经被从王国中驱除了。他们重新回到了那不勒斯，丝毫没有影响加泰罗尼亚人在贸易与银行业领域的地位，即使在费尔南多统治时期，他们仍然直接控制着"王国"的经济机构。

四 契约主义：理论与实践

在征服那不勒斯前，阿拉贡王权没有固定的办公场所，征服那不勒斯后有了固定的首都，这具有复杂的宪政含义。在那不勒斯建都和国王长期缺席（1432年后国王没有再涉足西班牙）使得王国陷入巨大的政治争论之中。国王本人不亲临统治破坏了传统，造成了统治者与臣民之间神秘联系的断裂，因为这种联系只有在国王主持他召集的议会时，才是实在具体的。这就是所谓的"契约主义"，即一种政治理想，也是一种集体的精神观念与实践——它们在所有三个王权国家历史的发展中形成相同的基本形式，有时候也带有明显的地区差异。在加泰罗尼亚，契约主义基本上是封建性质的，建立在附庸和封臣对领主与国王的忠诚和义务之上。在阿拉贡，它更加政治化，建立在国王与强势贵族的权力平衡上，而前者有能力控制后者的野心。另外，在巴伦西亚契约主义基本上是经济合同。尽管存在这些差异，在王国内所有组成部分主宰国王与臣民之间关系的政治与法律原则，则是一种共识，它绝不只是一种政治哲学理论，而是一种备受珍视与保卫的传统及认同的真实表达，正如当时法律文献证明的那样。

不过，马蒂一世去世后没有继承人以及继承者的"选举"，突然意味着"契约主义"的因素可以改变，君主的权力是可以限制的。在写于1476年的《历史记录》中，加布雷尔·图雷尔满意地指出，由于费尔南多一世已经被选为国王，因此他有义务遵守加冕前的承诺，尊重"国家"的权利。1412—1413年在巴塞罗那，契约主义者对加泰罗尼亚王朝的攻击就开始了，他们不断地宣称，王室决议如不符合加泰罗尼亚议会代表们认可的契约与达成共识的法律，就没有法律效应。这既因为他引进新的政府形式，也由于他不在国内。对阿方索五世的攻击也在升级。再者，在1449—1453年，佩皮尼昂的议会试图对王权进行限制；他们阻止国王任命自己的主要官员（副首席法官与财务大臣），摆脱王权对代表担任行政角色的控制，最后是阻碍国王赎回已经大幅缩水的王室祖产。这些提议侵蚀了宪政，是对王权尊严不能容忍的冒犯,自然为阿方索所反对;阿方索进行了回应,他抓住机会取代了越来越僵化却拥有各种特权、权利和自由的契约体系,代之以更适应不断进步的司法与安全体系需要的政府形式。阿方索将这一开明的举措——甚至满足了批评者的要求——称为绝对主义的保护者。然而,除了菲利浦·德·马拉(1370—1431)——他主张一个好的君主比一套好的法律体系能更好地保护"共和国",没有一个加泰罗尼亚或者巴伦西亚的法律专家——包括豪梅·卡利斯(1370—1434)与佩雷·贝路加(1390—1436)在内,这两人都是受过良好罗马法教育的王室官员——在绝对意义上准备协助改变契约主义体系,尽管它具有明显的缺陷,他们仍然希望继续保持。

五 加泰罗尼亚的危机与内战

宪政危机与经济和社会危机伴随。在巴塞罗那——这座加泰罗尼亚最大的也是最富有的城市,不断增长的紧张关系产生了两个派系,他们为控制城市的管理权进行争斗。一是保守派毕伽(biga),他们支持契约主义,反对任何形式的中央集权,代表着城市寡头的利益,是巴塞罗那传统势力的来源。另一派别是布斯卡(busca),由商人、专业人员与手工者组成,他们要求贸易保护政策以应对经济危机,银币克罗特(croat)贬值,同时要求改革百户区的会议——这是统治巴塞罗那的实权机构——独立于王室权威。

与阿拉贡乡村相较,加泰罗尼亚乡村对于依靠海上贸易发展经济改善民生更为敏感;在这里由于法律体系允许领主以宪法所谓"jus maletractandi"的名义对农奴强加沉重的负担,农奴们(占人口的1/4)逐渐醒悟。这些农村的臣属称为赎买者(remences),得名于"赎买金"(redemtione, redimentia)一词,意指他们为了摆脱土地束缚而赎买自由的价钱,他们得到了阿方索的支持,国王承认他们的要求,并建立了许多公共法庭来处理他们与领主之间数不尽的纠纷。

1458年阿方索去世,各种矛盾达到了顶点。利益受到威胁的贵族、教士以及中产阶级上层组成了强大的反对王权的集团,他们反对阿方索的继任者胡安二世。胡安是其兄长绝对主义政策的执行者,他准备继续实施该政策。这就意味着,他并不打算承认维阿纳的卡洛斯——他与纳瓦拉的布兰奇的首次婚姻所生的儿子——为继承人,也无意任命他为总督，因为卡洛斯不管走到哪里，无论是纳瓦拉、西西里还是那不勒斯，他都极端地反对国王。胡安低估了卡洛斯在加泰罗尼亚的声望，1460年12月2日抓捕了卡洛斯，并做出了错误的决定：这导致了一场持续十年的内战。加泰罗尼亚议会和毕伽（biga）支持王储，并召开大会审判国王，宣称他违反了王国的法律，并且一个新的宪政实体——加泰罗尼亚代表会议建立起来，该大会宣称卡洛斯为公国的继承人。在这一点上，胡安二世决定让步，释放了他的儿子，并在1461年6月21日签署了维拉弗兰卡协议。

这一协议不是契约主义对王权主义的决定性胜利，而是反映了契约主义基本概念的根本性改变。根据条款，自佩雷四世（卒于1387年）以来，加泰罗尼亚寡头们提出的政治要求都得到了满足；一个加泰罗尼亚人的独立政府处于国王长子——他做了一辈子总督——的统治下；司法独立并与行政权分离；完全控制王室民事官员；没有所有宪政实体的允许，禁止国王进入公国的领地。这是由特权阶级发动的革命，他们渴望完全实现契约主义，这个场景他们只是数年前在卡斯佩看到过。

然而1461年9月卡洛斯突然去世，胡安二世说服大会议授予他与第二任妻子胡安娜·恩里克斯所生的儿子费尔南多以总督的称号。但也存在这样的可能性，即大会议的军队将进军赫罗纳——皇后与她的儿子就住在那里，军队不仅可能镇压"赎买者"的骚乱，也可能绑架王室成员。因此胡安决定寻求法国国王路易十一的军事帮助，法国国王要求200000杜卡特以及比利牛斯山脉边境的鲁西永与塞尔达捏两地的收入作为回报。当报偿没有得到时，这两个省就落入了法国人手中。胡安娜·恩里克斯与她的儿子被法国人解救，但是当阿拉贡国王率领他的军队进入加泰罗尼亚时，这就违反了维拉弗兰卡协议，大会议宣布他为人民公敌，实际上通过宣布加泰罗尼亚王位空缺废黜他。然后他们把王位给予卡斯蒂尔国王，而不是阿拉贡国王。为了避免冲突升级，他们进行了一系列密集的外交谈判，最终签订了《巴约纳条约》（1463年8月）。路易十一被邀仲裁加泰罗尼亚问题，他劝说恩里克四世放弃叛乱者，转而支持卡斯蒂尔的盟友——葡萄牙的总管佩德罗作为王位的候选人。佩德罗利用与其叔叔乌赫尔伯爵（也是卡斯佩议会上的国王候选人之一）的关系，很快就赢得了叛乱者的支持。葡萄牙候选人是国际政治阴谋以及地中海卡斯蒂尔和葡萄牙利益交汇——此前地中海一直是加泰罗尼亚的势力范围——的结果。在与葡萄牙总管的战争中,胡安能够依靠阿拉贡王权的其他政权——阿拉贡、巴伦西亚、马洛卡以及西西里——的支持,它们在冲突开始时谨慎地驻扎在边境。1466年6月,总管去世了,战争发生了意想不到的突然逆转:叛军的极端势力做出了在政治与经济方面极端的决定,即选举普罗旺斯与洛林领主安茹的雷内登上王位,这使得法国对地中海的野心突然膨胀。从胡安二世的角度来看,战争逐渐指向于把加泰罗尼亚从法国的占领中解放出来,在这层意义上,1493年的《巴塞罗那条约》才算结束这场战争。通过该条约,"天主教徒"斐迪南从法王查理八世手中索回两个省,作为交换,他不再插手意大利事务。然而实际上1472年内战就已结束,胡安二世进入巴塞罗那,同时10月份在贝德拉尔贝斯签订的条约对失败的反叛者采取了宽容的态度,由此结束了这段苦难的插曲,国王宣誓继续坚持所有的加泰罗尼亚宪政——除了《维拉弗兰卡协议》。

六 "天主教徒"斐迪南的卡斯蒂尔婚姻

这场战争使得胡安二世更加确信阿拉贡的未来在卡斯蒂尔,它可能比阿拉贡—加泰罗尼亚更强有力。然而由于敌对贵族集团多年的相互残杀,这是特拉斯塔马拉王朝已溃烂的伤疤,卡斯蒂尔已经精疲力尽。胡安鼓励旧时阿拉贡派别的复兴,以此削弱他的对手恩里克四世,并且从恩里克四世去世必然引发的王位争夺中渔利。1468年6月,他的继承者阿方索去世,恩里克四世被迫承认胡安娜公主的非法性,因为她是他妻子婚外恋的产物,并宣布他的同父异母的妹妹伊莎贝拉为继承人。这一宣布还明确了,她将与胡安的继承人斐迪南结婚。他的要求在卡斯蒂尔得到一方贵族集团的支持,包括托莱多大主教,维勒纳(Villena)侯爵等人,他们希望阿拉贡年轻的君主将是一个强力的统治者,他们可以把事业托付给这位君主。另一集团则显示出敌意,但是伊莎贝拉公主作为主要利益的一方,明确地宣布她希望与斐迪南结婚。除了恩里克四世反对这桩婚姻外,伊莎贝拉的外交策略也极端危险。然而,在塞维那(Cervera)签订的婚约确立了:未来的统治将是共治,所有法令都必须由两人共同签署。然而在法律上，伊莎贝拉仍是唯一的统治者。在阿拉贡的坚持下，法令增加了几个条款，斐迪南在卡斯蒂尔拥有最高的责任，但是他也应该尊重卡斯蒂尔臣属的权利与特权，只有他们才有权担任国家的官职。因此，斐迪南沦为国王配偶；而且必须处于卡斯蒂尔军方的控制之下，未获允许不得离开。这一婚礼1469年10月18日在巴利亚多利德举行；当1474年12月恩里克四世去世后，伊莎贝拉自己宣布是女王以及卡斯蒂尔王国称号的拥有者。斐迪南的法律与宪政地位这一问题由此再次产生。1475年1月15日的塞戈维亚法令称女王为"伊莎贝拉女士、卡斯蒂尔的女王、其真正的丈夫是斐迪南"，她的配偶并不喜欢这一称呼，因为他自1468年后就是西西里国王并且是阿拉贡王权继承人。因此他要求也被称为国王。然而从法律上讲，这一决定仅仅是塞维那（Cervera）协议的意图在文件上的表达，称伊莎贝拉是王权称号的拥有者，并且通过她将此头衔传承下去；由于他的配偶赋予他广泛的权力，斐迪南的地位已经改变（他曾非常满意地与他的父亲提到这一事实），使得他可以与女王一样行使相同的权力。在1481年，斐迪南也授予其妻子在阿拉贡王权内相同的权力。

七 机构改革与经济复苏

1479年胡安二世去世，斐迪南继承阿拉贡王位，并着手解决王位继承的遗留问题。在加泰罗尼亚乡村，"赎买自由的"农民们反抗领主的起义已持续了一段时间。在1484—1485年，更发生了一场得到支持的起义，一些王室城市被洗劫。不久农民们分裂为两派：一派领导者是佩雷·胡安·萨拉，他们支持"赎买自由者"获得完全的自由，废除所有的封建束缚；另一派是多数派，领导者是弗朗切斯克·韦恩塔拉特，他试图寻求一种和平的方式解决问题，因此倡导温和的王权改革。在萨拉被捕并牺牲（1485）后，通过艰苦的谈判，1486年4月21日国王宣布了"瓜达卢佩审判"。在这一事件中，斐迪南扮演的不是应两派之邀请担任解决冲突的法官，而是作为一个主权者，他的存在证明对解决加泰罗尼亚扭曲的问题极端重要。这一判决从法律上废除了"赎买自由者"这一阶层，以及他们的农奴义务，即众所周知的 mals usos。他们成为自由人，可以自由地使用他们的财产——只要他们缴纳租金。在动乱期间被没收的土地返还给贵族，他们失去的租金与劳役也得到补偿。封建制度所固有的租金与税收并无意废除，而是得到保留。另外，在阿拉贡的乡村，权力平衡是不同的，在这里，农民缺乏真正的革命热情，压迫性的封建制继续存在，并在1497年塞拉达审判中得到斐迪南的认可。

机构与行政改革也在大范围内推行。在1484年，借助于格拉纳达战争与有关鲁西永解放的问题，国王在Tarazona召开一次议会，通过了一系列全面改革财政的措施，包括新征直接税（sisas）的方式。它的目的是在格拉纳达诉诸武力而不是保卫王国，但还是违反了阿拉贡习惯法，并可能导致国王被开除教籍。不过，斐迪南并没有被开除教籍，他从教宗英诺森八世那里获得了诏书，可以不遵守征收直接税只能用于保卫王国这一要求，亦即默许他有权征收新税，并可以见机行事地使用这笔钱。

新的大政方针的一部分是计划在阿拉贡建立某种形式的公共治安，这与卡斯蒂尔的"城市联盟"（hermandad）相似，取代旧的无效率的由地方寡头公会主宰的市镇政务会。王国内所有的市镇与城市都必须加入一个城市联盟，为期五年。它确保那些长期遭受匪帮和贵族帮派战争骚扰的乡村地区的公共安全。每个城市联盟有150名长矛兵，并自己征税维持运作。它的长官是由萨拉戈萨这样的城市推举候选人，再由王室从中择优任命。这样，国王就获得了一个完全不受各级宪政当局控制的财政与军事实体。城市联盟尽管在1487年就得到批准，但是在1495年被搁置了，当时阿拉贡的乌内阿、卢纳和阿拉冈等大家族一直拒绝参加，他们为国王新建的一个军事团体提供财政支持，以换取国王解散"城市联盟"。

1487年，萨拉戈萨市镇议会改革也与阿拉贡城市联盟计划有关。市镇议会的成员直接由斐迪南任命，任期三年；而不是通过一个任意的选举程序任命。同时，议会的检察官也授予他任命王国内代表大会成员的权力。

加泰罗尼亚复杂的经济危机意味着只有通过对主要的自治实体——大会代表制、百户区会议——进行实质性的改革才可以打破制度僵局。由于主宰议会的教俗贵族对这一问题不感兴趣，因此只有国王能够进行这一改革。结果，国王和巴塞罗那城一起意识到：议会不可能改革大会议（generalitat），它主要负责增加巨额的公共债务。改革计划主要由城市首席行政官，精力充沛的佩雷·科诺梅兹（1483）起草，他曾经是反对胡安二世的加泰罗尼亚领导人之一，现在执行斐迪南的系统改革方案。这些计划以减少公共债务（由大会议发布的信誉文件），削减国家官员薪水，对教士征税为前提。

在1488年巴塞罗那的行会暴乱中，国土制定了改革代表制（diputacio）法案，延缓有关选举代表的立法，并且在没有抗议的情况下（由此可见当时混乱与腐败的程度）开始任命代表，包括他们的主席——波布莱特修道院长卡斯蒂尔的胡安·帕约。他紧接着采取了一系列保护措施来复苏经济：包括重新恢复加泰罗尼亚人对撒丁岛珊瑚鱼的垄断权；扩大加泰罗尼亚商人领事在地中海的网络；将卡斯蒂尔人在布鲁日享有的特权扩及加泰罗尼亚人；采取措施反对热那亚和普罗旺斯商人；保护加泰罗尼亚布料出口到西西里与那不勒斯。由于这些措施，经济危机显然得以避免。然而，巴塞罗那没有重新获得内战前所享有的优势。巴伦西亚取代了它的地位，能够向国王贷款，到访者的溢美之词都可以证明这座城市的欣欣向荣。

巴塞罗那的政府改革费时更长，情况的严重性可以从统治者不断的有时却是矛盾的干涉中看出来。结果1455年阿方索五世授予了特权，该城由5位市政委员组成的政府统治，他们每年由百户区会议选举：两人由寡头们（ciutadans bonrats）选举；商人、手工业者与手工者（menestrals）各自选举一名。每届政府（conselleria）也有权任命会议的一半成员，每人任期为两年。最后，巴塞罗那政府由大约15个家族组成的资格限制严格的寡头集团掌控，这些家族都是贵族及其盟友大商人。由于这一集团不可能做出符合大众利益的决定，因此遭到其他社会阶层的强烈反对。1490年，国王推迟了议员的选举，自己任命了一个由豪梅·德斯托尔伦特主持的新政府（conselleria），该政府由许多赞同王权干涉城市事务的人员组成。由于由一个思维开放并有效率的人主持，新政府能够提出并制定各种改正的措施，但是它滥用权力引起了国王的注意，1493年国王解散了它，引进了随机选举的体系。

八 西班牙王权内的阿拉贡

尽管由斐迪南提出的制度改革涉及阿拉贡王权世袭国家行政的一

些深层次的变化，但是它们并非依据卡斯蒂尔计划，将按照近代绝对主义路线运行的一种新的极端不同的政府形式强加于人。就此而言，它并不是创新，而是恢复王权丧失的尊严与权威。同时，这些变化重新塑造了一种讲究合法性与公正的氛围，包括半个世纪"契约主义"的无节制以及由不同党派引起的挑衅。当机会来临（在巴伦西亚国家，有着更大的集权趋势，因为对王权的抵制较少），并且在总体上，一些强大的受人尊敬的权威对推翻体制具有强烈的愿望，这使得革新被总体上接受，于是现在提出了改革。

然而在1494年，阿拉贡统治理事会（consejo supremo）的引进是一个新的事物。阿方索·德·拉·卡巴耶里亚是第一任主席，他出生于犹太家庭，且早已皈依基督教，他是王权强有力的支持者。理事会（Consejo）由副大法官、阿拉贡的总财务大臣与阿拉贡、巴伦西亚、加泰罗尼亚的代理枢密大臣组成，它是阿拉贡王权所有政权通常的统治实体，在这一方式上，它设法保持其在天主教权威双王统治内的多元性与联邦特征，这一王权完全依靠个人与王朝的联系。

假如认为卡斯蒂尔与阿拉贡在制度上渐行渐远，就表明斐迪南坚信双王的问题只有通过解体才能解决，这种想法是错误的。同样，认为这种悲观论调的证据在于1504年伊莎贝拉死后，他放弃了卡斯蒂尔王位的称号，并开始第二段婚姻，即在1506年与法兰西国王的侄女日耳曼妮·德·富瓦结婚，或者任命他们的儿子——仅仅几个月大就去世了——作为阿拉贡王位的继承人，这种看法同样也是错误的。斐迪南从没有怀疑在塞戈维亚敕令中表达并在伊莎贝拉遗嘱中重申的两个王权联合的有效性。他的统治由这一信念所主宰，并相信新君主的中心与指路明灯是卡斯蒂尔。然而，这并未改变这一事实：从国外政策的角度来看，天主教君主由阿拉贡的利益所指引，其传统的关注点是地中海与意大利，斐迪南利用卡斯蒂尔的军事与经济力量追求以上目的。"高贵者"阿方索死后，那不勒斯在阿拉贡家族（费尔南多，1458—1494）私生子谱系统治下成为一个独立的国家，并被视为阿拉贡的保护国，期盼它最终重新并入王国的领地。这发生在1503年，这有赖于1494年法国入侵意大利带来的复杂的国际环境，也要归功于贡萨洛·费尔南德斯·德·科尔多瓦卓越的军事才干。然而，当贡萨洛（gran capitan）与菲利普——他是斐迪南的女婿以及卡斯蒂尔国王——明确认为那不勒斯是卡斯蒂尔的附庸时，斐迪南果断决定在 1506 年巡游那不勒斯，并把贡萨洛（gran capitan）移到另一基地。他的目的是证明那不勒斯王国——他的叔叔阿方索五世扩张梦想的顶点——不是西班牙或者卡斯蒂尔的财产，而是属于阿拉贡的。1510 年，他在蒙容大会上发表的演讲，也燃起了阿拉贡与加泰罗尼亚人的热情，他宣布他的目标是扩展到地中海与北非，在那里阿尔及尔与的黎波里已经落入西班牙手中，反击穆斯林的战争给随后的征服以希望。

从外部来看，斐迪南的政策好像继续执行统一路线，这是斐迪南与伊莎贝拉典型的政策。这使得国王同时代的许多人假想西班牙的统一已经成功，并倾向于以西班牙王国与王后的头衔来称谓"天主教君主"，而这一称号他们从未采用。马基雅维里与圭恰尔迪尼也追随这一趋势。但是圭恰尔迪尼比马基雅维里更了解伊比利亚半岛的国内政策，因而当他的《意大利史》写到 1506 年时，他给斐迪南的称号是"阿拉贡的国王"，而不再称他是"西班牙国王"，其依据是随着伊莎贝拉的去世以及她遗嘱有效性的消失，两个王室纯属个人的联合已经终结。阿拉贡王国尽管与卡斯蒂尔王国联合，但它并没有因为完全融入新的西班牙王国而丧失其自我认同。相反，直到 1714 年，阿拉贡与加泰罗尼亚在广阔的西班牙王国内一直保持着它们最初的政治与制度特征。

马里奥·德尔·特雷波（Mario Del Treppo）
陈日华 译

第二节　卡斯蒂尔与纳瓦拉

在 15 世纪以及随后的时间，卡斯蒂尔的历史似乎陷入一片大混乱，这段几乎连续不断的无政府状态，直到"天主教徒"伊莎贝拉和她的丈夫、阿拉贡的斐迪南在 1480 年代恢复法律与秩序后才结束。面对如此暴力和混乱，观察家们百思不得其解，或是认为这是人类与生俱来的贪婪与不忠诚的反映。例如在 1465 年 8 月 11 日，城市编年史家加奇·桑切斯以不信任的口吻记述如下：在塞维利亚，萨维德拉

地图 13 卡斯蒂尔和纳瓦拉

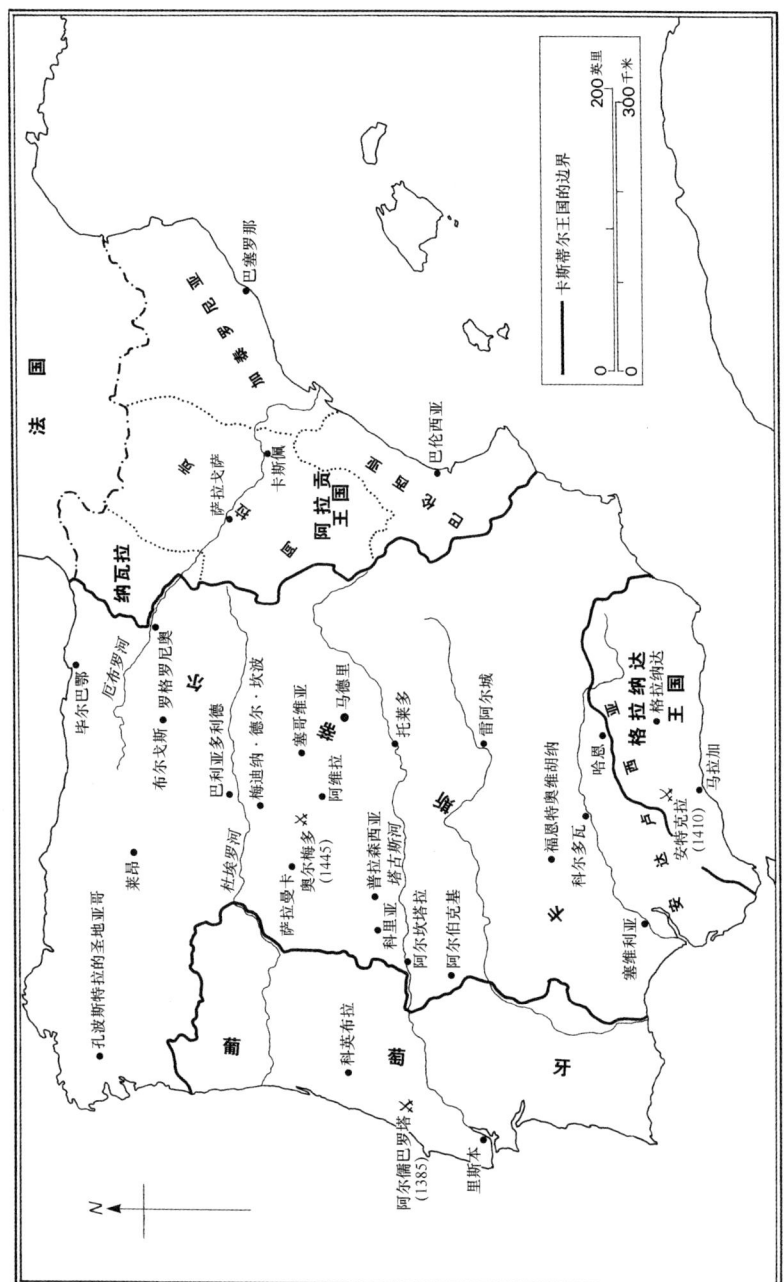

家族的两个人同庞斯·德·莱昂集团人发生冲突,几千人走上街头,洗劫了萨维德拉的宅邸,费尔南多·阿里亚斯·德·萨维德拉只身从屋顶逃脱。三年后,他意识到,除了恶魔,没有人能理解派系之间的这种宿怨。根据编年史家费尔南·佩雷斯·德·古斯曼的记载,在宫廷里事情也好不到哪去。他反思道:政治的特征是无休止的囚禁、驱逐与抄家,"卡斯蒂尔人那值得赞扬的传统已经沦落到:人们为了分得一杯羹,不惜以亲友的监禁或死亡为代价"[1]。同样,外国人也描述了这样一幅令人忧郁的图景。1466 年,波希米亚贵族罗日米塔尔的列奥周游了王国全境,他的两个随从记述了他们的经历。巴斯克乡村肮脏不堪,民众残忍,旅馆糟得一塌糊涂,神父们既无知又不坚持独身。往南前行,他们经过了大片荒芜多山的地区;当他们访问两个对立的宫廷之一,即恩里克四世的王宫时,他们发现"这位国王的吃、喝、穿、对神的敬拜都以异教方式进行,是基督教徒的敌人"[2]。但是,恩里克当时却已经成为西班牙最差国王头衔的有力竞争者。

这怎么说得通呢?尽管为了得出局部性的解释,可能集中于特定的方面,但历史学家们必须要看全景。除了无意识的无政府状态外,还能看到别的什么吗?是"天主教君权"的天才人物——他用法律与秩序取代了混乱,还是他们在先辈的基础上,所作所为反不如前辈?

我们最好还是从设问开始:暴力与无情怎样成为明显无政府状态的插曲的?1458 年,在阿尔卡拉兹这样一座山顶小城,暴力行径如此严重,以至于恩里克四世派出由王室总督(royal corregidor)佩德罗·席尔瓦与军队指挥官和王室顾问之一的贡萨洛·卡利洛去执行一项特别调查。调查委员会调查了约 20 人,他们都是阿尔卡拉兹的居民,是暴力事件的目击者。84 页的报告记载了他们的证言。目击者们指证了涉事的个人、事件发生的具体街道和房子,甚至还回忆起他们在骚乱时无意间听到的对话。暴力事件摧毁了该城的寡头政治,发生在 1 月 10 日晚的暴乱与战斗是非常激烈的。这是一次暴乱,流氓与坏人全副武装,双方都还试图控制具有战略地位的塔楼和教堂。很

---

[1] Pérez de Guzmán, *Generaciones*, p. 47.
[2] 参见《罗日米塔尔的列奥游记》一书中有关卡斯提尔的片段,第 78 页及以后。

多来历不明的人员也携带武器前来帮助双方战斗。在王室调查委员会看来,这是一起非常严重且典型的城市无政府状态,也是一次武装冲突和流血事件。然而这些证人对相同事件的观察提供的细节强调某些特征。无论他们的政治倾向如何,也无论他们在那晚去了哪里,他们都以相似的方式描绘了同一的无政府状态。事实上,王室调查者们偏离了询问的正确方式,以至于任何一个目击者的回答都可以交叉验证其他人的证词,其目的是从细节上判明发生了什么,谁对这个或者那个特别事件负责。重要的事实是:在阿尔巴塞特的暴动中,没有一个人被打死或受伤,尽管有一个人落入陷阱,被解除了武装后"衣冠不整地"逃走了。

这一引人注目的结论,同样也适用于1445年在奥尔蒙多发生的一起重要械斗。恩里克王子是主要的受害者,在战斗中他的手受伤了,并在几天后死去。然而,由此推断暴力不会导致流血,则是错误的,就像接下来要看到的那样,一连串的政治骚动必然带来令人恐怖的残暴行径。暴力的不同类型必须进行区分,同时也要思考某些"结构性"因素是如何影响当时人的政治行为的。

如果仔细观察这两个王国,卡斯蒂尔有着极端的重要性,它作为到该世纪末才好不容易"统一的"西班牙的主导合作方而出现;而较小的纳瓦拉王国只能保持一种摇摇欲坠的独立状态,在复杂的时局中仅仅是个配角。任何想要看清那段复杂历史的人,都必须把着重点放在卡斯蒂尔身上,这就需要认真考虑这个王国的两个基本或结构性的因素:人口与长期的货币不稳定。

长期以来,卡斯蒂尔王国的疆域不断扩大,这个过程一直没有停止。在13世纪时,卡斯蒂尔扩张得最迅速;迟至1492年,它征服了穆斯林的格拉纳达王国。边疆格局的变动产生了重要的人口结果。在13世纪再度征服过程中,科尔多瓦和塞维利亚这样的城市曾于1236年与1248年两度落入基督徒之手后,王国的疆域变为原来的两倍。由于除了极个别情况外,被打败的穆斯林很少被基督教同化,占领新疆域必然导致新一轮人口移入与殖民,这反过来又引发了劳动力的短缺和土地相对富余。与西欧其他地区不同,该地可用土地的增长速度远超过需求增长,这一形势被黑死病以及随后不断发生的瘟疫所加剧,这意味着,直到15世纪,王国内的农业经济都缺乏自营地的耕作。田园主义与季节性放牧迁移繁荣，同时，当殖民者仍在被南方所吸引时，大贵族和教会领主为了争夺劳动力，会在土地保有权方面提供较宽松条件。

土地与人口比率造成的问题由于货币不稳定而加剧。在整个中世纪晚期，货币贬损与贬值给卡斯蒂尔记账货币马勒威迪带来了灾难性的影响，以至于与其他同等西欧货币相比起来，它失去了更多的价值。一些因素被用来解释这种灾难性的表现，就这一时期的政治史而言，简要评价它们的价值是重要的。卡斯蒂尔自然也没有逃过波及中世纪晚期整个西欧的金银短缺与流通危机的影响。欧洲银荒具有如下特征：白银开采量的下降导致金银储备不足；与西部苏丹跨撒哈拉黄金贸易中断；与利凡特地区的贸易出现逆差。然而，卡斯蒂尔虽没有逃过危机，但它并没有遭受和其他欧洲邻居相同的影响。事实上，尽管卡斯蒂尔复本位制率和其他一些资料证明了银的相对缺乏，这些证据也证明了黄金的相对充足，也凸显了王国在两种金属供给方面战略性与中间人地位。但是，尽管有这些优势，当用其他较为稳定的币种来衡量财富时，我们看到卡斯蒂尔的记账货币价值下降得非常快。举例来说，在1300年前后，一个佛罗伦萨的金弗洛林可以换不到6个马勒威迪，而到1500年前后，同样的一个弗洛林可以换375个马勒威迪了。根据白银衡量马勒威迪价值，也可以得出同样的结果：在1300年左右，一马克的纯银相当于213个马勒威迪；到1472年，这一数字攀升到了约2000个马勒威迪。换另一种不同方式来描述相同的灾难，我们可以说：在这一期间，马勒威迪的价值由1.08克银降到了0.115克，贬值了98%。假如马勒威迪处于可以控制的贬值状态，事情还不至于如此糟糕。但实际上，它的历史具有如下特点：突然秘密而又公开的贬值，突然的货币改革尝试，以及在全体与相对稳定金银货币之间显著的冲突，另一方面金属本位货币的不断贬损。

除了这些银荒危机插曲外，还有什么特定的因素可以解释币制的混乱与结果呢？当然，记账货币马勒威迪作为钱币，并不存在：一方面，它是一种手段，使得搞清楚所有影响流通中的实际货币的因素成为可能。另一方面，从记账货币意义上讲，它是非常真实地普遍存在，因为价格、工资、债务以及薪水都不可避免地以这种方式表达。它对政治活动的影响是重大的。

例如以中世纪晚期，在老卡斯蒂尔，提埃拉·德·坎波斯的居民向杜埃罗河北岸缴纳的所谓"原有的"领主税赋或杂费为例，如 infurciones、fumadgas、martiniegas、yantares 之类的习惯与固定的税赋，它们在 14 世纪著名的《贝塞罗书》（Becerro de las Bebetrias）中有记载。这些地区很多村庄以 martiniegas 方式每年付给领主 500 个马勒威迪，这在 14 世纪中期约相当于 28 个弗洛林，但一百年后，其价值就暴跌为不到 2 个弗洛林。

然而，尽管这些传统税赋的价值下跌了，但它们还是有必要征收。一个农民或一个居民缴纳的费用——通常被称为一个"瓦塞"（vassal）——可能微不足道，但几百份这样的瓦塞（vassal），价值就比较可观。当 1439 年胡安二世要获得佩德罗·德·阿库纳的帮助时，他许诺给他 1000 瓦塞（vassal），但所给的杜埃纳城只值 600 瓦塞（vassal），他只得承认自己还欠对方 400 瓦塞（vassal）。

虽然如此，这些古老的领主收入较之王室从新税中所得巨款及征收成本，就显得微不足道了，这些新税在 14 世纪下半叶出现并形成固定的形式。在这些税收中，最重要的无疑是 10% 的营业税（alcabala），它到 15 世纪时成为一项固定的税种，占到了王室常规收入的一半以上。其他常规税种的收入也颇可观，包括王室从教会什一税中所得的份额、关税（diezmos and almojarifazgo），从转季放牧中获得的收入，更不用说由驯服的议会经常批准的额外收入，还有从教廷赎罪券或教士津贴中抽取的收入，以及格拉纳达穆斯林统治者们缴纳的贡金。

绝大多数常规税收的一个重要特点是它们被分别承包或拍卖给单个或团体包税人，最高的出价者实际上为王室当局提供了最大收益。如其他一样，包税的价格随着记账货币的贬值和贬损而水涨船高，结果王室收入在某种程度上避免了减少。例如，晚至 1458 年，尽管王室收入在恩里克四世统治后半期有过预警性地下跌，但总体来讲，它有效地抵制了货币贬值的影响。这个事实解释了那个时代政治史令人迷惑的特征之一，即大贵族及其支持者通常不寻求与国王的正面对抗，而是把他们自己调整到合适的位置，在这一位置上，他们通过威胁或者暂时提供帮助的方式，能从王室财政中分得一杯羹。

在这幅社会图景中也有一些重要的例外，包括城市贵族在内的贵族,对直接涉足自营地的开发、市场以及经济活动不感兴趣。从税收获得的王室收入——尤其是最重要的两种,即占常规王室收入约四分之三的营业税(alcabala)与占八分之一的关税——存在着区域性变量,这种变量无论多么不全面,却反映了依据商业交易量的差异。最大的财政与商业活动地域是西南的安达卢西亚,那里的塞维利亚是王国最大的城市;同样发达的还有北卡斯蒂尔,那里船主的海岸城镇与诸如布尔戈斯、巴利亚多利德等重要的内地中心,以及梅迪纳·德尔·坎波的著名集市联系密切。在这两个地方,大贵族以及城市望族都间接或直接地被从外国市场取得的利益所吸引。例如,南部橄榄油以及酒的出口贸易很繁荣,涉足者不仅有国外商人,也有如梅迪纳·西多尼亚公爵这样的大领主,他的官员们也直接管理金枪鱼的捕捞(金枪鱼要保存在油里运输),并且还监督着公爵的船队,为远航到英格兰和加那利群岛做准备。类似地,在低一层但绝对令人尊重的社会层次上,像费尔南·加西亚·德·桑迪兰这样的塞维利亚寡头从自己的领地向佛兰德斯出口橄榄油。对布尔戈斯的城市寡头们而言,他们从北部港口把羊毛发往佛兰德斯,而从塞维利亚——在那里,他们组成了本地商人最大的联合体——他们出口的商品种类繁多,诸如杏仁、染料、橄榄油以及皮革。显然,许多西南安达卢西亚的贵族与寡头们对从初级产品贸易获得的利润感兴趣,在经济事务的兴趣以其他方式反映。肥皂的制造——它们许多销往英格兰——也吸引了他们的注意力,并且产生了复杂的交易,在这其中他们事实上在企业中买了股份。他们也十分清楚货币贬值和通货膨胀给他们的土地收入带来的损失,所以在很多例子中,租约变得越来越短,允许按照条款对租金进行再调整,随后佃户上缴的小麦和大麦的出售价格符合市场价格,而市场价格可以达到与(有时甚至会超过)通货膨胀后价格相符的地步。然而,在王国的其他区域,长期租约、定额地租以及疯狂的票面通货膨胀严重地侵蚀或者威胁到了贵族们从土地中获得的收入。

  贵族收入的危机引发了种种反应,但是最重要的一个——也是对这一时期政治史产生最严重影响的一个——就是贵族集团试图侵占王室财富的方式。他们试图这样做的方式很大程度上依赖于如下因素:国王的年龄、他作为统治者的能力、王室宠臣的角色、国王最亲近亲戚的势力与影响,以及图谋染指王室委员会的组成与权力。

要考察这一时期政治史的主要事件，一个方便开端就是1406年12月25日国王恩里克三世驾崩。他一辈子就从未健康过，在他死时其子胡安二世不到两岁。但是恩里克已经预见到了长期的幼主统治可能带来的问题，于是他把王国的统治托付给他的妻子兰开斯特的卡特琳娜，以及他的兄弟费尔南多和王室委员会。在幼主统治期间，费尔南多无疑是起决定性作用的人，他的名望上升很快。他对其支持者希望他觊觎王位的要求表示拒绝，并劝说重要的大贵族和教士们接受他年轻的侄子当国王，随后又通过发动对摩尔人的战争，并在1410年攻克安特克拉，以此来提高他的声望；他还费心尽力地营造了一个神奇，他把骑士的最高理想（他已经创立了加尔骑士团和格里芬骑士团）与对其侄子的忠诚，以及对圣母玛利亚的彻底忠诚结合在一起。这种神奇获得了惊人的回报。当阿拉贡王国无子嗣的国王马蒂一世在1410年去世时，安特克拉的费尔南多声称有权继承王位，并依据1412年卡斯佩妥协方案当选为继任者，他特别强调自己是圣母玛利亚选中的候选人，无论选举如何，他注定要成为国王。

然而，就对未来产生更重大的影响而言，费尔南多不仅保持了他在卡斯蒂尔的摄政地位，而且直到1416年去世时，他还致力于在两个王国内联合自己家族的力量。他的长子"巨大的"阿方索继承了他父亲的摄政地位；并在他的兄弟胡安亲王之前当上了阿拉贡国王。但胡安成功地继承了在卡斯蒂尔的大量财产，不仅如此，他还娶了纳瓦拉的布兰奇，于是在1425年"高贵的"查理三世死后，他又成了纳瓦拉的国王，但是他一生绝大部分时间的首要兴趣是卡斯蒂尔的政治。此外，费尔南多早在1409年就为他的另一个儿子恩里克亲王取得了强大的圣地亚哥军事修会的领导权。同时他的女儿阿拉贡的玛丽亚嫁给了卡斯蒂尔的胡安二世，后者的妹妹嫁给了费尔南多的儿子阿方索。

当卡斯蒂尔的胡安二世1418年迎娶阿拉贡的玛丽亚时，由支持亲王胡安和恩里克的人组成的阿拉贡党人掌握了王国内巨额的财富，并控制了王室法庭。然而，他们的势力遇到了一位精明又坚定的政客的抵制，即阿尔瓦罗·德·卢纳，他是国王的宠臣，实际上的无冕之王。

他为许多人所害怕，被他的贵族对手们称为暴发户，这个身世相对模糊的私生子掌控了卡斯蒂尔长达三十年。卢纳起初只是宫廷里年轻国王的侍卫，但因为他精于宫廷艺术，很快就得到了国王的信任；卢纳坚持不懈地工作，提升自己的骑士形象，在能歌善舞方面也颇有名声，他还能即兴赋诗，更重要的是，他组织了各种绚丽夺目的宴会，这些宴会争奇斗妍，"各具风采"，既是豪华盛宴，又暗含深刻的讽喻意蕴，足可以与勃艮第宫廷借以扬名的那些场景媲美。外界普遍认为：这个宠臣左右了国王，使他厌弃政府日常工作，没有卢纳的同意甚至不签署王室文件，这太过分了，而到了这个世纪后期，出现了一种谣传，人们认为他是被魔法和巫术附体。

胡安二世时期的政治史很容易理解，这是一段缺乏团结的阿拉贡党人和卢纳争夺权力的历史，当然也不要忘了那些起领导作用的贵族出于自身利益而改换门庭，从而影响权力的平衡。1419 年年初，当年轻的国王成年时，胡安亲王似乎是卡斯蒂尔寡头政府明显的领导人。然而，出人意料的是，其权力真正的对手是他的兄弟恩里克亲王。这位圣地亚哥雄心勃勃的人物志在他的统治之外获得的个人权力基础；1420 年 6 月，通过发动宫廷政变（coup d'état）*，他夺走了兄弟的权力，娶了国王的妹妹，得到了维莱纳侯爵的一大笔地产作为嫁妆。卢纳——本来想利用亲王之间的分裂获利——开始为国王建立支持，但直到 1428 年，也没有感到有足够的力量去采取决定性的行动。一开始，胡安亲王——现在是纳瓦拉国王——被命令离开王国；之后，卢纳——他熟练地把一场国内危机转变为同外国的战争——打败了恩里克亲王，并接过了对圣地亚哥军事修会的领导权；最终，当 1430 年马贾诺休约签订后消除了敌对，阿拉贡的亲王们如果没有王室允许，不得在王国内生活。

卢纳的权力急速增长。他同父异母的兄弟在 1434 年当上了托莱多大主教；他对圣地亚哥军事修会的领导权在 1436 年也为教宗确认；他的第二次婚姻使他与有影响力的皮蒙塔尔家族联盟，同时他利用从阿拉贡党人那里抄没的财产建立个人支持。但是他的成功激起了由阿拉贡党人支持的贵族的反抗，并在 1440 年打败了他。国王委员会控制了王室政府，卢纳被判处流放六年，阿拉贡党人最终获胜。但是贵

---

* 英译 Strike against the state。——译者注

族们马上意识到：他们只是用一个暴君取代了另一个。最重要的是，纳瓦拉国王——曾为其子获得卡拉塔瓦军事修会，表明他对经济事务有极大兴趣——撕下了共享权力的虚伪外表，开始了对王室及政府的清洗。反抗不可避免地接踵而至。一年之内，国王就被轰下台来，但他联合卢纳与其他心怀不满的贵族的力量，1445年5月，在奥尔梅多战役中取得了决定性的胜利。

尽管卢纳的地位似乎提高了，但他的日子也屈指可数了。在随后的几年内，他取得了圣地亚哥军事修会的领导权、阿尔布奎克的土地和爵位，并做好了将这两项权力直接移交给其儿子的安排。再者，尽管反对他的声音越来越高，不得志的王位继承人和心怀不满的贵族联合，但卢纳以熟练的手段处理了这些困难。他真正棘手的问题来自一个意想不到的方面。1447年，根据卢纳的提议，胡安二世与葡萄牙的伊莎贝尔结婚了，部分因为卢纳认为同葡萄牙结盟可以牵制阿拉贡党人。然而，新王后非常不喜欢卢纳，卢纳变得孤立了。胡安二世尽管肆意挥霍，但对财富很贪婪，就开始觊觎卢纳的财富，经过了一系列的审判后，1453年6月卢纳在巴利亚多利德由王室下令被砍头，此次行刑曾轰动一时。差不多一年后，胡安也去世。

他的继承者恩里克四世的统治被各种宫廷阴谋和丑闻所困扰。国王的婚姻以及道德本就承载着巨大的意义，却被他的反对者拿来说事，并最终决定着"天主教徒"伊莎贝尔继承王位的合法性。1440年，当还是奥斯图里亚王储的恩里克，已经同纳瓦拉的布兰奇结婚，后者是胡安亲王——他首先是任纳瓦拉国王，然后是阿拉贡国王——的女儿。但是这一婚姻并未生育子女，在13年后依据教令解除——原因在于婚姻不圆满。恩里克在婚姻问题上重获自由，而不幸的布兰奇被责令返回纳瓦拉。

两年后，已登基的恩里克同葡萄牙的胡安娜成婚。六年间仍未生育子女，好在1462年王后生下一女，即后来的"拉贝特兰内亚"胡安娜。到1474年恩里克四世去世时，一个真假难辨的传闻流传开来，传言王室宠臣贝尔特兰·德·拉·库埃瓦是拉贝特兰内亚的亲生父亲，这使得王位继承问题愈加扑朔迷离。

不过到了1463年，恩里克四世在国内和国外都赢得了巨大的名声。教宗赋予他执掌圣地亚哥和阿尔坎塔军事修会之权；他也招贤纳士；他还聪明地通过准备征服穆斯林王国格拉纳达来转移贵族的不满。在国外，加泰罗尼亚人发动了反对阿拉贡胡安二世的起义，于1462年宣布恩里克是他们的国王。

然而，这些成功实际有名无实。宫廷大权逐渐旁落于宠臣之一维莱纳侯爵胡安·帕切科之手，他的野心与专权使得贵族们极度不满，尤其是强大的门多萨家族。更重要的是，对格拉纳达的战争被广泛地认为只不过是国王捞取"圣战"税收的借口，这场冒险得到教宗的祝福，但国王却拒绝发动进攻，宁愿玩一些无关痛痒的战争游戏，或者欣赏其对手摩尔人用以取悦他的游吟诗人与表演。

早在1460年，一些贵族组成了一个名为"公益福利"的联盟（不久之后称作 cosa publica），到1463年，胡安·帕切科在宫廷中被新宠臣贝尔特兰·德·拉·库埃瓦取代，后者旋即以其无可置疑的才能赢得了一个强有力的联盟，其中最有名的是托莱多大主教阿方索·卡里洛，他们一起提出了一个改革方案。该案指控国王宠信无信仰者和异教徒，操纵货币发行，将大权交给无能的宠臣。面对一长串的申诉，恩里克被迫同意成立一个改革委员会，他们的调查结果写在1465年1月坎波的麦迪那的判决之中。但是在一个月内，恩里克就否认了这个委员会的调查结果，6月，反叛的贵族在一个名为"阿维拉闹剧"的特别仪式上推翻了他的雕像，并拥立他同父异母的弟弟为阿方索十二世。接下来的三年内，出现了两个国王和两个王室政府，政局一片混乱，这种状态直到年轻的阿方索国王意外死亡后才改变。

阿方索的死产生了两个相连的问题：一是继承问题，二是恩里克妹妹伊莎贝尔公主的婚姻安排。1468年9月恩里克四世与伊莎贝尔签订了"托罗斯·德·古伊桑多条约"，结束了内战，伊莎贝尔被承认为王位继承人。但是在1469年10月，她与阿拉贡的斐迪南结婚时，由于这桩婚事是出于阿拉贡的外交需要，且相关安排违背了国王的意愿，从而激起了胡安娜对王位的重新要求。

1474年12月恩里克四世去世，伊莎贝尔立刻在塞戈维亚自立为女王，在随后的内战与危机岁月中，她面临着胡安娜支持者的威胁，以及法国和葡萄牙的敌意，她与斐迪南运用军事力量、特权与让步，恩威并施——比如抄没教产——以巩固自己的位子。随着战败的胡安娜进入科英布拉的修女院,王室危机才宣告结束。

"天主教王权"统治的剩余岁月基本是宗教的胜利。1492年发生的一系列事件通常被认为是迈向近代的最重要标志。1月1日,穆斯林格拉纳达王国向基督徒投降;3个月后,3月31日,斐迪南和伊莎贝尔颁布命令驱逐王国境内的犹太人;10月,曾出席格拉纳达投降的哥伦布"发现"了美洲。从发生的时代背景来看,这些事件都还属于中世纪的范畴;它们的全部意义要随着时间的推移才能显现。我们可以通过叙述斐迪南去世的背景来说明这一点。

在他于1516年1月25日去世之前不久,"天主教徒"斐迪南收到了来自上帝的一条信息,这信息由一位名叫索·玛丽亚·德·圣多明各的著名女异象见证者转达,她还有 Beata de Barco de Avila 和 Beata de Piedrahita 两个称呼:

> 尽管陛下在马德里加莱霍(Madrigalejo),他的病变得日趋严重,而且他也明白自己快要死了。但他几乎不相信,因为事实是他很大程度上被他的敌人所引诱——他们为了不让他去做忏悔或接受临终圣事,劝他相信自己不会很快过世。为什么这样讲呢?因为当他在普拉森西亚时,一个王室顾问——他来自贝埃塔——告诉他,她正以上帝的名义告诉他,他夺回耶路撒冷后才会死去。因为这个原因,尽管他的告解员——宣道团的弗雷·马丁·德·马提恩佐曾五次三番请求晋见,费迪南仍然拒绝接见或招见他。③

索·玛丽亚在迷幻中布道并欣然体验十字架刑后,整个宫廷为之折服,甚至伟大的红衣主教西蒙尼斯·德·西斯内罗斯也成了她的信徒。关于耶路撒冷的信息意味着什么呢?

国王斐迪南肯定明白这一暗示的含义,它们与"最后的罗马皇帝"这一天启传说有关,"最后的罗马皇帝"最终会打败穆斯林,征服耶路撒冷,并在各各他的骷髅山上向上帝移交他的世界帝国。在西

---

③ Galíndez de Carvajál, *Anales*, pp. 562–563.

班牙,这个传说与约阿基姆特(Joachimite)*的思想和塞维利亚的圣伊西多尔的预言相互影响,产生了一个西班牙式的弥赛亚王和世界皇帝,或叫"隐身者"(西班牙语 Encubierto,英语 Hidden One)或叫"大棒王"(Bat),或是"新大卫"。在西班牙语境中,反基督教者会在塞维利亚现身,那时末日之战会在安达卢西亚爆发,在渡海打败穆斯林人之前,弥赛亚的军队会驱逐所有穆斯林并占领格拉纳达;随后会打败所有穆斯林,占领圣城耶路撒冷及世界的其他地方。每一个新朝代来临都会引来末世期盼。"隐身者"何时现身呢?

问题在于现实要和末世期盼对得上号,而直到 1480 年后这种巧合才发生。突然地,在 1480—1513 年,一系列有助于证明末世论可信的事件发生了。随着"天主教王权"成功的增多,预言、评论甚至是民谣都认为斐迪南是打败穆斯林并征服世界的隐身者。因为这一信念并非只有默默无闻的幻想家相信,加迪斯侯爵罗德里戈·庞斯·德·莱昂在 1486 年传递给卡斯蒂尔大贵族的天启信也证明了此点。在信中,侯爵叙述了一位神秘主义者为他揭示的景象:

> 杰出的、强有力的、伟大的君王斐迪南……出生在最高级最繁盛的星球上,这是以前的任何国王或者皇帝都不曾享有的……在这个世界上没有什么能阻挡他的力量,因上帝已将一切胜利和荣耀都留给了权杖,即所说的"大棒王",因为斐迪南就是"隐身者"……他将征服四海内所有王国;他将消灭西班牙所有的摩尔人;所有背叛信仰的人都会被彻底地、残忍地消灭,因为他们嘲笑、鄙视神圣的天主教信仰。陛下不仅会很快征服格拉纳达王国,他还会征服整个非洲,征服菲兹(Fez),突尼斯、摩洛哥以及本尼玛茵(Benemarin)等王国……此外,他还会征服耶路撒冷的圣殿……并成为罗马皇帝……他将不仅是皇帝,也是全世界的君王。④

向这位侯爵所展示的内容很难说是新鲜的,斐迪南也只是被纳入了一

---

* 一个方济各派的千禧年团体。——译者注
④ *Historia de hechos del marqués de Cádiz*, pp. 247–251.

个中世纪传说中罢了,而这种传说早在几百年前就有一个明智的导师以批评的方式做过精彩的总结;这位导师告诫他的贵族学生佩罗·尼诺要当心这类预言,他的建议约在1448年在编年史《胜利》(El Victorial)中记载了下来:

> 如果你对这个事件仔细观察,你会明白在每一个新国王登基时都会出现一个新墨林传奇*。它会说,新国王将会跨过海洋消灭所有摩尔人,征服耶路撒冷的圣殿并成为皇帝。到那时我们会看见事情会变得像上帝所布置的那样。这样的预言被安放在过去的国王身上,也会被安放在未来国王的身上。⑤

佩罗·尼诺的老师是对的:甚至恩里克四世也被安排扮演了弥赛亚的角色!在"天主教徒"斐迪南事件中不同之处在于:1480年以来的事件与胜利对当时的人,包括编年史家来讲,好像使得弥赛亚的预言变得可信了。

征服耶路撒冷的计划产生了其他奇怪的结果。当哥伦布向西航行并"发现"美洲时,事实上他想去的终点站是亚洲,他想在亚洲取得一个强大联盟的支持,以便包围穆斯林,从而重新征服耶路撒冷。因为正是在亚洲或者是非洲,才发现了圣地解放者约翰长老的传说;而且正是在亚洲,也是在中国,居住着亲基督教的蒙古大汗。早在1403年,恩里克三世派卡斯蒂尔人鲁伊·贡萨里斯·克拉维霍出使帖木儿在撒马尔罕的宫廷;当哥伦布出航的时候,他还携带了一封致蒙古大汗的国书。这么做,他只是在继续十字军的抱负,这完全是中世纪的。

关于王权的性质与君主权力的观点,也存在明显的承续性。"天主教王权"常常被认为带来了增强王权甚至是"绝对主义"的观念,其实,它只是继续其先人,特别是伊莎贝尔的父亲胡安二世的工作。因为法律专家(或者法律研究生)以及阿尔瓦罗·德·卢纳精明能干的建议与支持,胡安对其政令的合理性——它们中的一些是极端武

---

* 西欧的一种传说体裁。——译者注
⑤ Díez de Games, *El Victorial*, p. 26.

断的——表现得信心满满,他干脆宣称他要像"国王和领主一样行事,不承认在世俗事务上还有更高的领导者,只遵从自己的意愿、某些知识以及绝对的王权"。他这样做其实是公开地忽视了传统的观点,即国王不是在法律之上;制定与修改法律是国王与议会合作的结果。通过使用他的绝对王权,他所制定的法律都是即刻生效,"似乎它们已经在议会中被制定了"。真相可能是,这种王权绝对主义的日常运作更多归于卢纳,而非其懒惰的主子;但最终,这一政策迎合了君主的胃口。事实上,当卢纳最终被清算时,王室顾问们顾忌后果,就告诉国王只有他可以处理卢纳;以至于这位宠臣没有受到任何审判,就被胡安二世个人的"绝对王权"砍了头。

议会也未能对独断的王权进行有效的牵制。在这个世纪的绝大部分时间中,议会很难说有任何真正意义上的代表性。通常只有恰巧在宫廷的贵族和教士才参与会议,第三等级的代表从有限的约15个王国城市(每个城市2名代表)中选出,他们通常是贵族寡头,由王室支付其开销。因此实际上,议会只是个由约30个第三等级代表与宫廷官员和王室顾问组成的小团体。再者,它们的程序由国王与官僚控制。没有固定的会议,召开与解散会议完全依赖于国王。代表们通常同意征税——他们自己则能免除大部分,并且只有这时他们才递交请愿。不可避免地,由于不纳税不予申冤,所以对于请愿,王室的答复通常是模糊与推脱的。总而言之,需要批准的税收少之又少,因为从14世纪晚期往后,王室收入的主要来源营业税(alcabala)已不在议会的控制中。

与议会不同,王室会议与其他行政机构,特别是与财政有关的行政机构(the contradurias),在法律专家、王室秘书和大法庭官员的运作下,都正常运转;并且提供了由"天主教王权"继承并发展的基本的政府框架。例如,最高法院(audiencia)从1442年开始,最终在巴利亚多利德固定下来;而总督——这是地区或者地方行政中著名的也可能是最不受欢迎的王室官员——已经为胡安二世频繁使用。总督并不是他们被派往的城镇的本地人,通常他们对城市政府的干涉引起很多的不满,却得到强大王权的支持。尽管,天主教王权并没有创立制度与官员,但他们在广泛范围内扩展了对它们的使用。比如,他们把总督们安插在所有主要的王国城市中,在雷阿尔城(ciudad Real)（后来搬到格拉纳达）和圣地亚哥，他们建立了额外的上诉法庭（audiencias）。

与卡斯蒂尔相比，小王国纳瓦拉在15世纪展现出一幅资源有限、机构相当复杂和极度不安全的画面，这种不安全是由它在卡斯蒂尔和法国之间作为政治"人质"的角色引起的。查理三世（1387—1425）漫长统治的特征是他的缺席以及卷入到法国政治；然而，当王位传给了他的女儿布兰奇时，她嫁给了卡斯蒂尔的胡安王子（阿拉贡的胡安二世），这意味着纳瓦拉也卷入了卡斯蒂尔的内部斗争，1441年布兰奇去世时，阿拉贡的胡安获得了对王国的控制，他忽略了其子维阿纳王储卡洛斯的要求，卡洛斯在1461年去世，据传他是被毒死的；在1455年，胡安指定他的女儿莱奥诺尔及其丈夫富瓦的加斯顿四世为继承人。但对于卡斯蒂尔来说，很难接受纳瓦拉的统治者在法国有领地；于是在1494年，纳瓦拉变成了卡斯蒂尔的保护国，这样为斐迪南在1512年加冕纳瓦拉国王铺平了道路，并且在1515年，纳瓦拉并入了卡斯蒂尔。

出于行政的目的，首先就税收而言，纳瓦拉由被称为郡（merindades）的地区组成，王室财政管理更多地体现了法兰西而非卡斯蒂尔的影响。到15世纪，审计法庭（camara de comptos）已经很好地建立起来，负责审查各郡财政官的账簿，也审查向流动货物征收关税者（peajeros）的账簿。长期以来，王室收入主要依靠人头税（pechas），理论上讲这是一种与纳税人口的数量与财富相关的直接税；但是在实践中，就变成了以地区为单位的固定习惯额度，随着时间的推移，它失去了其实际价值。因此，到15世纪，它已成为国王定期向议会要求帮助（ayudas）的惯例。这实际上是一种炉（hearth）税，根据《户籍册》（libro de Fuegos）上的登记信息征收，这涉及所有的人口，并迅速取代了人头税成为最重要的税收。除这些税收之外，纳瓦拉王权还经常征收其他款项，如所谓的增收（provecho de la moneda），通过王室货币贬值获得。

尽管卡斯蒂尔王室与大贵族间的紧张关系吸引了宫廷编年史家们的注意力，但那些与地区或者地方层次上的政治冲突有关的证据——有一些重要的例外，总是表明在明显的混乱之中存在着相当诡异的秩序。当然，宫廷与地方的政治事件是不可分割的。例如，贡萨洛·查孔在其关于阿尔瓦罗·德·卢纳的编年史的结尾，提供了一大串来自很多城市的重要人物令人吃惊的材料，这些人都以这种或那种方式支持卢纳；这些记载如此详细，以至于它们一定是建立在许多记录的基础上。它展示了这些人他们的家庭和家族关系：以隐喻的方式暗示他们与卢纳"一起生活"，"和他共同生活并从他那里接受钱物""受他提携""是他的家人"，甚至从他那里获得采邑钱。它也揭示了：卢纳非常清楚在实践中如何进行政治笼络。⑥ 他不通过王室与城市中正式的或者是理论上的渠道来施加影响；而是力图了解合适的人，用金钱、官职、头衔、晋升和联姻来拉拢他们。他的权势似乎与腐败挂钩，但实际上它们受限于城市层次的那套政治平衡体系，这个体系非常复杂而且相对稳定。

巴利亚多利德是个好例子。从查孔的记述来看，每一个重要人物都或多或少对治安官心怀感激；但在实践中，他的影响并未渗透到政治系统的核心，这个系统为托瓦尔和雷奥约两个大帮派（bando）所控制。卡斯蒂尔城镇的帮派与热那亚的阿尔伯奇（alberghi）或佛罗伦萨的塔形社会等级（consorterie）非常类似。典型地，一个帮派是一个城市家族的联合体，它通常得名于处于领导地位的家族或者它控制的城市。但是，它也包括许多没有血缘关系但是关系密切的人。比如巴利亚多利德的托瓦尔帮派，它包括费尔南·桑切斯·德·托瓦尔、贡萨洛·查孔、阿隆索·迪亚兹、卡斯特拉诺和穆拉达"家族"；而雷奥约帮派也包括五个"家族"。因此，每个帮派都包括五个家族，寡头政治中的官员都从这些人中产生。但从保存下来的各个家族制定的法令看：加入一个帮派不一定严格限于亲属关系，骑士、律师、有钱人都允许加入，都有资格出任该家族分得的官职。因而，帮派和与其相关的家族在一定程度上是变动的、"开放的"，这使得它们可以同化那些有能力挑战城市权力结构的有实力的外来者。每个帮派控制一半的城市官职；当有空缺时，名额会轮流分配到 5 个家族，由该家族中岁数最大的人充任，如果是"局外人"的话，就由进入"家族"最早的那个就任。这个复杂的制度有一定的优点，就连国王都准备将其制度化，就像在 1390 年的萨拉曼卡和 1544 年的毕

---

⑥ Gonzalo Chacón, *Crónica*, pp. 442 – 449.

尔巴鄂那样。再者,在那些王室城镇里这套精致的安排并不存在,但那里的权力也限于由两个帮派共享,这两个帮派表面上对抗,但当有第三股势力挑战他们的垄断地位时,双方就会联合起来。通常来说,两个帮派势力的对抗都是象征性的,并不会导致战争或者流血事件。

不管怎样,尽管帮派的密切关系以及家族成为卡斯蒂尔城镇政治的通常模式,但是存在着一种可知的替代方式:城市权力能够被组织起来,特别是建立在共同体(comunidad)* 概念的基础上。这是家族首脑间的宣誓联合体,实际上,它一般只在危机出现时起作用,即存在权力滥用,或者王室、城市当局不能履行职责时。如果骚乱牵涉到了市镇共同体就会很严重,但共同体通常组织完善,倾向于遵守某些传统准则与行为礼仪。一个共同体总认为自己的暴力行为是完全正当的,它行动时觉得自己是在代当局行事,并经常公开、"合法地"在发生骚乱的市镇的主要广场上举行集体活动。洛佩·德·韦佳举行的一场庆祝戏就是很好的例子,1476 年在丰特奥韦胡纳发生了起义,9 月 22 日晚上,人们由他们的首领领导,像一个共同体行动起来,刺杀了费尔南·戈麦斯·德·古兹曼,即控制该城的属卡拉特拉瓦修会的市政长官。

在一些城市动乱插曲中,意大利的市民政府思想起到了一定作用。例如在 1433 年,有密谋试图把塞维利亚按照意大利的模式变为公社;30 年后,在大主教的煽动下,又发生了一桩旨在建立一个摆脱王室控制的共和城邦的阴谋。第二个事件具有某种市民人道主义精神,暗示着它与佛罗伦萨有关;1516 年,在马拉加的一次叛乱,也是旨在以热那亚的模式建立一个共同体。

无论在宫廷还是在市镇,政治生活由于宗教和社会事务而变得更复杂,这些事务牵涉到犹太人或者改教者(converso),即犹太人背景的新基督徒的去留。12、13 世纪曾是一个相对包容或者共存的时代,当时基督徒对犹太(与穆斯林)文化比较尊重,二者还能共存。但在 14 世纪,共存为不包容的气氛取代,并最终导致了 1391 年的一场大规模屠杀。那一年,一个狂热的煽动者费兰特·马丁内斯,他是埃西哈的执事长,在王室和教廷当局中很有名气,正是他煽动塞维利

---

* 某种自治体。——译者注

亚的暴徒去攻打犹太人社区。屠杀很快蔓延到了其他邻近城市，如科尔多瓦、托莱多、巴伦西亚、巴塞罗那和罗格罗尼奥。这就是1391年的大屠杀，几乎没有一个犹太社区逃脱了屠杀与洗劫。例如在塞维利亚，犹太社区实际上不存在了。受到惊吓的犹太人大量地选择改宗基督教。随着改宗者数量迅速增加，以及其他改宗浪潮的到来——例如15世纪初，在文森特·费雷尔的布道运动以及1492年颁布驱逐犹太人的法令之后——改宗产生了复杂的影响。首先是社会问题。犹太人在教会和政府内不能担任公职，尽管这并不适用于改宗者，在15世纪上半叶，不少改宗者家族在王国政府、城市当局和教会中成功取得重要职位。很多人甚至与正统基督教徒家庭通婚；王室秘书费尔南·迪亚兹·德·托莱多本人就是个改宗者，他非常详细地描述了大量的贵族家庭如何在15世纪中叶有了改宗者亲属。这样快速的政治与社会地位的提升激起了敌意与仇恨。改宗者们被指控贿买市政职位，操纵王室与地方税收，从而对原来正统基督徒造成损害；他们还被指控结成犹太人秘密社团。实际上，新基督徒宗教信仰的复杂性不可避免。比如所罗门·哈莱维，他是布尔戈斯前拉比——也是一个非常有名的改宗者——的后代，后改名为帕勃罗·德·桑塔·马利亚，成了布尔戈斯主教；他培养出了在学识与宗教虔敬方面都非常优秀的教会人士，包括布尔戈斯、科里亚和普拉森西亚的主教。然而，除了秘密的犹太社团和虔敬的基督徒，大部分改宗者属于"阿威罗伊主义者"，这表明他们的信仰并不彻底，甚至是无神论者，而其他剩下的人对他们所承认的基督教信条也只有最模糊的理解。

  因此在1449年，在卡斯蒂尔政治生活中，两个主要的具有破坏性的因素合流了，即贵族的阴谋和对改宗者的敌意，这共同导致了在托莱多的严重叛乱。起先暴动的矛头指向税吏和改宗者，但一个名叫佩罗·萨尔米安托的贵族随即把公众的愤怒引向了反对阿尔瓦罗·德·卢纳和国王。对王室税收的憎恨、对市政腐败的指控、贵族财富的缩水、工匠和农民的经济困难、对改宗者及其成功的仇恨以及对改宗者作为异教徒而要故意破坏基督教社会宗教结构的看法，都缠绕到了一起。作为托莱多正统基督徒共同体的领导，萨尔米安托很有技巧，他大造舆论，通过手写的通告和拟法律的文件来证明叛乱的合法性。尽管暴动失败了，但它引发了一系列的城市暴动，进而造成了

1473 年在安达卢西亚城镇中的一波大屠杀。

在所有此类事件中，绝大多数领导人并没有像佩罗·萨尔米安托那样的才干，去证明暴乱者的极端暴虐的行为有理，结果，尤其是在一些心怀恶意的观察家笔下，给人留下了肆意杀戮或"盲目暴怒"的印象。事实上，很难说清楚诸如以下的事件：哈恩领主米格尔·卢卡斯·德·伊伦佐在教堂参加弥撒时被一群愤怒的暴徒砍死。然而，考察这类事件中涉及的某种暴力仪式，可以提供可贵的线索。

在 1449 年托莱多的暴动中，改宗者的领导者，一个富裕的包税商胡安·德·西乌达德被杀死，他的遗体被倒挂于中心广场。再有，1467 年在托莱多，在改宗者和正统基督徒的共同体之间也爆发了战争。在暴力对抗期间，7 月 22 日夜晚，改宗者的领导人之一费尔南多·德·拉托尔因试图从城中逃跑而被抓住，他的敌人即正统的基督徒们在教堂塔顶吊死了他，随后又吊死了他的兄弟。他们的尸体随后被砍落，运到中心广场示众："这是由托莱多的共同体对那些叛国贼和异教改宗者领导人颁布的判决。因为他们攻击教堂，所以被头朝地脚朝上吊起来。谁若效仿，下场一样。"因为被指控有叛国罪，兄弟俩以这种可耻的"方式"被绞死。但暴力还未停止；一场"集体性"或者"参与性的"肢解裸尸的毁坏活动，持续了好几天。再次，当共同体行使它自己形式的正义时，就像在丰特纳韦胡纳的那样，每个人都以各自的方式参与到中心广场的活动中。这些与恐怖的刑罚联系在一起的暴力行为，在 1520 年及之后的共同体暴乱中一再上演，绝不是毫无意义的。这种表演是一个具体的标志：受害者是有罪的，他们威胁着要把世界颠倒。在上述事例中，秘密犹太教徒的所谓违法行为被描述为叛国罪，这对基督教结构本身是一个威胁。

首先，在模仿王室或者城市当局的行为中，通过自己执掌法律，城镇的暴乱者含蓄地指明了他们认为权力当局没有做到的方面。胡安二世和恩里克四世都为环境所迫，被迫赞成从某些城市寡头政府中剔除改宗者。也正是"天主教王权"创设了宗教裁判所，惩罚那些之前是公众暴力的受害者，并为城市群氓提供了官方"文本"（texts）。

在很大程度上，宗教裁判所的官员们是在从事符号侦探的工作。宗教裁判所并不审判犹太人，只是针对受洗的基督徒，实际上就是有加入秘密犹太社团嫌疑的改宗者。然而，对于调查者而言，了解改宗者的内心信仰很困难，所以他们就观察改宗者们可能反映其异教动机的外在行为举止。一个有嫌疑的改宗者是否去教堂？如果去，是否经常去？去了教堂之后，他的举动怎样？他在星期六做些什么？他吃些什么，或者不吃什么；他穿什么样的衣服？他是从犹太肉贩那里还是从基督徒肉贩那里买肉？他在宗教节庆期间做什么呢？他割包皮了吗？他在何处、怎样被埋葬？改宗者善于表面履行基督教徒的宗教义务，然而与此同时，则通过利用仪式行为的多义性，来使之无效。例如伊涅斯·洛佩兹不去教堂，在审判她时，证人们声称他们在很近的距离观察，认定她并没有准确地画十字，她只是在自己前额到一个肩头做了个象征性的动作，而且在呼唤圣父的时候，没有祈求圣子或圣灵。在为自己辩护时，改宗者会辩称：自己去犹太肉贩那里买肉，是因为那里的刀更干净且锋利。改宗者也给孩子施洗，但在回家之后，他们会立即用一个"反仪式"来为孩子"去基督教化"，这可以抹去基督教圣事的效用。类似地，还有人宣称：去忏悔的改宗者会很快完事，因为神父们发现他们没有什么可以忏悔。

改宗者们的困境也包括各种习惯和风俗，这些可被解读为故意的偏离与对同化的抗拒。而且，改宗者能体会到，在他们表面奉行的基督仪式与他们不能公开表达的内心坚守的信仰和习惯之间存在着张力，这种张力使得一些人用文学做工具，去攻击他们所鄙视的主流宗教与社会价值观。费尔南多·德·罗亚是一个改宗者，他的名著《塞莱斯蒂娜》（Celestina）以对话、旁白、独白等形式包含了很多这方面的内容，可以视作对正统基督教价值观的攻击。可以肯定的是，弗朗西斯科·德里加多是一个改宗者，也是一位在罗马的处于流放中的天主教神父，在1513—1524年，他写了一本小说《安达卢西亚的洛扎娜》（*La Lozana Andaluza*，此书于1528年在威尼斯出版），该书描绘了许多来自安达卢西亚且是改宗的新基督教女孩的生活与命运；她们逃离了西班牙的宗教裁判所才活了下来，但最好的结果却是，在基督教王国的首府，靠卖淫为生。适当地，女英雄洛扎娜（Lozana）最终获得了"智慧者"（sapientia）或是"敬畏的主"的称号，并采用了一个新名字，即典型的犹太名字维利达（Vellida），并且于1527年罗马（被描述成巴比伦）被洗劫之前就离开了那里。罗马遭劫一事在小说的尾声被描绘成一场神的惩罚。

西班牙将短暂享受领土扩张与帝国统治的黄金时期。哈布斯堡治下的西班牙是欧洲、天主教世界以及世界事务的主导力量；它积极地将它的语言和文化价值扩散到其他国家和大陆，并引领一个真正的宗教去反对异端路德宗与加尔文宗带来的危险。然而，尽管杰出的人文主义学者引人注目，但是西班牙知识界和大学的领导权继续被神学家以及托马斯主义者所主宰。人文主义者可以研究圣经，但他们不能挑战经院哲学与宗教正统。甚至著名的六卷本《康普鲁顿合参本圣经》的出版（1514—1517）——这一计划由枢机主教弗朗西斯科·西蒙尼斯·德·西斯内罗斯倡导——也必须迎合传统与已经确立的权威，而不顾语源学知识已经证明其中存在误译这一事实。

在西班牙，传统的宗教正统性因为与伊拉斯谟有关的基督教人文主义的命运而巩固了。它的影响与其说应归功于人文主义，不如说是期盼宗教改革，也就是追随诸如方济各会严规派、方济各派神秘主义者和现代虔诚（devotio moderna）* 运动等先例。但是在 1530 年代及以后，西班牙宗教裁判所把它对伊拉斯谟的反感以审判的方式展现了出来，对人文主义来说，结果是可怕的。其他旨在保护宗教正统的措施，如西班牙宗教裁判所开列了禁书目录，1559 年菲利普二世颁布法令，禁止臣民在外国大学——除了波伦亚、罗马、那不勒斯和科英布拉四所大学——学习，这也具有相同的效果。

自然，如胡安·路易斯·维乌斯（1492—1540）的生平所显示的，这些措施效用不大。他在西班牙接受了经院教育，但在巴黎却成为人文主义者；并于 1512 年去了低地国家，成为伊拉斯谟的朋友和学生。在他众多的实际关注中，他对公共权力有义务为穷人提供帮助很感兴趣。或许，某种形式的伊拉斯谟主义也在西班牙浮现了。《托美思河的小拉撒路》（Lazarillo de Tormes）是 16 世纪的一部佚名作品，描述了同名主人公的冒险与灾祸。它必然将读者引入一个藏污纳垢的世界，这个世界充斥着伪善、饥饿和贪婪的神父，以及通过不恰当的方式将赎罪券贩卖给罪恶滔天的信徒的行为。作者为什么宁愿匿名呢？他是一个明目张胆地攻击天主教伪善的隐藏身份的犹太人吗？还是一个在关心被质疑的宗教态度与实践的伊拉斯谟主义者呢？尽管

---

* 一个 14 世纪的新宗教运动。——译者注

都有可能,但是我们不应忘记:他是这场剧变的先行者,这场剧变不久后引发了天主教改革或曰反宗教改革,发展成为一场真正关注当时世界所面对的社会——宗教问题的运动。

安格斯·麦凯（Angus MacKay）

陈日华 译

第三节　葡萄牙

葡萄牙由两个大的且地貌迥异的地区组成,北部是山地,南部是低地,塔古斯(Tagus)河把它们分开。从气候角度来看,国家展现出大西洋海滨气候与地中海气候特征:北部降雨量大,南部干旱。有五条河流通向大洋与外部世界:杜罗(Douro)河与塔古斯河的源头在西班牙,沃加(Vouga)、蒙德古(Mondego)与萨杜(Sado)河的源头在葡萄牙。科英布拉、里斯本、奥波尔托与西尔维斯是主要的城市,它们沿河流而建,就像许多小的定居点一样,有着捕鱼、造船与海洋贸易的历史。几个内陆城镇是主教驻地,也是行政、农业、制造业与贸易中心。

一直以来,北部人口比南部人口稠密;当摩尔人被驱逐出去后,北部的杜罗－米尼奥地区（Entre-Douro-e-Minho）就在12、13世纪向南部迁移了大量人口。后来在15、16世纪发现大西洋岛屿与巴西后,这一地区再次成为迁出人口最主要的地区。在14世纪黑死病爆发前夕,葡萄牙人口稳定在150万人左右,在欧洲合理的平均线上,即每平方公里有约17名居民。然而在1348年,这一数字下降了1/3到1/2,这一水平一直保持到1460年,其间仅有微小的变化;直到1460年,人口开始恢复。到16世纪前15年,恢复到黑死病前的人口密度。

事实上,中世纪葡萄牙最后的百年并不与15世纪严格地重合。那么,那个"世纪"的开始究竟放在什么地方呢？是攻占休达并开始摩洛哥扩张的1415年吗？由于15世纪见证了向海洋与新世界的转变,在葡萄牙历史中,这一日期是足够合适的,因为通过休达,开始了这一进程。然而,在葡萄牙人的语境中,1385年是一个更为合适的

地图14 葡萄牙（和非洲的西北海岸）

开端,在这一年建立了第二个葡萄牙王朝阿维什王朝(1385—1580)。事实上,1385年对葡萄牙人来讲是具有神秘色彩的一年。把百年战争放在一个更广阔的历史年代中考察,这标志着这个国家最终的独立。葡萄牙已经自治很长时间了,但正是在这充满危机的一年,它成为一个民族。1385年8月14日的阿尔儒巴罗塔之战唤醒了葡萄牙人的民族自觉,编年史家们精心地记录了这一战役,并通过神话加以渲染,标志它的诞生。尽管爱国主义情感长期以来发展缓慢,但是仍可以说,到阿维什王朝开始统治时,至少在大众意识中,民族意识已经产生。由此1385年就成为其开始的一个恰当日期。

到那时,葡萄牙已经是一个成熟的国家了。它已经独立于莱昂与卡斯蒂尔两个多世纪了,在这期间有九位统治者;并且自1297年以来,其边界已经完全确定了。再者,它已经拥有了自己的语言,公认的政治、行政与社会结构,明确的经济方向,发达的教育体系以及成型的国际外交关系,所有这些都为正在形成的民族意识支撑。然而到了1385年,尽管已经成熟,这个国家却正在经历严重的王朝危机。王朝的末代国王都姆·费尔南多在1383年去世,没有留下男性的继承人。他唯一的女儿卡斯蒂尔国王的妻子比阿特丽斯,以及其不受欢迎的遗孀莱昂诺尔正危及王国的独立。城市民众与社会革命运动联系在一起,并不是葡萄牙特有的现象,他们在城市议员、知识精英以及心怀不满的贵族的操纵下——这些人倾向于以宫廷政变的形式聚成民族主义的起义——通过起义重新掌握失去的荣誉并进行复仇。摄政寡妇的情人是一个令人厌恶的外国贵族,他被人暗杀,而行刺者被奉为受人欢迎的英雄。随着王后的退位并逃亡,阿方索王朝即第一个统治葡萄牙的王朝结束了。

所有这些都发生在1383年12月的里斯本及其郊区。由贵族精心策划的政变不久转变为一场全国性的人民革命,波及北部的波尔图以及整个南部地区。逐渐地,英雄也学会了适应新的角色。他被称为王国的统治者,后来被称为"统治者和保卫者",并最终宣布成为国王。后来他又获得了"救世主、战无不胜者与葡萄牙之父"的称号;再以后,250年后,被尊为圣徒。这就是若昂一世,佩德罗国王的私生子,费尔南多国王的同父异母的兄弟,阿维什军事修会的首领,葡萄牙第二王朝的建立者,这一王朝是西班牙与英格兰血统的混合,这是以后的事情了。

在1383—1495年，是中世纪葡萄牙最后的一百年，共有四位君主与一个重要的摄政者。在这一时期的前半段时间，即若昂一世与杜瓦特（1383—1438）统治时期将见证君权的中央集权化，国王权威与威望的增长，以及以牺牲土地所有者和市政议会为代价而形成的国家整合。再有，葡萄牙摩洛哥和大西洋的扩张将被加速。幼主的摄政者佩德罗（1438—1448）将见证这些趋势的继续，现在得到来自中央强有力的鼓励，并且得到城市议会联盟——特别是那些有着强烈商业利益的人——的协助。结果，得到贵族在人力与物力上巨大帮助的对摩洛哥的扩张，将让位于对大西洋的投入以及由此开启的贸易机会的强调。然而，阿方索五世统治期间（1448—1481），由于他缺乏广阔的政治视野，将见证王权权威的衰落以及大地主和教会势力的复苏；王权将为国王对政治问题的忽略而付出代价。作为反作用，在其继任者若昂二世统治期间（1481—1495），中央政权将变得非常绝对化，国王与国家融合。国王的"印度计划"将成为新方向的指示，在这一方向上，葡萄牙将自己承担。

在所有形成15世纪葡萄牙政治结构的因素中，王室官员是最重要的。长久以来，人们认为国王与贵族平等，超过贵族仅仅是因为他的继承领域。自阿方索三世（1248—1279）以来，这一观念日渐衰落。部分由于求学于波伦亚的法学家受到罗马法的影响，但更主要是因为随着基督教收复国家南部在行政方面不断增长的利益，王国开始转变为统一的国家，并在下一个百年继续。到最后，不得不制定财政、行政、军事、法律、司法措施。这其中最为重要的是对城镇和村庄权利许可的确认，建立弓箭手的国家行会，王室公证机构，任命地方长官，王室会议转变为议会，制定法律以避免教会对土地的集中不受控制。这样到阿维什（Avis）王朝统治时，可以这么说，葡萄牙王国成为一个统一的国家。到那时，它已经是有着稳定地理疆域的政治权威了；它拥有永久的非个人的世俗机构；居民看到并理解需要一个更高的权威，他们自由地忠诚地属于的权威。

到1385年，在国家政治生活中，王权是一个关键性的结构因素，尽管王权的能力有限，但是它是不断成长的。若昂一世、杜瓦特、佩德罗亲王以及若昂二世，面临着加强并发展王权的挑战。王权要取得成功很大程度上得通过侵占国家的所有权威：立法，执行法律与政策，引进直接与间接税，决定战与和，决定与外国签订条约和结盟。

这样在 1385—1495 年，国家开始成长。然而，王权并没有按照自己的方式发展。其权威的行使仍然受到世俗与教会领主以及城市议会等传统封建结构的反对，而他们自身也处于激烈冲突的苦难之中。世俗领主拥有的历史可以追溯到民族形成之前；他们主宰北部，在杜罗－米尼奥地区（Entre-Douro-e-Minho）附近，存在着无数的贵族，他们在此有着古老的根基。这也是北部趋于保守的原因，因为受贵族主宰，而城市化程度低。唯一例外的是奥波尔托，这座城市是市民品质和独立意识的象征。南部与北部大相径庭，主要特征是城市和市镇，这些是那时议会获得主要支持的地区。这些地区也有世俗与教会的领主，他们也从土地中受益，他们居住在社区之中以保卫再征服的成果。但是他们大部分是军事修会团体，他们与北部古老世袭的贵族不相为谋。当北部领主很少派代表参加议会之时，南部领主被迫适应这一新的形势，他们借助议会表达他们的影响力。

在这一时期，从国家的一端到另一端，许多世俗的土地处于贵族的手中。但是它们并不都服从于相同的法律与政治权威。一些贵族拥有的土地脱离王室的控制——因为他们拥有的是具有私人司法权的财产；其他的是终生占有，一些只有民事司法权，另一些拥有民事与刑事权限。第一种形式的占有从父传到子，代代相传，当国王继位时，通过宣誓，国王有义务保持占有状态的不变；这种状况一直持续到若昂二世时期，他拒绝遵循先例，并把所有的领主变成了封臣。第二类具有简单终生占有司法权的领主，不能够把他们的头衔传给继承人；他们也无权向新继位的国王宣称权利。然而，出于对他们先辈的尊重，新继位的国王通常会确认这些头衔，并事实上允许其世袭。由于同样也适用于他们的司法权，所有具有这些权利的土地也被永久地拥有。国王合并领主的土地只有两种方式：第一种方式是通过所谓的 1434 年的《精神法案》（Mental Law）——这一法律适用于头衔拥有者死后没有男性继承人；第二种情况是领主犯了叛国罪或者是异端，这两种方式并非不常使用。

直到若昂二世统治期间，在具有私人司法权的土地上，王室财政、军事或者司法权才能施行。即使到那时，甚至那些处理申诉的王室法官通常也被禁止（进入这些领主领地）执行任务，高级法院的命令与判决也被置若罔闻。由于我们可以从议会记录推测，领主采取极端的措施，如以贷款的形式掩饰对下属征税，以及要求他们解决，好像他们王室一样。这样一来，国王对这些土地的统治权就变得不存在了。在这种情况下，国王就失去了司法与经济管理方面的政治权威，它不能够控制权力的滥用。这样，具有民事与刑事司法权的世俗领地，甚至国家的社会与政治结构，变成了真正的权力的飞地，它对国王构成了竞争。

有关教会土地的情况更糟糕，很大程度上是由于宗教与世俗权威的重叠引起的混乱。那些试图（对土地）有更进一步根本权利宣称的主教、修道院长以及其他教士使得这种混乱加剧。他们与世俗领主关系密切，像世俗领主一样滥用权力，但是存在着巨大的差异，即教会领主会运用判决与绝罚的手段惩罚那些不服从的属下，以及过于热情的王室和市镇官员。这导致了一个悖论：教会人士运用宗教谴责那些反对在国王名义下行事的王室官员，同时他们宣称，国王作为教会的一员，应该运用世俗权力惩罚那些奉行王命的罪犯。然而国王并不总是赞同这些观点。例如杜瓦特在这件事情上明确宣称：由于高级教士如此迅速地把世俗权力诉诸司法，他们首先应该遵守法律，而不顾是否被世俗权威惩罚。然而这一判决尽管合乎逻辑，但是对教会来讲是一个无效的警告。绝罚——这是教会领主的私有武器——因作为政治施压的工具被滥用，而变得不可信赖了。直到阿方索五世时期它才重新获得了先前的效力。

有证据表明：在王国的绝大部分地区，私人世俗地产与教会地产的面积比国王的要大，除了特茹－古第安娜地区（Entre-Tejo-e-Guadiana）地区——在这里，王室的地产超过了所有土地的一半。然而在特拉斯－蒙特斯（Tras-os-Montes）地区，王室领地仅占1/4多一点。结果，按照控制的领地来衡量，国王的权威不如贵族与教士加起来的力量。不过因为反对国王的力量不可能联合起来，国王在国内仍然实际上是最重要的领主。

在阿维什王朝开始时建立起的大地产属于那些传统的势力：主教、修道院以及军事修会，他们的地产遍布城乡各地。这其中最重要的是奥波尔托与布拉加，当人们认为所有的城市归于王权时，在

1402年，若昂一世以国王身份获得了它们；只有属于葡萄牙大主教的布拉加最终获得了先前的独立地位，并于1472年处于大主教的控制之下。大的修道院地产常在乡村，许多分布在塔古斯河以北。那些军事修会的情况，以圣地亚哥为典型，我们注意到，他们控制了特茹-古第安娜（Entre Tejo e-Guadiana）地区土地与租金的40%，埃斯特雷马杜拉（Estremadura）地区的19%以及贝拉（Beira）地区的13%。显然，大修道院院长与四个军事修会领袖组成了权贵阶层，国王对他们一直保持关注。以后，修道院的修士以及军事首领的利剑被置于王权最信任的奴仆手中。因此一点也不奇怪，国王认为这些权贵不足为虑。这些头衔持有者的继承受到很好地控制。

然而，世俗大领主的情况却颇为不同。他们世袭罔替，并且支持那些威胁国王权威与统治自由的野心家。若昂一世在他的军事长官努诺·阿尔瓦雷斯·佩雷拉（Nun'Alvares Pereira）——葡萄牙前所未有的富人——的身上看到了这一点。国王通过安排他的儿子阿方索与努诺·阿尔瓦雷斯·佩雷拉（Nun'Alvares Pereira）唯一的女继承人结婚解决他自己的麻烦，但是却增加了其继承人的问题——因为这一婚姻造就了布拉干萨家族，该家族聚敛了大片的地产，这将成为摄政者佩德罗不幸的原因，并最终导致阴谋反对若昂二世。当1481年王子继承王位时，存在着两个强大的并具有潜在威胁的世俗领主：布拉干萨家族与贝雅的维塞乌（Viseu e Beja）公爵。领主头衔的持有者——费尔南多与迪奥戈——那年在议会中反对新国王，而众所周知，新国王决定用铁腕进行统治。他们的大胆或者财富最终使他们丧命。

需要对城镇议会——这是国家结构中的深层次因素——进行简单的考察。这一时期市镇当局的权力是有限的，具有依赖性，因为它们依靠国王与私人的地产供养。因此，市政当局对其控制之外的权贵敞开了大门：王室的法官、非选举的权贵以及他们的官员和征税员。城市曾经享有的、并为政府特许状所认可的，有关土地、税收、司法以及军事事务等古老的自由与豁免权，正逐渐地被削弱。新的特许状正被强加；间接的地方税（sisas）正为王权所侵占；王室法官扩展国王的权威；度量衡正被统一。地方自治权力逐渐地被限制在稳定价格，监督民事性质的公共事务，审判小的案件，草拟缴纳额外税

（pedidos）人的名单，以及在一些城镇议会把不满和批评带到议会。值得注意的是，正是在议会中，市镇的政治权力兴盛，并且就整个国家而言，成为一股力量。尽管基层议会弱小并且分裂，但是在议会中，他们代表自己的社区，敢于批评国王，指责贵族与教士，因此，地方议会能够运用产生结果的实在力量。在地方层次上，市镇权威的削弱产生了矛盾的影响，迫使他们寻求团体的团结，这确保他们是国家的一个政治结构，并且议会是一种机制——在这其中，他们能够非常有效地发挥他们的影响。在1433年、1439年、1459年、1472年、1473年、1477年、1481年、1482年，他们以这种方式反对领主、教士与王权的权威，尽管在地方层次上，城市依赖他们。这样一来，作为国家行政机构的地方议会所拥有的实际权力就体现在发挥批评作用、树立道德风尚方面。因此，这一力量不得不受到尊重。

若昂一世与杜瓦特的统治表现出一定的连贯性，这是杜瓦特在其父亲漫长统治的最后1/3段时间内协助其父的统治的必然结果。到1412年，他已经开始插手行政、司法、财政等在政治上极具敏感性部门的事务。这样，那些与1427年议会的决定一样重要的行政措施，或者在那次会议中与教士达成的意义重大的协议等行政措施，都平等地归功于这对父子。在1433年的议会中，这是杜瓦特统治的第一年，很清楚，先前的领导形式不会被放弃，会有演变与发展，但是没有太大的变化。

在混乱的空位期后被选举出来的若昂一世，发现自己不过是众多候选人中的一位，其他著名的候选人如比阿特丽斯——国王费尔南多的女儿、同父异母的兄弟若昂以及迪尼斯——他是佩德罗国王与英斯·德·卡斯特罗的儿子，他们比自己更有权继承王位。在科英布拉举行的议会分裂为两个集团，而比阿特丽斯的支持者没有出席。由城市议会与小贵族支持的一方站在阿维什的领主（Master）若昂方面。另一方代表高级贵族以及可能是教会大多数的势力，他们倾向于若昂或者迪尼斯。议会的官方发言人法学家哈奥·德斯·瑞格斯（João das Regras）明确地加入前一集团；他详细地论证了反对若昂者不具有资格，或者至少支持他们基本动机的不连贯。他的宣传在缓解正统主义者顾虑方面起到了决定性的作用，但是不能够使幼主的追随者信服。最后，经过一个月的犹豫不决之后，议会无记名地选举阿维什领主,好像达成了一致。许多年来,新王朝专心于在王国内外创造一幅在民族主义和超凡魅力方面完好的合法性画面,这种合法性由法律、民众,最重要的是由上帝确认。后来阿维什王朝一贯鼓励的未来编年史家与宣传者的著作,就是一个明证。

正是在 1385 年 8 月 14 日,即若昂一世继位后几个月,他面临着一生中最危险的时刻:在战场上与卡斯蒂尔国王对抗。卡斯蒂尔国王与已故的国王费尔南多唯一的女儿结婚,他认为自己拥有继承权,于是他亲自第二次发动入侵葡萄牙的战争。那一天力量的对比非常不平衡,卡斯蒂尔拥有优势。然而,不管是由于葡萄牙人有时间准备战场,还是因为他们的战略使对手窘迫,或是由于卡斯蒂尔人已经疲惫了,低估了对方,在几个小时内,冲突就解决了。若昂和他的军事统帅努诺·阿尔瓦雷斯·佩雷拉取得了他们国家历史上最彻底的胜利。在现在的阿尔儒巴罗塔,今天仍然可以看到胜利者的坟墓,这是葡萄牙建筑最好的历史遗迹之一,即维托利亚的圣玛丽亚(Santa Maria da Vitoria)修道院,称为巴塔尔哈(战役)更为人们所熟知。这样一个胜利很快就被宣扬为是一个奇迹,是对在科英布拉做出的选举以及王朝统治权力神圣的肯定。上帝总是站在正义的一方,突然降临在阿尔儒巴罗塔战场,哈奥·德斯·瑞格斯(João das Regras)是正确的。

史诗般的语言美化了对事实的解释。很明显,这可以从在巴塔尔哈的若昂的墓志铭中看出,在这里只有两件事件被记载,一是阿尔儒巴罗塔战役,这挽救了葡萄牙与王朝;二是对休达的占领,这为西班牙与基督教的荣誉报了仇。由于被打败,卡斯蒂尔国王逃走了,以前忠于他的城市与乡村很快归顺了葡萄牙胜利者。葡萄牙再次保持了完整,它自己的国王现在稳固地统治着。然而,民众还得等待许多年才能获得最终的和平:1402 年与 1411 年的和平协定在这一过程中是两个重要的节点。

若昂一世在历史上被认为是"有着良好声誉的国王",这一荣誉反映了王朝的宣传,以及爱国与政治情感。当然,这些看法也影响了民众,在 1451 年即他去世 18 年后,他们称他为"葡萄牙之父"。然而,在他统治期间,生活并不容易。一直到 1411 年,他的臣民一直生活在战争不断的状态之中,通货膨胀严重;根据议会的记录,民众对特权的传统抱怨一直存在甚至增加。额外税(pedidos)不仅变成惯例，而且不经议会协商就征收，并且这些税收也不是为了国防。最终，间接市镇税（sisas）——它受到了严厉的批评，被认为等同于抢劫——归属于王权，似乎它们是法定的权利。因此把国王描述为"贤君"是不可靠的。

若昂一世的统治可分为两个阶段。第一阶段持续到1411年或者1412年，第二阶段从那时持续到1433年。第一阶段特征是与卡斯蒂尔的战争以及国家的巩固；第二阶段是摩洛哥扩张战争以及大西洋探险的开端。贯穿于这些阶段的是行政的发展，其中国王是核心。

从阿尔儒巴罗塔之战到1411年，若昂一直进行着对忠诚于比阿特丽斯与卡斯蒂尔国王的城镇和乡村的再征服，这一任务在1388年完成。同时，由于发生了突袭，甚至算是在敌人领土（韦尔韦德）上发生了一场战争，葡萄牙人也加强了国际联盟，特别是重新巩固了1373年与英格兰建立的联盟。在1386年，《温莎条约》签署，这一联盟导致若昂一世自己的冲突整合到更广阔的百年战争中，并分裂了西欧。后来，在许多岌岌可危的休战协定被双方忽视之后，1402年达成的和平协定带来了十年的和平。它的条文被遵守；并且1411年在塞哥维亚，达成最终的和平协定，这终结了两个伊比利亚王国的敌对状态。若昂现在成为王国不受挑战的统治者，王国的边疆也重回1297年传统的边疆。是时候考虑海外扩张了。

早先有过对大西洋的冒险，但是都是间歇的，几乎是偶然性的，没有什么成功可言。系统扩张的第一步是由1415年在摩洛哥对休达的征服取得的。可供选择的军事攻击——一是在伊比利亚半岛（格拉纳达与直布罗陀），二是摩洛哥与加那利群岛——都已经被考虑。很难解释需要去征服这件事。经济、政治、宗教、社会与历史原因——许多并不单独与葡萄牙有关——一起作用，融合成强有力的目标。然而，从经济与战略的角度来看，休达征服被证明是一场灾难，是对人力、货物以及金钱真正的消耗。早先，代表民众甚至一些王室成员的声音都反对保有休达，或至少反对它代表的政治观点。然而，休达代表了荣誉与头衔；它回望过去的征服并期待未来；它代表了国王的荣誉，和在所有基督教领土以及在罗马的葡萄牙良好的声誉。因此，休达被保留，并且其他强有力的观点——象征性的——将被谋求。在若昂留给他的继任者的告诫中提到：休达应该继续归国王，并应该加上丹吉尔。

当休达成为葡萄牙的延伸时,大西洋也正在被向西与向南探索与发现(一些地方被重新发现):马德拉岛(1419—1421)、亚速尔(1427—1432)、非洲海岸远至博甲多尔角,接近"恐怖之海"(Mar Tenebroso)(1422—1433)。探险大多由冒险者发起,并且得到"航海者"亨利王子的鼓励,亨利王子一直到现在仍然是一个谜一样的人物。结果是1433年若昂一世去世时,葡萄牙已经拥有现在的疆域,并加上对奥利文卡、马德拉岛与亚速尔的大西洋岛屿,以及北非的休达的统治。

在国内,若昂的目标是对教士、贵族、市镇议会增加王室权威,并在全欧洲创立荣誉的光环。这一说法——即认为这一想法背后的力量是国家利益——是错误的,事实上是国王以及新王朝试图寻求的确认。许多文本以及类似的宣传者——如在巴塔尔哈的墓志铭,以及由继承者杜瓦特在其著作《忠诚的顾问》(Loyal Counsellor)中所记载的胡安的道德肖像——都证明了这一点。

为了使自己摆脱那些帮助他获得权力的人,并使教士与贵族处于合理的控制下,若昂在28次议会中——这些议会在1385年至1430年间召开——寻求市民的支持。例如,在这些场合,采取的措施涉及工资管理、劳动力的转移、市政议会的管理、王室与领主官员的影响力范围、特权阶级的权力与特权,以及教会人士的司法管辖的内容。此外,尽管有教宗与主教,1427年在里斯本召开的与教士协商的议会,通过了对王权有利的共识,包括94章节限制教会特权的内容。同样在议会中,贵族的司法权利以及义务也被限制与确认,主要涉及从税收到对臣属滥用权力的惩罚。《精神法案》——在它出版前其实已经应用了——清楚地表明国王获得权威的程度,他已经对唯一对他有竞争力的大地主、军事统帅努诺·阿尔瓦雷斯·佩雷拉(Nun'Alvares Pereira)进行了严密的控制。对市镇会议来讲,在中央集权过程中与国王联合,表示他们将接受王室法官的权威。再者,由于战争的需要,也征收了非直接市镇税与传统的额外税。目标是征收这两种税作为王室收入的正常部分,第一种是永久性的与总体性的,另一种是额外性的,由国王自行决定。第一个目标实现了;第二个目标——尽管在佩德罗与杜瓦特结婚后证明成功——将继续依赖于议会的许可。

作为王国的领主,若昂一世并没有忘记建立与西欧其他国家联系的重要性,这并非为了防止战争或获得支持,而是由于这是王权观念的部分,并且对新王朝的声望与名誉都是必要的。作为编年史家,祖拉拉注意到,成为欧洲王室俱乐部一员是重要的。这样,通过婚姻这种和平与传统的方式,葡萄牙与它的王朝开始与阿拉贡、勃艮第、英格兰发生联系;在最后一种情况下,由兰开斯特的菲利帕建立的联系更进一步增强了。与神圣罗马帝国、匈牙利以及教宗的关系也取得了进展,这得感谢互派大使以及征服休达获得的声望。可以这么讲,当1433年8月13日若昂一世去世时,他所取得的成就使得他像真正的国王一样去世——尽管他遭到了许多的反对。军事成功了,并取得了最终的独立。国王值得臣民与史家赋予他的荣誉。

统治了五年的杜瓦特,成功地将不断增长的民族意识的精神人格化。对他不必讲述太多,因为已经提到了,他在继位前约二十年时间内,已经负责处理政府的重要事务。然而他的成就不应该被低估。他继续持行现存的政策,保留王权的顾问与高级王室官员,并遵从已被证明的政治方针,这样一来与摩洛哥的生意、海外扩张、中央集权、国外关系等方面都取得进一步的发展。在召开的第一次议会上(莱瑞尔—圣塔伦,1433),保存下了155份全体提议,杜瓦特表明自己是一个成熟的政治家,他关心市镇议会,对贵族态度坚决,决定压制教士司法权的滥用。两个原因降低了他个人的魅力,并对他的统治产生了阴影:作为一个年轻人,当他第一次与政府发生联系时,精神抑郁困扰着他;再有就是对丹吉尔探险的失败。其他再没有对他不利的了。他遭受的疾病被有效地克服了。尽管在丹吉尔遭到了失败,在那里,葡萄牙人遭受了"为羊毛而去,却被剪了毛"的尴尬,这是一次军事羞辱;然而很清楚,杜瓦特不仅是名义上的国王,而且也像国王一样行动,他与王国的各阶层协商,鼓励征求各种意见,并且不害怕承担做出决定的责任。

1438年9月9日,杜瓦特死于瘟疫。由于他的继承人是只有六岁的男孩,他自然在遗嘱中让寡妻摄政。然而,这个决定激起国人不满,不仅因为人们担心王后会受到她的阿拉贡兄弟们的影响,从而使国家的独立与和平处于危险之中,并导致反对卡斯蒂尔国王的叛乱;而且更多的是因为大家相信政府掌握在一个人手中更好。因此,1438

年年底，在新托里什召开的议会中，全体成员一致同意通过一个王室条令，根据条令，直到国王阿方索五世政治上得到大多数人支持，摄政王后、佩德罗亲王和九人委员会共掌权力，这个九人委员会每年特定时间会面一次协商。但是，这个解决方案证明是无效的。在七个月内，共同掌权局面结束，里斯本和奥波尔托等城市决心将政府交给亲王，他们积极地试图在1439年12月在里斯本召开的议会中实现。这一点，他们成功了。在大众压力之下，《新托里什条令》被废除，佩德罗亲王被尊奉为国王的"保护者和守卫者"以及王国的"统治者和保卫者"。在某些内部力量支持和阿拉贡亲王们承诺提供帮助的支持下，摄政王后试图抵抗。但是失败而终，她别无选择，被迫流亡卡斯蒂尔，直到1445年去世。

佩德罗是已故国王的兄弟，经验丰富、知识渊博，一度表现出他在治国理政方面颇有想法。他在1425年或1426年从布鲁日写给杜瓦特的一封信中，表达了他对各种问题的高见，可以称为一个政治家的宣言书。⑦ 在这里，他强调国家需要高于个人和地区利益。当然，朝堂之外提供意见是一回事，管理国家是另一回事。实际上，摄政佩德罗处境极为矛盾。

从一开始，佩德罗就介乎两个群体之间，或者说两个时代之间。一方面，他从小生活在封建地主之中；另一方面，他的实际经验告诉他，要尊重变动世界中的城市资产阶级。他由于城市议会，特别是里斯本城市议会行动的结果取得了现有地位；在这种情况下，他本应该控制政治动乱。然而，他拒绝让此发生，他阻止一切让他成为大众英雄的努力，拒绝成为一个反对神职人员和贵族的摄政。在那些试图施加民众压力，从而授予他王国摄政和国王保护人的议会上，他强调自己不会损害土地领主和贵族们的特权。他让人们知晓，他的目标不是为了某一特定群体的利益，而是服务整个国家和所有的等级。他的政府必须在古老的与新兴世界之间寻求平衡。

历史学家对于摄政评价不一。一些历史学家认为，他摄政时期王室中央集权不仅取得进步，甚至通过排除国王个人形式权力而形成了国家中央集权，预示四十年之后 若昂二世确立的"凯撒"模式。另

---

⑦ *Livro dos conselbos*（1982），pp. 27 – 39.

外一些历史学家则持完全相反的观点。在他们看来，摄政王佩德罗被认为是阿索方·V. 巴斯（Afonso. V. Bath）统治时期得到充分表达的新领主主义的开创者。两方面的评价都被夸大。但是，国王有关给予国家一个连贯的法律结构、外部政策执行的方式、对外扩张运动不可避免地偏向大西洋，损害在摩洛哥扩展的行为等的考虑，符合1446年议会中商人和市民们的关注点，在这次议会中，佩德罗再次被选为摄政者，所有这些以及其他的指示都表明：第一种评价更接近事实。佩德罗的政府遇到了两件事：第一件是多年以来——特别是自若昂一世以来——逐渐建立的王室中央集权的继续，和与教士、贵族及城市议会利益的对立；第二件是作为公众利益控制和指导工具的国家的确立，这个概念现在频繁出现。

对于市镇议会，尽管1439年他们最初的热情开始冷却，但他们从来都没有真正喜欢其他的政策和领导者，他们更愿意看到，通过策略上的机遇会取得哪些成果。所以，佩德罗垮台后，人们批评他，市镇议会保持沉默。事实上，摄政者的下台使得他们遭受了损失，因为摄政统治的终结必然会引发一段时间世俗和教会领主主义的复苏。1451年至1475年间呈交给议会的城市与市镇提案便是证明，这也是1456年由教士提出的，加上废除几十年王室致力于中央集权的努力的各自回复。⑧ 一本当代编年史读物证实了这个观点。很清楚，在15世纪，城镇议会并不赞同贵族或者教士。于是当城镇议会失去权力，法律成为贵族和僧侣（维护）特权的工具，国家在复兴的封建主义面前低头了。

任何关于阿索方五世的研究必须考虑他的童年，因为他六岁丧父，一年或一年多一点时间后，他实际上失去了母亲。因此，他性格形成时期的环境和条件是重要的。或许，摄政者佩德罗最大的政治错误可以从这里寻找：即他允许年轻的国王——他的侄子，也是他的女婿——接受教育。这是为国家大业进行的教育，但是这无视现实与实用主义而寻求恰当的治国之道。在1455年，最后一个热衷于十字军东征的教宗卡立斯特三世号召发动远征突厥人时，阿方索热情高涨地响应。他为获得资金召开议会，组织军队，为支付这一事业的花费铸

---

⑧ Sousa（1983）.

造货币，向其他国家派遣大使，巩固要塞以防止摩尔人偷袭，同时很容易地获得帝国法令征收什一税和出售赎罪券。但是，在紧要关头，这次重要的国际远征实际上没有进行。那么阿方索怎么处置他的军队呢？1457 年，他决定远征摩洛哥。第二年，征服了萨尔堡（Alcacer Ceguer）。在 1463—1464 年，远征丹吉尔失败。1471 年远征阿兹拉（Arzila）。讽刺的是，同年，无人居住的丹吉尔被不光荣地占领。Anafe（现在的卡萨布兰卡）在 1469 年也被征服，但是很快因为南部地区的困难处境而放弃。阿方索的非洲征服也到此为止。征服萨尔堡之后不久，阿方索自称"葡萄牙和阿尔加维大陆和非洲海岸国王"，一个很响亮但缺乏实质性内容的名号。这个"非洲"没有带来任何经济、财政和军事上的好处。而阿尔金、密那、几内亚等被阿方索称为"非洲人"的非洲大陆地区利益更多，但他对此几乎没有兴趣。

  阿方索五世的扩张主义政策似乎忘记了大西洋以及摄政者佩德罗促成的同黑非洲签订的和平商业条约。假如说 1448—1475 年，在大西洋远征方面取得了什么成就的话，那也是因为个人——主要是商人——的能动性，来源于认为航海能带来利润。例如，富裕的里斯本商人费尔南·戈麦斯成功竞购了与几内亚的贸易权，这可能是向南方的拓展。其他人，如马丁·安尼斯·伯维格姆则赢得了更多垄断权。地理新发现实际上被阿方索拍卖，似乎他是在处理不动产分配给最高竞标者。1472—1473 年科英布拉—埃武拉议会上，代表们强烈抗议这种方式。结果，在 1475 年，国王将监督航行和大西洋商业的重任交给王子若昂。

  在征服摩洛哥进展顺利的那一年，阿方索五世停止征服，并在对外政策上开始了新的阶段。他返回伊比利亚半岛，希望成为统一西班牙和葡萄牙的统治者。这是卡斯蒂尔人从未忘却的古老梦想，但在葡萄牙，这个梦想只激励了比阿方索五世早一个世纪的国王费尔南多。一开始，这个计划即破产。自 1465 年，实现这一梦想的机遇，遭遇了卡斯蒂尔的恩里克四世在 1474 年 12 月去世。已故的国王和葡萄牙统治者的妹妹结婚，在遗嘱中将王位传给八岁的女儿——她在适当的时候嫁给了她的舅舅阿方索五世，在这期间，阿方索五世将担任摄政者。国王为实现这个目的，在埃斯特雷莫茨（Estremoz）征求意见，随后在埃武拉召开议会，任命若昂王子为葡萄牙总督，并寻求西班牙的支持，1475年年中，阿方索入侵卡斯蒂尔。历经多次挫折，尽管得到法国的援助但还是没能得到卡斯蒂尔，他被迫退位并成为圣地（Holy land）的一个隐士。在别人的劝告下，他回国将许多权力交给儿子，并最终于1481年去世。在许多方面，他没能认识到，也没能处理好在他周围发生的变化。

在国内，阿方索执行保护教会和贵族的政策，并鼓励新领主主义。市镇议会不断反对这个政策——特别是在议会中；反对的声音尤以1459年和1472—1473年提出的以及1481—1482年被呈交给若昂二世的意见最为强烈。到这个时候，王权的力量变得十分衰微。若昂二世对此只说了一句话：葡萄牙道路的所有权是他父亲留给他的。

若昂二世两次获得王位：一次是1477年年底，他父亲在法国退位时；另一次是在1482年，在他父亲去世时。他出生于1455年，作为摄政者统治国家时还不到二十岁。尽管年轻，他头脑清晰、行动果断、求真务实，和他的父亲很不一样。他执政期间，葡萄牙政治好像突然跳跃到更为现代的世界。他后来被称为"完美君王"，他是一个优秀的军事领袖、有效的管理者、能力出众的外交官和向北非和大西洋扩张主义政策的管理者。"印度计划"（Indies Plan）可能出自他之手，以及南部非洲的环行和《托尔德西拉斯协议》（1494）的谈判，也与他有关。发现到印度航线的瓦斯科·达·伽马和发现巴西的阿尔瓦雷斯·卡布拉尔等都是"探索"努力的王室荣耀，而若昂给予了其持续的和系统的支持。同时，若昂二世还和黑非洲建立了和平的商业关系，建立密那据点，并成为第一个和非洲统治者——刚果国王——建立友谊和文化联系的君主。然而，作为阿维什王室的君主，他也将注意力转向摩洛哥，甚至也怀有统治整个地区商业的梦想。他没能实现这个梦想——尽管他把在格拉西奥萨（Graciosa）的城镇和据点（很快遗弃）建到了阿兹拉的北部。但他确实获得了阿扎莫（Azamor），这将是随后统治中一个重要的名字。

所有的国外行动，即使是在摩洛哥，若昂都希望通过和平协议而不是武力实现。在陆地上或是海洋上，葡萄牙都有强大的武力可以使用，假如需要，动用武力也没有问题。当西班牙海盗船冒险到达博哈多尔角（Cape Bojador）南部——若昂宣称为"领海"（mare clausum）的地区——时，猝不及防地被击沉。考虑到他的船队转型为军事力量，若昂制订了一个计划，根据这一计划，在陆地上使用的大炮将在快帆船（caravel）甲板上有效地发挥作用。编年史作家加西亚·德·雷森迪这样描述这个进展：

> 为用较小的花费使海岸更加安全，（国王）设计并命令小轻帆船装上大炮……他是这种船的第一个发明者……葡萄牙轻帆船在大海中长久以来如此令人害怕，以至于任何船，不论多大，都不敢与葡萄牙人对峙，直到他们也学会怎样装载大炮。⑨

在葡萄牙，若昂继续推行他父亲中断的中央集权政策，并将之推向极致。他得到城镇议会的支持，利用他们的力量，他学会了在其统治生涯召开的第一次议会（1481—1482）中谋求利益，他恢复了十年前民众代表提出的但一直搁浅的改革。他宣布：王室法官将处理一切司法案件，不论是否涉及特权；所有的特权和土地所有权将被暂停，直到有足够的证据证明；特许令都需要重新审核并且限定期限。所有这些发生在对抗布拉干萨公爵和其他权贵之后，他们都被要求按市镇长官正式要求的方式宣誓，但国王违背这个传统，明确表示他不会那样宣誓，因为君主不必这样做。由于这个行动（和其他许多行动），若昂招致高级教士和大贵族的憎恨。结果是殊死的斗争，这一斗争在 1484 年公开审判布拉干萨公爵、国王亲自实施暗杀贝雅的维塞乌（Viseu e Beja）公爵行动以及处罚一些小贵族并囚禁一些教会人士之后，才平息。以这种方式，通过行政、司法以及偶尔的独断干涉，阿方索统治时期的新领主主义遭到破坏。从现在开始，在城镇议会的帮助之下，若昂二世像个绝对君主那样统治着国家。在他的统治下，葡萄牙的中世纪结束了，取得国家巨大成就的现代拉开了帷幕。

阿明多·德·索萨（Armindo de Sousa）
陈日华 译

---

⑨ Resende (1973), ch. 181.

第二十五章
瑞士联邦

在阿尔卑斯山、侏罗山和莱茵兰河之间，有一个由几大行政区和一些帝国城市组成的联盟体系，这个体系被称为瑞士联邦（the Swiss Confederation），作为神圣罗马帝国境内的一个独立政治实体，它大约形成于 1500 年。整体上来看，这个联邦的疆域并不明确。然而，到了 1500 年的时候，沿着莱茵兰河，这个实体的北部边界逐渐扩大到康斯坦茨湖附近，东部与格劳宾登（Graubünden）的接壤地带也并不清晰。现在，瑞士以西的大部分地区在萨伏依的控制之下；1500 年之前，米兰一直占据并称霸阿尔卑斯山以南地区。联邦内的各行政区称作"奥特"（Orte，享有全部权利的联邦成员的称谓），虽然每个行政区的结构和特色各不相同，每个奥特都力图保证自己内部事务和外交政策的独立性，但是到了 1500 年的时候，它们都明显表现出政治联合的倾向性。

这个联邦，最初只是神圣罗马帝国境内众多的联盟体系之一，直到 1350 年之后才具有了较为稳固的结构，但有时候还不太稳定。帝国自由城市伯尔尼和苏黎世已经成为联邦体系内的政治中心，卢塞恩（Lucerne）和楚格（Zug）等城市早在 14 世纪就是联邦的正式成员。15 世纪末之前，弗里堡（Fribourg）和索洛图恩（Solothurn）也属于这个联盟圈，当它们和巴塞尔、沙夫豪森（Schaffhausen）一样成为正式成员，它们之间的关系就更为紧密了。农业行政区之外山谷地带的社区和瑞士中部阿尔卑斯山的行政区，格拉鲁斯（Glarus）和楚格的腹地地区等都是联邦内的重要成员。瑞士中部的三个森林州，乌里（Uri）、施维茨（Schwyz）和翁特瓦尔登（Unterwalden）在 13 世纪

第二十五章 瑞士联邦

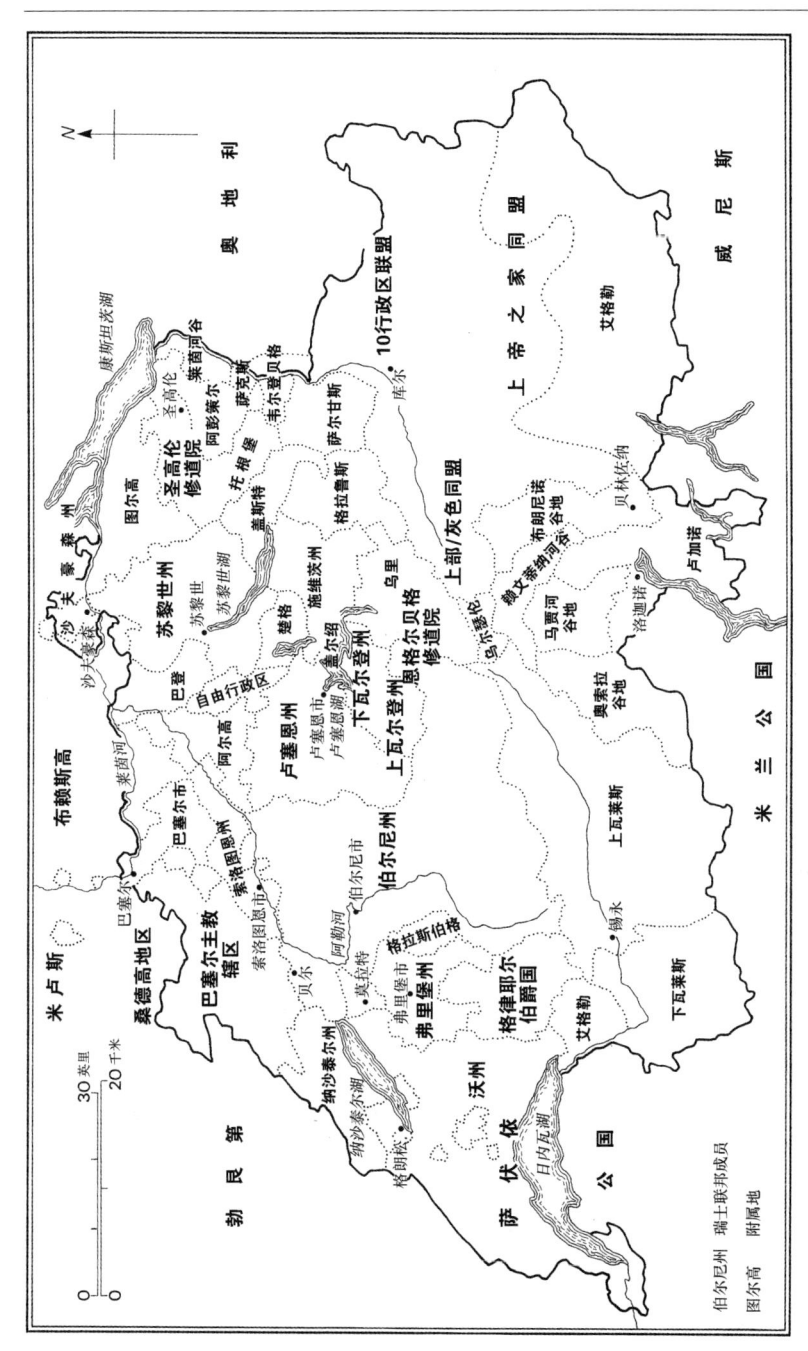

地图 15　公元 1500 年前后，瑞士联邦及其周边领土

末期也形成了较为紧密的联盟体系，它们在行动上也常常保持一致。

1500年的时候，次内陆地区也是联邦中的一部分。一些地区由某个城市单独管理——如苏黎世、伯尔尼或卢塞恩；其他地区，如莱茵兰河谷和蒂塞诺的部分地区，作为托管区的阿尔高（Aargau）和图尔高（Thurgau）是由两个以上的奥特联合管理的。不仅如此，由于地域和政治区域不同，即使一个奥特内部也可以由各种各样的成员组成不同联盟，如雷蒂亚（Rhaetia）、上瓦莱斯（the Upper Valais）、圣高伦修道院（St Gallen）和格律耶尔（Greyerz）伯爵国的地区就组成了三个联盟，还有一些独立的城镇，如罗特威尔（Rottweil）和米卢兹（Mulhouse）。

奥特内的条约大部分是双边的。有些条约可以追溯至14世纪，主要为了确保相互间的帮助和监督。现存最早的协议是1291年至1315年间由乌里、施维茨和翁特瓦尔登之间签署的协议，该协议主要内容包括维持治安，确保地方精英的特权等，在此方面，这个协定与当时其他的协议并没有差别。只是到了现代，1291年订立的"永久同盟"（Bundesbrief）才被视为瑞士联邦的奠基性文件。在众多的双边协定中，1351年苏黎世联盟协定最为重要，根据这个协定，苏黎世和三个森林州保证相互帮助，以反对哈布斯堡的大领主，这个文本成为联邦成员内其他协议的范本。

这种双边协定会不时地更新，特别是在1450年之后。相比之下，包括全部或者多个奥特在内的大联盟却很少见，因而更加凸显了1481年《斯坦斯条约》（Compact of Stans）的重要性。联邦内各城市和行政区缺乏法律上的和概念上的统一，这个事实表明，这个联邦在当时根本没有一个包罗万象的全面的行政体系。我们是否能把1500年的联邦称作"国家"？我们必须谨慎地使用这个字眼。尽管那些政治精英们可能有把联邦作为一个自我管理的政治实体的概念，然而，在某些情况下，只有某些独立的地区才表现出一定的团结，才具有某些"国家"的概念。

当时欧洲这个独一无二的政体是如何形成并发展的？我们对当时的某些政治事件还是有一定的了解。瑞士早期历史研究者的贡献毋庸置疑，但是如果把此时的瑞士看作是"大国强权政治"和"有利地维护了民族独立"的"繁荣"时期，现代历史学家认为上述观点值得商榷。最近，研究视野被逐渐拓宽，经过与欧洲其他地方相对比，人们逐渐意识到瑞士联邦内政治和经济的发展。现代国家是如何形成的，政治上的演变是怎样与经济、社会、文化环境和精神面貌等社会变化相结合，这两方面的讨论同样重要。然而鉴于知识方面的缺乏，我们有时候很难将它们联系起来。历史学家会非常缓慢地意识到这些事实的意义，即除了联邦自身，中世纪后期瑞士的政治和传统都有所发展。现在仍需要研究这个国家内西部和南部的政治关系，需要研究那些小的"非联邦"的政权，如圣加伦修道院，也需要深入探究前附属领地的历史，当然可能还有一些主题未能涵盖在内。接下来我们要集中关注旧政权的变化，以及城市和农村地区新结构的形成。联邦内的各成员逐渐加强团结，政权渐渐稳定，但是内部仍然存在矛盾与冲突。最后，我们还需要关注，瑞士是如何通过他的雇佣兵在欧洲政局中发挥作用的；它的民族意识是如何觉醒的。总之，为什么它自称为独一无二的瑞士？

第一节 领主、神圣罗马帝国和贵族

随着中世纪的落幕，独立的小领地的崛起成为神圣罗马帝国境内最重要的发展。在瑞士，小领地在 14 世纪已经发展得相当成熟了。在众多的相互竞争的统治者——贵族、教会和城市中，出现了一些大的公国。自 1250 年起，西部的萨伏依（Savoy）已经成功地建立起一个具有现代意义上的、独立的领地，即使这个政权从萨伏依转移到皮德蒙特（Piedmont）的时候，这片领土还是得到了有效的管理。在当今的瑞士南部，米兰的维斯孔蒂（Visconti）公爵的势力最为强大；东部和北部，尽管有时候受到挫折，但是哈布斯堡从他们在瑞士中部世袭的领地上仍然获得了巨大成功。位于两者中间的是当时国内的一些中等贵族统治的地区，如托根堡（Toggenburg）伯爵、格律耶尔（Greyerz）伯爵和纳沙泰尔（Neuenburg）伯爵，还有哈尔威（Hallwil）和兰登堡（Landenberg）等地的领主们（其中有些当地人臣服于哈布斯堡）。还有无数大大小小的领地和各种分散的、杂乱无章的领主权利属于教会，如库尔（Chur）、巴塞尔（Basle）和锡永（Sitten）的主教们。1370 年左右，联邦内一些小政体的领土几乎没有什么扩张，它们似乎只是瑞士多彩的政治版图上一些孤立的小豆点。

15世纪之交，瑞士联邦开始兴起，在很大程度上它受到了奥地利—哈布斯堡的影响，虽然这并不是唯一的因素。哈布斯堡的政治活动聚集于如何捍卫他们自13世纪以来继承的领土，也就是如今的奥地利，因为这不仅是他们最为重要的政治活动，同时也是他们的责任。1360年左右，特别是在1380年之后，他们努力向西扩张，巩固政权，并且时获成功。例如，1363年，奥地利的哈布斯堡占领了蒂罗尔（Tyrol）。1375—1413年，他们占领了莱茵兰河谷地区蒙福尔（Montfort）和韦尔登贝格（Werdenbergs）绝大多数的伯爵领地，特别是萨尔甘斯（Sargans）的城市和领地。

这些成就应归功于奥地利公爵利奥波德三世（Leopold Ⅲ）（1351—1386），自1379年继承奥地利哈布斯堡之后，他将注意力转向西部。在新领地上，他处处彰显出一个虽然不太成熟但是非常有抱负的地方政治家的形象。在教会大分裂期间，由于立场不明确，他与各城市之间的政治冲突非常复杂。因此，神圣罗马帝国以南的各城市自己组成几个联盟，成为一个强大的反对派。这几个联盟于1376年在士瓦本（Swabia）、1379年在阿尔萨斯（Alsace）、1381年在莱茵兰（Rhineland）中部等地形成，与此同时，苏黎世（Zurich）、伯尔尼（Berne）、索洛图恩（Solothurn）和楚格（Zug）以及其他51个城镇在1385年形成康斯坦茨联盟（Constance）。在阿勒河（Aare）地区，利奥波德必须面对帝国城市伯尔尼；同时，在阿尔卑斯山麓地带，他又与卢塞恩在领土和政治利益方面产生冲突。1386年，卢塞恩的地方势力试图控制奥地利公爵拥有的内陆和恩特勒布赫（Entlebuch）地区，双方为此甚至威胁要发动战争。利奥波德组建了一支由贵族、雇佣兵和城市代表组成的军队，试图炫耀自己的军事力量，然而这场战争以奥地利失败告终。1386年7月3日在森帕赫（Sempach），利奥波德和卢塞恩的军队相遇，因卢塞恩军队得到瑞士中部的支持，在这场战役中，利奥波德失利并战死沙场。

瑞士步兵团击败了由封建贵族组成的奥地利军队，这在军事史上被视为一场重要战役。森帕赫大捷，两军对手利奥波德和传奇人物阿诺德·温克尔里德（Arnold Winkelried）在瑞士史和15世纪之后民族意识的觉醒方面具有重要意义。然而，我们不应该过高估计仅仅一次战役对于政治上推动和领土发展的影响。① 双方之间戏剧性的冲突仅仅是 1380 年之后长期变化中的一小部分。社会、经济结构的变化和军事行动同样促进了当时政局的发展。不仅如此,农村中最初存在的一些潜在的不安因素随后大范围地扩散开来,这些动荡不安也对当时的政局产生了影响。从 1393 年联盟各方签署的《森帕赫条约》(Sempacherbrief)中可以窥见,当时各城市面临极大压力,为了对付农村地区出现的动荡不安局面,各城市同意放弃未经自身政府同意而进行的各种敌对和战争。②

直到后来变得非常清楚的是,对奥地利君主政体的声誉造成重创的还包括一系列权力的丧失。最初,阿尔伯特一世公爵和联邦在 1389 年签署了和平协议(该协议 50 年有效,后来被 1394 年和 1412 年协议取代),这个协议能够确保哈布斯堡王朝权力的持续性。但事实上,1395 年之后,奥地利在政治和军事舞台上销声匿迹,虽然这是不可预见的结果,但是对于对那些在政治上和经济上十分依赖哈布斯堡王朝的中小贵族来说,它有着深远的影响。事实上,哈布斯堡政治统治权的缺失与其说是其军事失利造成的,还不如说是 1395 年阿尔伯特去世之后哈布斯堡家族分裂造成的。

不久之后发生的一件纠纷确实削弱了奥地利君主的地位。这起纠纷的两个主角是 1410 年加冕为德意志国王的卢森堡伯爵、波希米亚国王西吉斯蒙德(Sigismund)(1368—1437)及其对手哈布斯堡。在康斯坦茨会议的开幕式上,西吉斯蒙德宣布,奥地利的弗雷德里克四世(Frederick, 1382/3—1439)1400 年作为遗产继承的蒂罗尔(Tyrol)和原来的西部领地(Vorlande)不合法。1415 年,在伯尔尼的带领下,联邦宣布代表西吉斯蒙德与奥地利开战,试图以最小的军事代价夺取奥地利阿尔高(Aargau)地区。最后,联邦将阿尔高地区作为抵押地购买过来,从而使对该地区的权力合法化。然而,直到 1440 年之后联邦才在该地区部分领地上建立了新秩序,但是占领者之间依然就领地的归属问题持续争吵了几十年。虽然一部分领地属于联邦成员共同管理,但是伯尔尼最终成为实际的获胜者,它获得了阿尔高大

---

① Marchal (1986).
② Stettler (1985).

部分地区的统治权。奥地利在以后很长一段时期内不断要求归还哈布斯堡的抵押地，但一直徒劳无功。直到 1474 年，勃艮第战争之前的一些外交策略使当地笼罩着特殊的政治氛围，西格蒙德（Sigmund，即西吉斯蒙德）公爵宣布废除以前奥地利在联邦内的权利，这个奥—瑞协约（1474 年 6 月 11 日）被称为永久协议（Perpetual Accord, Ewige Richtung）。即使这个条约也未能终止联邦对这一地区的统治是否具有合法性的争端，这点从以下事实中就可以窥见，当时的史书编纂者投入大量篇幅记录了瑞士联邦对对手哈布斯堡的仇恨。

瑞士联邦胸怀抱负的政治精英们注意到，阿尔高事件凸显了与神圣罗马帝国保持良好关系的重要性，正如在 14 世纪中所做的那样，他们能够从哈布斯堡与卢森堡之间的竞争中渔翁得利。显然，西吉斯蒙德希望通过加强瑞士联邦与其意大利领地内的联系来反对胡斯派，因此与他的前任查理四世（1316—1378）和瓦茨拉夫（Wenceslas）（1361—1419）相比，他似乎更为慷慨，授予他们更多的特权，对待各城市的态度也颇为友好。例如，瓦茨拉夫授予苏黎世特权，允许它自行选举市长，通过他行使最高司法权；1415 年，西吉斯蒙德将奥地利的抵押地转变为帝国的封地，1433 年他同意让其继续向下分封。当时，在联邦与神圣罗马帝国的关系中，苏黎世至少在当时发挥了重要作用，与瑞士中部联邦各成员相比，苏黎世还是感觉自己与康斯坦茨湖各城镇之间的关系更为亲密。更为重要的是，在教士会议期间，在某种程度上康斯坦茨成为帝国外交的中心。在这种意义上，与王权的关系至关重要，因为它不仅仅是合法性的来源，而且对于联邦内的各个领地来说这也是一个政治现实。直到 15 世纪末期，这些地方才真正开始摆脱帝国的控制。③

在领土扩张和兼并过程中，大领主和城镇共同体是主要的竞争者，但是他们之间并不仅仅是相互竞争，在整个 14 世纪期间，他们拥有共同的政治目标，并且成功地取代或者控制了原有的中小贵族。传统上来看，这些中小贵族拥有独立的地产和管辖范围，但是到 13 世纪末期，这些贵族明显缺乏竞争力。④ 只有一些地方上的小贵族，

---

③ Mommsen（1958）.
④ Sablonier（1979a）.

如哈尔威（Hallwil）、兰登堡（Landenberg）和克林堡（Klingenberg）的领主们通过为大领主效力才逐渐强大，通过一些有利可图的职业才能加强他们的地位。在 15 世纪上半叶，当哈布斯堡王朝陷入困境时，那些曾经依靠奥地利支持的贵族们面临着众多难题。他们有的丧失了原有的政治和社会地位，有的整个家族没落或迁徙，他们从政治舞台上迅速消失，其中相当一部分人沦为非贵族，成为联邦内的政治精英。

贵族的消失只是地方发展的一部分，帝国境内其他地方并没有出现这种情况。通过与一直保持贵族统治的萨伏依人进行对比可以看出，在传统的贵族统治方式消失的过程中，政治因素显得极为重要。

贵族消失的背后，依然存在着一些经济和社会问题，有人曾经将这些问题归咎于对贵族的敌对情绪，其实这没有丝毫关联，尽管后来联邦的确因此而受到谴责。贵族的困境部分是因为为王室服务无利可图。⑤ 此外，在这个世纪初，毫无疑问困扰农业经济的危机也势必使小贵族的收入骤减。在森林州，即使传统的领主权力有所发展，但是这仍然不能让贵族继续发挥重要作用，联邦城市的市民也可以获得贵族头衔，而这些市民早已经准备好成为政治事务的新主角。⑥

第二节 城市和农村共同体

1370—1430 年各城镇地方统治机构逐渐完善并取得决定性进展，因此抵消了奥地利王朝和贵族政治秩序的衰落趋势及其转变所带来的影响。与萨伏依和符腾堡（Württemberg）的局势相比，哈布斯堡大领主的权力极度软弱乏力，人们往往感觉不到它的存在。这种局面最主要的受益者当属中部城市。伯尔尼、卢塞恩和苏黎世首先蜂拥而上抢占地盘，索洛图恩（Solothurn）和奥地利城市弗里堡（Fribourg）亦参与其中，还有其他一些小城市。伯尔尼向来与它的近邻，强势的萨伏依关系良好，因此它能够在阿勒河（Aare）地区保持优势，并且能够与利奥波德三世时期的哈布斯堡王朝进行政治和领土竞争。苏

---

⑤ Bickel（1978）.
⑥ Sablonier（1982）.

黎世迅速占据了一些领土——格里芬湖（Greifensee）（1402）、格吕宁根（Grüningen）（1408）、雷根斯堡（Regensberg）和比拉赫（Bülach）（1409），最重要的是，它第一次取得了基堡（Kyburg）地区的统治权（1424）——这使得苏黎世成为帝国境内仅次于伯尔尼的最大领土的拥有者。

这些领土扩张很少是通过军事行动来实现的。有些时候，仅仅是军事威胁就足够了；伯尔尼和苏黎世可以依靠从瑞士中部征收的雇佣兵，但是从整体上看，各城市大都通过和平手段实现自己的目标，它们主要通过金钱购买或者娴熟的金融政策来实现。它们购买土地和封地权利，经常将教会统治者拉进来，愿意也好，不愿意也好，将自己置于他们的"保护"之下，从而迅速地实现联合。通常与领主的意愿相反，联邦内各城市允许农村地区的人进入城市中，成为"外部市民"（Ausburger），这是帝国境内各处扩张时候经常使用的一种策略。

这些领土扩张政策之所以能够成功很大程度上归因于当时特殊的政治环境，即领主权力的软弱。但是如果没有15世纪上半叶城市经济的繁荣，这些扩张是难以想象的。多年来，它们不仅直接或者间接地受益于贸易量的高涨（例如，伯尔尼就在阿勒河沿岸的关税中获得大量收益），显而易见的，它们还得益于商业活动的激增，如1350年开始，弗里堡（Fribourg）商业活动大量增加。虽然1430年至1450年贸易量明显下降，但是各城市依然能够在瑞士联邦内强化它们的主导地位。

从长远来看，各城市的领土扩张，争取独立自治反对领主集权统治在联邦内取得的成功远远大于邻近的萨伏依和帝国南部地区。同一时期内，农村共同体不断扩张和巩固，也是该地区发展中格外引人注目的一个方面。

瑞士中部山谷中的各个共同体是最直接的受益者。乌里（Uri）、施维茨（Schwyz）和翁特瓦尔登（Unterwalden）三个农村共同体在1300年左右就获得了除国王领地管辖权之外所有的属地管辖权，政治上的高度自治是史无前例和令人惊讶的。瑞士历史学家[⑦]对自治的原因长期以来意见不统一，至今对这个问题仍然争论不休。一个农村

[⑦] Guenée（1971），pp. 292–296；Eng. trans.（1985），pp. 212–216.

第二十五章 瑞士联邦

共同体具有相当成熟的自治的愿望,并能够成功地朝着这个目标迈进,这是否是对封建秩序的一种抵抗呢?[8] 又或是那些地方政治精英在封建化并不完全的地区,或以教区,又或以早期进行农业开发的团体为单位,成功地建立起一种自我管理的组织机构?[9] 无论怎样,瑞士中部在所谓的"创建时代"(Gründungszeit,1291—1315)所发生的事的长期结果被 15 世纪的历史编纂学过分夸大了。[10] 我们发现,只有在 14 世纪中叶之后,甚至在 1370 年之后,山谷地区的共同体才形成了一个相对稳固的"政体"(state)。到那个世纪末期,这个"政体"逐渐包括了格拉鲁斯(Glarus),而楚格(Zug)的腹地通过与同名城镇的联合才具有了些许的自治因素。与此同时,山谷地区一些独立的共同体,尤其是施维茨、乌里也和其他城市一样都实行了积极的领土兼并政策,与邻近城市不断融合,施维茨在屈斯纳赫特(Küssnacht)乡村地区,在艾因西德伦(Einsiedeln)修道院和马赫(March)的领地;乌里则在乌塞伦河谷地区。在 15 世纪期间,各领地逐渐服从联邦的统治。

正是因为农村地区共同体自治的发展,中世纪晚期的瑞士联邦在近代宪政史上才占有重要地位。按照地方自治主义时期各方团结一致的模式,这个组织是走向国家政体的一个发展阶段,"在地方自治主义时期,各个不同共同体联合在一起,根据共同体原则建立一个政体,并努力保持团结一致"[11]。整个 14 世纪至 15 世纪时期,瑞士中部的农村共同体联合起来坚持到底,不仅反抗大领主对领地的扩张(虽然很少受到压迫),而且积极面对来自城市同盟扩大或者兼并领地的胁迫和压力。

并不是所有的农村共同体都能够成功地获得独立,特别是许多农村共同体根本不是城市联盟的竞争对手。1380 年后,卢塞恩公开反对韦吉斯(Weggis)和恩特勒布赫(Entlebuch)独立,同时伯尔尼很快控制了哈斯里(Hasli)山谷地区,获得了除国王权力之外所有其他司法权,1403 年之后,它同样控制了萨能(Saanen)地区。在

---

[8] Blickle (1990), pp. 88-100.
[9] Sablonier (1990).
[10] Blickle (1990), pp. 27-28.
[11] Blickle (1981), p.114. 论地方自治主义;见 Blickle (1985), pp.165-204;特别是瑞士部分,见 Blickle (1990), pp.93-111。

已经臣服的内陆和接受托管的地区，联盟取代了前任统治者的作用，只不过它们采用不同方式行使它们的权力。

瑞士东部地区同样出现了这样复杂的历史过程。从15世纪开始，阿彭策尔（Appenzell）农村地区还不能成功地使自己从圣高伦（St Gallen）修道院的控制中解放出来。在施维茨（Schwyz）和圣高伦市民的军事援助下，阿彭策尔人在1403年和1405年两次击败来自帝国南部的骑士军队；但是当1408年被骑士联盟和奥地利的军队挫败之后，这个共同体迷失了方向，1411年年底，与一年后圣高伦的命运如出一辙，阿彭策尔不得不接受联邦的邀请，将自己置于联邦的保护之下（除伯尔尼之外）。修道院的权利得到认可，1421年，联邦甚至加强了修道院的权利。1428年，在一次新的骚乱之后，吐根堡（Toggenburg）的弗雷德里克（Frederick Ⅶ）伯爵发动军事侵略，试图恢复对这一地区的统治。这时候，伯爵成为此次冲突的主要受益人，通过抵押等方式伯爵得到了从莱因克（Rheineck）到蒙塔丰（Montafon）绝大多数的奥地利领地，还成为从萨尔甘斯（Sargans）到苏黎世湖上部地区韦尔登贝格（Werdenberg）的领主。苏黎世与施维茨公开对决，这时候也逐渐施加对这一地区的影响。值得关注的是，1436年，吐根堡（Toggenburg）的农民请求联邦的支持，试图从伯爵处获得独立，但他们没有得到任何帮助。

阿彭策尔的不安局势不仅仅对于这一地区的政局变化具有重要的影响。根据编年史，还有贵族联盟"圣乔治盾牌"在邻近的士瓦本地区的建立，这足以证明该地区贵族与农民就阶层界限产生了明显分歧——这种现象在当时的欧洲广泛存在。[12] 阿彭策尔战役的失利，如同1386年森帕赫战役一样，引起帝国南部贵族和骑士极大的恐慌。由于担心共同体运动，他们要求将敌人逐出教会，他们的要求最终得以实现，他们污蔑对手是"农民"（按照上帝对三个等级的划分），虽然他们清楚地知道对手中的很多人其实是来自圣高伦和其他城市的市民。"只有在那些恐惧不安和敌对的领主眼中，瑞士联邦似乎是一个由'农民'组成的社会统一联盟。"[13] 因此，帝国南部企图获得自

---

[12] Lutz (1990), pp. 129–213.
[13] 这个短语来自 Brady (1985), p. 32。

治的"农民"高呼"改革瑞士"(turning Swiss)的口号。[14]

我们必须谨慎地区分政治精英的野心和农民们具有政治动机的社会运动,这一点至关重要,因为以往的宪政史试图意指阿彭策尔或者施维茨人的行为代表了一个民族国家。只有将不同政治团体区分开我们才能解释为何这一地区,像欧洲整个中西部地区一样,在 14 世纪末期受到不断增多的农村动乱的骚扰,为什么阿彭策尔的抵抗具有农民反抗大领主的性质。阿彭策尔事件对 1450 年之前的局势还产生另一重要影响:只有当与它们各自的扩张计划不发生冲突时候,联邦各奥特才能够在反对大领主的权利主张方面保持政治团结。对于联邦内的政治精英来说,无条件地支持地方自治主义是毫无疑问的;同样,他们在自己的势力范围内也不会支持农民的抵抗。

在相同的背景下,我们将视线转向瓦莱斯(Valais)和格劳宾登(Graubünden)的农村共同体的发展,这两个地区也影响了联邦。在瓦莱斯(Valais)地区,上游流域的 7 个共同体:锡永(Sitten)、锡德斯(Siders)、洛伊克(Leuk)、拉龙(Raron)、菲斯普(Visp)、布里格(Brig)和戈姆斯(Goms)从锡永主教和萨伏依(Savoy)那里获得了些许的独立;1435 年,他们通过建立自己的行政和司法体系加强了独立。同样地,格劳宾登(Graubünden)的农村共同体也联合起来形成同盟。这肇始于 1367 年,主教座堂圣职团(cathedral chapter),主教的主要官员,库尔(Chur)的市民和多姆莱施格(Domleschg)、沙姆斯(Schams)、上哈尔布施泰因(Oberhalbstein)、博盖尔(Bergell)、上下恩加丁谷(the Lower and Upper Engadine)地区的共同体联合起来成为"上帝之家同盟"(League of the House of God)的核心成员。来自上莱茵兰河谷的大量领主和农民加入了"灰色同盟"或者"上部同盟",该同盟自 1395 年开始形成,1424 年在楚伦斯(Truns)得到正式承认。1436 年的"十行政区联盟"(League of the Ten Jurisdictions)以达沃斯(Davos)为中心,主要包括了农村共同体。以这三个联盟为基础,格劳宾登(Graubünden)开始向具有明显共同体性质的独立国家方向迈进。经过证明,上瓦莱和三个联盟都是联邦(confederation)的忠实伙伴。

---

[14] Brady (1985).

除了"十行政区联盟"之外，显而易见的，15世纪的格劳宾登和瓦莱地区的联盟（associations）都可以被看作是不同等级交织在一起的联合体（unions）。各等级之间的合作——尤其是在"平民"（common man）[15] 代表的出现，以及非常重视市民和农民的利益等方面——在以前的蒂罗尔（Tyrol）或者萨伏依（Savoy）公爵那里根本没有被清楚地表达出来；在这一点上，格劳宾登与瑞士中部的农村共同体截然不同。当涉及影响更为广泛的、特殊的"阿尔卑斯"形式的共同体政体的时候，我们应该牢记这些差别。

第三节　联邦共同体的内部巩固

14世纪末期，联邦内的城市和农村地区（cantons）已经具有政治独立和领土扩张的趋势，随着国家内部制度的巩固措施的展开而发展。在某些地方，因为制度发展的特殊需要而产生了一些新的管理方式，这些管理方式一直延续到19世纪。

我们应该首先注意到，城市州和农村州在制度方面存在很大差异。15世纪开始，城市权力越来越集中在一些小团体手中（*Kleine Räte*），他们独立于现存的手工业行会，包括城市中一些显赫家族，以及被他们拉拢的家族。他们的管理细致入微，涉及城市的各个方面，尤其在司法、海关、税收和军事等方面的管理占有绝对优势。城市政府的巩固步伐通常快于农村共同体。在15世纪即将结束的时候，逐渐加深的不均衡发展凸显了本世纪末期联邦内城市和农村地区的政治差别。农村地区的政治精英们逐渐滋生了某种恐惧感，他们感到在政治和社会两方面都不能与城市相竞争。

14世纪后半期，农村地区的自治州形成了较为正式的议会（*Landsgemeinde*）和几个常见的办公室，如议会办公室（*Landammann*），根据明确的司法概念任命委员会成员，起草书面的法律文件。事实上，他们已经形成了一个稳定、持久、管理良好的组织机构。农村地区的这些机构，而不是城市的政治机构，足以让19世纪的历史学家满意地找到最早的和平与民主的政治秩序，广为流行的

---

[15] Blickle（1973）and（1981）.

"议会民主"(Landsgemeinde democracy)就是其成果。传统观念大错特错了。[16] 这时候的议会与其说是鼓励"人民"之间的平等合作,还不如说他们更关心如何宣扬平等,如何实现少数人的统治,这里根本没有什么具有平等权利的权利主体。但不可否认的是,在这种情况下,农村底层人民的政治愿望比城市底层人民的愿望更能够在政治决策中体现出来,统治者的政治和社会地位合法化,以及呈现的方式也不尽相同。

尽管存在这些差异,近来宪政史[17]的研究者还是坚持认为城市和农村共同体在基本结构上具有某些相似性。两者都是由共同体组成的共和政体,大约在1490年开始由一个团体统治,虽然这个团体不太稳定,但是从结构上看,基本上还是少数人的统治。到15世纪末期,尽管政治组织不同,但它们的政治和社会目标逐渐趋同。15世纪后期,它们都具有贵族化倾向。在近代早期,贵族化倾向逐渐成为一种制度。对处于同一时期的瑞士以外地区的人来说,与其他地方的精英政府相比,无论是在农村还是城市,瑞士联邦的寡头政治,在起源、团体意识和权力彰显方面具有独特性,它们的共同特征在1450年之后日益显著。

政体整合的过程在一定程度上具有以下特征:各个臣服地区组成若干比较密切的组织,通过它们进行全面、完整的领土和政治控制,这是对地方进行管理的一种比较老套的方式。同时,这个整合过程也离不开新的日常管理工作方式。对所辖地区不断加强监督和控制,统治者对权力紧抓不放,这些都是"近代早期国家"的重要特征。1450年之前这方面发展最为完善(与该地区其他地方相比),政府进行管理监督最好的例子是卢塞恩。[18] 日益强大的哈布斯堡王朝树立了一个良好典范,苏黎世、伯尔尼和弗里堡(Fribourg)都试图建立有效的管理机构,这些地区与邻近的、统治机构较为健全的萨伏依关系也非常密切。除了进行有效的司法管理之外,如何向新征服地区进行征税和招募军队,也是上述地区最为关注的问题。事实上,对于期望

---

[16] Peyer(1978). Hence Blickle(1990), pp. 93 – 111, 更倾向于用"公共代议制政体"这个短语。
[17] Peyer(1978).
[18] Gössi(1978); Marchal(1986).

能够进行合法统治的地区来说，招募军队是他们的一项主要任务。城市统治阶级对其臣民进行控制的一种全新的、有效的方式是让他们宣誓效忠。[19] 很有意思的是，根本看不到由各阶层代表组成的任何体系在城市里出现。[20] 伯尔尼和其他城市先后引进的"公民投票"制度并不能构成这样的一个体系。15世纪，与欧洲其他地方相比，这里的城市和农村没有一个共同体能够拥有一个像在蒂罗尔那里的阶层代表体系。

1450年之后，各城市纷纷加强对领地的管理，尤其是在伯尔尼和苏黎世这样的大城市共和国。然而，如果与同时期的王朝政体和公国相比，我们不能过分强调15世纪进行的内部行政结构集中和巩固的过程，因为这些王朝和公国或多或少具有中央集权的特征。各领地的制度巩固，伴随而来的是国家权力的深入和统一，是一个持续很久但不太稳定的过程，即使16世纪的大跨步发展也未完全实现这一过程。地方上进行自我调整的力量非常重要，因为从事实上和法律上来看，各地方不仅行政集权的程度有限，而且行使权力的机构多种多样。

然而，种种迹象表明，中世纪晚期联邦在权利诉求和政府实践方面的政治和社会变化产生了影响。有证据表明，农村中的抗议此起彼伏，尽管他们采用不同的抗议方式，抗议的强度也不尽相同，但是这些抗议从14世纪末期开始不断困扰着发展中的联邦政治。农村地区大范围的抗议在很大程度上是由经济和社会的发展引起的。首先，很多学者推测，经济是造成14世纪80年代抗议的首要原因。其次，农业和人口危机是1350—1450那个时代的明显标志，有少许迹象表明，瑞士中部的内陆地区受到了它们的影响。15世纪中期之后，农村一些地区的经济有好转的趋势，而与前述的困境结合起来却使农村地区的社会矛盾更为紧张。再次，阿尔卑斯和瑞士中央区前阿尔卑斯地区牲畜饲养量的增加也加剧了社会冲突的可能性。[21] 最后，造成1470年之后社会矛盾的另一个潜在原因是人们对统治阶级从雇佣兵合同中获得的巨额利润产生不满。更为可能的是，从对"大胆"查理的战

---

[19] Schorer (1989); Holenstein (1991).
[20] Peyer (1978), pp. 43, 69.
[21] Sablonier (1990), pp. 154–166.

争中获得了巨大战利品，人们对这些胜利品的分配有失公允而心生愤懑。

长期以来，奥伯朗特的伯尔尼人（Bernese Oberland）是最难驾驭的。14 世纪时期，这个地区的人们曾经与茵特拉肯（Interlaken）修道院进行对抗，后来，1445—1451 年，他们又加入"邪恶联盟"（Böser Bund）反对伯尔尼。1447 年，围绕弗里堡问题产生的政治分歧又引发另一起农民起义。苏黎世周围农村的许多地方，从 15 世纪开始，农民起义就没有完全停止，1440—1441 年，格吕宁根（Grüningen）地区正式要求回归，接受奥地利的管辖。瓦德斯维尔（Wädenswil）臣民起兵反叛（并不是最后一次），反对 1467—1468 年的税收政策，1489 年他们又抗议苏黎世市长汉斯·瓦尔德曼（Hans Waldmann），这些是广大农村地区对城市的集权政策，对试图欺凌和僭越农村共同体特殊和宝贵权利的寡头政治表达的强烈不满。[22] 1470—1471 年，在伯尔尼，由谁来管理农村地区的问题引发了"法官们的争吵"，这是城市统治阶级中的一起严重政治争端。[23] 农民们在恩特勒布赫（Entlebuch）地区也进行公开的抗议（1478 年阿姆斯塔德 Amstalden 事件）；1489—1490 年圣高伦地区出现了袭击罗尔沙赫（Rorschach）修道院事件，虽然事态并不严重，但人们公然违背了 15 世纪 70 年代图尔高（Thurgau）誓言。宗教改革前，在不平静的 1513—1515 年中，在伯尔尼、克尼茨（Köniz）、卢塞恩内陆地区、上索洛图恩（Solothurn）和其他地区，农民起义此起彼伏。

1489 年，伯尔尼议会敦促苏黎世管理委员会尽快结束农村地区的骚乱。这件事表明每个独立行政区奥特的内部巩固与整个联邦体系的整合密切相关。为了维护内部的法律秩序，为了相互依赖中的共同利益（如同 14 世纪早期一样，虽然程度不同，但是两者都是最有力的凝聚力），这些共同的目标毫无疑问促进了整个联邦的融合。这个过程必须认真对待。

---

[22] Dietrich (1985).
[23] Schmid (1995).

第四节　联邦内的融合与冲突

近代以来,联邦始终保持着由各独立行政体组成的联盟体系,但是在 15 世纪,这个联邦越来越具有政治实体的特征。然而,面对这幅政治图景必须同时牢记各奥特(Orte)之间的相互冲突。

1500 年,作为一种制度的联邦还不太稳定,从外部来看,这个组织因为各种偶然性而组合在一起,边界也不甚清楚,公共机构也不太健全,联邦似乎还只是一个自治的政治实体。内部却仅仅存在着一个异常松散,大多是双边的协议网络,其中仅仅乌里、施维茨(Schwyz)和翁特瓦尔登(Unterwalden)三个行政区(cantons)能够协调一致。长期以来一直存在着一些内部协议,如 1370 年的"教士协议"(Priests' Charter),1393 年的《森帕赫条约》(*Sempacherbrief*),1481 年的《斯坦斯条约》(Compact of Stans)和 1503 年的《佩森条约》(*Pensionenbrief*)等。然而,这些协议并不能起到一个共同宪法的作用。

然而,从整体上看,的确有迹象表明 15 世纪的联邦进行了制度上的整合。例如,我们可以从 15 世纪中期各方对诸多联盟协约进行续订时候发现这些整合。这些协约的主要目标当然是维持和平,在一个开放的、灵活的体系下,这些协约规定了双方的义务和保障,以确保互助和控制,或者保护。新获准加入联邦,并与其他成员具有同等地位的有弗里堡和索洛图恩(1481),巴塞尔和沙夫豪森(Schaffhausen)(1501),阿彭策尔(1513)。然而,联邦成员之间的差别仍然模糊,并且有时候还出现重合,如圣高伦修道院(在 1451 年分别被授予建立邦和城镇)。

在制度层面,联邦(*Tagsatzung*)内所有奥特的代表组成的议事会(Assembly)从 1415 年开始定期召开,这个组织显然具有凝聚力,即使没有各等级的代表,没有明确的权力范围,如果没有上级的许可,委派的代表不能发言。但是对所辖地区,特别是阿尔高和图尔高地区,共同的行政管理是极为重要的,正确处理其他奥特和协约伙伴的关系也有利于保持联邦内的团结,即使有时候出现内部争端。不仅如此,与邻近政权的谈判,协约的最终结果(特别是关于雇佣兵薪水方面的协约）变得非常重要，尤其是 1495 年后与意大利关系混乱那段时期。至关重要的是，仲裁法庭和调解法庭在联合过程中得到发展。虽然议事会中很少出现意见完全相同的情况，这表明议事会还缺乏处理冲突的能力，但是议事会的出现的确有助于达到一种平衡。虽然有些不太稳定，但毫无疑问的是，它正朝着融合的方向发展。

整个 15 世纪期间，联邦内的政治和经济差异还是值得关注的。伯尔尼之所以能够成为瑞士中部一支重要的政治力量，很大程度上是因为传统上与萨伏依关系密切，伯尔尼正朝着莱茵兰河谷上游和阿尔萨斯的西部挺进。明显地，沿着阿勒河，伯尔尼可以从中获得经济利益，因此它迫切希望能够保障帝国境内上游地区至西部商路的畅通。1400 年之后，企图在瑞士东部称霸的苏黎世，获得了更大的政治影响力。为了经济利益，它还控制了格劳宾登的通道，这条通道远比圣哥达（St Gotthard）通道重要得多，这一点不容小觑。

事实上，最关注圣哥达通道是否安全的是米兰，对于瑞士中部的畜牧业者来说，来自南部的需求是保障商路畅通的决定性因素，而不是为了确保北方稳定的市场。从经济角度看，瑞士中部地区此时可以被描绘为伦巴第阿尔卑斯山谷。[24] 从 1350 年开始，乌里、翁特瓦尔登（Unterwalden）与瓦莱斯（Valais）和米兰的关系越来越密切，莱文蒂纳山谷（Valle Leventina）和早期的乌尔瑟伦（Urseren）山谷一样，亦受到了乌里的影响。虽然影响范围有限，但是卢塞恩成功地成为帝国北部和伦巴第贸易的轴心。简单地说，联邦内每个奥特的经济状况和政治地位差别很大。如果说瑞士在 15 世纪就成为一个确定的商业经济区还为时尚早。

不仅如此，这个世纪最初几十年中，联邦内还时常出现严重的纷争，这种现象早在拉龙（Raron affair）事件中就已经显现。1415—1435 年，伯尔尼反对中部瑞士向瓦莱施加影响。1436 年，托根堡伯爵弗雷德里克七世（Count Frederick Ⅶ of Toggenburg）去世，但无子嗣继承爵位，为了继承爵位，施维茨和苏黎世之间的竞争就引发了一场严重的政治危机。1438 年，当神圣罗马帝国重新回到哈布斯堡王朝手中，又加剧了这场危机，从而最终改变了帝国西南部的政治

---

[24] Sablonier（1990）；Vismara *et al.*（1990）.

秩序。

"老苏黎世战争"或称为"托根堡继承之战"战火零星，这场时断时续的战争从 1436 年一直打到 1450 年。过去的历史学者称之为"同族兄弟自相残杀的战争"，但是新近的研究澄清了苏黎世的真实用意以及整个欧洲内错综复杂的关系。苏黎世，一个自我意识很强、独立的帝国城市，试图与奥地利达成协议，妄图与哈布斯堡合作共同分享整个瑞士东部。1435 年的《阿拉斯（Arras）条约》使政治版图发生变化，该条约使法国和勃艮第陡然向上莱茵兰河和阿尔萨斯（Alsace）施加压力，这个变化在更大的范围内产生了影响；同时，在地方上，苏黎世担心施维茨会向北挺进，因为格劳宾登（Graubünden）的商路对苏黎世来说是至关重要的。1450 年签署的和平协定使苏黎世重新回归到联邦的权力平衡体系之中。[25]

即使在 1450 年之后，联邦内的融合过程也伴随着冲突，伴随着严重的政治分歧。1477 年，一场"以野猪的名义"的骚乱几乎造成了战争的爆发。这起事件源于瑞士中部的一群年轻人为了庆祝狂欢节，他们浩浩荡荡地穿过联邦直到日内瓦，这引发了统治集团（特别是在城市里）的恐慌。由于政府无法控制，这场骚乱引发了联邦内的严重冲突。实际上，城市和农村统治集团之间就联邦的法律秩序、联合决议的约束力、联盟内的团结以及弗里堡和索洛图恩等城市能否享有全部权利等问题一直存在着一系列潜在的基本矛盾。这些矛盾现在暴露于光天化日之下，在相当长的一段时期内，这些问题甚至直接威胁到城市和农村奥特联盟的生存。[26]

在遁世者费卢尼克劳斯·冯（Niklaus von Flüe）的帮助下，最终于 1481 年签署了一份具有强烈宗教意义的《斯坦斯条约》（Compact of Stans）。事实上，该协议中的很多规定，如禁止私战，反映了统治集团努力捍卫和确保他们对低阶层的统治，尤其是在联邦内部存在分歧的情况下。在这方面，随着弗里堡和索洛图恩正式加入联邦，成为联邦一员，城市统治集团毫无疑问地成为胜利者。果不其然，1489 年，施维茨断然拒绝履行《斯坦斯条约》。[27]

---

[25] Niederstätter (1995).
[26] Walder (1983).
[27] Walder (1994).

第二十五章 瑞士联邦

融合过程伴随而来的冲突不能过于放大，联邦在发展过程中所具有的这些特色一直伴随着联邦走进了现代。尽管这样，1450年之后，某些外部因素使局势发生了变化，联邦逐渐走向统一，到15世纪后半叶，联邦逐渐成为欧洲政治权力中的一个重要因素。这也成为混乱的15世纪后期的一个重要特点——这段时期的联邦既经历了政权的顶峰，同时也陷入了内部冲突的深渊之中。1424年，议事会（Assembly）第一次应一个外国势力的请求——为佛罗伦萨提供雇佣军。[28] 到15世纪末期，联邦成为训练有素的雇佣军的大本营，这同时也成为联邦政策制定过程中需要考虑的决定性和经常性因素。

第五节　欧洲政治和雇佣军

大约1460年，联邦已经上升为莱茵兰河和阿尔卑斯山之间最为重要的政权。此时，奥地利领主提出的权利主张难以构成实质性的威胁，随后的事件也显示出新的政治趋向：联邦从瑞士中部向南推进，1460年征服奥地利图尔高（Thurgau）地区，伯尔尼政治和经济的联系都向北延伸至巴塞尔（Basle）、桑德高（the Sundgau）、阿尔萨斯（Alsace）和黑森林（the Black Forest）地区。"15世纪的瑞士联邦，至少大部分时期都是充满活力、积极扩张和进取的"[29]，15世纪的六七十年代尤其如此。

因为对外扩张，联邦明显感受到了压力，但对于联邦的政治局势更为重要的是欧洲政局的变化，因为政治发展的每一个方面都取决于周围更大的外部环境的变化。1465年，甚至更早些，法国逐渐复兴活力，成为这片地区最重要的政治力量，但它遭遇到了野心勃勃的勃艮第公爵"大胆"查理的挑战。米兰家族成功地加强了权力，萨伏依由于内部纷争导致四分五裂，势力越来越弱，法兰西、勃艮第和伯尔尼先后对其睁开了贪婪的双眼。与勃艮第的纠纷很快影响到了奥地利的西部领土（the *Vorlande*），莱茵兰河谷上游和阿尔萨斯地区的城市担心它们独立，担心它们变得更容易地受到联邦尤其是伯尔尼的

---

[28] Contamine（1984），p. 136.
[29] Vaughan（1973），p. 264.

影响。

15世纪70年代迎来了决定命运的时刻,这就是历史上著名的勃艮第战争,战争加速了"大胆"查理及其政权的衰亡,随后也深深地影响了欧洲的历史进程。德意志皇帝弗雷德里克三世(Frederick Ⅲ)支持勃艮第沿莱茵兰河谷上游方向扩张,但上述地区的城市,特别是巴塞尔(Basle)和斯特拉斯堡(Strasburg)则很快对此坚决抵制。直到奥地利和瑞士联邦在1474年签署了一个所谓的"永久协议"(Perpetual Accord),局势才平静下来。然而,伯尔尼却非常热情地支持反对勃艮第的战争;新近的研究表明,法国的贿赂并不是决定性因素。[30] 作为一个强势的帝国城市,伯尔尼之所以选择与莱茵兰河谷上游地区的城市结盟,主要是因为它担心其在欧洲中部的自由贸易利益受到影响。1472年起,勃艮第开始对沃州的萨伏依施加影响,这一点也是值得商榷的。

随后发生了历史上的著名事件。1476年,联邦军队先后几次重创"大胆"查理的军队,先是在格朗松(Grandson),随后又在引人注目的穆尔腾(Murten)。1477年1月,一支联邦雇佣军在南锡(Nancy)城外打败了查理,勃艮第公爵查理本人也在这场战役中丢了性命。就在前不久,伯尔尼入侵沃州的萨伏依地区,首次暴露出伯尔尼对这块地区的觊觎之心,1536年,伯尔尼最终征服了这一地区,实现了它的野心;但是击败查理的胜利果实其实是被法王路易十一世和弗雷德里克三世(Frederick Ⅲ)的儿子马克西米利安(Maximilian)瓜分,马克西米利安与勃艮第的玛丽结婚,为哈布斯堡王朝(以及以后的荷兰)崛起为一个世界强权做好了准备。

1499年,地方上的领土和政治争端导致联邦和马克西米利安(Maximilian)开战,马克西米利安联合了帝国南部领主和城市的士瓦本联盟(Swabian League),因此这场战争被称为士瓦本战争或者瑞士战争。战争在从格劳宾登(Graubünden)到桑德高(the Sundgau)之间几个不同战场进行,最后,在这一年年末通过签署巴塞尔和约(Peace of Basle)结束了这场战争。这个和约的直接结果之一就是巴塞尔和沙夫豪森(Schaffhausen)于1501年加入了瑞士联邦。先前两

---

[30] Gasser (1973); Esch (1988).

个高度独立的帝国城市,脱离了帝国南部城市联盟。先前有学者将士瓦本战争看作为了争取独立反对帝国的战争,但现在来看,这一观点站不住脚;帝国南部事件仅仅在马克西米利安对外扩张的政治野心中发挥了次要作用。与帝国其他地区相比,特别是鉴于瑞士日益上升的排他主义,瑞士联邦与帝国的联合是其合法化的基础。在宪政层面,瑞士的特殊地位更为明显。有点自相矛盾的是,瑞士联邦和帝国的联合似乎仅仅是意识层面的,实际上双方关系则逐渐松弛。

在 15 世纪最后十年里,意大利成为欧洲政治舞台的中心。这个舞台上的演员包括:野心勃勃试图征服米兰,妄图把阿拉贡人从那不勒斯赶走的法国国王;以神圣罗马帝国名义索要先前哈布斯堡领土的马克西米利安;还有教宗国、威尼斯、热那亚和萨伏依等。瑞士联邦的政治兴趣则主要集中在米兰公爵那里,1499 年,路易十二进攻米兰,加剧了米兰政治的不稳定性。同一年,瑞士联邦又签署了一个协议——为法国提供雇佣军。意大利境内多种力量之间相互斗争,瑞士恰恰能够介入其中并提供雇佣军,这使得瑞士联邦成为同等重要的政治因素。

从 14 世纪开始,联邦的雇佣军就在意大利服役,勃艮第战争后更加频繁。1495—1503 年战争带来的好处就是将今天瑞士南部地区划归到自己的版图内,1500 年之后,瑞士联邦得到了由乌里控制的一个重要地区贝林佐纳(Bellinzona)。联邦军队在 1512 年之后不断的、规模较大的侵犯没有任何效果。除了乌里要求归还贝林佐纳(Bellinzona)之外,时不时地深入蒂塞诺河以南(Ticino)和邻近山谷地区[奥索拉(Val d'Ossola)、马贾河谷地(Valle Maggia)和布朗尼诺(Val Blenio)],瑞士联邦罕有明确的政治目的。瑞士联邦军队不止一次地在米兰公国中建立临时军事保护区,即使处于这样一个有利的位置,瑞士联邦也没有明确的政治目标。瑞士联邦从来没有在任何一个协议中明确声明支持哪一方,和现在一样,他们也几乎没有争端和公开的矛盾。雇佣军和将领们投身到战争中就是为了获得高额的薪饷和最丰厚的战利品。[31] 归根结底,瑞士联邦的政治利益是极为现实的。

---

[31] Esch(1990).

几个方面可以解释联邦雇佣兵的重要性。勃艮第战争以来，联邦雇佣兵声名鹊起，卷入意大利政局的各个派别都需要他们。不仅如此，联邦的军事实力仅仅受到些许控制，因为这涉及统治者的经济利益。事实的确如此，因为雇佣兵的官方合约和补偿协议都是与某个奥特或者与联邦进行签署，即使这样，还是可以看到早期政府对雇佣兵的监督和管理。雇佣兵的雇用和经营已经成为许多联邦成员的重要生意，他们可以直接或者间接获利。㉜ 军事上的野心勃勃和雇佣兵生意的蒸蒸日上，似乎与南方日益发展的家畜贸易齐头并进。㉝ 对于普通雇佣兵，因为服役而形成了一个真正的劳动力市场，其中一大部分是来自农村地区的穷人，但也有来自城镇地区的人。勃艮第战争以来，很多地区出现了大规模的人口流动，其中很多是没有根基的青年人，当代学者曾经对这个因素进行评论，而且与上面讲到的农村起义有关。

到世纪之交的时候，雇佣兵已经相当职业化了。无论是对于因经济利益驱使的贪婪的统治者，还是对于饥肠辘辘的贫民和永久需要雇佣兵的战场来说，遏制雇佣兵的发展举步维艰，政府已经很难控制他们的发展方向。形式各样的合同，时而撕毁，时而遵守，到处都是来自法国、神圣罗马帝国、教宗国和米兰的征募士兵的军官们，他们签署合同时，毫无顾忌，没有任何限制，这都进一步增加了焦躁不安的流动。

军事潜力、实力和声望并不是政府所关心之事，即使雇用合同中涉及了政府中的某些因素。1515 年 9 月 13—14 日，在米兰附近的马里尼亚诺（Marignano），联邦军队遭到重创，虽然在欧洲军事史上很著名，但这并没有成为一场"全国性的灾难"。然而，这次战役无可争议地证明了法军的军事优势，这场失利同时也奠定了接受现存政治现实的心理基础。当法军从米兰撤出之后，1515—1516 年的和平协议由法军口授写成，该协议内容非常简单。根据 1521 年协议，法军巩固了对联邦雇佣兵的优势。这是自 15 世纪中叶以来历史发展进程中的暂时性的结局。自此以后，法国因其强大的经济和在欧洲最重要

㉜ Sablonier（1979b）.
㉝ 论弗里堡，见 Peyer（1975）；论瓦尔登，见 Rogger（1989）.

的地位,成为联邦最出色的保护者和伙伴。

外部因素在保持联邦成员之间凝聚力方面发挥了重要作用。作者曾经强调,15世纪末期,各地区逐渐融合并朝着国家方面迈进,以及整个联盟体系的凝聚力程度都不能过高估计。虽然在对外政策方面很重要,但是国家对联邦军事力量的掌控方面仍然处于起步阶段。1481年的《斯坦斯条约》中包括了禁止私战、防止私下招募士兵和补偿的规定,但这些仅仅表明了一种趋向。然而,意大利战争之后,得到巩固的政权却迅速加紧了对雇佣兵生意的控制。㉞

15世纪后半期,联邦内所发生的事情大都与战争和雇佣兵有关。因此,任何关于联邦政治史的研究必须将这些因素考虑在内。这些不同寻常的事态是否由一群在托马斯·莫尔《乌托邦》中出现的塞波雷得人(Zapoletes)所左右,人们还不得而知。联邦统治者在15世纪时期曾尝试进行政治和社会整合,这些情况应该同贸易的发展和家畜饲养业的专业化一并进行考虑。在文化方面,我们至少不能忽视巴塞尔的重要性,重要的教会会议和人文主义运动都在康斯坦茨(Constance)和巴塞尔举行。在瑞士发展过程中,一个重要的文化因素值得关注:国家发展演进过程中的独特性。

第六节 国家形成和民族意识

毫无疑问,瑞士联邦代表了神圣罗马帝国境内国家发展的一个例外,甚至对中世纪晚期的整个欧洲来说也是一种特殊情况。到1550年,瑞士联邦的独特性已经得到外部的承认。在宪政层次上,所有独立的领地——既有城市共同体也有农村共同体——都被看作"州",尽管它们之间差异明显。它们是由共同体组成的共和政体,由一小撮政治地位、社会出身和经济地位相当的自封贵族的政治寡头统领。欧洲其他地方都有自己的中央主权机构,但这里与它们不同,瑞士联邦没有这样的权力。瑞士联邦各州之间联合程度非常有限,这构成了其政治体制的一个重要特点,这可以从军事领域以及极为重要的地方自治甚至是对臣服地区采取的地方共同体自治方式统治中清楚地看出。

㉞ Romer(1995)。

制度上的鲜明特色和政治精英们的与众不同是并行不悖的：统治者并非君主委任的贵族或市民出身的贵族官员，而是由地方上或者农村中的显贵要人和城镇内的贵族大议会成员组成，二者越来越趋同，他们的政治和社会凝聚力在逐渐增加。

在整个欧洲的政治环境下，与内部共识相比，政治的发展更能促进联邦外交政策统一性的增长。与邻近政权签署的雇佣军合约就部分地反映了这种一致行动的趋势。同时，军事生涯也是提升社会地位的一种极佳方式，因此到国外服兵役（雇佣兵）长期以来成为联邦上层阶级成员一种重要的活动和联邦寡头政治统治者的显著标志。这个事实至关重要，因为它使得地方上的农村显贵与城镇贵族以更为密切的方式联合起来，甚至比与君主之间的联合更为紧密。如苏黎世的五金商人、臭名昭著的恶汉、行会师傅汉斯·瓦尔德曼（Hans Waldmann）一跃而成享誉欧洲、很受欢迎的雇佣军队长，成为苏黎世市长和城内最富有的人——这当然并不是什么规律，但这清楚地表明瑞士联邦在1480年时期一种特殊的政治文化。

一种试图建立完全独立的国家观念正在形成并逐渐传播，这表明瑞士精英们政治上的自我意识正在觉醒，这是瑞士联邦形成这一特殊政治文化的更为关键的因素。政治上的敌手经常抨击这种既非公爵领地又非贵族的政体缺乏合法性，因为它行使权力时无视了上帝所确定的等级秩序。众所周知，这个争论的一个方面是指，人们最初对联邦形象而坦率的著名描述是"胆小的瑞士"（Cow Swiss, Kuhschweizer）。这个含义并不是现代意义上所谓的不道德，而是更准确地指出他们"异教徒"的身份。然而，联邦的法学家却反击说，将国家权力置于"农民"手中是合法的，历史民歌中出现的那些农民是"虔诚、高贵、纯洁"的，不管怎样，他们的军事成功证明他们是上帝的选民。合法的"农民政府"的观念或许仅仅局限于政治精英们的头脑中[35]；很难证实这个观念促进了普通民众间的团结。[36]

为了政治宣传的需要，联邦历史的编纂同样至关重要[37]，它必须证明瑞士联邦作为一个国家的存在是合法的。1470年之后不久，生

---

[35] As Weishaupt (1991) believes.
[36] Marchal (1987a).
[37] Marchal (1987a) and (1992).

而自由的童话,合法抵制邪恶的哈布斯堡地方长官,选民的战争等故事被写进了联邦早期具有神话色彩的历史——"萨尔嫩白皮书"中。威廉·泰尔(William Tell)和其他英雄的故事为广大人民所传唱。

人们对这些传说在 16 世纪初民间传播的情况知之甚少。将普通民众与联邦连接起来的纽带与其说是他们的历史观念和国家意识,还不如说是这些人所共有的生活方式、相似的社会和政治观念、可见的象征符号的力量;除了这几点之外,其他很少受到关注。㊳ 军事史的研究表明,联邦的军队士兵曾经和帝国的雇佣兵(Landsknechte)之间展开激烈的竞争,这或许促进了大众的团结。但是在战争期间,普通人可能会发现,一些表示虔诚的简单方法或许更加意味深长,如"伸展胳膊"这个特别的祈祷动作㊴,每年纪念阵亡将士的活动等。这些传统在 15 世纪非常重要,并在 16 世纪达到顶峰。

15 世纪末期文化和思想的发展对于理解联邦政体的兴起也是至关重要的。试图建立一种独立政体的传统,从属于一种特殊政治文化更为宽泛的构建过程之中,必须被视为是创造政治团结意识和共同体独特性的重要因素,这些观念已牢牢铭刻在联邦人的头脑当中。

如果谈到在联邦中建立一种独特的政治文化是有可能的;除了"国家"的起源这个观念之外,这些观念在 19 世纪的瑞士和欧洲其他地区一样是很难被理解的。在像瑞士这样一个缺乏统一语言或者传统的国家,这意味着这个国家必须是建立在自由意志之上,建立在独特的地理和政治环境之上。归根到底,似乎这是由大自然和瑞士人民自己选择的政治命运。从 18 世纪开始,资产阶级以及自由、民主的启蒙思想越来越紧密地与阿尔卑斯山的"山地牧民"联系在一起。当人们将这种浪漫的、国家的启蒙观念回溯到中世纪,不可避免地,瑞士很快被视为欧洲民主和自由的摇篮。这不仅仅是瑞士自由资产阶级历史学家有意识传递的信息,而且是瑞士以外的世界对瑞士的印象。

人们在 19、20 世纪形成的中世纪"英雄时代"的观念受到了瑞士民族历史学家的追捧,他们所描绘的历史画面逐渐进入了社会—政治话语中,强烈地影响了瑞士大部分民众的民族意识。这种民族的和

㊳ Sieber-Lehmann (1995).
㊴ Ochsenbein (1979).

爱国氛围所产生的观念，可以追溯到民族情绪高涨的时代，这种观念仍然对 15 世纪的民众意识产生重要影响。事实上，早期联邦对"武装力量""荣耀的军事成就"明显的民族主义崇拜，农民们对"自由"和"民主"与生俱来的向往，这些观念依然广泛流传，而不仅仅存在于瑞士学校悠久的历史教材中。在这个大背景下，我们就很容易明白为何中世纪"英雄时代"的观念在瑞士现代国家意识形态中是那么显著，在整个欧洲地区是那么的无与伦比。1291 年所谓的瑞士联盟成立，1891 年瑞士举行了第一次大规模庆祝，然后是 1941 年和 1991 年，这些并不是历史学界争论的数字，而是政治话语的暗喻。尽管这是一些陈词滥调，但是历史学家们十分清楚，瑞士国家的建立是个悠远、复杂的过程。在这个过程中，1798 年推翻旧体制，1848 年签署联邦宪法，这些远比 1291 年所发生的事情更为重要。

总之，我们必须抛开这些瑞士兴起的基本特征，去追寻最基本的问题：中世纪晚期究竟是什么原因促成了瑞士独特的国家发展方式？

毫无疑问，政治的、社会的和意识形态的各种不同因素是相互影响的；但这些因素并不是系统地交集在一起，而是偶然发生的。在众多因素中，一些政治因素是尤为重要的。首先也是最重要的是，哈布斯堡王朝毫无目的、不连续的政策。因此为共同体的发展预留了空间，也为帝国自由市伯尔尼和苏黎世有意识地崛起创造了条件。瑞士中部山谷地带提出政治自治的主张，主要由于这个地区的封建性并不完整，因为该地区与南部有更多的经济往来，而且因为它在很早就已经与周围其他地区进行广泛的交流与融合。长期以来，特别是 15 世纪随着联邦邻近地区政治关系的变化，尤其是与帝国王权的竞争，百年战争后法国向东入侵，勃艮第王朝的灭亡等，都是决定性的因素。瑞士联邦坐落在帝国外围地带亦是一个重要因素，瑞士的政体发展并不成熟，它不会对任何强权构成威胁。它的军事力量在勃艮第战争后赢得了极大声誉，但长期以来只是作为雇佣军而存在。法国首先意识到了瑞士雇佣军的重要性，因此瑞士与法国在 1521 年巩固了二者之间的联盟，这也是瑞士形成的一个关键性政治因素。

罗杰·萨布洛尼尔（Roger Sablonier）
李艳玲 译

第二十六章

斯堪的纳维亚诸国
(约 1390—约 1536)

第一节

临近 14 世纪末,斯堪的纳维亚诸国正从两个危机的影响中恢复过来。较早的那场危机至少部分是由 1300 年前后的气候恶化引起的。作为它的一个结果,那些地处土壤不甚肥沃地区的农场甚至村庄都荒芜了。这种情况发生于挪威和丹麦,而殖民较晚的瑞典只在 14 世纪中期以后才感受到这场危机。另一个危机是黑死病(1349—1350),它侵袭了整个斯堪的纳维亚,唯冰岛除外;特别是在挪威,后继的两种流行病令其影响更加严重,这就是 1359—1360 年的天花和 1371 年的瘟疫。在挪威和丹麦,农业危机的结果是农场荒芜和农民失业,而这些又为那些疾病的影响所抵消。但在某些地区,它们还造成了人力缺乏。

还有其他的影响。一个是大地产的形成,它们属于教会或贵族。另一个是乡村经济中畜牧业份额的增加。在挪威的某些地方,通过渔业或林业的补充性农业活动,农场就可能免于荒芜。15 世纪末,挪威西南部的许多河口都建立了水力驱动的锯木厂。这即将成为现代早期经济增长的一个源泉。

芬兰,至少在其西南部,高发达的农业为农民及其家庭提供了生计。然而,气候变化给某些庄稼的耕作带来了困难。在内陆和东波特尼亚湾(Ostrobothnia),一种复合经济传播开来,即将农业与畜牧业、

图16 斯堪的纳维亚和波罗的海

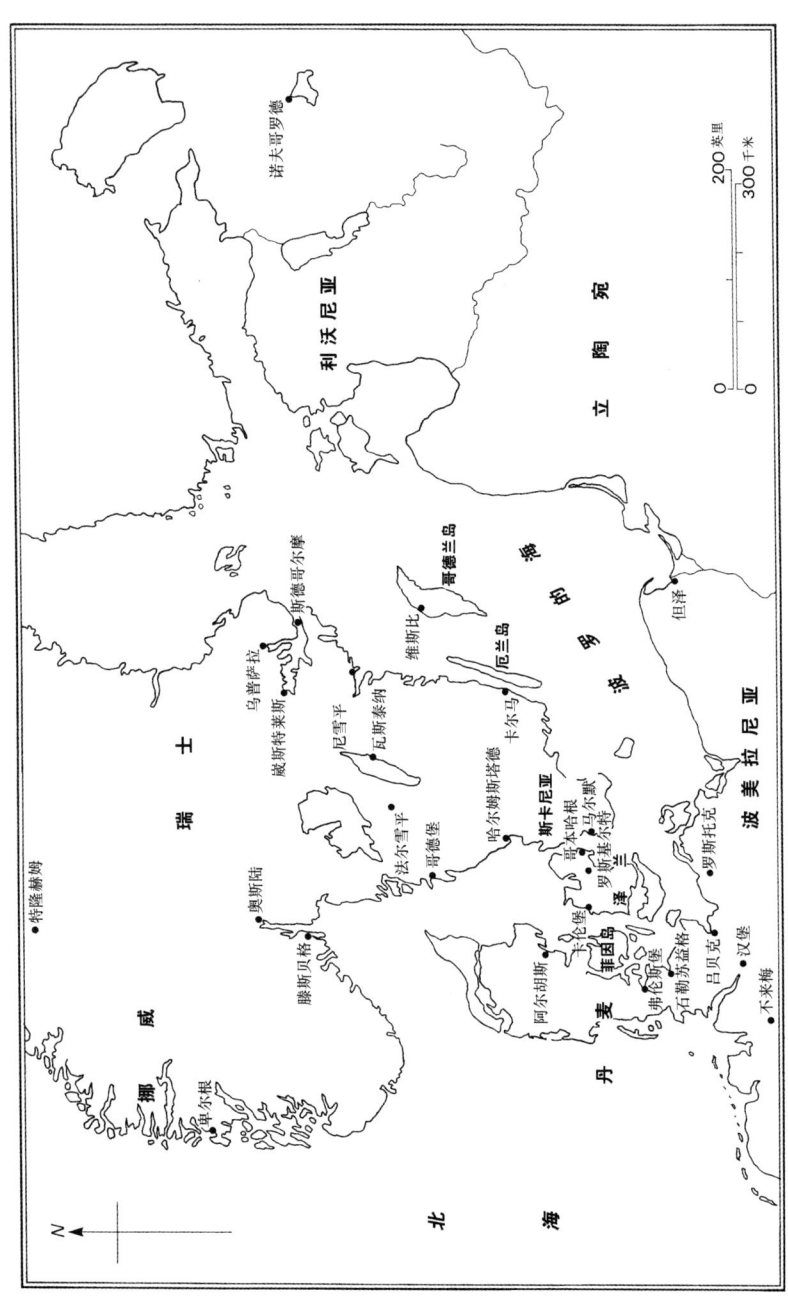

渔业及获取动物皮毛的狩猎相结合。在芬兰东部，烧荒在耕作中颇为普遍，而且，副业收入资源（特别是来自皮毛）也同样重要。虽然芬兰并没有免于流行病，但其经济的复合性有助于使之适应即将形成的新状况。

瑞典也遭受了黑死病，但其农业危机发生于瘟疫后的那个世纪，农场因之荒芜。然而，还难以确定农业危机的事实是否揭示了人力资源危机（由于流行病），或者是否另有原因。在中世纪早期殖民化的过程中，对新状况的响应集中于不太适合谷物种植的畜牧业区域，而农场的荒芜则出现在土壤不甚肥沃的地区。此外，捕鱼、猎取皮毛、采矿之类的副业在一些地区已经非常重要。这些地区位于环绕着瑞典中央大湖区的肥沃带之外。

冰岛是唯一未遭黑死病殃及的斯堪的纳维亚国家，但它依然遭受了1402—1404年和1495年瘟疫的两度强烈打击。残存下来的稀少证据表明，一些边缘位置的农场被遗弃。但流行病或许只是加剧而非引起了这场变动。

丹麦是唯一拥有相当多城镇的国家，尽管其中大多数都很小。13世纪中期以后，虽然占据优势的汉萨同盟（Hanseatics）已经将丹麦船只从长途贸易和海运中排挤掉，但挪威商船仍能在14世纪后期造访英格兰的港口。这个世纪中，卑尔根（Bergen）成为挪威海外贸易的中心，不过其大部分贸易仍掌握在他人之手，包括汉萨同盟、英格兰人和苏格兰人。然而，1380—1381年挪威和丹麦王室合并之后，南挪威和施特拉尔松（Stralsund）之间的海洋最终被视为一体，当地船只和远程商船在此往来穿梭。同样，波罗的海（Baltic）的东部以及中部也形成了一个区域，汉萨同盟、瑞典及芬兰船只在那里从事货物运输。汉萨同盟的目标是在各处都获得尽可能大的贸易份额，由此，斯堪的纳维亚的政策经常是支持荷兰人、英格兰人或苏格兰人去反对其汉萨同盟竞争者。

第二节

在斯堪的纳维亚国家（丹麦、芬兰、冰岛以及斯堪的纳维亚半岛的挪威和瑞典两国）的政治史中，从1390年前后到宗教改革，形成了一个定义明确的长 15 世纪时期。该时期由北欧王室的合并开始，经历了瑞典摆脱合并的尝试以及丹麦恢复合并的努力，直到 16 世纪 20 年代最终结束。与此同时，几年后各种不同的路德派新教替代了旧时的正统教会。

日耳曼移民的顶峰出现在 1390 年左右，在丹麦特别如此：在 15 世纪里，汉萨同盟在斯堪的纳维亚诸国中的政治和经济影响逐渐遭到排斥。吕贝克（Lübeck）卷入了 1534—1536 年的丹麦内战，这是一场恢复以往地位的最后努力，但却并不成功。不过，在文化领域，特别是视觉艺术和文学方面，日耳曼北部逐渐引领了 15 世纪的潮流。这方面，新教的传播正显现其势头，且是以日耳曼的而非法兰西、加尔文的形式。

丹麦与挪威国王奥拉夫（Oluf）去世时，其母玛格丽特（Margrete）被斯卡尼亚（Scania）、泽兰（Zealand）、菲因岛（Funen）的地方议事会（landsting）选为摄政。日德兰显然没有进行这样的选举，但该地区的代表可能已经在其他地区参与其事。玛格丽特在挪威的法定地位更为稳固：她是王太后，并且 1388 年 2 月挪威国务议事会（rigsråd）宣布，其他的王位要求者已经丧失了对挪威王位的权利。这些人包括：茵格博格（Ingeborg）的亲戚，而茵格博格则是玛格丽特的姐姐、梅克伦堡公爵海因里希（Duke Heinrich of Mecklenburg）的妻子；海因里希与茵格博格的儿子——阿尔布雷希特四世（Albrecht Ⅳ）；海因里希的哥哥、瑞典国王阿尔布雷希特（Albrecht）。结果，玛格丽特侄子的儿子——波美拉尼亚的埃里克（Erik of Pomerania），被明确地接纳为她的继承人，并于 1389 年得到确认。

对于瑞典王位，玛格丽特的继承资格不够充分。她的公公 1363 年被废黜了瑞典王位，而她的丈夫挪威的哈康六世（Håkon Ⅵ）已经承袭了其父的王位要求权。1385 年国王奥拉夫成年时，他曾重申了其父对瑞典王位的要求，还为自己加上了"瑞典王国的真正继承人"的头衔。

一些贵族的作用更为重要。这些人是已故的瑞典王室总管布·乔森（Bo Jonsson，死于 1386 年）的遗嘱执行人，他们持有他的封地和地产，并正在反对阿尔布雷希特的政府。国王阿尔布雷希特试图以武力对有争议的土地实施控制，但由此导致了 1387 年夏的一场贵族反叛。贵族们同玛格丽特和奥拉夫相联络，且这些联系在奥拉夫死后仍持续存在。1388年3月，这些遗嘱执行人承认玛格丽特为瑞典的摄政。并且，在法尔雪平（Falköping）附近的奥斯勒（Åsle）的决定性战役中，玛格丽特的军队击败并俘获了阿尔布雷希特（1389年2月24日）。

玛格丽特统治的这些国家地域非常广阔。除了挪威、瑞典和丹麦，还包括了石勒苏益格（Schleswig）公爵领、格陵兰的挪威大西洋诸岛、冰岛、奥克尼群岛（Orkney）、设得兰群岛（Shetland）以及法罗群岛（Faroes）。仅有一部分芬兰是明确属于瑞典的，包括从卡雷利安地峡（Carelian Isthmus）的泽列诺戈尔斯克（Zelenogorsk）到波特尼亚湾的拉哈/布拉赫施塔德（Raah/Brahestad）一线以西和以南的地区。今天芬兰的现有领土以及斯堪的纳维亚半岛的北部地区由拉普人（Lapps）居住，他们几乎不受政府控制。不包括格陵兰在内，玛格丽特的这些国家的面积相当于今天法国的两倍，但所有地方都人烟稀少。

第三节

玛格丽特在奥斯勒（Åsle）的胜利已经为她赢得了大部分瑞典。斯德哥尔摩（Stockholm）深受日耳曼因素支配，故只有它仍然效忠于阿尔布雷希特，甚至还为此组织了一场对"背叛"瑞典人的大屠杀（Käpplingemorden，1389年春）。玛格丽特似乎要阿尔布雷希特退位才肯释放他。阿尔布雷希特的出生地梅克伦堡因而宣布，其港口向任何打算与丹麦作战的人开放。罗斯托克（Rostock）和维斯玛（Wismar）不得不遵从梅克伦堡公爵的政策。由公爵们或各城市授予的捕掠特许证发给了自称供给兄弟会（Vitalienbrüder）的海盗。这一海上游袭战的目的是使阿尔布雷希特获释，并为斯德哥尔摩重新提供补给。

双方为解决该难题通过外交手段进行了多次努力，并最终于1395年6月在林德霍姆（Lindholm）达成了协议。阿尔布雷希特和他的儿子获得为期三年的自由，在此期间斯德哥尔摩交由汉萨同盟城市群掌握。阿尔布雷希特父子并未被迫放弃对瑞典王位的要求，在三年到期时他们将有三个选择：如果他们将斯德哥尔摩交给玛格丽特，他们就可能与她实现"永远的"和平；如果他们付 6 万银马克的赎金，在延期一年后他们将能随意对玛格丽特宣战；最后，如果他们同意再被囚禁，期限将减为九个星期。

与此同时，维斯比（Visby）成为供给兄弟会（Vitalienbrüder）的一个重要基地。但受《林德霍姆条约》影响，他们在西波罗的海的活动提前结束了。由于海盗们失去了其最后的合法性外衣，1395 年后他们便只在北海和东波罗的海一带活动。1393 年复活节时他们就曾在北海水域袭掠了卑尔根。为了实现这些水域的和平，1398 年条顿骑士团（Teutonic Order）和普鲁士城镇占领了哥德兰岛（Gotland），并附带产生了如下所望的效果：到 1400 年供给兄弟会已经从波罗的海消失了。同时，汉萨同盟诸城和玛格丽特各自廓清了仍有残余海盗的北海的相应部分。

按照《林德霍姆条约》，如果阿尔布雷希特乐于保持其自由，三年之后斯德哥尔摩就将返还给瑞典。但另一点也同样重要：如果在三年结束之前玛格丽特去世，她的养子埃里克（Erik）就将继承她的权利。1389 年埃里克已被指定为挪威国王，此后，丹麦和瑞典也于 1396 年承认了他的王位。在埃里克成年并于 1397 年 6 月在卡尔马（Kalmar）登基之前，玛格丽特又继续执政了一年。埃里克的登基仪式在其三个王国都被认为是有效的。由此表明，其联合超越了一般意义上的王室联合。

在埃里克作为未来瑞典和丹麦国王得到官方认可的同时，两个王国未来几年的国内政策的基础也由法律确定下来。这些法律文本表达了对臣民个人安全的关心。在丹麦禁止建筑私人要塞；同时在瑞典，只要玛格丽特或埃里克愿意，那些在阿尔布雷希特即位（1363）之前建成的要塞都要被拆毁。在减少土地税豁免权方面也做出了一些努力，这些豁免权的要求者是教会或其贵族头衔遭到合法质疑的人们。此外，通过地契核查，大面积的土地被收归王室。

埃里克加冕的目的在于建立联合，此后他举行了一些谈判。我们从两个文件中获知了有关内容。所谓的《加冕宪章》显示，埃里克已经在三国中得到认可，并加冕为它们的合法国王。结果，像他对其臣民承担义务一样，其臣民也承诺对他们的君主和统治者尽自己的义务。最终,玛格丽特的政府退出历史舞台。

《加冕宪章》几乎没为三国的未来政府提供规则,只有加冕本身赋予了它们某些意义上联合的合法基础。为了补救这一局面,一群来自三国的、玛格丽特的最密切的合作者起草了《联合宪章》,但它却从来未获批准。埃里克死后,三国将选择他的一个儿子为王。然而,如果一位国王没有子女,三个国家的"议员和要人"就要选一位新国王。继承权从而仅限于前任国王的男性后代。这种方式代表了两种制度间的妥协,一种是挪威的复杂继承规则,而另一种则是在王家内部选举国王的瑞典和丹麦制度。每个国家将按照其关于国内和国外事物的自身法律来统治。但是,如果一个国家卷入战争,另两个将予以帮助。一个国家内的放逐令在其他国家内也有效。而且,在宫廷里国王总要有几位来自不同国家的咨议大臣,以备紧急决断之需。最后,玛格丽特对其寡妇产和其他地产的占有得到了确认。

这位女王认识到她可以利用教会及其人员的好处。通过教宗的圣职委任使一位王室合作者被任命为主教,大多数情况下,这都意味着在该国的决策体制内建立了政府政策的稳固支柱。因此,1380 年彼得·杰森·罗德哈特(Peder Jensen Lodehat)被任命为维克瑙(Växjö)的瑞典主教。此人开始其事业生涯时是玛格丽特的教士。1387 年他接任了阿尔胡斯(Aarhus)主教(丹麦),8 年后,他以此换来了丹麦最富庶的主教区罗斯基尔特(Roskilde),在那里他一直任职到 1416 年去世。经济原因也促使玛格丽特要与教会合作。如果急需钱时,她可以从那里获得贷款;在这方面,奥斯陆(Oslo)的圣玛丽教堂(St Mary's church)和罗斯基尔特(Roskilde)的大教堂都充当了她的银行。贷款经常以将部分王权标志物(regalia)让渡给教会债权人或以向教会捐赠的方式得到偿还,因此也为平淡的账目结算添加了一个宗教因素。

在外交事务方面,玛格丽特和埃里克的政府认为,主要问题是继承人的确定和联合王国领域完整性的恢复。1406 年,埃里克与英格兰亨利四世的女儿菲利帕(Philippa)结婚。而菲利帕的姐姐嫁给了神圣罗马帝国的国王鲁普雷希特(Ruprecht)的儿子。于是,当 1407 年埃里克的妹妹卡特里娜(Catherina)嫁给了鲁普雷希特的小儿子帕拉丁伯爵约翰(Johann)时,菲利帕的姐姐与埃里克的妹妹就成了妯娌。

1398年斯德哥尔摩返还给了瑞典政府,但同年,玛格丽特和埃里克将哥德兰岛输给了条顿骑士团。而在波兰—立陶宛(Poland-Lithuania)与条顿骑士团之间日益紧张的局势面前,骑士团更倾向于同玛格丽特和埃里克就交出该岛达成妥协。1408年11月最后的普鲁士占领者撤离了。

当1386年格哈德六世(Gerhard Ⅵ)获封了石勒苏益格公爵领地时,丹麦政府已经找到了一种与荷尔斯泰因(Holstein)伯爵们相互妥协的"生存之道"(*modus vivendi*)*。1404年格哈德去世时,留下了遗孀伊莉莎白(Elizabeth)和三个未成年的儿子。伊莉莎白需要钱,而玛格丽特正打算贷给她这笔钱去保卫土地的安全。以这种方式,玛格丽特女王赢得了对该公爵领地很大部分的控制。在那些地方,石勒苏益格主教是玛格丽特和埃里克的坚决支持者。1409年贵族中亲荷尔斯泰因的人认识到,玛格丽特和埃里克的目的是为丹麦获得石勒苏益格,以及使之从荷尔斯泰因分离出来。为了阻止这些企图,他们进行反叛并继而引发了战争。通过议定一个为期五年的停战协议,玛格丽特成功地结束了敌对状态。她代表埃里克接受了该公爵领中最大城市弗伦斯堡(Flensburg)的效忠誓言。但是仅几天之后,她就死于瘟疫(1412年10月28日)。

第四节

在许多方面,埃里克政府是玛格丽特政府的延续,但二者的作风并不相同。玛格丽特更偏爱政治手段,从不同时处理两个及以上的主要问题。埃里克偏好法律手段,并容许自己在解决老难题之前就卷入新难题。在瑞典,重新收回已转让的王室土地的行动引起了教会的反对。1412年9月,主教们公开抗议世俗人士审判涉及教会财产的案件。玛格丽特去世后不久,埃里克就造访了瑞典。在那里,他认识到向敌对者退让的必要性。一些最不受欢迎的地方行政官(*fogeder*)遭到撤职,新的回收土地规则使地方主教成为王室代表。

埃里克对王室财政利益的关心,在他的城市政策中得到最清晰的

---

* 拉丁语,指对手或竞争各方之间相互妥协的"生存之道"。——译者注

显现。他统治期间,几处居住地获得了城市地位,其中一些地方在玛格丽特去世前已经成为城市。在丹麦,普莱斯替(Præstø)于1403年设市,尼斯特德(Nysted)于1409年设市,兰斯克鲁纳(Landskrona)则于1410—1413年设市。在这些地方,发展中的城市经济为行乞的托钵会修士提供了机会,当城镇建立之时这些人就定居在那里。在瓦斯泰纳(Vadstena)(1400)和丹麦的马里波(Maribo)(1416),城镇也得以创建,且都出于相似的考虑,即,为了支持布里奇特替尼(Bridgettine)修女院。其他情况下,战略要地更受偏爱:较老的定居地变得更靠近城堡〔1425年的科尔叙尔(Korsør);1426年的埃尔西诺(Elsinore)〕;正如弗伦斯堡成为要塞一样,当玛格丽特和埃里克1410年第一次赢得了对马尔默(Malmø)的控制时,也为之建筑了防御工事。

在埃尔西诺(Elsinore)征收海峡税和哥本哈根(Copenhagen)的获取都是更令人瞩目的。埃尔西诺的海峡税可能是从海尔辛堡(Helsingborg)移交过来的;而哥本哈根则是1416年彼得·杰森·罗德哈特死后,埃里克从罗斯基尔特主教手中得到的。在丹麦,埃里克的兴趣聚集在靠近海峡和大比尔特(Great Belt)的城镇。这两处都是国际贸易和船运的通道。某些居住地被授予了城市的法律地位,其他居住地也迁徙到更有利的位置。这些变化意在为城市经济提供更好的条件,并且通过税收使之更有利于王室国库。同样,政府向卑尔根的外来工匠索取赋税(1415),并在一些地区鼓励乡村贸易(1425),这无疑是希望看到它们成为能够达到城市法律地位的定居地。

同时,由于英格兰人和日耳曼人的努力抢占,挪威与冰岛的贸易正在萎缩。1419年,以他们从事捕鱼和贸易为条件,冰岛议会(the Althing)接受了英格兰商人的到来。然而,十二年后由于议会感到外国人的活动太具侵犯性,所以禁止英格兰人和日耳曼人在冬季的月份里待在冰岛。国际价格波动使得冰岛贸易很有利可图,15世纪鱼价上涨了70%,而进口谷物则下跌了三分之一。各修道院和两个冰岛主教辖区都致力于增进贸易繁荣,尤其是与英格兰人的贸易。埃里克政府无法容忍如此的事态,1425年他派遣了一位专员到冰岛以阻止英格兰贸易。

到 1416 年埃里克和菲利帕已经结婚十年了，却仍未育有子女。按照挪威的法律，虽然埃里克的叔父布吉斯劳八世（Bugislaus Ⅷ）是王位的继承人，但因为埃里克生于 1382 年，他仍将有望统治很长时间。结果，从 1416 年前后他开始考虑一位更年轻的人为王储，即他的侄子——斯托尔普的布吉斯劳九世（Bugislaus Ⅸ of Stolp）。

1419 年夏，埃里克的联合王国与波兰—立陶宛的联盟条约已经缔结并得到批准。条顿骑士团被视为缔约双方共同的敌人，而作为一种临时的敌对力量，骑士团将由此不复存在。该条约确立了骑士团必须割让的三个领土范畴：那些先前从波兰—立陶宛获取的领土，要返还给它们；那些任一缔约方所要求的，以及那些要属于更有资格国家的领土；可能作为共同领土来统治的其他领土。实际上，普鲁士属于第一范畴，爱沙尼亚（Estonia）属第二范畴（并且将转给丹麦），而库洛尼亚（Curonia）和利沃尼亚（Livonia）将被一同统治。

布吉斯劳九世与亚德维加（Jadwiga，赫特维克，Hedwig）公主之间立有婚约。这使筹划好的、反对条顿骑士团的合作得以完成，因为这位公主是波兰—立陶宛联合王国的继承人。然而，一些因素阻碍了该方案的实施，包括波兰与勃兰登堡（Brandenburg）之间的亲善，以及罗马帝国国王西吉斯蒙德（Sigismund）施加给埃里克的压力。作为日耳曼的统治者，西吉斯蒙德不能接受作为世俗国家的条顿骑士团的覆灭。但是，随着 1424 年波兰国王的子嗣诞生，人们对亚德维加在国际关系中的作用已不太感兴趣。

与此同时，通过在教士和土地贵族中赢得同盟，埃里克特别以这种方式试图渗透进爱沙尼亚和利沃尼亚北部。这些城镇很快认识到，与同吕贝克和其他文德（Wendic）城镇合作相比，与埃里克的合作更能促进它们在俄罗斯贸易中的利益。此政策因此获得了一定的成功，但在目标达到之前埃里克已同条顿骑士团和汉萨同盟结盟。这样做的目的无疑是向波兰国王展示自己的力量，并促使其批准亚德维加嫁给布吉斯劳的计划。然而，在这件事上他失败了。其他北欧力量认识到，将多个联盟有计划地联合起来是有内在危险的，就成功地抵制了它。1425 年后，石勒苏益格问题日益占据了埃里克的头脑，他也不能再继续他对爱沙尼亚的渗透。因此他曾赢得的成果得而复失。没有达到目标的原因在于，他已放弃了其在爱沙尼亚的努力。

第二十六章 斯堪的纳维亚诸国（约 1390—约 1536）

埃里克从玛格丽特那里继承了石勒苏益格难题。由于诉诸军事武力，荷尔斯泰因（Holstein）的伯爵们或许被认为犯有背叛埃里克的重罪，从而丧失了对该公爵领的任何权利。1413 年，丹麦议会（danehof）作为议会高等法院集会以听讼石勒苏益格案件，而此前它已多年未曾召开。议会采用了王室的立场：作为埃里克的敌人，伯爵们失去了他们在丹麦的所有权利。照此，属于丹麦王国的石勒苏益格公爵领地可能因此被没收。两年后埃里克使其堂兄西吉斯蒙德确认了该判决。

虽然由于 1411 年缔结了五年的停战协议，但伯爵们并没有接受 1413 年的判决。1416 年，敌对行动重新开始。随后几年埃里克占领了石勒苏益格城，但无法拿下格托尔普城堡（Gottorp castle）。1417 年丹麦人还占领了费马恩（Fehmarn），但他们在西方遭受了严重的挫折，弗里希人（Frisians）在那里支持荷尔斯泰因的伯爵们。几年里敌对和停战前后相继，直到 1421 年，冲突各方同意将问题提交神圣罗马帝国国王西吉斯蒙德仲裁。在全面的司法调查之后，西吉斯蒙德宣布了他的判决：石勒苏益格属于丹麦和埃里克；当石勒苏益格被认为不是一处封邑而是丹麦的组成部分时（1424 年 6 月 28 日），便使荷尔斯泰因的伯爵们丧失了对它的权利。

两年以后埃里克开始执行西吉斯蒙德的判决，要求汉萨同盟的城市提供军事支持。由于害怕埃里克计划控制波罗的海，汉萨同盟要求仲裁。1426 年夏，埃里克开始了敌对行动，迫使荷尔斯泰因的伯爵们向文德城镇寻求帮助。1426 年 9 月这些城镇决定加入反对丹麦的战争。1427 年 4 月和 5 月，汉萨同盟的舰船袭击了丹麦南部海岸，而 6 月份北欧海军才全面武装起来。汉萨同盟还向海峡派遣了一支舰队，目的是保护起航自普鲁士的运输船的西向航线和来自法兰西西部船只的波罗的海入口。同一天（1427 年 7 月 11 日），北欧联合舰队击退了汉萨同盟舰队，并捕获了来自法兰西的东向航行的船只。1428 年的事件证实，直到埃里克的海军全面武装起来之前，汉萨同盟舰队是唯一的强者。此外，它还证实了，正如 1429 年春卑尔根大劫掠所显示的，私掠商船的行径同样损害了汉萨同盟和斯堪的纳维亚诸国。结果，文德城镇和荷尔斯泰因伯爵们的联盟专注于军事行动，从而赢得了对石勒苏益格东北的奥本罗（Aabenraa）的征服。

这一胜利向文德诸城镇表明,如果它们能够成功地帮助荷尔斯泰因伯爵们赢得对石勒苏益格的控制,它们本身就将在与埃里克的谈判中处于更有利的讨价还价地位。1431年复活节,联盟成功攻占了弗伦斯堡(Flensburg),但该市的城堡一直坚守到9月。埃里克现在几乎失去了整个石勒苏益格,他只得同意与伯爵们及汉萨同盟停战(1432年8月22日)。三年以后,1435年7月15日,在沃尔丁堡(Vordingborg)缔结了一项正式的和约:像阿道夫伯爵八世(Count Adolf Ⅷ)所做的那样,埃里克将部分石勒苏益格保持在他的控制之下。1440年,埃里克的继承人克里斯托弗三世(Christoffer Ⅲ)承认阿道夫为全石勒苏益格的公爵,荷尔斯泰因同石勒苏益格的个人联盟因此恢复到玛格丽特早年所经历的状态。

埃里克对石勒苏益格的战争是失败的和拖沓的,而且还耗损了其治下各王国的资源。战争的严重影响在瑞典可以感受得特别明显,并且,它也没有因政府保护其他国家的利益而得到补偿。这一点不同于挪威,在那里诸如挪威北部的贸易或冰岛周围的渔业之类得到了保护。这场战争也妨碍了瑞典重要货物的出口,如达拉那(Dalarna)出产的铁和铜,或诺尔兰(Norrland)的皮毛。通货紧缩更是雪上加霜。

然而,本地贵族反对埃里克政府还有其他原因。埃里克延续了玛格丽特的政策。他在地方政府中使用外国人,有时委之以小封地(*fogeder*)长官,但主要是封地长官(*lensmænd*)。后者有民事权力,经常也有军事权力。正如托特兄弟(the brothers Thott)的事例所明白昭示的:15世纪中期,一个典型的庄园从政府授予的封地(*len*)获得的收入比其得自私人的财产要多。由于一个重要的财富来源受到侵害,本地贵族因此冒险背离国王埃里克。

像大多数他的同代人,埃里克试图通过与教宗合作来影响主教的任命。由于教会大分裂(the Great Schism)破坏了教宗制的权威,大公会议(the general council)成为教会最高决策层。以教宗和诸侯为一方,公会议的神父为另一方,两者间存在着许多问题,其中之一便是主教的任命。主教原则上由大教堂全体教士会议选出。虽然至少从13世纪起教宗就曾干涉主教任命,但1433年7月巴塞尔公会议(the Council of Basle)决定,要像教会法所描述的一样严格坚持主教的选举规则。1432 年出现在蓄意策动将国王埃里克排除在选举之外的情况下，乌普萨拉（Uppsala）大教堂的全体教士大会选举了一位新大主教。这位大主教并未寻求王室的推荐，而是直接去往罗马取得教宗的批准。在就该问题的后续冲突中，这一观念也赢得了其他瑞典大教堂全体教士会议的支持。像玛格丽特一样，埃里克曾经也依赖于与他们的合作，但现在他正将自己与瑞典教会相疏离。

进一步的反对越来越多。在达拉那，对王室地方官（foged）詹斯·埃里克森（Jens Eriksen）（又名约瑟·埃里克松，Jösse Eriksson）的不满日益增长。乡绅恩格尔布雷克特·恩格尔布雷克特松（Engelbrekt Englbrektsson）成为反对者的领袖，为了向国王提呈申诉，他来到了丹麦。埃里克要求瑞典的国务议事会（riksråd）调查此事，此事的一个结果是那位长官被解职了。然而，因为对他没有更多的惩罚，所以不满更大了，并最终爆发了武装暴动（1434 年 6 月）。

获悉这些事件，8 月 1 日埃里克将瑞典的国务议事会召至瓦斯泰纳（Vadstena），并希望能与暴动者达成协议。然而，恩格尔布雷克特迫使大公会议成员加入他一方，并且，瑞典贵族很快就意识到与暴动者联盟有利可图。恩格尔布雷克特在 1434 年秋的军事活动为他们赢得了几个重要的城堡。1435 年 1 月，他得到了国务议事会的承认，并被任命为大统帅。

虽然暴动者接受了三国王室合并，但他们仍坚持民族纲领。瑞典将按照瑞典法律进行统治，行政职位［无论是作为封地长官（lensmænd），还是地方官（foged）］仅由瑞典人充任，并为瑞典任命了一位总管和一位王室军政官。在与丹麦国务议事会（riksråd）成员的后续谈判中双方达成了一项妥协（1435 年 5 月），结果，丹麦人开始认为，在同等关键的表达上埃里克的政府就是他们在瑞典的对等机构。埃里克同瑞典人在斯德哥尔摩达成协议（1435 年 10 月 14 日），但埃里克执行条款缓慢。这导致了在 1436 年年初瑞典国务议事会取消了其对埃里克的效忠，并将政府托付于恩格尔布雷克特和王室军政官卡尔·克努特森（Karl Knutsson）（邦德家族 Bonde）。但当 1436 年 4 月 27 日恩格尔布雷克特遭谋杀时，暴动中平民和贵族双方间的平衡很快就被破坏了。

恩格尔布雷克特暴动的重要性在于，它形成了一种带有鲜明民族性质的瑞典政治纲领，并在随后的九十年中被不断采纳。

在恩格尔布雷克特死前，他曾宣布准备支持由阿蒙德·西古尔德森·博尔特（Amund Sigurdsson Bolt）在挪威领导的反叛，反叛军在1436年春势力达到顶峰。双方在6月达成了一项协定，承诺将丹麦人逐出挪威政府。而按照1437年2月18日签署的最后条约，地方政府的职位将留给挪威人，并将任命一位总管，通货也将保持稳定。后来哈拉尔德·格奥托普（Harald Gråtop）的叛乱（1438年夏）则针对挪威政府中余留的外国人和贵族，但叛乱轻易便被镇压了。不过，1439年埃里克满足了挪威人的要求，为挪威任命了一位总管和一位司法官（chancellor）。

恩格尔布雷克特之死导致了贵族派的胜利。虽然这次暴动的政治纲领得到了支持，但贵族们与恩格尔布雷克特不同，他们效忠于一王治下的联合王国，其国王的权力是被精心限定的。这些观念曾在1397年否决的《联合宪章》中得到表达，而现在获得了重生。

埃里克与瑞典议会在卡尔马（Kalmar）进行了长期艰难的谈判，其间汉萨同盟使节和丹麦国务议事会成员参与调停，此后，双方最终和解（1436年8月）。但是，协议条款与其说是平等协商，不如说是埃里克妥协。过去政府运作的目的在于将三个王国相互拉得更近，但现在已被视为非法，并且，还在联合王国的管理上采取了非约束性规则。当埃里克王1437年秋返回丹麦时，事情很快变得明朗了，他不能接受他的新角色。他厌倦了构建联合王国的斗争，希望看到他的堂兄布吉斯劳九世成为其继承人。现在按照挪威的法律，在其父布吉斯劳八世去世后，布吉斯劳九世即为王位继承人。而且，对于危及其选择自由之事，瑞典国务议事会可以不予接受。在埃里克和菲利帕（Philippa）历经十年婚姻而仍无子女后，丹麦议事会依惯例承认布吉斯劳，而且其成员目前也采纳了瑞典的意见。为了摆脱危机，1438年7月瑞典和丹麦议员在卡尔马集会，并为此做出了最后一次的努力。所签订的协议承认埃里克为国王，但坚持各国应该按照它们自己的本国法来统治。在发生战争的情况下，各国务将相互协助。不过，寻求帮助的国家必须为此付出代价。此项与1397年那份未获通过的《联合宪章》中所订立的有关条款一样。而这份最近的协议规定，在选举新国王之前，各国要举行磋商会议。这一点目前已得到广泛认可。届时将决定这些国家应该由一个，还是多个国王来统治（1438年7月9日）。

那次会议的与会者或许已经讨论了下述问题，即，假如宪政冲突导致埃里克逊位，那么有必要另寻一位国王。对于丹麦和瑞典，布吉斯劳是不能接受的，因为他即非丹麦又非瑞典王室后裔。另外，尽管事实上他也没有挪威王室血统，但他仍是挪威王位的最近继承人。这就是为什么1438年的卡尔马协议并未排除多位国王来统治三国的可能性。如果这种事发生，替代联合王国的将是一个联盟。埃里克经常被视为法制的支持者，但在这方面瑞典和丹麦的议员也不亚于他。与挪威和瑞典的制定法相冲突的是丹麦的习惯法，而与保留联合王国相冲突的是丹麦和瑞典从王室成员选举国王的原则。因此，王位合法性的考虑导致了一个僵局，而且只能通过政治手段加以解决。

在这一背景下，议员们齐聚于卡尔马，他们一定考虑了选举埃里克妹妹之子——巴拉丁公爵克里斯托弗（Duke Christoffer of the Palatinate）的可能性。此人不同于布吉斯劳，与埃里克一样，他有北欧王室的血统。1438年10月27日，丹麦的国务议事会邀请克里斯托弗在埃里克未临朝时担任摄政。同月，卡尔·克努特森（Karl Knutsson）也设法得到类似职位的任命。克努特森是瑞典的王室军政官，也是国务议事会中国民派的首领。卡尔·克努特森利用各种威胁试图压制其政治敌手，而那些人则着手与身处哥德兰岛的埃里克联系。他们打算推翻卡尔·克努特森，其所凭借的是道德和物质协助的激励，以及来自挪威的、以埃里克名义的联合行动的支持。

埃里克的恐惧在民族情感上振奋了瑞典人，短暂的内战很快就结束了。克里斯托弗向瑞典人提供了良好的政府职位，但是，尽管塔列议会（the Diet of Tälje）在1439年9月废黜了埃里克，却并未选出继承人。卡尔·克努特森得以继续以摄政的身份统治这个国家。

接受了丹麦人的邀请，1439年6月，克里斯托弗在吕贝克会见了丹麦主教、议员和贵族成员。文德城镇和石勒苏益格的阿道夫公爵（Duke Adolf of Schleswig）参加了这次谈判。谈判的结果是废黜埃里克，文德诸城镇和阿道夫公爵认识到必须要选举一位新国王。

因此，1439年年末三国各自以自己的方式实施统治。瑞典废黜了埃里克，由卡尔·克努特森摄政；丹麦同样也由一位王室成员摄政；只有挪威仍效忠于埃里克，埃里克同意当他不在国内时，任命一位总管和一位政法官来治理该国。

第五节

文德诸城接受了丹麦国务议事会对埃里克的废黜，而这位老国王很自然地从它们在尼德兰的对手中寻求支持。在1439—1440年的冬天，埃里克与低地各国的最高领主勃艮第的菲利普公爵（Duke Philip of Burgundy）达成了一项同盟。作为帮助他复辟的回报，埃里克向尼德兰的城镇许诺了大量的贸易特权，还答应将埃尔西诺（Elsinore）和海尔辛堡（Helsingborg）的城堡抵押给菲利普。鉴于这种危险，丹麦人宣布立克里斯托弗为王（1440年4月9日）。不到一个月之后，克里斯托弗授予荷尔斯泰因的阿道夫八世（Adolf Ⅷ of Holstein）以整个石勒苏益格公爵领地。1441年，文德城镇、尼德兰、阿道夫公爵和丹麦人之间实现了和平（《哥本哈根条约》，1441年8月29日）。吕贝克试图将尼德兰低地的船只排除于波罗的海之外，但没有获得成功。

1440年，隆德（Lund）大主教汉斯·拉克斯曼德（Hans Laxmand）代表克里斯托弗与瑞典人进行了谈判。作为对以芬兰（Finland）和厄兰岛（Öland）为封地承诺的回报，卡尔·克努特森同意离开政府。他因此于1440年秋辞职，于是瑞典人自行宣布支持克里斯托弗。1441年9月，克里斯托弗在乌普萨拉被宣布为王并加冕。1442年6月，挪威国务议事会承认他为挪威国王。7月他在奥斯陆（Oslo）加冕，并最终在丹麦的里伯（Ribe）加冕。联合王国得到重建，但与埃里克时代相比形式上不那么集权。依法而言，目前唯一涵盖三个王国的制度是克里斯托弗成为国王。此外，少数几个众所周知的做法是强施于各国的，诸如在所有三国中对放逐判决的承认。

当克里斯托弗打算长期离开挪威时，他建立了一个委员会处理涉及司法管理的申诉。该委员会拥有广泛的权力用以纠正错误。他在瑞典也建立了一个相似的委员会，成员为六人，其任务主要是监督封地的授予。这些封地是由该委员会代表国王来持有的。另外，克里斯托弗还建立了一个国库用于接收瑞典的王室收入。但最深远的发展是乡村地区的新法典，这是一部古老法律的修正本，到当时已有几乎一个世纪的历史了。到 1442 年《克里斯托弗法典》(Kristoffers landslag) 已完备了。它强调了瑞典的特征，即，宪政选举的君主政体，由国王和国务议事会统治，由本土瑞典人来管理。

克里斯托弗的丹麦国王加冕礼在里伯举行，其间采纳了重要的教会改革。例如，在尚未实施什一税的地方，引入了将什一税交付给主教的做法。但实际上，事情仍一如既往。许多修道院需要改革，这就是为什么丹麦大主教和克里斯托弗发表了要求修道院改革的联合宣言。除农民外，高级教士、贵族及自由市民都被要求来协助达到这一崇高目标。实际上，这意味着许多修道院落入了世俗人士的管辖中，失去了它们的经济独立。与此同时，当教区教会的财政由主教控制而不再由教区单独控制时，教区教会也失去了它们的独立性。如果这些改革能够得以真正实施的话，可能会使教会管理更为有效。然而，改革已经证明产生了无法预料的、影响深远的结果。经济力量集中于主教之首，令他们容易遭到责难。如果他们是中立的，就很容易获得对教会的控制，特别是当修道院和教区失去了其自主性时。1530 年代的路德派改革者深知这些状况。

另外，克里斯托弗的丹麦政府也是至关重要的。它将财政管理从卡伦堡 (Kalundborg) 移往国王喜欢居住的哥本哈根。王室居住地和永久性中央政府都位于该国的同一个大城市，这两者之间的联系向我们表明，从 15 世纪 40 年代起哥本哈根已被视为丹麦的首都。

国王克里斯托弗的外交政策不得不应对两个不同地区的问题，即北海和波罗的海。虽然位置不同，但当文德诸城和克里斯托弗对二者都有兴趣时，它们就是有关的。

1442 年卑尔根 (Bergen) 的地方政府通过法律来限制日耳曼人的影响，同时国务议事会向该地的英格兰商人颁发贸易特许状。同样在 1443—1444 年，大量的低地国家城镇得到了与挪威进行贸易的许可，其中就有阿姆斯特丹。为了令文德诸城满意，克里斯托弗建立了一个委员会听取申诉，并提出救济方案。少数观点认为，汉萨同盟对于挪威北部的食品供应是必不可少的。但与此相反的多数观点却占优势。汉萨同盟商人的地位遭到削弱，日耳曼工匠也不允许建立一种类似于日耳曼商人外事机构 (kontor) 的组织。挪威还建立了一项有关售鱼的公共质量控制制度，日耳曼商人只能要求其债务人捕获量的一半。

通过1444年12月4日的法令，克里斯托弗接受了上述建议。但他又于1445年肯定了汉萨同盟在挪威的特权，这明显前后矛盾。他这样做是为了拖延时间：特权代表了例外，而法令代表了规则。克里斯托弗的继承者将受到法令而不是特权的约束，并且，如果克里斯托弗以后感到足够强大以抵御文德诸城，他就将随意废除它们的特权。

波罗的海事务更为复杂。它们可分为三个主要问题：控制与诺夫哥罗德（Novgorod）贸易的传统愿望；希望收复由埃里克控制的哥德兰岛；并且，最重要的目标是削弱文德诸城对波罗的海的掌控。

为了迫使克里斯托弗让步，吕贝克及其文德联盟维持与埃里克的关系。在埃里克一方，他持续占据哥德兰岛，并以此作为回报的诱饵，诱使条顿骑士团（Teutonic Order）在他复辟时提供军事援助。

诺夫哥罗德与西方的贸易正日益繁荣，其很大一部分不是由汉萨同盟经手的，这就威胁到利沃尼亚（Livonian）诸城的传统运输贸易。1440年代，诺夫哥罗德政策旨在将它们从贸易中驱除，因为该邦国寻求与立陶宛（Lithuania）的和解。这可能威胁到条顿骑士团在利沃尼亚的统治，而且在普鲁士（Prussia）该骑士团还受制于波兰的压力。结果，利沃尼亚统治者向能提供支持的地方寻求帮助，也就是北欧诸国。

1444年秋天，克里斯托弗派遣卡尔·克努特森自维堡（Viborg）率军抵御普斯科夫（Pskov），并向在利沃尼亚的条顿骑士团许诺：在他的王国里禁止与诺夫哥罗德进行贸易。克里斯托弗对条顿骑士团的利沃尼亚分支承诺反对诺夫哥罗德，此一点一直是其外交政策中的不变因素。这么做主要有三个原因：正如埃里克政策所显示的，爱沙尼亚（Estonia）和利弗尼亚对于瑞典—芬兰和丹麦是传统的利益范围；再者，通过积极地支持条顿骑士团，埃里克以哥德兰岛作为军事援助回报的出价就变得少有吸引力；最后，属于该骑士团的但泽（Danzig）是瑞典出口的主要市场之一。

以军事手段解决哥德兰岛问题，在1447年夏或许已经得到了认真的考虑。准备工作继而开始，但在入侵开始之前克里斯托弗就过世了（时间可能是1448年1月5日），行动因此无果而终。在国内事务上，克里斯托弗已经认识到遵守新宪政规章的必要性。同时，他在外交事务上展示出一种狡诈，这令人回想起玛格丽特女王。他对挪威贸易特权的处置就是有力的证明。

第六节

克里斯托弗死后，丹麦和瑞典准备从三个王国的候选人中选举一位新国王。在丹麦，国务议事会首先请求石勒苏益格公爵阿道夫即位。此人具有北欧三国王室的血统。然而，阿道夫谢绝了这一提议，并建议代之以他的外甥——奥登堡的克里斯蒂安（Christian of Oldenburg）。

1448年6月，三国的议事会举行会议，目的在于为即将开始的选举提名候选人。阿道夫公爵向丹麦国务议事会荐举他的外甥。但对于国务议事会的成员来说，如果克里斯蒂安与克里斯托弗的遗孀——勃兰登堡的多萝西（Dorothea of Brandenburg）结婚，他就更易被接受。在瑞典和挪威，某些派系支持迎回废君埃里克，但这一想法已经遭到丹麦的反对。然而，当已明确克里斯蒂安将成为一个重要的候选人时，瑞典人推选了卡尔·克努特森。1448年6月29日克努特森得到确认，并于次日加冕为王。结果，丹麦国务议事会选举克里斯蒂安为丹麦王，并在地方议事会（Landsting）宣布。克里斯蒂安于1448年秋在哥本哈根接收政府。

在瑞典和丹麦的选举之前，挪威没有提名自己的候选人。并且，挪威的国务议事会在卡尔·克努特森的拥护者和克里斯蒂安的拥护者间分裂成两派。1449年2月后者成为多数，特别是因为他已经许诺授予继承宪章（håndfæstning）。尽管一些议员已经投身于卡尔·克努特森的事业，但7月在马什特兰德（Marstand）克里斯蒂安由挪威议事会成员、贵族、中间阶级、农民选举为王。9月末克努特森的挪威追随者将他推上王位，他接受了。11月，他在特隆赫姆（Trondheim）加冕。克里斯蒂安准备武力驱除克努特森，并且要求吕贝克和普鲁士的城镇在与瑞典的贸易上建立禁运。在1450年5月于哈姆斯塔德（Halmstad）的一次会议上，瑞典谈判代表将挪威留给了克里斯蒂安。作为一个联盟，联合王国得以重建，而该联盟在其中一个国王离世时将成为一个联合体。后来，按照继承规则，《卑尔根条约》将丹麦和挪威彼此联系在一王之下（1450年8月29日）。

哥德兰岛仍是一个难题。瑞典人从来没有忘记丹麦的瓦尔德马尔四世（Valdermar Ⅳ）曾于1361年征服该岛。当一个君主同时统治瑞典和丹麦时，该岛的政治地位便无足轻重。然而，当埃里克过世时，由哪个国家接收它呢？

这位老国王曾大力支持以哥德兰岛为基地的私掠行为，致使汉萨同盟和条顿骑士团决定装备武装船只来保护船运。埃里克试图用抵押哥德兰岛的建议来拉拢条顿骑士团，但当卡尔·克努特森的军队在1448年夏入侵并占领该岛［除了维斯比（Visby）和其城堡］时，骑士团在此计划中失去了所有利益。当年12月维斯比城被攻克，于是，埃里克与瑞典人达成协议：将于1449年4月20日交出该城的城堡。

与此同时，通过声称自己持有丹麦王室的哥德兰岛，埃里克要求丹麦政府增援。克里斯蒂安派送给他粮食和军队，并且，1449年4月更多军队在奥拉夫·阿克尔松·托特（Oluf Axelsøn Thott）的率领下到来，并带来了与丹麦政府和解的提议。埃里克将接受丹麦的三个城堡和一份逐年年金，以此作为对他交出维斯堡（Visborg）城堡和将他对各王国的权利移交给克里斯蒂安的回报。埃里克接受了条件，他没有回航丹麦，而是选择在波美拉尼亚（Pomerania）定居，后于1459年在该地亡故。

1449年春，由于同时试图通过外交手段解决这一问题，丹麦人和瑞典人都派军队到哥德兰岛。7月末，克里斯蒂安率大量军队到达维斯比，迫使瑞典人离开该岛并接受休战。克里斯蒂安的事业很成功，他现在可以同多萝西结婚，并在哥本哈根庆祝他的加冕（1449年10月28日）。这一问题的最终解决本可出现在来年，但一直拖到了1451年6月。在这次会议上，两位国王都出席了，却没有一方打算让步。* 9月，战争以突袭的形式爆发，挪威人跨过边境进入崴尔姆兰（Värmland）。实际上，战争主要以跨边境突袭为特点，同时伴有丹麦针对瑞典在波罗的海贸易的私掠行为。1453年达成了一项两

---

* "两位国王"指丹麦和挪威国王克里斯蒂安、瑞典国王克努特森。——译者注

第二十六章 斯堪的纳维亚诸国（约1390—约1536）

年的停战协议。通过针对教会财产的重新占有，卡尔·克努特森利用这段间断时间增加他的资源。1456年，当克里斯蒂安占领了埃尔夫斯堡（Älvsborg）的城堡［靠近现在的哥德堡（Göteborg）］和厄兰岛（Öland）上的伯格霍尔姆（Borgholm），卡尔·克努特森的局势恶化了。像早前二十年曾发生的一样，采矿地区遭受了战患之苦，他们的产品出口受到阻碍。1457年1月，乌普萨拉的大主教约恩斯（Jöns）领导了一场反对国王克努特森的暴动。这位大主教得到了多方支持，包括斯德哥尔摩、采矿区、达拉那（Dalarna）和乌普兰（Uppland）的农民，以及梅勒湖（Lake Mälar）周边省份的议员。约恩斯迫使卡尔·克努特森逃亡但泽（Danzig）。3月，国务议事会任命大主教约恩斯和丹麦出生的埃里克·阿克尔松·托特（Erik Axelsøn Thott）（奥拉夫的兄弟，克里斯蒂安在哥特兰的总督）为瑞典的摄政，任期直至选出一位国王为止。6月，克里斯蒂安到达斯德哥尔摩，并开始与瑞典议事会谈判。由于已经承诺遵守瑞典的法律、特权和自由，他被选为国王，并开始他的昭告巡礼（Eriksgata）（逐个省份诏告当选国王的旅行）。但是，没有人曾预见到克里斯蒂安会带上他两岁的儿子汉斯（Hans），汉斯当时已经被挪威和瑞典议事会承认为王位继承人。

为了获得瑞典神职人员的支持，克里斯蒂安曾确认了其教会的特权。他也被迫同挪威的高级教士达成和解。1458年，克里斯蒂安发现必须批准1277年《政教协议》（the sættargjerd）。这项法律规定了挪威教会的传统自由。卡尔·克努特森在其挪威《宪章》（håndfæstning）中承诺尊重《政教协议》，而在克里斯蒂安的宪章中则没有包含这样的条款。只有当这些问题得以解决时，挪威议事会才同意在克里斯蒂安死后接受其长子为王。

1459年12月4日，石勒苏益格公爵及荷尔斯泰因伯爵阿道夫亡而无嗣。石勒苏益格和荷尔斯泰因的贵族骑士阶层（the Ritterschaft）宣布，只赞同为这两个地方选择一位统治者。在与丹麦国务议事会的联合会议上，克里斯蒂安在其叔父之后被选为公爵和伯爵（1460年3月2日，里伯）。克里斯蒂安不得不承认阿道夫的债务，并同其他继承人达成财政安排，这些人包括克里斯蒂安的兄弟以及荷尔斯泰因—品内伯格（Holstein-Pinneberg）伯爵奥托（Otto）。1479—1480年，国王克里斯蒂安将荷尔斯泰因和石勒苏益格作为封地授予其王后，而荷尔斯泰因已在1474年升级为公爵领。王后由此负责全部债务的偿付。到1487年她已完成这一任务，比料想的早一年。

作为瑞典国王，克里斯蒂安将城堡留给当地的和该国的总督掌控，而他一定注意到有势力的奥克森斯特纳—瓦萨（Oxenstierna-Vasa）派系并没有获得太多的力量。然而，丹麦出生的埃里克·阿克尔松·托特是克里斯蒂安的总督中的一员，他统治着瑞典和芬兰的重要封地。

克里斯蒂安的财政无法使他仅靠王室土地一般收入和其海关税收生活。特别是为了筹集基金去偿付石勒苏益格和荷尔斯泰因的债权人，他不得不征收临时税。根据瑞典人的观点，这一目标实际上被许多人认为是与己无关。一代人以前埃里克也曾专注于石勒苏益格问题，当时瑞典人的态度也是一样的。1463年开征了一种新税，但当乌普兰（Uppland）的农民向他们的大主教申诉时，国王克里斯蒂安免除了他们的负担。基本问题因此再次被提出来：谁统治瑞典？国王还是一个贵族派系？克里斯蒂安决定不容忍这位高级教士的行为，于是将他囚禁并占领了他的居所城堡。

1464年1月，为了能使这位大主教获释，他的堂兄弟——林雪平（Linköping）的主教克提尔（Kettil）造反了。乌普兰和达拉那的农民，以及受奥克森斯特纳—瓦萨派系成员统治的该封地的居民，为了大主教的缘故集结在一起。达拉那的农民在克提尔主教的统帅下击败了克里斯蒂安的军队。反叛者决定将王位进献给卡尔·克努特森，前提是他能按照瑞典的法律来统治。克努特森接受了条件并返回到瑞典。他很快认识到，他由七年前曾反叛他的同一派系所控制。在与克里斯蒂安谈判后，他设法使大主教约恩斯获释。但当卡尔·克努特森试图摆脱该派系的包围时，他们采取了军事行动。卡尔被打败并被迫退位，但他仍获准保持其国王头衔以及终生享用两块芬兰封地（1465年1月）。

奥克森斯特纳—瓦萨（Oxenstierna-Vasa）派的胜利激起了来自团结了阿克尔松兄弟（the Axelsønner）（托特，Thott）的另一个家族群体的反对。他们是丹麦和瑞典的主要地主，还是卡尔·克努特森的姻亲。尽管各贵族派系准备接受一位能促进他们利益的丹麦国王，但斯德哥尔摩的自由市民与达拉那（Dalarna）的农民认为一位异国国王是不可容忍的。1466年11月，民族主义者邀请卡尔·克努特森复位。此时，阿克尔松家族（the Axelsønner）感觉自身还不够强大，难以同时抵御克里斯蒂安、奥克森斯特纳—瓦萨派及民族主义者，他们故而不得不支持克努特森的事业。1467年秋，卡尔反复得到邀请，这年年底前他就重新掌权了。现在他的利益与阿克尔松家族联系在一起了。同时，克里斯蒂安不得不支持该竞争派系，而且，如果可能的话，将阿克尔松家族从卡尔处离间出来。这位瑞典国王（克努特森）于1470年亡故，这致使克里斯蒂安为了赢回其失去的王国而准备开战。卡尔的外甥——斯腾·斯图雷（Sten Sture），已经被选为摄政（riksföreståndare），并且，他和国务议事会同克里斯蒂安的谈判未取得成果。在随后的夏季，克里斯蒂安带领一支舰队到达斯德哥尔摩。双方签署了一份协议，这在控制瑞典的斗争中赋予了他明显的优势。克里斯蒂安得到了乌普兰农民的拥戴。为了动员支持力量以反对克里斯蒂安，斯腾·斯图雷和他的堂兄弟尼尔斯·斯图雷（Nils Sture）放弃了谈判。在位于斯德哥尔摩附近的布伦克堡（Brunkeberg）的决定性战役中（1471年10月10日），克里斯蒂安被击败并出走丹麦。

奥克森斯特纳—瓦萨（Oxenstierna-Vasa）派的利益范围限于瑞典—芬兰，而阿克尔松家族则更复杂。他们的父亲阿克塞尔·彼得森·托特（Axel Pedersøn Thott）曾代表埃里克治理瓦尔伯格（Varberg）城堡，他也是放下其事业的最后一位城堡总督（1441）。他的儿子中有六位成为政治上的重要人物，他们团结在一起，总是相互帮助并以保持家族利益为先。他们的父亲曾在瑞典和丹麦获得地产，他们也沿袭这一策略。上述儿子中的三位——埃里克（Erik）、阿格（Aage）和伊维尔（Iver），都与瑞典女子结婚，因此获得了双重国籍。所有六子都努力获取其一些封地附近的土地，而这些封地大多位于重要的交通线路左右。他们的经营利益包括农耕、牲畜养殖和贸易，尤其是他们的商业活动，将其利益范围扩展到波罗的海的大部分。哥德兰岛和维堡（Viborg）的城堡对于他们兄弟而言是非常重要的封地，这一点也就不足为奇了。1449年国王埃里克将哥德兰岛交与奥拉夫（Oluf），而伊维尔在1464年从他那里继承了该岛。就埃里克·阿克尔松（Erik Axelsøn）来说，他掌控着瑞典的尼雪平

（Nyköping），以及塔瓦斯泰胡斯（Tavastehus）和维堡的芬兰城堡。对于控制着哥德兰岛和维堡的两兄弟，克里斯蒂安可以向他们派遣在爱沙尼亚—利沃尼亚（Estonia-Livonia）的干涉力量，从而延续其祖先的波罗的海政策。

阿克尔松家族在丹麦和瑞典—芬兰都有利益，这一事实促使他们在满足其利益时改变他们的联盟。尽管在1460年代早期他们与克里斯蒂安合作，但1464—1465年奥克森斯特纳—瓦萨派战胜了两位敌对的国王，这就导致几兄弟与卡尔·克努特森联姻为盟。鳏夫伊维尔·阿克尔松（Iver Axelsøn）娶了克努特森的女儿，克努特森的外甥斯腾·斯图雷与阿格·阿克尔松（Aage Axelsøn）的女儿订婚。民族主义的纲领为卡尔·克努特森的大部分支持者所倡导，这就迫使奥克森斯特纳—瓦萨派更坚定地致力于卡尔·克努特森的事业。1467—1468年，克里斯蒂安扣押了他们的丹麦封地也起到了同样的作用。

卡尔·克努特森第三次成为瑞典国王，他授予伊维尔·阿克尔松巨大的权力。伊维尔在与克里斯蒂安决裂后继续统治哥德兰岛。以国王卡尔的名义，他应该可进入到瑞典的各城堡。但或许为了维系贵族和民族主义者的联盟，国王去世时（1470年5月15日）他的外甥斯腾·斯图雷被选为摄政（riksföreståndare）。阿克尔松家族准备邀请克里斯蒂安重返瑞典王位，但提出下列条件：他应与上述几兄弟和解并将封地返还给他们。当克里斯蒂安最终抵达斯德哥尔摩时，他带来了大批军队，而不是向阿克尔松家族让步。为了最终保住他们在瑞典—芬兰的封地，他们不得不再一次支持瑞典的事业。

在布伦克堡获胜之后，阿克尔松家族作为重要城堡的总督起到了主导作用。埃里克和劳伦斯（Laurens）负责芬兰的城堡，同时伊维尔统治哥德兰岛并持有斯特格堡（Stegeborg）作为封地。而且，正如十年前他们代表克里斯蒂安所做的那样，1470年代早期他们在东波罗的海负责瑞典的政策。

1474年瑞典神职人等宣称，一位依法选出的摄政应该被认为是神圣的，就像是一位涂过圣油的国王。通过这一道德支持，以及通过让他自己的拥护者进占无主封地的政策所造成的影响，斯腾·斯图雷增强了实力。由此，他能够尽力使自身较少依附于阿克尔松家族。在埃里克·阿克尔松于1481年去世之前，他将其维堡城堡的封地转让

第二十六章 斯堪的纳维亚诸国（约1390—约1536）

给了他尚在世的兄弟——劳伦斯（Laurens）和伊维尔，但斯腾·斯图雷不打算承认这一安排。与新丹麦王克里斯蒂安之子汉斯的谈判，带来了斯腾·斯图雷与伊维尔的和解。1483年劳伦斯死后，伊维尔是唯一在世的阿克尔松家族成员。在与斯腾·斯图雷谈判中（1483年），伊维尔·阿克尔松交出了他和他兄弟在芬兰的封地［不包括拉塞伯格（Raseborg）］，但得到了处于其地的厄兰岛（Öland）。伊维尔的影响已被限制于波罗的海中部。汉斯承诺将叙尔威茨伯格（Sølvitsborg）城堡还给伊维尔，这是其父在1467年没收的。作为回报，伊维尔重申了在1476年做出的确认原则：他以丹麦王的封地方式持有哥德兰岛，并帮助汉斯赢得瑞典王位。

伊维尔收复叙尔威茨伯格（Sølvitsborg）的条件没有改变，他推翻斯腾·斯图雷的企图也徒劳无功。通过让步安抚了国务议事会的重要成员，摄政斯图雷没收了伊维尔·阿克尔松（Iver Axelsøn）其余封地，但不包括他所收回的哥德兰岛。当他感到那里不安全时，他将该岛让与国王汉斯（1487），并在他位于利尔略（Lillö）的地产定居下来。同年，他便去世了。

克里斯蒂安统治初期曾试图限制汉萨同盟商人对卑尔根的影响。同时，他也努力防止英格兰人通过海峡航行。这一措施打击了普鲁士各城镇，但却得到了吕贝克的谅解。克里斯蒂安对瑞典王位的渴望告诉他不要与吕贝克疏离。冰岛利益促使他向英格兰人表示，他们在冰岛犯下的任何罪过会招致他在其他地方的复仇。

针对卑尔根城堡总督奥拉夫·尼尔森（Olav Nilsson）的控告导致克里斯蒂安于1453年调查他的管理机构，结果尼尔森遭撤职。当克里斯蒂安在与瑞典的冲突中需要汉萨同盟的支持，或至少是中立时，他不得不向那些日耳曼商人做出让步；另外，挪威地方政府官员还要帮助日耳曼人收取债款。但已经复职的奥拉夫·尼尔森继续其与汉萨同盟对抗的政策。1455年9月1日，由日耳曼商人领导的骚乱在卑尔根爆发。到骚乱平息之时，奥拉夫·尼尔森和卑尔根主教被杀，门克里夫（Munkeliv）修道院被烧毁。尽管俗界政府需要汉萨同盟在与瑞典的冲突中保持中立，并没有过分地惩处骚乱，但教会要求卑尔根的日耳曼社区付出大量补偿。

当卡尔·克努特森与但泽保持友好关系时，克里斯蒂安在一项与吕贝克的协议中看到了他的利益。在15世纪五六十年代剩下的时间里,这是波罗的海国际关系的一贯特征。

同一年代中,克里斯蒂安与英格兰的关系占据了其政府外交事务的很大一部分。1456年法国的查理七世(Charles Ⅶ)同克里斯蒂安达成了一项针对英国的攻守同盟,并且,通过法国的调停,1460年苏格兰与北欧诸国举行了谈判。由于詹姆斯三世(James Ⅲ)年幼,一项有相似动机的条约一直拖延到1468年才达成。该条约规定,克里斯蒂安的女儿玛格丽特(Margrete)应嫁与这位苏格兰国王。作为她嫁妆的一部分,北欧诸岛——奥克尼(Orkney)和设得兰群岛(Shetland),被抵押给了苏格兰。尽管丹麦—挪威政府反复努力,但在接下来的两个世纪中它们从未成功赎回这些岛屿。

第七节

布伦克堡(Brunkeberg)战役(1471年)是斯堪的纳维亚历史的一个转折点。虽然联合王国于1497和1520年两度组建,但每次仅延续几年。在下个世纪里,瑞典—芬兰王国对于大部分波罗的海利益形成控制,而同时,丹麦—挪威王国则与北海事务相关联。

15世纪末,北欧两国中央政府的权威大幅增长。通过往来信件副本的登记,管理机构变得更有效。而最重要的则是,更多火器的使用赋予了政府一种超过其他任何人的、确定的优势。只有它们能支付得起大量的大炮,且贵族的城堡也抵挡不住加农炮的攻击。虽然复杂的防御系统可以保护贵族的要塞抵御农民骚乱或周边争斗,但在政府决定迫使顽固贵族屈服时,他们不足以凭此来抵抗。在丹麦—挪威,这一倾向由于建立了一支真正的海军而得以巩固。组成这只海军的是专为战争建造的船只,而非仅仅适合此目的的商船。虽然早在1414年已有一艘王家战船,但16世纪最初十年发生过针对瑞典和吕贝克战争的往事,令政府认识到需要更大规模海军。由于战争,舰船无法自海外获得,所以不得不在王国内建造。

大约到1500年,许多城镇都有了语法学校。这是芬兰、瑞典、挪威和丹麦的情况,但在冰岛,学校与主教教堂和修道院联系在一起。1470年代,瑞典、丹麦两国各自建立了一所大学,乌普萨拉建校的时间是 1477 年，哥本哈根是 1479 年。从 1480 年代开始，印刷商为北欧市场生产，一些甚至在丹麦和瑞典落户。虽然他们的产品主要是用于特定主教教区的礼拜书，但他们也印制实用法律文书、历史性著作和小说。这是一个识字能力正在发展的迹象。

出于财政的考虑，两国政府都特别鼓励城镇发展。瑞典法律曾给予日耳曼城镇居民在城市议事会中单独的代表权，但 1471 年这一点被废除了。在丹麦，1475 年和 1477 年当日耳曼商人行会取消时，融合同样得到鼓励。日耳曼商人虽受欢迎，但他们必须加入丹麦商人行会，并且不允许他们冬季在这个国家居留。如果他们打算那么做，他们就必须永久定居在那里，并最终同丹麦女人结婚并像其他人一样纳税。冰岛面临英格兰人、汉堡商人和来自卑尔根的吕贝克商人的竞争，也采取了相关的措施。大约 1480 年，冰岛议会对挪威王治下各国中出生的那些外国人保留了冬季居留权。所谓的皮宁（Pining）判决确认了这一决定。但是同年，他们与英格兰达成了一份协议，允许英格兰商人在冰岛和任何挪威城镇从事贸易，而在丹麦则仅限于海峡地区的某些地方。几年后，苏格兰的詹姆斯四世（James Ⅳ）、丹麦—挪威王国的汉斯以及他们的王国允许各自国王的臣民自由地在另一国领域内进行贸易。很明显，汉斯政府想抵消汉萨同盟的势力而又不屈从于英国的影响，同时确保外国商品的供给。

克里斯蒂安一世殁于 1481 年 5 月。尽管其长子汉斯在 1458 年已经由挪威和瑞典承认为未来的国王，并在 1466 年被承认为石勒苏益格—荷尔斯泰因的统治者，但他的王位继承看来有困难。而在丹麦，汉斯在克里斯蒂安在世时已经被承认为未来的国王，他于 1482 年春宣告即位。

克里斯蒂安的统治已引起批评，这一点在他死后便显现出来。挪威议事会希望未来的国王受到更严格约束。结果，1481 年秋挪威国务议事会做出了非常高明的举动，着手与瑞典国务议事会建立联系，此举导致 1482 年 2 月的联盟条约。然而，在瑞典，当权者变得更加赞成联合的观念，并在丹麦人和瑞典人间进行斡旋。作为回报，后者将参加 1483 年 1 月在哈尔姆斯塔德（Halmstad）举行的会议，其目的是选举一位新国王。然而，当代表们集会时，才发现只有丹麦人和瑞典人得到了授权实施选举。瑞典的态度更像是逃避责任，这致使挪威代表与他们的丹麦同僚联合起来。他们一起选举了汉斯，1483年2月1日他接受了一份限制严厉的《宪章》[håndfæstning，所谓的《哈尔姆斯塔德决议》（Halmstad reces），或协议]。1483年圣灵降临节，汉斯在根本哈根加冕，同年7月20日他又在特隆赫姆（Trondheim）加冕。

在该《宪章》的序言中，汉斯允诺承认其条款是他政府的基础。如果他这么做了，瑞典人就接受他为王。然而，直到那时，该条款只适用于挪威和丹麦。各国的内部事务将与其他王国的有关事务分开，国王将重新获得属于挪威王室的、对土地和收入的控制。封地和城堡仅授予该国贵族的成员，无论是王室家族还是非自由阶层都不允许获得"自由"土地。在挪威，外国人不能在城镇政府中充任官职或担任由国王任命的法官（lagmend）。

最令人感兴趣的还是那些涉及挪威经济的条款。铸币将重新开始，且硬币应该像丹麦铸造的那些有同样的价值。所有外国商人都获许访问卑尔根和其他挪威城镇，但仅在付关税的情况下。他们不获许干预城市工匠、王室或教会的事物，也不能以抵押贷款的方式获取乡间地产。政府明显不仅想去维持农业和牲畜业，而且还有锯木业。该行业在15世纪后期日益扩张，且无外国资本。如同他们曾习惯做的那样，来自低地国家的商人获准航行至挪威。最终，汉萨商人被严禁航行至冰岛。汉斯在该地承诺仅任命本地总督。1483年8月，各方决定讨论瑞典与联合王国的关系。随后于卡尔马举行会议的结果是达成了一份宪章，但只有瑞典与会者承认了这份被称为《卡尔马决议》（Kalmar reces）的文件（1383年9月7日）。然而，它包含了一些选举汉斯为瑞典国王的条件。这些在几方面限制了王室权力，且比《哈尔姆斯塔德（Halmstad）决议》更甚。但汉斯从未签署过它。

到中世纪晚期，贸易依赖于从波罗的海地区向低地国家出口谷物，且这一点正变得日益重要。对于北欧国家，与该区域的贸易呈现出显著优势：那里的商人能提供与汉萨同盟相同的货物，但他们不像文德诸城那样干涉斯堪的纳维亚政治。在哥德堡（Göteborg）地区，尼亚—略笛瑟（Nya Lödöse）的建立（1474）将吸引来自低地国家的船只和商人，这与一个半世纪后建立哥德堡所发挥的作用一样。同时在挪威，他们在汉萨同盟内部挑拨离间，目的是限制它的影响。此外，在 1500 年前后的几十年里，丹麦贸易正改变方向。低地国家总是愈加乐于成为合作者，其中丹麦牛的出口在贸易中非常重要。结果，汉萨同盟丧失了利益，而吕贝克和其他文德城镇则首当其冲。

在 15 世纪 80 年代，斯腾·斯图雷的政府在利沃尼亚继续实行传统的瑞典—芬兰渗透政策。1485 年与里加（Riga）达成了一项针对条顿骑士团的利沃尼亚分支的协议。而且，1491 年当里加与其大主教以及条顿骑士团实现和平时，瑞典的计划遭到挫败。几年前瑞典曾与吕贝克合作。通过一项也可令该日耳曼城镇获利的协议，瑞典铜的出口得到了保障：1492 年，日耳曼城镇从波罗的海进口的 25% 源自瑞典。

丹麦政府认识到瑞典与利沃尼亚友好关系存在的内部危险，届时这些危险可能威胁到与俄罗斯的自由贸易。从 1487 年起汉斯已经统治哥德兰岛，1493 年他与莫斯科维（Muscovy）的伊凡三世（Ivan Ⅲ）达成联盟：汉斯需要俄罗斯的支持反对瑞典，伊凡希望借助丹麦的帮助反对立陶宛。令汉萨同盟惊慌的是，1494 年伊凡关闭了日耳曼人在诺夫哥罗德的定居点（二十年后重新开放），随后几年中俄罗斯人袭掠了芬兰东部。在瑞典内部，对斯腾·斯图雷的反对越来越多。同时，与俄罗斯维持和平以及与丹麦—挪威联合王国和解的愿望也一样日益迫切，为此甚至能以接受汉斯为王做代价。

到 1497 年，瑞典的政治局势进一步恶化了。以国务议事会为一方，以斯腾·斯图雷及其大众追随者为另一方，两者间爆发了敌对行为。当时，汉斯对斯腾·斯图雷宣战（1497 年 3 月 13 日），并击败了斯德哥尔摩附近的达拉那农民募兵。斯腾·斯图雷现在承认了汉斯，作为回报他得到了大块封地的封授，即，尼雪平（Nyköping）和整个芬兰。对汉斯来说，他许诺进行大赦，并愿意遵守卡尔马宪章的条款。1497 年 11 月 26 日，汉斯加冕为瑞典国王，而其子克里斯蒂安于 1499 年被承认为他的继承人。

在决定与斯腾·斯图雷实现和平时，汉斯忘记了犒赏曾支持其事业议事会成员。斯万特·尼尔森（Svante Nilsson）便是这些议事会成员之一，他自称斯图雷，但实际上属于纳特·欧·达格（Natt och Dag）家族。汉斯不久就对这一失误感到后悔，因为事情正显而易见，他与斯腾·斯图雷订立的协议是无法持续的。1500 年林雪平

(Linköping）的主教去世，黑明·加德（Hemming Gad）被选任到该教堂。此人是前瑞典驻罗马使节，其当选也有斯腾·斯图雷的帮助。加德是一位坚定的民族主义者，他促成了斯腾·斯图雷与斯万特·尼尔森的合作。1501 年 8 月 1 日，斯图雷与尼尔森建立了一个联盟，这意味着针对汉斯反叛的开始。汉斯国王被废黜，斯腾·斯图雷再一次担任了摄政一职。瑞典的不满由于害怕莫斯科维（Muscovy）而进一步加重了。莫斯科维似乎要协力反对瑞典—芬兰王国，后者的东部边境遭到俄罗斯人的争夺。瑞典的反叛者也在挪威找到了某些支持。在挪威，克努特·奥维森（Knut Alvsson）已经承袭了与原丹麦派系首领亨里克·克鲁姆米迪奇（Henrik Krummedige）的血仇，并要与瑞典反叛者采取一致行动。他对挪威的第一次入侵（1501 年秋）被击退了，但 1502 年 2 月他又卷土重来。汉斯现在派出了他的儿子克里斯蒂安，后者 1489 年已经被宣布为挪威王位的继承人。克里斯蒂安很快设法制止了反叛。克鲁姆米迪奇安排了自己与奥维森的会晤。而尽管他授予了奥维森安全通行权，但仍杀了他（1502 年 8 月 18 日）。

在瑞典，到 1501 年 10 月斯德哥尔摩已经落入叛乱者之手，仅剩下其城堡由王后克里斯蒂娜掌握。经历了 1502 年春天的英勇抵抗后，王后交出了城堡。虽然汉斯几天后赶来援助她，但已徒劳无用。汉斯只能回航丹麦，经汉萨同盟斡旋，其王后后来于 1503 年最终获释。斯腾·斯图雷亡故后不久（1503 年 12 月 4 日），斯万特·尼尔森（Svante Nilsson）继承其位。

1504 年春敌对行动再起。卡尔马（Kalmar）的城堡仍掌握于丹麦人之手，但其城镇已投降了斯万特·尼尔森。6 月份实现了一次停战，其意图是要在 1505 年 6 月卡尔马举行的会议上解决分歧。汉斯携丹麦和挪威的国务议事会（riksråd）出席，某些日耳曼诸侯作为皇帝的代表参加，苏格兰国王也露面了，但瑞典人却没来。等候两周后，挪威和丹麦的议员设立了一个法庭，他们判定汉斯为瑞典的合法国王。1506 年 10 月，帝国议会法庭（The Reichskammergericht）确认了该判决。正如皇帝不久后所做的，它禁止帝国的臣民帮助瑞典的首领们。

尽管如此，瑞典并未被完全孤立。1506 年 5 月，它受波兰邀请加入与利弗尼亚的联盟,反对俄罗斯。但在 10 月 7 日,吕贝克承诺不支持瑞典,而致力于汉斯的复辟[塞齐伯格(Segeberg)的协议,1507 年 7 月批准]。1507 年夏末,吕贝克及其他城镇做出了它们的仲裁,禁止瑞典船只停靠其港口。与此同时,1508 年和 1509 年的大部分时间里敌对行动都在继续。丹麦拥有海上优势,有可能对瑞典和芬兰的海岸进行袭击。1509 年 8 月,奥特·拉德(Otte Rud)对奥布(Åbo)*(图尔库,Turku)发起过这样的攻击,并因其残忍而闻名。1509 年早期,汉斯的俄罗斯同盟入侵了芬兰。1507—1508 年的饥荒、1509 年歉收和瘟疫,使得瑞典与汉萨同盟贸易中止的影响变大了。瑞典因此被迫签订了《哥本哈根和约》(1509 年 8 月),并付给丹麦岁贡直至汉斯或其子克里斯蒂安成为瑞典国王。同时,厄兰岛(Öland)和卡尔马由丹麦持有。

1509 年 9 月,吕贝克与瑞典达成了一份贸易协定,但它仍感到丹麦与低地国家商人的友谊威胁了其重要利益。结果,当瑞典否认《哥本哈根和约》时,吕贝克便很快效仿行事,于 1510 年 4 月 21 日对丹麦宣战,并在同年 7 月与瑞典结成反对丹麦的正式同盟。当瑞典与俄罗斯同时实现了停战时,丹麦—挪威联合王国目前不得不依赖该君主国自身的资源。战争爆发于 1510 年航运季开始时,吕贝克显示出其海上优势。汉斯失去了卡尔马和厄兰岛上的伯格霍尔姆(Borgholm)城堡,但日耳曼和瑞典对丹麦领土的入侵被击退了。此外,通过一项获得武装力量和招募海外雇佣兵的积极规划,1511 年丹麦的海军变得与文德诸城一样有效,并且,同年年初,克里斯蒂安王子从挪威袭击了瑞典西部。吕贝克试图通过向汉斯缴纳年贡来获得和平,而相应地,对于每年从低地国家进入波罗的海的船只数量,汉斯则仅提供限额许可。但通过宣布自己是丹麦海自由的支持者,汉斯拒绝了吕贝克的提议。

与此同时,斯万特·尼尔森的战争在国务议事会(the *riksråd*)越来越不得人心。当他被要求退位时,他领导了一场运动,意欲将人民重新聚集到他的事业中来。但他却于 1512 年 2 月 2 日突然辞世。

---

* Åbo,一座位于 Aura 河口的城市,现在芬兰境内。中世纪时,瑞典称之为 Åbo,后来芬兰称之为 Turku。——译者注

支持和平的一派争取到国务议事会的支持,并于 1512 年 4 月 23 日在马尔默(Malmø)缔结了和约。在大多数方面,该条约是对《哥本哈根条约》的确认。关于汉斯和克里斯蒂安王子权力的决定延迟到来年才做出。

1512 年 7 月,斯万特·尼尔森的儿子斯腾·"斯图雷"(Sten "Sture")继承其父成为摄政(riksföreståndare)[对抗埃里克·特罗尔(Erik Troll)的候选人地位]。在当选之后,他努力逃避他与国务议事会的协议。其借口是,他的授权不仅已由议事会而且也由人民赋予。而选举和拥戴为王的两种不同仪式或许在授权问题上本就存在故意的混淆。

1513 年 2 月 20 日,汉斯殁于奥尔堡(Aalborg),其子克里斯蒂安即位。克里斯蒂安已经在 1487 年被选为丹麦的继承人,并于 1489 年宣布(在 1497 和 1512 年确认),1489 年得到挪威的承认。汉斯死时,他已经在 1506—1512 年间凭总督的权力统治挪威。作为总督的首要任务之一是批准外国商人在卑尔根的特权。1507 年吕贝克曾答应设立一项对瑞典的贸易禁令,同时克里斯蒂安不得不更多地依赖汉萨同盟供货。来自尼德兰的商人失去了他们在冬月居留挪威的权利,卑尔根的日耳曼工匠也被置于日耳曼商人的控制之下。此外,汉萨同盟巩固了对卑尔根以北贸易的垄断。1508 年早些时候,克里斯蒂安废除了罗斯托克(Rostock)在奥斯陆(Oslo)和屯斯伯格(Tunsberg)的特权。该措施证明是富有成果的,因为它刺激了本地贸易阶层的形成。

作为总督,克里斯蒂安已经表现出他有能力统治一个国家,并且,他期待与教士和世俗贵族的精诚合作。但并非所有人都认为这一行为合乎自己的意愿。出于对他能更顺从众意的期望,丹麦国务议事会的某些成员将王位献给克里斯蒂安的叔父弗雷德里克(Frederik),不过后者拒绝了。1513 年 6 月,关于克里斯蒂安的《宪章》(håndfæstning)和瑞典履行《马尔默条约》(Malmø)的谈判在哥本哈根举行。人们要求在次年举行一次会议,目的是解决瑞典是否准备接受汉斯或克里斯蒂安为王。然而,瑞典代表团未得到授权去承认克里斯蒂安为瑞典国王。于是,各方同意将决定拖延到 1515 年 6 月,并且,到 1516 年的复活节前保持各王国间的和平。与此同时在挪威,卑尔根的日耳曼人团体维持了与挪威北部和冰岛贸易的垄断，以此对抗来自不来梅（Bremen）和汉堡的竞争。克里斯蒂安对文德诸城和解态度的产生，是由于他需要他们的支持来获取瑞典王冠。1514年当克里斯蒂安在其加冕之际造访挪威时，罗斯托克向他寻求授予新特权。然而，奥斯陆特别是屯斯伯格（Tunsberg）的自由民十分坚决：他们想保持在1508年自己获得的优势。几个月后，克里斯蒂安与梅克伦堡公爵（the Duke of Mecklenburg）进行联盟谈判，目的是为战胜瑞典人而提供军事援助。而这位公爵提出授予罗斯托克特权为先决条件。克里斯蒂安被迫勉强同意，由此为其瑞典事业而牺牲了挪威自由民的利益。

克里斯蒂安的《宪章》的内容是这位贵族（由其大臣代表）同挪威及丹麦国务议事会之间的重要谈判主题。如同1483年所发生的情况，该《宪章》适用于挪威和丹麦。贵族已经提交了一系列要求，他们中的大多数打算为其成员确保体面的收入。因为土地和封地正集中于最上层的贵族之手，现在一个乡绅家庭可能难以与罗森格兰兹（Rosencrantz）和吉尔登斯特恩（Guildenstern）之类的贵族相提并论。* 这样，在1483年封地和城堡留给了本地贵族成员。然而在挪威，地方状况可能使例外成为必要。挪威人已经要求，同样的条款应在两国都有效，但克里斯蒂安明显想保持将丹麦人任命到挪威封地的可能性。在1483年，王室家族和非自由阶层都不准从贵族处获得地产，相应地，贵族也不得从王室获得土地。一个新条款目前允许教士和贵族直接与外国商人进行贸易，而这一原则已经在丹麦、挪威和瑞典的普通法上得到过确认。挪威和丹麦间的货币统一维持下来，而且该通货与莱茵弗洛林（Rhenish florin）相联系，使之免于吕贝克的货币控制。

对涉及教会职位的任命，该《宪章》表现了妥协：国王不得对选举人施加任何压力，他必须尊重选举结果。另外，在反对教宗任命职位的做法上，他可能是本国教会支持者。教宗想任命的人经常属于罗马教廷，这些人几乎不去履职。但他们接受该职位的全部收入，而仅付一部分给替他们作代理主教的人。

---

* 这时期丹麦贵族的常见姓氏，也见于莎士比亚的《哈姆雷特》（Hamlet）中。——译者注

最终，《宪章》使人们注意到，即使国务议事会（the riksråd）对国王的抗议证明是无用的，宪政也得到了尊重。汉斯的《宪章》（håndfæstning）曾包含同样的条款，但仅涉及对《人身保护法》（habeas corpus）原则的破坏。很明显，汉斯的政府经验使更多的、反对非宪政行为的保证成为必要。1513年6月22日，《宪章》的条款得到封签。差不多一年以后，克里斯蒂安加冕为丹麦王，同日（1514年6月11日），以委托代理人出席的方式他与伊丽莎白成婚。伊丽莎白是后来成为皇帝的查理（Charles）的姊妹。正如针对瑞典的禁运所证明的，这位皇帝的支持可能仍是有用的。查理和伊丽莎白曾经在低地国家得到抚养；克里斯蒂安的婚姻显示，对于丹麦经济以及在稍小程度上对于挪威经济来说，与该地区的联系是多么得重要。

1512年，斯腾·斯图雷已经在瑞典被选为摄政。在他当选的随后五年中他渴望增加他的权力，特别是寻求大众对于其反对国务议事会政策的支持。他的策略是，主要针对政治同盟来扩展其政府职位，以及授予重要封地。像他的祖先一样，他承认采矿区（特别是在达拉那）以及斯德哥尔摩的政治力量，这些都是它们经济发展的结果。

1514年10月，年迈的乌普萨拉（Uppsala）大主教辞职，古斯塔夫·特罗尔（Gustav Troll）获取其位。此人的父亲是1512年选举中斯腾·斯图雷的对手。无疑，这位新大主教打算重组议事会中反对斯腾·斯图雷的宪政派。1515年他在罗马授职，并获权得到400人的武装力量的侍卫。另外，教宗承认他拥有斯泰克特（Stäket）（城堡和封地），允许他对试图争夺它的人发出禁令。但此刻斯腾·斯图雷坚持斯泰克特的封地属于这个王国，特罗尔大主教既不应该讨论这个问题，也不应为了封地对摄政发誓效忠。1516年秋天，斯腾·斯图雷对该城堡发起攻击。虽然并非所有议事会成员都赞成此举，但他却成功地挑唆众意以反对古斯塔夫·特罗尔大主教。结果，在此大主教的部分辖区中，农民拒绝缴纳什一税。

1513年，为了实施《马尔默条约》的条款，丹麦人、挪威人和瑞典人定于1515年6月举行一次新的会议。瑞典人知道，他们的选择只有两个，即，要么纳贡，要么承认克里斯蒂安为他们的国王。他们要求进行进一步的谈判，其明确的目的是延迟决策。这种情况下，会议同意将停战延长至1517年复活节，并把会议定于该年2月份。

第二十六章　斯堪的纳维亚诸国（约1390—约1536）　　743

　　克里斯蒂安利用拖延来寻找国外支持。汉萨同盟承诺，如果瑞典拒绝执行《马尔默条约》，就实施对它的贸易禁运。并且，1516年克里斯蒂安重续了与俄罗斯的联盟。斯腾·斯图雷也没闲着，他企图让教宗宣布克里斯蒂安的瑞典王位资格无效，但教宗认为这个问题应由一个陪审团的裁决来决定。虽然斯腾·斯图雷有想要接受教宗调停的想法，但他拒绝了这个建议。

　　1517年夏，一支丹麦舰队袭掠了瑞典和芬兰海岸。为了解救遭攻击的古斯塔夫·特罗尔大主教，舰队在斯德哥尔摩登陆，但却被击败了（1517年8月3日）。同年11月，在斯德哥尔摩召开了一个会议，教士与贵族、斯德哥尔摩市镇政府与人民代表，以及古斯塔夫·特罗尔都出席了。此次会议上，大主教特罗尔要对攻击丹麦负责，并被指控叛国重罪。他因这些理由被罢职，其在斯泰克特（Stäket）的城堡也受命拆毁。此外，那些与会者形成了一个联盟，并承诺：即使在罗马教廷，如果被这位大主教或其教士大会逐出教籍（1517年11月23日），他们也要相互帮助。次月，斯泰克特被占领（结果被拆毁），这位大主教也辞职了（并将作为斯腾·斯图雷的犯人关押）。

　　1518年克里斯蒂安再次对斯德哥尔摩发动了一次海上攻击，但以失败告终。尽管缔结过一项停战协定，却又被克里斯蒂安否决了。他随身带到丹麦六名人质，这些人被留作与斯腾·斯图雷的一次个人会晤的担保。1519年，克里斯蒂安的军队赢回了厄兰岛（Öland），并阻止了瑞典人进入西方。在埃尔夫斯堡（Älvsborg）他构建了一座新要塞。

　　大主教特罗尔的罢职，导致罗马教廷为他而采取法律行动。斯腾·斯图雷及其追随者被指令寻求教会的宽恕来免于逐出教籍，此处罚因拆除斯泰克特（Stäket）和监禁那位大主教而起。如果他们表示反抗，教廷就会向瑞典发布停止教权的禁令。并且如有必要，则可能要求世俗军队的帮助，也就是克里斯蒂安的帮助。

　　1520年1月初，一支挪威军队进入达尔斯兰（Dalsland）和威尔姆兰（Värmland），同时，丹麦人奥特·克鲁姆彭（Otte Krumpen）率一支大军从哈兰德（Halland）入侵瑞典。丹麦大军主力与斯腾·斯图雷的部队会战于冰封的奥孙登湖（Lake Åsunden）。在此瑞典人战败，斯腾·斯图雷本人也受伤了。这支入侵军队在该月末到达替沃登（Tiveden），经激烈战斗后打垮了瑞典的抵抗，并从这里向崴斯特莱斯（Västerås）挺进。与此同时，斯腾·斯图雷因伤而亡。

他的死为其国务议事会（the riksråd）中的反对派与克里斯蒂安军队的首领之间的妥协开辟了道路。大约两个星期的谈判后，克里斯蒂安被承认为瑞典国王。作为回应，国王也批准大赦。新王在议事会的协助下、依照瑞典法律统治瑞典。并且，如果斯德哥尔摩不遵守该协议（*Uppsala dagtingan*，1520 年 3 月 6 日，由克里斯蒂安在 3 月 31 日批准），那些城堡就由国务议事会持有。国务议事将会帮助克里斯蒂安迫使斯德哥尔摩屈服。

在斯德哥尔摩由斯腾·斯图雷的遗孀克里斯蒂娜·吉伦斯蒂尔娜（Christina Gyllenstierna）统治的情况下，该城不同意上述协议。而且，一支农民军集结起来。在耶稣受难节（4 月 6 日），它与入侵的军队会战于乌普萨拉（Uppsala）附近，却于该地历经苦战而败北。接下来的几个星期里敌对行动仍在继续，而克里斯蒂安准备率一支舰队起航至斯德哥尔摩。5 月份舰队到达，并对这座都城发动了攻击。9 月份斯德哥尔摩的保卫者们准备谈判。黑明·加德（Hemming Gad）支持克里斯蒂安的事业，他曾是斯腾·斯图雷的紧密合作者和克里斯蒂安的人质。他设法说服那些保卫者按照体面的条件交出该都城（9 月 5 日）。两天后，克里斯蒂安进入了这座瑞典首都。

第八节

10 月 30 日，召集国务议事会开会，次日他们宣布克里斯蒂安为瑞典的合法继承人。11 月 4 日，他在斯德哥尔摩加冕。

当庆典已持续了一些天后，已复位的大主教古斯塔夫·特罗尔提出了一项申诉。在申诉中，这位高级教士代表自己、其继承人和崴斯特莱斯（Västerås）主教要求：那些著名的异端人士，特别是已故的斯腾·斯图雷及其孀妇，应该因其罪行得到惩罚，而造成特罗尔本人入狱和斯泰克特（Stäket）拆除的罪行尤其要予以追究。在其进一步的谈判期间，克里斯蒂娜·吉伦斯蒂尔娜提出了 1517 年 11 月 23 日的联盟宪章，但只有林雪平（Linköping）主教能够证明他是在压力之下签署的文件。

很明显，同盟者是异端。他们不仅对抗和废黜了一位大主教，而且相互承诺去共同挑战绝罚或禁令，而这正是教会的绝对权威。此外，一位教会的公开逆教者要被处以逐出教门之罚，而且，如果他不在一个确定时间内与教会和解，按照瑞典法律就应处死。另外，异端也意味着依此事实而逐出教门。

联盟者被定义为众所周知的异端，这使克里斯蒂安免除了对大赦承诺的遵守。他也获准没收属于那些被判有罪之人的财产。即使曾与克里斯蒂安合作的人［如斯特兰奈斯（Strängnäs）的主教马修（Matthew）和黑明·加德］，也因同意联盟而遭到处决。然而，克里斯蒂娜·吉伦斯蒂尔娜及其母得到宽恕，只遭受监禁而非处决。

"斯德哥尔摩大屠杀"（Stokholms Blodbad）发生在11月8日及随后的几天中，其全部受害者人数大约是82人。在此之后，还有些人被处决。尽管如此的残暴，这次大屠杀（the Blodbad）还算是依法的杀戮。但在其他地方可以看到非法的屠杀，因为在某些情况下，人们的罪责并没有得到很好的确认，就被处决了。

由于不可能确定大屠杀（the Blodbad）的煽动者，克里斯蒂安必须与主教们共担责任，后者曾是原告或充任过鉴定人。后一群体中所有四位主教都目睹了鉴定人的证词，上面带有封印而不仅是指环印记。这些东西大多数都已提前准备好了。

古斯塔夫·瓦萨（Gustav Vasa）是克里斯蒂安的瑞典人质之一，1519年他成功地逃脱了丹麦人的缉捕。在造访吕贝克之后，他于1520年春返回了瑞典。到该年年末，他召集人们反叛。1521年1月，他被选为达拉那（Dalarna）地区的统领，于乌普兰（Uppland）击败了古斯塔夫·特罗尔（Gustav Troll），同时，达拉那的人们击退了克里斯蒂安的斯德哥尔摩城堡的总督。骚乱者的胜利显示出，他们的行动必须得到严肃对待。贵族们为他们的事业集结起来，1521年8月，古斯塔夫·瓦萨被选为摄政。

1522年，卡尔马（Kalmar）的重要城堡——斯德哥尔摩和埃尔夫斯堡（Älvsborg），与芬兰的那些城堡一样，也掌控于克里斯蒂安的统帅们之手。在汉萨同盟海军的帮助下，古斯塔夫·瓦萨此时征服了这些城堡，1523年6月6日他当选为瑞典国王，随后进入了斯德哥尔摩。

与此同时，丹麦也爆发了骚乱。一个联盟在 12 月 21 日建立，其目的是将王位献给石勒苏益格—荷尔斯泰因的弗雷德里克公爵（Duke of Frederik）。该年年末，吕贝克同意装备军队，用于一次以弗雷德里克公爵的名义对丹麦的进攻。1523 年 1 月 20 日，在维堡（Viborg）的地方议事会（the landsting）反叛正式发起。1 月 29 日，弗雷德里克接受了丹麦王位。他入侵日德兰半岛，3 月 26 日在维堡得到承认。4 月菲因岛（Funen）不战而降，4 月 13 日克里斯蒂安及其家族启程前往低地国家。在随后的几个月中，统领们相继将其城堡让给了弗雷德里克。通过施压和行贿相结合，弗雷德里克现在试图将那些忠于克里斯蒂安的人争取到自己这边来。

哥本哈根于 1524 年 1 月 6 日降伏。1523 年 8 月，弗雷德里克曾批准了丹麦《宪章》（håndfæstning），但一年以后才得以加冕。在挪威，当国务议事会（the rigsråd）弄清了弗雷德里克接受其承认的意愿时，它废除了其与克里斯蒂安的联盟。1524 年 8 月 23 日，弗雷德里克被选为王。

为什么克里斯蒂安的统治崩溃得如此之快，而且当时他似乎正处于其权利的顶峰？无疑，他赢得瑞典的行动已经使得他的财政紧张到极致。此外，当瑞典被征服时，因为他采取了一个支持北欧贸易商会的鲁莽计划，从而疏远了汉萨城镇。此计划的目的是聚集来自所有北欧国家和俄罗斯的货物；通过该商会在西欧（或许在低地国家）的代理商，货物得以销售，并能够获取来自西欧的进口必需品。吕贝克的贸易因此被限制于波罗的海，瑞典的铁也将不再运至丹泽和由西向的船只再出口。如果汉萨同盟的国际贸易（波罗的海外部）继续维持，克里斯蒂安的计划就不得不停止。结果，汉萨同盟支持瑞典暴动，吕贝克站到了弗雷德里克公爵一边。对于吕贝克来说，克里斯蒂安的贸易商会很危险，状似于一个世纪以前国王埃里克与波兰—立陶宛的联盟。

克里斯蒂安曾经实施了许多改革，其中两项重要的立法（1522 年）分别针对丹麦城镇和乡村。所有出口到日耳曼的牛应该通过里伯（Ribe）；同样地，来自丹麦各地的谷物由经哥本哈根、艾尔西诺（Elsinore）、兰德斯科罗那（Landskrona）或马尔默（Malmø）出口。

显然，就通过海峡的国际航运路线的谷物贸易而言，这一意图是要使丹麦成为尼德兰的供应方。而且，城市政府得到改造。虽然由于政治的缘故政府不得不接纳贵族和教士，但许多新法律仍改变了农民和自由市民的日常生活。改革有时是必要的，但短时期内强加太多东西就会激起反抗，并导致革命。结果，1523年克里斯蒂安一遭驱除，他的法律就废除了。

第九节

推翻克里斯蒂安在瑞典—芬兰和丹麦—挪威的统治是在汉萨同盟的协助下实现的。1523年，古斯塔夫·瓦萨（Gustav Vasa）授予吕贝克、但泽和其他汉萨城镇进一步的特权，它们被免除了在瑞典的关税。此外，不允许瑞典商人到丹麦海峡之外从事贸易，这些规定在1523年通过瑞典—普鲁士商业条约加以补充。

1531年，克里斯蒂安二世（Christian Ⅱ）在低地国家的支持下入侵挪威，这些地方再次促使弗雷德里克一世（Frederik Ⅰ）与吕贝克结盟。1532年5月2日，丹麦—挪威政府与吕贝克达成了一项有效期为十年的协议。这座汉萨同盟城市承诺在弗雷德里克反对克里斯蒂安的战争中帮助他；作为回报，弗雷德里克对波罗的海上来自低地国家的船只发起攻击。通过一项与弗雷德里克军队的临时协议（1532年7月9日），克里斯蒂安已经割让了挪威，但获得了与弗雷德里克谈判的安全通行权。当克里斯蒂安依照安全通行权来到哥本哈根，他未被允许登岸，原因是议事会已经决定将他终身监禁。7月末，他被送往桑德堡（Sønderborg）的城堡，在那里他被关押到1549年。此后他被转移到卡伦堡（Kalundborg），直到1559年他去世，他都生活在较宽松的羁押环境中。

弗雷德里克于1535年4月去世，这令局势变复杂。因为，他的儿子克里斯蒂安公爵（Duke Christian）是路德宗，这对依然信奉天主教的多数贵族来说是不能接受的。由于同样的原因，通过国务议事会临时政府不打算给信仰新教的吕贝克以支持。结果，在奥登堡的克里斯托弗伯爵（Count Christoffer of Oldenburg）的统领下，吕贝克的军队于1534年入侵了丹麦，其目的是恢复克里斯蒂安二世的王位。

他在中间阶层和农民中仍有支持者。在随后的战争中（Grevens Fejde，或称伯爵战争，1534—1536），克里斯蒂安公爵成为胜利者。1536 年他封玺了他的《宪章》（håndfæstning），并于 1537 年 8 月 12 日加冕。在控制波罗的海贸易和支配北欧商业政策方面，干涉丹麦将成为吕贝克的最后一次大规模努力。

古斯塔夫·瓦萨（Gustav Vasa）和弗雷德里克不得不应付新教传播的难题。该教派以路德教的形式进入日尔曼。现有的趋势通常是由政府或世俗人士增加对教会的控制，两位统治者出于自身目的而使用了这一趋势。应付当时出现的新教有两种策略，一种是对宗教改革者采取善意的中立（有时还不止于此），这对于仍属天主教的多数人是一种谨慎的态度；另一种是，从教会的服从中获得机会，来满足自身的政治和经济利益欲望。他们采取了介于两者之间的措施。

在瑞典—芬兰王国，转折点伴随 1527 年的威斯特奥斯会议（the Diet of Västerås）而来；在丹麦，伴随 1536 年的哥本哈根会议而来。1528 年石勒苏益格—荷尔斯泰因在许多方面已经接纳了路德教。在挪威和冰岛，至少对一些人来说，抗拒宗教改革意味着抗拒对丹麦的民族顺从。克里斯蒂安三世（Christian Ⅲ）的《宪章》（1536 年 10 月 30 日）废除了挪威的国务议事会，因为其多数成员非法脱离了与丹麦的联合。未来挪威将被认为是丹麦的一个省，由丹麦的国务议事会统治。在这一进展中，丹麦贵族在挪威封地的利益起到了一个重要的作用。当特隆赫姆的奥拉夫·恩格尔布里克特松（Olav Engelbrektson of Trondheim）大主教获悉丹麦主教们已遭囚禁（1536 年 8 月 12 日），以及路德教派已引入为官方宗教时，他准备武装反抗，但却失败并逃往低地国家。1538 年他死于那里。

15 世纪的斯堪的纳维亚半岛显示出增强君主权威的共同趋势，而这在其他欧洲国家也能见到。并且，在北欧君主国中，这又由于宗教改革的胜利而获得更多的力量。教会作为一种政治因素消失了，大部分土地落入王室之手。在芬兰和瑞典，古斯塔夫·瓦萨的首要任务之一是消除达拉那（Dalarna）矿区的政治因素，但尽管有这一事实，自由市民和农民并没有被排除在议事会的政治生活以外。自恩格尔布里克特（Engelbrekt）时代以来，很多暴动都从达拉纳发起。

在丹麦—挪威，农民和自由市民当时都没有感受到政治权力，议

第二十六章 斯堪的纳维亚诸国（约1390—约1536）

事会（各阶层的大会）在 16 世纪剩下的时间里也几乎没有被召集过。而且，大多数城镇仍属小规模，通常无法影响政治决策。中世纪晚期的行政机构曾经寻求有产阶层和农民的支持，并以此反对教士和贵族；宗教改革后的这个世纪，贵族获准与国王分享权力；他们直到 17 世纪中期那个时候才被消灭掉。

15 世纪是斯堪的纳维亚历史上一个重要时期。之所以这么说，其原因有如下几点：首先，政府的机构得以现代化，并且，在路德改革时代教会的独立性遭到侵蚀，直至衰落（这可以被视为日耳曼文化影响的积累）；其次，财富和政治权利集中于上层贵族之手而损害了乡绅；再次，吕贝克在斯堪的纳维亚政治的支配作用被剥夺，而有利于低地国家；最后，14 世纪的瑞典—芬兰和挪威的联合王国破裂，留下单独的瑞典和芬兰，以及挪威、冰岛和荷尔斯泰因与丹麦的联盟。复合君主国因此形成，并将持续到 19 世纪。

托马斯·里伊斯（Thomas Riis）

徐　滨 译

第二十七章

匈牙利：王室和贵族阶层

15 世纪，匈牙利（Hungary）政治史的主要特征是权力从君主到贵族的转移。这个世纪中期小贵族施展了他们在议事会（议会大会）的力量，而后半叶一位能干且广受支持的国王付出了不懈的努力来恢复王室权力。但尽管如此，到该世纪末贵族派系还是支配了政治领域。在统治者和贵族为权力而争斗时，自蒙古人进攻欧洲以来最强大的外部力量正日益威胁着这个国家，这就是奥斯曼帝国（Ottoman Empire）。王国的资源不能与敌人匹敌，久而久之匈牙利无法汇集必要的财政、组织、军事和外交能力。内部斗争进一步削弱了这个国家防卫南部边土的能力。1521 年贝尔格莱德（Belgrade）陷落，1526 年莫哈奇（Mohács）战役惨败，这些意味着匈牙利独立王国的终结。

15 世纪开始时，匈牙利王国还控制着先前获得的全部领土。在整个喀尔巴阡盆地（Carpathian Basin）以外，匈牙利的统治在大部分达尔马提亚（Dalmatia）得到承认。萨瓦河（the river Sava）以南和沿着多瑙河下游（the lower Danube）（巴纳特 the banates）的依附地区控制了一条足够宽的缓冲带。北巴尔干半岛的几个国家被匈牙利国王们间续地变为依附地，如塞尔维亚（Serbia）、波斯尼亚（Bosnia）和瓦拉几亚（Wallachia）。匈牙利王国的领域大约 35 万平方公里，人口约 350 万。然而，到这个世纪中期，达尔马提亚已输给了威尼斯（Venice），大部分的巴纳特（banates）和附属国沦陷于奥斯曼的统治。并且，由于不断发生的土耳其人的袭击，匈牙利南部地区甚至也开始遭到掠夺并丧失人口。1470 年代和 1480 年代，北方和南方的征服虽是暂时的收获，但仍不只是弥补了南方的损失。同时，（由于贸

第二十七章 匈牙利：王室和贵族阶层

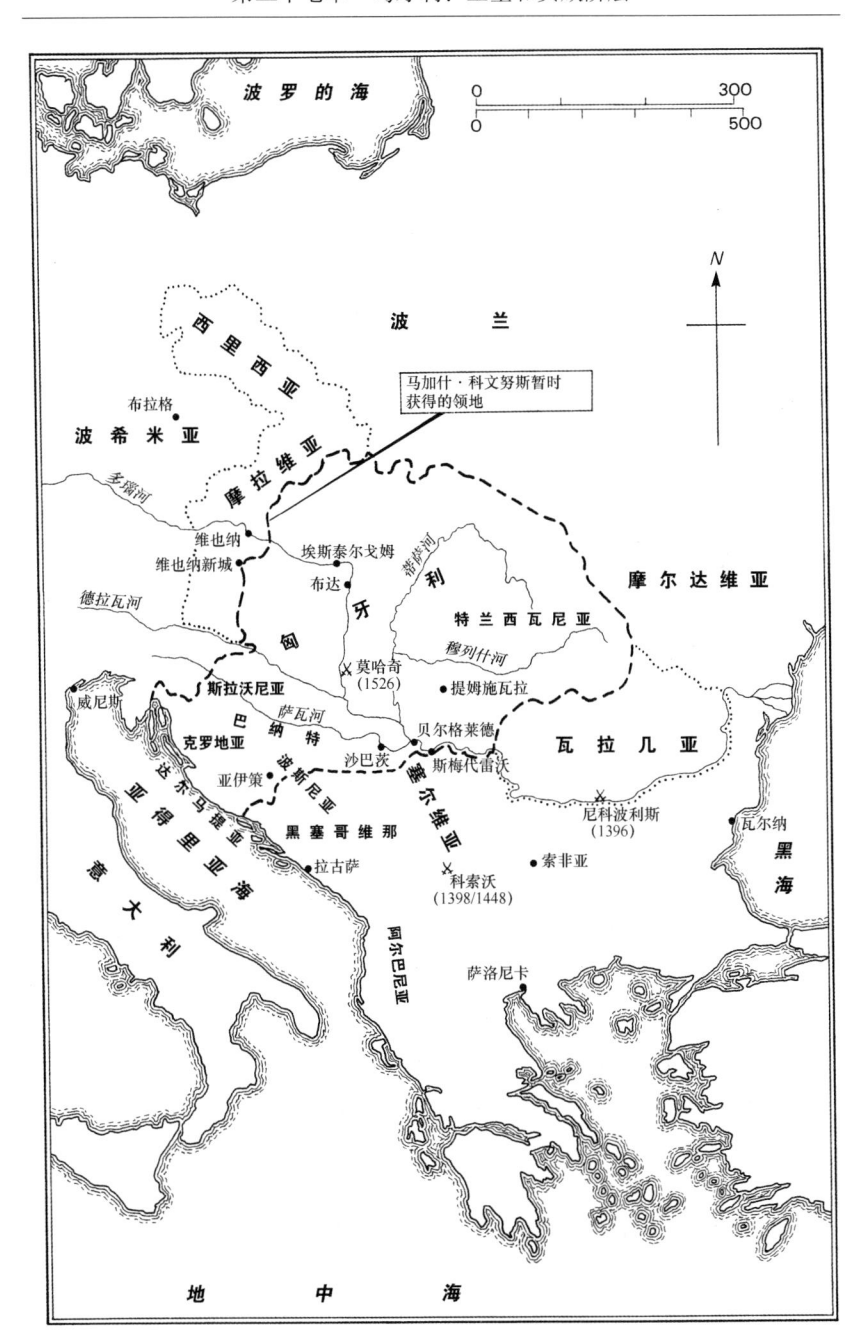

地图 17 15 世纪后期的匈牙利

易线路的转移,使得匈牙利的商业终端控制于外国人之手)防卫负担和经济停滞严重损耗了这个国家的资源。到 1500 年,这个曾经富有而有影响力的王国已经变成了一个穷国,且还要为生存而战斗。

第一节 西吉斯蒙德统治时期（1387—1437）和他的男爵们

安茹国王路易一世（Angevin King Louis Ⅰ）死后,王位并没有得到顺利继承。卢森堡的西吉斯蒙德国王（King Sigismund of Luxemburg）曾在尼科波利斯（Nicopolis）* 遭受十字军惨败（1396 年),在被他的大贵族选举人囚禁后又得以逃脱。他在几十年里时而对匈牙利维持着脆弱的掌控,而贵族暴动却接连不断。1401 年,国王的前联盟对他倒戈相抗,其首领则是大主教迦腻兹赛（Kanizsai）。[①] 俘获国王后,一个贵族议事会以"匈牙利的神圣王冠"的名义统治这个国家。这一宪政结构虽然在当时是短命的,但却将长存于世。"王冠的中世纪"象征意味着完全君主权,它与王国共同体一起表达了贵族团体对主权的要求（以拉丁语的形式称之为 *corona regni*,相对的旧的形式是 *corona regis*）。1403 年,当那不勒斯的拉迪斯拉斯（Ladislas of Naples）一时要争夺匈牙利王位时,这群贵族和大量小贵族都曾支持他。此人是都拉斯的倒霉查理（the hapless Charles of Durazo）（在 1385—1386 年做了几星期匈牙利国王）的儿子。但是,西吉斯蒙德的支持者很快粉碎了暴动,国王的地位未再遭到挑战。尽管大多数反叛者都得到了赦免,但他们也再未重获支配地位。因为罗马教宗卜尼法斯九世（Boniface Ⅸ）曾经支持觊觎王位的拉迪斯拉斯,西吉斯蒙德就借机加强了王室对匈牙利教会的控制:1404 年,他发布了一项被称为《御准》（*placetum regium*）的敕令。据此他禁止向罗马教会法庭（the Roman curia）上诉,并且阻断了得到教宗任命的人（the bullati）获得匈牙利教职和教俸的道路。

1408 年西吉斯蒙德建立了龙骑士团（the Order of the Dragon）,

---

* 又译为"尼科堡"。——译者注
[①] 匈牙利名字按它们的本国形式给出。中世纪晚期,贵族按照其地产使用名字:例如,Johnnes de Kanizsa。后缀 -i 是这个名称的匈牙利语的对等形式,也曾是当时人使用的形式。

这标志着他对王国政府掌控的巩固。在以后的三十年里,匈牙利由一群新贵族统治,他们结盟并忠于通常不在国内的国王。十二名匈牙利龙骑士团骑士(国王、王后和外国权要)分享了该国城堡的近一半,其中多数是从西吉斯蒙德受领的。这些家族中仅有三个在安茹时代掌有一些职位,且其中只有一个来自一个大的土地持有家族。他们总共持有的土地几乎等同于留在国王手中的土地,国王则在他为王位而战时失去了其王室领地的大部分。虽然14世纪的国王们曾能够依靠大约150个王室城堡及其附属地区获取收入和军事力量,但西吉斯蒙德开始稳固自己地位时才有不到五十个。因此,王室和贵族在这个王国中保持了一种力量上的平衡。

第二节 防御奥斯曼帝国

就南部边界防御成为匈牙利统治者的核心问题而言,西吉斯蒙德还是第一位。由于巴尔干(Balkan)联军在科索沃(Kosovo)战役(1389年)中战败,致使这块"缓冲地带"消失了,而它原本可让奥斯曼帝国远离匈牙利领土。尼科波利斯(Nicopolis)惨败表明,久已过时的十字军理念在对抗素丹时已不起作用。然而,短时间内这个国家仍可能依靠"第三力量"来反对土耳其。在赢得塞尔维亚(Serbian)统治者斯特凡·拉扎雷维克(Stephan Lazarevic)成为重要同盟者方面,匈牙利的外交政策是成功的。几年的时间,波斯尼亚的霍沃佳(Hrvoja of Bosnia)和瓦拉几亚的米尔西亚(Mircea of Wallachia)也承认了西吉斯蒙德的宗主权。然而,对匈牙利政治抱负的猜疑和对其传教热情的记忆(反对波斯尼亚异端和东正教基督徒)都阻碍了这些联盟的团结。西吉斯蒙德和他的男爵们知道保卫国家边境的必要,并开始建立防卫体系。波颇·斯科拉里(Pipo Scolari),这位佛罗伦萨的(Florentine)财政顾问,成为东南边境地区的统领。他和后来的塔洛伐克(Tallóci)兄弟〔原籍拉格萨的(of Ragusan origin)〕建立了一条双层防御工事链。它自特兰西瓦尼亚(Transylvanian)边界延伸到亚得里亚海(Adriatic Sea),建有大量要塞,在要塞周围和之间布置着众多的轻骑兵。这些部队由大部分南斯拉夫(South Slav)贵族及其扈从组成,这些人由于奥斯曼帝国的推进而被迫出离家园，因此熟悉敌人的战法。这个系统的关键是贝尔格莱德，它是 1427 年由匈牙利从塞尔维亚暴君斯特凡（Stephan）处得到的。为了给该系统的建设和维持提供资金，来自几个郡、边界沿线的边区（banates）和特兰西瓦尼亚（Transylvanian）盐矿的收入被授予了波颇（Pipo）及其继承人们（盐垄断是一项巨大的货币来源；实际上，经常直接付给士兵盐做报酬）。1403 年后，各地方和王室领地不再作为"荣誉"授予宫廷官员（类似于给封地），而是委托给被称为"统领"的军事人员全权管理。

15 世纪 30 年代，当胡斯信徒（the Hussites）进攻匈牙利北部[今天的斯洛伐克（Slovakia）]时，这个国家面临着北部和南部的双重挑战。两线作战的威胁[一场与威尼斯正在进行的斗争加剧了这一趋势，其缘起于达尔马提亚（Dalmatia）]致使王室建议制定一项新军事法令，它在很长时间内将一直是防卫的基础。这个称为《锡耶纳登记》（Siena Register）的法令是西吉斯蒙德在他被迫滞留意大利时起草的，时间是 1432—1433 年，当时他正在去往为其举行的皇帝加冕仪式的路上。法令虽未由 1435 年议事会正式实施，但它反映了这个国家财富、声望和权力的分布。与传统做法一样，领主的部队（称为 *banderia*，意为一支 100 至 400 人的长矛骑兵队）将投入战场，率领他们的人包括：两位大主教；六或七位最富有的主教；帕拉丁伯爵；大法官们；国王和王后宫廷的官员们；克罗地亚（Croatia）、斯拉沃尼亚（Slavonia）和边境地区的区督（bans）；特兰西瓦尼亚的总督以及克罗地亚和达尔马提亚的贵族。另外，一支或多支王室长矛骑兵队（部分由国王付酬，部分由他的宫廷骑士装备给养）部署到受威胁的边境，数量多达 1000 人。按照这种普遍征兵的方式，72 个郡依据面积和人口每郡提供 50—300 名武装士兵。两项改革中的一项是，大约 50 名贵族被列名为 50—100 人长矛骑兵队的长官，他们都是新确立的大地产持有人。这些人中的大多数并非来自最重要的家族，而是来自富有的中层土地拥有者。在这个世纪中，这些人变成了"长矛骑兵贵族（banderial lords）"，也是现代早期正式的显要阶层的先行者。另一项改革是建立地方民兵，因其基于可征税的土地（门，*Porta*），故称为"门兵"（*militia portalis*）。该法案早在 1397 年的提姆施瓦拉（Temesvár）[罗马尼亚的提姆施瓦拉（Timișoara, Roma-

nia)〕会议上已提出设想，1435年颁布。这支辅助军事力量目的在于扩充大贵族和高级教士的长矛骑兵队。法令规定，每二十名（后来规定为三十三名）佃农出一名士兵，所有土地拥有者（较小的拥有者按群计算）应该为之提供武器装备，并使之在郡统领麾下去作战。

《锡耶纳登记》也证明了这一事实：男爵、高级教士和较富有的贵族有大量的武装扈从，准备好遵从国王的召唤。这些部队由贵族家庭成员组成（familiares），他们曾跟随更强大的领主服役。因此大多数匈牙利贵族，虽然并不生活得像农民（他们仍然要求免税），但仍变成了比他们更幸运的同侪的侍从。这一安排并没有破坏贵族身份和侍从不可剥夺的地位。侍从仍是"国王的人"，除了涉及契约性劳役之事，他们仅服从于王室。侍从获得现金或其他种类的收入作为报酬，但几乎不会以土地的方式。他们为他们的上司做事，不仅是武装同伴而且也是他们地产的管理人和公事的助手。侍从也跟随他们的领主（domini）进入更高级的王室职位，并因此成为中央法庭的法官和首席书记（开业律师）之类。这种"密切关系"（familiaritas）有点类似于西方类型的封建关系，但比起正统的附庸地位，它不太正式，也不太互惠，几乎不会持续很久。另外，它与英格兰的侍从和俸给情况又没有本质的区别。

第三节　西吉斯蒙德的政府和财政

西吉斯蒙德在位的最后几十年中，其大部分时间都是在国外度过的，特别是在他被选为皇帝和纠缠于大议事会难题以后。但即便如此，他仍在匈牙利实施了大量的行政改革。1405年、1435年，西吉斯蒙德和他的议事会颁布了一系列重要法律，提升了城市（对于国库是一个可靠的收入来源）的地位，规范了司法机构，还修整了王国的防卫。虽然中央政府保持了非正式的、男爵和高教士的王室议事会，但西吉斯蒙德指派律师、财政和军事专家（防御体系的"统领"）、小贵族，甚至自由市民作为"特殊顾问"入职其间。此外，王室中央法庭变得更为专业化。首先是国库主管（magister tavarnicorum）法庭，它对七个以上的最重要城市拥有司法权，此时又因自由市民助理法官的加入得以扩充。接下来是"国王亲临"和"特别国王驾临"法庭，两庭皆以国王的名义宣判，主要是针对强悍的贵族和各种地位的篡位者。虽然这两个法庭的大法官仍是男爵，但已经充斥着经过司法训练的人。即使国王颁布了一系列法令（decreta），习惯法的优势仍显见于下列事实：经大学训练的法官仅任职于大法官法庭；大多数其他法庭的实际司法主管实际上是受过训练的、精通本王国的习惯律师。西吉斯蒙德的法令也提高了郡长的司法权，而这类职位是由小地主的选举代表充任的。郡长们获得权利以单独召集司法会议，并制止犯罪。通过这些被称为"宣告大会"的会议，在统治者不在的情况下各郡依然可以维持安定，甚或在一个无王的国家里也能如此，正如在这个世纪中期的空位期和内战时期那样。而且，这个国家获权保证佃农的自由迁徙，同时，在劳动力短缺的时候控制大地主对他们的强烈诱惑，因为这些诱惑损害了小贵族。军事法令也增加了郡长们的权利，委托他们征召地方民兵，即为郡征兵选择一位统领，并且，给予那些不愿服役的人以惩罚。

然而，西吉斯蒙德在应付王室不断增长的财政需要上不太成功。当然，对于所有欧洲统治者，收入短缺都是那个时代的一个新特征，但这个困扰对于匈牙利更不一般。在匈牙利，安茹贵族是产自北匈牙利和特兰西瓦尼亚的巨额金银的管理人。然而，这些地方的产量似乎已经减少，而且，连续恶化的匈牙利外贸余额也耗尽了该国的储备。国王不得不抵押许多余下的王室地产。在财政困境中，有一次他将位于北斯洛伐克地区的十六座富庶城镇（主要是日耳曼的）抵押给了波兰的国王们（直到1772年第一次瓜分波兰之前它们都未归还给匈牙利）。与他的上一任国王相反，他再次转向13世纪的做法——让硬币贬值（虽然并非匈牙利金弗洛林，它从来没损值）。到1411年，银便士只值其面值的三分之一，1430年代发行的"夸挺"（quarting）（四分之一便士，farthing）开始了难以控制的硬币币值下降。

这次"通胀"是特兰西瓦尼亚和东匈牙利大范围暴动的主要原因，这是该国第一次严重的、有记录的乡村暴动。1437年，当特兰西瓦尼亚主教要求按良币交什一税时（在多年未按劣币征收之后），在几个城镇支持下马扎尔（Magyar）和弗拉克（Vlach）[罗马尼亚人（Romanian）]的农民与小贵族以暴动相回应。同时，马扎尔贵族、自由塞科利（Székely）战士、撒克逊（日耳曼）市民——这些当地的特权群体，也建立了一个"三国同盟"〔1437年的卡波尔那（Kápolna）联盟，由1438年的托尔达（Torda）联盟所巩固〕，不过同盟不包括匈牙利和罗马尼亚的农民和自由人。同意听从国王仲裁的农民被贵族轻而易举地击败了，但联盟在将来的几个世纪中成为特兰西瓦尼亚的宪政基础。

在匈牙利，后来人们是用负面的词汇来回忆西吉斯蒙德的统治的。这可能是由于贵族喜欢暴力冲突和英勇战斗，而不是外交和有效的防御。把国王称作一只"捷克猪"是有些仇外。1401年他的外国随从遭受攻击时，他曾被当场呼此恶名。但实际上，他将匈牙利带入了欧洲政治；赋予其上层人士参与那个时代大事的机会〔例如，迦腻兹赛（Kanizsai）成为罗马教会总管（Roman chancellor），许多贵族参加了康斯坦茨公会议或在意大利得到了军事经验〕；试图以将他的驻跸地变成国际大都市的方式来效仿其父皇查理四世（Emperor Charles Ⅳ）。西吉斯蒙德有位于波佐尼（Pozsony）〔布拉提斯拉瓦（Bratislava）〕和布达（Buda）〔新宫（the "Fresh Palace"）〕的建筑；他委托制作艺术品；早期重要的人文主义者〔如皮耶尔·保罗·维吉里奥（Pier Paolo Vergerio）〕也造访他的宫廷。这些现在都开始得到历史学家恰当的重视。确实，在城市化和更有效司法管理方面的许多改革仍不彻底，这主要是因为国库空虚和男爵们对抗革新。但一些改革，特别是南部防御系统比其发起人还要多存世几十年。

第四节　贵族议会的兴起

西吉斯蒙德有其女伊丽莎白（Elizabeth），其女婿是奥地利公爵（duke of Austria）——哈布斯堡的阿尔伯特五世（Habsburg Albert Ⅴ）。尽管他曾尽最大努力提前确保此二人的即位不存在争议，但男爵们仍坚持认为，阿尔伯特应以国王的身份签署一份选举契约，正如西吉斯蒙德五十年前所做的。这份文件反映了顶层人士对西吉斯蒙德改革的不满，它规定废除所有新事物（包括新税），并证实了男爵们排斥"外国顾问"的意图。随后的一年中，王朝事物让这位国王（他成为神圣罗马帝国皇帝——阿尔伯特二世 Albert Ⅱ）远离了匈牙利。在他不在国内期间,贵族中对王室议事会政府的不满日益增加,加之土耳其攻击边境而需要各郡财政和军事的支持,这些导致了要求召开一次议会。1439 年这次各阶层的会议标志着可能称为匈牙利"平民院"兴起的开端。实际上,郡代表们对国王和男爵之间的安排进行了重新谈判,将大量条款(法律章节)改变得对他们有利。这些议题涵盖了从防卫事务、赦免重罪到国王女儿们的婚姻。鉴于选举承诺已经将国王限制于得到其咨议会的同意,这次议会要么摆脱国王,要么明确要求贵族的许可。但是,所有这些很少得以实施。因为阿尔伯特即位仅两年后,他在一次反对奥斯曼帝国的未竟战役中殁于军旅。

　　1439 年,在他们的团体力量已为人所知的情况下,贵族坚持他们选举统治者的权利。阿尔伯特仅有两个女儿。不过,王后已经怀孕,其支持者正期待生下一位男性继承人。然而,"男爵战士"在过去几十年中已积累了很多实力,也拥有了各郡的支持。他们认为这个国家需要一位军事统帅,而一位能带领军队和武装保卫受威胁王国的国王更为合适。他们选举了年轻的波兰国王瓦迪斯瓦夫三世(Władysław Ⅲ)[匈牙利的弗拉迪斯拉斯一世(Wladislas Ⅰ),1440—1444]。新统治者与他的先辈没有王朝的纽带,而这样的选举还是首次。在签署了一份选举承诺后弗拉迪斯拉斯(Wladislas)从没有进入过匈牙利,而伊丽莎白则生了一个儿子——拉迪斯拉斯(Ladislas)[被称作遗腹子,是匈牙利国王拉迪斯拉斯五世(Ladislas Ⅴ)]。1440 年 5 月伊丽莎白施展诡计,成功给她儿子戴上了"圣斯蒂芬"的圣冠(Holy Crown of St Stephen),然后带着这一尊崇的象征退往了这个国家的西部边境。参加加冕礼会议的贵族决定通过发布一项新法律原则来解决这个难题,他们颁布法令说:"加冕的力量和权力存乎于代表王国全体的贵族。"(神圣的传统仍然非常强大,这让他们从圣斯蒂芬圣物中选取了一顶王冠,以替代被王后带走的幼主。)弗拉迪斯拉斯及其男爵战士很快击败了王后的支持者,并控制了该国的大部分。只有西北部仍在波希米亚(Bohemian)统领布兰代斯的约翰·吉斯克拉(Jan Jiškra of Brandýs)手中,那里有矿业发达的城镇。尽管仍有威胁和武装冲突,但在从前的胡斯捷克兵的帮助下,吉斯克拉(Jiškra)以哈布斯堡一方的名义掌控着这些领土近二

第二十七章　匈牙利：王室和贵族阶层

十年。在和平谈判的同时，伊丽莎白去世，她将儿王留给了皇帝弗雷德里克三世（Frederick Ⅲ）照料。而后者乃哈布斯堡家族之首。

弗拉迪斯拉斯（Wladislas）统治的四年里采取了防御战和进攻战来反抗奥斯曼帝国。这几年正是贾诺斯·洪约迪（János Hunyadi）与尼古拉·乌杰拉基（Nicholas Ujlaki）兴起的年代。前者是反对原哈布斯堡派决定性战役的胜利者，后者是前者的导师以及从员统领和督帅、后来的波希米亚国王。上一代洪约迪家族来自瓦拉几亚，他在西吉斯蒙德的男爵和皇帝本人的随员中长大。尽管他可以被称为军事组织家，但他也逐渐聚集了巨大的财富，特别是在东南部和特兰斯瓦尼亚。随着1439年塞尔维亚的失陷，奥斯曼帝国与匈牙利接壤。西吉斯蒙德治下建立的防御体系仍保护着这条前线，但敌人现在出现在边境上了。1430年代奥斯曼的袭击深入匈牙利领土内部。在德拉瓦（Drava）和萨瓦（Sava）［斯洛文尼亚和斯雷姆（Slovania and Srem）］之间的地区失去了很多人口，大量的贵族领也不复存在。例如，沿着多瑙河的克弗（Keve）本是一座富庶城市，其居民被迫离开他们的家乡，移居到普雷斯特（Prest）附近。1441—1442年，在感觉到这个国家好战的情绪后，洪约迪发动了对斯梅代雷沃（Smederevo）的奥斯曼总督的成功进攻，并在特兰西瓦尼亚和瓦拉几亚（wallachia）取得了几次胜利。在1443—1444年的所谓"长战"中，弗拉迪斯拉斯和洪约迪在来自巴尔干的同盟支持下率领一支匈牙利军队远至罗多彼山脉（Rhodope mountains）。虽然这次未获得土地，但匈牙利军队在几十年的防御之后开始进入敌人的领土，并在巴尔干人民近乎消失的抵抗中注入了希望。大君乔治·布兰科维奇（George Branković）是塞尔维亚的统治者，几年前曾流亡匈牙利。1444年，洪约迪和他一起获得了一个与素丹的十年停战协定。该协定允许大君乔治（George）返回到塞尔维亚的一些地方。但是，弗拉迪斯拉斯破坏了和平，他选择听从教宗使节——枢机主教朱利亚诺·塞萨里尼（Guiliano Cesarini）的鼓励，并期待威尼斯人的帮助。② 十字军再次

715

---

② 关于此项决策的背景和对其责任的争论在历史学家中一直存在。P. Engel ［in Bak and Király（1982），pp. 103 - 123］指出，在以土地为报酬获得和平方面，洪约迪和布兰科维奇（Branković）的共同利益从大君和洪约迪持续下去。军事史学家认为，到此时只有更广泛的欧洲军队联盟能够冒与奥斯曼军队公开冲突的危险，并有获胜的希望［Szakály（1979），pp. 83 - 92］。

征召；再一次，它招致惨败。在瓦尔纳（Varna）战役中（1444年11月10日），国王、那位枢机主教、大部分波兰骑士以及大部分军队都战死疆场。洪约迪险些没能逃生。

第五节 空位期和洪约迪摄政

匈牙利差不多十年没有驻国的君主。匈牙利人与皇帝弗雷德里克三世的谈判持续进行，意在使拉迪斯拉斯五世（Ladislas）（和神圣王冠）归国；在奥地利、捷克和匈牙利的贵族联合行动下，最终于1453年他们成功地迎回了拉迪斯拉斯五世。而且，与此同时，各郡、议事会、选举出的统领以及从1446—1453年任摄政的贾诺斯·洪约迪（János Hunyadi）掌控了王国的政府。议会现在实际上每年都召集，且多数都有贵族参加，他们配备武装，人数众多。从此，所有拥有超过十个佃户的贵族皆要到会。他们从布达（Buda）（男爵们会合之所）到达这个跨多瑙河的广阔地带。该处名为拉克斯（Rákos），它也就成为这个大会的同义语。1440年代，城市也定期受邀和参与主要决策，如，为不同地区提名四到六个"统领"以维持安定，再如，1446年选举洪约迪为摄政。但是城市代表很快发现，他们的声音在大量的贵族中没多少价值，于是也就不再参加了。这些年通过的法令反复肯定了这样的概念：无论以个人（viritim）还是通过其代表团的方式，集会的贵族构成"匈牙利神圣王室之体"。的确，在匈牙利"阶层"的理念应该按单数来使用：实际上政治国家仅由贵族构成，他们在法律上等同于从显贵到最穷的一份地贵族（one-plot nobleman）*。教长作为贵族属于这个阶层，而低级神职人员和城镇居民则不在其内。伯爵领地是基于各届议会法令的，它们能够通过强大的贵族控制暴行、夷平非法建造的城堡、迫使主管官员交出和接受其源自地产的权限。洪约迪仍有些像个新手（homo novus），他与积极参与领地事物的中等贵族阶层建立了一个成功的联盟，那些人中许多都曾是他的随从。他们不仅是王国中唯一有效的力量，而且直到这位摄政能够获得显贵们的支持前，他

---

* 拉丁文为nobiles unius sessionis，其中的sessionis应指一份土地，但面积单位不知。——译者注

都需要他们。然而，由于他在贵族中的名誉依赖于英雄行为，他在1448年科索沃（Kosovo）第二次战役中的失败严重损害了其地位，同时也表明素丹最终控制了巴尔干（Balkans）。阿尔巴尼亚（Albanian）和黑塞哥维那（Hercegovinian）拥有反土耳其的抵抗力量中心，它们同洪约迪及其联盟的先行部队协作。但奥斯曼帝国可能阻止了他们。结果，塞尔维亚（Serbia）和波斯尼亚（Bosnia）再次向强者一方寻求和平。

第六节 遗腹子拉迪斯拉斯五世

1453年，这位年轻的君主开始能够掌握匈牙利和波希米亚的政权。拉迪斯拉斯五世（Ladislas）确认了贵族们的以下特权：团体自治的理念不再予以考虑；1440年被"取消"的加冕礼重新得到接受；伊丽莎白女王和弗拉迪斯拉斯（Wladisalas）国王的法律被废除。在经历了多年事实上的法律空白期后，中央王室法庭和大法官法庭（chancelleries）得以重新恢复。洪约迪信任的顾问斯雷德纳的约翰·维泰兹（John Vitez of Sredna）成为机要大法官（secret chancellor），他是一位下层贵族骑士。洪约迪仍作为首席长官和终身伯爵掌管着王室税收。关于1454年左右该国的财政，我们拥有一份独特且有价值的文献。③ 作为一个为改革而设计的方案，它记录了下述内容：主要税收来自盐、矿的垄断［10万到15万金弗洛林（Florin）］和来自佃农的直接税收（即所谓的进入税4万金弗洛林）；较少的来自关税（12000金弗洛林）、城市税和一些收入款项，最后这类是从犹太人（11000金弗洛林）、其他为王室服役的人［例如，萨克森小镇居民、自由的库曼（Cuman）和塞科利（Szekely）士兵，这些人依然部分以实物支付，他们的数额是3万弗洛林的硬币］和小项目（例如来自在多瑙河捕捞鲟鱼的利润）中来的。南部和特兰西瓦尼亚（Transylvania）地区的税收损失是由土耳其人破坏造成的。损失很大而被记录下来，并成为对这些原先油水颇多

---

③ 有关这次财政改革计划的文本可能是由乌尔里克·爱兹恩格尔（Ulrich Eizinger）起草的，他是国王的一位奥地利裔顾问。它在家族档案中保存下来，由Bak在1852年首次出版，并在1987年再版，pp. 380－384。

地区降低收税要求的理由。国库的总收入大约只有预期的一半，这使得国王的用度很难超过 25000 弗洛林。王室的贫困严重地妨碍了王国的防卫能力。即便是在所谓的和平时期，小规模冲突每天也会在绵延的南部边境发生，而光卫戍城堡和支付职业军人的薪水就需要大量的资金。相对低的关税和城市收入意味着商业发展的滞后。以农民直接税为主，且其中大部分理论上作为雇佣士兵的回报，最终流入了他们领主的小金库，这说明这是一个庄园式的、农业经济占主导的社会。

洪约迪为防卫而掌控财政，他似乎能够充分利用这些有限的资源。但当 1453 年君士坦丁堡面临着奥斯曼土耳其的最后猛攻时，他显然无力召集足够的军事力量。小胜仍可获得，但奥斯曼土耳其人控制的地区正日益成为匈牙利的弊害。素丹穆罕默德二世又称征服者。三年后，他以围攻贝尔格莱德来向匈牙利挑战。该地是由洪约迪的姐夫米哈伊尔·斯兹拉格伊（Michael Szilagyi）来卫戍的。卡皮斯特拉诺的约翰（John of Capistrano）是位颇富魅力的布道者和审判者，他此次为教宗召唤的十字军东征做了鼓动。这次十字军动员了匈牙利和其邻国的数以千计的农民和市民。1456 年 6 月 22 日，洪约迪在十字军战士的帮助下发起了反攻。援救该要塞对匈牙利平原具有战略关键意义，这在当时成为一个传奇，并实际上为王国争取了数十年的安定。然而，贫穷的十字军战士发出了他们反对领主窃取胜利果实的呼声，他们的骚动因此阻止了对敌追击。军队被遣散回家，而洪约迪也在数周之后死于军营中爆发的瘟疫。10 月卡皮斯特拉诺的约翰也相继而逝，并在不久后被尊为圣者。

随着洪约迪这位英雄的离世，他的追随者和王党之间的潜在矛盾也公开化。洪约迪的长子拉迪斯拉斯最初倾向于交出他父亲所拥有的最高指挥权，但当国王和他的叔叔乌尔里克·冯·希利（Ulrich von Cilli）（新指挥官）来到贝尔格莱德时，洪约迪的追随者杀死了乌利希（Ulrich）。当国王一获得行动上的自由时，他就拘捕了洪约迪的儿子们，并将拉迪斯拉斯以叛国罪处决。作为回应，洪约迪家族在追随者的支持下公开反叛。国王拉迪斯拉斯五世带着洪约迪的次子马加什（Matyas）去了布拉格，一年之后死在那里。匈牙利没有了统治者。

第七节 马加什·科文努斯的王位获取（1458—1490）

父亲的盛名、家族的军队以及与重要家族的交易确保了马加什·洪约迪（Mátyás Hunyadi）获得一致的拥戴，他是成为匈牙利国王的第一位匈牙利贵族。* 1458年1月，贵族们全体集结在冰冻的多瑙河上，欢呼拥戴反奥斯曼战争的大英雄的儿子为王。他的叔叔米哈伊尔·斯兹拉格伊（Michael Szilagyi）向其他贵族们保证，作为马加什（Mátyás）幼主期的摄政，他会维护他们的利益。然而，小洪约迪（the young Hunyadi）与波德布雷迪的乔治（George of Podebrady）的女儿订婚，此举很快打乱了这些计划。乔治是波希米亚的当选国王（他是该国第一个从地方贵族里选举出来的统治者）。尽管小洪约迪在6年的时间里都未能通过加冕礼获得合法性（神圣王冠依旧在弗雷德里克三世手中），但他还是解雇了斯兹拉格伊（Szilagyi），并让他的导师、家族旧交约翰·维泰兹（John Vitéz）成为首席大臣（archchancellor）和后来的埃斯泰尔戈姆（Esztergom）大主教。不受重视的加赖—齐尔利（Garai-Cilli）集团随即"选举"皇帝弗雷德里克三世为国王，后者也宣称对匈牙利的王位世系拥有权利。经过随后数年的谈判，最终以皇帝放弃王位结局（以获得8万弗洛林为报酬）。但皇帝还是保留了对匈牙利的终身权利要求，同时也认马加什为其子。这一结果是对下述承诺的回报：如果马加什死后无嗣，哈布斯堡一脉有权继承匈牙利王位。这致使匈牙利可能成为哈布斯堡帝国一部分，但考虑到两人之间30多岁的年龄差距，该继承条款似乎很难实现。

由于1464年的加冕仪式已经巩固了马加什的力量，所以他就采取了一系列财政和行政改革。首先，他将旧的关口税（portal tax）正式重新命名为"王室财政税"（由此先前的所有免税权都被取消），确保比之前更为严格地征收这些钱款。这种方式同样适用于征收关税

---

* 马加什·洪约迪（Mátyás Hunyadi）是贾诺斯·洪约迪（János Hunyadi）的次子，又名马加什·科文努斯（Mátyás Corvinus），文中又称小洪约迪。——译者注

(之前称为"三什分之一税",现在重命名为 vectigal coronae)。更为重要的是,马加什雇用了一批平民来收取重要的财政收入。其中有一个很有才干的商人,名叫约翰·埃努斯特(John Ernuszt),他是受过洗礼的犹太人,后来成为国王的财政大臣。其他的市民阶层和小贵族官吏也同样被吸纳进财政管理系统,该系统逐渐发展为一个真正的官僚机构。王室税征收的系统化、特别税的常规化和来自洪约迪广阔领地的税收,这些都使国库收入较之前增长了许多倍。随着反对派贵族的受挫和去世,马加什获得了进行政治变革的机会:在1458—1471年,有超过三分之一的贵族官职掌权人是由国王提拔的新人。接来下的十几年里,这一数字上升到王室会议成员的近一半。马加什组建了一个内廷咨议会,其中旧贵族并不占主导,诸事均由国王及其秘书(secretarii)处理。这一做法与西吉斯蒙德(Sigismund)治下一样。尽管新印章的使用并未像某些西方君主国那样明确与新官署和部门相联系,但在重要决策上已使用御玺和指环玺,这表明了在发展君权和限制贵族议事会控制方面的一个重大变动。

如洪约迪之子马加什所愿,一旦他从抵制国内反对势力中腾出手来,他就开始发动反奥斯曼土耳其的战争。贾诺斯·洪约迪战争的后果在慢慢消退。1458 年,素丹穆罕默德二世(Sultan Mehemmed Ⅱ)征服了塞尔维亚并击败了匈牙利的封臣——瓦拉几亚的弗拉德(Vlad of Wallachia)。土耳其人目前已移师波斯尼亚。马加什无力还击奥斯曼的主力,他冷静以待,并且利用波斯尼亚抵抗的溃败之机稳固该国的北部,他所凭恃的是其中心的亚伊策(Jajce)要塞。征服该城堡和随后抵御奥斯曼的不断进攻是一项令人钦佩的军事功绩。新亚伊策(Jajce)边区建立于 1464 年,它经受住了土耳其人的攻势,并保卫了匈牙利—克罗地亚边界的西南侧翼近 70 年。然而,正是因为马加什是洪约迪的儿子,他也就知道,如果没有大量的外部援助,面对这一时期最强大的军事机器,匈牙利最多只能确保其自身的边界。匈牙利寻求外援的外交政策十分活跃,但却几乎没有成功的。最可靠的同盟是教宗和威尼斯。在 15 世纪 50 年代,罗马教廷提出了几个有关全欧洲军的缜密计划。专家们实事求是地计算出,在与中东的素丹敌人相联合的情况下,大约有 20 万名士兵就能将奥斯曼土耳其人逐出欧洲。教宗和一些政客希望,未受土耳其人直接威胁的国家也能参与其事。然而，这一想法是不现实的。新教宗埃涅阿斯·西尔维乌斯·皮科罗米尼（Aenesa Sylvius Piccolomini）［庇护二世（Pius Ⅱ）］由于曾在哈布斯堡宫廷供职，对中欧事务十分熟悉，是十字军观念的积极提倡者。一些钱确实从罗马流向了布达（Buda），但却时有时无，还经常延误。匈牙利虽然同威尼斯和摩尔达维亚建立了暂时的同盟，但同盟仅限于防卫行动；大规模联合作战的机会像让匈牙利邻国进行集中反击行动一样的渺小。因此，基于现状，1465年马加什签订了一个保障匈牙利防卫线的停战协议。事实上，1465—1520年奥斯曼帝国军队并没有出现在匈牙利边境。这是因为素丹已牢固地掌控了巴尔干，同时奥斯曼帝国又忙于向其他地方扩张。

第八节　征服战争与南部防御

国王马加什计划建立一个强大的帝国，足以战胜奥斯曼土耳其。但他的以下决策是否受该计划驱动却长期存在争议。这些决策包括，国王在教宗准许下自愿提供十字军以反对异端的波希米亚国王乔治（King George of Bohemia）（他的女儿是马加什的第一任妻子，在1464年死于分娩），以及发起在北部和西部的战争。马加什的大臣一直巧言雄辩地强调，这是他的长期设想。他取得了摩拉维亚（Moravia）、西里西亚（Silesia）、卢萨蒂亚（Lusatia），并且最终取得了奥地利的相当大的领域。这些资源的整合差不多足以用于将奥斯曼人赶出欧洲（几个世纪之后，哈布斯堡王朝完成了这项任务的某些部分，尽管是在不同条件之下做到的）。但因为"王的心在主的手中"（《圣经·箴言》，21：1），所以此争议可能将永远不能解决。[④] 据历史记载显示，1468年马加什进攻了波希米亚，并在接下来的六年里获得了一系列军事和外交上的胜利。尽管天主教领主在1469年承认他为波希米亚的君主，但这个王国的大部分仍在国王乔治的控制下。并且，1471年乔治去世后，波希米亚又落入弗拉迪斯拉夫·盖亚洛

---

④ 对这一争论的新近研究成果已用匈牙利语结集发表，以此来纪念这位国王逝世五百周年。特别见 A. Kubinyi、J. Macek、G. Rázsó 和 F. Szakály 等在 Rázsó 主编文集（1990）上的文章。也见 Bak（1991）、Kubinyi（1991）和 Maraosi（1991）。Nehring（1989）强调，这位国王终生关注获得与已有的哈布斯堡和亚盖洛（Jagiełło）王朝同样的地位。

(Władysław Jagiełło)［波希米亚国王弗拉迪斯拉夫一世（King Vladislav Ⅰ of Bohemia）］手中。匈牙利军队在西里西亚抵御了几次波兰人的进攻，并为匈牙利保卫该省十年。在1477年和1480年，马加什的军队进击了弗雷德里克三世，并在1485年胜利进入维也纳。马加什在北部和西部边界用兵历时23年，相比之下，他抵御奥斯曼土耳其的行动才最多用了10年［包括在1476年成功征服多瑙河下游沙巴茨（Sabac）的要塞］。

马加什最成功的政府改革是建立了一支雇佣军，这使上述军事行动成为可能。在1462年之初，他开始雇用吉斯克拉（Jiškra）的前捷克胡斯教徒军的最后残余，并且继续系统征召国内外职业士兵。结果，到15世纪70年代马加什已拥有了一支近2万人的军队。该军队由特别战争税［称为军队补给税（subsidium）］资助，其额度要比国王每年征收的常规关口税高四至五倍。面临奥斯曼进攻的威胁，这样的军队补给税（subsidia）早先已经偶有征收，但马加什将这种税收变成了王室的常规收入。起初他以加强各郡的权力相交换，要求历届议会批准这项税收（与欧洲范围的实践相比，这是一项创新，因为15世纪40年代的贵族议会并不坚决要求有权批准税收）。后来，贵族代表们发现，提前几年授权国王要比在议会里花费数周要合算。有了这笔特殊收入，到马加什统治末期时，国库收入在某些年份就能达到80万弗洛林。这个数目并不比各西欧君主国预算少多少。然而该国自己的资源尽管已竭尽其用，但也不够支付60万弗洛林来维持一支常备军。因此这支雇佣军［马加什死后，因他们的长官"黑"豪格维茨（the "Black" Haugwitz）而被称为"黑军"］不得不一直投入有机会获得战利品的战斗。最后要说的也很重要！发动这些战争只是为获取资源和供养这些雇佣兵，而新征服的地区也不得不为此提供资金（现在的观点并未研究清楚它们是否这么做过。这些资料并不充足，而且马加什占领这些征服地区的时间太短，所以也无法勾勒一个可靠的资产负债表）。

根据宫廷史家安东尼奥·旁费尼（Antonio Bonfini）的描述，1487年在维也纳新城（Wiener Neustadt）集结的28000人的军队是他所见过的最宏大的军事盛况。那时，马加什的军队可与他们那个时期最好的军事力量比肩。运用传统游击战术，外国雇佣兵、匈牙利的长矛骑兵（banderia）、贵族私领骑兵以及匈牙利职业士兵相结合，从而令这支军队在北部和西部战区保持不败。

马加什的对外政策不再关注南部，加之其努力减少政府中的贵族势力，这加剧了对他更激烈的反对。虽然 1467 年的特兰西瓦尼亚（Transylvania）反叛得以轻松平息，但国王最亲近的支持者却在 1471 年对他揭竿反叛。他们是大主教约翰·维泰兹（John Vitéz）和他的外甥——主教及边区总督杰纳斯·潘诺纽斯（Janus Pannonius），后者还是颇受赞誉的新拉丁语诗人。他们向武力进入匈牙利的波兰王子卡齐米尔（Prince Casimir of Poland）奉上王冠。马加什迅速从波希米亚返回，逮捕了谋反者，轻松驱逐了这位波兰谋位者，甚至还劝降了对手的部分军队成为自己的新雇佣军。杰纳斯·潘诺纽斯在逃避震怒的国王时死掉了，老维泰兹（Vitéz）遭受了羞辱和软禁，几个月后也随之而亡。马加什一定深感失望。在 1471 年后，一些出生于国外的高级教士成为他信任的顾问。如，早先有埃斯泰尔戈姆（Esztergom）大主教——西里西亚人约翰内斯·贝肯斯勒尔（Johannes Beckensloer），而在他叛逃到弗雷德里克大帝那里后，又有来自维罗纳（Verona）的修士加布里埃尔·兰干尼（Gabriele Rangoni）和摩拉维亚人约翰·菲利佩斯（John Filipec）。

此次阴谋之后，马加什用亲信替代贵族的尝试似乎也很有效，但这些亲信的人数从未超过出身古老家族的显贵。显然，那些大地主家族在军事、经济和政治方面的主导地位在几十年内很难被打破。但这些新人（homines novi）很明显不只充任短期职位，而且还能够留任议事会和国家职务。恰恰是这些人，他们通过婚姻和获取土地，而设法挤入贵族行列，并实际上因此从王室转向贵族阵营。尽管，在国库各部门和雇佣军的掌控上，国王能够成功地让从小贵族中擢选的人占据重要职位，但在王室法庭和议事会方面力量的平衡仍不稳定。重组后的中央法庭现在只是形式上由显贵掌管，而实际上由法官充任，与之相配的则是一部涵盖全面的法典的颁布［马加什的 1486 年敕令集（Decretum Maius），在 1488 年首次付梓发行］。同时，国王还坚持司法管理上的公正性。上述两方面似乎都已经做得非常好。在他去世不久，已经出现了这样的记载：一句短诗写道"马加什一死，司法公正尽失"，以及一些逸事说国王对残忍的领主施以重罚。甚至在匈牙利丧失独立之前，他的统治似乎已成为最后的"黄金年代"。有一点很奇怪，加重的税收负担、当时人的积怨以及托钵布道者的谴责皆已被淡忘，而对地方领主更有力的控制的结果却被纳入了"集体记忆"之中。

第九节 文艺复兴时代的宫廷与王室赞助

1476年，马加什与那不勒斯的阿拉贡国王（the Aragonese king of Naples）的女儿比阿特丽斯（Beatriz）结婚。不过，这确实并没有在西方导向的外交和军事方面带来多大的变革，而只是深深地影响了宫廷风尚。马加什希望，在庆典排场、艺术表演、礼遇学者与诗人方面，他能够与那些意大利北部的小邦国君主们的时髦宫廷相媲美。那些王公同他一样大多是雇佣军（condottieri）的后裔。就独立的行政机构、规范的外交政策和较少的贵族社会基础这些特征而言，他可能在将其君主国缔造为"文艺复兴国家"上并不完全成功。但他在利用政治力量资助艺术、建筑和文学方面，确实算得上是一位真正的文艺复兴君主。意大利人文主义者在他的宫廷颇受欢迎，因为他想听到歌功颂德，他们也顺意为之。多瑙河畔的布达和维舍格莱德（Visegrád）夏宫中的建筑开始呈现出晚期哥特风格。这些建筑在经年累月中添加了文艺复兴式的大理石装饰和雕塑，而它们都出自达尔马提亚和意大利艺术家之手。毫无疑问，最令人瞩目的成就是科文努斯图书馆（Corvinian Library），因为这里有国王从意大利最好的作坊中定制的手写本。同时，在布达也建有一座这样的图书馆。到1490年，科文努斯图书馆的藏书可能多达2500卷，且以手稿为主（在奥斯曼土耳其占领以及摧毁布达后，只有一小部分幸存下来）。根据不完全估计，在马加什统治的最后几十年，他每年要花费8万金弗洛林用于艺术赞助。在波佐尼（Pozsony）[布拉提斯拉瓦（Bratislava）]建立一所大学的计划进行得很顺利，而在此之前的几个世纪中，建立一所综合研修机构的尝试却屡遭失败。曾几何时，杰纳斯·潘诺纽斯亡故、约翰·维泰兹被拘禁都导致了这些计划以及其他人文项目遭到削减。在马加什时代，对新知与艺术的赞助仍是有限的：当国王和少数高级教士迎合流行的潮流时，正如倒霉的杰纳斯所指出的，匈牙利的其余部分依旧是一片"冰封的土地，一个野蛮的国度"。然而，种子已经萌发。并且，亚盖洛王朝（Jagiellonians）时期，在几处主教城镇和贵族宫廷，人文主义的中心已经成长起来。

在马加什人生最后几年，他主要致力于确保他的唯一继承人约翰·科文努斯（John Corvinus）即位。这是他与一个叫芭芭拉·埃德尔佩克（Bárbara Edelpeck）的奥地利城市女人的亲生儿子。马加什将大部分的洪约迪—斯兹拉格伊（Hunyadi—Szilagyi）家族的财产转移给他，并授予公爵爵位，也精心筹划了婚姻大计，最后的候选人包括米兰的比安卡·斯福查（Bianca Sforza）。1486年，马加什对他的代表——帕拉丁伯爵官署，颁布了指令，他希望由此留下一位可靠的贵族负责王位的选举。国王的许多亲信被授予伯爵爵位以控制贵族议事会，他们也受誓言约束而要支持选举科文努斯为王。在准备这些计划和确保征服奥地利时，这位50岁的马加什国王意外地逝世于维也纳。

第十节 弗拉迪斯拉斯二世时期贵族的反应

马加什的努力并不足以确保其子继位，约翰·科文努斯仅是王位候选人之一，而且还不是最受支持的。皇帝马克西米利安（Maximilian）基于《哈布斯堡—洪约迪条约》对王位提出要求；依靠不同派系贵族的支持，波希米亚亚盖洛王朝的国王弗拉迪斯拉夫（Vladislav, the Jagieło King of Bohemia）和他的兄弟扬·奥尔布拉奇（Jan Olbracht）也觊觎王位。此时，帕拉丁伯爵的关键职位正逢空缺，而马加什置于各郡要位的小贵族们也并未对其恩人的儿子有所支持。相反，议会选举了波希米亚的弗拉迪斯拉夫［成为匈牙利的弗拉迪斯拉斯二世（Wladislas Ⅱ）］，用贵族们的话说，这显然是因为他许诺成为一个被"他们握住小辫子"的国王。当科文努斯及其党羽发动政变时，他们被保罗·基尼日（Paul Kinizsi）打败了。基尼日的父亲从大众阶层晋升，并成为著名的南部防御指挥官。弗拉迪斯拉斯二世签署了一项精心策划的条约，以此否认了其前任的集权化改革；同意与比阿特丽斯（Beatriz）女王结婚（按惯例举行了庆典，但这桩婚姻十年后废除了）；1490年9月，他加冕为王。约翰·科文努斯接受了其失败的现实，同时也接管了斯拉沃尼亚（Slavonia）和克罗地亚政府。他在这里指挥了许多成功反抗土耳其人的战役，直到1504年去世。马克西米利安和扬·奥尔布拉奇并未轻易放弃，他们都曾武力深入匈牙利，但最终被击退。

贵族对于马加什新政的胜利并不意味着所有财政和行政方面的改革都要被废除，其真正的意义是新部门和机构要服务于议事会中的贵族和高级教士的利益，而非王室的中央权威。新王最重要的一个许诺是不再征收更高的额外补助金（尽管事实上几年之内都未提及此事），这立刻降低了该国的防御能力。其他的后果是马加什征服地的丧失和"黑军"的士气涣散。这支队伍既得不到军饷，也未曾被部署到可获战利品的战斗中，于是就去洗劫匈牙利南部的村庄。1492年，这支目无法纪的军队被其前指挥官解散了。

在匈牙利作为一个独立的王国存在的最后几十年里，它最重要的一个问题是抵御来自南部边界不断增加的压力。职业军队被遣散了，防务再次由贵族和高级教士的长矛骑兵和地方民兵来承担。大地主现在获准自己征收补助金以作为他们组织军队的补偿。然而，小贵族并不愿照此行事，因为他们不能从参与普遍征兵和召集门兵（*militia portalis*）中得到任何东西。1498—1500年颁布了一系列法令（部分已丢失）来进行军事改革：每个佃户家庭交纳的一个或更多弗洛林的补助金要在国王和各阶层中划分。对于他们的份额，地方显要和贵族有义务按照每二十家佃户出一名士兵的传统定额招募雇佣兵。1500年的法律是按姓氏设计的，列于其上的家族具备在他们旗号下组建自己军队的权利和义务［因此要逐年更新《锡耶纳登记》（the Siena Register），并使之符合时下之用］。

征兵系统的改革在政治上的重要性似乎要比在军事上大得多。长矛骑兵贵族（banderial lords）的名单在显贵和其余贵族之间造成了一个明显的差异，而这是与习惯法相悖的。郡贵族由于获得了以下权利而得到安抚：向王室法院派送16名小贵族陪审员，而且自1500年开始这些人还进入了王室议事会。从15世纪90年代中期开始，郡贵族或他们不同的派系有时会支持一个贵族群体，有时支持其他群体，他们还携他们的雇佣兵一起出现在议会。小贵族虽未被列入长矛骑兵名单，但他们却特别成功地获得了郡贵族的支持并将自己塑造为平民的代言人。国王日益受到武装贵族派系的威胁，于是向其他君主寻求支持。1492年，亚盖洛家族（Jagiełło）的兄弟们同意在出现反叛时相互支持，同时，弗拉迪斯拉斯二世和马克西米利安之间也在逐渐修复邦交。为了回应国王对哈布斯堡的亲善态度和支持受拥戴的特兰西瓦尼亚总督（voivode）约翰·绍颇尧（John Szapolyai）（1526—1541年成为匈牙利国王约翰），1505年的议会通过一项法令：如果弗拉迪斯拉斯死后无嗣，反对选举外籍人为国王。然而，路易［路易二世（Louis Ⅱ），1516—1526年为匈牙利和波希米亚的国王］的诞生淡化了举国的怨言，议会接受了以国王之子名义的加冕宣誓，并在1508年为这位匈牙利幼主加冕。即便如此，1506年仍签订了一项《亚盖洛—哈布斯堡家族协议》（1515年又续签），以此约定了弗拉迪斯拉斯和马克西米利安的子女间的一项婚姻安排，从而确认了后者的匈牙利王位继承权。

第十一节　为生存而战的失败

大约在世纪之交，在国王、男爵和地方贵族三方之间的拉锯战中，贵族党魁及其上层追随者的不断变化的关系网变得极其复杂。无论是当时的观察者还是当代的史学家都无法解开这团乱麻。那些年中，国王和贵族召集过一次议会，在近于18世纪波兰贵族阶层无政府的状态之下，王室的高官时遭罢黜，时又复职。同时，南部边境的状况、军资供应和边界城堡的戍卫事实上耗尽了王国的所有税收。1514年，匈牙利曾试图动员国人进行针对奥斯曼土耳其的十字军讨伐，但却转变为一场农民战争，"十字军战士"责难领主将他们抛弃给了异教徒。绍颇尧（Szapolyai）打败了"圣洁苦众（holy host of the poor）"，并架起烈焰之坛将其首领乔治·塞科利—道亚（George Székely-Dózsa）处决，从而拯救了这个国家。

尽管许多有能力且尽忠职守的男爵及其随从尽力去保卫南部边境的完整，但该国却经不起激烈的对抗。1521年，在国王出乎意料地拒绝了续签停战协议之后，苏莱曼大素丹（Sultan Süleyman the Magnificent）围困了要塞重地贝尔格莱德。而王家军队既兵寡又延误，救之不能。由于贝尔格莱德陷于土耳其人之手,致使无论素丹何时来犯,他们都无力抵御。匈牙利向多方寻求援助,但无奈于先前外交失误和欧洲的普遍冷漠,除了协勉之词外而几无所获。⑤ 1526 年 8 月,匈牙利军队在莫哈奇（Mohács）附近的原野上被彻底击败。国王、大部分男爵、所有高级教士以及数万小贵族和士兵战死,王国的中坚力量被摧毁。即使苏莱曼（Süleyman）不久即从巴尔干撤退,匈牙利再也没能从这次重创和精英损失中恢复过来。有两位国王得到推举,其中约翰·绍颇尧（John Szapolyai）由一派支持,而哈布斯堡的费迪南（Ferdinand）则由另一派支持。国王约翰依靠土耳其人的支持,费迪南依赖哈布斯堡的资源重整了这个国家。但二人都失败了。25 年后,当布达沦陷,该国分裂成为三部分:哈布斯堡家族掌有西部和北部;奥斯曼控制中部;在特兰西瓦尼亚和匈牙利东部,绍颇尧（Szapolyai）之子约翰·西吉斯蒙德（John Sigismund）蒙素丹恩惠成为一个封国的国君。一个作为独立国家存在达 500 多年之久的匈牙利不复存在了。

贾诺斯·巴克（János Bak）
徐　滨译

---

⑤ 20 世纪 70 年代,一场激烈的争论在匈牙利学者和大众中蔓延开来,其核心是关于在 1500 年代该国能否采取替代性政策。Perjés（1989）认为,匈牙利在奥斯曼军队势力半径的最外缘,甚至在其之外。尽管没有足够的文献支持,但他坚持,作为与奥斯曼土耳其计划相合作的回报,匈牙利的首脑们可能已经接受了一项保持独立的交易。这一争论带来了许多军事和外交史细节上的澄清。

第二十八章

波兰王国与立陶宛大公国
(1370—1506)

第一节 地区、人口与气候

中世纪晚期，中欧和东欧是许多族群、文化、政治和社会制度的发源地。14、15世纪该地区（若干世纪以来已经形成了自己的特征）的居住密度提高，尤其是在波兰王国和立陶宛大公国的某些地区。随着农村居住密度的增长，人口也缓慢但稳定地发展。

据统计，该时期的人口估算只不过反映了数量级的不同。1370年前后，波兰王国有200万人口，人口密度每平方公里8.6人。与西欧在人口和经济上遭受黑死病的不利影响正相反，波兰瘟疫的爆发并未产生灾难性后果，这可从14、15世纪的内部发展和高密度垦殖中反映出来。

1385年波兰王国与立陶宛大公国建立"君合国"，1466年击败条顿骑士团吞并王室普鲁士（Royal Prussia）和瓦尔米亚［Warmia（Ermland）］地区，使亚盖洛王朝（Jagiellonian Dynasty）统治下的波兰和立陶宛控制地域大为增加，比最后一位皮亚斯特（Piast）王朝国王卡齐米尔三世大帝（Casimir Ⅲ the Great, 1333—1370）时的波兰至少大五倍。此时，波兰—立陶宛面积约124万平方公里。16世纪初，波兰—立陶宛人口在750万以内，虽然立陶宛的地理面积三倍于波兰王国及其控制下的罗斯地区，但双方人口基本持平。波兰人口密度为每平方公里15人，而立陶宛大公国不超过每平方公里5人。经

图 18 波兰和立陶宛

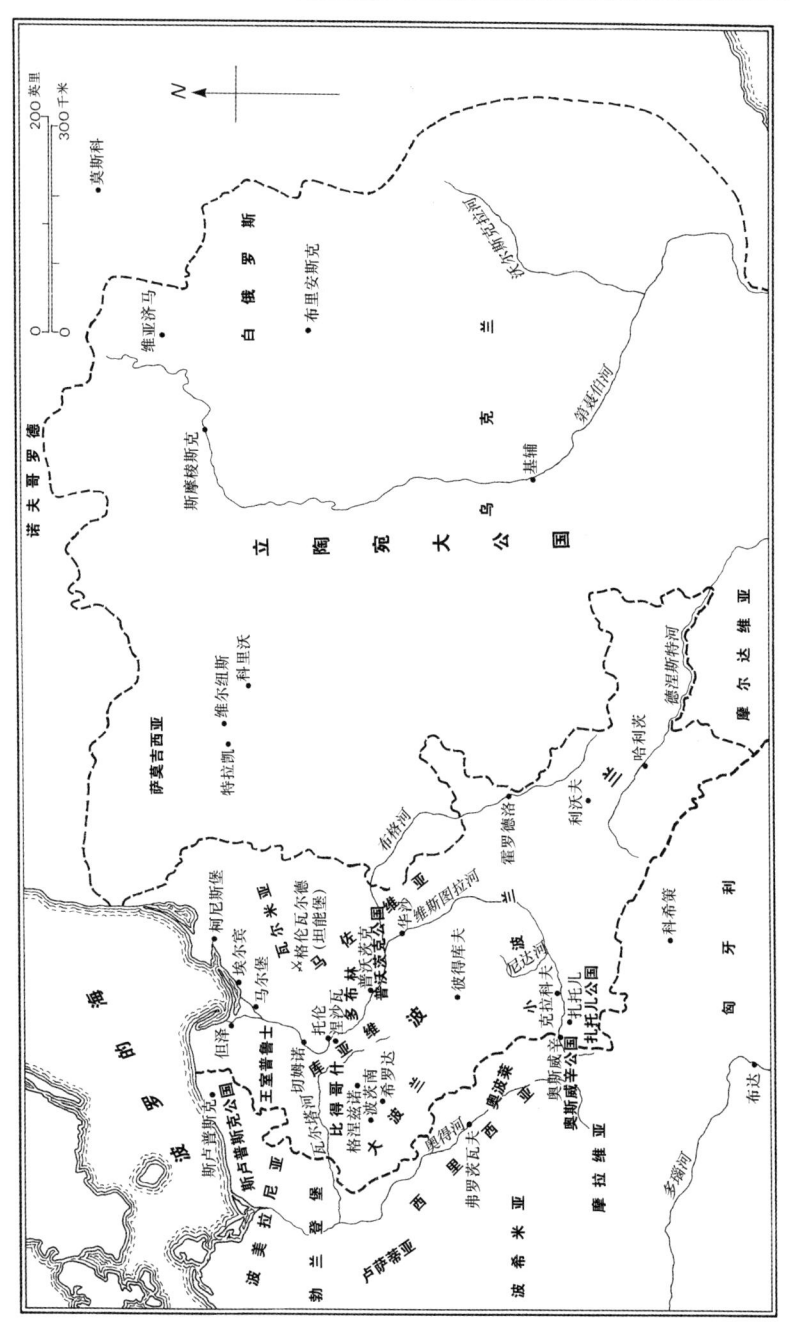

济指标印证了15世纪波兰人口的显著增长。立陶宛大公国情况与此类似,尤其是西北部地区。

由于缺乏这一时期该地区气候变化的信息,我们不得不依靠14、15世纪整个欧洲的气候状况,并补充以挖掘自罗斯的树木年代学数据。与先前几个世纪的有利气候条件相比,欧洲许多地区在13、14世纪上半叶遭遇了气候变冷。14世纪末气候可能有所改善,但只是暂时性的;尽管无法与1550年至17世纪遭受的小冰期相比,但15世纪重又经受了严酷的气候条件。不同的气候条件和地区差异无疑影响了广大的中欧和东欧地区。根据瓦迪斯瓦夫二世·亚盖洛(Władysław Ⅱ Jagiełło,或 Jogaila),即波兰国王和立陶宛大公的行程表,我们可以推断,冬季在11月份早早来临。此时国王在立陶宛巡行要乘坐雪橇,这种情况将持续几个月,而且5月末仍有霜冻,国王大受其苦。

第二节 安茹政府

卡齐米尔三世(大帝)没有男性继承人,导致皮亚斯特王朝在1370年随之一同灭亡。他指定在其死后将波兰王位传给他的外甥,即匈牙利国王安茹的路易(Lousi of Anjou)。然而卡齐米尔三世在遗嘱中力求确保他的孙子斯卢普斯克的卡齐米尔(Casimir of Słupsk,在波美拉尼亚)的地位,他授予自己的孙子重要的领地遗产,这样斯卢普斯克的卡齐米尔就能最终接替路易,而路易只有女儿能够继承自己。匈牙利的路易继位不可避免招致大波兰(Polonia Maior)的贵族和斯卢普斯克的卡齐米尔的反对。就这点而言,卡齐米尔三世的遗嘱不久被削弱。斯卢普斯克公爵因为错失继位机会而寻求补偿,他接受了多布林(Dobrzyń)和比得哥什(Bydgoszcz)公爵领地。已故国王的亲戚"白脸的"瓦迪斯瓦夫(Władysław the White),即库贾维(Kujawy)反叛的皮亚斯特公爵,同样坚持要求继承王位。

安茹王朝持续了16年,维持了波兰王国及其行政管理的统一。路易加强了城市贸易网和城市特权[包括克拉科夫的市场垄断权(ius stapuli),强迫经过该城的商人在此地出售商品]。但路易并非亲自统治波兰。他的母亲伊莉莎白王后,即卡齐米尔三世的姐姐,组建摄政政府。在她去世的 1380 年，另一个摄政政府取而代之，新政府包括来自小波兰（Polonia Minor）的 5 位贵族，并由克拉科夫主教扎维沙（Zawisza）领导。哈利茨的罗斯（Rus' of Halicz）已经被卡齐米尔三世的波兰王室兼并，现由奥波莱的瓦迪斯瓦夫公爵（Duke Władysław of Opole）统治，他试图增强西南罗斯的天主教会，建立与当地及外来骑士的可靠联系。

波兰的安茹王室所面临的主要问题，是如何确保将王位传给路易的女儿。路易利用商业政策争取大城市的支持。1374 年，他在斯洛伐克的科希策（Košice in Slovakia）向王国内所有的贵族和乡绅颁发了一份特许状。该令状奠定了贵族特权发展的重要基础。国王免除了贵族的犁税，作为他们最高统治权的标志（每栏土地征收 2 格罗希*货币）。根据土壤肥沃程度，每栏土地 16—24 公顷，由农民在贵族土地上耕种。因此，当国王需要额外税收时，他只能经过贵族的同意才能征税。此后不久，路易又授予教士类似的特权。

安茹政权提高了贵族的政治价值，尤其是在小波兰贵族摄政期间。1382 年路易死后，贵族并未完全遵从他的遗愿。他们拒绝以国王的女儿玛丽亚的名义与匈牙利王室结盟，当时玛丽亚已被指定为波兰王位继承人，并已与卢森堡的西吉斯蒙德（Sigismund of Luxemburg）即后来的勃兰登堡边地侯订婚。贵族与王太后波斯尼亚的伊莉莎白（Elizabeth of Bosnia）谈判了两年，最终国王的小女儿 10 岁雅德维加（Jadwiga，或称 Hedwig）继位。她前往克拉科夫，并于 1384 年在此地加冕为王。掌权的政治寡头向大波兰的反对派征询意见，而大波兰自身也因对立阵营相互攻伐而分裂。政治寡头还考虑过让另一位王位觊觎者马佐维亚公爵谢莫维特三世（Siemowit Ⅲ，duke of Mazovia）继位。克拉科夫的贵族拒绝接受雅德维加的未婚夫初来乍到的奥地利的威廉（William of Austria），并将其驱逐出首都。贵族于是转向东欧国际竞争中的新伙伴——立陶宛大公国。他们倾向立陶宛的动机包括：联合抵制共同的敌人（条顿骑士团）；解决两国存在利益冲突的南部罗斯事务；共同对付来自黑海鞑靼人的威胁。

---

* "栏"（laneus /lan），波兰土地计量单位；"格罗希"（grossi），波兰货币单位。——译者注

第三节　14 世纪的立陶宛和波兰

立陶宛在 13 世纪发展为君主制国家，在格季米纳斯大公（Grand Duke Gediminas, 1315—1342）时期得以巩固，并于 14 世纪下半叶作为独立国家达到政治权力的顶峰。在格季米纳斯的儿子阿尔吉尔达斯大公（Grand Duke Algirdas）及其盟友特拉凯的诸侯凯斯图蒂斯（Prince Kestutis of Trakai）的统治下，立陶宛统治者们继续抵御条顿骑士团的进攻，保护自己的土地。条顿骑士团不断侵扰立陶宛西部边界，目的是要统一普鲁士地区和利沃尼亚骑士团（条顿骑士团的一个分支）控制的爱沙尼亚地区。

立陶宛在抵御天主教十字军保卫北部和西部边界的同时，也占领了大片地区，从最初的民族区域奥克施泰提亚（Aukštatija，上立陶宛）和萨莫吉西亚（Žemaitija，下立陶宛，即立陶宛西北部），延伸到后来称为白俄罗斯和乌克兰的地区，最远至斯摩棱斯克（Smolensk）、布里安斯克（Briansk）和黑海草原。军事胜利增加了大公的强权。作为印欧民族中的波罗的海成员，立陶宛人一直抵制基督教在本土的传播，而居于立陶宛控制的大部分区域（非指立陶宛地区，而是指西部罗斯）的罗斯人，已经成为接受东方仪式的基督徒达几个世纪之久。14 世纪，立陶宛在政府文书中使用了罗斯字母，立陶宛贵族也曾考虑过皈依东正教，但为了保持自己的政治认同感，他们并没有这样做。

1377 年，阿尔吉尔达斯之子亚盖洛（Jagiełło）成为大公。5 年之后，他将自己的叔父凯斯图蒂斯驱逐出自己的领地，成为大公国唯一的首脑。亚盖洛不断攫取权力。他的第一项行动就是与条顿骑士团达成谅解，并于 1382 年缔结和平协议，但巨大的代价是割让萨莫吉西亚。他的第二项行动是与莫斯科建立友好关系。1384 年，亚盖洛试图建立莫斯科联盟，准备迎娶德米特里·伊万诺维奇·顿斯科伊（Dmitry Ivanovich Donskoi）的女儿，并承诺按照东方仪式受洗。然而，当波兰贵族向其提供第三条道路时，这些计划都化为乌有。新道路包括亚盖洛按照拉丁仪式受洗，迎娶女王雅德维加，加冕为波兰国王。立陶宛目前扩大了削弱条顿骑士团威胁的希望，立陶宛—波兰开始联合抵御鞑靼人，并且在波兰占领的加利西亚罗斯地区着手解决有争议的立陶宛边界问题。

科里沃联盟（Union of Krevo，1385）使波兰王国与立陶宛大公国形成了"君合国"。亚盖洛作为立陶宛的世袭君主，当他成为波兰国王时，便将自己的遗产与波兰联合起来。一方面，亚盖洛权力的世袭性和私人特点，与波兰王权已建立的来自国王本人的自治性形成对比。另一方面，那些将联盟视为兼并立陶宛的波兰贵族们，遭到大公的亲族和顾问们的抵制，而后者欲维护立陶宛国家的独立。

亚盖洛在克拉科夫按照拉丁仪式接受了洗礼，改名瓦迪斯瓦夫。1368年，23岁或24岁的亚盖洛迎娶了时值13岁的雅德维加。自此，这对王室夫妇在大部分政治事务中同心协力。雅德维加相貌出众、学养深厚，拥有浓厚的宗教感情，她所具有的外交天赋多年来日益突显。她于1399年去世，仅留有一女。瓦迪斯瓦夫二世·亚盖洛来到克拉科夫，他拥有自己王朝几代人的统治经验，尤其具有历经政治和战争考验的个人才能。他将占据波兰王位达48年。

1387年，在国王瓦迪斯瓦夫的个人引领下，立陶宛民众集体受洗，这开始了大公国内立陶宛民族的皈依进程。最初有来自权威的强制力，后来转为对教会权威的顺从，产生了隶属于更广阔基督教世界的感情。1387年在维尔纽斯（Vilnius）建立了主教区，1417年在萨莫吉西亚建立了第二个主教区。教士数量稀少、居民点广为分散以及传统文化的有力抵制，意味着完全接受新信仰要经过几代人的时间，而且首先皈依的是社会上层。除了波兰教士，立陶宛教士最初就已存在。立陶宛教会的领袖们在克拉科夫大学接受教育，而且为了这一教育目的，雅德维加女王和瓦迪斯瓦夫国王重建该大学。

波兰对科里沃联盟的解释，遭到立陶宛王室成员的反对，并导致国王的堂兄，即凯斯图蒂斯的儿子维陶塔斯（Vytautas，维托尔德 Vitold）的反抗，他向条顿骑士团寻求支持。然而，国王瓦迪斯瓦夫在立陶宛和波兰之间达成妥协。1392年，他授命维陶塔斯为立陶宛的联合统治者。瓦迪斯瓦夫采用地位更高的头衔"宗主大公"（*dux supremus*），而维陶塔斯的头衔为"大公"（*magnus dux*）。多年来，维陶塔斯大公成为瓦迪斯瓦夫国王的合伙人，但是施行自己的国内外政策。维陶塔斯取缔了几个亲属的公侯领地，将他们并入大公统治之下，从而巩固了大公国。尽管有波兰贵族的种种行为，他仍守卫了沃伦（Volynian）边界。维陶塔斯试图将金帐汗国（Golden Horde）变为自己的属国，但他于1399年在沃尔斯克拉（Vorskla，流入第聂伯河）河岸战败，这使得鞑靼对立陶宛和波兰南部边界的威胁成为顽疾，长达三个世纪之久。他的溃败同时证明，如果立陶宛和波兰要想维持他们的国际地位，两国的联合不可或缺。

女王雅德维加死后，瓦迪斯瓦夫被波兰贵族接受为波兰国王。这促使瓦迪斯瓦夫和维陶塔斯在1401年议定了一项法令，承认立陶宛和波兰平等的政治地位。

第四节 中欧冲突中的波兰和立陶宛

条顿骑士团对两个王国都构成威胁，这使得立陶宛—波兰联盟具有独特的价值。几十年来，骑士团对立陶宛施行强硬政策，而同波兰寻求和解，希望挑拨两个邻国对抗。骑士团与西吉斯蒙德的结盟对波兰构成威胁。卢森堡的西吉斯蒙德是勃兰登堡边地爵，他在大波兰和但泽之间选择中立。为了应对威胁，同时解决两国在诺泰奇河（Notec）上的边界冲突，波兰和立陶宛结盟。立陶宛不能接受1398年维陶塔斯被迫割让萨莫吉西亚，在1409年支持萨莫吉西亚起义，反抗骑士团。

同样，条顿骑士团也决定采取军事手段。骑士团与卢森堡的西吉斯蒙德（现在是匈牙利国王）、其兄弟波希米亚国王瓦茨拉夫（King Vaclav）、西波美拉尼亚诸公爵结盟。1409—1411年波兰—立陶宛与骑士团之间爆发的"大战"，在1410年的格伦瓦尔德战役（坦能堡）达到高潮。这次战役是中世纪晚期最大战役之一（约6万人参战），以骑士团军队的失败而告终。大团长乌尔里克·冯·荣金根（Ulrich von Jungingen）以及许多条顿显贵被杀。1411年签署和平协定，仅满足了立陶宛的战争目标，即收复了萨莫吉西亚。

骑士团的军事和经济力量遭受大幅削弱，这对增加波兰—立陶宛联盟的声望更加有利。教会改革派和扬·胡斯（Jan Hus，他认为骑士团已不符合时代潮流），给国王瓦迪斯瓦夫发去贺信。1413年，在布格河畔（Bug）的霍罗德洛（Horodło）签订了新联盟条约，43名波兰家族接纳了相应数量的立陶宛贵族，并授予他们波兰纹章。瓦迪斯瓦夫国王和维陶塔斯大公按照波兰模式，授予立陶宛贵族以财政和法律特权。

1415年，波兰代表团参加了康斯坦茨公会议（Council of Constance），并开始发挥积极的作用。新近皈依的萨莫吉西亚的代表也参加了会议，他们是瓦迪斯瓦夫和维陶塔斯胜利完成天主教使命的见证者。基辅都主教作为立陶宛大公国的代表也参加了会议。波兰人为扬·胡斯辩护。他们援引（克拉科夫大学的）鲍卢斯·弗拉基米里有关教宗和皇帝统治异教徒的论文，这位教会法学家反对武力皈依，保护异教徒拥有土地的权利。这引发了同条顿骑士团支持者的论战。波兰人的观点得到巴黎大学学者的支持。1422年，另一场同骑士团的战争爆发，同年，骑士团被迫永远放弃萨莫吉西亚。骑士团在波罗的海地区的扩张受到抑制，普鲁士和利沃尼亚（Livonia）彼此分离。

波兰—立陶宛联盟现在成为中欧和东欧强大的政治力量。1420年，波希米亚爆发了胡斯战争，此后支持国家君主制的捷克团体的社会政策转向温和，支持瓦迪斯瓦夫二世·亚盖洛任波希米亚国王。但国王瓦迪斯瓦夫拒绝了该项提议，一方面是由于国外的复杂形势，另一方面是由于国内波兰贵族的反对，他们不支持乡绅对胡斯运动的同情。维陶塔斯收到了同样的提议，但他推荐瓦迪斯瓦夫的侄子、克里布塔斯（Koributas）之子西吉斯蒙德亲王（Prince Sigismund）接续自己。对胡斯叛乱的援助遭到以奥勒斯尼卡的兹比格涅夫（Zbigniew of Olesnica）为首的众主教和贵族的阻挠。兹比格涅夫是克拉科夫主教，当时已是重要的政治人物。因此，国王不得不召回西吉斯蒙德亲王，并在1424年被迫颁布一项法令反对胡斯派及其联盟。尽管如此，西吉斯蒙德于次年当选为国王，并支持西里西亚（Silesia）激进的胡斯—塔波尔派（Hussite-Taborites）起义。

王储瓦迪斯瓦夫降生后〔他的母亲索菲娅，是国王瓦迪斯瓦夫的第四任也是最后一任妻子，来自立陶宛的阿尔塞尼斯基（Alseniskis）公爵家族〕，国王开始就波兰王位继承问题同贵族展开讨论。立陶宛大公维陶塔斯无后，所以新王储在立陶宛享有明确的继承权。但在波兰，国王不得不通过授予特权，尤其是授予特权给限制王权的贵族，来确保儿子的继承权。几个世纪以来，在规定贵族法律地位的几个特许状中，最重要的要属 1425 年的"布雷斯特特权"（Privilege of Brest）（在库贾维），其开篇便是"未经法庭判决，我们不会逮捕任何人"（Neminem captivabimus nisi iure victum）。这保证了如不经相应的法律程序，贵族财产不得被没收，贵族也不得被逮捕。

维陶塔斯将其影响扩展至立陶宛—罗斯边界，并深入至莫斯科，他甚至想要接受卢森堡的西吉斯蒙德所提供的王位。在 1430 年维陶塔斯死后，国王瓦迪斯瓦夫任命自己最后一位在世的弟弟斯维特里盖拉（Švitrigaila）为立陶宛大公。随后，斯维特里盖拉宣布立陶宛从波兰王国完全独立，并与德意志皇帝西吉斯蒙德和条顿骑士团联合，突袭波兰北部，对其造成严重破坏。1432 年，波兰领导人设法煽动立陶宛反对斯维特里盖拉，使其统治垮台，并由维陶塔斯的弟弟、凯斯图蒂斯之子西吉斯蒙德就任大公。西吉斯蒙德恢复了联合波兰的政策。斯维特里盖拉的短暂统治产生的长期影响在于，授予了天主教和东正教波雅尔（boyars）平等的权利，而在此之前，只有天主教徒享有这种特权。

第五节 主教兹比格涅夫的摄政和瓦迪斯瓦夫三世的统治

1434 年 6 月瓦迪斯瓦夫二世·亚盖洛死后，其十岁左右的儿子瓦迪斯瓦夫三世经贵族同意继位，但由政治强人克拉科夫主教兹比格涅夫领导的摄政政府，以及主要由小波兰贵族组成的王室委员会进行统治。反对派对摄政不满，并与波希米亚的胡斯派建立联系。1437 年卢森堡皇帝西吉斯蒙德死后，摄政反对派提议瓦迪斯瓦夫二世的幼子卡齐米尔继承波希米亚王位。王室遗孀索菲娅支持该计划，但兹比格涅夫反对。波兰对波希米亚和西里西亚发动进攻，但波兰王位候选人输给了哈布斯堡的阿尔伯特（Albert of Habsburg）。主教—摄政帮助西吉斯蒙德大公巩固了他在立陶宛的地位，并击败反对者斯维特里盖拉。在小波兰，兹比格涅夫与梅尔茨廷的斯柏特科（Spytko of Melsztyn）领导的胡斯反对派作战，不仅令贵族满意，甚至得到了农民的支持。1439 年在尼达（Nida）河边的格罗特尼基（Grotniki）战役中，起义被镇压。斯柏特科被杀，并被谴责为国家公敌。

1440年西吉斯蒙德大公被波雅尔贵族刺杀。之后，13岁的小卡齐米尔以瓦迪斯瓦夫三世的名义，作为王室代理人被送往立陶宛。立陶宛贵族立即拥立其为大公，并宣布停止与波兰王室的联合。波兰贵族并未放弃与立陶宛重新联合的希望，但他们寻求与匈牙利建立联盟以弥补缺失。

哈布斯堡的阿尔伯特曾是波希米亚和匈牙利国王，但时间短暂。在他1439年死后，匈牙利贵族面对土耳其的威胁，投靠克拉科夫宫廷，并将圣斯蒂芬（St Stephen）的王位拱手让给瓦迪斯瓦夫三世。尽管某些亲哈布斯堡的大贵族表示反对，但1440年瓦迪斯瓦夫还是在布达（Buda）加冕为王。年轻国王着手抵抗土耳其保卫自己的王国，并得到了教宗尤金四世（Pope Eugenius Ⅳ）所建联盟的帮助。1443年，抵抗土耳其的战争在保加利亚（Bulgaria）获得胜利，并达成和平协议。次年，这一胜利促使罗马教廷决意要准备对君士坦丁堡发动新远征。但是，威尼斯舰队没能阻止土耳其从博斯普鲁斯海峡的进攻。1444年，20岁的瓦迪斯瓦夫三世与许多波兰、匈牙利骑士和教宗使节一起，在瓦尔纳战役（battle of Varna）中被杀。这次失败注定了拜占庭帝国和巴尔干半岛的斯拉夫人的命运。这时，奥斯曼帝国的威胁正逼近中欧。然而，不管是在波兰还是在立陶宛，都未充分意识到瓦迪斯瓦夫抵抗土耳其人时所发挥的重要作用，那里主要还是以国内问题为主。

第六节　王室土地的收复：卡齐米尔四世统治下的波兰和立陶宛

由于一开始瓦迪斯瓦夫前途未卜，也由于波兰和立陶宛贵族的纷争，卡齐米尔四世即位波兰王位实际上花费了两年时间。新国王证明自己是一位高明的政治家。他设法巩固了王位，同时承认他治下的两个王国地位平等，是受其控制的"兄弟般的联盟"。在波兰，他遭到主教兹比格涅夫领导的大贵族的抵制，但他得到了"王国内年轻贵族"的援助，后者从大波兰应召而来，给国王及其宫廷以支持。在其统治初期，他还争取过城市的支持。国王及其保王派成功抵制了来自教廷的财政索求，并且由王室任命主教，对抗教士反对派。1455

年枢机主教兹比格涅夫的死亡,导致小波兰反对派的失败。同时,卡齐米尔稍迟时候确认了由其先辈授予给贵族的特权,于是就王权的宪政性特征而言,他在王国内确立了自己的地位。此外,在同条顿骑士团的决定性战役之初,卡齐米尔分别授予特权给涅沙瓦(Nieszawa)的几个地区,保证不经称为地方议会(land diets)的贵族会议的同意,不征收新税或军费。因此,他为创建国王和特权阶层之间协商的议会制开辟了道路。

在立陶宛,卡齐米尔拥有广泛的权威,但不算是专制权力。1447年,卡齐米尔在维尔纽斯给大公国内的波雅尔贵族颁授了一项特许状,使其享有与波兰贵族同等的权利,包括个人自由、召开自己的法庭的权利、同侪审判的权利,并且免除了臣属的波雅尔向大公国纳贡的义务,从而赢得了立陶宛贵族的支持。他巩固了立陶宛的边界,如同维陶塔斯统治时期的状态,并承诺政府职位只由立陶宛人担任。立陶宛和波兰的边界争端达成妥协:大公国保留沃伦(Volyń),波兰保留波多利亚(Podolia)。通过1449年的和平协定,与莫斯科的战争暂停。这成为立陶宛停止向罗斯扩张的转折点,接着进入了短暂的平衡期,莫斯科随后开始大肆扩张。

在普鲁士和波美拉尼亚,条顿骑士团国家遭遇内部危机。像但泽、托伦和埃尔宾这样的富庶城市,及其操日耳曼语的居民,反对财政征收控制在骑士团手中。同样,骑士团中的骑士等级附庸,不管他们说日耳曼语还是波兰语,联合组建了"蜥蜴联盟"[Lizard League (*Eidechsengesellschaft*)]。1440年之后,普鲁士各社会等级(骑士和市民)结成普鲁士联盟,该联盟作为政治团体的代表,主要就税收问题同骑士团大团长谈判。骑士团镇压普鲁士联盟引发了一场起义。1454年,卡齐米尔四世接见了由汉斯·冯·帕森(Hans von Baisen)率领的起义军代表团。根据国王的权利,卡齐米尔宣布将普鲁士并入波兰王国。于是在没有立陶宛的帮助下,爆发了十三年战争。国际舆论并不支持废除条顿骑士团,教宗卡立斯特三世(Calixtus Ⅲ)及其之后的庇护二世(Pius Ⅱ)向波兰颁布禁令,但立即遭到民众和教士的反对。1466年战争结束,并签署托伦和平协定(Peace of Torun)。但泽和波美拉尼亚(1308年曾被骑士团占领)、普鲁士西部[包括埃尔宾(Elbląg)以及马尔堡(Malbork,又称 Marienburg)]

被割让给波兰，以后称作王室普鲁士（Royal Prussia）。骑士团的势力被限制在普鲁士的剩余区域，但不包括瓦尔米亚［Warmia（Ermland）］，后者被当地主教以波兰国王封臣的身份所控制。骑士团大团长将其首府从马尔堡的城堡迁至柯尼斯堡（Königsberg），并宣誓效忠波兰国王，接纳波兰国王为骑士团的最高统治者。

除了上述大规模地收复王室土地，稍早时候波兰还吞并了西里西亚（Silesian）边界的部分土地，因后者与克拉科夫毗邻，所以地理位置重要。1457年，国王获得奥斯威辛（Oświęcim）公国和扎托儿（Zator）公国，并在1497年将其变为王室财产。马佐维亚的皮亚斯特家族（Mazovian Piasts）某些支脉灭绝之后（在1462年和1476年），王室也接收了臣属的马佐维亚公国的部分地区。

第七节　中欧和东欧的亚盖洛王朝

卡齐米尔四世统治后半期，他有意以亚盖洛王朝的几个支系为基础建立联盟网络。尽管那时卡齐米尔存在机会，但他并未进一步将西里西亚的土地收归波兰王室；相反，他将全部努力都集中于使奥地利的伊莉莎白（Elizabeth of Austria，皇帝阿尔伯特二世之女）为己所生的几个儿子获得波希米亚、匈牙利、波兰和立陶宛的王位。在这方面，卡齐米尔成功了。

在波希米亚事务中，卡齐米尔四世没有加入反对波德布雷迪的乔治国王（KingGeorge of Poděbrady）的天主教同盟；相反，他试图在自己、神圣罗马帝国皇帝和匈牙利国王马加什·科文努斯（King Mátyás Corvinus of Hungary）之间斡旋。乔治同意接受卡齐米尔的长子弗拉迪斯拉夫（Vladislav）作为自己的继承人继任波希米亚王位。在乔治死后，波希米亚议会（Diet）在1471年正式选举弗拉迪斯拉夫为国王，而马加什·科文努斯竭力占据西里西亚、卢萨蒂亚（Lusatia）和摩拉维亚（Moravia）。与匈牙利国王的冲突体现在军事和外交纷争之中。1490年马加什的去世为弗拉迪斯拉夫登上匈牙利王位开辟了道路；在匈牙利权贵的帮助下，弗拉迪斯拉夫取代了他的弟弟扬·奥尔布拉奇（Jan Olbracht，受到乡绅的拥戴）继位，而后者得到了补偿，获得了西里西亚的统治权。

至此，亚盖洛王朝控制了中欧和东欧的广袤地区，从莫斯科、波罗的海边界，直到黑海和亚得里亚海地区。然而，卡齐米尔的外交成功并未立即带来优势，所以在波兰和立陶宛没有引起兴趣。在下一代，哈布斯堡家族将收获卡齐米尔国王努力的成果。在贵族看来，卡齐米尔头几十年的成功统治树立起来的权威，被为了王朝利益而进行的繁重且失败的军事行动所削弱。有关军事和财政制度改革的重要问题仍未得到解决。

卡齐米尔四世很少出访立陶宛，但他并未同意立陶宛贵族要确立代理人的要求。同时，莫斯科正在扩张，从立陶宛的势力范围夺取了诺夫哥罗德（Novgorod，1471），并以损害立陶宛为代价，实施将更多罗斯土地纳入莫斯科控制的政策。卡齐米尔四世在立陶宛四年，其间有两年时间，他将王国统治委托给了他的二儿子卡齐米尔（后被封为圣徒）。罗斯众王公在立陶宛大公封臣的默许下，曾试图刺杀卡齐米尔国王，但他幸免于难，其中两个密谋者被大公会议审判，并被斩首。卡齐米尔反击莫斯科失败了，后者夺取了几个边界公爵领地，并引发了鞑靼人对南部地区的入侵。

1475年，土耳其人占领卡法（Kaffa）的热那亚殖民地，该地区位于黑海北部沿岸，是东方贸易的主要中心。1484年，他们又占领了基利阿（Kilia，在多瑙河口）和阿克曼［Akkerman，在德涅斯特河口（Dnestr）］，该地区属于摩尔达维亚（Moldavia）。在此种形势下，摩尔达维亚王公（总督）斯蒂芬遵循着祖辈先例，重新效忠波兰王室。自此以后，应对来自土耳其人和鞑靼人的直接威胁，成为立陶宛和波兰外交政策的一贯特征。

第八节　国王扬·奥尔布拉奇和亚历山大

1492年卡齐米尔四世死后，立陶宛贵族根据他的遗嘱，选举其子亚历山大为大公。卡齐米尔已经立下遗嘱，将波兰王位传给长子扬·奥尔布拉奇。在扬·奥尔布拉奇统治期间，波兰和立陶宛君合国中止。像其祖父一样，扬·奥尔布拉奇在立陶宛使用"宗主大公"的头衔。他计划组建反土耳其同盟，但该同盟没能应对土耳其的威胁，反而引发了与摩尔达维亚王公斯蒂芬的冲突，并败在后者手中。

扬·奥尔布拉奇与土耳其人达成和解，并维持了若干年。国王成功将马佐维亚的普沃茨克（Plock）公爵领地并入波兰王室。在国内事务上，他依靠众议院的支持，反对王室委员会或参议院的大贵族。扬·奥尔布拉奇短暂的统治引发了在其兄弟亚历山大统治时期贵族的反抗（1501年起）。

亚历山大统治伊始，便将维亚济马（Viaz'ma）输给了伊凡三世（Ivan Ⅲ），这诱使立陶宛迅速加强了与波兰的联合。与莫斯科的战争（1500—1503）使立陶宛损失了第聂伯河以外的土地，并导致立陶宛和莫斯科各自控制的土地开始分裂为白俄罗斯和乌克兰。在亚历山大被选为波兰国王之后，他被迫同意进行政府改革，这致使国家最高决策权掌握在全体委员会手中（自16世纪起称为参议院）。当国王在国外同莫斯科作战期间，寡头掌权的统治引起了乡绅的广泛反对。在御前大臣扬·拉斯基（Jan Laski）的建议下，国王重新与众议院联合，并推行真正的财政和行政改革，包括颁布"毫无新内容的"新宪法（Nihil novi，1505），规定没有参议员和地方代表的同意，禁止颁布新法律。这为波兰模式的混合君主制（monarchia mixta）开辟了道路，而乡绅力量大力参与其中。1506年亚历山大死后，王位传给了亚盖洛王朝两个王国中"唯一的继承人和继位者"，即他的最后一位兄弟"长者"齐格蒙特一世［Zygmunt Ⅰ，又称西吉斯蒙德（Sigismund）］。

第九节　波兰各等级与君主制

14世纪和15世纪，波兰王国呈现为特权等级的君主制形式。特权等级的诸项权利来源于授予贵族、乡绅和教士的特权，他们是分别作为一个整体领受特权的。然而，城市并不具有任何这种统一性表现，因为王室特权是单独授予各城市的。同样，每个村庄也是分别被授予不同的特权。

"波兰王国王冠领地"（Corona Regni Poloniae）被视为一个独立于国王个人的制度，代替了先前所谓王权或大公权力世袭的观念。在王室管辖的王冠领地之外，王室拥有某些属地，并对被认为曾经归属自己的土地拥有权利。在空位期或无男嗣时，王位由占据首位的贵族和乡绅这些特权等级代理。波兰国王行使一种君主权,这在理论上体现的原则是,国王乃自己王国内的君主(rex imperator in regno suo),在实际上体现为,领土具有不可分割和不可剥夺的特征。从13世纪开始,王国的国徽为红色背景下的一只银鹰;从1295年王国复位以来,银鹰头上就一直戴着王冠。

从1382年匈牙利的路易去世开始,波兰王权所依据的原则不是世袭,而是选举。在15世纪,选举原则限定于亚盖洛王朝内部的王位候选人之中。在路易的加冕礼上,国王整体上确认了特权等级享有的特权。在中央王室官员的帮助下,王权在王国管理方面得到了广泛扩展。这些官员包括司厩(the marshal)、御前大臣(the chancellor)、司库(the treasurer)和其他官员。在各省,国王有代理官员,即长老(starosta),常被称为"王室臂膀"["royal arm"(brachium regale)],他们负责行政、税收、刑事案件的审理和治安。国王是最高法官,也是军队的最高统帅。他执行对外政策,国内事务则由国王和王室委员会共同处理,后者包括王室最高政要、某些官员和主教。全体委员会(16世纪早期开始为人所知)成员约70位,国王常常只召集其中的少数。

并入波兰王国的古代公国成为后来的巴拉丁领地,领地高官由国王委任,任期终身。这些人保留了某些法律权利,但失去了先前作为城堡主的权力,不过保留了参加王室委员会的权利。其他古代地方官员保留了作为地方法官的某些权力,但他们的头衔最重要的是体现了其拥有者在贵族中的等级。

每个等级都有自己的司法权。贵族在特定地区拥有地方法庭,并依从普通法原则,除了裁决诉讼之外,还处理非诉讼性事务,比如财产登记、信贷交易。城堡法庭由长老(starostas)控制,在刑事案件中尤其重要。在15世纪,乡绅法庭和长老法庭以同样的方式停止了来自农民案件的审理。教会法庭审判涉及教会法的案件,并与乡绅一同审理涉及精神事务的案件,比如异端问题、婚姻问题以及包含宗教遗赠的遗嘱。城市法官在某些城市行使职权,当吁请国王在克拉科夫堡为小波兰召开高级法庭时,他也发挥着作用。村庄司法丧失了越过村庄领主申诉的权利。后者只能因审判不公在地方法庭被控诉。

波兰议会制度的起源可追溯至13、14世纪的贵族和乡绅会议,由地方领主在乡村各地召开，主要处理政治事务，并履行司法职能。14 世纪末，这些会议更加频繁，并呈现为两种形式。整个王国的会议有"色姆"（sejm，全国性大会）或大会议（conventio magna），由王室委员会的贵族支配。各地方的会议（大波兰和小波兰有所区别）有省级会议（conventiones generals）。1454 年卡齐米尔四世授予乡绅阶层的特权增强了代议制中的第三等级在各等级和地方议会（sejmiki 或 conventiones particulares）中的影响力，此类会议至 15 世纪末总计有 18 个。地方显贵和乡绅参加这些会议。国王召集他们以支持额外王室税收，同意全国征兵。地方议会（sejmiki）根据普通法宣判，并选出两名全权代表参加全省或全国召集的会议。当扬·奥尔布拉奇就职时，整个王国的色姆成为主要的议会形式，因为省级会议召开的频率越来越少。彼得库夫色姆（Piotrkow，1493）是首个两院制议会，包含王室委员会（此后不久称为参议院）和地方代表组成的众议院。城市领导者也以顾问身份被邀参会。两院之间或内部的政治冲突将很快在色姆发生。

第十节　贵族、乡绅、农民、城镇、教会和犹太人

14 世纪，在同一个纹章和宗族/家族名称之下，贵族及其亲族和附属骑士家族联合在一起，这样的家族结构有利于扩大其社会影响。贵族特权包括整个家族及其成员，尽管试图依据法律对其进行规范，但贵族并未做出高级和低级的划分。虽然大贵族、中等贵族和较贫穷的乡绅在财产占有上存在很大差距，但在 15 世纪贵族等级是一个单一团体。贵族也是一个大规模等级；在 16 世纪（根据有效的估值）贵族占到总人口的 8%—10%。整个贵族享有完全自主保有的土地所有权，且不存在采邑制度。对波兰王国的国王和王权的忠诚，将贵族联系在一起。

13 世纪的城市和农业改革遵循日耳曼法律［German law（ius teutonicum）］模式。该模式以授予城镇和村庄的大公特权为基础，而生活其间的拓殖移民和大量本土居民受该法的司法权管辖。日耳曼法存在地区差异，比如实行于切姆诺（Chelmno）和普鲁士的《克莱门斯

法》(ius Culmense), 以及以西里西亚城市希罗达 [Sroda (Neumarkt)] 命名的《希罗达法》(ius Sredense)。城镇由市长（波兰语 wojt, 德语 Vogt, 拉丁语 advocatus）领导, 其职位世袭。14 世纪, 市长的权力常被城市会议取代。城市会议由城市高等级商业贵族（从中产生出市长）和平民 (communitas) 代表（主要是手工业者, 他们自己也组成行会）构成。城市支付额外税收, 且每项税收最初都要征得同意; 然而从 15 世纪中期开始, 地方议会和色姆未经同意就向城市和贵族财产征税。

尽管商业和地区贸易发展, 大城市贸易连接了西欧、中欧和东北欧, 地方手工业产量显著上升, 信贷手段发展, 但是仅有少量城市的人口能达到数万, 比如但泽、克拉科夫、波茨南（Poznań）和利沃夫（Lwów）。另外, 更小规模的城镇星罗棋布, 与中欧国家的城市展开竞争。然而, 缺少代表阻碍了波兰王国的城镇, 使其不能在更广阔的政治生活中占据一席之地。

村民地位不尽相同。15 世纪, 大部分村民生活在具有地区差异的日耳曼法下。村庄以货币、谷物和适度的劳役形式向庄园主支付地租。习俗规定了农民离开村庄的权利; 如果领主强暴了农民的妻女, 或者被革除教籍, 抑或领主要求村庄清偿他的债务, 那么整个村庄便可以更换领主。庄头 (soltys) 的身份世袭, 他比其他村民拥有更多的土地, 并管理村庄法庭。15 世纪, 庄园主趋于连同庄头或农民的土地一起, 买断庄头职位, 以增加庄园农场规模。这导致农民每拥有自己的 16 至 24 公顷的一畹 (lan/laneus/mansus) 土地, 就要在领主的农场上每周劳作一天。15 世纪, 在为波罗的海到西欧这一新兴且扩张的市场提高谷物产量方面, 修道院做出了表率。14 世纪, 生机勃勃的新村庄已经扩展至小波兰树木繁茂的丘陵地带。下个世纪, 波兰移民到达哈利茨（Halicz）西部地区, 来自马佐维亚的移民到达波德拉谢（Podlasie）, 最远至普鲁士的湖区, 该地区自此称作马祖里（Mazury）。伴随着移民, 引入了充分集约型农业: 三圃制和畜牧业。

天主教会设置两个都主教区: 一个自公元 1000 年起以格涅兹诺（Gniezno）为中心, 包括两个立陶宛主教区; 另一个最初设在哈利茨（1367—1414）, 后又设在利沃夫。格涅兹诺的大主教（从 1417 年起便享有首主教头衔）领导整个主教区, 为国王加冕, 并在王室委员会中占据首位,其地位甚至不逊于克拉科夫主教暨首位波兰枢机主教兹比格涅夫。两个教省共有 17 个主教区;格涅兹诺的司法管辖权延伸至弗罗茨瓦夫［Wrocław（Breslau）］,而利沃夫对摩尔达维亚的一个教区拥有司法权。教会财产［归主教、教士团（chapters）、修会和堂区所有］约占耕地面积的 12%。贵族竭力改变什一税制度,并要求向教会财产征税。在罗斯,东正教会享有完全的宗教宽容政策。在短命的东正教都主教区哈利茨陷落（1370）后,该教省的众主教归基辅司法权管辖。在那里,于 1458 年为波兰和立陶宛的东正教设立了一个都主教,能够管辖 9 个教区。1356 年之后,亚美尼亚商人聚居地在利沃夫拥有自己的教会和大教堂;1439 年的佛罗伦萨公会议（Council of Florence）试图统一东正教和罗马教会,但该尝试并未影响到波兰的亚美尼亚人。然而,统一东正教与罗马教会的思想得到罗斯人的一些高级教士和波兰国王们的支持。虽然有一位东正教的都主教（基辅的伊西多尔,Isidore of Kiev）参加了费拉拉—佛罗伦萨会议（Council of Ferrara-Florence,1439）,但两个教会并未从此形成正式联合。

14、15 世纪引人注目的事件是,操意第绪语的德系犹太人从德语区更深入地大规模涌入。13 世纪的大公特权以及 14、15 世纪国王授予的权利,确保了犹太人成为一个独立的阶层。他们在某些特定城市拥有自己的自治组织,享有宗教自由和司法权利,并且保护他们的人身和贸易权。尽管有些城市试图限制或驱逐犹太人,但犹太人的权利仍完全保留下来。

第十一节　立陶宛君主制

在整个 14、15 世纪,立陶宛大公国的国家和政治制度加速发展。14 世纪大公权力基于世袭权,在某种意义上,大公借由父子关系承袭权力,且被公认为是最适宜的统治者。在大公统治下,王朝成员有权获得自己的世袭土地。在直接臣服大公的地区,尽管大公需要宫廷和特定地区代理官员的辅佐,但他是一位绝对统治者,作为领袖和法官进行个人统治。在那些授给王朝成员的公爵领地,或者在那些罗斯王公占据的公爵领地,大公也同样是一位绝对统治者。

第二十八章 波兰王国与立陶宛大公国（1370—1506）

波雅尔贵族（boyar）阶层由负有军役的骑士构成。他们的土地由大公或地方公爵分配，并在父系家族间继承，但统治者可以没收其土地。波雅尔村庄的全体属民要向大公或公爵缴纳贡赋和提供劳役。除了依附于波雅尔的相对自由的农奴，还有奴隶，尤其是战俘奴隶。

15世纪，特权有助于形成新的社会关系和制度模式。这些特权有时体现了波兰法律的影响，该法律经由大公颁发给整个公国或其中的某些特定地区。无疑，颁授这样的特权产生出新的社会结构，与之前的社会大相径庭。在15世纪，尤其到维陶塔斯死时，个体的王公失去土地，收归大公控制，大公进一步限制了对他们的授予。这些王公从地方统治者转变为上层阶级的成员，并在上层阶级中与波雅尔融合。波雅尔被称作贵族，并成为强势的有产者群体。他们是拥有自己旗帜的领导者，作为法官，他们仅向大公负责。剩余的大部分波雅尔发展为财产分化的乡绅。一部分乡绅享有波雅尔贵族的特权（继承财产、不经审判不得治罪、税收与个人役务合并），也有一部分波雅尔贵族属于第二等级，他们臣服于某个王公或贵族。

农民既包括奴隶也包括农奴。那些奴隶出身的农民成为家仆，甚至当他们定居在庄园和土地上时，他们的全部权利也都被剥夺。农奴虽被束缚在土地上，但他们的确具有某种法律身份。同时，相当数量的自由人享有个人自由权，但是缺乏财产权。

立陶宛罗斯（Lithuanian Rus'）的城镇保持着旧有的结构。富人（负有骑士义务）与其他人等的阶层分化产生了一定规模的自由人口。在法律事务上，城镇依靠大公或其代理官员和法官。从14世纪末开始，在大公的同意下，一些城镇（如维尔纽斯、特拉凯）实行日耳曼法；但在15世纪这样的城镇仍然只有几个。受地方法或日耳曼法管辖的城市网络变得非常稀少，与中欧和波罗的海欧洲相比，这是东欧的典型特点。

在1388年之前，犹太人已来到立陶宛。下个世纪更多的犹太人来到立陶宛，占据着城市居住区。大公维陶塔斯授予犹太人三份地方特许状（1388—1389），并在1507年经由波兰国王和立陶宛大公西吉斯蒙德的确认，成为普遍的特权。在大公国版图内的小部分鞑靼军事居住区（自14世纪后半叶开始），其伊斯兰教式的忠诚获得完全认可。在维陶塔斯时代，一小群卡拉派信徒（Karaites）来到立陶宛，他们遵行犹太教,但拒绝拉比教义或《塔木德经》的教义(Rabbinical or Talmudic teachings)。

1440 年立陶宛贵族选举卡齐米尔王子为统治者,自该年起,大公虽然一直限定在瓦迪斯瓦夫二世·亚盖洛的后代成员中,但大公成为选举性职位。大公在宫廷高官的辅佐下履行统治权,其中御前大臣(从 1458 年起还有维尔纽斯的巴拉丁伯爵)在国内外事务中拥有广泛权威。代理官员控制着省级行政,在波兰影响下,他们最终被称为长老(starostas),掌握有完全的财政和司法权力。从 1413 年起设有两个行省(voivodships,或称巴拉丁伯爵领):维尔纽斯和特拉凯,1471 年后又增加了以基辅为中心的行省。在县(powiat)一级,领导者公认的有身份者,即负责地区动员的乡绅首领。

大公国会议(the grand-ducal council)成为最基本的政治制度。该会议成员包括主教、宫廷和地方官员,总共几十人。在大公国会议之外,还有限定更严和更为私密的会议,只有少数贵族参加。这小部分贵族是顾问团,拥有巨大的政治权力,从 15 世纪中期起大公便就征税问题与他们协商。1492 年召集大公国会议,要求每省派 10 名或更多代表,以选立新大公,这次会议导致了立陶宛色姆(sejm)的建立。然而,同地方议会(land diets)一样,色姆在 16 世纪才得以全面发展。

第十二节 14、15 世纪的文化

中世纪末,尤其是 1400 年之后,国王宫廷以及主要的世俗和宗教官员的生活水平(比如波兰王国的大城市),已非常接近其他中欧国家。宫廷庆典和娱乐、马上比武大会、宴会和奢华的装饰,这与许多城镇的肮脏和贫穷形成对照。这种情形随处可见,甚至一些大城市亦是如此。高级贵族与城市贵族保持着联系,并渴望接受传入国内或在国外旅行时接触到的外国风俗。但地区发展仍有差异。西里西亚和小波兰是文化事业的领跑者;其次是王室普鲁士、大波兰和马佐维亚。在东南部,新的发展也不均衡。立陶宛第一波西化浪潮影响了王公、贵族,尤其是天主教徒,但在文化方面它仍属于东欧。

14 世纪中期开始,波兰发展出大教堂、堂区和城镇学校网络。

第二十八章 波兰王国与立陶宛大公国（1370—1506）

这影响了两部分求学人员。一部分人求学是以进入教会为目的，另一部分人是以进入地方法庭和文书机构工作为目的，他们通常是贵族和市民的后代。这些学校也为大学输送人才，目标主要是意大利（尤其是波伦亚）、法国和布拉格的大学。

克拉科大大学，是继布拉格大学之后在中欧建立的第二所大学，1364 年由卡齐米尔三世建立，实行波伦亚大学模式，专注于教会和国家管理所必需的法律课程。1400 年，瓦迪斯瓦夫二世·亚盖洛授权重建克拉科夫大学，它受到巴黎大学的影响，并建立了神学院。克拉科夫大学保持着与其他大学的联系，并影响到邻近地区，尤其是立陶宛。在哲学方面，克拉科夫大学倾向于唯名论，并教授伦理学和政治学，在波兰教会内部传播公会议理论，维持宗教正统。在神学家中，克拉科夫的马修（Matthew of Cracow）和雅各布·德帕拉迪索（Iacobus de Paradiso）脱颖而出，而法学家斯坦尼斯瓦夫·德斯卡宾米里亚（Stanislaw de Scarbimiria）创立了正义战争理论（the doctrine of the just war, 1411）。由布鲁泽沃的阿达尔贝特（Adalbert of Brudzewo）和其他人领导的天文学院，培养出了该大学最著名的毕业生——尼古拉·哥白尼（Nicholas Copernicus），他曾于 1492—1496 年在此求学。

15 世纪后期，文学和意大利人文主义研究传入克拉科夫大学。利沃夫大主教萨诺克的格列高利（Gregory of Sanok，卒于 1471 年）资助作家探索新的文学形式和世俗题材。1470 年前后，在克拉科夫围绕菲利波·本哥尔希—卡利马科斯（Filippo Buonaccorsi-Callimachus）逐渐成长起新的作者群。15 世纪末，康拉德·凯尔特斯（Conrad Celtis）成立"维斯图拉河文学社"（"Sodalitas litteraria Vistulana"）。在许多地区，拉丁语仍是主要的文学表现形式。在历史领域，扬·德卢戈斯［Jan Długosz（Longinus）］仿李维的风格写作了《辉煌的波兰王国编年史》（Annales seu cronicae inclyti regni Poloniae），详细叙述了从起源到 1480 年的波兰历史，他本人则是克拉科夫教会法学家、王室的家庭教师和外交家。圣经翻译、普通法法令以及宗教和世俗诗歌使用了波兰语。1473 或 1475 年克拉科夫出现第一批印刷所；1475 年第一部波兰语著作在弗罗茨瓦夫印刷，1491 年第一部西里尔文著作在克拉科夫出版。

画家、雕刻家和金匠的行会由王室和大贵族、教会和城市资助，创造了精湛的艺术作品。哥特风格在整个中欧都很普遍，并拥有三个地方艺术中心：西里西亚、小波兰和普鲁士，三者又相互影响。罗马风格时代的西欧艺术已经传至维斯图拉河地区；哥特风格时期西方的影响最远至维尔纽斯和利沃夫。从另一个方向来看，诺夫哥罗德和沃伦学校的罗斯人艺术传到了克拉科夫和卢布林，这是瓦迪斯瓦夫三世和卡齐米尔四世个人推行"普世教会主义"（ecumenism）的结果。

亚盖洛王朝统辖的各个国家，开放文化交流，并通过对王国或大公国的忠诚结合在一起。这些是留给后世的遗产。

亚历山大·盖伊什托尔（Aleksander Gieysztor）

陈太宝 译

第二十九章

俄　　国

"俄国"是 14 世纪以莫斯科为中心的大公国发展而来的国家，先后连续发展为俄罗斯帝国（the Russian Empire，1725—1917）、苏联（the Soviet Union，1917—1991）和现代俄罗斯。15 世纪是俄国历史上最重要的时期之一，但并未得到足够重视。15 世纪初，莫斯科大公国从莫宰斯克（Mozhaisk，莫斯科以西约 100 英里）向东延伸至苏兹达尔—下诺夫哥罗德大公国（Suzdal′-Nizhnii Novgorod grand principality，自 1392 年起部分地臣服于莫斯科），从东南部的梁赞（Riazan′）向北延伸至贝洛泽诺（Beloozero）、沃洛格达（Vologda）和乌斯秋格（Ustiug）的森林地区。莫斯科大公国虽然地域辽阔，但力量弱小。莫斯科对北部以及苏兹达尔的控制力软弱；周边被众多公国包围，其中有势力弱小的罗斯托夫（Rostov）和雅罗斯拉夫（Iaroslavl′），也有势力强大的梁赞和特维尔大公国（Tver′）。莫斯科的劲敌还包括诺夫哥罗德和普斯科夫（Pskov）城市共和国，以及立陶宛大公国。然而，莫斯科发展至 15 世纪末，已经在这块通常被称为东北罗斯的地区（基辅罗斯国家昌盛于 10—12 世纪，并留给莫斯科重要的历史遗产）占据统治优势。莫斯科成功的关键在于其制度和象征性手段，并借此来巩固权威，利用和调动社会资源。这些统治方式和思想建构至少持续到两个世纪之后，并在更长的时期内产生了影响。

第一节

15 世纪的俄罗斯史料匮乏，但某些领域的研究资料相对丰富，比

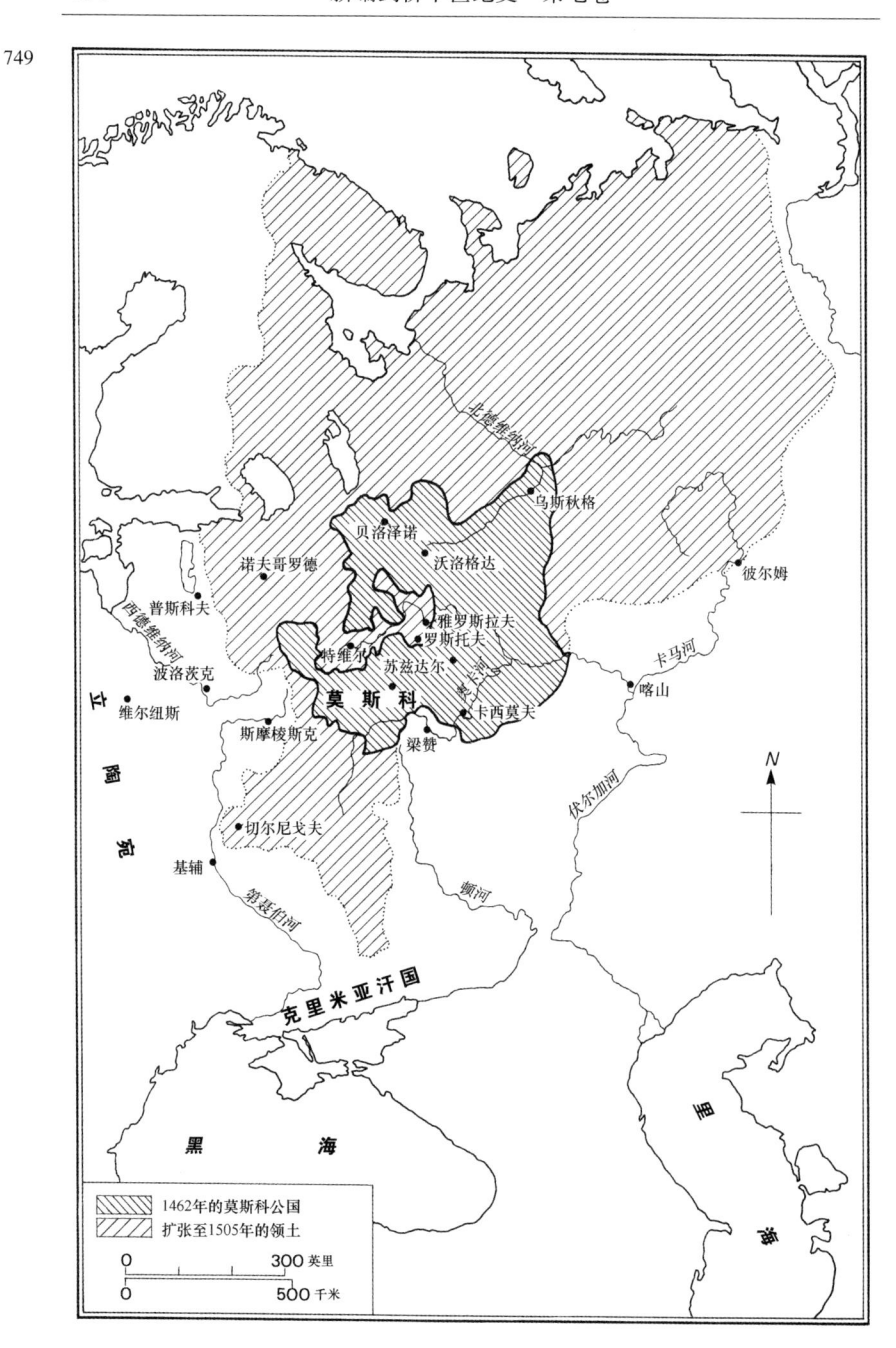

地图19 俄图

如政治和外交。编年史资料丰富,立陶宛大公国(斯摩棱斯克)、乌克兰、莫斯科、特维尔、罗斯托夫、沃洛格达、彼尔姆、诺夫哥罗德和普斯科夫都编纂有手抄本。扬·德卢戈斯(Jan Długosz)记载了立陶宛大公国的历史;有些游记作家到过立陶宛大公国和东北部地区,他们提供了有趣的记载,这些游记作家有吉尔伯特·德拉努瓦(Gilbert de Lannoy)、乔萨夫·巴尔巴罗(Josafo Barbaro)、安布罗焦·康塔里尼(Ambrogio Contarini)等人。诺夫哥罗德、普斯科夫、莫斯科、特维尔和立陶宛大公国,他们与相邻强国、亲族封邑签订条约,其中许多遗存下来。莫斯科王公的遗嘱也遗留下来。有关社会和经济史的现存资料非常匮乏。基辅时代的一些世俗和教会法典继续在立陶宛大公国、诺夫哥罗德和东北部地区誊抄、编纂和使用,其中包括《东方教会法纲要》(the Nomocanon,或称 *Kormchaia kniga*)、《正义法案》(the Just Measure,或称 *Meriolo pravednoe*)、弗拉基米尔和雅罗斯拉夫的特许状、《罗斯法典》(the Russian Law,或称 *Russkaia pravda*)。法律和司法程序汇编也已出现:普斯科夫,1397 年;立陶宛大公国,1468 年;诺夫哥罗德,15 世纪 70 年代;莫斯科,1497 年。立陶宛的国家文书档案非常丰富,收集于《登记册文库》("Metrika")中。而莫斯科公国仅有一些宫廷军事案卷和外交档案。东北罗斯遗存的文献包括土地转让档案、遗嘱、宗谱、若干土地诉讼、少量诺夫哥罗德和特维尔的地籍册,以及一份地方政府的特许状(1488 年授予贝洛泽诺)。最后,圣徒传记提供了日常生活的细节材料。

莫斯科公国区域扩张以及地缘政治相互影响的历史生动展现了莫斯科的成功。15 世纪的地缘政治动态主要表现为莫斯科和立陶宛大公国的对抗。钦察汗国(又称金帐汗国)——蒙古帝国的最西端前哨,主要由鞑靼人组成——在 15 世纪最初的几十年已分崩离析,残余势力在地区权力平衡中只能充当配角:喀山汗国建于 15 世纪 40 年代,1452 年卡西莫夫汗国(Kasimov)建立,它是莫斯科的属国;1443 年,克里米亚汗国(Crimean)被吉雷(Girey)部族控制;15 世纪伊始,帖木儿消灭萨莱(Sarai),位于伏尔加河下游的大帐汗国随即被合并。地缘政治舞台集中于两个商业区:波罗的海和伏尔加河。从 15 世纪中期直至 17 世纪早期,波罗的海贸易一直繁荣。贸易活动主要包括波兰、乌克兰和白俄罗斯腹地的粮食出口，商道主要依靠斯德丁（Stettin）、但泽（Danzig）、柯尼斯堡（Königsberg）和梅梅尔（Memel）之间的航运。更北端的港口和贸易中心——利沃尼亚人的城镇里加（Riga）、多尔帕特［Dorpat（Tartu）］、雷瓦尔［Reval（Tallinn）］以及诺夫哥罗德和普斯科夫——继续出口林业产品，主要是毛皮和蜡。汉萨同盟深受波罗的海激烈贸易竞争之害，并由于多方面势力的压力，丧失了对波罗的海贸易的垄断，这些压力包括：各国政府急于从汉萨同盟城市敛取收入；荷兰、英国、德国南部和瑞典商人的竞争；汉萨同盟内部规则的丧失。15世纪后半叶，诺夫哥罗德的经济也迅速衰落。诺夫哥罗德卷入与汉萨同盟城市的冲突而自取灭亡；遭受与普斯科夫、斯摩棱斯克、波洛茨克（Polotsk）、莫斯科和喀山的竞争之害［喀山从伏尔加河上的保加利亚汗国（Bulgar khanate）接管了伏尔加河中游地区和卡马河（Kama）盆地，保加尔汗国在14世纪末因蒙古帝国的灭亡而衰落］；诺夫哥罗德的贸易帝国被证明缺乏灵活性，当15世纪中期欧洲需求转向高档毛皮时，它仍然依赖于松鼠毛皮。

　　波罗的海贸易促进了内地商路的发展。内地商路从莫斯科和特维尔向西延伸至诺夫哥罗德和普斯科夫，甚或延伸至立陶宛大公国的腹地，比如大卢基（Velikie Luki）、托罗佩茨（Toropets）、维捷布斯克（Vitebsk）和波洛茨克（两者都位于西德维纳河畔）、斯摩棱斯克和维尔纽斯。鞑靼人的侵扰导致伏尔加河贸易衰落，却使第聂伯河贸易重获基辅时代的繁荣。沿着第聂伯河商路，立陶宛大公国的若干城镇繁荣起来，比如切尔尼戈夫［Chernihiv，位于杰斯纳河畔（Desna）］、斯摩棱斯克、佩雷亚斯拉夫（Pereiaslav）和基辅（三者都位于第聂伯河畔），以及图洛夫［Turov，位于普里皮亚特河畔（Pripet）］和位于沃伦尼亚（Volhynia）的弗拉基米尔（Volodymyr）。同时，东北罗斯商人的商路则穿过科洛姆纳（Kolomna）和梁赞（两者位于奥卡河畔），到达奥卡河上游盆地，并继续延伸至杰斯纳河、第聂伯河与顿河的上游地区，穿过大草原地区到达黑海。以前，欧洲和东方往来货物的运输穿越大草原横跨蒙古的"丝绸之路"，曾以里海为中心，现在，则以黑海为中心。热那亚殖民者盘踞在索尔得亚［Soldaia，又称苏达克（Sudak）、苏罗兹（Surozh）］和卡法（Kaffa），不仅有来自立陶宛大公国和东北罗斯城镇的北方商人每年一度造访此地，而且作为交换，也派出自己的商人（意大利人、鞑靼人、希腊人、亚美尼亚人和犹太人）。克里米亚汗国的贸易中心奥恰科夫（Ochakov）和彼列科普（Perekop）也繁荣起来，甚至在1475年土耳其人征服之后也保持了繁荣。立陶宛人公国和莫斯科争夺的主要目标便都集中在这些商路上：诺夫哥罗德、普斯科夫、特维尔、斯摩棱斯克和奥卡河上游盆地，这绝非偶然。

整个15世纪上半叶，立陶宛大公国和莫斯科之间的冲突日趋激化。该世纪的前三分之一时间内，标志性人物维陶塔斯大公（Vytautas，1382—1430）使两国关系蒙上了阴影。维陶塔斯是那一时代东欧最重要的政治人物，他的目标是控制从维斯图拉河到伏尔加河的地区，并通过与波兰的王朝联盟（1385），巩固立陶宛大公国的完整性。1399年，维陶塔斯在沃尔斯克拉河畔（Vorskla）被大帐汗国击败，他的第一项目标失败了。但他的第二项目标达成，建立了霍罗德洛联盟（Union of Horodło，1413）。1391年，维陶塔斯的女儿索菲娅（Sofiia）嫁给莫斯科大公瓦西里一世·底米特里耶维奇（Vasilii Ⅰ Dmitrievich，1389—1425），瓦西里一世则指定维陶塔斯为自己未成年儿子的监护人。通过上述途径，维陶塔斯将影响力渗入莫斯科。1425年，当年仅十岁的瓦西里二世（Vasilii Ⅱ，1425—1462）继位时，维陶塔斯并没有接管莫斯科公国。相反，在15世纪20年代后期，维陶塔斯活跃于其他战线，他正忙于同普斯科夫（1426）和诺夫哥罗德（1428）作战，并迫使独立的普龙斯克（Pronsk）、梁赞和特维尔公国签订附属条约。1429年，维陶塔斯约定从神圣罗马皇帝那里接受一顶王冠，但1430年维陶塔斯离世，同时王冠也在运送途中被劫，未能送达，拦截者是维陶塔斯在波兰、罗马教廷以及条顿骑士团和利沃尼亚骑士团内的敌人。

维陶塔斯之死触发了立陶宛大公国的继位战争，这减弱了立陶宛在东北罗斯政治中的积极作用。15世纪30年代和40年代，莫斯科大公国同样陷入王朝继位问题和地区紧张局势。维陶塔斯和都主教福蒂（Fotii，1431）去世，瓦西里二世失去了有力的保护者和调解人，于是，这位年轻统治者的叔父加利奇的尤里［Iurii of Galich，都城在兹韦尼哥罗德（Zvenigorod）］趁机争夺王位。自14世纪早期开始，丹尼洛维奇王朝（Daniilovich dynasty）因子嗣不旺且死亡率高，实际上已在实行长子继承制［尽管留里克王朝（Riurikide dynasty）由旁系继承传统发展而来］。王公尤里争夺王位，威胁到了波雅尔家族。波雅尔家族的发展凭借的是具有可预见性的顺序制继承（linear succession），他们竭力支持年轻统治者瓦西里二世。王朝战争持续了近二十年，前后分为两个阶段。1434年，王公尤里暂时占领克里姆林宫，但在同年晚些时候死亡。尤里的儿子瓦西里·科索伊（Vasilii Kosoi）继续争夺王公之位，但在1435年被弄瞎双眼，敌对状态暂停。1445年王朝战争重启。当时喀山鞑靼人击败并暂时俘虏了瓦西里二世，这为王公尤里的次子德米特里·谢米亚卡（Dmitrii Shemiaka）提供了战机。1466年，谢米亚卡占领克里姆林宫，俘获瓦西里二世，为报复科索伊遭受的残害，同样弄瞎了瓦西里二世的双眼。同年晚些时候，王朝战争结束，谢米亚卡被逐出克里姆林宫，瓦西里二世及其波雅尔贵族胜出，顺序继承制和中央集权原则获胜。

　　反对派的失败主要归因于力量涣散。伏尔加河上游和富产毛皮的北部地区的贸易中心始终支持加利奇王公，它们包括科斯特罗马（Kostroma）、加利奇、沃洛格达、贝洛泽诺和维亚特卡城市共和国［Viatka，首府在赫雷诺夫（Khlynov）］。莫宰斯克的伊万王公（Ivan of Mozhaisk）其领土与立陶宛大公国接壤，他也大力支持加利奇王公。苏兹达尔-下诺夫哥罗德也是加利奇王公的支持者。尽管立陶宛大公斯维特里盖拉（Švitrigaila，1430—1432）是尤里王公的姻亲，但他自己身陷立陶宛的王位之争，未能提供帮助；鞑靼人的侵扰使他们不能持续发挥作用。诺夫哥罗德和特维尔则因忌惮莫斯科，不敢全力反叛。1434年，诺夫哥罗德向瓦西里二世和瓦西里·科索伊王公都提供了保护，试图同时讨好双方。但至15世纪40年代，诺夫哥罗德公开支持德米特里·谢米亚卡王公，并于1446年向他提供庇护。1453年，德米特里·谢米亚卡王公在诺夫哥罗德死去，可能是瓦西里二世下令将其毒死。特维尔最初支持反对派，但1446年同瓦西里二世联合，并通过将要即位的伊凡三世（Ivan Ⅲ，1462—1505）与米哈伊尔（Mikhail）大公的女儿玛丽亚（Mariia）的婚约，巩固了联盟关系。最后，1449年立陶宛大公国同意不加干预，并声明放弃谋求诺夫哥罗德和特维尔。因此，瓦西里二世的敌对势力力量涣散且不坚定。

王朝战争的失败者其实还包括莫斯科丹尼洛维奇王朝，它因为顺序制继承原则付出了高昂的代价。伊凡三世禁止和推迟了他的几个兄弟的婚姻，导致尤里和小安德烈（Andrei the Younger）未婚先死；乌格利奇的安德烈（Andrei of Uglich）及其两个儿子于1491年被捕，并囚死牢中；沃洛克—拉姆斯基的鲍里斯（Boris of Volok Lamskii）与伊凡三世始终不和。王朝战争后，瓦西里二世的大部分亲族均遭迫害：15世纪40年代，德米特里·谢米亚卡和莫宰斯克的伊凡的两个后代逃亡立陶宛大公国，但1500年两人又被诱骗回莫斯科，其中一人（谢米亚卡的孙子）和他儿子于1523年一同被捕（二人皆死于狱中）。1456年，忠诚的博罗夫斯克的瓦西里·雅罗斯拉维奇王公（Vasilii Iaroslavich of Borovsk）及其大多数儿子被捕，随后均告死亡。这种酷政一直持续至伊凡四世（1533—1584），使其王朝未能留下任何直系或旁系的男性亲族。1598年，随着伊凡四世最后一个幸存的儿子费多尔（Fedor）的去世，丹尼洛维奇王朝宣告灭亡。

这场王朝战争有两个明确的胜利者，其中之一是莫斯科的波雅尔阶层。该阶层的起源可追溯至14世纪晚期的核心家族，是享有世袭特权的军事部族，高级成员有权继承波雅尔贵族身份。[1] 这项尊号赋予他们权力、地位、土地，以及其他来自大公的恩施。这支核心势力在王朝战争中幸存下来，直至16世纪都占据显著地位。王朝战争的第二个胜利者是莫斯科大公本人。15世纪50年代和60年代，莫斯科加强了对东北罗斯独立公国的控制：1456—1521年，通过复杂的婚姻关系控制了梁赞；1463年控制了雅罗斯拉夫；1463和1474年，两度控制了大罗斯托夫（Rostov Velikii）。从15世纪60年代起，莫斯科通过军事和传教的双重努力，加强了对领域的控制，自14世纪60年代起，莫斯科大公国便声称对这些地区具有管辖权：维切格达—彼尔姆（Vychegda Perm'），卡马河上游的彼尔姆—维利卡亚（Perm Velikaia）。1489年，莫斯科征服维亚特卡，1499年，征服尤格拉（Iugra）和沃古力（Voguly）部族。至此，莫斯科开始控制这片富产毛皮的地区。

---

[1] Kollmann（1987），pp. 55–120.

诺夫哥罗德和特维尔的失败，造就了莫斯科在王朝战争之后的巨大成功。在整个 15 世纪，诺夫哥罗德顽固奉行的外交政策缺乏远见，这是波雅尔贵族寡头政治的后果。从 15 世纪前三分之一的时间开始进行的政治改革，导致市长团人数 [mayoralty (posadnichestvo)] 不断增加，数量从 6 个增至 18 个，后又增加到 24 个，在 15 世纪末最终增至 34 个。长老会议 [the council of lords (sovet gospod)，包含所有现任和前任市政长官和千人长 (thousandmen)，由大主教主持] 规模扩充得还要大，成员增加至 50 或 60 人，囊括了城内绝大多数的波雅尔家族。这是走向寡头政治的转折点，标志着市政长官从一个政治职位转变为一个政治集团。这反映在所用的货币图案上，该图案仿造自寡头政治威尼斯的印章。[②] 经过此番改革，诺夫哥罗德著名的城市会议 (veche) 沦为"橡皮图章"。

第二节

诺夫哥罗德意识到莫斯科的力量不断增长，便向立陶宛和苏兹达尔 [舒伊斯基 (Shuiskii)] 王公寻求帮助，请他们保护城镇，并培植了更强的亲立陶宛派（尽管有些团体主张与莫斯科妥协）。1453 年谢米亚卡死在诺夫哥罗德。随后莫斯科进攻诺夫哥罗德，并对该城施以严惩。通过《亚泽尔贝特西条约》(Treaty of Iazhelbitsy)，莫斯科表面上同意保留诺夫哥罗德的"传统"(starina、poshlina)，但却严格限制其政治结盟，并向其征缴巨额罚金，侵吞贝洛泽诺的领土，而最严重的是，将莫斯科大公法庭强立为最高诉讼法庭。1471 年，继续反抗的诺夫哥罗德波雅尔贵族接受波兰国王和立陶宛大公卡齐米尔为他们的最高统治者。这次背叛促使莫斯科联合特维尔和普斯科夫，对抗诺夫哥罗德。但是，诺夫哥罗德未能得到卡齐米尔的帮助，在舍隆河畔 (Shelon') 惨败。《科罗斯坚条约》(Treaty of Korostyn') 重申《亚泽尔贝特西条约》，莫斯科吞并沃洛格达和沃洛克—拉姆斯基，禁止诺夫哥罗德与立陶宛大公国结盟，并强迫诺夫哥罗德以伊凡三世的名义颁布了一项新的司法特许状。

---

② Ianin (1962), pp. 232-366.

确凿证据表明，莫斯科的目标仅是在诺夫哥罗德建立一个忠诚的亲莫斯科政府，但正是亲立陶宛派的不妥协，驱使伊凡三世采取了更激进的措施。③ 1478 年，诺夫哥罗德战败投降。伊凡三世接管诺夫哥罗德的腹地，解散城市政府，派驻来自莫斯科的总督（namestniki），并在此后十年，驱赶了数百诺夫哥罗德商人、波雅尔和小地主家族到莫斯科公国中心地带。伊凡三世没收了全部波雅尔贵族的财产、大主教绝大多数的土地以及修道院约四分之三的地产，总计约 80% 的领主财产。在所没收的土地上，半数施行服役领地制（pomest'e）。北德维纳河流域的土地和大多数奥博奈支斯卡第五行政区（Obonezhskaia fifth）的土地并未按照服役领地制进行分配，因为这些土地贫瘠不宜耕作，且居住点非常稀疏。其余土地则为大公所保留，变为纳税公社。最终，伊凡三世在 1494 年关闭了邻近诺夫哥罗德的德国汉萨同盟长达二十年，并给予他在芬兰湾的伊万哥罗德（Ivangorod）新建的要塞和商栈（1492）以优惠待遇。

显然，诺夫哥罗德既缺乏军事准备又不善政治管理，终至失败。诺夫哥罗德没有结成有效联盟，也没能与莫斯科妥协。它的不妥协集中体现在大主教埃菲密伊（Archbishop Evfimii，1429—1458）身上。他主导汇编了三部大部头的法律编年史，修订了五部小部头的法律编年史，为莫斯科全罗斯的历史提供了另一种视角。诺夫哥罗德人曾在 1169 年击败苏兹达尔人（诺夫哥罗德对抗莫斯科的寓言），埃菲密伊结合这次胜利在 1436 年创设了祭礼，并通过圣像、传说和圣徒传记纪念这次胜利。其中的《圣徒传记》来自一位塞尔维亚作者帕克霍米·罗格菲特（Pakhomii Logofet）。1439 年，埃菲密伊将九位诺夫哥罗德大主教和数位 11、12 世纪的王公封为圣徒，他们都因拥护诺夫哥罗德人的自由而受到尊敬。15 世纪，诺夫哥罗德最著名的反莫斯科作品是传奇故事"白头巾的传说"（"Tale of the White Cowl"）。该故事将诺夫哥罗德和拜占庭、基辅罗斯联系起来，认为诺夫哥罗德是白头巾的最终传人：白头巾由罗马皇帝君士坦丁大帝授予教宗西尔维斯特（Pope Sylvester），并神奇般地从罗马传至君士坦丁堡，后又传

---

③ Bernadskii（1961），pp. 200 – 313.

至诺夫哥罗德,成为该城具有普世政治权威的象征。④

大主教埃菲密伊还通过建筑来唤醒诺夫哥罗德的历史记忆,他按照12世纪的最初设计,重建了几座教堂。同时,诺夫哥罗德圣像画达到顶峰,延续了构图和主题质朴的艺术传统,色调明快、情感直接。其他文化领域也很繁荣:诺夫哥罗德大主教根纳迪伊(Gennadii,1484—1504)召集了一批翻译家和作家,首次完整翻译了斯拉夫语版的圣经,并撰写论战文章反对莫斯科没收诺夫哥罗德教会财产、破坏教会自治,还反对犹太教徒。后者是一群在诺夫哥罗德和莫斯科的自由思想者,因其犹太人的言行和反三位一体思想而备受责难,但是因缺乏客观的历史文献,难以完全弄清他们的信仰。在寡头政治环境下,大主教埃菲密伊的行为难以唤醒民众。更确切地说,从民众身上可以看到诺夫哥罗德波雅尔贵族的固执和倔强。在1456年、1471年和1478年,当波雅尔贵族会见获胜的莫斯科大使时,每次都以13世纪的条约为基础,要求保留其"传统",并将莫斯科大公的权威限制在最小范围内。

随着莫斯科公国征服诺夫哥罗德,立陶宛大公国和莫斯科的关系紧张起来。15世纪60年代末,国王兼大公卡齐米尔与大帐汗国结盟。因此,莫斯科转向克里米亚汗国,与其结盟直到1512年。1480年,大帐汗国没能得到预期中的立陶宛的支援,它独自发动了对莫斯科的一场重要战役,但被轻易击败,这成为大帐汗国在1502年被莫斯科最终征服的先兆。尽管早在15世纪前半叶,钦察汗国对东北罗斯的有效统治就已瓦解,但正是在15世纪末,大罗斯托夫的瓦西安·赖罗主教(Bishop Vassian Rylo)使得"乌格拉河对峙"("stand on the Ugra river")超出了实际作用,具有了名垂历史的意义,象征着"摆脱了蒙古枷锁"。⑤

最初,特维尔大公米哈伊尔·波里梭维奇(Mikhail Borisovich)与莫斯科修好,但他因为没能获得诺夫哥罗德的领土而倍感失望,便于1483年转而与卡齐米尔结盟,并迎娶了一位卡齐米尔的女性亲属,巩固了同盟关系。伊凡三世予以回击,于1485年征服了特维尔。自

---

④ Labunka (1978).
⑤ *Pamiatniki literatury drevnei Rusi. Vtoraia polovina XV veka*, pp. 514–537.

14 世纪起，特维尔一直是一个拥有雄心和实权的中心。它的著名的圣像画流派显示了城市的文化成就，同时也表明了统治者的政治野心。特维尔大公鲍里斯·阿列克山德罗维奇（Boris Aleksandrovich，1425—1461 年）资助建筑计划，并于 1455 年主导编纂了一部野心勃勃的编年史，将特维尔置于基督教历史的中心。1534 年，另外一部类似的编年史问世。鲍里斯·阿列克山德罗维奇为三位先祖撰写颂词，正因他们的历史伟绩和反抗莫斯科而被当地尊为圣徒。在长老福马（the elder Foma）于 1453 年之前撰写的一篇颂词中，大公鲍里斯·阿列克山德罗维奇被尊为"沙皇"（"tsar"）和"最高统治者"（"gosudar'"），这些封号意味着普世权威。⑥ 在征服之后的前十年，莫斯科给予特维尔特殊的尊重：特维尔以"大公国"地位传给伊凡三世的后人，而且其行政结构在一代人时间内基本未变。⑦ 特维尔原来的许多精英成员受到欢迎，加入莫斯科精英阶层，并未遭大规模流放。拥有自主地的特维尔骑兵成为地方乡绅，长期来看，这使他们政治边缘化，但在当时却是对特维尔传统的让步。

与此同时，从 15 世纪 80 年代起至 90 年代，莫斯科和立陶宛大公国边界冲突不断。奥卡河上游的王公们因其东正教信仰而遭受歧视，不断脱离立陶宛大公国，投向莫斯科。1492 年，国王兼大公卡齐米尔去世，立陶宛大公国接受了有利于莫斯科的和平条约。1495 年，为巩固这一条约，伊凡三世的女儿艾伦娜（Elena）嫁给了大公亚历山大（Alexander）。至 1500 年，伊凡三世联合克里米亚和丹麦（他们意图在利沃尼亚攫取利益），发动对立陶宛大公国及其联盟（利沃尼亚骑士团和大帐汗国）的战争。1503 年，这场战争便告结束，虽未引起长期的领土变动，但却触发了莫斯科和立陶宛大公国之间长达一个世纪几乎不间断的战争，其间夹杂着短暂的休战。

自 15 世纪起莫斯科便已开始领土扩张，1510 年征服和兼并了普斯科夫，最终完成其扩张目标。普斯科夫曾遵循诺夫哥罗德的政治路线，将市长团人数增加到 6 至 7 人，并维持着一个由不到 10 个大家族控制的垄断性的贵族委员会。普斯科夫城市兴盛，尤其是它的贸易

---

⑥ Likhachev（ed.），"Inoka Fomy 'Slovo pokhval'noe o blagovernom velikom kniaze Borise Aleksandroviche'"; Lur'e (1939).
⑦ Floria (1975).

伙伴，三座利沃尼亚城镇兴起，控制着波罗的海贸易。此外，普斯科夫活泼的建筑风格和圣像画也证明了它的繁荣。整个15世纪，普斯科夫与莫斯科联系紧密。1510年该城向莫斯科妥协，避免了全面的征服，只有世俗土地被没收，教会土地则幸免于难。尽管如此，普斯科夫的城市会议和市长团被解散，有300个家族被流放至莫斯科，还有许多人流离失所。莫斯科的总督（vicegerents）控制了该城。

第三节

东北罗斯气候恶劣，限制了生产力和人口增长，因此在讨论其统治之前，有必要预先讨论其所处的自然地理环境。东北罗斯的自然环境有三个基本特征。第一个特征是纬度高。莫斯科位于北纬55°45′，比伦敦和美国、加拿大的所有主要城市（阿拉斯加除外）更靠北方。在不列颠群岛的主要城市中，只有爱丁堡（Edinburgh）和格拉斯哥（Glasgow）稍稍偏北，但它们因受洋流影响而气候温和。第二个特征是，东北罗斯延伸自欧洲平原，地势平坦，没有天然屏障阻止北极冷气团横扫该地区。第三个特征是，湖泊、河流与陆路运输结合，形成了交错的运输网络，从波罗的海一直延伸至黑海和里海。南北流向的河流主要有第聂伯河、顿河、中下游伏尔加河、北德维纳河以及卡马河；东西流向的航道包括涅曼河（Niemen）、西德维纳河、上游伏尔加河、莫斯科河、克利亚济马河（Kliaz'ma）以及奥卡河。越到南部地区，土壤越肥沃，植被越茂盛。诺夫哥罗德绝大多数土地覆盖着针叶林或称泰加林（taiga）。白俄罗斯、莫斯科大公国以及诺夫哥罗德北部地带，常绿植被和落叶植被混生，覆盖着灰化棕壤；莫斯科南部狭长地带，生长着阔叶落叶林，覆盖着稍微肥沃一些的灰色森林土壤。沼泽和湿地遍及各处。围绕弗拉基米尔（Vladimir）和苏兹达尔，是大片的肥沃黄土性土壤。莫斯科1月份平均温度约10摄氏度（13.5华氏度），生长期每年只有5个月，至少有5个月积雪覆盖、降水量不足。土壤、温度、湿度条件相对不足，只能维持自给农业（subsistence farming）。

我们已经重点考察了莫斯科突然崛起的一些基本要素。人们大多关注其有利的地理位置；实际实行长子继承制的王朝制度；钦察汗国的军事和政治支持,以及由此产生的财政收益;自 1325 年起都主教驻节地迁至莫斯科的影响。⑧ 上述因素非常重要,但仅凭这些尚不足以解释莫斯科的成功:特维尔和诺夫哥罗德拥有某些相同的或类似的因素,可是仍然败给了莫斯科。俄罗斯学者传统的解释认为,在莫斯科王公的旗帜下,俄国人民必然走向统一,从而成就了莫斯科的成功。但是现代俄罗斯民族主义过于强调这一解释,并不能给出令人满意的答案。要想进一步了解莫斯科成功崛起的原因,人们不妨关注莫斯科对 15 世纪诸种机遇的应对措施。比如,莫斯科善于利用其邻居的弱点:当伏尔加保加利亚(Volga Bulgars)和诺夫哥罗德衰弱时,莫斯科便趁势扩张至诺夫哥罗德北部、卡马河盆地和乌拉尔地区;在奥卡河上游地区的东正教王公中,煽动反天主教情绪。更重要的是,莫斯科设计出了具有活力且有效的统治方式,从而加强了权威,支配人力和自然资源。

15 世纪,莫斯科的社会和政治建立在个人联系之上,这种联系存在于家庭、公社、附庸和领主之间。在司法上,大部分人都是自由身份,他们生活在城市公社(posady)或者乡村公社(volosti)中。纳税民(tiaglye)以货币或实物的形式向大公的征税官(dan'shchiki)缴纳赋税,以此途径向蒙古人和王公纳贡(vykhod and dan')。纳税民向城市总督(namestniki)和乡村的地方长官(volosteli)提供马匹和徭役,缴纳销售税、关税以及其他小额税款,并应召承担步兵义务。纳税民还要以实物形式,向一些专门官员(putnye boyars)缴纳贡品:毛皮、蜂蜜、蜂蜡、猎物;为城市要塞长官(gorodchiki)修筑、加固防御工事;向王公官员(不管是本地官员还是巡回官员)支付供养费(korm);在重大罪行上,纳税民要服从总督或地方长官的司法权威,而在多数民事问题上,公社保留着司法管辖权。⑨

总体而言,农民在他们自给自足的土地上耕作,播种黑麦、大麦和燕麦,饮食辅以浆果、干果、蘑菇,以及少量根类蔬菜、鱼、肉和奶制品。纳税民共用公社的草场、森林和池塘。他们的作物产量很少能超过播种量的三倍。作物歉收、时疫、自然灾害以及战争等威胁,

---

⑧ Kliuchevskii(1957),pp. 5 - 27.
⑨ 关于纳税义务,参见 Veselovskii(1936),pp. 37 - 55;Gorskii(1966),pp. 162 - 261;Alekseev(1966),pp. 97 - 128;Blum(1969),pp. 101 - 105;Kashtanov(1988),pp. 59 - 91.

常常导致农民破产。因此,大量农民依附于地主,成为佃户、契约奴仆(indentured servants)甚至奴隶。一些农民沦为依附农,是因为他们的公社被王公赐给了某位领主,或是因为偿还不起债务。但是大部分农民还是因为权衡利弊之后自愿选择了依附身份,以此换取军事或经济保护,或在遭受某些自然灾害时得到援助。领主在自己的土地上享有豁免权:他们及其附庸只向大公提供少量的税款、通行费或役务(免除 dan' 和 vykhod);领主独立于王公的司法系统,单独审判自己的附庸。领主很少维持大规模固定的领地;他们压榨领地上的农民,征收"供养费"(kormlenie),就如同王公官员压榨自己的属民。

土地所有者这一社会阶层规模大且层次多。从极小规模的土地所有者,比如获取小块土地的农民或者因分割继承而削减了耕地的家庭,到富裕的王公、波雅尔、主教以及僧侣,都属于土地所有者。普通土地所有者都是小农:比如 15 世纪末,诺夫哥罗德记载了超过 1600 个世俗土地所有者,其中三分之二只占有 10% 的土地,而仅 27 人就拥有超过三分之一的土地。[10] 男女均可获得土地。拥有土地无须服役。从一份 16 世纪 30 年代的特维尔地籍册,可以看出有一些人不用服役,地籍册所记载的许多土地所有者不向任何人服役。但通常情况是,世俗土地所有者要向王公或波雅尔服役,不过他们有权转投其他领主,并不会因此失去土地或遭受惩罚。许多小农从保护人那里获得土地,作为回报他们要提供各种役务:一些人要做波雅尔、王公、都主教或主教的军事随扈(military retinue)(僧侣一般不做军事随扈);一些人要充当管家和总管(bailiffs and major-domos);一些人则是专业技工和工匠,比如渔夫、驯鹰人、毛皮匠、养狗人、马夫、厨师和面包师。[11] 特维尔的地籍册证明,约三分之一的土地所有者是特维尔和梁赞的主教、地方僧侣、大地主以及拥有某些自治权的王公们的仆从(其他人则向莫斯科大公服役,或根本不服役)。[12] 在这些依附者中,波雅尔最为显赫,他们是大公的顾问,战时带领自己的随扈(dvor),在主要行政部门就职,并在自己领地内供养随扈。可见,任

---

[10] Blum (1969), p. 77.
[11] 关于依附关系,参见 Eck (1933), pp. 185–254; Veselovskii (1926), pp. 14–22, (1936), pp. 56–68, and (1947), pp. 203–216, 231–243; Alekseev (1966), pp. 42–67; Blum (1969), pp. 70–105, 168–198; Pavlov-Sil'vanskii (1988), pp. 288–302, 395–425.
[12] Lappo (1893), pp. 226–231; Blum (1969), pp. 181–182.

何公国的军队都是由私人纽带维系的随扈组成,他们忠于自己的领主,领主则身处个人忠诚的等级中,从卑微的仆从直到波雅尔和王公。

行政制度同样以个人纽带为基础。地方官员由当地王公授予官职,这成为他们的收入来源。波雅尔审判王公的精英分子,自身也是王公的附庸和仆从。在政治分裂的东北罗斯,这种高度个人化的统治结构运转良好,但它不能向统治者提供更大规模的财富支持和军事保障。只要土地和役务彼此分离、豁免权普遍存在、军队由私人随扈组成,王公的野心就会处处掣肘。显然,莫斯科公国的崛起不仅依靠前述政治上的胜利,也要依靠行政制度的创新。

虽然年代不算最久但却最著名的行政措施是,通过授予服役领地扩充了大公随扈(dvor)的势力,这牺牲了私人地主的利益。大规模实行服役领地制开始于诺夫哥罗德:超过1300块服役领地分赐给了从中心地区迁来的人们,而诺夫哥罗德的被驱逐者在中心地区〔莫斯科、弗拉基米尔、穆罗姆(Murom)、下诺夫哥罗德、佩雷亚斯拉夫—扎列斯基(Pereiaslavl' Zalesskii)、尤雷夫—波尔斯基(Iur'ev Polskoi)、大罗斯托夫、科斯特罗马等〕获得服役领地。这种大规模的土地充公只是个例。在其他被征服地区,比如维亚济马(1494)、托罗佩茨(1499)、普斯科夫(1510)和斯摩棱斯克(1514),土地充公的范围很小。16世纪期间,服役领地的授予——主要来源于皇庄(dvortsovye)土地、充公的封地以及自由农民公社的土地——逐渐使大部分可用土地具有服役性质。[13] 有一种观点认为,服役领地制通过消灭波雅尔的随扈,并创造出新的社会力量——pomeshchiki(服役地主),破坏了波雅尔精英的支柱。[14] 然而在15世纪末和16世纪初,分配服役领地时没有严格划分服役土地和祖产地〔世袭领地(votchina)〕。在诺夫哥罗德,服役领地最初授予王公(主要来自雅罗斯拉夫和罗斯托夫)、波雅尔贵族和更低等的非王公家族,也授予这些家族的家臣(他们在诺夫哥罗德占服役领地接受者的20%)。但是,服役领地制并未就此消灭供养私人随扈的事实。

---

[13] Bazilevich (1945); Veselovskii (1947), pp. 86–91; Zimin (1959); Alekseev (1966), pp. 129–167; Blum (1969), pp. 139–140.

[14] Zimin (1964 and 1970) 和 Kobrin (1985) pp. 90–135,概括和评价了这一情况。

不但"服役王公"(拥有自治权的)和显赫的波雅尔直至 16 世纪继续拥有随扈,就连更低等级的地主也是如此。军役结构本身就支持随扈的存在。它要求地主根据拥有土地的数量,组织相应比例的武装骑兵参战,不管该土地是祖产地还是服役领地。至 1556 年,这种兵源模式确定下来。甚至 1550 年法典通过向波雅尔的依附者 (*liudi*) 征收"不光彩"的赋税,默许了私人随扈的存在。⑮

因此,服役领地制扩大了整个地主精英阶层的力量,使他们更加富裕。这一时期,服役领地"缙绅"和世袭领地"贵族"之间存在阶级斗争的说法纯属子虚乌有。⑯ 更确切地说,政治团体是以部族及其派系为基础,通过从属关系、友谊和婚姻维系。服役领地制是一项明智的战略,因为它没有挑战社会的基本构成原则——个人依附关系。它拉拢了土地精英,并将大部分个人忠诚关系转向大公本人,在此之前,个人忠诚关系存在于王公、教会阶层成员和波雅尔之间复杂的个人关系网络之中。

服役领地制促进了地方行政转化为更私人化的、地方性的控制中心。大部分纳税农民公社转由私人司法权管辖,诸如治安权、审判权此类领主的传统权威,为中心提供了现成的地方行政制度。总督和地方长官逐渐变得多余,当他们更趋于腐败时更是如此。地方民众代表和城市行政官员要求监督他们的法庭,因而他们的司法自治权受到限制。⑰ 在 15 世纪 60 年代至 16 世纪 20 年代这一时期,他们的一部分财政权转交给了城市行政官员 (*gorodovye prikashchiki*),后者可能选自地方土地所有者。16 世纪 30 年代晚期到 16 世纪 50 年代进行了"掠夺式""土地"改革,最终消除了总督和地方长官的治安权和剩余的财政权,并将他们的职责转交给了地方选举委员会。⑱ 大公的波雅尔法庭、后来的衙门 (*prikaz*) 法庭,掌控着最高层社会集团,处理谋杀、纵火、有物证的盗窃、土地纠纷、诬告、侮辱、抢劫和其他重罪。从 15 世纪末开始,克里姆林宫政府不断消减财政豁免权,逐

---

⑮ *Rossiiskoe zakonodatel'stvo*,Ⅱ,p. 101;*Zakonodatel'nye akty Russkogo gosudarstva vtoroi poloviny XVI -pervoi poloviny XVII veka*,no. 11.

⑯ Zimin (1964),pp. 21 – 25;Kobrin (1985),pp. 199 – 218.

⑰ *Rossiiskoe zakonodatel'stvo*,Ⅱ (the 1488 Beloozero charter and the 1497 lawcode).

⑱ *Pamiatniki russkogo prava*,Ⅳ;*Rossiiskoe zakonodatel' stvo*,Ⅱ;*Zakonodatel'nye akty Russkogo gosudarstva vtoroi poloviny XVI -pervoi poloviny XVII veka*,nos. 11,16.

渐增加了原先因农民公社私人化而丧失的收入。还开设新税种：邮递网络代役税、战俘赎金、边境和城防税、新军团税。从15世纪中期开始，财政豁免权逐渐减少，最终普遍都受到限制。15世纪80年代到16世纪中期，实际上没有再颁发财政豁免权特许状。这样，所有农民都要负担全部主要税种。

伊凡三世和瓦西里三世（1503—1533）统治时期，就土地让渡事宜进行了立法，1551—1572年，又多次颁布敕令予以确认。立法追求此前改革中暗含的另一项目标：将地方骑兵转变为地方集团。[19] 继承法限制了潜在土地领受者的范围，要求土地只能出售、赠予、继承给同族或同地区的男性，这样就确保了服役家族和公社的完整性。土地所有者同样被禁止让渡财产给教会，妇女也被剥夺了拥有和处置土地的权利，不过这些条款的作用十分有限。被征服地区的融合也促进了地方精英阶层的形成：地方自治被广泛接受（特维尔、贝洛泽诺）；大公法庭设置于特维尔、诺夫哥罗德、梁赞和德米特罗夫（Dmitrov），由地方总管（*dvoretskie*）负责管理。最后，1497年和1550年法典反映了有限的集权政策：只有常见的重罪被提及——谋杀、抢劫、有物证的盗窃、言语屈辱、诬告、债务纠纷，同时也涉及了奴隶的专门登记和对农民迁移的限制。[20] 后两种社会现象往往会榨干税收和军役的基础。其余罪行则默认留给了领主和公社法庭处理。

克里姆林宫不仅扶持了拥有土地的骑兵组成的地方"集团"，而且也培植了一个核心精英阶层。从15世纪末开始，克里姆林宫联合新迁入和新兴的部族进入最高服役阶层，同时还编纂官兵名册（*razriadnye knigi*），自1375年起作为任命主要指挥官的依据，从而保护旧波雅尔家族的地位（编年史纪事可作为截至1475年的证据）。15世纪末编写的一份私人宗谱明确记载了旧莫斯科部族，他们大部分都不是王公身份。之后在16世纪40年代和50年代，官修宗谱加入了新的家族，他们主要是来自东北罗斯的王公部族和立陶宛大公国的一些流亡家族。[21] 这类官修宗谱目的是维护社会稳定，并产生了一

---

[19] *Zakonadatel'nye akty Russkogo gosudarstva vtoroi poloviny XVI -pervoi poloviny XVII veka*, 5, 22, 29, 36 – 37; Veselovskii (1947), pp. 91 – 99; Kobrin (1985), pp. 48 – 89.

[20] *Rossiiskoe zakonodatel'stvo*, Ⅱ.

[21] *Polnoe sobranie russkikh letopisei*, XXIV, pp. 227 – 234; Buganov (ed.), *Razriadnaia kniga 1475 – 1598 gg.*; Bychkova (ed.), *Novye rodoslovnye knigi XVI v.*; *Razriadnaia kniga 1475 – 1605 gg.*

个统一的精英阶层,他们是莫斯科大公国新获领土和新建军事力量的代表。

大公的波雅尔谘议会人员构成的变化,表明莫斯科宫室希望联合新部族,巩固核心精英阶层。在伊凡三世治下,成员数为9—13人,大部分是非王公旧家族。在瓦西里三世治下,成员人数为5—12人,包括了新家族,比如苏兹达尔的舒伊斯基王公和立陶宛大公国的别利斯基(Bel'skii)王公。伊凡四世成年后,从1547年至约1555年,冲突各方的新部族在相互调和的过程中,都被吸收进波雅尔精英阶层。波雅尔贵族数量翻了两倍多,增至约40人。这一趋势在16世纪50年代达到顶峰,当时宣布了一项计划(可能没有全面实施),即在莫斯科周边安置1000个精英家族,建立一个有别于地方骑兵的核心精英阶层。

为完成军事准备、精英阶层构成和地区融合这些目标,上述各项政策一般都避免采取强制手段。然而克里姆林宫在必要时的确也会诉诸武力。一个例证就是,至少自1433年起,逐渐取消了土地所有者自由选择宗主的权利,以及不履行役务不受惩罚的权利。遭受羞辱(*opala*)惩罚伴随着没收财产,虽然通常历时短暂,但却很普遍;他们像工具一样严格服役,精英阶层的情况甚至更恶劣。较为温和的手段是,对于那些被怀疑背弃的人,要有保人作保(*poruchnye gramoty*)。这经常导致数百保人不得不自己支付赔偿金,因为那些嫌疑人逃离了莫斯科。㉒

在培植有活力的土地服役精英过程中,限制农民变换宗主也是一项关键步骤。对农民流动的限制,开始于瓦西里二世,那时尚属个别行为,但在1497年法典中固定下来,尽管该法典很明智地防止农民在15世纪过度农奴化。㉓ 这些限制措施反映了人口稠密地区土地与劳力之间不断增加的竞争,的确改变了15世纪60年代以来的农村生活图景。地主开始要求用劳役代替租金,这促使农民寻找新宗主。人口稠密地区(主要是莫斯科和诺夫哥罗德近郊)的大地主巩固了自己的地产,并引入三圃轮作制(尽管有学者认为这些趋势开始得更

㉒ Zimin(1964),p. 22;Kleimola(1977a)and(1997b);Alef(1983 and 1986);Dewey(1987).

㉓ Zimin(1964),p. 22.

早、范围更广）。在农民公社和领主之间，边界和财产权纠纷成倍增加。总之，地主逐渐认为自己的地产并非不受管束的收入来源，并开始施加更多的直接控制。

伊凡三世的统治对莫斯科的制度建设和政策制定产生了重大影响，增强了莫斯科的军事力量，提高了掌控自然资源和人力资源的能力，并促进了不同地区和人口的融合。然而，人们不能因此就夸大15世纪甚至16世纪的集权化程度。直到16世纪，莫斯科大公仍然容忍具有分裂倾向的自治权：虽然伊凡三世、瓦西里三世和伊凡四世加紧了对王公的控制，但他们都允许儿子们和旁系亲属（斯塔里茨基家族，the Staritskii line）保留封邑公国。他们允许所谓"服役王公"——最著名的格季米尼德（Gediminide）和留里克（Riurikide）家族——保留某些自治权直到16世纪；他们在政策限制的同时，又继续授予财政和司法豁免权；他们容许波雅尔和王公拥有随扈；他们将行政、司法和治安权授予给豪强和土地长老们。以我们现代人的眼光看，不管这些政策多么富有折中色彩，但它们都大大加强了莫斯科的权力、威势和财富。

第四节

莫斯科在思想领域追求权力之专一，就如同它在土地、行政和社会管理那些复杂的领域所做的一样。莫斯科思想体系建设的基础是都主教区，它是一个具有象征意义的中心，也是集权观念的传播者。都主教驻跸地的设立提升了大公国的地位。1448年，大公和地方主教们自行任命梁赞主教约纳（Iona）为莫斯科都主教，称为"基辅和全罗斯都主教"。正如这一头衔所示，这次任命没有同君士坦丁堡协商。1461年约纳去世，他的继任者仅继承了"全罗斯都主教"的头衔，因为1458年已经在基辅建立了包括立陶宛大公国在内的都主教区。由于三个因素的影响，莫斯科最终与君士坦丁堡决裂，这些因素包括：一些东正教集团成员（包括莫斯科的伊西多尔）在1439年支持的东正教与天主教的联合最终失败；立陶宛大公国坚持设立自己的都主教区，最著名的事件是立陶宛的主教会议在1414年任命格里戈里·查姆布莱克（Grigorii Tsamblak）为都主教；1453年，土耳其征服君士坦丁堡。

克里姆林宫的都主教教廷成为写作中心，提升了莫斯科的地位，建立起历史人物的"万神殿"，将莫斯科描绘为地区最高统治者。1390年编写的一部莫斯科概略及其后续编年史，甚至是1408年在都主教教廷编写的内容更广泛的圣三一编年史（The Trinity Chronicle）都代表了都主教的"全罗斯"职责。圣三一编年史取材于特维尔、下诺夫哥罗德、诺夫哥罗德、大罗斯托夫、梁赞、斯摩棱斯克和莫斯科，开始于基辅的往年纪事，是基于弗拉基米尔的劳伦琴图书馆版本，这暗示了莫斯科与基辅传统的联系。㉔ "全罗斯"的莫斯科编年史，均是在都主教的指导下编纂而成，编写年代分别是1418年、15世纪30年代或1448年（该年代有争议），其他编写年代则是在莫斯科与诺夫哥罗德（1456年、1472年、1477年、1479年）、立陶宛大公国（1492年、1493—1494年、1495年）进行战争的各个阶段。㉕ 同时，其他政治中心也将编年史写作看作自己的目标。㉖ 诺夫哥罗德和特维尔继续编纂自己的编年史㉗，普斯科夫在15世纪50年代或60年代编写了一部编年史，沃洛格达、彼尔姆则是在15世纪末编写了编年史。在整个15世纪，罗斯托夫主教教廷都很活跃。㉘ 1430年维陶塔斯去世之后，在斯摩棱斯克编纂了一部记载格季米尼德王朝（Gediminide dynasty）的编年史。15世纪40年代，立陶宛大公国首次要求"全罗斯"的权威，当时斯摩棱斯克的主教改写了莫斯科的全罗斯编年史。16世纪初，格季米尼德和斯摩棱斯克的编年史合并，

㉔ Priselkov (ed.), *Troitskaia letopis'*.

㉕ *Polnoe sobranie russkikh letopisei*, V – VI, XVIII, XXV, XXVII and XXVIII; Priselkov (ed.), *Troitskaia letopis'*; Lur'e, "K probleme svoda 1448 g.", "Eshche raz o svode 1448 g." and *Dve istorii Rusi XV veka*.

㉖ Shakhmatov, *Razyskaniia o drevneishikh russkikh letopisnykh svodakh* and *Obozrenie russkikh letopisnykh svodov XIV – XVI vv.*; Nasonov, "Letopisnye pamiatniki Tverskogo kniazhestva" and *Istoriia russkogo letopisaniia XI-nachala XVIII veka*; Priselkov, *Istoriia russkogo letopisaniia XI – XV vv.*, "Letopisanie Zapadnoi Ukrainy i Belorussii" and *Troitskaia letopis'*; Likhachev, *Russkie letopsi i ikh kul' turno-istorich-eskoe znachenie*; Kuzmin, *Riazanskoe letopisanie*; Lur'e, *Obshcherusskie letopisi XIV – XV vv.* and *Dve istorii Rusi XV veka*; Murav'eva, *Letopisanie severo-vostochnoi Rusi kontsa XIII-nachala XV veka*.

㉗ *Polnoe sobranie russkikh letopisei*, IV, pt 1, pt 2, fasc. 1 – 3, XVI, pts 1 – 2; Nasonov and Tikhomirov (eds.) *Novgorodskaia pervaia letopis' starshego i mladshego izvoclov*; Nasonov, "Letopisnye pamiatniki Tverskogo kniazhestva"; Likhachev, *Russkie letopisi i ikh kul'turno-istoricheskoe znachenie*; Lur'e, *Obshcherusskie letopisi XIV – XV vv.*

㉘ Nasonov, *Pskovskie letopisi*; *Polnoe sobranie russkikh letopisei*, XX, XXIII, XXIV and XXVI.

对地区权威提出了更大胆的要求。㉙

在 15 世纪,地方英雄的"万神殿"也在修建,其中有世俗的也有教会的。在特维尔和诺夫哥罗德,我们之前已经提到了颂词和封圣活动。1457 年,苏兹达尔的埃菲密伊(Evfimii of Suzdal'),这位救世主修道院(Monastery of the Saviour)的建立者作为当地圣徒被尊奉,之后又有另外两位半神话的苏兹达尔人物被封为圣徒。在 1463 年的雅罗斯拉夫,受人尊敬的 13 世纪王公费奥多尔·罗斯季斯拉维奇(Fedor Rostislavich)及其儿子中的两人被尊为圣徒;1474 年,几名罗斯托夫教士也被封为圣徒。最引人注目的是,写于莫斯科征服诺夫哥罗德之后的传说和宗教崇拜,正面描述了莫斯科——诺夫哥罗德的关系:对帕克霍米·罗格菲特撰写的 12 世纪大主教约安(或称伊利亚,Ioann/Il'ia)的传记进行了修改,将这位诺夫哥罗德的坚定保卫者描述为了亲莫斯科派。在 15 世纪,因为不断纳入地方圣徒和恢复基辅时代的圣徒崇拜,莫斯科的宗教节日数量大增。1547 年,莫斯科完全变成了"全罗斯"圣徒传记的"万神殿",包括了诺夫哥罗德、雅罗斯拉夫、罗斯托夫和苏兹达尔尊奉的大部分地方圣徒,这正表明那些莫斯科大公们是多么有效和专一地实行非暴力、象征性的手段,以巩固政权。㉚

莫斯科也在深思熟虑建立自己的"万神殿"。借助于一位世俗圣徒的传记(有人认为写作日期为 14 世纪 90 年代,但更可能写于 15 世纪 40 年代末)㉛,德米特里·顿斯科伊(Dmitrii Donskoi)被尊为保护莫斯科的大公圣徒,尽管他从未被官方尊为圣徒。在 1447 年或 1448 年,都主教约纳主持了三或四位关键人物的封圣:都主教阿列克谢(Aleksii,1353—1378,在德米特里·顿斯科伊的宫廷)、贝洛泽诺的基里尔(Kirill of Bellozero)、拉多尼赫的塞吉(Sergii of Radonezh),还有一位可能是德米特里·普里卢茨基(Dmitrii Prilutskii)(所有人都在 14 世纪建立了有影响力的修道院)。从 15 世纪 40 年代到 60 年代,为了纪念其中一些人物,帕克

㉙ *Polnoe sobranie russkikh letopisei*,XVI,XVII,XXXII and XXXV;Priselkov,"Letopisanie Zapadnoi Ukrainy I Belorussii".
㉚ Khoroshev (1986);Bushkovitch (1992),pp. 80 – 87.
㉛ Salmina (1970);*Pamiatniki literatury drevnei Rusi. XIV-seredina XV veka*,pp. 208 – 229.

霍米·罗格菲特编撰传记、教规和宗教礼仪。他撰写了贝洛泽诺的基里尔的传记，修订了早在1447年或1448年写成的阿列克谢的传记，以及由"智者"叶皮凡尼（Epifanii "the Wise"）在15世纪早期写成的塞吉的传记。塞吉开始出现在圣像画之中，有一幅圣像画以塞吉为中心人物，描绘了他在15世纪末的生活场景；德米特里·普里卢茨基也获此殊荣［他的一幅圣像画留存下来，由狄奥尼希（Dionisii）创作于1503年］。

对都主教彼得（1308—1326年）的圣徒崇拜非常令人关注。自从彼得在1326年卒于莫斯科之后，对他的圣徒崇拜愈演愈烈；至14世纪末，都主教基普里安（Kiprian，1375—1406）重新修订了彼得的传记；在1399年和14世纪早期，彼得画像已经出现在教士服饰上，而且从15世纪早期至中期，彼得已成为一幅圣像画的中心人物。那副圣像画可能创作于特维尔。对彼得的圣徒崇拜广为传播：在15世纪，诺夫哥罗德和特维尔已经有专门供奉彼得的教堂；15世纪中叶，特维尔的一件圣像服饰描绘了彼得和都主教阿列克谢，旁边则是圣徒弗拉基米尔、鲍里斯和格雷伯（Gleb）。至15世纪末，彼得被莫斯科明确增补为圣徒。一份1458年的文献确认约纳为第一位独立选举产生的都主教，并称彼得为"神迹创造者"（"miracle-worker"）。据1479年莫斯科编年史记载，1470年伊凡三世与诺夫哥罗德战争前夕，曾向彼得、阿列克谢和约纳的陵寝虔诚地祷告，称他们为"神迹创造者们"。1472—1479年，当克里姆林宫的圣母升天大教堂（Cathedral of the Dormition）重建之时，都主教彼得的遗物移走，代之以盛大的宗教仪式，并通过帕克霍米·罗格菲特为彼得撰写的献祭经文来纪念他。同样的仪式盛况和荣耀也加诸都主教阿列克谢身上：1431年，在神迹修道院（the monastery of the Miracles）修建新教堂来保存他的遗物，1483年又修建了一座教堂；1486年，修订了他的新版传记。15世纪最后几十年的某个时期，或者16世纪早期，在狄奥尼希为克里姆林宫的圣母升天大教堂创作的圣像画中，彼得和阿列克谢的圣像画相对应，描绘着他们的生活场景。1472年，都主教约纳自己也被奉为圣徒，扩充了"莫斯科神迹创造者们"圣徒崇拜的规模［在16世纪末，都主教菲利普（Filipp）加入］。这些都主教们受到尊奉，是因为对莫斯科及其王朝的支持，也如我们已经指出的[32],还因为他们对教会的忠诚。这些圣徒被选定并非偶然:彼得首次将莫斯科与教会的普世权威联系起来;阿列克谢与德米特里·顿斯科伊相联系,后者的统治被提升为俄罗斯历史的创立时期;约纳则是莫斯科教会独立的标志。

建筑与文学和圣像画一道装点着莫斯科。在1450年、1473年和1484年,为都主教们修建了新的石质宫殿和教堂。1475—1479年,亚里斯多德·罗德尔菲·菲奥拉凡迪(Aristotele Rodolfi Fioravanti)重建了圣母升天大教堂。1482年,普斯科夫的工匠重修圣母报喜大教堂(Cathedral of the Annunciation)。1485—1516年,克里姆林宫城墙和塔楼由意大利工程师改建成砖砌结构。以外,还修建了几座新建筑:1485年,马可·鲁福(Marco Ruffo)修建了国库;1487—1491年,鲁福和皮耶罗—安东尼奥·索拉里(Pietro-Antonio Solari)修建了刻面石宫(Faceted Palace);1499—1508年,意大利建筑师奥威索(Alvisio)修建了石质大公宫殿。1505—1508年,另一位奥威索[Alvisio("Novyi")]重建了天使长米迦勒大教堂(The Cathedral of the Archangel Michael)。一些重要的修道院也在克里姆林宫内修建了新的石质建筑:西蒙诺夫修道院(Simonov),1458年;谢尔盖圣三一修道院,1460年和1482年;神迹修道院,1501—1504年。根据记载,1450年、1471年、1485年和1486年,波雅尔在他们的克里姆林宫修建了石质宫殿或教堂。

这些建筑为艺术装饰提供了机会,既可表现政治主题,抑或仅仅展现莫斯科的繁盛。著名的俄国艺术家狄奥尼希装饰了克里姆林宫的主要建筑和一些重要修道院的墙壁及圣像屏。从政治角度来看,1509年之后(不是狄奥尼希所作)在天使长米迦勒大教堂的湿壁画引人注目;它们为埋葬于该教堂的大公王朝的每位成员绘制了等身画像。最终,圣母升天大教堂成为莫斯科过去和未来抱负的宝库。它的圣像屏包括受人尊奉的圣像画,比如弗拉基米尔圣母像(Vladimir Mother of God):一幅12世纪的拜占庭作品,1125年被带至基辅,1155年又被带至弗拉基米尔,1395年临时放置于莫斯科,现在则永久安放于此。在莫斯科,也保存着14世纪被尊奉的圣像画:都主教彼得陵

---

[32] Stökl (1981).

寝中的救世主圣像画；圣三一圣像画；"火红眼睛救世主"（"Saviour with the Fiery Eye"）的圣像画。几幅新创作的圣像画装饰在大教堂中，包括前已提到的圣徒传记中彼得和阿列克谢的圣像。最终，大教堂成为莫斯科自彼得以来都主教墓穴的存放处（阿列克谢除外）。这样，圣母升天大教堂象征性地描述了上帝对莫斯科的赐福，它的古老和显赫，以及与君士坦丁堡、基辅和弗拉基米尔的联系。

莫斯科的圣徒崇拜和建筑共同创造了"可兹利用的历史"，声称莫斯科继承自弗拉基米尔大公。无论是仿照弗拉基米尔的式样建造的圣母升天大教堂（1475），还是尊奉弗拉基米尔的圣母圣像画，对此均有体现。这同样体现在谱系观念中：圣三一编年史（Triniry codex, 1408）追溯莫斯科的丹尼尔王公（Prince Daniil, 1276—1303）至"大巢"弗塞沃洛德（Vsevolod "Big Nest", 1176—1212），追溯伊凡·卡里达（Ivan Kalita, 1325—1340）至弗塞沃洛德之子雅罗斯拉夫（Iaroslav, 1237—1246）。第一部索菲娅（Sofiia）的编年史截至1448年，记载莫斯科王朝的谱系开始于尤里·多尔戈鲁基（Iurii Dolgorukii, 1149—1157）。另外，在15世纪后半叶，莫斯科提出了更高的要求，它声明自己是基辅罗斯国家直接且唯一的后代，而且莫斯科诸王公享有普世政治权威，正如同"皇帝"（沙皇）那样，这一头衔传统上为拜占庭皇帝和蒙古可汗所保留。[33] 莫斯科大公们使用头衔"全罗斯统治者"（gosudar vsei Rusi 或者 "sovereign of all Rus'"），这些头衔被用在15世纪40年代之后的铸币和论著中，同样用在1477年与诺夫哥罗德的交往和外交中。尽管在不久之前的1449年，莫斯科将"全罗斯"字样用于国王或大公卡齐米尔身上[34]，在1494年的条约中，立陶宛大公国才承认了这一称号。在15世纪的最后几十年间，莫斯科宫室根据某项理论[35]，模仿哈布斯堡也采用了双头鹰标志。1439年在费拉拉/佛罗伦萨召开了教会会议，在有关此次教会会议的故事中，瓦西里二世常被称作沙皇。在描述1380年德米特里·顿斯科伊战胜鞑靼人的重新修订后的编年史故事中，以及在颂扬顿斯科伊的传记中，都明确表明了莫斯科和基辅罗斯的联系。德米特

---

[33] Gol'dberg (1969); Pelenski (1977) and (1983).
[34] Szeftel (1979).
[35] Alef (1966).

里·顿斯科伊和圣弗拉基米尔（自称为"新君士坦丁"）、鲍里斯、格雷伯相联系；他的对手马迈（Mamai）则被蔑称为第二个斯维亚托波尔克（"a second Sviatopolk"，一位基辅王公，被辱骂为叛徒和杀害其兄弟鲍里斯和格雷伯的凶手）。德米特里·顿斯科伊被称作沙皇，因此超越了基辅罗斯的类似限制，莫斯科国家等同于"俄罗斯土地"（"Russian land"），这一基辅时代的术语指基辅腹地或者留里克王朝统治的全部领土。㊱ 显然，这些创作将莫斯科描绘为历史注定的"罗斯土地的统一者"（在德米特里·顿斯科伊传记中，这一称号被明确应用到伊凡·卡里达身上），其目的就是质疑立陶宛公国对罗斯土地（斯摩棱斯克和奥卡河上游是莫斯科的主要关注地区）的索求。

莫斯科甚至超越了基辅，追溯至古典时代申明自己的身份，与此类似的是遍及整个欧洲的文艺复兴史学。值得注意的是，一个有价值的教会事件被忽略了。在1492年，都主教索西马（Zosima）曾称莫斯科为"第二君士坦丁堡"，预示了16世纪早期菲洛费（Filofei）提出的"莫斯科，第三罗马"的理论，该理论在教会中将莫斯科与罗马联系在一起。这一理论的作用被夸大了，它仅在莫斯科教会范围内产生了影响，而在世俗思想领域和政策制定上影响甚微。㊲ 相反，15世纪末思想家们更倾向于利用古典遗产的世俗传奇来证明自己统治的合法性。这些思想包含在16世纪的《弗拉基米尔历代王公传说》中，它的早期版本可追溯至15世纪90年代或16世纪10年代。㊳ 这一作品将莫斯科大公的血统追溯至罗马皇帝——凯撒·奥古斯都，并记叙统治权的标志（皇冠、披风及赠与物）从拜占庭皇帝转移至基辅大公弗拉基米尔·莫诺马赫（Vladimir Monomakh，1113—1125年在位），后又转移至弗拉基米尔诸王公，并最终传至莫斯科。与传说相伴随的，通常是对立陶宛的格季米尼德王朝谱系的贬损。这清晰表明了该作品欲要发挥作用的地理政治背景。选择这一特别的拜占庭遗产意义重大；1472年伊凡三世迎娶拜占庭末代皇帝的侄女索菲娅·

㊱ *Pamiatniki literatury drevnei Rusi. XIV-seredina XV veka*, pp. 208–209.
㊲ Gol'dberg (1969), (1975) and (1983); Goldfrank (1981); *Pamiatniki literatury drevnei Rusi. Konets XV-pervaia polovina XVI veka*, pp. 436–455.
㊳ Zimin (1972b); *Pamiatniki literatury drevnei Rusi. Konets XV-pervaia polovina XVI veka*, pp. 422–435.

巴列奥略（Sophia Palaiologa），这为莫斯科提供了主张普世政治权威的机会，但正如已被指出的那样[39]，这一联姻因1453年君士坦丁堡陷落巴列奥略王朝（Palaiologan dynasty）覆灭而受到贬损。

所有这些努力表明，莫斯科一致希望构建一个历史神话，一座众民族英雄的"万神殿"，以及一个使其权力合法化的当代形象。但这些论说的多样性和差异性使这些希望受到影响。罗马、拜占庭和基辅都被视作历史祖先，然而许多源头仅仅局限于弗拉基米尔—苏兹达尔。像德米特里·顿斯科伊、都主教彼得和阿列克谢这样的英雄们都集中于14世纪，即莫斯科的形成时代。这些论说明显政治化，每个都竭力满足某一特定斗争和莫斯科不断扩大的野心的需要，这些应该使我们怀疑广泛申明的俄国历史直接从基辅到莫斯科的历史延续性。尽管历代的思想家们都这么认为，尽管莫斯科自身也使用了种种巧计进行解释，但莫斯科不是基辅历史唯一的延续，也不是"罗斯"种族认同或民族自豪感的特定承担者。15世纪，莫斯科权力的巩固得益于当时的跨国贸易模式、地缘政治以及欧洲平原最东端的地区发展所提供的环境和机遇。

南希·希尔兹·科尔曼（Nancy Shields Kollmann）
陈太宝 译

---

[39] Nitsche (1987).

第 三 十 章

拜占庭：罗马东正教世界
（1393—1492）

第一节　年代与界定

与大多数中世纪人相比，拜占庭人也许更为关注不确定之事，如推算时间（measuring time）和界定权威（defining authority）。对于这两者，他们所能做的都不多，但命名（naming）是驯服自然和无序力量的一种方式，以便将卑微的凡尘俗事纳入上帝的秩序。拜占庭人称这种秩序为"排序"（taxis）。在"公元"（Anno Domini）15 世纪，他们更进一步地雕琢这种"排序"，因为对于使用"创世纪元"（Anno Mundi）的正教基督徒，这十分简单，15 世纪就是尘世的末日。对于新罗马君士坦丁堡的人而言，无论是皇帝的臣民，牧首（patriarch）的臣民，还是两者共同的子民，都相信世界创造于公元前 5508 年 9 月 1 日。君士坦丁堡于 1453 年 5 月 29 日落入奥斯曼土耳其人之手后，素丹穆罕默德二世的首任牧首，根纳迪奥斯二世·斯科拉里奥斯（Gennadios II Scholarios）预测世界末日为 1492 年 9 月 1 日，亦即第七千禧年的终结时间，并视之为天大的事。在 1393 年，即尘世最后一个世纪的第一年，牧首安东尼奥四世（Antonios IV，1389—1397）也曾对世事重新"排序"。莫斯科大公瓦西里一世（Vasilii I）曾抱怨说，在君士坦丁堡，教会倒是有一个，靠得住的皇帝似乎一个也没有；牧首反驳说："没有皇帝就不可能有教会。不错，这些人（the nations，即土耳其人）即便在神的许可下，现在包围了皇

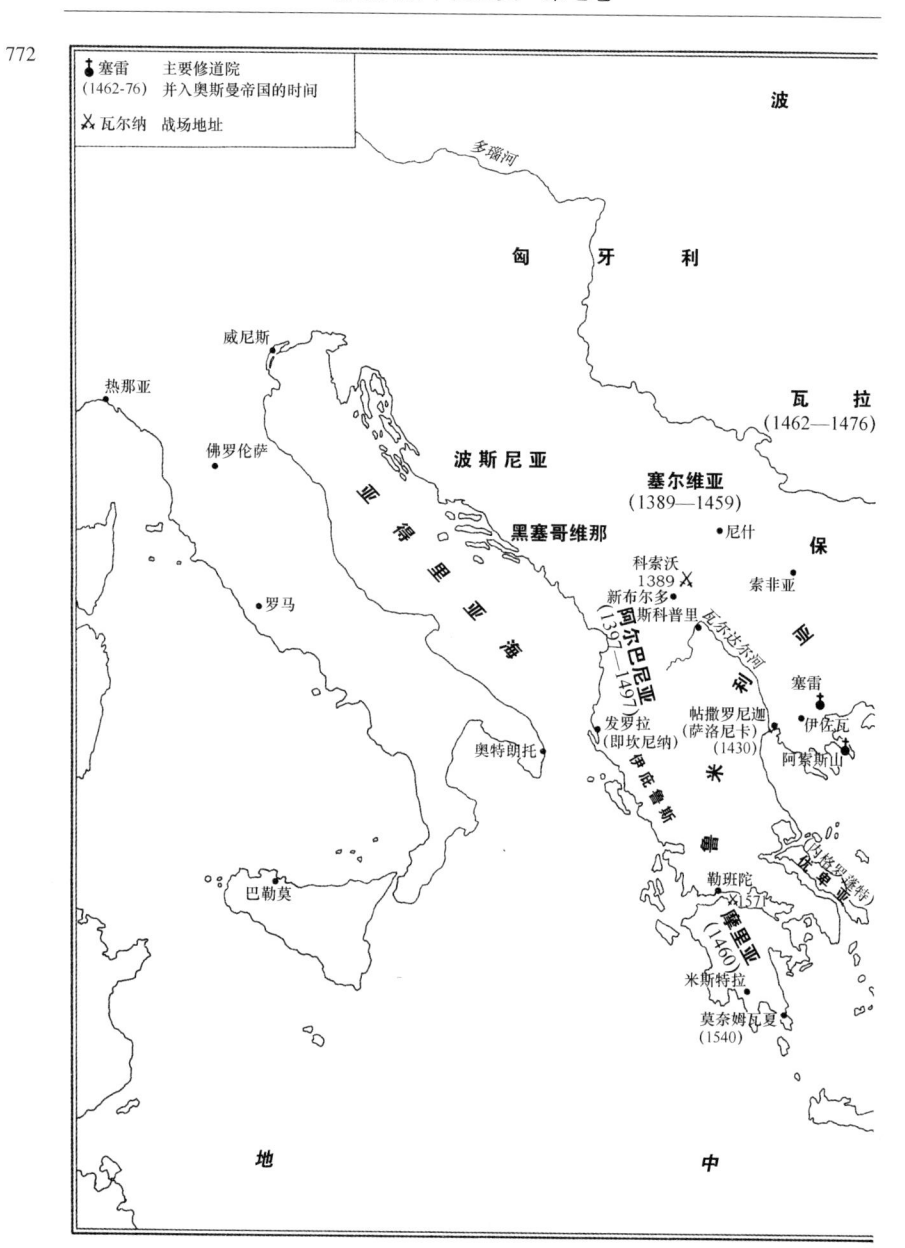

地图20　15世纪的罗马正教与奥斯曼世界

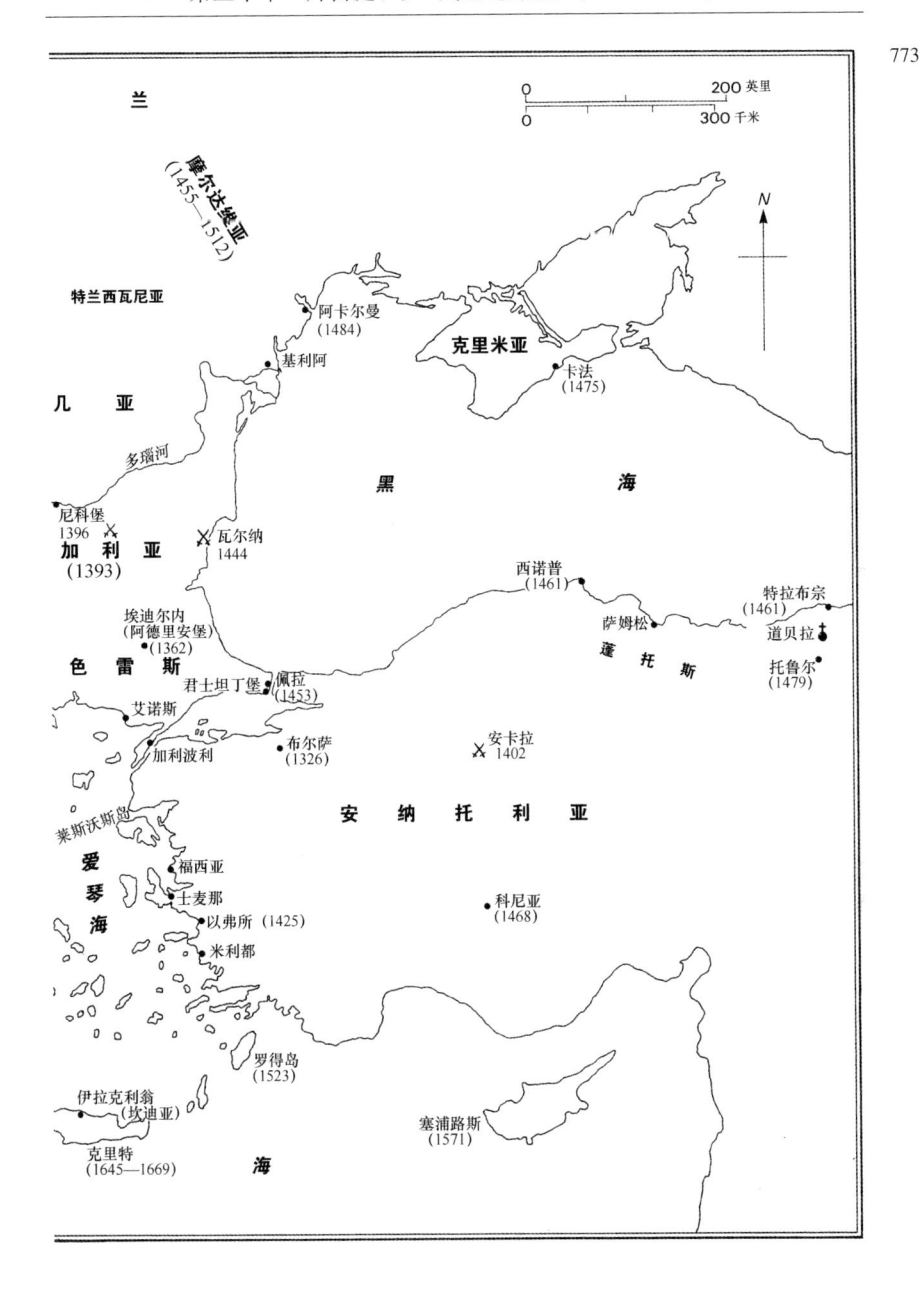

第三十章 拜占庭：罗马东正教世界（1393—1492）

兰

摩尔达维亚
(1455—1512)

特兰西瓦尼亚

阿卡尔曼
(1484)

基利阿

克里米亚

卡法
(1475)

几亚

多瑙河

黑　海

尼科堡
1396

瓦尔纳
1444

加利亚
(1393)

西诺普
(1461)

特拉布宗
(1461)

萨姆松

蓬托斯

道贝拉

埃迪尔内
(阿德里安堡)
(1362)

托鲁尔
(1479)

色雷斯

君士坦丁堡　佩拉
(1453)

艾诺斯

加利波利

布尔萨
(1326)

安卡拉
1402

莱斯沃斯岛

爱
琴
海

福西亚

士麦那

以弗所 (1425)

米利都

安　纳　托　利　亚

科尼亚
(1468)

罗得岛
(1523)

伊拉克利翁
(坎迪亚)

塞浦路斯
(1571)

克里特
(1645—1669)

海

N

帝的政府和驻地……但他仍然是罗马人的皇帝和专制君主，也就是说，是所有基督徒的皇帝和专制君主（autocrat）。"①

真相是，1389 年经科索沃一役赢得王位与塞尔维亚臣服的奥斯曼素丹拜齐德一世（Bayazid Ⅰ），在 1393 年又吞并了保加利亚，并准备围攻君士坦丁堡皇帝曼努埃尔二世·巴列奥略（Manuel Ⅱ Palaiologos，1391—1425）的政府和驻地，只是因为 1402 年素丹在安卡拉被帖木儿（Timur）擒获，这次围攻才宣告破产。② 不过，蒙古人不久就撤离了安纳托利亚（Anatolia），但在今天的土耳其境内，奥斯曼人原来的酋长联盟势力（nexus of emirates）随即复活。奥斯曼人因而陷入内战，直到穆罕默德一世（Mehemmed Ⅰ，1413—1421）上台，他们才在新近征服的巴尔干地区重新组合起来，这为拜占庭赢得了半个世纪的喘息之机。到 1453 年，这座城市已不再是西方对抗亚洲部落的桥头堡，事实上它成为亚洲部落对抗西方的前沿。从世俗角度看，奥斯曼国家治下的正教徒数量已远超拜占庭皇帝治下的正教徒。素丹穆罕默德二世（Mehemmed Ⅱ，1444—1446，1451—1481）是作为一位欧洲的统治者，以巴尔干为基地，才最终攻取君士坦丁堡作为他征服和再征服安纳托利亚的前哨的，此事占据了其余下的统治时期。

奥斯曼人不是一个民族（people），而是一个王朝；他们的穆斯林臣民当时也不自称为"土耳其人"（Turks）。牧首安东尼奥轻蔑地用"nation"（希腊语 ethnos，拉丁语 natio）一词来描述这些野蛮人——但他也不称自己是"希腊人"（Greek），更别说"希伦人"（Hellene），那指的是一个古老的异教族。他用希腊语称自己是"谦卑的安东尼奥，上帝的选民，新罗马君士坦丁堡大主教，普世牧首（Our Moderation, Antonios, elect of God, archbishop of Constantine the New Rome, and Ecumenical patriarch）。"我们今天称他的教众为"拜占庭人"。但这种称号，正如用法国首都巴黎的古名"鲁特西亚"（Lutetians）称法国人一样，只是出于方便。就安东尼奥而言，他和他的教众都是君士坦丁一世的新罗马的基督徒臣民。因此在本章中，

---

① *Acta patriarchatus Constantinopolitani*，Ⅱ pp. 190 – 191; cf. Obolensky（1971），pp. 264 – 266.
② Matschke（1981），pp. 9 – 39.

第三十章 拜占庭：罗马东正教世界（1393—1492）

使用他们自己命名的"罗马正教徒"（Roman Orthodox）来指称他们。

在15世纪，"拜占庭人"仍自称为"罗马人"（希腊语 Romaioi），与"基督徒"同义；在希腊语中，他们的"教会"一词是指大公教会或普世教会。但是，为了反击四面围攻的奥斯曼人，皇帝约翰八世·巴列奥略（John VIII Palaiologos, 1425—1448）不得不向旧罗马和另一个大公教会求援。让约翰大为诧异的是，尽管在1439年7月6日佛罗伦萨的签字仪式上，他身穿紫袍，已然用希腊文潦草地署上了"信奉基督上帝的忠实皇帝和罗马人的专制君主"的大名，但在随后颁布的《教会合一令》（Union of the Churches）拉丁文本中，他还是被称为"希腊人的皇帝"。③ 但皇帝明显是罗马人，而他的臣民不久就通过全体拒绝佛罗伦萨公会议而确认了他们的正教徒身份。

讨论时间与称谓，在今日看来似乎有点尚古学究气，但对于理解15世纪罗马正教徒的身份却至关重要。15世纪，大致与伊斯兰纪年的9世纪属于同一时段，当时，正是奥斯曼人依据他们的身份首次称拜占庭人为从被称为"罗姆"（Rum）或罗马的帝国幸存下来的那个教会的子民。这个称呼一直保持到今天，最为生动的事例是，土耳其东北部的一位村民解释说："这里原是罗马人的国家；他们在这儿称为基督徒。"

如果本章仅限于讨论15世纪的拜占庭帝国，那就可以以1453年君士坦丁堡陷落为界一分为二，事实上西方人也一直是这样做的，尽管没有解释为什么，但史学家已经让人们牢牢记住了这个日子。事实上，在西方人看来，君士坦丁堡市政府的变化固然重要，但不如罗马正教的变化重要，因为这才是他们首先关注的。素丹与牧首在1454年达成的协议一直鲜为人知，但由此而产生了一种新的秩序或"排序"，它保证了罗马正教未来可以立足于稍后被征服的摩里亚半岛（Morea）和蓬托斯（Pontos）。他们的内政依然取决于1439年在佛罗伦萨谁说了什么，但在征服中幸存下来的维系罗马正教的纽带更为古老与简单：集庇护关系与故乡情结于一身的家园情谊（homeland）。

因而，本章着力讨论罗马正教在这个世界的最后一个世纪，即创世6901—7000年，或公元1393—1492年的情况。集中于以萨洛尼卡

---

③ Gill（1961），p. 295；Buckton（1994），p. 220.

（Salonica）、米斯特拉（Mistra）、君士坦丁堡和特拉布宗（Trebizond）为中心的四个家园（homeland）。那些居住在亚得里亚海岸、爱琴海诸岛、多德卡尼斯群岛（Dodecanese，直到1523年）或塞浦路斯（直到1571年），受到威尼斯、医院骑士团、当地"拉丁人"或"法兰克人"（绝大多数现已被称为意大利人）统治的其他正教徒，必须排除在外，无论他们是否说希腊语。也不包括阿尔巴尼亚（在1397—1497年被征服）、保加利亚（1393）、塞尔维亚（1389—1459）、黑塞哥维那（Herzegovina）和波斯尼亚（Bosnia）南部（1463—1465）。还要排除多瑙河以北诸地，它们从14世纪起就作为拜占庭的遗孤国而出现（并将获得一个特别的名字"罗马尼亚"），如瓦拉几亚（Wallachia，最终在1462—1476年作为附属国被合并）和摩尔达维亚（Moldavia，1455—1512）。甚至也必须排除克里米亚半岛上的诸民族：哈扎尔人（Khazars）、亚美尼亚人、克里米亚—鞑靼可汗（Crim-Tatar Khan）统治下的卡拉派犹太人（Karaite Jews）、信奉罗马正教的戈提亚诸王公（princes of Gotthia）和热那亚驻卡法的诸领事（consuls），穆罕默德二世在1475年使他们归附，并将黑海变成了奥斯曼的一个内湖。[4]

到这个世纪末，只有两个东部的基督教统治者完全独立于奥斯曼帝国。埃塞俄比亚已经签署《佛罗伦萨合一令》（Union of Florence），但其所罗门般的国王"尼格斯"纳奥德（negus Na'od, 1478—1508）信奉自己独特的正教。莫斯科拒绝了《佛罗伦萨合一令》，正教已经足够了。大公伊凡三世（1462—1505）甚至迎娶了君士坦丁堡末代皇帝君士坦丁十一世·巴列奥略（Constantine XI Palaiologos, 1449—1453）的侄女。但直到1589年，新罗马才授予俄罗斯牧首职位（patriarchate），理由是旧罗马已丧失其头衔，故莫斯科可以忝列这个名单的末尾，作为第三罗马。[5]

在君士坦丁堡的第七个千年的末期，牧首马克西莫斯四世（Maximos IV, 1491—1497）像所有预言了末日审判日期却未曾发生末日审判的人一样，虽然面临尴尬，却保住了脸面，因为到创世

---

[4] Vasiliev (1936), pp. 160 – 275; Ducellier (1981), pp. 323 – 653; Nicol (1984), pp. 157 – 216; Imber (1990), pp. 145 – 254.

[5] Jones and Monroe (1966), p. 57; Runciman (1968), pp. 320 – 337.

第三十章 拜占庭：罗马东正教世界（1393—1492） 827

7000 年时，绝大多数罗马正教徒已经采用西法换算为公元 1492 年。不仅如此，他还可以比其前任，一个世纪前的安东尼奥，更为信誓旦旦地说：自 1453 年后，确有可能存在一个没有皇帝的教会，现在已有可能存在一个有素丹的教会——事实上，就正教徒而言，宁要素丹，不要总督（doge）或教宗。牧首马克西莫斯敦促威尼斯共和国授予爱奥尼亚诸岛上的罗马正教徒以崇拜的权利与自由，因为他们在奥斯曼帝国境内已经享受到了；而塞浦路斯的罗马正教徒必须等到 1571 年奥斯曼人征服该岛才能恢复自主。[6] 1492 年，在素丹拜齐德二世时期，罗马正教的身份（identity）、生存甚而繁荣，似乎比 1393 年更有保证了，当时拜齐德一世已经威胁到君士坦丁堡的皇帝。

第二节 萨洛尼卡及其大主教

萨洛尼卡市有许多名字：希腊人称为塞萨洛尼基（Thessalonike），罗马人称为帖撒罗尼迦（Thessalonica），斯拉夫人称撒隆（Solun），威尼斯人称萨隆尼科（Saloniccho），土耳其人称塞拉尼克（Selanik），希伯来人则称为斯隆克（Slonki）。对于所有这些民族而言，它都是巴尔干的战略要地或商业枢纽。这座城市紧邻阿克西奥斯河［Axios，即瓦尔达尔河（Vardar）］注入爱琴海之前与艾格纳提亚大道（Via Egnatia）的交汇处。该河发源于巴尔干腹地，将斯拉夫商人带到圣迪米特里年度市集（10 月 26 日），这位圣徒是萨洛尼卡的守护圣人，并且（通过萨洛尼卡的福音传播者西里尔和美多迪乌斯两位圣徒）也是所有斯拉夫人的守护圣徒。艾格纳提亚大道连接亚得里亚海岸与君士坦丁堡，因此新旧罗马在萨洛尼卡交汇。

斯拉夫人发现萨洛尼卡是一个他们不能赢得的枢纽。即便塞尔维亚最具侵略性的沙皇，绰号杜尚（Dushan）的斯特凡·乌罗什（Stefan Urosh，1331—1355），也未能占领这座令他垂涎已久的圣迪米特里。相反，对于意大利商人，它的浅水港湾和十月市集并不特别具有吸引力，即便他们在 1423 年确曾被授予该城的钥匙。当时，萨洛尼卡已赢得了另一声誉。作为拜占庭和（最终是）奥斯曼帝国第二大

---

[6] Runciman (1968), p. 212.

城市，它与首都君士坦丁堡的关系一直不稳定。即便是由皇室家族的某个代理人来治理，它还是被当地人认同为某种自己的城邦（city-state），拥有即便不太成熟却常常以其大主教为首的并得到承认的地方领导层。

在 14 世纪，拜占庭也爆发了类似西欧的城乡暴动。用西方人的话来说，革命的萨洛尼卡在 1342—1350 年变成了一个"公社"（commune）。真实的情况是，这里的市民和工匠阶层只是发出了正义的批评之声，但足以达到要求城墙之内实行地方自决的地步，并掺合着一种尚不明晰的所谓"狂热派"的政治诉求。不过，萨洛尼卡没有忘记那些激动人心的日子。对于外来压力，它的"公社"只是一个不足为奇的回应：拜占庭陷入内战（1341—1347），奥斯曼人侵入欧洲（1345—1354），以及杜尚的虎视眈眈，都因黑死病（1347—1348）而搅和在一起了。然而，在萨洛尼卡，这些年是以拜占庭人留下的几座装饰最精美的教堂和罗马正教最后一位伟大教父圣格列高利·帕拉马斯（St Gregory Palamas）的生涯为标志的。帕拉马斯在 1347—1359 年就任萨洛尼卡大主教。他的教义在下一个世纪得到罗马正教的确认，尤其成为斯拉夫正教徒至为重要的属灵理念（spiritual ideology）。帕拉马斯的神学本质上极为神秘，宣称只有通过启示而非理性才能窥测上帝那不可知晓的本质，因而与西部教会的那种亚里士多德主义经院哲学截然相反。在附近的阿索斯山修道群体中，帕拉马斯派（Palamism）被称为静修派（Hesychasts）——最好称为"静寂派"（Quietists）——他们与政治上的"狂热派"之间的属灵联系晦暗不明。[7]

奥斯曼人在 1383—1387 年首次围攻萨洛尼卡。当地领导权由总督即未来的皇帝曼努埃尔二世·巴列奥略与大主教伊西多尔·格拉巴斯（Isidore Glabas，1380—1384，1386—1396）共同执掌。曼努埃尔命令他的臣民顶住土耳其人的最后通牒；格拉巴斯在 1383 年圣迪米特里节，则告诫他的教众要修正自己的路，就像圣保罗曾就希望、告诫和有关世界末日的断想而两次致信帖撒罗尼迦那样。萨洛尼卡恰在 1387 年陷落。1393 年，大主教冒险回到他的教座，发现世界末日并

---

[7] Meyendorff（1964），pp. 13–115.

第三十章 拜占庭：罗马东正教世界（1393—1492） 829

未来临。事实上，奥斯曼人占领后，比曼努埃尔曾威胁的要宽容得多。素丹拜齐德授予市民特别恩惠，拜占庭地方政府机构与官员大多原封不动。⑧

其实，奥斯曼人也别无他途。他们征服的人口过于庞大，面临着人力不足的问题：当地的穆斯林很少，土耳其人就更少了。解决方案显而易见。正教徒改宗伊斯兰教可能要迅速且相对容易一些，而一个罗马人要变为土耳其人则会花上较长的时间，这是本章的主题。不过，也有简便的方法。在萨洛尼卡被占领后的1395年，大主教格拉巴斯在一次布道中，就曾提及奥斯曼人首次实质性地立足欧洲时采取的一项应急措施，具体地点是在1354年达达尼尔海峡的加利波利（Gallipoli）。在土耳其语中，这项措施被称为"征召制"（devshirme），希腊语称为"人贡"（Paidomazoma，即"征集小孩"）。这种"征集小孩"（child levy）就是让基督徒到奥斯曼政府部门尤其"新军"（土耳其语Yeni cheri；英语janissary）中接受培训。女孩也被要求成为穆斯林的妻妾（Harem）。正是经历这种转变的人最渴望不断征服。他们的擢升，尤其在1402年安卡拉战役后，导致了他们与安纳托利亚土耳其旧领导层发生冲突，并在1453年达到不可调和的地步。

帖木儿在安卡拉取胜的后果之一，就是萨洛尼卡在1403年重归拜占庭。它的大主教又一次发挥了富有特色的领导作用。萨洛尼卡大主教西米恩（Symeon，1416/1417—1429）要求他的教众必须是坚定的罗马人和正教徒。作为一个忠实的静修主义者，面对威尼斯和奥斯曼的压力，他力图恢复这座城市的认同（identity）。因为土耳其人，包括从正教改宗伊斯兰教者，被派来惩罚萨洛尼卡人的罪孽；而威尼斯人会传染给他们瘟疫般的异端邪说。很难知晓他们中谁的威胁更大。西米恩从君士坦丁堡的圣索菲亚大教堂重新引进了一套公共礼拜仪式，将其施用于萨洛尼卡的圣索菲亚大教堂中，并像君士坦丁堡一样，规定了一项旨在保护被称为"指路圣母"（Hodegetria）的上帝之母像的街道游行，每天两次。但君士坦丁堡的曼努埃尔二世·巴列奥略（Manuel Ⅱ Palaiologos，1391—1425），时年73岁，现在已变得

---

⑧ Barker（1969），p.53；Nicol（1993），p.287；Vryonis（1956）.

更加慎重了。1423 年,由于无力保护萨洛尼卡抗击奥斯曼人,他邀请威尼斯共和国出兵相助。在 1427—1428 年威尼斯占领萨洛尼卡期间,大主教西米恩写了一篇宏文,历数圣徒迪米特里为保护这座城市所行的奇迹,并以他的名义严斥罗马正教徒,力图使他们重新振作。事实上,威尼斯人最初受欢迎是因为他们不是罗马教宗的真正朋友,但发现防守费用过于高昂后,萨洛尼卡人便开始与土耳其人交易。随着大主教西米恩在 1429 年年末去世,结局即见分晓:奥斯曼人在 1430 年 3 月 29 日最终夺取了这座士气低落的城市。威尼斯指挥官逃走;指路圣母像被摔得粉碎;7000 名萨洛尼卡人被俘。⑨

随后发生的事,查看奥斯曼的赋税与户籍登记簿(tabrir defters)可以了解一二。由于人手短缺,奥斯曼人正确地为萨洛尼卡这样的城市设定了目标,先是伊斯兰教化,进而土耳其化。在城墙外面,还有数量惊人的农业人口等待同化。素丹穆罕默德二世公然奉行一套人口调控政策,今日称为"种族清洗",拜占庭也是这一政策很好的先例。此种政策,奥斯曼语称为"拘逐"(sürgün,即强制驱逐并重新安置),连同格拉帕斯提到的"征兵制",以及因改宗所致的自然减损,本来应该很快就能使萨洛尼卡变成帝国的第二个奥斯曼城市。但这并未发生。1430 年后,这个地方得到缓慢复苏,城墙之内,大约已有 285 公顷,从中世纪地中海的情况看,它可以容纳 30000 多人口。

事实上,萨洛尼卡在 1478 年已有 10414 名成年人,到 1500 年时增加一倍,达到 20331 人,1519 年几乎翻了三倍,增至 29220 人。奥斯曼登记簿的准确度或有欺骗性(因为它漏掉了逃税者和免税者),但这个规模还是足可凭信的。显然,重新安置与改宗被推迟了。1478 年,这座城市的穆斯林人口为 4320 人,但 6094 名基督徒(罗马正教徒)依然属于绝对多数,占家庭总数的 59%。1500 年前后,基督徒人口增至 7986 人,不过,穆斯林人口也翻了一番,达到 8575 人,占萨洛尼卡人口的 42%,这是第一次也是最后一次达到简单多数。不过,1500 年前后,第三类人被迁入,据不完全统计,有

---

⑨ Dennis (1960); Darrouzès (ed.), "Sainte-Sophie de Thessalonique d'après un rituel"; Symeon, *Politico-historical works*, Vryonis (1986).

3770 名犹太人。1519 年，登记在册的犹太人已达到 15715 人，占萨洛尼卡人口的 54%，这个绝对多数一直保持到 1666 年后，当时，许多犹太人跟随他们的假弥赛亚萨瓦塔伊·扎维（Sabbatai Zavi, 1625—1676 年）勉强皈依了伊斯兰教。⑩

这个巴尔干重镇的转变，即从大主教帕拉马斯、格拉巴斯和西米恩驻节的罗马正教的坚实堡垒，先是转化为一个穆斯林的基地，进而成为世界上最大的犹太人城市，所花时间不过四十年，其中原因需要解释。在过去，拜占庭皇帝曾轮番邀请西方的基督教势力和奥斯曼土耳其人帮助他们打击信奉正教的塞尔维亚人和保加利亚人，并为这种权宜之计而感到后悔。现在，奥斯曼国家面临着一场更大的人口战争。如果萨洛尼卡人不能转化为土耳其人，就会出现第三种市民。这在 1430 年前已经变得十分明显，因为城中已出现了一些操希腊语的卡拉派犹太人，在 1478 年甚至还没有登记。但在 1492 年，天主教君王斐迪南和伊莎贝拉征服格拉纳达（Granada）后，驱逐了西班牙境内的犹太人——他们说拉丁语（Ladino）。拜齐德二世欢迎他们来到君士坦丁堡，大多安置于萨洛尼卡。这是规模最大的一次"拘逐"。奥斯曼的人口战略（如果那是一项人口战略的话）意味着：该城的罗马正教徒一直到 1912 年萨洛尼卡划归希腊、再次沦为一个二流城市之后，才再度成为多数。⑪

第三节　摩里亚、佛罗伦萨公会议和普里松

摩里亚的历史是后期拜占庭的一个成功的故事，同时也显示了 15 世纪罗马正教领袖在西方人和奥斯曼人两面夹击下面临的困境。中世纪的摩里亚就是古代的伯罗奔尼撒，也就是希腊南端的三叉状半岛，在 1204 年第四次十字军东征后一直由法兰克人占领。从 1262 年起，它被南方来的拜占庭人逐步收复，由拜占庭和不断收缩的阿凯亚公国〔它以半岛西北部的安兹拉维扎（Andravida）为中心〕共同控制，直到 1429 年拉丁人被最后驱逐。从 1349 年起，摩里亚一直以自

---

⑩ Lowry（1986b），pp. 327-332.
⑪ Lowry（1986b），pp. 333-338；Dimitriades（1991）.

治君主国立足于世,也是君士坦丁堡的一块封地;像萨洛尼卡一样,它常常是由帝国王朝的一位年轻成员来治理的。君侯(despot)的首府设在米斯特拉(Mistra),高处有一座十字军东征时修建的城堡,在此可以俯视古代斯巴达和它的平原。与萨洛尼卡不同的是,米斯特拉是一方新土,尚无意志坚定的主教。法兰克的《摩里亚纪年》(*Chronicle of the Morea*)在1249年颇有深意地写道:"他们将它命名为米斯特拉斯(Myzethras),这就是他们为何这样称它的原因。"[12] 米斯特拉陡峭的街道,不适于车辆行驶,但过去的修道院落、圆顶教堂和带阳台的小楼逐级而建,直达底部的唯一广场和驯马场,这是君侯宫殿的庭院。1449年1月6日,君侯君士坦丁十一世·巴列奥略就是在这里登基为最后一位罗马正教宗帝的,但没有加冕。作为君侯,他从1447年起就一直是奥斯曼帝国的附庸;作为皇帝,他于1453年5月29日去世于君士坦丁堡;但直到1460年5月29日,穆罕默德二世才占领了米斯特拉。[13]

摩里亚的经济是高地从事畜牧业和转场放牧,低地从事农耕,包括向卡拉玛达的威尼斯人(Venice of Kalamata)出口橄榄油、丝绸和盐。莫奈姆瓦夏(Monemvasia)的马姆齐葡萄酒,科林斯的黑加仑,都是颇负盛名的出口物品。这个君国的档案大多遗失了,但在晚期拜占庭的财政和封建链条上,它似乎一直是有效运作的,主要是依靠农业来保障其防御[14]。

摩里亚的民族,不像克里米亚那样拥有很多外来人口,但自7世纪以来,一直有斯拉夫人在此定居。尽管从10世纪起,斯拉夫人已被福音化为罗马正教徒,但他们仍然主要居住于半岛荒凉的东部地区特萨克尼亚(Tsakonia);而南端的马尼奥兹(Maniots)被极不相称地冠以拜占庭最后一个异教城市的美名。法兰克统治者与奥斯曼人一样,也面临着人力不足的问题,他们也没有解决好。法兰克人留下了混血儿(*gasmouloi*)、大城堡、精美的西多会修道院,以及城中现已荒废的几座哥特式教堂。但他们没有像爱琴海和爱奥尼亚诸岛上的其他拉丁人那样深深扎根。事实上,自斯拉夫人后,摩里亚规模最大的

---

[12] Kalonaros (ed.), *Chronikon tou Moreos*, line 2990; Ilieva (1991); Lock (1994).
[13] Ruanciman (1980).
[14] Zakythinos (1975), Ⅱ.

外来移民是阿尔巴尼亚人。

不管怎么称呼,阿尔巴尼亚人在被奥斯曼人用来维持巴尔干治安以前,一直在南移。希腊人、保加利亚人和塞尔维亚人曾在拜占庭帝国的护佑下兴盛起来。阿尔巴尼亚人则在奥斯曼的庇护下时来运转。他们热忱地皈依伊斯兰教,即便有时是出于偶然。比如,阿尔巴尼亚南部城市坎尼纳(Kanina or Vlora)最后一任罗马正教市长(kephale)乔治,在1398年成为土耳其人后,他的家族一直保持这个职位直到1943年,还为奥斯曼人输送了31任旗主(sandjakbeys),13位(鲁米利亚、安纳托利亚和叙利亚的)总督(beylerbeys),4位陆军元帅(奥斯曼军2位,埃及军1位,希腊军1位),1位大维齐尔(grand vizier)。瓦卢拉家族的穆斯林成员保护当地的罗马正教修道院,并在与罗得岛(1522)、勒班陀(Lepanto,1571)和坎迪亚(Candia)(即克里特,1668)的拉丁人的战斗中阵亡。[15] 不过,瓦卢拉王朝为维持这一身份,代价也是高昂的:奥斯曼帝国的政策最多只是为地方统治家族发放抚恤金。

奥斯曼不完整的记录表明,在1461—1512年,摩里亚的非穆斯林纳税人从大约20000户增加到了50000户,但即便散居在20000平方公里土地上的牧羊人无从查寻,这个数字肯定还是太低了。不过,证据清楚地表明:拉丁人和穆斯林人数很少,而正教徒中,1/3以上是阿尔巴尼亚人。[16]

但15世纪的米斯特拉绝非只有罗马正教徒,还有"希腊人",如拜占庭最后一位有独创性的思想大家乔治·杰米斯塔斯·"普里松"(George Gemistos "Plethon",约1360—1452)。普里松属于新柏拉图派,他选取了一个隐喻柏拉图的姓氏。可能是在他的启发下,科西莫·德·美第奇(Cosimo de' Medici)在佛罗伦萨创办了一所柏拉图学院。如果拜占庭有一位"文艺复兴人"(Renaissance man),那就是普里松,一位特立独行的人,他先后涉猎过琐罗亚斯德教和犹太教(可能是在奥斯曼宫廷里),其最后的手稿《律法篇》(Book of Laws)残篇称颂宙斯就是至高无上的上帝。在信奉罗马正教的君士

---

[15] Vlora (1973), II, pp. 271–277.
[16] Beldiceanu and Beldiceanu-Steinherr (1980), pp. 37–46.

坦丁堡，他是一位极难对付的异见人士（nonconformist）。或许是出于他自身的安全，曼努埃尔二世大约在1410年将他流放到米斯特拉。但不久，普里松就给皇帝曼努埃尔和他的儿子君侯狄奥多勒二世·巴列奥略（Despot Theodore II Palaiologos, 1407—1443）寄来了论述柏拉图共和国路线（Platonic Republican lines）的宏文，要求将公民划分为三个等级（其中最重要的是军人），恢复古典希腊的美德，但他要求复兴的不是希腊人的信仰或种族认同，而是爱国主义。他没怎么提僧侣，僧侣地产让拜占庭面临着朝修道院经济方向发展的危险，几乎达到了西藏的程度。这套说辞可能是空想，但普里松（因此）取得了米斯塔拉的法官职位，并被授予摩里亚的几处地产作为回报。或许，在原则上，爱国主义比信仰更为重要，因此，普里松在晚年应邀作为罗马公教代表团中的一名俗界代表，与西方教会一起参加了1438—1439年在费拉拉和佛罗伦萨召开的那场神学峰会。[17]

像其他迫于压力而召开的公会议一样，佛罗伦萨公会议很快就被军事和政治问题所主导。教宗尤金四世（Eugenius, 1431—1447）答应派出十字军，从奥斯曼人手中解救君士坦丁堡的约翰八世·巴列奥略（John VIII Palaiologos, 1425—1448），而皇帝则答应教会合一作为回报，军队最远打到保加利亚的黑海沿岸，但1444年在瓦尔纳（Varna）遭到惨败。尽管从表面上看，公会议尊重西方教会在神学上的创新与概念上的发明，它们在罗马公教中没有合适的对应物，有时甚至连定义都没有，比如在信条中添加了"和子"（filioque）、炼狱观念、无酵面包问题等，但这些问题几乎不会干扰绝大多数罗马正教徒，除非是生活在西方人周围（像克里特或塞浦路斯那样）。不过，最本质的问题还是权威问题，以及这种权威在新旧罗马发展起来的方式：旧罗马的大主教、西部宗主教和教宗的首席权高于普世牧首和新罗马大主教的权威，正教在1439年对此已予以认同：至少，他们同意是属于"罗马的"。但除了奥斯曼人的威胁，正教代表还遭受了其他压力：重大争论的日程和辩论规则是由西部的经院学者决定的，他们掌握了主动权。在西部人看来，教会合一事关教纪：就是将固执的正教重新纳入唯一教宗的权威之下。但在罗马正教徒

---

[17] Woodhouse (1986).

看来，这触及他们的本质认同——因此，公会议上就出现了普里松这样的大学者。[18]

有人认为牧首安奇亚洛斯的米哈伊尔三世（Michael III of Anchialos，1170—1178）最早抓住了问题的关键，他曾向皇帝说："宁愿让穆斯林当我肉体的主人，也不愿让拉丁人当我灵魂的主人。如果我服从前者，至少他不会强迫我接受他的信仰。但如果我必须与后者在宗教上统一，接受他的控制，那我可能就得让自己远离上帝了。"[19] 1453年君士坦丁堡陷落前夕，据说大公卢克·诺塔拉斯（Luke Notaras）将这一观点说得更加直截了当："土耳其人的长头巾比拉丁人（教宗）的三重冠要好得多。"[20] 在1439—1453年，左右此后罗马正教政治命运的底线已经划定了。东部的属灵权威从来就不像西部那样集中于某个教座，而是切实属于包括死者在内的全体信徒。那些活着的信徒不久就非常清楚：他们不能接受合一，但拜占庭政府却始终奉行迎合佛罗伦萨的权宜之策，直到充满苦难的结局。1453年后，他们全都陷入了进退两难的境地。因而，每个代表在1439年佛罗伦萨公会议上的言行，不仅对于解释他们自己的命运极为重要，而且对于奥斯曼治下罗马正教的命运也至关重要。

约翰八世和不久去世的牧首带到佛罗伦萨去的罗马正教代表团，是拜占庭最后一个令人着迷的知识分子群体，在不同层次上，他们是因为故乡、家庭和一同游学而走到一起，具有后来的党派政治的某些特色。我们已经见识过普里松（他不久就被厌弃了），但从"爱故乡"（源于希腊语"patris"，或家园感）这一纽带看，相当多的成员最初都与蓬托斯的特拉布宗具有某种联系。比如，亚里士多德派学者"特拉布宗的"乔治（George of "Trebizond"，1395—约1472）就是一位深信不疑的合一论者，并作为教廷的俗界成员出席了这次公会议。他对1453年事件的反应是邀请穆罕默德二世也皈依罗马，但在1465年与素丹在君士坦丁堡会晤时，他关于素丹的汇报过分恭维，这使他成为教宗的阶下囚。约翰·欧根尼科斯（John Eugenikos，1394—约1455）家族也来自特拉布宗，他为此还撰写了家乡颂。不

---

[18] Gill（1961）.
[19] Runciman（1955），p. 122；Magdalino（1993），pp. 292-293.
[20] Ducas, *Istoria turco-bizantina*, p. 329.

过,在会议结束之前,他已离开佛罗伦萨以抗议教会合一。与他相反,大多数罗马正教徒和他们的皇帝一起签署了教会合一令。有些人弃权。还有一些人,在佛罗伦萨折服于对方的高论,变成了西方教职界的一员。

不过,约翰之弟以弗所主教马克·欧根尼科斯(Mark Eugenikos, 1437—1445)在1439年拒绝签字。他是一个帕拉马斯信徒,但也是普里松的学生。他在1456年被根纳迪奥斯二世(Gennadios Ⅱ)封为圣徒。根纳迪奥斯二世当时还称乔治·斯科拉里奥斯(George Scholarios),与特拉布宗的乔治·阿梅霍兹(George Amiroutzes of Trebizond)一起参加了公会议,是最卓越的俗界三人组之一。尼西亚主教(1437—1439)特拉布宗的贝萨利翁(Bessarion of Trebizond),曾与普里松和阿梅霍兹一同游学,他留在了意大利,成为枢机主教(1439—1470)。格列高利·曼姆(Gregory Mamme)身为君士坦丁堡属下最大的潘托克拉特(Pantokrator)修道院的院长,也参加了这次公会议,他在1443—1450年出任普世牧首(格列高利三世),后返回西部,被授予名义上的君士坦丁堡拉丁宗主教(titular Latin patriarch of Constantinople, 1451—1459)。与会者还有伊西多尔,他来自摩里亚的莫奈姆瓦夏,时任基辅及全俄罗斯罗马正教主教(1436—1439)。会后也被晋升为枢机,出任教宗特使,被派往莫斯科觐见大公瓦西里二世(Grand Prince Vasilii Ⅱ, 1425—1462),旋即被大公当作合一论者逮捕入狱。但伊西多尔拒不屈服。1452年12月12日,他代表曼姆在君士坦丁堡宣布教会合一,城陷时他侥幸逃脱,1459—1463年出任拉丁宗主教——这个职位后由理想人选贝萨利翁接任。[21] 面对如此多的诱惑与压力,正是"故乡情结"维护着这一人脉网络。

这群人中,普里松是第一个在其米斯特拉"故乡"去世的人,卒于1452年6月26日,享年九十有余。君士坦丁·巴列奥略作为君侯发布的最后一道命令,就是确认普里松的儿子们继承他在拉科尼克(Laconic)的地产。但在1453年后,当普里松最后的著作《律法篇》被呈交给牧首根纳迪奥斯时,他只能将其付之一炬。该书宣扬的不只是异端,而是十足的异教。在米斯特拉,普里松圈子的另一位要人是

---

[21] Gill (1961) and (1964).

君侯夫人（despoina）克里奥帕·马拉泰斯塔（Cleope Malatesta），她是约翰八世之弟、君侯狄奥多勒三世·巴列奥略（Despot Theodore Ⅲ Palaiologos）的妻子。1465年，西吉斯蒙德·潘多尔弗·马拉泰斯塔（Sigismondo Pandolfo Malatesta，1417—1468）亲率一支威尼斯军队深入奥斯曼人治下的米斯特拉，带回乔治·杰米斯塔斯·普里松的遗体，将其装入石棺，安葬在里米尼的那座半教堂半神殿的马拉泰斯塔家族寺院的南拱廊里，并撰写了一篇碑文，献给这位"他那个时代最伟大的哲学家"[22]。

第四节　穆罕默德二世与根纳迪奥斯二世·斯科拉里奥斯

关于君士坦丁堡的陷落，有两种常见的景象。第一种景象，在1839年献给维多利亚女王的一幅画中有最生动的描绘，它由现代希腊摆脱奥斯曼土耳其的独立战争中的一位英雄呈献，作为年轻女王的一个历史教训。它展现了1453年5月29日这一关键时刻的君士坦丁堡。君士坦丁十一世被描绘成一位殉教宗帝；他的拉丁盟友从海上逃走。基督徒青少年在"征兵制"下被成批捕捉，成为挥舞弧形弯刀的新军。在登上王位的素丹穆罕默德二世的监督之下，罗马正教教士和君士坦丁堡世俗贵族的身上被加上许多枷锁。一位显然是异教徒装束的妇女，即"希腊"（Hellas）的化身，被解除武装，坐在一棵橄榄树下哭泣。不过，逃往摩里亚高地的年青勇士，身穿白色的阿尔巴尼亚短裙，准备来日再战——这个日子就是1821年。[23]

第二个场景是修正主义者们描述的，事实上它比学堂里教授的版本要更古老：征服者素丹作为拜占庭皇帝的继承人，为他的罗马正教臣民创建了一个自治的社群或"米勒特"（millet），由他们的牧首治理，他现在的政治权力要比曾经拥有的大得多，尤其是对斯拉夫正教的权力，并再次将君士坦丁堡作为罗马正教世界的首都。迟至1798年，耶路撒冷牧首安瑟莫斯（Patriarch Anthimos of Jerusalem，1788—

---

[22] Runciman (1980), p. 117.
[23] Lidderdale (ed. and trans.), *Makriyannis*, pl. I.

1808）还解释说，早在 1439 年，君士坦丁堡最后的几任皇帝已将他们的教会卖给教宗为奴，只是因为上天（Heaven）的特殊恩惠，才使得奥斯曼帝国崛起，保证了希腊人免遭异端之祸，并成为对抗西方"国家"政治的堡垒和罗马正教的卫士。[24] 因而，当摩里亚的英雄们在 1821 年奋起反抗他们的素丹时，牧首予以谴责就不足为奇了。

然而，1453 年的真相到底如何，这在两三代人后的罗马正教徒、亚美尼亚人或犹太传统的笔下或改写作品中，依旧模糊不清。当时，非穆斯林民族声称征服者善待他们。这符合各方（包括土耳其人）的主观愿望，并使得现代历史学家推测：一个世纪后才确立的安排可能从一开始就有。如果一切都井然有序，那个哭泣女神的神话就会破灭。然而，还是看看素丹穆罕默德实际做了什么，问问 1453 年 5 月 29 日谁是君士坦丁堡的赢家或输家。即便这个问题也不简单。热那亚人首先出局，三天后素丹确认了他们在加拉塔（Galata，君士坦丁堡对面）的特权。这份土耳其赐给拉丁人的特许状，自然是用希腊语写成的，签署日期为 1453 年 6 月 1 日，至今仍保存在英国博物馆里。但是，尚未发现其他社群有这样一种既存的关系可以确认，或有一份文献记载有这样一种身份，可以通过协商或约定俗成的惯例（accumulated custom）使之重新生效。

输家中，君士坦丁十一世丢了性命。他不仅支持与拉丁人教会合一，还支持穆罕默德的对手奥尔汗（Orhan）——1453 年，君士坦丁堡城内也有土耳其人，只是不如城外的正教徒多而已。素丹在城陷后采取的第一项措施也耐人寻味。皇帝的命运，如果穆罕默德将其活捉的话，本是一个棘手的问题。不过素丹知道，首辅（prime minister）或称大维齐尔（grand vizier）哈利尔·贾德尔格鲁（Halıl Djandarlıoghlu，1443—1453）会如何处置，那就是将他（指君士坦丁一世）处死。贾德尔家族（Djandarlı）具有纯正的安纳托利亚土耳其人血统，自 1350 年以来一直为奥斯曼王朝效命，家族里出过第一任和其他四任大维齐尔。但是，被穆斯林和基督徒都称为"罗马人的朋友"的哈利尔，曾劝告年青的穆罕默德不要攻取君士坦丁堡。1453 年，那些自 1402 年后被帖木儿着力扶植的以哈利尔为代表的安

---

[24] Clogg, *The movement for Greek independence*, pp. 56–62.

第三十章 拜占庭：罗马东正教世界（1393—1492） 839

拉托利亚偏远地带的旧式酋长们，也是输家。㉕

信奉正教的统治王朝尽管输了，但一些二流家族，如比提尼亚的埃夫雷诺斯家族（Evrenos of Bithynia）或阿尔巴尼亚的瓦卢拉家族（Vlora），改变了效忠对象，在新主人的统治下仍具有影响力。这一时期仅延续了一两代人，因为他们的用处，无论对于奥斯曼国家还是对于他们原来的同一教派人士，在这个世纪末都减弱了。不过，对新秩序而言，这几十年（1453—1492）至关重要，因为第一代改宗者在忘记其出身以前已经晋升到奥斯曼军队和政府（这两者几乎是一回事）的最高层。与哈利尔·贾德尔格鲁这样的酋长（beys）不同，他们热衷于征服——尤其是征服他们的故乡。像所有改宗者一样，他们更加卖力，在基督教巴尔干和新首都积极赞助新修清真寺和伊斯兰设施。他们在巴尔干和蓬托斯的人脉关系也有利于相对平稳地将权力移交给穆罕默德二世。㉖

以改宗者马茂德·帕夏（Mahmud pasha）为例。他在1455—1474年出任素丹的大维齐尔，并成功地处理了塞尔维亚国家（1458年）和特拉布宗帝国（1461年）的投降事宜，都发生在猛烈的战斗之后。然而，这两次事件都具有家族事务的性质。马茂德出生于安吉洛维克家族（Angelović），因此与他谈判的塞尔维亚和特拉布宗的末代首辅，正好分别是他的哥哥和堂兄。后者不是别人，正是乔治·阿梅霍兹——佛罗伦萨的阴影同样也笼罩在这群奥斯曼人头上。㉗ 1453年，穆罕默德在杀掉自己的大维齐尔后，下一项措施就是寻找一位值得信任的代理人来统治他的罗马正教臣民。他们的皇帝已经死了。他们的牧首格列高利三世·曼姆（Gregory Ⅲ Mamme），几乎可以肯定已经投奔了罗马。但拜占庭末代首辅（1449—1453）大公卢克·诺塔拉斯（Luke Notaras）仍然安在。他是一位公认的反合一论者，而穆罕默德似乎已决定起用他。到底哪里出了问题？这一问题被后来传闻中二人的相互指责所掩盖，比如一方文化中可以被接受的性风俗，在另一方看来就是可耻的。真实的情况也许是，诺塔拉斯不会改宗伊斯兰教。这不会使他失信于威尼斯（他在那有可观的银行存款），但

㉕ Buckton (1994), pp. 220 – 221; Frazee (1983), pp. 5 – 10; Ménage (1965).
㉖ Inalcik (1973), pp. 23 – 34; Imber (1990), p. 159.
㉗ *Prosopographisches Lexikon der Palaiologenzeit* (1976 –), Ⅰ, pp. 75 – 76, no. 784.

会失信于罗马正教,因而对素丹也就没用了。像哈利尔·贾德尔格鲁那样,他和他的儿子们被处死了。只是到了这时,也就是1454年1月,穆罕默德才指望以其占有绝对优势的非穆斯林臣民的宗教制度作为治理他们的方式。事后看来,这一权宜之策似乎是明显的,甚至是注定的,但当时并非如此:伊斯兰尽管与非穆斯林社群有长期打交道的经历,但这种制度本身在当时的奥斯曼国家并不存在。事实上,穆斯林素丹恢复了普世牧首一职,因而为奥斯曼人监管君士坦丁堡其他社群的领袖开创了一个先例:为犹太人设立一位大拉比(1454—1492年的某时),为亚美尼亚人设立一位新牧首(katholikos,1461—1543年的某时);此外,1453年6月1日,他还授予西方基督徒特权,这些特权几乎存留了5个世纪。㉘

素丹重新设置君士坦丁堡教座的过程,几乎就像传说圣安德鲁兴建该教座一样模糊不清。但此举有充足的证据。穆罕默德找到了根纳迪奥斯二世·斯科拉里奥斯,并任命他为首位使徒(the First-Called Apostle)的继承人(1454—1456,1462—1463,1464—1465)和他自己的首任牧首。这是一个富有深意的选择。显然,他不可能信任一位合一论者,一位教宗的盟友,而教宗是奥斯曼在西方的首要敌人。修士根纳迪奥斯是君士坦丁堡反合一论者的盟主,他从其昔日的老师马克·欧根尼科斯那里继承了这一地位。他曾以俗名乔治出席佛罗伦萨公会议,作为熟识该会议的老手,他知道如何运用合一论者自己的经院工具与他们辩论。现在,既然出任牧首,面对新的生活现实,根纳迪奥斯被证明他还是能够变通的。比如,面对城市遭劫的局面,他并不强求严守教会法,以便允许夫妻分居和再婚。甚至,他选用的牧首头衔也新奇别致:"上帝儿子们的仆人,卑微的根纳迪奥斯。"在抱怨他的主教们比土耳其人更麻烦时,他意识到:要挽救罗马正教,牧首职位必须变成一项奥斯曼制度。㉙

穆罕默德与根纳迪奥斯一样出色。他的继母是位正教徒。他能用希腊文写作,会仔细观摩他搜集的圣像。他还是贝利尼(Bellini)的赞助人,对一切新事物充满好奇。事实上,他的土耳其旧臣对此颇有

㉘ Braude (1982); Bardakjian (1982); Lewis (1984), pp. 126–136.
㉙ Scholarios, *Oeuvres complètes*, Ⅳ, p. 206; Turner (1964), pp. 365–372, and (1969).

怨言："你要想在素丹面前得宠，那你就得是一个犹太人、一个波斯人，或者一个法兰克人。"㉚ 传说穆罕默德和根纳迪奥斯依据"排序"设定了罗马正教的未来——一个大胆的新秩序，并在新建的帕玛卡里思托斯（Pammakaristos）牧首大教堂的一间附属礼拜堂内讨论了颇为高深的神学问题。但兴奋之余，他们却未意识到自己正在描绘的，正是稍后被称为"米勒特"的制度，即按宗教来划分自治社群。50岁的牧首和22岁的素丹在边走边谈中，似乎已经摸索出了办法，显然后来制定了规则。结果很清楚。它让土耳其人将希腊人恰当地界定为"罗马正教之子"。穆罕默德保证让这个迄今面临灭亡风险的民族生存下去，因为从此之后，罗马正教徒成了素丹的牧首辖下受到保护的臣民。依据这一规定，牧首对素丹负责，按照教会法（包括对其教众拥有相当多的财政特权）治理罗马正教；作为回报，他在奥斯曼国家境内享有各种特权和豁免权。㉛

对于这个美好的传说，后来没人有兴趣去深究。但它忽视了1454年生活中某些更为确凿的现实，其中一个就是，穆罕默德二世和他的前几任无论多么自命不凡，他们首先都是一个好战的伊斯兰国家的素丹。他们采用诸如"可汗"（khan）"沙"（shah）"马利克"（malik）"神在地上的影子"（shadow of God on earth），或更具挑衅性的"加齐"（gazi，即进攻异教徒的圣战勇士）等头衔和修饰词。穆罕默德二世自己也被奉为"战无不胜"和"法提赫"（fatih，即征服者）。他是一位虔诚的统治者，广建清真寺和慈善机构，用以取代教堂和修道院——仅对君士坦丁堡的圣索菲亚寺院（1456—1457年从大教堂转化为清真寺）的赠予，就超过1000处产业，包括浴室、肉铺和啤酒店。㉜ 奥斯曼国家从早期伊斯兰实践中继承了历史悠久的对待"吉玛人"（dhimmis）的法律方式，即非穆斯林虽然受到保护，但毫无疑问是二等臣民。基督徒虽然可以按照他们自己的教会法来生活，但最终，"沙里亚法"（sharia）即伊斯兰教法，才是最高的法律。㉝

㉚ Babinger (1978), p.508; Raby (1983).
㉛ Pantazopoulos (1967); Kabrda (1969); Ursinus (1993).
㉜ Inalcik (1969), p.243.
㉝ Cahen (1965).

而从另一方来说，牧首根纳迪奥斯可能精明地利用了弱者的位置，但实际上他与穆罕默德在帕玛卡里思托斯的几次会面，不可能是文艺复兴时代思想的交流。从牧首的多卷著述来看，他内心里是一个罗马人，骨子里是一名正教徒。他为面见素丹而准备的信仰陈述是毫不妥协的，甚至具有争辩的意味。在他看来，无论是先知还是教宗，都是《启示录》中的巨兽。牧首对亚美尼亚人也痛加申斥，并告诉犹太人只是在为一种可怕的幻象而苦恼：事实上只有罗马正教徒才是上帝的选民。㉞

15世纪的奥斯曼帝国重新统一了罗马正教徒，将他们作为君士坦丁堡牧首的臣民。然而，尽管经过包装，它毕竟不是拜占庭帝国。即便穆罕默德重新将君士坦丁堡设为罗马正教世界的中心，但他更致力于将它打造成一个伊斯兰帝国的首都。1453年，这座城市的人口几乎已锐减到1430年萨洛尼卡的水平。标明为1477年的现存最早的纳税调查（defter survey），调查范围包括君士坦丁堡（伊斯坦布尔）和黄金角对面的法兰克人商城加拉塔（Galata，即佩拉Pera），已被从各方面分析过了。登记在册的共有16326户，以此推算，人口当在80000以上。其中，绝大多数已经是穆斯林，共9517户。基督徒共5162户，绝大多数是正教徒（3748户），他们的人数有所增加：1460年后来自摩里亚、1461年后来自特拉布宗、1475年后来自克里米亚的移民，都被重新安置（sürgün）于此，来自后两地的移民各占到了当地人口的1/4。此外，还有372户亚美尼亚人，也可能还有没有登记在册的拉丁人和吉普赛人，最后一个重要族群是犹太人，已达1647户。㉟

君士坦丁堡及其大多数社群的人口，若以1477年的数据为基数，有惊人的增长，到1489年时，可能已达到200000人，到了1535年，肯定又增加了一倍。但不管怎样，1489年时，登记在册的罗马正教徒却很少，几乎没有增长，令人不解。奥斯曼的统计数据不仅有假，更多的情况，常常是略而不记。牧首与素丹在帕玛卡里思托斯的会面就没有记载，但纳税账簿使人怀疑。因为在1454年，根纳迪奥斯并

㉞ Scholarios, *Oeuvres complètes*, Ⅲ, p. 486; Ⅳ, pp. 211–231.
㉟ Inalcik (1974), pp. 238–239; Lowry (1986b), pp. 323–326.

未获得穆罕默德的恩准：重设的牧首一职及其随从和财产免于纳税，也不用登记。对根纳迪奥斯而言，在账簿上动手脚只是一种暂时的财产保证——毕竟，他关于1492年为世界末日的预言已被记录在案。㊱

第五节　1453年后的罗马正教纽带：蓬托斯、阿梅霍兹与阿索斯山、玛拉

蓬托斯的特拉布宗，即最后被穆罕默德二世征服的拜占庭帝国，是15世纪仍将罗马正教世界维系在一起的那些纽带的最后证据。最有力的纽带是庇护关系，最持久的纽带是故乡情结。蓬托斯位于安纳托利亚东北部，是一个独特的故乡（patris），而它的庇护者科穆宁大公（Grand Komnenoi），亦即特拉布宗诸皇帝（1204—1461）为它增添了政治认同。作为分离派统治者，他们的合法性更多地源于罗马正教。与莫斯科大公一样，他们效忠的是君士坦丁堡的牧首而不是它的皇帝。科穆宁大公自称"全安纳托利亚、伊比利亚和其他领土的忠信皇帝和专制君王"——它最初还包括克里米亚。在拜占庭世界，这个黑海沿岸地带可能是人烟最为稠密的地区。据载，在1520—1523年蓬托斯中部的人口已超过215000人，基督徒仍然占92%，其中86%是罗马正教徒；而安纳托利亚其他地区，人口约有5700000人，其中穆斯林已占到93%。㊲

与蓬托斯相比，安纳托利亚其他地方的正教会在1071年塞尔柱征服后就迅速解体了，其速度之快令人瞠目。这不是因为挡不住少数伊斯兰教徒的狂热，而是由于丧失了经济基础，以及帝国官员们不再提供庇护——对他们来说，所有来自君士坦丁堡的委任都是带有殖民色彩的，无论当地人是否说希腊语。㊳ 不管穆罕默德与根纳迪奥斯在1454年达成了什么协定，它都阻止了教会的瓦解，及时拯救了罗马正教的身份特征。结果，从此之后，那些胸怀大志且出身名门的罗马正教徒除改宗外还有另一种选择。他们可以保留信仰并进入神职系统。但因缺乏政治独立性，教会只能保全缴纳保护费的信徒，而且还

㊱ Scholarios, *Oeuvres complètes*, Ⅳ, pp. 511–512.
㊲ Bryer (1991), pp. 316–319.
㊳ Vryonis (1971).

非常危险地依附于庇护人。没有经济自由,它的神学发展也就只能停留在素丹认可的那个时间点上:他们在权威上是反教会合一论者,在灵性上属于帕拉马斯派。

尽管牧首在奥斯曼体系中是一个必要的官员,但本质上只是一个不平等的合作者。素丹们支持教会是为了更好地加以利用——但之前的皇帝们又做了什么呢?不过,在征服的关键时期,罗马正教会找到了一个像穆罕默德那样不负于这个转型时代的庇护者。她就是玛拉·布兰科维奇(Mara Branković,约1412—1478),塞尔维亚末代君主的女儿,生母为特拉布宗末代皇帝的姐妹。她在1435年嫁给了穆罕默德二世的父亲素丹穆拉德二世(Murad Ⅱ,1421—1451)。[39]

奥斯曼和罗马正教因玛拉而结成的联姻关系,源自外交上的权宜考量——如果塞尔维亚可以通过联姻而非征服而归附,那不失为良策。玛拉虽然从未生育,却是个令人敬畏的寡妇。最重要的是,她坚守自己的信仰,虽然她在1451年拒绝再婚,即嫁给她的亲戚皇帝君士坦丁十一世巴列奥略。要是她同意下嫁的话,1453年的征服本应更像是一次家庭事件。有证据(不只是传闻而是有行动)表明素丹有多么敬畏他的基督徒继母。1459年,他赐予她萨洛尼卡圣索菲亚大教堂和伊佐瓦封地(Ezova),她在这里接见使节,并主持了一个近似基督徒的宫廷,直到1478年去世。[40] 伊佐瓦位于马其顿尼亚东部,靠近塞雷(Serres)与阿索斯山之间的斯特里蒙河谷(Strymon valley)。它与蓬托斯一样,成为后期拜占庭世界最为繁荣的地区之一,穆罕默德允许这里的一些修道院保留其属地和依附农民。斯特里蒙河谷主要是阿索斯山诸修道院的地产(玛拉和她的父亲赠予的),以及塞雷正上方的米诺科郎(Menoikeion)山上的普罗兹罗莫斯(Prodromos)修道院(牧首根纳迪奥斯二世斯科拉里奥斯退隐和埋葬之地)的地产。1461年特拉布宗陷落后,穆罕默德二世也曾打算将玛拉的姨父科穆宁大公大卫安置于此颐养天年。[41]

阿索斯山是一座大理石的山峰(高3345米),地图上位于卡尔

---

[39] Ducas, *Istoria turco-bizantina*, pp. 257–289; Nicol (1994), pp. 110–119.
[40] Babinger (1978), pp. 163–164.
[41] *Prosopographisches Lexikon der Palaiologenzeit* (1976–), Ⅰ, pp. 226–227, no. 12097; Zachariadou (1969); Lowry (1991).

第三十章　拜占庭：罗马东正教世界（1393—1492）

迪克半岛（Chalkidike）伸向爱琴海三个指头中最北边的那个指头的顶端。在 10 世纪以前，它一直就是隐士，稍后还有修士们的归隐之所。自圣格列高利·帕拉马斯以来，其静修派已成为罗马正教和其他正教在属灵权威上的仲裁人，权势直逼牧首本人。到 15 世纪，该隐修院分部已越出阿索斯，其地产和依附农民（其数量与修士之比已达到 10∶1）遍及萨洛尼卡和塞雷，控制着利姆诺斯（Lemnos）等岛屿，势力远达特拉布宗。在奥斯曼统治时期，它依然进入了其最为繁荣的时代，当时它得到多瑙河与俄罗斯正教统治者和朝圣者们的赞助。[42]

在 15 世纪末期，玛拉在马其顿尼亚的封地伊佐瓦，其政治经济中心的地位，受到罗马正教世界另一端的更适宜地区的挑战：这就是位于蓬托斯地区的特拉布宗南向 40 公里的道贝拉（利韦拉）（Doubera/Livera）村。该村 1515 年的纳税账簿只登记了 333 个忠实的罗马正教徒（其他人可能免征），但表明它也是阿梅霍兹家族成员的故乡。更重要的是，大科穆宁阿列克修斯三世（Grand Komnenos Alexios Ⅲ，也是阿索斯一家修道院的创建人）在 1364 年将道贝拉提升为他在索米拉修道院（Soumela）附近各处地产的管理总部，索米拉修道院是 1461 年特拉布宗陷落后蓬托斯内陆保留其特权和免税权的三家修道院之一，就像奥斯曼人恩准玛拉的伊佐瓦周围的一些修道院享有经济优待那样。[43]

1461 年，经过一番鏖战之后，马茂德·帕夏与乔治·阿梅霍兹就特拉布宗的投降事宜达成协议，这使得蓬托斯绝大部分地区免受刀兵之祸。素丹穆罕默德驱逐了科穆宁大公大卫和他的首辅阿梅霍兹，将他们作为"拘逐"到君士坦丁堡的人员之一。阿梅霍兹随后给他原来的同胞、驻佛罗伦萨代表贝萨利翁写了一封信，生动地描绘了特拉布宗的陷落，并请求借钱赎回他的儿子、贝萨利翁的教子巴西尔（Basil），因为他面临着强制改宗伊斯兰教的危险。阿梅霍兹是一位反教会合一论者，但显然没有因为贝萨利翁当时已成为拉丁枢机而感到不安。他寻求的是更紧密的纽带：共同的家庭联结和故

---

[42] Bryer (1996).
[43] Lowry (1986a), p. 128.

乡情宜。㊹ 不然，要是他求助于马茂德的话，不是能得到更好地帮助吗？

1463 年，贝萨利翁接替基辅的伊西多尔成为拉丁宗主教。同一年，有人（有间接证据指向阿梅霍兹）向穆罕默德二世告发了大卫。由于拒绝叛教，特拉布宗皇室惨遭灭绝。显然，玛拉不能说情，而阿梅霍兹不愿求情。当然，阿梅霍兹已转而效忠素丹，并在其名叫穆罕默德的儿子（他就是那位最终改宗的巴西尔么？）的帮助下，为素丹准备了一篇解说托勒密《地理学》的文章。绝大多数罗马正教徒在文化上变成土耳其人以前，已经改宗伊斯兰教。但他们的一些领袖却选择了另一条路。与那种在希腊传统中培育出来的狭隘观念相反，乔治·阿梅霍兹本人似乎并不反感改宗。不过，叛教不利于他利用牧首的身份操作政治，而在当时的素丹宫廷里，他可以充分利用其堂兄和盟友大维齐尔马茂德·帕夏。㊺

对于罗马正教网络而言，1463 年更是多事之秋。接任根纳迪奥斯二世斯科拉里奥斯牧首职位的约阿萨菲一世霍卡斯（Ioasaph I Kokkas，1459—1463），转而告发了乔治·阿梅霍兹，因为他图谋重婚，迎娶雅典末代拉丁公爵的遗孀。但阿梅霍兹毫发未伤。传说他是个睚眦必报之辈，这在 1463 年的复活节戏剧性地得到证实：他逼得阿萨菲跳进帕玛卡里思托斯大教堂的地下水池试图自杀。阿梅霍兹利用其子穆罕默德作为与素丹斡旋的中间人，迅即接管了牧首的财政大权。㊻ 后来的传闻尽管迷雾重重，但从中不难探出一丝庇护和故乡情结的踪迹。

1465 年，素丹穆罕默德确认了阿梅霍丝位于道贝拉村的索米拉修道院有免税权。这使得索米拉（与附近另两所山间修道院）此后成为唯一能在经济上抗衡受玛拉（存在竞争关系的另一位庇护者）保护的马其顿尼亚修道院。㊼ 1466 年年末，"特拉布宗的"西米恩被推荐为牧首候选人，首次向素丹奉献了一笔 2000 枚金币的求官贿赂（称为"peshkesh"）。正常情况下，修士们筹不到这笔钱，而穆罕默

㊹ Migne（ed.），*Patrologia Graeca*，CXVI，cols. 723–728.
㊺ Nicol（1994），pp. 120–125.
㊻ Bryer（1986），pp. 81–86.
㊼ Nicol（1994），pp. 110–119.

德也已经悉数剥夺了特拉布宗城内修道院的所有财产。运用排除法,并从索米拉是西米恩的修道院来看,我们不难知道这笔钱的主人是谁。说得清楚点,难道不是阿梅霍兹动用道贝拉的资源和关系来为他的候选人购买牧首职位么?

后果显而易见。1466 年缴纳的求官贿赂没有被退回来。从罗马正教会的账簿来看,他们启动了竞拍自己领袖的行为,进而扩及其他职位,时间长达 3 个世纪,而且愈演愈烈。教会这种为谋求伊斯兰国家保护而自我强加的花费,绝大部分是由信徒们承担的,他们与自己牧首的主要联系,就是缴纳求官贿赂,并遵守教会法。唯一的受益者是奥斯曼国库。素丹并不太关心谁出任牧首,只要他不是教会合一分子,不是奥斯曼的商业或政治宿敌资助的人就行——这种态度延续到 17 世纪,当时法国的耶稣会和荷兰的加尔文宗都争着要买下整个教会。[48]

短期后果是,塞尔维亚派和玛拉在 1467 年推出了自己的候选人,出价高于西米恩。蓬托斯派再次推荐了西米恩。1472 年,西米恩在第二次就任期间,迅速罢免了特拉布宗主教潘克拉蒂奥(Pankratios),因为他涉嫌卷入土耳其人的一次旨在恢复科穆宁大公统治特拉布宗的阴谋。这次罢免可能是迫于阿梅霍兹的压力,因为阿梅霍兹知道 1458 年以来卷入阴谋的各方,并且现在也知道自己该效忠于谁。牧首一职在两派势力之间 7 次转手,直到 1482 年,西米恩才最终凑集了一笔可观的求官贿赂,将 1463 年反对阿梅霍兹联姻的人赶下台,第三次就任牧首。1484 年,西米恩终于召开了一次宗教会议(synod),正式拒绝了 1439 年佛罗伦萨的教会合一决议。[49]

然而,1486 年牧首西米恩在任上去世时,还是留下了未竟事宜。他的去世引发了其政治基金归谁所有这一大难题,因为他没有留下遗嘱。谁来当他的继承人呢?那些能够维持罗马正教世界统一网络的大人物如马茂德·帕夏(1474 年后)、玛拉(1478),以及穆罕默德二世本人(1481),现在均已辞世;而出席佛罗伦萨公会的资深人士如伊西多尔(1463)、贝萨利翁(1472)、根纳迪奥斯(约 1472)和阿

---

[48] Runciman (1968), pp. 193–200, 259–288; Kresten (1970).
[49] Chrysanthos (1933), pp. 531–541; Laurent (1968).

梅霍兹本人（约1475），也先后去世。

牧首尼蓬二世（Niphon Ⅱ，1486—1488）成为新庇护者们推荐的第一位成功的候选人。这些新庇护者是现已成为奥斯曼属地的多瑙河流域的诸侯们，他们也支持阿索斯和蓬托斯的各家修道院。不过，尼蓬没能索回西米恩未留遗嘱的财富，它们已被新任素丹拜齐德二世（Bayazid Ⅱ，1481—1512）的财政官伊斯肯德（Iskender）没收了。但以道贝拉为中心的网络依旧维持着：伊斯肯德是乔治·阿梅霍兹的另一个儿子。[50]

"故乡情结"甚至比庇护网，肯定也比信仰要更为坚固，因为道贝拉村现在甚至有了更加远大的抱负——帝国。1479年，未来的素丹拜齐德二世攻占了罗马正教世界最后一个独立的角落，即特拉布宗和索米拉以南坚如磐石的托鲁尔公国（Torul），并将之献给其妻玛丽亚（Maria）；玛丽亚已改宗，号称古勒巴哈尔宫主（hatun），主持着特拉布宗宫廷，1505—1506年在此去世。拜齐德的儿子、未来的素丹塞利姆一世（Selim Ⅰ，1512—1520）在1489—1512年就任特拉布宗总督，当他用希腊文给威尼斯写信时，自称"蓬托斯皇帝和特拉布宗君侯（despot）"。塞利姆确认了索米拉修道院的特权。而他的儿子、未来的素丹苏莱曼（Süleyman，1520—1566）也是在特拉布宗长大成人的，从1494—1495年起可能就是由玛丽亚-古勒巴哈尔（Maria-Gulbahar）抚养的。[51]

较之伊佐瓦的玛拉，玛丽亚更是一位谜一样的人物，但有关她最确切的事实很重要：她的出生地或"故乡"（patris）就是道贝拉。这个村庄直到1515年才被登记在册，而奥斯曼的纳税账簿（defters）也没有记下她与阿梅霍兹家族、牧首西米恩家族抑或贝萨利翁家族可能存在的任何关系。但这只是小事一桩。像伊佐瓦的玛拉一样，道贝拉的玛丽亚可能只是某个素丹的继母，素丹有很多妻子，或者她连这都不是。但在特拉布宗，塞利姆为玛丽亚建造了一座大理石的陵墓，1514年又依皇后规格为她修建了一座清真寺。[52]

特拉布宗其他居民的命运最终反映了罗马正教徒的命运。相较于

---

[50] *Prosopographisches Lexikon der Palaiologenzeit* (1976 –)，Ⅰ，pp. 76 – 77，nos. 787 – 788.
[51] Chrysanthos (1933)，p. 519.
[52] Bryer and Winfield (1985)，Ⅰ，pp. 197，200.

内陆，这个城市的人口一直就不多，1436 年大约只有 4000 人。在被征服后，1486 年增至 6711 人，1523 年升至 7017 人，1553 年降为 6100 人，1583 年达到 10575 人——约为萨洛尼卡的三分之一。这些数字反映了奥斯曼账簿仅相对有效，而且漏记了免税群体。但其构成富有启发性。1461 年后，穆罕默德已颁布"拘逐令"，驱除基督教领导层，迁入穆斯林（包括新近改宗的阿尔巴尼亚人），结果到大约 1486 年，特拉布宗已有 19% 的穆斯林和 81% 的基督徒（绝大多数是罗马正教徒）。此后，在塞利姆担任总督、苏莱曼青年时期和玛丽亚寡居期间，奥斯曼国家本来一直在加强对当地的控制，但基督徒人口在数量上和比例上（86%）其实仍有增长。特拉布宗有再次变成基督徒天下的危险，而且，与萨洛尼卡的情况不同，犹太人没有被迁入打破这一人口难题。因而有了第二次"拘逐"。1553 年，基督徒与穆斯林的百分比为 53∶47，但到了 1583 年，这个数值已反转为 46∶54。关键原因似乎是，当基督徒的占比缩减到 55% 时，即当整个堂区（交纳一笔定额的税款）一边倒地改宗时，其余信徒将无力承担整份税款。最为意味深长的是：1583 年，特拉布宗 43% 的穆斯林据认定都属于第一、二代改宗者。换句话说，这座城市的人口，不管其信仰如何，几乎 70% 的人仍然是蓬托斯当地人，即保留着"故乡情结"的人。(53) 794

这里使用"改宗"（Conversion）一词只是出于方便，其实，无论正教或伊斯兰教，对此词各有专门的理解，并有差异：在伊斯兰教法中，从伊斯兰教改宗或再次改宗其他宗教会被处死——奥斯曼帝国一直奉行到 1839 年。从 15 世纪起，就有不少正教徒被捕，为信仰而殉道。改宗伊斯兰教者也不是立即就接受这种宗教。但是，从奥斯曼的账簿来看，我们只能通过公民身份来统计罗马正教徒。教会和信徒个人为了生存而被迫采取折中态度付出属灵代价，这不可能被记录下来，更不用说乡村里发生的一切。在诸如玛拉在马其顿尼亚和玛丽亚在蓬托斯的那些修道院里，不仅能够提供属世的拯救，也能提供属灵的救赎。别的地方，即便没有此类保护者，但在农民文化弥漫且故乡情结浓郁的氛围里，要游走于非正式的伊斯兰教和正教之间，可能也

(53) Lowry（1981）.

不会过于艰难。

　　在素丹苏莱曼一世（Sultan Süleyman Ⅰ, 1520—1566）统治时期，打算改宗伊斯兰教的绝大多数罗马正教徒，已经完成了转变。在西方，苏莱曼被称为"大帝"（the Magnificent），但在奥斯曼帝国，他被恰如其分地称为"立法者"（Law-giver）。他规范了地方法和习惯法，在被迅速征服的君士坦丁堡、摩里亚、马其顿尼亚和蓬托斯，这些法律遗留了下来，绝大多数罗马正教徒在1453年君士坦丁堡陷落后，继续奉行这类法规生活了一个世纪，甚至超过斯科拉里奥斯预言为世界末日的1492年。1439年佛罗伦萨合一令的政治主张，甚至在1484年后也没有被忘记。在罗马尼亚和俄罗斯已出现了一些新的庇护人，但"故乡情结"一直是最为坚韧的纽带。再次以索米拉修道院所在的道贝拉村为例，它地势陡峭，隐藏于蓬托斯的灌木丛中。1863年，经过多次游说，牧首终于在此建立了一个教区，尽管其影响很小。道贝拉的堂区教堂变成罗德波利斯大教堂（Rhodopolis）。今天，它已变成清真寺，坐落于一个完全穆斯林化的土耳其村庄——雅兹里克（Yazlik）。但是，它的领衔主教仍有很大的影响力——尤其在澳大利亚，在这里，每两个希腊人就会有一个声称来自道贝拉。可以肯定，这就是乔治·阿梅霍兹的家乡。[54]

安东尼·布瑞尔（Anthony Bryer）
龙秀清 译

---

[54] Bryer and Winfield (1985), Ⅰ, P. 281; Bryer (1991), pp. 323-325; Balivet (1994).

第三十一章
拉丁东方

第一节

东方的拉丁人社区主要由占少数的西方人群体构成，他们长期或暂时居于地中海东部，这些社区大部分是早期拉丁人拓殖运动的结果。这些发展与十字军东征联系密切，十字军东征曾经征服耶路撒冷和君士坦丁堡，以及希腊、爱琴海、亚洲大陆的领土和岛屿。在1400年，其中一些居民点仍然控制在拉丁人手中，尽管那时奥斯曼土耳其人掌握了安纳托利亚（Anatolia）和巴尔干半岛相当大面积的地区，同时马穆鲁克王朝（Mamluk）以开罗为基础，统治着埃及和1291年之前曾是拉丁叙利亚（Latin Syria）的地区。这些东方势力，不管是在西方直接统治的地区，还是在希腊人土地上建立的拉丁人社区，抑或是其他基督教或异教区域，都包含了三类不同种类且又常常重合的阶层：在利凡特（Levant）出生长大的土著拉丁居民；在商业、行政、军事或教会据点的长期侨居者；短期居于东方的商人、水手、雇佣兵、传教士、朝圣者和其他暂居者或旅行者。

利凡特分散的港口和岛屿构成的国际化区域，通过海洋、航运和广泛的贸易统一在一起，而拉丁人则穿行其间。这一环境的形成有赖于海风和洋流，而在冬天，大部分地区则寒冷且多雪。经过漫长而又危险的海上航行，西方人到达海岸沿线，这些地方由来自亚洲东部的陆路商队提供补给。较大的岛屿如同微型陆地，在岛上，生活质量可与西部的地中海大陆相媲美。但是，小岛屿则环境荒凉，人口稀少，

图 21 拉丁东方

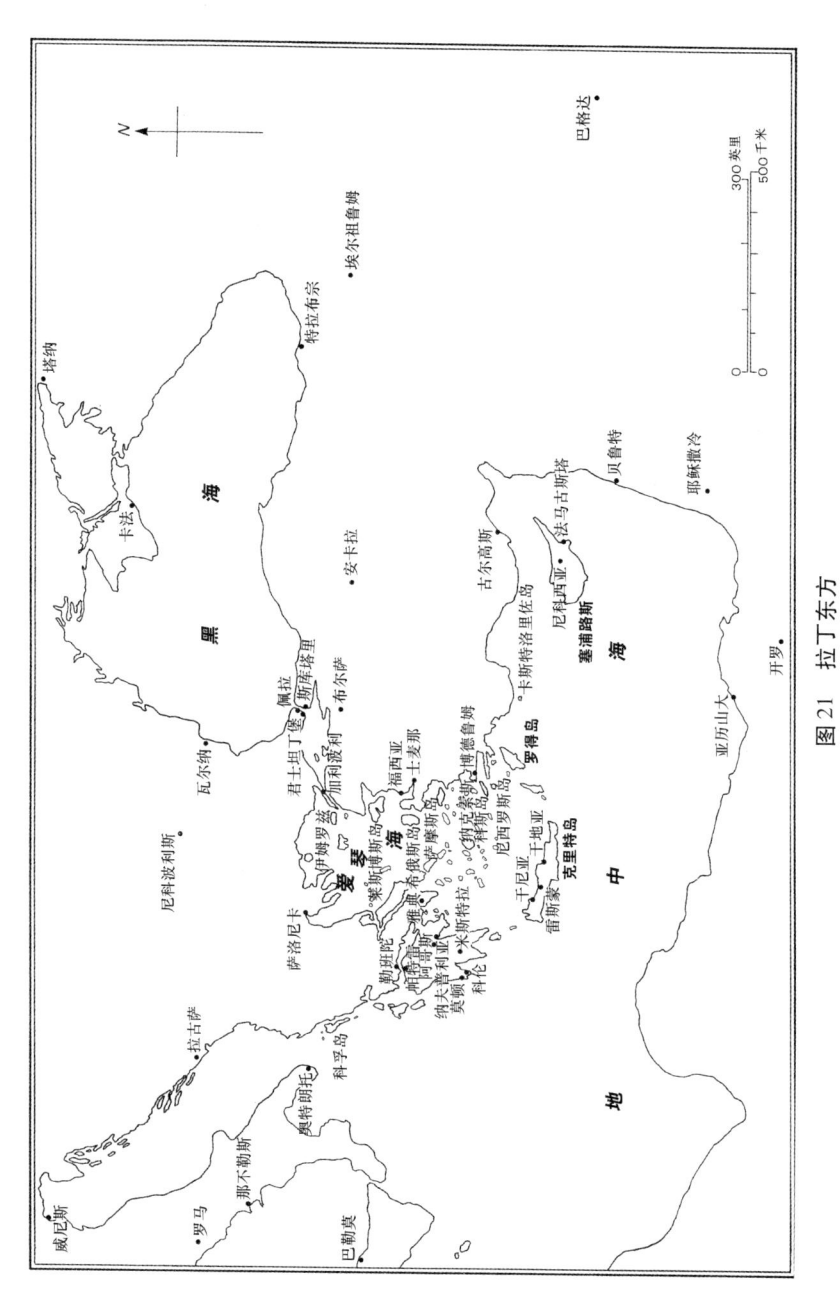

生活贫困,没有城镇和公共设施。这些岛屿由小群拉丁人控制,全部位于原先受拜占庭控制的希腊语区。有的通过君主进行行政管理,比如吕西尼昂家族统治的塞浦路斯(Lusignan Cyprus);有的通过都主教,比如威尼斯人占领的克里特岛(Venetian Crete);有的通过意大利地方寡头政治,比如热那亚人占领的希俄斯岛(Genoese Chios);有的通过拉丁人的军事骑士团,比如医院骑士团占领的罗得岛(Hospitaller Rhodes),尽管形式各异,但统治方式非常相似。意大利商业势力和其他欧洲统治者在这些殖民领地拥有经济和政治利益,在这些地方,他们要创造和发展牢固的多种族社会,但主要是由基督徒构成,能够抵御土耳其人的进攻。到1400年,拉丁人在该地区的领土扩张未遇严重问题,但在整个15世纪,大部分爱琴海岛屿都控制在西方人手中,除了几乎与大陆相连的内格罗蓬特(Negroponte),以及与加利波利半岛(Gallipoli)上的奥斯曼人联系紧密的莱斯博斯岛(Lesbos)及其附属岛屿。只是在大陆地区,拉丁人遭到土耳其人的侵扰和驱逐。

拉丁人在利凡特的居民点和活动区域的生存全部依赖其海军优势,这是奥斯曼和马穆鲁克海军不能企及的。然而,西方的海军有其局限性,而且艾诺斯(Ainos)、纳克索斯(Naxos)、福西亚(Phocaea)等地的拉丁人需要不断向土耳其人缴纳巨额岁贡,这削减了殖民投资的收益;绝大多数的纳贡地区最终被完全吞并。此外,威尼斯人、热那亚人和更小的拉丁海上力量之间的冲突,反复危及拉丁人的海军优势。加泰罗尼亚人(Catalans)在东方非常活跃,他们是商人兼海盗。自1422年起,佛罗伦萨人(Florentines)在比萨维修长船(galley),偶尔向东航行至君士坦丁堡或亚历山大。轻型划桨长船能够全副武装,是一个快速作战单位,可以装载贵重货物,而大型商用长船和圆帆船(round sailing ship)拥有更大的运载力。威尼斯人通过国家监管的护航系统(mude)来组织他们的长船,这为他们提供了控制手段,用以管理军事事务、价格、起航日、目的地和贸易活动。拉丁人的航运将利凡特各个港口和岛屿相互联系在一起,将它们纳入西方的经济轨道,并且在运输本地产品和长途贸易时提供保护和补给,这体现了他们的头等价值。早期的征服和殖民已经发展了地产且增加了收入来源,这供养着利凡特的拉丁人口。虽然存在一个当地农产品的地方贸易系统,但主要是利润丰厚的亚洲香料和其他奢侈品贸易维系着西方人在利凡特的利益。从希俄斯岛和东方的其他地方到大西洋港口,比如布鲁日(Bruges)和南安普顿(Southampton),有直达路线;例如在1401年,有34个热那亚商人在亚历山大租用三艘热那亚船只驶往佛兰德。

自然环境和商业交易数量影响着西方的政策,也影响着拉丁人的利凡特自身的繁荣和政治事务。尽管政治上存在多样性,但从克里米亚半岛(Crimea)到红海的广大地区形成了一个经济区域,以农业为主,且通常技术落后,因此日益沦为不发达地区,拉丁人可以在此倾销西方工业产品。拉丁东方出口粮食、葡萄酒、葡萄干、蜂蜜、蜡、奶酪和其他农产品。红色甘甜的克里特岛马姆齐酒在西方广受欢迎。而且,希俄斯岛的乳香脂、福西亚矿的明矾、塞浦路斯种植园的糖也相当名贵。大量的当地沿海贸易通过小型船只进行,其中许多船是希腊人的。至15世纪,亚洲香料贸易已经大部分转至亚历山大,但是陆路商队自大不里士(Tabriz)经埃尔祖鲁姆(Erzerum),或自巴格达经叙利亚,至安纳托利亚西北部的布尔萨(Bursa),在那里热那亚人、威尼斯人和佛罗伦萨人是主要贸易商。君士坦丁堡无论是在地区性还是横贯大陆的交易中均占据中心地位。黑海实际上是爱琴海的延伸,保持着其地位的重要性。威尼斯人和热那亚人在本都(Pontic)沿岸的特拉布宗(Trebizond)、桑散(Sansun)和西诺普(Sinope)从事贸易;他们在保加利亚购进蜡和毛皮,并从克里米亚半岛的卡法带来毛皮、鱼、谷物和木材,从亚速海的塔纳(Tana)运来奴隶,部分奴隶贸易和木材运输沿着一条南北方向的路线,最终抵达马穆鲁克王朝的埃及。从西方传来了金属、玻璃、纸张等制品,尤其是意大利、佛兰德、加泰罗尼亚、法国和英国的毛纺织品。

在君士坦丁堡,威尼斯人拥有他们自己的驻地,包括两座教堂、二十五间房屋和各种储藏室,由一名执行官(bailli)负责管理,他是政府官员,享有广泛的司法权。热那亚人穿过金角湾(Golden Horn),在佩拉区(Pera)拥有重要的殖民点,这是非常有用的观察哨。这两支意大利势力从拜占庭皇帝手中获得了利润丰厚的关税豁免权。一位威尼斯商人名叫贾科莫·巴多尔(Giacomo Badoer),他1436—1440年在君士坦丁堡从事贸易活动。其账簿记录了各项贸易事务，包括购买、销售和发货的手续费，并且证明他在黑海和埃及的业务非常重要。在埃及，瘟疫、人口下降、农业危机、技术停滞、政府干预这些因素相互作用，导致纺织品生产严重下滑。威尼斯货币的巨大支付量，耗尽了从欧洲流入叙利亚和埃及的贵金属储备。在利凡特，甚至印度和更远的地方，威尼斯达克特钱币（ducat）成为通用货币；1442年，佛罗伦萨人在埃及贸易中不得不伪造达克特钱币。从印度和东南亚出发，穿过波斯湾和红海，贩运胡椒、肉桂、巴西红木和其他奢侈品可获得巨额利润。同时，威尼斯人专门运送朝圣者前往耶路撒冷，并带回叙利亚棉花。一些西方人在马穆鲁克统治区生活数年，他们获取有关当地经济和政治现状的情报，随后向西方汇报，例如在开罗的克里特岛商人埃马努埃莱·皮洛蒂（Emmanuele Piloti）。在贝鲁特（Beirut）、亚历山大城和其他地方，拉丁公证人和当地翻译员向来访的商人提供服务，但是，西方的强盗行为和东方的勒索敲诈，常常导致它们与马穆鲁克王朝的关系紧张。金融家雅克·科尔（Jacques Coeur）以蒙彼利埃（Montpellier）为基地，在1432年亲赴大马士革购买香料，随后向东方出口法国铜器和银器。南方的利凡特贸易没有被威尼斯人垄断，但大约在1410年之后，威尼斯人在该地区逐渐占据主导地位，而热那亚人、加泰罗尼亚人和其他西方人的势力不断削弱。西方利用埃及的弱点进行贸易活动，1422年之后，素丹巴尔斯拜（Sultan Barsbay）对此做出回应，他利用对吉达（Jidda）的控制，降低了在红海的保护费。然后，他试图垄断埃及的胡椒贸易，并将对威尼斯人出口的胡椒售价翻倍；1436年，威尼斯领事被逐出亚历山大，西方商人撤到罗得岛，但是通过耐心的外交手段，威尼斯人的地位最终又得以恢复。

　　拉丁人和马穆鲁克王朝的关系有时会恶化至公然的战争。1365年，一支塞浦路斯十字军曾对亚历山大造成了严重的毁坏。1402年，一支热那亚舰队在法国统帅让·德布西科（Jean de Boucicault）的指挥下进攻埃及，但因恶劣天气被阻，转而侵袭了叙利亚沿岸，同时袭击了威尼斯人在贝鲁特的财产。1403年，罗得岛的医院骑士团试图与马穆鲁克素丹签署条约，以便能够让他们获得商业利益和朝圣贸易的部分垄断权，但最终未获成功。马穆鲁克王朝的海军力量并非完全微不足道。1426年，素丹巴尔斯拜进攻了塞浦路斯，俘获国王杰纳斯（Janus）至开罗，并将该王国降为属国身份。但是马穆鲁克对罗得岛的进攻于1440年至1444年被击退，力量平衡重新达成。尽管罗得岛的医院骑士团曾于1448年进行过干预，但塞浦路斯位于安纳托利亚南部沿岸的古尔高斯（Ghorigos）的最后一块大陆领地落入卡拉曼埃米尔（emire of Karaman）手中。塞浦路斯因连续的内部冲突而被削弱，力量平衡只是在1473年发生了改变，那时威尼斯人有效地掌控了该地区；1489年，吕西尼昂家族末代统治者的遗孀、威尼斯人卡特琳娜·科尔纳罗（Caterina Cornaro）将这座岛屿交给了威尼斯。

海上利益与陆上发展相互影响。奥斯曼在安纳托利亚和巴尔干半岛的扩张，引发了一次法兰西—匈牙利十字军东征。此次东征于1396年在多瑙河上的尼科波利斯被素丹拜齐德（Sultan Bayazid）及其塞尔维亚封臣所击败；未来的勃艮第公爵、纳韦尔的约翰（John of Nevers）被俘虏至安纳托利亚的布尔萨。西方哀叹这次毁灭性的灾难，但它有可能从土耳其人手中挽救了君士坦丁堡。那时，拜占庭皇帝曼努埃尔二世（Manuel II）远赴伦敦，正进行着徒劳无功的筹募资金的旅行，他都城的厄运再次得以推延，因为1402年7月28日，伟大的蒙古征服者帖木儿在安卡拉（Ankara）附近击败了拜齐德。帖木儿向君士坦丁堡挺进，从罗得岛的医院骑士团手中夺取了士麦那（Smyrna）城堡，并恢复了安纳托利亚各个埃米尔的土地，此前，拜齐德曾驱逐了他们；随后，帖木儿撤向撒马尔罕（Samarkand），留下满目疮痍的奥斯曼地区，被同室操戈的拜齐德的三个儿子分裂。帖木儿没有舰队，然而威尼斯和热那亚贪婪的船长们牺牲了削弱奥斯曼势力的机会，他们渡运了许多逃亡的土耳其人，经过水路从亚洲进入欧洲安全地带；那时，拉丁人与拜齐德的两个儿子分别达成协议，计划抵抗帖木儿，并确保西方的商业利益。西方人已经开始正视土耳其势力为利凡特地区势力集团的组成部分。奥斯曼人能够重建他们分裂的政权，并且约在1420年之后，重新开始向巴尔干和安纳托利亚扩张。

西方在利凡特有政治和宗教利害关系。亚得里亚海和巴尔干半岛上的基督徒反对奥斯曼人，并在1444年瓦尔纳（Varna）十字军的失败中达到高潮，虽然有一支威尼斯舰队驶往达达尼尔海峡与十字军汇合，但拉丁人并未大规模参与其中。向拜占庭提供帮助，作为交换，希腊承认罗马宗教权威，这一延宕已久的讨价还价经过分别于1438年和1439年召开的费拉拉和佛罗伦萨公会议，在广泛的神学争论后终于达成一致。阿拉贡、那不勒斯和西西里国王阿方索五世（Alfonso V）对拜占庭和东方怀有宏大但不切实际的诉求和抱负；1450年，他获取了具有战略意义的近海小岛——位于罗得岛和塞浦路斯之间的卡斯特洛里佐岛（Kastellorizzo），并建造新城堡来保护该岛。1416年，威尼斯人在加里波利半岛附近海域击败了一支大型奥斯曼舰队；1423年，他们攻获萨洛尼卡（Thessalonica），但1430年复失该地；1430年，他们与奥斯曼人和解，之后又封锁了热那亚人的希俄斯岛。拉丁势力在抵抗土耳其人时并不坚决，他们向君士坦丁堡提供的援助无足轻重，在1453年最后围攻君士坦丁堡的战斗中，只有小规模的威尼斯人、热那亚人和其他拉丁人英勇参战；其他的西方援助出发时为时已晚。

第二节

殖民统治形式多样，但是在东方大部分地区，拉丁人大都受限于沿海城市，那是他们长途交通和商业交易的中心。西方侨居者拥挤在城墙内相互支持，同时也为了保障安全。他们很大程度上是独立的统治阶层，往往统治和剥削本地人，且主要是农村人口。在希腊本土，拉丁人的阿凯亚公国（Achaea）在1204年十字军东征之后建立，该公国最靠近西方，然而到1400年却完全瓦解，当时其来自纳瓦拉的统治者佩德罗·德圣萨佩冉（Pedro de San Superan）仅控制着伯罗奔尼撒西部的部分地区。阿凯亚公国的那不勒斯领主软弱无力，且自身内乱不断，这就将拉丁人的阿凯亚及其主要城市克拉伦斯（Glarentsa）拱手送给了一群无名的纳瓦拉雇佣兵，这群雇佣兵无力阻挡奥斯曼军队的陆路连番侵袭。古代的拉丁贵族只剩下几个不稳定的家族和帕特雷（Patras）大主教；直到1456年，雅典都在佛罗伦萨的阿恰约利家族（Acciaiuoli）统治之下。1404年，逊邱伦二世·扎卡里亚（Centurione II Zaccaria）——原先是阿卡迪亚（Arkadia）贵族——成为阿凯亚王公，他将公国的历史推延至1430年。当时，希腊人在托马斯·巴列奥略（Thomas Palaiologos）——米斯特拉（Mistra）的君王——的统治下，几乎控制了整个希腊半岛。只有威尼斯人成功抵御了土耳其人，他们担忧自己的长途贸易，这迫使他们保护自己位于西南部的科伦（Coron）和莫顿（Modon）的重要海军基地，并迫使他们改变政策，以避免因占领和管理广大大陆据点而产生的费用和混乱。1386年，威尼斯直接控制了科孚岛（Corfu）；1390年，控制了纳夫普利亚（Nauplia）、蒂诺斯（Tinos）和米科诺斯（Mykonos）；1394年，控制了阿哥斯（Argos）；1407年，控制了勒班陀（Lepanto）。西方已经丧失了大陆优势。古老的《罗马尼亚敕法》（Assizes de Romanie）是拉丁希腊（Latin Greece）的封建法典，其威尼斯译本只在内格罗蓬特、某些爱琴海岛屿和科孚岛上有效。拉丁语的《莫里亚编年史》（Chronicle of Morea）在1377年之后再未延续，当那不勒斯的托考家族（Tocco）——1418年至1449年伊庇鲁斯（Epirus）的君王——编纂编年史时，采用了希腊语进行书写。只有塞浦路斯和克里特岛保留了西方的编年史传统。

西方人在岛屿上更为成功。塞浦路斯自1191年起便处在拉丁人的掌控之下，它已成为西方权势集团在叙利亚的附属物，其贵族和政府机构基本都源于叙利亚；实际上，塞浦路斯的拉丁统治者不断被加冕为耶路撒冷国王。塞浦路斯是一座富庶的大型岛屿，虽然岛上居民在语言和宗教方面主要是希腊人式的，但却奇怪地效忠于法兰克王朝。塞浦路斯从东方转运贸易中攫取了大量财富，但是王朝却因其成员自身的不足、贵族难以控制以及热那亚人在主要港口法马古斯塔（Famagusta）的优势而被削弱了。塞浦路斯作为意大利的殖民地受到严重剥削，尤其是在1402年或1403年热那亚加强了对法马古斯塔的控制之后，还强迫塞浦路斯王室支付巨额欠款。1426年，马穆鲁克王朝在赫罗提基亚战争（Kherotikia）中俘虏了杰纳斯国王，国王的赎金和加诸于王国的贡赋进一步削弱了其王室统治。随即便是几十年错综复杂的争斗。1458年杰纳斯的儿子约翰二世去世；约翰二世的女儿夏洛特（Charlotte）成为女王，但在1464年被其异母兄弟、约翰二世的私生子击败，后者成为国王詹姆斯二世（James Ⅱ）。1460年詹姆斯二世甚至召集了一支埃及舰队。1473年詹姆斯二世去世，1474年其幼子詹姆斯三世去世，只留下有名无实的统治者——詹姆斯二世的遗孀、威尼斯人卡特琳娜·科尔纳罗。1489年，卡特琳娜正式将塞浦路斯交予威尼斯。实际上，自1473年起威尼斯就已成为塞浦路斯的保护国，且这次移交也需要埃及素丹以塞浦路斯岛领主的身份正式同意。

如同在其他地方一样，塞浦路斯的拉丁人拥有自己的政治权力和财政优势，他们在宗教和文化上与希腊人保持着社会距离。罗马教会，不管是世俗教会还是修道教会，加强了拉丁人的集体认同感和团结，并使其制度化。理论上讲，希腊人不属于分裂的东正教，而是受罗马管辖的东仪天主教徒。拉丁贵族阶层可能包括一百户家族，他们拥有世袭地产，这是他们的主要收入来源，其男性成员通常都是骑士，他们是王室臣仆和塞浦路斯古代高等法庭的成员。这个低等的统治阶层大多在本地出生，但不断吸纳西方商人、雇佣兵和其他人，这些人通过服役、购买或通婚获得了地产和头衔。15世纪，一些加泰罗尼亚人、叙利亚人和其他族群，包括非常少量的希腊人进入了这一贵族阶层。政府通过一个王室委员会和一个行政、财务机关（称为 secrète）运转。1489年之后，威尼斯人通过在威尼斯任命的一位执行官统治着塞浦路斯；威尼斯人削弱了贵族阶层，取缔了高等法庭，代之以城市委员会，允许非贵族成员加入。威尼斯臣民获得了土地、官职、收入，并在某些情况下获得了贵族头衔。通过向包括来自科孚岛和伯罗奔尼撒的移民提供便利条件，威尼斯成功地使城镇和乡村重新吸纳人口，将塞浦路斯变成了一个真正的殖民地，虽然威尼斯从中攫取了利益，但也给它带来了安全和繁荣。棉花贸易逐渐代替了岛上糖的出口，后者已无法与来自大西洋岛屿的廉价糖进行竞争。

克里特岛在1204年之后被威尼斯人获得，且从未实现自治。相反，岛上的意大利定居者被宗主国的机关严格控制着，这一机关由干地亚（Candia）的一位公爵（duca）或者总督（doge）以及其他官员进行管理，这些官员往往由威尼斯（利凡特地区的代理人和总督）任命和控制。这一拉丁人的行政机构及其坚实的罗马教会，使克里特成为最受瞩目的西方殖民地和著名的拉丁文化中心。北部的拉丁定居者被任命为封臣（feudatarii），他们从国家那里领有财产，并向其服军役，山外还设有地方委员会，拥有有限的权力。克里特岛的农产品、奴隶贸易以及位于干尼亚（Khania）、雷斯蒙（Rethymnon）和干地亚［现代称伊拉克利翁（Herakleion）］的港口，使其成为威尼斯的利凡特帝国的中心。威尼斯的干预常常引起不便，书面命令经常要花费数月才能送达；拉丁定居者自身也被触怒了，因为中央政府片面地考虑宗主国商业阶层的利益，为了防卫开支而向他们征收重税。15世纪，拉丁人和希腊人之间少有敌意，因为通婚和邻近的生活消除了隔阂，希腊人受雇在政府服役，土著克里特岛人参加地方委员会，并作为使节派往威尼斯。但在1439年之后，因为希腊接受了罗马宗教权威，引发了许多叛乱和阴谋、监禁和驱逐事件。克里特岛保持着繁荣，耕作面积扩大，人口增加；它持续向包括威尼斯在内的其他殖民地输出酒、油以及最重要的大宗谷物。虽然君士坦丁堡和黑海的贸易在1453年之后下降了，但克里特岛仍然保持着它的重要地位，成为通往塞浦路斯和亚历山大城的重要站点。

热那亚人没有单独的重要殖民点，而是控制着一连串利凡特贸易站。与威尼斯的集权僵化相比，热那亚人的官僚管理制度和宗主国防御系统更为宽松和灵活。除了佩拉区，热那亚人的主要爱琴海基地和贸易中心是近海岛屿希俄斯。希俄斯岛对邻近的福西亚的乳香和明矾贸易非常重要。1346年热那亚人通过一项协定获得了希俄斯岛。这项协定是由热那亚个人注资的一家股份公司（称为 *mahona*）签署的，但得到了宗主国政府的支持。这正是他们占领和经营殖民点的方式；1453年之后，热那亚的国家银行圣乔治银行（Casa di San Giorgio）直接管理了热那亚的黑海殖民地。1400年希俄斯岛上居住着大约10000名希腊人和2000名拉丁人，后者大都住在城里，只有少数士兵控制着外围要塞和城堡。这类居民点的拉丁人社区规模相对较小；1401年威尼斯的科伦仅有80名拉丁人。在希俄斯岛上，农业留给了希腊人经营，存在一些异族通婚的情况，通常包括希腊妇女在内。本土精英也确实保留了他们的某些特权，那里有希腊公证人、银行家和航运商，其中一些人负责粮食供应。政府向统治阶层（称为 *mahonesi*）提出一份名单，之后在热那亚从中选出一位行政长官（*podestà*），这位行政长官与一个拉丁人委员会统治着希俄斯岛。股份公司（*mahona*）对明矾、乳香和盐行使专卖权，并基于共同利益与希腊人领导层维持着公平关系和共存环境。1480年劳尼科斯·乔尔克堪代勒斯（Laonikos Chalkokandyles）描述热那亚人的行为"最为温和"。在更北部，热那亚的加蒂卢西奥（Gattilusio）家族于 1355 年便获得了莱斯博斯岛，他们的四位后代据说还娶了拜占庭公主；他们还统治着伊姆罗兹岛（Imbros）、萨莫色雷斯岛（Samothrake）和其他地区。加蒂卢西奥家族维持着与热那亚的家族联系，但他们的确依附于拜占庭，操希腊语并支持拜占庭教会。他们避免了与上耳其人的冲突，但在 1455 年至 1462 年却遭到了后者的驱逐。

1204 年之后罗得岛及其附属岛屿上大部分是希腊人，直到 1306 年至 1310 年军事—宗教性质的圣约翰医院骑士团占领了这些地区。在那里，拉丁人也来得相对较晚，并达成协议给予希腊人以宗教上和其他方面保证。他们迁入定居者，其中有希腊人也有拉丁人，并带来了安全和繁荣。医院骑士团成员依靠的是欧洲的隐修院和骑士团封地的资源，在某种程度上，这些地区是他们的殖民地，而罗得岛是他们的中心和总部，且从法律意义上讲，医院骑士团不是从任何上级而是教宗手中获得了罗得岛。该兄弟会一贯的行动就是反异教徒的圣战，这正是他们存在的理由。在 1402 年把士麦那失掉给帖木儿时，他们在一个孤堡上建立了一个新的大陆军事基地，该孤堡于 1407 年或 1408 年建造于科斯岛（Kos）北边不远的博德鲁姆（Bodrum）海岸，这就为逃离土耳其的基督徒奴隶创造了一个避难所。随着奥斯曼人巩固了对安纳托利亚的永久统治，罗得岛变得越来越孤立，越发处于守势。罗得岛的小型海军在海上对抗土耳其人；它的海港发展成为更安全和重要的西方转口港，庇护着加泰罗尼亚和其他地方的海盗，以及各地的商人团体。比如 1417 年，一位威尼斯教士作为公证人，和加泰罗尼亚、克里特证人一起，起草了一份决议，其中提到罗得岛上的一位普罗旺斯居民授权一位来自安科纳（Ancona）的商人和另一位来自热那亚的商人去追回他的海外信贷。尼科洛·特隆（Niccolò Tron）便赚取过此类收益。他在 1471 年当选威尼斯总督，曾以商人身份在罗得岛居住 15 年，在此期间变得非常富裕。被许可的私掠商船活动［官方海盗（corso）］也带来了显著的收益。城市防御不断得到加强。1440 年至 1444 年，马穆鲁克的进攻被抵制，但是 1453 年之后土耳其对外围岛屿的压力不断增大，并在 1480 年奥斯曼人大围攻时达到高潮，当时骑士团团长奥比松的皮埃尔（Pierre d'Aubusson）成功抵御了这次围攻。1482 年之后，医院骑士团通过羁押奥斯曼素丹的弟弟德杰姆（Djem）换来了安全，但最终德杰姆于 1495 年死于意大利。尽管存在中等富裕的希腊商业阶层，但罗得岛没有希腊贵族，也很少有世袭的拉丁土地所有者去剥削那里的农民，后者大部分是自由人。医院骑士团家长式的作风和宗教事务上的克制，并未招致希腊人的太多怨恨，他们在 1480 年勇敢地抵御了土耳其人。

  西方社会自身受到其海外活动的影响。尤其在威尼斯和热那亚，家族和商业团体不择手段地在专门的机关和委员会中谋求职位，这操控了利凡特的政策和人员任命。东方的财富和财产在家乡产生了影响，兴起一个"殖民"阶层，还建立了宗主国家族，比如威尼斯的科尔纳罗家族（Cornaro of Venice），或者许多其成员定居在东方居民点的热那亚家族。热那亚人在罗得岛和塞浦路斯数量众多，在佩拉和靠近安纳托利亚海岸的东爱琴海岛屿也是如此。威尼斯试图保护克里特岛和其他殖民地，并稳固地监管着西爱琴海岛上作为威尼斯公民的小拉丁领主。其中最重要的要数克里斯皮家族（Crispi family），他们作为爱琴海群岛公爵（dukes of Archipelago）统治着纳克索斯岛。理论上讲，他们是莫里亚（Morea）国君的附庸，莫里亚的法典《罗马尼亚敕法》确实也在他们的岛上实行，但实际上可向威尼斯法庭提出上诉。1400 年前后，纳克索斯岛是加泰罗尼亚和巴斯克（Basque）海盗的基地；岛上的拉丁定居者地位相对低微，作为长船桨手履行军役。来自巴塞罗那、佛罗伦萨、安科纳、拉古萨（Ragusa）和其他地方的商人没有自己的殖民点，他们在整个东方从事贸易活动，依靠其他势力的航船出行。加泰罗尼亚人在罗得岛和塞浦路斯一度强盛，但 15 世纪 60 年代之后大部分从利凡特消失了。

  爱琴海许多小岛缺乏水源、燃料、交通和管理，甚至没有人类接触，这些岛屿时常会遭遇干旱、恶劣天气、拉丁海盗和土耳其人的侵袭。有些小岛有少量人口，有的则杳无人迹。基克拉泽斯群岛（Cyclades）有 100 多座岛屿，面积仅 2000 平方公里多，其中 15% 的岛屿可以耕作，仅有 20 座岛屿在 1420 年仍有居民。至 1500 年，基克拉泽斯群岛上约五分之一的人口遵行拉丁人的仪式，但他们很多是希腊人。许多更小的岛屿有拉丁统治者，但少有拉丁居民，比如阿莫尔戈斯岛（Amorgos）和尼西罗斯岛（Nisyros）。其他岛屿只有当遇到船只被吹上岸或在岛上失事时，才偶有拉丁人来访。据希腊岛民描述,这些访客都充满了惊骇。早在 15 世纪,乔瓦尼·奎里尼(Giovanni Quirini)将家族从蒂诺斯和米科诺斯迁到自己的斯坦帕利亚岛(Stampalia),而基斯诺斯岛领主戈查迪尼(Gozzadini lord of Kythnos)则使自己的岛屿重新迁入人口。卡斯特洛里佐岛位于罗得岛和塞浦路斯之间,有一座拉丁要塞,但仅有少量永久性居民在那里的盐碱地上劳作。这些小岛的经济并不稳定,尽管有些小岛有专门的出口商品,比如帕罗斯岛(Paros)的白色大理石、尼西罗斯岛的硫黄,而有的小岛则向邻近大岛贩运水果和蔬菜。

没有种族能够逃避一系列的自然灾害和其他灾难。旅行者时常难以找到船只,还要面临可怕的风暴、海盗和海难。1420 年前后,克里斯托弗罗·布翁德尔蒙特(Cristoforo Buondelmonti)在邻近萨摩斯岛(Samos)的一个小岛上遇险,并于七天之后得救。在岛上,他提前用拉丁语在一块岩石上意味深长地刻下:"教士克里斯托弗罗因极度饥饿死于此处。"各地几乎瘟疫不断。地震对整个地区造成了巨大的破坏;据说 1481 年罗得岛地震造成的破坏,超过了前一年的土耳其围攻,而 1493 年科斯岛上的另一场地震促使罗得岛采取紧急措施,向其运送食物、药品、医生、木板和其他物资,最重要的是要确保城墙坍塌地方的防务。不管是拉丁海盗、希腊海盗还是土耳其海盗,他们贩运奴隶,毁坏沿海地区,推高了商业保险费用。到处都是毁坏,对商船和货物的袭击挑起了报复行为,并引发了漫长的诉讼。在海上,没人是永远安全的。

第三节

在 15 世纪,面对奥斯曼的攻势,拉丁东方大幅萎缩,然而其社会更具凝聚力,而且内部经济和东方贸易使其更加繁荣。拉丁人的优势依赖于其高效的意大利模式的政府体制,对希腊属民相对合理的安排,还有其海上优势。没有哪支力量能够仅凭一支长船舰队就能完全控制这一区域,因为舰队在海上待命的时间有限。但是,拉丁人保持着他们的海军总体优势,超过了发展中的奥斯曼舰队。长船和桨手成本高昂,防卫成了威尼斯人的一项主要支出。船舶大部分建造于西方,但是大型东方港口可进行维修和改装。陆地防御工事包括海岸瞭望塔和内陆城堡，人们借此能够躲避危险；烽火信号在岛屿间接连发出预警。城堡和大型港口建有拉丁人的要塞。医院骑士团的雇佣兵驻扎在博德鲁姆城堡的要塞之中，他们实际上形成了一个联盟团体，具有自己的书面章程。石头比兵力要便宜，因为大炮变得更具威力，整个拉丁东方的防御工事变得更低、更宽、更坚固。因此，1400年罗得岛相对较薄的护墙和较高的外凸塔楼被改造成由低矮厚实的城墙和大量的外堡、棱堡系统保护的堡垒。正是该堡垒在1480年成功抵御了奥斯曼人的炮击和进攻，在1522年又差点抵御成功。国内建筑和教会建筑大部分为地中海哥特式风格，一些重要遗迹留存下来，比如尼科西亚（Nicosia）的大教堂，罗得岛于1440年开始修建的大医院（the great hospital），莫里亚半岛、塞浦路斯和其他地方的一些修道院。拉丁人的教堂常装饰以壁画和镶嵌画，有时采用西方风格，偶尔也采用拉丁和希腊的折中风格，比如在克里特岛和罗得岛。

拉丁人主要在沿海的城市中心，除了塞浦路斯和罗得岛，大都是意大利人。西方贸易刺激了港口城市的迅猛发展，比如法马古斯塔、罗得岛和希俄斯岛，那里的防波堤、军械库、浮桥、货栈、教堂和公共建筑激增。在这些居民点，拉丁少数人群体遵从西部地中海的生活方式、习俗和文化，说罗曼语，遵循意大利城市法规和罗马教会规则。他们基本掌握了政治权力。叙利亚人、犹太人、亚美尼亚人等小群体有时占据中等地位，但是如果希腊精英偶尔被授予了有限的权力和责任，他们就不会与拉丁殖民阶层合作；希腊人的反抗是被动的和文化上的。希腊市民阶层的妥协之术（modus vivendi）形式多样。在塞浦路斯和罗得岛少数地区，有针对封地和军役的协定，但是在莫里亚半岛，这种"封建"结构至1400年实际上已经崩溃了。在其他地方，政府是中央集权的，尤其是在威尼斯统治地区，通常由任期两年的宗主国官员管理，并受到严格的会计监督；司法和征税归政府管辖，但税收经常外包。利凡特的西方人，被称为拉丁人（latini）和法兰克人（franchi），法律上是自由人；甚至在15世纪，许多希腊人仍属于侨民（paroikoi）或者维兰（villani），即各种身份的属民或农奴，他们广泛地负担着源于拜占庭惯例的一系列赋税和义务。许多拉丁人甚至还有一些其他族群的人，被称为公民（civis）或市民（burgensis），或者被称为暂居者（habitator），意指临时居民；比如一些人是热那亚市民，或者热那亚的利古里亚里维埃拉（Ligurian riviera）的市民，而其他热那亚属民只是热那亚人的希俄斯岛或佩拉的居民，他们拥有某些财政和司法地位。当局很自然地对那些希腊人、叙利亚人等心怀不满，因为他们通过获得某些形式的西方公民权，逃避了司法管辖。

宗教差异影响深远。许多利凡特的拉丁教民出生于西方，那些领有丰厚圣俸的主教、大教堂教士和其他高级教士常常缺席；甚至是对相对少量的拉丁会众来说，普通教士也寥寥无几。大教堂和教区的正式机构主要在城镇活动，而在乡村地区，拉丁人有时说希腊语，并在希腊教堂做礼拜。拉丁教会掌管着教会财产，主要没收自希腊教会，并调高了什一税。尽管希腊人名义上服从罗马教宗，但他们坚定地保留了自己的仪式和语言，这体现了他们对拉丁化的根本抵制；晚至1435年和1445年，克里特岛上的小教堂委托希腊教士撰写了两篇铭文，在落款处提及了拜占庭皇帝约翰八世·巴列奥略（John VIII Palaiologos）。在较小的岛上，拉丁主教时常外出他处，留下一位希腊高级教士（protopapas），法律上讲他是主教委派的代表，根据希腊法律管理希腊教会和财产，并代表着希腊民众。1439年，佛罗伦萨公会议批准建立了一个联盟组织，但在拉丁统治区域之外这一组织在东方影响不大。拉丁女修院分散于整个东方地区，但是在佩拉、耶路撒冷和其他地方的多明我会修士和方济各会修士致力于向拉丁少数人群体服务，或者向亚洲传教，而不是使希腊人皈依。威尼斯人的塔纳实际上是位于顿河河口的一个防御堡垒，在1395年以及随后的事件中被摧毁。至15世纪，蒙古帝国及其安全的商路系统瓦解，这大大削弱了西方商人和传教士跨越地中海沿岸的渗透力，并切断了与远东的联系。威尼斯商人逐渐集中于亚历山大，而热那亚人则指望着大西洋。

拉丁人十字军东征的热情无疑保留了下来，但通常转换为了巴尔干半岛或西方的圣战。耶路撒冷自身就向人们展示了强大的精神号召力；那里的朝圣提供了精神回报和圣物，也带来了旅行、逃亡和冒险。在开罗，朝圣者们偶尔能够发现从德国和丹麦远道而来的西方人，他们在那里滞留，成为马穆鲁克王朝的士兵。许多朝圣者是通过管理有序的旅游团从威尼斯航行而来；发自叙利亚港口的陆路和圣地参观，由方济各会修士掌管，他们还建有济贫院。有关记载文献帮助人们保留了西方人对东方的认知,比如菲力克斯·法贝尔(Felix Faber)的纪事写道,他的旅行路线一般远至西奈山(Mount Sinai)和开罗。大量的编年史、悼词、报告等著作受到了印刷术传播的影响,它们记载了利凡特的事件和灾难。尽管有所曲解,但对土耳其人强烈的文学兴趣能够传播有关他们的宗教、政府尤其是军队的信息。为勃艮第贵族让·特里奥德特(Jehan Trieaudet)制作的年轻的素丹穆罕默德二世(Mehemmed II)肖像奖章,詹蒂莱·贝利尼(Gentile Bellini)绘制的这位素丹的肖像画,两件作品在视觉上相得益彰。1480 年,贝利尼还用香艳绘画装饰了穆罕默德在君士坦丁堡的宫殿。拉丁人显露了对土耳其人的尊敬,这至少可追溯至 1388 年让·德布西科(Jean de Boucicault)在素丹穆拉德(Sultan Murad)的宫廷逗留的那三个月。当时,让·德布西科提出为奥斯曼素丹攻打异教徒敌人,就如同乔叟小说中的骑士向一位安纳托利亚的穆斯林埃米尔效忠,反对另一位埃米尔。

对古典时代的人文关注,意大利的希腊语教学,特别是古典文本的出版,这些因素同样激起了西方人的兴趣。约在 1420 年,佛罗伦萨教士克里斯托弗罗·布翁德尔蒙特停留罗得岛花费数年时间学习希腊语,他还在东方购买古典手稿;他的《群岛之书》(*Liber Insularum Archipelagi*)在西方广泛流传,书中的地图成为源远流长的地图学传统的奠基之作。布翁德尔蒙特描绘了许多古典遗迹,并详述了他使用船舶滑车努力吊起了在提洛岛(Delos)上跌落的阿波罗神雕像,他还记述了雅科莫·克里斯皮(Jacomo Crispi)曾试图测量圣托里尼岛(Santorini)火山口的深度。布翁德尔蒙特的主要继承者安科纳的西里亚科(Ciriaco of Ancona)是一位希腊旅行家,后者在复制雕塑和铭文时更加科学化;西里亚科曾记录,帕罗斯岛的拉丁领主克鲁西·萨莫马里帕(Crusino Summaripa)如何在那里发掘大理石雕像。至 15 世纪末,曼图亚的伊萨贝拉·德·埃斯特(Isabella d'Este of Mantua)雇用收藏家向意大利运送古代雕塑品,这些输入品在意大利的艺术发展中发挥了重要作用。医院骑士团为了取得石灰曾烧毁了许多古代大理石雕塑,但是他们也从陵墓挖掘古代浮雕,用以装饰在博德鲁姆〔古称哈利卡纳苏斯(Halikarnassos)〕城堡的墙壁。

不仅希腊—拉丁文化在克里特岛繁荣起来,而且希腊移民(至

1478年估计有4000人)使威尼斯成为拜占庭文明的中心,并对西方知识分子的生活产生了深远的影响。较大的岛屿建有自己的学校,但人们不得不夫西方,通常是帕多瓦(Padua),进行大学学习;希腊方济各会修士彼得·费勒日(Peter Philargos)1409年在比萨当选为教宗,成为亚历山大五世(Alexander V),他曾在牛津和巴黎获得过学位。拉丁人有时懂得希腊语,但基本不懂土耳其语。1510年罗得岛的一份申请书要求聘请一位教师,教授拉丁和希腊贫富儿童拉丁语和希腊语,该申请书由罗得岛要人(包括拉丁人和希腊人)用一种或其他种笔体所署名。来自君士坦丁堡和其他地方的学者到达克里特岛,在那里他们的手稿被复印。学者和当局反复地进行文化交流,使得西方的诗歌主题影响了克里特岛文学;肖像画、家具和其他物品出口西方。在塞浦路斯,勒昂提奥斯·马凯拉斯(Leontios Machairas)和乔治·布斯特隆(Georgios Bustron)编写了拉丁人在希腊统治的编年史。巴伦西亚人若阿诺·马托热尔(Joannot Martorell)将其骑士故事《白骑士帝朗》(*Tirant lo Blanch*)的许多背景设置于他非常熟悉的拉丁东方。然而实际上,许多西方人在利凡特都是离乡背井。在一册拉丁法典《罗马尼亚敕法》的副本中,一位思乡的法庭职员写道:"唉,我何时才能回到威尼斯的土地"("O, quando andar nella tiera di Venexia")。

第四节

1453年5月28日,君士坦丁堡被穆罕默德二世攻陷,海峡两岸和黑海被奥斯曼人控制。佩拉的热那亚人在围城过程中保持了摇摆不定的中立,他们仅作为受土耳其控制的拉丁人社区存留了下来。而在1454年,威尼斯人签订了一份协约,允许热那亚人在君士坦丁堡拥有一个殖民点和商业特权。爱琴海的拉丁人,比如在罗得岛人(Rhodian),几乎立刻感受到了土耳其人新的威胁。1461年本都(Pontic)沿岸的特拉布宗和希腊城镇被攻陷。拉丁人缺乏坚定的统一领导。1460年,教宗庇护二世(Pope Pius II)计划亲自领导十字军东征,遭受失败。但从1463年开始,威尼斯进行了一场漫长且耗资巨大的内格罗蓬特战争以保护其殖民点,最初在莫里亚征战,在爱琴海和奇里乞亚（Cilicia）沿岸作战，与卡拉曼的土耳其人和其他人谈判或协作。1468年一位重要的盟友——阿尔巴尼亚人斯坎德培（Albanian Skanderbeg）去世，1470年内格罗蓬特沦陷，威尼斯遭受重大损失。在黑海，威尼斯人的塔纳和热那亚人的卡法于1475年被土耳其人占领。土耳其人经陆路进攻，进入威尼斯的视线。1479年的和约使威尼斯进一步丧失了伯罗奔尼撒半岛的阿哥斯和阿尔巴尼亚的斯库塔里（Scutari）；威尼斯人被迫每年支付10000达克特钱币，以换取在奥斯曼境内的贸易权，但自此之后，他们仅存的利凡特北部殖民点的确繁荣了起来。土耳其人转战他处；1480年他们暂时夺取了阿普利亚的奥特朗托（Otranto in Apulia），但在罗得岛被击退。奥斯曼人继续推进，然而拉丁人的岛屿上财富和人口不断增加，尤其是塞浦路斯，威尼斯人将其变成了他们通向亚历山大商路上的一块繁荣的殖民地。医院骑士团利用监禁素丹的弟弟德杰姆的时机，实施了一项模糊的共存政策，意在利用罗得岛所处商路的位置，经营东西方向和南北方向的两条商路。他们通过在安纳托利亚的贸易，也通过小心控制和限额投资海盗劫掠的方式，弥补了岛上的农业不足。

　　1453年之后，拉丁人在爱琴海上的战略地位不可避免地恶化了。自那之后，威尼斯长船不再出航黑海，在1453年至1479年，船只也不再前往君士坦丁堡。威尼斯人转向南方，仅保留了克里特岛，他们获取了塞浦路斯，并在亚历山大利用马穆鲁克王朝对奥斯曼人的恐惧获取了巨大的利益。热那亚和佛罗伦萨缺少像威尼斯所拥有的那样规模的供应香料市场所必需的经济内陆贸易区，他们几乎很难积攒出可支付给威尼斯人的贵金属，也很难与威尼斯人对航运和商人有组织的管理相竞争。热那亚人占据着希俄斯岛，但丧失了法马古斯塔、佩拉和黑海居住点。因为他们成功地将活动集中于西地中海和大西洋，他们的东方贸易量骤降。威尼斯开始于1405年的本土扩张没有损害利凡特殖民地；它仍能够动员起必要的决心和资源，以应对1463年开始的土耳其大战。至1500年，威尼斯人每年在埃及和叙利亚的投资可能超过600000达克特，而热那亚在利凡特南部的投资平均仅约75000达克特。1499年胡椒价格暴涨，不是由于传来了葡萄牙人已经到达印度的消息，而是因为一场新的威尼斯—奥斯曼战争。在战争中，土耳其人于1499年夺取勒班陀，1500年夺取伯罗奔尼撒半岛西南部的莫顿和科伦，从而破坏了威尼斯人的利凡特贸易网络。

欧洲人在大西洋和太平洋的探索将会降低利凡特对西欧的重要性。但是当15世纪结束之时，拉丁人几乎遍布所有岛屿，并在岛上创造着社会和经济生活，如果有充分的军事保护，这些活动便能延续。地中海和更广阔世界的事务相互影响，并伴随着马穆鲁克统治的瓦解。当时，奥斯曼人于1517年夺取了开罗，然后向前跨越了北非。在利凡特，土耳其人照例驱逐了拉丁定居者，并与希腊人达成和解。但是当奥斯曼人进攻时，西方商人、朝圣者还有其他人继续在利凡特进行贸易和旅行活动。奥斯曼人于1522年占领了罗得岛，1566年占领了希俄斯岛，1571年占领了塞浦路斯，1669年占领了克里特岛，但在此处遭受了长期的抵抗；科孚岛从未被占领。

安东尼·勒特雷尔（Anthony Luttrell）
陈太宝 译

第三十二章
奥斯曼世界

第一节 安卡拉之战的影响

15世纪上半叶,尽管欧洲遭受了宗教大分裂的动荡和战争导致的极度分裂,但它有一个明确的敌人:奥斯曼土耳其人,他们信奉异教,因此,他们不仅是敌人,还是基督和十字架的敌人。这一事实并未阻碍基督教国家与土耳其人建立商业联系,甚或请求他们帮助反对另一个基督教国家。然而,在宗教宣传和政治理论上,正是土耳其人被贴上了永久敌人的标签。

奥斯曼帝国的扩张进程终止于蒙古可汗帖木儿发动的安纳托利亚战争。至少自1394年起,基督徒们便怀着极大的兴趣关注着帖木儿的行动,那时他的军队开始向奥斯曼帝国的东部边界施压。蒙古军队在安卡拉附近击败素丹拜齐德一世(Sultan Bayazid Ⅰ)并将其俘获(1402),从而使奥斯曼国家陷入分裂,此时的整个基督教世界如释重负。获胜之后,帖木儿带领军队驻留安纳托利亚约一年之久。城镇和乡村荒芜,居民(不管是否是穆斯林)惨遭蒙古人屠杀。为了逃命,难民从安纳托利亚涌入巴尔干半岛,君士坦丁堡挤满了避难者。尽管如此,拜占庭人持续庆祝帖木儿的胜利,仿佛帖木儿是上帝派来解救他们的被围都城,并且使他们的国家得以延存的。西欧人从奥斯曼人的威胁中被解救出来,努力巩固他们在利凡特古老的商业特权,但是他们没有继续公开地深入打击奥斯曼的势力,因为他们的内部冲突将很快爆发。

在安纳托利亚,奥斯曼帝国分裂为多个土耳其国家,这些国家曾经附属于奥斯曼人,被帖木儿归还给了先前的领主(埃米尔)。安纳托利亚再次成为小国家的拼图:萨鲁汗贝伊国(Sarukhan),以马尼萨(Manisa)为都城;杰尔米彦贝伊国(Germiyan),位于明矾产区屈塔希亚(Kütahya);艾登贝伊国(Aydin),拥有重要城镇士麦那(Smyrna)和阿亚索鲁克〔Ayasoluk(以弗所Ephesus)〕;门特舍贝伊国(Menteshe),位于梅安德河(Meander)丰饶的平原地区,以巴拉特〔Balat(米利都Miletus)〕为都城;伊斯芬迪亚尔贝伊国(Isfendiyar),位于铜产区西诺普(Sinope)。西诺普与黑海北岸及多瑙河口的国家联系频繁,在进一步的政治发展中发挥了重要的作用。在欧洲地区〔鲁米利亚(Rumelia)〕,奥斯曼人很快复苏,并开始保卫自己的财产。

早期情况解释了这些发展。奥斯曼国家起源于比提尼亚(Bithynia),以布尔萨(Bursa)为都城,与塞尔柱王朝覆灭(Seldjuks,1300)后兴起于安纳托利亚地区的其他土耳其贝伊国相比,表现出显著的差异性。自1354年起,奥斯曼国家通过征服拜占庭和斯拉夫地区,向巴尔干半岛扩张,并建立了欧洲第二座都城埃迪尔内〔Edirne(Adrianople)〕。对欧洲的征服行动,在反对异教徒的圣战(djihad)名义下进行,受到《古兰经》的影响,构成国家的官方理论,为素丹带来了财富和威望。素丹然后又转向东方,通过谈判或战争,逐渐吞并了其他土耳其国家,并将它们转变为领土内的省份(sandjaks)。①

只有卡拉曼贝伊国(Karaman)成功抵抗了奥斯曼国家。卡拉曼家族和奥斯曼(Osman)家族一样,都宣称与安纳托利亚的塞尔柱素丹有联系,双方家族都希望成为合法继承者。卡拉曼贝伊国控制了塞尔柱王朝的首都科尼亚〔Konya(Ikonion)〕,并对相邻的基督教王国奇里乞亚亚美尼亚(Cilician Armenia)发动圣战,直到后者在1375年灭亡;他们还与埃及和叙利亚的马穆鲁克王朝保持着政治联系,与塞浦路斯的法兰克人保持着商业往来。至14世纪末,迫于奥斯曼人的压力,卡拉曼处于弱势,但它在帖木儿入侵后复苏,帖木儿给予了它特别的支持。

---

① Wittek (1938b), especially pp. 33 – 51; Inalcik (1973), pp. 9 – 11.

鲁米利亚的情况有所不同,在那里发动了反对基督徒的圣战。除了国家的省份和素丹的基督徒附庸统治的地区,还有边境领主的统治区域,这些领主被称为边境贝伊(udj beys),他们是半独立性质的军事首领,由素丹委任进行征服。他们中有些人长期定居鲁米利亚,掌握有令人敬畏的力量。那个时代最具代表性的边境贝伊是埃夫雷诺斯(Evrenos),他是萨洛尼卡(Thessalonica)周围地区的领主。那个时代还有一位有胆识的边境贝伊,他就是居住于斯科普里(Skopia)的帕夏-伊伊特(Pasha-Yigit)。边境贝伊的参与形成了鲁米利亚有效的军事组织,没有受到安卡拉战败的影响。尽管素丹的某些基督徒附庸试图利用这一形势,但奥斯曼人仍能够控制他们。而且,土耳其在鲁米利亚的军事力量在战败后得以加强。当蒙古人的胜利已成定局时,拜齐德的长子苏莱曼(Süleyman)放弃了安卡拉战场,并向西部海峡进军。随行的是其父亲的维齐尔(Vizier),名叫阿里·贾德尔(Ali Djandarlı)。贾德尔是贵族后裔,其家族成员通过世袭方式承袭了维齐尔身份。由于惧怕蒙古人,奥斯曼国家大量的骨干成员和整支军队都设法穿越海峡。尽管基督徒曾计划阻止土耳其人转移至欧洲一方,但由于贪婪的热那亚和威尼斯水手的无视,该计划于是落空。

拜齐德失败之后,他的三个儿子苏莱曼、穆罕默德和伊萨(Isa)立即开始争夺奥斯曼人的领导权。基督教国家,尤其是拜占庭人、威尼斯人和瓦拉几亚人(Wallachians)企图从奥斯曼人的分裂中争取最大利益,支持一方反对另一方。在土耳其人中间,深信这样一种观念,即某个家族会被神选中来统治他们。对奥斯曼人来说,这个家族就是奥斯曼家族,只有这个家族的某位成员才注定会成为素丹。这一信念导致了兄弟相残的惯例,根据这个惯例,新任素丹不得不处死其兄弟,或其他任何可能的王位继承人。这一惯例在14世纪中期确定存在,并在君士坦丁堡陷落之后,经由穆罕默德二世正式颁布,变为一项法律。[②] 然而,在安卡拉战役之后的关键时期,这一信念在相当大程度上促成了奥斯曼国家的重新统一。值得注意的是,没有一位边境贝伊或者高级官员对王位有异议,或者试图建立自己的统治。仅有

[②] Lewis (1968), pp. 66–67; Babinger (1978), pp. 65–66; Wittek (1938a), p. 23.

的分裂运动是由德居内德（Djüneyd）在士麦那地区以素丹家族成员为借口发动的。

尽管奥斯曼人在鲁米利亚具有优势，然而立足于埃迪尔内的苏莱曼仍害怕蒙古军队的可能性进攻，开始与拜占庭皇帝和其他利凡特的基督教势力谋求和平。此外，苏莱曼清楚，他不得不与众兄弟争夺王位，尤其是穆罕默德。他已确实听到传言，立足于阿马西亚（Amasya）地区的穆罕默德承认了帖木儿为其领主。穆罕默德在蒙古入侵之前就已居于该地。

经过相当长时间的谈判，苏莱曼与罗马尼亚的基督教势力，即拜占庭皇帝、罗得岛的医院骑士团、威尼斯、热那亚以及纳克索斯岛公爵达成了一项和平协议；还包括塞尔维亚统治者和博多内兹（Bodonitza）的侯爵（1403年2月）。根据协议的主要条款，拜占庭收回了色雷斯（Thrace）的重要地区，从普罗庞提斯（Propontis）向上延伸至黑海，以及萨洛尼卡地区；此外，他们还免除了之前向素丹缴纳的全部贡赋。利凡特的热那亚人的殖民地以及纳克索斯岛公爵也免除了贡赋。威尼斯人不仅收复了过去被奥斯曼人征服的所有领土，而且还获取了几块新土地。罗得岛的医院骑士团接收了科林斯湾的萨罗纳（Salona）。除了这些妥协措施以及向各势力分别做出的其他一些小的让步，苏莱曼重新批准了过去的商业特权，并在他的领土内保障贸易安全。埃夫雷诺斯和其他土耳其贵族对苏莱曼向基督徒的妥协非常不满。③ 有时候，土耳其官方公开反对协议：当拜占庭官员准备接管萨洛尼卡时，他们遭到了土耳其人的抵抗，后者在城堡集结，并暂时占据于此，直至接到了新的投降命令。④

第二节　王朝斗争和社会冲突

安卡拉的失败开启了一段政治动荡夹杂社会冲突的时期。直到1413年，有时两个，有时有三个奥斯曼国家还在相互攻伐。这段时期被称为空位期（*fetret devri*）。王朝冲突和社会动荡在奥斯曼帝国一

---

③ Dennis (1967), p. 82.
④ Symeon, *Politico-historical works*, p. 44.

直持续至 1425 年。

在达成和平协议并被蒙古军队驱赶出安纳托利亚之后,苏莱曼致力于在奥斯曼人中建立唯一的霸主地位,集中精力对抗两位兄弟。怀着这一目标,苏莱曼进入安纳托利亚。既然他的维齐尔阿里·贾德尔伴随其左右,尚不清楚鲁米利亚的行政管理委托给了何人。很可能的是,鲁米利亚留给了边境贝伊掌管。该地区的经济原已适应了战争和征服,现在却面临着因为和平而引发的严重问题,在蒙古人面前逃跑的士兵聚集于此,数量越多,问题越是严重。然而,苏莱曼基本上维持了与相邻基督教国家的和平关系,包括匈牙利,后者自 14 世纪 60 年代起,在巴尔干半岛上构成对奥斯曼人唯一的真正威胁。此外,匈牙利人开始控制中欧地区的金属生产和销售。[5] 在拜齐德一世时期,匈牙利国王西吉斯蒙德(King Sigismund of Hungary)通过向几个巴尔干半岛国家施加影响制造了麻烦。他的目标是将其统治从黑海扩张至亚得里亚海沿岸。然而,他的计划涉及了达尔马提亚港口,这引起了威尼斯的担忧,后者没有同他联合对抗土耳其人。此外,在安卡拉战役之后的年份里,西吉斯蒙德陷入了与其竞争对手那不勒斯的拉迪斯拉斯(Ladislas of Naples)王朝的冲突。另外,威尼斯人占据了阿尔巴尼亚和希腊的一些港口,引发了与奥斯曼人的几次军事行动。土耳其人为了报复,则不断袭扰威尼斯领地,伤害威尼斯商人。经过苏莱曼的谈判,一项新的协议结束了争端,威尼斯人同意为他们的新领地支付年贡。[6]

在安纳托利亚,苏莱曼首先剪除了其兄弟伊萨。早在 1404 年,他就占领了故都布尔萨以及重镇安卡拉。随后,他又吞并了赫拉克雷亚(Herakleia)和萨姆松(Samsun)之间的黑海沿岸,以及士麦那地区,在那里他迫使德居内德承认自己的领主身份。帖木儿死后(1405),蒙古人对安纳托利亚的控制有所减弱,苏莱曼便可以腾出手来对付另一个兄弟穆罕默德。后者主要以土耳其人为基础,将统治从阿马西亚扩展至锡瓦斯(Sivas)地区,并通过与卡拉曼人和邻近的游牧民维持良好关系,巩固了自己的地位。穆罕默德迎娶了埃尔比

---

[5] Stromer (1981), pp. 13–26.
[6] Zachariadou (1983b), pp. 292–295.

斯坦（Elbistan）的埃米尔杜尔卡迪尔（Dhulkadir）的女儿，从而掌握了那一地区来自众部落的重要军事人力资源。他孤身继续争夺素丹头衔。⑦ 两个奥斯曼王子间的几次冲突毫无结果，穆罕默德决定将军事行动转移至鲁米利亚。

在穆罕默德的计划中，他的第四位兄弟穆萨（Musa）是被利用的工具。1409 年，他派遣穆萨至鲁米利亚，并得到了伊斯芬迪亚尔贝伊的帮助。拜占庭皇帝、威尼斯人、塞尔维亚统治者以及最主要的瓦拉几亚总督米尔西亚（Mircea），对苏莱曼的强势地位感到担忧，他们准备支持穆萨。⑧ 米尔西亚接受穆萨来自己的领地，并帮助他备战苏莱曼。当后者在 1410 年被迫返回鲁米利亚时，穆罕默德轻易成为整个奥斯曼安纳托利亚的领主。经过一系列军事行动，穆萨获胜，而苏莱曼于 1411 年 2 月殒命。

起初，穆萨居于埃迪尔内，作为其兄弟穆罕默德的封臣统治着欧洲的省份，而后者已经前往布尔萨。当仍在与苏莱曼交战时，穆萨违背了对曾经支持他的基督教领主许下的承诺，恢复了圣战精神。这样，他便赢得了那些长期受制不能侵袭基督教地区的军人的支持。穆萨很快便向四处发动攻击，并围攻了萨洛尼卡和君士坦丁堡。

惊慌的基督教领主们转向穆罕默德。几位奥斯曼高官原来与苏莱曼政府有联系，因此受到穆萨的迫害，他们也倒向穆罕默德一方。一场新的争夺奥斯曼国家唯一霸权的战争在 1412 年爆发。穆萨暂时处于强势地位，但是倒向穆罕默德一方的背叛行为不断增加，而拜占庭皇帝也向穆罕默德提供了帮助。1413 年，穆萨最终在索非亚（Sofia）附近战败被杀。空位期至此结束，穆罕默德成为重新统一国家的素丹，并被普遍承认为其父亲的合法继承人。奥斯曼官方传统永远不会再将苏莱曼和穆萨视为真正的素丹。

穆罕默德深知其领土遭受了内战的蹂躏，国家统一非常脆弱，于是他采取了对基督徒的和平政策。他的意图因其主要敌人威尼斯和匈牙利之间的敌对行为而得以促进。在鲁米利亚确保了和平之后，素丹击败卡拉曼贝伊国，巩固了在安纳托利亚的地位，后者曾在内战中获

---

⑦ Wittek（1938a），pp. 25 – 28.
⑧ Symeon，*Politico-historical works*，p. 48；*Byzantinischen Kleinchroniken*，Ⅰ，p. 97.

益，并围攻过布尔萨。穆罕默德还暂时中止了德居内德在士麦那的分裂运动，并将其派往尼科波利斯（Nicopolis），担任多瑙河边界的边境贝伊。

奥斯曼国家以基督教为敌的人们试图再次将其分裂，一位觊觎奥斯曼王权的新人登上舞台，他得到了拜占庭人、瓦拉几亚人和威尼斯人的帮助，并与卡拉曼埃米尔建立了联系。这位新人就是穆斯塔法（Mustafa），他是以"冒牌货"（düzme）身份被载入历史的，因为穆罕默德当局宣称，他根本不是拜齐德一世的儿子，只是一个冒牌货。像穆萨一样，穆斯塔法在米尔西亚总督的帮助下，从瓦拉几亚出发。德居内德放弃了他在尼科波利斯的职位，加入了穆斯塔法。两人很快在萨洛尼卡附近被穆罕默德的军队击败，不得不向拜占庭人寻求庇护（1416）。

现在越发明显，造成奥斯曼国家十余年动荡的内部冲突，不仅是一场王朝斗争，还与深入的社会问题相关联。在精神领袖什伊·贝德尔丁（Sheyh Bedr ed-din）的领导下爆发了一场革命。什伊·贝德尔丁是一位神学家和神秘主义者，曾担任穆萨的军事法官（kaziasker）。⑨ 普通民众，尤其是在艾登地区，全心全意参与这场运动，该运动还得到了一些希腊东正教修士的支持。叛乱者宣扬对土地、牲畜、农具、食品和衣物的共同所有权；并且与基督徒交好，因为对他们来讲，与基督教信仰交融是灵魂救赎的唯一途径。这一最终观点表明，反叛的目标可能是建立一个基于新宗教的国家，这一新宗教源自伊斯兰教和基督教。

这些教义无疑源自连续的政治变动，以及在土耳其地区长期的宗教融合。政治变动首先是因为几个土耳其国家及其之间的冲突，并由于帖木儿对安纳托利亚的占领加重了局势，而混乱的内战致使下层阶级愈加贫穷，因此他们更加要求社会变革。宗教融合问题更为复杂。伊斯兰教无疑是征服者的宗教，统治集团宣扬圣战原则，以此为基础进行扩张。尽管如此，这一宗教信仰在安纳托利亚却是非正统的。行政当权者通常是传统的穆斯林和神学家（ulema），但除此之外还有游牧民，他们新近皈依，表面上信奉伊斯兰教，实际

---

⑨ Werner (1985), pp. 217–233.

第三十二章 奥斯曼世界

上还保留着他们异教的或萨满教式的信仰。几支游牧部落是基督徒,也引发了一些混乱。⑩ 伊斯兰教的托钵僧常常拜访新征服地区,宣传伊斯兰教,但是他们大都属于宗派主义者和神秘主义者团体,更愿意远离伊斯兰中心地区,以便有更大的自由传播他们的信仰类型。另外,安纳托利亚被征服的基督教民众有着长久的宗教和文化传统,因此能够对新主人施加深远的多种影响。在新征服的巴尔干半岛,土耳其人占少数。随着遍及伊斯兰世界的大量士兵被吸引至土耳其地区,在位于基督教和穆斯林的土地之间发动圣战,通婚现象普遍。这些士兵不得不在敌人中间,甚至常常在囚犯中间寻找自己的女人。什伊·贝德尔丁本人就是一位穆斯林法官和一个地方城镇的拜占庭统治者的女儿所生之子,父亲自征服早期就居住在鲁米利亚,而母亲曾经被俘做过囚犯。通婚无疑意味着家庭内的某种宗教融合,并将影响到整个社会。14世纪末,布尔萨的一位穆斯林传教士说道,耶稣并不低于先知穆罕默德;此外,伟大的神秘主义诗人尤努斯·艾玛雷(Yunus Emre)曾写道,某一刻他的灵魂在清真寺祈祷,而另一刻在教堂阅读福音书。⑪ 当时的情形由此可见一斑。

贝德尔丁的运动宣扬与基督徒交好,迥异于圣战观念,因此动摇了奥斯曼国家的基础。这场运动还威胁到了希腊东正教教会,后者受到素丹的保护,在奥斯曼的统治下确保了自己的地位。⑫ 因此,这场起义遭到了军事镇压,随即穆罕默德一世对男人、妇女和孩童进行血腥屠杀。贝德尔丁本人在塞雷斯(Serres)被处以绞刑。尽管如此,一个伊斯兰教托钵僧团体[托尔拉克(Torlak)]幸存下来,他们公开宣称耶稣就是上帝。⑬

穆罕默德一世已经克服了严重的危机,但是当威尼斯人在加里波利斯(Kallipolis,1416年5月)摧毁了奥斯曼舰队之后,他的地位甚至变得更弱了。这时,素丹改变了以前对基督徒的和平政策。1417年,他对瓦拉几亚地区发动了大规模的惩罚性战争,并将总督米尔西亚降为纳贡封臣的地位。另一支奥斯曼军队进军阿尔巴尼亚(Alba-

---

⑩ Beldiceanu-Steinherr (1991), pp. 21–73.
⑪ Wittek (1938a), p. 31; Gölpınarlı (1965), p. 156; Mélikoff (1993), pp. 135–144.
⑫ Zachariadou (1990–1991).
⑬ Spandugnino, *Dela origine deli Imperatori Ottomani*, pp. 247–248.

nia），攻克了位于亚得里亚海入口处的重要战略港口法罗拉（Avlona），并于次年征服了坚固的吉诺卡斯特（Argyrokastron）堡垒。随后穆罕默德对多瑙河地区发动了一场新的远征，并通过外交胜利获得圆满成功。他将匈牙利国王西吉斯蒙德从两个盟友中孤立出去，这两个盟友是波兰国王瓦迪斯瓦夫（Władysław of Poland）和立陶宛大公维陶塔斯［维托尔德（Vitold），1420］。⑭

穆罕默德一世卒于1421年5月，其子穆拉德二世（Murad Ⅱ）继位。然而王朝斗争重又爆发。拜占庭人再次试图分裂奥斯曼人，支持觊觎王位的"冒牌货"穆斯塔法［*Düzme* Mustafa（译者按：穆拉德二世的叔父）］和德居内德对抗穆拉德，前两者自1416年起一直掌握在拜占庭人手中。拜占庭人的努力最终失败，因为福西亚的热那亚人行政长官阿多诺（Adorno）将其舰队交予穆拉德二世指挥，后者进入色雷斯，并消灭了穆斯塔法。这位素丹为了报复拜占庭人，还进攻他们的领土，尤其是在1422年夏围攻君士坦丁堡。拜占庭人当时为了迫使穆拉德放弃围城，曾在尼西亚（Nicaea）拥立另一个王位觊觎者、穆拉德的弟弟穆斯塔法为素丹。但最终，穆拉德击败了穆斯塔法，并将其处死。

内战为土耳其埃米尔们提供了反对奥斯曼人的时机。伊斯芬迪亚尔贝伊国侵入了萨卡里亚河（Sangarios）地区，而卡拉曼贝伊国试图占领重要港口安塔利亚（Antalya）。素丹能够扫除这些麻烦。德居内德与新的王位觊觎者、"冒牌货"穆斯塔法（*Düzme* Mustafa）的小儿子联合，再次试图在士麦那建立自己的国家。1424年，素丹与拜占庭人和匈牙利人分别达成和平协议。巴尔干半岛的和平使他能够对付这位觊觎者，他派遣军队到艾登，根除了德居内德及其整个家族。艾登地区以及相邻的门特舍贝伊国于是并入奥斯曼土地。大约在那一时期，黑海的萨姆松地区也被吞并。穆拉德二世在这些王朝战争中取得了胜利，他或许希望对小亚细亚的重新统治得到公开承认，于是在那年（1425）邀请拜占庭皇帝的代表、瓦拉几亚总督、塞尔维亚统治者和其他基督教领主来到以弗所（Ephesus）。⑮

---

⑭ Manfroni（1902）；Papacostea（1976）；Zachariadou（1983a）.
⑮ Ducas, *Historia Byzantina*, p. 196；Basso（1994），pp. 63–79, 285–289.

第三节 国家的组织形式

穆斯林统治者将其臣民分为信徒和异教徒。在奥斯曼地区，异教徒指基督徒和犹太教徒，他们作为受保护民（dhimmis），在素丹的保护下生存，有义务缴纳两类特别税，即人头税（djizye）和土地税（kharadj）。

约1430年，奥斯曼国家在安纳托利亚有16个省份（sandjaks），在鲁米利亚有12个省份。⑯ 大部分地区以提玛尔（timars）为单位被分配给了骑兵（sipahi）。一份提玛尔就是一块土地，连同耕作者一起由国家赏赐，为持有者提供生计，无论素丹何时召集作战，持有者都必须参加。提玛尔有高低收入之分，相应的持有者的义务也有大小。1432年，阿尔巴尼亚的一项土地调查地籍簿保存了下来，清晰地描绘了提玛尔制度。小省份要提供1000名骑兵，而大省份要提供多达6000名骑兵。在各省征集的正式骑兵之外，还有为边境贝伊服役的轻骑兵突击队（akındjı），他们由游牧民（yürük）和基督徒（martolos and voynuk）组成。⑰

素丹也有自己的私人军队，称为禁卫军（yeniçeri）。在这一制度上，奥斯曼人遵循了古老的东方习俗，可追溯至阿拔斯王朝的哈里发（Abbassid Khalifs），即统治者的士兵由奴隶组成，是其私人财产（kapu kulu）。穆拉德的宫廷驻守着3000名禁卫军，主要是阿尔巴尼亚人、希腊人、保加利亚人、塞尔维亚人、波斯尼亚人等。⑱ 在奥斯曼国家初期，这些士兵来源于偷袭和战争俘获的年轻囚犯，依照伊斯兰教神法，要拿出战利品的五分之一（pendjik），包括俘虏，献给统治者。后来，可能在穆拉德二世时代，制定了定期征召受保护民的儿子的兵役制（devshirme）。这一制度将受保护民降为奴隶身份，与神法相左，但这是素丹军事力量的一个特别来源，因为这些年轻人脱离了他们天生的出身背景，完全依赖于素丹本人，并视其为父。这些男孩一旦被征召，便要接受伊斯兰化和土耳其化的训练。他们的最大前

---

⑯ Zachariadou (1987).
⑰ Hicrî 835 Sûret-i Defter-i Sancak-i Arvanid; Beldiceanu (1980).
⑱ Ordo portae, p.6.

途就是被带至宫殿成为侍从，其他人则加入素丹的卫队，其余人等仍要进入军队。帝国的最高职位越来越多地向他们开放。鲁米利亚的边境贝伊在他们的领地内也拥有私人奴隶军队，比如埃夫雷诺斯和帕夏—伊伊特（Pasha-Yigit）的儿子图拉汗（Turakhan）。

基督教作者讽刺素丹结交出身卑微的人，比如牧人和农夫之子。但奥斯曼高层显贵却以他们卑下的出身为傲，称赞素丹明智地招募了这些官员和首领，并赞扬那些来自农民社会最底层的伊斯兰教的典范。⑲

在安纳托利亚，素丹得到了四位土耳其附庸的军事援助，他们是卡拉曼贝伊国、伊斯芬迪亚尔贝伊国、杜尔卡迪尔贝伊国和阿拉尼亚领主（Alanya）。在鲁米利亚，素丹也拥有基督教附庸，他们统治着自己的领地，负有义务向素丹缴纳岁贡，并提供军事援助或其他某些役务。遵照这一传统惯例，塞尔维亚、莫里亚、莱斯沃斯岛、艾诺斯、福西亚和其他几个地区由基督教领主管理。根据一项奥斯曼人早已接受的古老的东方习俗，这些基督教附庸必须每隔一段时间定期觐见素丹，并进献贡赋和礼物。素丹则回赠以象征荣誉的长袍（khilat）。几位附庸，尤其是来自阿尔巴尼亚和伊庇鲁斯的附庸，其子作为人质被扣留在素丹的宫殿，有机会学习奥斯曼式生活方式，因而其中一些人皈依了伊斯兰教。乔治（George）就是一个例证。他是阿尔巴尼亚领主卡斯特里奥特斯（Kastriotes）之子，但他更为人所知的是其在奥斯曼宫廷得到的穆斯林名字伊斯肯德〔Iskender，斯肯德贝伊（Skenderbey）〕；后来，他因在自己的国家抵抗土耳其人而出名。附庸的女儿们作为素丹的妻子也被豢养在后宫。穆拉德二世的后宫就包括土耳其附庸伊斯芬迪亚尔贝伊的女儿，以及塞尔维亚领主布兰科维奇（Branković）的女儿、著名的玛拉（Mara）。这些女子也是统治系统的一部分，因为她们在素丹和她们父亲的王廷之间充当着中间人的角色。

素丹家族是靠血缘传承的奥斯曼社会的唯一家族，并且那时只限于男性成员。尤其从 15 世纪开始，大部分素丹都是奴隶出身，母亲非土耳其人。帝国的宫室构成奥斯曼社会的顶端，并由两部分组成：

---

⑲ Ducas, *Historia Byzantina*, pp. 130, 137 – 138; Ménage (1966); Beldiceanu-Steinherr (1969); Demetriades (1993).

素丹的私人仆从和卫队,以及素丹的后宫,在这两部分人中,都有非土耳其出身的成员。

农业构成奥斯曼经济和军队的财政支持的基础,与提玛尔制度(timar system)联系密切。理论上,土地属于国家,国家强力地控制着农民(reaya)。大部分农民生活在素丹以提玛尔为单位封赐的土地上,他们必须向提玛尔占有者缴纳什一税(ashr)和其他税种。农民只有使用权,并可继承给儿子。也有些土地具有个人完全所有权[穆勒克(mülk)],还有大片土地属于慈善机构[瓦克夫(vakf)]。[20]

第四节 战争派与温和派

穆拉德二世通常被认为是一位爱好和平甚于爱好战争的统治者。拜占庭历史学家杜卡斯(Ducas)评价他关心大众福祉,不管他们是穆斯林还是受保护民,他都对那些贫苦的臣民怀有怜悯之心。穆拉德并不以完全摧毁战败国为目标,只要敌人求和,他就常常与他们议定和约。[21] 和约条款通常是接受敌人为附庸,并能继续统治他自己的领地。遵循这一政策,穆拉德获得了一群高级官员的支持,他们想根据伊斯兰传统树立国家典范,比如埃及或波斯,且以贸易、手工业和农业为基础发展经济。这一集团的领导者是维齐尔阿里·贾德尔(Halıl Djandarlı),绰号"异教徒的伙伴"(giaur ortağı)[22],这个名字显然是其好战的对手所起的。但是,穆拉德周围还有另一群人,他们坚决支持圣战观念和征服政策。穆拉德的另一位维齐尔法兹鲁拉(Fazlullah)就是一个臭名昭著的好战派,他批评素丹对异教徒心怀仁慈和宽容,而不是根据神的意愿用剑来对待他们。[23]

穆拉德二世继位前后出现了一段相对和平的时期,在此期间取得的重要经济成就鼓舞了温和派。贸易开始繁荣,几座奥斯曼城市大幅发展,比如布尔萨及其重要的丝绸市场。[24] 威尼斯、热那亚和拉古萨(Ragusan)的商人常常造访奥斯曼地区,当时素丹和米兰公爵建立

---

[20] Inalcik (1993).
[21] Ducas, *Historia Byzantina*, p. 228.
[22] Ducas, *Historia Byzantina*, p. 251.
[23] Ducas, *Historia Byzantina*, p. 208.
[24] Inalcik (1960) and (1970b), p. 211.

了联系，开辟了通往意大利的新贸易通道。城镇居民也繁荣起来。当奥斯曼军队围攻君士坦丁堡时，紧随着大批商人，包括钱商、香料商人和鞋商，他们来自土耳其城镇，购买士兵掠夺的物品。[25]

1427年，昔日的附庸塞尔维亚君主斯特凡·拉扎雷维克（Stephan Lazarević）去世。奥斯曼人和匈牙利人都介入了塞尔维亚，两国之间开始了长期的战争。匈牙利国王西吉斯蒙德得到了威尼斯人的支持，决定对抗土耳其人。1423年，威尼斯人占领了萨洛尼卡，但他们无力防御土耳其人频繁的攻势，因此计划与国王西吉斯蒙德联合行动。他们一同在东方寻求盟友，与美索不达米亚领主奥斯曼·卡拉于吕克（Osman Karayülük）和卡拉曼埃米尔建立起联系，后两者得到了帖木儿继承者沙鲁克汗（Shahrukh）的支持，沙鲁克汗居于赫拉特（Herat）。尽管如此，奥斯曼人还是在1430年将威尼斯人驱逐出了萨洛尼卡。同年，奥斯曼人和平吞并了重要城市亚尼纳（Yanina）和阿塔（Arta），两城原属于短命的小托考王朝（Tocco）。与卡拉曼贝伊国和卡拉于吕克战争的后果更为严重，因为两者的庇护人沙鲁克汗通过征收岁贡向素丹施加压力，岁贡是帖木儿在安卡拉战役之后予以征收的。穆拉德劝说沙鲁克汗应该免除其岁贡，因为他进行的是圣战。有一次，沙鲁克汗的使团访问埃迪尔内（Edirne），他们被带领参观了匈牙利囚犯，其中有300名囚犯被当作礼物献给了他们。[26]

1437年，奥斯曼人在巴尔干半岛再次展开攻势：匈牙利国王西吉斯蒙德去世，法兹鲁拉就任维齐尔一职，[27]战争派实力加强。拜占庭皇帝努力挽救摇摇欲坠的国家，决定参加费拉拉公会议，此次会议目的是联合希腊东正教与罗马教会。拜占庭皇帝遭到素丹的坚决反对，后者担心可能会发动十字军东征。当拜占庭皇帝最终驶往意大利时，穆拉德受其高级官员的鼓动，欲进攻君士坦丁堡，但被阿里·贾德尔劝阻。[28]

---

[25] Cananus, *Narratio*, p. 464.
[26] Tardy (1978), pp. 12–36; Konstantin Mihailović, *Memoirs of a janissary*, p. 59; Jorga, *Notes et extraits*, pp. 25–30.
[27] Ménage (1976), pp. 576–577.
[28] Sylvestre Syropoulos, *Les "memoires" du grand ecclésiarque*, p. 182; Sphrantzes Georgios, *Memorii*, p. 60.

第三十二章　奥斯曼世界

　　奥斯曼人没能将匈牙利人驱离贝尔格莱德（Belgrade），但他们在1439年占领了新布尔多（Novobrdo）的银矿，从而得到了补偿，并在两年后占领了该市。战争继续进行，奥斯曼人的敌人由一位有为的军事指挥官、特兰西瓦尼亚（Transylvania）的总督贾诺斯·洪约迪（János Hunyadi）率领。教会联合协议签订（1439）后不久，教宗尤金四世（Pope Eugenius Ⅳ）便开始鼓动十字军东征，而不管拜占庭人的公开反对。十字军在洪约迪和波兰—匈牙利年轻国王的指挥之下进军奥斯曼帝国，同时卡拉曼贝伊国袭击了奥斯曼人在安纳托利亚的领土。整个冬天，素丹都在尼什（Niš）和索非亚（Sofia）之间对抗基督教军队。素丹被击败，被迫与基督徒达成了一项为期十年的和平协定〔《埃迪尔内—塞格丁条约》（Treaty of Edirne-Szegedin），1444〕。

　　根据伊斯兰教的司法原则，与异教徒停战不能超过四个月，或者至多一年。只有当穆斯林一方确实需要休养时，才允许停战十年。据此可推断，素丹形势严峻，而且其宫廷中的战争派受到严厉的批判。另外，素丹的封臣开始反叛，尤其是在阿尔巴尼亚、莫里亚和卡拉曼地区。穆拉德恢复了秩序，但随即宣布退位，让位其子年仅十二岁的穆罕默德。穆拉德可能确实做过此项决定，因为他在战争中失利，而且缺少所有高级军官的支持。社会动荡的信号也很明显：在埃迪尔内，一位穆斯林神职人员不断宣扬异端观点，他及其追随者被判处死刑。

　　此外，基督徒高估了对土耳其的胜利，并且在签订协议几周之后，发动了一场新的十字军东征。穆拉德指挥军队，在瓦尔纳战役中击垮了这群基督徒。在这次战役中，年轻的国王瓦迪斯瓦夫被杀死（1444年11月10日）。两三年后，借助阿里·贾德尔发动的一次政变（coup d'état），穆拉德二世重回王位。他继续与洪约迪作战，并在科索沃（Kosovo，1448）再次将其击败。与此同时，穆拉德的舰队威胁着君士坦丁堡，并进攻了位于多瑙河河口的凯利（Kelli），但未获成功。[29] 穆拉德最终死于1451年。

---

[29] *Byzantinischen Kleinchroniken*, Ⅰ, p. 99；Cazacu and Nasturel（1978）.

第五节 君士坦丁堡的陷落和扩张时代

1451年2月穆罕默德二世第二次登上王位，此时拜占庭国家最终陷落的时机已经成熟。他的首要目标就是君士坦丁堡，这位年轻的素丹谨慎地避免与基督教世界发生任何冲突。1453年4月的前几天，一支庞大的奥斯曼军队包围了人口稀少的拜占庭首都，穆罕默德带领着禁卫军，亲自驻扎在离城墙不远处。技术先进的大炮夜以继日地狂轰滥炸。甚至运用更为先进的工程技术，将72艘舰船由陆路从博斯普鲁斯海峡托运抵金角湾。5月29日，君士坦丁堡陷落。穆斯林世界昔日的梦想成为现实，圣索非亚教堂变为了清真寺。奥斯曼帝国成为拜占庭的继承者。

在最后攻城之前，素丹与其军队达成口头协议：攻陷城市后允许士兵劫掠。这意味着包括人身在内的动产都属于士兵，建筑物和土地属于素丹。于是，士兵洗劫了城内所有的东西，并俘虏了全体居民，将他们变卖为奴，或者索要赎金。城市陷落的第二天，城内既听不到一丝人的哭号，也听不到牲畜甚至飞鸟的声音。[30]

素丹立即着手恢复人口和重整城市。他邀请其高官前来定居，释放囚犯并在城内安置他们，召回在最后攻城之前逃离他乡的原君士坦丁堡居民。而且主要采取大规模强制流放的奥斯曼式措施：其他城镇居民成群地被迫迁入君士坦丁堡。这些人选自居住在城市中心的商人和手工业者，大部分是受保护民。素丹为了鼓励这些新居民，提供给他们房子并且免征税款。另一项恢复城市人口的重要措施是重建宗教权威。根据古老的伊斯兰教原则，素丹首先任命了一位希腊东正教团体的牧首：他选择了对立教宗根纳迪奥斯·斯科拉里奥斯（Gennadios Scholarios）担任该职。接下来任命了博学的莫西·卡普沙里（Moshe Kapsali）担任拉比（rabbi），最后任命约阿基姆（Joachim）担任亚美尼亚人的牧首。[31]

征服君士坦丁堡不久，穆罕默德下令处死阿里·贾德尔：以素丹

---

[30] Ducas, *Historia Byzantina*, p. 302.
[31] Inalcik (1969–70); Braude (1982).

为首的战争派掌握了全部权力,而温和派似乎已经销声匿迹了。由战争派统治的奥斯曼国家开始了长期的征战,这些人崇尚领土扩张、军事荣耀,或者仅仅是为了夺取战利品。穆罕默德不断征战,他的传记作家图尔松·伯格(Tursun Beg)写道:"素丹喜欢的行事风格就是,假如他在一年内轻松地完成了一次征服,如果还有足够的剩余时间,他会努力追加另一场胜利征服。"一位在其宫廷居住了好几年的斯拉夫士兵,可能是一位禁卫军,描述了素丹身边的好战精神。有一次,穆罕默德听闻教宗的军队正在向其领土进发,他便召集其高级官员通报险情,并征询意见。他们回答他说,"幸运的领主,向他们的领土进军吧;这比在家中坐以待毙更为可取"㉜。

穆罕默德二世认为,附庸的存在已无益处,便将他们的统治区转变为奥斯曼省份。加蒂卢西奥被驱离艾诺斯和莱斯沃斯岛(1454—1462);布兰科维奇家族丧失了塞尔维亚(1459);巴列奥略王朝的统治在莫里亚被废除(1460);大科穆宁(Grand Komnenoi)被迫交出了特拉布宗(1461)。原先附庸中的一些人,比如大科穆宁、布兰科维奇的后代和巴列奥略的后代,由素丹封赐了土地作为收入,通常在斯特里蒙地区(Strymon)。居住在原先附庸领地上的古代基督教贵族成员经允许留了下来,其中一些人是提玛尔持有者。

因为匈牙利人持续对较小的巴尔干半岛国家施加影响,他们成为奥斯曼人在欧洲最主要的敌人。穆罕默德二世未能将他们驱离贝尔格莱德,但是他征服了波斯尼亚(1463)和黑塞哥维那(Herzegovina,1466),并对瓦拉几亚(1462)和摩尔达维亚(1476)发动了毁灭性的战争。斯肯德贝伊在阿尔巴尼亚抵抗了若干年,但是经过连续的军事行动,在他死后(1468),这个国家也成为奥斯曼领土。在1463年至1479年,穆罕默德二世与威尼斯人作战,后者奋力保卫了自己在莫里亚和阿尔巴尼亚的属地,但是丢失了埃维厄岛(Euboia,内格罗蓬特)。穆罕默德二世也与热那亚人作战,并将他们逐出了克里米亚的属地(1475)。最终在1480年,穆罕默德二世派遣了一支军队在南部意大利登陆,并占领了奥特朗托。另外,穆罕默德二世在安纳托利亚消灭了卡拉曼贝伊国(1475)。他在东方最大的敌人是阿科云

㉜ Imber (1990), p. 181; Konstantin Mihailović, *Memoirs of a janissary*, p. 145.

鲁（Akkoyunlu）的领主尤祖恩—哈桑（Uzun-Hasan），后者统治着波斯、美索不达米亚和亚美尼亚。祖恩—哈桑控制着连接中亚和安纳托利亚商路的重要部分，并掌握着一些贸易中心，比如城市埃尔津詹（Erzindjan）。因此，在他与奥斯曼素丹之间存在着严重的利益冲突。此外，这位阿科云鲁领主与教宗和威尼斯人建立了友好关系，变得更具威胁性。1473 年，祖恩—哈桑在奥特鲁克·贝利（Otluk Beli）最终惨败于奥斯曼人之手。

历史学家图尔松贝伊（Tursun bey）从未隐瞒这一事实，即奥斯曼军队有时对他们不得不承受的连年艰苦的征战感到不满。在整个冬天，当穆罕默德开始备战艾诺斯时，禁卫军对这些命令感到不满。1458 年，当他命令讨伐莫里亚时，官员和士兵们都对过度频繁的军事行动感到不满。他的维齐尔不得不提醒他们，素丹是被神选中进行圣战的统治者，征服世界没有牺牲不会成功。[33]

除了热衷于战争以及紧急军务，穆罕默德及其幕僚对于在敌人中盛行的文艺复兴潮流并非漠不关心。几位人文主义者和艺术家曾拜访过素丹的宫廷，詹蒂莱·贝利尼（Gentile Bellini）最为著名，他曾绘制了穆罕默德的肖像画（见插图 24）。对文艺复兴艺术品的喜好也在素丹的臣民中流行开来，现存的几处那个时代的遗迹可以证明这一点。[34]

素丹过度好战的政策耗光了他土地上的经济资源。为了资助军事行动，他不得不提高关税和一些农民税种，并向伊斯坦布尔的居民征收新税。他不断使银币贬值：在其统治期间银币（akçe）贬值了约 30%。为了专门增加和奖励骑兵部队，他没收了慈善机构的地产（瓦克夫）或个人地产（穆勒克），并作为提玛尔予以分配。这一举措激起了有势力的地主家族的怨恨，尤其是那些宗教人士（ehl-i din），即乌理玛（ulema）、谢赫（sheyhs）和托钵僧，他们控制着瓦克夫。这些宗教人士早已对素丹不满，因为素丹为了消减非军事开支已经取消了照例分配给他们的赏赐。[35]

---

[33] Inalcik and Murphey (1978), pp. 37, 43.
[34] Mpouras (1973). 见插图 24。
[35] Inalcik (1973), p. 35；参阅 Beldiceanu (1965)。

第六节　重商主义的努力

穆罕默德二世好战，最终于 1481 年死于前往一次战役的路上，敌人身份不明，可能是马穆鲁克。他的死引发了其子拜齐德和德杰姆之间的内战。拜齐德获胜，德杰姆避难于罗得岛上的医院骑士团。德杰姆后来被带至西欧，在那里基督教势力急于将其用作他们最后分裂奥斯曼国家的工具。1495 年 2 月，德杰姆死于那不勒斯。㊱ 一直到那一天，圣战任务都未推进，因为拜齐德二世没有冒险发动涉及基督教国家的军事行动。㊲ 1481 年，他放弃占领奥特朗托。

现在新观念代替了圣战思想。拜齐德被同时代的作家描述为有别于其父的一位虔诚的君主，爱好正义并尊重神法（sharia），而其父则主要利用世俗法或习惯法（örf）。拜齐德被视为神派来巩固祖先们征服的广袤的奥斯曼领土的，并根据伊斯兰传统组织管理。因为这些品质，托钵僧在拜齐德的名字前赋予 veli（圣）字样。这些托钵僧曾支持拜齐德反对德杰姆，后来作为奖励拜齐德恢复了他们的瓦克夫。随着奥斯曼领土日趋巩固和组织化，还出现了对了解奥斯曼历史的渴望，或者用现代术语来讲，就是寻求奥斯曼认同感。素丹邀请作家撰写奥斯曼王朝的历史，许多人做出了响应，因此在那个时代编纂了几部奥斯曼历史。㊳

然而，战争未能完全避免。1484 年，素丹占领了其祖父和长胜的父亲之前都未能攻克的地区。他征服了凯利和阿克曼，两个黑海非常重要的港口城市，欧洲商人频繁出入，尤其是热那亚人。素丹自己完全知晓征服的经济和战略重要性。正如在寄到拉古萨的一封信中，素丹将凯利称为通往摩尔达维亚、匈牙利和多瑙河地区的钥匙和大门，将阿克曼称为通往波兰、俄罗斯和鞑靼人领地的钥匙和大门。㊴

德杰姆死后，伊斯坦布尔的禁卫军内部暴乱表明，这支军队需要战斗。然而，因为长期以来土耳其海军落后于许多基督教国家的海

㊱ Lefort（1981），pp. 5 – 13; Shai Har-El（1995），pp. 105 – 112, 115 – 116.
㊲ See, however, Shai Har-El（1995）.
㊳ Inalcik（1962），pp. 164 – 165.
㊴ *Acta et diplomata Ragusina*, Ⅰ, pt 2, pp. 757 – 758; Papacostea（1978），pp. 234 – 241.

军,拜齐德优先组建舰队。威尼斯人的报告夹杂着焦虑之情,提供了建造船只的重要信息,以及土耳其海盗在爱琴海内外的活动情况。[40] 1499年,爆发了对威尼斯的战争,由几百只桨帆船组成的奥斯曼海军几次击败对方。战争第一年,拜齐德征服了位于科林斯湾的勒班陀,他立即命令在周边地区建造里翁(Rio)和安提里翁(Antirio)两座城堡,以控制通往海湾内部的入口。次年,他从威尼斯人手中夺取了莫顿和科伦[僭主的"两只眼睛"("the two eyes"of the Signoria)]。第三年,奥斯曼人征服了都拉斯(Durazzo)口岸,旅行者和商队大多从这里出发进入内地,沿着古代的艾格纳提亚大道(Via Egnatia)前往亚得里亚堡和君士坦丁堡。

拜齐德征服的领土有限,但他的征服非常重要。对凯利和阿克曼的征服,意味着关闭黑海通往西方道路的努力进入了最后阶段,而在奥斯曼领土的外围对威尼斯港口的征服,则建立起了经济统一体,消除了敌人的前哨站。此外,通过向所有这些港口征收重要的关税,国家收入大幅增加。很明显,拜齐德的目标是独占港口,而非征服领土向士兵分配提玛尔。他从未想过利用严重的内讧分裂其传统的敌人,比如匈牙利、波兰和摩尔达维亚,而是选择了与威尼斯人作战。

占据港口当然有益于商人阶层。在1481—1495年长时间的和平时期,商人(不管是穆斯林人还是受保护民)能够做好生意,从而作为一个阶层获得权力。黑海几乎为奥斯曼人所独占,这展现出新的面貌。外国人一般不允许越过博斯普鲁斯海峡,只有中欧商人光顾奥斯曼帝国时或在商旅途中来到黑海地区。因此,高额利润的黑海贸易主要落入素丹的臣民手中。[41] 15世纪后半叶,尤其是1492年犹太人被驱离西班牙之后,商人阶层由于大批欧洲犹太人的到来而得到加强。[42] 奥斯曼当局清楚这些新来者在贸易和银行业富有经验,并与欧洲和北非有联系,所以支持他们迁来定居,因此犹太人社区出现在帝国的主要港口。所以人们可能疑惑,拜齐德的政策是否是在专门取悦商人阶层,甚或是在商人阶层的压力下制定的。16世纪早期一位不知名的希腊作家曾评论到,在拜齐德时代每个人都在赚钱和花钱。因

---

[40] Kissling (1988), pp. 207-215; Fisher (1948), pp. 42-44, 52-55, 78-79.
[41] Kellenbenz (1967); Inalcik (1979).
[42] Inalcik (1969).

为该作家是一位受保护民,我们有理由推断他具有商人头脑。[43]

1500年之后不久,在安纳托利亚爆发了主要由游牧民参与的社会冲突,他们以宗教名义发起叛乱[恺兹巴什运动(kızılbash movement)]。[44] 那场叛乱被认为是对拜齐德的行政集权化趋势的反抗。然而,叛乱也与商人阶层的兴起有联系。游牧民从一处迁往另一处,常常扰乱安纳托利亚的陆路,有时还把控着部分路线。他们向旅行者和商队征收通行费。这些行动不可避免地与商人发生冲突,后者期望更大程度上的法律和秩序。

如果我们以一位名叫凯末尔·帕夏扎德(Kemal pashazade)的高官和学者的话来判断,拜齐德时代出现的这一新趋势在塞利姆一世(Selim I)时代更加明确。他说道:"我的素丹,你住在城中,恩主就是大海。如果大海不安全,船只就不会前来,如果没有船只前来,伊斯坦布尔就会衰落。"[45] 这些话与穆拉德二世的维齐尔法兹鲁拉或者穆罕默德二世的高官们的言语存在极大的矛盾。后者主张完全消灭异教徒。素丹没有受到鼓动进攻海外敌人,而是选择保护来自海外的奥斯曼人和异教徒的商船。这一良策显然出自重商主义者,而非帝国主义者。尽管如此,当奥斯曼人的政策偏向贸易和航海时,世界正在迅速改变。葡萄牙人已经发现了新航路,出现在红海之上,利凡特贸易衰落的苗头清晰可见。[46] 奥斯曼人于是再次恢复战争和征服政策。

伊莉莎白·扎哈丽娅杜(Elizabeth Zachariadou)

陈太宝 译

---

[43] *Ecthesis Chronica*, p. 55.
[44] Mélikoff (1975); Roemer (1990).
[45] Lewis (1961), p. 25 n. 7.
[46] Özbaran (1994), pp. 89–97, 119–121.

第三十三章

结　论

"欧洲之窄，宛如夏日短夜。"海因里希·波尔用短暂黑夜来描绘欧洲的宽度，即东起俄罗斯，西到大西洋海边。比照起地球的宽度和深度而言，它确实很小，但它的历史远非因此而整齐划一。善于观察的读者记得，相对于欧洲数量众多的国家之间的同一性，以及本卷第一编作者所进行的概括来说，差异众多更能显示这是个有巨大多样性的大陆。

作为其主要遗产，15 世纪的欧洲继承了相当多种类的政治制度。进一步说，为了解决由"教会大分裂"造成的关于权威的基本问题，对权威的性质和来源问题以及它以怎样的最好方式转化成有效合法权利问题的讨论，由这种需要导致了一种热情长期存在，这时又付诸更多的实践。由一人（君主或诸侯）统治的制度，流行于欧洲大部分地方，特别是西部。[①] 可是还有别的制度存在。一个是瑞士联邦依此进行统治的制度，另一个则是威尼斯借以进行管理的制度。在波希米亚，有一股强劲的运动，即趋向于在涉及社会的事务决策中有更广泛的大众参与形式，甚至教宗（他自身是一种君主）统治的教会事务亦不能例外。在某些国家（英格兰）实行的代议制在别的国家（法国）则没有。有人赞赏它，既出于原则，也因为它被认为能引向更有效的统治。其中一个作如此训诫的人是约翰·福蒂斯丘爵士，他对法国国王统治（*deminium regale*）的批评基于这样的事实，即其英国同侪的王家政治（*deminium politicum et regale*）更能导向统治者和被

[①] 关于这一点，参见 Burns（1992）。

第三十三章 结论

统治者之间的良好关系。很显然，历史学家不应将代议制议会设想成唯一形式。当然也有看法认为，中世纪晚期欧洲有三种甚至四种代议制机构，都代表了它们继承下来的不同的历史社会秩序，都旨在做出不同的事情。对这类机构每种形式之功能的研究，使我们能最好地理解其真实性质，并由此判断其成就的成功程度。那些将议会看成为满足君侯们之政治诉求而必需的人，应该予以再思考。② 共同权力只有在不为政治目的时才能行使，因为在各种情况下它从来不是意向。

中世纪末欧洲经历的多样性，也可从贵族所扮演的角色变化上看到，现在还加上国家在一个急剧变换的世界里的角色变化。这一（或这些）阶级是怎样对抗它周围所出现的发展？例如，贵族们在各自国家里怎样发挥政治作用？处于"优势"的君主在多大程度上依赖和利用他们的支持？在这件事上肯定有许多不同情形。背景和传统之构成如此不同的这一群体，在不同地区（甚至国家）是怎样抵抗危及其地位的变化的？作为一个传统的军事性等级，贵族是如何进行调整，以适应战争组织和过程变化的？③ 骑士制度到 1500 年变成了何物？它实际上还存在么？或者它只是宫廷或公众娱乐的展品吗？那些想取得贵族地位的新人，他们曾在商业或法庭上赢得了财富或声誉，现在力图获得社会提升，在某种意义上构成对旧有军事贵族什么样的挑战？比较清楚的是，这些问题或解决这些问题的方法不是整齐划一的，它们的差异也提供了同类人群不同经历的样本，尽管有国籍差异，但他们本身也有共同的教养和体面，这是真贵族（noblesse）的关键标志。④

在宗教事务上更应强调的是，在一个世界里，俗界信徒变得越来越重要，而体制内的教会及教士则相反。长期地看，对教会圣礼生活和教诲的欣赏减弱所产生的影响，要比异端大得多，后者的宣示更易于被领悟抑或抵制。若以为中世纪晚期基督教，连同它强调个人奉献和它对隐遁人士（无论男女）劝诫的兴趣，意味着体制中的教会不再具有曾经所声称的影响了，那是错误的。劝诫虔诚和慈善行为，强调苦行、自律，以及为圣母和所有圣者祈祷，企盼上帝显现真身，造

---

② 参见第 2 章。
③ 参见第 8 章。
④ 参见第 4 章。

就了基督这个人。他的生命、激情和死亡，成了艺术家及其赞助人奉献灵感的永不枯竭的源泉。这些都构成 15 世纪欧洲宗教实践和思想的积极方面。⑤ 手抄本书籍（特别是关于时间的书籍）的发展，以及到该世纪末印刷本祈祷书的发展，满足了这个越来越有文化、越来越受教育的世界日益增长的需要。毫不奇怪，当改革呼声真的到来时，就像它们已出现的那样，其源泉常来自所有俗界基督徒寻求更高的道德和宗教实践标准。同样，与王侯们的代表一样，受过良好教育的俗界人士也应一定程度地参与教会议事程序，这是一种时代标志。争取俗界人士在教会事务中起越来越大作用的运动，至少在宗教改革发生前一个世纪就开始了。

这些发展由两个因素所激励并成为可能。一是受过良好教育的俗界群体的成长。学校和大学这种教育机构的增加，是可与俗界人士社会作用增长的故事相联系的。城市学校和慈善机构有助于年轻人成型。对受过教育的人来说，在教会之外创业的机会越来越多。⑥ 俗界的需求刺激了许多新大学（在牛津和剑桥则是一批新学院等教育机构）的建立，它们的总目标不仅是加强上帝的荣耀和捍卫信仰（宗教因素推进了大学的建立，通常受到主教的鼓励，这一点不应忘记），而且有助于提升那个更高远的"公共利益"（le bien et prouffit de la chose publique）理想。⑦ 这可用诸多的方法推进。创造出一个受教育阶级来促成好政府出现，就是其中之一。

与教育密切相关，提升世俗人社会地位的另一工具是印刷术的发明，它出现于该世纪后半叶。可以这样说：这一发展的实际效应是如此之大，可以看作 15 世纪欧洲一个最有深远影响的进步⑧，它对当代意识的再度唤起不只是在印刷术的利益和优势方面。可尽管有这样的怀疑，它也很快推动了各种教育形式，通过鼓励学习，给欧洲以"学术研究中心"⑨，并允许作者们对自己观点进行讨论和对话，以各种形式来循环交流。王侯宫廷很快就抓住了所提供的机会。新的法律条文现在能以印刷本形式出版。由于人们早已在战争年代就习惯了聆

---

⑤ 参见第 10 章；Oakley（1979）。
⑥ 参见第 11 章；Reinhard（1996）。
⑦ Armstrong（1995），第 17 页，提到了多尔一所大学的创建。
⑧ 参见第 14 章，Eisenstein（1968）。
⑨ 这一短语出自 Gilmore（1952），第 264 页。

听来自小册子的劝诫式宣传,故印刷品现在能够转而向人们告知自己时代的事情,增加他们对周围世界的认知。伊拉斯谟并不是唯一利用新技术带来的机会的人。16世纪的争论,即宗教改革本身的特有形式,如果没有印刷术的发展是绝对不一样的。

欧洲经济发展受饥馑的影响,甚至更多地受到战争影响,但战争也被认为并非像所判断的那样对国际贸易带来毁灭性影响。[10] 最糟糕的受苦者是那些乡村弱势社区,它们需要时间来恢复(因为恢复牵涉到重建,再度利用边际土地的经济价值,将稀少的财政资源投入工具更新,按照哪一部分人的意志来再建社会等),但大多数成就都是在该世纪下半叶相对和平年代取得的。历史学家们普遍同意,主要是在该世纪的第三个25年里人口开始增长,财富资源开始再创造,但这一复兴并非普遍存在(法国和葡萄牙是这些年里见证了这一复兴的国家,而另一端的英国,同一时期则很少看到变革)。

人口减少对城市的影响要小些,虽然在很多情况下城市人口较以前更少。城市将自己的力量延展到能企及的地方,即控制了它们的腹地;还有些重要城市则将更小城镇纳入其经济圈,这一发展迫使这些城市共同体采取行动来保护自己商人的活动。港口的命运好于它们,特别是那些参与了欧洲北部与东地中海奢侈品贸易的地方,尤其是在这样一个生活标准提高后对奢侈品有强烈需求的时代。[11]

城市既有经济作用也有社会作用。[12] 在欧洲许多地方,特别是意大利和低地国家,它们有一个文化使命需实现。这可以采取多个形式。许多城市将自己当成教育的提供者,主要以学校形式,也有某种大学形式。那些大型的城市机构或行会就像是艺术赞助人,其需求吸引了艺术家为它们或其成员而工作。在欧洲某些地方,在德意志,特别是在意大利,城市鼓励对自身历史的研究,以作为在竞争日益激烈的世界里占据政治高点的工具之一。现实是能被人们对过去的认知而强化的。同样,在宗教节日为公众提供娱乐的传统(这是个统治者将其作为加强自己特权之工具的传统)导致了戏剧写作和庆典举行,

---

[10] 参见第159页。
[11] 参见第31章。
[12] 参见第6章。

宗教和骑士制度在其中扮演着显著角色。⑬ 印刷术的早期历史，也常与城市相联系。1469 年，德国印刷师约翰内斯·德·斯皮拉定居威尼斯。早期这样一种协作将威尼斯变成供印刷师建立工场的自然中心，它自己的商业联系网络也伸展到了四面八方。⑭

变革对传统精英产生了影响。如同我们所见，军事贵族正在目睹他们眼前出现的深刻变化。艺术作品显示，公众对兵士们的尊重至少是模棱两可的。⑮ 新的精英阶层正在涌现。随着技术的发展，技术师开始在世界上崛起，并享受着良好的生活水准以及王侯们的支持和赞助。同样明显的是，一种对艺术家的新看法正在形成。这是为艺术家撰写传记所促进的，如曼内提为布鲁内莱斯奇所作传记；也因艺术家在大众审美中所起作用的强化而推进，他们相互之间为获得公众的委托而竞争。艺术家们的工作地点，他们的画室，也向世俗人传授着艺术价值和艺术技巧，由此普通市民获得了对艺术家及其工作的更好的理解。正是这种方法吸引了对他们以及对他们为社会所做贡献的注意力，当然在这个过程中公众对其既有赞美也有批评。⑯

体现在本书第四编中的主题，是强调国家的发展和与之相伴的政府的成长，虽然程度有所差异。⑰ 近些年里，历史学家将国家的兴起溯源于 13 世纪。它在欧洲不同地区采取不同的形式，以不同的速度出现。在每个地方它都要以这样或那样的方式引发中央对各方面生活的控制：宗教、经济、军事和文化。英国国王在该世纪早年就曾干预罗拉德派异端的颠覆活动；卡斯蒂尔国王于 1478 年建立宗教裁判所，本意就是为了处理已归化的犹太人再次放弃基督教。两者都是一种重要倾向发展的例子，即世俗权力延伸到不久前还被教会权力视为禁脔的事务。在社会—经济领域，政治诗《英国政策小书》(*The Libelle of Englyshe polycye*，1436 年左右)之所以有意义，主要在于作者劝诫当时的政府应采取行动，改善英国商业和渔业团体的命运，因为它们正

---

⑬ 参见最近资料：Clough (1990) 和 Gunn (1990)。
⑭ Armstrong (1990), p. 2.
⑮ Hale (1990).
⑯ 参见第 15 章。
⑰ 例如，可参见 Autrand (1986)；Bulst and Genet (1988)；Coulet and Genet (1990)；Genet (1990)；Genet and Vincent (1986)；Reinhard (1996)；Rucquoi (1988)；《文化与观念》(*Culture et idéologie*，1985)；《神学与法律》(*Théologie et droit*，1991)。

第三十三章 结论

在受外国人的伤害。[18] 而法国，与英国的战争结束后的几十年里，也见证了国王对人民运动的干预，以及通过手工业和贸易规范来为恢复经济创造有利条件的努力。1400年前，税收制度已在许多地方有发展，现在则变成整个欧洲生活的一个突出特征。那些长期卷入战争需要财政支持的国家尤为特殊，只有国家才能独享征税的权力和工具。[19] 15世纪的战争与13世纪战争并没有太多区别，技术作为成长中国家维持各种形式之作为的能力，是此时战争的要求。另一种干预形式尽管有很大不同，却能在对印刷师的鼓励中见到，即赐给他们特权，或垄断某本特定书的生产，或垄断书出版后一个特定时期的销卖。1479年，德国最早出现了一份主教和印刷师之间的协议，后者急于垄断为该教区教职人员提供祈祷书。这一做法也被米兰公爵用于促销一本赞美斯福查家族的书，随后在16世纪初扩散到其他国家。这一做法之本意是为了鼓励企业精神，但在不同时代却变成了控制书籍流通的手段。[20]

认识到一个受良好教育的阶级有助于推进国家利益，这就鼓励了统治者不仅去资助建立学校和大学，而且去影响教师的遴选和课程大纲的确定。人文主义以及它对一个国家的教育、行政管理和政治诉求所作的贡献（掌握拉丁语，一个人文主义者使节可用于表达其主人的思想和意图），也已能在意大利以外国家广泛感觉到。[21] 随着受过良好教育、能获得广泛信息的公众出现，跟随教育而来的是印刷体文字的重要性。将古典世界文献翻译成方言作品，出版各种有关（例如）怎样去进行统治、作战、祷告、布道或狩猎的手册，是中世纪晚期的典型产物。通过自我教育和习得知识，可以用各种方法鼓励实现人的强有力的潜能，这是人文主义者所相信的。

国家发展的历史并不是简单的制度史。个人统治者以及他们的权力地位，处于这一发展的中心。可是，对欧洲君主扮演的角色予以恰当强调，并不是要回到旧式的"帝王将相"史。相反，这是予以君主所应有的注意力。就像最近一个作者所认为，欧洲君王们在这个世

---

[18] Holmes (1961).
[19] Genet and Le Mené (1987).
[20] Armstrong (1990)，第1章。
[21] Queller (1967).

纪中巩固了自己的权力。㉒ 在某些王国里，达到这一点是靠实行一种建立在对法统和王朝主义的辅助和支持之上的政策。㉓ 在法国（这里的王室与英国冲突的原因，是在王朝主义情感增长上产生的诉求所强化的王位合法继承），在葡萄牙（这里阿维斯王朝带来了国家继承和稳定的情感）㉔，在英国（这里从1399年至1485年对王位继承有四次挑战），法统均奠定在君主稳定性的基础之上，以对"自然之主"的服从原则来表达。㉕ 毫不奇怪，王朝主义所体现的法统被政治宣传家们所强调。他们强调一个国家王朝的年岁（越老，越好）和它连续统治时间的长久。王朝主义在另一方面也很重要：勃艮第公国的例证表明，强调忠诚于作为统一各小国领地力量的（瓦洛瓦）王朝时，它能怎样将一个人为的国家固化下来。那些小国领地既无共同核心、语言、历史，也没有可使它们维系在一起的文化习惯。㉖ 重要的是，将一个王朝赋予家族树形式，成为普遍现象；其政治诉求向所有亲历者表达得足够清楚。

尽管权力面临困难，甚或有所损失（如东欧的贵族）㉗，"随着15世纪的进程，君主的能量明显增强"㉘，其最有效的标志就是越来越经常地使用象征性皇冠，来证明和强调统治者的独立性以及他对人民的严密控制。这就确保或至少在理论上可以免遭废黜的［虽然1466年教宗保罗二世因波德布雷迪（Poděbrady）的乔治国王是异端而正式废黜了他］统治者可以日益申求其"绝对"权力，特别是左西欧诸王国和公侯国。那不勒斯王国的阿方索就是这种情况；这也发生在法国路易十一以及卡斯蒂尔和阿拉贡的"天主教国王"身上。可是，也有绝对主义被更家长式统治所软化的情况；勃艮第公爵强调统治者对治下人民的义务㉙，而葡萄牙若奥一世和法国路易十二则被臣民认为要符合"人民之父"的称号。㉚

㉒ Burns（1992），p. 150.
㉓ Burns（1992），第3章。
㉔ 参见第24章第三节。
㉕ Genet（1995），pp. 103 – 106；至于勃艮第，参见 Armstrong（1995），pp. 8 – 9.
㉖ Armstrong（1995），pp. 6 – 9.
㉗ 参见第27章。
㉘ Hay（1957b），p. 6；Burns（1992），p. 148.
㉙ Armstrong（1995），pp. 9 – 11.
㉚ "Pai dos portugueses"（第629页）；"pater patriac"（第429页）。

即使是"父亲"也必须有充分的权力来实行坚强有效的统治（regere）。[31] 运用比较研究法可以告诉我们统治者是怎样建立这些权力的。有的是实行个人统治，将权力集中在自己身上。在英格兰，爱德华四世就被认为其权力非常"个人化"；相反，他的继任者亨利七世则主要依赖机构。[32] 也许这无意地有助于引领了时代：几十年后，一个"政府革命"形式出现了。葡萄牙见证了王权的成长，以国王名义实施了对主权机构的掌控，要求以个人权力形式来行动，为了普遍利益而反对特殊集团利益。国王作为立法者的传统角色须征得普遍同意。[33] 在法国，那些最"进步"的君主须完全依靠贵族才能有效，无论是在各地区行使国王权力，还是贵族作为中间人介于国王与地方之间，这就侵夺了传统的、但从来没有充分发展的等级会议的角色。[34] 国王与服务他的那些人之间的紧密联系变得极为重要。例如，在英格兰、法国和苏格兰，契约成为取得随从或依附地位的主要途径，它一般采取成为骑士或诸侯中之一员的形式。王廷自是重要，但在权力行使方面须能担当日益重要的角色；若是君主或王侯，则要担当对成长中国家的管理。在那些须赞助的地方，艰难时期的人们极力谋求官位，最终导致形成一个新贵族阶级（de robe），如法国。它们成了宏大庆典的中心，主要由骑士所鼓弄，无论是阿尔卑斯山北还是山南。当时，并非所有国家（如苏格兰和萨伏依）[35] 都很完善并有固定都城，国王巡游和诸侯宫廷既是仪式性的，也是政治性的，是事实上的权力中心，在那里做出了影响国家的决策。

重要的是，这个时代的政治语汇既用于考虑亦用于鼓励国家的发展。15世纪，"共和"（respublica）一词最初表达的意思是人民为了共同目标而在一起工作，然后成了政治共同体本身的同义词，现在又赋予了另一层意思，即强调在一个特殊政治社会之上，不允许有特权，也不允许其司法范围内有共同体的敌对物，即一个戴着近似王冠的"皇帝"来统治。这样一种发展易引起各个国家自我意识的增长，

---

[31] Burns (1992), p. 154.
[32] 参见第21章第二节。
[33] Burns (1992), p. 155.
[34] 类似这种事也发生在英格兰。见 Watts (1996)。
[35] 苏格兰，见原书第22章；萨伏依，见 Rosie (1989)。

这种国家也得到了王侯宫廷的精心经营和鼓励。[36] 这也推进了社会分化,教宗庇护二世对这种分化十分清楚。他没能在 1459 年曼图亚宗教会议上组成针对奥斯曼人威胁的联合阵线,使他认识到自己的位置已失去了不少权威,各个国家的利益和雄心又是怎样变得比保卫基督教世界更重要。[37] 随着该世纪末意大利战争的爆发,这个过程又以另一种步伐向前迈进了。

欧洲作为一个大陆,其各个组成部分都发现了自己之痛楚。波希米亚被分裂,既有宗教信念及践行方面的因素,也与种族背景和社会思潮相关。[38] 1407 年奥尔良的路易被谋杀,引起了一场关于暴政的痛苦争论。[39] 此时法国已与英国进行了长期战争。这场争论使得该世纪初真的成了"分裂时代"。[40] 在某种意义上,对这种分裂做出反应是一种需要。分裂又鼓励了对"欧洲"的强调。当外部土耳其人的威胁日益增长、内部分裂加剧时,更有对社会合作的时代诉求。在人文主义者帮助下,"基督教"这个词也极为缓慢地被"欧洲"所取代。15 世纪里"欧洲"一词用得日益频繁,并有情绪化含义。更重要的是,正是人文主义者埃涅阿斯·西尔维乌斯·皮科洛米尼,这个后来的教宗庇护二世,将"欧洲的"一词用于他那个时代的拉丁语中,意为基督教的。[41]

这个新词暗含着基督教徒统一起来的意思。但所缺乏的是和平。男男女女都在讨论它会给社会带来什么[42],1450 年代早期,和平来到了法国和意大利;在卡斯蒂尔、德国、斯堪的那维亚、意大利,此外更有瑞士联邦,都形成了创造与维护和平及社会秩序的同盟;1464 年,一个包括整个欧洲的和平方案以波希米亚波德布雷迪的乔治国王名义出台。[43] 在新世纪的早年,和平呼声由伊拉斯谟和他手下的人文主义者发出。[44] 他们的祈祷得到了回应吗?那些大君主小诸侯的雄心

---

[36] Mager (1991).
[37] Housley (1992), pp. 105–107.
[38] 参见第 18 章。
[39] Guenée (1992)。
[40] Allmand and Armstrong (1982), p. 11 and n. 66.
[41] Hay (1957a), pp. 73, 85–88, 95, 101.
[42] Allmand (1988), p. 154.
[43] 《普遍和平组织》(1964); Heymann (1965), 第 13 章。
[44] Adams (1962).

真的能与持续的和平对着干吗？对"共和"一词的最后理解没有某种含义吗？该词使得世俗权力几乎不可能与独立的教会共处。在接下来的世纪里，和平会变成现实吗？或者更易看到的，它只是基督教欧洲的分裂年代到来之前简单的平静吗？

克里斯托弗·阿尔芒（Christopher Allmand）

刘景华 译

附 录
王朝世系一览表

附录　王朝世系一览表

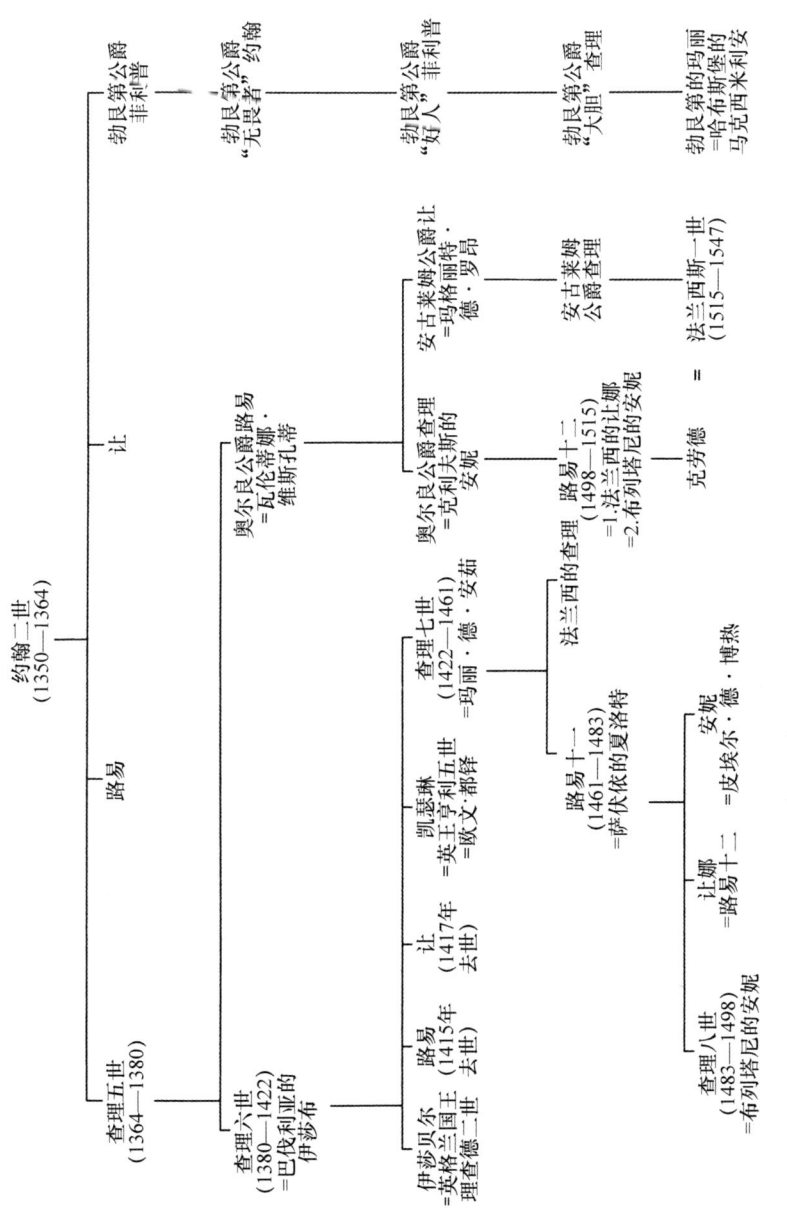

```
约翰二世
(1350—1364)
├── 查理五世 (1364—1380)
│   └── 查理六世 (1380—1422) = 巴伐利亚的伊莎布
│       ├── 伊莎贝尔 = 英格兰国王理查德二世
│       ├── 路易 (1415年去世)
│       ├── 让 (1417年去世)
│       ├── 查理七世 (1422—1461) = 玛丽·德·安茹
│       │   ├── 路易十一 (1461—1483) = 萨伏依的夏洛特
│       │   │   ├── 查理八世 (1483—1498) = 布列塔尼的安妮
│       │   │   └── 安妮 = 皮埃尔·博热
│       │   └── 让娜 = 路易十二
│       └── 凯瑟琳 = 英王亨利五世 = 欧文·都铎
├── 路易
│   └── 奥尔良公爵路易 = 瓦伦蒂娜·维斯孔蒂
│       ├── 奥尔良公爵查理 = 克利夫斯的安妮
│       │   └── 路易十二 (1498—1515) 
│       │       1. 法兰西的让娜
│       │       2. 布列塔尼的安妮
│       │       └── 克劳德 = 法兰西的查理
│       └── 安古莱姆公爵让 = 玛格丽特·德·罗昂
│           └── 安古莱姆公爵查理
│               └── 法兰西斯一世 (1515—1547)
└── 让
    ├── 勃艮第公爵菲利浦
    ├── 勃艮第公爵"无畏者"约翰
    ├── 勃艮第公爵"好人"菲利普
    ├── 勃艮第公爵"大胆"查理
    └── 勃艮第的玛丽 = 哈布斯堡的马克西米利安
```

表 1　法兰西继承人（包括勃艮第公爵）

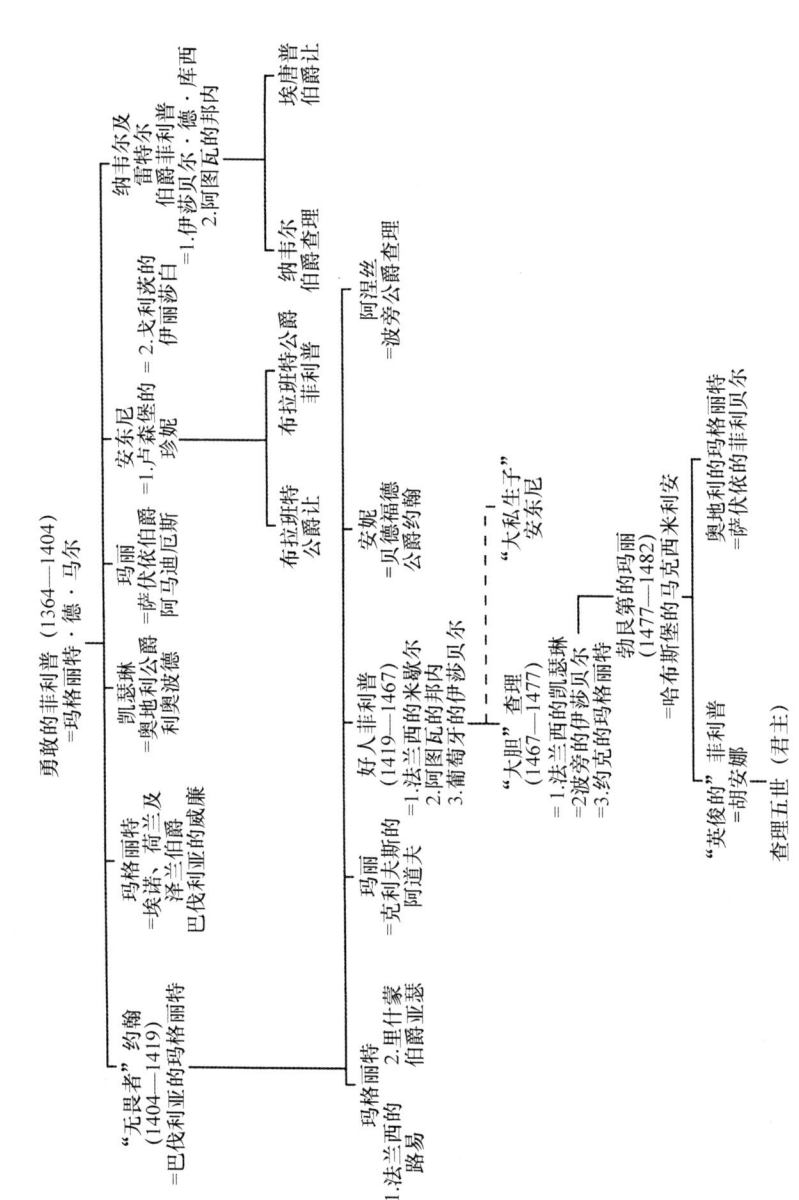

勇敢的菲利普（1364—1404）
=玛格丽特·德·马尔

┌─────────────┬─────────────┬─────────────┐
"无畏者"约翰   玛格丽特   凯瑟琳   安东尼
(1404—1419)   =埃诺、荷兰伯爵   =奥地利公爵   布拉班特公爵
=巴伐利亚的玛格丽特   泽兰伯爵   利奥波德   菲利普
                  巴伐利亚的威廉   =1.卢森堡的
                                                        珍妮
                                                      2.艾利次的
                                                        伊丽莎白

玛格丽特   玛丽   好人菲利普   布拉班特   纳韦尔
1.法兰西的   =克莱夫斯的   (1419—1467)   公爵让   伯爵菲利普
  路易   阿道夫   =1.法兰西的米歇尔   =1.伊莎贝尔·德·
2.里什蒙   阿马迪厄斯   2.阿图瓦的邦内   库西
  伯爵亚瑟   3.葡萄牙的伊莎贝尔   2.阿图瓦的邦内

                                    ┌──────┬──────┐
                                   "大胆"   安妮   纳韦尔   埃唐普
                                   查理   =贝德福德   伯爵查理   伯爵让
                                 (1467—1477) 公爵约翰
                                 =1.法兰西的凯瑟琳
                                 2.波旁的伊莎贝尔
                                 3.约克的玛格丽特

                                    ┌─────┐
                                  "大私生子"
                                   安东尼
                                   ┆
                                   ┆
                                   勃艮第的玛丽   阿涅丝
                                   (1477—1482)   =波旁公爵查理
                                   =哈布斯堡的马克西米利安

                  奥地利的玛格丽特
                  =萨伏依的菲利贝尔
"英俊的"菲利普
=胡安娜
│
查理五世（君主）

表 2　勃艮第的瓦卢瓦王朝

附录　王朝世系一览表

表 3　英格兰王位世系

```
爱德华三世 (1327—1377)
=埃诺的菲利帕
├── 爱德华（黑太子）=肯特的琼
│   └── 理查二世 (1377—1399)
├── 莱昂内尔=伊丽莎白·德·伯格
│   └── 菲利帕=埃德蒙·莫蒂默，边区伯爵
│       └── 罗杰，边区伯爵=埃莉诺·马奇
│           ├── 安妮=剑桥伯爵理查德
│           └── 埃德蒙·莫蒂默
├── 冈特的约翰=兰开斯特的布兰奇
│   └── 亨利四世 [亨利·博林布罗克 (1399—1413)]=1.玛丽  2.纳瓦拉的琼
│       ├── 亨利五世 (1413—1422)=法兰西的凯瑟琳
│       │   └── 亨利六世 (1422—1461)=安茹的玛格丽特
│       │       └── 爱德华，威尔士亲王
│       ├── 托马斯，克拉伦斯公爵
│       ├── 约翰，贝德福德公爵
│       └── 汉弗莱，格洛斯特公爵
└── 约克的埃德蒙=卡斯蒂尔的伊莎贝尔
    ├── 爱德华，约克公爵
    └── 理查德，剑桥伯爵=安妮·莫蒂默
        └── 理查德，约克公爵=塞西莉
            ├── 爱德华四世 (1461—1483)=伊丽莎白
            │   ├── 爱德华五世 死于1483年
            │   ├── 理查德，约克公爵 死于1483年
            │   └── 约克的伊丽莎白
            ├── 乔治，克拉伦斯公爵
            └── 理查三世 [理查三世 (1483—1485)]
                
埃德蒙，里士满伯爵=玛格丽特·博福特
└── 亨利，里士满伯爵 [亨利七世 (1485—1509)]=约克的伊丽莎白
    ├── 亚瑟=阿拉贡的凯瑟琳
    └── 亨利八世 (1509—1547)=阿拉贡的凯瑟琳 等
```

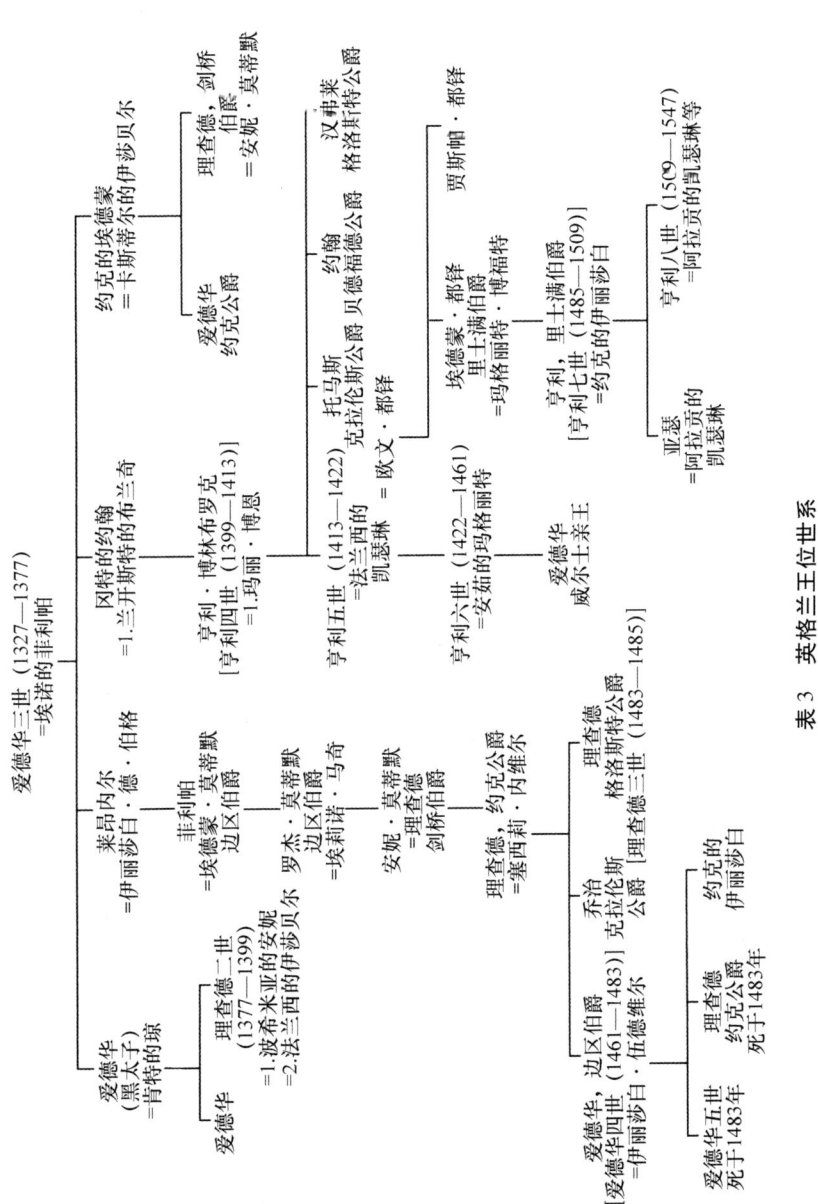

贾斯帕，都铎

表 4　伊比利亚王国的统治者

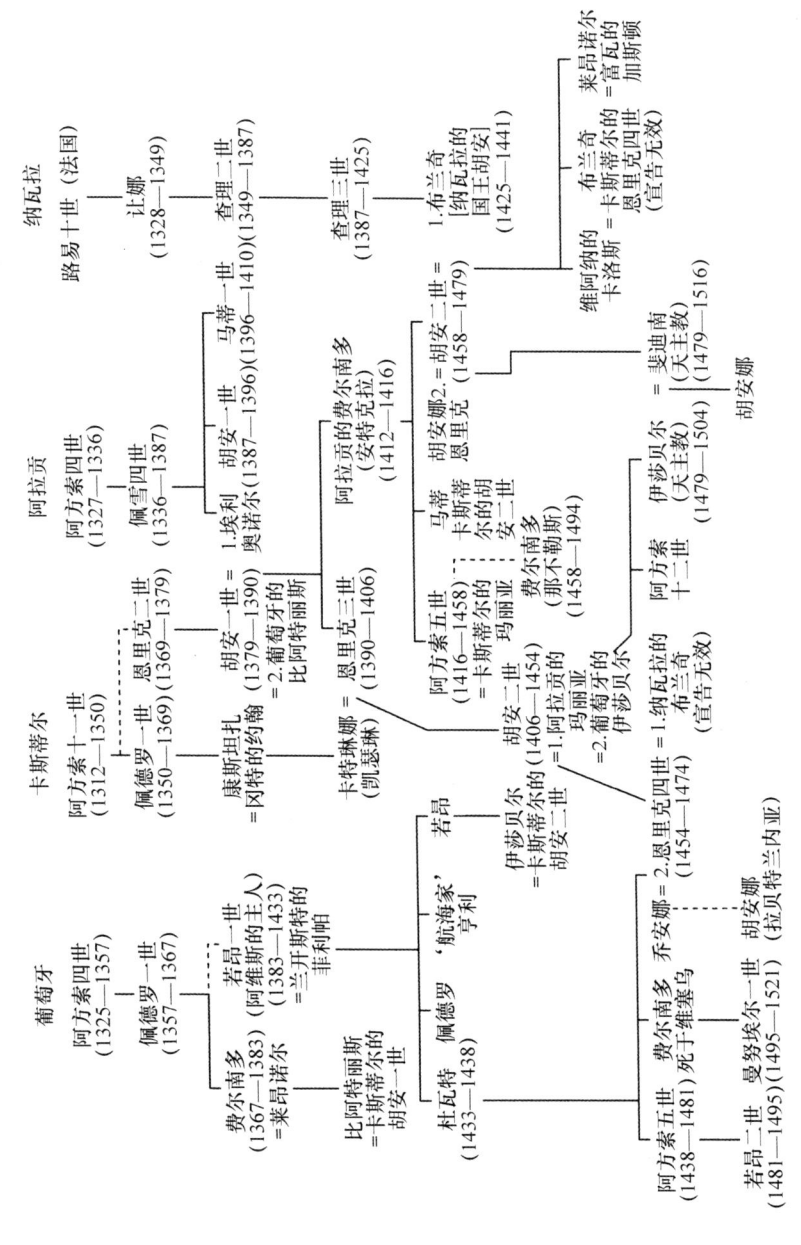

匈牙利

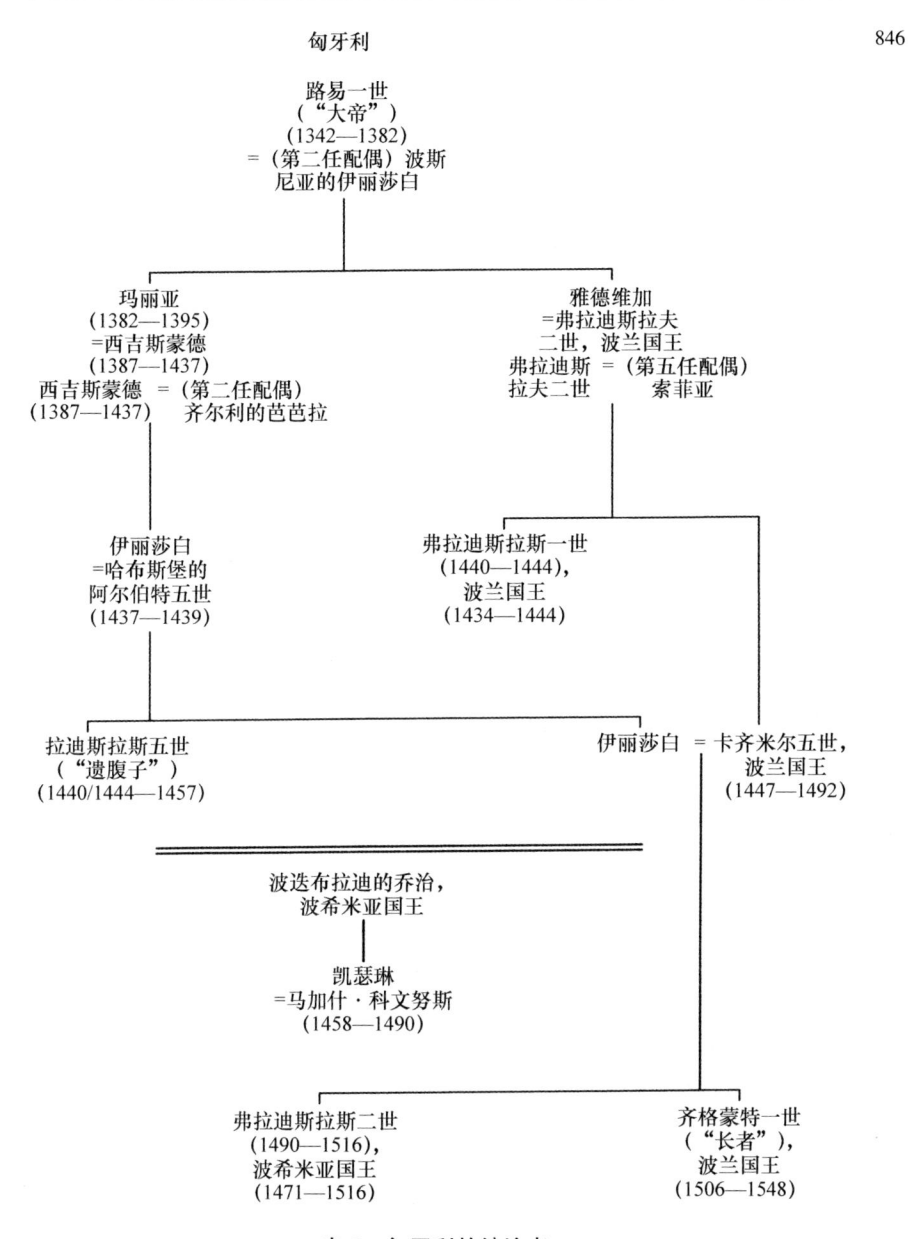

```
                          路易一世
                         （"大帝"）
                         (1342—1382)
                    =（第二任配偶）波斯
                       尼亚的伊丽莎白
        ┌────────────────────────┴────────────────────┐
       玛丽亚                                        雅德维加
     (1382—1395)                                =弗拉迪斯拉夫
     =西吉斯蒙德                                   二世，波兰国王
     (1387—1437)                              弗拉迪斯  =（第五任配偶）
   西吉斯蒙德 =（第二任配偶）                     拉夫二世    索菲亚
   (1387—1437)  齐尔利的芭芭拉
        │                                              │
        │                                    弗拉迪斯拉斯一世
        │                                     (1440—1444)，
        │                                       波兰国王
       伊丽莎白                                 (1434—1444)
    =哈布斯堡的
     阿尔伯特五世
     (1437—1439)
        │
   ┌────┴──────────────────────────────────┐
  拉迪斯拉斯五世                          伊丽莎白 =卡齐米尔五世，
   （"遗腹子"）                                    波兰国王
  (1440/1444—1457)                               (1447—1492)
   ═══════════════════
         波迭布拉迪的乔治，
          波希米亚国王
              │
            凯瑟琳
         =马加什·科文努斯
          (1458—1490)
   ┌──────────┴──────────────────────────┐
  弗拉迪斯拉斯二世                      齐格蒙特一世
   (1490—1516)，                       （"长者"），
   波希米亚国王                          波兰国王
   (1471—1516)                         (1506—1548)
```

表5　匈牙利的统治者

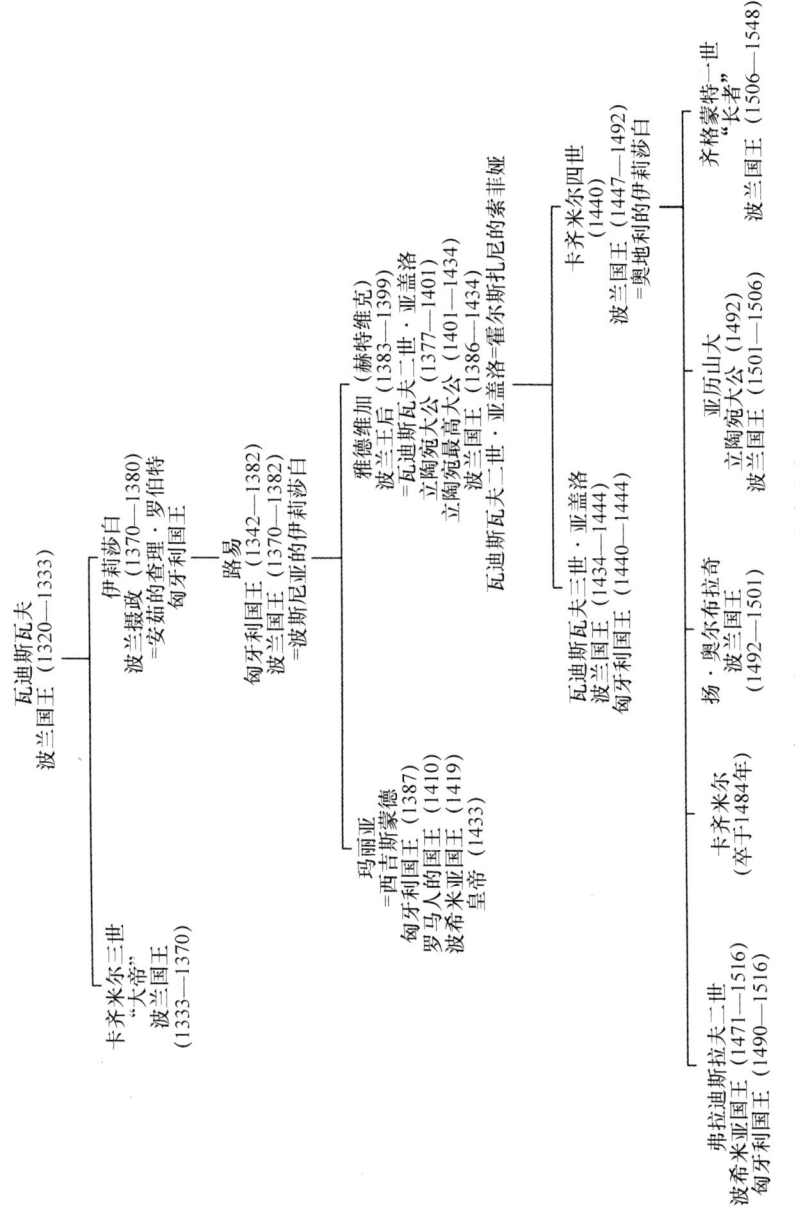

表6 波兰和立陶宛的统治者

- 瓦迪斯瓦夫（1320—1333）波兰国王
  - 卡齐米尔三世"大帝"（1333—1370）波兰国王
  - 伊莉莎白（1370—1380）波兰摄政 =安茹的查理·罗伯特 匈牙利国王
    - 路易（1342—1382）匈牙利国王（1370—1382）=波斯尼亚的伊莉莎白
      - 玛丽亚 =西吉斯蒙德（1387）匈牙利国王（1410）罗马人的国王（1419）波希米亚国王（1433）皇帝
      - 雅德维加（赫特维克）波兰王后（1383—1399）=瓦迪斯瓦夫二世·亚盖洛 立陶宛大公（1377—1401）波兰国王（1386—1434）
        - 瓦迪斯瓦夫三世·亚盖洛（1434—1444）波兰国王 匈牙利国王（1440—1444）
        - 卡齐米尔四世（1440）波兰国王（1447—1492）=奥地利的伊莉莎白
          - 扬·奥尔布拉奇 波兰国王（1492—1501）
          - 卡齐米尔（卒于1484年）
          - 亚历山大（1492）立陶宛大公 波兰国王（1501—1506）
          - 弗拉迪斯拉夫二世 波希米亚国王（1471—1516）匈牙利国王（1490—1516）
          - 齐格蒙特一世"长者"（1506—1548）波兰国王

参考文献：
原始文献和研究论著
（按章编排）

第一章 政治：理论与实践

Primary

Alberti, Leon Battista, *Momo o del principe*, ed. N. Balestrini, R. Consolo and A. Di Grado, Genoa (1986)

Andlau, Peter von, *De Imperio Romano-Germanico libri duo*, ed. J. Hürbin, Zeitschrift der Savigny Stiftung für Rechtsgeschichte, Germanistische Abteilung 12 (1891), pp. 34–103; 13 (1892), pp. 163–219

Baldus de Ubaldis, *Consiliorum sive responsorium volumen tertium*, Venice (1575)

Bonet, Honoré, *The tree of battles of Honoré Bonet*, ed. and trans. G.W. Coopland, Liverpool (1949)

Bruni, Leonardo, *Laudatio Florentinae urbis*, extracts in T. Klette, *Beiträge zur Geschichte und Literatur des Italienischen Gelehrtenrenaissance*, Greifswald (1889), II, pp. 84–105

Chartier, Alain, *Le livre de l'espérance*, ed. F. Rouy, Paris (1989)

Chartier, Alain, *Œuvres latines*, ed. P. Bourgain-Hemeryck, Paris (1977)

Chartier, Alain, *The poetical works of Alain Chartier*, ed. J.C. Laidlaw, Cambridge (1974)

Chartier, Alain, *Le quadrilogue invectif*, ed. E. Droz, Paris (1923)

Cusanus, Nicholaus, *De concordantia catholica*, ed. G. Kallen, in *Opera omnia*, XIV, Hamburg (1959); English trans. and ed. P.E. Sigmund, *The Catholic concordance*, Cambridge (1991)

Cusanus, Nicolaus, *Orationes*, in *Deutsche Reichstagsakten*, Göttingen (1957), XV:2, pp. 639–46, 874–6; XVI:2, pp. 407–32, 539–43

Decembrio, Pier Candido, 'Il De laudibus Mediolanensis urbis panegyricus', ed. G. Petraglione, *Archivio storico Lombardo* 4th series 8 (1907), pp. 5–45

Decembrio, Pier Candido, *Vita Philippi Mariae III Ligurum ducis*, ed. A. Butti and G. Petraglione, Rerum Italicarum Scriptores, 20:1, Bologna (1925–58)

Eiximenis, Francesc, *El regiment de la cosa publica*, ed. P.D. de Molins de Rei, Els Nostres Clàssics, 13, Barcelona (1927)

Fitzralph, Richard, *De pauperie salvatoris*, bks I–IV in *Iohannis Wyclif De dominio divino*, ed. R.L. Poole, Wyclif Society, London (1890), pp. 257–476; bks V–VII in R.O. Brock, 'An edition of Richard Fitzralph's "De pauperie salvatoris" books V, VI and VII', dissertation, University of Colorado (1954)

849 Fortescue, Sir John, *De laudibus legum Anglie*, ed. S.B. Chrimes, Cambridge (1942)
Fortescue, Sir John, *The governance of England*, ed. C. Plummer, Oxford (1885); also in M.L. Kekewich, C. Richmond, A.F. Sutton, L. Visser-Fuchs and J.L. Watts (eds.), *The politics of fifteenth-century England. John Vale's book*, Stroud (1995), pp. 226–50
Fortescue, Sir John, *Opusculum de natura legis nature et de ejus censura in successione regnorum suprema*, ed. Lord Clermont, in *The works of Sir John Fortescue*, London (1869), II, pp. 63–184
Four English political tracts of the later Middle Ages, ed. J.-P. Genet, RHS, London (1977)
Gerson, Jean, *Œuvres complètes de Jean Gerson*, ed. P. Glorieux, VII, Paris (1968)
Gerson, Jean, *Opera omnia*, IV, Antwerp (1706)
Hoccleve, Thomas, *The regement of princes*, ed. F.J. Furnivall, EETS, extra series, 72, London (1897)
Hus, Jan, *Magistri Johannis Hus tractatus de ecclesia*, ed. S.H. Thomson, Boulder (1956)
Juvénal des Ursins, Jean, *Ecrits politiques*, ed. P.S. Lewis, 3 vols., SHF, Paris (1985–93)
Masselin, Jean, *Journal des états généraux tenus à Tours*, ed. A. Bernier, Collection des Documents Inédits, Paris (1835)
Mena, Juan de, *El laberinto de fortuna*, ed. R. Fouché-Delbosc, Mâcon (1904)
Monte, Piero da, *De potestate romani pontificis et generalis concilii*, ed. J.T. de Rocaberti, *Bibliotheca maxima pontificia*, Rome (1698), XVIII, pp. 100–37
L'ordonnance cabochienne, ed. A. Coville, Paris (1891)
Piccolomini, Aeneas Sylvius, *Epistola de ortu et auctoritate imperii romani*, in G. Kallen, *Aeneas Sylvius Piccolomini als Publizist in der 'Epistola de ortu et auctoritate imperii romani'*, Cologne (1939), pp. 50–100
Pisan, Christine de, *Le livre de la mutacion de fortune par Christine de Pisan*, ed. S. Solente, Paris (1959)
Pisan, Christine de, *Le livre du corps de policie*, ed. R.H. Lucas, Geneva (1967)
Rotuli parliamentorum, 6 vols., London (1767–77)
Le songe du vergier, ed. M. Schnerb-Lièvre, 2 vols., Paris (1982)
Torquemada, Juan de, *Oratio synodalis de primatu*, ed. E. Canda, Rome (1954)
Viterbo, James of, *De regimine Christiano*, ed. H.X. Arquillière, in *Le plus ancien traité de l'église. Jacques de Viterbo, 'De regimine Christiano'*, Paris (1926)
Wyclif, John, *De dominio divino*, ed. R.L. Poole, Wyclif Society, London (1890)
Wyclif, John, *De potestate papae*, ed. J. Loserth, Wyclif Society, London (1907)
Wyclif, John, *De veritate sacrae scripturae*, ed. R. Buddensieg, 3 vols., Wyclif Society, London (1905–7)
Wyclif, John, *Tractatus de civili dominio liber primus*, ed. R.L. Poole and J. Loserth, 3 vols., Wyclif Society, London (1890–1904)
Wyclif, John, *Tractatus de officio regis*, ed. A.W. Pollard and C. Sayle, 3 vols., Wyclif Society, London (1887)

Secondary works

Angermeier, H. (1984), *Die Reichsreform 1410–1455. Die Staatsproblematik in Deutschland zwischen Mittelalter und Gegenwart*, Munich
Arabeyre, P. (1990), 'Un prélat languedocien au milieu du XVe siècle: Bernard de Rosier, archevêque de Toulouse (1400–1475)', *Journal des savants*: 291–326

Arasse, D. (1985), 'L'art et l'illustration du pouvoir', in *Culture et idéologie* (1985), pp. 231–44
Ascheri, M. (1971), *Saggi sul diplovatazio*, Milan
Barbey, J. (1983), *La fonction royale. Essence et légitimité, d'après les 'Tractatus' de Jean de Terrevermeille*, Paris
Baron, H. (1966), *The crisis of the early Italian Renaissance. Civic humanism and republican liberty in an age of classicism and tyranny*, Princeton
Baron, H. (1968), *From Petrarch to Leonardo Bruni*, Chicago
Beaune, C. (1985), *Naissance de la nation France*, Paris; English trans., *The birth of an ideology. Myths and symbols of nation in late medieval France*, Berkeley (1991)
Belch, S.F. (1965), *Paulus Vladimiri and his doctrine concerning international law and politics*, The Hague
Black, A.J. (1970), *Monarchy and community. Political ideas in the later conciliar controversy, 1430–1450*, Cambridge
Black, A.J. (1992), *Political thought in Europe, 1250–1450*, Cambridge
Blockmans, W.P. (1985), 'Breuk of continuïteit? De Vlamse privilegiën van 1477 in het licht van het staatsvormingsproces', in W.P. Blockmans (ed.), *Le privilège général et les privilèges régionaux de Marie de Bourgogne pour les Pays-Bas, 1477*, Heule, pp. 97–125
Blockmans, W.P. (1993), 'Les origines des états modernes en Europe, XIIIe–XVIIIe siècles: état de la question et perspectives', in W.P. Blockmans and J.-P. Genet (eds.), *Visions sur le développement des états européens. Théories et historiographies de l'état moderne*, Rome, pp. 1–14
Bonney, R. (ed.) (1995), *Economic systems and state finance*, Oxford
Bulst, N. and Genet, J.-P. (eds.) (1988), *La ville, la bourgeoisie et la genèse de l'état moderne (XIIe–XVIIIe siècles)*, Paris
Burns, J.H. (1985), 'Fortescue and the political theory of *dominium*', *HJ* 28: 777–97
Burns, J.H. (1992), *Lordship, kingship and empire. The idea of monarchy, 1400–1525*, Oxford
Burns, J.H. (ed.) (1988), *The Cambridge history of medieval political thought*, Cambridge
Burns, J.H. and Goldie, M. (eds.) (1991), *The Cambridge history of political thought*, Cambridge
Canning, J.P. (1983), 'Ideas of the state in the thirteenth and fourteenth-century commentators on Roman law', *TRHS* 5th series 23: 1–27
Canning, J.P. (1987), *The political thought of Baldus of Ubaldis*, Cambridge
Carlyle, R.W. and A.J. (1903–36), *A history of medieval political theory in the west*, 6 vols., Edinburgh and London
Chrimes, S.B. (1936), *English constitutional ideas in the XVth century*, Cambridge
Coing, H. (ed.) (1973 and 1976), *Handbuch der Quellen und Literatur der neueren Europäischen Privatrechtsgeschichte*, I and II, Munich
Coleman, J. (1981), *English literature in history, 1350–1400. Medieval readers and writers*, London
Coleman, J. (1988), 'Property and poverty', in Burns (1988), pp. 607–48
Congar, Y. (1970), *L'église. De Saint Augustin à l'époque moderne*, Paris
Contamine, P. (1980), *La guerre au moyen âge*, Paris; English trans., *War in the Middle Ages*, Oxford (1984)
Contamine, P. (1989), *L'état et les aristocraties (France, Angleterre, Ecosse), XIIe–XVIIe siècle*, Paris
Contamine, P. (1992), *Histoire militaire de la France, des origines à 1715*, Paris

851　Coulet, N. (1977), 'Les entrées solennelles en Provence au XIVe siècle. Aperçus nouveaux sur les entrées royales françaises au bas moyen âge', *Ethnologie française* 7: 63–82
Coulet, N. and Genet, J.-P. (eds.) (1990), *L'état moderne. Le droit, l'espace et les formes de l'état*, Paris
Courtenay, W.J. (1971), 'Covenant and causality in Pierre d'Ailly', *Speculum* 46: 95–119
Culture et idéologie dans la genèse de l'état moderne (1985), Collection de l'Ecole Française de Rome, 82, Rome
Daly, L.J. (1962), *The political theory of John Wyclif*, Chicago
Di Camillo, O. (1976), *El humanismo castellano del siglo XV*, Valencia
Doe, N. (1990), *Fundamental authority in late medieval English law*, Cambridge
Dolezalek, G., Nörr, K.W. and Blell, C. (1973), 'Die Rechtsprechnungssammlungen der mittelalterlichen Rota', in Coing (1973), pp. 849–56
Farr, W. (1974), *John Wyclif as legal reformer*, Leiden
Finzi, C. (1991), 'Il principe e l'obbedienza. I primi scritti politici di Giovanni Pontano', in *Théologie et droit* (1991), pp. 263–79
Flüeler, C. (1992a), 'Die Rezeption der "Politica" des Aristoteles im 13 und 14 Jahrhundert', in Miethke (1992), pp. 127–38
Flüeler, C. (1992b), *Rezeption und Interpretation der Aristotelischen Politica im späten Mittelalter*, Cologne
Garin, E. (1988), *Renaissance humanism. Studies in philosophy and poetics*, New York
Gauvard, C. (1973), 'Christine de Pisan a-t-elle eu une pensée politique?', *RH* 250: 417–30
Genest, J.F. (1992), *Prédétermination et liberté créée à Oxford au XIVe siècle*, Paris
Genet, J.-P. (1990), 'L'état moderne: un modèle opératoire?', in J.-P. Genet (ed.), *L'état moderne. Genèse, bilans et perspectives*, Paris, pp. 261–81
Genet, J.-P. (1991), *Le monde au moyen âge. Espaces, pouvoirs, civilisations*, Paris
Genet, J.-P. (1992), 'Which state rises?', *Historical Research* 45: 119–33
Genet, J.-P. and Le Mené, M. (eds.) (1987), *Genèse de l'état moderne. Prélèvement et redistribution*, Paris
Gewirth, A. (1961), 'Philosophy and political thought in the fourteenth century', in F. Utley (ed.), *The forward movement of the fourteenth century*, Columbus
Gilmore, M.P. (1941), *Argument from Roman law in political thought, 1200–1600*, Cambridge, Mass.
Gouron, A. and Rigaudière, A. (eds) (1988), *Renaissance du pouvoir législatif et genèse de l'état*, Montpellier
Guenée, B. (1987), *Entre l'église et l'état. Quatre vies de prélats français à la fin du moyen âge (XIIIe–XV siècle)*, Paris; English trans., *Between Church and state. The lives of four French prelates in the late Middle Ages*, Chicago and London (1991)
Guenée, B. (1991), *L'occident aux XIVe et XVe siècles. Les états*, 4th edn, Paris; English trans., *States and rulers in later medieval Europe*, Oxford (1985)
Guenée, B. (1992), *Un meurtre, une société. L'assassinat du duc d'Orléans 23 novembre 1407*, Paris
Guenée, B. and Lehoux, F. (1968), *Les entrées royales françaises de 1328 à 1515*, Paris
Haller, J. (1941), *Piero da Monte. Ein Gelehrter und päpstlicher Beamter des 15 Jahrhundert: seine Briefsammlung*, Rome
Hanley, S. (1983), *The lit de justice of the kings of France. Constitutional ideology in legend, ritual and discourse*, Princeton

Hay, D. (1968), *Europe. The emergence of an idea*, 2nd edn, Edinburgh
Hazeltine, H.D. (1942), 'The age of Littleton and Fortescue', in Fortescue, *De laudibus legum Anglie*, pp. ix–liii
Hendrix, S.H. (1976), 'In quest of the *vera ecclesia*: the crises of late medieval ecclesiology', *Viator* 7: 347–78
Heymann, F.G. (1965), *George of Bohemia, king of heretics*, Princeton
Housley, N. (1992), *The later crusades, 1272–1580. From Lyons to Alcazar*, Oxford
Hudson, A. (1988), *The premature Reformation. Wycliffite texts and Lollard history*, Oxford
Ianziti, G. (1988), *Humanistic historiography under the Sforzas*, Oxford
Isenmann, E. (1990), 'Les caractéristiques constitutionnelles du Saint Empire Romain de Nation Germanique au XVe siècle', in Coulet and Genet (1990), pp. 143–66
Jackson, R. (1984), *Vivat rex. Histoire des sacres et couronnements en France, 1364–1825*, Strasburg; English trans., *Vive le roi. A history of the French coronation from Charles V to Charles X*, Chapel Hill and London (1984)
Justice, S. (1994), *Writing and rebellion. England in 1381*, Berkeley
Kaeuper, R.W. (1988), *War, justice and public order. England and France in the later Middle Ages*, Oxford
Kaminsky, H. (1963), 'Wyclifism as an ideology of revolution', *Church History* 32: 57–74
Kaminsky, H. (1964), 'Peter Chelciky: treatises on Christianity and social order', *Studies in Medieval and Renaissance History* 1: 107–79
Kantorowicz, E.H. (1957), *The king's two bodies*, Princeton
Kenny, A. (1985), *Wyclif*, Oxford
Kisch, G. (1970), *Consilia. Eine Bibliographie der juristischen Konsiliensammlungen*, Basle
Klapisch-Zuber, C. (1985), 'Rituels publics et pouvoirs d'état', in *Culture et idéologie* (1985), pp. 135–44
Krynen, J. (1981), *Idéal du prince et pouvoir royal en France à la fin du moyen âge (1380–1440). Essai sur la littérature politique du temps*, Paris
Krynen, J. (1991), 'Les légistes "Idiots politiques". Sur l'hostilité des théologiens à l'égard des juristes, en France, au temps de Charles V', in *Théologie et droit* (1991), pp. 171–98
Krynen, J. (1993), *L'empire du roi. Idées et croyances politiques en France XIIIe–XVe siècle*, Paris
Krynen, J. and Rigaudière, A. (eds.) (1992), *Droits savants et pratiques françaises du pouvoir (XIe–XVe siècles)*, Bordeaux
Lagarde, G. de (1956–70), *La naissance de l'esprit laïque au moyen âge*, 5 vols., 3rd edn, Paris and Louvain
Leff, G. (1957), *Bradwardine and the Pelagians*, Cambridge
Leff, G. (1968), *Paris and Oxford Universities in the thirteenth and fourteenth centuries*, London
Leff, G. (1976), *The dissolution of the medieval outlook*, New York
Lewis, P. (1993), *Ecrits politiques de Jean Juvénal des Ursins, III: La vie et l'œuvre*, SHF, Paris
Lida de Malkiel, M.R. (1950), *Juan de Mena, poeta del prerenacimiento español*, Mexico
McFarlane, K.B. (1952), *John Wycliffe and the beginnings of English non-conformity*, London
McFarlane, K.B. (1972), *Lancastrian kings and Lollard knights*, Oxford
McGrade, A. (1974), *The political thought of William of Ockham*, Cambridge
McIllwain, C.H. (1932), *The growth of political thought in the west*, New York
McReady, W.D. (1975), 'Papalists and antipapalists: aspects of the Church/State controversy in the later Middle Ages', *Viator* 6: 241–73

853 Maffei, D. (1964), *La donazione di Costantino nei giuristi medievali*, Milan
Maffei, D. (1966), *Gli inizi dell'umanesimo giuridico*, Milan
Mager, W. (1984), 'Republik', in O. Brunner, W. Conze and R. Koselleck (eds.), *Geschichtliche Grundbegriffe. Historisches Lexikon zur politisch-sozialen Sprache in Deutschland*, Stuttgart, V, pp. 549–651
Mager, W. (1968), *Zur Entstehung des moderne Staatsbegriffs*, Mainz and Wiesbaden
Mager, W. (1991), '*Res publica* chez les juristes, théologiens et philosophes à la fin du moyen âge', in *Théologie et droit* (1991), pp. 229–39
Messler, G. (1973), *Das Weltfriedensmanifest König Georgs von Podiebrad. Ein Beitrag zur diplomatie des 15 Jahrhunderts*, Kirnbach
Miethke, J. (1969), *Ockhams Weg zur Sozialphilosophie*, Berlin
Miethke, J. (1982), 'Die Traktate *De potestate papae* – ein typus politiktheoretischer Literatur im späteren Mittelalter', in R. Bultot and L. Génicot (eds.), *Les genres littéraires dans les sources théologiques et philosophiques médiévales*, Louvain, pp. 198–211
Miethke, J. (1991a), 'Kaiser und Papst im Spätmittelalter: Die Traktate *De potestate papae*', in H.G. Lieber (ed.), *Politische Theorien von der Antike bis zur Gegenwart*, Bonn, pp. 94–121
Miethke, J. (1991b), 'The concept of liberty in William of Ockham', in *Théologie et droit* (1991), pp. 89–100
Miethke, J. (ed.) (1992), *Das publikum politischer Theorie im 14 Jahrhundert*, Munich
Mohr, G.H. (1958), *Unitas Christiana. Studien zur Gesellschaftsidee des Nikolaus von Kues*, Trier
Muir, E. (1981), *Civic ritual in Renaissance Venice*, Princeton
Oakley, F. (1964), *The political thought of Pierre d'Ailly*, Yale
Oakley, F. (1981), 'Natural law, the *Corpus mysticum*, and consent in conciliar thought from John of Paris to Mathias Ugonis', *Speculum* 56: 786–810
Oberman, H.A. (1956), *Archbishop Thomas Bradwardine. A fourteenth-century Augustinian*, Utrecht
Ourliac, P. and Gilles, H. (1971), *La période post-classique (1378–1500), I: La problématique de l'époque. Les sources*, Histoire du Droit et des Institutions de l'Eglise, 13, Paris
Ozment, S. (1980), *The age of reform 1250–1550. An intellectual and religious history of late medieval and Reformation Europe*, New Haven and London
Pagden, A. (ed.) (1987), *The languages of political theory in early modern Europe*, Cambridge
Pannenberg, W. (1954), *Die Prädestinationslehre des Duns Skotus*, Göttingen
Paradisi, B. (1973), 'Il pensiero politico dei giuristi medievali', in L. Firpo (ed.), *Storia delle idee politiche, economiche e sociale*, Turin, II, pp. 575–618
Pascoe, L.B. (1973), *Jean Gerson. Principles of church reform*, Leiden
Pastoureau, M. (n.d.), *Couleurs, images, symboles. Etudes d'histoire et d'anthropologie*, Paris
Quillet, J. (1970), *La philosophie politique de Marsile de Padoue*, Paris
Quillet, J. (1977), *La philosophie politique du Songe du Vergier (1378). Sources doctrinales*, Paris
Rabil, A. (ed.) (1988), *Renaissance humanism. Foundations, forms and legacy*, I, Philadelphia
Reynolds, S. (1984), *Kingdoms and communities in western Europe*, Oxford
Riesenberg, P.N. (1962), 'The consilia literature: a prospectus', *Manuscripta* 6: 3–22
Robson, J.A. (1961), *Wyclif and the Oxford schools*, Oxford
Rouy, F. (1980), *L'esthétique du traité moral d'après les œuvres d'Alain Chartier*, Geneva
Rubin, M. (1991), *Corpus Christi. The Eucharist in late medieval culture*, Cambridge

Rubinstein, N. (1979), 'Le dottrine politiche nel rinascimento', in N. Rubinstein (ed.), *Il Rinascimento. Interpretazioni e problemi*, Rome and Bari, pp. 183–237

Rubinstein, N. (1987), 'The history of the word *politicus* in early modern Europe', in Pagden (1987), pp. 41–56

Rubinstein, N. (1991), 'Italian political thought, 1450–1530', in Burns and Goldie (1991), pp. 30–65

Schmitt, C. (1987), 'Le traité du cardinal Jean de Torquemada sur la pauvreté evangélique', *Archivum fratrum praedicatorum* 57: 103–44

Sigmund, P.E. (1963), *Nicholas of Cusa and medieval political thought*, Cambridge, Mass.

Singer, B. (1981), *Die Fürstenspiegel in Deutschland im Zeitalter des Humanismus und der Reformation*, Munich

Skinner, Q. (1978), *The foundations of modern political thought*, 2 vols., Cambridge

Spinka, M. (1966), *John Hus' concept of the Church*, Princeton

Stürner, W. (1987), *Peccatum und Potestas. Der Sündenfall und die Entstehung der herrscherlichen Gewalt im mittelalterlichen Staatsdenken*, Sigmaringen

Théologie et droit dans la science politique de l'état moderne (1991), Collection de l'Ecole Française de Rome, 147, Rome

Thomson, J.A.F. (1965), *The later Lollards 1414–1520*, Oxford

Thomson, W.R. (1983), *The Latin writings of John Wyclif*, Toronto

Tierney, B. (1972), *Origins of papal infallibility, 1150–1350. A study on the concepts of infallibility, sovereignty and tradition in the Middle Ages*, Leiden

Tierney, B. and Linehan, P.A. (eds.) (1980), *Authority and power. Studies in medieval law and government presented to Walter Ullmann on his seventieth birthday*, Cambridge

Tilly, C. (1990), *Coercion, capital and European states A.D. 900–1990*, New York

Trexler, R.C. (1980), *Public life in Renaissance Florence*, New York

Ullmann, W. (1961), *Principles of government and politics in the Middle Ages*, London

Ullmann, W. (1974), 'Die Bulle Unam Sanctam: Rückblick und Ausblick', *Römische Historischen Mitteilungen* 16: 45–58

Ullmann, W. (1975), *Medieval political thought*, Harmondsworth

Uyttebrouck, A. (1992), 'La cour de Brabant sous les ducs de la branche cadette de Bourgogne-Valois, 1406–1430', in *Actes des journées internationales Claus Sluter, 1990*, Dijon, pp. 311–35

Vale, M.G.A. (1974), *Charles VII*, London

Vanderjagt, A. (1981), '*Qui sa vertu anoblist*'. *Le concept de noblesse et de chose publique dans la pensée politique bourguignonne*, Groningen

Vanecek, V. (ed.) (1966), *Cultus pacis. Etudes et documents du 'Symposium Pragense Cultus Pacis 1464–1964'*, Prague

Vignaux, P. (1934), *Justification et prédestination au XIVe siècle. Duns Scot, Pierre d'Auriole, Guillaume d'Occam, Grégoire de Rimini*, Paris

Von der Heydte, F. (1952), *Die Geburtstunde des souveränen Staates*, Regensburg

Wahl, J.A. (1977), 'Baldus de Ubaldis and the foundations of the nation-state', *Manuscripta* 21: 80–96

Walravens, C.J.H. (1971), *Alain Chartier. Etudes biographiques*, Amsterdam

Walsh, K. (1981), *A fourteenth-century scholar and primate. Richard Fitzralph in Oxford, Avignon and Armagh*, Oxford

Walther, H.G. (1976), *Imperiales Königstum, Konziliarismus und Volkssouveränität. Studien zu den Grenzen des mittelalterlichen Souveränitätsgedankens*, Munich

855 Watanabe, M. (1963), *The political ideas of Nicholas of Cusa, with special reference to his 'De concordantia catholica'*, Geneva

Widmer, B. (1963), *Enea Silvio Piccolomini in der sittlichen und politischen Entscheidung*, Basle

Wilcox, D.J. (1969), *The development of Florentine humanist historiography in the fifteenth century*, Cambridge, Mass.

Wilks, M. (1964), *The problem of sovereignty in the later Middle Ages. The papal monarchy with Augustinus Triumphus and the publicists*, Cambridge

Witt, R.G. (1988), 'Medieval Italian culture and the origins of humanism', in Rabil (1988), I, pp. 29–70

Wolf, A. (1973), 'Die Gesetzgebung der entstehenden Territorialstaaten', in Coing (1973), pp. 517–800

Woolf, C.N.S. (1913), *Bartolus of Sassoferrata. His position in the history of medieval political thought*, Cambridge

第二章　代议制（始于13世纪）

Primary sources

Blockmans, W.P., 'Autocratie ou polyarchie? La lutte pour le pouvoir politique en Flandre de 1482 à 1492, d'après des documents inédits', *Bulletin de la Commission royale d'histoire* 140 (1974), pp. 257–368

Blockmans, W.P., Prevenier, W. and Zoete, A. (eds.), *Handelingen van de Leden en van de Staten van Vlaanderen (1384–1506)*, 9 vols., Brussels (1959–96)

Cuvelier, J., Dhondt, J. and Doehaerd, R. (eds.), *Actes des états généraux des anciens Pays-Bas, 1427–1477*, Brussels (1948)

Galbert of Bruges, *De multro, traditione et occisione glorioso Karoli comitis Flandriarum*, ed. J. Rider, Turnhout (1994)

Gorski, K., Biskup, M. and Janosz-Biskupowa, I. (eds.), *Akta Stanow Prus Krolewskich (1479–1526)*, 8 vols., Torun, Warsaw and Poznań (1955–95)

Graffart, A. and Uyttebouck, A., 'Quelques documents inédits concernant l'accession de la maison de Bourgogne au duché de Brabant (1395–1404)', *Bulletin de la Commission royale d'histoire* 137 (1971), pp. 57–137

Prevenier, W. and Smit, J.G. (eds.), *Bronnen voor de geschiedenis van de dagvaarten van Staten en steden van Holland voor 1544. Deel I: 1276–1433*, 2 vols., The Hague (1987–91)

Richardson, H.G. and Sayles, G.O. (eds.), *Rotuli parliamentorum Angliae hactenus inediti, 1279–1373*, London (1935)

Rotuli parliamentorum, 6 vols., London (1767–77)

Töppen, M. (ed.), *Acten der Ständetage Preussens unter der Herrschaft des Deutschen Ordens*, 5 vols., Leipzig (1874–86)

Secondary works

Bak, J.M. (1973), *Königtum und Stände in Ungarn im 14.–16. Jahrhundert*, Wiesbaden

Benl, R. (1992), 'Anfänge und Entwicklung des Ständewesens im spätmittelalterlichen Pommern', in Boockmann (1992b), pp. 121–35

Berthold, B. (1980), 'Städte und Reichsreform in der ersten Hälfte des 15. Jahrhunderts', in Töpfer (1980b), pp. 59–112

Bierbrauer, P. (1991), 'Die Ausbildung bäuerlicher Landschaften im Raum der Eidgenossenschaft', *Parliaments, Estates & Representation* 11: 91–102
Biskup, M. (1980), 'Die Rolle der Städte in der Ständevertretung des Königreichs Polen, einschließlich des Ordensstaates Preußen im 14./15. Jahrhundert', in Töpfer (1980b), pp. 163–94
Biskup, M. (1992), 'Die Stände im Preußen Königlichen Anteils 1466–1526', in Boockmann (1992b), pp. 83–99
Bisson, T.N. (1964), *Assemblies and representation in Languedoc in the thirteenth century*, Princeton
Bisson, T.N. (1977), 'A general court of Aragon (Daroca, February 1228)', *EHR* 92: 107–24
Bisson, T.N. (1986), *The medieval crown of Aragon*, Oxford
Blickle, P. (1986), 'Communalism, parliamentarism, republicanism', *Parliaments, Estates & Representation* 6: 1–13
Blickle, P. (ed.) 1997, *Resistance, representation and community*, Oxford.
Blockmans, W.P. (1973), 'La participation des sujets flamands à la politique monétaire des ducs de Bourgogne (1384–1500)', *Revue belge de numismatique* 119: 103–34
Blockmans, W.P. (1978a), *De volksvertegenwoordiging in Vlaanderen in de overgang van middeleeuwen naar nieuwe tijden (1384–1506)*, Brussels
Blockmans, W.P. (1978b), 'A typology of representative institutions in late medieval Europe', *JMedH* 4: 189–215
Blockmans, W.P. (1986), 'Vertretungssysteme im niederländischen Raum im Spätmittelalter', in K. Fritze, E. Müller-Mertens and J. Schildhauer (eds.), *Der Ost- und Nordseeraum*, Hansische Studien, 7, Weimar, pp. 180–9
Blockmans, W.P. (1992), 'From a typology of representation towards the localisation of power centres', in H.W. Blom, W.P. Blockmans and H. de Schepper (eds.), *Bicameralism*, The Hague, pp. 41–50
Blockmans, W.P. (1994), 'Voracious states and obstructing cities: an aspect of state formation in preindustrial Europe', in C. Tilly and W.P. Blockmans (eds.), *Cities & the rise of states in Europe, A.D. 1000 to 1800*, Boulder, pp. 218–50
Bonis, G. (1965), 'The Hungarian feudal diet (13th–18th centuries)', in *Gouvernés et gouvernants* (1965–6), XXV, pp. 287–307
Boockmann, H. (1988), 'Geschäfte und Geschäftigkeit auf dem Reichstag im späten Mittelalter', *HZ* 246: 297–325
Boockmann, H. (1992a), 'Bemerkungen zur frühen Geschichte ständischer Vertretungen in Preußen', in Boockmann (1992b), pp. 39–51
Boockmann, H. (ed.) (1992b), *Die Anfänge der ständischen Vertretungen in Preußen und seinen Nachbarländern*, Munich
Bos-Rops, J.A.M.Y. (1993), *Graven op zoek naar geld. De inkomsten van de graven van Holland en Zeeland, 1389–1433*, Hilversum
Bulst, N. (1987), 'Die französischen General- und Provinzialstände im 15. Jahrhundert. Zum Problem nationaler Integration und Desintegration', in F. Seibt and W. Eberhard (eds.), *Europa 1500. Integrationsprozesse im Widerstreit: Staaten, Regionen, Personenverbände, Christenheit*, Stuttgart, pp. 313–29
Bulst, N. (1992), *Die französischen Generalstände von 1468 und 1484. Prosopographische Untersuchungen zu den Delegierten*, Beihefte der Francia, 26, Sigmaringen

857 Bütikofer, N. (1991), 'Konfliktregulierung auf den Eidgenössischen Tagsatzungen des 15. und 16. Jahrhunderts', *Parliaments, Estates & Representation* 11: 103–15

Carsten, F.L. (1959), *Princes and parliaments in Germany, from the fifteenth to the eighteenth century*, Oxford

Chittolini, G. (1986), 'Su alcuni aspetti dello stato di Federico', in G. Cerboni Baiardi, G. Chittolini and P. Floriani (eds.), *Federico da Montefeltro. Lo stato, le arti, la cultura*, 3 vols., Rome, I, pp. 61–102

Comparato, V.I. (1980), 'Il controllo del contado a Perugia nella prima metà del Quattrocento. Capitani, vicari e contadini tra 1428 e 1450', *Forme e tecniche del potere nella città (secoli XIV–XVII)*, Annali della Facoltà di Scienze Politiche, 16, Perugia, pp. 147–90

D'Agostino, G. (1979), *Parlamento e società nel regno di Napoli, secoli XV–XVII*, Naples

Davies, R.G. and Denton, J.H. (eds.) (1981), *The English parliament in the Middle Ages*, Manchester

Dhondt, J. (1950), '"Ordres" ou "puissances". L'exemple des états de Flandre', *Annales ESC* 5: 289–305; repr. in Dhondt (1977), pp. 25–49

Dhondt, J. (1966), 'Les assemblées d'états en Belgique avant 1795', in *Gouvernés et gouvernants* (1965–6), XXIV, pp. 325–400; repr. in Dhondt (1977), pp. 179–247

Dhondt, J. (1977), *Estates or Powers. Essays in the parliamentary history of the southern Netherlands from the XIIth to the XVIIIth century*, Anciens Pays et Assemblées d'Etats, 69, Heule

Dumont, F. and Timbal, P.C. (1966), 'Gouvernés et gouvernants en France. Périodes du moyen âge et du XVIe siècle', in *Gouvernés et gouvernants* (1965–6), XXIV, pp. 181–233

Eberhard, W. (1987), 'Interessengegensätze und Landesgemeinde: die böhmischen Stände im nachrevolutionären Stabilisierungskonflikt', in F. Seibt and W. Eberhard (eds.), *Europa 1500*, Stuttgart, pp. 330–48

Edwards, J.G. (1957), *The Commons in medieval English parliaments*, London

Engel, E. (1980), 'Frühe ständische Aktivitäten des Städtebürgertums im Reich und in den Territorien bis zur Mitte des 14. Jahrhunderts', in Töpfer (1980b), pp. 13–58

Estepa Diez, C. (1988a), 'Curia y cortes en el reino de León', in *Las cortes de Castilla y León en la edad media*, Valladolid, pp. 23–103

Estepa Diez, C. (1988b), 'Las cortes del reino de León', in *El reino de León en la alta edad media*, I, León, pp. 181–282

Estepa Diez, C. (1990), 'La curia de León en 1188 y los orígines de las cortes', in *Las cortes de Castilla y León 1188–1988*, I, Valladolid, pp. 19–39

Fasoli, G. (1965), 'Gouvernants et gouvernés dans les communes italiennes, du XIe au XIIIe siècle', in *Gouvernés et gouvernants* (1965–6), XXV, pp. 47–86

Fernandez Albaladejo, P. and Pardos Martinez, J.A. (1988), 'Castilla, territorio sin cortes (siglos XV–XVII)', *Revista de las cortes generales* 15: 113–208

Folz, R. (1965), 'Les assemblées d'états dans les principautés allemandes (fin XIIIe–début XVIe siècle)', in *Gouvernés et gouvernants* (1965–6), XXV, pp. 163–91

Foreville, R. (1966), 'Gouvernés et gouvernants en Angleterre, des origines Anglo-Saxonnes à la mort d'Edouard Ier (1307)', in *Gouvernés et gouvernants* (1965–6), XXIV, pp. 127–63

Fryde, E.B. and Miller, E. (1970), *Historical studies of the English parliament*, 2 vols., Cambridge

Gorski, K. (1966), 'Die Anfänge des Ständewesens in Nord- und Ostmitteleuropa im Mittelalter', *Anciens pays et assemblées d'états* 40: 43–59

Gorski, K. (1975), 'Institutions représentatives et émancipation de la noblesse. Pour une typologie des assemblées d'états au XVe siècle', *Studies Presented to the International Commission for the History of Representative and Parliamentary Institutions* 52: 133–47

Gouvernés et gouvernants (1965–6) (*Recueils de la Société Jean Bodin, XXIV and XXV*), Brussels

Harris, G.L. (1966), 'Parliamentary taxation and the origins of appropriation of supply in England, 1207–1340', in *Gouvernés et gouvernants* (1965–6), XXIV, pp. 165–79

Heinig, P.J. (1990), 'Reichstag und Reichstagakten am Ende des Mittelalters', *Zeitschrift für Historische Forschung* 17: 419–28

Heinrich, G. (1992), 'Die "Freien Herren" und das Land. Markgrafenherrschaft und landständische Einflußnahme in Brandenburg während des Spätmittelalters', in Boockmann (1992b), pp. 137–50

Hintze, O. (1930), 'Typologie der ständischen Verfassungen des Abendlandes', *HZ* 141: 229–48; repr. in G. Oestreich (ed.), *Gesammelte Abhandlungen*, I, Gottingen (1962)

Hintze, O. (1931), 'Weltgeschichtliche Bedingungen der Representativverfassung', *HZ* 143: 1–47; repr. in G. Oestreich (ed.), *Gesammelte Abhandlungen*, I, Göttingen (1962); English trans. in F. Gilbert (ed.), *The historical essays of Otto Hintze*, New York and Oxford (1975)

Holenstein, A. (1990), 'Konsens und Widerstand. Städtische Obrigkeit und landschaftliche Partizipation im städtischen Territorium Bern (15.–16. Jahrhundert)', *Parliaments, Estates & Representation* 10: 3–27

Holenstein, A. (1991), *Die Huldigung der Untertanen. Rechtskultur und Herrschaftsordnung (800–1800)*, Stuttgart

Holt, J.C. (1965), *Magna Carta*, Cambridge

Kejr, J. (1980), 'Zur Entstehung des städtischen Standes im hussitischen Böhmen', in Töpfer (1980b), pp. 195–214

Kejr, J. (1992), 'Anfänge der ständischen Verfassung in Böhmen', in Boockmann (1992b), pp. 177–217

Kerhervé, J. (1987), *L'état breton aux 14e et 15e siècles. Les ducs, l'argent et les hommes*, 2 vols., Paris

Klueting, H. (1990), 'Las asambleas territoriales de Alemania', in *Las cortes de Castilla y León 1188–1988*, II, Valladolid, pp. 149–70

Koenigsberger, H.G. (1971), *Estates and revolutions. Essays in early modern European history*, Ithaca and London

Koenigsberger, H.G. (1977), 'Dominium regale or Dominium politicum et regale? Monarchies and parliaments in early modern Europe', in K. Bosl and K. Möckl (eds.), *Der moderne Parlamentarismus und seine Grundlagen in der ständischen Representation*, Berlin, pp. 43–68; repr. in his *Politicians and virtuosi. Essays in early modern history*, London (1986), pp. 1–25

Koenigsberger, H.G. (1978), 'The Italian parliaments from their origins to the end of the 18th century', *Journal of Italian History* 1: 18–49; repr. in his *Politicians and virtuosi. Essays in early modern history*, London (1986), pp. 27–61

Koenigsberger, H.G. (1983), 'Formen und Tendenzen des europäischen Ständewesens im 16. und 17. Jahrhundert', in P. Baumgart (ed.), *Ständetum und Staatsbildung in Brandenburg-Preussen*, Berlin, pp. 19–31

859 Koenigsberger, H.G. (1985), 'Fürst und Generalstaaten. Maximilian I. in den Niederlanden (1477–1493)', *HZ* 242: 557–79

Kokken, H. (1991), *Steden en Staten. Dagvaarten van steden en Staten van Holland onder Maria van Bourgondië en het eerste regentschap van Maximiliaan van Oostenrijk (1477–1494)*, The Hague

Krüger, K. (1983), 'Die ständischen Verfassungen in Skandinavien in der frühen Neuzeit. Modelle einer europäischen Typologie?', *Zeitschrift für Historische Forschung* 10: 129–48

Kubinyi, A. (1980), 'Zur Frage der Vertretung der Städte im ungarischen Reichstag bis 1526', in Töpfer (1980b), pp. 215–46

Lönnroth, E. (1989), 'Regional and national representation. The problems of communication in olden times', in N. Stjernquist (ed.), *The Swedish riksdag in an international perspective*, Stockholm, pp. 88–95

Major, J.R. (1960a), *Representative government in early modern France*, Madison

Major, J.R. (1960b), *Deputies to the estates general in Renaissance France*, Madison

Major, J.R. (1980), *Representative government in early modern France*, New Haven and London

Mallek, J. (1992), 'Die Ständerepräsentation im Deutschordensstaat (1466–1525) und im Herzogtum Preußen (1525–1566/68)', in Boockmann (1992b), pp. 101–15

Marongiu, A. (1949), *L'istituto parlamentare in Italia dalle origini al 1500*, Rome

Marongiu, A. (1962), *Il parlamento in Italia nel medio evo e nell'età moderna*, Milan

Marongiu, A. (1968), *Medieval parliaments. A comparative study*, London

McKisack, M. (1932), *The parliamentary representation of the English boroughs during the Middle Ages*, Oxford; repr. 1962

Monahan, A.P. (1987), *Consent, coercion and limit. The medieval origins of parliamentary democracy*, Leiden

Moraw, P. (1980), 'Versuch über die Entstehung des Reichstags', in H. Weber (ed.), *Politische Ordnungen und soziale Kräfte im alten Reich*, Wiesbaden, pp. 1–36

Moraw, P. (1992), 'Zu Stand und Perspektiven der Ständeforschung im spätmittelalterlichen Reich', in Boockmann (1992b), pp. 1–33

Moraw, P. (1994), 'Cities and citizenry as factors of state formation in the Roman-German empire of the late Middle Ages', in C. Tilly and W.P. Blockmans (eds.), *Cities and the rise of states in Europe, A.D. 1000–1800*, Boulder, pp. 100–27

Moraw, P. (1995), 'Die Funktion von Einungen und Bünden im spätmittelalterlichen Reich', in V. Press (ed.), *Alternativen zur Reichsverfassung in der frühen Neuzeit?*, Munich, pp. 1–21

Mundy, J.H. (1954), *Liberty and political power in Toulouse 1050–1230*, New York

Myers, A.R. (1961), 'The English parliament and the French estates-general in the Middle Ages', *Studies Presented to the International Commission for the History of Representative and Parliamentary Institutions* 24: 139–53

Neitmann, K. (1992), 'Die Landesordnungen des Deutschen Ordens in Preußen im Spannungsfeld zwischen Landesherrschaft und Ständen', in Boockmann (1992b), pp. 59–81

O'Callaghan, J.F. (1989), *The cortes of Castile–León 1188–1350*, Philadelphia

Ormrod, W.M. (1991), 'The crown and the English economy, 1290–1348', in B.M.S. Campbell (ed.), *Before the Black Death*, Manchester, pp. 149–83

参考文献：原始文献和研究论著

Piskorski, W. (1930), *Las cortes de Castilla en el período de tránsito de la edad media a la moderna (1188–1520)*, trans. C. Sanchez Albornoz, Barcelona; repr. 1977
Powicke, F.M. and Fryde, E.B. (1961), *Handbook of British chronology*, 2nd edn, London
Prevenier, W. (1965), 'Les états de Flandre depuis les origines jusqu'en 1790', *Anciens pays et assemblées d'états* 33: 15–59
Procter, E.S. (1980), *Curia and cortes in Leon and Castile, 1072–1295*, Cambridge; trans. as *Curia y cortes en Castilla y León 1072–1295*, Madrid (1988)
Quillet, J. (1988), 'Community, counsel and representation', in J.H. Burns (ed.), *The Cambridge history of medieval political thought*, Cambridge, pp. 520–72
Rawcliffe, C. (1990), 'The place of the Commons in medieval English parliaments', in *Las cortes de Castilla y Leon 1188–1988*, II, Valladolid, pp. 15–35
Richard, J. (1966), 'Les états de Bourgogne', in *Gouvernés et gouvernants* (1965–6), XXIV, pp. 299–324
Roskell, J.S. (1954), *The Commons in the parliament of 1422*, Manchester
Roskell, J.S. (1965), *The Commons and their speakers in English parliaments*, Manchester
Roskell, J.S., Clark, L. and Rawcliffe, C. (1992), *The history of parliament. The House of Commons 1386–1421*, 4 vols., Stroud
Russocki, S. (1975), 'Typologie des assemblées pré-représentatives en Europe', *Studies Presented to the International Commission for the History of Representative and Parliamentary Institutions* 52: 27–38
Russocki, S. (1983), 'Die mittelalterlichen Stände als Kategorie der Gesellschaftsschichtung', *Acta Poloniae historica* 48: 5–36
Russocki, S. (1992), 'Gesellschaft und Ständestaat im Polen des ausgehenden Mittelalters', in Boockmann (1992b), pp. 169–76
Samsonowicz, H. (1992), 'Die Stände in Polen', in Boockmann (1992b), pp. 159–67
Schück, H. (1987), 'Sweden's early parliamentary institutions from the thirteenth century to 1611', in M.F. Metcalf (ed.), *The rikstag. A history of the Swedish parliament*, Stockholm, pp. 5–60
Sicard, G. (1990), 'Les états généraux de la France Capétienne', in *Las cortes de Castilla y León 1188–1988*, II, Valladolid, pp. 57–100
Smahel, F. (1992), 'Das böhmische Ständewesen im hussitischen Zeitalter: Machtfrage, Glaubensspaltung und strukturelle Umwandlungen', in Boockmann (1992b), pp. 219–46
Soule, C. (1968), *Les états généraux de France (1302–1789)*, Heule
Soule, C. (1990), 'Les états particuliers de France', in *Las cortes de Castilla y León 1188–1988*, II, Valladolid, pp. 101–19
Töpfer, B. (1980a), 'Die Rolle von Städtebünden bei der Ausbildung der Ständeverfassung in den Fürstentümern Lüttich und Brabant', in Töpfer (1980b), pp. 113–54
Töpfer, B. (ed.) (1980b), *Städte und Ständestaat. Zur Rolle der Städte bei der Entwicklung der Ständeverfassung in europäischen Staaten vom 13. bis zum 15. Jahrhundert*, Berlin
Uyttebrouck, A. (1975), *Le gouvernement du duché de Brabant au bas moyen âge (1355–1430)*, 2 vols., Brussels
Valdeón Baruque, J. (1930), 'Las cortes medievales castellano-leonesas en la historiografía reciente', in Piskorski (1977), pp. v–xxxv
Van den Hoven van Genderen, B. (1987), *Het Kapittel-Generaal en de Staten van het Nedersticht in de 15e eeuw*, Zutphen

861 Van Uytven, R. (1966), 'Standenprivilegies en -beden in Brabant onder Jan I (1290–1293)', *Revue belge de philologie et d'histoire* 44: 413–56

Van Uytven, R. (1985), '1477 in Brabant', in W.P. Blockmans (ed.), *Le privilège général et les privilèges régionaux de Marie de Bourgogne pour les Pays-Bas, 1477*, Anciens Pays et Assemblées d'Etats, 80, Kortrijk and Heule, pp. 253–371

Van Uytven, R. and Blockmans, W. (1969), 'Constitutions and their application in the Netherlands during the Middle Ages', *Revue belge de philologie et d'histoire* 47: 399–424

Van Werveke, H. (1958), 'Das Wesen der flandrischen Hansen', *Hansische Geschichtsblätter* 76: 7–20; repr. in his *Miscellanea mediaevalia*, Ghent (1968), pp. 88–103

Waley, D.P. (1969), *The Italian city-republics*, London

Wedgwood, J.C. (ed.) (1936–8), *History of parliament, 1439–1509*, 2 vols., London

Wellens, R. (1974), *Les états généraux des Pays-Bas des origines à la fin du règne de Philippe le Beau (1464–1506)*, Heule

Wernicke, H. (1986), 'Städtehanse und Stände im Norden des Deutschen Reiches zum Ausgang des Spätmittelalters', in K. Fritze, E. Müller-Mertens and J. Schildhauer (eds.), *Der Ost- und Nordseeraum*, Hansische Studien, 7, Weimar, pp. 190–208

Wolf, A. (1990), 'La Dieta Imperial de Alemania', in *Las cortes de Castilla y León 1188–1988*, II, Valladolid, pp. 125–48

Wyffels, C. (1967), 'Contribution à l'histoire monétaire de Flandre au XIIIe siècle', *Revue belge de philologie et d'histoire* 45: 1113–41

第三章　教宗与公会议

Primary sources

d'Ailly, Pierre, 'Tractatus de ecclesiastica potestate', in L. Dupin (ed.), *Gersonii opera*, II, Antwerp (1706), pp. 925–60

Almain, Jacob, 'De auctoritate ecclesie et conciliorum generalium adversus Thomam de Vio' [Cajetan], in L. Dupin (ed.), *Gersonii opera*, II, Antwerp (1706), pp. 977–1012

Cajetan, Thomas de Vio, 'De comparatione auctoritatis papae et concilii', in J. Rocaberti (ed.), *Biblioteca maxima pontifica*, XIX, Rome (1599), pp. 466–92; also edited by V.M.J. Pollet, Rome (1936)

Concilium Florentinum, ed. Pontifical Institute of Oriental Studies, 11 vols., Rome (1940–77)

Cusanus, Nicholaus, *De concordantia catholica*, ed. G. Kallen in *Opera omnia*, XIV, Hamburg (1959); English trans. and ed. P.E. Sigmund, *The Catholic concordance*, Cambridge (1991)

Cusanus, Nicholaus, 'Epistola ad Rodericum', in *Nicolai Cusani opera*, Basle (1565), pp. 825–9

Decius, Philippus, *Super decretalibus*, Lyons (1551)

Deutsche Reichstagsakten, Historische Kommission bei der Bayerischen Akademie der Wissenschaften, XIV–XVII, Stuttgart and Göttingen (1935–63)

Finke, H. *et al.* (eds.), *Acta concilii Constantiensis*, 4 vols., Münster (1896–1928)

Gerson, Jean, *L'œuvre ecclésiologique*, in *Œuvres complètes de Jean Gerson*, ed. P. Glorieux, VI, Tournai (1965)

Haller, J. *et al.* (eds.), *Concilium Basiliense*, 8 vols., Basle (1896–1936)

Hardt, H. von der (ed.), *Magnum oecumenicum Constantiense concilium*, 6 vols., Frankfurt and Leipzig (1697–1700)

Mansi, J.D. (ed.), *Sacrorum conciliorum nova et amplissima collectio*, XXVI–XXXII, Venice, Paris and Leipzig (1784–1901)

Mercati, A. (ed.), *Raccolta dei concordati*, I, Vatican City (1954)

Monte, Piero da, *Briefsammlung*, ed. J. Haller, Bibliothek der deutschen Institut in Rom, 19, Rome (1941)

More, Thomas, *Correspondence*, ed. E.F. Rogers, Princeton (1974)

Niem, Dietrich von, 'De modis uniendi ac reformandi ecclesiam in concilio generali', in Hardt (ed.), *Magnum oecumenicum Constantiense concilium*, I, pp. 68–141; English trans. in Cameron (1952), pp. 226–348; abridged version in M. Spinka (ed.), *Advocates of reform from Wyclif to Erasmus*, London (1953), pp. 149–74

Palacký, F. *et al.* (eds.), *Monumenta conciliorum generalium seculi XV*, 4 vols., Vienna and Basle (1857–1935)

Piccolomini, Aeneas Sylvius [Pius II], *De rebus Basiliae gestis*, in C. Fea (ed.), *Pius II . . . a calumniis vindicatus*, Rome (1823)

Raynaldus, O. (ed.), *Annales ecclesiastici*, vols. XXVII–XXIX, Rome and Bari (1874–6)

Rickel, Denis, 'De auctoritate summi pontificis et generalis concilii', in Denis Rickel, *Opera omnia*, XXXVI, Tournai (1908), pp. 525–674

Sandaeus, Felinus, *Commentaria ad quinque libros decretalium*, 4 vols., Lyons (1555)

Sangiorgio, Johannes Antonius, *Commentaria super toto decreto*, Paris (1497)

Segovia, Juan de, 'Amplificatio disputationis', in Palacký *et al.* (eds.), *Monumenta conciliorum generalium seculi XV*, III, pp. 695–941

Segovia, Juan de, 'Tractatus super presidentia in concilio Basiliensi', ed. P. Ladner, *Zeitschrift für schweizerische Kirchengeschichte* 62 (1968), pp. 31–113

Torquemada [Turrecremata], Juan de, *Commentarium super toto decreto*, I, Venice (1578)

Torquemada [Turrecremata], Juan de, *Summa de ecclesia*, Venice (1561)

Tudeschi, Nicholas de [Panormitanus], *Super primo-quinto decretalium*, 4 vols., Lyons (1534)

Vincke, J. (ed.), 'Acta concilii Pisani', *Römische Quartalschrift* 46 (1938), pp. 81–331

Zabarella, Francesco, 'Tractatus de schismate', in S. Schardius, *De jurisdictione, auctoritate et praeeminentia imperii ac potestate ecclesiastica*, Basle (1566), pp. 688–711

Secondary works

Bäumer, R. (1971), *Nachwirkungen des Konziliaren Gedankens in der Theologie und Kanonistik des frühen 16. Jahrhunderts*, Münster

Black, A. (1970), *Monarchy and community. Political ideas in the later conciliar controversy, 1430–1450*, Cambridge

Black, A. (1979), *Council and commune. The conciliar movement and the fifteenth-century heritage*, London

Brandmüller, W. (1968), *Das Konzil von Pavia–Siena, 1423–1424*, 2 vols., Münster

Brosse, O. de la (1965), *Le pape et le concile. La comparaison de leurs pouvoirs à la veille de la Réforme*, Paris

Cameron, J.K. (1952), 'Conciliarism in theory and practice, from the outbreak of the Schism till the end of the Council of Constance', dissertation, University of Hartford, Conn.

863　Delaruelle, E. *et al.* (eds.) (1962–4), *L'église au temps du grand schisme et de la crise conciliaire (1378–1449)*, 2 vols., Paris

Franzen, A. and Müller, W. (eds.) (1964), *Das Konzil von Konstanz. Beiträge zu seiner Geschichte und Theologie*, Freiburg

Gill, J. (1959), *The Council of Florence*, Cambridge

Haller, J. (1903), *Papstum und Kirchenreform*, I, Berlin

Hefele, C.J. and Hergenröther, J. (1912–17), *Histoire des conciles*, vols. V–VIII, Paris

Helmrath, J. (1987), *Das Basler Konzil. Forschungsstand und Probleme*, Cologne and Vienna

Inalcik, H. (1973), *The Ottoman Empire. The classical age, 1300–1600*, London

Izbicki, T. (1981), *Protector of the faith. Cardinal Johannes Turrecremata and the defense of the institutional Church*, Baltimore, Md.

Jedin, H. (1957), *A history of the Council of Trent*, I: *The struggle for the Council*, London

Landi, A. (1985), *Il papa deposto (Pisa 1409). L'idea conciliare nel grande scisma*, Turin

Martin, V. (1939), *Les origines du gallicanisme*, II, Paris

Oakley, F. (1962), 'On the road from Constance to 1688', *Journal of British Studies* 1: 1–32

Oakley, F. (1964a), *The political thought of Pierre d'Ailly. The voluntarist tradition*, London and New Haven, Conn.

Oakley, F. (1964b), 'Almain and Major: conciliar theory on the eve of the Reformation', *AHR* 70: 673–90

Pascoe, L.B. (1973), *Jean Gerson. Principles of Church reform*, Leiden

Pérouse, G. (1905), *Le Cardinal Aleman, président du concile de Bâle, et la fin du grand schisme*, Paris

Sieben, H.J. (1983), *Traktate und Theorien zum Konzil vom Beginn des grossen Schismas bis zum Vorabend der Reformation 1378–1521*, Frankfurter Theologische Studien, 30, Frankfurt

Sigmund, P. (1963), *Nicholas of Cusa and medieval political thought*, Cambridge, Mass.

Southern, R.W. (1962), *Western views of Islam in the Middle Ages*, Cambridge, Mass.

Stieber, J.W. (1978), *Pope Eugenius IV, the Council of Basle, and the secular and ecclesiastical authorities in the Empire. The conflict over supreme authority and power in the Church*, Leiden

Tierney, B. (1955), *Foundations of the conciliar theory. The contribution of the medieval canonists from Gratian to the Great Schism*, Cambridge

Valois, N. (1909), *Le pape et le concile 1378–1450. La crise religieuse du XVe siècle*, 2 vols., Paris

Werminghoff, A. (1910), *Nationalkirchliche Bestrebungen im deutschen Mittelalter*, Kirchenrechtliche Abhandlungen, 61, Stuttgart

第四章　欧洲贵族

Primary sources

Charny, Geoffroi de, *Le livre de chevalerie*, in *Œuvres de Froissart*, ed. Kervyn de Lettenhove, *Chroniques*, I: *Introduction, IIe et IIIe parties*, Brussels (1873), pp. 463–533

Commynes, Philippe de, *Mémoires*, ed. J. Calmette and G. Durville, 3 vols., Paris (1924–5)

Lull, Ramon, *Llibre de l'orde de cavvaleria*, Barcelona (1980)

Lull, Ramon, *The buke of the order of knyghthood*, translated from the French by Sir Gilbert Hay, ed. B. Botfield, Edinburgh (1847)

参考文献：原始文献和研究论著 923

Lull, Ramon, *The book of the ordre of chyualry, translated and printed by William Caxton from a French version of Ramón Lull's 'Le libre del orde de cauayleria'*, ed. A.T.P. Byles, EETS, original series, 168, London (1926)
Machiavelli, Niccolò, *The chief works and others*, trans. A. Gilbert, I, Durham, N.C. (1965)
Pisan, Christine de, *L'art de chevalerie selon Végèce*, Antoine Verard, Paris (1488)
Pisan, Christine de, *The book of fayttes of armes and of chyualrye, translated and printed by William Caxton*, ed. A.T.P. Byles, EETS, original series, 189, London (1932)
Pisan, Christine de, *Le livre du corps de policie*, ed. R.H. Lucas, Geneva (1967)
Vanderjagt, A., *'Qui sa vertu anoblist'. The concepts of 'noblesse' and 'chose publicque' in Burgundian political thought*, Groningen (1981) (this includes fifteenth-century French translations of Giovanni Aurispa, Buonaccorso da Montemagno and Diego de Valera)

Secondary works

Adelige Sachkultur des Spätmittelalters. Internationaler Kongress Krems an der Donau 22. bis 25. September 1980 (1982), Veröffentlichungen des Instituts für mittelalterliche Realienkunde Österreichs, 5, Österreichische Akademie der Wissenschaften. Philosophisch-Historische Klasse, Sitzungsberichte, 400. Band, Vienna
Andermann, K. (1982), *Studien zur Geschichte des pfälzischen Niederadels im späten Mittelalter. Ein vergleichen Untersuchung an ausgewählte Beispielen*, Speyer
Armstrong, C.A.J. (1983), 'Had the Burgundian government a policy for the nobility?', in C.A.J. Armstrong, *England, France and Burgundy in the fifteenth century*, London, pp. 213–36
Autrand, F. (1979), 'L'image de la noblesse en France à la fin du moyen âge. Tradition et nouveauté', *Comptes rendus de l'Académie des inscriptions et belles-lettres*: 340–54
Autrand, F. (1990), 'Noblesse ancienne et nouvelle noblesse dans le service de l'état en France. Les tensions du début du XIVe siècle', in *Gerarchie economiche e gerarchie sociali, secc. XIII–XVIII. Atti della dodicesima settimana di studi, Prato, 1980*, Florence, pp. 611–32
Bak, J.M. (1973), *Königtum und Stände in Ungarn im 14.–16. Jahrhundert*, Wiesbaden
Bardach, J. (1965), 'Gouvernants et gouvernés en Pologne au moyen âge et aux temps modernes', *Anciens pays et assemblées d'états* 36: 255–8
Baum, H.-P. (1986), 'Soziale Schichtung im Mainfränkischen Niederadel um 1400', *Zeitschrift für historische Forschung* 13: 129–48
Beceiro Pita, I. (1990), *Parentes, poder y mentalidad. La nobleza castellana (XIIe–XV°)*, Madrid
Beceiro Pita, I. (1991), 'Doléances et ligues de la noblesse dans la Castille de la fin du moyen âge (1420–1464)', in A. Rucquoi (ed.), *Genèse médiévale de l'Espagne moderne. Du refus à la révolte: les résistances*, Nice, pp. 107–26
Bonis, G. (1965), 'The Hungarian feudal diet (13th–18th centuries)', *Anciens pays et assemblées d'états*, 36: 287–307
Boulton, A.J.D. (1987), *The knights of the crown. The monarchical orders of knighthood in later medieval Europe, 1325–1520*, Woodbridge
Bresc, H. (1986), *Un monde méditerranéen. Economie et société en Sicile, 1300–1450*, 2 vols., Rome
Burleigh, M. (1984), *Prussian society and the Germanic Order. An aristocratic corporation in crisis, c. 1410–1466*, Cambridge

865　Bush, M.L. (1983–8), *The European nobility*, I: *Noble privilege*; II: *Rich nobles and poor nobles*, Manchester
Caron, M.-T. (1987), *La noblesse dans le duché de Bourgogne, 1315–1477*, Lille
Caron, M.-T. (1994), *Noblesse et pouvoir royal en France, XIIIe–XVIe siècle*, Paris.
Carpenter, C. (1980), 'The Beauchamp affinity. A study of bastard feudalism at work', *EHR* 95: 514–32
I ceti dirigenti nella Toscana del Quattrocento (1987), Impruneta
Charbonnier, P. (1980), *Une autre France. La seigneurie rurale en Basse-Auvergne du XIVe au XVIe siècle*, 2 vols., Clermont-Ferrand
Chittolini, G. (1979a), *La formazione dello stato regionale e le istituzioni del contado, secc. XIV e XV*, Turin
Chittolini, G. (ed.) (1979b), *La crisi degli ordinamenti comunali e le origini dello stato del Rinascimento*, Bologna
Contamine, P. (1981), *La France aux XIVe et XVe siècles. Hommes, mentalités, guerre et paix*, London
Contamine, P. (1984), 'La noblesse et les villes dans la France de la fin du moyen âge', *Bullettino dell'Istituto storico italiano per il medioevo e archivio muratoriano (Roma)* 91: 467–89
Contamine, P. (ed.) (1976), *La noblesse au moyen âge, XIe–XVe siècles. Essais à la mémoire de Robert Boutruche*, Paris
Contamine, P. (ed.) (1989), *L'état et les aristocraties, France, Angleterre, Ecosse, XIIe–XVIIe siècle*, Paris
Contamine, P. (1997), *La noblesse au royaume de France de Philippe le Bel à Louis XII. Essai de synthèse*, Paris
Donati, C. (1988), *L'idea di nobiltà in Italia, sec. XIV–XVIII*, Rome and Bari
Dravasa, E. (1965), '*Vivre noblement*'. *Recherches sur la dérogeance de noblesse du XIVe au XVIe siècle*, Bordeaux
Dubois, H. (1981), 'Richesse et noblesse d'Odot Molain', *Mémoires de la Société pour l'histoire du droit et des institutions des anciens pays bourguignons, comtois et romands* 38: 143–58
Duncan, A.A.M. (1966), 'The early parliaments of Scotland', *SHR* 45: 36–58
Eberhard, W. (1991), 'The political system and the intellectual traditions of the Bohemian Ständestaat from the thirteenth to the sixteenth century', in R.J.H. Evans and T.V. Thomas (eds.), *Crown, Church and estates. Central European politics in the sixteenth and seventeenth centuries*, London, pp. 23–47
Favreau, R. (1960), 'La preuve de noblesse en Poitou au XVe siècle', *Bulletin de la Société des antiquaires de l'ouest et des musées de Poitiers*: 618–22
Fédou, R. (1964), *Les hommes de loi lyonnais à la fin du moyen âge. Etude sur les origines de la classe de robe*, Lyons
Fédou, R. (1980), 'La noblesse en France à la fin du moyen âge (du milieu du XIVe à la fin du XVe siècle)', *Acta Universitatis Lodzensis* 71: 49–66
Ferraro, J.M. (1984), 'Proprietà terriera e potere nello stato veneto: la nobiltà bresciana del '400–'500', in G. Cracco and M. Knapton (eds.), *Dentro lo 'Stado italico'. Venezia e la Terraferma fra Quattro e Seicento*, Trent, pp. 159–82
Firpo, A.R. (1981), 'L'idéologie du lignage et les images de la famille dans les "Memorias" de Leonor Lopez de Cordoba (1400)', *MA* 87: 243–62
Fleckenstein, J. (ed.) (1985), *Das ritterliche Turnier im Mittelalter. Beiträge zu einer vergleichenden Formen- und Verhaltensgeschichte des Rittertums*, Göttingen

Folz, R. (1962–3), 'Les assemblées d'états dans les principautés allemandes (fin XIIIᵉ–début XVIᵉ siècles)', *Schweizer Beiträge zur allgemeine Geschichte* 20: 167–87

Fouquet, G. (1987), *Das Speyerer Domkapitel im späten Mittelalter (ca. 1350–1450). Adelige Freundschaft, fürstliche Patronage und päpstliche Klientel*, 2 vols., Mainz

Fügedi, E. (1986a), *Castles and society in medieval Hungary, 1000–1437*, Budapest

Fügedi, E. (1986b), *Kings, bishops, nobles and burghers in medieval Hungary*, London

Gasiorowski, A. (ed.) (1984), *The Polish nobility in the Middle Ages. Anthologies*, Wrocław, Warsaw, Danzig and Lodz

Gerbet, M.-C. (1977–9), 'La population noble dans le royaume de Castille vers 1500: la répartition géographique de ses différentes composantes', *Anales de historia antigua y medieval*: 78–99

Gerbet, M.-C. (1979), *La noblesse dans le royaume de Castille. Etude sur les structures sociales en Estrémadure de 1454 à 1516*, Paris

Gerbet, M.-C. (1994), *Les noblesses espagnoles au moyen âge, XIᵉ–XVᵉ siècle*, Paris

Giordanengo, G. (1970), 'Les roturiers possesseurs de fiefs nobles en Dauphiné aux XIVᵉ et XVᵉ siècles', *Cahiers d'histoire* 15: 319–34

Görner, R. (1987), *Raubritter. Untersuchungen zur Lage des spätmittelalterlichen Niederadels, besonders im südlichen Westfalen*, Münster

Gorsky, K. (1968), 'Les débuts de la représentation de la *communitas nobilium* dans les assemblées d'états de l'est européen', *Anciens pays et assemblées d'états* 47: 37–63

Griffiths, R.A. and Sherborne, J.W. (eds.) (1986), *Kings and nobles in the later Middle Ages. A tribute to Charles Ross*, New York

Harsgor, M. (1975), 'L'essor des bâtards nobles au XVᵉ siècle', *RH* 253: 319–54

Highfield, J.R.L. (1965), 'The Catholic kings and the titled nobility of Castile', in J.R. Hale, J.R.L. Highfield and B. Smalley (eds.), *Europe in the late Middle Ages*, London, pp. 358–85

Hohendahl, P. and Lotzeler, P.-M. (eds.) (1979), *Legitimationskrisen des deutschen Adels 1200–1900*, Stuttgart

Homem, A.L. de C. (1990), *Portugal nos finais da idade media. Estado, instituiçoès, sociedade politica*, Lisbon

Jones, M. (1981), 'The Breton nobility and their masters from the Civil War of 1341–64 to the late fifteenth century', in J.R.L. Highfield and R. Jeffs (eds.), *The crown and local communities in England and France in the fifteenth century*, Gloucester, pp. 51–71

Jones, M. (ed.) (1986), *Gentry and lesser nobility in late medieval Europe*, Gloucester and New York

Jones, P. (1978), 'Economia e società nell'Italia medievale: la leggenda della borghesia', in *Storia d'Italia Einaudi, annali*, I: *Dal feudalesimo al capitalismo*, Turin, pp. 187–372

Keen, M.H. (1985), *Some late medieval views on nobility*, The Creighton Lecture, London

Keen, M.H. (1990), *English society in the later Middle Ages, 1348–1500*, London

Klassen, J.M. (1978), *The nobility and the making of the Hussite revolution*, New York

Köhn, R. (1985), 'Die Einkommensquellen des Adels im ausgehenden Mittelalter, illustriert an südwestdeutschen Beispielen', *Schriften des Vereins für Geschichte des Bodensee* 103: 33–61

Ladewig Petersen, E. (1974), 'Monarchy and nobility in Norway in the period around 1500', *Mediaeval Scandinavia*, 7: 126–55

Lewis, P.S. (1968), *Later medieval France. The polity*, London and New York

867 Litwin, H. (1986), 'The Polish magnates, 1454–1648. The shaping of an estate', *Acta Poloniae historica* 53: 63–92

Lönnroth, E. (1958), 'Representative assemblies of mediaeval Sweden', *Etudes présentées à la Commission internationale pour l'histoire des assemblées d'états* 18: 123–31

Lorcin, M.-T. (1981), 'Veuve noble et veuve paysanne en Lyonnais d'après les testaments des XIVe et XVe siècles', *Annales de démographie historique*: 273–87

Luzzati, M. (1977), 'Famiglies nobles et familles marchandes à Pise et en Toscane dans le bas moyen âge', in G. Duby and J. Le Goff (eds.), *Famille et parenté dans l'Occident médiéval*, Rome, pp. 275–96

McFarlane, K.B. (1973), *The nobility of later medieval England*, Oxford

Marongiu, A. (1962), *Il parlamento in Italia nel medio evo e nell'età moderna*, Milan

Marongiu, A. (1968), *Medieval parliaments. A comparative study*, London

Mertes, K. (1988), *The English noble household, 1250–1600*, Oxford

Mitre Fernandez, M. (1968), *Evolucion de la nobleza en Castilla bajo Enrique III (1396–1406)*, Valladolid

Morgan, D.A.L. (1986), 'The individual style of the English gentleman', in Jones (1986), pp. 15–35

Mornet, E. (1983), 'Le voyage d'études des jeunes nobles danois du XIVe siècle à la Réforme', *Journal des savants*: 298–318

Mornet, E. (1988), 'Age et pouvoir dans la noblesse danoise (vers 1360–vers 1570)', *Journal des savants*: 119–54

Morsel, J. (1988), 'Crise? Quelle crise? Remarques à propos de la prétendue crise de la noblesse allemande à la fin du moyen age', *Sources* 14: 17–42

Moxo, S. de (1969), 'De la nobleza vieja a la nobleza nueva. La transformacion nobiliaria castellana en la baja Edad Media', *Cuadernos de historia* 3: 1–210

La noblesse de l'Europe méridionale du moyen âge: accès et renouvellement. Actes du colloque Paris, 14–15 janvier 1988 (1989), Arquivos do Centro Cultural Português, XXVI, Fondation Calouste Gulbenkian, Lisbon and Paris

Nortier, M. (1960), 'Maintenues de noblesse de 1473 à 1528', *Cahiers Léopold Delisle* 9: 5–27

Oexle, G.O. and Paravicini, W. (eds.), *Nobilitas, Funktion und Repräsentation des Adels in Alteuropa*, Göttingen

Orme, N. (1984), *From childhood to chivalry. The education of the English kings and aristocracy 1066–1530*, London and New York

Paravicini, W. (1975), *Guy de Brimeu. Der burgundische Staat und seine adlige Führungsschicht unter Karl dem Kühnen*, Bonn

Paravicini, W. (1977), 'Soziale Schichtung und soziale Mobilität am Hof der Herzöge von Burgund', *Francia* 5: 127–82

Paravicini, W. (1980), 'Expansion et intégration. La noblesse des Pays-Bas à la cour de Philippe le Bon', *Bijdragen en mededelingen betreffende de geschiedenis der Nederlanden* 95: 298–314

Paravicini, W. (1989–95), *Die Preussenreisen des europäischen Adels*, I and II, Sigmaringen

Pascoe, L.B. (1976), 'Nobility and ecclesiastical office in fifteenth-century Lyons', *Mediaeval Studies* 38: 313–31

Payling, S. (1991), *Political society in Lancastrian England. The greater gentry of Nottinghamshire*, Oxford

Perroy, E. (1962), 'Social mobility among the French *noblesse* in the later Middle Ages', *P&P* 21: 25–38

Perroy, E. (1976), *Les familles nobles du Forez au XIIIe siècle, essai de filiation*, 2 vols., Saint-Etienne and Montbrison

Peyvel, P. (1980–1), 'Le budget d'une famille noble à l'aube du XVe siècle: l'exemple des Rochefort en Forez', *Cahiers d'histoire* 25: 19–72

Polivka, N. (1985), 'The Bohemian lesser nobility at the turn of the 14th and 15th century (on the status of the lesser nobility in Bohemian society on the eve of the Hussite revolution)', *Historia* 25: 121–75

Press, V. (1980), 'Führungsgruppen in der deutschen Gesellschaft im Übergang zur Neuzeit um 1500', in H.H. Hoffmann and G. Franz (eds.), *Deutsche Führungsschichte in der Neuzeit. Eine Zwischenbilanz*, Boppard, pp. 29–77

Pugh, T.B. (1972), 'The magnates, knights and gentry', in S.B. Chrimes, C.D. Ross and R.A. Griffiths (eds.), *Fifteenth-century England 1399–1509. Studies in politics and society*, Manchester, pp. 86–128

Quintanilla, M.C. (1990a), 'Les confédérations de nobles et les *bandos* dans le royaume de Castille au bas moyen âge', *JMedH* 16: 165–79

Quintanilla, M.C. (1990b), 'Historiografia de un elite de poder: la nobleza castellana bajomedievale', *Hispania* 175: 719–36

Quintanilla Raso, M.R. (1982), 'Estructuras sociales y familiares y papel politico de la nobleza cordobesa (siglos XIV y XV)', in *En la Espagña medieval*, III: *Estudios en memoria del Professor D. Salvador de Moxo*, Madrid, pp. 331–52

Rapp, F. (1989), *Les origines médiévales de l'Allemagne moderne. De Charles IV à Charles Quint (1346–1519)*, Paris

Richard, J. (1960), 'Erection en dignité de terres bourguignonnes (XIVe et XVe siècles)', *Mémoires de la Société pour l'histoire du droit et des institutions des anciens pays bourguignons, comtois et romands*: 25–41

Rösener, W. (1982), 'Zur Problematik des spätmittelalterliche Raubrittertums', in H. Maurer and H. Patze (eds.), *Festschrift für Berent Schwineköper zu seinem siebzigsten Geburtstag*, Sigmaringen, pp. 469–88

Rosenthal, J.T. (1976), *Nobles and noble life 1295–1500*, London and New York

Rosenthal, J.T. (1984), 'Aristocratic marriage and the English peerage, 1350–1500: social institution and personal bond', *JMedH* 10: 181–94

Rosenthal, J.T. (1987), 'Other victims: peeresses as war widows, 1450–1500', *History* 72: 213–30

Rössler, H. (ed.) (1965), *Deutsches Adel, 1430–1555*, Darmstadt

Rucquoi, A. (1984), 'Noblesse urbaine en Castille (XIIIe–XVe siècle)', in *Les pays de la Méditerranée occidentale au moyen âge. Actes du CVI^e congrès national des Sociétés Savantes, Perpignan, 1981. Philologie et histoire jusqu'à 1610*, Paris, pp. 35–47

Rucquoi, A. (1990), 'Genèse médiévale de l'Europe moderne: du pouvoir et de la nation (1250–1516)', in *Genèse de l'état moderne, bilans et perspectives*, Paris, pp. 17–32

Russell Major, J. (1987), '"Bastard feudalism" and the kiss: changing social mores in late medieval and early modern France', *Journal of Interdisciplinary History* 17: 509–35

Russocki, S. (1979), 'Structures politiques dans l'Europe des Jagellon', *Acta Poloniae historica* 39: 101–42

Ryder, A. (1976), *The kingdom of Naples under Alfonso the Magnanimous. The making of a modern state*, Oxford

869 Sander, J. (1985), 'Der Adel am Hof König Ruprechts (1400–1410)', *Jahrbuch für westdeutsche Landesgeschichte* 11: 97–120
Seibt, F. (1966), 'Die Zeit der Luxemburger und der hussitischen Revolution, 1306 bis 1471', in K. Bosl (ed.), *Handbuch der Geschichte der böhmischen Länder*, I, pt 2, Stuttgart, pp. 349–568
Stringer, K.J. (ed.) (1985), *Essays on the nobility of medieval Scotland*, Edinburgh
Trautz, F. (1977), 'Noblesse allemande et noblesse anglaise. Quelques points de comparaison', in G. Duby and J. Le Goff (eds.), *Famille et parenté dans l'occident médiéval*, Rome, pp. 63–81
Valdivieso, I. del Val (1982), 'Reaccion de la nobleza vizcaina ante la crisis bajomedieval', in *En la España medieval*, III: *Estudios en memoria del Profesor D. Salvador de Moxo*, Madrid, pp. 695–704
Vale, M.G.A. (1976), *Piety, charity and literacy among the Yorkist gentry, 1370–1480*, York
Vale, M.G.A. (1981), *War and chivalry. Warfare and aristocratic culture in England, France and Burgundy*, London
Ventura, A. (1964), *Nobiltà e popolo nella società veneta del '400 e '500*, Bari
Wagner, A.R. (1956), *Heralds and heraldry in the Middle Ages. An inquiry into the growth of the armorial function of the heralds*, Oxford
Wagner, A.R. (1967), *Heralds of England. A history of the office and College of Arms*, London
Willard, C.W. (1967), 'The concept of true nobility at the Burgundian court', *Studies in the Renaissance* 14: 33–48
Wood, J.B. (1980), *The nobility of the election of Bayeux, 1463–1666. Continuity through change*, Princeton
Wright, S.M. (1983), *The Derbyshire gentry in the fifteenth century*, Derbyshire Record Society, 8, Chesterfield

第五章 乡村欧洲

Secondary works

Abel, W. (1955), *Die Wüstungen des ausgehenden Mittelalters*, 2nd edn, Stuttgart
Abel, W. (1980), *Agricultural fluctuations in Europe. From the thirteenth to the twentieth centuries*, London (originally published as *Agrarkrisen und Agrarkonjunktur*, 3rd edn, Hamburg (1978)).
L'approvisionnement des villes de l'Europe occidentale au moyen âge et aux temps modernes (1985), Centre Culturel de l'Abbaye de Flaran, 5e Journées d'Histoire, Auch
Astill, G.G. and Grant, A. (eds.) (1988), *The countryside of medieval England*, Oxford
Aston, T.H. and Philpin, C.H.E. (eds.) (1985), *The Brenner debate*, Cambridge
Aymard, M. and Bresc, H. (1975), 'Nourritures et consommation en Sicile entre XIVe et XVIIIe siècle', *Annales ESC* 30: 592–9
Bailey, M. (1989), *A marginal economy? East Anglian Breckland in the later Middle Ages*, Cambridge
Baratier, E. (1961), *La démographie provençale du XIIIe au XVIe siècle*, Paris
Beresford, M.W. and Hurst, J.G. (1971), *Deserted medieval villages*, London
Biraben, J.-N. (1975), *Les hommes et la peste en France et dans les pays européens et méditerranéens*, Paris
Blanchard, I. (1986), 'The continental European cattle trade, 1400–1600', *EconHR* 2nd series 39: 427–60

Blickle, P. (1975), 'The economic, social and political background of the 12 articles of the Swabian peasants of 1525', *Journal of Peasant Studies* 3: 63–75

Blockmans, W.P. (1980), 'The social and economic effects of the plague in the Low Countries', *Revue belge de philologie et d'histoire* 58: 833–63

Blum, J. (1957), 'The rise of serfdom in eastern Europe', *AHR* 62: 807–36

Bois, G. (1984), *The crisis of feudalism. Economy and society in eastern Normandy, c. 1300–1550*, Cambridge (originally published as *Crise du féodalisme*, Paris (1976))

Boutruche, R. (1947), *La crise d'une société. Seigneurs et paysans du Bordelais pendant la Guerre de Cent Ans*, Paris

Brown, J.C. (1982), *In the shadow of Florence. Provincial society in Renaissance Pescia*, Oxford

Campbell, B.M.S. and Overton, M. (eds.) (1991), *Land, labour and livestock: historical studies in European agricultural productivity*, Manchester

Les communautés villageoises en Europe occidentale du moyen âge aux temps modernes (1984), Centre Culturel de l'Abbaye de Flaran, 4e Journées d'Histoire, Auch

D'Archimbaud, G.D. (1980), *Les fouilles de Rougiers. Contribution à l'archéologie de l'habitat rural médiéval en pays méditerranéen*, Paris

Day, J. (1975), 'Malthus démenti? Sous-peuplement chronique et calamités démographiques en Sardaigne au bas moyen-âge', *Annales ESC* 30: 684–702

De Vries, J. (1974), *The Dutch rural economy in the Golden Age, 1500–1700*, London

Derville, A. (1987), 'Dîmes, rendements du blé et révolution agricole dans le nord de la France au moyen âge', *Annales ESC* 42: 1411–32

Dufourcq, Ch.E and Gautier-Dalché, J. (1976), *Histoire économique et sociale de l'Espagne chrétienne au moyen âge*, Paris

Dupâquier, J. (ed.) (1988), *Histoire de la population française*, I, Paris

Dyer, C. (1989), *Standards of living in the later Middle Ages. Social change in England c. 1200–1520*, Cambridge

Epstein, S.R. (1991), 'Cities, regions and the late medieval crisis: Sicily and Tuscany compared', *P&P* 130: 3–50

Epstein, S.R. (1992), *An island for itself. Economic development and social change in late medieval Sicily*, Cambridge

Fourquin, G. (1964), *Les campagnes de la région Parisienne à la fin du moyen âge*, Paris

Freedman, P. (1991), *The origins of peasant servitude in medieval Catalonia*, Cambridge

Genicot, L. (1966), 'Crisis: from the Middle Ages to modern times', in M.M. Postan (ed.), *The Cambridge economic history of Europe*, I, 2nd edn, Cambridge, pp. 660–741

Genicot, L. (1990), *Rural communities in the medieval west*, Baltimore

Gissel, S. et al. (1981), *Desertion and land colonization in the Nordic countries, c. 1300–1600*, Stockholm

Glick, T.F. (1970), *Irrigation and society in medieval Valencia*, Cambridge, Mass.

Harvey, P.D.A. (1984), *The peasant land market in medieval England*, Oxford

Hatcher, J. (1977), *Plague, population and the English economy, 1348–1530*, London

Heers, J. (1990), *L'occident aux XIVe et XVe siècles*, 5th edn, Paris

Herlihy, D. (1965), 'Population, plague and social change in rural Pistoia, 1201–1430', *EconHR* 2nd series 18: 225–44

Herlihy, D. (1967), *Medieval and Renaissance Pistoia*, New Haven and London

Herlihy, D. and Klapisch-Zuber, C. (1978), *Les Toscans et leur familles*, Paris; trans. as *Tuscans and their families*, London (1985)

Hilton, R.H. (1973), *Bondmen made free*, London

871 Hilton, R.H. (1975), *The English peasantry in the later Middle Ages*, Oxford
Hoffman, R.C. (1989), *Land, liberties and lordship in a later medieval countryside. Agrarian structures and change in the duchy of Wrocław*, Philadelphia
Hoppenbrouwers, P.C.M. (1992), 'Een Middeleeuwse Samenleving. Het Land van Heusden (ca. 1360–ca. 1515)', *Afdeling Agrarische Geschiedenis Landbouwhogeschool, Bijdragen* 32: 1–997
Jones, P.J. (1968), 'From manor to Mezzadria: a Tuscan case study in the medieval origins of modern agrarian society', in N. Rubinstein (ed.), *Florentine studies*, London, pp. 193–241
Klapisch, C. and Demonet, M. (1972), '"A uno pane e uno vino". La famille rurale Toscane au début du XVe siècle', *Annales ESC* 27: 873–901
Lamb, H.H. (1977), *Climate, present, past and future*, II: *Climatic history and the future*, London
Langdon, J.L. (1986), *Horses, oxen, and technological innovation*, Cambridge
Lartigaut, J. (1978), *Les campagnes du Quercy après la Guerre de Cent Ans (vers 1440–vers 1500)*, Toulouse
Laube, A. (1975), 'Precursors of the peasant war: "Bundschuh" and "Armer Konrad" – popular movements on the eve of the Reformation', *Journal of Peasant Studies* 3: 49–53
Le Roy Ladurie, E. (1969), *Les paysans de Languedoc*, Paris
Le Roy Ladurie, E. (1972), *Times of feast, times of famine*, London
Le Roy Ladurie, E. (1974), 'L'histoire immobile', *Annales ESC* 29: 673–92
Le Roy Ladurie, E. (1978), 'En haute Normandie: Malthus ou Marx', *Annales ESC* 33: 115–24
Leguai, A. (1982), 'Les révoltes rurales dans le royaume de France, du milieu du XIVe siècle à la fin du XVe', *MA* 88: 49–76
Lewis, P.S. (1971), *The recovery of France in the fifteenth century*, London
Lorcin, M.-T. (1974), *Les campagnes de la région Lyonnaise aux XIVe et XVe siècles*, Lyons
Mackay, A. (1972), 'Popular movements and pogroms in fifteenth-century Castile', *P&P* 55: 33–67
Mayhew, A. (1973), *Rural settlement and farming in Germany*, London
Mazzi, M.S. and Raveggi, S. (1983), *Gli uomini e le cose nelle campagne fiorentine del quattrocento*, Florence
Menjot, D. (1984), 'Notes sur le marché de l'alimentation et la consommation alimentaire à Murcie à la fin du moyen âge', in D. Menjot (ed.), *Manger et boire au moyen âge*, Nice, I, 199–210
Miller, E. (1991), *Agrarian history of England and Wales*, III: *1350–1500*, Cambridge
Mollat, M. (1986), *The poor in the Middle Ages*, New Haven
Neveux, H. (1975), 'Déclin et reprise: la fluctuation biséculaire', in G. Duby and A. Wallon (eds.), *Histoire de la France rurale*, Paris, II, pp. 15–173
Neveux, H. (1980), *Vie et déclin d'une structure économique*, Paris
Orrman, E. (1981), 'The progress of settlement in Finland during the late Middle Ages', *Scandinavian Economic History Review* 29: 129–43
Poos, L.R. (1991), *A rural society after the Black Death. Essex 1350–1525*, Cambridge
Postan, M.M. (1952), 'The trade of medieval Europe: the north', in M. Postan and E.E. Rich (eds.), *The Cambridge economic history of Europe*, II, Cambridge, pp. 119–256
Postan, M.M. (1966), 'Medieval agrarian society in its prime. England', in M.M. Postan (ed.), *The Cambridge economic history of Europe*, I, 2nd edn, Cambridge, pp. 548–632

Rösener, W. (1992), *Peasants in the Middle Ages*, Oxford (originally published as *Bauern im Mittelalter*, Munich (1985))

Scott, T. (1986), *Freiburg and the Breisgau*, Oxford

Scribner, R. and Benecke, G. (1979), *The German peasant war of 1525 – new viewpoints*, London

Sivery, G. (1990), *Terroirs et communautés rurales dans l'Europe occidentale au moyen âge*, Lille

Smith, R. (1988), 'Human resources', in Astill and Grant (1988), pp. 188–212

Stouff, L. (1970), *Ravitaillement et alimentation en Provence aux XIVe et XVe siècles*, Paris

Tits-Dieuaide, M.-J. (1975), *La formation des prix céréalières en Brabant et en Flandre au XVe siècle*, Brussels

Toch, M. (1991), 'Ethics, emotion and self-interest: rural Bavaria in the later Middle Ages', *JMedH* 17: 135–47

Van der Wee, H. (1963), 'Typologie des crises et changements de structure aux Pays-Bas (XVe–XVIe siècles)', *Annales ESC* 18: 209–25

Van der Wee, H. and Van Cauwenberghe, E. (eds.) (1978), *Productivity of land and agricultural innovation in the Low Countries (1250–1800)*, Louvain

Verhulst, A. (1990), *Précis d'histoire rurale de la Belgique*, Brussels

Vicens Vives, J. (1964), *An economic history of Spain*, Princeton

Villages désertés et histoire économique, XIe–XVIIIe siècle (1965), Paris

Wettinger, G. (1982), 'Agriculture in Malta in the later Middle Ages', in M. Buhagier (ed.), *Proceedings of history week, 1981*, Malta, pp. 1–48

Wunder, H. (1983), 'Serfdom in later medieval and early modern Germany', in T.H. Aston, P. Coss, Christopher Dyer and Joan Thirsk (eds.), *Social relations and ideas*, Cambridge, pp. 249–72

第六章 城市欧洲

Primary sources

Les affaires de Jacques Coeur. Journal du procureur Dauvet, ed. M. Mollat, 2 vols., Paris (1952–3)

Alberti, Leon Battista, *I primi tre libri della famiglia*, ed. F.C. Pellegrini and R. Spongano, Florence (1946)

Brant, Sebastian, *Narrenschiff*, ed. K. Goedeke, Leipzig (1872)

Bruni, Leonardo, *Historiarum florentini populi libri xii*, ed. E. Santini, Rome (1942)

Calendar of the letter-books of the city of London (A–L), ed. R.R. Sharpe, 11 vols., London (1899–1912)

The Chronicle of Novgorod, 1016–1471, trans. R. Michell and N. Forbes, with contributions by C.R. Beazley and A.A. Shakhmatov, RHS, London (1914)

Die Chroniken der deutschen Städte vom 14. bis ins 16. Jahrhundert, Historische Kommission bei der Bayerischen Akademie der Wissenschaften, Leipzig (1862–)

Les entrées royales françaises de 1328 à 1515, ed. B. Guenée and F. Lehoux, Paris (1968)

The Great Chronicle of London, ed. A.H. Thomas and I.D. Thornley, London (1938)

Guicciardini, Francesco, *Ricordi, diari, memorie*, ed. M. Spinelli, Rome (1981)

Guida generale degli Archivi di Stato Italiani, ed. P. Carucci et al., Rome (1981–)

Hanserecesse, series I (1256–1430), ed. W. Junghans and K. Koppmann, 8 vols., Leipzig (1870–97); series II (1431–76), ed. G. von der Ropp, 7 vols., Leipzig (1876–92)

873 *Hansiches Urkundenbuch*, ed. K. Hohlbaum, K. Kunze and W. Stein, 11 vols., Halle and Leipzig (1876–1939)

Itinéraire d'Anselmo Adorno en Terre Sainte, 1470–71, ed. J. Heers and G. de Groer, Paris (1978)

Journal d'un bourgeois de Paris, 1405–1449, ed. C. Beaune, Paris (1990); English trans. J. Shirley, *A Parisian journal, 1405–1449*, Oxford (1968)

Machiavelli, Niccolò, *Florentine histories*, trans. L.F. Banfield and H.C. Mansfield, Jr, Princeton (1988)

Les miracles de Notre Dame, ed. G. Paris and U. Robert, 8 vols., Paris (1876–93)

Palmieri, Matteo, *Della vita civile*, ed. F. Battaglia, Bologna (1944)

Recueil de documents relatifs à l'industrie drapière en Flandres, ed. G. Espinas and H. Pirenne, 4 vols., Paris (1906–24)

Savonarola, Girolamo, *Œuvres spirituelles choisies*, ed. E.C. Bayonne, Paris (1980)

The travels of Leo of Rozmital, 1465–67, ed. M. Letts, Hakluyt Society, 2nd series, 108, London (1957)

Villon, François, *Poésies complètes*, ed. C. Thiry, Paris (1991)

Secondary works

General

Abulafia, D., Franklin, M. and Rubin, M. (eds.) (1992), *Church and city, 1000–1500. Essays in honour of Christopher Brooke*, Cambridge

Ashtor, E. (1989), 'The factors of technological and industrial progress in the later Middle Ages', *Journal of European Economic History* 18: 7–36

Barel, Y. (1977), *La ville médiévale. Système social, système urbain*, Grenoble

Bautier, R.-H. (1971), *The economic development of medieval Europe*, trans. H. Karolyi, London

Beresford, M. (1967), *New towns of the Middle Ages. Town plantation in England, Wales and Gascony*, London

Bertelli, S. (1978), *Il potere oligarchico nello stato-città medievale*, Florence

Black, A. (1984), *Guilds and civil society in European political thought from the twelfth century to the present*, Cambridge

Cambridge economic history of medieval Europe, The (1952, 1963), II: *Trade and industry in the Middle Ages*, ed. M.M. Postan and E.E. Rich; III: *Economic organization and policies in the Middle Ages*, ed. M.M. Postan, E.E. Rich and E. Miller, Cambridge

Chédeville, A., Le Goff, J. and Rossiaud, J. (1980), *La ville médiévale. Des Carolingiens à la Renaissance* (*Histoire de la France urbaine*, II), Paris

Cipolla, C.M. (1964), 'Economic depression of the Renaissance?', *EconHR* 2nd series 16: 519–24

Clarke, M.V. (1926), *The medieval city state. An essay on tyranny and federation in the later Middle Ages*, Cambridge

Contamine, P., Bompaire, M., Lebecq, S. and Sarrazin, J.-L. (1993), *L'économie médiévale*, Paris

Day, J. (1978), 'The great bullion famine of the fifteenth century', *P&P* 79: 3–54

Day, J. (1987), *The medieval market economy*, Oxford

Denecke, D. and Shaw, G. (eds.) (1988), *Urban historical geography. Recent progress in Britain and Germany*, Cambridge

参考文献：原始文献和研究论著

De Roover, R. (1953), *L'évolution de la lettre de change. XIVe–XVIIIe siècles*, Paris
De Roover, R. (1974), *Business, banking and economic thought in late medieval and early modern Europe. Selected studies*, ed. J. Kirshner, Chicago and London
Eco, U. (1986), *Travels in hyperreality*, trans W. Weaver, London
Edwards, J. (1994), *The Jews in western Europe, 1400–1600*, Manchester
Ennen, E. (1979), *Die europäische Stadt des Mittelalters*, Göttingen
Epstein, S.A. (1991), *Wage labor and guilds in medieval Europe*, Chapel Hill
Epstein, S.R. (1994), 'Regional fairs, institutional innovation and economic growth in late medieval Europe', *EconHR* 2nd series 47: 459–82
Goetz, H.-W. (1986), *Leben im Mittelalter*, Munich
Gurevich, A. (1988), *Medieval popular culture. Problems of belief and perception*, Cambridge
Haase, C. (ed.) (1969–73), *Die Stadt des Mittelalters*, 3 vols., Darmstadt
Hanawalt, B.A. (ed.) (1986), *Women and work in pre-industrial Europe*, Bloomington, Ind.
Hanawalt, B.A. and Reyerson, K.L. (eds.) (1994), *City and spectacle in medieval Europe*, Minneapolis
Harte, N.B. and Ponting, K.G. (eds.) (1983), *Cloth and clothing in medieval Europe. Essays in memory of Professor E.M. Carus-Wilson*, London
Heers, J. (1966), *L'occident au XIVe et XVe siècles. Aspects économiques et sociaux*, 2nd edn, Paris
Heers, J. (1977), *Family clans in the Middle Ages. A study of political and social structures in urban areas*, Amsterdam
Heers, J. (1990), *La ville au moyen âge*, Paris
Herlihy, D. (1985), *Medieval households*, Cambridge, Mass.
Herlihy, D. (1990), *Opera muliebria. Women and work in medieval Europe*, New York
Hilton, R.H. (1992), *English and French towns in feudal society. A comparative study*, Cambridge
Hohenberg, P.M. and Lees, L.H. (1985), *The making of urban Europe, 1000–1950*, Cambridge, Mass.
Holmes, G.A. (1990), *The first age of the western city*, Inaugural Lecture, University of Oxford, 1989, Oxford
Howell, M.C. (1986), *Women, production and patriarchy in late medieval cities*, Chicago
Le Goff, J. (1980), *Time, work and culture in the Middle Ages*, trans. A. Goldhammer, Chicago
Lopez, R.S. (1952), 'Hard times and investment in culture', in K.H. Dannenfeldt (ed.), *The Renaissance: medieval or modern?*, New York, pp. 50–61
Lopez, R.S. (1986), *The shape of medieval monetary history. Collected studies*, London
Lopez, R.S. and Miskimin, H.A. (1962), 'The economic depression of the Renaissance', *EconHR* 2nd series 14: 408–26
Miskimin, H. (1975), *The economy of early Renaissance Europe, 1300–1460*, Cambridge
Miskimin, H. (1977), *The economy of late Renaissance Europe, 1460–1600*, Cambridge
Miskimin, H., Herlihy, D. and Udovitch, A.L. (eds.) (1977), *The medieval city. Essays written in honor of Robert S. Lopez*, New Haven, Conn.
Mollat, M. (1986), *The poor in the Middle Ages. An essay in social history*, New Haven, Conn.
Mols, R. (1954–6), *Introduction à la démographie historique des villes d'Europe du XIVe au XVIII siècles*, 3 vols., Gembloux and Louvain
Mols, R. (1974), 'Population in Europe, 1500–1700', in C. Cipolla (ed.), *Fontana economic history of Europe*, II: *The sixteenth and seventeenth centuries*, London

875　　Pounds, N.J.G. (1994), *An economic history of medieval Europe*, 2nd edn, London
Rausch, W. (ed.) (1974), *Die Stadt am Ausgang des Mittelalters*, Linz
Rörig, F. (1967), *The medieval town*, trans. D. Bryant, London
Rosenthal, J.T. (ed.) (1990), *Medieval women and the sources of medieval history*, Athens, Ga.
Russell, J.C. (1972), *Medieval regions and their cities*, Newton Abbot
Saalman, H. (1968), *Medieval cities*, New York
Sprandel, R. (1969), 'La production du fer au moyen âge', *Annales ESC* 24: 305–21
Spufford, P. (1988), *Money and its use in medieval Europe*, Cambridge
Unger, R. (1980), *The ship in the medieval economy, 600–1600*, Toronto
Van der Wee, H. (ed.) (1988), *The rise and decline of urban industries in Italy and the Low Countries. Late Middle Ages – early modern times*, Louvain
Wolff, P. (1977), *Guide international d'histoire urbaine*, I: *Europe*, Commission Internationale pour l'Histoire des Villes, Paris

Cities and towns in Italy

Ady, C.M. (1955), *Lorenzo dei Medici and Renaissance Italy*, London
Barker, J.R. (1988), *Death in the community. Memorialization and the communities in an Italian commune in the late Middle Ages*, Atlanta
Baron, H. (1955), *The crisis of the early Italian Renaissance*, 2 vols., Princeton
Becker, M.B. (1967–8) *Florence in transition*, 2 vols., Baltimore
Bratchel, M.E. (1995), *Lucca, 1430–1494*, Oxford
Brown, J. (1989), 'Prosperity or hard times in Renaissance Italy?', *RQ* 42: 761–80
Brown, J. (ed.) (1995), *Language and images of Renaissance Italy*, Oxford
Brucker, G.A. (1969), *Renaissance Florence*, New York
Burckhardt, J. (1929), *The civilization of the Renaissance in Italy*, trans. S.G.C. Middlemore, London
Chambers, D.S. (1970), *The imperial age of Venice, 1380–1580*, London
Clarke, P.C. (1991), *The Soderini and the Medici. Power and patronage in fifteenth-century Florence*, Oxford
Cohn, S.K., Jr (1980), *The laboring classes in Renaissance Florence*, New York
Cristiani, E. (1962), *Nobilità e popolo nel comune di Pisa*, Naples
Day, J. (1964), *Les douanes de Gênes, 1376–77*, 2 vols., Paris
Dean, T. (1987), *Land and power in late medieval Ferrara. The rule of the Este, 1350–1450*, Cambridge
Dean, T. and Wickham, C. (eds.) (1990), *City and countryside in late medieval and Renaissance Italy. Essays presented to Philip Jones*, London
De Roover, R. (1963), *The rise and decline of the Medici Bank*, Cambridge, Mass.
Epstein, S.R. (1992), *An island for itself. Economic development and social change in late medieval Sicily*, Cambridge
Epstein, S.R. (1993), 'Town and country: economy and institutions in late medieval Italy', *EconHR* 2nd series 46: 453–77
Fiumi, E. (1961), *Storia economica e sociale di San Gimignano*, Florence
Goldthwaite, R.A. (1968), *Private wealth in Renaissance Florence. A study of four families*, Princeton
Goldthwaite, R.A. (1980), *The building of Renaissance Florence. An economic and social history*, Baltimore

Goldthwaite, R.A. (1993), *Wealth and the demand for art in Italy, 1300–1600*, Baltimore
Gutkind, C.S. (1938), *Cosimo de' Medici. Pater patriae, 1389–1464*, Oxford
Hale, J.R. (1965), 'The development of the bastion, 1440–1534', in J.R. Hale, J.R.L. Highfield and B. Smalley (eds.), *Europe in the late Middle Ages*, London
Hale, J.R. (1977), *Florence and the Medici. The pattern of control*, London
Hay, D. (1966), *The Italian Renaissance in its historical background*, Cambridge
Hay, D. and Law, J. (1989), *Italy in the age of the Renaissance*, London
Heers, J. (1961), *Gênes au XVe siècle. Activité économique et problèmes sociaux*, Paris
Heers, J. (ed.) (1985), *Fortifications, portes de villes, places publiques, dans le monde méditerranéen*, Paris
Henderson, J. (1994), *Piety and charity in late medieval Florence*, Oxford
Herlihy, D. (1958), *Pisa in the early Renaissance. A study of urban growth*, New Haven, Conn.
Herlihy, D. (1967), *Medieval and Renaissance Pistoia. The social history of an Italian town*, New Haven and London
Herlihy, D. (1980), *Cities and society in medieval Italy*, London
Herlihy, D. and Klapisch-Zuber, C. (1978), *Les Toscans et leur familles. Une étude du catasto florentin de 1427*, Paris
Herlihy, D., Lopez, R.S. and Slessarev, V. (eds.) (1967), *Economy, society and government in medieval Italy. Essays in memory of Robert L. Reynolds*, Kent, Ohio
Holmes, G.A. (1969), *The Florentine Enlightenment, 1400–1500*, London
Holmes, G.A. (1973), 'The emergence of an urban Enlightenment at Florence, c. 1250–1450', *TRHS* 5th series 23: 111–34
Holmes, G.A. (1986), *Florence, Rome and the origins of the Renaissance*, Oxford
Holmes, G.A. (ed.) (1995), *Art and politics in Renaissance Italy*, Oxford
Hook, J. (1979), *Siena. A city and its history*, London
Ilardi, V. (1993), 'Renaissance Florence: the optical centre of the world', *Journal of European Economic History* 22: 507–41
Jones, P.J. (1965), 'Communes and despots: the city state in late medieval Italy', *TRHS* 5th series 15: 71–96
Kent, D. (1978), *The rise of the Medici faction in Florence, 1426–1434*, Oxford
Klapisch-Zuber, C. (1985), *Women, family and ritual in Renaissance Italy*, Chicago
Lane, F.C. (1934), *Venetian ships and shipbuilding of the Renaissance*, Baltimore
Lane, F.C. (1944), *Andrea Barbarigo, merchant of Venice, 1418–1449*, Baltimore
Lane, F.C. (1966), *Venice and history. Collected papers*, Baltimore
Lane, F.C. (1987), *Studies in Venetian social and economic history*, Baltimore
Lane, F.C. and Mueller, R.C. (1985), *Money and banking in medieval and Renaissance Venice*, Baltimore
Law, J.E. (1981), '"Super differentiis agitatis Venetiis inter districtuales et civitatem": Venezia, Verona e il Contado nel "1400"', *Archivio Veneto* 5th series 116: 5–32
Law, J.E. (1992), 'The Venetian mainland state in the fifteenth century', *TRHS* 6th series 2: 153–74
Luzzato, G. (1961a), *Storia economica di Venezia dall' XI al XVI secolo*, Venice
Luzzato, G. (1961b), *An economic history of Italy from the fall of the Roman Empire to the beginning of the sixteenth century*, trans. P. Jones, London
Mack, C.R. (1987), *Pienza. The creation of a Renaissance city*, Ithaca, N.Y.
Mallett, M.E. (1967), *The Florentine galleys in the fifteenth century*, Oxford

877 Martines, L. (1980), *Power and imagination. City states in Renaissance Italy*, London
Mazzaoui, M. (1981), *The Italian cotton industry in the later Middle Ages*, Cambridge
Mesquita, D.M.B. de (1965), 'The place of despotism in Italian politics', in J.R. Hale, J.R.L. Highfield and B. Smalley (eds.) *Europe in the late Middle Ages*, London
Molho, A. (1994), *Marriage alliance in late medieval Florence*, Cambridge, Mass.
Muir, E. (1981), *Civic ritual in Renaissance Florence*, Princeton
Mundy, J.H. (1989), 'In praise of Italy: the Italian Republics', *Speculum* 64: 815–34
Preyer, B. (1981), 'The Rucellai Palace', in *Giovanni Rucellai ed il suo zibaldone*, II: *A Florentine merchant and his palace*, London
Queller, D. (1986), *The Venetian patriciate. Reality versus myth*, Urbana and Chicago
Ramsey, P. (1982), *Rome in the Renaissance. The city and the myth*, Binghampton, N.Y.
Renouard, Y. (1949), *Les hommes d'affaires Italiens au moyen âge*, Paris
Rubinstein, N. (1966), *The government of Florence under the Medici (1434 to 1494)*, Oxford
Rubinstein, N. (1995), *The Palazzo Vecchio, 1298–1532*, Oxford
Rubinstein, N. (ed.) (1968), *Florentine studies. Politics and society in Renaissance Florence*, London
Ruggiero, G. (1980), *Violence in early Renaissance Florence*, New Brunswick
Sapori, A. (1946), *Studi di storia economica medievale*, 2nd edn, Florence
Sapori, A. (1970), *The Italian merchant in the Middle Ages*, New York
Schevill, F. (1963), *Medieval and Renaissance Florence*, 2 vols., New York
Stinger, R.L. (1985), *The Renaissance in Rome*, Bloomington, Ind.
Trexler, R.C. (1980), *Public life in Renaissance Florence*, New York
Waley, D. (1952), *Mediaeval Orvieto*, Cambridge
Waley, D. (1969), *The Italian city-republics*, London
Waley, D. (1985), *Late medieval Europe from St Louis to Luther*, 2nd edn, London
Woodward, W.H. (1897), *Vittorino da Feltre and other humanist educators*, 2nd edn, London

France and the Iberian peninsula

Baratier, E. (1967), *La démographie provençale du XIIIe au XIVe siècle*, Paris
Bois, G. (1984), *The crisis of feudalism. Economy and society in eastern Normandy*, Cambridge
Boutruche, R. (ed.) (1966), *Histoire de Bordeaux de 1453 à 1715*, Bordeaux
Carande, R. (1972), *Sevilla, fortaleza y mercado*, Seville
Carrère, C. (1967), *Barcelona, centre économique à l'époque des difficultés. 1380–1462*, 2 vols., Paris
Chevalier, B. (1975), *Tours, ville royale 1356–1520. Origine et développement d'une capitale à la fin du moyen âge*, Louvain and Paris
Chevalier, B. (1982), *Les bonnes villes de France aux XIVe et XVe siècles*, Paris
Collantes de Téran Sànchez, A. (1984), *Sevilla en la baja edad media. La ciudad y sus hombres*, 2nd edn, Seville
Constable, O.R. (1994), *Trade and traders in Muslim Spain. The commercial realignment of the Iberian peninsula, 900–1500*, Cambridge
Del Treppo, M. (1968), *I mercanti catalani e l'espansione della corona d'Aragona nel secolo XV*, Naples
Desportes, P. (1979), *Reims et les rémois aux XIIIe et XIVe siècles*, Paris
Díez, C. Estepa (ed.) (1984), *Burgos en la edad media*, Valladolid

Duby, G. (ed.) (1980), *Histoire de la France urbaine*, II: *La ville médiévale*, Paris
Edwards, J. (1982), *Christian Cordoba. The city and its region in the late Middle Ages*, Cambridge
Edwards, J. (1988), 'Religious faith and doubt in late medieval Spain: Soria *circa* 1450–1500', *P&P* 120: 3–25
Favier, J. (1973), 'La place d'affaires de Paris au XVe siècle', *Annales ESC* 28: 1245–79
Favier, J. (1974), *Paris au XVe siècle. Nouvelle histoire de Paris, 1380–1500*, Paris
Favreau, R. (1978), *La ville de Poitiers à la fin du moyen âge. Une capitale régionale*, 2 vols., Poitiers
Fournial, E. (1967), *Les villes et l'économie d'échange en Forez aux XIIIe et XIVe siècles*, Paris
Geremek, B. (1986), *Le salariat dans l'artisanat Parisien aux XIIIe–XVe siècles*, Paris
Geremek, B. (1987), *The margins of society in late medieval Paris*, trans. J. Birrell, Cambridge
Hébert, M. (1979), *Tarascon aux XIV et XV siècles. Histoire d'une communauté urbaine provençale*, Aix-en-Provence
Heers, J. (1957), 'Le royaume de Grenade et la politique marchande de Gênes en occident au XVe siècle', *MA* 63: 87–121
Hillgarth, J. (1976–8), *The Spanish kingdoms, 1250–1516*, 2 vols., Oxford
Humbert, F. (1961), *Les finances municipales de Dijon du milieu du XIVe siècle à 1477*, Paris
Mackay, A. (1981), *Money, prices and politics in fifteenth-century Castile*, London
Marques, A.H. de O. (1964), *A sociedade medieval Portuguesa*, Lisbon
Marques, A.H. de O. (1972), *A history of Portugal*, 2 vols., New York
Miskimin, H.A. (1984), *Money and power in fifteenth-century France*, New Haven
Mollat, M. (1952), *Le commerce maritime normand à la fin du moyen âge. Etude d'histoire économique et sociale*, Paris
Mollat, M. (ed.) (1979), *Histoire de Rouen*, Toulouse
O'Callaghan, J.F. (1975), *A history of medieval Spain*, Ithaca
Otis, L.L. (1985), *Prostitution in medieval society. The history of an urban institution in the Languedoc*, Chicago
Petit-Dutaillis, C. (1947), *Les communes françaises. Caractères et évolution des origines au XVIIIe siècle*, Paris
Rucquoi, A. (1987), *Valladolid en la edad media*, Valladolid
Stouff, L. (1970), *Ravitaillement et alimentation en Provence aux XIVe et XVe siècles*, Paris
Stouff, L. (1986), *Arles à la fin du moyen âge*, Aix-en-Provence
Torres Balbàs, L. (1987), 'La edad media', in L. Torres Balbàs and G. y Bellido (eds.), *Resumen histórico del urbanismo en España*, Madrid
Vicens Vives, J. (1957), *Historia social y económica de España y América*, II: *Patriciado urbano, reges católicos, descubrimento de América*, Barcelona
Vicens Vives, J. and Oller, J.N. (1969), *An economic history of Spain*, Princeton
Wolff, P. (1954), *Commerces et marchands de Toulouse (vers 1350–vers 1450)*, Paris
Wolff, P. (1978), 'Les luttes sociales dans les villes du midi Français, XIIIe–XVe siècles', in P. Wolff (ed.), *Regards sur le midi médiéval*, Paris, pp. 77–89
Wolff, P. (ed.), (1974), *Histoire de Toulouse*, Toulouse

The British Isles and the Netherlands

Barron, C.M. and Sutton, A.F. (eds.) (1994), *Medieval London widows, 1300–1500*, London

879 Bartlett, J.N. (1959–60), 'The expansion and decline of York in the later Middle Ages', *EconHR* 2nd series 12: 17–33

Beresford, M. and Finberg, H.P.R. (1973), *English medieval boroughs. A handlist*, Newton Abbot

Blair, J. and Ramsay, N. (eds.) (1991), *English medieval industries. Craftsmen, techniques, products*, London

Bonney, M. (1990), *Lordship and the urban community. Durham and its overlords, 1250–1540*, Cambridge

Brand, H. (1992), 'Urban policy or personal government: the involvement of the urban élite in the economy of Leiden at the end of the Middle Ages', in H. Diederiks, P. Hohenberg and M. Wagenaar (eds.), *Economic policy in Europe since the late Middle Ages. The visible hand and the fortune of cities*, Leicester, pp. 17–34

Britnell, R.H. (1986), *Growth and decline in Colchester, 1300–1525*, Cambridge

Britnell, R.H. (1993), *The commercialisation of English society 1000–1500*, Cambridge

Brulez, W. (1990), 'Brugge en Antwerpen in de 15th en 16th eeuw: een tegenstelling?', *Tijdschrift voor Geschiedenis* 73: 15–37

Butcher, A.F. (1979), 'Rent and the urban economy: Oxford and Canterbury in the later Middle Ages', *Southern History* 1: 11–43

De Roover, R. (1948), *Money, banking and credit in medieval Bruges: Italian merchant-bankers, Lombards and money-changers. A study in the history of banking*, Cambridge, Mass.

De Roover, R. (1968), *The Bruges money market around 1400*, Brussels

Dobson, R.B. (1977), 'Urban decline in late medieval England', *TRHS* 5th series 27: 1–22

Dobson, R.B. (1983), 'Cathedral chapters and cathedral cities: York, Durham and Carlisle in the fifteenth century', *Northern History* 19: 15–44

Espinas, G. (1913), *La vie urbaine de Douai*, 3 vols., Paris

Espinas, G. (1923), *La draperie dans la Flandre française au moyen âge*, 2 vols., Paris

Espinas, G. (1933), *Les origines du capitalisme*, I: *Sire Jehan Boinebroke, patricien et drapier Douaissien*, Lille

Ewan, E. (1990), *Townlife in fourteenth-century Scotland*, Edinburgh

Goldberg, P.J.P. (1986), 'Female labour, service and marriage in northern towns during the Middle Ages', *Northern History* 22: 18–38

Goldberg, P.J.P. (1992), *Women, work and life cycle in a medieval economy. Women in York and Yorkshire, c. 1300–1520*, Oxford

Graham, B.J. (1977), 'The towns of medieval Ireland', in R.A. Butlin (ed.), *The development of the Irish town*, London and Totowa

Graham, B.J. (1986–7), 'Urbanization in medieval Ireland', *Journal of Urban History* 13: 169–96

Grant, I.F. (1930), *The social and economic development of Scotland before 1603*, Edinburgh

Griffiths, R.A. (ed.) (1978) *Boroughs of medieval Wales*, Cardiff

Hanawalt, B.A. (1993), *Growing up in medieval London. The experience of childhood in history*, New York

Hill, F. (1965), *Medieval Lincoln*, Cambridge

Hilton, R.H. and Aston, T.H. (eds.) (1984), *The English rising of 1381*, Cambridge

Keene, D. (1985), *Survey of medieval Winchester*, 2 vols., Oxford

Kowaleski, M. (1988), 'The history of urban families in medieval England', *JMedH* 14: 47–63

Laurent, H. (1935), *Un grand commerce d'exploitation au moyen âge. La draperie des Pays-Bas, en France et dans les pays méditerranéens*, Paris

Lestocquoy, J. (1952), *Les villes de Flandres et d'Italie sous le gouvernement des patriciens (XIe–XVe siecles)*, Paris

Lynch, M., Spearman, M. and Stell, G. (eds.) (1988), *The Scottish medieval town*, Edinburgh

McKisack, M. (1932), *The parliamentary representation of the English boroughs during the Middle Ages*, Oxford

Marquant, R. (1940), *La vie économique à Lille sous Philippe le Bon*, Paris

Munro, J.H.A. (1972), *Wool, cloth and gold. The struggle for bullion in Anglo-Burgundian trade, 1340–1478*, Toronto

Munro, J.H.A. (1994), *Textiles, towns and trade. Essays in the economic history of late-medieval England and the Low Countries*, Toronto

Murray, J.M. (1986), 'The failure of corporation: notaries public in medieval Bruges', *JMedH* 12: 155–66

Murray, J.M. (1988), 'Family, marriage and moneychanging in medieval Bruges', *JMedH* 14: 115–25

Nicholas, D. (1985), *The domestic life of a medieval city. Women, children and the family in fourteenth-century Ghent*, Lincoln, Nebr.

Nicholas, D. (1987), *The metamorphosis of a medieval city. Ghent in the age of the Arteveldes, 1302–1390*, Lincoln, Nebr.

Nicholas, D. (1992), *Medieval Flanders*, London

Phythian-Adams, C. (1979), *The desolation of a city. Coventry and the urban crisis of the late Middle Ages*, Cambridge

Platt, C. (1973), *Medieval Southampton. The port and the trading community*, London

Reynolds, S. (1977), *An introduction to the history of medieval English towns*, Oxford

Sortor, M. (1993), 'Saint-Omer and its textile trades in the late Middle Ages: a contribution to the proto-industrialization debate', *AHR* 98: 1475–99

Stone, L. (1955), *Sculpture in Britain. The Middle Ages*, Harmondsworth

Summerson, H. (1993), *Medieval Carlisle. The city and the borders from the late eleventh to the mid-sixteenth century*, Stroud

Swanson, H. (1987), *Medieval artisans. An urban class in late medieval England*, Oxford

Swanson, H. (1988), 'The illusion of economic structure: craft guilds in late medieval English towns', *P&P* 121: 29–48

Tait, J. (1936), *The medieval English borough. Studies on its origins and constitutional history*, Manchester

Thompson, A.H. (1947), *The English clergy and their organization in the later Middle Ages*, Oxford

Thomson, J.A.F. (ed.) (1988), *Towns and townspeople in the fifteenth century*, Gloucester

Thrupp, S. (1948), *The merchant class of medieval London*, Chicago

Torrie, E.P.D. (1990), *Medieval Dundee*, Abertay

Toussaert, J. (1960), *Le sentiment religieux en Flandre à la fin du moyen âge*, Paris

Van Houtte, J.A. (1952), 'Bruges et Anvers, marchés "nationaux" ou "internationaux" du XIVe au XVe siècle', *Revue du nord* 34: 89–108

Van Houtte, J.A. (1966), 'The rise and decline of the market of Bruges', *EconHR* 2nd series 19: 29–47

Van Houtte, J.A. (1967), *Bruges. Essai d'histoire urbaine*, Brussels

881 Van Houtte, J.A. (1977), *An economic history of the Low Countries, 800–1800*, New York
Van der Wee, H. (1963), *The growth of the Antwerp market and the European economy*, 3 vols., The Hague
Van der Wee, H. (1972), *Historische Aspecten van de economische groei*, Antwerp and Utrecht
Van Werveke, H. (1947), *Gent. Schets van een sociale geschiedenis*, Ghent

The German Reich, Scandinavia and eastern Europe

Barth, R. (1976), *Argumentation und Selbstverständnis der Bürgeropposition in städtischen Auseinandersetzungen des Spätmittelalters. Lübeck, 1403–08; Braunschweig, 1374–76; Mainz, 1444–46; Köln, 1396–1400*, 2nd edn, Cologne
Bonjour, E., Offler, H.S. & Potter, G.R. (1952), *A short history of Switzerland*, Oxford
Brady, T.A. (1985), *Turning Swiss. Cities and empire, 1450–1550*, Cambridge
Carsten, F.L. (1943), 'Medieval democracy in the Brandenburg towns and its defeat in the fifteenth century', *TRHS* 4th series 25: 73–91
Carsten, F.L. (1954), *The origins of Prussia*, Cambridge
Carsten, F.L. (1959), *Princes and parliaments in Germany from the fifteenth to the eighteenth century*, Oxford
Christiansen, E. (1980), *The northern crusades. The Baltic and the Catholic frontier, 1100–1525*, London
Dollinger, P. (1970), *The German Hansa*, London
Dopsch, H. and Spatzenegger, H. (eds.) (1981–91), *Geschichte Salzburgs. Stadt und Land*, 2 vols., Salzburg
Du Boulay, F.R.H. (1981), 'The German town chroniclers', in R.H.C. Davis and J.M. Wallace-Hadrill (eds.), *The writing of history in the Middle Ages. Essays presented to Richard William Southern*, Oxford, pp. 445–69
Du Boulay, F.R.H. (1983), *Germany in the later Middle Ages*, London
Fennell, J. (1968), *The emergence of Moscow*, London
Forstreuter, K. (1955), *Preussen und Russland*, Göttingen
Franz, D. (ed.) (1967), *Quellen zur Geschichte des deutschen Bauernstandes*, I, Berlin
Fritze, K. (1976), *Bürger und Bauer zur Hansezeit*, Weimar
Gerevich, L. (1990), *Towns in medieval Hungary*, Boulder, Colo.
Haase, C. (ed.) (1978), *Die Stadt des Mittelalters*, 3 vols., Darmstadt
Heckscher, E.F. (1954), *An economic history of Sweden*, Cambridge, Mass.
Heymann, F.G. (1954), 'The role of towns in the Bohemia of the later Middle Ages', *Cahiers d'histoire mondial* 2: 326–46
Isenmann, E. (1988), *Die Deutsche Stadt im Spätmittelalter, 1250–1500. Staatgestalt, Recht, Stadtregiment, Kirche, Gesellschaft, Wirtschaft*, Stuttgart
Klutchevsky, V.O. (1931), *History of Russia*, I, trans. C.J. Hogarth, London
Krekić, B. (ed.) (1987), *Urban society of eastern Europe in premodern times*, Berkeley
Lenk, W. (1966), *Das Nürnberger Fastnachtspiel des 15 Jahrhunderts*, Berlin
Ligers, J. (1946), *Histoire des villes de Lettonie et d'Estonie*, Paris
Malowist, M. (1959–60), 'The economic and social development of the Baltic countries from the fifteenth to the seventeenth centuries', *EconHR* 2nd series 12: 177–89
Maschke, E. (1967), 'Die Unterschichten der mittelalterlichen Städte Deutschlands', in

E. Maschke and J. Sydow (eds.), *Gesellschaftliche Unterschichten in den Südest Deutschen Städten*, Stuttgart, pp. 1–74

Miller, D.A. (1969), *Imperial Constantinople*, London

Molenda, D (1976), 'Mining towns in central-eastern Europe in feudal times', *Acta Poloniae historica* 34: 165-88

Nedkvitne, A. (1983), *Utenrikshandelen fra det vestafjelske Norge, 1100–1600*, Bergen

Olsen, O. (ed.) (1988–91), *Danmarkshistorie*, 16 vols., Copenhagen

Onasch, K. (1969), *Gross-Nowgorod*, Vienna and Munich

Planitz, H. (1980), *Die Deutsche Stadt im Mittelalter, von der Römerzeit bis zu den Zunftkämpfen*, 5th edn, Vienna

Rady, M.C. (1985), *Medieval Buda. A study of municipal government and jurisdiction in the kingdom of Hungary*, Boulder, Colo.

Rausch, W. (ed.) (1974), *Die Stadt am Ausgang des Mittelalters*, Linz

Rotz, R.A. (1976), 'Investigating urban uprisings with examples from Hanseatic towns, 1374–1416', in W.C. Jordan, B. McNab, and T.F. Ruiz (eds.), *Order and innovation in the Middle Ages: essays in honour of Joseph R. Strayer*, Princeton, pp. 215–33, 483–94

Rowell, S. (1995), *Lithuania ascending*, Cambridge

Rudwin, M.J. (1919), 'The origin of German Carnival comedy', *Journal of English and German Philology* 18: 402–54

Sawyer, B. and P. (1993), *Medieval Scandinavia. From conversion to Reformation, circa 800–1500*, Minneapolis and London

Schildauer, J. (1988), *The Hansa. History and culture*, trans. K. Vanovitch, London

Schönberg, G. (1879), *Finanzverhältnisse der Stadt Basel im XIV und XV Jahrhundert*, Tübingen

Sedlar, J.M. (ed.) (1994), *East central Europe in the Middle Ages, 1000–1500*, Seattle and London

Spalding, K. (1973), *Holland und die Hanse im 15 Jahrhundert*, Weimar

Strauss, G. (1966), *Nuremberg in the sixteenth century*, London

Stromer, W. von (1981), 'Commercial policy and economic conjuncture in Nuremberg at the close of the Middle Ages: a model of economic policy', *Journal of European Economic History* 10: 119–29

Sugar, P.F., Hanák, P. and Frank, T. (eds.) (1990), *A history of Hungary*, Bloomington, Ind.

Van Loewe, K. (1973), 'Commerce and agriculture in Lithuania, 1400–1600', *EconHR* 2nd series 26: 23–37

Vernadsky, G. (1959), *Russia at the dawn of the modern age*, New Haven, Conn.

第七章　商业与贸易

Primary sources

Carus-Wilson, E.M. (ed.), *The overseas trade of Bristol in the later Middle Ages*, Bristol Record Society, 7, Bristol (1937)

Childs, W.R. (ed.), *The customs accounts of Hull 1453–1490*, Yorkshire Archaeological Society Record Series, 144, Leeds (1986)

Cobb, H. (ed.), *The overseas trade of London. Exchequer customs accounts 1480–1*, London Record Society, 27, London (1990)

883 *Diplomatarium Islandicum*, ed. J. Sigurthsson *et al.*, Copenhagen (1857ff)
Diplomatarium Norvegicum, ed. C.C.A. Lange, C.R. Unger *et al.*, 19 vols. Oslo (1847–1919)
Doehaerd, R. (ed.), *Etudes anversoises. Documents sur le commerce international à Anvers 1488–1514*, 3 vols., Paris (1962)
Doehaerd, R. and Kerremans, C. (eds.), *Les relations commerciales entre Gênes, la Belgique, et l'Outremont d'après les archives notariales génoises 1400–1440*, Brussels (1952)
Ducaunnes-Duval, M.G. (ed.), 'Registre de la comptabilité de Bordeaux 1482–3', *Archives historiques du département de la Gironde* 50 (1915), pp. 1–166
Gilliodts van Severen, L. (ed.), *Cartulaire de l'ancien consulat d'Espagne à Bruges. Recueil de documents concernant le commerce maritime et l'intérieur, le droit des gens public et privé et l'histoire économique de la Flandre. Première partie. 1280–1550*, Bruges (1901–2)
Gilliodts van Severen, L. (ed.), *Cartulaire de l'ancienne estaple de Bruges. Recueil de documents concernant le commerce intérieur et maritime, les relations internationales et l'histoire économique de cette ville*, 2 vols., Bruges (1903–6)
Gras, N.S.B. (ed.), *The early English customs system*, Cambridge, Mass. (1918)
Hanham, A. (ed.), *The Cely letters 1472–1488*, EETS, original series, 273, Oxford (1975)
Hanserecesse (Die Recesse und andere Akten der Hansetäge), 1256–1430, ed. K. Koppmann, 8 vols., Leipzig (1870–97)
Hanserecesse 1431–76, ed. G. von der Ropp, 7 vols., Leipzig (1876–92)
Hanserecesse 1476–1530, ed. D. Schäfer and F. Techen, 9 vols., Leipzig and Munich (1881–1913)
Hansisches Urkundenbuch, ed. K. Hölbaum, K. Kunze and W. Stein, Verein für Hansische Geschichte, 11 vols., Halle and Leipzig (1876–1907)
The libelle of Englyshe polycye. A poem on the use of sea-power 1436, ed. G. Warner, Oxford (1926)
Lopez, R.S. and Raymond, I. (eds), *Medieval trade in the Mediterranean world*. New York (1955)
Melis, F. (ed.), *Documenti per la storia economica dei secoli XIII–XVI*, Florence (1972)
Mollat, M. (ed.), *Les affaires de Jacques Coeur. Journal du procureur Dauvet*, 2 vols., Paris (1952–3)
Mollat, M. (ed.), *Comptabilité du port de Dieppe au XVe siècle*, Paris (1951)
Ruddock, A.A. and Reddaway, T.F. (eds.), 'The accounts of John Balsall, purser of the *Trinity of Bristol* 1480–1', *Camden Miscellany XXIII*, RHS, London (1969)
Smit, H.J. (ed.), *Bronnen tot de geschiedenis van den Handel met England, Schotland en Ierland*, 4 vols., Rijks Geschiedkundige Publicatien, 65, 66, 86, 91, The Hague (1928–50)
Sneller, Z.W. and Unger, W.S. (eds.), *Bronnen tot de geschiedenis van den Handel met Frankrijk*, Rijks Geschiedkundige Publicatien, 70, The Hague (1930)
Stieda, W. (ed.), *Hildebrand Veckinchusen. Briefwechsel eines deutschen Kaufmanns im 15 Jahrhundert*, Leipzig (1921)
Torre, A. and E.A. de la (eds.), *Cuentas de Gonzalo de Baeza, tesorero de Isabel la Católica, 1477–1504*, Consejo Superior de Investigaciónes Cientificas, Patronato M. Menendez Pelayo, Biblioteca 'Reyes Católicos', Documentos y Textos, 5–6, Madrid (1955–6)

Secondary works

Asaert, G. (1973), *De Antwerpse Scheepvaart in de XVe eeuw (1394–1480)*, Brussels
Asaert, G. (1979), 'Antwerp ships in English harbours in the fifteenth century', *Acta historiae Neerlandicae* 12: 29–47

参考文献：原始文献和研究论著

Ashtor, E. (1983), *Levant trade in the later Middle Ages*, Princeton
Balard, M. (1978), *La Romanie génoise (XIIe–début XVe siècle)*, Rome and Genoa
Bang, N.E. (1906–32), *Tabeller over Skibsfart og Varentransport gennem Øresund 1497–1660*, 2 vols., Leipzig
Baratier, E. and Reynaud, F (1951), *Histoire du commerce de Marseille de 1291–1480*, Paris
Bautier, R.-H. (1960, 1964), 'Notes sur le commerce du fer en Europe occidentale du XIIe au XVIe siècle', *Revue d'histoire de la sidérurgie* 1: 7–33; 4: 35–61
Bautier, R.-H. (1971), *The economic development of medieval Europe*, London
Bernard, J. (1968), *Navires et gens de mer à Bordeaux*, 3 vols., Paris
Bolton, J.L. (1980), *The medieval English economy*, London
Bridbury, A.R. (1955), *England and the salt trade in the later Middle Ages*, Oxford
Bridbury, A.R. (1962), *Economic growth. England in the later Middle Ages*, London
Bridbury, A.R. (1982), *Medieval English clothmaking. An economic survey*, London
Brulez, W. (1973), 'Bruges and Antwerp in the 15th and 16th centuries: an antithesis?', *Acta historiae Neerlandicae* 6: 1–26
Carrère, C. (1953), 'Le droit d'ancrage et le mouvement du port de Barcelone au milieu du XVe siècle', *Estudios de historia moderna* 3: 67–156
Carrère, C. (1967), *Barcelone. Centre économique à l'époque des difficultés, 1380–1462*, 2 vols., Paris
Carter, F.C. (1994), *Trade and development in Poland. An economic geography of Cracow, from its origins to 1795*, Cambridge
Carus-Wilson, E.M. and Coleman, O. (1967), *England's export trade 1275–1547*, Oxford
Casado Alonso, H. (1994), 'El comercio internacional burgalés en los siglos XV y XVI', *Actas del Simposio internacional 'El Consulado de Burgos'*, Burgos, pp. 173–247
Caster, G. (1962), *Le commerce du pastel et de l'épicerie à Toulouse*, Toulouse
Childs, W.R. (1978), *Anglo-Castilian trade in the later Middle Ages*, Manchester
Childs, W.R. (1981), 'England's iron trade in the fifteenth century', *EconHR* 2nd series 34: 25–47
Childs, W.R. (1992), 'Anglo-Portuguese trade in the fifteenth century', *TRHS* 6th series 2: 195–219
Christenson, E. (1957), 'Scandinavia and the advance of the Hanseatics', *Scandinavian Economic Review* 5: 89–117
Cipolla, C., Lopez, R.S. and Miskimin, H.A. (1963–4), 'The economic depression of the Renaissance?', *EconHR* 2nd series 16: 519–29
Craeybeckx, J. (1958), *Un grand commerce d'importation. Les vins de France aux anciens Pays Bas XIIIe–XVIe siècles*, Paris
Davis, R. (1976), 'The rise of Antwerp and its English connection 1406–1510', in D.C. Coleman and A.H. John (eds.), *Trade, government and economy in pre-industrial England*, London, pp. 2–20
Day, J. (1987), *The medieval market economy*, Oxford
De Gryse, R. (1951), 'De Vlaamse Haringvisserij in de XVe eeuw', *Annales de la Société d'émulation de Bruges* 88: 116–33
De Roover, R. (1948), *Money, banking and credit in mediaeval Bruges. Italian merchant-bankers, Lombards and moneychangers*, Cambridge, Mass.
De Roover, R. (1959), 'La balance commerciale entre les Pays Bas et l'Italie au XVe siècle', *Revue belge de philologie et d'histoire* 37: 375–86

885 De Roover, R. (1963), *The rise and decline of the Medici Bank 1397–1494*, Cambridge, Mass.
De Roover, R. (1968), *The Bruges money market around 1400*, Brussels
Delort, R. (1978), *Le commerce des fourrures en occident à la fin du moyen âge (vers 1300–vers 1450)*, Rome
Dollinger, P. (1989), *Die Hanse*, 4th edn, Stuttgart; 1st edn trans. D. Ault and S.H. Steinberg, *The German Hansa*, London (1970)
Edler de Roover, F. (1966), 'Andrea Banchi, Florentine silk manufacturer and merchant in the fifteenth century', *Studies in Medieval and Renaissance History* 3: 221–85
Epstein, S. (1992), *An island for itself. Economic development and social change in late medieval Sicily*, Cambridge
Fernández-Armesto, F. (1987), *Before Columbus. Exploration and colonisation from the Mediterranean to the Atlantic 1229–1492*, London
Fernández-Armesto, F. (1992), *Columbus*, Oxford
Ferreira Priegue, E. (1988), *Galicia en el comercio marítimo medieval*, Santiago de Compostella
Fudge, J. (1995), *Cargoes, embargoes and emissaries. The commercial and political interaction of England and the German Hanse 1450–1510*, Toronto
Gade, J.A. (1951), *The Hanseatic control of Norwegian commerce during the late Middle Ages*, Leiden
Garcia de Cortazar, J.A. (1966), *Vizcaya en el siglo XV*, Bilbao
Gelsinger, B.E. (1981), *Icelandic enterprise. Commerce and economy in the Middle Ages*, Columbia, S.C.
Guiral-Hadziiossif (1986), *Valence. Port mediterranéen au XVe siècle*, Paris
Hale, J. (1977), *Florence and the Medici*, London
Hanham, A. (1985) *The Celys and their world*, Cambridge
Hatcher, J. (1973), *English tin production and trade before 1550*, Oxford
Heers, J. (1955), 'Le commerce des basques en Mediterranée au XVe siècle', *Bulletin hispanique* 57: 292–324
Heers, J. (1957), 'Le royaume de Grenade et la politique marchande de Gênes en occident au XVe siècle', *MA* 63: 87–121
Heers, J. (1961), *Gênes au XV siècle*, Paris
Heers, J. (1966), *L'occident aux XIVe et XVe siècles. Aspects économiques et sociaux*, Paris
Heers, J. (1979), *Société et économie à Gênes (XIV–XV siècles)*, London
Heers, M.L. (1954), 'Les génois et le commerce de l'alun à la fin du moyen âge', *Revue d'histoire économique et sociale* 32: 31–53
Herlihy, D. (1958), *Pisa in the early Renaissance*, New Haven
Hutchinson, G. (1994), *Medieval ships and shipping*, London
Iradiel Murugarren, P. (1974), *Evolución de la industria textil castellana en los siglos XII–XVI*, Salamanca
James, M.K. (1971), *Studies in the medieval wine trade*, Oxford
Jenks, S. (1992), *England, Die Hanse und Preussen. Handel und Diplomatie 1377–1474*, 3 vols., Cologne and Vienna
Kerling, N.J.M. (1954), *Commercial relations of Holland and Zeeland with England from the late thirteenth century to the close of the Middle Ages*, Leiden
Lane, F.C. (1944), *Andrea Barbarigo, merchant of Venice, 1418–1449*, Baltimore
Lane, F.C. (1966), *Venice and history. The collected papers of F.C. Lane*, Baltimore

Lane, F.C. (1973), *Venice. A maritime republic*, Baltimore
Lane, F.C. and Müller, R.C. (1985), *Money and banking in medieval and Renaissance Venice*, Baltimore
Livermore, H.V. (1954), 'The "privileges of an Englishman in the kingdoms and dominions of Portugal"', *Atlante* 2: 57–77
Lloyd, T.H. (1977), *The English wool trade in the Middle Ages*, Cambridge
Lloyd, T.H. (1991), *England and the German Hanse 1157–1611. A study of their trade and commercial diplomacy*, Cambridge
Lopez, R.S. (1956), 'The evolution of land transport in the Middle Ages', *P&P* 9: 17–29
Lopez, R.S. (1964), 'Market expansion: the case of Genoa', *Journal of Economic History* 24: 445–64
Lopez, R.S. and Miskimin, H.A. (1961–2), 'The economic depression of the Renaissance?', *EconHR* 2nd series 14: 408–26
Lopez, R.S., Miskimin, H.A. and Udovitch, A. (1970), 'England to Egypt, 1350–1500: long-term trends and long-distance trade', in M.A. Cook (ed.), *Studies in the economic history of the Middle East*, Oxford, pp. 93–128
Luzzatto, M. (1961), *An economic history of Italy to the beginning of the XVIth century*, London
MacKay, A. (1981), *Money, prices and politics in fifteenth century Castile*, London
Magalhães-Godhino, V. (1969), *L'économie de l'empire portugais aux XVe et XVIe siècles*, Paris
Mallett, M.E. (1967), *The Florentine galleys in the fifteenth century*, Oxford
Malowist, M. (1966), 'The problem of the inequality of economic development in Europe in the later Middle Ages', *EconHR* 2nd series 19: 15–28
Marques, A.H. de O. (1959a), *Hansa e Portugal na idade media*, Lisbon
Marques, A.H. de O. (1959b), 'Navigation entre la Prusse et le Portugal au début du XVe siècle', *Vierteljahrschrift für Sozial- und Wirtschaftsgeschichte* 46: 477–90
Marques, A.H. de O. (1962), 'Notas para a história da feitoria portuguesa na Flandres, no século XV', in *Studi in onore di A. Fanfani* II, Milan, pp. 437–76
Mazzoui, M. (1981), *The Italian cotton industry in the later Middle Ages*, Cambridge
Mollat, M. (1951), *Le commerce maritime normand à la fin du moyen âge*, Paris
Mollat, M. (1988), *Jacques Coeur ou l'esprit d'entreprise au XVe siècle*, Paris
Munro, J. (1972), *Wool, cloth and gold. The struggle for bullion in Anglo-Burgundian trade 1340–1478*, Toronto
Munro, J. (1988), 'Deflation and the petty coinage problem in the late-medieval economy: the case of Flanders, 1334–1484', *Explorations in Economic History* 25: 387–423
Nicholas, D. (1992), *Medieval Flanders*, London
Nightingale, P. (1995), *A medieval mercantile community. The Grocers' Company and the politics and trade of London, 1000–1485*, London and New Haven
Phillips, J.R.S. (1988), *The medieval expansion of Europe*, Oxford
Phillips, W.D., Jnr, and Phillips, C.R. (1992), *The worlds of Christopher Columbus*, Cambridge
Postan, M.M. and Miller, E. (eds.) (1987), *The Cambridge economic history of Europe*, II: *Trade and industry in the Middle Ages*, 2nd edn, Cambridge

887 Postan, M.M. and Power, E. (eds.) (1933), *Studies in English trade in the fifteenth century*, London

Postan, M.M., Rich, E.E., and Miller, E. (eds.) (1963), *The Cambridge economic history of Europe*, III: *Economic organization and policies in the Middle Ages*, Cambridge

Rau, V. (1957), 'A family of Italian merchants in Portugal in the fifteenth century: the Lomellini', in *Studi in onore di A. Sapori*, I, Milan, pp. 715–26

Rau, V. and Macedo, J. de (1962), *O açucar da Madeira nos fins do século XV*, Funchal

Renouard, Y. (1965), *Histoire de Bordeaux*, III: *Bordeaux sous les rois d'Angleterre*, Bordeaux

Renouard, Y. (1968), *Les hommes d'affaires italiens du moyen âge*, revised edn, Paris

Ruddock, A.A. (1951), *Italian merchants and shipping in Southampton*, Southampton

Sapori, A. (1952), *Le marchand italien au moyen âge*, Paris

Scammell, G.V. (1981), *The world encompassed. The first European maritime empires, c. 800–1650*, London

Schnyder, W. (1973), *Handel und Verkehr über die Pässe in Mittelalter*, Zurich

Sprandel, R. (1968), *Das Eisengewerbe im Mittelalter*, Stuttgart

Spufford, P. (1988), *Money and its use in medieval Europe*, Cambridge

Stromer, W. von (1970), 'Nuremberg in the international economies of the Middle Ages', *Business History Review* 44: 210–25

Thielemans, M.R. (1967), *Bourgogne et Angleterre. Relations politiques et économiques entre les Pays-Bas bourguignons et l'Angleterre, 1435–1467*, Brussels

Thiriet, F. (1959), *La Romanie vénitienne au moyen âge. Le développement et l'exploitation du domaine colonial vénitien (XIIe–XVe siècles)*, Paris

Thorsteinsson, B. (1970), *Enska öldin í sögu íslendinga*, Reykjavik

Touchard, H. (1967), *Le commerce maritime breton à la fin du moyen âge*, Paris

Unger, R. (1980), *The ship in the medieval economy 600–1600*, London and Montreal

Van Houtte, J. (1952), 'Bruges et Anvers, marchés "nationaux" ou "internationaux" du XIVe au XVIe siècle', *Revue du nord* 34: 89–108

Van Houtte, J. (1966), 'The rise and decline of the market of Bruges', *EconHR* 2nd series 19: 29–47

Van der Wee, H. (1963), *The growth of the Antwerp market and the European economy*, 3 vols., The Hague

Van Werveke, H. (1944), *Bruges et Anvers. Huit siècles de commerce flamand*, Brussels

Veale, E.M. (1966), *The English fur trade in the later Middle Ages*, Oxford

Verlinden, C. (1957), 'La colonie italienne de Lisbonne et le développement de l'économie métropolitaine et coloniale portugaise', in *Studi in onore di A. Sapori*, I, Milan, pp. 615–28

Watson, W.B. (1961), 'The structure of the Florentine galley trade with England and Flanders in the fifteenth century', *Revue belge de philologie et d'histoire* 39: 1073–91

Watson, W.B. (1962), 'The structure of the Florentine galley trade with England and Flanders in the fifteenth century', *Revue belge de philologie et d'histoire* 40: 317–47

Watson, W.B. (1967), 'Catalans in the markets of northern Europe during the fifteenth century', in *Homenaje a Jaime Vicens Vives*, II, Barcelona, pp. 785–813

Wolffe, P. (1954), *Commerces et marchands de Toulouse, 1350–1450*, Paris

参考文献：原始文献和研究论著

第八章 战争

Primary sources

Alberti, Leon Battista, *De re aedificatoria, libri X* (*c.* 1452), Florence (1485)
Barnard, F.P. (ed.), *The essential portions of Nicholas Upton's De studio militari, before 1446*, translated by John Blount, Fellow of All Souls (*c. 1500*), Oxford (1931)
Bayley, C.C. (ed.), *War and society in Renaissance Florence. The De militia of Leonardo Bruni*, Toronto (1961)
Bonet, Honoré, *L'arbre des batailles*, ed. E. Nys, Brussels and Leipzig (1883); English trans. and ed. G.W. Coopland, *The tree of battles of Honoré Bonet*, Liverpool (1949)
Bueil, Jean de, *Le Jouvencel*, ed. C. Favre and L. Lecestre, 2 vols., SHF, Paris (1887–9)
Chartier, Alain, *Le quadrilogue invectif*, ed. E. Droz, 2nd edn, Paris (1950)
Commynes, Philippe de, *Mémoires*, ed. J. Calmette and G. Durville, 3 vols., Paris (1924–5)
Contamine, P., 'L'art de la guerre selon Philippe de Clèves, seigneur de Ravenstein (1456–1528): innovation ou tradition?', *Bijdragen en mededelingen betreffende de geschiedenis de Nederlanden* 95 (1980), pp. 363–76
Contamine, P., 'Les traités de guerre, de chasse, de blason, et de chevalerie', in *Grundriss der romanischen Literaturen des Mittelalters, Volume VIII/1 (La littérature française aux XIVe et XVe siècles)*, Heidelberg (1988), pp. 346–67
Contamine, P., 'The war literature of the late Middle Ages: the treatises of Robert de Balsac and Béraud Stuart', in Allmand (1976), pp. 102–21; repr. in Contamine (1981), ch. 3
Coopland, G.W., 'Le Jouvencel (revisited)', *Symposium* 5, no. 2 (1951), pp. 137–86
Le débat des hérauts d'armes de France et d'Angleterre, ed. L. Pannier, SATF, Paris (1877)
Díez de Games, G., *El Victorial, crónica de Don Pero Niño, conde de Buelna, por su alférez, Gutierre Díez de Games*, ed. J. de Mata Carriazo, Madrid (1940), English trans. J. Evans, *The unconquered knight. A chronicle of the deeds of Don Pero Niño, count of Buelna, by his standard bearer, Gutierre Diaz de Gamez (1431–1449)*, London (1928)
Fourquevaux, le Sieur de, *Instructions sur le faict de la guerre*, ed. G. Dickinson, London (1954)
Frontinus, Sextus Julius, *The stratagems*, trans. C.E. Bennett, Loeb Classical Library, Cambridge, Mass., and London (1969)
Jones, M. and Walker, S., 'Private indentures for life service in peace and war, 1278–1476', in *Camden Miscellany XXXII*, RHS, London (1994)
Kyeser, Conrad (aus Eichstätt), *Bellifortis*, ed. G. Quarg, 2 vols., Düsseldorf (1967)
The libelle of Englyshe polycye. A poem on the use of sea-power 1436, ed. G. Warner, Oxford (1926)
Lull, Ramon, *The book of the ordre of chyualry, translated and printed by William Caxton from a French version of Ramón Lull's 'Le libre del orde de cauayleria'*, ed. A.T.P. Byles, EETS, original series, 168, London (1926)
Meun, Jean de, *L'art de chevalerie. Traduction du De re militari de Végèce*, ed. U. Robert, SATF, Paris (1897)
Pisan, Christine de, *The book of fayttes of armes and of chyaulrye, translated and printed by William Caxton*, ed. A.T.P. Byles, EETS, original series, 189, London (1932)
Pons, N. (ed.), *'L'honneur de la couronne de France'. Quatre libelles contre les Anglais (v.1418–v.1429)*, SHF, Paris (1990)

889 Stuart, Bérault, seigneur d'Aubigny, *Traité sur l'art de la guerre*, ed. E. de Comminges, International Archives of the History of Ideas, 85, The Hague (1976)
Vegetius, Flavius Renatus, *De re militari*: with Frontinus, *Stratagematicon*; Modestus, *De re militari*; Aelianus, *De instruendis aciebus*; Onosander, *De optimo imperatore eiusque officio*, Rome (1494)
The earliest English translation of Vegetius' De re militari, ed. G. Lester, Heidelberg (1988)
Vegetius, *Epitoma rei militaris*, ed. A. Önnerfors, Stuttgart and Leipzig (1995)
Vegetius, *Epitome of military science*, trans. N.P. Milner, 2nd rev. edn, Liverpool (1996)
Weiss, R., 'The adventures of a first edition of Valturio's *De re militari*', in *Studi di bibliografia e di storia in onore di Tammaro de Marinis*, IV, Verona (1964), pp. 297–304

Secondary works

Allmand, C.T. (1988), *The Hundred Years War. England and France at war, c. 1300–c. 1450*, Cambridge
Allmand, C.T. (1991), 'Changing views of the soldier in late medieval France', in Contamine, Giry-Deloison and Keen (1991), pp. 171–88
Allmand, C.T. (1992a), 'Intelligence in the Hundred Years War', in K. Neilson and B.J.C. McKercher (eds.), *Go spy the land. Military intelligence in history*, Westport, Conn., and London, pp. 31–47
Allmand, C.T. (1992b), *Henry V*, London; rev. edn New Haven and London (1997)
Allmand, C.T. (1995), 'New weapons, new tactics, 1300–1500', in Parker (1995b), pp. 92–105
Allmand, C.T. (ed.) (1976), *War, literature, and politics in the late Middle Ages. Essays in honour of G.W. Coopland*, Liverpool
Anglo, S. (1988), 'Machiavelli as a military authority. Some early sources', in P. Denley and C. Elam (eds.), *Florence and Italy. Renaissance studies in honour of Nicolai Rubinstein*, London, pp. 321–34
Anglo, S. (ed.) (1990), *Chivalry in the Renaissance*, Woodbridge
Bak, J.M. and Király, B.K. (eds.) (1982), *From Hunyadi to Rakocki. War and society in late medieval and early modern Hungary*, Brooklyn, N.Y.
Barnes, J. (1982), 'The just war', in N. Kretzmann, A. Kenny and J. Pinborg (eds.), *The Cambridge history of later medieval philosophy*, Cambridge, pp. 771–84
Bartusis, M.C. (1992), *The late Byzantine army. Arms and society, 1204–1453*, Philadelphia
Bean, R. (1973), 'War and the birth of the nation state', *Journal of Economic History* 33: 203–21
Blanchard, J. (1989), 'Ecrire la guerre au XVe siècle', *Le moyen français* 24–5: 7–21
Blanchard, J. (1996), *Commynes l'européen. L'invention du politique*, Geneva
Borosy, A. (1982), 'The *Militia Portalis* in Hungary before 1526', in Bak and Király (1982), pp. 63–80
Bossuat, A. (1936), *Perrinet Gressart et François de Surienne, agents de l'Angleterre*, Paris
Bossuat, A. (1951a), 'Les prisonniers de guerre au XVe siècle: la rançon de Guillaume, seigneur de Chateauvillain', *AB* 23: 7–35
Bossuat, A. (1951b), 'Les prisonniers de guerre au XVe siècle: la rançon de Jean, seigneur de Rodemack', *Annales de l'est* 5th series 3: 145–62
Bossuat, A. (1954), 'Le rétablissement de la paix sociale sous le règne de Charles VII', *MA* 60: 137–62; English trans. in Lewis (1971), pp. 60–81

Brusten, C. (1953), *L'armée bourguignonne de 1465 à 1468*, Brussels
Caldwell, D.H. (1981), 'Royal patronage of arms and armour-making in fifteenth and sixteenth-century Scotland', in D.H. Caldwell (ed.), *Scottish weapons and fortifications, 1100–1800*, Edinburgh, pp. 72–93
Cauchies, J.-M. (ed.) (1986), *Art de la guerre, technologie et tactique en Europe occidentale à la fin du moyen âge et à la Renaissance*, Publications du Centre Européen d'Études Bourguignonnes XIVe–XVIe siècles, no. 26, Basle
Chambers, D., Clough, C.H. and Mallett, M.E. (eds.) (1993), *War, culture and society in Renaissance Venice. Essays in honour of John Hale*, London and Rio Grande, Ohio
Champion, P. (1906), *Guillaume de Flavy, capitaine de Compiègne*, Paris
Chevalier, B. and Contamine, P. (eds.) (1985), *La France de la fin du XVe siècle. Renouveau et apogée*, Paris
Cinq-centième anniversaire de la bataille de Nancy (1477) (1979), Actes du colloque de Nancy, 1977, Nancy
Cipolla, C.M. (1965), *Guns and sails in the early phase of European expansion (1400–1700)*, London
Clough, C.H. (1993), 'Love and war in the Veneto: Luigi da Porto and the true story of *Giulietta e Romeo*', in Chambers, Clough and Mallett (1993), pp. 99–127
Clough, C.H. (1995), 'The Romagna campaign of 1494: a significant military encounter', in D. Abulafia (ed.), *The French descent into Renaissance Italy, 1494–95. Antecedents and effects*, Aldershot, pp. 191–215
Clough, C.H. (ed.) (1976), *Cultural aspects of the Italian Renaissance. Essays in honour of Paul Oskar Kristeller*, Manchester and New York
Contamine, P. (1964), 'L'artillerie royale française à la veille des guerres d'Italie', *Annales de Bretagne* 71: 221–61
Contamine, P. (1970), 'Les armées française et anglaise à l'époque de Jeanne d'Arc', *Revue des sociétés savantes de Haute-Normandie. Lettres et sciences humaines* 57: 7–33
Contamine, P. (1971), 'The French nobility and the war', in K. A. Fowler (ed.), *The Hundred Years War*, London, pp. 135–62
Contamine, P. (1972), *Guerre, état et société à la fin du moyen âge. Etudes sur les armées des rois de France, 1337–1494*, Paris and The Hague
Contamine, P. (1976), 'Points de vue sur la chevalerie en France à la fin du moyen âge', *Francia* 4: 255–85; repr. in Contamine (1981), ch. 11
Contamine, P. (1978a), 'Guerre, fiscalité royale et économie en France (deuxième moitié du XVe siècle)', in M. Flinn (ed.), *Proceedings of the seventeenth international economic congress*, Edinburgh, II, pp. 266–73
Contamine, P. (1978b), 'Consommation et demande militaire en France et en Angleterre, XIIIe–XVe siècles', in *Domanda e consumi. Livelli e strutture (nei secoli XIII–XVIII)*, Atti della Sesta Settimana di Studio, 1974, Istituto Internazionale di Storia Economica F. Datini, Prato, Florence, pp. 409–28
Contamine, P. (1978c), 'Rançons et butins dans la Normandie anglaise (1424–1444)', in *Actes du 101e congrès des Sociétés savantes, Lille, 1976. Section de philologie et d'histoire jusqu'à 1610*, Paris, pp. 241–70; repr. in Contamine (1981), ch. 8
Contamine, P. (1979), 'L'idée de guerre à la fin du moyen âge: aspects juridiques et éthiques', *Comptes-rendus de l'académie des inscriptions et belles-lettres*, pp. 70–86; repr. in Contamine (1981), ch. 13

891 Contamine, P. (1981), *La France aux XIVe et XVe siècles. Hommes, mentalités, guerre et paix*, London

Contamine, P. (1984a), 'Les industries de guerre dans la France de la Renaissance: l'exemple de l'artillerie', *RH* 271: 249–80

Contamine, P. (1984b), *War in the Middle Ages*, Oxford

Contamine, P. (1987), 'Structures militaires de la France et de l'Angleterre au milieu du XVe siècle', in R. Schneider (ed.), *Das spätmittelalterliche Königtum in Europäischen Vergleich*, Sigmaringen, pp. 319–34

Contamine, P. (1989), 'Naissance de l'infantrie française (milieu XVe–milieu XVIe siècle)', in *Quatrième centenaire de la bataille de Coutras*, Pau, pp. 63–88

Contamine, P. (ed.) (1992), *Histoire militaire de la France*, I: *Des origines à 1715*, Paris

Contamine, P., Giry-Deloison, C. and Keen, M. (eds.) (1991), *Guerre et société en France, en Angleterre et en Bourgogne, XIVe–XVe siècle*, Lille

Corfis, I.A. and Wolfe, M. (eds.) (1995), *The medieval city under siege*, Woodbridge

Cruickshank, C.G. (1969), *Army royal. Henry VIII's invasion of France, 1513*, Oxford

Curry, A.E. (1979), 'The first English standing army? Military organization in Lancastrian Normandy, 1420–1450', in C. Ross (ed.), *Patronage, pedigree and power in later medieval England*, Gloucester and Totowa, pp. 193–214

Curry, A.E. (1982), 'L'effet de la libération de la ville d'Orléans sur l'armée anglaise: les problèmes de l'organisation militaire en Normandie de 1429 à 1435', in *Jeanne d'Arc, une époque, un rayonnement*, Paris, pp. 95–106

Curry, A.E. (1987), 'The impact of war and occupation on urban life in Normandy, 1417–1450', *French History* 1: 157–81

Curry, A.E. (1992), 'The nationality of men-at-arms serving in English armies in Normandy and the *pays de conquête*, 1415–1450: a preliminary survey', *Reading Medieval Studies* 18: 135–63

Curry, A. and Hughes, M. (1994), *Arms, armies and fortifications in the Hundred Years War*, Woodbridge and Rochester, N.Y.

Cuttino, G.P. (1985), *English medieval diplomacy*, Bloomington

De Vries, K.R. (1992), *Medieval military technology*, Peterborough, Ont., and Lewiston, N.Y.

De Vries, K.R. (1995), 'The impact of gunpowder weaponry on siege warfare in the Hundred Years War', in Corfis and Wolfe (1995), pp. 227–44

Del Treppo, M. (1973), 'Gli aspetti organizzativi, economici e sociali di una compagnia di ventura', *Rivista storica Italiana* 85: 253–75

Delbrück, H. (1982), *History of the art of war, within the framework of political history*, III: *The Middle Ages*, Westport and London

Dickinson, J.G. (1955), *The congress of Arras, 1435. A study in medieval diplomacy*, Oxford

Downing, B.M. (1992), *The military revolution and political change. Origins of democracy and autocracy in early modern Europe*, Princeton

Eltis, D. (1989), 'Towns and defence in late medieval Germany', *Nottingham Medieval Studies* 33: 91–103

Engel, P. (1982), 'János Hunyadi: the decisive years of his career, 1440–1444', in Bak and Király (1982), pp. 103–23

Finó, J.F. (1974), 'L'artillerie en France à la fin du moyen âge', *Gladius* 12: 13–31

Fowler, K.A. (ed.) (1971), *The Hundred Years War*, London

Fügedi, E. (1982), 'The *Militia Portalis* in Hungary before 1526', in Bak and Király (1982), pp. 63–80

500-Jahr-Feier der Schlacht bei Murten: Kolloquiumsakten/ 5e centenaire de la bataille de Morat: actes du colloque (1976), Freiburg and Berne

Gaier, C. (1973), *L'industrie et le commerce des armes dans les principautés belges du XIIIe à la fin du XVe siècle*, Paris

Gaier, C. (1978), 'L'invincibilité anglaise et le grand arc de la guerre de Cent Ans: un mythe tenace', *Tijdschrift voor geschiedenis* 91: 379–85

Gilbert, F. (1941), 'Machiavelli: the renaissance of the art of war', in E.M. Earle, *Makers of modern strategy*, Princeton, pp. 3–25

Gille, B. (1964), *Les ingénieurs de la Renaissance*, Paris

Goodman, A.E. (1981), *The Wars of the Roses. Military activity and English society, 1452–97*, London

Goodman, A.E. and Tuck, A. (eds.) (1991), *Wars and border societies in the Middle Ages*, London

Guenée, B. (1985), *States and rulers in later medieval Europe*, Oxford

Guilmartin, J.F., Jr (1974), *Gunpowder and galleys. Changing technology and Mediterranean warfare at sea in the sixteenth century*, Cambridge

Hale, J.R. (1957), 'International relations in the west: diplomacy and war', in G.R. Potter (ed.), *New Cambridge modern history*, I: *The Renaissance, 1493–1520*, Cambridge, pp. 259–91

Hale, J.R. (1960), 'War and public opinion in Renaissance Italy', in E.F. Jacob (ed.), *Italian Renaissance studies*, London, pp. 94–122; repr. in Hale (1983), pp. 359–87

Hale, J.R. (1962), 'War and public opinion in the fifteenth and sixteenth centuries', *P&P* 22: 18–33

Hale, J.R. (1965a), 'The early development of the bastion: an Italian chronology c. 1450–c. 1534', in J.R. Hale, J.R.L. Highfield and B. Smalley (eds.), *Europe in the late Middle Ages*, London, pp. 466–94. Reprinted in Hale (1983), pp. 1–29

Hale, J.R. (1965b), 'Gunpowder and the Renaissance: an essay in the history of ideas', in C.H. Carter (ed.), *From the Renaissance to the Counter-Reformation. Essays in honor of Garret Mattingly*, New York and London, pp. 113–44; repr. in Hale (1983), pp. 389–420

Hale, J.R. (1976), 'The military education of the officer class in early modern Europe', in Clough (1976), pp. 440–61; repr. in Hale (1983), pp. 225–46

Hale, J.R. (1977), *Renaissance fortification. Art or engineering?*, London

Hale, J.R. (1983), *Renaissance war studies*, London

Hale, J.R. (1985), *War and society in Renaissance Europe, 1450–1620*, London

Hale, J.R. (1986), 'Soldiers in the religious art of the Renaissance', *BJRULM* 69: 166–94

Hale, J.R. (1988), 'A humanistic visual aid. The military diagram in the Renaissance', *Renaissance Studies* 2: 280–98

Hale, J.R. (1990), *Artists and warfare in the Renaissance*, New Haven and London

Hall, B.S. (1995), 'The changing face of siege warfare: technology and tactics in transition', in Corfis and Wolfe (1995), pp. 257–75

Held, J. (1977), 'Military reform in early fifteenth-century Hungary', *East European Quarterly* 11: 129–39

Held, J. (1982), 'Peasants in arms, 1437–1438 & 1456', in Bak and Király (1982), pp. 81–101

893 Henneman, J.B. (1978), 'The military class and the French monarchy in the late Middle Ages', *AHR* 83: 946–65

Heymann, F.G. (1955), *John Zizka and the Hussite revolution*, Princeton

Hicks, M.A. (1986), 'Counting the cost of war: the Moleyns ransom and the Hungerford land-sales, 1453–87', *Southern History* 8: 11–35

Holmer, P.L. (1977), 'Studies in the military organization of the Yorkist kings', PhD dissertation, University of Minnesota

Huizinga, J. (1924), *The waning of the Middle Ages*, London

Jones, M.C.E. (1985), 'L'armée bretonne 1449–1491: Structures et carrières', in Chevalier and Contamine (1985), pp. 147–65; repr. in M.C.E. Jones, *The creation of Brittany. A late medieval state*, London (1988), pp. 351–69

Jones, M.K. (1986), 'Henry VII, Lady Margaret Beaufort and the Orléans ransom', in R.A. Griffiths and J. Sherborne (eds.), *Kings and nobles in the later Middle Ages. A tribute to Charles Ross*, Gloucester, pp. 254–73

Kantorowicz, E. (1951), '*Pro patria mori* in medieval political thought', *AHR* 56: 472–92

Keegan, J. (1978), *The face of battle*, Harmondsworth

Keegan, J. (1994), *A brief history of warfare – past, present, future*, Southampton

Keen, M.H. (1965), *The laws of war in the late Middle Ages*, London and Toronto

Keen, M.H. (1984), *Chivalry*, New Haven and London

Keen, M.H. (1995), 'Richard II's ordinances of war of 1385', in R.E. Archer and S. Walker (eds.), *Rulers and ruled in late medieval England. Essays presented to Gerald Harriss*, London and Rio Grande, pp. 33–48

Keen, M.H. (1996), *Nobles, knights and men-at arms in the Middle Ages*, London and Rio Grande, Ohio

Keep, J.L. (1985), *Soldiers of the Tsar. Army and society in Russia, 1462–1874*, Oxford

Knecht, R.J. (1994), *Renaissance warrior and patron. The reign of Francis I*, Cambridge

Ladero Quesada, M.A. (1964), *Milicia y economia en la guerra de Granada. El cerco de Baza*, Valladolid

Ladero Quesada, M.A. (1989), 'La organización militar de la corona de Castilla en la baja edad media', in *Castillos medievales del reino de León*, Madrid, pp. 11–34

Lewis, P.S. (1965), 'War propaganda and historiography in fifteenth-century France and England', *TRHS* 5th series 15: 1–21

Lewis, P.S. (1971), *The recovery of France in the fifteenth century*, London and New York

Lomax, D.W. (1980), 'A medieval recruiting-poster', in *Estudis històrics i documents dels Arxius de Protocols*, Collegi Notarial de Barcelona, Barcelona

Lot, F. (1946), *L'art militaire et les armées au moyen âge en Europe et dans le proche-orient*, Paris

Lourie, E. (1966), 'A society organized for war: medieval Spain', *P&P* 35: 54–76

Macdonald, I.I. (1948), *Don Fernando de Antequera*, Oxford

McFarlane, K.B. (1963), 'A business-partnership in war and administration, 1421–1445', *EHR* 78: 151–74

MacKay, A. (1977), *Spain in the Middle Ages. From frontier to empire, 1000–1500*, London

McNeill, W.H. (1983), *The pursuit of power. Technology, armed force and society since A.D. 1000*, Oxford

Mallett, M.E. (1967), *The Florentine galleys in the fifteenth century*, Oxford

Mallett, M.E. (1973), 'Venice and its *condottieri*', in J.R. Hale (ed.), *Renaissance Venice*, London, pp. 121–45

Mallett, M.E. (1974), *Mercenaries and their masters. Warfare in Renaissance Italy*, London
Mallett, M.E. (1976), 'Some notes on a fifteenth-century *condottiere* and his library: Count Antonio da Marsciano', in Clough (1976), pp. 202–15
Mallett, M.E. (1981), 'Diplomacy and war in later fifteenth-century Italy', *PBA* 67: 267–88
Mallett, M.E. (1992), 'Diplomacy and war in later fifteenth-century Italy', in G.C. Garfagnini (ed.), *Lorenzo de'Medici Studi*, Florence, pp. 233–56
Mallett, M.E. (1993), 'Venice and the war of Ferrara, 1482–84', in Chambers, Clough and Mallett (1993), pp. 57–72
Mallett, M.E. (1995), 'Siegecraft in late fifteenth-century Italy', in Corfis and Wolfe (1995), pp. 245–55
Mallett, M.E. (1994), 'The art of war', in T.A. Brady, H.A. Oberman and J.D. Tracy (eds.), *Handbook of European history, 1400–1600. Late Middle Ages, Renaissance and Reformation*, I, Leiden, New York and Cologne, pp. 535–62
Mallett, M.E. and Hale, J.R. (1984), *The military organization of a Renaissance state. Venice, c. 1400–1617*, Cambridge
Miskimin, H.A. (1984), *Money and power in fifteenth-century France*, New Haven and London
Mulryne, J.R. and Shewring, M. (eds.) (1989), *War, literature and the arts in sixteenth-century Europe*, Basingstoke and London
Nef, J.U. (1950), *War and human progress*, London
Newhall, R.A. (1924), *The English conquest of Normandy, 1416–1424*, New Haven
Newhall, R.A. (1940), *Muster and review. A problem of English military administration 1420–1440*, Cambridge, Mass.
Oman, C. (1924), *A history of the art of war in the Middle Ages*, 2nd edn, London
Oman, C. (1936), 'The art of war in the fifteenth century', in C.W. Prévité-Orton and Z.N. Brooke (eds.), *Cambridge medieval history*, VIII, pp. 646–59
O'Neil, B.H. St J. (1960), *Castles and cannon. A study of early artillery fortifications in England*, Oxford
Parker, G. (1988), *The military revolution. Military innovation and the rise of the west, 1500–1800*, Cambridge
Parker, G. (1995a), 'The gunpowder revolution, 1300–1500', in Parker (1995b), pp. 106–17
Parker, G. (ed.) (1995b), *The Cambridge illustrated history of warfare. The triumph of the west*, Cambridge
Paviot, J. (1995), *La politique navale des ducs de Bourgogne, 1384–1482*, Lille
Pégeot, P. (1991), 'L'armement des ruraux et des bourgeois à la fin du moyen âge. L'exemple de la région de Montbéliard', in Contamine, Giry-Deloison and Keen (1991), pp. 237–60
Pepper, S. and Adams, N. (1986), *Firearms and fortifications. Military architecture and siege warfare in sixteenth-century Siena*, Chicago and London
Phillpotts, C. (1984), 'The French battle plan during the Agincourt campaign', *EHR* 99: 59–66
Pieri, P. (1952), *Il Rinascimento e la crisi militare italiana*, Milan
Pieri, P. (1963), 'Sur les dimensions de l'histoire militaire', *Annales ESC* 18: 625–38
Pons, N. (1982), 'La propagande de guerre française avant l'apparition de Jeanne d'Arc', *Journal des savants*: 191–214

Pons, N. (1991), 'La guerre de Cent Ans vue par quelques polémistes français du XVe siècle', in Contamine, Giry-Deloison and Keen (1991), pp. 143–69

Powicke, M. (1969), 'Lancastrian captains', in T.A. Sandquist and M. Powicke (eds.), *Essays in medieval history presented to B. Wilkinson*, Toronto, pp. 371–82

Powicke, M. (1971), 'The English aristocracy and the war', in K.A. Fowler (ed.), *The Hundred Years War*, London, pp. 122–34

Pryor, J.H. (1988), *Geography, technology, and war. Studies in the maritime history of the Mediterranean, 649–1571*, Cambridge

Queller, D.E. (1967), *The office of ambassador in the Middle Ages*, Princeton

Quicherat, J. (1879), *Rodrigue de Villandrando, l'un des combattants pour l'indépendance française au quinzième siècle*, Paris

Rázsó, G. (1982), 'The mercenary army of King Matthias Corvinus', in Bak and Király (1982), pp. 125–40

Richmond, C.F. (1964), 'The keeping of the seas during the Hundred Years War: 1422–1440', *History* 49: 283–98

Richmond, C.F. (1967), 'English naval power in the fifteenth century', *History* 52: 1–15

Richmond, C.F. (1971), 'The war at sea', in Fowler (1971), pp. 96–121

Rogers, C.J. (1993), 'The military revolutions of the Hundred Years War', *Journal of Military History* 57: 241–78

Rose, S. (1982), *The navy of the Lancastrian kings. Accounts and inventories of William Soper, keeper of the king's ships, 1422–1427*, London

Rowe, B.J.H. (1931), 'Discipline in the Norman garrisons under Bedford, 1422–35', *EHR* 46: 194–208

Russell, F.H. (1975), *The just war in the Middle Ages*, Cambridge

Russell, J.G. (1986), *Peacemaking in the Renaissance*, London

Russell, J.G. (1996), *Diplomats at work. Three Renaissance studies*, Stroud

Ryder, A. (1976), *The kingdom of Naples under Alfonso the Magnanimous. The making of a modern state*, Oxford

Ryder, A. (1984), 'Cloth and credit: Aragonese war finance in the mid fifteenth century', *War and Society* 2: 1–21

Sablonier, R. (1979), 'Etats et structures militaires dans la confédération [suisse] autour des années 1480', in *Cinq-centième anniversaire de la bataille de Nancy* (1979), pp. 429–77

Salamagne, A. (1993), 'L'attaque des places fortes au XVe siècle à travers l'exemple des guerres anglo- et franco-bourguignonnes', *RH* 289: 65–113

Scattergood, V.J. (1971), *Politics and poetry in the fifteenth century*, London

Simms, K. (1975), 'Warfare in the medieval Gaelic lordships', *The Irish Sword* 12: 98–108

Solon, P.D. (1972), 'Popular response to standing military forces in fifteenth-century France', *Studies in the Renaissance* 19: 78–111

Sommé, M. (1986), 'L'artillerie et la guerre de frontière dans le nord de la France de 1477 à 1482', in Cauchies (1986), pp. 57–70

Sommé, M. (1991), 'L'armée bourguignonne au siège de Calais de 1436', in Contamine, Giry-Deloison and Keen (1991), pp. 197–219

Stewart, P. (1969), 'The soldier, the bureaucrat and fiscal records in the army of Ferdinand and Isabella', *Hispanic American Historical Review* 49: 281–92

Vale, M.G.A. (1976), 'New techniques and old ideals: the impact of artillery on war and chivalry at the end of the Hundred Years War', in Allmand (1976), pp. 57–72

Vale, M.G.A. (1981), *War and chivalry. Warfare and aristocratic culture in England, France and Burgundy at the end of the Middle Ages*, London

Vale, M.G.A. (1982), 'Warfare and the life of the French and Burgundian nobility in the late Middle Ages', in *Adelige Sachkultur des Spätmittelalters. Internationaler Kongress Krems an der Donau, 22. bis 25. September 1980*, Österreichische Akademie der Wissenschaften, Vienna, pp. 169–84

Vaughan, R. (1973), *Charles the Bold. The last Valois duke of Burgundy*, London

Vaughan, R. (1975), *Valois Burgundy*, London

White, L., Jr (1962), *Medieval technology and social change*, Oxford

Winkler, A.L. (1982), 'The Swiss and war: the impact of society on the Swiss military in the fourteenth and fifteenth centuries', PhD dissertation, Brigham Young University

Wood, N. (1967), 'Frontinus as a possible source for Machiavelli's method', *JHI* 28: 243–8

第九章　探险与发现

Primary sources

Bracciolini, Poggio, *De varietate fortunae*, ed. O. Merisalo, Helsinki (1993)

Calendar of state papers. Spanish, 1485–1509, London (1862)

The Cosmographia of Martin Waldseemuller in facsimile, followed by the four voyages of Amerigo Vespucci, ed. C.G. Herbermann, New York (1969)

Díez de Games, G., *El victorial, crónica de Don Pero Niño, conde de Buelna, por su alférez, Gutierre Díez de Games*, ed. J. de Mata Carriazo, Madrid (1940)

Fuchs, W. (ed.), *The Mongol atlas of China by Chu Ssŭ pen and the Kuang yü-t'u*, Peiping (1946)

The Geography of Strabo, ed. H.L. Jones, 8 vols., London (1917–33)

Ibn Majid, *Arab navigation in the Indian Ocean before the coming of the Portuguese*, ed. G.R. Tibbetts, London (1981)

Kamal, Y., *Monumenta cartographica Africae et Aegypti*, 5 vols. in 16 parts, Cairo (1926–51)

Las Casas, B. de, *Historia de las Indias*, ed. A. Millares Carló, 3 vols., Mexico and Buenos Aires (1951)

Libro de Alexandre, ed. J. Cañas, Madrid (1988)

El libro de Marco Polo anotado por Cristóbal Colón, ed. J. Gil, Madrid (1987)

Lull, Ramon, *Libre de Evast e Blanquerna*, ed. S. Galmés, 4 vols., Barcelona (1935–54)

Ma Huan, *The overall survey of the ocean's shores, 1433*, ed. J.V.G. Mills, Cambridge (1970)

Mandeville, Sir John, *Travels: texts and translations*, ed. M. Letts, 2 vols., Cambridge (1953)

Marco Polo, *Le divisament dou monde. Il milione nelle redazione toscane e franco-italiana*, ed. G. Ronchi, Milan (1982)

Mauro, *Il mapamondo di Fra Mauro*, ed. T. Gasparrini Leporace, Venice (1956)

Monumenta Henricina, ed. A. Brásio *et al.*, 15 vols., Lisbon (1960–75)

Pacheco Pereira, D., *Esmeraldo de situ orbis*, ed. G.H.T. Kimble, London (1943)

Petrarch, F., *Le familiari*, ed. V. Rossi, 4 vols., Florence (1933)

Portugaliae monumenta cartographica, ed. A. Cortesão and A. Teixeira da Mota, 6 vols., Lisbon (1960)

The Prester John of the Indies. A true narrative of the lands of Prester John, being the narrative of the Portuguese embassy to Ethiopia in 1520, written by Fr. Francisco Alvares, ed. C.F. Beckingham and G.W.B. Huntingford, 2 vols., Cambridge (1961)

897　Ptolemy, Claudius, *Geographia*, 3 vols. in 2, Leipzig (1898)
　　Ptolemy, Claudius, *The Geography*, ed. E.L. Stevenson, New York (1932)
　　Smith, Adam, *The wealth of nations*, London (1937)
　　Varela, C. (ed.), *Cristóbal Colón. Textos y documentos completos*, Madrid (1984)
　　Worcestre, William, *Itineraries*, ed. J.H. Harvey, Oxford (1969)
　　Ymago mundi de Pierre d'Ailly, ed. E. Buron, 3 vols., Paris (1930)
　　Zurara, Gomes Eannes de, *Crónica da tomada de Ceuta*, ed. R. Brasil, Lisbon (1992)
　　Zurara, Gomes Eannes de, *Crónica dos feitos notáveis que se passaram na conquista da Guiné por mandado do infante Dom Henrique*, ed. T. de Sousa Soares, 2 vols., Lisbon (1978–81)

Secondary works

Adam, P. (1966), 'Navigation primitive et navigation astronomique', *VIe colloque international d'histoire maritime*, Paris, pp. 91–110
Axelson, E. (1973), *Congo to Cape. Early Portuguese explorers*, New York
Bartlett, R. (1993), *The making of Europe. Conquest, colonisation and cultural change*, London
Bartlett, R. and MacKay, A. (1989), *Medieval frontier societies*, Oxford
Beazeley, C.R. (1897–1906), *The dawn of modern geography*, 3 vols., London
Beckingham, C.F. (1980), 'The quest for Prester John', *BJRL* 62: 291–310
Benito Ruano, E. (1978), *San Borondón, octava isla canaria*, Valladolid
Boxer, C.R. (1969), *The Portuguese seaborne empire, 1415–1825*, London
Braudel, F. (1985), *Civilization and capitalism, fifteenth to eighteenth centuries*, III: *The perspectives of the world*, London
Campbell, T. (1987), 'Portolan charts from the late thirteenth century to 1500', in J.B. Harley and D. Woodward (eds.), *The history of cartography*, I: *Cartography in prehistoric, ancient and medieval Europe and the Mediterranean*, Chicago
Chaunu, P. (1959–60), *Séville et l'Atlantique, 1504–1650, partie interprétative*, 4 vols., Paris
Chaunu, P. (1969), *L'expansion européenne du XIIIe au XVe siècle*, Paris
Cortesao, A. (1969–70), *História da cartografia portuguesa*, 2 vols., Coimbra
Cortesao, A. (1975), 'A carta náutica de 1424', in *Esparsos*, 3 vols., Coimbra, III, pp. 1–211
Diffie, B.W. and Winius, G.D. (1977), *Foundations of the Portuguese empire, 1415–1580*, Minneapolis and Oxford
Fernández-Armesto, F. (1986), 'Atlantic exploration before Columbus; the evidence of maps', *Renaissance and Modern Studies* 30: 12–34
Fernández-Armesto, F. (1987), *Before Columbus. Exploration and colonisation from the Mediterranean to the Atlantic*, Basingstoke and Philadelphia
Fernández-Armesto, F. (1991a), *Columbus*, Oxford and New York
Fernández-Armesto, F. (1991b), *The Times atlas of world exploration*, London and New York
Finlay, R. (1991), 'The treasure ships of Zheng He: Chinese maritime imperialism in the age of discovery', *Terrae incognitae* 23: 1–12
Flint, V.I.J. (1992), *The imaginative landscape of Christopher Columbus*, Princeton and Oxford
Focus Martin Behaim (1992), ed. J.K.W. Willers, Nuremberg
Fuchs, W. (1953), 'Was South Africa already known in the XIIIth century?', *Imago mundi* 10: 50–6
Gil, J. and Varela, C. (1984), *Cartas de particulares a Colón y relaciones coetáneas*, Madrid

Greenblatt, S.J. (1991), *Marvellous possessions. The wonder of the New World*, Oxford
Grosjean, G. (1978), *Mapamundi. The Catalan atlas of the year 1375*, Zurich
Harley, J.B. and Woodward, D. (eds.) (1987), *The history of cartography*, I: *Cartography in prehistoric, ancient and medieval Europe and the Mediterranean*, Chicago
Harvey, P.D.A. (1980), *Topographical maps, symbols, pictures and surveys*, Oxford
Hyde, J.K. (1982), 'Real and imaginary journeys in the later Middle Ages', *BJRULM* 65: 125–47
Keen, M. (1984), *Chivalry*, New Haven and London
Kimble, G.H.T. (1938), *Geography in the Middle Ages*, London
Kraus, H. (1955), *Catalogue no. 55*, New York
La Roncière, C. de (1924–7), *La découverte de l'Afrique au moyen âge. Cartographes et explorateurs*, Mémoires de la Société Royale de Géographie d'Egypte, 5, 6 and 13, Cairo
Laguarda Trías, R. (1974), *El enigma de las latitudes de Colón*, Valladolid
McGrath, P. (1978), 'Bristol and America, 1480–1631', in K.R. Andrews, N.P. Canny and P.E.H. Hair (eds.), *The westward enterprise*, Liverpool
Magalhães Godinho, V. de (1962), *A economia dos descobrimentos henriquinos*, Lisbon
Magalhães Godinho, V. de (1981–84), *Os descobrimentos e a história mundial*, 4 vols., Lisbon
Magnaghi, A. (1924), *Amerigo Vespucci*, 2 vols., Milan
Mauny, R. (1960), *Les navigations médiévales sur les côtes sahariennes*, Lisbon
Mollat du Jourdin, M. and La Roncière, M. de (1984), *Sea charts of the early explorers*, London
Morison, S.E. (1971), *The European discovery of America. The northern voyages, A.D. 500–1600*, New York
Morison, S.E. (1974), *The European discovery of America. The southern voyages, 1492–1616*, Oxford and New York
Navarro González, A. (1962), *El mar en la literatura medieval castellana*, La Laguna
Nebenzahl, K. (1990), *Maps from the age of discovery. Columbus to Mercator*, London and New York
Needham, J. et al. (1961–), *Science and civilisation in China*, Cambridge
Norwich, O.I. (1983), *Maps of Africa*, Johannesburg
O'Gorman, E. (1976), *La idea del descubrimiento de América*, Mexico
Parry, J.H. (1981), *The discovery of the sea*, Berkeley and Los Angeles
Phillips, J.R.S. (1988), *The medieval expansion of Europe*, Oxford
Phillips, W.D. and C.R. (1992), *The worlds of Christopher Columbus*, Cambridge and New York
Quinn, D.B. (1974), *England and the discovery of America, 1481–1620*, New York
Rosa Olivera, L. de la (1972), 'Francisco de Riberol y la colonia genovesa en Canarias', *Anuario de estudios atlánticos* 18: 61–198
Rumeu de Armas, A. (1955), *España en el Africa atlántica*, 2 vols., Madrid
Rumeu de Armas, A. (1975), *La conquista de Tenerife*, Santa Cruz de Tenerife
Rumeu de Armas, A. (1986), *El obispado de Telde, misioneros mallorquines y catalanes en el Atlántico*, Telde and Madrid
Russell, P.E. (1979), *O infante Dom Henrique e as ilhas Canarias*, Lisbon
Russell, P.E. (1984), *Prince Henry the Navigator. The rise and fall of a culture hero*, Oxford
Russell, P.E. (1986), 'White kings on black kings: Rui de Pina and the problem of black African sovereignty', in *Medieval and Renaissance studies in honour of Robert Brian Tate*, ed. I. Michael and R.A. Cardwell, Oxford, pp. 151–63

899 Russell-Wood, A.J.R. (1982), *The black man in slavery and freedom in colonial Brazil*, London and Basingstoke
Snow, P. (1988), *The star raft. China's encounter with Africa*, London
Taylor, E.G.R. (1928), 'Pactolus: river of gold', *Scottish Geographical Magazine* 44: 129–44
Taylor, E.G.R. (1956a), 'A letter dated 1577 from Mercator to John Dee', *Imago mundi* 13: 56–68
Taylor, E.G.R. (1956b), *The haven-finding art*, London
Unger, R.W. (1980), *The ship in the medieval economy, 600–1600*, London
Unger, R.W. (1991), *Medieval technology. Images of Noah the Shipbuilder*, New Brunswick, N.J.
Varela, C. (1992), *Cristóbal Colón. Retrato de un hombre*, Madrid
Verlinden, C. (1962), 'Un précurseur de Colomb: le flamand Ferdinand van Olmen (1487)', in *Revista portuguesa de história. Homenagem ao Prof. Dr. Damiao Peres*, Coimbra, pp. 453–66; repr. in English trans. in Verlinden (1970), pp. 181–95
Verlinden, C. (1966), *Les origines de la civilisation atlantique*, Paris
Verlinden, C. (1970), *The beginnings of modern colonization*, Ithaca, N.Y.
Verlinden, C. (1978), 'La découverte des archipels de la "Mediterranée atlantique" (Canaries, Madères, Açores) et la navigation astronomique primitive', *Revista portuguesa de história* 16: 124–39
Vietor, A.O. (1962), 'A pre-Columbian map of the world, *c.* 1489', *Yale University Library Gazette* 37: 8–12
Vigneras, L.A. (1976), *The discovery of South America and the Andalusian voyages*, Chicago
Yule Oldham, H. (1895), 'A pre-Columbian discovery of America', *Geographical Journal*, 5: 221–339

第十章　宗教信念与实践

Secondary works

Adam, P. (1964), *La vie paroissiale en France au XIVe siècle*, Paris
Aston, M. (1984), *Lollards and reformers. Images and literacy in late medieval religion*, London
L'attesa dell'età nuova nella spiritualità della fine del medioevo (1962), Convegno del Centro Sulla Spiritualità Medievale, Todi
Axters, S. (1950), *Geschiedenis van de vroomheid in de Nederlande*, Antwerp
Baschet, J. (1993), *Les jugements de l'au-delà. Les représentations de l'enfer en France et en Italie*, Rome
Bastard-Fournié, M. (1973), 'Mentalités religieuses aux confins du Toulousain et de l'Albigeois à la fin du moyen âge', *AM* 85: 267–87
Binz, L. (1977), *Vie religieuse et réforme ecclésiastique dans le diocèse de Genève pendant le grand schisme et la crise conciliaire 1378–1450*, I, Mémoires et Documents Publiés par la Société d'Histoire et d'Archéologie de Genève, 46, Geneva
Blench, J.W. (1964), *Preaching in England in the later XVth and XVIth centuries*, London
Boockmann, H. (ed.) (1994), *Kirche und Gesellschaft im Heiligen Römischen Reich des 15. und 16. Jahrhunderts*, Göttingen
Brentano, R. (1994), *A new world in a small place. Church and religion in the diocese of Rieti (1188–1378)*, Berkeley, Los Angeles and London
Brown, C.F. and Smithers, G.V. (eds.) (1952), *Religious lyrics of the XIVth century*, Oxford

Brown, D.C. (1987), *Pastor and laity in the theology of Jean Gerson*, Cambridge
Cauchies, J. M. (1989), *La dévotion moderne dans les pays bourguignons et rhénans, des origines à la fin du XVIe siècle*, Bacle
Chiffoleau, J. (1980), *La comptabilité de l'au-delà*, Rome
Cognet, L. (1965), *Introduction aux mystiques rhéno-flamands*, Paris and Tournai
Cohn, N. (1957), *The pursuit of the millennium. Revolutionary millenarianism and mystical anarchists of the Middle Ages*, London
Coletti, V. (1987), *L'éloquence de la chaire*, Paris
Danet, A. (1973), *Le marteau des sorcières*, Paris
De Vooght, P. (1960), *L'hérésie de Jean Hus*, Louvain
Delaruelle, E. (1975), *La piété populaire au moyen âge*, Turin
Delumeau, J. (1991), *L'aveu et le pardon. Les difficultés de la confession (XIIIe–XVIII siècles)*, Paris
Delumeau, J. (1992–5), *Une histoire du paradis*, I: *Le jardin des délices*; II: *Mille ans de bonheur*, Paris
Dinzelbacher, P. and Bauer, D.R. (1988), *Religiöse Frauenbewegungen und mystische Frömmigkeit*, Cologne and Vienna
Eglise et vie religieuse en France au début de la Renaissance (1991), Colloque de Tours, 1991, Revue d'histoire de l'église de France
Elm, K. (1989), *Reformbemühungen und Observanzbestrebungen im spätmittelalterlichen Ordenswesen*, Berlin
Encadrement religieux des fidèles au moyen âge et jusqu'au concile de Trente (1985). Actes du 109e Congrès des Sociétés Savantes, Dijon, 1984, Paris
Epiney-Burgard, G. (1970), *Gérard Grote (1340–1384) et les débuts de la dévotion moderne*, Veröffentlichungen des Instituts fur europäische Geschichte, Mainz, 54, Wiesbaden
Faire croire. Modalités de la diffusion et de la réception des messages religieux du XIIe au XVe siècle (1981), Rome
Filthaut, E. (1961), *Johannes Tauler. Gedenkschrift zum 600 Geburtstag*, Essen
Filthaut, E. (1966), *Seuse. Studien zum 600 Geburtstag*, Cologne
Finucane, R.C. (1977), *Miracles and pilgrims. Popular beliefs in medieval England*, London
Francescanesimo e il teatro medievale. Atti del convegno di studi di San Miniato, 1982 (1984), Castelfiorentino
Gardiner, F.C. (1971), *The pilgrimage of desire. A study of theme and genre in medieval literature*, Leiden
Genicot, L. (1958), *La spiritualité médiévale*, Paris
Georges, A. (1971), *Le pèlerinage de Compostelle en Belgique et dans le nord de la France*, Brussels
Gieysztor, A. (1979), 'Xe–XVe siècles. La religion populaire en Pologne et en Bohème', in J. Delumeau (ed.), *Histoire vécue du peuple chrétien*, Toulouse, I, pp. 315–34
Godin, A. (1971), *Spiritualité franciscaine en Flandre au XVIe siècle. L'homéliaire de Jean Vitrier. Texte, étude thématique et sémantique*, Geneva
Grion, A. (1953), *Santa Caterina da Siena, dottrina e fonti*, Marcelliana
Hall, D.J. (1965), *English mediaeval pilgrimage*, London
Herbers, L. and Plötz, R. (1993), *Spiritualität des pilgerns*, Tübingen
Huizinga, J. (1955), *The waning of the Middle Ages*, Harmondsworth
Hyma, A. (1950), *The Brethren of the Common Life*, Grand Rapids

901 Jordan, W.K. (1960), *The charities of London, 1480–1660. The aspirations and the achievements of the urban society*, London

Jordan, W.K. (1961), *The charities of rural England. The aspirations and the achievements of the rural society*, London

La Roncière, C.-M. (1979), 'Dans la campagne florentine au XIVe siècle. Les communautés chrétiennes et leurs curés', in J. Delumeau, *Histoire vécue du peuple chrétien*, Toulouse, I, pp. 281–314

Lebrun, F. (1988), *Du christianisme flamboyant à l'aube des Lumières (XIVe–XVIIIe siècle*, Histoire de la France Religieuse, 2, Paris

Leclercq, J., Vandenbroucke, F. and Bouyer, L. (eds.) (1961), *La spiritualité du moyen âge*, Paris

Leff, G. (1967), *Heresy in the later Middle Ages*, 2 vols., Manchester

Lemaitre, N. (1988), *Le Rouergue flamboyant. Le clergé et les fidèles du diocèse de Rodez (1418–1563)*, Paris

Lobrichon, G. (1994), *La religion des laïcs en Occident (XIe–XIVe siècles)*, Paris

Lopez, E. (1994), *Culture et sainteté. Colette de Corbie (1381–1447)*, Saint-Etienne

Lorcin, M.-T. (1981), *Vivre et mourir en Lyonnais au moyen âge*, Lyons

Manselli, R. (1975), *La religion populaire au moyen âge. Problèmes de méthode et d'histoire*, Conférences Albert-le-Grand, Montreal

Martin, H. (1979), 'La prédication des masses au XVe siècle. Facteurs et limites d'une réussite', in J. Delumeau (ed.), *Histoire vécue du peuple chrétien*, Toulouse, II, pp. 9–42

Martin, H. (1988), *Le métier de prédicateur en France septentrionale à la fin du moyen âge*, Paris

Michaud-Quantin, P. (1962), *Somme de casuistique et manuels de confession au moyen âge (XIIe–XVIe siècles)*, Louvain and Lille

Moeller, B. (1965), 'Frömmigkeit in Deutschland um 1500', *Archiv für Reformationsgeschichte* 56: 5–30; trans. as 'Piety in Germany around 1500', in S.E. Ozment (ed.), *The Reformation in medieval perspective*, Chicago (1971), pp. 50–75, and as 'Religious life in Germany on the eve of the Reformation', in G. Strauss (ed.), *Pre-Reformation Germany*, New York and London (1972), pp. 13–42

Mollat, M. (1978), *Les pauvres au moyen âge*, Paris

Mollat, M. and Vauchez, A. (1990), *Un temps d'épreuves (1274–1449)*, Histoire du Christianisme, 6, Paris

La mort au moyen âge (1977), Colloque de l'Association des Historiens Médiévistes Français, 1975, Strasburg

Mourin, L. (1952), *Jean Gerson, prédicateur français*, Bruges

Oakley, F. (1979), *The western Church in the later Middle Ages*, Ithaca and London

Oberman, H.A. (1963), *The harvest of medieval theology*, Cambridge, Mass.

Owst, G.R. (1926), *Preaching in medieval England. An introduction to sermon manuscripts (1350–1450)*, Cambridge

Paravy, P. (1993), *De la chrétienté romaine à la Réforme en Dauphiné*, 2 vols., Rome

Post, R. (1968), *The Modern Devotion*, Leiden

Preger, W. (1874–93), *Geschichte der deutschen Mystik im mittelalter*, 3 vols., Leipzig

Prière au moyen âge (1982), Cahiers du CUERMA, Aix-en-Provence

Rapp, F. (1979), 'Christianisme et vie quotidienne dans les pays germaniques au XVe siècle. L'empreinte du sacré sur le temps', in J. Delumeau (ed.), *Histoire vécue du peuple chrétien*, Toulouse, I, pp. 335–64

Réau, L. (1955–9), *Iconographie de l'art chrétien*, 6 vols., Paris
Les religieuses dans le cloître et dans le monde (1994), Actes du Colloque de Poitiers, 1988, Saint-Etienne
Renaudin, P. (1957), *Mystiques anglais*, Paris
Rézeau, P. (1983), *Les prières aux saints en français à la fin du moyen âge*, Geneva
Rosenfeld, H. (1954), *Der mittelalterliche Totentanz*, Munster
Rosenthal, J.T. (1972), *The purchase of paradise. Gifts, giving, and the aristocracy 1307–1485*, London and Toronto
Rudolf, R. (1959), *Ars moriendi*, Cologne
Ruh, K. (1964), *Altdeutsche und altniederländische Mystik*, Darmstadt
Rusconi, R. (1979), *L'attenta della fine. Crisi della società, profezia ed Apocalisse in Italia al tempo del grande scisma d'occidente (1378–1417)*, Rome
Russell, J.B. (1972), *Witchcraft in the Middle Ages*, Ithaca and London
Schreiber, G. (1959), *Die vierzehn Nothelfer in Volksfrömmigkeit und Sakralkultur*, Innsbruck
Schreiner, K. (ed.) (1992), *Laienfrömmigkeit im späten Mittelalter*, Munich
Smahel, F. (1985), *La révolution hussite, une anomalie historique*, Paris
Sumption, J. (1975), *Pilgrimage. An image of medieval religion*, London
Thomson, J.A.F. (1965), *The later Lollards, 1414–1520*, Oxford
Van der Wansem, C. (1958), *Het outstaan ende geschiedenis der Broederschap van het Gemene Leven tot 1400*, Louvain
Van Zyl, T.P. (1963), *Gerard Groote, ascetic and reformer*, Washington
Varanini, G.M. (ed.) (1990), *Vescovi e diocesi in Italia del XIV alla metà del XVI secolo*, 2 vols., Rome
Vauchez, A. (1981), *La sainteté en occident aux derniers siècles du moyen âge (1198–1431). Recherches sur les mentalités religieuses médiévales*, Rome
Vauchez, A. (1987), *Les laïcs au moyen âge. Pratiques et expériences religieuses*, Paris
Vincent, C. (1988), *Des charités bien ordonnées. Les confréries normandes de la fin du XIIIe siècle au début du XVIe siècle*, Paris
Whiting, R. (1989), *The blind devotion of the people. Popular religion and the English Reformation*, Cambridge

第十一章 学校与大学

Primary sources

This list represents only a selection of the publications of primary sources concerning the main European universities in the fifteenth century

Bulario de la Universidad de Salamanca, ed. V. Beltan de Heredia, 3 vols., Salamanca (1966–7)
Cartulario de la Universidad de Salamanca, ed. V. Beltran de Heredia, 6 vols., Salamanca (1970–3)
Chartularium Studii Bononiensis. Documenti per la storia dell'università di Bologna dalle origini fino al secolo XV, 15 vols., Bologna (1909–88)
Chartularium Universitatis Parisiensis, ed. H. Denifle and E. Châtelain, 4 vols., Paris (1889–97), and *Auctarium chartularii universitatis Parisiensis*, ed. H. Denifle and E. Châtelain, 6 vols., Paris (1894–1964)

903   *Chartularium Universitatis Portugalensis*, 9 vols., and 3 vols. of *Auctarium*, ed. A. Moreira de Sà, Lisbon, 1966–89
Gerson, Jean, *Œuvres complètes*, 10 vols., ed. P. Glorieux, Paris (1960–73)
Le livre des prieurs de Sorbonne (1431–1485), ed. R. Marichal, Paris (1987)
Monumenti della Università di Padova, ed. A. Gloria, 2 vols., Venice and Padua (1885–8)
Statuta Antiqua Universitatis Oxoniensis, ed. S. Gibson, Oxford (1931)
Les statuts et privilèges des universités françaises depuis leur fondation jusqu'en 1789, ed. M. Fournier, 4 vols., Paris (1890–4)

Secondary works

General works

Baldwin, J.W. and Goldthwaite, R.A. (eds.) (1972), *Universities in politics. Case studies from the late Middle Ages and early modern period*, Baltimore and London
Brizzi, G.P. and J. Verger (eds.) (1990, 1993, 1994), *Le università dell'Europa*, I: *La nascità delle università*; IV: *Gli uomini e i luoghi – secoli XII–XVIII*; V: *Le scuole e i maestri – il medioevo*, Cinisello Balsamo
Cobban, A.B. (1975), *The medieval universities. Their development and organization*, London
Fried, J. (ed.) (1986), *Schulen und Studium im sozialen Wandel des hohen und späten Mittelalters*, Vorträge und Forschungen, XXX, Sigmaringen
Gabriel, A.L. (1969), *Garlandia. Studies in the history of the mediaeval universities*, Notre Dame and Frankfurt am Main
Gabriel, A.L. (ed.) (1977), *The economic frame of the mediaeval university*, Texts and Studies in the History of Mediaeval Education, XV, Notre Dame
Garin, E. (1957), *L'educazione in Europa, 1400–1600*, Bari
Grafton, A. and Jardine, L. (1986), *From humanism to the humanities. Education and the liberal arts in fifteenth- and sixteenth-century Europe*, London
History of universities (one annual issue since 1981)
IJsewijn, J. and Paquet, J. (eds.) (1978), *Les universités à la fin du moyen âge*, Publ. de l'Institut d'Etudes Médiévales, 2nd series, 2, Louvain; also published as J. IJsewijn and J. Paquet (eds.) *Universities in the late Middle Ages*, Mediaevalia Lovanensia, 1st series, 6, Louvain (1978)
Keil, G., Moeller, B. and Trusen (1987), W., *Der Humanismus und die oberen Fakultäten*, Mitteilung der Kommission für Humanismusforschung, XIV, Weinheim
Kenny, A., Kretzmann, N. and Pinborg, J. (eds.) (1982), *The Cambridge history of later medieval philosophy*, Cambridge
Kibre, P. (1948), *The nations in the mediaeval universities*, Cambridge, Mass.
Kibre, P. (1961), *Scholarly privileges in the Middle Ages. The rights, privileges, and immunities of scholars and universities at Bologna, Padua, Paris, and Oxford*, London
Le Goff, J. (1985), *Les intellectuels au moyen âge*, 2nd edn, Paris
Paquet, J. (1992), *Les matricules universitaires*, Typologie des Sources du Moyen Age Occidental, 65, Turnhout
Patschovsky, A. and Rabe, H. (eds.) (1994), *Die Universität in Alteuropa*, Konstanz
Piltz, A. (1981), *The world of medieval learning* (English trans.), Oxford
Rashdall, H. (1936), *The universities of Europe in the Middle Ages*, new edn by F.M. Powicke and A.B. Emden, 3 vols., London

Ridder-Symoens, H. de (ed.) (1992), *A history of the university in Europe*, I: *Universities in the Middle Ages*, Cambridge

Swanson, R.N. (1979), *Universities, academics and the Great Schism*, Cambridge Studies in Medieval Life and Thought, 3rd series, 12, Cambridge

Università e società nei secoli XII–XVI (1982), Pistoia

Les universités européennes du quatorzième au dix-huitième siècle. Aspects et problèmes (1967), Geneva

Verger, J. (1973), *Les universités au moyen âge*, Paris

Zimmermann, A. (ed.) (1974), *Antiqui und Moderni. Traditionsbewusstsein im späten Mittelalter*, Miscellanea Mediaevalia, IX, Berlin and New York.

Empire, northern and central Europe

Fuchs, C. (1995), '*Dives, Pauper, Nobilis, Magister, Frater, Clericus*'. *Sozialgeschichtliche Untersuchungen über Heidelberger Universitätsbesucher des Spätmittelalters (1386–1450)*, Education and Society in the Middle Ages and the Renaissance, 5, Leiden

Gabriel, A.L. (1969), *The mediaeval universities of Pécs and Pozsony*, Notre Dame and Frankfurt am Main

Kaminsky, H. (1972), 'The University of Prague in the Hussite revolution: the role of the masters', in Baldwin and Goldthwaite (1972), pp. 79–106

Meuthen, E. (1988), *Kölner Universitätsgeschichte*, I: *Die alte Universität*, Cologne and Vienna

Miner, J.N. (1987), 'Change and continuity in the schools of later medieval Nuremberg', *Catholic Historical Review* 72: 1–22

Mornet, E. (1983), 'Le voyage d'études des jeunes nobles danois du XIVe siècle à la Réforme', *Journal des savants*: 287–318

Paquet, J. (1958), *Salaires et prébendes des professeurs de l'université de Louvain au XVe siècle*, Léopoldville

Post, R.R. (1968), *The Modern Devotion. Confrontation with Reformation and humanism*, Leiden

Ridder-Symoens, H. de (1981), 'Milieu social, études universitaires et carrière de conseillers au Conseil de Brabant (1430–1600)', in *Liber amicorum Jan Buntinx*, Symbolae Fac. Litt. et Philos. Lovaniensis, series A, 10, Ghent, pp. 257–302

Schwinges, R.C. (1986), *Deutsche Universitätsbesucher im 14. und 15. Jahrhundert. Studien zur Sozialgeschichte des alten Reiches*, Stuttgart

Die Universität zu Prag (1986), Schriften der Sudetendeutschen Akademie der Wissenschaften und Künste, 7, Munich

England

Aston, T.H. (1979), 'Oxford's medieval alumni', *P&P* 74: 3–40

Aston, T.H., Duncan, G.D. and Evans, T.A.R. (1980), 'The medieval alumni of the University of Cambridge', *P&P* 86: 9–86

Catto, J.I. and Evans, R. (eds.) (1992), *The history of the University of Oxford*, II: *Late medieval Oxford*, Oxford

Cobban, A.B. (1988), *The medieval English universities: Oxford and Cambridge to c. 1500*, Berkeley and Los Angeles

905 Gabriel, A.L. (1974), *Summary bibliography of the history of Great Britain and Ireland up to 1800 covering publications between 1900 and 1968*, Texts and Studies in the History of Mediaeval Education, XIV, Notre Dame
Leader, D.R. (1988), *A history of the University of Cambridge*, I: *The University to 1546*, Cambridge
Lytle, G.F. (1978), 'The social origins of Oxford students in the late Middle Ages: New College, c. 1380–c. 1510', in Ijsewijn and Paquet (1978), pp. 426–54
Orme, N. (1973), *English schools in the Middle Ages*, London
Orme, N. (1976), *Education in the west of England. Cornwall, Devon, Dorset, Gloucestershire, Somerset, Wiltshire*, Exeter
Rosenthal, J. (1970), 'The training of an elite group. English bishops in the fifteenth century', *Trans. of the American Philosophical Society* new series 60/5: 5–54

France

Allmand, C.T. (1983), *Lancastrian Normandy*, Oxford, ch. 4
Favier, J. (1974), *Nouvelle histoire de Paris. Paris au XVe siècle*, Paris, pp. 68–79 and 199–235
Gabriel, A.L. (1992), *The Paris studium. Robert of Sorbonne and his legacy. Interuniversity exchange between the German, Cracow, Louvain Universities and that of Paris in the late medieval and humanistic period. Selected studies*, Texts and Studies in the History of Mediaeval Education, XIX, Notre Dame and Frankfurt am Main
Guenée, S. (1978–81), *Bibliographie de l'histoire des universités françaises des origines à la Révolution*, 2 vols., Paris
Guilbert, S. (1982), 'Les écoles rurales en Champagne au XVe siècle: enseignement et promotion sociale', in *Les entrées dans la vie. Initiations et apprentissages*, Nancy, pp. 127–47
Jacquart, D. (1981), *Le milieu médical en France du XIIe au XV siècle*, Geneva
Jones, M. (1978), 'Education in Brittany during the later Middle Ages', *Nottingham Medieval Studies* 22: 58–77
Millet, H. (1982), *Les chanoines du chapitre cathédral de Laon, 1272–1412*, Paris and Rome
Roux, S. (1992), *La rive gauche des escholiers (XVe siècle)*, Paris
Roy, L. (1994), 'L'université de Caen aux XVe et XVIe siècles. Histoire politique et sociale', 2 vols., PhD dissertation, University of Montréal
Tanaka, M. (1990), *La nation anglo-allemande de l'Université de Paris à la fin du moyen âge*, Paris
Verger, J. (1976a), 'Les universités françaises au XVe siècle: crise et tentatives de réforme', *Cahiers d'histoire* 21: 43–66
Verger, J. (1976b), 'Noblesse et savoir: étudiants nobles aux universités d'Avignon, Cahors, Montpellier et Toulouse (fin du XIVe siècle)', in P. Contamine (ed.), *La noblesse au moyen âge. XIe–XVe siècles. Essais à la mémoire de Robert Boutruche*, Paris, pp. 289–313
Verger, J. (1977), 'Le coût des grades: droits et frais d'examen dans les universités du Midi de la France an moyen âge', in Gabriel (1977), pp. 19–36
Verger, J. (1986a), 'Prosopographie et cursus universitaires', in N. Bulst and J.-P. Genet (eds.), *Medieval lives and the historian. Studies in medieval prosopography*, Kalamazoo, pp. 313–32
Verger, J. (ed.) (1986b), *Histoire des universités en France*, Toulouse

Verger, J. (1994), 'Les universités du midi de la France à la fin du moyen âge (début du XIVe s. – milieu du XVe s.)', Thèse d'Etat, University of Paris-Sorbonne

Verger, J (1995a), 'Les institutions universitaires françaises au moyen âge: origines, modèles, évolution', in A. Romano (ed.), *Università in Europa. Le istituzioni universitarie dal medio evo ai nostri giorni–strutture, organizzazione, funzionamento*, Soveria Mannelli and Messina, pp. 61–79

Verger, J. (1995b), *Les universités françaises au moyen âge*, Education and Society in the Middle Ages and the Renaissance, 7, Leiden

Italy

Adorni, G. (1992), 'L'archivio dell'università di Roma', in *Roma e lo studium urbis. Spazio urbano e cultura dal Quattro al Seicento*, Rome, pp. 388–430

Bertanza, E. and Dalla Santa, G. (1907), *Maestri, scuole e scolari in Venezia fino al 1500*, Venice; repr. 1993

Castelli, P. (ed.) (1991), *La Rinascità del sapere. Libri e maestri dello studio ferrarese*, Venice

Ermini, G. (1971), *Storia dell'università di Perugia*, 2 vols., Florence

Gargan, L. (1971), *Lo studio teologico e la biblioteca dei Domenicani a Padova nel Tre e Quattrocento*, Padua

Grendler, P.F. (1989), *Schooling in Renaissance Italy. Literacy and Learning, 1300–1600*, Baltimore and London

Minnucci, G. and Kosuta, L., *Lo studio di Siena nei secoli XIV–XVI. Documenti e notizie biographiche*, Orbis Academicus, III, Milan

Nasalli Rocca, E. (1930), 'Il cardinale Bessarione legato pontificio in Bologna', *Atti e memorie della Reale Deputazione di storia patria per le prov. di Romagna* 4th series 40: 36–9

Ortalli, G. (1993), *Scuole, maestri e istruzione di base tra medioevo e Rinascimento. Il caso veneziano*, Venice

Quaderni per la storia dell'università di Padova (one annual issue since 1968)

Verde, A.F. (1973–85), *Lo studio fiorentino, 1473–1503. Documenti e ricerche*, 4 vols., Florence

Zanetti, D. (1962), 'A l'université de Pavie au XVe siècle: les salaires des professeurs', *Annales ESC* 17: 421–33

Spain

Ajo Gonzalez de Rapariegos y Sainz de Zuñiga, C.M. (1957–77), *Historia de las universidades hispanicas. Origenes y desarrollo desde su aparicion a nuestros dias*, 11 vols., Madrid

Estudios sobre los origenes de las universidades españolas (1988), Valladolid

Fernández Alvarez, F., Robles Carcedo, L. and Rodríguez San Pedro, L.E. (eds.) (1989–90), *La universidad de Salamanca*, 3 vols., Salamanca

第十二章　人文主义

The list is confined to works directly cited or referred to in ch. 12; bibliographies more comprehensive than that provided here may be found in A. Rabil (ed.), *Renaissance humanism: foundations, forms, and legacy*, Philadelphia (1988), III, pp. 531–656, which is especially useful for indications of sources in English translation; and in *The Cambridge history of Renaissance philosophy*, ed. C.B. Schmitt *et al.*, Cambridge (1988), pp. 842–930.

907   *Primary sources*

Accolti, Benedetto, *De bello a christianis contra barbaros gesto*, in *Recueil des historiens des croisades. Historiens occidentaux*, Paris (1895), V, pp. 529–620

Accolti, Benedetto, *Dialogus [de praestantia virorum sui aevi]*, G. Galletti (ed.), *Philippi Villani liber de civitatis Florentiae famosis civibus*, Florence (1848), pp. 105–28

Alberti, Leon Battista, *Momus o del principe*, ed. G. Martini, Bologna (1942)

Alberti, Leon Battista, *Opera inedita et pauca separatim impressa*, ed. G. Mancini, Florence (1890)

Alberti, Leon Battista, *Opere volgari*, ed. C. Grayson, 3 vols., Bari (1960–73)

Alexandre de Villedieu, *Das Doctrinale des Alexander de Villa-Dei*, ed. D. Reichling, Berlin (1893)

Barzizza, Gasparino, *Opera*, ed. G.A. Furietto, Rome (1723)

Biondo, Flavio, *Historiarum ab inclinato Romano imperio decades III*, in his *De Roma triumphante...*, Basle (1531)

Biondo, Flavio, *Scritti inediti e rari*, ed. B. Nogara, Rome (1927)

Bracciolini, Poggio, *Lettere*, ed. H. Harth, 3 vols., Florence (1984–7)

Bracciolini, Poggio, *Opera*, Basle (1538)

Bruni, Leonardo, *Epistolarum libri VIII*, ed. L. Mehus, 2 vols., Florence (1741)

Bruni, Leonardo, *Historiarum florentini populi libri XII*, in *Rerum italicarum scriptores*, new series, 19, pt 3, ed. Emilio Santini, Città di Castello (1914)

Bruni, Leonardo, *Humanistisch-philosophische Schriften*, ed. H. Baron, Leipzig and Berlin (1928)

Bruni, Leonardo, *Laudatio florentinae urbis*, ed. H. Baron, in his *From Petrarch to Leonardo Bruni*, Chicago (1968), pp. 232–63

Bruni, Leonardo, *Oratio in funere Nannis Strozae*, in E. Baluze and G. Mansi (eds.), *Miscellanea novo ordine digesta...*, 4 vols., Lucca (1761–4), IV, pp. 2–7

Calco, Tristano, *Historiae patriae*, in J.G. Graevius, *Thesaurus antiquitatum et historiarum Italiae*, II, pt 1, Leiden (1704)

Cavalcanti, G., *Istorie fiorentine*, ed. G. di Pino, Milan (1944)

Cortesi, Paolo, *De hominibus doctis*, ed. G. Ferraù, Messina (1977)

Dante Alighieri, *De vulgari eloquentia*, in his *Opere minori*, II, ed. P.V. Mengaldo, B. Nardi, A. Furgoni, G. Brugnoli, E. Cecchini and F. Mazzoni, Milan and Naples (1979)

Evrard de Béthune, *Graecismus*, ed. J. Wrobel, Wratislav (1887)

Facio, Bartolomeo, *De humanae vitae felicitate. De excellentia ac praestantia hominis*, in F. Sandeus, *De regibus Siciliae et Apuliae*, Hanau (1611)

Filelfo, Francesco, *Epistolarum familiarium libri XXXVII*, Venice (1502)

Garin, E. (ed.), *Il pensiero pedagogico dello Umanesimo*, Florence (1958)

Garin, E. (ed.), *Prosatori latini del Quattrocento*, Milan (1952)

Gellius, Aulus, *The Attic nights of Aulus Gellius*, trans. J.C. Rolfe, 3 vols., Cambridge, Mass., and London (1927–61)

George of Trebizond, *Rhetoricorum libri quinque*, Venice (1470)

Guarino Veronese, *Epistolario*, ed. R. Sabbadini, 3 vols., Venice (1915–19)

Guicciardini, Francesco, *Storia d'Italia*, ed. C. Panigada, Bari (1929)

Innocent III, *De miseria humane conditionis*, ed. M. Maccarrone, Lugano (1955)

Lefèvre d'Etaples, Jacques, *The prefatory epistles of Jacques Lefèvre d'Etaples and related texts*, ed. E.F. Rice, Jr, New York (1972)

Machiavelli, Niccolò, *Il principe e Discorsi*, ed. S. Bertelli, Milan (1960)
Manetti, Giannozzo, *De dignitate et excellentia hominis*, ed. E.R. Leonard, Padua (1975)
Petrarch, Francesco, *Prose*, ed. G. Martellotti, P.G. Ricci, E. Carrara and E. Bianchi, Milan and Naples (1955)
Pico della Mirandola, Giovanni, *De hominis dignitate*, ed. E. Garin, Florence (1942)
Poliziano, Angelo, *Prose volgari inedite e poesie latine e greche edite e inedite*, ed. I. Del Lungo, Florence (1867)
Pontano, Giovanni, *I dialoghi*, ed. C. Previtera, Florence (1943)
Rinuccini, Alamanno, *Lettere ed orazioni*, ed. V.R. Giustiniani, Florence (1953)
Ross, J.B. and McLaughlin, M.M. (eds.), *The portable Renaissance reader*, New York (1953)
Salutati, Coluccio, *Epistolario*, ed. F. Novati, 4 vols., Rome (1891–1905)
Salutati, Coluccio, *Il trattato 'De tyranno' e lettere scelte*, ed. F. Ercole, Bologna (1942)
Scala, Bartolomeo, *Historia Florentinorum*, ed. J. Oligerus, Rome (1677)
Solerti, A. (ed.), *Le vite di Dante, Petrarca e Boccaccio, scritte fino al secolo XVI*, Milan (1904)
Traversari, Ambrogio, *Epistolae*, ed. P. Caneto and L. Mehus, Florence (1759)
Valla, Lorenzo, *Collatio Novi Testamenti*, ed. A. Perosa, Florence (1970)
Valla, Lorenzo, *De vero falsoque bono*, ed. M. Lorch, Bari (1970)
Valla, Lorenzo, *De libero arbitrio*, ed. M. Anfossi, Florence (1934)
Valla, Lorenzo, *Elegantiarum latinae linguae libri sex*, in his *Opera*, Basle (1540)
Valla, Lorenzo, *In Latinam Novi Testamenti interpretationem ex collatione Graecorum exemplarium Adnotationes apprime utiles*, ed. D. Erasmus, Paris (1505)
Vergerio, Pier Paolo, *De ingenuis moribus et liberalibus adolescentiae studiis*, ed. C. Miani, Atti e memorie della Società istriana di archeologia e storia patria, new series, 20–1 (1972–3), pp. 183–251
Vespasiano da Bisticci, *Le vite*, ed. A. Greco, Florence (1970–6)

Secondary works

Akkerman, F. and Vanderjagt, A.J. (eds.) (1988), *Rodolphus Agricola Phrisius, 1444–1485*, Leiden
Alessio, G.C. (1986), 'Le istituzioni scolastiche e l'insegnamento', in *Aspetti della letteratura latina nel secolo XIII: Atti del primo Convegno internazionale di studi dell'Associazione per il medioevo e l'umanesimo latini*, Perugia and Florence, pp. 3–28
Avesani, R. (1965), 'Il primo ritmo per la morte del grammatico Ambrogio e il cosiddetto "Liber catonianus"', *Studi medievali* 3rd series 6: 455–88
Avensani, R. (1967), *Quattro miscellanee medioevali e umanistiche*, Rome
Baron, H. (1938), 'Franciscan poverty and civic wealth as factors in the rise of humanistic thought', *Speculum* 13: 1–37
Baron, H. (1958), 'Moot problems of Renaissance interpretation: an answer to Wallace K. Ferguson', *JHI* 19: 26–34
Baron, H. (1966), *The crisis of the early Italian Renaissance. Civic humanism and republican liberty in an age of classicism and tyranny*, Princeton (rev. edn in 1 vol.; first published, 1955, in 2 vols.)
Bentley, J.H. (1983), *Humanists and holy writ: New Testament scholarship in the Renaissance*, Princeton
Bernstein, E. (1983), *German humanism*, Boston

Berschin, W. (1988), *Greek letters and the Latin Middle Ages: from Jerome to Nicholas of Cusa*, Washington

Billanovich, G. (1951), 'Petrarch and the textual tradition of Livy', *JWCI* 14: 137–208

Black, R. (1981), 'Benedetto Accolti and the beginnings of humanist historiography', *EHR* 96: 36–58

Black, R. (1985), *Benedetto Accolti and the Florentine Renaissance*, Cambridge

Black, R. (1986), 'The political thought of the Florentine chancellors', *HZ* 29: 991–1003

Black, R. (1987), 'The new laws of history', *Renaissance Studies* 1: 126–56

Black, R. (1990), 'Machiavelli, servant of the Florentine Republic', in Bock, Skinner and Viroli (1990), pp. 71–99

Black, R. (1991a), 'An unknown thirteenth-century manuscript of *Ianua*', in I. Wood and G.A. Loud (eds.), *Church and chronicle in the Middle Ages. Essays presented to John Taylor*, London, pp. 101–15

Black, R. (1991b), 'The curriculum of Italian elementary and grammar schools, 1350–1500', in D.R. Kelley and R.H. Popkin (eds.), *The shapes of knowledge from the Renaissance to the Enlightenment*, Dordrecht, pp. 137–63

Black, R. (1991c), 'Italian Renaissance education: changing perspectives and continuing controversies', *JHI* 52: 315–34

Black, R. (1991d), 'Reply to Paul Grendler', *JHI* 52: 519–520

Black, R. (1992), 'Florence', in R. Porter and M. Teich, *The Renaissance in national context*, Cambridge, pp. 21–41

Black, R. (1995), 'The Donation of Constantine: a new source for the concept of the Renaissance?', in A. Brown (ed.), *Language and images of the Renaissance*, Oxford, pp. 51–85

Black, R. (1996), 'Cicero in the curriculum of Italian Renaissance grammar schools', *Ciceroniana* 9: 105–20

Black, R. (1997), 'The vernacular and the teaching of Latin in the thirteenth and fourteenth centuries', forthcoming in *Studi medievali*

Black, R. (forthcoming), *Humanism and education in Renaissance society. Tradition and innovation in Tuscan schools, 1200–1500*, Cambridge

Black, R. and Pomaro, G. (forthcoming), *Boethius at school in medieval and Renaissance Florence*, Florence

Bock, G., Skinner, Q. and Viroli, M. (1990), *Machiavelli and republicanism*, Cambridge

Breen, Q. (1952), 'Giovanni Pico della Mirandola on the conflict of philosophy and rhetoric', *JHI* 13: 384–412

Brown, A. (1986), 'Platonism in fifteenth-century Florence and its contribution to early modern political thought', *JModH* 58: 383–413

Brucker, G. (1977), *The civic world of early Renaissance Florence*, Princeton

Brucker, G. (1979), 'Humanism, politics and the social order in early Renaissance Florence', in S. Bertelli *et al.* (eds.), *Florence and Venice. Comparisons and relations*, Florence, I, pp. 3–11

Buck, A. (1960), 'Die Rangstellung des Menschen in der Renaissance: dignitas et miseria hominis', *Archiv für Kulturgeschichte* 42: 61–75

Burckhardt, J. (1990), *The civilization of the Renaissance in Italy*, trans. S. Middlemore, introduction by P. Burke, notes by P. Murray, London (first published 1860)

Burdach, K. (1893), *Vom Mittelalter zur Reformation*, Halle

Burdach, K. (1910), 'Sinn und Ursprung der Worte Renaissance und Reformation', *Sitzungsberichte der Königlichpreussischen Akademie der Wissenschaften*, 594–646
Burdach, K. (1913), *Rienzo und die geistige Wandlung seiner Zeit*, Erste Hälfte (=*Briefwechsel des Cola di Rienzo*, ed. K. Burdach and P. Piur, Erster Teil=K. Burdach, *Von Mittelalter zur Reformation Forschungen zur Geschichte der deutschen Bildung*, Zweiter Band), Berlin
Burke, P. (1969), *The Renaissance sense of the past*, London
Cameron, J.K. (1990), 'Humanism in the Low Countries', in Goodman and Mackay (1990), pp. 137–63
Cammelli, G. (1941–54), *I dotti bizantini e le origini dell'umanesimo*, 3 vols., Florence
Camporeale, S. (1972), *Lorenzo Valla: umanesimo e teologia*, Florence
Cassirer, E. (1963), *The individual and the cosmos in Renaissance philosophy*, Oxford (first published 1926)
Cobban, A.B. (1988), *The medieval English universities: Oxford and Cambridge to c. 1500*, Aldershot
Cochrane, E. (1981), *Historians and historiography in the Italian Renaissance*, Chicago
Croce, B. (1941), *History as the story of liberty*, London
D'Amico, J.F. (1988), 'Humanism and pre-Reformation theology', in Rabil (1988), III, pp. 349–79
Davis, C.T. (1974), 'Ptolemy of Lucca and the Roman Republic', *Proceedings of the American Philosophical Society* 118: 30–50
de la Mare, A. (1973), *The handwriting of Italian humanists*, I, i, Oxford
De Rosa, D. (1980), *Coluccio Salutati. Il cancelliere e il pensatore politico*, Florence
De Sanctis, F. (1930), *History of Italian literature*, 2 vols., introduction by B. Croce, New York (first published 1870–1)
Ferguson, W.K. (1948), *The Renaissance in historical thought*, Boston
Field, A. (1988), *The origins of the Platonic Academy of Florence*, Princeton
Fubini, R. (1968), 'Biondo Flavio', in *DBI*, Rome, X, pp. 536–59
Fueter, E. (1911), *Geschichte der neueren Historiographie*, Munich and Berlin
Gadol, J. (1969), *Leon Battista Alberti. Universal man of the early Renaissance*, Chicago
Garin, E. (1938), 'La "dignitas hominis" e la letteratura patristica', *La rinascita* 1: 102–46
Garin, E. (1953), *L'educazione umanistica in Italia*, Bari
Garin, E. (1954), 'Donato Acciaiuoli cittadino fiorentino', in his *Medioevo e Rinascimento*, Bari
Garin, E. (1957), *L'educazione in Europa (1400–1600)*, Bari
Garin, E. (1958), 'Platonici bizantini e platonici italiani: I. Nuove indagini sul Pletone', in his *Studi sul Platonismo medievale*, Florence, pp. 155–90
Garin, E. (1961), *La cultura filosofica del rinascimento italiano*, Florence
Garin, E. (1965), *Italian humanism*, tr. P. Munz, Oxford (first published 1947)
Garin, E. (1967), 'Guarino Veronese e la cultura a Ferrara', in his *Ritratti di umanisti*, Florence, pp. 69–106
Garin, E. (1969), *Science and civic life in the Italian Renaissance*, Garden City, N.Y.
Garin, E. (1975), 'La rinascita di Plotino', in E. Garin, *Rinascite e rivoluzioni. Movimenti culturali dal XIV al XVIII secolo*, Bari, pp. 89–129
Geanakopolos, D.J. (1966), *Byzantine east and Latin west*, Oxford
Geanakopolos, D.J. (1988), 'Italian humanism and Byzantine émigré scholars', in Rabil (1988), I, pp. 350–81

911   Gebhart, E. (1879), *Les origines de la Renaissance en Italie*, Paris
Gentile, G. (1912), *I problemi della scolastica e il pensiero italiano*, Bari
Gentile, G. (1931), 'La concezione humanistica del mondo', *Nuova antologia* 257: 307–17
Gentile, G. (1968), *Il pensiero italiano del Rinascimento*, in his *Opere*, XIV, Florence
Gleason, J.B. (1989), *John Colet*, Berkeley
Goetz, W. (1907), 'Mittelalter und Renaissance', *HZ* 98: 30–54
Goetz, W. (1914), 'Renaissance und Antike', *HZ* 113: 237–59
Gombrich, E.H. (1967), 'From the revival of letters to the reform of the arts: Niccolò Niccoli and Filippo Brunelleschi', in D. Fraser *et al.* (eds.) *Essays in the history of art presented to Rudolf Wittkower*, London, pp. 71–82
Gombrich, E.H. (1969), *In search of cultural history*, Oxford; repr. in his *Ideals and idols. Essays on values in history and in art*, Oxford (1979), pp. 24–59
Goodman, A.E. and MacKay, A. (eds.) (1990), *The impact of humanism on western Europe*, London
Grafton, A. (1977), 'On the scholarship of Poliziano and its context', *JWCI* 40: 150–88
Grafton, A. and Jardine, L. (1986), *From humanism to the humanities. Education and the liberal arts in fifteenth- and sixteenth-century Europe*, London
Gray, H.H. (1963), 'Renaissance humanism: the pursuit of eloquence', *JHI* 24: 497–514
Grendler, P. (1989), *Schooling in Renaissance Italy. Literacy and learning, 1300–1600*, Baltimore
Gundersheimer, W.L. (ed.) (1969), *French humanism, 1470–1600*, London
Hankins, J. (1990), *Plato in the Renaissance*, 2 vols., Leiden
Heath, T. (1971), 'Logical grammar, grammatical logic, and humanism in three German universities', *Studies in the Renaissance* 18: 9–64
Hoffmeister, G. (ed.) (1977), *The Renaissance and Reformation in Germany. An introduction*, New York
Holmes, G. (1969), *The Florentine Enlightenment*, London
Huizinga, J. (1990), *The waning of the Middle Ages*, London (first published 1924)
Hyma, A. (1965), *The Christian Renaissance. A history of the 'Devotio Moderna'*, 2nd edn, Hamden, Conn.
Ijsewijn, J. (1975), 'The coming of humanism to the Low Countries', in Oberman and Brady (1975), pp. 193–301
Karant-Nunn, S. (1990), 'Alas, a lack: trends in the historiography of pre-university education in early modern Germany', *RQ* 43: 788–98
Kelley, D.R. (1988), 'Humanism and history', in Rabil (1988), III, pp. 237–70
Kohl, B.G. (1992), 'The changing concept of the *studia humanitatis* in the early Renaissance', *Renaissance Studies* 6: 185–209
Kraye, J. (1988), 'Moral philosophy', in C. Schmitt *et al.* (eds.), *The Cambridge history of Renaissance philosophy*, Cambridge, pp. 303–86
Kristeller, P.O. (1956), *Studies in Renaissance thought and letters*, I, Rome
Kristeller, P.O. (1961), 'Changing views of the intellectual history of the Renaissance since Jacob Burckhardt', in T. Helton (ed.), *The Renaissance. A reconsideration of the theories and interpretations of the age*, Madison, Wis., pp. 27–52
Kristeller, P.O. (1963–97), *Iter italicum. A finding list of uncatalogued or incompletely catalogued humanistic manuscripts of the Renaissance in Italian and other libraries*, 6 vols., Leiden and London
Kristeller, P.O. (1964), *Eight philosophers of the Italian Renaissance*, Stanford

Kristeller, P.O. (1965), 'The moral thought of Renaissance humanism', in his *Renaissance Thought*, II: *Papers on humanism and the arts*, New York, pp. 20–68
Kristeller, P.O. (1979a), *Renaissance thought and its sources*, ed. M. Mooney, New York
Kristeller, P.O. (1979b), 'Humanism and scholasticism in the Italian Renaissance', in Kristeller (1979a), pp. 85–105
Kristeller, P.O. (1984), 'Vita attiva e vita contemplativa in un brano inedito di Bornio da Sala e in San Tommaso d'Aquino', in *Essere e libertà. Studi in onore di Cornelio Fabro*, Perugia, pp. 211–24
Kristeller, P.O. (1985), 'The active and the contemplative life in Renaissance humanism', in B. Vickers (ed.), *Arbeit Musse Meditation. Betrachtungen zur Vita Activa und Vita Contemplativa*, Zurich, pp. 133–52
Lawrance, J.N.H. (1990), 'Humanism in the Iberian peninsula', in Goodman and Mackay (1990), pp. 220–58
Leader, D.R. (1988), *A history of the University of Cambridge*, I: *The University to 1546*, ed. C.N.L. Brooke, Cambridge
Levi, A.H.T. (ed.) (1970), *Humanism in France at the end of the Middle Ages and in the early Renaissance*, Manchester
Lorch, M. (1988), 'Lorenzo Valla', in Rabil (1988), I, pp. 332–49
McConica, J. (ed.) (1986), *The history of the University of Oxford*, III: *The Collegiate University*, ed. T.H. Aston, Oxford
Mack, P. (1993), *Renaissance argument. Valla and Agricola in the traditions of rhetoric and dialectic*, Leiden
Marchesi, C. (1910), 'Due grammatici latini del medio evo', *Bullettino della società filologica romana* 12: 19–56
Mestwerdt, P. (1917), *Die Anfänge des Erasmus. Humanismus und 'Devotio Moderna'*, Leipzig
Monfasani, J. (1988), 'Humanism and rhetoric', in Rabil (1988), III, pp. 171–235
Monfasani, J. (1990), 'Lorenzo Valla and Rudolph Agricola', *Journal of the History of Philosophy* 28: 181–200
Müntz, E. (1889–95), *Histoire de l'art pendant la Renaissance*, 3 vols., Paris
Najemy, J. (1982), *Corporatism and consensus in Florentine electoral politics, 1280–1400*, Chapel Hill, N.C.
Nauert, C.G., Jr (1973), 'The clash of humanists and scholastics: an approach to pre-Reformation controversies', *Sixteenth Century Journal* 4: 1–18
Nauert, C.G., Jr (1986), 'The humanist challenge to medieval German culture', *Daphnis: Zeitschrift fur mittlere deutsche Literatur* 15: 277–306
Nauert, C.G., Jr (1990), 'Humanist infiltration into the academic world: some studies of northern universities', *RQ* 43: 799–812
Nauert, C.G., Jr (1995), *Humanism and the culture of Renaissance Europe*, Cambridge
Oberman, H.A. and Brady, T.A., Jr (eds.) (1975), *Itinerarium italicum. The profile of the Italian Renaissance in the mirror of its European transformations*, Leiden
Ong, W.J. (1958), *Ramus, method, and the decay of dialogue*, Cambridge, Mass.
Overfield, J.H. (1984), *Humanism and scholasticism in late medieval Germany*, Princeton
Panofsky, E. (1939), *Studies in iconology*, Oxford
Percival, W.K. (1972), 'The historical sources of Guarino's *Regulae grammaticales*: a reconsideration of Sabbadini's evidence', in G. Tarugi (ed.), *Civiltà dell'umanesimo*, Florence, pp. 263–84

Percival, W.K. (1975), 'The grammatical tradition and the rise of the vernaculars', in T.A. Sebeok (ed.), *Current trends in linguistics*, XIII: *Historiography of linguistics*, The Hague, pp. 231–75

Percival, W.K. (1976), 'Renaissance grammar: rebellion or evolution?', in G. Tarugi (ed.), *Interrogativi dell'umanesimo*, Florence, II, pp. 73–90

Percival, W.K. (1978), 'Textual problems in the Latin grammar of Guarino Veronese', *Res publica litterarum* 1: 241–54

Percival, W.K. (1981), 'The place of the Rudimenta grammatices in the history of Latin grammar', *Res publica litterarum* 4: 233–64

Percival, W.K. (1988), 'Renaissance grammar', in Rabil (1988), III, pp. 67–83

Phillips, M.M. (1949), *Erasmus and the northern Renaissance*, London

Post, R.R. (1968), *The Modern Devotion. Confrontation with Reformation and humanism*, Leiden

Rabil, A., Jr (ed.) (1988), *Renaissance humanism. Foundations, forms and legacy*, 3 vols., Philadelphia

Renan, E. (1884), 'St François d'Assise', in his *Nouvelles études d'histoire religieuse*, Paris, pp. 323–51

Renaudet, A. (1953), *Préréforme et humanisme à Paris pendant les premières guerres d'Italie (1494–1517)*, 2nd edn, Paris

Ricciardi, R. (1990), 'Pietro del Riccio Baldi (Crinitus Petrus)', in *DBI*, Rome, XXXVIII, pp. 265–8

Rice, E.F. (1958), *The Renaissance idea of wisdom*, Cambridge, Mass.

Rizzo, S. (1986), 'Il latino nell'Umanesimo', in A.A. Rosa (ed.), *Letteratura italiana*, V: *Le questioni*, Turin, pp. 379–408

Rizzo, S. (1990), 'Petrarca, il latino e il volgare', *Quaderni petrarcheschi* 7: 7–40

Rizzo, S. and De Nonno, M. (1997), 'In margine a una recente edizione di versi grammaticali del Valla', in *Filologia umanistica. Per Gianvito Resta*, Padua, pp. 1583–630

Rubinstein, N. (1982), 'Political theories in the Renaissance', in A. Chastel et al., *The Renaissance. Essays in interpretation*, London, pp. 153–200

Sabbadini, R. (1905–14), *Le scoperte dei codici latini e greci ne' secoli XIV e XV*, 2 vols., Florence

Santini, E. (1910), 'Leonardo Bruni Aretino e i suoi "Historiarum Florentini populi libri xii"', *Annali della R. Scuola Normale Superiore di Pisa*, Filosofia e filologia, 22, pp. 1–174

Schmitt, C.T. (1983), *Aristotle and the Renaissance*, Cambridge, Mass.

Schmitt, W.O. (1969), 'Die Ianua (Donatus) – ein Beitrag zur lateinischen Schulgrammatik des Mittelalters und der Renaissance', *Beiträge zur Inkunabelkunde*, Dritte Folge, 4, pp. 43–80

Seigel, J.E. (1969), 'The teaching of Argyropoulos and the rhetoric of the first humanists', in T.K. Rabb and J.E. Seigel (eds.), *Action and conviction in early modern Europe*, Princeton

Sforza, G. (1884), 'La patria, la famiglia ed la giovinezza di papa Niccolò V', *Atti della Reale Accademia Lucchese di Scienze, Lettere ed Arti* 23: 1–400

Simone, F. (1969), *The French Renaissance. Medieval tradition and Italian influence in shaping the Renaissance in France*, London

Skinner, Q. (1978), *The foundations of modern political thought*, I: *The Renaissance*, Cambridge

Skinner, Q. (1990), 'Machiavelli's *Discorsi* and the pre-humanist origins of republican ideas', in Bock, Skinner and Viroli (1990), pp. 121–41

Smalley, B. (1960), *English friars and Antiquity in the early fourteenth century*, Oxford
Smalley, B. (1974), *Historians in the Middle Ages*, London
Spaventa, B. (1867), *Rinascimento, riforma, controriforma*, Naples
Spaventa, B. (1908), *La filosofia italiana nelle sue relazioni con la filosofia europea*, Bari
Spitz, L.W. (1957), *Conrad Celtis, the German arch-humanist*, Cambridge, Mass.
Spitz, L.W. (1963), *The religious Renaissance of the German humanists*, Cambridge, Mass.
Spitz, L.W. (1975), 'The course of German humanism', in Oberman and Brady (1975), pp. 371–436
Spitz, L.W. (1988), 'Humanism and the Protestant Reformation', in Rabil (1988), III, pp. 380–411
Stephens, J.N. (1986), 'Machiavelli's *Prince* and the Florentine revolution of 1512', *Italian Studies* 41: 45–61
Strauss, G. (ed.) (1972), *Pre-Reformation Germany*, London
Symonds, J.A. (1875–86), *Renaissance in Italy*, 7 vols., London
Taine, H. (1866), *Philosophie de l'art en Italie*, Paris
Tavoni, M. (1984), *Latino, grammatica, volgare. Storia di una questione umanistica*, Padua
Thode, H. (1885), *Franz von Assisi und die Anfänge der Kunst der Renaissance in Italien*, Berlin
Thomson, I. (1966), 'Manuel Chrysoloras and the early Italian Renaissance', *Greek, Roman and Byzantine Studies* 7: 63–82
Trinkaus, C. (1940), *Adversity's noblemen*, New York
Trinkaus, C. (1970), *In our image and likeness. Humanity and divinity in Italian humanist thought*, 2 vols., London
Trinkaus, C. (1983), *The scope of Renaissance humanism*, Ann Arbor
Trinkaus, C. (1988), 'Humanism and scholastic theology', in Rabil (1988), III, pp. 327–48
Ullman, B.L. (1955), *Studies in the Italian Renaissance*, Rome
Ullman, B.L. (1960), *The origin and development of humanistic script*, Rome
Ullman, B.L. and Stadter, P.A. (1972), *The public library of Renaissance Florence. Niccolò Niccoli, Cosimo de' Medici and San Marco*, Padua
Vasoli, C. (1988), 'The Renaissance concept of philosophy', in C. Schmitt *et al.* (eds.), *The Cambridge history of Renaissance philosophy*, Cambridge, pp. 57–74
Villari, P. (1877–82), *Niccolò Machiavelli e i suoi tempi*, 2 vols., Florence
Walker, D.P. (1972), *The ancient theology. Studies in Christian Platonism from the fifteenth to the eighteenth century*, London
Weiss, R. (1941), *Humanism in England during the fifteenth century*, Oxford
Weiss, R. (1969a), 'The dawn of humanism in Italy', *BIHR* 42: 1–16 (first published 1947)
Weiss, R. (1969b), *The Renaissance discovery of classical Antiquity*, Oxford
Witt, R.G. (1971), 'The rebirth of the concept of republican liberty in Italy', in A. Molho and J.A. Tedeschi (eds.), *Renaissance studies in honor of Hans Baron*, Florence, pp. 173–99
Witt, R.G. (1976), *Coluccio Salutati and his public letters*, Geneva
Witt, R.G. (1982), 'Medieval *Ars dictaminis* and the beginnings of humanism: a new construction of the problem', *RQ* 35: 1–35
Witt, R.G. (1983), *Hercules at the crossroads. The life, works, and thought of Coluccio Salutati*, Durham, N.C.

915 Witt, R.G. (1988), 'Medieval Italian culture and the origins of humanism as a stylistic ideal', in Rabil (1988), I, pp. 29–70

Yates, F. (1964), *Giordano Bruno and the Hermetic tradition*, London

第十三章　手抄本与图书

Secondary works

Backhouse, J. (1979), *The illuminated manuscript*, Oxford
Blake, N.F. (1976), *Caxton. England's first publisher*, London
Bühler, C. (1960), *The fifteenth-century book. The scribes, the painters, the decorators*, Philadelphia
Clair, C. (1976), *A history of European printing*, London
Clough, C.H. (1973), 'Federigo da Montefeltro's patronage of the arts, 1468–1482', *JWCI* 36: 129–44
Clough, C.H. (1981), *The duchy of Urbino in the Renaissance*, London
Delaissé, L.M.J. (1968), *A century of Dutch manuscript illumination*, Berkeley
Delaissé, L.M.J. et al. (1959), *La miniature flamande. Le mécénat de Philippe le Bon*, Brussels
Du Boulay, F.R.H. (1983), *Germany in the later Middle Ages*, London
Garzelli, A. and de la Mare, A.C. (1985), *Miniatura fiorentina del Rinascimento, 1440–1525*, Florence
Goodman, A. and MacKay, A. (1990), *The impact of humanism on western Europe*, London
Harthan, J. (1977), *Books of hours and their owners*, Oxford
Ijsewijn, J. (1975), 'The coming of humanism to the Low Countries', in H.A. Oberman and T.A. Brady (eds.), *Itinerarium italicum. The profile of the Italian Renaissance in the mirror of its European transformations*, Leiden
Kempers, B. (1992), *Painting, power and patronage. The rise of the professional artist in Renaissance Italy*, London
Kempis, Thomas (1906), *The chronicle of the canons regular of Mount St Agnes*, trans. J.P. Arthur, London
Thomas à Kempis et la dévotion moderne (1971) (exhib. catal.), Brussels
Le livre illustré en occident (exhib. catal., Bibliothèque Royale), Brussels
Lemaire, C. and de Schryver, A. (1981), *Vlaamse kunst op perkament* (exhib. catal.) Bruges
Marrow, J.H. et al. (1989), *The golden age of Dutch manuscript painting*, Stuttgart and Zurich
Martens, M.P.J. et al. (1992), *Lodewijk van Gruuthuse. Mecenas en Europees Diplomat, ca. 1427–1492*, Bruges
Painter, G.D. (1962), *Catalogue of books printed in the XVth century now in the British Museum*, London
Post, R.R. (1968), *The Modern Devotion. Confrontation with Reformation and humanism*, Leiden

第十四章　印刷术的肇始

Secondary works

Amelung, P. (1979), *Der Frühdruck im deutschen Südwesten, 1473–1500*, I, Ulm and Stuttgart

Armstrong, J., (1981), *Renaissance miniature painters & classical imagery. The master of the Putti and his Venetian workshop*, London

Basanoff, A. (1965), *Itinerario della carta dall'oriente all'occidente e sua diffusione in Europa*, Milan

Bibliothèque Royale Albert Ier (1973), *Le cinquième centenaire de l'imprimerie dans les Pays-Bas*, Brussels

Bühler, C.F. (1958), *The university and the press in fifteenth-century Bologna*, Notre Dame, Ind.

Bühler, C.F. (1960), *The fifteenth-century book. The scribes, the printers, the decorators*, Philadelphia

Bussi, G.A. (1978), *Prefazioni alle edizioni di Sweynheym e Pannartz, prototipografi Romani*, ed. M. Miglio, Milan

Campbell, Tony (1987), *The earliest printed maps, 1472–1500*, London

Carter, H. (1969), *A view of early typography up to about 1600*, Oxford

Catalogue of books printed in the XVth century now in the British Museum (1908–85), pts 1–10, 12, London

Corsten, S. and Fuchs, R.W. (eds.) (1988–93), *Der Buchdruck im 15. Jahrhundert: eine Bibliographie*, 2 vols., Stuttgart

de la Mare, A.C. and Hellinga, L. (1978), 'The first book printed in Oxford; the Expositio Symboli of Rufinus', *Transactions of the Cambridge Bibliographical Society* 7: 184–244

Eisenstein, E.L. (1979), *The printing press as an agent of change. Communications and cultural transformations in early-modern Europe*, 2 vols., Cambridge

Eisenstein, E.L. (1983), *The printing revolution in early modern Europe*, Cambridge

Febvre, L. and Martin, H.-J. (1971), *L'apparition du livre*, 2nd edn, Paris; trans. as *The coming of the book. The impact of printing, 1450–1800* (1976), London

Fuhrmann, O.W. (1940), *Gutenberg and the Strasbourg documents of 1439*, New York

Geldner, F. (1968–70), *Die deutschen Inkunabeldrukker. Ein Handbuch der deutschen Buchdrukker des XV. Jahrhunderts nach Druckorten*, I, II, Stuttgart

Gesamtkatalog der Wiegendrucke (1925–   ), Leipzig and New York

Goff, F.R. (1973), *Incunabula in American libraries. A third census of fifteenth-century books recorded in North American collections*, New York

Goldschmidt, E.P. (1928), *Gothic & Renaissance book-bindings*, 2 vols., London

Goldschmidt, E.P. (1943), *Medieval texts and their first appearance in print*, Supplement to the Bibliographical Society Transactions, 16, London

Haebler, K. (1925), *Handbuch der Inkunabelkunde*, Leipzig; trans. as *The study of incunabula*, New York (1933)

Hellinga, L. (1982), *Caxton in focus. The beginning of printing in England*, London

Hellinga, L. and Goldfinch, J. (eds.) (1987), *Bibliography and the study of 15th-century civilisation*, London

Hellinga, L. and Härtel, H. (eds.) (1981), *Buch und Text im 15. Jahrhundert. Book and text in the fifteenth century*, Wolfenbütteler Abhandlungen zur Renaissanceforschung, 2, Hamburg

Hellinga, W. and L. (1966), *The fifteenth-century printing types of the Low Countries*, 2 vols., Amsterdam

Hind, A.M. (1935), *An introduction to a history of woodcut, with a detailed survey of work done in the fifteenth century*, 2 vols., London

917 Hindman, S. (ed.) (1991), *Printing the written word. The social history of books, circa 1450–1520*, Ithaca
Hindman, S. and Farquhar, J.D. (1977), *Pen to press. Illustrated manuscripts and printed books*, College Park, Md.
Hirsch, R. (1967), *Printing, selling and reading, 1450–1550*, Wiesbaden
Ing, J. (1988), *Johann Gutenberg and his Bible: A historical study*, New York
Ivins, W.M., Jr (1953), *Prints and visual communication*, London
Kenney, E.J. (1974), *The classical text. Aspects of editing in the age of the printed book*, Berkeley
Lehmann-Haupt, H. (1950), *Peter Schoeffer of Gernsheim and Mainz*, Rochester, N.Y.
Lowry, M. (1979), *The world of Aldus Manutius. Business and scholarship in Renaissance Venice*, Oxford
Lowry, M. (1991), *Nicholas Jenson and the rise of Venetian publishing in Renaissance Europe*, Oxford
Martin, H.-J. and Chartier, R. (eds.) (1982), *Histoire de l'édition française*, I: *Le livre conquérant, du moyen âge au milieu du XVIIe siècle*, Paris
Papers presented to the Caxton international congress, 1976 (1975–6), *Journal of the Printing Historical Society*, 11
Pollard, G. and Ehrman, A. (1965), *The distribution of books by catalogue from the invention of printing to A.D. 1800*, Cambridge
Reynolds, L.D. and Wilson, N.G. (1991), *Scribes and scholars. A guide to the transmission of Greek and Latin literature*, 3rd edn, Oxford
Rouse, M.A. and R. (1988), *Cartolai, illuminators, and printers in fifteenth-century Italy: the evidence of the Ripoli press*, Los Angeles
Schmidt, W. and Schmidt-Künsemüller, F.-A. (eds.) (1979), *Johannes Gutenbergs 42 zeilige Bibel. Kommentarband zur Faksimile-Ausgabe*, Munich
Scholderer, V. (1966), *Fifty essays in fifteenth- and sixteenth-century bibliography*, Amsterdam
Trapp, J.B. (ed.) (1983), *Manuscripts in the fifty years after the invention of printing*, London
Updike, D.B. (1952), *Printing types: their history, forms and use*, 2nd edn, Cambridge, Mass.
Vernet, A. (ed.) (1989), *Histoire des bibliothèques françaises. Les bibliothèques médiévales, du VIe siècle à 1500*, Paris
Wilson, A. (1976), *The making of the Nuremberg Chronicle*, Amsterdam

第十五章 建筑和绘画

Secondary works

General works

Baxandall, M. (1974), *Painting and experience in fifteenth-century Italy*, Oxford
Bialostocki, J. (1972), *Spätmittelalter und Beginnende Neuzeit*, Propyläen Kunstgeschichte, 7, Berlin
Burckhardt, J. (1990), *The civilization of the Renaissance in Italy*, Harmondsworth
Circa 1492. Art in the age of exploration (1991), exhibition catalogue, National Gallery of Art, Washington, New Haven and London
Dunkerton, J., Foister, S., Gordon, D. and Penny, N. (1991), *Giotto to Dürer. Early Renaissance painting in the National Gallery*, New Haven and London

参考文献：原始文献和研究论著

Huizinga, J. (1955), *The waning of the Middle Ages*, Harmondsworth
Levey, M. (1967), *The early Renaissance*, Harmondsworth
Panofsky, E. (1970), *Renaissance and renascences in western art*, London
Wackernagel, M. (1981), *The world of the Florentine artists*, Princeton

Flanders and the north

Campbell, L. (1979), *Rogier van der Weyden*, London
Dhanens, E. (1980), *Hubert and Jan van Eyck*, Antwerp
Harbison, C. (1991), *The play of realism*, London
Müller, T. (1968), *Sculpture in Germany, the Netherlands, France and Spain, 1400–1500*, Harmondsworth
Panofsky, E. (1953), *Early Netherlandish painting*, 2 vols., Cambridge, Mass.
Seidel, L. (1993), *Jan van Eyck's Arnolfini portrait. Stories of an icon*, Cambridge

Italy

Baxandall, M. (1971), *Giotto and the orators*, Oxford
Goldthwaite, R. (1980), *The building of Renaissance Florence*, Baltimore
Heydenreich, L.H. and Lotz, W. (1974), *Architecture in Italy 1400–1600*, Harmondsworth
Pope-Hennessy, J. (1971), *Italian Renaissance sculpture*, London
Saalman, H. (1980), *The cupola of S. Maria del Fiore*, London
Welch, E.S. (1995), *Art and authority in Renaissance Milan*, Yale
White, J. (1987), *The birth and rebirth of pictorial space*, Cambridge, Mass.

Memorials

Campbell, L. (1990), *Renaissance portraits*, New Haven and London
Seymour, C. (1966), *Sculpture in Italy 1400–1500*, Harmondsworth

Secular pleasures

Brown, C.M. (1976), "'Lo insaciabile desiderio nostro de cose antique" – new documents for Isabella d'Este's collection of antiquities', in C.H. Clough (ed.), *Cultural aspects of the Italian Renaissance. Essays in honour of Paul Oskar Kristeller*, Manchester and New York

see also Dunkerton *et al.* (1991); Heydenreich and Lotz (1974); and Wackernagel (1981)

Sacred imagery

Baxandall, M. (1980), *The limewood sculptures of southern Germany*, New Haven and London
Gothic and Renaissance art in Nuremberg, 1300–1550 (1986), exhibition catalogue, Metropolitan Museum of Art, New York
Hood, W. (1993), *Fra Angelico at San Marco*, Yale
Humfrey, P. and Kemp, M. (eds.) (1991), *The altarpiece in the Renaissance*, Cambridge

919　Ringbom, S. (1983), *Icon to narrative. The rise of the dramatic close-up in fifteenth-century devotional painting*, Doornspijk

Van Os, H.W. (1984–90), *Siennese alterpieces 1215–1450. Form, content and function*, I and II, Groningen

see also Baxandall (1974); Dunkerton *et al.* (1981), and Müller (1968)

Nature into art

Clark, K. (1969), *Piero della Francesca*, London
Hills, P. (1987), *The light of early Italian painting*, New Haven and London
Kemp, M. (1989), *Leonardo da Vinci. The marvellous works of nature and man*, London
Martindale, A. (1972), *The rise of the artist in the Middle Ages and the early Renaissance*, London
Wittkower, R. (1973), *Architectural principles in the age of humanism*, London

Antiquity

Gombrich, E.H. (1985), *Symbolic images*, Oxford
Lightbown, R. (1978), *Botticelli*, 2 vols., London; revised edn in one volume (1989)
Lightbown, R. (1986), *Mantegna*, Oxford
Weiss, R. (1969), *The Renaissance discovery of classical Antiquity*, Oxford
Wind, E. (1958), *Pagan mysteries of the Renaissance*, London

see also Panofsky (1970)

第十六章　音乐

Editions of music and theory treatises

Boethius, Anicius Manlius Severinus, *Fundamentals of music*, trans. C.M. Bower, ed. C.V. Palisca, New Haven (1989)
Corpus mensurabilis musicae (series in progress), various places (1951–　)
Corpus scriptorum de musica (series in progress), various places (1950–　)
Coussemaker, Edmond de (ed.) (1864), *Scriptorum de musica medii aevi*, 4 vols., Paris (1864–76); repr. Hildesheim (1963)
Early English church music (series in progress), London (1963–　)
Josquin Des Prés, *Werken*, ed. A. Smijers *et al.*, Amsterdam (1921–　)
Musica Britannica (series in progress), London (1951–　)
Ockeghem, Johannes, *Collected works*, I and II, ed. D. Plamenac, 2nd edn, New York (1959–66), and III, ed. R. Wexler, Philadelphia (1992)

Secondary works

Armstrong, C.A.J. (1983), 'L'échange culturel entre les cours d'Angleterre et de Bourgogne à l'époque de Charles le Téméraire', in C.A.J. Armstrong, *England, France and Burgundy in the fifteenth century*, London, pp. 403–17

Bent, M. (1981), *Dunstaple*, Oxford Studies of Composers, London
Boorman, S. (ed.) (1983), *Studies in the performance of late mediaeval music*, Cambridge
Bowers, R. (1975a), 'Choral institutions within the English Church. Their constitution and development, 1340–1500', PhD dissertation, University of East Anglia
Bowers, R. (1975b), 'Some observations on the life and career of Lionel Power', *Proceedings of the Royal Musical Association* 102: 103–27
Bowles, E.A. (1954), '*Haut et bas*: the grouping of musical instruments in the Middle Ages', *Musica disciplina* 8: 115–40
Bowles, E.A. (1959), 'The role of musical instruments in medieval sacred drama', *Musical Quarterly* 45: 67–84
Bowles, E.A. (1961), 'Musical instruments in civic processions during the Middle Ages', *Acta musicologica* 33: 147–61
Bukofzer, M. (1950), *Studies in medieval and Renaissance music*, New York
Carpenter, N.C. (1958), *Music in the medieval and Renaissance universities*, Norman, Okla.
Carter, H.H. (1961), *A dictionary of Middle English musical terms*, Indiana University Humanities Series, 45, Bloomington
Cazeaux, I. (1975), *French music in the fifteenth and sixteenth centuries*, New York
Census catalogue of manuscript sources of polyphonic music, 1400–1550 (1979–88), 5 vols., Illinois University Archives for Renaissance Manuscripts Studies, Renaissance Manuscript Studies, 1, Stuttgart
Eckhardt, C.D. (ed.) (1980), *Essays in the numerical criticism of medieval literature*, London
Fallows, D. (1987a), *Dufay*, rev. edn, Master Musicians Series, London
Fallows, D. (1987b), 'The *contenance angloise*: English influence on continental composers of the fifteenth century', *Renaissance Studies* 1: 189–208; repr. in Fallows (1996)
Fallows, D. (1996), *Songs and musicians in the fifteenth century*, Aldershot
Fenlon, I. (ed.) (1981), *Music in medieval and early modern Europe*, Cambridge
Fenlon, I. (ed.) (1989), *The Renaissance*, Man and Music, 2, London
Gallo, F.A. (1985), *Music of the Middle Ages*, II, trans. K. Eales, Cambridge
Greene, G. (1977), 'The schools of minstrelsy and the choir-school tradition', *Studies in Music (University of Western Ontario)* 2: 31–40
Greene, R.L. (1977), *The early English carols*, 2nd edn, Oxford
Gushee, L.A. (1973), 'Questions of genre in medieval treatises on music', in W. Arlt *et al.* (eds.), *Gattungen der Musik in Einzeldarstellungen, Gedenkschrift Leo Schrade* (Erste Folge), Berne, pp. 365–433
Hamm, C. (1962), 'Manuscript structure in the Dufay era', *Acta musicologica* 34: 166–84
Harrison, F. Ll. (1963), *Music in medieval Britain*, 2nd edn, London
Hoppin, R. (1978), *Medieval music*, New York
Hughes, A. (1980), *Medieval music – the sixth liberal art*, rev. edn, Toronto
Hughes, Dom A. and Abraham, G. (eds.) (1960), *Ars nova and the Renaissance (1300–1540)*, New Oxford History of Music, 3, Oxford
Knighton, T. and Fallows, D. (eds.) (1992), *Companion to medieval and Renaissance music*, London
Lockwood, L. (1984), *Music in Renaissance Ferrara 1400–1505*, Oxford
McKinnon, J. (ed.) (1990), *Antiquity and the Middle Ages*, Man and Music, 1, London
The New Grove dictionary of music and musicians (1980), ed. S. Sadie, 20 vols., London
Palisca, C.V. (1985), *Humanism in Italian Renaissance musical thought*, New Haven

Peck, R.A. (1980), 'Number as cosmic language', in Eckhardt (1980), pp. 15–64

Perkins, L.L. (1984), 'Musical patronage at the royal court of France under Charles VII and Louis XI (1422–83)', *Journal of the American Musicological Society* 37: 507–66

Pirotta, N. (1984), *Music and culture in Italy from the Middle Ages to the Baroque*, Cambridge, Mass.

Planchart, A.E. (1988), 'Guillaume Du Fay's benefices and his relationship to the court of Burgundy', *Early Music History* 8: 117–71

Polk, K. (1987), 'Instrumental music in the urban centres of Renaissance Germany', *Early Music History* 7: 159–86

Southworth, J. (1989), *The English medieval minstrel*, Woodbridge

Sternfeld, F.W. (ed.) (1973), *Music from the Middle Ages to the Renaissance (A history of Western music*, I), London

Stevens, J.E. (1979), *Music and poetry in the early Tudor court*, rev. edn, London

Strohm, R. (1981), 'European politics, and the distribution of music in the early fifteenth century', *Early Music History* 1: 305–23

Strohm, R. (1990), *Music in late medieval Bruges*, rev. edn, Oxford

Strohm, R. (1993), *The rise of European music, 1380–1500*, Cambridge

Strunk, O. (1950), *Source readings in music history*, New York

Trowell, B. (1978), 'Proportion in the music of Dunstable', *Proceedings of the Royal Musical Association* 105: 100–41

Ward, T.R. (1990), 'Music and music theory in the universities of central Europe during the fifteenth century', in Pompilio et al. (eds.), *Trasmissione e recezione delle forme di cultura musicale, Atti del XIV Congresso della Società Internazionale di Musicologia*, Turin, pp. 49–57

Wathey, A. (1989), *Music in the royal and noble households in late medieval England. Studies of sources and patronage*, New York

Wright, C. (1989), *Music and ceremony at Notre Dame of Paris, 500–1500*, Cambridge

第十七章　德意志及帝国

Secondary works

Angermeier, H. (1966), *Königtum und Landfriede im deutschen Spätmittelalter*, Munich

Angermeier, H. (1984), *Die Reichsreform, 1410–1555. Die Staatsproblematik in Deutschland zwischen Mittelalter und Gegenwart*, Munich

Battenberg, F. (1981), *Beiträge zur höchsten Gerichtsbarkeit im Reich im 15. Jahrhundert*, Quellen und Forschungen zur höchsten Gerichtsbarkeit im alten Reich, 11, Cologne and Vienna

Benecke, G. (1982), *Maximilian I, 1459–1519. An analytical biography*, London

Blickle, P. (1973), *Landschaften im Alten Reich. Die staatliche Funktion des gemeinen Mannes in Oberdeutschland*, Munich

Blickle, P. (1989), *Studien zur geschichtlichen Bedeutung des deutschen Bauernstandes*, Quellen und Forschungen zur Agrargeschichte, 35, Stuttgart

Boockmann, H. (1987), *Stauferzeit und spätes Mittelalter. Deutschland 1125–1517 (Das Reich und die Deutschen*, VII), Berlin

Boockmann, H. (1989), *Der Deutsche Orden. Zwölf Kapitel aus seiner Geschichte*, 3rd edn, Munich

Borchardt, F.L. (1971), *German Antiquity in Renaissance myth*, Baltimore, Md., and London
Brady, T.A., Jr, (1981), *Turning Swiss. Cities and Empire, 1450–1550*, Cambridge
Burleigh, M. (1984), *Prussian society and the German Order. An aristocratic corporation in crisis, c. 1410–1466*, Cambridge
Carsten, F.L. (1959), *Princes and parliaments in Germany from the fifteenth to the eighteenth century*, Oxford
Cohn, H.J. (1965), *The government of the Rhine Palatinate in the fifteenth century*, Oxford; repr. Aldershot and Brookfield, Vt. (1992)
Dickens, A.G. (1974), *The German nation and Martin Luther*, London
Dohna, L. Graf zu (1960), *Reformatio Sigismundi. Beiträge zum Verständnis einer Reformationsschrift des fünfzehnten Jahrhunderts*, Veröffentlichungen des Max-Planck-Instituts für Geschichte, 4, Göttingen
Dollinger, P. (1970), *The German Hansa*, London
Dralle, L. (1975), *Der Staat des Deutschen Ordens in Preußen nach dem II. Thorner Frieden. Untersuchungen zur ökonomischen und ständepolitischen Geschichte Altpreußens zwischen 1466 und 1497*, Frankfurter Historische Abhandlungen, 9, Wiesbaden
Du Boulay, F.R.H. (1983), *Germany in the later Middle Ages*, London
Duggan, L.G. (1978), *Bishop and chapter. The governance of the bishopric of Speyer to 1552*, Studies Presented to the International Commission for the History of Representative and Parliamentary Institutions, 62, New Brunswick, N.J.
Ehlers, J. (ed.) (1989), *Ansätze und Diskontinuität deutscher Nationsbildung im Mittelalter*, Nationes. Historische und philologische Untersuchungen zur Entstehung der europäischen Nationen im Mittelalter, 8, Sigmaringen
Fahlbusch, F.B. (1983), *Städte und Königtum im frühen 15. Jahrhundert. Ein Beitrag zur Geschichte Sigmunds von Luxemburg*, Städteforschung. Veröffentlichungen des Instituts für vergleichende Städteforschung in Münster, series A 17, Cologne and Vienna
Grüneisen, H. (1961), 'Die westlichen Reichsstände in der Auseinandersetzung zwischen dem Reich, Burgund und Frankreich bis 1473', *Rheinische Vierteljahrsblätter* 26: 22–77
Haller, B. (1965), *Kaiser Friedrich III. im Urteil der Zeitgenossen*, Vienna
Heinig, P.-J. (1982), 'Kaiser Friedrich III. und Hessen', *Hessisches Jahrbuch für Landesgeschichte* 32: 63–101
Heinig, P.-J. (1983), *Reichsstädte, Freie Städte und Königtum 1389–1450. Ein Beitrag zur deutschen Verfassungsgeschichte*, Veröffentlichungen des Instituts für Europäische Geschichte Mainz, Abteilung Universalgeschichte, 108, Wiesbaden
Heinig, P.-J. (1993), *Kaiser Friedrich III. (1440–1493) in seiner Zeit. Studien anläßlich des 500. Todestages am 19. August 1493/1993*, Forschungen zur Kaiser- und Papstgeschichte des Mittelalters, 12, Cologne, Weimar and Vienna
Hesslinger, H. (1970), *Die Anfänge des Schwäbischen Bundes. Ein Beitrag zur Geschichte des Einungswesens und der Reichsreform unter Kaiser Friedrich III.*, Forschungen zur Geschichte der Stadt Ulm, 9, Stuttgart
Hödl, G. (1978), *Albrecht II. Königtum, Reichsregierung und Reichsreform 1438–39*, Forschungen zur Kaiser- und Papstgeschichte des Mittelalters, 3, Cologne and Vienna
Hofacker, H.-G. (1980), *Die schwäbischen Reichslandvogteien im späten Mittelalter*, Spätmittelalter und Frühe Neuzeit. Tübinger Beiträge zur Geschichtsforschung, 8, Stuttgart
Isenmann, E. (1979), 'Reichsstadt und Reich an der Wende vom späten Mittelalter zur

frühen Neuzeit', in J. Engel (ed.), *Mittel und Wege früher Verfassungspolitik. Kleine Schriften*, I, Spätmittelalter und Frühe Neuzeit. Tübinger Beiträge zur Geschichtsforschung, 9, Stuttgart, pp. 9–223

Isenmann, E. (1980), 'Reichsfinanzen und Reichssteuern im 15. Jahrhundert', *Zeitschrift für Historische Forschung* 7: 1–76, 129–218

Isenmann, E. (1988), *Die deutsche Stadt im Spätmittelalter: 1250–1500; Stadtgestalt, Recht, Stadtregiment, Kirche, Gesellschaft, Wirtschaft*, Stuttgart

Isenmann, E. (1990), 'Les caractéristiques constitutionnelles du Saint Empire Romain de Nation Germanique au XVe siècle', in N. Coulet and J.-P. Genet (eds.), *L'état moderne. Le droit, l'espace et les formes de l'état*, Paris, pp. 143–66

Jeserich, K.G.A., Pohl, H. and von Unruh, G.-C. (eds.) (1983), *Deutsche Verwaltungsgeschichte*, I: *Vom Spätmittelalter bis zum Ende des Reiches*, Stuttgart

Koller, H. (1987), 'Der Ausbau königlicher Macht im Reich des 15. Jahrhunderts', in R. Schneider (ed.), *Das spätmittelalterliche Königtum im europäischen Vergleich*, Vorträge und Forschungen, 32, Sigmaringen, pp. 425–64

Koller, H. (ed.) (1964), *Reformation Kaiser Siegmunds* (*Monumenta Germaniae Historica, Staatsschriften des späteren Mittelalters*, VI), Stuttgart

Krieger, K.F. (1979), *Die Lehnshoheit der deutschen Könige im Spätmittelalter (ca. 1200–1437)*, Untersuchungen zur deutschen Staats- und Rechtsgeschichte, Neue Folge, 23, Aalen

Krieger, K.F. (1992), *König, Reich und Reichsreform im Spätmittelalter* (*Enzyklopädie deutscher Geschichte*, XIV), Munich

Landwehr, G. (1967), *Die Verpfändung der deutschen Reichsstädte im Mittelalter*, Forschungen zur deutschen Rechtsgeschichte, 5, Cologne and Graz

Lauterbach, K.H. (1985), *Geschichtsverständnis, Zeitdidaxe und Reformgedanke an der Wende zum sechzehnten Jahrhundert. Das oberrheinische 'Büchli der hundert Capiteln' im Kontext des spätmittelalterlichen Reformbiblizismus*, Forschungen zur oberrheinischen Landesgeschichte, 33, Freiburg im Breisgau and Munich

Lauterbach, K.H. (1989), 'Der "Oberrheinische Revolutionär" und Mathias Wurm von Geudertheim. Neue Untersuchungen zur Verfasserfrage', *Deutsches Archiv für Erforschung des Mittelalters* 45: 109–72

Meuthen, E. (1984), *Das 15. Jahrhundert* (*Oldenbourg Grundriß der Geschichte*, IX), 2nd edn, Munich

Moraw, P. (1977), 'Fragen der deutschen Verfassungsgeschichte im späten Mittelalter. Bericht über ausgewählte Neuerscheinungen der Jahre 1969 bis 1974', *Zeitschrift für Historische Forschung* 4: 59–101

Moraw, P. (1979), 'Reichsstadt, Reich und Königtum im späten Mittelalter', *Zeitschrift für Historische Forschung* 6: 385–424

Moraw, P. (1984), 'Die Entfaltung der deutschen Territorien im 14. und 15. Jahrhundert', in *Landesherrliche Kanzleien im Spätmittelalter. Referate zum VI. Internationalen Kongreß für Diplomatik, München 1983*, I, Münchener Beiträge zur Mediävistik und Renaissance-Forschung, 35, Munich, pp. 61–108

Moraw, P. (1985), *Von offener Verfassung zu gestalteter Verdichtung. Das Reich im späten Mittelalter 1250 bis 1490* (*Propyläen Geschichte Deutschlands*, III), Frankfurt am Main and Berlin

Moraw, P. (1989), 'Cities and citizenry as factors of state formation in the Roman-German Empire of the late Middle Ages', *Theory and Society* 18: 631–62

Nehring, K. (1989), *Matthias Corvinus, Kaiser Friedrich III. und das Reich. Zum hunyadisch-*

habsburgischen Gegensatz im Donauraum, Südosteuropäische Arbeiten, 72, 2nd edn, Munich

Nonn, U. (1982), 'Heiliges Römisches Reich Deutscher Nation. Zum Nationen-Begriff im 15. Jahrhundert', *Zeitschrift für Historische Forschung* 9: 129–42

Obenaus, H. (1961), *Recht und Verfassung der Gesellschaften mit St. Jörgenschild in Schwaben. Untersuchungen über Adel, Einung, Schiedsgericht und Fehde im 15. Jahrhundert*, Veröffentlichungen des Max-Planck Instituts für Geschichte, 7, Göttingen

Press, V. (1980), 'Die Erblande und das Reich von Albrecht II. bis Karl VI. (1438–1740)', in R.A. Kann and F.E. Prinz (eds.), *Deutschland und Österreich. Ein bilaterales Geschichtsbuch*, Munich and Vienna, pp. 44–88

Rowan, S.W. (1977), 'The common penny (1495–99) as a source of German social and demographic history', *Central European History* 10: 148–64

Rowan, S.W. (1980), 'Imperial taxes and German politics in the fifteenth century', *Central European History* 13: 203–17

Schmid, P. (1988), *Der Gemeine Pfennig von 1495. Vorgeschichte und Entstehung, verfassungsgeschichtliche, politische und finanzielle Bedeutung*, Schriftenreihe der Historischen Kommission bei der Bayerischen Akademie der Wissenschaften, 34, Göttingen

Schmidt, H. (1958), *Die deutschen Städtechroniken als Spiegel des bürgerlichen Selbstverständnisses im Spätmittelalter*, Schriftenreihe der Historischen Kommission bei der Bayerischen Akademie der Wissenschaften, 3, Göttingen

Schmidt, G. (1984), *Der Städtetag in der Reichsverfassung. Eine Untersuchung zur korporativen Politik der freien und Reichsstädte in der ersten Hälfte des 16. Jahrhunderts*, Veröffentlichungen des Instituts für Europäische Geschichte Mainz, 113: Beiträge zur Sozial- und Verfassungsgeschichte des Alten Reiches, 5, Stuttgart

Schubert, E. (1975), 'Die Stellung der Kurfürsten in der spätmittelalterlichen Reichsverfassung', *Jahrbuch für westdeutsche Landesgeschichte* 1: 97–128

Schubert, E. (1979), *König und Reich. Studien zur spätmittelalterlichen deutschen Verfassungsgeschichte*, Veröffentlichungen des Max-Planck-Instituts für Geschichte, 63, Göttingen

Schubert, E. (1992), *Einführung in die Grundprobleme der deutschen Geschichte im Spätmittelalter*, Darmstadt

Schulze, M. (1991), *Fürsten und Reformation. Geistliche Reformpolitik weltlicher Fürsten vor der Reformation*, Spätmittelalter und Reformation, Neue Folge, 2, Tübingen

Scribner, B. [R.W.] (ed.) (1995), *Germany. A new social and economic history*, 1, London, New York, Sydney and Auckland

Seibt, F. and Eberhard, W. (eds.) (1987), *Europa 1500. Integrationsprozesse im Widerstreit. Staaten, Regionen, Personenverbände*, Stuttgart

Sigmund, P.E. (ed.) (1991), *Nicholas of Cusa. The Catholic concordance*, Cambridge

Stieber, J.W. (1978), *Pope Eugenius IV, the Council of Basel and the secular and ecclesiastical authorities in the Empire. The conflict over supreme authority and power in the Church*, Studies in the History of Christian Thought, 13, Leiden

Strauss, G. (ed.) (1971), *Manifestations of discontent in Germany on the eve of the Reformation*, Bloomington, Ind., and London

Strauss, G. (ed.) (1972), *Pre-Reformation Germany*, London and Basingstoke

Thomas, H. (1983), *Deutsche Geschichte des Spätmittelalters 1250–1500*, Stuttgart, Berlin, Cologne and Mainz

925 Vann, J.A. and Rowan, S.W. (eds.) (1974), *The Old Reich. Essays on German political institutions, 1495–1806*, Studies Presented to the International Commission for the History of Representative and Parliamentary Institutions, 48, Brussels
Voigt, K. (1973), *Italienische Berichte aus dem spätmittelalterlichen Deutschland. Von Francesco Petrarca zu Andrea de' Franceschi, 1333–1492*, Kieler Historische Studien, 17, Stuttgart
Wefers, S. (1989), *Das politische System Kaiser Sigmunds*, Veröffentlichungen des Instituts für Europäische Geschichte Mainz, 138: Beiträge zur Sozial- und Verfassungsgeschichte des Alten Reiches, 5, Stuttgart
Wiesflecker, H. (1971–86), *Kaiser Maximilian I. Das Reich, Österreich und Europa an der Wende zur Neuzeit*, 5 vols., Munich and Vienna
Wiesflecker, H. (1991), *Maximilian I. Die Fundamente des habsburgischen Weltreiches*, Vienna and Munich
Wunder, H. (1986), *Die bäuerliche Gemeinde in Deutschland*, Göttingen

第十八章　胡斯、胡斯派和波希米亚

Primary sources

Daňhelka, J. (ed.), *Husitské skladby budyšínského rukopisu*, Prague (1952)
Hus, Jan, *De Ecclesia. The Church*, ed. and trans. D.S. Schaff, New York (1915)
Molnár, A. (ed.), 'Dcerka- O Poznání cěsty pravé k spasení', in *Mistr Jan Hus, Drobné spisy České*, Prague (1985)
Palacký, F. (ed.), *Archiv český čili staré písemné památky české i moravské*, I and III, Prague (1840, 1844)
Palacký, F. (ed.), *Documenta mag. Joannis Hus*, Prague (1869)
Palacký, F. (ed.), *Urkundliche Beiträge zur Geschichte des Hussitenkrieges in den Jahren 1419–1436*, 2 vols., Prague (1873)
Šimek, F. (ed.), *Staré letopisy české. Z vratislavského rukopisu*, Prague (1937)
Smetanka, E. (ed.), *Petra Chelčického. Postilla*, 2 vols., Prague (1900–3)
Spinka, M. (ed. and trans.), *The letters of John Hus*, Manchester (1972)
Thomson, S.H. (ed.), *Magistri Johannis Hus. Tractatus de Ecclesia*, Boulder (1956)

Secondary works

Bartoš, F.M. (1947), *Čechy v době Husově 1378–1415*, Prague
Bartoš, F.M. (1965–6), *Husitská revoluce*, 2 vols., Prague
Graus, F. (1949), *Chudina měská doby předhusitské*, Prague
Graus, F. (1957), *Dějiny venkovského lidu v době předhusitské*, II, Prague
Graus, F. (1966), 'Die Bildung eines Nationalbewusstseins im mittelalterlichen Böhmen', *Historica* 13: 5–49
Heymann', F.G. (1954), 'The National Assembly of Čáslav', *Medievalia et humanistica*, 8: 32–55
Heymann, F.G. (1964), 'George of Poděbrady's plan for an international peace league', in M. Rechcigl (ed.), *The Czechoslovak contribution to world culture*, The Hague, London and Paris, pp. 224–44
Heymann, F.G. (1965), *George of Bohemia, king of heretics*, Princeton

Hlaváček, I. (1956), 'Husitské sněmy', *Sborník historický* 4: 71–109
Kalivoda, R. (1976), *Revolution und Ideologie; der Hussitismus*, Cologne and Vienna
Kaminsky, H. (1967), *A history of the Hussite revolution*, Berkeley
Kejř, J. (1984), *The Hussites*, Prague
Klassen, J. (1978), *The nobility and the making of the Hussite revolution*, New York
Macek, J. (1952–5), *Tábor v husitském revolučním hnutí*, 2 vols., Prague
Macek, J. (1955), 'Národnostní otázka v husitském revolučním hnutí', *Československý časopis historický* 3: 4–29
Maur, E. (1989), 'Příspěvek k demografické problemace předhusitských Čech', in *Acta Universitatis Carolinae – philosophica et historica*, I: *Studia historica*, 34: 7–71
Mezník, J. (1970), 'Narodnostní složení předhusitské Prahy', *Sborník historický* 17: 5–30
Odložilík, O. (1965), *The Hussite king. Bohemia in European affairs, 1440–1471*, New Brunswick
Polívka, M. (1982), 'Mikuláš s Husi a nižší šlechta v počatcích husitské revoluče', in *Rozpravy Československé Akademie Věd, Řada Společenskych Věd*, XCII, Prague, pp. 1–64
Polívka, M. (1985), 'The Bohemian lesser nobility at the turn of the 14th and 15th century', *Historica* 25: 121–75
Schwarz, E. (1965), *Volkstumsgeschichte der Sudetenländer. I Teil: Böhmen*, Munich
Sedlak, J. (1915), *M. Jan Hus*, Prague
Seibt, F. (1962), '*Communitas primogenitura*. Zur Prager Hegemonialpolitik in der hussitischen Revolution', in F. Seibt, *Hussiten Studien*, Munich, pp. 63–78
Seibt, F. (1965), *Hussitica. Zur Struktur einer Revolution*, Cologne and Graz
Šmahel, F. (1969, 1970), 'The idea of the "nation" in Hussite Bohemia', *Historica* 16: 143–247; 17: 93–197
Šmahel, F. (1985), *La révolution hussite, une anomalie historique*, Paris
Šmahel, F. (1988), *Dějiny Tábora, do roku 1421*, I, České Budějovice
Šmahel, F. (1990), *Dějiny Tábora, do roku 1452*, II, České Budějovice
Šmahel, F. (1993), *Husitská revoluce*, 4 vols., Prague
Spinka, M. (1966), *John Hus' concept of the Church*, Princeton
Thomson, S.H. (1941), 'Czech and German: action and interaction', *Journal of Central European Affairs* 1: 306–24
Tomek, V.V. (1899), *Dějepis města Prahy*, IV, Prague
Urbánek, R. (1957), 'Český mesianismus ve své době hrdinské', in R. Urbánek, *Z husitského věku*, Prague, pp. 7–28
Werner, E. (1991), *Jan Hus. Welt und Umwelt eines Praguer Frühreformators*, Weimar

第十九章 法国
第一节 百年战争结束时的法国（约1420—1461）
Secondary works

Allmand, C.T. (1976), 'The aftermath of war in fifteenth-century France', *History* 61: 344–57
Allmand, C.T. (1981), 'Local reaction to the French reconquest of Normandy: the case of Rouen', in J.R.L. Highfield and R. Jeffs (eds.), *The crown and local communities in England and France in the fifteenth century*, Gloucester, pp. 146–61
Allmand, C.T. (1983), *Lancastrian Normandy, 1415–1450. The history of a medieval occupation*, Oxford

927　Autrand, F. (1981), *Naissance d'un grand corps de l'état. Les gens du parlement de Paris, 1345–1454*, Paris
Blanchard, J. (ed.) (1995), *Représentation, pauvoir et royauté à la fin du moyen âge*, Paris
Boutruche, R. (1947), *La crise d'une société. Seigneurs et paysans du Bordelais pendant la guerre de Cent Ans*, Paris
Chevalier, B. and Contamine, P. (eds.) (1985), *La France de la fin du XVe siècle. Renouveau et apogée*, Paris
Contamine, P. (1978), 'Guerre, fiscalité royale et économie en France (deuxième moitié du XV siècle)', in M. Flinn (ed.), *Proceedings of the seventh international economic history congress*, 2 vols., Edinburgh, II, pp. 266–73
La 'France anglaise' au moyen âge (1988) (*Actes du IIIe congrès national des Sociétés savantes (Poitiers, 1986). Section d'histoire médiévale et de philologie:* I), Paris
du Fresne de Beaucourt, G. (1881–91), *Histoire de Charles VII*, 6 vols., Paris
Gazzaniga, J.-L. (1976), *L'église du midi à la fin du règne de Charles VII (1444–1461)*, Paris
Harris, R. (1994), *Valois Guyenne. A study of politics, government and society in late medieval France*, Woodbridge and Rochester
Lartigaut, J. (1978), *Les campagnes du Quercy après la guerre de Cent Ans*. Toulouse
Lewis, P.S. (1965), 'War propaganda and historiography in fifteenth-century France and England', *TRHS* 5th series 15: 1–21
Lewis, P.S. (1985), *Essays in later medieval French history*, London and Ronceverte
Lewis, P.S. (ed.) (1971), *The recovery of France in the fifteenth century*, London and New York
La reconstruction après la guerre de Cent Ans (1981) (*Actes du 104e congrès national des Sociétés savantes (Bordeaux, 1979). Section de philologie et d'histoire jusqu'à 1610:* I), Paris
Vale, M.G.A. (1969), 'The last years of English Gascony, 1451–1453', *TRHS* 5th series, 19: 119–38
Vale, M.G.A. (1970), *English Gascony, 1399–1453*, Oxford
Vale, M.G.A. (1974), *Charles VII*, London

第二节　法国的复苏（1450—1520）

Primary sources

Basin, Thomas, *Histoire de Louis XI*, ed. and trans. C. Samaran, 2 vols., Paris (1963–6)
Budé, Guillaume, *L'institution du prince*, in C. Bontems, L.-P. Raybaud and J.-P. Brancourt, *Le prince dans la France des XVIe et XVII siècles*, Paris (1965), pp. 77–143
Le débat des hérauts d'armes de France et d'Angleterre, ed. L. Pannier, SATF, Paris (1877)
Dispatches, with related documents, of Milanese ambassadors in France and Burgundy 1450–1483, ed. P.M. Kendall and V. Ilardi, 3 vols, Athens, Ohio (1970–81)
Lemaire de Belges, Jean, *[Oe]uvres*, ed. J. Stecher, 3 vols., Louvain (1882–5); repr. Geneva (1989)
Ordonnances des rois de France de la troisième race, 22 vols., Paris (1723–1849)
Ordonnances des rois de France. Règne de François I, 9 vols., Paris (1902–75)
Seyssel, Claude de, *La monarchie de France et deux autres fragments politiques*, ed. J. Poujol, Paris (1961); English trans. J.H. Hexter, *The monarchy of France*, New Haven (1981)
Van Caenegem, R.C. (ed.), *Les arrêts et jugés du Parlement de Paris sur appels flamands conservés dans les registres du Parlement (1454–1521)*, 2 vols., Brussels (1967–77)
La Vigne, André de, *Le voyage de Naples*, ed. A. Slerca, Milan (1981)

Secondary works

Abulafia, D. (ed.) (1995), *The French descent into Renaissance Italy. Antecedents and effects*, Aldershot

Allmand, C.T. (1976), 'The aftermath of war in fifteenth-century France', *History* 61: 344–57

Autrand, F. (1989), 'De l'Enfer au Purgatoire: la cour à travers quelques textes français du milieu du XIVe à la fin du XVe siècle', in P. Contamine (ed.), *L'état et les aristocraties (France, Angleterre, Ecosse), XIIe–XVII siècle*, Paris, pp. 51–78

Beaune, C. (1985), *Naissance de la nation France*, Paris; English trans. *The birth of an ideology. Myths and symbols of nation in late medieval France*, Berkeley (1991)

Bischoff, G. (1992), 'Maximilien Ier, roi des Romains, duc de Bourgogne et de Bretagne', in *1491, la Bretagne terre d'Europe* (1992), pp. 457–71

Bittmann, K. (1957), 'Die Zusammenkunft von Peronne. Ein Beitrag zur Kritik an den Memorien des Philippe de Commynes', *HZ* 184: 19–64

Bittmann, K. (1964), *Ludwig XI und Karl der Kühne. Die Memorien des Philippe de Commynes als historische Quelle*, Göttingen

Böhm, H. (1977), *'Gallica gloria'. Untersuchungen zum kulturellen Nationalgefühl in der älteren französischen Neuzeit*, Freiburg

Bois, G. (1976), *Crise du féodalisme; économie rurale et démographie en Normandie orientale du début du 14e siècle au milieu du 16e siècle*, Paris; English trans. *The crisis of feudalism. Economy and society in eastern Normandy, c. 1300–1550*, Cambridge (1984)

Boone, M. (1992), 'D'un particularisme à l'autre: la Flandre et la Bretagne face à l'état centralisateur (XIVe–XVe siècle)', in *1491, la Bretagne, terre d'Europe* (1992), pp. 193–204

Bossuat, A. (1957), *Le bailliage royal de Montferrand (1425–1556)*, Paris

Bossuat, A. (1958), 'Les origines troyennes: leur rôle dans la littérature historique au XVe siècle', *AN* 8: 187–97

Bossuat, A. (1961), 'La formule "Le roi est empereur en son royaume". Son emploi au XVe siècle devant le parlement de Paris', *Revue historique de droit français et étranger* 4th series 39: 371–81; English trans. 'The maxim "The king is emperor in his kingdom": its use in the fifteenth century before the parlement of Paris', in Lewis (1971), pp. 185–95

Boudet, J.-P. (1987), 'Faveur, pouvoir et solidarités sous le règne de Louis XI: Olivier le Daim et son entourage', *Journal des savants*: 219–57

Boureau, A. (1988), *Le simple corps du roi. L'impossible sacralité des souverains français, XVe–XVIIIe siècle*, Paris

Boutruche, R. (ed.) (1966), *Bordeaux de 1453 à 1715* (*Histoire de Bordeaux*, ed. C. Higounet, IV), Bordeaux

1491, la Bretagne, terre d'Europe. Colloque international de Brest, 2–4 octobre 1991 (1992), ed. J. Kerhervé and T. Daniel, Brest and Quimper

Bridge, J.S. (1921–36), *A history of France from the death of Louis XI*, 5 vols., Oxford

Bulst, N. (1992), *Die französischen Generalstände von 1468 und 1484. Prosopographische Untersuchungen zu den Delegierten*, Sigmaringen

Calmette, J. and Déprez, E. (1937–9), *L'Europe occidentale de la fin du XIVe siècle aux guerres d'Italie* (*Histoire générale, Histoire du moyen âge*, ed. G. Glotz, VII, pts 1 and 2), Paris

Caron, M.-T. (1987), *La noblesse dans le duché de Bourgogne, 1315–1477*, Lille
Charbonnier, P. (1980), *Une autre France. La seigneurie en Basse-Auvergne du XIVe au XVIe siècle*, 2 vols., Clermont-Ferrand
Chaunu, P. and Gascon, R. (1977), *Histoire économique et sociale de la France*, I, pt i: *De 1450 à 1660. L'état et la ville*, ed. F. Braudel, Paris
Chevalier, B. (1964), 'La politique de Louis XI à l'égard des bonnes villes: le cas de Tours', *MA* 70: 473–504; English trans. 'The policy of Louis XI towards the *bonnes villes*: the case of Tours', in Lewis (1971), pp. 265–93
Chevalier, B. (1975), *Tours, ville royale (1356–1520). Origine et développement d'une capitale à la fin du moyen âge*, Louvain and Paris
Chevalier, B. (1980), 'Gouverneurs et gouvernements en France entre 1450 et 1520', in F.K. Werner and W. Paravicini (eds.), *Histoire comparée de l'administration. 14e colloque franco-allemand, Tours, 1977*, Munich and Zurich, pp. 291–307
Chevalier, B. (1982), *Les bonnes villes de France du XIVe au XVIe siècle*, Paris
Chevalier, B. (1987a), 'Fiscalité municipale et fiscalité d'état en France du XIVe à la fin du XVIe siècle: deux systèmes liés et concurrents', in J.-P. Genet and M. Le Mené (eds.), *Genèse de l'état moderne. Prélèvement et redistribution*, Paris, pp. 137–51
Chevalier, B. (1987b), 'La réforme de la justice: utopie ou réalité (1440–1540)', in A. Stegmann (ed.), *Pouvoir et institutions en Europe au XVIe siècle*, Paris, pp. 237–47
Chevalier, B. (1988), 'L'état et les bonnes villes en France au temps de leur accord parfait (1450–1550)', in N. Bulst and J.-P. Genet (eds.), *La ville, la bourgeoisie et la genèse de l'état moderne (XII–XVIIIe siècles)*, Paris, pp. 71–85
Chevalier, B. (1994), 'France from Charles VII to Henry IV', in T.A. Brady, H.A. Oberman and J.D. Tracy (eds.), *Handbook of European history, 1400–1600, late Middle Ages, Renaissance and Reformation*, Leiden, New York and Cologne, pp. 370–401
Chevalier, B. (1995), 'Du droit d'imposer et de sa pratique. Finances et financiers du roi sous le règne de Charles VIII', in J. Blanchard (ed.), *Représentation, pouvoir et royauté à la fin du moyen âge*, Paris, pp. 33–47
Chevalier, B. and Contamine, P. (eds.) (1985), *La France de la fin du XVe siècle, renouveau et apogée; économie, pouvoirs, arts, culture et conscience nationales*, Paris
Cinq-centième anniversaire de la bataille de Nancy (1477) (1979), Actes du colloque organisé par l'Institut de Recherches Régionales en Sciences Sociales de l'Université de Nancy II, 1977, Nancy
Cinquième centenaire de la bataille de Morat. Actes du colloque 'Morat', avril 1976, Freiburg (1976)
Contamine, P. (1971), 'The French nobility and the war', in K.A. Fowler (ed.), *The Hundred Years War*, London, pp. 135–62; repr. in Contamine (1981)
Contamine, P. (1972), *Guerre, état et société à la fin du moyen âge*, Paris and The Hague
Contamine, P. (1977), 'Charles le Téméraire, fossoyeur et/ou fondateur de l'état bourguignon?', *Le Pays Lorrain* 58: 123–34
Contamine, P. (1978a), 'Un serviteur de Louis XI dans sa lutte contre Charles le Téméraire; Georges de la Tremoille, sire de Craon (vers 1437–1481)', *Annuaire-bulletin de la Société de l'histoire de France*, 1976–7, pp. 63–80; repr. in Contamine (1981)
Contamine, P. (1978b), 'Les fortifications urbaines en France à la fin du moyen âge: aspects financiers et économiques', *RH* 260: 23–47; repr. in Contamine (1981)
Contamine, P. (1981), *La France aux XIVe et XVe siècles. Hommes, mentalités, guerre et paix*, London

Contamine, P. (ed.) (1992), *Histoire militaire de la France*, I: *Des origines à 1715*, Paris
Coulet, N., Planche, A. and Robin, F. (eds.) (1982), *Le roi René. Le prince, le mécène, l'écrivain, le mythe*, Aix-en-Provence
Cuttler, S.H. (1982), *The law of treason and treason trials in later medieval France*, Cambridge
Daly, K. (1989), 'Mixing business with leisure: some French royal notaries and secretaries and their histories of France, c. 1459–1509', in C.T. Allmand (ed.), *Power, culture, and religion in France c. 1350–c. 1550*, Woodbridge, pp. 99–115
Demurger, A. (1990), *Temps de crises, temps d'espoir, XIVe–XVe siècle*, Paris
Denis, A. (1979), *Charles VIII et les Italiens. Histoire et mythe*, Geneva and Paris
Derville, A. (1974), 'Pots-de-vin, cadeaux, racket, patronage. Essai sur les mécanismes de décision dans l'état bourguignon', *Revue du nord* 56: 341–64
Doucet, R. (1948), *Les institutions de la France au XVI siècle*, 2 vols., Paris
Dufournet, J. (1966), *La destruction des mythes dans les Mémoires de Philippe de Commynes*, Geneva
Dupâquier, J. (ed.) (1988), *Histoire de la population française*, I: *Des origines à la Renaissance*, Paris
Dupont-Ferrier, G. (1930–2), *Etudes sur les institutions financières de la France à la fin du moyen âge*, 2 vols., Paris
Dupont-Ferrier, G. (1942–58), *Gallia regia, ou état des officiers royaux des bailliages et sénéchaussées de 1328 à 1515*, 6 vols., Paris
Favier, J. (1974), *Nouvelle histoire de Paris. Paris au XVe siècle, 1380–1500*, Paris
Favier, J. (1978), 'Service du prince et service des administrés: les voies de la fortune et les chemins de l'opulence dans la France médiévale', in *Domanda e consumi. 6a Settimana di studio dell'Istituto intern. di storia economica, Prato, 1974*, Prato, pp. 237–46
Favier, J. (1984), *Les temps des principautés, de l'an mil à 1515*, Paris
Favreau, R. (1978), *La ville de Poitiers à la fin du moyen âge. Une capitale régionale*, 2 vols., Poitiers
Fédou, R. (1964), *Les hommes de loi lyonnais à la fin du moyen âge. Etude sur les origines de la classe de robe*, Paris
Gandilhon, R. (1941), *La politique économique de Louis XI*, Rennes
Gandilhon, R. (1944), 'L'unification des coutumes sous Louis XI', *RH* 194: 316–23
Gascon, R. (1956), 'Nationalisme économique et géographique des foires. La querelle des foires de Lyon, 1484–1494', *Cahiers d'histoire* 3: 253–87
Gaussin, P.-R. (1976), *Louis XI, un roi entre deux mondes*, Paris
Gaussin, P.-R. (1985), 'Les conseillers de Louis XI (1461–1483)', in Chevalier and Contamine (1985), pp. 105–34
Gazzaniga, J.-L. (1984), 'L'appel au concile dans la politique gallicane de la monarchie de Charles VII à Louis XII', *Bulletin de littérature ecclésiastique* 85: 111–29
Gazzaniga, J.-L. (1987), 'Les évêques de Louis XI', in *Eglise et pouvoir politique. Journées internationales d'histoire du droit, Angers, 1985*, pp. 151–66
Giesey, R.E. (1960a), 'The French estates and the *Corpus mysticum regni*', in *Album Helen Maud Cam*, I, Louvain and Paris, pp. 153–71
Giesey, R.E. (1960b), *The royal funeral ceremony in Renaissance France*, Geneva
Gilles, H. (1965), *Les états de Languedoc au XVe siècle*, Toulouse
Giry-Deloison, C. (1992), 'Henri VII et la Bretagne: aspects politiques et diplomatiques', in *1491, la Bretagne, terre d'Europe* (1992), pp. 223–42

931 *Grandson, 1476. Essai d'approche pluridisciplinaire d'une action militaire du XVe siècle* (1976), ed. D. Reichel, Lausanne

Guenée, B. (1963), *Tribunaux et gens de justice dans le bailliage de Senlis à la fin du moyen âge (vers 1380 à 1500)*, Strasburg and Paris

Guenée, B. (1964), 'L'histoire de l'état en France à la fin du moyen âge, vue par les historiens français depuis cent ans', *RH* 232: 331–60; English trans. 'The history of the state in France at the end of the Middle Ages, as seen by French historians in the last hundred years', in Lewis (1971), pp. 324–52

Guenée, B. (1968), 'Espace et état dans la France du bas moyen âge', *Annales ESC* 23: 744–58

Guenée, B. (1971), *L'occident aux XIVe et XVe siècles. Les états*, Paris; English trans. *States and rulers in later medieval Europe* (1985), Oxford

Guéry, A. (1978), 'Les finances de la monarchie française sous l'ancien régime', *Annales ESC* 33: 216–39

Guy, J.A. (1986), 'The French king's council, 1483–1526', in R.A. Griffiths and J. Sherborne (eds.), *Kings and nobles in the late Middle Ages*, Gloucester, pp. 274–94

Harsgor, M. (1980), *Recherches sur le personnel du conseil du roi sous Charles VIII et Louis XII*, 4 vols., Lille and Paris

Higounet-Nadal, A. (1978), *Le Périgueux aux XIVe et XVe siècles; étude de démographie historique*, Bordeaux

Hocquet, J.-C. (1985), *Le sel et le pouvoir de l'an mil à la Révolution française*, Paris

Hocquet, J.-C. (1987), 'L'impôt du sel et l'état', in J.-C. Hocquet (ed.), *Le roi, le marchand et le sel*, Lille, pp. 27–49

Imbart de La Tour, P. (1948), *Les origines de la Réforme*, I, 2nd edn, Melun

Jackson, R.A. (1984), *Vivat rex. Histoire des sacres et couronnements en France*, Strasburg and Paris; English trans. *Vive le Roi! A history of the French coronation from Charles V to Charles X*, Chapel Hill and London (1984)

Jacquart, J. (1981), *François I*, Paris

Jones, M. (1982), '"Bons bretons et bons Francoys": the language and meaning of treason in later medieval France', *TRHS* 5th series 32: 91–112; repr. in M. Jones, *The creation of Brittany. A late medieval state*, London (1988), pp. 283–307

Kaeuper, R.W. (1988), *War, justice and public order. England and France in the later Middle Ages*, Oxford

Kantorowicz, E. (1957), *The king's two bodies. A study in mediaeval political theology*, Princeton

Kendall, P.M. (1971), *Louis XI, 'the universal spider'*, New York

Kerhervé, J. (1987), *L'état breton aux XIVe–XVe siècles. Les ducs, l'argent et les hommes*, 2 vols., Paris

Knecht, R.J. (1982), *Francis I*, Cambridge

Knecht, R.J. (1994), *Renaissance warrior and patron. The reign of Francis I*, Cambridge

Krynen, J. (1987), 'Le roi "très chrétien" et le rétablissement de la Pragmatique Sanction. Pour une explication idéologique du gallicanisme parlementaire et de la politique religieuse de Louis XI', in *Eglise et pouvoir politique. Journées internationales d'histoire du droit, Angers, 1985*, pp. 135–49

Krynen, J. (1989), '*Rex christianissimus*. A medieval theme at the roots of French absolutism', *History and Anthropology* 4: 79–95

参考文献：原始文献和研究论著

Krynen, J. (1993), *L'empire du roi. Idées et croyances politiques en France, XIIIe–XVe siècle*, Paris
Labande-Mailfert, Y. (1954), 'Trois traités de paix, 1492–1493', *MA* 60: 379–401
Labande-Mailfert, Y. (1975), *Charles VIII et son milieu (1470–1498). La jeunesse au pouvoir*, Paris
Labande-Mailfert, Y. (1986), *Charles VIII. Le vouloir et la destinée*, Paris
Lapeyre, A. and Scheurer, R. (1978), *Les notaires et secrétaires du roi sous les règnes de Louis XI, Charles VIII et Louis XII (1461-1515) Notices personnelles et généalogiques*, 2 vols., Paris
Lartigaut, J. (1978), *Les campagnes du Quercy après la guerre de Cent Ans*, Toulouse
Le Roy Ladurie, E. (1966), *Les paysans du Languedoc*, Paris
Le Roy Ladurie, E. (1987), *Histoire de France. L'état royal, 1460–1610*, Paris; English trans. *The royal French state, 1460–1610*, Oxford (1994)
Le Roy Ladurie, E. and Morineau, M. (1977), *Histoire économique et sociale de la France*, I, pt ii: *De 1450 à 1660. Paysannerie et croissance*, ed. F. Braudel, Paris
Lecoq, A.-M. (1987), *Francois I imaginaire. Symbolique et politique à l'aube de la Renaissance française*, Paris
Leguai, A. (1947), *Dijon et Louis XI*, Dijon
Leguai, A. (1967a), 'Les "états princiers" en France à la fin du moyen âge', *Annali della fondazione italiana per la storia amministrativa* 4: 133–67
Leguai, A. (1967b), 'Emeutes et troubles d'origine fiscale pendant le règne de Louis XI', *MA* 73: 447–87
Leguai, A. (1973), 'Troubles et révoltes sous le règne de Louis XI: les résistances des particularismes', *RH* 249: 285–324
Leguai, A. (1977), 'La conquête de la Bourgogne par Louis XI', *AB* 49: 7–12
Leguai, A. (1981a), 'Les oppositions urbaines à Louis XI en Bourgogne et en Franche-Comté', *AB* 53: 31–7
Leguai, A. (1981b), 'The relations between the towns of Burgundy and the French crown in the fifteenth century', in J.R.L. Highfield and R. Jeffs (eds.), *The crown and local communities in England and France in the fifteenth century*, Gloucester, pp. 129–45
Leguay, J.-P. (1970), *Les comptes de miseurs de Rennes au XVe siècle*, Paris
Leguay, J.-P. (1981), *Un réseau urbain au moyen âge. Les villes du duché de Bretagne aux XIVe et XVe siècles*, Paris
Lesage, G. (1948), 'La circulation monétaire en France dans la seconde moitié du XVe siècle', *Annales ESC* 3: 304–16
Levi, A.H.T. (ed.) (1970), *Humanism in France at the end of the Middle Ages and in the early Renaissance*, New York and Manchester
Lewis, P.S. (1964), 'Decayed and non-feudalism in later medieval France', *BIHR* 37: 157–84; repr. in Lewis (1985b), pp. 41–68
Lewis, P.S. (1968), *Late medieval France. The polity*, London
Lewis, P.S. (1971), *The recovery of France in the fifteenth century*, London
Lewis, P.S. (1985a), 'Les pensionnaires de Louis XI', in Chevalier and Contamine (1985), pp. 167–81
Lewis, P.S. (1985b), *Essays in later medieval French history*, London
Lorcin, M.-T. (1974), *Les campagnes de la région lyonnaise aux XIVe et XVe siècles*, Lyons
Lot, F. and Fawtier, R. (1958), *Histoire des institutions françaises au moyen âge*, II: *Institutions royales*, Paris
Love, R.S. (1984), 'Contemporary and near-contemporary opinion of Louis XII, "père du peuple"', *Renaissance and Reformation* 20: 235–65

932

933 Major, J.R. (1960), *Representative institutions in Renaissance France, 1421–1559*, Madison
Major, J.R. (1962), 'The French Renaissance monarchy as seen through the estates-general', *Studies in the Renaissance* 9: 113–25
Major, J.R. (1964), 'The crown and the aristocracy in Renaissance France', *AHR* 69: 631–45
Major, J.R. (1980), *Representative government in early modern France*, London
Malettke, K. (1984), 'Zur Zeitgenössichen Verwendung der Termini *office* und *officiers*, vom XIV bis zum frühen XVI Jahrhundert in Frankreich', in *Amterhandel im Spätmittelalter und im XVI Jahrhundert*, Berlin, pp. 132–41
Mann, N. (1971), 'Humanisme et patriotisme en France au XVe siècle' *Cahiers de l'association internationale d'études françaises* 23: 59–84
Marchello-Nizia, C. (1979), *Histoire de la langue française aux XIVe et XVe siècles*, Paris
Michaud, H. (1977), 'Les institutions militaires des guerres d'Italie aux guerres de religion', *RH* 258: 29–43
Mieck, L. (1982), *Die Entstehung des modernen Frankreich (1450–1610). Strukturen, Institutionen, Entwicklungen*, Stuttgart
Miskimin, H.A. (1984), *Money and power in fifteenth-century France*, New Haven and London
Mollat, M. (1977), *Genèse médiévale de la France moderne, XIVe–XVe siècle*, Paris
Neveux, H. (1985), 'Reconstruction économique et rapports sociaux dans les campagnes françaises dans la seconde moitié du XVe siècle', in Chevalier and Contamine (1985), pp. 61–8
Olland, H. (1980), *La baronie de Choiseul à la fin du moyen âge (1485–1525)*, Nancy
Paravicini, W. (1985), 'Peur, pratiques, intelligences. Formes de l'opposition aristocratique à Louis XI d'après les interrogatoires du connétable de Saint-Pol', in Chevalier and Contamine (1985), pp. 183–96
Perroy, E. (1945), 'Feudalism or principalities in fifteenth-century France', *BIHR* 20: 181–5; repr. in E. Perroy, *Etudes d'histoire médiévale*, Paris (1979), pp. 177–81
Pocquet du Haut-Jussé, B.A. (1957), 'Les débuts du gouvernement de Charles VIII en Bretagne', *BEC* 115: 138–55
Pocquet du Haut-Jussé, B.A. (1961), 'Une idée politique de Louis XI: la sujétion éclipse la vassalité', *RH* 226: 383–98; English trans. 'A political concept of Louis XI: subjection instead of vassalage', in Lewis (1971), pp. 196–215
Potter, D. (1995), *A history of France. The emergence of a nation state*, Basingstoke
Poujol, J. (1958), 'Jean Ferrault on the king's privileges. A study of the medieval sources of Renaissance political theory in France', *Studies in the Renaissance* 5: 15–26
Quilliet, B. (1986), *Louis XII, père du peuple*, Paris
Rambert, G. (1951), *Histoire du commerce de Marseille*, III: *De 1480 à 1559*, Paris
La reconstruction après la guerre de Cent Ans (1981) (Actes du 104e congrès national des Sociétés savantes (Bordeaux, 1979). Section de philologie et d'histoire jusqu'à 1610: I), Paris
Rigaudière, A. (1982), *Saint-Flour, ville d'Auvergne au bas moyen âge. Etude d'histoire administrative et financière*, 2 vols., Paris
Rigaudière, A. (1985), 'Le financement des fortifications urbaines en France du milieu du XIVe siècle à la fin du XVe siècle', *RH* 273: 19–95
Rigaudière, A. (1993), 'Qu'est-ce qu'une bonne ville dans la France du moyen âge?', in A. Rigaudière (ed.), *Gouverner la ville au moyen âge*, Paris, pp. 53–112
Robin, F. (1985), *La cour d'Anjou-Provence. La vie artistique sous le règne de René d'Anjou*, Paris

'Le roi René: René, duc d'Anjou, de Bar et de Lorraine, roi de Sicile et de Jérusalem, roi d'Aragon, comte de Provence, 1409–1480' (1986), *Annales de l'Université d'Avignon* 1–2: 1–184

Scheller, R.-W. (1981–2), 'Imperial themes in art and literature of the early French Renaissance: the period of Charles VIII', *Simiolus* 12: 5–69

Scheller, R.-W. (1983), 'Ensigns of authority: French royal symbolism in the age of Louis XII', *Simiolus* 13: 75–141

Scheller, R.-W. (1985), 'Gallia cisalpina: Louis XII and Italy, 1499–1508', *Simiolus* 15: 5–61

Schmidt-Chazan, M. (1977), 'Histoire et sentiment national chez Robert Gaguin', in B. Guenée (ed.), *Le métier d'historien au moyen âge. Etudes sur l'historiographie médiévale*, Paris, pp. 223–300

Sciacca, E. (1975), *Le radici teoriche dell'assolutismo nel pensiero politico francese del primo cinquecento (1498–1519)*, Milan

Sciacca, E. (1983), 'Les états-généraux dans la pensée politique française du XVIe siècle (1484–1571)', in *Assemblee di Stati e Istituzioni rappresentative, Convegno internazionale Perugia, 1982*, pp. 73–84

Seguin, J.-P. (1961), *L'information en France de Louis XII à Henri II*, Geneva

Sherman, M. (1978), 'Pomp and circumstance; pageantry and propaganda in France during the reign of Louis XII, 1498–1515', *Sixteenth-Century Journal* 9: 13–32

Spooner, F.C. (1956), *L'économie mondiale et les frappes monétaires en France 1493–1680*, Paris

Stouff, L. (1986), *Arles à la fin du moyen âge*, Aix-en-Provence

Strayer, J.R. (1971), 'France: the Holy Land, the Chosen People, and the Most Christian King', in J.R. Stayer (ed.), *Medieval statecraft and the perspectives of history*, Princeton

Touchard, H. (1967), *Le commerce maritime breton à la fin du moyen âge*, Paris

Tucoo-Chala, P. (1961), *La vicomté de Béarn et le problème de la souveraineté, des origines à 1620*, Bordeaux

Vale, M.G.A. (1974), *Charles VII*, London

Vale, M.G.A. (1981), *War and chivalry. Warfare and aristocratic culture in England, France and Burgundy at the end of the Middle Ages*, London

Vaughan, R. (1970), *Philip the Good. The apogee of Burgundy*, London

Vaughan, R. (1973), *Charles the Bold. The last Valois duke of Burgundy*, London

Viala, A. (1953), *Le parlement de Toulouse et l'administration royale laïque (1420–1525 environ)*, 2 vols., Albi

Zeller, G. (1934), 'Les rois de France candidats à l'Empire: essai sur l'idéologie impériale en France', *RH* 173: 273–311, 497–534

Zeller, G. (1946), 'Procès à reviser? Louis XI, la noblesse, et la marchandise', *Annales ESC* 1: 331–41

第二十章　勃艮第

Primary sources

Main literary sources

Chastellain, G., *Œuvres*, ed. J. Kervyn de Lettenhove, 8 vols., Brussels (1863–6)

Commynes, P. de, *Mémoires*, ed. J. Calmette and G. Durville, 3 vols., Paris (1924–5)

935 'La geste des ducs Phelippe et Jehan de Bourgongne', in J. Kervyn de Lettenhove (ed.), *Chroniques relatives à l'histoire de la Belgique sous la domination des ducs de Bourgogne*, II: *Textes français*, Brussels (1873), pp. 259–572

Journal d'un bourgeois de Paris, 1405–1449, ed. A. Tuetey, Paris (1881); English trans. J. Shirley, *A Parisian journal, 1405–1449*, Oxford (1968)

La Marche, O., *Mémoires*, ed. H. Beaune and J. d'Arbaumont, 4 vols., SHF, Paris (1883–8)

Lannoy, G. de., *Œuvres*, ed. C. Potvin, Louvain (1878)

Lefèvre de Saint-Rémy, J., *Chronique*, ed. F. Morand, 2 vols., SHF, Paris (1876–81)

'Le livre des trahisons de France', in J. Kervyn de Lettenhove (ed.), *Chroniques relatives à l'histoire de la Belgique sous la domination des ducs de Bourgogne*, II: *Textes français*, Brussels (1873), pp. 1–258

Molinet, J., *Chroniques*, ed. G. Doutrepont and O. Jodogne, 3 vols., Brussels (1935–7)

Monstrelet, E. de, *Chronique*, ed. L. Douët-d'Arcq, 6 vols., SHF, Paris (1857–62)

Le Pastoralet, ed. J. Blanchard, Paris (1983)

Other sources

Carteggi diplomatici fra Milano sforzesco e la Borgogna, ed. E. Sestan, 2 vols., Rome (1985–7)

Chartes de communes et d'affranchissement en Bourgogne, ed. J. Garnier, 4 vols., Dijon (1867–1918)

Comptes généraux de l'état bourguignon entre 1416 et 1420, ed. M. Mollat and R. Favreau, 5 vols., Paris (1965–76)

Dépêches des ambassadeurs milanais sur les campagnes de Charles le Hardi duc de Bourgogne de 1474 à 1477, ed. F. de Gingins-La Sarra, Paris and Geneva (1858)

Ordonnances de Philippe le Hardi, de Marguerite de Male et de Jean sans Peur, 1381–1419, I: *(1381–1393)*; II: *(1394–1405)*, ed. P. Bonenfant, J. Bartier and A. van Nieuwenhuysen, Brussels (1965, 1974)

Paravicini, W. (ed.), *Der Briefwechsel Karls des Kühnen (1433–1477)*, 2 vols., Frankfurt-am-Main (1995)

Paravicini, W. (ed.), 'Die Hofordnungen Philipps des Guten von Burgund', *Francia* 10 (1982), pp. 131–66; 11 (1983), pp. 257–301; 15 (1987), pp. 183–231

Pocquet du Haut-Jussé, B.-A. (ed.), *La France gouvernée par Jean sans Peur. Les dépenses du receveur général du royaume*, Paris (1959)

Secondary works

The dukes and the Burgundian state

Andt, E. (1924), *La chambre des comptes de Dijon à l'époque des ducs Valois*, I, Paris

Bartier, J. (1970), *Charles le Téméraire*, 2nd edn, Brussels

La bataille de Morat. Actes du colloque de Morat (1976) (1976), Fribourg and Berne

Bonenfant, P. (1945), *Philippe le Bon*, Brussels

Calmette, J. (1987), *Les grands ducs de Bourgogne*, 2nd edn, Paris

Cinq-centième anniversaire de la bataille de Nancy (1477) (1979) Actes du colloque organisé par l'Institut de Recherches Régionales en Sciences Sociales de l'Université de Nancy II, 1977, Nancy

Contamine P. (1992a), 'La Bourgogne au XVe siècle', in *Des pouvoirs en France, 1300–1500*, Paris, pp. 61–74

Contamine, P. (1992b), 'Charles le Téméraire, fossoyeur et/ou fondateur de l'état bourguignon', in *Des pouvoirs en France, 1300–1500*, Paris, pp. 87–98
Grandson 1476. Essai d'approche pluridisciplinaire d'une action militaire du XVe siècle (1976), Lausanne
Lacaze, Y. (1971), 'Le rôle des traditions dans la genèse d'un sentiment national au XVe siècle. la Bourgogne de Philippe le Bon', *BEC* 129: 303–85
Liège et Bourgogne. Actes du colloque de Liège (1968) (1972), Liège
Paravicini, W. (1976), *Karl der Kühne. Das Ende des Hauses Burgund*, Göttingen, Zurich and Frankfurt-am-Main
Vaughan, R. (1962), *Philip the Bold. The formation of the Burgundian state*, London
Vaughan, R. (1966), *John the Fearless. The growth of Burgundian power*, London
Vaughan, R. (1970), *Philip the Good. The apogee of Burgundy*, London
Vaughan, R. (1973), *Charles the Bold. The last Valois duke of Burgundy*, London
Vaughan, R. (1975), *Valois Burgundy*, London

The dukes and the civil war

Autrand, F. (1986), *Charles VI. La folie du roi*, Paris
Bonenfant, P. (1958), *Du meurtre de Montereau au traité de Troyes*, Brussels
Famiglietti, R.C. (1986), *Royal intrigue. Crisis at the court of Charles VI, 1392–1420*, New York
Guenée, B. (1992), *Un meurtre, une société. L'assassinat du duc d'Orléans, 23 novembre 1407*, Paris
Nordberg, M. (1964), *Les ducs et la royauté. Etudes sur la rivalité des ducs d'Orléans et de Bourgogne, 1392–1407*, Uppsala
Schnerb, B. (1988), *Les Armagnacs et les Bourguignons. La maudite guerre*, Paris

Regional studies

Fiétier, R. (ed.) (1977), *Histoire de la Franche-Comté*, Toulouse
Prevenier, W. and Blockmans, W. (1986), *The Burgundian Netherlands*, Cambridge
Richard, J. (ed.) (1978), *Histoire de la Bourgogne*, Toulouse

Institutions, finances and money

Billioud, J. (1922), *Les états de Bourgogne aux XIVe et XVe siècles*, Dijon
Cauchies, J.-M. (1982), *La législation princière pour le comté de Hainaut. Ducs de Bourgogne et premiers Habsbourg (1427–1506)*, Brussels
Cauchies, J.-M. (1995), 'Le droit et les institutions dans les anciens Pays-Bas sous Philippe le Bon (1419–1467). Essai de synthèse', *Cahiers de Clio* 123: 33–68
Dubois, H. (1987a), 'Caractères originaux (et moins originaux) de l'impôt du sel en Bourgogne à la fin du moyen âge', in J.-C. Hocquet (ed.), *Le roi, le marchand et le sel*, Lille, pp. 119–31
Dubois, H. (1987b), 'Naissance de la fiscalité dans un état princier au moyen âge: l'exemple de la Bourgogne', in J.-P. Genet and M. Le Mené (eds.), *Genèse de l'état moderne. Prélèvement et redistribution*, Paris, pp. 91–100

937 Dumas-Dubourg, F. (1988), *Le monnayage des ducs de Bourgogne*, Louvain-la-Neuve
Mollat, M. (1958), 'Recherches sur les finances des ducs Valois de Bourgogne', *RH* 219: 285–321
Prevenier, W. (1961), *De leden en de Staten van Vlaanderen (1384–1405)*, Brussels
Richard, J. (1957a), 'Le gouverneur de Bourgogne au temps des ducs Valois', *Mémoires de la Société pour l'histoire du droit et des institutions des anciens pays bourguignons, comtois et romands* 19: 101–12
Richard, J. (1957b), 'Les institutions ducales dans le duché de Bourgogne', in F. Lot and R. Fawtier (eds.), *Histoire des institutions françaises au moyen âge*, II: *Institutions seigneuriales*, Paris, pp. 209–47
Richard, J. (1966), 'Les états de Bourgogne', in *Recueils de la Société Jean Bodin*, 24: *Gouvernés et gouvernants*, Brussels, pp. 299–324
Spufford, P. (1970), *Monetary problems and policies in the Burgundian Netherlands 1433–1496*, Leiden
Van Nieuwenhuysen, A. (1984), *Les finances du duc de Bourgogne Philippe le Hardi (1384–1404). Economie et politique*, Brussels
Van Rompaey, J. (1967), *Het grafelijk baljuwsambt in Vlaanderen tijdens de Boergondische periode*, Brussels
Van Rompaey, J. (1973), *De Grote Raad van de hertogen van Boergondië en het Parlement van Mechelen*, Brussels

War and armies

Brusten, C. (1954), *L'armée bourguignonne de 1465 à 1468*, Brussels
Brusten, C. (1976), 'Les compagnies d'ordonnance dans l'armée bourguignonne', in *Grandson 1476* (1976), pp. 112–69
Brusten, C. (1979), 'La fin des compagnies d'ordonnance de Charles le Téméraire', in *Cinq-centième anniversaire... de Nancy* (1979), pp. 363–75
Garnier, J. (1895), *L'artillerie des ducs de Bourgogne d'après les documents conservés aux archives de la Côte d'Or*, Paris
Paviot, J. (1995), *La politique navale des ducs de Bourgogne, 1384–1482*, Lille
Schnerb, B. (1993), *Bulgnéville (1431). L'état bourguignon prend pied en Lorraine*, Paris

The court

Caron, M.-T. (1994), 'Une fête dans la ville en 1402: le mariage d'Antoine comte de Rethel à Arras', *Villes et sociétés urbaines au moyen âge. Hommage à M. le Professeur Jacques Heers*, Paris, pp. 173–83
Cartellieri, O. (1929), *The court of Burgundy*, London
De Smedt, R. (ed.) (1994), *Les chevaliers de l'ordre de la Toison d'Or*, Frankfurt am Main
Lafortune-Martel, A. (1984), *Fête noble en Bourgogne au XVe siècle. Le banquet du faisan (1454). Aspects politiques, sociaux et culturels*, Montreal and Paris
Paravicini, W. (1991), 'The court of the dukes of Burgundy. A model for Europe?', in R.G. Asch and A.M. Birke (eds.), *Princes, patronage and the nobility. The court at the beginning of the modern age, c. 1450–1650*, London and Oxford, pp. 69–102

Political society

Bartier, J. (1955), *Légistes et gens de finances au XVe siècle. Les conseillers des ducs de Bourgogne, Philippe le Bon et Charles le Téméraire*, Brussels
Berger, R. (1971), *Nicolas Rolin, Kanzler der Zeitenwende im Burgundisch-Französich Konflikt 1422–1461*, Freiburg
Caron, M.-T. (1987), *La noblesse dans le duché de Bourgogne, 1315–1477*, Lille
Kamp, H. (1993), *Memoria und Selbstdarstellung. Die Stiftungen des burgundischen Kanzlers Rolin*, Sigmaringen
Paravicini, W. (1975), *Guy de Brimeu. Der Burgundische Staat und seine adlige Führungsschicht unter Karl dem Kühnen*, Bonn

Towns, population and exchange

Arnould, M.-A. (1956), *Les dénombrements de foyers dans le comté de Hainaut (XIVe–XVIe siècles)*, Brussels
Bocquet, A. (1969), *Recherches sur la population rurale de l'Artois et du Boulonnais pendant la période bourguignonne (1384–1477)*, Arras
Clauzel, D. (1982), *Finances et politique à Lille pendant la période bourguignonne*, Dunkirk
Dollinger, P. (1970), *The German Hanse*, London
Dubois, H. (1976), *Les foires de Chalon et le commerce dans la vallée de la Saône à la fin du moyen âge (v. 1280–v. 1430)*, Paris
Dubois, H. (1978), 'Le Téméraire, les Suisses et le sel', *RH* 259: 309–33
Fourquin, G. (ed.) (1970), *Histoire de Lille, I: Des origines à l'avènement de Charles Quint*, Lille
Gras, P. (ed.) (1987), *Histoire de Dijon*, Toulouse
Humbert, F. (1961), *Les finances municipales de Dijon du milieu du XIVe siècle à 1477*, Paris
Laurent, H. (1935), *La draperie des Pays-Bas en France et dans les pays méditerranéens (XIIe–XVe s.)*, Paris
Sosson, J.-P. (1977), *Les travaux publics de la ville de Bruges XIVe–XVe siècles. Les matériaux. Les hommes*, Brussels
Thielemans, M.-R. (1966), *Bourgogne et Angleterre. Relations économiques entre les Pays-Bas bourguignons et l'Angleterre, 1435–1467*, Brussels
Viaux, D. (1988), *La vie paroissiale à Dijon à la fin du moyen âge*, Dijon

Patronage and artistic life

Actes des journées internationales Claus Sluter (1990) (1992), Dijon
Camp, P. (1990), *Les imageurs bourguignons de la fin du moyen âge*, Dijon
David, H. (1947), *Philippe le Hardi. Le train somptuaire d'un grand Valois*, Dijon
David, H. (1951), *Claus Sluter*, Paris
De Patoul, B. and Van Schoute, R. (eds.) (1994), *Les primitifs flamands et leur temps*, Louvain-la-Neuve
De Winter, P. (1985), *La bibliothèque de Philippe le Hardi, duc de Bourgogne (1363–1404)*, Paris
Devaux, J. (1996), *Jean Molinet, indiciaire bourguignon*, Paris
Dhaenens, E. (1980), *Hubert et Jan Van Eyck*, Antwerp
Doutrepont, G. (1909), *La littérature française à la cour des ducs de Bourgogne*, Paris

939 Lecat, J.P. (1986), *Le siècle de la Toison d'Or*, Paris
Marix, J. (1939), *Histoire de la musique et des musiciens de la cour de Bourgogne sous le règne de Philippe le Bon*, Strasburg
Martens, M. (1992), *Lodewijk van Gruuthuse. Mecenas en europees diplomaat, ca. 1427–1492* (exhibition catalogue), Bruges
Régnier-Bohler, D. (ed.) (1995), *Splendeurs de la cour de Bourgogne. Récits et chroniques*, Paris

第二十一章 英格兰
第一节 兰开斯特英格兰

Primary sources

The history of Lancastrian England is written from a wide range of different kinds of primary source materials. Extracts from a large representative selection of primary sources, translated into English, are collected together in *English historical documents, 1327–1485*, ed. A.R. Myers, London (1969).

The most important categories of primary sources are:

1. The records of the central institutions of royal government (including parliament, the law courts, exchequer and chancery), the great majority of which are to be found in the Public Record Office in London. The proceedings of parliament are published in *Rotuli parliamentorum*, 6 vols., London (1767–77).
2. The estate papers of noble and gentry families (including financial and estate accounts and manorial court rolls). For pioneering use of these sources, see McFarlane (1973).
3. Chronicles and narrative accounts of the period. For a detailed survey of fifteenth-century historical writing, see Gransden (1982), pp. 194–479.
4. Contemporary collections of gentry letters, of which the largest and most important is *Paston letters and papers of the fifteenth century*, ed. N. Davis, 2 vols., Oxford (1971–6).
5. Contemporary poems and songs: for a printed collection, see *Historical poems of the fourteenth and fifteenth centuries*, ed. R.H. Robbins, New York (1959).

Secondary works

Allmand, C.T. (1983), *Lancastrian Normandy, 1415–1450*, Oxford
Allmand, C.T. (1992), *Henry V*, London; rev. edn New Haven and London (1997)
Aston, M. (1960), 'Lollardy and sedition, 1381–1431', *P&P* 17: 1–44
Bean, J.M.W. (1959), 'Henry IV and the Percies', *History* 44: 212–27
Brown, A.L. (1972), 'The reign of Henry IV', in Chrimes *et al.* (1972), pp. 1–28
Carpenter, M.C. (1980), 'The Beauchamp affinity: a study of bastard feudalism at work', *EHR* 95: 515–32
Carpenter, M.C. (1992), *Locality and polity. A study of Warwickshire landed society, 1401–1499*, Cambridge
Chrimes, S.B. (1936), *English constitutional ideas in the fifteenth century*, Cambridge
Chrimes, S.B., Ross, C.D. and Griffiths, R.A. (eds.) (1972) *Fifteenth-century England 1399–1509*, Manchester
Goodman, A.E. (1981), *The Wars of the Roses. Military activity and English society 1452–97*, London

Gransden, A. (1982), *Historical writing in England*, II: *c. 1307 to the early sixteenth century*, London
Griffiths, R.A. (1981a), *The reign of King Henry the sixth. The exercise of royal authority 1422–1461*, London
Griffiths, R.A. (ed.) (1981b), *Patronage, the crown and the provinces*, Gloucester
Harriss, G.L. (1988), *Cardinal Beaufort*, Oxford
Harriss, G.L. (ed.) (1985), *Henry V. The practice of kingship*, Oxford
Harvey, I.M.W. (1991), *Jack Cade's rebellion of 1450*, Oxford
Jacob, E.F. (1961), *The fifteenth century*, Oxford
Johnson, P.A. (1988), *Duke Richard of York 1411–1460*, Oxford
Jones, M.K. (1981), 'John Beaufort, duke of Somerset and the French expedition of 1443', in Griffiths (1981b), pp. 79–102
Jones, M.K. (1989), 'Somerset, York and the Wars of the Roses', *EHR* 104: 285–307
Kingsford, C.L. (1913), *English historical literature in the fifteenth century*, Oxford
Kirby, J.L. (1970), *Henry IV of England*, London
McFarlane, K.B. (1972), *Lancastrian kings and Lollard knights*, Oxford
McFarlane, K.B. (1973), *The nobility of later medieval England*, Oxford
McFarlane, K.B. (1981), *England in the fifteenth century. Collected essays*, London
McNiven, P. (1987), *Heresy and politics in the reign of Henry IV*, Woodbridge
Newhall, R.A. (1924), *The English conquest of Normandy*, New Haven
Nicolas, N.H. (1827) *The battle of Agincourt*, London
Powell, E. (1989), *Kingship, law and society. Criminal justice in the reign of Henry V*, Oxford
Rogers, A.R. (1969), 'Henry IV, the Commons and taxation', *Medieval Studies* 31: 444–70
Roskell, J.S. (1965), *The Commons and their speakers in medieval English parliaments*, Manchester
Ross, C.D. (1975), *Edward IV*, London
Ross, C.D. (1976), *The Wars of the Roses*, London
Storey, R.L. (1966), *The end of the house of Lancaster*, London
Vale, M. (1970), *English Gascony*, Oxford
Vaughan, R. (1966), *John the Fearless*, London
Vaughan, R. (1970), *Philip the Good*, London
Watts, J.L. (1996), *Henry VI and the politics of kingship*, Cambridge
Wolffe, B.P. (1981), *Henry VI*, London
Wylie, J.H. (1884–98), *History of England under Henry the fourth*, 4 vols., London
Wylie, J.H. and Waugh, W.T. (1914–29), *The reign of Henry the fifth*, 3 vols., Cambridge

第二节 约克家族与早期都铎英格兰

Primary sources

'Chronicle of the rebellion in Lincolnshire, 1470', ed. J.G. Nichols, *Camden Miscellany I*, London (1837)
Crowland chronicle. Continuations 1459–1486, ed. N. Pronay and J. Cox, London (1986)
Fortescue, John, *The governance of England*, ed. C. Plummer, Oxford (1885)
Historie of the arrivall of Edward IV in England, ed. J. Bruce, Camden Society, original series, 1, London (1838)

941 Hughes, P.L. and Larkin, J.F. (eds.), *Tudor royal proclamations*, I, New Haven and London (1964)
Mancini, Dominic, *The usurpation of Richard III*, ed. C.A.J. Armstrong, Oxford (1969)
Paston letters and papers of the fifteenth century, ed. N. Davis, 2 vols., Oxford (1971–6)
Warkworth, John, *A chronicle of the first thirteen years of the reign of King Edward the fourth*, ed. J.O. Halliwell, Camden Society, original series, 10, London (1839)

Secondary works

Anglo, S. (1969), *Spectacle, pageantry and early Tudor policy*, Oxford
Anglo, S. (ed.) (1990), *Chivalry in the Renaissance*, Woodbridge
Antonovics, A.V. (1986), 'Henry VII, king of England, "by the grace of Charles VIII of France"', in Griffiths and Sherborne (1986), pp. 169–84
Arthurson, I. (1987), 'The rising of 1497: a revolt of the peasantry?' in Rosenthal and Richmond (1987), pp. 1–18
Arthurson, I. (1994), *The Perkin Warbeck conspiracy, 1491–1499*, Gloucester
Bennett, M. (1987), *Lambert Simnel and the battle of Stoke*, Gloucester
Bennett, M. (1990), 'Henry VII and the northern rising of 1489', *EHR* 105: 34–59
Bernard, G. (1985), *The power of the early Tudor nobility: a study of the fourth and fifth earls of Shrewsbury*, Brighton
Bernard, G. (ed.) (1992), *The Tudor nobility*, Manchester
Cameron, A. (1974), 'The giving of livery and retaining in Henry VII's reign', *Renaissance and Modern Studies* 18: 17–35
Carpenter, C. (1986), 'The duke of Clarence and the midlands: a study in the interplay of local and national politics', *Midland History* 11: 23–48
Carpenter, C. (1992), *Locality and polity. A study of Warwickshire landed society, 1401–1499*, Cambridge
Chrimes, S.B. (1972), *Henry VII*, London
Condon, M. (1979), 'Ruling elites in the reign of Henry VII', in Ross (1979), pp. 109–42
Condon, M. (1990), 'From caitiff and villain to pater patriae: Reynold Bray and the profits of office', in Hicks (1990), pp. 137–68
Conway, A. (1932), *Henry VII's relations with Scotland and Ireland, 1485–98*, Cambridge
Davies, C.S.L. (1987), 'Bishop John Morton, the Holy See, and the accession of Henry VII', *EHR* 102: 2–30
Davies, C.S.L. (1990), 'Richard III, Brittany, and Henry Tudor', *Nottingham Medieval Studies* 37: 110–26
Griffiths, R.A. and Sherborne, J. (eds.) (1986), *Kings and nobles in the later Middle Ages. A tribute to Charles Ross*, Gloucester
Griffiths, R.A. and Thomas, R.S. (1985), *The making of the Tudor dynasty*, Gloucester
Gunn, S. (1990), 'Chivalry and the politics of the early Tudor court', in Anglo (1990), pp. 107–28
Gunn, S. (1993), 'The courtiers of Henry VII', *EHR* 108: 23–49
Gunn, S. (1995), *Early Tudor government, 1485–1558*, Basingstoke
Hanham, A. (1975), *Richard III and his early historians*, Oxford
Harriss, G.L. (1993), 'Political society and the growth of government in late medieval England', *P&P* 138: 28–57

Hicks, M.A. (1978), 'Dynastic change and northern society: the career of the fourth earl of Northumberland', *NH* 14: 78–107
Hicks, M.A. (1979), 'The changing role of the Wydevilles in Yorkist politics to 1483', in Ross (1979), pp. 60–86
Hicks, M.A. (1980), *False, fleeting, perjur'd Clarence. George, duke of Clarence, 1449–78*, Gloucester
Hicks, M.A. (1984a), 'Attainder, resumption and coercion 1461–1529', *Parliamentary History* 3: 15–31
Hicks, M.A. (1984b), 'Edward IV, the duke of Somerset and Lancastrian loyalism in the north', *NH* 20: 23–37
Hicks, M.A. (1986), 'The Yorkshire rebellion of 1489 reconsidered', *NH* 22: 39–62
Hicks, M.A. (ed.) (1990), *Profit, piety and the professions in later medieval England*, Gloucester
Holland, P. (1988), 'The Lincolnshire rebellion of March 1470', *EHR* 103: 849–69
Horrox, R.E. (1989), *Richard III. A study of service*, Cambridge
Horrox, R.E. (ed.) (1987), *Richard III and the north*, Hull
Horrox, R.E. (ed.) (1994), *Fifteenth-century attitudes. Perceptions of society in late medieval England*, Cambridge
Ives, E.W. (1968), 'Andrew Dymmock and the papers of Antony, Earl Rivers, 1482–3', *BIHR* 41: 216–29
Johnson, P.A. (1988), *Duke Richard of York*, Oxford
Jones, M.K. (1988), 'Sir William Stanley of Holt: politics and family allegiance in the late fifteenth century', *WHR* 14: 1–22
Jones, M.K. and Underwood, M.G. (1992), *The king's mother. Lady Margaret Beaufort, countess of Richmond and Derby*, Cambridge
Lander, J.R. (1961), 'Attainder and forfeiture, 1453–1509', *HJ* 4: 120–51
Lander, J.R. (1963), 'Marriage and politics in the fifteenth century: the Nevills and the Wydevills', *BIHR* 36: 119–52
Lander, J.R. (1971), 'Bonds, coercion and fear: Henry VII and the peerage', in Rowe and Stockdale (1971), pp. 328–67
Lowe, D. (1981), 'Patronage and politics: Edward IV, the Wydevilles and the council of the prince of Wales, 1471–83', *BBCS* 29: 545–73
Morgan, D.A.L. (1973), 'The king's affinity in the polity of Yorkist England', *TRHS* 5th series 23: 1–25
Morgan, D.A.L. (1987), 'The house of policy: the political role of the late Plantagenet household', in Starkey (1987), pp. 25–70
Pollard, A.J. (1977), 'The tyranny of Richard III', *JMedH* 3: 147–65
Pollard, A.J. (1979), 'Lord Fitzhugh's rising in 1470', *BIHR* 52: 170–5
Pollard, A.J. (1986), 'St Cuthbert and the hog: Richard III and the county palatine of Durham', in Griffiths and Sherborne (1986), pp. 109–29
Pollard, A.J. (1990), *North-eastern England during the Wars of the Roses. Lay society, war and politics 1450–1500*, Oxford
Pollard, A.J. (ed.) (1984), *Property and politics. Essays in later medieval English history*, Gloucester
Pugh, T.B. (1992), 'Henry VII and the English nobility', in Bernard (1992), pp. 49–101
Rawcliffe, C. (1980), 'Henry VII and Edward duke of Buckingham: the repression of an "over-mighty subject"', *BIHR* 53: 114–18

943　Richmond, C.F. (1970), 'Fauconberg's Kentish rising of May 1471', *EHR* 85: 673–92
Rosenthal, J.T. and Richmond, C.F. (eds.) (1987), *People, politics and community in the later Middle Ages*, Gloucester
Ross, C.D. (1974), *Edward IV*, London
Ross, C.D. (1981), *Richard III*, London
Ross, C.D. (ed.) (1979), *Patronage, pedigree and power in late medieval England*, Gloucester
Rowe, J.G. and Stockdale, W.H. (eds.) (1971), *Florilegium historiale. Essays presented to Wallace K. Ferguson*, Toronto
Rowney, I. (1984), 'Resources and retaining in Yorkist England: William Lord Hastings and the honour of Tutbury', in Pollard (1984), pp. 139–55
Scofield, C. (1923), *The life and reign of Edward the fourth*, 2 vols., London
Starkey, D. (ed.) (1987), *The English court. From the Wars of the Roses to the Civil War*, London
Thompson, B. (ed.) (1995), *The reign of Henry VII*, Stamford
Watts, J. (1996), *Henry VI and the politics of kingship*, Cambridge
Weightman, C. (1989), *Margaret of York, duchess of Burgundy, 1446–1503*, Gloucester
Williams, C.H. (1928), 'The rebellion of Humphrey Stafford in 1486', *EHR* 43: 181–9
Wolffe, B.P. (1971), *The royal demesne in English history*, London
Wood, C.T. (1975), 'The deposition of Edward V', *Traditio* 31: 247–86

第二十二章　凯尔特世界
第一节　爱尔兰

Primary sources

'John Benet's chronicle for the years 1400 to 1462', ed. G.L. and M.A. Harriss, *Camden Miscellany XXIV*, RHS, London (1972)
Chronicque de la traison et mort de Richard Deux, roi Dengleterre, ed. B. Williams, London (1846)
An English chronicle of the reigns of Richard II, Henry IV, Henry V and Henry VI written before 1471, ed. J.S. Davies, Camden Society, original series, 64, London (1856)
Harris, W., 'The voyage of Sir Richard Edgecombe into Ireland in the year 1488', in *Hibernica*, 2 vols., Dublin (1747–50), I, pp. 59–77
Henry of Marlborough, *Chronicle of Ireland*, trans. James Ware, in *Historie of Ireland*, J. Ware (ed.), Dublin (1633); repr. in J. Ware (ed.), *Ancient Irish histories. The workes of Spenser, Campion, Hanmer, and Marleburrough*, Dublin (1809); repr. Port Washington and London (1970), II, pp. 1–32
The libelle of Englyshe polycye. A poem on the use of sea-power 1436, ed. G. Warner, Oxford (1926)
Poems on marcher lords, ed. A. O'Sullivan and P. O'Riain, Irish Texts Society, 53, Dublin (1987)
The register of John Swayne, archbishop of Armagh and primate of Ireland, 1418–1439, ed. D.A. Chart, Belfast (1935)
A roll of the proceedings of the king's council in Ireland . . . 1392–93, ed. J. Graves, RS, London (1877)
Rotuli parliamentorum, 6 vols., London (1767–77)
State papers . . . Henry VIII, 11 vols., Record Commission, London (1830–52)

Statute rolls of the parliament of Ireland... reign of King Edward the fourth, ed. H.F. Berry and J.F. Morrissey, 2 vols., Dublin (1914–39)

Statute rolls of the parliament of Ireland. Reign of King Henry the sixth, ed. H.F. Berry, Dublin (1910)

Statutes and ordinances and acts of the parliament of Ireland. King John to Henry V, ed. H.F. Berry, Dublin (1907)

The statutes of the realm, 11 vols in 12, Record Commission, London (1810–28)

Ypodigma Neustriae a Thoma Walsingham, ed. H.T. Riley, RS, London (1876)

944

Secondary works

Betham, Sir W. (1830), *Dignities, feudal and parliamentary and the constitutional legislature of the United Kingdom...*, Dublin and London

Carpenter, D.M. (1988), 'The pilgrim from Catalonia/Aragon; Ramon de Perellós 1397', in M. Haren and Y. de Pontfarcy (eds.), *The medieval pilgrimage to St Patrick's Purgatory*, Enniskillen, pp. 99–119

Conway, A. (1932), *Henry VII's relations with Scotland and Ireland 1485–1498*, Cambridge

Cosgrove, A. (1981), *Late medieval Ireland, 1370–1541*, Dublin

Cosgrove, A. (1983), 'Parliament and the Anglo-Irish community; the declaration of 1460', in A. Cosgrove and J.I. McGuire (eds.), *Parliament and community. Historical studies* XIV, Belfast

Cosgrove, A. (1985), 'Marriage in medieval Ireland', in A. Cosgrove (ed.), *Marriage in Ireland*, Dublin

Cosgrove, A. (1990), 'The writing of Irish medieval history', *IHS* 27: 97–112

Cosgrove, A. (ed.) (1987), *A new history of Ireland*, II: *Medieval Ireland 1169–1534*, Oxford

Curtis, E. (1932), 'Richard, duke of York, as viceroy of Ireland, 1447–60', *Journal of the Royal Society of Antiquaries of Ireland* 62: 158–86

Ellis, S.G. (1986a), *Reform and revival. English government in Ireland 1470–1534*, Woodbridge

Ellis, S.G. (1986b), 'Nationalist historiography and the English and Gaelic worlds in the late Middle Ages', *IHS* 25: 1–18

Empey, C.A. (1988), 'The Anglo-Norman community in Tipperary and Kilkenny in the Middle Ages; change and continuity', in G. Mac Niocaill and P.F. Wallace (eds.), *Keimelia. Studies in medieval archaeology and history in memory of Tom Delaney*, Galway, pp. 449–67

Frame, R. (1993), 'Les Engleys nées en Irlande: the English political identity in medieval Ireland', *TRHS* 6th series 3: 83–104

Gillingham, J. (1987), 'Images of Ireland 1170–1600; the origins of English imperialism', *History Today* 37(2): 16–22

Johnson, P.A. (1988), *Duke Richard of York 1411–1460*, Oxford

Lydon, J.F. (1972), *The lordship of Ireland in the Middle Ages*, Dublin and London

Lydon, J.F. (1973), *Ireland in the later Middle Ages*, Dublin

Lydon, J.F. (1979), 'The city of Waterford in the later Middle Ages', *Decies* 12: 5–15

Matthew, E. (1984), 'The financing of the lordship of Ireland under Henry V and Henry VI', in A.J. Pollard (ed.), *Property and politics. Essays in late medieval English history*, Gloucester, pp. 97–115

Moody, T.W., Martin, F.X., and Byrne, F.J. (eds.) (1984), *A new history of Ireland*, IX: *Maps, genealogies, lists*, Oxford

Murphy, B. (1967), 'The status of the native Irish after 1331', *Irish Jurist* 2: 116–38

O'Neill, T. (1987), *Merchants and mariners in medieval Ireland*, Dublin

O'Sullivan, H. (1989), 'The march of south-east Ulster in the fifteenth and sixteenth centuries: a period of change', in R. Gillespie and H. O'Sullivan (eds.), *The borderlands, essays on the history of the Ulster–Leinster border*, Belfast, pp. 55–74

Otway-Ruthven, A.J. (1968), *A history of medieval Ireland*, London; 2nd edn, London and New York, 1980

Richardson, H.G. and Sayles, G.O. (1952), *The Irish parliament in the Middle Ages*, Philadelphia and London; 2nd edn, 1964

Simms, K. (1989a), 'Bards and barons; the Anglo-Irish aristocracy and the native culture', in R. Bartlett and A. Mackay (eds.), *Medieval frontier societies*, Oxford

Simms, K. (1989b), 'The Norman invasion and the Gaelic recovery', in R. Foster (ed.), *The Oxford illustrated history of Ireland*, Oxford, pp. 53–103

Stalley, R. (1988), 'Sailing to Santiago: the medieval pilgrimage to Santiago de Compostela and its artistic influence on Ireland', in J. Bradley (ed.), *Settlement and society in medieval Ireland*, Kilkenny, pp. 397–420

Watt, J.A. (1956), 'Negotiations between Edward II and John XXII concerning Ireland', *IHS* 10: 1–20

Watt, J.A. (1970), *The Church and the two nations in medieval Ireland*, Cambridge

Watt, J.A. (1972), *The Church in medieval Ireland*, Dublin

Watt, J.A. (1989), 'The Church and the two nations in late medieval Armagh', in W.J. Sheils and D. Ward (eds.), *The Churches, Ireland and the Irish*, Studies in Church History 25, Oxford, pp. 37–54

Wood, H. (1928), 'Two chief governors of Ireland at the same time', *Journal of the Royal Society of Antiquaries of Ireland* 58: 156–7

Wylie, J.H. and Waugh, W.T. (1929), *Henry V*, III, Cambridge

第二节 苏格兰（1406—1513）

Primary sources

Acts of the parliaments of Scotland, ed. T. Thomson and C. Innes, 12 vols., Edinburgh (1814–75)

Barbour, John, *The Bruce*, ed. M.P. McDiarmid and J.A.C. Stevenson, STS, 4th series, 12, 13 and 15, Edinburgh (1980–5)

Calendar of state papers and manuscripts existing in the archives and collections of Milan, I, ed. A.B. Hinds, London (1912)

The exchequer rolls of Scotland, ed. J. Stuart *et al.*, 23 vols., Edinburgh (1878–1908)

Hary's Wallace, ed. M.P. McDiarmid, STS, 4th series, 4 and 5, Edinburgh (1968–9)

Liber Pluscardensis, ed. F.J.H. Skene, 2 vols., Edinburgh (1877–80)

Lindsay, Sir David, 'The testament of the Papyngo', in *The works of Sir David Lyndsay of the Mount*, I, ed. D. Hamer, STS, Edinburgh (1931)

Registrum magni sigilli regum Scottorum, ed. J.M. Thomson *et al.*, 11 vols., Edinburgh (1882–1914)

Scotichronicon by Walter Bower, ed. D.E.R. Watt, VIII, bks 15 and 16, Edinburgh (1987)

Wyntoun, Andrew of, *The Orygynale Cronykil of Scotland*, ed. D. Laing, 2 vols., Edinburgh (1872–9)

Secondary works

Balfour, P.J. (ed.), (1904–14), *The Scots peerage*, 9 vols., Edinburgh
Barrow, G.W.S. (1979), 'The idea of freedom in late medieval Scotland', *Innes Review* 30: 16–34
Bassett, S. (ed.), (1989), *The origins of Anglo-Saxon kingdoms*, Leicester
Bawcutt, P. (1976), *Gavin Douglas*, Edinburgh
Bawcutt, P. (1992), *Dunbar the makar*, Oxford
Brown, A.L. (1978), 'The Scottish "establishment" in the later fifteenth century', *Juridical Review* 23: 89–105
Brown, J.M. (ed.), (1977), *Scottish society in the fifteenth century*, London
Brown, M.H. (1992), '"That old serpent and ancient of evil days": Walter earl of Atholl and the death of James I', *SHR* 71: 23–45
Brown, M.H. (1994a), *James I*, Edinburgh
Brown, M.H. (1994b), 'Scotland tamed? Kings and magnates in late medieval Scotland: a review of recent work', *Innes Review* 45: 120–46
Burns, J.H. (1962), *Scottish churchmen and the Council of Basle*, Glasgow
Burns, J.H. (1963), 'The conciliarist tradition in Scotland', *SHR* 42: 89–104
Burns, J.H. (1990), 'John Ireland: theology and public affairs in the late fifteenth century', *Innes Review* 41: 151–81
Caldwell, D.H. (ed.) (1981), *Scottish weapons and fortifications, 1100–1800*, Edinburgh
Charles-Edwards, T. (1989), 'Early medieval kingships in the British Isles', in Basset (1989), pp. 28–39
Cowan, I.B. (1967), *The parishes of medieval Scotland*, STS, Edinburgh
Cowan, I.B. (1982), *The Scottish Reformation*, London, chs. 1–3
Dodgshon, R.A. (1981), *Land and society in early Scotland*, Oxford
Dunbar, J.G. (1978), *The architecture of Scotland*, London
Duncan, A.A.M. (1976), *James I, 1424–37*, occasional paper, University of Glasgow
Dunlop, A.I. (1950), *The life and times of James Kennedy, bishop of St Andrews*, Edinburgh
Grant, A. (1976), 'Earls and earldoms in late medieval Scotland, c. 1310–1460' in J. Bossy and P. Rupp (eds.), *Essays presented to Michael Roberts*, Belfast, pp. 24–40
Grant, A. (1978), 'The development of the Scottish peerage', *SHR* 57: 1–27
Grant, A. (1981), 'The revolt of the lord of the Isles and the death of the earl of Douglas', *SHR* 60: 169–74
Grant, A. (1984), *Independence and nationhood. Scotland, 1306–1470*, New History of Scotland, 3, London
Grant, I.F. (1930), *Social and economic developments of Scotland before 1603*, Edinburgh
Kinsley, J. (1958), *The poems of William Dunbar*, Oxford
Leyser, K. (1979), *Rule and conflict in an early medieval society*, London
Lyall, R.J. (1976), 'Politics and poetry in fifteenth- and sixteenth-century Scotland', *Scottish Literary Journal* 3: 5–29
Lyall, R.J. (1989), 'Books and book owners in fifteenth-century Scotland', in J. Griffiths and D. Pearsall (eds.), *Book production and publishing in Britain 1375–1475*, Cambridge, pp. 239–56
Lynch, M., Spearman, M. and Stell, G. (eds.) (1988), *The Scottish medieval town*, Edinburgh
Macdougall, N. (1982), *James III. A political study*, Edinburgh
Macdougall, N. (1989), *James IV*, Edinburgh

947 Macdougall, N. (ed.) (1983), *Church, politics and society. Scotland 1408–1929*, Edinburgh

Macfarlane, L.J. (1969), 'The primacy of the Scottish Church, 1472–1521', *Innes Review* 20: 111–29

Macfarlane, L.J. (1985), *William Elphinstone and the kingdom of Scotland, 1431–1514*, Aberdeen

McGladdery, C. (1992), *James II*, Edinburgh

MacQueen, J. (1967), *Robert Henryson*, Oxford

McRoberts, D. (1968), 'The Scottish Church and nationalism in the fifteenth century', *Innes Review* 19: 3–14

Mapstone, S. (1989), 'A mirror for a divine prince: John Ireland and the four daughters of God', in J.D. McClure and M.R.G. Spiller (eds.), *Bryght lanternis. Essays on the language and literature of medieval and Renaissance Scotland*, Aberdeen, pp. 308–23

Mapstone, S. (1991), 'Was there a court literature in fifteenth-century Scotland?', *Studies in Scottish Literature* 26: 410–21

Mason, R. (1987a), 'Kingship, tyranny and the right to resist in fifteenth-century Scotland', *SHR* 66: 125–51

Mason, R. (ed.), (1987b), *Scotland and England 1286–1815*, Edinburgh

Mason, R. and Macdougall, N. (eds.) (1992), *People and power in Scotland. Essays presented to T.C. Smout*, Edinburgh

Nicholson, R. (1973), 'Feudal developments in late medieval Scotland', *Juridical Review* 18: 1–21

Nicholson, R. (1974), *Scotland. The later Middle Ages*, Edinburgh History of Scotland, Edinburgh

Rait, R.S. (1924), *The parliaments of Scotland*, Glasgow

Sellar, D. (1989), 'Celtic law and Scots law: survival and integration', *Scottish Studies* 29: 1–27

Stewart, I.H. (1966), *The Scottish coinage*, London

Stringer, K.J. (ed.) (1985), *Essays on the nobility of medieval Scotland*, Edinburgh

Thomson, J.A.F. (1968), 'Innocent VIII and the Scottish Church', *Innes Review* 19: 23–31

Webster, B. (1975), *Scotland from the eleventh century to 1603*, London

Wormald, J. (1980), 'Bloodfeud, kindred and government in early modern Scotland', *P&P* 87: 54–97

Wormald, J. (1981), *Court, kirk and community. Scotland, 1470–1625*, New History of Scotland, 4, London

Wormald, J. (1985), *Lords and men in Scotland. Bonds of manrent, 1442–1603*, Edinburgh

Wormald, J. (1986), 'Lords and lairds in fifteenth-century Scotland: nobles and gentry?', in M. Jones (ed.), *Gentry and lesser nobility in late medieval Europe*, Gloucester and New York, pp. 181–200

Wormald, J. (ed.) (1991), *Scotland revisited*, London

第三节 威尔士

Primary sources

Cywyddau Iolo Goch ac Eraill, ed. H. Lewis, T. Roberts and I. Williams, 2nd edn, Cardiff (1937)

Gwaith Guto'r Glyn, ed. I. Williams and J. Llywelyn Williams, 2nd edn, Cardiff (1961)
Gwaith Lewis Glyn Cothi, ed. D. Johnston, Cardiff (1994)
The history of the Gwydir family, written by Sir John Wynn, knight and bart., ed. J. Ballinger, Cardiff (1927)
Owen, George, *The description of Penbrokshire*, ed. H. Owen, 3 vols., London (1892–1906)
Pugh, T.B., '"The indenture for the Marches" between Henry VII and Edward Stafford (1477–1521), duke of Buckingham', *EHR* 71 (1956), pp. 436–9
Pugh, T.B. (ed.), *The Marcher lordships of south Wales, 1415–1536. Select documents*, Cardiff (1963)
Registrum vulgariter nuncupatum The record of Caernarvon, ed. H. Ellis, London (1838)
The statutes of Wales, ed. I. Bowen, London (1908)

Secondary works

Carr, A.D. (1966–8), 'Sir Lewis John: a medieval London Welshman', *BBCS* 22: 260–70
Carr, A.D. (1968–9), 'Welshmen and the Hundred Years War', *WHR* 4: 21–46
Carr, A.D. (1979), 'The making of the Mostyns: the genesis of a landed family', *THSC*: 137–57
Carr, A.D. (1982), *Medieval Anglesey*, Llangefni
Carr, A.D. (1990–91), 'Gwilym ap Gruffydd and the rise of the Penrhyn estate', *WHR* 15: 1–20
Carr, A.D. (1995), *Medieval Wales*, London
Chrimes, S.B. (1972), *Henry VII*, London
Davies, R.R. (1966), 'The twilight of Welsh law', *History* 51: 143–64
Davies, R.R. (1969), 'The survival of the blood-feud in medieval Wales', *History* 154: 338–57
Davies, R.R. (1987), *Conquest, coexistence and change. Wales 1063–1415*, Oxford
Davies, R.R. (1995), *The revolt of Owain Glyn Dŵr*, Oxford
Evans, H.T. (1915), *Wales and the Wars of the Roses*, Cambridge
Griffiths, R.A. (1962), 'Royal government in the southern counties of the Principality of Wales, 1422–85', PhD dissertation, University of Bristol
Griffiths, R.A. (1964), 'Gruffydd ap Nicholas and the rise of the house of Dinefwr', *NLWJ* 13: 256–68
Griffiths, R.A. (1964–5), 'Gruffydd ap Nicholas and the fall of the house of Lancaster', *WHR* 2: 213–31
Griffiths, R.A. (1966), 'Gentlemen and rebels in later medieval Cardiganshire', *Ceredigion* 5: 143–67
Griffiths, R.A. (1972a), *The Principality of Wales in the later Middle Ages. The structure and personnel of government*, I: *South Wales, 1277–1536*, Cardiff
Griffiths, R.A. (1972b), 'Wales and the Marches', in S.B. Chrimes, C.D. Ross and R.A. Griffiths (eds.), *Fifteenth-century England, 1399–1509. Studies in politics and society*, Manchester, pp. 145–72
Griffiths, R.A. (1974), 'Patronage, politics and the principality of Wales, 1413–1461', in H. Hearder and H.R. Loyn (eds.), *British government and administration. Studies presented to S.B. Chrimes*, Cardiff, pp. 69–86
Griffiths, R.A. (1976–7), 'Richard, duke of York and the royal household in Wales, 1449–50', *WHR* 8: 14–25

949 Griffiths, R.A. (1993), *Sir Rhys ap Thomas and his family. A study in the Wars of the Roses and early Tudor politics*, Cardiff
Griffiths, R.A. (ed.) (1978), *Boroughs of medieval Wales*, Cardiff
Griffiths, R.A. and Thomas, R.S. (1985), *The making of the Tudor dynasty*, Gloucester
Gunn, S.J. (1984–5), 'The regime of Charles, duke of Suffolk, in north Wales and the reform of Welsh government, 1509–25', *WHR* 12: 461–94
Jack, R.I. (1980–1), 'The cloth industry in medieval Wales', *WHR* 10: 443–60
Jarman, A.O.H. and Hughes, G.R. (eds.) (1979), *A guide to Welsh literature*, II, Swansea
Jones, D.C. (1961), 'The Bulkeleys of Beaumaris, 1440–1547', *Transactions of the Anglesey Antiquarian Society and Field Club*: 1–20
Jones, G.E. (1984), *Modern Wales. A concise history, 1485–1979*, Cambridge
Jones, J.G. (1974), 'Government and the Welsh community: the north-east borderland in the fifteenth century', in H. Hearder and H.R. Loyn (eds.), *British government and administration. Studies presented to S.B. Chrimes*, Cardiff, pp. 55–68
Jones, M.K. (1988–9), 'Sir William Stanley of Holt: politics and family allegiance in the late fifteenth century', *WHR* 14: 1–22
Jones, W.G. (1917–18), 'Welsh nationalism and Henry Tudor', *THSC*: 1–59
Lewis, E.A. (1903), 'The development of industry and commerce in Wales during the Middle Ages', *TRHS* 2nd series 17: 121–75
Lowe, D.E. (1976–8), 'The council of the prince of Wales and the decline of the Herbert family during the second reign of Edward IV (1471–1483)', *BBCS* 27: 278–97
Morgan, C.L. (1985), 'Prophecy and Welsh nationhood in the fifteenth century', *THSC*: 9–25
Pierce, T. Jones (1972a), 'Some tendencies in the agrarian history of Caernarvonshire in the later Middle Ages', in J.B. Smith (ed.), *Medieval Welsh society. Selected essays by T. Jones Pierce*, Cardiff, pp. 39–60
Pierce, T. Jones (1972b), 'The law of Wales: the last phase', in J.B. Smith (ed.), *Medieval Welsh society. Selected essays by T. Jones Pierce*, Cardiff, pp. 369–89
Pugh, T.B. (ed.) (1971), *Glamorgan County History*, III: *The Middle Ages*, Cardiff
Roberts, G. (1963), 'Wales and England: antipathy and sympathy, 1282–1485', *WHR* 1: 375–96
Smith, J.B. (1965–6), 'The regulation of the frontier of Meirionnydd in the fifteenth century', *Journal of the Merioneth Historical and Record Society* 5: 105–11
Smith, J.B. (1966–7), 'Crown and community in the principality of north Wales in the reign of Henry Tudor', *WHR* 3: 145–71
Smith, J.B. (1966–8), 'The last phase of the Glyn Dŵr rebellion', *BBCS* 22: 250–60
Thomas, D.H. (1968), 'The Herberts of Raglan as supporters of the house of York in the second half of the fifteenth century', MA dissertation, University of Wales (Cardiff)
Thomas, R.S. (1971), 'The political career, estates and "connection" of Jasper Tudor', PhD dissertation, University of Wales (Swansea)
Walker, D. (1990), *Medieval Wales*, Cambridge
Williams, G. (1974), 'Prophecy, poetry and politics in medieval and Tudor Wales', in H. Hearder and H.R. Loyn (eds.), *British government and administration. Studies presented to S.B. Chrimes*, Cardiff, pp. 104–16
Williams, G. (1976), *The Welsh Church from Conquest to Reformation*, 2nd edn, Cardiff
Williams, G. (1985), *Harri Tudur a Chymru / Henry Tudor and Wales*, Cardiff (bilingual)

Williams, G. (1987), *Recovery, reorientation and Reformation. Wales c. 1415–1642*, Oxford
Williams, Gruffydd A. (1986), 'The bardic road to Bosworth: a Welsh view of Henry Tudor', *THSC*: 7–31
Williams, Gwyn A. (1959), 'Owain Glyn Dŵr', in A.J. Roderick (ed.), *Wales through the ages*, I, Llandybie

第二十三章　意大利
第一节　北部城邦
Secondary works

General works

Aymard, M. (1991), 'La fragilità di un'economia avanzata: l'Italia e le trasformazioni dell'economia', in Ruggiero Romano (ed.), *Storia dell'economia italiana*, II: *L'età moderna. Verso la crisi*, Turin, pp. 5–137
Baron, H. (1966), *The crisis of the early Italian Renaissance*, rev. edn, Princeton
Baron, H. (1988), *In search of Florentine civic humanism. Essays on the transition from medieval to modern thought*, 2 vols., Princeton
Bellotti, B. (1923), *La vita di Bartolomeo Colleoni*, Bergamo
Bertelli, S. *et al.* (1979), *Florence and Venice. Comparisons and relations*, I, Florence
Bertelli, S. *et al.* (1985), *Italian Renaissance courts*, Milan
Brown, J.C. (1989), 'Prosperity or hard times in Renaissance Italy?', *RQ* 42: 761–80
Bueno de Mesquita, D.M. (1970), 'The place of despotism in Italian politics', in J.R. Hale *et al.* (eds.), *Europe in the late Middle Ages*, London, pp. 301–31
Capitani, O. *et al.* (1981), *Comuni e signorie. Istituzioni, società e lotte per l'egemonia*, UTET Storia d'Italia, IV, Turin
Cherubini, G. *et al.* (1988), *Storia della società italiana*, VIII: *I secoli del primato italiano – il Quattrocento*, Milan
Chittolini, G. (1979), *La formazione dello stato regionale e le istituzioni del contado*, Turin
Cipolla, C.M. (1963), 'The economic depression of the Renaissance', *EconHR* 15: 519–24
Cracco, G. *et al.* (1987), *Comuni e signorie nell'Italia nordorientale e centrale. Veneto, Emilia-Romagna, Toscana*, UTET Storia d'Italia, VII, i, Turin
Fasano Guarini, E. (1983), 'Gli stati dell'Italia centro-settentrionale fra Quattro e Cinquecento: continuità e trasformazioni', *Società e storia* 6: 617–39
Fubini, R. (1994), *Italia Quattrocentesca. Politica e diplomazia nell' età di Lorenzo il Magnifico*, Milan
Hay, D. and Law, J. (1989), *Italy in the age of the Renaissance, 1380–1530*, London and New York
Ilardi, V. (1986), *Studies in Italian Renaissance diplomatic history*, Aldershot and Brookfield, Vt.
Jones, P.J. (1965), 'Communes and despots. The city state in late medieval Italy', *TRHS* 5th series 15: 71–96
Lopez, R.S. (1953), 'Hard times and investment in culture', in W.K. Ferguson *et al.*, *The Renaissance. A symposium*, New York, pp. 29–54
Lopez, R.S. and Miskimin, H.A. (1962), 'The economic depression of the Renaissance', *EconHR* 14: 408–26

951 Luzzatto, G. (1961), *An economic history of Italy*, trans. P.J. Jones, London
Mallett, M.E. (1974), *Mercenaries and their masters. Warfare in Renaissance Italy*, London
Martines, L. (1979), *Power and imagination. City states in Renaissance Italy*, London
Mattingly, G. (1955), *Renaissance diplomacy*, London
Nada Patroni, A.M. and Airaldi, G. (1986), *Comuni e signorie nell'Italia settentrionale. Il Piemonte e la Liguria*, UTET Storia d'Italia, V, Turin
Pieri, P. (1952), *Il Rinascimento e la crisi militare italiana*, Turin
Pillinini, G. (1970), *Il sistema degli stati italiani, 1454–94*, Venice
Romano, R. and Vivanti, C. (eds.) (1972–4), *Einaudi storia d'Italia*, I and II, Turin
Rossi, P. (ed.) (1977), *Il Rinascimento nelle corti padane. Società e cultura*, Bari
Seigel, J.E. (1966), 'Civic humanism or Ciceronian rhetoric?', *P&P* 34: 3–48
Simeoni, L. (1950), *Le signorie*, 2 vols., Milan
Smyth, C.H. and Garfagnini, G.C. (eds.) (1989), *Florence and Milan. Comparisons and relations*, I, Florence
Valeri, N. (1969), *L'Italia nell'età dei principati dal 1343 al 1516*, rev. edn, Milan

Florence and the Florentine state

Ady, C.M. (1955), *Lorenzo de' Medici and Renaissance Italy*, London
Ames-Lewis, F. (ed.) (1992), *Cosimo 'il Vecchio' de' Medici*, Oxford
Bizocchi, R. (1987), *Chiesa e potere nella Toscana del Quattrocento*, Bologna
Brown, A. (1979), *Bartolomeo Scala, chancellor of Florence*, Princeton
Brown, A. (1992), *The Medici in Florence. The exercise and language of power*, Florence
Brown, J.C. (1982), *In the shadow of Florence. Provincial society in Renaissance Pescia*, New York and Oxford
Brucker, G.A. (1969), *Renaissance Florence*, New York
Brucker, G.A. (1977), *The civic world of early Renaissance Florence*, Princeton
Centro Italiano di studi e d'arte, Pistoia (1979), *Egemonia fiorentina ed autonomie locali nella Toscana nord-occidentale del primo Rinascimento*, Pistoia
Conti, E. (1984), *L'imposte dirette a Firenze nel Quattrocento (1427–94)*, Rome
De Roover, R. (1963), *The rise and decline of the Medici bank*, Cambridge, Mass.
Denley, P. and Elam, C. (eds.) (1988), *Florence and Italy. Renaissance studies in honour of Nicolai Rubinstein*, London
Garfagnini, G.C. (ed.) (1992), *Lorenzo de' Medici. Studi*, Florence
Garfagnini, G.C. (ed.) (1994), *Lorenzo il Magnifico e il suo mondo*, Florence
Goldthwaite, R.A. (1968), *Private wealth in Renaissance Florence*, Princeton
Goldthwaite, R.A. (1980), *The building of Renaissance Florence*, Baltimore and London
Gutkind, C.S. (1938), *Cosimo de' Medici: pater patriae (1389–1464)*, Oxford
Hale, J.R. (1977), *Florence and the Medici. The pattern of control*, London
Herlihy, D. and Klapisch-Zuber, C. (1985), *Tuscans and their families. A study of the Florentine catasto of 1427*, New Haven and London
Holmes, G. (1969), *The Florentine Enlightenment, 1400–1450*, London
Hook, J. (1984), *Lorenzo de' Medici*, London
Kent, D. (1978), *The rise of the Medici. Faction in Florence, 1426–34*, Oxford
Kent, F.W. (1977), *Household and lineage in Renaissance Florence*, Princeton
Mallett, M.E. (1967), *The Florentine galleys in the fifteenth century*, Oxford
Martines, L. (1963), *The social world of the Florentine humanists*, London

Medici, Lorenzo de' (1977–), *Lettere*, general ed. N. Rubinstein, 6 vols., Florence
Molho, A. (1971), *Florentine public finances in the early Renaissance, 1400–1433*, Cambridge, Mass.
Pinto, G. (1982), *La Toscana nel tardo medioevo*, Florence
Rubinstein, N. (1966), *The government of Florence under the Medici*, London
Rubinstein, N. (ed.) (1968), *Florentine studies*, London
Trexler, R. (1980), *Public life in Renaissance Florence*, London

Venice and the terraferma *state*

Cessi, R. (1944–6), *Storia della repubblica di Venezia*, 2 vols., Milan and Messina
Chambers, D.S. (1970), *The imperial age of Venice*, London
Chambers, D.S. and Pullan, B. (eds.) (1992), *Venice. A documentary history, 1450–1630*, Oxford
Cini, Fondazione (1957), *La civiltà veneziana del Quattrocento*, Florence
Cozzi, G. and Knapton, M. (1986), *Storia della repubblica di Venezia dalla guerra di Chioggia alla riconquista della Terraferma*, UTET Storia d'Italia, XII, i, Turin
Cracco, G. and Knapton, M. (1983), *Dentro lo 'Stado Italico': Venezia e la Terraferma fra Quattrocento e Seicento*, Trent
Finlay, R. (1980), *Politics in Renaissance Venice*, London
Grubb, J.S. (1988), *Firstborn of Venice. Vicenza in the early Renaissance state*, Baltimore and London
Hale, J.R. (ed.) (1974), *Renaissance Venice*, London
King, M.L. (1986), *Venetian humanism in the age of patrician dominance*, Princeton
Labalme, P.H. (1969), *Bernardo Giustinian, a Venetian of the Quattrocento*, Rome
Lane, F.C. (1966), *Venice and history*, Baltimore
Lane, F.C. (1973), *Venice, a maritime republic*, Baltimore and London
Lane, F.C. (1987), *Studies in Venetian social and economic history*, ed. B.G. Kohl and R.C. Mueller, London
Lane, F.C. and Mueller, R.C. (1985), *Money and banking in medieval and Renaissance Venice*, I, Baltimore and London
Law, J. (1992), 'The Venetian mainland state in the fifteenth century', *TRHS* 6th series 2: 153–74
Logan, O. (1972), *Culture and society in Venice, 1470–1700. The Renaissance and its heritage*, London
Lowry, M.J.C. (1979), *The world of Aldus Manutius*, Oxford
Luzzatto, G. (1961), *Storia economica di Venezia dall'XI al XVI secolo*, Venice
Mallett, M.E. and Hale, J.R. (1984), *The military organisation of a Renaissance state. Venice, c. 1400 to 1617*, Cambridge
Maranini, G. (1931), *La costituzione di Venezia dopo la serrata del Maggior Consiglio*, 2 vols., Venice
Muir, E. (1981), *Civic ritual in Renaissance Venice*, Princeton
Queller, D. (1986), *The Venetian patriciate. Reality versus myth*, Chicago
Romanin, S. (1912–25), *Storia documentata di Venezia*, 2nd edn, 10 vols., Venice
Romano, D. (1987), *Patricians and popolani. The social foundations of the Venetian Renaissance state*, Baltimore and London

953　Varanini, G.M. (1980), *Il distretto veronese nel Quattrocento*, Verona
Ventura, A. (1964), *Nobiltà e popolo nella società veneta del '400 e '500*, Bari
Viggiano, A. (1993), *Governanti e governati. Legittimità del potere ed esercizio dell'autorità sovrana nello stato veneto della prima età moderna*, Treviso

Duchy of Milan

Ady, C.M. (1907), *A history of Milan under the Sforza*, London
Barbieri, G. (1938), *Economia e politica nel ducato visconteo-sforzesco*, Milan
Blastenbrei, P. (1987), *Die Sforza und ihr Heer*, Heidelberg
Bueno de Mesquita, D.M. (1941), *Giangaleazzo Visconti*, Cambridge
Catalano, F. (1986), *Ludovico il Moro*, Milan
Cerioni, L. (1970), *La diplomazia Sforzesca nella seconda metà del Quattrocento e i suoi cifrari segreti*, 2 vols., Rome
Cognasso, F. (1966), *I Visconti*, Varese
Frangioni, L. (1987), 'La politica economica del dominio di Milano nei secc. XV–XVI', *Nuova rivista storica* 71: 253–68
Kendall, P.M. and Ilardi, V. (1970–81), *Dispatches with related documents of Milanese ambassadors in France and Burgundy*, 3 vols., Athens, Ohio
Mainoni, P., 'Lo stato milanese dei Visconti e degli Sforza', in Cherubini *et al.* (1988), pp. 169–201
Malaguzzi Valeri, F. (1913–23), *La corte di Ludovico il Moro. La vita privata e l'arte a Milano nella seconda metà del Quattrocento*, Milan
Milano nell' età di Ludovico il Moro (1983), 2 vols., Archivio Storico Civico, Milan
Santoro, C. (1977), *Gli Sforza*, Varese
Gli Sforza a Milano e in Lombardia, e i loro rapporti con gli stati italiani ed europei (1450–1535) (1982), Atti del convegno internazionale, Milano, maggio 1981, Milan
Soldi Rondinini, G. (1984), *Saggi di storia e storiografia visconteo-sforzeschi*, Bologna
Treccani degli Alfieri, Fondazione (1955–6), *Storia di Milano*, VI and VII, Milan

The smaller states

Ady, C.M. (1937), *The Bentivoglio of Bologna*, Oxford
Ascheri, M. (1985), *Siena nel Rinascimento. Istituzioni e sistema politica*, Siena
Bratchel, M.E. (1995), *Lucca, 1430–94. The reconstruction of an Italian city-republic*, Oxford
Cognasso, F. (1981), *I Savoia*, Varese
Coniglio, G. (1967), *I Gonzaga*, Varese
Coniglio, G. and Mazzoldi, L. (1958), *Mantova. La storia*, I, Mantua
Cusin, F. (1937), *Il confine orientale d'Italia nella politica europea del XIV e XV secolo*, Milan
Dean, T. (1987), *Land and power in late medieval Ferrara. The rule of the Este, 1350–1450*, Cambridge
Gundersheimer, W.L. (1973), *Ferrara. The style of a Renaissance despotism*, Princeton
Heers, J. (1971), *Gênes au XVe siècle*, Paris
Liecht, P.S. (1955), *Studi di storia friulana*, Udine
Mozzarelli, C. (1979), *Lo stato gonzaghesco. Mantova del 1382 al 1707*, UTET Storia d'Italia, XVII, Turin

Pandiani, E. (1952), *La vita della repubblica di Genova*, Genoa
Tommasoli, W. (1968), *Momenti e figure della politica dell'equilibrio. Federico da Montefeltro e l'impresa di Rimini*, Urbino
Treccani degli Alfieri, G. (1963), *Storia di Brescia*, II, Brescia

第二节 教宗国与那不勒斯王国

Secondary works

Abulafia, D. (1990), 'The crown and the economy under Ferrante I of Naples (1458–94)', in T. Dean and C. Wickham (eds.), *City and countryside in late medieval and Renaissance Italy*, London and Ronceverte, pp. 125–46
Abulafia, D. (ed.) (1995), *The French descent into Renaissance Italy, 1494–95. Antecedents and effects*, Aldershot
Ady, C.M. (1913), *Pius II*, London
Ady, C.M. (1937), *The Bentivoglio of Bologna*, London
Ametller y Vinyas, J. (1903–28), *Alfonso V de Aragón en Italia y la crisis religiosa del siglo XV*, 3 vols., Gerona and San Feliu de Guixols
Atlas, A. (1985), *Music at the Aragonese court of Naples*, Cambridge
Beloch, K.J. (1937–65), *Bevölkerungsgeschichte Italiens*, Berlin and Leipzig
Bentley, J.H. (1987), *Politics and culture in Renaissance Naples*, Princeton
Black, C.F. (1970), 'The Baglioni as tyrants of Perugia, 1488–1540', *EHR* 85: 245–81
Brezzi, P. and Panizza Lorch, M. (1984), *Umanesimo a Roma nel Quattrocento*, Rome and New York
Burchard, J. (1910), *The diary of John Burchard of Strasburg AD 1483–1506*, I, *1483–1492*, trans. A.H. Mathew, London
Caravale, M. and Caracciolo, A. (1978), *Lo stato pontificio da Martino V a Pio IX*, Turin
Clough, C.H. (1984–5), 'Federigo da Montefeltro: the good Christian prince', *BJRULM* 67: 293–348
Cole, A. (1995), *The art of the Italian Renaissance courts*, London
Croce, B. (1970), *History of the kingdom of Naples*, trans. F. Frenaye, Chicago
D'Amico, J.F. (1988), 'Humanism in Rome', in A. Rabil (ed.), *Renaissance humanism*, I, Philadelphia, pp. 264–95
Dean, T. (1988), *Land and power in medieval Ferrara. The rule of the Este, 1350–1450*, Cambridge
Del Treppo, M. (1972), *I mercanti catalani e l'espansione della corona aragonese nel secolo XV*, Naples
Delumeau, J. (1962), *L'alun de Rome*, Paris
Faraglia, N.F. (1904), *Storia della regina Giovanna II d'Angiò*, Lanciano
Faraglia, N.F. (1908), *Storia della lotta tra Alfonso V e Renato d'Angiò*, Lanciano
Filangieri de Candida, R. (1964), *Castel Nuovo, reggia angioina ed aragonese in Napoli*, Naples
Gentile, P. (1909), *La politica interna di Alfonso V d'Aragona nel regno di Napoli dal 1443 al 1450*, Montecassino
Ghirarducci, C. (n.d.), *Della historia di Bologna*, ed. A. Sorbelli, Rerum Italicarum Scriptores, n.s., Città di Castello
Gregorovius, F. (1898–1900), *History of the city of Rome in the Middle Ages*, VI, pt 2, VII, pt 1, trans. A. Hamilton, London

955　Grohmann, A. (1969), *Le fiere del regno di Napoli in età aragonese*, Naples
Gundersheimer, W.L. (1973), *Ferrara. The style of a Renaissance despotism*, Princeton
Hay, D. (1977), *The Church in Italy in the fifteenth century*, Cambridge
Hay, D. and Law, J. (1989), *Italy in the age of the Renaissance, 1380–1530*, London
Heers, J. (1986), *A la cour pontificale au temps des Borgia et des Médicis, 1420–1520*, Paris
Hersey, G.L. (1973), *The Aragonese arch at Naples*, New Haven
Infessura, S. (1890), *Diario della città di Roma di Stefano Infessura scribasenato*, ed. O. Tommasini, Rome
Jones, P.J. (1974), *The Malatesta of Rimini and the papal state*, Cambridge
Lecoy de la Marche, A. (1875), *Le Roi René*, Paris
Leone, A. (1983), *Profili economici della Campania aragonese*, Naples
Lulvès, J. (1909), 'Päpstliche wahlkapitulationen', *Quellen und Forschungen aus italienischen archiven* 12: 212–35
Marinis, T. de (1947–53), *La biblioteca napoletana dei re d'Aragona*, Milan
Messer, A. (1912), *Le codice aragonese*, Paris
Miglio, M. (1975), *Storiografia pontificia del quattrocento*, Bologna
Mollat, G. (1951), 'Contribution à l'histoire du sacré collège de Clément V à Eugène IV', *Revue d'histoire ecclésiastique* 46: 22–112
Notar Giacomo (1945), *Cronica di Napoli*, ed. P. Garzilli, Naples
Nunziante, E. (1898), *I primi anni di Ferdinando d'Aragona e l'invasione di Giovanni d'Angiò (1458–1464)*, Naples
Palermino, R.J. (1980), 'The Roman Academy', *Archivum historiae pontificiae*, 18: 117–56
Paltroni, P. (1966), *Commentari della vita e gesti dell'Illustrissimo Federico, duca d'Urbino*, ed. W. Tommasoli, Urbino
Partner, P. (1958), *The papal state under Martin V. The administration and government of the temporal power in the early fifteenth century*, London
Partner, P. (1960), 'The "budget" of the Roman Church in the Renaissance period', in E.F. Jacob (ed.), *Italian Renaissance studies*, London, pp. 256–78
Partner, P. (1972), *The lands of St. Peter. The papal state in the Middle Ages and the early Renaissance*, London
Partner, P. (1990), *The pope's men. The papal civil service in the Renaissance*, Oxford
Partner, P. (1991), 'The papal state: 1417–1600', in M. Greengrass (ed.), *Conquest and coalescence. The shaping of the state in early modern Europe*, London, pp. 25–47
Pastor, L. von (1891–1911), *The history of the popes from the close of the Middle Ages*, I–V, trans. F.I. Antrobus and R. Kerr, London
Petrone, P. di Lello (1910), *La Mesticanza*, ed. F. Isoldi, Rerum Italicarum Scriptores, n.s., Bologna
Pius II (1984), *Commentarii rerum memorabilium*, ed. L. Totaro, Milan
Pillinini, G. (1970), *Il sistema degli stati Italiani, 1454–1494*, Venice
Pontieri, E. (1963), *La Calabria a metà del secolo XV e le rivolte di Antonio Centelles*, Naples
Pontieri, E. (1969), *Ferrante d'Aragona re di Napoli*, Naples
Pontieri, E. (1975), *Alfonso il Magnanimo, re di Napoli 1435–1458*, Naples
Pontieri, E. (1979), *Il comune dell'Aquila nel declino del medioevo*, L'Aquila
Porzio, D. (1964), *La congiura dei baroni contra il re Ferdinando il primo*, ed. E. Pontieri, Naples
Prodi, P. (1988), *Papal prince – one body and two souls. The papal monarchy in early modern Europe*, Cambridge

Pullan, B. (1973), *A history of early Renaissance Italy*, London
Re, N. del (1970), *La curia romana*, Rome
Ryder, A. (1965), 'The evolution of imperial government in Naples under Alfonso V of Aragon', in J. Hale, R. Highfield and B. Smalley (eds.), *Europe in the late Middle Ages*, London, pp. 332–57
Ryder, A. (1976), *The kingdom of Naples under Alfonso the Magnanimous*, Oxford
Ryder, A. (1990), *Alfonso the Magnanimous, king of Aragon, Naples and Sicily, 1396–1458*, Oxford
Santoro, M. (1988), 'Humanism in Naples', in A. Rabil (ed.), *Renaissance humanism*, I, Philadelphia, pp. 296–331
Schiappoli, I. (1940–1), 'La marina degli Aragonesi di Napoli', *Archivio storico per le provinci napoletane* 65: 7–65; 66: 7–36
Società Editrice Storia di Napoli (1969–74), *Storia di Napoli*, III and IV, Naples
Thomson, J.A.F. (1980), *Popes and princes, 1417–1517. Politics and polity in the late medieval Church*, London
Trinchera, F. (1866–72), *Codice aragonese*, Naples
Volterra, Jacopo Gherardi da (Volterrano) (1904), *Il diario romano*, ed. E. Carusi, Rerum Italicarum Scriptores, n.s., Città di Castello
Westfall, C.W. (1974), *In this most perfect paradise. Alberti, Nicholas V and the invention of conscious urban planning in Rome, 1447–55*, University Park, Pa.

第二十四章　伊比利亚半岛
第一节　阿拉贡

Primary sources

Belluga, Pere, *Speculum principum*, Venice (1580)
Cortes de los antiguos reinos de Aragón, Valencia y Principado de Cataluña, 27 vols., Real Academia de la Historia, Madrid (1896–1922)
Eiximenis, Francesc, *El regiment de la cosa pública*, ed. P. Daniel de Molins de Rei, Els nostres clàssics, 13, Barcelona (1927)
Parlaments a les corts catalans, ed. R. Albert and J. Gassiot, Els nostres clàssics, 19–20, Barcelona (1950)
Turell, Gabriel, *Recort*, ed. E. Bagué, Els nostres clàssics, 67, Barcelona (1950)
Zurita, Jerónimo, *Anales de la corona de Aragón*, ed. A. Canellas López, 9 vols., Saragossa (1967–85)

Secondary works

General works

Bisson, T.N. (1986), *The medieval crown of Aragon. A short history*, Oxford
Dualde Serrano, M. and Camarena Mahiques, J. (1971), *El compromiso de Caspe*, Valencia
Elias de Tejada, F. (1963–5), *Historia del pensamiento político catalán*, I: *La Cataluña clásica*; II: *Mallorca y Menorca clásicas*; III: *La Valencia clásica*, Seville
Hillgarth, J.N. (1976–8), *The Spanish kingdoms, 1250–1516*, 2 vols., Oxford
Lalinde Abadía, J. (1979), *La corona de Aragón en el Mediterráneo medieval (1229–1479)*, Saragossa

957 Menéndez Pidal, R. (1964), 'El Compromiso de Caspe, autodeterminación de un pueblo (1410–12)', in *Historia de España*, ed. R. Menéndez Pidal, XV, Madrid, pp. ix–clxiv

Soldevila, F. (1971), *El Compromís de Casp (Resposta al Sr. Menéndez Pidal)*, 2nd edn, Barcelona

Suárez Fernández, L. (1969), *La España de los reyes católicos (1474–1516) (Historia de España*, ed. R. Menéndez Pidal, XVII), 2 vols., Madrid

Suárez Fernández, L. (1980), *Los Trastámara y la unidad española (1369–1517) (Historia general de España y América*, ed. L. Suárez Fernández, V), Madrid

Suárez Fernández, L., Canellas López, A. and Vicens Vives, J. (1964), *Los Trastámaras de Castilla y Aragón en el siglo XV (Historia de España*, ed. R. Menéndez Pidal, XV), Madrid

Vicens Vives, J. (1956), *Els Trastàmares*, Barcelona

Vilar, P. (1956–9) 'Le déclin catalan du bas moyen âge. Hypothèses sur sa chronologie', *Estudios de historia moderna* 6: 1–68

Regional studies

Catalonia

Batlle Gallart, C. (1988), *L'expansió baix-medieval (segles XIII–XV) (Història de Catalunya*, ed. P. Vidal, III), Barcelona

Martínez Ferrando, E. (1936), *Pere de Portugal 'rei dels Catalans' vist a través dels registres de la seva cancelleria*, Barcelona

Martínez Ferrando, E. (1966), *Baixa edat mitjana (segles XII–XV) (Història dels Catalans*, ed. F. Soldevila, III), Barcelona

Salrach, J.M. and Duran, E. (1982), *Història dels països catalans. Dels orígens a 1714*, Barcelona

Soldevila, F. (1962), *Història de Catalunya*, 2nd edn, 3 vols., Barcelona

Aragon

Lacarra, J.M. (1972), *Aragón en el pasado*, Madrid

Sarasa Sánchez, E. (1986), *Aragón en el reinado de Fernando I (1412–16)*, Saragossa

Valencia

Belenguer Cebrià, E. (1976), *València en la crisi del segle XV*, Barcelona

Belenguer Cebrià, E. (ed.) (1989), *Història del país valencià, de la conquista a la federació hispànica*, Barcelona

Sicily

Bresc, H. (1986), *Un monde méditerranéen. Economie et société en Sicile, 1300–1450*, Palermo and Rome

Corrao, P. (1991), *Governare un regno. Potere, società e istituzioni in Sicilia fra Trecento e Quattrocento*, Naples

D'Alessandro, V. (1989), *La Sicilia dal Vespro all'unità d'Italia (Storia d'Italia*, ed. G. Galasso, XVI), Turin

Individual rulers

Boscolo, A. (1954), *La politica italiana di Ferdinando I d'Aragona*, Cagliari
Boscolo, A. (1962), *La politica italiana di Martino il Vecchio, re d'Aragona*, Padua
Ryder, A. (1990), *Alfonso the Magnanimous, king of Aragon, Naples and Sicily, 1396–1458*, Oxford
Vicens Vives, J. (1936–7), *Ferran II i la ciutat de Barcelona (1479–1516)*, 3 vols. Barcelona
Vicens Vives, J. (1952), *Fernando el Católico, principe de Aragón, rey de Sicilia*, Madrid
Vicens Vives, J. (1953), *Juan II de Aragón (1398–1479). Monarquía y revolución en la España del siglo XV*, Barcelona
Vicens Vives, J. (1962), *Historia crítica de la vida y reinado de Fernando II de Aragón*, Saragossa

Institutions

Les corts a Catalunya (1991), Actes del congrés d'història institucional, Barcelona, 1988, Barcelona
Cruselles, E. (1989), *El maestre racional de Valencia. Función política y desarollo administrativo del oficio público en el siglo XV*, Valencia
Lalinde Abadía, J. (1963), *La gubernación general de la corona de Aragón*, Madrid and Saragossa
Lalinde Abadía, J. (1978), 'Los parlamentos y demas instituciones representativas', in *Relazioni, IX Congresso di storia della corona d'Aragona*, Naples, pp. 103–79
Lalinde Abadía, J. (1980), 'El pactismo en los reinos de Aragón y de Valencia', in *El pactismo en la historia de España*, Madrid, pp. 113–39
Sánchez Aragonés, L.M. (1994), *Cortes, monarquía y ciudades en Aragón durante el reinado de Alfonso el Magnánimo (1416–1458)*, Saragossa
Sánchez Aragonés, L.M. (ed.) (1993), *Estudios sobre renta, fiscalidad y finanzas en la Cataluña bajomedieval*, Barcelona
Sesma Muñoz, J.A. (1976), 'Las generalidades del reino de Aragón. Su organización a mediados del siglo XV', *Anuario de historia del derecho español* 46: 393–467
Sesma Muñoz, J.A. (1977), *La diputación del reino de Aragón en la época de Fernando II (1479–1516)*, Saragossa
Sevillano Colóm, F. (1965), 'Cancillerías de Fernando I de Antequera y de Alfonso V el Magnánimo', *Anuario de historia del derecho español* 35: 169–216
Udina Martorell, F. (1978), 'La organización político-administrativa de la corona de Aragón de 1416 a 1516', in *Relazioni, IX Congresso di storia della corona d'Aragona*, Naples, pp. 49–83
Vallet de Goytisolo, J. (1980), 'Valor jurídico de las leyes paccionadas en el Principado de Cataluña', in *El pactismo en la historia de España*, Madrid, pp. 75–110

Economy and society

Batlle Gallart, C. (1973), *La crisis social y económica de Barcelona a mediados del siglo XV*, 2 vols., Barcelona
Bonassie, P. (1975), *La organización del trabajo en Barcelona a fines del siglo XV*, Barcelona
Carrère, C. (1967), *Barcelone, centre économique à l'époque des difficultés, 1380–1462*, 2 vols., Paris and The Hague

959 Del Treppo, M. (1972), *I mercanti catalani e l'espansione della corona d'Aragona nel secolo XV*, 2nd edn, Naples; trans. *Els mercaders catalans i l'expansió de la corona catalano-aragonesa*, Barcelona (1976)

Freedman, P.H. (1988), *Assaig d'història de la pagesia catalana (segles XI–XV)*, Barcelona

Furió, A. (ed.) (1985), *València un mercat medieval*, Valencia

Guiral-Hadziiossif, J. (1986), *Valence, port méditerranéen au XV siècle (1410–1525)*, Paris

Hamilton, E.J. (1936), *Money, prices and wages in Valencia, Aragon and Navarre, 1351–1500*, Cambridge, Mass.

Küchler, W. (1983), *Die Finanzen der krone Aragon während des 15 Jahrhunderts. Alfons V und Johann II*, Münster and Westfalen

Manca, C. (1966), *Aspetti dell'espansione economica catalano-aragonese nel Mediterraneo occidentale. Il commercio internazionale del sale*, Milan

Santamaria Arandez, A. (1966), *Aportación al estudio de la economia de Valencia durante el siglo XV*, Valencia

Sarasa Sánchez, E. (1979), 'La condición social de los vassallos de señorio en Aragón durante el siglo XV: criterios de identidad', *Aragón en la edad media* 2: 203–44

Sesma Muñoz, J.A. (1979), 'Trayectoria económica de la hacienda del reino de Aragón en el siglo XV', *Aragón en la edad media* 2: 171–201

Sobrequés i Vidal, S. and Sobrequés i Callicó, J. (1973), *La guerra civil catalana del segle XV. Estudis sobre la crisi social i econòmica de la Baixa Edat Mitjana*, 2 vols., Barcelona

Usher, A.P. (1943), *The early history of deposit banking in Mediterranean Europe*, Cambridge, Mass.

Vicens Vives, J. (1945), *Historia de los remensas en el siglo XV*, Barcelona

第二节 卡斯蒂尔与纳瓦拉

Primary sources

Chacón, Gonzalo, *Crónica de don Alvaro de Luna*, ed. J. de Mata Carriazo, Madrid (1940)

Díez de Games, *El Victorial, crónica de Don Pero Niño, conde de Buelna, por su alférez Gutierre Díez de Games*, ed. J. de Mata Carriazo, Madrid (1940)

Galíndez de Carvajál, Lorenzo, *Anales breves del reinado de los reyes católicos D. Fernando y Doña Isabel de gloriosa memoria*, in C. Rossel (ed.), *Crónicas de los reyes de Castilla*, III, Biblioteca de autores españoles, 70, Real Academia Española, Madrid (1953)

Historia de los hechos del marqués de Cádiz (1443–1488), Colección de documentos inéditos para la historia de España, 106, Madrid (1893)

Perez de Guzmán, Fernán, *Generaciones ye semblanzas*, ed. R.B. Tate, London (1965)

The travels of Leo of Rozmital through Germany, Flanders, England, France, Spain, Portugal and Italy, trans. and ed. M. Letts, Hakluyt Society, second series 108, Cambridge (1957)

Secondary works

General

García de Cortazar, J.A. (1973), *La época medieval*, Madrid

Hillgarth, J.N. (1976–8), *The Spanish kingdoms, 1250–1516*, 2 vols., Oxford

Iradiel, P., Moreta, S. and Sarasa, E. (1989), *Historia medieval de la España cristiana*, Madrid
Lacarra, J.M. (1972–3), *Historia política del reino de Navarra en la edad media*, 3 vols., Pamplona
Leroy, B. (1985), *Navarre au moyen âge*, Paris
Lewis, A.R. and McGann, T.F. (1963), *The New World looks at its history*, Austin
MacKay, A. (1977), *Spain in the Middle Ages*, London
O'Callaghan, J.F. (1975), *A history of medieval Spain*, London
Valdeón Baruque, J. (1968), *El reino de Castilla en la edad media*, Bilbao

Regional

Arié, R. (1973), *L'Espagne musulmane au temps des Nasrides (1239–1492)*, Paris
Benito Ruano, E. (1961), *Toledo en el siglo XV*, Madrid
García de Cortazar, J.A. (1966), *Vizcaya en el siglo XV*, Bilbao
Ladero Quesada, M.A. (1969), *Granada. Historia de un país islámico (1232–1571)*, Madrid
Ladero Quesada, M.A. (1975), *Andalucía en el siglo XV. Estudios de historia politica*, Madrid
Lopes de Coca Castañer, J.E. (1977), *La tierra de Málaga a fines del siglo XV*, Granada
Torres Fontes, J. (1973), *Don Pedro Fajardo, adelantado mayor de Murcia*, Madrid

Particular aspects

Azcona, T. de (1964), *Isabel la Católica. Estudio crítico de su vida y su reinado*, Madrid
MacKay, A. (1985), 'Ritual and propaganda in fifteenth-century Castile', *P&P* 107: 3–43
Philips, W.D. (1978), *Enrique IV and the crisis of fifteenth-century Castile*, Cambridge, Mass.
Round, N. (1986), *The greatest man uncrowned. A study of the fall of Don Alvaro de Luna*, London
Russell, P.E. (1955), *The English intervention in Spain and Portugal in the time of Edward III and Richard II*, Oxford
Suárez Fernández, L. (1959), *Navegación y comercio en el golfo de Vizcaya*, Madrid
Suárez Fernández, L. (1975), *Nobleza y monarquía*, 2nd edn, Valladolid
Vicens Vives, J. (1953), *Juan II de Aragón (1398–1479)*, Barcelona

Institutions

Bermúdez Aznar, A. (1974), *El corregidor en Castilla durante la baja edad media (1348–1474)*, Murcia
Las cortes de Castilla y León en la edad media (1988), 3 vols., Valladolid
García de Valdeavellano, L. (1970), *Curso de historia de las instituciones españolas. De los orígines al final de la edad media*, Madrid
González Alonso, B. (1970), *El corregidor castellano (1348–1808)*, Madrid
González Alonso, B. (1981), *Sobre el estado y la administración de la corona en Castilla en el siglo XV*, Madrid
Ladero Quesada, M.A. (1973), *La hacienda real de Castilla en el siglo XV*, La Laguna
Ladero Quesada, M.A. (1982), *El siglo XV en Castilla. Fuentes de renta y política fiscal*, Barcelona
Ladero Quesada, M.A. (1993), *Fiscalidad y poder real en Castilla (1252–1369)*, Madrid

961 Pérez Bustamante, R. (1976), *El gobierno y la administración territorial de Castilla (1270–1474)*, 2 vols., Madrid

Piskorski, W. (1977), *Las cortes de Castilla en el período de tránsito de la edad media a la moderna (1188–1520)*, Barcelona

Economy and society

Asenjo González, M. (1986), *Segovia. La ciudad y su tierra a fines del medioevo*, Segovia

Baer, Y. (1966), *A history of the Jews in Christian Spain*, 2 vols., Philadelphia

Bandas y querellas dinásticas en España al final de la edad media (1991), Biblioteca Española, Paris

Beinart, H. (1981), *Conversos on trial. The Inquisition in Ciudad Real*, Jerusalem

Benito Ruano, E. (1961), *Toledo en el siglo XV*, Madrid

Bernal, A.M., Collantes de Terán, A. and García-Baquero, A. (1978), 'Sevilla: de los gremios a la industrialización', *Estudios de historia social* 5–6: 7–307

Bishko, C.J. (1963), 'The Castilian as plainsman. The medieval ranching frontier in La Mancha and Extremadura', in A.R. Lewis and T.F. McGann (eds.), *The New World looks at its history*, Austin

Borrero Fernández, M. (1983), *El mundo rural sevillano en el siglo XV. Aljarafe y Ribera*, Seville

Cabrera Muñoz, E. (1977), *El condado de Belalcázar, 1444–1518*, Cordoba

Cabrillana, N. (1968), 'La crisis del siglo XIV en Castilla: la Peste Negra en el obispado de Palencia', *Hispania* 109: 245–58

Cabrillana, N. (1969), 'Salamanca en el siglo XV: nobles y campesinos', *Cuadernos de historia. Anexos de Hispania* 3: 255–95

Carrasco, J. (1973), *La población de Navarra en el siglo XIV*, Pamplona

Casado, H. (1988), *Señores, mercaderes y campesinos. La comarca de Burgos a fines de la edad media*, Valladolid

Chacón-Jiménez, F. (1979), *Murcia en la centuria del Quinientos*, Murcia

Childs, W.R. (1978), *Anglo-Castilian trade in the later Middle Ages*, Manchester

Collantes de Terán, A. (1976), 'Le latifundium sévillan aux XIVe et XVe siècles', *Mélanges de la Casa de Velázquez* 12: 101–25

Collantes de Terán, A. (1977a), *Sevilla en la baja edad media. La ciudad y sus hombres*, Seville

Collantes de Terán, A. (1977b), 'Nuevas poblaciones del siglo XV en el reino de Sevilla', *Cuadernos de historia* 7: 283–336

Estepa, C., Ruiz, T., Bonachía, J.A. and Casado, H. (1984), *Burgos en la edad media*, Burgos

García de Cortazar, J.A. (1966), *Vizcaya en el siglo XV. Aspectos económicos y sociales*, Bilbao

Gerbet, M.-C. (1972), 'Les guerres et l'accès à la noblesse en Espagne de 1456 à 1592', *Mélanges de la Casa de Velázquez* 7: 295–326

Gerbet, M.-C. (1977–9), 'La population noble dans le royaume de Castille vers 1500', *Anales de historia antigua y medieval* 3: 78–99

Gerbet, M.-C. (1979), *La noblesse dans le royaume de Castille. Etude sur ses structures en Estrémadure de 1454 à 1516*, Paris

González Jiménez, M. (1973), *El concejo de Carmona a fines de la edad media*, Seville

Gutierrez Nieto, J.I. (1977), 'Semántica del término Comunidad antes de 1520: las asociaciones juramentadas de defensa', *Hispania* 136: 319–67

Hamilton, E.J. (1936), *Money, prices and wages in Valencia, Aragon and Navarre, 1351–1500*, Cambridge, Mass.
Iradiel, P. (1974), *Evolución de la industria textil castellana en los siglos XIII–XVI*, Salamanca
Kamen, H. (1965), *The Spanish Inquisition*, London
Klein, J. (1920), *The Mesta*, Cambridge, Mass.
MacKay, A. (1972), 'Popular movements and pogroms in fifteenth-century Castile', *P&P* 55: 33–67
MacKay, A. (1981), *Money, prices and politics in fifteenth-century Castile*, London
MacKay, A. (1986), 'The lesser nobility in the kingdom of Castile', in M. Jones (ed.), *Gentry and lesser nobility in later medieval Europe*, Gloucester and New York, pp. 159–80
MacKay, A. (1990), 'Faction and civil strife in late medieval Castilian towns', *BJRULM* 72: 119–31
MacKay, A. and McKendrick, G. (1986), 'The crowd in theatre and the crowd in history: Fuenteovejuna', *Renaissance Drama* n.s. 17: 125–47
Martínez Moro, J. (1977), *La renta feudal en la Castilla del siglo XV. Los Stuñigas*, Valladolid
Milhou, A. (1983), *Colón y su mentalidad mesiánica en el ambiente franciscanista español*, Valladolid
Netanyahu, B. (1966), *The marranos of Spain from the late fourteenth to the early sixteenth century*, New York
Phillips, J.R.S. (1988), *The medieval expansion of Europe*, Oxford
Ponsot, P. (1980), 'Un cas de croissance démographique précoce: la Basse-Andalousie au XVe et au début du XVIe siècle', *Annales de démographie historique* 4: 143–53
Prosperi, A. (1992), 'New Heaven and New Earth; prophecy and propaganda at the time of the discovery and conquest of the Americas', in M. Reeves (ed.), *Prophetic Rome in the high Renaissance period*, Oxford
Quintanilla, M.C. (1979), *Nobleza y señoríos en el reino de Córdoba. La casa de Aguilar (siglos XIV y XV)*, Cordoba
Rucquoi, A. (1987), *Valladolid en la edad media*, 2 vols., Valladolid
Suárez Fernández, L. (1980), *Judíos españoles en la edad media*, Madrid

The cultural context

Black, A. (1970), *Monarchy and community. Political ideas in the later conciliar controversy*, Cambridge
Black, A. (1992), *Political thought in Europe, 1250–1450*, Cambridge
Burns, J.H. (1992), *Lordship, kingship and empire, 1400–1525*, Oxford
Deyermond, A.D. (1971), *The Middle Ages*, London and New York
Gilman, S. (1972), *The Spain of Fernando de Rojas. The intellectual and social landscape of 'La Celestina'*, Princeton
Lawrance, J.N.H. (1990), 'Humanism in the Iberian peninsula', in A. Goodman and A. MacKay (eds.), *The impact of humanism on western Europe*, London and New York
Round, N.G. (1962), 'Renaissance culture and its opponents in fifteenth-century Castile', *Modern Language Review* 57: 204–15
Russell, P.E. (1978), *Temas de 'La Celestina' y otros estudios del 'Cid' al 'Quijote'*, Barcelona
Tate, R.B. (1970), *Ensayos sobre la historiografía peninsular del siglo XV*, Madrid
Tate, R.B. (1977), 'Political allegory in fifteenth-century Spain', *Journal of Hispanic Philology* 1: 169–86

第三节　葡萄牙

Secondary works

Coelho, M.H. de C. and Magalhães, J.R. (1986), *O poder concelhio (das origens às cortes constituintes)*, Coimbra
Godinho, V.M. (1962), *A economia dos descobrimentos henriquinos*, Lisbon
Godinho, V.M. (1990), *Mito e mercadoria, utopia e prática de navegar (séculos XIII–XVIII*, Lisbon
Gonçalves, I. (1964), *Pedidos e empréstimos públicos em Portugal durante a idade média*, Lisbon
Hespanha, A.M. (1982), *História das instituições (Épocas medieval e moderna)*, Coimbra
Homem, A.L.C. (1990), *O desembargo régio (1320–1433)*, Oporto
Livro dos conselhos de el-rei D. Duarte (1982), ed. J.J. Alves Dias, Lisbon
Marques, A.H. de O. (1986), *Portugal na crise dos séculos XIV e XV* (*Nova história de Portugal*, ed. J. Serrão and A.H. de O. Marques, IV), Lisbon
Marques, J. (1988), *A arquidiocese de Braga no século XV*, Lisbon
Mattoso, J. (1985), *Identificaçao de um país. (Ensaio sobre as origens de Portugal, 1096–1325)*, 2 vols., Lisbon
Moreno, H.C.B. (1979), *A batalha de Alfarrobeira*, 2 vols., Coimbra
Resende, Garcia de (1973), *Crónica de D. Joao II e miscelânea*, Lisbon
Sousa, A. de (1982), 'As cortes de Leiria-Santarém de 1433', *Estudos medievais* 2: 71–224
Sousa, A. de (1983), 'Conflitos entre o bispo e a câmara do Porto nos meados do século XV', *Boletim cultural da câmara municipal do Porto* 2nd series 1: 9–103
Sousa, A. de (1984), 'A morte de D. João I (um tema de propaganda dinástica)', in *Lucerna*, Número de homenagem a D. Domingos de Pinho Brandão, pp. 417–87
Sousa, A. de (1985), 'O discurso político dos concelhos nas cortes de 1385', *Revista da faculdade de Letras [Oporto]: história* 2nd series 2: 9–44
Sousa, A. de (1989a), 'O parlamento na época de D. João II', *Actas do congresso internacional Bartolomeu Dias e a sua época*, I, Oporto, pp. 231–61
Sousa, A. de (1989b), 'A estratégia política dos municípios no reinado de D. João II', *Revista da faculdade de Letras [Oporto]: história* 2nd series 6: 137–74
Sousa, A. de (1990), *As cortes medievais portuguesas (1385–1480)*, 2 vols., Oporto
Sousa, A. de (1993), 'A monarquia feudal (1325–1480)', in J. Mattoso (ed.), *História de Portugal*, II, Lisbon, pp. 310–556
Zurara, Gomes Eanes de (1978), *Crónica do conde D. Duarte de Meneses*, ed. L. King, Lisbon

第二十五章　瑞士联邦

Secondary works

Ammann, H. (1955), 'Das schweizerische Städtewesen des Mittelalters in seiner wirtschaftlichen und sozialen Ausprägung', in *Recueils de la Société Jean Bodin*, VII: *La ville*, Brussels, pp. 483–529
Andenmatten, B. and De Raemy, D. (eds.) (1990), *La maison de Savoie en pays de Vaud*, Lausanne

Baum, W. (1993), *Die Habsburger in den Vorlanden, 1386–1486. Krise und Höhepunkt der habsburgischen Machtstellung in Schwaben am Ausgang des Mittelalters*, Vienna

Baum, W. (1994), *Reichs- und Territorialgewalt (1273–1437). Königtum, Haus Oesterreich und Schweizer Eidgenossen im späten Mittelalter*, Vienna

Berger, H. (1978), *Der Alte Zürichkrieg im Rahmen der europäischen Politik. Ein Beitrag zur 'Aussenpolitik' Zürichs in der ersten Hälfte des 15. Jahrhunderts*, Zurich

Bergier, J.-F. (1990), *Die Wirtschaftsgeschichte der Schweiz, Von den Anfängen bis zur Gegenwart*, Zurich

Bibliographie der Schweizergeschichte (1913–), ed. Schweizerische Landesbibliothek, Berne and Zurich

Bickel, A. (1978), *Die Herren von Hallwil im Mittelalter, Beitrag zur schwäbisch–schweizerischen Adelsgeschichte*, Aarau

Bickel, A. (1982), *Willisau. Geschichte von Stadt und Umland bis 1500*, 2 vols., Lucerne

Bierbrauer, P. (1991), *Freiheit und Gemeinde im Berner Oberland 1300–1700*, Berne

Black, A. (1979), *Council and commune. The conciliar movement and the fifteenth-century heritage*, London

Blickle, P. (1973), *Landschaften im Alten Reich. Die staatliche Funktion des gemeinen Mannes in Oberdeutschland*, Munich

Blickle, P. (1981), *Deutsche Untertanen. Ein Widerspruch*, Munich

Blickle, P. (1985), *Gemeindereformation. Die Menschen des 16. Jahrhunderts auf dem Weg zum Heil*, Munich

Blickle, P. (1990), 'Friede und Verfassung, Voraussetzungen und Folgen der Eidgenossenschaft von 1291', in *Innerschweiz und frühe Eidgenossenschaft. Jubiläumsschrift 700 Jahre Eidgenossenschaft*, I: *Verfassung, Kirche, Kunst*, ed. Historischer Verein der Fünf Orte, Olten, pp. 13–202

Bodmer, J.-P. (1976), *Chroniken und Chronisten im Spätmittelalter*, Berne

Brady, T.A., Jr (1985), *Turning Swiss. Cities and Empire, 1450–1550*, Cambridge

Brändli, P.J. (1986), 'Mittelalterliche Grenzstreitigkeiten im Alpenraum', *Mitteilungen des historischen Vereins des Kantons Schwyz* 78: 19–188

Bundi, M. (1982), *Zur Besiedlungs- und Wirtschaftsgeschichte Graubündens im Mittelalter*, Chur

Castelnuovo, G. (1994), *Seigneurs et lignages dans le pays de Vaud. Du royaume de Bourgogne à l'arrivée des Savoie*, Lausanne

Chiesi, G. (1988), *Bellinzona ducale. Ceto dirigente e politica finanziaria nel Quattrocento*, Bellinzona

Contamine, P. (1984), *War in the Middle Ages*, Oxford

De Capitani, F. (1982), *Adel, Bürger und Zünfte im Bern des 15. Jahrhunderts*, Berne

Dierauer, J. (1907–20), *Geschichte der Schweizerischen Eidgenossenschaft*, 5 vols., Gotha

Dietrich, C. (1985), *Die Stadt Zürich und ihre Landgemeinden während der Bauernunruhen von 1489 und 1525*, Frankfurt am Main and Zurich

Dubuis, P. (1990), *Une économie alpine à la fin du moyen âge. Orsières, l'Entremont et les régions voisines, 1250–1500*, 2 vols., Sion

Dürr, E. (1933), *Die Politik der Eidgenossen im XIV. und XV. Jahrhundert. Eidgenössische Grossmachtpolitik im Zeitalter der Mailänderkriege*, Berne

Durrer, R. (1917–21), *Bruder Klaus. Die ältesten Quellen über den seligen Nikolaus von Flüe, sein Leben und seinen Einfluss*, 2 vols., Sarnen

965 Esch, A. (1988), 'Alltag der Entscheidung. Berns Weg in den Burgunderkrieg', *Berner Zeitschrift für Geschichte und Heimatkunde* 50: 3–64

Esch, A. (1990), 'Mit Schweizer Söldnern auf dem Marsch nach Italien. Das Erlebnis der Mailänderkriege 1510–1515 nach bernischen Akten', *Quellen und Forschungen aus italienischen Archiven und Bibliotheken* 70: 348–440

Feller, R. and Bonjour, E. (1962), *Geschichtsschreibung der Schweiz*, I: *Vom Spätmittelalter zur Neuzeit*, Basle

Gasser, A. (1930), *Entstehung und Ausbildung der Landeshoheit im Gebiete der Schweizerischen Eidgenossenschaft. Ein Beitrag zur Verfassungsgeschichte des deutschen Mittelalters*, Aarau

Gasser, A. (1932), *Die territoriale Entwicklung der schweizerischen Eidgenossenschaft, 1291–1797*, Aarau

Gasser, A. (1973), 'Ewige Richtung und Burgunderkriege. Zur Klärung einer alten Streitfrage', *Schweizerische Zeitschrift für Geschichte* 23: 697–749

Geschichte der Schweiz und der Schweizer / Nouvelle histoire de la Suisse et des suisses / Nuova Storia della Svizzera e degli svizzeri (1986), ed. B. Mesmer, J.-C. Favez and R. Broggini, I, 2nd edn, Basle

Geschichte des Kantons Zürich, I: *Frühzeit bis Spätmittelalter* (1995), Zurich

Gilomen, H.-J. (1982), 'Die städtische Schuld Berns und der Basler Rentenmarkt im 15. Jahrhundert', *Basler Zeitschrift für Geschichte und Altertumskunde* 82: 5–69

Gössi, A. (1978), 'Die Verwaltung der Stadt Luzern und ihr Schriftgut im späten 14. Jahrhundert', in *Luzern 1178–1978. Beiträge zur Geschichte der Stadt*, Lucerne, pp. 171–97

Guenée, B. (1971), *L'Occident aux XIVe et XVe siècles. Les états*, Paris; English trans., *States and rulers in later medieval Europe* (1985), Oxford

Handbuch der Schweizer Geschichte (1980), ed. H. Helbling *et al.*, I, 2nd edn, Zurich

Head, R.C. (1995), *Early modern democracy in the Grisons. Social order and political language in a Swiss mountain canton, 1470–1620*, Cambridge

Helmrath, J. (1987), *Das Basler Konzil, 1431–1449. Forschungsstand und Probleme*, Cologne

Helvetica Sacra (1972–), Berne

Historischer Atlas der Schweiz (1958), ed. H. Ammann and K. Schib, 2nd edn, Aarau

Holenstein, A. (1991), *Die Huldigung der Untertanen. Rechtskultur und Herrschaftsordnung (800–1800)*, Stuttgart and New York

Im Hof, U. (1974), *Geschichte der Schweiz*, Stuttgart

Innerschweiz und Frühe Eidgenossenschaft. Jubiläumsschrift 700 Jahre Eidgenossenschaft (1990), ed. Historischer Verein der Fünf Orte, 2 vols., Olten

Köppel, C. (1986), 'Wirtschaftliche Reorganisation in einer geistlichen Grundherrschaft als Prozess regionaler Integration am Beispiel des Fraumünsters in Zürich (1418–1525)', in F. Seibt and W. Eberhardt (eds.), *Europa 1500. Integrationsprozess im Widerstreit, Staaten, Regionen, Personenverbände, Christenheit*, Stuttgart, pp. 247–61

Körner, M. (1981), *Luzerner Staatsfinanzen 1415–1798. Strukturen, Wachstum, Konjunkturen*, Lucerne

Lutz, E.C. (1990), *Spiritualis fornicatio. Heinrich Wittenwiler, seine Welt und sein 'Ring'*, Sigmaringen

Marchal, G.P. (1986), *Sempach 1386. Von den Anfängen des Territorialstaates Luzern. Beiträge zur Frühgeschichte des Kantons Luzern*, Basle

Marchal, G.P. (1987a), 'Die Antwort der Bauern. Elemente und Schichtungen des eidgenössischen Geschichtsbewusstseins am Ausgang des Mittelalters', in H. Patze (ed.), *Geschichtsschreibung und Geschichtsbewusstsein im Spätmittelalter*, Sigmaringen, pp. 757–90

Marchal, G.P. (1987b), 'Die Schweiz von den Anfängen bis 1499', in F. Seibt (ed.), *Europa im Hoch- und Spätmittelalter*, Stuttgart, pp. 533–45

Marchal, G.P. (1990), 'Die "Alten Eidgenossen" im Wandel der Zeiten. Das Bild der frühen Eidgenossen im Traditionsbewusstsein und in der Identitätsvorstellung der Schweizer vom 15. bis in 20. Jahrhundert', in *Innerschweiz und frühe Eidgenossenschaft. Jubiläumsschrift 700 Jahre Eidgenossenschaft*, II: *Gesellschaft, Alltag, Geschichtsbild*, ed. Historischer Verein der Fünf Orte, Olten, pp. 307–403

Marchal, G.P. (1991), 'Die schweizerische Geschichtsforschung und die österreichische Herrschaft: Ergebnisse und Fragen', in P. Rück (ed.), *Die Eidgenossen und ihre Nachbarn im Deutschen Reich des Mittelalters*, Marburg an der Lahn, pp. 15–36

Marchal, G.P. (1992), 'Das Mittelalter und die nationale Geschichtsschreibung der Schweiz', in S. Burghartz *et al.* (eds.), *Spannungen und Widersprüche. Gedenkschrift für František Graus*, Sigmaringen, pp. 91–108

Maurer, H. (1991), *Schweizer und Schwaben. Ihre Begegnung und ihr Auseinanderleben am Bodensee im Spätmittelalter*, Constance

Meier, B. and Sauerländer, D. (1995), *Das Surbtal im Spätmittelalter. Kulturlandschaft und Gesellschaft einer ländlichen Region 1250 bis 1550*, Aarau

Meyer, W. (1990), 'Siedlung und Alltag. Die mittelalterliche Innerschweiz aus der Sicht des Archäologen', in *Innerschweiz und frühe Eidgenossenschaft. Jubiläumsschrift 700 Jahre Eidgenossenschaft*, II: *Gesellschaft, Alltag, Geschichtsbild*, ed. Historischer Verein der Fünf Orte, Olten, pp. 235–305

Mommsen, K. (1985), *Eidgenossen, Kaiser und Reich. Studien zur Stellung der Eidgenossenschaft innerhalb des heiligen römischen Reiches*, Basle

Morard, N. (1982), 'Auf der Höhe der Macht (1394–1536)', in *Geschichte der Schweiz und der Schweizer*, I, pp. 211–352

Moraw, P. (1986), 'Reich, König und Eidgenossen im späten Mittelalter', *Jahrbuch der Historischen Gesellschaft Luzern* 4: 15–33

Niederstätter, A. (1995), *Der alte Zürichkrieg. Studien zum österreichisch–eidgenössischen Konflikt, sowie zur Politik König Friedrichs III. in den Jahren 1440 bis 1446*, Vienna, Cologne and Weimar

Ochsenbein, P. (1979), 'Beten "mit zertanen armen" – ein alteidgenössischer Brauch', *Schweizerisches Archiv für Volkskunde* 75: 129–72

Oechsli, W. (1891), *Die Anfänge der Schweizerischen Eidgenossenschaft. Zur Säkularfeier des ersten Bundes vom 1. August 1291*, Zurich

Othenin-Girard, M. (1994), *Ländliche Lebensweise und Lebensformen im Spätmittelalter. Eine wirtschafts- und sozialgeschichtliche Untersuchung der nordwestschweizerischen Herrschaft Farnsburg*, Basle

Paravicini, W. and Kruse, H. (eds.) (1995), *Der Briefwechsel Karls des Kühnen (1433–1477)*, 2 vols., Frankfurt am Main and Berlin

Peyer, H.C. (1975), 'Wollgewerbe, Viehzucht, Solddienst und Bevölkerungsentwicklung in Stadt und Landschaft Freiburg i. Ue. vom 14. bis 16. Jahrhundert', in H. Kellenbenz (ed.), *Agrarische Nebengewerbe und Formen der Reagrarisierung im Spätmittelalter und 19./20. Jahrhundert*, Stuttgart, pp. 79–95

Peyer, H.C. (1976), 'Die Anfänge der schweizerischen Aristokratien', in K. Messmer

967 and P. Hoppe (eds.), *Luzerner Patriziat. Sozial- und wirtschaftsgeschichtliche Studien zur Entstehung und Entwicklung im 16. und 17. Jahrhundert*, Lucerne, pp. 1–28

Peyer, H.C. (1978), *Verfassungsgeschichte der alten Schweiz*, Zurich

Peyer, H.C. (1980), 'Die Entstehung der Eidgenossenschaft', in *Handbuch der Schweizer Geschichte*, I, pp. 161–238

Peyer, H.C. (1981), 'Die Schweizer Wirtschaft im Umbruch in der zweiten Hälfte des 15. Jahrhunderts', in F. Elsener *et al.* (eds.), *500 Jahre Stanser Verkommnis; Beiträge zu einem Zeitbild*, Stans, pp. 59–70

Peyer, H.C. (1982), 'Die wirtschaftliche Bedeutung der fremden Dienste für die Schweiz vom 15. zum 18. Jahrhundert', in H.C. Peyer, *Könige, Stadt und Kapital; Aufsätze zur Wirtschafts- und Sozialgeschichte des Mittelalters*, ed. L. Schmugge, R. Sablonier and K. Wanner, Zurich, pp. 219–31

Rippmann, D. (1990), *Bauern und Städter. Stadt-Land-Beziehung im 15. Jahrhundert; Das Beispiel Basel, unter besonderer Berücksichtigung der Nahmarktbeziehungen und der sozialen Verhältnisse im Umland*, Basle

Robinson, P. (1995), *Die Fürstabtei St. Gallen und ihr Territorium 1463–1529*, St Gallen

Rogger, D. (1989), *Obwaldner Landwirtschaft im Spätmittelalter*, Sarnen

Romer, H. (1995), *Herrschaft, Reislauf und Verbotspolitik. Beobachtungen zum rechtlichen Alltag der Zürcher Solddienstbekämpfung im 16. Jahrhundert*, Zurich

Rück, P. (ed.) (1991), *Die Eidgenossen und ihre Nachbarn im Deutschen Reich des Mittelalters*, Marburg an der Lahn

Sablonier, R. (1979a), *Adel im Wandel. Eine Untersuchung zur sozialen Situation des ostschweizerischen Adels um 1300*, Göttingen

Sablonier, R. (1979b), 'Etat et structures militaires dans la Confédération autour des années 1480', in *Cinq-centième anniversaire de la Bataille de Nancy (1477)*, Actes du colloque organisé par l'Institut de Recherches Regionales en Sciences Sociales de l'Université de Nancy II, 1977, Nancy

Sablonier, R. (1982), 'Zur wirtschaftlichen Situation des Adels im Spätmittelalter', in *Adelige Sachkultur des Spätmittelalters*, Internationaler Kongress Krems an der Donau, 1980, Vienna, pp. 9–34

Sablonier, R. (1985a), 'Rittertum, Adel und Kriegswesen im Spätmittelalter', in J. Fleckenstein (ed.), *Das ritterliche Turnier im Mittelalter. Beiträge zu einer vergleichenden Formen- und Verhaltensgeschichte des Rittertums*, Göttingen, pp. 532–67

Sablonier, R. (1985b), 'Die Burgunderkriege und die europäische Politik', in A. Schmid (ed.), *Die grosse Burgunder Chronik des Diebold Schilling von Bern, 'Zärcher Schilling'. Kommentar zur Faksimile-Ausgabe der Handschrift Ms A5 der Zentralbibliothek Zürich*, Lucerne, pp. 39–49

Sablonier, R. (1990), 'Innerschweizer Gesellschaft im 14. Jahrhundert: Sozialstruktur und Wirtschaft', in *Innerschweiz und frühe Eidgenossenschaft. Jubiläumsschrift 700 Jahre Eidgenossenschaft*, II: *Gesellschaft, Alltag, Geschichtsbild*, ed. Historischer Verein der Fünf Orte, Olten, pp. 9–23

Sablonier, R. (1994), 'Die Grafen von Rapperswil: Kontroversen, neue Perspektiven und ein Ausblick auf die "Gründungszeit" der Eidgenossenschaft um 1300', *Der Geschichtsfreund* 147: 5–44

Schaufelberger, W. (1966), *Der alte Schweizer und sein Krieg. Studien zur Kriegführung vornehmlich im 15. Jahrhundert*, 2nd edn, Zurich

Schaufelberger, W. (1980), 'Spätmittelalter', in *Handbuch der Schweizer Geschichte*, I, pp. 238–388

Schlumpf, V. (1969), *Die frumen edlen puren. Untersuchung zum Stilzusammenhang zwischen den historischen Volksliedern der Alten Eidgenossenschaft und der deutschen Heldenepik*, Zurich

Schmid, R. (1995), *Reden, rufen, Zeichen setzen. Politisches Handeln während des Berner Twingherrenstreits 1469–1471*, Zurich

Schnyder, W. (1925), *Die Bevölkerung der Stadt und Landschaft Zürich vom 14. bis 17. Jahrhundert. Eine methodologische Studie*, Zurich

Schorer, C. (1989), 'Berner Ämterbefragungen. Untertanenrepräsentation und -Mentalität im ausgehenden Mittelalter', *Berner Zeitschrift für Geschichte und Heimatkunde* 51: 217–53

Sieber-Lehmann, C. (1995), *Spätmittelalterlicher Nationalismus. Die Burgunderkriege am Oberrhein und in der Eidgenossenschaft*, Göttingen

Siegrist, J.J. (1952), 'Beiträge zur Verfassungs- und Wirtschaftsgeschichte der Herrschaft Hallwil', *Argovia* 64: 5–523

Sonderegger, S. (1987), 'Wirtschaftliche Regionalisierung in der spätmittelalterlichen Nordostschweiz. Am Beispiel der Wirtschaftsführung des Heiliggeistspitals St. Gallen', *Schriften des Vereins für Geschichte des Bodensees und seiner Umgebung* 105: 19–37

Sonderegger, S. (1994), *Landwirtschaftliche Entwicklung in der spätmittelalterlichen Nordostschweiz. Eine Untersuchung ausgehend von den wirtschaftlichen Aktivitäten des Heiliggeist-Spitals St. Gallen*, St Gallen

Stettler, B. (1979), 'Habsburg und die Eidgenossenschaft um die Mitte des 14. Jahrhunderts', *Schweizerische Zeitschrift für Geschichte* 29: 750–64

Stettler, B. (1985), 'Der Sempacher Brief von 1393 – ein verkanntes Dokument aus der älteren Schweizergeschichte', *Schweizerische Zeitschrift für Geschichte* 35: 1–20

Stettler, B. (1988), 'Landfriedenswahrung in schwieriger Zeit – Zürichs äussere Politik zu Beginn des 15. Jahrhunderts', *Schweizerische Zeitschrift für Geschichte* 38: 45–61

Suter, B. (1977), *Arnold von Winkelried, der Heros von Sempach. Die Ruhmesgeschichte eines Nationalhelden*, Stans

Tremp, E. (1990), 'Buchhaltung des Jenseits. Das Buss- und Ablasswesen in der Innerschweiz im späteren Mittelalter', *Der Geschichtsfreund* 143: 103–44

Vaughan, R. (1973), *Charles the Bold. The last Valois duke of Burgundy*, London

Vismara, G., Cavanna, A. and Vismara, P. (1990), *Ticino medievale. Storia di una terra lombarda*, Locarno

Wackernagel, H.G. (1956), *Altes Volkstum der Schweiz. Gesammelte Schriften zur historischen Volkskunde*, Basle

Walder, E. (1983), 'Das torechte Leben von 1477 in der bernischen Politik 1477 bis 1481', *Berner Zeitschrift für Geschichte und Heimatkunde* 45: 73–134

Walder, E. (1994), *Das Stanser Verkommnis. Ein Kapitel eidgenössischer Geschichte*, Stans

Weishaupt, M. (1992), *Bauern, Hirten und 'frume edle puren'. Bauern- und Bauernstaatsideologie in der spätmittelalterlichen Eidgenossenschaft und der nationalen Geschichtsschreibung der Schweiz*, Basle

Zahnd, U.M. (1979), *Die Bildungsverhältnisse in den bernischen Ratsgeschlechtern im ausgehenden Mittelalter. Verbreitung, Charakter und Funktion der Bildung in der politischen Führungsschicht einer spätmittelalterlichen Stadt*, Berne

Zangger, A. (1987), 'Zur Verwaltung der St. Galler Klosterherrschaft unter Abt Ulrich

Rösch', in W. Vogler (ed.), *Ulrich Rösch, St. Galler Fürstabt und Landesherr. Beiträge zu seinem Wirken und seiner Zeit*, St Gallen, pp. 151–78

Zehnder, L. (1976), *Volkskundliches in der älteren schweizerischen Chronistik*, Basle

第二十六章 斯堪的纳维亚诸国
（约1390—约1536）

Primary sources

Aktstykker vedrørende Erik of Pommerns afsættelse som konge af Danmark, ed. A. Hude, Copenhagen (1897; repr. 1971)

Den danske rigslovgivning 1397–1513, ed. Å. Andersen, Copenhagen (1989)

Den danske rigslovgivning 1513–1523, ed. Å. Åndersen, Copenhagen (1991)

Secondary works

Note: (D)=Danish; (N)=Norwegian; (S)=Swedish

Ahnlund, N. (1944), 'Till diskussionen om 1400-talets svenska riksmöten', *Historisk Tidskrift* (S) 64: 1–28

Albrectsen, E. (1981), *Herredømmet over Sønderjylland 1375–1404. Studier over Hertugdømmets lensforhold og indre opbygning på dronning Margrethes tid*, Copenhagen

Aldener, G. (1946–8), 'Kronologiska synspunkter på Amund Sigurdssons Bolts uppror', *Historisk Tidsskrift* (N) 34: 407–22

Anderson, I. (1960), *Sveriges historia*, 5th edn, Stockholm

Anthoni, E. (1955), 'Drottning Margaretas frälseräfst i Finland', *Historisk Tidskrift för Finland* 40: 1–31

Arup, E. (1902–4), 'Den finansielle side af erhvervelsen af hertugdømmerne 1460–1487', *Historisk Tidsskrift* (D) 7 (4): 317–88, 399–489

Authen Blom, G. (ed.), (1977) *Urbaniseringsprosessen i norden I*, Oslo, Bergen and Tromsø

Benedictow, O.J. (1974), 'Knut Alvsson og hans vei till opprør', *Historisk Tidsskrift* (N) 53: 122–47

Benedictow, O.J. (1977), *Norges historie*, V: *1448–1536*, Oslo

Bergsland, K. (1970), 'Om middelalderens Finnmarker', *Historisk Tidsskrift* (N) 49: 365–409

Bergström, R. (1943), *Studier till den stora krisen i nordens historia 1517–1523*, Uppsala

Beyer, M. (1975), 'Den norske tronfølgeutviklingen 1319–1450', *Historisk Tidsskrift* (N) 54: 181–224

Bruun, H. (1932–4), 'Var udstederne af Opsigelsesbrevet af 23. Juni 1439 alle Rigsraader?', *Historisk Tidsskrift* (D) 10 (2): 84–92

Bruun, H. (1960–2), 'Biskop Jens Andersen (Lodehat) som oppositionsfører', *Historisk Tidsskrift* (D) 11 (6): 427–66

Bruun, H. (1960–2), 'Kalundborgvidissen 1425 af Kalmarunionsbrevet 1397', *Historisk Tidsskrift* (D) 11 (6): 521–73

Carlsson, G. (1915), *Hemming Gadh. En statsman och prelat från Sturetiden. Biografisk studie*, Uppsala

Carlsson, G. (1938), 'König Erich der Pommer und sein baltischer Imperialismus', *Baltische Studien*, Neue Folge, 40: 1–17

Carlsson, G. (1941), *Sveriges historia. Senare Medeltiden*, I: *Tidsskedet 1389–1448*, Stockholm

Carlsson, G. (1949a), 'Svante Nilssons Finlandsexpedition 1504 och Sören Norby', *Historisk Tidskrift* (S) 69: 41–50

Carlsson, G. (1949b), 'Några problem i Sturetidens historia', *Historisk Tidskrift* (S) 69: 229–53

Carlsson, G. (1955), *Kalmar recess 1483*, Historiskt Arkiv, III, Stockholm

Christensen, A.E. (1951–2), 'Erik af Pommerns danske kongemagt', *Scandia* 21: 44–60

Christensen, A.E. (1980), *Kalmarunionen og nordisk politik 1319–1439*, Copenhagen

Christensen, H. (1983), *Len og magt i Danmark 1439–1481*, Aarhus

Dahlerup, T. (1989), *Danmarks historie*, VI: *De fire stænder, 1400–1500*, Copenhagen

Enemark, P. (1957–8), 'Den økonomiske baggrund for de første oldenborgske kongers udenrigspolitik', *Jyske Samlinger Ny rk.* 4: 1–20

Enemark, P. (1982), 'Christian I og forholdet til Sverige 1448–1454', *Historie. Jyske Samlinger Ny rk.* 14: 440–92

Erslev, K. (1882), *Dronning Margrethe og Kalmarunionens grundlæggelse*, Copenhagen

Erslev, K. (1901), *Erik af Pommern, hans kamp for Sønderjylland og Kalmarunionens opløsning*, Copenhagen

Etting, V. (1986), *Margrete den Første*, Copenhagen

Friedland, K. (1991), *Die Hanse*, Stuttgart, Berlin and Cologne

Fritze, K. (1964), 'Dänemark und die hansische-holländische Konkurrenz in der Ostsee zu Beginn des 15. Jahrhunderts', *Wissenschaftliche Zeitschrift der Universität Greifswald*, Gesellschaftswissenschaftliche Reihe 13: 79–87

Fyllingsnes, F. (1990), *Undergongen til dei norrøne bygdene på Grønland i seinmellomalderen: eit forskningshistorisk oversyn*, Oslo

Gissel, S., Jutikkala, E., Österberg, E., Sandnes, J. and Teitsson, B. (1981), *Desertion and land colonisation in the Nordic countries c. 1300–1600. Comparative report from the Scandinavian research project on deserted farms and villages*, Det Nordiske Ødegårdsprojekt Publikation, 11, Stockholm

Gjerset, K. (1924), *History of Iceland*, New York

Gregersen, H.V. (1981), *Slesvig og Holsten før 1830*, Copenhagen

Hamre, L. (1946–8), 'Omkring stadfestingen av sættergjerden i 1458', *Historisk Tidsskrift* (N) 34: 205–19

Hoffmann, E. (1990), *Geschichte Schleswig-Holsteins*, IV, pt 2: *Spätmittelalter und Reformationszeit*, Neumünster

Hørby, K. (1989) *Danmarks historie*, V: *Velstands krise og tusind baghold, 1250–1400*, Copenhagen

Hørby, K. and Venge, M. (1980), *Danmarks historie, II, pt I: 1340–1559*, Copenhagen

Imsen, S. (1972), *Arv. Annammelse. Valg. En studie i norsk tronfølgerett i tidsrommet 1319–1450*, Oslo

Imsen, S. and Sandnes, J. (1977), *Norges historie*, IV: *1319–1448*, Oslo

Jutikkala, E. and Pirinen, K. (1978), *Histoire de la Finlande*, Neuchâtel

Keller, C. (1989), *The eastern settlement reconsidered. Some analyses of Norse medieval Greenland*, Oslo

Kjersgaard, E. (1970), *Danmarks historie*, IV: *1241–1448*, Copenhagen

971 Kjersgaard, E. and Hvidtfeldt, J. (1970), *Danmarks historie*, V: *1448–1533*, Copenhagen
Koht, H. (1956), *Dronning Margareta og Kalmarunionen*, Kriseår i norsk historie, 5, Oslo
Kongemagt og Samfund i Middelalderen. Festskrift til Erik Ulsig på 60–årsdagen 13 februar 1988 (1988), ed. P. Enemark *et al.*, Aarhus
Kraft, S. (1944), *Sveriges historia. Senare Medeltiden*, II: *Tidsskedet 1448–1520*, Stockholm
Kraft, S. (1971), *Tre senmedeltida godsorganisationer*, Skånsk senmedeltid och renässans, 9, Lund
Kumlien, K. (1953), *Sverige och hanseaterna. Studier i svensk politik och utrikeshandel*, Kungl. Vitterhets-, historie- och antikvitetsakademiens handlingar, Stockholm
Linton, M. (1971), *Drottning Margareta. Fullmäktig fru och rätt husbonde. Studier i Kalmarunionens förhistoria*, Studica Historia Gothoburgensia, XII, Stockholm
Linton, M. (1973), 'De ekonomiska förutsättningarna för drottning Margaretas politiska program', *Scandia* 39: 39–63
Lönnroth, E. (1938), 'Slaget på Brunkeberg och dess förhistoria', *Scandia* 11: 159–213
Lönnroth, E. (1969), *Sverige och Kalmarunionen 1397–1457*, 2nd edn, Studia Historica Gothoburgensia, X, Göteborg
Losman, B. (1970), *Norden och reformkonsilierna 1408–1449*, Studia Historica Gothoburgensia, XI, Göteborg
Losman, B. (1972), 'Drottning Margaretas ekonomi och donationspolitik', *Scandia* 38: 26–58
Lund, N. and Hørby, K. (1980), *Dansk socialhistorie*, II: *Samfundet i vikingetic og middelalder 800–1500*, Copenhagen
Lundbak, H. (1985), '. . . *Såfremt som vi skulle være deres lydige borgere'. Rådene i København og Malmø 1516–1536 og deres politiske virksomhed i det feudale samfund*, Odense
Mare Balticum. Beiträge zur Geschichte des Ostseeraums in Mittelalter und Neuzeit. Festschrift zum 65. Geburtstag von Erich Hoffmann (1992), ed. W. Paravicini *et al.*, Kieler Historische Studien, 36, Sigmaringen
Marmøy, R. (1963), *Vårt folks historie*, IV: *Gjennom Bølgedalen, 1387–1660*, Oslo
Middelalderstudier. Tilegnede Aksel E. Christensen på tresårsdagen 11 september 1966 (1966), ed. T.E. Chistiansen *et al.*, Copenhagen
Niitemaa, V. (1960), *Der Kaiser und die nordische Union bis zu den Burgunderkriegen*, Annales Academiae Scientiarum Fennicae, ser. B, CXVI, Helsinki
Den nordiske adel i senmiddelalderen. Struktur, funktioner og internordiske relationer (1971), Copenhagen
Olesen, J.E. (1980), *Rigsråd. Kongemagt. Union. Studier over det danske rigsråd og den nordiske kongemagts politik 1434–1449*, Aarhus
Olsson, G. (1946), 'Freden i Köpenhamn 1509', *Studier tillägnade Curt Weibull*, Göteborg, 313–35
Olsson, G. (1947), *Stat och kyrka i Sverige vid medeltidens slut*, Göteborg
Olsson, G. (1950), 'Sverige och Danmark 1501–1508', *Scandia* 20: 38–87
Olsson, G. (1953), 'Sverige och landet vid Göta älvs mynning under medeltiden', Göteborg Högskolas Årsskrift, 59, pt 3, Göteborg
Palme, S.U. (1949), *Riksföreståndarvalet 1512. Studier i nordisk politik og svensk statsrätt 1470–1523*, Uppsala Universitets Årsskrift 1949, 7, Uppsala
Palme, S.U. (1950a), 'Till den statsrättliga tolkningen av 1397 års acta', *Scandia* 20: 88–97
Palme, S.U. (1950b), *Sten Sture den äldre*, Stockholm

Pasternak, J. (1960), 'Erik af Pommern og købstadsforordningen af 1422, 15. februar', 972
  Scandia 26: 329–42
Petersen, E.L. (1968–9), 'Henrik Krummedige og Norge. Studier over Danmarks
  forhold til Norge 1523–1533', *Historisk Tidsskrift* (D) 12 (3): 1–82
Petersen, E.L. (1972), 'Frederik I, Tyge Krabbe og Vincens Lunge. Studier over den
  danske regerings norske politik 1525–30', *Historisk Tidsskrift* (N) 51: 101–49
Petersen, E.L. (1974), 'Monarchy and nobility in Norway in the period around 1500',
  Mediaeval Scandinavia 7: 126–55
Petersen, E.L. (1980), *Dansk socialhistorie*, III: *Fra standssamfund til rangssamfund 1500–1700*,
  Copenhagen
Poulsen, B. (1990), 'Slesvig før delingen i 1490. Et bidrag til senmiddelalderens finans-
  forvaltning', *Historisk Tidsskrift* (D) [15 (5)] 90: 38–63
*Profiler i nordisk senmiddelalder og renaissance. Festskrift til Poul Enemark. På tresårsdagen 13
  april 1983* (1983), ed. S.E. Green Pedersen *et al.*, Arusia-Historiske Skrifter, II, Aarhus
Rebas, H. (1976), *Infiltration och handel. Studier i senmedeltida nordisk Baltikumpolitik*, I: *Tiden
  omkring 1440–1479*, Göteborg
Rebas, H. (1977), 'Högadlig intressepolitik, slaget på S:t Jørgensbjerg och
  Köpenhamnstraktaterna År 1441', *Scandia* 43: 136–84
Riis, T. (1988), 'La Baltique et le monde baltique au XVe siècle', *Critica storica*, 25: 713–28
Riis, T. (1989), *Should auld acquaintance be forgot . . . Scottish–Danish relations c. 1450–1707*, 2
  vols., Odense
Riis, T. (ed.) (1995), *Studien zur Geschichte des Ostseeraumes im 15. Jahrhundert*, Odense
Rosén, J. (1950), 'Drottning Margaretas svenska räfst', *Scandia* 20: 169–246
Rosén, J. (1969), *Svensk historia*, I: *Tiden före 1718*, 3rd edn, Stockholm
Sällström, Å.M. (1951), *Aristokrati och hierarki i det medeltida Sverige*, I: *Studier kring
  Kalmarmötet år 1397*, Lund
Schandt, R.H. (1975), 'The Gotland campaign of the Teutonic knights, 1398–1408',
  Journal of Baltic Studies 6: 247–58
Schreiner, J. (1934–6), 'Norges overgang fra arverike til valgrike', *Historisk Tidsskrift* (N)
  30: 312–31
Schreiner, J. (1935), *Hanseatene og Norges nedgang*, Oslo
Schreiner, J. (1941), *Hanseatene og Norge i det 16. århundre*, Oslo
Schreiner, J. (1948), *Pest og prisfall i senmiddelalderen. Et problem i norsk historie*,
  Avhandlinger utgitt av Det Norske Videnskaps-Akademi i Oslo, II, Historisk-
  filosofisk klasse 1948, no. 1, Oslo
Schreiner, J. (1952), 'Hærmakt og riksstyre', *Historisk Tidsskrift* (N) 36: 99–139
Schreiner, J. (1956), 'Hyllingsbrevene fra 1389', *Historisk Tidsskrift* (N) 37: 333–46
Sjöberg, E. (1966–7), 'Odenseprivilegiet af 1527', *Historisk Tidsskrift* (D) 12 (2): 337–62
Skyum-Nielsen, N. (1955–7), 'Ærkekonge og ærkebiskop. Nye træk i dansk kirkehisto-
  rie 1376–1536', *Scandia* 23: 1–101
Skyum-Nielsen, N. (1964), *Blodbadet i Stockholm og dets juridiske maskering*, Copenhagen
Sundström, H. (1974), 'Bebyggelseutvecklingen i Övre Norrland under senmedelti-
  den', *Scandia* 40: 192–205
Tuck, A. (1972), 'Some evidence for Anglo-Scandinavian relations at the end of the
  fourteenth century', *Mediaeval Scandinavia* 5: 75–88
Venge, M. (1972), *Christian 2.s fald. Spillet om magten i Danmark januar–februar 1523*, Odense

973　Venge, M. (1977), *'När vinden föjer sig . . .' Spillet om magten i Danmark marts-december 1523*, Odense
Werlich, R.-G (1989), 'Königtum und Städte in Dänemark, 1340–1439', dissertation, University of Greifswald
Westergaard, W. (1932), 'The Hansa towns and Scandinavia on the eve of Swedish independence', *JModH* 4: 349–60
Westergaard, W. (1937), 'Denmark, Russia, and the Swedish revolution, 1480–1503', *Slavonic Review* 16: 129–40
Westin, G.T. (1948–49), 'Striden kring riksföreståndarvalen 1512', *Scandia* 19: 214–65
Westin, G.T. (1958), *Riksföreståndaren och makten. Politiska utvecklingslinier i Sverige 1512–1517*, Skrifter utgivna av K. Vetenskapssocieteten i Lund, 52, Lund
Westin, G.T. (1971), *Maktkamp i senmedeltidens Sverige: uppsatser och studier*, Stockholm
Wie Andersen, L. et al. (1975), *Uppsala-Overenskomsten 1520: Magtstruktur og magtkamp i Sverige, januar–oktober 1520*, Odense
Wieselgren, G. (1949), *Sten Sture d. Y. och Gustav Trolle*, Lund
Wittendorff, A. (1989), *Danmarks historie*, VII: *På Guds og Herskabs nåde, 1500–1600*, Copenhagen
Würtz Sørensen, J. (1983), *Bondeoprør i Danmark 1438–1441*, Odense
Yrwing, H. (1958), 'Lybeck, de nordiska rikena och konungavalet i Strängnäs 1523', *Scandia* 24: 194–254
Yrwing, H. (1966), 'Frän riksföreståndarvalet 1470 till slaget vid Brunkeberg', *Scandia* 32: 124–68
Yrwing, H. (1968), 'Sten Sture, Ivar Axelsson och unionsfrågan 1471–1484', *Scandia* 34: 100–63
Yrwing, H. (1970), 'Ivar Axelssons fall', *Scandia* 36: 17–45
Yrwing, H. (1979), 'Baltisk intressepolitik och den nordjydska bonderesningen 1441', *Scandia* 45: 205–22
Yrwing, H. (1986), 'Kampen om Östersjömarknaderna under 1500-talets första decennier', *Scandia* 52: 5–38

第二十七章　匈牙利：王室和贵族阶层

Primary sources

Bonfini, Antonius, *Rerum ungaricarum decades*, ed. I. Fógel, L. Juhász, B. Iványi, 4 vols., Budapest (1941–62)
Decreta regni Hungariae. Gesetze und Verordnungen Ungarns 1301–1457, ed. F. Döry, G. Bónis and V. Bácskai, Budapest (1976)
Decreta regni Hungariae. Gesetze und Verordnungen Ungarns 1458–1490, ed. F. Döry, G. Bónis, G. Érszegi and S. Teke, Budapest (1989)
The laws of medieval Hungary. Decreta regni mediævalis Hungariæ, III, 1301–1457, ed. and trans. J.M. Bak, P. Engel and J.R. Sweeney, Salt Lake City (1992)
The laws of medieval Hungary. Decreta regni mediævalis Hungariæ, II, 1458–90, ed. and trans. J.M. Bak, L.S. Domonkos and P.B. Harvey, Los Angeles (1995)
Monumenta rusticorum in Hungaria rebellium anno MDXIV, coll. A. Fekete-Nagy, ed. V. Kenéz, L. Solymosi and G. Érszegi, Budapest (1979)

Thurócz, Johannes de, *Chronica Hungarorum*, ed. E. Galántai, J. Kristó and E. Mályusz, 2 vols. in 3, Budapest (1985–8)
Vitéz de Zredna, Johannes, *Opera quæ supersunt*, ed. I. Boronkai, Budapest (1980)
Zsigmondkori oklevéltár (Calendar for the age of Sigismund), ed. E. Mályusz, 2 vols. in 3 (to 1411 so far), Budapest (1954–   )

Secondary works

Bak, J.M. (1973), *Königtum und Stände in Ungarn im 14.–16. Jh.*, Wiesbaden
Bak, J.M. (1987), 'Monarchie im Wellental: Materielle Grundlagen des ungarischen Königtums im fünfzehnten Jahrhundert', in R. Schneider (ed.), *Das spätmittelalterliche Königtum im europäischen Vergleich*, Sigmaringen, Vorträge und Forschungen, 32, pp. 347–84
Bak, J.M. (1991), 'The Hungary of Matthias Corvinus', *Bohemia: A Journal for Central European History* 31: 339–49
Bak, J.M. and Király, B.K. (eds.) (1982), *From Hunyadi to Rakocki. War and society in late medieval and early modern Hungary*, Brooklyn, N.Y.
Bernath, M. (ed.) (1980), *Historische Bücherkunde Südosteuropa*, I, 2, Munich, pp. 755–1227
Birnbaum, M.D. (1981), *Janus Pannonius. Poet and politician*, Zagreb
Bónis, G. (1965a), 'The Hungarian feudal diet: 13th to 18th centuries', in *Recueils de la Société Jean Bodin*, XXV: *Gouvernés et gouvernants*, Brussels
Bónis, G. (1965b), 'Ständisches Finanzwesen in Ungarn im frühen 16. Jahrhundert', in *Nouvelles études historiques publiées à l'occasion du XII*e *Congrès international des sciences historiques*, Budapest, I, pp. 83–103
Csapodi, C. and Csapodi-Gárdonyi, K. (1982), *Bibliotheca Corviniana*, Budapest
Fine, J.V.A. (1987), *The late medieval Balkans. A critical survey from the late twelfth century to the Ottoman conquest*, Ann Arbor
Fügedi, E. (1986a), *Castle and society in medieval Hungary (1000–1437)*, Budapest
Fügedi, E. (1986b), *Kings, bishops, nobles and burghers in medieval Hungary*, ed. J.M. Bak, London
Held, J. (1977), 'Military reform in early fifteenth-century Hungary', *East European Quarterly* 11: 129–39
Klaniczay, T. and Jankovics, J. (eds.) (1994), *Matthias Corvinus and the humanism in central Europe*, Budapest
Kubinyi, A. (1977), 'Die Wahlkapitulationen Wladislaws II. in Ungarn', in R. Vierhaus (ed.), *Herrschaftsverträge, Wahlkapitulationen, Fundamentalgesetze*, Göttingen
Kubinyi, A. (1991), 'Stände und Staat in Ungarn in der zweiten Hälfte des 15. Jh.s', *Bohemia: A Journal for Central European History* 31: 312–25
Mályusz, E. (1965), 'Les débuts du vote de la taxe par les ordres dans la Hongrie féodale', in *Nouvelles études historiques publiées à l'occasion du XII*e *Congrès international des sciences historiques*, Budapest, I, pp. 55–82
Mályusz, E. (1990), *Kaiser Sigismund in Ungarn 1387–1437*, trans. A. Szmodits, Budapest
Marosi, E. (1991) 'Die "Corvinische Renaissance" in Mitteleuropa', *Bohemia: A Journal for Central European History* 31: 326–38
Nehring, K. (1989), *Matthias Corvinus, Kaiser Friedrich III. und das Reich. Zum hunyadisch-habsburgischen Gegensatz im Donauraum*, 2nd rev. edn, Munich

975 Perjés, G. (1989) *The fall of the medieval kingdom of Hungary. Mohács 1526–Buda 1541*, Boulder and Highland Lakes

Rady, M. (1985), *Medieval Buda. A study in municipal government and jurisdiction in the kingdom of Hungary*, Boulder

Rázsó, G. (ed.) (1990), *Hunyadi Mátyás*, Budapest

Russocki, S. (1979), 'Structures politiques dans l'Europe des Jagellon', *Acta Poloniae historica* 39: 101–42

Schallaburg -'82. Matthias Corvinus und die Renaissance in Ungarn (1982), Katalog des Niederösterreichischen Landesmuseum, 118, Vienna

Sugar, P.F. and Hanák, P. (eds.) (1990), *A history of Hungary*, Bloomington and Indianapolis, pp. 54–82

Szakály, F. (1979), 'Phases of Turco-Hungarian warfare before the battle of Mohács (1365–1526)', *Acta Orientalia Academiæ Scientiarum Hungaricæ* 23: 65–111

第二十八章　波兰王国与立陶宛大公国（1370—1506）

Secondary works

General books and syntheses

Bardach, J. and Kaczmarczyk, Z. (1964–6), *Historia państwa i prawa*, 2 vols., Warsaw

The Cambridge history of Poland (1950), ed. W.T. Reddaway, I, Cambridge

Dabrowski, J. (1926), 'Dzieje Polski średniowiecznej, 1333–1506', *Dzieje Polski Średniowiecznej*, Cracow

Halecki, O. (1983), *A history of Poland*, ed. A. Polonsky, London

Historia Polski (1964), ed. Institute of History, Polish Academy of Sciences, 4th edn, I–III, Warsaw

Kieniewicz, S. (ed.) (1975), *History of Poland*, 2nd edn, Warsaw

Kumor, B. and Obertyński, Z. (eds.) (1974), *Historia kosciola w Polsce*, I, Poznań

Polski slownik biograficzny (1936–) 33 vols., Cracow

Poland and Lithuania

Bardach, J. (1988), *O dawnej i niedawnej Litwie*, Poznań

Biskup, M. (1967), *Wojna Trzynastoletnia z Zakonem Krzyżackim*, Warsaw

Biskup, M. and Górski, K. (1987), *Kazimierz Jagiellonczyk. Zbiór studiów o Polsce drugiej połowy XV w.*, Warsaw

Biskup, M. and Labuda, G. (1986), *Dzieje Zakonu Krzyżackiego w Prusach*, Danzig

Bloockman, H. (1981), *Der Deutsche Orden. Zwölf Kapitel aus seiner Geschichte*, Munich

Ekdahl, S. (1982), *Die Schlacht bei Tannenberg 1410, Quellenskritische Untersuchungen*, I, Berlin

Gasiorowski, A. (ed.) (1984), *The Polish nobility in the Middle Ages*, Wrocław

Gieysztor, A. (ed.) (1972), *Polska dzielnicowa i zjednoczona. Panstwo, Spoleczeństwo, Kultura*, Warsaw

Halecki, O. (1919–20), *Dzieje Unii jagiellońskiej*, 2 vols., Cracow

Halecki, O. (1991), *Jadwiga of Anjou and the rise of east central Europe*, ed. T.V. Gromada, Boulder
Kłoczowski, J. (1984), *Europa słowiańska XIV–XV w.*, Warsaw
Krzyżaniakowa, J. and Ochmański, J. (1990), *Władysław II Jagiełło*, Wrocław
Kuczyński, S.K. (1987), *Wielka wojna z Zakonem Krzyżackim w latach 1410–1411*, 5th edn, Warsaw
Łowmiański, H. (1983), *Studia nad dziejami Wielkiego Księstwa Litewskiego*, Poznań
Ludwig, M. (1983), *Tendenzen und Erfolge der modernen polnischen spätmittelalterlichen Forschung unter besonderer Berücksichtigung der Stadtgeschichte*, Berlin
Nadolski, A. (1990), *Grunwald. Problemy wybrane*, Olsztyn
Ochmanski, J. (1986), *Dawna Litwa. Studia historyczne*, Olsztyn

第二十九章　俄国

Primary sources

Chronicles

Kuzmin, A.G., *Riazanskoe letopisanie*, Moscow (1965)
Likhachev, D.S., *Russkie letopisi i ikh kul'turno-istoricheskoe znachenie*, Moscow and Leningrad (1947)
Lur'e, I.S., *Dve istorii Rusi XV veka*, St Petersburg (1994)
Lur'e, I.S., 'Eshche raz o svode 1448 g. i Novgorodskoi Karamzinskoi letopisi', *Trudy Otdela drevnerusskoi literatury* 32 (1977), pp. 199–218
Lur'e, I.S., *Obshcherusskie letopisi XIV–XV vv.*, Leningrad (1976)
Lur'e, I.S., 'K probleme svoda 1448 g.', *Trudy Otdela drevnerusskoi literatury* 24 (1969), pp. 142–6
Murav'eva, L.L., *Letopisanie severo-vostochnoi Rusi kontsa XIII–nachala XV veka*, Moscow (1983)
Nasonov, A.N., *Istoriia russkogo letopisaniia XI–nachala XVIII veka*, Moscow (1969)
Nasonov, A.N., 'Letopisnye pamiatniki Tverskogo kniazhestva', *Izvestiia Akademii nauk SSSR. Seriia 7: Otdelenie gumanitarnykh nauk*, nos. 9–10 (1930), pp. 709–73
Nasonov, A.N., *Pskovskie letopisi*, 2 fascs., Moscow and Leningrad (1941–55)
Priselkov, M.D., *Istoriia russkogo letopisaniia XV–XV vv.*, Leningrad 1940)
Priselkov, M.D., 'Letopisanie Zapadnoi Ukrainy i Belorussii', *Uchenye zapiski Leningradskogo gosudarstvennogo universiteta. Seriia istoricheskikh nauk* 7, no. 67 (1940), pp. 5–24
Shakhmatov, A.A., *Obozrenie russkikh letopisnykh svodov XIV–XVI vv.*, Moscow and Leningrad (1938)
Shakhmatov, A.A., *Razyskaniia o drevneishikh russkikh letopisnykh svodakh*, St Petersburg (1908)
Zimin, A.A., *Russkie letopisi i khronografy kontsa XV–XVI vv. Uchebnoe posobie*, Moscow (1960)

977　*Other selected sources*

Akty feodal'nogo zemlevladeniia i khoziaistva XIV–XVI vekov, 3 vols., Moscow (1951–61)
Akty istoricheskie, I (1841), 5 vols., St Petersburg (1841–2); *Dopolneniia k Aktam istoricheskim*, 12 vols., St Petersburg (1846–72)
Akty istoricheskie, otn. k Rosii, izvlechennye iz inostrannykh arkhivov i bibliotek . . . A. K. Turgenevym, 3 vols., St Petersburg (1841–8); *Dopolneniia k Aktam istoricheskim . . . Turgenevym*, St Petersburg (1848)
Akty iuridicheskie, St Petersburg (1838)
Akty, otnosiashchiesia do iuridicheskogo byta drevnei Rossii, 3 vols., St Petersburg (1857–84)
Akty, otnosiashchiesia k istorii Iuzhnoi i Zapadnoi Rossii, 15 vols., St Petersburg (1846–92)
Akty, otnosiashchiesia k istorii Zapadnoi Rossii, I–II (1846–8), 5 vols., St Petersburg (1846–53)
Akty, sobrannye v bibliotekakh i arkhivakh Rossiiskoi imperii Arkheograficheskoiu ekspeditsieiu . . ., 4 vols., St Petersburg (1836)
Akty sotsial'no-ekonomicheskoi istorii severo-vostochnoi Rusi kontsa XIV–nachala XVI v., 3 vols., Moscow (1952–64)
Akty sotsial'no-ekonomicheskoi istorii severo-vostochnoi Rusi kontsa XIV–nachala XVI v.. Akty Solovetskogo monastyria, 1479–1571 gg., Leningrad (1988)
Beneshevich, V.N. (ed.), *Drevnerusskaia slavianskaia kormchaia XIV titulov bez tolkovanii*, St Petersburg (1906)
Buganov, V.I. (ed.), *Razriadnaia kniga 1475–1598 gg.*, Moscow (1966)
Bychkova, M.E. (ed.), *Novye rodoslovnye knigi XVI v.*, in *Redkie istochniki po istorii Rossii*, II Moscow (1977)
Dukhovnye i dogovornye gramoty velikikh i udel'nykh kniazei XIV–XVI vv., Moscow and Leningrad (1950)
Gramoty Velikogo Novgoroda i Pskova, Moscow (1949)
Kalachov, N.V. (ed.), *Pistsovye knigi Moskovskogo gosudarstva XVI v.*, I, pts 1–2, St Petersburg (1872–7)
Likhachev, N.P. (ed.), 'Inoka Fomy "Slovo pokhval'noe o blagovernom velikom kniaze Borise Aleksandroviche"', in *Pamiatniki drevnei pis'mennosti i iskusstva*, CLXVIII, St Petersburg (1908), pp. i–lx, 1–55
Nasonov, A.N. (ed.), *Pskovskie letopisi*, 2 fascs., Moscow (1941–51)
Nasonov, A.N. and Tikhomirov, M.N. (eds.) *Novgorodskaia pervaia letopis' starshego i mladshego izvodov*, Moscow and Leningrad (1950)
Novgorodskie pistsovye knigi, izdannye Arkheograficheskoiu kommissieiu, 6 vols., St Petersburg (1859–1915)
Pamiatniki diplomaticheskikh snoshenii drevnei Rossii s derzhavami inostrannymi, I (1851), 10 vols., St Petersburg (1851–71)
Pamiatniki literatury drevnei Rusi. XIV–seredina XV veka, Moscow (1981)
Pamiatniki literatury drevnei Rusi. Konets XV – pervaia polovina XVI veka, Moscow (1984)
Pamiatniki literatury drevnei Rusi. Vtoraia polovina XV veka, Moscow (1982)
Pamiatniki russkogo prava, I (1952), II (1953), III (1955), IV (1956), 8 vols., Moscow (1952–63)
Pamiatniki russkoi pis'mennosti XV–XVI vv. Riazanskii krai, Moscow (1978)
Polnoe sobranie russkikh letopisei, 38 vols. to date, St Petersburg and Moscow (1841–)

Priselkov, M.D. (ed.), *Troitskaia letopis'. Rekonstruktsiia teksta*, Moscow (1950)
Razriadnaia kniga 1475–1605 gg., 4 vols., in 10 pts to date, Moscow (1977–)
Rossiiskoe zakonodatel'stvo X–XX vekov v deviati tomakh, I (1984), II (1985), 9 vols., Moscow (1984–94)
Russkii feodal'nyi arkhiv XIV – pervoi treti XVI veka, Moscow (1986)
Sbornik Imp. Russkogo istoricheskogo obshchestva, XXXV (1882), XLI (1884), LIII (1885), LIX (1887), LXXI (1892), XCV (1895), 148 vols., St Petersburg and Petrograd (1866–1918)
Sobranie gosudarstvennykh gramot i dogovorov, I–II (1813–19), 5 vols., Moscow (1813–94)
Storozhev, V.N. (ed.), *Pistsovye knigi Riazanskogo kraia XVI–XVII vv.*, 1 vol. in 3 pts, Riazan' (1898–1904)
Tikhomirov, M.N. (ed.), *Zakon sudnyi liudem kratkoi redaktsii*, Moscow (1961)
Tikhomirov, M.N. and L.V. Milov (eds.), *Merilo pravednoe*, Moscow (1961)
Zakonodatel'nye akty Russkogo gosudarstva vtoroi poloviny XVI – pervoi poloviny XVII veka, Leningrad (1986)
Zakonodatel'nye akty Velikogo kniazhestva litovskogo XV–XVI vv., Leningrad (1936)

Secondary works

Political chronicles

Alef, G. (1983), *Rulers and nobles in fifteenth-century Muscovy*, London
Alef, G. (1986), *The origins of Muscovite autocracy. The age of Ivan III*, in *Forschungen zur osteuropäischen Geschichte* 39
Bazilevich, K. V. (1952), *Vneshniaia politika russkogo tsentralizovannogo gosudarstva. Vtoraia polovina XV v.*, Moscow
Bernadskii, V.N. (1961), *Novgorod i novgorodskaia zemlia v XV veke*, Moscow and Leningrad
Birnbaum, H. (1981), *Lord Novgorod the Great*, I, Columbus
Bychkova, M.E. (1975), *Rodoslovnye knigi XVI–XVII vv. kak istoricheskii istochnik*, Moscow
Cherepnin, L.V. (1948–51), *Russkie feodal'nye arkhivy XIV–XV vekov*, 2 vols., Moscow and Leningrad
Cherepnin, L.V. (1960), *Obrazovanie russkogo tsentralizovannogo gosudarstva v 14–15 vv.*, Moscow
Croskey, R.M. (1987), *Muscovite diplomatic practice in the reign of Ivan III*, New York and London
Crummey, R.O. (1987), *The formation of Muscovy, 1304–1613*, London and New York
Dollinger, P. (1970), *The German Hansa*, London
Fennell, J.L.I. (1963), *Ivan the Great of Moscow*, London
Floria, B.N. (1975), 'O putiakh politicheskoi tsentralizatsii Russkogo gosudarstva (na primere Tverskoi zemli)', in *Obshchestvo i gosudarstvo feodal'noi Rusi*, Moscow, pp. 281–90
Gnevushev, A.M. (1915), *Ocherki ekonomicheskoi i sotsial'noi zhizni sel'skogo naseleniia Novgorodskoi oblasti posle prisoedineniia Novgoroda k Moskve*, I, Kiev
Ianin, V.L. (1962), *Novgorodskie posadniki*, Moscow
Ianin, V.L. (1970), *Aktovye pechati drevnei Rusi X–XV vv.*, Moscow
Ianin, V.L. (1981), *Novgorodskaia feodal'naia votchina*, Moscow

979 *Istoriia Moskvy* (1952–9), 6 vols. in 7 pts, Moscow
Kafengauz, B.B. (1969), *Drevnii Pskov. Ocherki po istorii feodal'noi respubliki*, Moscow
Kashtanov, S.M. (1967), *Sotsial'no-politicheskaia istoriia Rossii kontsa XV–pervoi poloviny XVI v.*, Moscow
Kashtanov, S.M. (1988), *Finansy srednevekovoi Rusi*, Moscow
Kazakova, N.A. (1975), *Russko-livonskie i russko-ganzeiskie otnosheniia. Konets XIV–nachalo XVI v.*, Leningrad
Khoroshev, A.S. (1980), *Tserkov' v sotsial'no-politicheskoi sisteme novgorodskoi feodal'noi respubliki*, Moscow
Kliuchevskii, V.O. (1957), *Kurs russkoi istorii*, in *Sochineniia*, II, 8 vols., Moscow, 1956–9
Kobrin, V.B. (1985), *Vlast' i sobstvennost' v srednevekovoi Rossii (XV–XVI vv)*, Moscow
Kolankowski, L. (1930), *Dzieje wielkiego księstwa litewskiego za Jagiełłonów*, Warsaw
Langer, L. (1984), 'The *Posadnichestvo* of Pskov: some aspects of urban administration in medieval Russia', *Slavic Review* 43: 46–62
Lur'e, I.S. (1939), 'Rol' Tveri v sozdanii Russkogo natsional'nogo gosudarstva', *Uchenye zapiski Leningradskogo gosudarstvennogo universiteta. Seriia istoricheskikh nauk* 36: 75–92
Martin, J. (1983), 'Muscovy's northeastern expansion: the context and a cause', *Cahiers du monde russe et soviétique* 24: 459–70
Martin, J. (1995), *Medieval Russia, 980–1584*, Cambridge
Maslennikova, N.N. (1955), *Prisoedinenie Pskova k russkomu tsentralizovannomu gosudarstvu*, Leningrad
Nitsche, P. (1972), *Grossfurst und Thronfolger. Die Nachfolgepolitik der Moskauer Herrscher bis zum Ende des Rjurikidenhauses*, Cologne
Nosov, N.E. (1957), *Ocherki po istorii mestnogo upravleniia russkogo gosudarstva pervoi poloviny XVI v.*, Moscow
Ocherki istorii SSSR. Period feodalizma IX–XV vv. (1953), ed. B.D. Grekov *et al.*, 2 pts, Moscow
Presniakov, A.E. (1918a), *Moskovskoe tsarstvo*, Petrograd
Presniakov, A.E. (1918b), *Obrazovanie velikorusskogo gosudarstva*, Petrograd
Russ, H. (1975), *Adel und adelsoppositionen im Moskauer Staat*, Wiesbaden
Thompson, M.W. (1967), *Novgorod the Great*, New York
Tikhomirov, M.N. (1957), *Srednevekovaia Moskva v XIV–XV vekakh*, Moscow
Tikhomirov, M.N. (1966), *Srednevekovaia Rossiia na mezhdunarodnykh putiakh (XI–XV vv)*, Moscow
Vernadsky, G. (1959), *Russia at the dawn of the modern age*, New Haven and London
Zimin, A.A. (1960), *Reformy Ivana Groznogo*, Moscow
Zimin, A.A. (1972a), *Rossiia na poroge novogo vremeni*, Moscow
Zimin, A.A. (1982), *Rossiia na rubezhe XV–XVI stoletii*, Moscow
Zimin, A.A. (1988), *Formirovanie boiarskoi aristokratii v Rossii vo vtoroi polovine XV–pervoi treti XVI v.*, Moscow
Zimin, A.A. (1991), *Vitiaz' na raspute*, Moscow

Culture and ideology

Alef, G. (1966), 'The adoption of the Muscovite two-headed eagle: a discordant view', *Speculum* 41: 1–12
Andreyev, Nikolay (1977), 'Literature in the Muscovite period (1300–1700)', in R. Auty

and D. Obolensky, *An introduction to Russian language and literature*, Cambridge, pp. 90–110
Birnbaum, H. (1977), 'Lord Novgorod the Great: its place in medieval culture', *Viator* 8: 215–54
Borisov, N.S. (1986), *Russkaia tserkov' v politicheskoi bor'be XIV–XV vekov*, Moscow
Budovnits, I.U. (1947), *Russkaia publitsistika XVI veka*, Moscow and Leningrad
Bushkovitch, P. (1992), *Religion and society in Russia. The sixteenth and seventeenth centuries*, New York
D'iakonov, M.A. (1889), *Vlast' moskovskikh gosudarei. Ocherki iz istorii politicheskikh idei drevnei Rusi do kontsa XVI veka*, St Petersburg
Fedotov, G.P. (1966), *The Russian religious mind*, II: *The Middle Ages. The thirteenth to the fifteenth centuries*, Cambridge, Mass.
Gol'dberg, A.L. (1969), 'U istokov moskovskikh istoriko-politicheskikh idei XV v.', *Trudy Otdela drevnerusskoi literatury* 24: 147–50
Gol'dberg, A.L. (1975), 'Istoriko-politicheskie idei russkoi knizhnosti XV–XVII vekov', *Istoriia SSSR* 5: 60–77
Gol'dberg, A.L. (1983), 'Ideia "Moskva-tretii Rim" v tsikle sochinenii pervoi poloviny XVI v.', *Trudy Otdela drevnerusskoi literatury* 37: 139–49
Goldfrank, D.M. (1981), 'Moscow, the third Rome', in *Modern encyclopedia of Russian and Soviet history*, XXIII, pp. 118–21
Golubinskii, E.E. (1901–10), *Istoriia russkoi tserkvi*, 2 vols., in 4 pts, Moscow
Halperin, C. (1976), 'The Russian land and the Russian tsar: the emergence of Muscovite ideology, 1380–1408', *Forschungen zur osteuropäischen Geschichte* 23: 7–103
Karger, M.K. (1973), *Novgorod the Great. Architectural guidebook*, Moscow
Kartashev, A.V. (1959), *Ocherki po istorii russkoi tserkvi*, 2 vols., Paris
Kazakova, N.A. and Lur'e, I.S. (1955), *Antifeodal'nye ereticheskie dvizheniia na Rusi XIV–nachala XVI veka*, Moscow and Leningrad
Khoroshev, A.S. (1986), *Politicheskaia istoriia russkoi kanonizatsii (XI–XVI vv.)*, Moscow
Labunka, M. (1978), 'The legend of the Novgorodian white cowl', PhD dissertation, Columbia University
Lazarev, V.N. (1966), *Old Russian murals and mosaics from the XI to the XVI century*, London
Lazarev, V.N. (1976), *Novgorodskaia ikonopis'*, 2nd edn, Moscow
Lazarev, V.N. (1980), *Moskovskaia shkola ikonopisi*, Moscow
Levin, E. (1983), 'The role and status of women in medieval Novgorod', PhD dissertation, Indiana University
Likhachev, D.S. (1958), *Chelovek v literature drevnei Rusi*, Leningrad
Likhachev, D.S. (1967), *Poetika drevnerusskoi literatury*, Leningrad
Likhachev, D.S. (1973), *Razvitie russkoi literatury X–XVII vekov. Epokhi i stili*, Leningrad
Likhachev, D.S. (1987), *Velikii put'. Stanovlenie russkoi literatury, XI–XVII vekov*, Moscow
Lur'e, I.S. (1939), 'Rol' Tveri v sozdanii russkogo natsional'nogo gosudarstva', *Uchenye zapiski Leningradskogo gosudarstvennogo universiteta* 36: 85–109
Lur'e, I.S. (1960), *Ideologicheskaia bor'ba v russkoi publitsistike kontsa XV–nachala XVI veka*, Moscow and Leningrad
Makarii, Metropolitan of Moscow (1857–87), *Istoriia russkoi tserkvi*, 12 vols., St Petersburg
Nitsche, P. (1987), 'Translatio imperii? Beobachtungen zum historischen

981 Selbstverständnis im Moskauer Zartum um die Mitte des 16. Jahrhunderts', *Jahrbücher für Geschichte Osteuropas* 35: 321–38
Ocherki russkoi kul'tury XIII–XV vekov (1969), 2 pts, Moscow
Pautkin, A.A. (1989), 'Kharakteristika lichnosti v letopis'nykh kniazheskikh nekrologakh', in *Germenevtika drevnerusskoi literatury. XI–XVI veka*, Moscow, pp. 231–46
Pelenski, J. (1977), 'The origins of the official Muscovite claim to the "Kievan inheritance"', *Harvard Ukrainian Studies* 1: 29–52
Pelenski, J. (1983), 'The emergence of the Muscovite claims to the Byzantine–Kievan "imperial inheritance"', *Harvard Ukrainian Studies* 7: 520–31
Philipp, W. (1970), 'Die gedankliche Begründung der Moskauer Autokratie bei ihrer Entstehung (1458–1522)', *Forschungen zur osteuropäischen Geschichte* 15: 59–118
Philipp, W. (1983), 'Die religiöse Begründung der altrussischen Hauptstadt', *Forschungen zur osteuropäischen Geschichte* 33: 227–38
Rowland, D. (1979), 'The problem of advice in Muscovite tales about the Time of Troubles', *Russian History* 6: 259–83
Salmina, M.A. (1966), '"Letopisnaia povest" o Kulikovskoi bitve i "Zadonshchina"', in *'Slovo o polku Igoreve' i pamiatniki Kulikovskogo tsikla. K voprosu o vremeni napisaniia 'Slova'*, Moscow and Leningrad, pp. 344–84
Salmina, M.A. (1970), 'Slovo o zhitii i o prestavlenii velikogo kniazia Dmitriia Ivanovicha, tsaria Rus'kogo', *Trudy Otdela drevnerusskoi literatury* 25: 81–104
Salmina, M.A. (1974), 'K voprosu o datirovke "Skazaniia o Mamaevom poboishche"', *Trudy Otdela drevnerusskoi literatury* 29: 98–124
Salmina, M.A. (1977), 'Eschche raz o datirovke "Letopisnoi povesti" o Kulikovskoi bitve', *Trudy Otdela drevnerusskoi literatury* 32: 3–39
Slovar' knizhnikov i knizhnosti drevnei Rusi, I–II (1987–9), 3 vols. in 5 pts, Leningrad
Smirnova, E.E. (1989), *Moscow icons*, Oxford
Sobolevskii, A.I. (1899), *Zapadnoe vliianie na literaturu moskovskoi Rusi XV–XVII vekov*, St Petersburg
Stökl, G. (1981), 'Staat und Kirche im Moskauer Russland. Die vier Moskauer Wundertäter', *Jahrbücher für Geschichte Osteuropas* 29: 481–93
Szeftel, M. (1979), 'The title of the Muscovite monarch up to the end of the seventeenth century', *Canadian–American Slavic Studies* 13 nos. 1–2: 59–81
Tikhomirov, M.N. (1968), *Russkaia kul'tura X–XVIII vekov*, Moscow
Tikhomirov, N.I. and Ivanov, V.N. (1967), *Moskovskii kreml'. Istoriia arkhitektury*, Moscow
Val'denberg, V. (1916), *Drevnerusskie ucheniia o predalakh tsarskoi vlasti*, Petrograd
Zimin, A.A. (1972b), 'Antichnye motivy v russkoi publitsistike kontsa XV v.', in *Feodal'naia Rossiia vo vsemirnom istoricheskom protsesse*, Moscow, pp. 128–38

Governance

Abramovich, G.V. (1975), 'Pomestnaia sistema i pomestnoe khoziaistvo v Rossii v poslednei chetverti XV i XVI v.', doctoral dissertation, Leningrad
Bardach, J. (1970), *Studia z ustroju prawa Wielkiego księstwa litewskiego XIV–XVII w.*, Warsaw

Bazilevich, K.V. (1945), 'Novgorodskie pomeshchiki iz posluzhil'tsev v kontse XV v.', *Istoricheskie zapiski* 14: 62–80

Blum, J. (1969), *Lord and peasant in Russia from the ninth to the nineteenth century*, New York

Cherepnin, L.V. (1940), 'Iz istorii drevnerusskikh feodal'nykh otnoshenii XIV–XVI vv.', *Istoricheskie zapiski* 9: 31–78

Chernov, A.V. (1954), *Vooruzhennye sily Russkogo gosudarstva v XV–XVII vv.*, Moscow

Dewey, H.W. (1987), 'Political *Poruka* in Muscovite Rus'', *Russian Review* 46: 117–34

D'iakonov, M.A. (1908), *Ocherki obshchestvennogo i gosudarstvennogo stroia drevnei Rusi*, 2nd edn, St Petersburg

Eck, A. (1933), *Le moyen âge russe*, Paris

Floria, B.N. (1972), 'Evoliutsiia podatnogo immuniteta svetskikh feodalov Rossii vo vtoroi polovine XV–pervoi polovine XVI v.', *Istoriia SSSR* 1: 48–71

Gorskii, A.D. (1982), 'O votchinnom sude na Rusi v XIV–XV vv.', in *Rossiia na putiakh tsentralizatsii. Sbornik statei*, Moscow, pp. 25–35

Halbach, U. (1985), *Der russische Fürstenhof vor dem 16. Jahrhundert*, Stuttgart

Hammond, V.E. (1987), 'The history of the Novgorodian *pomest'e*: 1480–1550', PhD dissertation, University of Illinois at Champaign-Urbana

Howes, R.C. (trans. and ed.) (1967), *The testaments of the grand princes of Moscow*, Ithaca

Ivina, L.I. (1979), *Krupnaia votchina severo-vostochnoi Rusi kontsa XIV–pervoi poloviny XVI v.*, Leningrad

Kaiser, D.H. (1980), *The growth of the law in medieval Russia*, Princeton

Keep, J. (1985), *Soldiers of the tsar. Army and society in Russia, 1462–1874*, Oxford

Kleimola, A.M. (1977a), 'The Muscovite autocracy at work: the use of disgrace as an instrument of control', in W.E. Butler (ed.), *Russian law. Historical and political perspectives*, Leiden, pp. 29–50

Kleimola, A.M. (1977b), 'The changing face of the Muscovite aristocracy: the sixteenth century. Sources of weakness', *Jahrbücher für Geschichte Osteuropas* 25: 481–93

Kleimola, A.M. (1979), 'Up through servitude: the changing condition of the Muscovite elite in the sixteenth and seventeenth centuries', *Russian History* 6: 210–29

Kliuchevskii, V.O. (1919), *Boiarskaia duma drevnei Rusi*, 5th edn, St Petersburg

Kliuchevskii, V.O. (1959), *Istoriia soslovii v Rossii*, in *Sochineniia v vos'mi tomakh*, VI, Moscow, pp. 276–463

Kobrin, V.B. (1985), *Vlast' i sobstvennost' v srednevekovoi Rossii (XV–XVI vv.)*, Moscow

Kollmann, N.S. (1987), *Kinship and politics. The making of the Muscovite political system, 1345–1547*, Stanford

Kotliarov, A.N. (1980), 'O boiarskikh posluzhil'tsakh kak istochnike sluzhilogo dvoriantsva (do serediny XVI v.)', in *Russkoe tsentralizovannoe gosudarstvo*, Moscow, pp. 44–7

Lappo, I.I. (1893), *Tverskii uezd v XVI veke*, Moscow

Limonov, I.A. (1987), *Vladimiro-Suzdal'skaia Rus'. Ocherki sotsial'no-politicheskoi istorii*, Moscow

Pavlov-Sil'vanskii, N.P. (1988), *Feodalizm v Rossii*, Moscow

Philipp, W. (1980), 'Zur Frage nach der Existenz altrussischer Stände', *Forschungen zur osteuropäischen Geschichte* 27: 64–76

Rozhdestvenskii, S.V. (1897), *Sluzhiloe zemlevladenie v Moskovskom gosudarstve XVI v.*, St Petersburg

Sergeevich, V.I. (1887), 'Vol'nye i nevol'nye slugi moskovskikh gosudarei', *Nabliudatel'* 6: 58–89

Sergeevich, V.I. (1904), *Lektsii i issledovaniia po drevnei istorii russkogo prava*, 3rd edn, St Petersburg

Szeftel, M. (1965), 'Aspects of feudalism in Russian history', in R. Coulborn (ed.), *Feudalism in history*, Hamden, Conn., pp. 167–82

Vernadsky, G. (1939), 'Feudalism in Russia,' *Speculum* 14: 300–23

Veselovskii, S.B. (1926), *K voprosu o proiskhozhdenii votchinnogo rezhima*, Moscow

Veselovskii, S.B. (1936), *Selo i derevnia v severo-vostochnoi Rusi XIV–XVI vv.*, Moscow and Leningrad

Veselovskii, S.B. (1947), *Feodal'noe zemlevladenie v severo-vostochnoi Rusi*, 1 vol. in 2 pts, Moscow and Leningrad

Veselovskii, S.B. (1969), *Issledovaniia po istorii klassa sluzhilykh zemlevladel'tsev*, Moscow

Vladimirskii-Budanov, M.F. (1909), *Obzor istorii russkogo prava*, 6th edn, St Petersburg

Zimin, A.A. (1959), 'Iz istorii pomestnogo zemlevladeniia na Rusi', *Voprosy istorii* 11: 130–42

Zimin, A.A. (1964), 'O politicheskikh predposylkakh vozniknoveniia russkogo absoliutizma', *Absoliutizm v Rossii (XVI–XVIII vv.)*, Moscow, pp. 18–49

Zimin, A.A. (1970), 'V.I. Lenin o "moskovskom tsarstve" i cherty feodal'noi razdroblennosti v politicheskom stroe Rossii XVI veka', in *Aktual'nye problemy istorii Rossii epokhi feodalizma. Sbornik statei*, Moscow, pp. 270–93

Zimin, A.A. (1973), *Kholopy na Rusi (s drevneishikh vremen do kontsa XV v.)*, Moscow

Trade and agrarian life

Alekseev, I.G. (1966), *Agrarnaia i sotsial'naia istoriia severo-vostochnoi Rusi XV–XVII vv. Pereiaslavskii uezd*, Moscow and Leningrad

Bater, J.H. and French, R.A. (eds.) (1983), *Studies in Russian historical geography*, 2 vols., London

Budovnits, I.U. (1966), *Monastyri na Rusi i bor'ba s nimi krest'ian v XIV–XVI v.*, Moscow

Cherepnin, L.V. and Nazarov, V.D. (1986), 'Krest'ianstvo na Rusi v seredine XII–kontse XV v.', in *Istoriia krest'ianstva v Evrope*, II: *Epokha feodalizma*, Moscow, pp. 250–86

Danilova, L.V. (1955), *Ocherki po istorii zemlevladeniia i khoziaistva v Novgorodskoi zemle v XIV–XV vv.*, Moscow

Gorskii, A.D. (1966), *Ocherki ekonomicheskogo polozheniia krest'ian severo-vostochnoi Rusi XIV–XV vv.*, Moscow

Gorskii, A.D. (1974), *Bor'ba krest'ian za zemliu na Rusi v XV–nachala XVI veka*, Moscow

Grekov, B.D. (1952–4), *Krest'iane na Rusi s drevneishikh vremen do XVII veka*, 2 vols., 2nd edn, Moscow

Kazakova, N.A. (1945), *Rus' i Pribaltika. IX–XVII vv.*, Leningrad

Kazakova, N.A. (1975), *Russko-livonskie i russko-ganzeiskie otnosheniia: Konets XIV–nachalo XVI v.*, Leningrad

Khoroshkevich, A.L. (1963), *Torgovlia Velikogo Novgoroda s Pribaltikoi i Zapadnoi Evropoi v XIV–XV vekakh*, Moscow

Khoroshkevich, A.L. (1980), *Russkoe gosudarstvo v sisteme mezhdunarodnykh otnoshenii kontsa XV–nachala XVI v.*, Moscow

Kochin, G.E. (1965), *Sel'skoe khoziaistvo na Rusi v period obrazovaniia Russkogo tsentralizovannogo gosudarstva konets XIII–nachalo XVI v.*, Moscow and Leningrad

Kolycheva, E.I. (1971), *Kholopstvo i krepostnichestvo (konets XV–XVI v.)*, Moscow

Martin, J. (1975), 'Les uŝkujniki de Novgorod: marchands ou pirates?', *Cahiers du monde russe et soviétique* 16: 5–18

Martin, J. (1986), *Treasure of the land of darkness. The fur trade and its significance for medieval Russia*, Cambridge

Sakharov, A.M. (1959), *Goroda severo-vostochnoi Rusi XIV–XV vekov*, Moscow

Shapiro, A.L. (1971), *Agrarnaia istoriia severo-zapada Rossii. Vtoraia polovina XV–nachala XVI veka*, Leningrad

Shapiro, A.L. (1977), *Problemy sotsial'no-ekonomicheskoi istorii Rusi XIV–XVI vv.*, Leningrad

Shapiro, A.L. (1987), *Russkoe krestianstvo pered zakreposhcheniem XIV–XVI vv.*, Leningrad

Smirnov, P.P. (1947–8), *Posadskie liudi i ikh klassovaia bor'ba do serediny XVII v.*, 2 vols., Moscow and Leningrad

Smith, R.E.F. (1966), 'Medieval agrarian society in its prime: Russia', in M.M. Postan (ed.), *The Cambridge economic history of Europe*, I, Cambridge, pp. 507–47

Smith, R.E.F. (1977), *Peasant farming in Muscovy*, Cambridge

Syroechkovskii, V.E. (1936), *Gosti surozhanie*, Moscow and Leningrad

第三十章 拜占庭：罗马东正教世界（1393—1492）

Primary sources

Acta patriarchatus Constantinopolitani, in F. Miklosich and I. Müller (eds.), *Acta et diplomata Graeca medii aevi*, II, Vienna (1862)

Clogg, R. (ed. and trans.), *The movement for Greek independence 1770–1821. A collection of documents*, London (1976)

Darrouzès, J. (ed.), 'Sainte-Sophie de Thessalonique d'après un rituel', *Revue des études Byzantines*, 34 (1976), pp. 45–78

Ducas, *Istoria turco-bizantina (1341–1462)* ed. V. Grecu, Bucharest (1958)

Kalonaros, P.P. (ed.), *Chronikon tou Moreos*, Athens (1940)

Lidderdale, H.A. (ed. and trans.), *Makriyannis. The memoirs of General Makriyannis, 1797–1864*, Oxford (1966)

Migne, J.P. (ed.), *Patrologia Graeca*, CXVI, Paris (1866)

Scholarios, George, *Œuvres complètes*, ed. L. Petit, X.A. Siderides and M. Jugie, I–VIII, Paris (1928–36)

Symeon, archbishop of Thessalonika, *Politico-historical works (1416/17 to 1429)*, ed. D. Balfour, Wiener Byzantinistische Studien, XIII, Vienna (1979)

Secondary works

Babinger, F. (1978), *Mehmed the Conqueror and his time*, New Jersey

Balivet, M. (1994), *Romanie Byzantine et pays de Rûm Turc. Histoire d'un espace d'imbrication gréco-Turque*, Istanbul

985　Bardakjian, K.B. (1982), in Braude and Lewis (1982), I, pp. 89–100
Barker, J.W. (1969), *Manuel II Palaeologus (1391–1425)*, New Brunswick
Beldiceanu, N. and Beldiceanu-Steinherr, I. (1980), 'Recherches sur la Morée', *Südöst-Forschungen* 39: 17–74
Braude, B. (1982), 'Foundation myths of the *millet* system', in Braude and Lewis (1982), I, pp. 69–88
Braude, B. and Lewis, B. (eds.) (1982), *Christians and Jews in the Ottoman Empire*, I–II, New York and London
Bryer, A. (1986), 'Continuity and change in Trebizond's Matzouka/Maçuka valley', in Bryer and Lowry (1986), pp. 51–96
Bryer, A. (1991), 'The Pontic Greeks before the diaspora', *Journal of Refugee Studies* 4: 315–34
Bryer, A. (ed.) (1996), *Mount Athos and Byzantine monasticism*, London
Bryer, A. and Lowry, H. (eds.) (1986), *Continuity and change in late Byzantine and early Ottoman society*, Birmingham and Washington, DC
Bryer, A. and Ursinus, M. (eds.) (1991), *Manzikert to Lepanto. The Byzantine world and the Turks, 1071–1571*, Byzantinische Forschungen, 16, Amsterdam
Bryer, A. and Winfield, D. (1985), *The Byzantine monuments and topography of the Pontos*, I–II, Washington, DC
Buckton, D. (ed.) (1994), *Byzantium. Treasures of Byzantine art and culture from British collections*, London
Cahen, C. (1965), 'Dhimma', in *Encyclopaedia of Islam*, II, pp. 227–31
Chrysanthos [Philippides, Metropolitan of Trebizond] (1933), 'He ekklesia Trapezountos', *Archeion Pontou* 4–5: 1–904
Dennis, G.T. (1960), *The reign of Manuel II Palaeologus in Thessalonica, 1382–1387*, Rome
Dimitriades, V. (1991), 'Byzantine and Ottoman Thessaloniki', in Bryer and Ursinus (1991), pp. 265–9
Ducellier, A. (1981), *La façade maritime de l'Albanie au moyen âge*, Thessalonika
Encyclopaedia of Islam, I–, (1960–), Leiden
Frazee, C.A. (1983), *Catholics and sultans*, Cambridge
Gill, J. (1961), *The Council of Florence*, Cambridge
Gill, J. (1964), *Personalities of the Council of Florence*, Oxford
Ilieva, A. (1991), *Frankish Morea (1205–1262). Socio-cultural interaction between the Franks and the local population*, Athens
Imber, C. (1990), *The Ottoman Empire 1300–1481*, Istanbul
Inalcik, H. (1969), 'The policy of Mehmed II toward the Greek population of Istanbul and the Byzantine buildings of the city', *DOP* 23: 229–49
Inalcik, H. (1973), *The Ottoman Empire. The classical age, 1300–1600*, London
Inalcik, H. (1974), 'Istanbul', in *Encyclopaedia of Islam*, IV, pp. 224–48
Jones, A.H.M. and Monroe, E. (1966), *A history of Ethiopia*, Oxford
Kabrda, J. (1969), *Le système fiscale de l'église Orthodoxe dans l'empire Ottoman*, Brno
Kresten, O. (1970), *Das Patriarchat von Konstantinopel im Ausgehenden 16. Jahrhundert*, Vienna
Laurent, V. (1968), 'Les premiers patriarches de Constantinople sous domination Turque (1454–1476)', *Revue des études Byzantines* 26: 229–63
Lewis, B. (1984), *The Jews of Islam*, London
Lock, P. (1994), *The Franks in the Aegean, 1204–1500*, London and New York

Lowry, H.W. (1981), *Trabzon Şehrinin Islamaşma ve Türkleşmesi 1461–1583*, Istanbul
Lowry, H.W. (1986a), 'Privilege and property in Ottoman Maçuka during the opening decades of the *Tourkokratia*', in Bryer and Lowry (1986), pp. 97–128
Lowry, H.W. (1986b), '"From lesser wars to the mightiest war"; the Ottoman conquest and the transformation of Byzantine urban centers in the fifteenth century', in Bryer and Lowry (1986), pp. 321–38
Lowry, H.W. (1991), 'The fate of Byzantine monastic properties under the Ottomans: examples from Mount Athos, Limnos and Trabzon', in Bryer and Ursinus (1991), pp. 275–312
Magdalino, P. (1993), *The empire of Manuel I Komnenos, 1143–1180*, Cambridge
Matschke, K.P. (1981), *Die Schlacht bei Ankara und das Schicksal von Byzanz*, Weimar
Ménage, V. (1965), 'Djandar', in *Encyclopaedia of Islam*, II, pp. 444–5
Meyendorff, J. (1964), *A study of Gregory Palamas*, London
Nicol, D.M. (1984), *The despotate of Epiros, 1267–1479*, Cambridge
Nicol, D.M. (1993), *The last centuries of Byzantium, 1261–1453*, Cambridge
Nicol, D.M. (1994), *The Byzantine lady. Ten portraits, 1250–1500*, Cambridge
Obolensky, D. (1971), *The Byzantine Commonwealth. Eastern Europe, 500–1453*, London
Pantazopoulos, N.J. (1967), *Church and law in the Balkan peninsula during the Ottoman rule*, Thessalonike
Prosopographisches Lexikon der Palaiologenzeit, ed. E. Trapp, I– (1976–   ), Vienna
Raby, J. (1983), 'Mehmed the conqueror's Greek scriptorium', *DOP* 37: 15–34
Runciman, S. (1955), *The eastern schism*, Oxford
Runciman, S. (1965), *The fall of Constantinople: 1453*, Cambridge
Runciman, S. (1968), *The Great Church in captivity. A study of the patriarchate of Constantinople from the eve of the Turkish conquest to the Greek war of independence*, Cambridge
Runciman, S. (1980), *Mistra. Byzantine capital of the Peloponnese*, London
Turner, C.J.G. (1964), 'Pages from late Byzantine philosophy of history', *BZ* 57: 345–73
Turner, C.J.G. (1969), 'The career of George-Gennadius Scholarios', *Byzantion* 39: 420–55
Ursinus, M.O.H. (1993), 'Millet', in *Encyclopaedia of Islam*, VI, pp. 61–4
Vasiliev, A.A. (1936), *The Goths in the Crimea*, Cambridge, Mass.
Vlora, E. (1973), *Lebenserinnerungen*, II, Munich
Vryonis, S. (1956), 'Isidore Glabas and the Turkish "Devshirme"', *Speculum*, 31: 433–43
Vryonis, S. (1971), *The decline of medieval Hellenism in Asia Minor and the process of Islamization from the eleventh through the fifteenth century*, Los Angeles
Vryonis, S. (1986), 'The Ottoman conquest of Thessaloniki in 1430', in Bryer and Lowry (1986), pp. 281–321
Woodhouse, C.M. (1986), *George Gemistos Plethon. The last of the Hellenes*, Oxford
Zachariadou, E. (1969), 'Early Ottoman documents of the Prodromos monastery (Serres)', *Südost-Forschungen* 28: 1–12
Zakythinos, D.A. (1975), *Le despotat grec de Morée*, ed. C. Maltézou, I–II, London

第三十一章　拉丁东方

Secondary works

Andrews, K. (1953), *Castles of the Morea*, Princeton

Arbel, B., Hamilton, B. and Jacoby, D. (eds.) (1989), *Latins and Greeks in the eastern Mediterranean*, London

Argenti, P. (1958), *The occupation of Chios by the Genoese and their administration of the island: 1346–1566*, 3 vols., Cambridge

Ashtor, E. (1978), *Studies on the Levantine trade in the Middle Ages*, London

Ashtor, E. (1983), *Levantine trade in the later Middle Ages*, Princeton

Ashtor, E. (1986), *East–west trade in the medieval Mediterranean*, London

Ashtor, E. (1992), *Technology, industry and trade. The Levant versus Europe, 1250–1500*, London

Balard, M. (1978), *La Romanie génoise (XIIe–début du XIVe siècle)*, 2 vols., Bibliothèque des Ecoles Françaises d'Athènes et de Rome, 235, Rome

Balard, M. (1989), *La Mer Noire et la Romanie génoise: XIIIe–XVe siècles*, London

Balard, M. (ed.) (1989), *Etat et colonisation au moyen âge et à la Renaissance*, Lyons

Balard, M. and Ducellier, A. (eds.) (1995), *Coloniser au moyen âge*, Paris

Barker, J. (1969), *Manuel II Palaeologus (1391–1425). A study in late Byzantine statesmanship*, New Brunswick

Beck, H.-G., Manoussacas, M. and Pertusi, A. (eds.) (1977), *Venezia centro di mediazione tra oriente e occidente (secoli XV–XVI). Aspetti e problemi*, 2 vols., Florence

Bertelè, T. and Dorini, U. (1956), *Il libro dei conti (Constantinopoli 1436–1440) di Giacomo Badoer*, Rome

Bodnar, E. and Mitchell, C. (1976), *Cyriacus of Ancona's journeys in the Propontis and the northern Aegean*, Philadelphia

Bon, A. (1969), *La Morée franque. Recherches historiques, topographiques et archéologiques sur la Principauté d'Achaïe (1205–1430)*, Bibliothèque des Ecoles Françaises d'Athènes et de Rome, 213, Paris

Bryer, A. and Lowry, H. (eds.) (1986), *Continuity and change in late Byzantine and early Ottoman society*, Birmingham and Washington DC

Cardini, F. (ed.) (1982), *Toscana e terrasanta nel medioevo*, Florence

Cook, M. (ed.) (1970), *Studies in the economic history of the Middle East from the rise of Islam to the present day*, London

Coruni, S. and Donati, L. (1989), *L'Istituto veneto e la missione cretese di Giuseppe Gerola. Collezione fotografica 1900–1902*, Venice

Del Treppo, M. (1972), *I mercanti catalani e l'espansione della corona d'Aragona nel secolo XV*, 2nd edn, Naples

Delaville le Roulx, J. (1913), *Les Hospitaliers à Rhodes jusqu'à la mort de Philibert de Naillac: 1310–1421*, Paris

Ducellier, A. (1981), *La façade maritime de l'Albanie au moyen âge. Durazzo et Valona du XIe au XVe siècle*, Thessalonika

Enlart, C. (1987), *Gothic art and the Renaissance in Cyprus*, rev. edn, London

Fedalto, G. (1973–81), *La chiesa latina in oriente*, 3 vols. (I: 2nd edn), Verona

Frazee, C. (1988), *The island princes of Greece. The dukes of the archipelago*, Amsterdam

Gabriel, A. (1921–3), *La cité de Rhodes* MCCCX–MDXXII, 2 vols., Paris

Geanakopolos, D. (1966), *Byzantine east and Latin west. Two worlds of Christendom in the Middle Ages – studies in ecclesiastical and cultural history*, Oxford

Geanakopolos, D. (1976), *Interaction of the 'sibling' Byzantine and western cultures in the Middle Ages and the Italian Renaissance: 330–1600*, New Haven

Gerola, G. (1905–32), *Monumenti veneti nell'isola di Creta*, 4 vols., Venice

Gill, J. (1959), *The Council of Florence*, Cambridge

Heyd, G. (1885), *Histoire du commerce du Levant au moyen âge*, 2 vols., Leipzig

Hill, G. (1948), *A history of Cyprus*, II–III, Cambridge

Holton, D. (ed.) (1991), *Literature and society in Renaissance Crete*, Cambridge

Housley, N. (1992), *The later crusades 1274–1580. From Lyons to Alcazar*, Oxford

Hussey, J. (ed.) (1966), *The Cambridge medieval history*, IV: *The Byzantine Empire*, pt 1, Cambridge

Jacoby, D. (1971), *La féodalité en Grèce médiévale. Les 'Assises de Romanie' – sources, applications et diffusion*, Paris and The Hague

Jacoby, D. (1979), *Recherches sur la Méditerranée orientale du XIIe au XVe siècle. Peuples, sociétés, économies*, London

Jacoby, D. (1989), *Studies on the crusader states and on Venetian expansion*, London

Karpov, S. (1986), *Imperio di Trebisonda, Venezia, Genova et Roma: 1204–1461*, Rome

Kollias, E. (1988), *The city of Rhodes and the palace of the grand master*, Athens

Krekić, B. (1961), *Dubrovnik (Raguse) et le Levant au moyen âge*, Paris

Krekić, B. (1980), *Dubrovnik, Italy and the Balkans in the late Middle Ages*, London

Lane, F. (1966), *Venice and history. The collected papers of Frederic C. Lane*, Baltimore

Lane, F. (1987), *Studies in Venetian social and economic history*, London

Legrand, E. (ed.) (1892), *Description des îles de l'archipel par Christophe Buondelmonti*, Paris

Lock, P. (1995), *The Franks and the Aegean: 1204–1500*, London

Lopez, R. and Raymond, I. (1955), *Medieval trade in the Mediterranean world*, Records of Civilization: Sources and Studies, 52, New York

Luttrell, A. (1978), *The Hospitallers in Cyprus, Rhodes, Greece and the west: 1291–1440*, London

Luttrell, A. (1982), *Latin Greece, the Hospitallers and the crusades: 1291–1440*, London

Luttrell, A. (1986), *The later history of the Maussolleion and its utilization in the Hospitaller castle of Bodrum*, The Maussolleion at Halikarnassos: Reports of the Danish Archaeological Expedition to Bodrum, 2, Aarhus

Luttrell, A. (1992), *The Hospitallers of Rhodes and their Mediterranean world*, Aldershot

Mas-Latrie, L. de (1852–61), *Histoire de l'île de Chypre sous le règne des princes de la maison de Lusignan*, 3 vols., Paris

Metcalf, D. (1983), *Coinage of the crusades and the Latin east in the Ashmolean Museum*, London

Miller, W. (1908), *The Latins in the Levant. A history of Frankish Greece (1205–1566)*, London

Miller, W. (1921), *Essays on the Latin Orient*, Cambridge

Müller-Wiener, W. (1966), *Castles of the crusaders*, London

Nicol, D. (1984), *The despotate of Epirus: 1267–1479*, Cambridge

Nicol, D. (1988), *Byzantium and Venice: A study in diplomatic and cultural relations*, Cambridge

Oikonomidès, N. (1979), *Hommes d'affaires grecs et latins à Constantinople (XIII–XVe siècles)*, Montreal and Paris

Pertusi, A. (ed.) (1966), *Venezia e l'oriente fra tardo medioevo e Rinascimento*, Civiltà Europea e Civiltà Veneziana: Aspetti e Problemi, 4, Florence
Pertusi, A. (ed.) (1973), *Venezia e il Levante fino al secolo XV*, Florence
Pistarino, G. (1990), *Genovesi d'oriente*, Civico Istituto Colombiano: Studi e Testi, 14, Genoa
Poleggi, E. (ed.) (1989), *Città portuali del Mediterraneo. Storia e archaeologia*, Genoa
Prescott, H. (1954), *Jerusalem journey. Pilgrimage to the Holy Land in the fifteenth century*, London
Ragosta, R. (ed.) (1981), *Le genti del mare mediterraneo*, Biblioteca di Storia Economica, 5, Naples
Richard, J. (1962a), *Chypre sous les Lusignans. Documents chypriotes des archives du Vatican (XIVe et XVe siècles)*, Bibliothèque Archéologique et Historique, 73, Paris
Richard, J. (1962b), *Les relations entre l'occident et l'orient au moyen âge*, London
Richard, J. (1977), *La papauté et les missions d'orient au moyen âge (XIIIe–XVe siècles)*, Collection de l'Ecole Française de Rome, 33, Rome
Richard, J. (1983a), *Croisés, missionaires et voyageurs. Perspectives orientales du monde latin médiéval*, London
Richard, J. (1983b), *Le livre des remembrances de la secrète du royaume de Chypre: 1468–1469*, Sources et Etudes de l'Histoire de Chypre, 10, Nicosia
Richard, J. (1992), *Croisades et états latins d'orient. Points de vue et documents*, London
Riley-Smith, J. (ed.) (1991), *The atlas of the crusades*, London
Runciman, S. (1965), *The fall of Constantinople: 1453*, Cambridge
Schlumberger, G. (1878), *Numismatique de l'orient latin*, Paris
Schwoebel, R. (1967), *The shadow of the crescent. The Renaissance image of the Turk (1453–1517)*, Nieuwkoop
Settis, S. (ed.) (1986), *Memoria dell'antico nell'arte italiana*, III, Turin
Setton, K. (1975a), *Catalan domination of Athens: 1311–1388*, rev. edn, London
Setton, K. (1975b), *Los Catalanes en Grecia*, Barcelona
Setton, K. (1978), *The Papacy and the Levant (1204–1571)*, II: *The fifteenth century*, Memoirs of the American Philosophical Society, 127, Philadelphia
Setton, K. (ed.) (1975–89), *A history of the crusades*, III–VI, Madison, Wis.
Slot, B. (1982), *Archipelagus Turbatus. Les Cyclades entre colonisation latine et occupation ottomane, c. 1500–1718*, 2 vols., Leiden
Smith, A. (1962), *The architecture of Chios*, London
Sommi-Picenardi, G. (1900), *Itinéraire d'un chevalier de Saint-Jean de Jérusalem dans l'île de Rhodes*, Lille
Stylianou, A. and J. (1985), *The painted churches of Cyprus. Treasures of Byzantine art*, London
Thiriet, F. (1975), *La Romanie vénitienne au moyen-âge. Le développement et l'exploitation du domaine colonial vénitien (XIIe–XVe siècles)*, Bibliothèque des Ecoles Françaises d'Athènes et de Rome, 193, Paris
Thiriet, F. (1977), *Etudes sur la Romanie gréco-vénitienne (Xe–XVe siècles)*, London
Topping, P. (1977), *Studies on Latin Greece A.D. 1205–1715*, London
Tyerman, C. (1988), *England and the crusades 1095–1588*, Chicago
Vatin, N. (1994), *L'ordre de Saint-Jean-de-Jérusalem, l'empire Ottoman et la Méditerranée orientale entre les deux sièges de Rhodes: 1480–1522*, Paris

Verlinden, C. (1977), *L'Esclavage dans l'Europe médiévale*, II, Ghent
Zachariadou, E. (1983), *Trade and crusade. Venetian Crete and the emirates of Mentesche and Aydin (1300–1415)*, Venice
Zakythinos, D. (1975), *Le despotat grec de Morée*, 2 vols., rev. edn, London

第三十二章　奥斯曼世界

Primary sources

Acta et diplomata Ragusina, ed. J. Radonić, 2 vols. in 3 pts, Belgrade (1934–5)
Die Byzantinischen Kleinchroniken, ed. P. Schreiner, *Corpus fontium historiae Byzantinae, series Vindobonensis*, I–III, Vienna (1975–9)
Cananus, *Narratio*, ed. I. Bekkerus, *Georgius Phrantzes, Ioannes Cananus, Ioannes Anagnostes*, Bonn (1838), pp. 457–79
Ducas Michaelis Ducae nepotis, *Historia Byzantina*, ed. I. Bekkerus, Bonn (1834)
Ecthesis chronica et chronicon Athenarium, ed. S.P. Lambros, London (1902)
Hicrî 835 Sûret-i Defter-i Sancak-i Arvanid, ed. H. Inalcik, Ankara (1954)
Jorga, N., *Notes et extraits pour servir à l'histoire des croisades au XVe siècle*, 4th series, Bucharest (1915)
Konstantin, Mihailović, *Memoirs of a janissary*, trans. B. Stolz, historical commentary and notes by S. Soucek, Michigan Slavic Publications, Ann Arbor (1975)
Ordo portae, description Grecque de la porte et de l'armée du Sultan Mehmed II, ed. Ş. Baştav, Magyar-Görög Tanulmányok, 27, Budapest (1947)
Spandugnino, *Dela origine deli Imperatori Ottomani*, ed. C.N. Sathas, *Documents inédits relatifs à l'histoire de la Grèce au moyen âge*, IX, Paris (1890), pp. 138–261
Sphrantzes Georgios, *Memorii 1401–1477*, ed. V. Grecu, Bucharest (1966)
Sylvestre Syropoulos, *Les 'mémoires' du grand ecclésiarque de l'église de Constantinople Sylvestre Syropoulos sur le concile de Florence (1438–1439)*, ed. V. Laurent, Paris (1971)
Symeon, archbishop of Thessalonika, *Politico-historical works (1416/17 to 1429)*, ed. D. Balfour, Wiener Byzantinistiche Studien, XIII, Vienna (1979)

Secondary works

Babinger, F. (1978), *Mehmed the Conqueror and his time*, trans. R. Manheim, ed. W.C. Hickman, Princeton
Basso, E. (1994), *Genova. Un impero sul mare*, Consiglio Nazionale delle Ricerche, Istituto sui Rapporti Italo-Iberici, 20, Cagliari
Beldiceanu, N. (1965), 'Recherches sur la reforme foncière Mehmed II', *Acta historica* 4: 27–39
Beldiceanu, N. (1980), *Le timar dans l'empire Ottoman (début du XIVe–début XVIe siècle)*, Wiesbaden
Beldiceanu-Steinherr, I. (1969), 'En marge d'un acte concernant le pengyek et les aqıngı', *Revue des études islamiques* 37: 21–47
Beldiceanu-Steinherr, I. (1991), 'Les Bektaši à la lumière des recensements ottomans (XVe–XVIe siècles)', *Wiener Zeitschrift für die Kunde des Morgenlandes* 81:21–79
Braude, B. (1982), 'Foundation myths in the millet system', in B. Braude and B. Lewis

(eds.), *Christians and Jews in the Ottoman Empire. The functioning of a plural society*, I: *The central lands*, London and New York, pp. 69–88

Cazacu, M. and Nasturel, P.S. (1978), 'Une démonstration navale des Turcs devant Constantinople et la bataille de Kilia (1448)', *Journal des savants*: 197–210

Christensen, S. (1987), 'European–Ottoman military acculturation in the late Middle Ages', in B.P. McGuire (ed.), *War and peace in the Middle Ages*, Copenhagen, pp. 227–51

Demetriades, V. (1993), 'Some thoughts on the origins of the Devshirme', in E. Zachariadou (ed.), *The Ottoman emirate (1300–1389)*, Halcyon Days in Crete I, a Symposium held in Rethymnon 11–13 January 1991, Rethymnon, pp. 23–33

Dennis, G. (1967), 'The Byzantine–Turkish treaty of 1403', *Orientalia Christiana periodica* 33: 72–88

Fisher, S.N. (1948), *The foreign relations of Turkey, 1481–1512*, Urbana

Gölpınarlı, A. (1965), *Yunus Emre Risalat al Nushiyya ve Divan*, Istanbul

Imber, C. (1990), *The Ottoman Empire 1300–1481*, Istanbul

Inalcik, H. (1960), 'Bursa and the commerce of the Levant', *Journal of Economic and Social History of the Orient* 3: 131–47

Inalcik, H. (1962), 'The rise of Ottoman historiography', in B. Lewis and P.M. Holt (eds.), *Historians of the Middle East*, London, pp. 152–67

Inalcik, H. (1969), 'Capital formation in the Ottoman Empire', *Journal of Economic History* 19: 121–2

Inalcik, H. (1969–70), 'The policy of Mehmed II toward the Greek population of Istanbul and the Byzantine buildings of the city', *DOP* 23/4: 231–49

Inalcik, H. (1970a), *The Cambridge history of Islam*, I: *The central Islamic lands*, Cambridge, pp. 295–353

Inalcik, H. (1970b), 'The Ottoman economic mind and aspects of the Ottoman economy', in M. Cook (ed.), *Studies on the economic history of the Middle East*, London, pp. 207–18

Inalcik, H. (1973), *The Ottoman Empire. The classical age 1300–1600*, London

Inalcik, H. (1979), 'The question of the closing of the Black Sea under the Ottomans', in *'Black Sea' Birmingham, 18–20 March 1978*, *Archeion Pontou* 35: 74–110

Inalcik, H. (1993), 'Village, peasant and empire', in *The Middle East and the Balkans under the Ottoman Empire. Essays on economy and society*, Indiana University Turkish Studies and Turkish Ministry of Culture Joint Series, 9, Bloomington, pp. 137–60

Inalcik, H. and Murphey, R. (1978), *The history of Mehmed the Conqueror by Tursun beg*, Minneapolis and Chicago

Kellenbenz, H. (1967), 'Handelsverbindungen zwischen Mitteleuropa und Istanbul über Venedig in der ersten Hälfte des 16. Jahrhunderts' *Studi Veneziani* 9: 194–9

Kissling, H.J. (1988), 'Betrachtungen über die Flottenpolitik Sultan Bâjezids (1481–1512)', in *Dissertationes Orientales et Balcanicae Collectae* II, Munich, pp. 207–15

Lefort, J. (1981), *Documents grecs dans les archives de Topkapi Sarayi, contribution à l'histoire de Cem Sultan*, Ankara

Lewis, B. (1961), *The emergence of modern Turkey*, London

Lewis, B. (1968), 'The Mongols, the Turks and the Muslim polity', *TRHS* 5th series 18: 49–68

Manfroni, C. (1902), 'La battaglia di Gallipoli e la politica Veneto-turca (1381–1420)', *Ateneo Veneto* 25: 3–34, 129–69

Mélikoff, I. (1975), 'Le problème kızılbaş', *Turcica* 6: 49–67

Mélikoff, I. (1993), 'L'origine sociale des premiers Ottomans', in E. Zachariadou (ed.), *The Ottoman emirate (1300–1389)*, Halcyon Days in Crete I, a Symposium held in Rethymnon 11–13 January 1991, Rethymnon, pp. 135–44

Ménage, V.L. (1966), 'Some notes on the devshirme', *Bulletin of the School of Oriental and African Studies* 29: 64–78

Ménage, V.L. (1976), 'The "annals of Murad II"', *Bulletin of the School of Oriental and African Studies* 39: 569–84

Mpouras, C. (1973), 'Τὸ ἐπιτύμβιο τοῦ Λουκᾶ Σπαντουνῆ στὴ βασιλικὴ τοῦ ἁγίου Δημητρίου Θεσσαλονίκης', *Epistemonike Epeteris tes Polytechnikes Scholes Thessalonikes* 6: 3–63

Özbaran, S. (1994), *The Ottoman response to European expansion*, Analecta Isisiana, XII, Istanbul

Papacostea, S. (1976), 'Kilia et la politique orientale de Sigismond de Luxembourg', *Revue Roumaine d'histoire* 15: 421–36

Papacostea, S. (1978), 'Die politischen Voraussetzungen für die Wirtschaftliche Vorherrschaft des osmanischen Reiches im Schwarzmeergebiet (1453–1484)', *Münchner Zeitschrift für Balkankunde* 1: 217–45

Roemer, H.R. (1990), 'The Qızılbash Turcomans: founders and victims of the Safavid theocracy', in M.M. Mazzaoui and Vera B. Moreen (eds.), *Intellectual studies in Islam. Essays written in honor of Martin B. Dickson*, Salt Lake City, pp. 27–39

Shai Har-El (1995), *Struggle for domination in the Middle East. The Ottoman–Mamluk War*, Leiden, New York and Cologne

Stromer, W. von (1981), 'Die Struktur von Produktion und Verteilung von Bunt- und Edelmetallen an der Wende vom Mittelalter zur Neuzeit und ihre bestimmenden Faktoren', in H. Kellenbenz (ed.), *Precious metals in the age of expansion. Papers of the XIVth International Congress of the Historical Sciences, 1975*, Beiträge zur Wirtschaftsgeschichte, 2, Stuttgart, pp. 13–26

Tardy, L. (1978), *Beyond the Ottoman Empire*, Studia Uralo-Altaica, 13, Szeged

Werner, E. (1985), *Die Geburt einer Grossmacht – Die Osmanen. Forschungen zur Mittelalterlichen Geschichte 32*, 4th edn, Weimar

Wittek, P. (1938a), 'De la defaite d'Ankara à la prise de Constantinople', *Revue des études islamiques* 12: 1–34

Wittek, P. (1938b), *The rise of the Ottoman Empire*, London

Zachariadou, E.A. (1983a), 'Ottoman diplomacy and the Danube frontier (1420–1424)', in *Okeanos. Essays presented to Ihor Sevcenko, Harvard Ukrainian Studies* 13: 680–90

Zachariadou, E.A. (1983b), 'Süleyman çelebi in Rumili and the Ottoman chronicles', *Der Islam* 60: 268–96

Zachariadou, E.A. (1987), 'Lauro Quirini and the Turkish Sandjaks (ca. 1430)', in *Raiyyet Rüsûmu. Essays presented to Halil Inalcik, Journal of Turkish Studies* 11: 239–47

Zachariadou, E.A. (1990–1), 'The neomartyr's message', *Bulletin of the Centre for Asia Minor Studies* 8: 51–63

第三十三章 结论

Secondary works

Adams, R.P. (1962), *The better part of valor. More, Erasmus, Colet and Vives on humanism, war, and peace, 1496–1535*, Seattle

Allmand, C.T. (1988), *The Hundred Years War. England and France at war, c. 1300–c. 1450*, Cambridge

Allmand, C.T. and Armstrong, C.A.J. (eds.) (1982), *English suits before the parlement of Paris, 1420–1436*, RHS, London

Anglo, S. (ed.) (1990), *Chivalry in the Renaissance*, Woodbridge

Armstrong, C.A.J. (1995), 'Les ducs de Bourgogne, interprètes de la pensée politique du 15e siècle', *AB* 67: 5–34

Armstrong, E. (1990), *Before copyright. The French book-privilege system, 1498–1526*, Cambridge

Autrand, F. (ed.) (1986), *Prosopographie et genèse de l'état moderne*, Collection de l'Ecole Normale Supérieure de Jeunes Filles, 30, Paris

Blanchard, J. (1996), *Commynes l'Européen. L'invention du politique*, Geneva

Blockmans, W.P. and Genet, J.-P. (eds.) (1993), *Visions sur le développement des états européens. Théories et historiographies de l'état moderne*, Rome

Bulst, N. and Genet, J.-P. (eds.) (1988), *La ville, la bourgeoisie et la genèse de l'état moderne (XIIe–XVIIIe siècles)*, Paris

Burns, J.H. (1992), *Lordship, kingship and empire. The idea of monarchy, 1400–1525*, Oxford

Clough, C.H. (1990), 'Chivalry and magnificence in the golden age of the Italian Renaissance', in Anglo (1990), pp. 25–47

La conscience européenne au XVe et au XVI siècle (1982), Collection de l'Ecole Normale Supérieure de Jeunes Filles, 22, Paris

Contamine, P. (ed.) (1989), *L'état et les aristocraties (France, Angleterre, Ecosse), XIIe–XVIIe siècle*, Paris

Coulet, N. and Genet, J.-P. (eds.) (1990), *L'état moderne. Le droit, l'espace et les formes de l'état*, Paris

Culture et idéologie dans la genèse de l'état moderne (1985), Collection de l'Ecole Française de Rome, 82, Rome

Eisenstein, E.L. (1968), 'Some conjectures about the impact of printing on western society and thought', *JModH* 40: 1–56

Genet, J.-P. (1995), 'La monarchie anglaise: une image brouillée', in J. Blanchard (ed.), *Représentation, pouvoir et royauté à la fin du moyen âge*, Paris, pp. 93–107

Genet, J.-P. (ed.) (1990), *L'état moderne: genèse. Bilans et perspectives*, Paris

Genet, J.-P. and Le Mené, M. (1987), *Genèse de l'état moderne. Prélèvement et redistribution*, Paris

Genet, J.-P. and Vincent, B. (eds.), (1986), *L'état et l'église dans la genèse de l'état moderne*, Collection de la Casa de Velazquez, 1, Madrid

Gilmore, M.P. (1952), *The world of humanism, 1453–1517*, New York

Goldsmith, J.L. (1995, 1996), 'The crisis of the late Middle Ages: the case of France', *French History* 9: 417–50; 10: 162

Guenée, B. (1985), *States and rulers in late medieval Europe*, Oxford

Guenée, B. (1992), *Un meurtre, une société. L'assassinat du duc d'Orléans, 23 novembre 1407*, Paris
Gunn, S. (1990), 'Chivalry and the politics of the early Tudor court', in Anglo (1990), pp. 107–28
Hale, J.R. (1957), 'International relations in the west: diplomacy and war', in Potter (1957), pp. 259–91
Hale, J.R. (1971), *Renaissance Europe 1480–1520*, London
Hale, J.R. (1990), *Artists and warfare in the Renaissance*, New Haven and London
Harriss, G.L. (ed.) (1993), *Henry V. The practice of kingship*, Stroud
Hay, D. (1957a), *Europe. The emergence of an idea*, Edinburgh
Hay, D. (1957b), 'Introduction', in Potter (1957), pp. 1–19
Heymann, F. (1965), *George of Bohemia*, Princeton
Holmes, G.A. (1961), 'The "Libel of English policy"', *EHR* 76: 193–216
Housley, N. (1992), *The later crusades. From Lyons to Alcazar, 1274–1580*, Oxford
Mager, W. (1991), 'Res publica chez les juristes, théologiens et philosophes à la fin du moyen âge: sur l'élaboration d'une notion-clé de la théorie politique moderne', in *Théologie et droit* (1991), pp. 229–39
Oakley, F. (1979), *The western Church in the later Middle Ages*, Ithaca and London
Potter, G.R. (ed.) (1957), *The new Cambridge modern history*, I: *The Renaissance, 1493–1520*, Cambridge
Prévité-Orton, C.W. and Brooke, Z.N. (eds.) (1936), *The Cambridge medieval history*, VIII: *The close of the Middle Ages*, Cambridge
Queller, D.E. (1967), *The office of ambassador in the Middle Ages*, Princeton
Reinhard, W. (ed.) (1996), *Power elites and state building*, Oxford
Rosie, A. (1989), '"Morisques" and "Momeryes": aspects of court entertainment at the court of Savoy in the fifteenth century', in C.T. Allmand (ed.) (1989), *Power, culture, and religion in France, c. 1350–c. 1550*, Woodbridge, pp. 57–74
Rucquoi, A. (ed.) (1988), *Realidad e imagines del poder. España a fines de la edad media*, Valladolid
Théologie et droit dans la science politique de l'état moderne (1991), Collection de l'Ecole Française de Rome, 147, Rome
The universal peace organization of King George of Bohemia. A fifteenth-century plan for world peace 1462/1464 (1964), London
Watts, J.L. (1996), *Henry VI and the politics of kingship*, Cambridge

索 引*

备注：诸如军队、君主国和贸易等，按照一般概念进行索引，列在个别国家和地区索引之下。

Abelard, Peter，阿贝拉尔，彼得 262
Aberdeen University，阿伯丁大学 221n.4，234，530
Absentee Acts, Ireland，《非居在业主法》，爱尔兰 499
absolutism，绝对主义
   growth of，发展 407–408，644，837–838
   and law，与法律 19，81
   'mystical'，"神秘的" 418–419
   papal，教宗的 78，83
   and taxation，与税收 417
Acceptatio of Mainz (1439)，《美因兹宣言》（1439年）72
Acciaiuoli, Angelo，阿恰约利，安杰洛 565
Acciaiuoli, Donato，阿恰约利，多纳托 252
Accolti, Benedetto，阿克尔蒂，贝内德托 251–252，257
Achaea, Latin principality，阿凯亚，拉丁公国 780，801–802
Der Ackermann aus Böhmen，《一个农夫与死神的对话》279
Act of Accord (1460)，《调解法》（1460年）474
Act of Revocation，《废除法案》527
Act of Union (1536)，《联合法案》（1536年）532，546
Adalbert of Brudzewo，布鲁泽沃的阿达尔贝特 746
Adolf Ⅷ, duke of Holstein, count of Schleswig，阿道夫八世，荷尔斯泰因公爵，石勒苏益格伯爵 680，684，687，689
Adolf Ⅰ of Cleves，克利夫斯的阿道夫一世 440，442
Adolf Ⅳ of Cleves，克利夫斯的阿道夫四世 94
Adorno of Phocaea，福西亚的阿多诺 819
advertising, and printing industry，传播

---

* 页码为原文页码。——译者注

和印刷业 297
Aegean islands, and Latin settlements, 爱琴海岛屿, 拉丁人定居地 798, 805–806, 810–811
Aelian, *Tactics*, 埃利亚,《战术》173–174
Afonso Ⅲ of Portugal, 葡萄牙阿方索三世 630
Afonso Ⅴ of Portugal, 葡萄牙阿方索五世 630, 632, 639, 641–642, 644
Africa, European exploration of, 欧洲对非洲的探险 160, 176, 187, 189, 190–192, 637, 641–643
Agen, and representation, 阿让, 与代议制 47
Agincourt, battle of (1415), 阿金库尔战役 (1415年) 3, 437, 458, 461–462
Agnadello, battle of (1509), 阿格纳德洛战役 (1509年) 429
Agricola, Alexander, 阿格里科拉, 亚历山大 325
Agricola, Rudolf, 阿格里科拉, 鲁道夫 228, 270
agriculture, 农业
  arable, 可耕地 107–108, 112–114, 117, 154, 421, 571
  crop rotations, 庄稼轮作 119
  industrial crops, 工业原料作物 114, 119, 154
  intensive husbandry, 精耕细作 117
  and nobility, 与贵族 117–119
  pastoral, 畜牧业的 107–108, 112–114, 117, 118, 508, 571, 609, 673, 780
  and population decline, 与人口下降 107–112, 157, 369, 421, 671
  productivity, 生产率 119–120, 157, 421
  regional variations, 地区差异 110–113
  sharecropping, 租佃分益制 112, 158
  smallholdings, 小土地占有 110, 112, 117, 759
  subsistence, 生存 757
  and trade, 与贸易 113, 154
  see also landholding; peasants; transhumance, 也见土地占有、农民、转场放牧等条
Agrippa of Nettesheim, 奈特谢姆的阿格里帕 313
aides (taxes), 援助金 399, 403, 417, 436
Ailly, Pierre d', 阿伊, 皮埃尔·德 13
  geographical treatise, 地理学论文 184
  and Papacy and councils, 与教宗及公会议 66, 79–80, 83, 85, 329
Alamire, Pierre, 埃拉米尔, 皮埃尔 326 n. 22
Albania, and Ottoman Empire, 阿尔巴尼亚, 与奥斯曼帝国 716, 810, 819, 821, 824, 826
Albanians 阿尔巴尼亚人
  and Byzantium, 与拜占庭 780–781, 784, 794
  and Venice, 与威尼斯 816
Albert Ⅱ, king of the Romans, 阿尔伯特二世, 罗曼人国王 3, 73, 348, 389, 440
  as Albert Ⅰ of Hungary, 作为匈牙利的阿尔伯特一世 713–714,

735, 738

and Ottoman Empire, 与奥斯曼帝国 343, 355 – 356, 714

Albert Ⅰ of Austria, 奥地利的阿尔伯特一世 650

Albert Ⅳ of Austria, 奥地利的阿尔伯特四世 356

Albert Ⅴ of Austria, 奥地利的阿尔伯特五世 see Albert Ⅱ, king of the Romans 见阿尔伯特二世, 罗曼人国王

Albert Ⅰ of Hungary, 匈牙利的阿尔伯特一世 see Albert Ⅱ, king of the Romans 见阿尔伯特二世, 罗曼人国王

Albert Achilles of Brandenburg, 勃兰登堡的阿尔伯特·阿基里斯 359, 363, 390

Albert the Brave of Saxony, 萨克森的勇敢者阿尔伯特 344

Alberti, Leon Battista, 阿尔贝蒂, 莱昂·巴蒂斯塔 142, 250, 255, 275, 276, 301, 306, 311

Momus,《莫墨斯》25

and nature, 与自然 313 – 315, 316

treatises, 论文 306 – 307, 314

Albrecht of Sweden, 瑞典的阿尔布雷希特 674 – 676

Albret, Alain d', 阿尔布雷, 阿兰·德 413 – 414

Albret, Jean d', king of Navarre, 阿尔布雷, 让·德, 纳瓦拉国王 417

Alcántara, Order of, 阿尔坎塔拉骑士团 595, 615

Aled, Tudur, 阿列德, 图德 538

Aleksii, Metropolitan, 阿列克谢, 都主教 766 – 767, 768, 769

Aleman, Louis, 阿勒曼, 路易 329

and Papacy and councils, 与教宗及宗教会议 71, 76, 81

Alençon, Jean, duc d', 让·阿朗松公爵 403, 406, 409

Alexander Ⅴ, Pope (Peter Philarge), 教宗亚历山大五世 (彼得·费勒日)

and Council of Pisa, 与比萨公会议 66, 351

education of, 受教育 810

Alexander Ⅵ, Pope (Rodrigo Borgia), 教宗亚历山大六世 (罗德里戈·博尔吉雅) 78, 428, 569, 575, 586

Alexander Jagiełło of Lithuania, 亚历山大, 立陶宛的亚盖洛 739, 756

Alexios Ⅲ, Grand Komnenos, 阿列克修斯三世, 大科穆宁 791

Alfonso Ⅴ of Aragon, 阿拉贡的阿方索五世 442, 595, 613

and Barcelona, 与巴塞罗那 603

and Byzantium, 与拜占庭 801

and court culture, 与宫廷文化 578

and Mediterranean expansion, 与在地中海的扩张 595 – 596

and Naples, 与那不勒斯 73, 557, 558, 574 – 575, 576 – 581, 595 – 596, 604 – 605

and 'pactism', 与"契约制" 597

and Papacy, 与教宗 73, 577 – 580

and politics, 与政治 594

and serfs, 与农奴 598

Alfonso Ⅹ of Castile-León, and succession, 卡斯蒂尔 – 莱昂的阿方索十

世，与继位 40
Alfonso Ⅸ of León, and representation, 莱昂的阿方索九世，与代议制 39, 43
Alfonso Ⅻ of Spain, and representation, 西班牙的阿方索十二世，与代议制 39
Alfonso Ⅻ of Castile, 卡斯蒂尔的阿方索十二世 616
Alfonso of Naples 那不勒斯的阿方索
　　as duke of Calabria, 作为卡拉布里亚公爵 583 – 585, 586
　　and warfare, 与战争 168, 170
Algirdas of Lithuania, 立陶宛的阿尔吉尔达斯 731
Aljubarrota, battle of (1385), 阿尔儒巴罗塔战役（1385 年）629, 635, 636
Allmand, C. T., 阿尔芒，C. T. 403
Almain, Jacques, and conciliar supremacy, 雅克·阿尔曼，与公会议至上论 84, 85
almshouse, founding, 救济院，建立 143
Alsace, 阿尔萨斯
　　and Burgundy, 与勃艮第 452, 454 – 455
　　and Empire, 与神圣罗马帝国 337, 346 – 347, 354 – 355
　　and Swiss Confederation, 与瑞士联邦 662, 663
Alsatian League, 阿尔萨斯同盟 649
Alvisio (architect), 奥威索（建筑师）767
Alvsson, Knut, 奥维森，克努特 696 – 697

Amadeus Ⅷ of Savoy, 萨伏依的阿马迪斯八世 556, 562
　　and marriage, 与婚姻 93, 433
　　see also Felix Ⅴ, Pope, 也见教宗菲力克斯五世
ambassadors, 大使 7, 171, 836
　　and conciliarism and Papacy, 与公会议至上论及教宗 76
Amboise, George d', 安布瓦兹的乔治 416, 428
Amboise, Louis d', 安布瓦兹的路易 419
Amerbach, Hans, 阿梅巴赫，汉斯 294
Americas, 美洲
　　and Columbus, 与哥伦布 196 – 197, 616, 618
　　pre-Columbian discoveries in, 哥伦布之前对美洲的发现 183, 193
　　Spanish colonisation in, 西班牙在美洲的殖民 197, 200
　　and trade, 与贸易 160
　　and Vespucci, 与韦思普奇 198
　　see also Atlantic, 也见大西洋
Amiroutzes, George, of Trebizond, 特拉布宗的阿梅霍兹，乔治 783, 786, 791 – 793, 795
Anatolia, 安纳托利亚
　　and civil unrest, 与市民骚乱 817 – 819, 829
　　and crusades, 与十字军 824
　　and defeat of Ottomans, 与奥斯曼人的失败 774, 812 – 813, 815
　　and interregnum period, 与空位期 816 – 820
　　organisation of state, 国家组织 820 –

822

Ottoman rule in，奥斯曼的统治 781，796，800，805，815 – 822

and trade，与贸易 811

Andalusia，安达卢西亚

and exploration，与探险 185，200

and trade，与贸易 611 – 612

Andlau, Peter von，安德罗，彼得·冯 20

Andrew of Wyntoun，温顿的安德鲁 515 – 516

Angeli, Jacques，安吉列，雅克 230

Angelico, Fra，安杰利科，修士 312

Angevin Empire，安茹帝国 394，454

as extended state，作为扩张中的国家 5，409

and Hungary，与匈牙利 352，709，712，729 – 730

and Naples，与那不勒斯 550，558，565，567，568，573，575 – 580，586

and Poland，与波兰 729 – 730

and Sicily，与西西里 40 – 41

Anghiari, battle of (1440)，安吉亚里战役（1440 年）557

Anjou，安茹

and French kingdom，与法兰西王国 4，394 – 395，398，411 – 412，413，451

and Provence，与普罗旺斯 341

see also Angevin Empire，也见安茹帝国

Ankara, Battle of (1402)，安卡拉战役（1402 年）3，771 – 774，778，800，

aftermath of，后果 812 – 815

annates，首任税 71，74，357

Anne of Brittany，布列塔尼的安妮 413 – 414，424，492 – 493

Anne of Burgundy，勃艮第的安妮 93，397

annuities, in France，年金、养老金，在法国 418

Antequera, capture from Moors，安特克拉，从摩尔人手中夺取 3，612

Anthony of Brabant，布拉班特的安东尼 431

anti-clericalism，反教权主义 216，569

Antipodes, mapping and discovery，地球上的对跖点（指新西兰和澳大利亚），绘图和发现 182，184，195

antiquarianism, and humanism，古物研究，与人文主义 265

Antoine, Bastard of Burgundy，安东尼，勃艮第的私生子 441 – 442，444 – 445

Antoninus of Florence, St，佛罗伦萨的圣·安东尼努斯

Opera a ben vivere，《闺房之歌》209

Summa confessionum，《忏悔论》289

Antonios IV, Patriarch，安东尼奥四世，牧首 771，774，776

Antwerp，安特卫普

and Burgundy，与勃艮第 451

development of，发展 125，133 – 134，446

and trade，与贸易 148，152，153，160，424，448 – 449

Appenzell war，阿彭策尔战争 351，654 – 655

apprenticeship，学徒制 228，241

and the arts，与技艺 304，330 – 331

Aquinas, Thomas, 阿奎那, 托马斯
  influence of, 的影响 12, 251, 262
  and politics, 与政治 11, 13, 19, 263
  see also scholasticism, 也见经院哲学
Aquitaine, and Anglo-Burgandian monarchy, 阿基坦, 和盎格鲁-勃艮第君主国 394, 463
Arab world; and trade, 阿拉伯世界, 与贸易 177
Aragon, 阿拉贡 588-605, 589
  absolutism in, 绝对主义 598, 604, 618-619, 838
  agriculture, 农业 593, 596
  and Castile, 与卡斯蒂尔 4, 35-36, 600-601, 604-605, 613-615
  consejo of, 议会、理事会 604
  and economy, 与经济 603
  industry, 工业 596
  and Italian city-states, 与意大利城市国家 550-551, 557-558
  Mediterranean expansion, 地中海的扩张 595-596, 605
  monarchy of; and authority, 国王, 与统治 604; confederation, 联邦 591-593; dual, 双王 600-601, 604-605, 606, 616; and household, 与王室 592, 594; and 'pactism', 与"契约制" 596-598, 599, 604; and representation, 与代议制 40-41; residence in Naples, 驻于那不勒斯 577-578, 596, 597; and Succession, 与继位 588-591, 613
  national history, 国家历史 27
  nobility of, 贵族 96, 588, 590-591, 593, 597
  and Papacy, 与教宗 66-68, 72-73, 577-580
  peasantry of, 农民 601
  political structure, 政治结构 591-595
  and Portugal, 与葡萄牙 638, 639
  and representation, 与代议制 35-36, 40-41, 50, 592-594
  and taxation, 与税收 602
  towns and cities of, 城镇和城市 40-41, 602
  and trade, 与贸易 131, 549, 596
  war with Castile, 与卡斯蒂尔的战争 50
  see also Alfonso V; Castile; Catalonia; Ferdinand V; Fernando I; Joan II of Aragon; Naples; Sicily; Valencia 也见阿方索五世、卡斯蒂尔、加泰罗尼亚、斐迪南五世、费尔南多一世、阿拉贡的胡安二世、那不勒斯、西西里、巴伦西亚等条
archers, in warfare, 战争中的弓箭手 166-167, 172, 399-400, 415
architecture, 建筑 299-318
  ecclesiastical, 教会的 301, 314
  English, 英格兰的 301, 313
  Gothic, 哥特式的 213, 301, 313, 723, 747, 809
  Italian, 意大利的 75, 305-307, 310, 563, 572, 584
  military, 军事的 130, 169, 809
  northern European, 北欧的 301, 426
  Perpendicular, 垂直的 301

Russian，俄罗斯的 755，757，767
and sculpture，和雕塑 302
Arezzo, Fillippo di，阿雷佐，菲利波·迪 259
Arezzo, Geri d'，阿雷佐，杰里·德 253
Argyll, Archibald, earl of，阿奇博尔德，阿盖尔伯爵 521
Argyll, Colin, earl of，科林，阿盖尔伯爵 521，524
Argyropoulos, Johannes，阿吉罗普洛斯，约翰内斯 268–269
Aristocracy，贵族 see nobility 见贵族
Aristotle，亚里士多德
  and education，与教育 229
  and ethics，与伦理学 262
  influence of，的影响 81，233，266，268，271，273，563
  and politics，与政治 11，24，37，263
  and scholasticism，与经院哲学 777
Arkinholm, battle of (1455)，阿金霍尔战役（1455年）525
Armagnac，阿尔马尼亚 4，392，395，400，403，411
  and Burgundy，与勃艮第 411，437–438，462
  and Charles Ⅶ，与查理七世 392，395，405，437
  and Lancastrians，与兰开斯特家族 400，462–463
Armenian Church，亚美尼亚教会 786，788，825
army, private, France，私人军队，法国 399–400
army, professional，职业军队 162，163–166，173
  and centralisation of command，指挥权的集中 162–163
  and desertion，与放弃 165
  and Empire，与神圣罗马帝国 354
  length of service in，服役期 165
  and taxation，与税收 6
  see also artillery；cavalry；infantry；mercenaries；soldiers，也见炮兵、骑兵、步兵、雇佣军、士兵等条
Arnolfini, Giovanni，阿尔诺菲尼，乔瓦尼 405
Arras，阿拉斯
  Peace of (1435)，和约（1435年）71，397，439，440，450，465–466，662
  Treaty of (1482)，条约（1482年）411，455，488
Ars praedicandi，《布道的艺术》206–207
art，艺术
  and Antiquity，与文物 316–318
  commemorative，纪念品 307–310
  and diversity of styles，与形式的多元化 299–300
  Gothic，哥特式的 213，299，301–302，303，313，747
  Italian，意大利的 305–307，313–314，563，584
  music as，音乐 321
  and nature，和自然 300，302–303，307，313–316
  neo-classical，新古典的 299
  northern European，北欧的 213，283–284，285，300–304，312，313–

314
Polish，波兰的 747
and realism，与现实主义 283，300
religious，宗教的 213 – 214，303 – 304，312 – 313
Russian，俄罗斯的 755，757，767 – 768
secular，世俗的 310 – 312
see also perspective；proportion，也见透视法、比例等条

Arthur, prince of Wales，亚瑟，威尔士亲王 492，544 – 545
artillery，炮兵 5，167 – 169，171 – 172，173 – 174，401，415，643，693，809
artisans，工匠
  Burgundian，勃艮第的 446 – 447
  French，法国的 424
artists, status，艺术家，身份 307，315，835
Artois，阿图瓦
  and Burgundy，与勃艮第 431，433，435 – 436，455
  and Empire，与神圣罗马帝国 5，342，413
  and representation，与代议制 51
  extent of，范围 133
Arundel, Thomas, Archbishop，阿伦德尔，托马斯，大主教 236，460
Asia, routes to，去亚洲的路线 195 – 197
Åsle, battle of (1389)，奥斯勒之战（1389 年）674，675
astrology，占星学 10，22，317，445
astronomy，天文学 233，746

Atlantic，大西洋
  central route，重要航路 195 – 197
  eastern archipelagoes，东部群岛 188 – 189
  and exploration，与探险 180，186，199 – 200，636 637，640 641，643
  and marine charts，与航海图 182 – 183
  northern routes，北部航路 188，192 – 195
  southern route，南部航路 198 – 199
  and trade，与贸易 160，809，811
Auberino, Caio，欧博里诺，凯奥 272
Aubert, David，奥贝尔，戴维 281
Aubusson, Pierre d'，奥比松的皮埃尔 805
Augsburg, industry in，奥格斯堡的工业 131 – 132，152
Augustine of Hippo，希波的奥古斯丁
  and Church and state，与教会和国家 13 – 15，16 – 17
  and cities，与城市 121
  and humanism，与人文主义 267，289
Austria，奥地利
  and Burgundy，与勃艮第 663
  and Empire，与神圣罗马帝国 343，346，350，356 – 357，361
  and Papacy，与教宗 66，67
  and Swiss Confederation，与瑞士联邦 649 – 651，652，654，659，662 – 664
  see also Habsburgs，也见哈布斯堡
Austro-Hungarian Empire，奥匈帝国

343，361

authority，权威

  collegiate，教会的 77

  conciliar，公会议的 78–79，355

  lay，世俗的 29

  levels，层次 6

  see also Church；Papacy；power，也见教会、教宗、权力等条

Autrand, F.，奥特朗，F. 404

Averroism，阿维洛伊主义 230

Avignon, and Papacy，阿维尼翁，与教宗 65，72

Avis, Order of，阿维什骑士团 629–630

Avis dynasty，阿维什王朝 357，629–630，633，634–637，643，837

Axelsøn, Aage，阿克尔松，阿格 691

Axelsøn, Erik，阿克尔松，埃里克 688，689，691–692

Axelsøn, Iver，阿克尔松，伊维尔 691–692

Ayala, Pedro d'，阿亚拉，佩德罗·德 521

Aydin, emirate，艾登，贝伊国 813

Azo, Portius，阿佐，波特修斯 24

Azores，亚速尔群岛

  and Atlantic exploration，与大西洋探险 193–194

    discovery of，的发现 183，185，189，637

  and trade，与贸易 150

Aztecs, and exploration，阿兹特克，与探险 175

Badoer, Giacomo，巴多尔，贾科莫 799

Baisen, Hans von，帕森，汉斯·冯 737

Baldus de Ubaldis，巴尔多，德乌巴尔迪 18–19

Balsac, Robert de，巴尔萨克，罗贝尔·德 173，174

Baltic trade，波罗的海贸易 145，150，152，160，449

  and England，与英格兰 132–133

  and Hanseatic League，与汉萨同盟 170，673，680，684–686，696，704–705，750

  and Livonia，与利沃尼亚 750，757

  and Moscow，与莫斯科大公国 750–751，757

  and Scandinavia，与斯堪的纳维亚 688，691，692，695，698

Balue, Jean，巴吕，让 416

banking，银行业

  and trade，与贸易 150–152，154，423–424，449，547，568

  and urban development，与城市发展 130–131

baptism，洗礼 210，374

Barbaro, Ermolao，巴尔巴罗，埃尔莫劳 268，270–271

Barbaro, Josafo，巴尔巴罗，乔萨夫 748

Barbour, John，巴伯，约翰 515–517

Barcelona，巴塞罗那

  factions in，组成 598

  and monarchy，与君主制 588，590，603

  plague outbreaks in，瘟疫爆发 157

  and representation，与代议制 35，54

extent of, 范围 125

and trade, 与贸易 131, 593

Barcelona, Treaty of (1493), 巴塞罗那条约 (1493 年) 600

Barnet, battle of (1471), 巴内特战役 (1471 年) 482

Baron, Hans, 巴伦, 汉斯 245, 246, 263, 264, 268, 551 n. 2

Barsbay, Sultan, 巴尔斯拜, 素丹 800

barter, 易货贸易 154 – 155

Bartolus (Bartolo di Sassoferrato), 巴尔托鲁 (萨索费拉托的巴尔托鲁) 18, 24

and nobility, 与贵族 90, 103

Bartoš, František, 巴图斯, 弗朗蒂切克 375

Barzizza, Gasparino, 巴齐扎, 加斯帕里诺 227, 247

Basin, Thomas, 贝森, 托马斯 165, 401, 405, 406

Basle, Council of (1431 – 1449), 巴塞尔公会议 (1431 – 1449 年)

and canonists, 与教会法学家 18, 83

and episcopal elections, 与教会选举 681

and Germany, 与日耳曼 340, 355

and Greek Church, 与希腊教会 71 – 72, 81

and Hussites, 与胡斯派 46, 70, 71, 82, 381, 388, 390

and Papacy, 与教宗 70 – 74, 75, 77, 81 – 83, 85 – 86, 205, 348, 575, 576, 578 – 579

and Swiss Confederation, 与瑞士联邦 667

and University of Paris, 与巴黎大学 235

and university reform, 与大学改革 231

Basle, Peace of (1499), 巴塞尔和约 (1499 年) 664

Bastidas, Rodrigo de, 巴斯蒂达斯, 罗德里戈·德 197

Bataille, Nicolas, 巴塔耶, 尼古拉 444

Battista da Verona, 巴蒂斯塔·达·维罗纳 271

Bauffremont, Guillaume de, 博弗勒蒙, 纪尧姆·德 447

Bauffremont, Pierre de, lord of Charny, 博弗勒蒙, 皮埃尔·德, 沙尔尼的领主 442

Baugé, battle of (1421), 博日之战 (1421 年) 395, 528

Bautier, R. -H., 博捷, R. -H. 121

Bavaria, 巴伐利亚

and agriculture, 与农业 119

and Empire, 与神圣罗马帝国 136, 347, 362

nobility of, 贵族 100

organisation, 组织 5, 364

and Papacy, 与教宗 66

and peasantry, 与农民 116, 119

and representation, 与代议制 43 – 44, 52, 60, 365

Bayard, Chevalier, 巴亚尔, 谢瓦利埃 173

Bayazid Ⅰ, Sultan, 拜齐德一世, 素丹 170, 771, 776 – 777, 800 – 801, 812, 815

Bayazid Ⅱ, Sultan, 拜齐德二世, 素

丹 776，779，793，827-830

Bayonne, Treaty of (1463)，巴约纳条约（1463年）599

Beatriz, wife of Fernando of Portugal，比阿特丽斯，葡萄牙的费尔南多之妻 629，634，636

Beatriz of Naples，那不勒斯的比阿特丽斯 722，724

Beauchamp, Richard, earl of Warwick，博尚，理查德，沃里克伯爵 129-130，464，467

Beaufort, Edmund, duke of Somerset，博福特，埃德蒙，萨默塞特公爵
and Henry VI，与亨利六世 468，469，470-475
and Ireland，与爱尔兰 504
and Wales，与威尔士 533，534-535

Beaufort, Henry, bishop of Winchester，博福特，亨利，温切斯特主教 397-398，459，465，467

Beaufort, Joan，博福特，琼 524

Beaufort, John, earl of Somerest，博福特，约翰，萨默塞特伯爵 459，467-468，469

Beaufort, Margaret，博福特，玛格丽特 487，540，543

Beaufort, Thomas，博福特，托马斯 459

Beaujeu, Pierre de，博热，皮埃尔·德 412-413

Beaune, Jean de，博纳，让·德 424

Beaupère, Jean, and Council of Basle，博佩尔，让，和巴塞尔公会议 70

Becerro de las Behetrías，《贝塞罗书》610

Beckenhaub, Johann，贝肯霍普，约翰 294

Beckensloer, Johannes，贝肯斯勒尔，约翰内斯 722

Bedford, John, duke of，约翰，贝德福德公爵 93，282，478
and France，与法国 8，395-397，399，401
as regent，作为摄政 394，438，464-465，466

Bedr ed-din, Sheyh，贝德尔丁，什伊 817-819

Behaim, Martin，贝海姆，马丁 182，194

Belges, Jean Lemaire des，贝尔热，让·勒梅尔·德 426

Belgrade，贝尔格莱德
andOttoman Empire，与奥斯曼帝国 710，717-718，826
siege of (1521)，围攻贝尔格莱德（1521年）707，726

Bellini, Gentile，贝利尼，詹蒂莱 564，787
Sultan Mehemmed II，《素丹穆罕默德二世》307，809，827，插图 24

Bellini, Giovanni，贝利尼，乔瓦尼 312，314
Virgin and Child with Saints and Angels，《被圣徒簇拥的圣母、圣子与天使》插图 18

Belluga, Pere，贝路加，佩雷 597-598

Benedict XIII, Pope (Pedro de Luna)，教宗本尼狄克十三世（佩德罗·德·卢纳）

and Aragon, 与阿拉贡 590, 595

and Council of Constance, 与康斯坦茨公会议 67-69

and Council of Pisa, 与比萨公会议 65-66

support for, 支持 350, 530

Benivieni, Antonio, 贝尼维耶尼, 安东尼奥 247

Berenguela, right of succession of, 贝伦格拉, 继位权 39-40

Bergen, Treaty of (1450),《卑尔根条约》(1450年) 687

Berland, Pey, 贝兰, 佩伊 402

Bernardino of Siena, 贝尔纳迪诺, 锡耶纳的 208

Berne, 伯尔尼

as imperial city, 作为帝国城市 645-647, 649, 664, 670

and Swiss Confederation, 与瑞士联邦 650, 652-653, 654, 658-659, 661, 663-664

Berne, Council of (1489), 伯尔尼议会 (1489年) 660

Berry Herald, 贝里·埃拉尔德 see le Bouvier, Gilles（Berry Herald）见勒·布维耶, 吉勒（贝里·埃拉尔德）

Berthold of Henneberg, archibishop of Mainz, 亨尼勃格的伯特霍尔德, 美因兹大主教 363

Bertochus, Dionysius, 博托库斯, 狄奥尼修斯 293

Bessarion of Trebizond, Cardinal, 特拉布宗的贝萨利翁, 枢机主教 783, 791, 793

Béthencourt, Jean de, 贝当古, 让·德 186, 189

Béthune, Evrard de, *Graecismus*, 贝蒂纳, 埃夫拉尔·德,《希腊风格》229, 260-261

Bianco, Andrea, 比安科, 安德烈亚 182-183

Bible, 圣经

Complutensian Polyglot, 康普鲁顿合参本圣经 626

copying of, 抄写 284, 287

printed, 印刷本 288-290

textual analysis of, 文本分析 266, 626

vernacular, 本国语 284, 340, 371, 375, 387, 747, 755

Biblia pauperum,《穷人的圣经》279

Biel, Grabriel, 贝尔, 加布里埃尔 230

Expositio canonis Missae,《弥撒经诠释》205-206

Binchois, Gilles, 班舒瓦, 吉勒 320, 324, 330, 444-445

biography, of artists, 艺术家的传记 307, 835

Biondo, Flavio, 比昂多, 弗拉维奥 26, 255, 257, 258, 265

birthrate, 出生率 106, 125

bishops, 主教

and apostolic succession, 与教宗的继任 77

and collegiate authority, 与学院权威 77

education of, 受教育 239

election of, 选举 681

Irish, 爱尔兰 501

and monarchy, 与君主制 419, 681

power of, 权力 211

as representatives, 作为代表 33, 43, 44, 58

Black Death, population effects, 黑死病, 人口影响 106-107, 109, 115, 126, 129, 369, 571, 609, 627, 671-673, 777

Blackheath, battle of (1497), 布莱克希斯战役 (1497年) 491-492

Blanche of Navarre, wife of Enrique Ⅳ, 纳瓦拉的布兰奇, 恩里克四世之妻 615

Blanche of Navarre, wife of Juan Ⅱ of Aragon and Navarre, 纳瓦拉的布兰奇, 阿拉贡和纳瓦拉的胡安二世之妻 598, 613, 620

Blind Hary, "盲人"哈里 515, 516, 517

Blois, Treaty of (1504), 布卢瓦条约 (1504年) 414

Blondel, Robert, 布隆代尔, 罗贝尔 165

Boccaccio, Giovanni, 薄伽丘, 乔瓦尼 22, 189, 266, 295, 406, 445

Bodin, Jean, and sovereignty, 博丹, 让, 与主权 82

Boethius, Anicius Manlius Severimus, 波埃修, 阿尼西乌斯·曼利乌斯·塞弗里努斯

Consolation of philosophy, 《哲学的慰藉》260, 295

De institutione musica, 《音乐原理》331-333

Bohemia, 波希米亚 367-391, 368

agriculture, 农业 369, 371-372

armies, 军队 371

Church and state, 教会和国家 16, 71, 74, 369

diplomacy, 外交 390

and Empire, 与神圣罗马帝国 343, 352-353, 355-356, 360, 369, 388-391

and Four Articles, 四纲领 380, 388

justice, 司法 372

monarchy, 王权 46, 372-373, 378-379, 388-389, 391

national diets, 国民议会 378-382, 384, 389

Bohemia (cont.)

nobility, 贵族 97; and Hussites, 与胡斯党人 367, 370, 371, 377-381, 391; and monarchy, 与君主制 369, 372-373, 382, 391; and Tabor, 与塔博尔山 383, 385-386

peasants, 农民 371, 378

plague outbreaks, 瘟疫爆发 369

political system, 政治制度 5, 369, 372-373, 377-378, 380, 384-386, 391, 831, 839

and representation, 与代议制 45-6, 47, 60, 367, 379, 386-387, 831-832

society, 社会 367-372, 380, 384

Taborites, 塔波尔派 371, 377, 380, 382-387, 391

and taxation, 与税收 369, 372, 387

towns and cities, 城镇和城市 371-372, 381-382, 385-387

and trade, 与贸易 159, 369, 371-

372

see also George of Poděbrady; Hus, Jan; Hussite movement; Sigismund; Vladislav I of Bohemia; Vladislav II of Bohemia; Wenceslas IV，也见波德布雷迪的乔治、扬·胡斯、胡斯运动、西吉斯蒙德、波希米亚的弗拉迪斯拉夫一世、波希米亚的弗拉迪斯拉夫二世、瓦茨拉夫四世等条

Bolde, Bartholomew de, 博尔德, 巴塞洛缪·德 540-541

Böll, Heinrich, 波尔, 海因里希 831

Bologna, 波伦亚 572, 585

    University, 大学 220, 221, 229, 231, 234, 237-238, 397, 572, 630, 746

Bolt, Amund Sigurdsson, 博尔特, 阿蒙德·西古尔德森 682

Bom-Viagem, Martin Anes, 伯维格姆, 马丁·安尼斯 642

Bonfini, Antonio, 旁费尼, 安东尼奥 721

Boniface VIII, Pope (Benedetto Caetani), and France, 卜尼法斯八世, 教宗（贝内德托·卡泰尼），与法兰西 51

Boniface IX, Pope (Petrus Tomacelli), and Empire, 卜尼法斯九世, 教宗（佩特鲁斯·托马切利），与神圣帝国 350, 709

books, 书籍 278-286

    collection, 收藏 282-283, 445

    illustrated, 插图 279-280, 281-282, 283-285, 288, 294, 295-297

    importance, 重要性 833

    production, 出版 279-281, 284-285, 287-289

    trade, 贸易 148, 160, 278, 281, 284, 288, 291, 293-296

    see also manuscripts; printing, 也见手稿、印刷等条

Books of Hours, 祈祷书 283, 284, 313, 406, 526, 833

Borgia, Alfonso, 博尔贾, 阿方索 see Calixtus III, Pope 见卡立斯特三世, 教宗

Borgia, Lucrezia, 博尔贾, 卢克雷齐娅 586

Borgia, Rodrigo, 博尔贾, 罗德里戈 see Alexander VI, Pope 见亚历山大六世, 教宗

Boris Aleksandrovich of Tver', 特维尔的鲍里斯·阿列克山德罗维奇 756

boroughs, and representation, 城市, 与代议制 49, 62-63

Bosnia, 波斯尼亚

    and Hungary, 与匈牙利 707, 710, 716, 719, 826

    and Venice, 与威尼斯 159

Bosworth, battle of (1485), 博斯沃斯战役（1485年）488-491, 544-545

Botticelli, Sandro, 波提切利, 桑德罗 308, 315, 564, 584

    Birth of Venus,《维纳斯的诞生》317-318

    Primavera,《春》317, 插图 23

    Venus and Mars,《维纳斯和马尔斯》310-311

Vision of Saint Augustine,《圣奥古斯丁的幻象》311

Boucicault, Jean de, 布西科, 让·德 800, 809

Bourbon, and French kingdom, 波旁, 法兰西王国 4, 398, 409, 410, 412, 414

bourgeoisie, 市民阶级

  Burgundian, 勃艮第的 442 – 443, 446 – 447

  and French urban development, 与法国城市的发展 135, 423 – 424

Bourges, and Valois monarchy, 布尔日, 与瓦卢瓦君主制 394

Bourgogne, Jean de, 布戈涅, 让·德 442, 445

Bouts, Dierec, 鲍茨, 迪里克 304

  Portrait of a Man,《男子肖像》308, 插图 8

Bouvet, Honoré, *Arbre des batailles*, 布韦, 奥诺雷,《战争之树》4

Bower, Walter, 鲍尔, 瓦尔特 515 – 516, 517, 518, 523

boyars, 波雅尔

  in Lithuania, 在立陶宛 735, 736, 744

  in Moscow, 在莫斯科公国 752, 753, 759 – 764, 767

  in Novgorod, 在诺夫哥罗德 754 – 755

Brabant, duchy of, 布拉班特公爵 9, 38, 446, 448

  and Burgundy, 与勃艮第 353, 431, 440

  industry in, 工业 126

  population, 人口 111

  and representation, 与代议制 44 – 45, 47, 53, 57, 60

Braccesi, Alessandro, 布拉塞西, 亚历山德罗 252

Braccio da Montone, 布拉齐奥·达·蒙托内 573, 574 – 575

Bracciolini, Poggio, 布拉乔利尼, 波乔 26, 184

  see also Poggio, Gian Francesco Bracciolini, 也见波乔, 吉安·弗朗切斯科·布拉乔利尼等条

Bradwardine, Thomas, and predestination, 布雷德沃丁, 托马斯, 与预言 13 – 15

Brady, T. A., Jr, 布雷迪, T. A., Jr 655

Bragança, dynasty, 布拉干萨, 王朝 633, 643 – 644

Brandenburg, 勃兰登堡

  and Empire, 与神圣罗马帝国 343, 348, 352, 360, 390

  organisation, 构成 5, 363

  and Poland, 与波兰 679

  and representation, 与代议制 44, 60

Branković, George, of Serbia, 塞尔维亚的布兰科维奇, 乔治 715, 790

Branković, Mara, 布兰科维奇, 玛拉 790 – 794, 821

'Brasil', legend of, 巴西, 传说 183, 186, 188, 194 – 195

Bratislava (Preßburg), Treaty of (1491),《布拉提斯拉瓦（普雷斯堡）条约》(1491 年) 343

Braudel, Fernand, 布罗代尔, 费尔南

德 134
Bray, Reynold, 布雷, 雷诺 494
Brethren of the Common Life, 共生兄弟会
  and book production, 与书籍出版 217, 284 – 285, 287
  and education, 与教育 206, 228, 232, 240
Breydenbach, Bernard von, *Peregrinatio in terram sanctam*, 布雷登巴赫, 贝尔纳·冯, 《圣地行记》297
Brittany, 布列塔尼
  and army, 与军队 165
  and French kingdom, 与法兰西王国 4, 401, 410 – 414, 469, 478, 488
  and Henry Ⅶ, 与亨利七世 491, 492 – 493
  and Lancastrian monarchy, 与兰卡斯特王室 394
  and nobility, 与贵族 93, 96, 102
  and taxation, 与税收 52 – 53
Broederlam, Melchior, 布罗德兰姆, 梅尔希奥 444
Bromyard, John, *Summa praedicantium*, 布罗姆亚德, 约翰, 《布道大全》207
Broughton, Thomas, of Furness, 弗内斯的布劳顿, 托马斯 490
Bruges, Louis de, 布鲁日, 路易·德 295
Bruges, 布鲁日
  and book production, 与书籍出版 280 – 281, 282, 295
  development of, 发展 124, 133, 134
  and representation, 与代议制 54, 56, 57
  revolt in (1436 – 7), 叛乱 (1436 – 7 年) 439, 451
  and trade, 与贸易 145, 148, 150 – 152, 156, 160, 448 – 449, 798
  urban society in, 与城市社会 141, 446
Brunelleschi, Fillippo, 布鲁内莱斯奇, 菲利波 124, 301, 305
  and perspective, 与透视法 306, 311, 314
  see also Manetti, Antonio, 也见曼内提, 安托尼奥等条
Bruni, Leonardo, 布鲁尼, 莱奥纳多
  and education, 与教育 227, 233
  Historia florentini populi, 《佛罗伦萨人民史》26, 139, n. 28, 257 – 258, 305
  and humanism, 与人文主义 247, 248, 251, 254, 268, 316
  Isagogicon moralis disciplinae, 《道德准则入门》263
  Laudatio florentinae urbis, 《佛罗伦萨城市礼赞》24 – 45, 264
  and republicanism, 与共和主义 138, 263 – 264
  tomb, 坟墓 309
Brunkeberg, battle of (1471), 布伦克堡战役 (1471 年) 690, 691, 693
Brunswick, duchy of, 布伦瑞克公爵 119, 362
Brut (chronicle), 《布鲁图》(编年史) 26
Buchanan, George, 布坎南, 乔治 517
Budé, Guillaume, 比代, 纪尧姆 417,

427

Bueil, Jean de, *Le Jouvencel*, 比埃伊, 让·德,《青春》161, 173

Bugislaus Ⅷ of Stolp, 斯托尔普的布吉斯劳八世 678

Bugislaus Ⅸ of Stolp, 斯托尔普的布吉斯劳九世 678 – 679, 683

Bulgaria, 保加利亚
  and Ottoman Empire, 与奥斯曼帝国 735, 771, 782
  and trade, 与贸易 799

Bulgnéville, battle of (1431), 比勒涅维尔战役 (1431年) 454

Bulkeley, William, 布克利, 威廉 541

bullion, shortages, 金（银）条, 短缺 113, 124, 130, 156, 158 – 159, 160, 405, 609 – 610

Buonaccorsi-Callimachus, Filippo, 本哥尔希－卡利马科斯, 菲利波 746

Buondelmonti, Cristoforo, 布翁德尔蒙特, 克里斯托弗罗 806, 809

Burckhart, J., 布克哈特 J. 243 – 247, 249, 250, 251, 265, 299

Burdach, K., 布尔达赫 K. 244

bureaucracy, 官僚机构
  Aragonese, 阿拉贡的 581, 593
  English, 英格兰的 31, 494
  French, 法兰西的 404
  Hungarian, 匈牙利的 719
  imperial, 帝国的 364 – 365
  papal, 教宗的 582, 584

burgesses, 市民
  English, 英格兰的 49
  extent, 范围 431 – 433
  and monasteries, 与修道院 127

Burgos, 布尔戈斯 309
  and trade, 与贸易 611 – 612

Burgundy, 勃艮第 431 – 456, 432
  administration, 行政管理 433 – 435
  army, 军队 163, 164, 166 – 168, 453
  and chivalry, 与骑士 94
  collapse, 灭亡 4, 5, 454 – 455, 663
  county and duchy, 伯爵领地和公爵领地 431, 433 – 436, 438, 442, 446, 453
  court culture, 宫廷文化 405, 426, 441 – 442, 444 – 446, 613
  diplomacy, 外交 452 – 453, 465
  ducal household, 公爵家族 443 – 444
  dynasticism, 王室联姻 837
  and Empire, 与神圣罗马帝国 5, 341 – 342, 353 – 354, 358, 360, 431, 439 – 341, 451 – 456
  and England, 与英格兰 451 – 452, 488; Edward Ⅳ, 爱德华四世 452, 478 – 479, 482; Henry Ⅴ, 亨利五世 392 – 394, 397, 437 – 438, 462 – 463; Henry Ⅵ, 亨利六世 395 – 397, 438 – 439, 464 – 466; Henry Ⅶ, 亨利七世 491; *see also* Troyes, Treaty of, 也见特鲁瓦条约
  expansion of, 扩张 404, 431, 439 – 440, 451 – 452, 454
  and French monarchy, 与法兰西王室 431 – 434, 437, 445, 462, 529, 663; Charles Ⅵ, 查理六世 392, 433, 437 – 438; Charles Ⅶ, 查理七世 392 – 394, 398, 402 – 403,

404, 437 – 439, 440, 465 – 466; Charles Ⅷ, 查理八世 455; Louis XI, 路易十一 402 – 405, 410 – 411, 428, 433, 450 – 452, 455, 478, 482, 488; and Mary of Burgundy, 与勃艮第的玛丽 412, 413, 455 – 456; see also Arras, Peace of, 也见阿拉斯和约

and heraldry, 与纹章 91, 93, 443

historiography, 历史编纂 26, 445 – 446

and Italy, 与意大利 566

justice, 司法 434 – 435, 453

and Levant, 与利凡特 441

navy, 海军 170, 441

nobility, 贵族 398, 441 – 443, 446

and Ottoman Empire, 与奥斯曼帝国 441, 800

and Papacy, 与教宗 67, 72

partition, 区域划分 431 – 432

paternalism, 家长式统治 838

peasantry, 农民 447

political literature, 政治文学 22

and representation, 与代议制 45, 51, 52, 436

and revenue and taxation, 与收入和税收 433, 435 – 436, 447, 453

and Scandinavia, 与斯堪的纳维亚 684

social structure, 社会结构 441 – 443, 446

survival, 生存 455 – 456

and Swiss Confederation, 与瑞士联邦 3, 411, 454 – 455, 659, 663 – 664

towns and cities, 城镇和城市 446 – 447, 450 – 451

and trade, 与贸易 447 – 449

and Yorkists, 与约克家族 452, 478 – 479, 482

see also Artois; Charles the Bold; Flanders; history; John the Fearless; literature; Low Countries; music; Philip the Bold; Philip the Good, 也见阿图瓦、"大胆"查理、佛兰德、历史学、"无畏者"约翰、文学、低地国家、音乐、"无畏者"菲利普、"好人"菲利普等条

Busnois, Antoine, 比斯努瓦, 安东尼 325

Bussone, Francesco, count of Carmagnola, 布索内, 弗朗切斯科, 卡马尼奥拉伯爵 166, 556

Bustron, Georgios, 布斯特隆, 乔治 810

Buti, Francesco da, 布蒂, 弗朗切斯科·达 259

Butler, Sir John, 巴特勒, 约翰爵士 506

Byzantium, 拜占庭 771 – 795, 772 – 773

agriculture, 农业 780

chronology and definition, 年表和定义 771 – 776

civil war, 内战 777

culture, 文化 810

and humanism, 与人文主义 266. 268 – 269

and Latin Church, 与拉丁教会 774,

775, 782–783, 823
and Moscow, 与莫斯科公国 769, 771, 775
and Mount Athos, 与阿索斯山 790–791, 793
and Ottoman Empire, 与奥斯曼帝国 736, 771–781, 786–792, 812, 814–817, 819–820, 824–825

Byzantium (*cont.*)
population, 人口 779, 788
and Salonica, 与萨洛尼卡 776–779, 801, 815, 817, 823
and Trebizond, 与特拉布宗 786, 788, 789, 790–794, 826
see also Christendom, Orthodox; Levant; Morea, the, 也见基督教世界、东正教、利凡特、摩里亚半岛等条

Caboche, Simon, 卡博什，西蒙 7
Cabot, John, 卡伯特，约翰 187, 194–195
Cabral, Pedro Alvares de, 卡布拉尔，佩德罗·阿尔瓦雷斯·德 199, 643
Cade, Jack, 凯德，杰克 470, 503
Caesar, Gaius Julius, and historiography, 凯撒，盖乌斯·尤利乌斯，编史 27
Cajetan, Thomas de Vio, and Papacy and councils, 卡耶坦，托马斯·德·维，与教宗及公会议 84
Calais, 加莱
English possession, 英国占领 403, 412, 458–459, 461, 465, 473, 474, 487, 498–499

French attempt to recapture, 法国重新夺回 397, 439
as garrison town, 作为驻防镇 127–128

Calatrava, Order of, 卡拉特拉瓦骑士团 595, 614, 622
Calco, Tristano, 卡尔克，特里斯特诺 258
Calixtus III, Pope (Alfonso Borgia), 卡立斯特三世，教宗（阿方索·博尔贾）566–567, 579–580, 586, 641, 737
Callís, Jaume, 卡利斯，豪梅 597
Calvin, John, and man, 加尔文，约翰，和人 250
Cambridge, earl of, 剑桥伯爵 462
Cambridge University, 剑桥大学
growth, 成长 221, 224, 227, 240–241, 833
and humanism, 与人文主义 269, 272
and music establishments, 与音乐教育的开创 325
reform, 改革 233, 236

Caminha, Pedro Alvares de, 卡米尼亚，佩德罗·阿尔瓦雷斯·德 187
Campin, Robert, 康宾，罗贝尔 302, 307–308, 312
Canary islands, 加那利群岛
discovery, 发现 185, 186, 189
and trade, 与贸易 150, 186, 612

cannon, 炮 see artillery 见炮兵
canon law, 教会法
and conciliar supremacy, 与议会至上论 18, 76–79, 81–83

and episcopal appointments, 与主教任命 681

and Roman Orthodox, 与东正教 787, 792

and theology, 与神学 239

and universities, 与大学 229, 239, 365

Canyngs, William, 坎宁斯, 威廉 149 – 150, 155

Cão, Diogo, 考, 迪奥戈 185, 192

capitalism, 资本主义

and mercantile organisation, 与商人组织 150 – 153, 423 – 424

and state expenditure, 与国家支出 549

Caracciolo, Sergianni, 卡拉乔洛, 塞吉安尼 574 – 575

Caravaggio, battle of (1448), 卡拉瓦基奥战役 (1448 年) 557

careers, and education, 职业, 和教育 833

Carignano, Giovanni di, 卡里尼亚诺, 乔瓦尼·迪 190

Carlos of Viana, 维阿纳的卡洛斯 284, 598 – 599, 620

carol, English, 赞美诗, 英格兰 328

Carpaccio, Vittore, 卡尔帕乔, 维托雷 306, 564

Carrillo, Alfonso, 卡利洛, 阿方索 616

Carrillo, Gonzalo, 卡利洛, 贡萨洛 608

Carthusian Order, 加尔都西修会

and book production, 与书籍出版 285

and reform, 与改革 74, 83 – 84

Cartier, Jacques, 卡蒂埃, 雅克 135

cartography, 绘图法, 制图学 177, 181 – 184, 200 – 201, 297

Casimir, son of Casimir IV, 卡齐米尔, 卡齐米尔四世之子 738

Casimir III the Great of Poland, 卡齐米尔三世, 波兰大帝 727, 729 – 730, 746

Casimir IV of Poland, 卡齐米尔四世, 波兰的 736 – 79, 741, 745, 747

and Bohemia, 与波希米亚 735

and Hungary, 与匈牙利 390, 721 – 722

and Jagiellonian dynasty, 与亚盖洛王朝 737 – 739

and Moscow, 与莫斯科公国 754, 755 – 756, 768

Casimir of Słupsk, 斯卢普斯克的卡齐米尔 729

Cassirer, E., 卡西尔, E. 245

cassoni (marriage chests), (装嫁妆的) 嫁妆箱 310 – 311, 插图 13, 316

Castagno, Andrea del, David, 卡斯塔尼奥, 安得烈亚·德尔, 《大卫》 316

Castiglione, Baldassare, 卡斯蒂廖内, 巴尔达萨雷 173, 311

Castile, 卡斯蒂尔 606 – 626, 607

and absolutism, 与绝对主义 618 – 620, 838

administration, 行政管理 619 – 620

agriculture, 农业 118, 120, 609

and Aragon, 与阿拉贡 4, 35 – 36, 591, 600 – 601, 604, 613 – 615

civil disorder, 内乱 3, 606 – 609, 622, 623 – 624

court culture, 宫廷文化 613

and crusades, 与十字军 441

diet, 议会 108

and exploration, 与探险 191, 197

extent, 范围 609

and history, 与历史 27

industry, 工业 612

and Jews, 与犹太人 622 - 625

monarchy, 王室 112; and court intrigues, 与宫廷阴谋 40, 615 - 616; dual, 双王并存 600 - 601, 604 - 605, 606, 607 - 608, 616; and Representation, 与代议制 39 - 40; and rivalries, 与对手 613 - 614

nobility, 贵族 90, 91, 98, 103, 105, 112; incomes, 收入 611 - 612; and monarchy, 与君主制 614, 615 - 616, 620; numbers, 数量 96; and representation, 与代议制 619

and Papacy, 与教宗 66, 67 - 68, 72 - 73

peasantry, 农民 610

plague outbreaks, 瘟疫暴发 111

population, 人口 111, 609

and Portugal, 与葡萄牙 614 - 615, 616, 635, 642

reconquest of Granada, 重新夺回格拉纳达 5, 131, 162, 171, 609, 611, 615, 616 - 618

and representation, 35 - 36, 39 - 40, 47, 55, 60, 611, 619

and revenues and taxation, 与税收 609 - 611, 619

tithes, 什一税 611

and trade, 与贸易 609, 611 - 612

and urban lineages, 与城市体系 621 - 622

war with Aragon, 与阿拉贡的战争 50

see also Andalusia; Enrique Ⅲ; Enrique Ⅳ; Isabel of Castile; Juan Ⅱ; Navarre, 也见安达卢西亚、恩里克三世、恩里克四世、卡斯蒂利亚的伊莎贝尔、胡安二世、纳瓦拉等条

Castillon, battle of (1453), 科斯蒂永战役 (1453 年) 169, 402, 472

Castriotes, George, 卡斯特里奥特, 乔治 see Skanderbeg 见斯坎德培

Castro, Paolo di, 卡斯特罗, 保罗·迪 230

Catalina of Lancaster, 兰开斯特的卡特琳娜 612

Catalonia, 加泰罗尼亚

civil war (1462 - 1472), 内战 (1462 - 1472 年) 115, 598 - 600

and economy, 与经济 603

institutional reform, 制度改革 602 - 603

and the Levant, 与利凡特 798, 800, 803, 805, 806

and monarchy, 与君主制 115, 590 - 593, 596 - 597, 615

and nobility, 与贵族 117, 590 - 591, 598, 601

and peasantry, 与农民 115, 116, 119, 601

and representation, 与代议制 35, 37, 40, 50, 592 - 594

towns and cities, 城镇和城市

129, 131
and trade, 与贸易 131, 151, 576, 595-596, 598, 603, 798, 800
uprising (1484-5), 起义 (1484-5年) 115
see also Aragon, 也见阿拉贡
Caterina Cornaro of Cyprus, 塞浦路斯的卡特琳娜·科尔纳罗 800, 802
cathedrals, 大教堂
　　and collegiate authority, 与教会权威 77
　　and music, 与音乐 328-329, 330
　　and urban economy, 与城市经济 127
Catherine of Burgundy, 勃艮第的凯瑟琳 433
Catherine of France, 凯瑟琳, 法兰西的 438, 463, 543
Cauchon, Pierre, bishop of Beauvais, 科雄, 皮埃尔, 博韦主教 396
cavalry, 骑兵 166-168, 171, 415, 710, 721, 762-763, 827
Cavriana, Peace of (1441), 卡维莱纳和约 (1441年) 557
Caxton, William, 卡克斯顿, 威廉 281-283, 293, 296
　　Book of the order of chyualry, 《骑士团之书》 95
Celtis, Conrad, 凯尔特斯, 康拉德 271, 294, 341, 746-747
Cely company, 塞利公司 152
Ceněk of Vartemberk, 瓦特朋克的凯纳科 370
Cent, Siôn, 康特, 希荣 539-540
Centurione II Zaccaria of Achaea, 逊邱伦二世·扎卡里亚, 阿凯亚的 802

Cesarini, Giuliano, 塞萨里尼, 朱利亚诺 70-71, 715
Ceuta, capture (1415), 占领休达 (1415年) 627-629, 635, 636-637, 638
Chacón, Gonzalo, 查孔, 贡萨洛 621
Champier, Symphorien, *Dialogue de noblesse*, 尚皮埃尔, 西姆福里安, 《贵族的对话》 425
change, social, and differentiation, 社会的变化, 和分化 48
chantry chapels, 小礼拜堂、小福音堂、弥撒堂 143, 211, 216
　　and art, 与艺术 301, 313
charity, 慈善 215, 219, 832
Charles, duke of Orleans, 查理, 奥尔良公爵 398, 401, 467, 469
Charles IV, Emperor, 查理四世, 皇帝
　　and Arles, 与阿尔勒 341
　　and capitals, 与大都市 713
　　and Prague, 与布拉格 128, 379
　　and representation, 与代议制 44
　　and succession, 与继位 345
　　and Swiss Confederation, 与瑞士联邦 651
　　see also Golden Bull, 也见黄金诏书
Charles V, Emperor, and Burgundy, 查理五世, 皇帝, 与勃艮第 342, 414, 429
Charles V of France, and *Somnium Viridarii*, 查理五世, 法兰西的 13
Charles VI of France, 查理六世, 法兰西的
　　and Burgundy, 与勃艮第 392, 433, 437-438

civil conflict, 与国内冲突 392, 398, 462

and conciliarism, 与公会议至上论 66

and Empire, 与神圣罗马帝国 341

and Henry V, 与亨利五世 463－464

insanity, 疯狂 392, 462

library, 图书馆 282

and succession, 与继位 393, 457

Charles Ⅶ of France, 查理七世, 法兰西的

and absolutism, 绝对主义 19, 407, 476

and army, 与军队 354, 399－400, 415, 468

and Burgundy, 与勃艮第 392－394, 402－403, 404, 437－439, 440, 465－466

coronation, 与加冕礼 396, 465

court culture, 宫廷文化 405－406

household, 家族 394－395

and Italy, 与意大利 558, 565

and Lancastrian monarchy, 与兰开斯特王朝 394, 396－404, 438－439, 465, 467－469, 472, 478, 693

and nobility, 与贵族 94, 398, 409

and Pragmatic Sanction, 与国事诏书 72, 73

and representation, 与代议制 51, 407

and revenues and taxation, 与收入和税收 395, 399, 401, 403

and Scandinavia, 与斯堪的纳维亚 693

and Scotland, 与苏格兰 528, 529

and universities, 与大学 231, 235, 236

Charles Ⅷ of France, 查理八世, 法兰西的

and absolutism, 与绝对主义 408

and Burgundy, 与勃艮第 455

and Church and state, 教会和国家 419

and England, 与英格兰 413, 491, 492－493

and house of Bourbon, 与波旁家族 412

and Italian Wars, 与意大利战争 428－429, 493, 529, 568, 569, 586－587, 600, 605

and Ottoman Empire, 与奥斯曼帝国 429

and Papacy, 与教宗 428

and political symbolism, 与政治象征 10, 416

and unity of kingdom, 与王国的统一 413－414

Charles Ⅲ of Navarre, 查理三世, 纳瓦拉的 613, 620

Charles of Blois, 布卢瓦的查理 52

Charles the Bold of Burgundy, "大胆"查理, 勃艮第的

and army, 与军队 163, 164, 168, 444, 453

and book collecting, 与藏书 295, 445

and collapse of state, 与国家的灭亡 450, 454－455, 663

and court and household, 与宫廷和王室 444

and ecclesiastical princes, 与教会亲王 363
and England, 与英格兰 451-452, 482
and Frederick Ⅲ, 与弗雷德里克三世 358, 360, 452, 454, 663
and institutional reform, 与制度改革 450-451, 453
and Italy, 与意大利 566
and Louis Ⅺ, 与路易十一世 3, 237, 411, 434, 450-451, 455, 664
and Low Countries, 与低地国家 450-451
and music, 与音乐 326, 330, 331
and Philip the Good, 与"好人"菲利普 450
and succession, 与继位 341-342
and Swiss Confederation, 与瑞士联邦 411, 454-455, 659, 663-664
Charles of Durazo, 杜拉斯的查理 709
Charles of France, and War of the Public Weal, 法兰西的查理, 为了公众利益的战争 99, 410-411, 412, 450
Charles of Lorraine, 洛林的查理 454
Chartier, Alain, 沙尔捷, 阿兰 21-22, 23
　Bréviaire des nobles, 《贵族精要》95
Chartres, Regnault de, archbishop of Rheims, 沙特尔, 勒尼奥·德, 兰斯大主教 396
charts, marine, 航海图 181, 182, 183, 189, 193
Chastellain, Georges, 夏特兰, 乔治 403, 426, 446

Chaucer, Geoffrey, *Canterbury Tales*, 乔叟, 杰弗里, 《坎特伯雷故事集》22, 296, 809
Chelčický, Peter, 塞尔切斯基, 彼得 384
Cheng Ho, 郑和 177-180
Chevalier, B., 谢瓦利埃 135
Chevalier, Etienne, 谢瓦利埃, 埃蒂安 405, 406
Chevalier sans reproche, 《无可责难的骑士》424
Chevrot, Jean, bishop of Tournai, 谢弗罗, 让, 图尔奈主教 443-444
Chiliasts, 锡利亚主义 383, 384,
China, trade and exploration, 中国, 贸易和探险 177-180, 187, 194
Chioggia, war of, 基奥贾战争 553
Chios, 希俄斯
　Genoese settlement, 热那亚占领 796, 798, 801, 804, 808
　Ottoman capture, 奥斯曼帝国 811
　and trade, 与贸易 799
chivalry, 骑士 92, 94-95, 105, 494, 832, 835, 838
　and exploration, 与探险 186-187
　in literature, 在文学中 445
　military, 军队 92, 166
　orders, 骑士团 94, 99-100, 442, 613
Christendom, Latin, 基督教世界, 拉丁
　and eastern communities, 与东方团体 796-811, 797
　and the Empire, 与神圣罗马帝国 340, 341
　and Europe, 与欧洲 4

and exploration, 与探险 175 – 179, 180 – 181, 185, 188, 192, 199 – 200

and nobility, 与贵族 89, 93 – 95

Christendom, Orthodox, 基督教世界, 东正教

 and Byzantium, 与拜占庭 771 – 795, 811

 and Council of Basle, 与巴塞尔公会议 71 – 72, 81

 and Council of Florence, 与佛罗伦萨会议 72, 743, 774, 775, 782 – 783, 787, 793, 795, 801, 808, 823

 and Hus, 与胡斯 16

 leadership, 领导权 793

 and the Levant, 与利凡特 808

 and Moscow, 与莫斯科公国 764 – 765

 and Ottoman rule, 与奥斯曼统治 777 – 779, 784, 786 – 795, 819, 825

 and Papacy, 与教宗 782

 and Poland-Lithuania, 与波兰 – 立陶宛 735, 743, 756

Christian I of Denmark, 丹麦的克里斯蒂安一世 687, 688 – 690, 694

 and the Baltic, 与波罗的海 691, 692

 and Empire, 与神圣罗马帝国 344

 and England, 与英格兰 692 – 693

 and Norway, 与挪威 689, 692

 revenues, 与税收 689

 and Sweden, 与瑞典 46 – 47, 689 – 690, 692

Christian II of Denmark-Norway, 丹麦 – 挪威的克里斯提安二世 697 – 705

Christian III of Denmark-Norway, 丹麦 – 挪威的克里斯提安三世 705

Christina of Denmark, 丹麦的克里斯蒂娜 697

Christoffer III of Denmark-Norway-Sweden, 丹麦 – 挪威 – 瑞典的克里斯托弗三世 680, 683 – 687

Christoffer of Oldenburg, 奥登堡的克里斯托弗 705

Chronicle of the Morea,《摩里亚纪年》780

Chronicles of London,《伦敦编年史》26

Chrysoloras, Manuel, 赫里索洛拉斯, 曼努埃尔 24, 266, 276

Church, 教会

 and art, 与艺术 see art, religious, 见宗教、艺术等条

 and authority, 与权威 77 – 82, 84 – 86, 831; see also Papacy, authority, 也见教宗、权威等条

 decline in importance, 重要性的下降 832

 and ecclesiology, 教会论 77 – 78, 79 – 81

 and Empire, 与神圣罗马帝国 352 – 353

 and Hus, 与胡斯 374 – 375, 377 – 378, 380, 382

 and music, 与音乐 see music, religious 也见宗教、音乐等条

 and nobility, 与贵族 89, 104

 and representation, 与代议制 29 – 30, 33, 42, 44

and universities, 与大学 238 - 239

and urban economy, 与城市经济 127, 142 - 143

and wealth, 与财富 14 - 15, 382

see also Basle, Council of; conciliarism; Constance, Council of; Florence, Council of; Great Schism; Papacy; Pisa, Council of; reform, Church; sacraments, 也见巴塞尔公会议、公会议至上论、康斯坦茨公会议、佛罗伦萨公会议、教会大分裂、教宗、比萨公会议、改革、教会、圣礼等条

Church building, 教堂建筑

 hall church, 厅堂式教堂 301

  see also chantry chapels; parish church, 也见小礼拜堂、教区教堂等条

Church and state, 教会和国家 86, 836, 840

 Bohemia, 波希米亚 369

 Byzantium, 拜占庭 771, 775 - 776, 786 - 790

 and Empire, 与神圣罗马帝国 357

 France, 法兰西 418 - 419, 427 - 428

 Hungary, 匈牙利 709

 Moscow, 莫斯科公国 764 - 765, 766 - 767

 and national church, 与民族教会 86

 and papal power, 与教宗权力 12 - 17

  Poland-Lithuania, 波兰-立陶宛 16, 732

 and political symbolism, 与政治象征 8

 Portugal, 葡萄牙 630, 632 - 633, 637, 639, 642

 Scandinavia, 斯堪的纳维亚 676 - 677, 681, 685, 688 - 690, 691 - 692, 700, 702 - 703, 705 - 706

Chval of Machovice, 迈彻维斯的希沃 380, 384

Cibo, Franceschetto, 希博, 弗兰西斯切多 567, 585

Cicero, Marcus Tullius, 西塞罗, 马库斯·图里乌斯 138, 263, 270, 277, 289

 and humanism, 与人文主义 248, 251, 255 - 256, 258, 260

 letters, 信件 260, 265

 orations, 演说 255 - 256, 267, 276

 and politics, 与政治 11, 18, 24, 263

Cilli, Ulrich von, 希利, 乌尔里克·冯 718

Cipolla, Bartolomeo, and nobility, 奇波拉, 巴托洛缪, 与贵族 91

Cippola, C. M., 奇波拉 547 n.1

Ciriaco of Ancona, 安科纳的西里亚科 809

Cisneros, Francisco Jiménez de, 西斯内罗斯, 弗朗西斯科·西蒙尼斯·德 617, 626

cities, 城市 121 - 144

 as administrative centres, 作为行政管理中心 127

 decline and recovery, 衰落和复苏 125 - 135

 and history, 历史 834 - 835

 imperial, 王室的 346 - 347, 349, 351, 355, 358 - 360, 452, 649, 664, 670; development, 发展

124, 132

and regional leagues, 与地区联盟 35, 37, 44, 58–59, 63–64

and representation, 与代议制 39–46, 49, 52–61, 62, 64, 381–382

see also towns and under individual countries, 也见城镇和各个国家

city-states, Italian, 城邦, 意大利的 5, 7, 9, 143, 547–570, 548

and balance of power, 与势力均衡 564–569

demographic crisis, 人口危机 547

economy, 经济 547–550, 559, 568

and elitism, 与精英主义 552–553, 559–564, 568, 569, 570

and expansionism, 与扩张 550–551

expenditure and resources, 支出和资源 549–551, 568–569

and historiography, 与历史编纂 26–27

and humanism, 与人文主义 23–25, 244, 563–564

and Italian Wars, 与意大利战争 569–570

and localism, 与地方主义 550

and representation, 与代议制 36, 54, 137

rivalries, 竞争对手 159, 161–164, 167, 171, 547, 550–551, 555–559, 564–569

see also Florence; Genoa; Italy; Milan; Venice, 也见佛罗伦萨、热那亚、意大利、米兰、威尼斯等条

Ciudad, Juan de, 西乌达德, 胡安·德 624

civil society, 市民社会 137–138, 144

Clarence, George, duke of, 乔治·克拉伦斯公爵 478, 479–482, 483, 484, 489

Clarence, Thomas, duke of, 托马斯·克拉伦斯公爵 395, 500

class, 阶级

conflict, 冲突 140

see also bourgeoisie; elites; nobility; peasants, 也见市民阶级、精英、贵族、农民等条

classcism, and humanism, 古典主义, 和人文主义 23–24, 243–245, 247, 252–253, 256, 305, 809

Claude de France, 克劳德·弗朗斯 414, 421

Clavijo, Ruy González de, 克拉维霍, 鲁伊·贡萨里斯 618

Clement V, Pope, *Constitutiones*, 克雷芒五世, 教宗, 《宪制》289

Clement VII, Pope, 克雷芒七世, 教宗 65

Cleope Malatesta, 克里奥帕, 马拉泰斯塔 784

Clérée, Jean, 克莱埃, 让 208

clergy, 教士

and ecclesiastical courts, 与教会法庭 416

education, 与教育 206–207, 225, 239

Hussite, 胡斯党人 370, 386

Irish, 爱尔兰的 501

payments to Rome, 向罗马纳贡 357

Poland-Lithuania, 波兰－立陶宛的 732
and reform, 与改革 205, 218, 373
and representation, 与代议制 29, 33, 38, 43, 49, 58
and synods, 与宗教会议 79, 86
Welsh, 威尔士的 541
clerk musicians, 作曲人 320－325, 327－331
clientage, 委托关系
Milanese, 米兰人 562
and monarchy, 与君主制 417, 419, 466－467, 468, 475, 484, 838
and nobility, 贵族 98－99, 425, 564
climate, changes, 气候，变化 110, 193, 671, 729
Closener, Fritsche, 克卢森，弗里切 337, 341
Coelho, Gonçalo, 科尔贺，贡萨洛 198
Coëtquis, Philippe de, 科特蒂斯，菲利普·德 71
Coeur, Jacques, 科尔，雅克 153, 155, 424
confiscation of property, 财产剥夺 401, 404
house, 房宅 124, 310
and the Levant, 与利凡特 800
Colet, John, 克利特，约翰 272
Colleoni, Bartolomeo, 科勒奥尼，巴托洛缪 558, 566
Colonia, Henricus de, 科洛尼亚，亨里库斯·德 293
Colonia, Johannes de, 科洛尼亚，约翰内斯·德 294
Colonna family, 科隆纳家族 573, 574, 575, 578－579, 584－585
Columbus, Christopher, 哥伦布，克里斯托弗 144, 181, 184－186
and Atlantic crossing, 与穿越大西洋 194－197, 200, 616, 618
patronage, 赞助 187－188
commerce, 商业 145－160, 146－147
and nobility, 与贵族 101－102
and specialisation, 专业化 154
see also banking; trade, 也见银行业、贸易等条
commercialization, 商业化
and representation, 与代议制 48, 54, 56－57, 59, 61
and rural life, 与乡村生活 113－115
Common Penny, 共同便士税 354
communalism, 地方自治主义 654－655
communes, 共同体
Italy, 意大利 54, 136－137, 263, 264, 277
Moscow, 莫斯科公国 758－759, 761
and representation, 与代议制 30, 33－34, 38, 41－53, 49, 53－61, 63－64, 116
rural, 乡村的 57, 59, 61, 63, 366, 645, 653－654
see also cities; towns, 也见城市、城镇等条
Commynes, Philippe de 科米纳，菲利普·德
and Burgundy, 与勃艮第 449
and France, 与法兰西 400, 428, 449
Mémoires,《回忆录》4, 28, 90
and Scotland, 与苏格兰 530

and warfare，与战争 166，167，173
Compère, Loyset，孔佩尔，卢瓦塞 325
competition, between states，竞争，国家间的 30
Compiègne, Edict of (1429)，贡比涅法令（1429 年）398
conciliarism，公会议至上论 13，17，28，205，746
 effects on European culture，对欧洲文化的影响 84 - 86
 and Empire，与神圣罗马帝国 352 - 353，357
 and ideology，与意识形态 76 - 84
 and Papacy，与教宗 65 - 84，428，573 - 574，681
 and politics，与政治 65 - 76
 and reform，与改革 68 - 74，76 - 77，79，83，86
 and representation，与代议制 30
 and role of laity，与世俗的作用 86，833
 and supremacy，与教会至上论 72 - 74，76 - 84
concordantia，《论天主教的合谐》80 - 81
concordats, papal，教宗契约 16 - 17，69，73，86，418
condottiere，雇佣兵 166 - 167，550，551，556，562，573，575，577，579，581，722
 see also Gattamelata; mercenaries; Sforza dynasty，也见加坦默拉塔、雇佣军、斯福查家族等条
confession of sins，忏悔，告罪 209 - 212
Conflans, Treaty of (1465)，孔弗朗条约（1465 年）450
Confraternities，同业公会 143，215，219，313
connecte, Thomas，孔乃特，托马斯 208
Conomines, Pere，科诺梅兹，佩雷 602
Conrad of Dhaun，道恩的康拉德 354
Conrad of Hohenstaufen, marriage，霍亨斯陶芬的康拉德，婚姻 39 - 40
consensus，共识
 in theology，神学 17，80 - 81，86
consensus (*cont.*)
 see also consent，也见赞同
consent，赞同
 and law，与法律 18 - 19
 and legitimacy of ruler，与统治者的合法性 10 - 11，12，17，24，831
 and taxation，与税收 6，7，20，51 - 52，55，56，60
 see also consensus，也见共识
consilia，法庭判决 20 - 21
Constance, Council of (1414 - 18)，康斯坦茨公会议（1414—1418 年）329
 and Anglo - French war，与英法战争 4，68
 and canonists，与教会法学家 18，79
 and Empire，与帝国 340，353，355，573，650 - 651
 and Hungary，与匈牙利 713
 and Hus，与胡斯 353，370，375，377
 and Papacy，与教宗 67 - 69，74，77，79 - 80，83，86，205，353，573 - 574

and Poland, 与波兰 12, 733-734

and Swiss Confederation, 与瑞士联邦 351, 667

and University of Paris, 与巴黎大学 67, 83, 235

Constantine XI Palaiologos, 君士坦丁十一世·巴列奥略, 拜占庭皇帝 775, 780, 783-784, 785

Constaninople, 君士坦丁堡

and the Levant, 与利凡特 798-799, 801, 810

Ottoman capture of (1453):, 奥斯曼人占领君士坦丁堡 (1453 年): and Byzantium, 与拜占庭 771-775, 824-825; and crusades, 与十字军 75, 441; and Empire, 与神圣罗马帝国 441, 717; and Italy, 与意大利 558, 565; and Moscow, 与莫斯科 764, 769

population, 人口 788

as Roman Orthodox capital, 作为东正教首都 784, 787-788

and Salonica, 与萨洛尼卡 776-777

constitutions, 宪法

Florence, 佛罗伦萨 264, 560-561

and representation, 与代议制 37-38, 45, 47-48, 264, 345, 657

and Scottish monarchy, 与苏格兰君主制 525-526

Contarini, Ambrogio, 康塔里尼·安布罗焦 750

Contarini, Antonio and Marin, 康塔里尼·安东尼奥和马林 555

Conti, Nicolo, 孔蒂, 尼科洛 184

contubernia, 共生会 227, 232, 240

conversos, 归信（指信仰改宗）604, 622-625, 835

Conyers, Sir John, 科尼尔斯, 约翰爵士 490

Copenhagen, as capital, 丹麦首都哥本哈根 685

Copenhagen, Peace of, 《哥本哈根和约》（1509 年）697-698

Copenhagen, Treaty of, 《哥本哈根条约》（1441 年）684

Copernicus, Nicolas, 哥白尼, 尼古拉 233, 746

Corbinelli, Antonio, 科尔比内利, 安东尼奥 275

Cordoba, Gonzalo Fernandez de, 科尔多瓦, 贡萨洛·费尔南德斯·德 605

Corfu, Venetian control of, 科孚岛, 威尼斯人的占领 802, 811

Coron, 科伦

Ottoman conquest of, 奥斯曼人的征服 811, 828

Venetian control of, 威尼斯人的控制 802, 804

corporations, as cultural patrons, 合作组织, 作为文化赞助者 834-835

Corpus Christi festival, 基督圣体节 8, 211, 311

Corsica, and Aragon, 科西嘉, 与阿拉贡 574, 595

cortes, 议会 29, 31, 32

Castile-León, 卡斯蒂尔-莱昂 35, 40, 55, 60, 611, 619

Portuguese, 葡萄牙的 630-631, 633-634, 636, 637-642

Cortesi, Paolo, 科特西, 保罗 254
corts, 科尔茨（议会）
　　Aragon, 阿拉贡 35, 40 – 41, 50, 590, 592 – 593, 597, 602
　　Barcelona, 巴塞罗那 54
　　Catalonia, 加泰罗尼亚 35, 37, 41, 592 – 593, 598, 602
　　Valencia, 巴伦西亚 35, 41, 54, 592 – 593
Cossa, Francesco, 科萨, 弗朗切斯科 317, 564
Counter-Reformation, 反宗教改革 626
counties, 各地区
　　English, 英格兰的 33 – 34, 49, 53, 63
　　Flemish, 佛兰德的 56
　　Hungarian, 匈牙利的 712, 714 – 716, 721, 725
countryside, 农村 106 – 120, 834
　　and clergy, 与教士 207
　　and markets, 与市场 113 – 115, 120
　　and nobility, 与贵族 117 – 119
　　and population levels, 与人口规模 106 – 113, 157, 571
　　productivity, 生产率 119 – 120, 422
　　and religious life, 与宗教生活 207, 210, 219
　　see also agriculture; industry; rural; peasants, 也见农业、工业、乡村、农民等条
courtier, 廷臣
　　and music, 与音乐 331
　　and nobility, 与贵族 104
courts, 法庭、宫廷
　　ecclesiastical, 教会的 416

　　papal, 教廷 574
　　royal, 王室的 416, 420; French, 法国 424 – 425; and music, 与音乐 320 – 321, 324 – 325, 329 – 330; Savoyard, 萨伏依 329 – 330, 838
Covilhã, Pedro de, 科维尔哈, 佩德罗·德 199
Cozzi, G., 科兹, G. 554 n. 4
Cracow, 克拉科夫
　　and intellectual life, 与思想生活 221, 233, 238, 746 – 747
　　and representation, 与代议制 60
　　and trade, 与贸易 148, 729, 742
　　University, 大学 732, 734, 746
craftsmen, 手工业者
　　urban, 城市的 132
　　see also guilds, 也见行会
Crantz, Martin, 克兰兹, 马丁 292
credit, and trade, 信用与贸易 158
Crete, 克里特岛
　　culture, 文化 809 – 810
　　Ottoman capture, 奥斯曼的占领 811
　　and trade, 与贸易 802, 804
　　Venetian settlement, 威尼斯人移居 796, 799, 802, 803 – 804, 805, 811
Crimea, 克里米亚
　　and Ottoman conquest, 与奥斯曼人的征服 788, 789, 826
　　and trade, 与贸易 799
Crimean Horde, 克里米亚游牧部族 750, 751, 755 – 756, 775
Crinito, Pietro, 克里尼托, 皮耶罗 意大利人文主义者 260
Crispi, Jacomo, 克里斯皮, 雅科

莫 809
criticism, textual, 批评主义, 文本的 266, 273
Croatia, and Hungary, 克罗地亚, 与匈牙利 711, 724
Croce, B., 克罗齐, D. 245
Cromwell, Ralph, 克伦威尔, 拉尔夫 465, 467, 472 – 473
Cromwell, Thomas, 克伦威尔, 托马斯 546
crossbows, 十字弓 48, 132, 167, 168
crown, imperial, 王冠, 帝国 837, 839
crusades, 十字军
 against Hussites, 反对胡斯派 3, 43, 70, 340, 353 – 354, 379
 against Ottomans, 抗击奥斯曼人 75, 428 – 429, 579, 641, 717 – 720, 725, 782, 823 – 824; defeat at Nicopolis, 在尼科波利斯（尼科堡）的失败 94, 441, 710, 800; defeat at Varna, 在瓦尔纳的失败 162, 715, 783, 824
 and eastern Latin settlements, 与东拉丁定居区 796, 809 – 810
 and exploration, 与探险 181, 185
Crusino Summaripa, 克鲁西·萨莫马里帕 809
culture, 文化
 and exploration, 与新航路开辟 184 – 187, 200
 and national identity, 与民族认同 426 – 427
 and urban development, 与城镇化发展 124, 143 – 144
currency, 货币
 common, 共同 390
 stability, 稳定性 60
customs duties, 关税
 Aragon, 阿拉贡 593
 Castile, 卡斯蒂尔 611
 England, 英格兰 49
 France, 法国 423
 Hungary, 匈牙利 717, 719
 Norway, 挪威 695
 Swiss Confederation, 瑞士联邦 653
custumals (*Weistümer*), 习惯法汇编 366
Cyprus, 塞浦路斯
 government, 政府 807 – 808
 Latin nobility, 拉丁贵族 803
 Latin settlements, 拉丁定居区 796, 800, 802 – 803, 805, 811
 Ottoman capture, 奥斯曼人占领 776, 811
 and trade, 与贸易 799
Czech language, 捷克语 46, 367, 371, 373, 375 – 376, 377, 379, 385, 387

Dafydd ab Edmwnd, 达菲达布·埃德蒙德 538
Dalberg, Johann von, 达尔伯格, 约翰·冯 363
Dalmatia, 达尔马提亚
 and Hungary, 与匈牙利 707, 710, 711, 816
 and Venice, 与威尼斯 565
Daniilovich dynasty, 丹尼洛维奇王朝 752 – 753
Dante Alighieri, 但丁, 阿利盖里, 意大利诗人 251, 254, 305, 317

Danzig，但泽
  and Poland，与波兰 344，733，737，742
  and trade，与贸易 114，133，151 – 152，686，692，704
Dauphiné, and representation，多菲内（法兰西帝国采邑）与代议制 51
David, Grand Komnenos，大卫，大科穆宁 790 – 791
de la Broquière, Bertrandon，德·拉·布罗凯尔，贝特朗东 441
de la Cosa, Juan，德·拉·科萨，胡安 哥伦布的向导 197
de la Huerta, Jean，德·拉·于埃塔，让 444
de la Trémouïlle, Georges，德·拉·特雷穆耶，乔治 396，398
De potestate papae，《论教宗权力》11
De Sanctis, F.，德·桑克提斯，F. 245
'De stabilimento concilii' (conciliar decree)，"公会议坚决主张"（教令）70
de Vere, John, earl of Oxford，德·维尔，约翰，牛津伯爵 484
debasement / devaluation，货币贬值
  Bohemia，波希米亚 369
  Castile，卡斯蒂尔 609 – 611，612
  Ottoman Empire，奥斯曼帝国 827
Decembrio, Pier Candido，德塞姆布利奥，皮埃尔·坎迪多 24 – 25
Declaration of Arbroath (1320)，阿布罗斯宣言（1320 年）520，529
defence, and representation，防御与代议制 56，60

Dei, Benedetto，戴，贝内德托 190
Delaisse, L. M. J. *et al.*，德莱斯，L. M. J. 278，285
Delft, Treaty of (1428)，德尔福条约（1428 年）439 – 440
Delicado, Francisco, *La Lozana Andaluza*，德利卡多，弗兰西斯科，《安达卢西亚的洛扎娜》625
della Rovere family，德拉·罗韦雷家族 582 – 583，584 – 585，586
democracy，民主
  and humanism，与人文主义 264
  Swiss，瑞士 657，668 – 669
  Taborite，塔波尔派 385 – 386，391
demographic crisis，人口危机 *see* population 见人口
Denmark，丹麦
  administration，行政管理 685，694，704
  agriculture，农业 114，671
  and the Church，与教会 705 – 706
  civil war，国内战争 674，705
  climatic change，气候变化 671
  domestic policies，国内政策 676
  education，教育 693
  and Empire，与神圣罗马帝国 343 – 344
  and exploration，与探险 200
  and France，与法国 529
  and Holstein，与荷尔斯泰因 677，679 – 680，689，694，706
  monarchy，君主制 517，674，675 – 677，682，683 – 685，687，694 – 695，698 – 700，703 – 706
  and Moscow，与莫斯科公国 756

navy, 海军 693, 698

nobility, 贵族 97, 677, 699, 704, 705 – 706

and Papacy, 与教宗 67

peasantry, 农民 97

revolt, 革命 703 – 704

and Schleswig, 与石勒苏益格 674, 677, 679 – 680

and taxation, 与税收 676, 678

towns, 城镇 673, 678, 685, 694, 706

and trade, 与贸易 114, 673, 678, 694, 695 – 696, 704

union of crowns, 国王同盟 673, 674, 675 – 676, 683 – 688, 693, 698 – 699, 705 – 706

see also Hanseatic League; Norway; Scandinavia; Sweden, 也见汉萨同盟、挪威、斯堪的纳维亚、瑞典等条

Derby, Thomas, earl of, 托马斯, 德比伯爵 495

Despars, Jacques, 德帕, 雅克 230

despotism, and Renaissance, 绝对君主制, 与文艺复兴 245

Desprez, Josquin, 德普雷, 若斯坎 324, 325

Destorrent, Jaume, 德斯托尔伦特, 豪梅 603

determinism, and predestination, 决定论, 与宿命论 13 – 14

Deutsche Reichstagsakten, 《德意志帝国议会档案》31

devotio moderna, 《新式信仰》284 – 285, 287, 626

and education, 与教育 228

and humanism, 与人文主义 269

and popular religion, 与大众宗教 206, 209, 212

devotion, personal, 虔诚, 个人的 832 – 833

Dias, Bartolomeu, 迪亚士, 巴托洛缪 192, 198 – 199

diet 饮食 108, 508

Dietrich of Moers, archbishop of Cologne, 莫尔的迪特里希, 科隆大主教 359, 363, 365

Dietrich of Niem, 尼姆的迪特里希 13

Dionissii (icon painter), 狄奥尼希 (人像画家) 766, 767

diplomacy, 外交

and chivalric orders, 与骑士团 94

and nobility, 与贵族 94, 104, 564

and Papacy and councils, 与教宗及宗教会议 85

and trade, 与贸易 154

and war, 与战争 170 – 171, 174, 465, 466, 569

discovery see exploration and discovery

Dithmarschen, and Empire, 迪特马尔申, 与神圣罗马帝国 344, 366

Djandarli, Ali, 贾德尔, 阿里 814, 815 – 816

Djandarlioghlu, Halil, 贾德尔格鲁, 哈利尔 785, 786, 822, 823, 824 – 825

Djem (brother of Bayazid II), 德杰姆 (拜齐德二世之弟) 805, 811, 827 – 828

Djüneyd, 德居内德 814, 816, 817, 819

Dlugosz, Jan (Longinus), 德卢戈斯, 扬, *Annales seu cronicae inclyti regni*

Poloniae,《辉煌的波兰王国编年史》747–748

Dmitrii Shemiaka, 德米特里·谢米亚卡 752–754

doctores see intellectuals

doctrine, and Papacy, 教义，与教宗 76–84

Doket, John, 多克特，约翰 233

Dominican Order, and Papacy, 多明我会，与教宗 78, 84

Donatello (Danato di Niccolò), 多那提洛（达纳托·迪·尼科洛）155, 305, 316

    Lamentation over the Dead Christ,《哀悼基督之死》插图 21

    Feast of Herod,《希律王的飨宴》307, 插图 7

    St Mark,《圣马可像》305

    statue of Gattamelata,《加坦默拉塔骑像》309, 插图 11

Donation of Constantine, 君士坦丁赠礼 15, 18

Donatus, 多纳图斯 229, 258–259

Donskoi, Dmitry Ivanovich, 顿斯科伊，德米特里·伊万诺维奇 731, 766, 767, 768–769

Döring, Mathias, 多灵，马赛厄斯 13

Dorothea of Brandenburg, 勃兰登堡的多罗特娅 687, 688, 689

Doubera, and Ottoman rule, 道贝拉，与奥斯曼的统治 791, 792–793, 795

Douglas, Sir James, 道格拉斯，詹姆斯爵士 518–519

Douglas family, 道格拉斯家族 524, 525, 526, 527, 528

Dragon, Order of, 龙骑兵骑士团 709

dress, Irish, 服饰，爱尔兰 496, 507–508, 510

Du Boulay, F. R. H., 杜布莱，F. R. H. 281

Duarte of Portugal, 葡萄牙的杜瓦特，葡萄牙国王 630–632, 634, 638–639

    Loyal counsellor,《忠诚的顾问》637

Ducas Michaelis, 杜卡斯·米哈伊尔利斯，拜占庭历史学家 822

Dufay, Guillaume, 迪菲，纪尧姆，法国作曲家 320, 323, 325, 326, 328–330, 331

Dunbar, William, 邓巴尔，威廉 515, 519, 521

Duns Scotus, 邓斯·斯科图斯，中世纪哲学家 13

Dunstable, John, 邓斯塔布尔，约翰 323 n. 10, 327, 330, 333

Durandus, Guillaume, *Rationale*, 杜兰德斯，纪尧姆，《理性》289

Dürer, Albrecht, 丢勒，阿尔布雷希特 294, 307, 309, 311, 314, 315

Dwnn, Gruffydd, 杜恩，格鲁菲兹 542

dynasticism, 王朝主义 837

Ebendorfer, Thomas, 埃本多尔弗，托马斯 76

Eberhard of Wurttemberg, and Church reform, 符腾堡的埃伯哈德，与教会改革 76

economy, 经济

    and effects of war, 与战争影响 48, 172, 400–401, 421–422, 834

and exploration, 与探险 192
regional, 地区的 549
rural, 乡村的 110, 119, 423, 568, 571 – 572, 593, 609, 659, 671, 678
urban, 城镇的 124, 125 – 135, 141 – 143, 158, 424, 547 – 550, 559, 678
'world', "世界" 148, 160
see also commerce; industry; population, demographic crisis; recession; trade, 也见商业、工业、人口、人口危机、衰退、贸易等条

Edgeccombe, Sir Richard, 埃奇康姆, 理查德爵士 512

Edgecote, battle of (1469), 埃奇科特战役 (1469年) 480 – 481

Edinburgh, 爱丁堡 128, 522 – 523

Edirne-Szegedin, Treaty of (1444), 埃迪尔内—塞格丁条约 (1444年), 承认塞尔维亚国家 824

education, 教育 220 – 242
clergy, 教士 206 – 207, 209, 746
curricula, 课程 228 – 234, 236, 258, 260 – 261, 266, 269, 271, 277, 365
and elites, 与精英 27, 836
and humanism, 与人文主义 226 – 228, 258 – 262, 272, 275 – 277, 836 – 837; contubernia, 共生会 227, 232, 240; 课程 curricula, 23 – 24, 26, 231 – 233; 与大学 and universities, 221, 227, 238
and impact of printing, 与印刷术的影响 833 – 834
institutions and authorities, 机构与权威 234 – 238
musical, 音乐 330 – 332
and nobility, 与贵族 104, 240, 242
religious, 宗教 205 – 206, 209 – 210, 218, 225
Vocational, 职业的 228, 241
see also contubernia; schools; studia generalia; universities, 也见共生会、学校、通修课程、大学等条

Edward, earl of March, 爱德华, 边地伯爵 see Edward IV of England 也见英格兰的爱德华四世

Edward, earl of Warwick, 爱德华, 沃里克伯爵 489

Edward I of England, 英格兰的爱德华一世
and representation, 与代议制 43, 49, 50
and Scotland, 与苏格兰 515, 516, 520, 529
and Wales, 与威尔士 532 – 533

Edward II of England, 英格兰的爱德华二世 47, 466, 477, 524

Edward III of England, 英格兰的爱德华三世 31, 394, 463, 518, 529

Edward IV of England, 英格兰的爱德华四世
advice to, 向他的进谏 518
and book trade, 与图书贸易 282
and deposition of Henry VI, 与亨利六世的废黜 477
as earl of March, 作为边地伯爵 474 – 475, 477, 504
and France, 与法国 411, 452, 478 –

479, 488
  household, 王室 479－480, 485, 487
  and Ireland, 与爱尔兰 506－507, 511
  and Lancastrians, 与兰开斯特家族 477－478, 480－483, 506, 543
  marriage, 婚姻 478－480
  and nobility, 与贵族 479, 483, 485－486, 489
  and personal rule, 与个人统治 458, 481－482, 483－486, 838
  rebellions, 叛乱 480－481, 482－483, 484
  regional power, 地方权力 484－485
  restoration, 复位 26, 483
  and Scotland, 与苏格兰 477, 485
  and taxation revenues, 与税收收入 480, 485
  and Wales, 与威尔士 534, 535－536, 545
Edward V of England, 英格兰的爱德华五世 486－487, 489, 536, 543
Edward of Lancaster (son of Henry VI), 兰开斯特的爱德华（亨利六世之子）20, 473, 474, 483
egalitarianism, 平等主义 9, 116, 383－384
Egypt, Mamluk rule, 埃及, 马木路克统治 796, 799－800, 802, 809
Ehrbarkeit, "身负声望者" 31
Eiximenis, Francesc, *Regiment de la cosa publica*, 埃克莫尼斯, 弗兰西斯克《国事规章》21
Eizinger, Ulrich, 爱兹恩格尔, 乌尔里克 717 n. 3
Eleanor, wife of Frederick III, 埃莉诺, 弗雷德里克三世之妻 21
election, 选举 *see* monarchy; Papacy 见君主、教宗等条
elites, 精英
  Burgundian, 勃艮第的 442－443, 446－447
  education, 教育 27, 836
  Florentine, 佛罗伦萨的 552－553, 559－561, 563
  and humanism, 与人文主义 27, 264, 269, 274－277
  and literacy, 与识字 209
  Milanese, 米兰的 561－562, 568
  Muscovite, 莫斯科公国的 752, 753, 756, 760－763
  and representation, 与代议制 46, 53, 54－55, 64
  rural, 乡村 422－423
  and social change, 与社会变迁 835
  in Swiss Confederation, 在瑞士联邦 647, 651, 653, 655, 657, 667－668
  Taborite, 塔波尔派, 波希米亚激进改革者 386－387
  and trade, 与贸易 424
  Venetian, 威尼斯的 554－555, 562－563
Elizabeth, regent of Poland, 伊莉莎白, 波兰统治者 729
Elizabeth of Austria, 奥地利的伊莉莎白 738
Elizabeth of Bosnia, 波斯尼亚的伊莉莎白 730

Elizabeth of Görlitz，戈利茨的伊莉莎白 352，440

Elizabeth of York，约克的伊莉莎白 487

Elphinstone, William, bishop of Aberdeen，埃尔芬斯通，威廉，阿伯丁主教 515

Empire, Holy Roman，神圣罗马帝国 337 - 366，338 - 339

 army，军队 354

 and *Binnenreich*，与本南莱希（"帝国内王国"，意为，不包括皇帝自己领地的神圣罗马帝国内的疆域）345 - 346，352，355 - 357，360

 consolidation，巩固 345，347，354，362，366

 and *de jure/ de facto* sovereignty，与法理的/实际的主权 19

 diets，议会 *see Reichstag* 见帝国议会

 and diplomacy，与外交 651

 electors，选帝侯（有权选举神圣罗马帝国皇帝的诸侯）17，47，345，347 - 350，352，354 - 357，359，361 - 363，389，429

 extent，范围 341 - 344，347，352

 foreign policy，对外政策 350 - 354

 and France，与法国 341 - 342，353 - 354，427 - 430

 and imperial power，与皇帝权力 17，344 - 347，351，357，361

 internal conflict，国内冲突 3，352，359 - 360

 and Italy，与意大利 342 - 343，346，350，352，428

 justice，司法 6，354 - 355，359 - 360，361，364

 and Latin Christendom，拉丁基督教世界 340，341

 monarchy，君主制 341，344 - 358，361

 nobility，贵族 354 - 356

 and Ottoman Empire，与奥斯曼帝国 340，346，349，390，441；under Albert Ⅱ，在阿尔伯特二世统治下 343，355 - 356；under Frederick Ⅲ，在弗雷德里克三世统治下 343，360；under Sigismund，在西吉斯蒙德统治下 343，351 - 352，710 - 711

 and Papacy，与教宗 345，350，352，357；Council of Basle，巴塞尔公会议 70 - 71，72 - 74，340，348，355；Council of Constance，康斯坦茨公会议 67 - 69，79，86，340，353；Council of Florence，佛罗伦萨公会议 72；Council of Pisa，比萨公会议 66

 regnum（*Reich*）*and imperium*，王国（王国）与帝国 341 - 342，344，347 - 350，352 - 358，361，366

 and representation，与代议制 31，34 - 36，47，52，58，347 - 349，361

 and revenues and taxation，与岁入和税收 5，52，340，347，350，354 - 355，357 - 358，362，365

 and Scandinavia，与斯堪的纳维亚半岛 700

 schools and universities，学校与大学 365

types of states，国家形式 5 – 6

see also Albert Ⅱ; king of the Romans; Bohemia; Burgundy; Charles Ⅳ, Emperor; Charles Ⅴ, Emperor; cities, imperial; estates; Frederick Ⅲ of Habsburg; Germany; Habsburgs; monarchy; principalities; reform, imperial; Sigismund, king of the Romans; Swiss Confederation，也见阿尔伯特二世、诺曼人国王、波希米亚、勃艮第、查理四世皇帝、查理五世皇帝、帝国城市、等级、哈布斯堡的弗雷德里克三世、日耳曼、哈布斯堡、君主、帝国改革、西吉斯蒙德、瑞士联邦等条

Emre, Yunus，艾玛雷，尤努斯 818
Engel, P.，恩格尔，P. 715 n. 2
Engelbrektson, Olav, archbishop of Trondheim，恩格尔布雷克特松，奥拉夫，特隆赫姆大主教 705 – 706
Engelbrektsson, Engelbrekt，恩格尔布雷克特松，恩格尔布雷克特 681 – 682
England，英格兰 475 – 476, 477 – 495
  agriculture，农业 113 – 114, 117 – 119
  army，军队 164, 167 – 168
  and book production，与图书出版 285, 292, 293, 295 – 296
  and chivalry，骑士制度 94
  and Church and state，与教会和国家 15 – 16
  civil conflict，国内冲突 3, 457 – 458, 471, 475 – 476

commerce，商业 836
diet，议会 108
and diplomacy，与外交 171, 465, 466, 478, 493
dynasticism，王室联姻 837
and Empire，与神圣罗马帝国 353 – 354
and exploration，与探险 187 – 188, 194 – 195, 200
historiography，历史编纂 25 – 26, 27
and humanism，与人文主义 269 – 267, 272
imports，进口 133
industry，工业 113, 126
justice，司法 6, 20 – 21, 459
monarchy，君主 835, 837, 838; and acts of resumption，与复兴法案 470, 484; authority，管辖权 476, 483 – 486, 495; Lancastrian，兰开斯特家族 see Lancastrian dynasty; and nobility 见兰开斯特王朝；与贵族 101, 458, 459, 461 – 462, 467, 471 – 473, 475 – 476, 479, 485 – 486, 494 – 495; and prerogative，与特权 493 – 494; pretenders，觊觎王位者 489, 490 – 493, 511 – 512, 545; Yorkist，约克家族 see Yorkist dynasty 见约克王朝
navy，海军 170
nobility，贵族 96, 98, 100 – 101, 105; creations，册封 494; factionalism，宗派活动 459, 460 – 461; and monarchy，与君主制 101, 458, 467, 47 – 43, 475 – 476, 479, 485 – 486, 494 – 495; and

representation，与代议制 33

and Papacy，与教宗 66，67 - 69，72

peasantry，农民 115，117

plague outbreaks，瘟疫暴发 106，499

and political theory，与政治理论 19 - 21

England（cont.）

population，人口 107，111，499，834

and Portugal，与葡萄牙 636

protest literature，抗议书 10，23

rebellion of 1381，1381 年起义 7，23

rebellion of 1450，1450 年起义 10，469 - 471

religious life，宗教生活 207，209 - 210

and representation，与代议制 20，29，31，33 - 34，47 - 49，60，124，831

and revenue and taxation，与岁入和税收 458 - 461，462，464，475，480，491

and Scandinavia，与斯堪的纳维亚半岛 692 - 693，694

schools and universities，学校与大学 225，227，233，239，272；see also Cambridge University；Oxford University 也见剑桥大学、牛津大学等条

stability，稳定 458，460，475 - 476，487 - 488

towns and cities，城镇与城市 124，125，127

and trade，与贸易 145，149 - 150，151 - 152，153，155，158 - 160，694，798；textiles，纺织品 149，152，156，160

see also architecture；Burgundy；Calais；Edward Ⅳ；gentry；Henry Ⅳ；Henry Ⅴ；Henry Ⅵ；Henry Ⅶ；Hundred Years War；Ireland；Lancastrian dynasty；literature；music；parliament；Richard Ⅱ；Richard Ⅲ；Wales；Yorkist dynasty，也见建筑、勃艮地、加莱、爱德华四世、乡绅、亨利四世、亨利五世、亨利六世、亨利七世、百年战争、爱尔兰、兰开斯特王朝、文学、音乐、议会、理查德二世、理查德三世、威尔士、约克王朝等条

English language, in Ireland，英语，在爱尔兰 496，502

engraving，雕版印刷 311，317

Enrique Ⅲ of Castile，卡斯蒂尔的恩里克三世 91，595，612

Enrique Ⅳ of Castile，卡斯蒂尔的恩里克四世

and Aragon，与阿拉贡 600 - 601

and Catalonia，与加泰罗尼亚 599，615

court intrigues，宫廷阴谋 615 - 616

and disorder，与社会失序 606，608，624

and messianism，与乌托邦思想 618

and revenues，与岁入 611

and succession，与王位继承 642

Epicureanism，伊壁鸠鲁主义 262

epistolography，信函书写 23，252，256 - 257，259，564

Erasmus, Desiderius，伊拉斯谟，德西

迪里厄斯 86，144
 and humanism，与人文主义 250，251，266，270，271，272，626
 and learning，与知识 228，259，834
 and man，与男人 250
 and peace，与和平 4，840
Ercole of Ferrara，费拉拉的埃尔科尔 583
Erfurt, library，埃尔福特图书馆 233
Erik of Norway-Denmark-Sweden，挪威-丹麦-瑞典的埃里克 675-683
 and the Church，与教会 677，681
 and Denmark，与丹麦 682，688
 and Gotland，与瑞典哥德兰岛 686，691
 and Norway，与挪威 683
 and Philip the Good of Burgundy，与勃艮第的好人菲利普 684
 and Schleswig，与石勒苏益格 679-681
 and succession，与王位继承 683，697
 and Sweden，与瑞典 681-684，690
 and Teutonic Order，与条顿骑士团 675，677，679，686
Erik ofPomerania，波美拉尼亚的埃里克 674
Eriksen, Jens (Josse Eriksson)，埃里克森，詹斯（约瑟·埃里克松）681
Ernuszt, John，埃努斯特，约翰 719
Erpingham, Thomas，埃尔平翰，托马斯 459，460
Estaing, François d'，埃斯坦，弗兰索瓦·德 419

estates，社会等级 31，32，33，48-49
 Bavaria，巴伐利亚 44
 Bohemia，波希米亚 45-46，376，380-382，389
 Brabant，布拉班特 45，52，57
 Brittany，布列塔尼 52-53
 Burgundy，勃艮第 436，453，455
 Castile，卡斯蒂尔 60
 England，英格兰 63
 Flanders，佛兰德 41-42，56-57
 France，法国 31，38，52-53，62，63，399，410，419，420，838
 Hungary，匈牙利 714，716
 imperial，神圣罗马帝国 34，136，347-348，349，352，357，359-361，364-366
 Poland，波兰 740-741，742-744
 Prussia，普鲁士 58
estates general，三级会议
 France，法国 409，411-412，418，421，429，463；and representation，与代议制 31，32，33，36，38，51-52，62，63
 Low Countries，低地国家 57，60，455
Este, Borgo d'，埃斯特，博尔索·德 562
Este, Isabella d'，埃斯特，伊萨贝拉·德 312，317，809
Este, Niccolo d'，埃斯特，尼科洛 575
Este dynasty，埃斯特王朝 573，584
Estonia，爱沙尼亚
 and Scandinavia，与斯堪的纳维亚半岛 679，691
 and Teutonic Knights，与条顿骑士团

344, 679, 686
Etaples, Treaty of (1492), 埃塔普勒条约 (1492 年) 413, 491, 493
ethics, and humanism, 伦理学, 与人文主义 262 - 265, 268, 274, 277, 746
Ethiopia, and Ottoman Empire, 埃塞俄比亚, 与奥斯曼帝国 775
Eugenikos, John, 欧根尼科斯, 约翰 783
Eugenikos, Mark, 欧根尼科斯, 马克 783, 787
Eugenius Ⅳ, Pope (Gabriel Condulmaro) 尤金四世, 教宗 (加布里尔·康杜尔马罗)
 and Council of Basle, 与巴塞尔会议 70 - 73, 81, 82, 83, 85, 575
 and crusade, 与十字军 782, 823 - 824
 deposition, 废黜 329, 348, 575
 and Empire, 与神圣罗马帝国 357 - 358, 735
 and Naples, 与那不勒斯 576 - 578, 581
 and Rome, 与罗马 127, 575, 578
Europe, growing awareness of, 欧洲, 日渐觉醒 839
Evfimii of Suzdal', archbishop of Novgorod, 苏兹达尔的埃菲密伊, 诺夫哥罗德大主教 755, 765
Evrenos, Bey, 埃夫雷诺斯, 贝格 (土耳其领袖) 813, 815, 821
exchange rate, France, 汇率, 法国 423
excommunication, 开除教籍
 contestation, 冲突 702

 for debt, 债务原因 216
 as political weapon, 政治武器 632, 701
Exeter, Henry Holland, duke, 埃克塞特公爵, 亨利·荷兰 472 - 474
expenditure, military, 开支, 军事的 48
exploration and discovery, 探险与发现 160, 175 - 201, 176, 178 - 179
 and cartography, 与地图绘制 181 - 184, 200 - 201
 and culture, 与文化 184 - 187, 200
 and eastern Atlantic, 与东大西洋 188 - 189
 finance and patronage, 财政与资助 187 - 188
 and Latin Christendom, 与拉丁基督教世界 175, 177 - 181, 199 - 200
eyre, in Scotland, 巡回法庭, 苏格兰 522
Eyton, Fulk, 艾顿, 福尔克 400

Faber, Felix, 法贝尔, 菲力克斯 809
Facio, Bartolomeo, 法西奥, 巴托洛缪 249
 De rebus gestis Alphonsi I commentarii, 《阿方索一世传记评注》 27
factions, aristocratic, 小宗派, 贵族 99, 459, 460 - 461, 510 - 512, 514, 525, 526, 689 - 692, 707, 709, 725 - 726
fairs, and trade, 集市, 与贸易 56, 114, 153, 422, 423
Falkenberg, Johann, and politics, 法尔肯伯格, 约翰, 与政治 12

family，家庭
  peasant，农民 117
  and printing industry，与印刷业 294
  and public life，与公共生活 141-142
  and trading companies，与贸易公司 152
famine，饥荒 834
（1437-9），（1437-9年）110，120
Fastolf, Sir John，法斯托尔夫，约翰爵士 10，397
Fazio, Bartolommeo，法齐奥，巴托罗缪 302-303
Fazlullah, vizier of Murad Ⅱ，法兹鲁拉，穆拉德二世的维齐尔（首相）822，823，829
Febvre, Lucien，费弗尔，吕西安 219
Felix Ⅴ, Pope，菲力克斯五世，教宗 72，329，576-578
  and Empire，与神圣罗马帝国 357
  see also Amadeus Ⅷ of Savoy，也见萨伏依的阿马迪斯八世
Feltre, Vittorino da，费尔特，维托里诺·达 138，206，227
Ferdinand Ⅴ of Aragon，阿拉贡的斐迪南五世
  and Catalonia，与加泰罗尼亚 599
  and dual monarchy，与二元君主制 600-601，604-605，606，616
  institutional reform，制度革新 601-603，604
  and Italian Wars，与意大利战争 429，600
  and messianism，与乌托邦思想 616-618
  and Naples，与那不勒斯 27，566，567，585，587，605
  and peasants' revolt，与农民反抗 601
  and Seville，与塞维利亚 131
  see also Granada; Isabel of Castile，也见格拉纳达、卡斯蒂尔的伊莎贝尔等条
Ferdinand Ⅱ 'the Catholic'，斐迪南二世"天主教徒" see Ferdinand Ⅴ of Aragon 见阿拉贡的斐迪南五世
Ferdinand of Austria，奥地利的斐迪南 343，726
Ferdinand of Spain, and Papacy，西班牙的斐迪南，与教宗 76
Fernando, son of Berenguela，费尔南多，贝伦格拉之子 40
Fernando Ⅰ of Aragon，阿拉贡的费尔南多一世
  consolidation of power，权力的巩固 595-596，642
  election，选举 41，588-591，592 n.6，597，613
  and 'pactism'，与"契约制" 597
  and politics，与政治 594
  as regent of Castile，卡斯蒂尔的摄政 3，595，612-613
Fernando of Portual，葡萄牙的费尔南多 629，634-635
Ferrante (Ferdinando) of Naples，那不勒斯的费尔南多 569，582，585，604-605
  and Alfonso Ⅴ，与阿方索五世 577，579-581，596
  and Charles Ⅷ，与查理八世 586-587

and Florence, 与佛罗伦萨 568, 583

and Papacy, 与教宗 567, 583 - 584, 586

Ferrara, 费拉拉

and papal states, 与教宗国 572, 575

and Venice, 与威尼斯 549, 562, 566 - 567

see also Florence, Council of, 也见佛罗伦萨公会议

Ferrara, war of (1482 - 4), 费拉拉战争 (1482—1484 年) 563, 568

Ferrer, Vincent, 费雷尔, 文森特 208, 590, 623

fertility rates, 人口出生率 111

feud, in Scotland, 采邑, 在苏格兰 521, 523 - 524, 527 - 528

feudalism, 封建主义

Aragonese, 阿拉贡的 593, 596 - 597, 598, 601

and armies, 与军队 48, 453

'bastard', "非典型的" 98, 527

and Empire, 与神圣罗马帝国 345 - 346, 357, 366

French, 法国的 408

Italian, 意大利的 562, 573

and loyalty, 与忠诚 38, 39

and nobility, 与贵族 105

Portuguese, 葡萄牙的 640 - 642, 644

and representation, 与代议制 29 - 30, 33, 38 - 39, 42 - 43, 48

Scottish, 苏格兰的 527

in Swiss Confederation, 在瑞士联邦 652, 653, 670

Fichet, Guillaume, 菲歇, 纪尧姆 233, 271, 292

Ficino, Marsillio, 菲奇诺, 马尔西利奥 233, 247, 252, 268 - 271, 317 - 318, 564

Fiennes, James, Lord Say and Sele, 法因斯, 詹姆斯, 塞伊和色尔勋爵 168, 170

Filarete, Antonio, 菲拉雷特, 安东尼奥 309, 316

Filelfo, Francesco, 菲勒尔佛, 弗朗切斯科 255, 262, 266

Filipec, John, 菲利佩斯, 约翰 722

Fillastre, Guillaume, bishop of Tournai, 菲拉特, 纪尧姆, 图尔奈主教 66, 443, 445

Finet, Nicholas, 菲内特, 尼古拉 284

Finland, 芬兰

agriculture, 农业 671

economy, 经济 671

education, 教育 693

and Russia, 与俄国 697

and Sweden, 与瑞典 674, 684, 689, 690 - 692, 693, 696, 706

towns, 城镇 694

and trade, 与贸易 673

Fioravanti, Aristotele Rodolfi, 菲奥拉凡迪, 亚里斯多德·罗德尔菲 767

firearms, 火器 48, 129, 156, 168 - 169

Fisher, John, bishop of Rochester, 费希尔, 约翰, 罗彻斯特主教 272

Fitzgerald, Thomas, seventh earl of Desmond, 菲茨杰拉德, 托马斯, 德蒙第七伯爵 506 - 507

Fitzralph, Richard, 费茨拉尔夫, 理查德

De pauperie salvatoris,《救世主的贫

困》14
and predestination,与前定论 14 - 15,16
Flanders,佛兰德
and Burgundy,与勃艮第 342,397, 402,431,433 - 436,437,439, 448,451,453
and Empire,与神圣罗马帝国 5,342
and exploration,与探险 200
and music,与音乐 326 - 327,426
and painting,与绘画 300 - 304
rebellions,叛乱 436
and representation,与代议制 41 - 42,45,53 - 57,58 - 59,60,436

Flanders（cont.）
towns and cities,城镇与城市 133, 136,140,446
and trade,与贸易 448
see also Ghent; Low Countries,也见根特、低地国家等条

Flemish language,佛来德语 434
Flemyng, Robert,佛莱明，罗伯特 270
Flodden, battle of（1513）,弗洛登战役（1513 年）522
Florence,佛罗伦萨 551 - 553,612
art and architecture,艺术与艺术品 124,305 - 306,308,310,313, 314 - 316,552,563
book production,图书出版 279,280 - 281,284,285,295
and civic humanism,与市民的人文主义 24,138 - 139,274
Council of One Hundred,百人会议 560
Council of Seventy,七十人会议 560 - 561

defence,防卫 551,568
development,发展 124,129 - 130
expansion,扩张 137,549,550 - 551,553,556,559 - 570
expenditure and resources,消费与资源 551,552 - 553
and gentility and learning,贵族与学习 275 - 276,563
historiography,历史编纂 26,257,552
households,家庭 141
and individual wealth,与个人财富 139
and Latin east,与拉丁东部 149,798 - 799,802,811
and Milan,与米兰 161,264,551, 556,557 - 558,559,566 - 567,579
and Naples,与那不勒斯 550,551, 578,579,581,583,585,596
and nobility,与贵族 92
and Papacy,与教宗 557,565 - 566, 569,583,585; and Council of Basle,与巴塞尔会议 576; and Council of Pisa,与比萨会议 66 - 67,72
and philosophy,与哲学 268 - 269
and politics,与政治学 5,9,264 - 265,268,274,551 - 553,559 - 561,568
population,人口 107,125,552
records,记录 121
and religion,与宗教 569
renaissance,文艺复兴 138,

143，551
republicanism，共和主义 24-25，138，305，550，552-553，559-561，568
shipping，海运 149
extent of，范围 125
and taxation，与税收 171，552-553
textile industry，纺织业 126，547-549，559
trade and banking，贸易和银行 130，149，199，547-549，566
and war，与战争 549，553，556-558，663
see also elites; Medici, Cosimo de'; Medici, Lorenzo de'; Medici company; oligarchy，也见精英、梅迪奇家的科西莫、梅迪奇家的洛伦佐、梅迪奇公司、寡头等条
Florence, Council of (1438-45)，佛罗伦萨会议（1438—1445年）72，81，184，281，577，743，768
and Roman Orthodox Church，与东正教 72，774-775，782-783，787，793，795，801，808，823
Flue, Niklaus von，弗卢，尼克劳斯·冯 662
Foma (elder)，福马（长者）756
Fondaco dei Tedeschi，方达科·戴·特德希 151
Fordun, John of，福尔登的约翰 515，516，520，521
Forli, Tito Livio da，福尔利，提托·利维奥·达 27
Formigny, battle of (1450)，福米格尼战役（1450年）169，469

Fornovo, battle of (1495)，福尔诺沃战役（1495年）428
Fortescue, Sir John，福蒂斯丘爵士，约翰 228，489
and law，与法律 18，19-20，21，28，831
Fortune, as theme，财富，作为主题 7，22，174，483
Foscari, Francesco，福斯卡里，弗朗切斯科 555，563
Fotii, Metropolitan，福蒂，都主教 752
fouage (hearth tax)，炉灶税 52-53，399，436
Fouquet, Jean，富凯，让 285，304，406
France，法国 392-407，408-430，393
and absolutism，与绝对主义 19，407，408，417，418-419
agriculture，农业 107-108，120，421
and Anglo-Burgundian agreement，与益格鲁—勃艮第联盟 392-398，437-438
army，军队 6，48，164，165，407; artillery，火炮 167-169，415; cavalry，骑兵 166-167，354，415; and Charles Ⅶ，与查理七世 354，399-400，415，468; infantry，步兵 399，415; and Louis Ⅺ，与路易十一 412，415，418; soldiers，士兵 165
and book production，与图书出版 282，285，292，295-296
and bourgeoisie，与市民阶级 135

and Burgundy, 与勃艮第 71, 392 - 397, 402 - 403, 462 - 465, 663 - 664

civil conflict, 国内冲突 3, 19, 392, 437 - 439, 460, 462 - 463

consolidation, 一体化 404, 408, 414 - 421

court culture, 宫廷文化 405, 426 - 427 and diplomacy, 与外交 465, 466, 478

and economy, 与经济 421 - 422

effects of Hundred Years War, 百年战争的影响 159, 392 - 407, 393

and Empire, 与神圣罗马帝国 341 - 342, 353 - 354, 427 - 430

and exploration, 与探险 200

extent of, 范围 4, 409, 420

and Gallican liberties, 法兰西教会自主 68

historiography, 历史编纂 25 - 26, 405, 408, 427

and humanism, 与人文主义 252, 269 - 270, 271 - 272, 425, 426 - 427

and Italy, 与意大利 565 - 566, 574, 581, 664 - 665; see also Italian Wars, 也见意大利战争

justice, 司法 6, 415 - 416, 422

monarchy, 君主制 8, 19 - 20, 86, 407, 427, 836, 837, 838; and bureaucracy, 与官僚机构 404; and Church, 与教会 418 - 419; and Empire, 与神圣罗马帝国 427 - 430; extinction, 灭亡 101; integrality, 完整 409 - 414; Lancastrian, 兰开斯特家族 see Lancastrian dynasty; and nobility 见兰开斯特王朝; 与贵族 94, 394, 398, 409 - 414; and principalities, 与公国 409 - 414, 419 - 420, 425, 427; and service, 与仆从 417 - 418; Valois, 瓦卢瓦 392 - 404, 408

nobility, 贵族 90 - 91, 93, 105, 838; and armed forces, 与军队 415; divisions, 行政区 392, 394, 403 - 404, 425, 462; and extinction, 消亡 100 - 101, 103; and monarchy, 与君主制 94, 398, 409 - 414; *noblesse d'épée*, 佩剑贵族 104, 425; *noblesse de robe*, 长袍贵族 104, 404 - 406, 425, 838; numbers, 数量 96; and poverty, 与贫困 101; Praguerie, 布拉格雷 398, 409; and professions, 与专业化 102, 109; and rural life, 乡村生活 118, 422

ordonnances, 《敕令》7, 20, 164, 399 - 400, 415

and Ottoman Empire, 与奥斯曼帝国 429

and Papacy, 与教宗 65, 66 - 69, 71 - 73, 75 - 78, 86, 350, 351, 353, 357

peasantry: landholding, 农民的土地占有 117, 422, 423; risings, 起义 116, 399; and taxation, 与税收 118, 417

plague outbreaks, 瘟疫暴发 157

political symbolism, 政治象征意义 8, 408

population，人口 107，111，113，421，834

recovery after war，战后重建 408-430

and regionalism，与地方主义 403-404，407

religious life，宗教生活 207-208，210，218

and representation，与代议制 34，36-38，47，51-53，407，831; nobility，贵族 62，420-421; regional assemblies，地方会议 31，32，36，51，420-421; see also estates general; parlement，也见等级会议、议会等条

rural，乡村 107-108，116，118，422-423

schools and universities，学校和大学 224，226-227，228，230，231-233，234-237，239，242; see also Paris, University 也见巴黎大学

social structure，社会结构 421-425

and Swiss Confederation，与瑞士联邦 665-666，670

and taxation，与税收 395，399，401-403，407，416-418，423; direct，直接税 50; indirect，间接税 50，52-53; and peasants，与农民 118-119; and representation，与代议制 50-53

tithes，什一税 421

towns and cities，城镇与城市 124，125，129，134-135，410，423-424

and trade，与贸易 135，151，153，422，423-424

and tyrannicide，诛戮暴君 12，839

and war，与战争 168-169

see also Bourbon; Burgundy; Charles Ⅵ; Charles Ⅶ; Charles Ⅷ; Francis Ⅰ; French language; history; Hundred Years War; Lancastrian dynasty; Languedoc; literature; Louis Ⅺ; Louis Ⅻ; music; nobility; Paris; Valois dynasty，也见波旁、勃艮第、查理六世、查理七世、查理八世、法兰西斯一世、法语、历史、百年战争、兰开斯特王朝、朗格多克、文学、路易十一世、路易十二、音乐、贵族、巴黎、瓦卢瓦王朝等条

Franche-Comté，弗朗什-孔泰

and Burgundy，与勃艮第 431，454

and Maximilian，与马克西米利安 5，341-342，413，455

franchise, Italy，公民权，意大利 137-138

Francis Ⅰ of France，法兰西斯一世，法兰西的 392

and the Church，与教会 530

and Empire，与神圣罗马帝国 429-430

and French language，与法语 407

and Italy，与意大利 423

and Le Havre，与勒·哈夫尔 135

library，图书馆 282

marriage，婚姻 414，421

and nobility，与贵族 414

Franciscan Observants，方济各会严规派 208，626

Franciscans, 法兰西斯会修士（方济各会）法兰西斯派（方济各会）
    and evangelical poverty, 与福音贫困 14–15
    and mysticism, 与神秘主义 626
    and pilgrimages, 与朝圣 809

Francois II of Brittany, 布列塔尼的弗朗索瓦二世 412, 450, 478, 492

Franke, Sebastian, and religious art, 弗朗克, 塞巴斯提安, 与宗教艺术 313

Frederic of Aragon, 阿拉贡的弗雷德里克 43

Frederick II, Emperor, and representation, 弗雷德里克二世, 皇帝, 与代议制 38–39, 42–43, 49–50, 54

Frederick I 'Barbarossa', 弗雷德里克一世"巴巴罗萨" 19, 54

Frederick IV of Austria, and Sigismund, 奥地利的弗雷德里克四世, 与西吉斯蒙德 353, 355, 650

Frederick I of Brandenburg, 勃兰登堡的弗雷德里克一世 see Frederick VI of Hohenzollern 见霍亨索伦的弗雷德里克六世

Frederick III of Habsburg, 哈布斯堡的弗雷德里克三世
    and Austria, 与奥地利 356–357, 361
    and Bohemia, 与波希米亚 389–390
    and Burgundy, 与勃艮第 358, 440, 452, 454, 663
    and extent of Empire, 与神圣罗马帝国疆域 343–344, 346, 356, 360–361
    and Hungary, 与匈牙利 343, 346, 356, 360, 715–716, 718, 720
    and imperial peace ordinance, 与帝国和平法令 358–359
    and Italy, 与意大利 558, 562, 566
    and justice, 与司法 359–360
    and Maximilian, 与马克西米利安 3, 343, 345
    and Ottoman Empire, 与奥斯曼帝国 360
    and Papacy, 与教宗 73, 74, 75, 345, 348, 357–358
    and *Reichstag*, 与帝国议会 349
    resources, 资源 358
    and Teutonic Knights, 与条顿骑士团 344

Frederick II of Hohenzollern, 霍亨索伦家族的弗雷德里克二世 360

Frederick VI of Hohenzollern, 霍亨索伦家族的弗雷德里克六世
    and Sigismund, 与西吉斯蒙德 348, 352, 353, 355
    and urban liberties, 与城市的自由 136

Frederick VII of Toggenburg, 托根堡的弗雷德里克七世 654–655, 661

Frederick the Victorious of the Palatinate, 弗雷德里克, 巴拉丁的胜利者 360, 363

Frederick I of Denmark-Norway, 丹麦—挪威的弗雷德里克一世 703–704, 705

Free, John, 弗雷, 约翰 270

French language, 法语 407, 426–427

'Frequens' (conciliar decree), 《常律》

（公会议法令）69，72，74，75，79，83，353

Fribois, Noël, 弗里布瓦，诺埃尔 Chronique abrégée,《简明编年史》405–406

Friburger, Michael, 弗里伯格，米哈伊尔，米歇尔 292

Frisia, 弗里西亚
and Denmark, 与丹麦 680
and Empire, 与神圣罗马帝国 337，344，366
and representation, 与代议制 31，34

Friuli, and Venice, 弗留利，与威尼斯 550，553，565

Froissart, Jean, 弗尔瓦萨尔，让 25，166，173

Frontinus, Stratagemata, 弗龙蒂努斯，《谋略》172

fueros (customary rights), 法典（习惯权利）55

Fugger company, 福格尔公司 152–153

Fust, Johann, 富斯特，约翰 289，292

gabelle (salt tax), 盐税（盐税）52，91，399，417，436

Gad, Hemming, 加德，黑明 696，702，703

Gaelic language, 盖尔语 521

Gaguin, Robert, 加甘，罗贝尔 271，427

Galdora, Antonio, 加尔多拉，安东尼奥 577

Galicia, peasantry, 加利西亚，农民 116

galleys, 长船 149，568，798，807

Gallican Church, 高卢教会 418–419

Gama, Vasco da, 伽马，瓦斯科·达 187，188，198–199，200，643

Garin, E., 加林，E. 246，268

Garter, Order of the, 嘉德骑士团 94

Gascoigne, Thomas, 加斯科因，托马斯 207

Gascony, English wars in, 英国人在加斯科涅的战争 49，159，400，402，458，461，467，472

Gaston Ⅳ of Foix, 富瓦的加斯顿四世 620

Gattamelata (Erasmo da Narni), mercenary captain, 加坦默拉塔（伊拉斯莫·达·纳尔尼），雇佣兵队长 309，557，plate 插图 11

Gaucourt, Raoul de, 高科尔特，拉乌尔·德 396

Gaza, Theodore, 加沙，狄奥多勒 173

Gebhart, E., 杰巴尔特，E. 244

Gediminas of Lithuania, 立陶宛的格季米纳斯 730，765，769

Gellius, Aulus, 格利乌斯，奥卢斯 248

Gennadii, archbishop of Novgorod, 根纳迪伊，诺夫哥罗德大主教 755

Gennadios Ⅱ Scholarios, 根纳迪奥斯二世·斯科拉里奥斯 771，783–784，790，792，793，795，825

Genoa, 热那亚
and Council of Pisa, 与比萨公会议 66
development, 发展 124，129，137
and exploration, 与探险 185，189，190–191，196，200，809，811

and France，与法国 565

and Levant，与利凡特 796，798 – 799，800 – 802，804 – 805，808 – 809，810 – 811，814 – 815，828

and Milan，与米兰 549，556 – 557，566

and Naples，与那不勒斯 557，576，577，579 – 580，665

nobility，贵族 102

and Ottoman Empire，与奥斯曼帝国 738，785，801，826

politics，政治学 555

shipping，海运 149，576

extent of，范围 125，555

and trade，与贸易 130，131，149，156，423，547 – 549，553，555，576，751，798 – 797

Gentile, G.，詹蒂莱，G. 245 – 246

gentry 乡绅

and agriculture，与农业 118

Bohemian，波希米亚的 370 – 371，373，377 – 379，381 – 382，385

English，英国的 62，96，101 – 102，458，475 – 476，487，494 – 495

and learning，与教育 275 – 276

Muscovite，莫斯科大公国的 756，761

Polish-Lithuanian，波兰—立陶宛的 744，745

revenues，赋税收入 102

Welsh，威尔士的 537 – 541

Geoffrey de Vinsauf, *Poetria novella*，杰弗里·德·文索夫，《新诗学》260

geography, and exploration，地理学，与探险 181 – 184，185

George, duke of Clarence，乔治，克拉伦斯公爵 *see* Clarence, George, duke of，见克拉伦斯公爵，乔治

George, mayor of Kanina，乔治，坎尼纳市长 781

George of Poděbrady, king of Bohemia，波德布雷迪的乔治，波希米亚国王 74，837，840

and Hussite movement，与胡斯运动 4，343，386 – 387，388 – 390

and Mátyás Corvinus，与马加什·科文努斯 390，718，720，738

George of Saxony, and church reform，萨克森的乔治，与教会改革 76

George of Trebizond，特拉布宗的乔治 24，27，783

Rhetoricorum Libri V，《修辞学五卷》256

Gerald of Wales，威尔士的杰拉德 507

Gerhard VI of Holstein，荷尔斯泰因的格哈德六世 677

Gering, Ulrich，格灵，乌尔里克 292

Germain, Jean, bishop of Chalon，杰尔迈因，琼，沙隆主教 443

German language，德语 337 – 340

Germany，日耳曼 337 – 366，338 – 339

agriculture，农业 108 – 109，110，114

art and architecture，艺术与艺术品 301 – 302，313

and book production，图书出版 281 – 282，285，288 – 294

Bundschuh risings，"鞋会"起义 116

and chivalric leagues，骑士联盟 99

definition，定义 337 – 338

and Empire，与神圣罗马帝国 340 - 341，345 - 347，360 - 361

extent，范围 341 - 343

historiography，历史编纂 26，34，35，341

and humanism，与人文主义 270 - 271，341

industry，工业 131 - 132

monarchy，君主制 341，345 - 350

nobility，贵族 90，100，103，105，109，117 - 118

peasantry，农民 119，655

population，人口 107

religious life，宗教生活 209 - 210，219

religious reform，宗教改革 75 - 76

and representation，与代议制 34，35，37 - 38，58 - 59，124；see also nobility；*Reichstag*；*Stände*，也见贵族、帝国议会、阶层等条

rural industry，乡村工业 113

towns and cities，城镇与城市 121，125，128，131 - 133，136，139

and trade，与贸易 151 - 153，156

universities，大学 128，221，224，230，233，234，241，365

and war，与战争 168

see also Empire, Holy Roman，也见神圣罗马帝国

Germiyan, emirate，杰尔米彦，酋长国 812

Gerolama da Vicenza, *Assumption and Cornation of the Virgin*，杰罗拉莫·达·维琴察，《圣母升天与加冕》插图 6

Gerson, Jean，热尔松，让 289，518

and absolutism，与专制主义 19

Ars moriendi，《往生术》212

and conciliarism，公会议至上论 67 - 68，76，77，80，83，85

and cducation，与教育 205 - 206，210，231，233，241

and law，与法律 21

and politics，与政治 10，12，13，235

and popular piety，与民众虔诚 214，215，218

Geschlechtsbücher，《宗族谱系》279

Gethin, Sir Richard，格辛，理查德爵士 542

Ghent，根特

and representation，与代议制 41 - 42，54，55 - 56

revolts，反抗 7，451，455

extent of，范围 125，133

and trade，与贸易 152

urban society，城市社会 126，141，446 - 447

Ghibellines，吉伯林党人（皇帝党人）568

Ghiberti, Lorenzo，吉尔贝蒂，洛伦佐 305，307

Ghirlandaio, Domenico，吉尔兰达伊奥，多默尼科 308，311，316，584

Gilbert of the Haye, *Buke of the ordre of knycthede*，海耶的吉尔伯特，《骑士规则全书》95，518

Giles of Rome，罗马的吉勒斯

De regimine principum，《论君主制》21

and papal power，与教宗权力 13

and political language, 与政治语言 11

Gilles, Nicole, *Annales et chroniques de France*, 吉勒, 尼科尔, 《法兰西年鉴与编年史》427

Gilmore, M. P., 吉尔摩尔, M. P. 833

Giovanna II of Naples, 那不勒斯的乔瓦尼二世 573-576, 595

Girard, Laurent, 吉拉尔, 洛朗 405-406

Glabas, Isidore, 格拉巴斯, 伊西多尔 777-779

Glasgow University, 格拉斯哥大学 221n. 4, 234, 530

Gloucester, Humphrey, duke of 格洛斯特公爵, 汉弗莱
　arrest, 逮捕 468-469, 472
　and France, 与法国 397-398, 464-465, 467
　and humanism, 与人文主义 27, 270
　and Low Countries, 与低地国家 438, 439, 464
　as protector, 作为摄政、监护人 464
　and Wales, 与威尔士 535

Gloucester, Richard, duke of, 格洛斯特, 理查德, 公爵 *see* Richard III 见理查德三世

Glyn, Guto'r, 格林, 古托尔 538, 542-543

Glyn Cothi, Lewis, 格林·科希, 刘易斯 535, 538

Glyn Dŵr, Owain, 格林·德乌, 欧文 532-533, 536-537, 541-543
　and Henry IV, 与亨利四世 458, 461
　and Henry V, 与亨利五世 460

Gotez, W., 戈特斯, W. 244

gold, 黄金
　and exploration, 与探险 185, 189, 190-192
　and trade, 与贸易 158, 609-610

Golden Bull (1356), 黄金诏书 (1356年) 345, 347-348, 363

Golden Fleece, Order of (Toison d'Or), 金羊毛骑士团 94, 442, 443, 445

Golden Horde, 金帐汗国 *see* Kipchak khanate 见钦察汗国

Goldthwaite, R. A., 戈尔斯维特, R. A. 547n. 1

Gombrich, E. H., 戈布里奇, E. H. 245, 274, 277

Gomes, Fernão, 戈麦斯, 费尔南 187, 188, 191, 641-642

Gonzaga, Giovan Francesco, 贡扎加, 乔万·弗朗切斯科 562

Gotland, 哥特兰岛
　and Axelsøn faction, 与阿克尔松支派 691-692
　and Erik of Denmark, 与丹麦的埃里克 683, 686-688, 691
　and Teutonic Order, 与条顿骑士团 675, 677, 686

Gough, Matthew, 高夫, 马修 400, 542

government, 政府
　and educated class, 与受教育阶层 833
　growth, 成长 835-836
　and trade, 与贸易 154
　see also legitimacy; monarchy; oligarchy; politics; power; republican-

ism; state，也见立法、君主、寡头、政治、权力、共和主义、国家等条

Gower, John, *Confessio amantis*，高尔，约翰，盎格鲁—诺曼诗人 23

Gozzadini, Giovanni, and Papacy and councils，戈查迪尼，乔瓦尼，与教宗及公会议 76，84

grammar，语法
 in education，教育 227，229，232
 and humanism，与人文主义 23 - 24，247 - 248，251，252 - 253，258 - 261，265，268，269 - 270

grammar schools，语法学校 225，226，227，228，261，270，272，541，693

Granada, Moorish kingdom，格拉纳达，摩尔人王国
 and Aragon，与阿拉贡 602
 and Castile，与卡斯蒂尔 611，615
 defeat of，被击败 5，131，162，171，609，616 - 618，779

Grand conseil，大议事会 416

Grandes chroniques de France，《法兰西大编年史》26

Grandson, battle of (1476)，格朗松战役（1476 年）167，455，664

Gråtop, Harald，格奥托普，哈拉尔德 682

Gravelines, Peace of (1439)，格雷弗利内斯和约（1439 年）397，439，467

Gray, Hanna，格雷，汉纳 273，277

Great Horde，大帐 750，751，755 - 756

Great Regensburg company，大雷根斯堡公司 152

Great Schism，教会大分裂 12，16，85，205，215，812，831
 and Council of Basle，与巴塞尔公会议 83
 and Council of Constance，与康斯坦茨公会议 67 - 69，79，573 - 574
 and Council of Pisa，与比萨公会议 65 - 66，68，351，376
 and Empire，与神圣罗马帝国 340，350 - 351
 and Paris，与巴黎 221，235
 and political literature，与政治著作 12

Greek，希腊语
 in education，教育 227，231 - 233
 and humanism，与人文主义 266 - 267，270，272，273，277，809
 printing，印刷 296

Greek Church，希腊教会 *see* Christendom, Orthodox 见基督教世界、正教等条

Gregory XII, Pope (Angelo Correr)，教宗格列高利十二世（安杰洛·科雷尔）
 and Council of Constance，与康斯坦茨公会议 68
 and Council of Pisa，与比萨公会议 65 - 66，351

Gregory III Mamme，格列高利三世·曼姆 783，786

Gregory Palamas, St，格列高利·帕拉马斯，圣 777，779，789，790

Gregory of Sanok，萨诺克的格列高利 233，746

Grey, Sir John，格雷，约翰爵士 500

Grey, William，格雷，威廉 270

Griffith, William Ⅲ of Penrhyn, 格里夫斯, 彭林的威廉三世 537, 546
Grocers Company, 杂货商公司 152
Grocyn, William, 格罗辛, 威廉 272
Groote, Gerhard, 格罗特, 格哈德 284
Grotniki, battle of (1439), 格罗特尼基战役 (1439 年) 735
Gruffydd ap Nicholas, 格卢菲达普·尼古拉 535, 537, 538, 542, 544
Grunwald (Tannenberg), battle of (1410), 格伦瓦尔德（坦能堡）战役 (1410 年) 3, 352, 364, 733
Gualbes, Bernard de, 加尔贝斯, 伯纳尔德·德 590
Gualbes, Ferrer de, 加尔贝斯, 福莱尔·德 590
Guarino da Verona, 瓜里诺·达·维罗纳 206, 227, 255, 259, 261, 270 – 271, 276
Guelphs, 圭尔夫党人 568
Guerra, Cristóbal and Luis, 圭耶拉, 克里斯托弗和路易斯 197
Guicciardini, Francesco, 圭恰尔迪尼, 弗朗切斯科 567, 605
  and history, 与历史学 258
  and political liberty, 与政治自由 137
guilds, 行会
  and art, 与艺术 302, 304
  and book production, 与图书出版 280
  as cultural patrons, 作为文化赞助人 834 – 835
  Flemish, 佛兰德的 56, 141, 446 – 447
  merchant, 商人 694
  and royal ritual, 与王室礼仪 9

and urban society, 与城市社会 140 – 141
Gustav Ⅰ Vasa of Sweden, 瑞典国王古斯塔夫一世·瓦萨 703, 704, 705, 706
Gutenberg, Johann, 古腾堡, 约翰 144, 280, 288 – 290, 298
Guyenne, and English monarch, 吉耶纳, 与英国君主 398, 400 – 403
Guzmán, Fernán Gómez de, 古斯曼, 费尔南·戈麦斯·德 622
Guzmán, Fernán Pérez de, 古斯曼, 费尔南·佩雷斯·德 606
Gyllenstierna, Christina, 吉伦斯蒂尔娜, 克里斯蒂娜 702 – 703

Habsburgs, 哈布斯堡家族
  and Austro-Hungarian Empire, 与奥匈帝国 343, 361, 649
  and Burgundy, 与勃艮第 342, 455 – 456, 664
Habsburgs (cont.)
  and centralisation, 与中央集权 382
  and Hungary, 与匈牙利 714, 718, 725, 726
  and Poland, 与波兰 735, 738
  and *Reich*, 王国 350
  and succession, 王位继承 345
  and Swiss Confederation, 与瑞士联邦 136, 342, 353, 648 – 651, 652, 661 – 662, 668, 670
  unification of territory, 领土的统一 5, 361
  and Valois dynasty, 与瓦卢瓦王朝 343

see also Albert Ⅱ, king of the Romans; Empire, Holy Roman; Frederick Ⅲ of Habsburg; Maximilian of Habsburg, 也见罗马人的国王阿尔伯特二世、神圣罗马帝国、哈布斯堡的弗雷德里克三世、马克西米利安等条

'Haec Sancta' (conciliar decree), "本圣谕" (公会议法令) 68, 69, 70, 76, 79, 83–84, 353

Hainault county, 埃诺, 伯爵领 431, 439–440

Håkon Ⅵ of Norway, 挪威的哈康六世 674

Halevi, Solomon, 哈勒维, 所罗门 623

Hallum, Robert, Bishop of Salisbury, and Council of Constance, 哈伦, 罗伯特, 索尔兹伯里主教, 与康斯坦茨公会议 68, 69

Hans of Denmark-Norway, 丹麦–挪威的汉斯 692, 694–698, 700

Hanseataic League, 汉萨同盟
 and Baltic trade, 与波罗的海贸易 151, 170, 673, 680, 684, 750
 and economic decline, 经济衰落 132–133, 136
 and Empire, 与神圣罗马帝国 344
 and England, 与英格兰 151, 159, 160
 and German language, 与德语 337–340
 and Livonia and Estonia, 与利沃尼亚和爱沙尼亚 344
 and Low Countries, 与低地国家 145, 149, 170, 449
 and Novgorod, 与诺夫哥罗德 132, 145, 151, 750, 754
 and representation, 与代议制 35, 37, 58, 64
 and Scandinavia, 与斯堪的那维亚 673–675, 679–680, 682, 684–686, 688, 692–699, 701, 703–705
 and Stockholm, 与斯德哥尔摩 675
 and trade, 与贸易 149, 151–152, 154, 159, 160, 694, 750
 and urban leagues, 与城市同盟 35, 39
 see also Lübeck; Wendic towns, 也见吕贝克、文德城市等条

Harfleur, siege (1415), 阿夫勒尔之围 (1415年) 168, 170, 462

Hastings, William, Lord, 黑斯廷斯, 威廉, 勋爵 484

Haushücher, 《家庭手册》279

Hebrew, and humanism, 希伯来人, 与人文主义 271

Hegel, G. W. F., 黑格尔, G. W. F. 245–246, 251, 265

Hegius, Alexander, 黑休斯, 亚历山大 270

Heimberg, Gregor, 海姆伯格, 格雷格尔 74

Henrique of Portugal ('the Navigator'), 葡萄牙的恩里克 ("航海家") 185–186, 187–188, 190–191, 637

Henry Ⅳ of England, 英格兰的亨利四世
 and Council of Pisa, 与比萨公会

议 66
  household，王室 459 – 460
  and magnate council，与贵族委员会 459，460
  and nobility，与贵族 458 – 459，461，472，475
  and parliament，与议会 459 – 461
  revenues，岁入 459 – 460，491
  and Scandinavia，与斯堪的那维亚 677
  seizure of throne，王位之争 457 – 458，459 – 460，524
  support for，支持 459 – 460
  and Wales，与威尔士 458，460

Henry V of England，英格兰的亨利五世
  administration，行政管理 461
  and France，与法兰西 397 – 398，399，401，457，464，475，529，541；and Agincourt，与阿金库尔 3，437，458，461 – 462；and Normandy，与诺曼底 392，394 – 395，438，462 – 463，466
  and Henry Ⅳ，与亨利四世 460 – 461
  and Ireland，与爱尔兰 500
  law and order，法律和秩序 461
  and national history，民族历史 27
  and nobility，与贵族 461 – 462，475
  and revenues，与岁入 461，462，464，467
  and Wales，与威尔士 533 – 534
  see also Agincourt, battle of; Lancastrian dynasty，也见阿金库尔战役、兰开斯特王朝等条

Henry Ⅵ of England，英格兰的亨利六世
  coronation，加冕典礼 465，466
  defeat，战败 474 – 475，478
  deposition，废黜 457，477
  and education，教育 26
  and Edward Ⅳ，与爱德华四世 482 – 483
  and France，与法兰西 394，396 – 398，400，402，438，458，464 – 466，467 – 469，471 – 472，475
  household，王室 466，468，470 – 471，475，480，534 – 535
  and Ireland，与爱尔兰 503 – 506
  and magnate councils，与上院 272，473
  and minority council，少数派议会 464 – 465，466，534
  and 'Mirror of Princes'，与"君主明鉴" 21
  and rebellion，与叛乱 469 – 471，503
  and revenues，与岁入 458，464，465，467 – 468，470，475，484
  and Richard of York，与约克的理查德 467 – 468，469，470 – 475，503 – 506
  and Wales，与威尔士 532，534 – 535，536 – 537
  and Yorkist rebellion，与约克家族的叛乱 473 – 475

Henry Ⅶ of England，英格兰的亨利七世
  Administration，行政管理 493 – 494
  claim to throne，对王位的要求 487，489
  Cornish rebellion，康沃尔郡叛乱 491 –

492
and Europe, 与欧洲 492 – 493
and exploration, 与探险 187
and France, 与法兰西 491
as Henry Tudor, 作为亨利·都铎 483, 487 – 488, 543 – 544
household, 王室 494 – 495
institutional rule, 制度 523, 838
and Ireland, 与爱尔兰 511 – 513
and nobility, 与贵族 494 – 495
opposition to, 反对派 489 – 492
and prerogative, 与特权 493 – 494
pretenders to throne, 王位觊觎者 490 – 491, 492, 493, 511 – 512, 545
and revenues, 与岁入 489, 493 – 494
support for, 支持 489, 490 – 491, 544 – 545

Henry VIII of England, 英格兰的亨利八世
and Ireland, 与爱尔兰 498
navy, 海军 519
revenues, 岁入 494
and Wales, 与威尔士 546

Henry of Carinthia, 卡林西亚的亨利 45 – 46

Henry of Marlborough, *Chronicle*, 马尔伯勒的亨利,《编年史》509

Henry of Settimello, *Elegies*, 塞提默罗的亨利,《挽歌》260

Henry Tudor 亨利·都铎 see Henry VII of England, 见英格兰的亨利七世

Henryson, Robert, 亨利森, 罗伯特 515, 518

heralds / heraldry, 纹章官/纹章学

and architecture, 与建筑 301
and nobility, 与贵族 91 – 93

Herbert, William, first earl of Pembroke, 赫伯特, 威廉, 彭布罗克第一伯爵 482, 535, 537, 542 – 543, 546

Herbert, William, second earl of Pembroke, 赫伯特, 威廉, 彭布罗克第二伯爵 484

heredity, 世袭
and English monarchy, 与英国君主 457 – 458
and nobility, 与贵族 89, 90 – 91, 100 – 101, 103, 484, 631 – 632
and tenure, 与土地保有, 保有权 109, 759

heresy, 异端
and Papacy and councils, 与教宗及公会议 66, 72, 78 – 79, 83 – 84
and Scandinavia, 与斯堪的纳维亚 702 – 703
and schism, 与分裂 65, 66, 78 – 79, 83 – 84
significance of, 重要性 216, 832;
and Swiss Confederation, 瑞士联邦 668
and vernacular literature, 方言文学 23
see also Hussite movement; Joan of Arc; Lollards; Waldensians; Wyclif, John, 也见胡斯运动、圣女贞德、罗拉德派、瓦尔多派、约翰·威克利夫等条

Héricourt, Burgundian defeat, 埃里古, 勃艮第人的失败 454

hermandades，城市联盟，兄弟会 40，55，602

Hesse, principality，黑塞公国 362，365

Hesychasts，静修派 777-790

Hexham, battle of (1464)，赫克萨姆战役 (1464年) 477

Heydon, John，黑顿，约翰 468

hierarchy，等级
 court，法庭 441-443
  and papal authority，与教宗权威 80，82
 social，社会的 89，95，275

Hintze, Otto，欣策，奥托 29-30，34-35

history，历史
 and cities，与城市 834-835
 European，欧洲的 839
 and humanism，与人文主义 25-28，251，257-258，265，341，552，809
 national，民族的 25-27，29
 parliamentary，议会的 29
 and politics，与政治 25-28

Hoccleve, Thomas, *Regement of princes*，霍克利夫，托马斯，《君主制政府》21

Hohenzollern dynasty，霍亨索伦王朝 362

Hojeda, Alonso de，霍杰达，阿伦索·德 197

Holland, county，荷兰，伯爵领
 and Burgundy，与勃艮第 431，439-440
 and representation，与代议制 34，57，60
 towns and cities，城镇和城市 133

Holland, Richard, *Buke of the Howlat*，霍兰，理查德《枭之书》521

Holstein，荷尔斯泰因
 and Denmark，与丹麦 677，679-680，689，694，706
 and Empire，与神圣罗马帝国 343-344
 and Wendic towns，与文德城市 680

Holy League，神圣同盟 428-429

Holy Roman Empire，神圣罗马帝国 see Empire, Holy Roman; Germany 见帝国、神圣罗马、日耳曼等条

holy war，圣战 see crusades; Ottoman Empire 见十字军东征、奥斯曼帝国等条

Honorius III, Pope, and representation 洪诺留三世，教宗，代议制 49

Horodlo, Union of (1413)，霍罗德洛联盟 (1413年) 733，751

Hospitallers of St John of Jerusalen，耶路撒冷的圣约翰医院骑士团 94
 on Rhodes，在罗得岛 796，800-801，804-805，807，809，811，814-815，827

hospitals, founding，医院，建立 143

House of Commons，下院 see parliament, English 见英国议会

household，家庭
 extended，扩大的 141-142
 size of，大小 141

Hrvoja of Bosina，波斯尼亚的霍沃佳 710

Hugonet, Guillaume，于戈内，纪尧姆 455

索　引

Huizinga, J., 赫伊津哈, J. 244, 299
humanism, 人文主义 4, 10, 76, 138–139, 144, 206, 243–277
 achievements, 成就 253–267, 272–273, 282
 and ars dictaminis, 书信艺术 23, 247–248, 252–257
 and art, 与艺术 302–303, 305–307, 308–311, 316–318
 and book production, 与图书出版 292, 294–295
 'civic', "市民的" 24, 246, 263, 268, 273–274, 622
 and education, 与教育 23–24, 26, 221, 224, 226–228, 231–233, 238, 240, 258–262, 272, 275–277, 836–837
 and European awareness, 与欧洲的觉醒 839
 expansion of, 发展 269–272, 273
 and exploration, 与探险 184
 and gentility, 有教养的 274–276
 and history, 与历史 25–28, 251, 257–258, 265, 341, 809
 and national consciousness, 与民族意识 425, 667
 origins of, 起源 243–253
 and Papacy, 与教宗 582
 and peace, 与和平 4, 840
 and philosophy, 与哲学 245–247, 250, 267–269
 and printing, 与印刷 287, 297
 and universities, 与大学 221, 224, 226–228, 231–233, 238, 240, 582
 see also individualism; politics; Renaissance; republicanism; studia humanitatis, 也见个人主义、政治学、文艺复兴、共和主义、人文课程等条
Humphrey, duke of Gloucester, 汉弗莱, 格洛斯特公爵 *see* Gloucester, Humphrey, duke of 见格洛斯特, 汉弗莱公爵
Hundred Years War, 百年战争 3–4, 7, 19, 68, 837, 839
 and changes in warfare, 与战争中的变化 162, 168
 economic effects, 经济影响 110, 134, 400–401
 effects on France, 对法兰西的影响 392–407
 effects on society, 对社会的影响 404–405
 and nobility, 与贵族 102, 475
 and representation, 与代议制 50–51, 60–62
 and Scotland, 与苏格兰 528
 and trade, 与贸易 153, 159
 see also Agincourt, battle of; Lancastrian dynasty; Troyes, Treaty of; Valois dynasty, 也见阿金库尔战争、兰开斯特王朝、特鲁瓦条约、瓦卢瓦王朝等条
hundreds, 百户区
 in England, 在英格兰 33, 53
 in Sweden, 在瑞典 47
Hungary, 匈牙利 707–726, 708
 administration, 行政管理 711–712, 714, 724

agriculture，农业 114

army，军队 163，164，166，710 – 711，721 – 722，724，726

Hungary (*cont.*)

and Bohemia，与波希米亚 46，360，382，720

and Church，与教会 709

court culture，宫廷文化 722 – 723

diplomacy，外交 719

and economy，经济 707，717

extent，范围 707，726

and Frederick III，与弗雷德里克三世 343，356，360，715，716，718，720

and humanism，与人文主义 722 – 723

and Hussites，与胡斯派教徒 710

justice，司法 712，713，722

monarchy，君主 707，713；and crown of St Stephen，与圣斯蒂芬的王冠 714，716，718；and nobility，与贵族 47，709，714，719，721 – 722，724；prerogative，特权 719；and regency，摄政 716；and succession，继承 723 – 724

nobility，贵族 99，104；and army，与军队 711，724 – 725；factions，派别 707，709，725 – 726；and monarchy，与君主制 47，709，714，719，721 – 722，724；and noble diets，贵族议会 713 – 715，716，721，723，725；numbers，人数 97，98；and representation，代议制 33，47；rural revolt，乡村叛乱 713

and Ottoman Empire，与奥斯曼帝国 714 – 717，719 – 720，800，815，819，828；and battle of Mohács，与莫哈奇战役 707，726；and Belgrade，与贝尔格莱德 710，717 – 718，826；defences，防御 710 – 711，712 – 713，715，717，724 – 726；and Serbia，与塞尔维亚 707，715 – 716，719，821

and Papacy，与教宗 67，709，719 – 720

peasantry，农民 712，713，717，725

and Poland，与波兰 712，720，721 – 722，735

political system，政治制度 5

population，人口 707

and representation，与代议制 33，47，60，712，714

and revenues and taxation，与岁入和税收 712 – 713，717，718 – 719，721，724，725

rural revolt，乡村叛乱 713

tithes，什一税 713

towns and cities，城镇 712 – 713，716

and trade，与贸易 707，712

universities，大学 233，723

and Venice，与威尼斯 707，710，817

see also Albert II, king of the Romans; Belgrade; Bosnia; Ladislas V Posthumous; Ladislas of Naples; Louis I; Mátyás Corvinus; Serbia; Sigismund, king of the Romans; Transylvania; Wallachia; Władysław II Jagiełło，也见罗马人的国王阿尔伯特二世；贝尔格莱德；波斯

尼亚；遗腹子拉迪拉斯五世；那不勒斯的拉迪斯拉斯；路易一世；马加什·科文努斯；塞尔维亚；罗马国王西吉斯蒙德；特兰西瓦尼亚；瓦拉几亚；约盖拉-瓦迪斯瓦夫二世等条

Hunyadi, János, 洪约迪，贾诺斯 163, 164, 715, 717–719, 823–824

Hunyadi, Ladislas, 洪约迪，拉第斯拉斯 718

Hunyadi, Mátyás, 洪约迪，马太亚斯 see Mátyás Corvinus 见马加什·科文努斯

Hus, Jan, 胡斯，扬 373–378
    call for reform, 号召改革 367, 369, 371–372, 373–377
    and Council of Constance, 康斯坦茨公会议 353, 370, 375, 377
    De ecclesia,《论教会》16, 374
    execution, 处以死刑 216, 219, 353, 370, 377
    and Poland, 与波兰 733–734
    and Wyclif, 与威克利夫 16, 17, 28, 374, 375

Húska, Martin, 胡斯卡，马丁 383, 384

Hussite league, 胡斯党人联盟 377

Hussite movement, 胡斯运动 4, 16, 82, 216, 235, 343, 388–391, 734
    and communion in both kinds, 饼酒同餐 377, 380, 381, 388–389
    and Council of Basle, 与巴塞尔公会议 70–71, 82, 381, 390
    and Empire, 与神圣罗马帝国 340, 346, 348, 352, 353–354, 372, 710
    internal divisions, 内部分裂 380–381
    and national Diets, 与国会 378–382, 384, 389
    and national identity, 与民族认同 162, 340, 367, 373, 376–377, 379, 387, 734
    and nobility, 与贵族 370–371, 373, 377–381, 383, 385–386
    and peasantry, 与农民 371, 378, 385
    and Poland-Lithuania, 与波兰—立陶宛 16, 734, 735
    and property redistribution, 与财富的再分配 382
    and representation, 与代议制 46
    and Taborites, 与塔波尔派 371, 377, 380, 382–387, 391, 734
    and vernacular literature, 与方言文学，本国文学 10, 371, 375

Hussite Wars, 胡斯战争
    and crusading ideal, 与圣战理想 3, 43, 70, 340, 353–354, 379
    effect on trade, 对贸易的影响 159
    effects on agriculture, 对农业的影响 110

Iazhelbitsy, Treaty of (1453), 亚泽尔贝特西条约（1453年）754

Iceland, 冰岛
    agriculture, 农业 673
    and Atlantic exploration, 与大西洋探险 193
    education, 教育 693
    plague outbreaks, 瘟疫暴发 673
    and Reformation, 与宗教改革 705

and Scandinavian crown，与斯堪的纳维亚国王 674，692，706

and trade，与贸易 145，150，152，155，188，194，678，694，695，699

iconograghy，图像资料

 political，政治的 8，406，416，429

 religious，宗教的 209 – 210，213 – 214

icons，肖像 see painting 见绘画

idealism, and Renaissance，理想主义，与文艺复兴 245 – 246，249，251

identity, national，民族认同 see national identity 见民族认同

Immaculate Conception of Mary，无玷受胎说 214

Incarnation, perceived significance，显现真身，道成肉身 833

India, and European exploration，印度，与欧洲人探险 187，188

India Ocean, and exploration，印度洋，与探险 177，180，182 – 184，192，198 – 200

individualism, and humanism，个人主义，和人文主义 243 – 245，299，564

indulgence，赎罪券 74，211 – 212，215，217，611

 opposition to，反对 376 – 377

 printed，已印发的 298

 sale，出售 626，641

industry，手工业

 rural，乡村的 112 – 113，114 – 115，118

 specialisation，专业化 148，154，448 – 449

 urban，城市的 126 – 127，128，129，131 – 132，140，152，156，172，540

 and war，与战争 172

 see also printing，也见印刷

infantry，步兵 48，164，166 – 167，399，415

inflation，通货膨胀

 in Castile，在卡斯蒂尔 612

 in Hungary，在匈牙利 713

 in Portugal，在葡萄牙 636

inheritance，继承

 integrity，完善 5，484，546

 in Moscow，在莫斯科公国 762

 in Portugal，在葡萄牙 631 – 632

 see also heredity; primogeniture，也见继承；长子继承制等条

Innocent III, Pope，教宗英诺森三世

 and man，与人 249 – 250

 and representation，与代议制 42

Innocent VIII, Pope (Giambattista Cibo)，教宗英诺森八世 567，569，585 – 586，602

Inns of Court，律师学院 228，239，505

Inquisition，宗教裁判所 218

 in Castile，在卡斯蒂尔 624 – 625，626，835 – 836

 in France，在法兰西 396

institutions, representative，代议制机构 6 – 8，30 – 32

intellectuals (doctores)，知识分子（博士）

 influence，影响 85 – 86

 and Papacy，与教宗 70，76，83 –

84,85

inventions，发明 130,289 - 290

investment，投资

 in banks，对银行 547

 in printing，对印刷业 288,289 - 291

 in shares，在利润分享方面 150,612

Ioasaph Ⅰ Kokkas，约阿萨菲一世·霍卡斯 792

Iona, metropolitan of Moscow，艾奥纳，莫斯科总主教 764,766 - 767

Iranzo, Miguel Lucas de，伊兰左，米盖尔·卢卡斯·德 624

Ireland, John, Meroure of Wyssdome，艾兰德，约翰，《智慧之镜》518

Ireland，爱尔兰 4,496 - 513,497

 agriculture，农业 508

 and Anglo-Irish，与盎格鲁 - 爱尔兰人 496 - 498,499 - 503,505 - 506,509 - 513

 and the Church，与教会 509 - 510

 coyne and livery，供养费 500 - 501,507

 English neglect of，英格兰人的藐视 498 - 499

 and English Pale，与英格兰佩尔区 502,504,507,509 - 511

 factionalism，宗派活动 501 - 502,510 - 511

 Gaelic Irish，盖尔爱尔兰人 496 - 498,499,501,503,506 - 511

 lieutenantcy，督统 470,500 - 501,503 - 504

 nobility，贵族 498,501,506,510 - 512

 and parliamentary independence，与议会的独立 504 - 505

 and Poynings'Law，《波宁法令》512

 and representation，与代议制 34,501

 and revenues，与岁入 498,499 - 500,513

 and Richard, duke of York，与约克公爵理查德 470,474,503 - 506

 towns，城市 128,502

 and trade，与贸易 510

 and war，与战争 169,498

 and Yorkists，与约克王朝 503 - 506,511 - 513

Irish language，爱尔兰语 501

Isabeau of Bavaria，巴伐利亚的伊莎布 463

Isabel of Castile ('the Catholic')，卡斯蒂尔的伊莎贝尔（"天主教徒"）

 and Ferdinand Ⅴ，与斐迪南五世 530,600 - 601,604 - 605,606,616,779

 legitimacy，合法性 615,616

Isabel of Portugal, wife of Juan Ⅱ of Castile，葡萄牙的伊莎贝尔，卡斯蒂尔的胡安二世之妻 614 - 615

Isabel of Portugal, wife of Philip the Good，葡萄牙的伊莎贝尔，好人菲利普之妻 441 - 442,450

Isalguier, Anselme d'，伊赛尔圭尔，安塞尔米·德 190

Isfendiyar, emirate，伊斯芬迪亚尔，酋长 813,816,819,821

Isidore of Kiev，基辅的伊西多尔 743,764,783,791,793

Islam，伊斯兰教

 attitudes to，对伊斯兰教的态度 75,

81，441

and conversions，与皈依 777 - 779，781，785 - 786，791，794，821

and crusades，与十字军 162

and exploration，与探险 179，187

see also *Ottoman Empire*；*Tatars*，也见奥斯曼帝国、鞑靼人等条

Italian League，意大利同盟 558，564 - 566，569 - 570，579 - 581，596

Italian Wars (1494 - 1559)，意大利战争（1494 - 1559年）839

 and Charles Ⅷ，与查理八世 138，428 - 429，493，529，568，569 - 570，586 - 587，600，605

 and Ferdinand Ⅴ，与斐迪南五世 429，600

 first，第一次战争 3 - 4

 and Francis，与弗兰西斯一世 414

 and French army，与法兰西军队 169

 and French unity，与法国联合 408

 and Habsburg concern，与哈布斯堡的关切 343

 and lack of Italian unity，与意大利统一性的缺乏 164，174，569

Italy，意大利 540 - 570，571 - 587，548

 agriculture，农业 571 - 572

 armies，军队 163 - 164，166，551，569

 and art，与艺术 305 - 307，308，426

 and book production，与图书出版 279，280 - 281，283 - 285，287，292 - 293，295

 and diplomacy，与外交 171，565，569

 and Empire，与神圣罗马帝国 342 - 343，346，350，352，428，573

 expenditure and resources，消费与资源 571

 industries，工业 126，129 - 130，581

 judicial institutions，司法机构 6

 national history，民族历史 26

 nobility，贵族 90 - 92，102 - 103，104 - 105，113，138，277；*and rural life*，与乡村生活 118；*and trade*，与贸易 155

 northern states，北方国家 see *city-states* 见城邦

 and Ottoman Empire，与奥斯曼帝国 558 - 559，826，827

 and Papacy，与教宗 69，71，353

 peasantry，农民 117

 plague outbreaks，瘟疫暴发 106，571

 and political symbolism，与政治象征意义 9

 population，人口 111，571 - 572

 regional states，地区性国家 5，549，553

 and representation，与代议制 32，37，54 - 55，136 - 137

 schools and universities，学校和大学 221，226 - 227，230，232 - 233，236 - 238，240，572

 towns and cities，城镇与城市 23，125，127，128 - 129，136 - 138，140，571 - 572

 and trade，与贸易 130 - 131，150 - 152，156，162，423 - 424，572

 see also *Florence*；*humanism*；*Milan*；*Naples*；*nobility*；*papal states*；*Re-*

naissance; *Savoy*; *Venice*，也见佛罗伦萨、人文主义、米兰、那不勒斯、贵族、教宗国、文艺复兴、萨伏依、威尼斯等条

itineraries，旅行线路 181, 189

Iurii of Galich，加利奇的尤里 752

Ivan Ⅲ of Moscow，莫斯科公国的伊凡三世

  and boyars，与波雅尔 763

  and Byzantium，与拜占廷 769, 775

  and centralisation，与中央集权化 763-764

  and landholding，与土地占有 762

  and Lithuania，与立陶宛 739, 754

  and military architecture，与军事设施 130

  and Moscow as capital，与作为首都的莫斯科 128

  and Novgorod，与诺夫哥罗德 754-755

  and saints and heroes，与圣徒和英雄 766

  and succession disputes，与王位继承纠纷 752-753

  and trade，与贸易 132-133, 696

  and Tver'，与特维尔 756

Ivan Ⅵ of Moscow，莫斯科公国的伊凡六世

  and boyars，与波雅尔 763

  and centralisation，与中央集权化 764

  and succession disputes，与王位继承纠纷 753

Ivan of Mozhaisk，莫宰斯克的伊凡 752, 753

Jacqueline of Bavaria，巴伐利亚的杰奎琳 439-440

Jadwiga (Hedwig), 'King' of Poland，雅德维加（赫特维克），波兰的"国王" 730, 731-733

Jadwiga (Hedwig) of Poland，波兰的雅德维加（赫特维克）352, 353, 679

Jagiellonian dynasty，亚盖洛王朝

  and elective monarchy，与选举的君主 740

  and Empire，与神圣罗马帝国 343, 725

  and extended state，与扩张的国家 5, 727

  and representation，与代议制 44

  and Teutonic Order，与条顿骑士团 3, 12, 731-734, 737

  see also *Casimir Ⅳ of Poland*; *Władysław Ⅱ Jagiełłoo Poland*; *Władysław Ⅲ Jagiełłoo Poland*，也见波兰的卡齐米尔四世、波兰的瓦迪斯瓦夫二世·亚盖洛、波兰的瓦迪斯瓦夫三世·亚盖洛等条

Jakoubek of St? tbro，斯特里布罗的雅考比克 377

James Ⅱ of Jerusalen，耶路撒冷的詹姆斯二世 802

James Ⅲ of Jerusalen，耶路撒冷的詹姆斯三世 802

James Ⅰ of Scotland，苏格兰的詹姆斯一世

  captivity，被俘 4, 518, 527

  and Edinburgh，与爱丁堡 522

and England, 与英格兰 527
and feud, 与采邑 523–524
and monarchy, 与君主制 518, 521
murder of, 谋杀 524, 526
and parliament, 与议会 525
and poetry, 与诗歌 515, 519
and remissions, 与豁免 523

James Ⅱ of Scotland, 苏格兰的詹姆斯二世
 court culture, 宫廷文化 518–519
 and Edinburgh, 与爱丁堡 522
 and feud, 采邑 524–526
 and France, 与法兰西 529
 and remissions, 与豁免 523

James Ⅲ of Scotland, 苏格兰的詹姆斯三世
 and the Church, 与教会 530
 court culture, 宫廷文化 519
 defeat and death, 失败和死亡 524, 530
 and Edinburgh, 与爱丁堡 522
 and feud, 与采邑 524
 and monarchy, 与君主制 522–523
 and national history, 与民族历史 516–517
 and remissions, 与豁免 523
 and Scandinavia, 与斯堪的纳维亚 693
 and succession, 与王位继承 526
 and war, 与战争 529

James Ⅳ of Scotland, 苏格兰的詹姆斯四世 514
 court culture, 宫廷文化 518–519
 and Edinburgh, 与爱丁堡 522
 and Europe, 与欧洲 529

and feud, 与采邑 524
and monarchy, 与君主制 521–522, 526–527
and navy, 与海军 170
and parliament, 与议会 525
and remissions, 豁免 523
and Scandinavia, 与斯堪的纳维亚 694

James Ⅵ of Scotland and Ⅰ of England, 苏格兰的詹姆斯六世和英格兰的詹姆士一世
 Basilikon Doron,《王室赠礼》518
 and monarchy, 与君主制 520, 527

James of Viterbo, and Thomism, 维泰博的詹姆斯, 与托马斯主义 13
Jan Olbracht, 扬·奥尔布拉奇 724, 738, 739, 741
Janus of Cyplus, 塞浦路斯的杰纳斯 800, 802
Jaume of Aragon, 阿拉贡的豪梅 40–41
Jaume of Sicily, 西西里的豪梅 42
Java, and exploration, 爪哇, 与探险 177
Jean, count of Nevers, 让, 纳韦尔伯爵 403
Jean Ⅱ of Bourbon, 波旁的让二世 450
Jean Ⅰ of Cleves, 克利夫斯的让一世 442
Jean Ⅲ of Namur, 那慕尔的让三世 439
Jeanne of Brabant, 布拉班特的珍妮 431
Jeanne de France, 法兰西的让娜 214, 411–412, 414
Jenson, Nicolas, 杰森, 尼古拉

294, 296

Jerome of Prague，布拉格的杰罗姆 376

Jerusalem，耶路撒冷

    and Ferdinand V of Aragon，与阿拉贡的斐迪南五世 617 - 618

    and France，与法兰西 413, 428

    and Latin settlements，拉丁人定居点 796, 809

    pilgrimage to，去耶路撒冷朝圣 799, 809

Jews，犹太人

    in Empire，在神圣罗马帝国 354, 358

    in Granada and Castile，在格拉纳达和卡斯蒂尔 5, 616, 622 - 625, 779, 835

    in Hungary，在匈牙利 717

    Karaite，卡拉派 745, 775, 779

    in Ottoman Empire，在奥斯曼帝国 779, 786, 788, 794, 820, 825, 829

    in Poland-Lithuania，在波兰—立陶宛 743 - 44, 745

    see also conversos，也见皈依

Joachim (Armenian patriarch)，约阿基姆（亚美尼亚教长）825

Joan I of Aragon，阿拉贡的胡安一世 508, 588, 594n. 9

Joan II of Aragon，阿拉贡的胡安二世 580, 596, 613

    and Catalonia，与加泰罗尼亚 598 - 600, 615

    as king of Navarre，作为纳瓦拉国王 614, 615, 620

Joan of Arc，阿克的若昂 207, 210, 218, 235, 353, 398, 465

    as mystic，作为神秘主义者 10

    and political symbolism，与政治象征意义 8, 396

João I of Portugal，葡萄牙的若昂一世 629 - 631, 633, 838

    authority，行政机构 637 - 638

    election，选举 629, 634 - 635

    and expansionism，扩张主义 636 - 637

    and paternalism，与家长作风 838

    war with Castile，与卡斯蒂尔的战争 635 - 636

João II of Portugal，葡萄牙的若昂二世

    authority，行政机构 642

    centralism，中央集权 630 - 631, 640, 643 - 644

    conspiracy against，阴谋反对 633

    and exploration，与探险 187, 191, 630, 642 - 643

    and nobility，与贵族 632, 643 - 644

Jogaila (Jagiello) of Lithuania，立陶宛的亚盖洛（雅盖隆）731 - 732

    see also Władysław II Jagiełło of Poland 也见波兰的亚盖洛 - 瓦迪斯瓦夫二世

John, duke of Bedford，约翰，贝德福德公爵 see Bedford, John, duke of 见贝德福德

John, earl of Lincoln，约翰，林肯伯爵 490

John XXII, Pope (Jacobus Arnaldi Duesa)，约翰二十二世，教宗

    and ecclesiastical wealth，与教会财富

14 Extravagantes,《编外卷》229

John XXIII, Pope (Baldassare Cossa), 约翰二十三世, 教宗 66 – 68, 353, 573

John Ⅰ of Brabant, and representation, 布拉班特的约翰一世, 与代议制 45, 52

John Ⅲ of Brabant, and representation, 布拉班特的约翰三世, 与代议制 52

John Ⅳ of Brabant, 布拉班特的约翰四世 38

John Ⅳ of Burgundy, 勃艮第的约翰四世 45

John Ⅴ of Britanny, 布列塔尼的约翰五世 442

John Ⅱ of Jerusalem, 耶路撒冷的约翰二世 802

John Ⅱ of Nassau, 纳索的约翰二世 350 – 351

John Ⅷ of Palaiologos, 巴列奥略的约翰八世 774, 782 – 784, 808

John of Anjou, 安茹的约翰 580

John of Bavalia, 巴伐利亚的约翰 436

John of Capistrano, 卡皮斯特拉诺的约翰 208, 717 – 718

John of Castile, 卡斯蒂尔的约翰 41

John Corvinus of Hungary, 匈牙利的约翰·科维努斯 723 – 724

John of England, 英格兰的约翰
and Magna Carta, 与大宪章 48 – 49
and representation, 与代议制 33, 55

John the Fearless of Burgundy, 勃艮第的"无畏者"约翰 392, 431 – 433, 446, 450

and Council of Pisa, 与比萨公会议 66

and English invasions, 与英格兰人的入侵 438, 462, 463

and Flanders, 与佛兰德 434

and France, 与法兰西 437 – 438, 439

and Nicopolis, 与尼科波利斯 441, 800

and political speeches, 与政治演讲 10

and taxation, 与税收 436

John of Gaunt, and Wyclif, 冈特的约翰, 与威克利夫 15

John of Jesenic, 耶塞尼克的约翰 376

John of Luxemburg, and representation, 卢森堡的约翰, 与代议制 46

John of Paris, 巴黎的约翰
and papal power, 与教宗权力 13
and popular consent, 与民众的赞同 11

John of Salisbury, 索尔兹伯里的约翰, Policraticus,《论政府原理》》21

John of Segovia, 塞哥维亚的约翰
and Islam, 与伊斯兰教 75, 81
and Papacy and councils, 与教宗及公会议 76, 81, 83

John Sigismund of Hungary, 匈牙利的约翰·西吉斯蒙德 726

Jöns, archbishop of Uppsala, 约恩斯, 乌普萨拉主教 688

Jonsson, Bo, 乔森, 波 674

Josseaume, Guillaume, 若索姆, 纪尧姆 208

Jost of Moravia, 摩拉维亚的约斯特 352

Jouffroy, Jean, Bishop of Arras, 茹弗鲁瓦, 简, 阿拉斯主教 281

Jouvenel des Ursins, Guillaume, 茹沃内尔·德乌尔森, 纪尧姆 405, 406

Juan Ⅰ of Castile, 卡斯蒂尔的胡安一世 41, 588, 629, 635, 636

Juan Ⅱ of Castile, 卡斯蒂尔的胡安二世 595, 610, 612 – 615, 618 – 619, 624

and nobility, 与贵族 91, 614, 615 – 616, 619

and political literature, 与政治文学 21, 23

Juan Ⅱ of Navarre, 纳瓦拉的胡安二世 598, 614, 615

see also Joan Ⅱ of Aragon, 也见阿拉贡的胡安二世

Juan of Penafile, 佩纳菲尔的胡安 595

and Sicily, 与西西里 595

Juana Enriques, 胡安娜·恩利奎斯 599

Juana 'la Betraneja', 胡安娜"拉贝特兰内亚" 600, 615, 616

Juana of Portugal, 葡萄牙的胡安娜 615

Julius Ⅱ, Pope (Giuliano della Rovere), 尤利乌斯二世, 教宗 (朱利亚诺·德拉·罗韦莱)

and conciliarism, 与公会议至上论 75 – 76

and imperialism, 与帝国主义 429

and Naples, 与那不勒斯 584 – 585

Jungingen, Ulrich von, 荣金根, 乌尔里克·冯 733

jurists, 司法学家 20 – 21, 27 – 28

and conciliarism and Papacy, 与公会议至上论及教宗 76, 78 – 79, 82, 85

see also Azo, Portius, 也见阿佐, 波特修斯等条

jus armorum (law of arms), 《纹章法》94

Juvénal des Ursins, Jean, 茹沃纳·德乌尔森, 让 10, 19, 165, 392, 405

Kalmar agreement (1438), 卡尔马协议 (1438年) 683

Kaminsky, Howard, 卡明斯基, 霍华德 386

Kaniš, Peter, 卡尼斯, 彼得 384

Kanizsai, Johannes, Archbishop, 迦腻兹赛, 约翰内斯, 大主教 709, 713

Kápolna Union (1437), 卡波尔那联盟 (1437年) 713

Kapsali, Moshe, 卡普沙里, 莫西 825

Karaman, emirate, 卡拉曼, 酋长 813, 816 – 817, 819, 821, 823 – 824, 826

Kazan' khanate, and Russia, 喀山汗国, 与俄罗斯 750 – 752

Kemp, John, 肯普, 约翰, 坎特伯雷主教 472

Kempis, Thomas 肯皮斯, 托马斯

Chronicle, 《年代记》285

Imitation of Christ, 《效法基督》217, 284

Kestutis of Trakai, 特拉凯的凯斯图蒂斯 731, 732, 735

Kettil, bishop of Linköping, 克提尔, 林雪平主教 690

Kherotikia, battle of (1426), 赫罗提基

亚战争（1426 年）802
Kiev，基辅
  and Moscow，与莫斯科公国 764，768 – 770
  and Rus'，与罗斯 743，748，768
  and trade，与贸易 751
Kildare, Gearóid Mór, Fitzgerald, eighth earl，吉洛依德·摩尔，菲茨杰拉德，基尔代尔第八伯爵 490，511 – 513
Kilkenny, Statute of (1366)，《基尔肯尼法》（1366 年）496，498，509
Kinizsi, Paul，基尼日，保罗 724
Kipchak khanate (Golden Horde)，钦察汗国（金帐汗国）732，750，756，758
  see also Tatars，也见鞑靼人
Kirill of Beloozero，贝洛泽诺的基里尔 766
Kizilbash movement，恺兹巴什运动 829
Knapton, M.，纳普顿 554n. 4
knights，骑士
  imperial，帝国的 347，352，355
knights（cont.）
  of the Shield of St George，圣乔治盾牌骑士团的 351，355，655
  of the shires (England)，英格兰诸郡的 33 – 34，49，63
  see also Teutonic Order，也见条顿骑士团
Knutsson, Karl，克努特森，卡尔 682，683 – 684，686，687，688 – 690，691
  and representation，与代议制 46 – 47
Koberger family，克伯格家族 294
Kolda ofŽampach，扎姆帕克的科尔达 387

Korostyn', Treaty of (1471)，科罗斯坚条约（1471 年）754
Kosmidion, Ottoman victory，科斯米蒂昂，奥斯曼的胜利 3
Kosovo，科索沃
  first battle of (1389)，第一次战争（1389 年）710，771
  second battle of (1448)，第二次战争（1448 年）162，716，824
Krevo, Union of (1385)，科里沃联盟（1385 年）731 – 732
Kristeller, P. O.，科里斯特勒，P. O. 246 – 249，252，273
Krumlov, Wenceslas，克鲁姆诺夫，瓦茨拉夫 388
Krummedige, Henrik，克鲁姆米迪奇，亨里克 697
Krumpen, Otte，克鲁姆彭，奥特 701
Kutná Hora, battle of (1421)，库特纳霍拉战争（1421 年）168
Kyeser, Conrad, Bellifortis，克耶塞尔，康拉德，《战争堡垒》173
Kyriel, Sir Thomas，凯勒尔，圣托马斯 469

la Caballeria, Alfonso de，拉·卡巴耶里亚，阿方索·德 604
la Cueva, Beltrán de，拉·库埃瓦，贝尔特兰·德 615 – 616
la Marche, Oliver de，拉马什，奥利弗·德 99，446，456
la Salle, Gadifer de，拉·萨尔，加迪菲·德 185 – 186，189
labour，劳动力

division，分工 280

shortage，短缺 106 – 113，117，120，142，369，609，671

Ladislas Ⅴ Posthumous of Hungary，匈牙利的拉迪斯拉斯五世，遗腹子 356，360，389，714 – 718

Ladislas of Naples，那不勒斯的拉迪斯拉斯

  and Florence，与佛罗伦萨 550

  and Hungary，与匈牙利 709，816

  and Papacy，与教宗 66 – 67，573

laity，俗人

  and book trade，图书贸易 278，284，287

  and Church reform，与教会改革 205，833

  and Hussite movement，与胡斯运动 372，374 – 375，377，388

  increased importance，重要性增强 86，143，832 – 833

  and popular piety，民众的虔诚 143，212 – 216，569，832

  and religious education，宗教教育 207 – 210，239 – 240

Lalain, Jacques de，拉兰，雅克·德 518 – 519

Lancastrian dynasty，兰开斯特王朝 457 – 476

  crisis，危机 469 – 473

  and Edward Ⅳ，与爱德华四世 477 – 478，480 – 484，506，542 – 543

  and finance，与财政 458，475

  and France，与法兰西 394 – 404，437 – 438，451，457 – 458，462 – 469，471 – 472，475

  and Ireland，与爱尔兰 506，511

  legitimacy，合法性 18，26，458，462

  and nobility，与贵族 459，461 – 462

  and Richard Ⅲ，与理查德三世 487，543 – 544

  and service，服役 459 – 460，475

  and Wales，与威尔士 542 – 544

  and warfare，与战争 458 – 459，475

  and Yorkists，与约克家族 403，451，473 – 475，477，504

  see also *Henry* Ⅳ *of England*；*Henry* Ⅴ *of England*；*Henry* Ⅵ *of England*，也见英格兰的亨利四世、亨利五世、亨利六世等条

Landesrat，地方议事会 58

landholding，土地占有

  and absentee landlords，在外地主 499

  ecclesiastical，教会的 109，181，369，382，633

  effects of demographic crisis，人口危机的影响 109 – 110

  and inalienability，与不可剥夺性 5，539，762

  noble，贵族 109 – 110，112，117 – 118，370，382，483 – 484，571，742

  peasant，农民 109 – 110，116 – 117，371，422，423，759

  see also *tenure*，也见土地保有权

Landino, Cristoforo，朗迪诺，克里斯托弗罗 268，306 – 307，312，313

Landtag，议会 45 – 46，61

language，语言

  impact of printing，印刷术的影

响 296
 and national identity，与民族认同 337－340，367，373，426－427
 political，政治的 10－11，25，28，839
Languedoc，朗格多克
 agriculture，农业 108，117
 and representation，与代议制 43，51，53，57，417
 and trade，与贸易 422
 and Valois monarchy，与瓦卢瓦王朝 394－395，401
Languedoil, *and representation*，朗格多伊尔，与代议制 51
Lannoy，*Guillebert de*，拉努瓦，吉耶贝尔·德 441，748
Laon，*Colart de*，拉昂，科拉尔·德 444
Laonikos Chalkokandyles，劳尼科斯·乔尔克堪代勒斯 804
Laski，*Jan*，拉斯基，扬 739
Lateran Council，*Fifth* (1512)，拉特兰公会议，第五次（1512 年）76
Latin，拉丁语
 in Church，在教会 379
 in education，在教育中 226，231，258－259，261，276
 and humanism，与人文主义 28，206，254－255，265，269，276－277，747，836
 and royal officials，王室官员 62
Latin east，拉丁东方 *see Levant* 见利凡特
Latini，*Brunetto*，拉蒂尼，布鲁内托 263

law，法律
 civil，市民的 19－20，365
 common，普通法 20
 customary，习惯法 365，712
 divine，神法 18
 education for，法律教育 228，229，230，233，746
 Irish Gaelic，爱尔兰盖尔语 502
 Islamic，伊斯兰教的 788，794，827
 and judicial institutions，司法机构 6，354
 and monarchy，与君主制 404－405，415－416，619，838
 natural，自然法 18
 and politics，与政治 11，17－21，27－28
 positive，建设性的 15
 Roman，罗马法 7，18，20，30，49，82，365，630
 Scottish，苏格兰的 521，530
 Welsh，威尔士的 538－539
 see also canon law; courts，也见教会法、法庭等条
Laxmand，*Hans, archbishop of Lund*，拉克斯曼德，汉斯，隆德大主教 684
Lazarillo de Tormes，《托美思河的小拉撒路》626
le Bouvier，*Gilles* (*Berry Herald*)，*Livers de la description des pays*，勒布维耶，吉勒（贝里·赫勒尔德），《诸国述况集》89，93
le Franc，*Martin, le champion des dames*，勒弗朗，马丁，《妇女的捍卫者》320
le Maçon，*Robert*，勒马松，罗贝尔 396

leRoy, Guillaume, 勒鲁瓦, 纪尧姆 293
le Roy Ladurie, E., 勒鲁瓦, 拉杜里 421
League of Cambrai, 康布雷联盟 75-76
League of Constance, 康斯坦茨联盟 342, 454, 649
League of Marbach, 马巴赫联盟 351
League of Nevers, 纳韦尔联盟 409
League of Zurich, 苏黎世联盟 647
leagues, 联盟
 of city-states, 城市国家联盟 171
 European, 欧洲的 390
 regional urban, 地区性的城市联盟 35, 44, 55, 58-59, 63-64, 136, 656
 see also Hanseatic League, 也见汉萨同盟
Lefèvre d'Etaples, Jacques, 勒费弗尔·德塔普尔, 雅克 233, 271-272
legitimacy, 合法性
 and conciliarist theory, 公会议至上理论 84, 831
 and dynasticism, 王朝主义 837
 and genealogy, 系谱 26
 and popular consent, 民众公议 10-11, 12, 17, 18, 831, 837
 and representative institutions, 代议机构 37-38
Leo of Rozmital, 罗兹米塔尔的利奥 606
León, 莱昂
 and Castile, 与卡斯蒂尔 35, 40
 and representation, 与代议制 35, 39, 40, 55
Leonardo da Vinci, 莱奥纳多·达·芬奇 299, 314, 315-316
Leonor of Navarre, 纳瓦拉的莱昂诺尔 620
Leopold Ⅲ of Austria, 奥地利的利奥波德三世 649, 652
Leopold Ⅳ of Habsburg, 哈布斯堡的利奥波德四世 94, 433
Lepe, Díego de, 莱佩, 迭戈·德 197
Leto, Pomponio, 莱托, 波姆波尼奥 271, 582
Levant, 利凡特 796-811, 797
 culture, 文化 809-810
 defence, 防卫 807
 government, 政府 807-808
 historiography, 历史编撰 809, 810
 indigenous elites, 本地精英 804, 805, 807-808
 and Latin Church, 与拉丁教会 808
 Latin settlement, 拉丁殖民点 796-811, 797
 and Mamluks, 与马木路克 800
 navies, 海军 798, 807
 and Ottoman Empire, 与奥斯曼帝国 800-802, 805, 807, 809, 810-811, 812, 814; tribute payments, 贡税 798, 815, 821
 and piracy, 与海盗 805-806, 811
 and taxation, 与税收 808
 tithes, 什一税 808
 and trade, 与贸易 149, 153, 158, 609, 796-800, 804, 806-807, 811, 830; and Ottoman Empire, 与奥斯曼帝国 159-160, 553, 568, 801-802, 814-815, 823, 838-839; and Venice, 与威尼斯

156，160，553，565，798－799
Leyden, industry in，莱登的工业 133
Libelle of Englyshe polycye,《英国政策小书》836
liberty, political，自由，政治的
  in Florence，在佛罗伦萨 24，552
  in Germany，在德国 139，358
  in Italy，在意大利 137－138，264－265，274
libraries, and humanism，图书馆，与人文主义 233，265，281，282，295，445，564，582，723
Liddale, Sir James，利达尔，詹姆斯爵士 516
Liège, revolt，列日，叛乱 436，437，450，451
Lily, William，里利，威廉 272
Linacre, Thomas，利纳克尔，托马斯 272
Lindholm, Treaty of (1395)，林德霍姆条约（1395年）675
Lippi, Filippino Expulsion of the Dragon，利皮，菲利普诺，《龙的驱逐》316
Lisa, Gerardus，利萨，格拉尔杜斯 293
Lisbon，里斯本
  extent，范围 125，131
  and trade，与贸易 148
lit de justice, France，御临法院（指法王主持的审判会议），法兰西 8
literacy，读写能力
  and the book trade，与图书贸易 278，284，294
  and effects of printing，与印刷业的影响 144，240，693－694，833

and elites，精英 209，226
levels，水平 21，137，144，206，541
literature，文学
  Burgundian，勃艮第语 445－446，456
  and conversos，与改教者 625
  English，英语 23
  French，法语 426－427
  Gaelic，盖尔语 521
  and history，与历史 25－26
  Polish，波兰语 746－47
  political，政治的 11－12，21－25
  protest，抗议 23，139
  Scottish，苏格兰语 515，519
  travel，旅行 183－184，200
  vernacular，方言 10，23，27－28，282，296，836－837
  and warfare，与战争 172－174
Lithuania，立陶宛 727－747，728
  and conversion to Catholicism，皈依天主教 12，352，364，731－732
  as independent state，作为独立国家 730－731
  and monarchy，与君主制 744－745
  and Novgorod，与诺夫哥罗德 686，738，751，753，754
  and Poland，与波兰 see Poland-Lithuania 也见波兰－立陶宛
  population，人口 727－729
  and Russia，与俄罗斯 696，748，750－753，755－757，765，768－769
  and succession，与王位继承 752
  see also Rus'; Teutonic Order; Vytautas (Vitold) of Lithuania, 也见罗斯、条顿骑士团；立陶宛的维陶

塔斯等条
liturgy，礼拜仪式
 and Hussite movement，与胡斯运动 374，377－378，385
 and music，与音乐 321，324
 Scottish，苏格兰的 515
living standards, rise，生活水平提高 834，835
Livonia，利沃尼亚
 and Baltic trade，与波罗的海贸易 750，757
 and Scandinavia，与斯堪的那维亚 679，686，691，696－697，756
 and Teutonic Order，条顿骑士团 344，364，731，734
Livorno，里窝那，与佛罗伦萨 549，550
Livy (Titus Livius), influence on historiography，李维（提图斯·李维乌斯），对历史编撰学的影响 26－27，257，267，271，747
Lizard League，蜥蜴同盟 737
Lodehat, Peder Jensen，罗德哈特，彼得·杰森 676，678
Lodi, Peace of (1454)，洛迪和约（1454年）3，137，163－164，171，558，579，596
Logofet, Pakhomii，罗格菲特，帕克霍米 755，765，766
Lollards，罗拉德派 216，235
 failure of，失败 15－16
 opposition to，反对派 236，835
 rebellions of，叛乱 461，532－533
 and vernacular literature，与方言文学 10，23

Lombard, Peter, *Sentences*，伦巴第，彼得，《教父名言录》11，229
Lombard League，伦巴第同盟，与代议制 54
Lombardy，伦巴第
 and the Empire，与神圣罗马帝国 343
 and France，与法兰西 429，558
 and Milan，与米兰 549－550，557－558
 and Venice，与威尼斯 137，553
London，伦敦
 guilds of，行会 9
 and representation，与代议制 49
 size and influence，规模和影响 125，128
 and trade，与贸易 145，150，160
London, Treaty of (1474)，伦敦条约（1474年）452
López, Inéz，洛佩兹，伊涅斯 625
Lopez, R. S.，洛佩斯，R. S. 547n. 1
Lorraine，洛林
 and Burgundy，与勃艮第 411，440
 and Charles the Bold，与大胆查理 3，342，454－455
 and nobility，与贵族 100
Loschi, Antonio，洛斯基，安东尼奥 24，25
Louis Ⅶ of France，法兰西的路易七世 394
Louis Ⅷ of France, and representation，法兰西的路易八世，与代议制 43
Louis Ⅸ of France, St，法兰西的路易九世，圣路易 181，427
Louis Ⅺ of France，法兰西的路易十一

and absolutism, 与绝对主义 408, 418, 838
and Aragon, 与阿拉贡 412, 599
army, 军队 412, 415, 418
and Burgundy, 与勃艮第 402-405, 410-411, 428, 433, 450, 478, 482, 488
and Charles Ⅶ, 与查理七世 402-403, 404, 529
and Charles the Bold, 与大胆查理 3, 237, 411, 434, 450-451, 455, 666
and Church and state, 与教会和国家 418-419, 427-428
and court, 与宫廷 424-425
and England, 与英格兰 411, 493
and Guyenne, 与吉耶纳 402
and Italy, 与意大利 428, 565
and nobility, 与贵族 90, 95, 409, 410-412, 425, 427
and Papacy, 与教宗 418-419, 428
and postal system, 与邮政系统 420
and taxation, 与税收 418
and trade, 与贸易 153, 422, 423
and universities, 与大学 236-237
and urban development, 与城市发展 134
and War of the Public Weal, 与公共福利战争 99, 410-411, 450
Louis Ⅻ of France, 法兰西的路易十二
and Charles Ⅷ, 与查理八世 412-414
and conciliarism, 与公会议至上论 75-76
and economy, 与经济 421
and Italy, 与意大利 423, 428-429, 665
and law, 与法律 416
and Louis Ⅺ, 与路易十一 411-412
and paternalism, 与家长制 838
and patronage, 与庇护人 419
and regions, 与各地区 420
and stability of French state, 与法国的稳定 4, 408-409
and universities, 与大学 237
Louis Ⅰ of Hungary, 匈牙利的路易一世 709
as king of Poland, 作为波兰国王 729-730, 740
Louis Ⅱ of Hungary and Bohemia, 匈牙利和波希米亚的路易二世 725
Louis Ⅲ of the Palatine, 巴拉丁的路易三世 354
Louis Ⅲ of Provence, 普罗旺斯的路易三世 574
Louis of Anjou, 安茹的路易
and Aragonese succession, 与阿拉贡王位继承 588
and Papacy, 与教宗 66, 576
Louis of Bavaria, 巴伐利亚的路易
and Papacy, 与教宗 12, 43
and representation, 与代议制 43-44
Louis de Bruges, 布鲁日的路易 282, 295
Louis of Luxemburg, 卢森堡的路易 396
Louis of Orleans, assassination, 奥尔良的路易, 暗杀 10, 12, 392, 437, 438, 839
Louis of Orleans (Louis Ⅻ), 奥尔良的路易（路易十二）412, 413, 414

Louis the Rich ofBavaria-Landshut，巴伐利亚－兰茨胡特的富人路易 360

Lovati, Lovato，洛瓦蒂，洛瓦托 253, 260

Lovell, Francis, Viscount，洛弗尔，法兰西斯，子爵 490

Low Countries，低地国家

 and agriculture，与农业 110, 112, 114, 117, 119–120

 and book production，与图书出版 280–281, 283–285, 287–288, 292, 295

 and Burgundy，与勃艮第 342, 394, 397, 404, 409, 437, 439–440, 448, 451, 453, 491

 and Empire，与神圣罗马帝国 337, 342, 455

 guilds，行会 121, 446–447

 and humanism，与人文主义 279

 industry，工业 126

 and Maximilian，与马克西米利安 5

 plague outbreaks，瘟疫爆发 106

 religious life，宗教生活 209

 and representation，与代议制 35, 37, 57, 60, 453

 and Scandinavia，与斯堪的纳维亚 684, 685, 704–705, 706

 schools and universities，学校和大学 227–228

 shipping and trade，海运和贸易 133–134

 social structure，社会结构 446

 towns and cities，城镇和城市 121, 124, 125, 133, 446, 450–451

 and trade，与贸易 149, 157, 448, 695, 697–698, 704

 unification，统一 57, 685

 urbanisation，城市化 133–134

 and war，与战争 168

 see also Antwerp; Bruges; Flanders; Ghent; Liège; music; painting，也见安特卫普、布鲁日、佛兰德、根特、列日、音乐、绘画等条

Lower Union，低地联盟 342

Lübeck，吕贝克

 and Denmark，与丹麦 674, 703–706

 and German language，与德语 339–340

 and Hanseatic trade，与汉萨贸易 133, 151–152, 159, 679, 684–687, 692–698, 704

Lucerne, and Swiss Confederation，卢塞恩，与瑞士联邦 645, 649, 652, 654, 658, 661

Luder, Peter，卢德，彼得 270

Luke Notaras, Grand Duke，卢克·诺塔拉斯，大公 782, 786

Lull, Ramon，勒尔，拉蒙

 Libre de Evast e Blanquerna，《布兰奎纳之书》190

 Libre del orde de cauayleria，《骑士规则全书》95

Luna, Alvaro de，卢纳，阿尔瓦罗·德 613–615, 618–619, 621, 623

Lüneburg，卢嫩堡，与代议制 60

Luther, Martin，马丁，路德 86, 206, 219

 and German Bible，与德语圣经 340

 and humanism，与人文主义 250, 266

Lutheranism，路德宗，在斯堪的纳维亚 673 – 674，685，705 – 706

Luxemburg，卢森堡

and Burgundy，与勃艮第 440

and Empire，与神圣罗马帝国 342，343，352

as extended state，作为扩张的国家 5

Luxemburg dynasty，卢森堡王朝 372，379

see also Sigismund, king of the Romans，也见罗曼国王西吉斯蒙德

luxury goods, trade in，奢侈品，贸易 126 – 127，129，148，157，449，834 – 838

Lydgate, John，莱德格特，约翰 21

Lyons, and trade，里昂，与贸易 422，423

Macdonald, Alexander，麦克唐纳，亚历山大 521

Machairas, Leontios，马坚拉斯，勒昂提奥斯 810

Machiavelli, Niccolò，马基雅维里，尼科洛

Discourses ... on Livy，《论李维》92

and humanism，与人文主义 252，316

and political liberty，与政治自由 137

The Prince，《君主论》274

and Spain，与西班牙 605

Maclodio, battle of (1427)，马克罗迪奥战役（1427 年）556

Maderia，马德拉

discovery of，发现 189，637

and trade，与贸易 150，154

Magna Carta，大宪章，与军事服役 48 – 49

Mahmud pasha，马茂德帕夏 786，791，793

Maillard, Olivier，马亚尔，奥利维尔 208

Maine，曼恩

French recovery，法国的收复 403，412

Lancastrian control，兰开斯特的控制 394，397 – 400，468

Mair (Mayr), Martin，梅耶（麦尔），马丁 360，362

Majano, truce of (1430)，马贾诺休约（1430 年）614

Major, John, and conciliar theory，梅杰，约翰，公会议理论 84 – 85

Majorca，马略尔卡

and Aragon，与阿拉贡 592 n. 7，599

and exploration，与探险 183，185，189，200

peasants，农民 116

Malatesta, Pandolfo，马拉泰斯塔，潘多尔弗 556

Malatesta, Roberto，马拉泰斯塔，罗伯托 581

Malatesta, Sigismondo Pandolfo，马拉泰斯塔，西吉斯蒙德·潘多尔弗 580，584

Malatesta dynasty of Rimini，里米尼的马拉泰斯塔王朝 66，329，573 – 574，580 – 581，584

Malfante, Antonio，马尔凡特，安东尼奥 190

Malla, Felip de，马拉，菲利浦·

德 597

Malmø, Treaty of (1512), 马尔默条约 (1512年) 698-699, 701

Malocello, Lanzarotto, 马罗塞洛, 兰扎罗托 185

Malta, agriculture in, 马耳他, 农业 114

Mamluks, 马木路克
 and Latin settlements, 与拉丁殖民 796, 799-800, 802, 805, 809
 and Ottoman Empire, 与奥斯曼帝国 811, 813, 827

man, 人
 and Reformation, 与宗教改革 250
 and Renaissance humanism, 与文艺复兴时期的人文主义 245-247, 248-250, 299

Mande, Henrik, 曼德, 亨利克 285

Mandeville, Sir John, *Travels*, 曼德维尔, 约翰, 《游记》184

Manetti, Antonio, *Life of Brunelleschi*, 曼内提, 安托尼奥, 《布鲁内莱斯奇传》307, 835

Mansion, Colard, 曼西昂, 克拉尔德 281, 283, 295

Mantegna, Andrea, 曼特格纳, 安德烈亚 311, 316, 564
 The Gonzaga Court, 《贡扎加宫》9, 308-309, 插图10
 The Life of St James, 《圣詹姆斯传》316-317, 插图22
 Parnassus, 《帕纳塞斯》317

Manthen, Johannes, 曼森, 约翰内斯 294

Mantua, 曼图亚

Congress of secular rulers, 世俗统治者的会议 75, 281, 580, 839
 as princely state, 作为诸侯国 549, 562

Manuel II Palaiologos, 曼努埃尔二世·巴列奥略 771, *777-778*, 781, 800

Manufacture, regulation of, 对制造业的规定 836

Manumission charters, 释放特许状 7

Manuscripts, 手稿 278-286, 287-288, 291
 costs, 费用 289
 illumination, 解释 283-284, 285, 294, 295
 importance, 重要性 833
 and printed book, 与印刷书籍 278, 281, 294-296

Manutius, Aldus, 马努提乌斯, 阿尔德乌斯 144

maps, 地图
 and exploration, 与探险 181-184, 190-191, 199, 200-201
 mappae mundi, 《世界地图》182-183
 and trade, 与贸易 177
 see also charts, marine, 也见图表、海军等条

Marcatellis, Raphael de, 马尔卡特里斯, 拉菲尔·德 295

March, Edmund Mortimer, earl, 马尔克, 埃德蒙·莫蒂默, 伯爵 462

Marche, Giacomo delle, 马尔基, 贾科莫·德勒 208

Maredudd ab Owain, 马勒杜德·阿

布·欧文 532

Margaret of Anjou, wife of Henry VI of England，安茹的玛格丽特，英格兰的亨利六世之妻 468，473 – 474，477，542

Margaret of Austria，奥地利的玛格丽特 456
   and Charles VIII，与查理八世 411，413

Margaret of Bavaria，巴伐利亚的玛格丽特 431，433

Margaret of Burgundy，勃艮第的玛格丽特 431

Margaret of Denmark，丹麦的玛格丽特 529

Margaret Tudor，玛格丽特·都铎 519

Margaret of York，约克的玛格丽特 284，326，452，455，478，490，491

Margaret, daughter of Christian of Denmark，玛格丽特，丹麦克里斯提安之女 693

Margaret, regent of Denmark，玛格丽特，丹麦摄政 674，675 – 677，679，680 – 681，687

Maria, wife of Sigismund，玛丽亚，西吉斯蒙德之妻 730

María of Aragon，阿拉贡的玛丽亚 595，613

María of Castile，卡斯蒂尔的玛丽亚 595，613

María de Santo Domingo, Sor，玛丽亚·德·圣多明各，索 616 – 617

María-Gulbahar，玛利亚 – 古勒巴哈尔 793 – 794

Marignano, battle of (1515)，马里尼亚诺战役（1515 年）167，429，666

Marini, Antonio，马里尼，安东尼奥 4，390

Mariono, Zanobi di，马里奥诺，扎诺比·蒂 281

markets，市场
   and commodities，与商品 148，153，157
   rural，乡村的 113 – 115，134
   urban，城市的 118，126，129，424

Marongiu, Antonio，马龙朱，安东尼奥 30，32

marriage，婚姻
   age，年龄 106 – 107，111，141
   dynastic，王朝的 5，36，93 – 94，100，478 – 479，577 – 578，581，595，790
   intermarriage，通婚 498，509 – 510，564，818
   religious，宗教的 210 – 211

Marseilles, and trade，马赛，与贸易 135，145，422 – 423

Marsilius of Padua，帕多瓦的马西利乌斯
   Defensor pacis，《和平捍卫者》12 – 13
   and history，与历史 251
   and law，与法律 18 n. 64
   and politics，与政治 263
   and sovereignty，与统治权 24，77，79 – 80

Marsuppini, Carlo，马苏匹尼，卡洛 269

Martellus, Henricus，马特尔鲁斯，亨利库斯 182

Martí Ⅰ of Aragon,阿拉贡的马蒂一世 588－590,594,597,613

Martin Ⅳ,Pope(Simon Mompitus), and Castilian succession,马丁四世,教宗(西蒙·芤匹图斯)与卡斯蒂尔派继位 40

Martin Ⅴ,Pope(Oddo Colonna),马丁五世,教宗(奥多·科隆纳)
 and conciliarism,与公会议至上论 69－70,353,573
  and Hussite movement,与胡斯运动 379
 and Naples,与那不勒斯 575
 and papal states,与教宗国家 573－574
 and Rome,与罗马 572

Martínes,Ferrant,马丁内斯,费兰特 622

Martini,Johannes,马丁尼,约翰内斯 325

Martorell,Joannot,*Tirant lo Blanch*,马托热尔,若阿诺 《白骑士帝朗》810

Marville,Jean de,马维尔,让·德 444

Mary,devotion to,对玛利亚的虔诚 214－215,613,832

Mary of Burgundy(wife of Amadeus of Savoy),勃艮第的玛丽(萨伏依的阿马迪斯之妻)433

Mary of Burgundy(wife of Maximilian),勃艮第的玛丽(马克西米利安之妻)446,455－456
 and Charles the Bold,与"大胆"查理 342,360,452,664
 and Louis Ⅺ,与路易十一世 411
 and Low Countries,与低地国家 7,491

Mary of Gueldres,盖尔德雷的玛丽 529

Massaccio(Tommaso di Ser Giovanni di Mone),马萨乔(托马索·迪西·乔瓦尼·迪莫内)305,313－314
 Brancacci chapel,布兰卡齐礼拜堂 305,306－307,插图 5
 Holy Trinity,《圣三位一体》310

Mass,弥撒 211,216,217
 cyclic,循环的 323,324
 and Hussite movement,与胡斯运动 377,380,381,384,388－389

mathematics,and music,数学,与音乐 331－333

Matthew of Cracow,克拉科夫的马修 746

Matthew of Janov,詹诺夫的马修 375

MátyásCorvinus of Hungary,匈牙利的马加什·科文努斯
 and army,与军队 99,163,164,721－722,724
 and Bohemia,与波希米亚 46,360,382,720
 and books,与书籍 284,295,723
 court culture,宫廷文化 722－723
 and Frederick Ⅲ,与弗雷德里克三世 343,346,358,360－361,720
 gains,所得 718－720
 and George of Poděbrady,与波德布雷迪的乔治 390,718,720,738
 law code,法典 722
 and nobility,与贵族 99,721－722
 and succession,与王位继承 723－

724
and Vladislav Ⅱ, 与弗拉迪斯拉夫二世 382
Mauro, Fra, 毛罗, 弗拉 183
Maximilian of Habsburg, 哈布斯堡的马克西米利安
    and Anne of Brittany, 与布列塔尼的安妮 413
    and Bruges, 与布鲁日 134
    and Burgundy, 与勃艮第 5, 342, 360, 411, 412, 446, 452, 455, 664
    and England, 与英格兰 491, 492
    and Frederick Ⅲ, 与弗雷德里克三世 3, 343, 345
    and Frisia, 与弗里西亚 344
    and Germany, 与德意志 341
    and humanism, 与人文主义 271
    and Hungary, 与匈牙利 723–725
    and imperial crown, 与皇帝 429
    and Italy, 与意大利 346, 664–665
    and Papacy, 与教宗 76, 345
    and representation, 与代议制 45
    and Swiss Confederation, 与瑞士联邦 664
    and unification of Habsburg territories, 与哈布斯堡版图的整合 5, 361
    and Venice, 与威尼斯 343
Maximos Ⅳ, Patriarch, 马克西莫斯四世, 牧首 775–776
Mecklenburg, and representation, 梅克伦堡, 和代议制 44
medallion, portrait, 像章, 肖像 308, 插图 9
Medici, Cosimo de', 梅迪奇（美第奇）, 科西莫·德
    and banking, 与银行业 130, 150–151, 153
    and Milan, 与米兰 557–558
    and patronage of the arts, 与赞助艺术 155, 247, 281, 310, 781
    and politics, 与政治 552–553, 559–561, 567
Medici, Giovanni de', 梅迪奇（美第奇）, 乔瓦尼·德 567, 585
Medici, Giovanni di Bicci de', 梅迪奇（美第奇）, 乔瓦尼·迪·比奇·德 150, 151n. 2
Medici, Giuliano de', 梅迪奇（美第奇）, 朱利亚诺·德 583
Medici, Lorenzo de', 梅迪奇（美第奇）, 洛伦佐·德 150, 308, 316, 569
    and Florentine politics, 与佛罗伦萨政治 9, 561
    and Naples, 与那不勒斯 567, 583, 585
Medici, Maddalena de', 梅迪奇（美第奇）, 马黛伦娜·德 567, 585
Medici, Pierfrancesco, 梅迪奇（美第奇）, 皮耶弗兰切斯科 317–318
Medici, Piero de', 梅迪奇（美第奇）, 皮耶罗·德 561, 569, 585
Medici, company, 梅迪奇（美第奇）, 公司 129–130, 150–151, 153–154, 449, 553
medicine, and education, 医学, 和教育 229, 230
medievalism, and Renaissance humanism, 中世纪精神, 和文艺复兴人文

主义 244 – 247, 273 – 274

Medina del Campo, Treaty of (1490),《梅迪纳·德尔·坎波条约梅迪纳·德尔·坎颇条约》(1490 年) 492 – 493

Mehemmed Ⅰ, Sultan, 穆罕默德一世, 素丹 774

 and civil unrest, 与市民骚乱 818 – 819

 and interregnum, 与空位 814, 816 – 817

Mehemmed Ⅱ, Sultan, 穆罕默德二世, 素丹 583, 783, 824

 conquest of Constantinople, 征服君士坦丁堡 565, 774, 784 – 785, 810, 824 – 825

 conquest of Mistra, 征服米斯特拉 780

 conversion and resettlement policy, 转化与安置政策 778, 784 – 786, 791, 794, 825

 court culture, 宫廷文化 827

 expansion and consolidation of Empire, 帝国的扩张和巩固 825 – 826, 829

 naval force, 海军 170

 and Orthodox Church, 与东正教会 771, 786 – 789, 790, 793, 825

 portrait, 肖像 307, 809, 827, 图版 24

 and Serbia, 与塞尔维亚 719, 826

 siege of Belgrade, 围攻贝尔格莱德 717

Meissen, and princely revenues, 梅森, 与诸侯收入 35

Melozzo da Forlì, 梅洛佐·达·佛利 584

Memling, Hans, 梅灵, 汉斯 155, 537

men, and religion, 男人, 与宗教 219

Mena, Juan de, 梅纳, 胡安·德 21, 23, 27

mendicant orders, 托钵僧修会

 and education, 与教育 206, 227, 238 – 239, 269

 and political theology, 与政治神学 14, 21

 and popular piety, 与大众虔信 213, 216

 and preaching, 与祷告 207 – 208, 210, 269

 urban role, 城市的作用 142 – 143

Mendoza, Luis Vélez de, 门多萨, 路易斯·维勒兹·德 197, 198

Menhart of Hradec, 希雷德克的门哈特 381, 389

Mental Law (*Lei Mental*), Portugal,《精神法案》, 葡萄牙 632, 638

Menteshe, emirate, 门特舍, 埃米尔 813

mercantilism, 重商主义

 and Italian city-states, 与意大利城邦 130 – 131, 578

 and Ottoman Empire, 与奥斯曼帝国 827 – 830

mercenaries, 雇佣兵 48, 166 – 167, 453, 550 – 551, 652

 Hungarian, 匈牙利人 163, 721 – 722

 Swiss, 瑞士人 167, 415, 652, 661, 663 – 666, 670

 see also condottiere; Gattamelata, 也

见雇佣兵；加坦默拉塔等条
merchants，商人 see trade 见贸易
Meschinot, Jean, 梅斯基诺，让 410
messianism, 救世主信念
 and Charles Ⅷ, 与查理八世 428
 and Enrique Ⅳ, 与恩里克四世 618
 and Ferdinand Ⅴ, 与斐迪南五世 616–618
Messina, Antonella da, 墨西拿，安东尼拉·达 308, 314
Mézières, Philippe de, 梅齐埃，菲力普·德 94
Michael Ⅲ of Anchialos, 米哈伊尔三世，安奇亚洛斯的 782
Michel, Jean, 米切尔，琼 428
Michelangelo, Buonarotti, 米开朗基罗，波纳罗提 299, 314–315
Michelozzo di Bartolommeo, Michelozzi, Palazzo Medicci-Riccardi, 米切洛佐·迪·巴托罗缪，米切洛兹，美第奇–利卡第 310, 插图 12
Michiel, Francesco, 米奇尔，弗朗切斯科 563
Middle Ages, 中世纪
 and education, 与教育 259–261, 276
 and ethics, 与伦理学 262
 and history, 与历史 251
 and humanism, 与人文主义 244–247, 252, 256, 265, 272–273, 276–277, 299–300
 and politics, 与政治 264
migration, 迁移
 from Ireland, 从爱尔兰 499
 peasant, 农民 117, 125, 133, 140, 157
 and printing industry, 与印刷业 293
Mikhail Borisovich of Tver', 米哈伊尔·波里梭维奇，特维尔的 756
Milan, 米兰
 agriculture, 农业 119
 army, 军队 164, 551, 557
 development, 发展 129
 and Empire, 与神圣罗马帝国 342–343, 566
 Expansion, 扩张 137, 555–557, 558, 559
 and Florence, 与佛罗伦萨 161, 264, 551, 556, 557–558, 559, 566–567, 579
 and France, 与法兰西 565, 581, 664–665
 and Genoa, 与热那亚 549, 556–557, 566
 and industry and trade, 与工业和贸易 156, 423, 549
 and Italian Wars, 与意大利战争 414, 423, 428, 570
 and Naples, 与那不勒斯 578, 581, 584–586
 and Papacy, 与教宗 66, 72, 569, 576, 583, 585–586
 and politics, 与政治 5, 25, 264–265, 561–562, 568, 578–579
 population, 人口 125
 and Swiss Confederation, 与瑞士联邦 645, 648, 661
 and taxation, 与税收 562
 and trade, 与贸易 823
 see also Sforza dynasty; Visconti, Fil-

ippo Maria; Visconti, Giangaleazzo, 也见斯福查家族; 维斯孔蒂, 菲利波·马里亚; 维斯孔蒂, 詹加莱亚佐等条

militias, 民兵 48, 711, 712, 724

Mino da Fiesole, *Pieco de' Medici*, 米诺·达·菲耶索尔,《皮耶罗·德·美第奇》309

minstrels, 吟游诗人 319-321, 331

Mircea of Wallachia, 米尔西亚, 瓦拉几亚的 710, 816, 817, 819

'Mirror of Princes',《君主明鉴》21-22, 25, 28

Miskimin, H. A., 米斯基明 547n. 1

missionaries, and exploration, 传教士, 与探险 181, 189

mobility, 流动
  geographic, 地理的 110, 111, 117, 666, 673-674, 743, 762-763
  social, 社会的 110, 155, 241-242, 404-405, 559

Mocenigo, Tommaso, 莫森尼戈, 托马索 547

Modon, 莫顿
  Ottoman conquest, 奥斯曼的征服 811, 828

Modon (*cont.*)
  Venetian control, 威尼斯人控制 129, 802

Mohács, battle of (1526), 莫哈奇战役 (1526年) 707, 726

Moldavia, 摩尔达维亚
  and Byzantium, 与拜占庭 775
  and Ottoman Empire, 与奥斯曼帝国 720, 739, 826, 828

Moleyns, Adam, 莫林斯, 亚当 469

Molinet, Jean, 莫利内, 让 446, 456

monarchy, 君主
  and absolutism, 与专制主义 408
  and army, 与军队 163-164
  authority, 与权威 82-83, 344-345, 476, 483-486, 495, 831, 837
  and centralisation, 与中央集权 34, 838
  and consecration, 与神圣化 418
  and deposition, 与废黜 47, 348, 369, 457, 458, 474, 477, 484, 486
  and disputed succession, 与继位争议 39-47, 61, 389, 588-591, 752
  and divine power, 与神圣权力 12
  and election: Aragon, 与选举: 阿拉贡 590-591, 597; Bohemia, 波希米亚 46, 389-90; Denmark, 丹麦 383, 676, 687-688, 694-695; Empire, 神圣罗马帝国 345, 355-356; Hungary, 匈牙利 714; Poland, 波兰 740; Sweden, 瑞典 46-47, 676, 683, 685, 687-689, 695
  and extended state, 与国家扩张 5
  and humanism, 与人文主义 264
  and law, 与法律 19-20, 838
  and nobility, 与贵族 98-99, 101, 112, 119, 838
  and papal power, 与教宗权 13, 81-82, 84, 85
  and peace, 与和平 840
  and peasantry, 与农民 115, 119

personal，的人身 83，494，522 – 523，528 – 529，534
and political symbolism，与政治象征意义 8 – 9，408
and power of towns and cities，与城镇和城市的力量 55，59，64，136
recognition of，确认 38 – 47
and representation，与代议制 34 – 35，82
and revenues，与岁入 5 – 6，48 – 53，55，61 – 62，64
see also legitimacy，也见合法性条
monasteries，修道院
　and agriculture，与农业 109
　Byzantine，拜占庭 781，790，791 – 792，793，794
　and maps，与地图 181
　and peasants，与农民 116
　Portuguese，与葡萄牙人 633
　and printing，与印刷 288
　reform，改革 685
　and representation，与代议制 52
　Russian，俄罗斯的 767
　and schools，与学校 225
　and urban economy，与城市经济 127
　Welsh，威尔士的 541
monopoly, in printing，印刷业的垄断 836
Monstrelet, Enguerrand de，蒙斯特勒莱，昂盖朗·德 10，445 – 446
Monte, Piero da，蒙特，皮耶罗·达 17，18，25
　and Papacy and councils，与教宗和公会议 73，76，78
Montefeltro, Federigo da，蒙泰费尔特罗，弗德里格·达 311，314，579 – 581，583，fronstispiece and plate 扉页及插图 14
　and book collecting，与书籍收藏 281 – 282，295
Montefeltro, Guidantonio da，蒙泰费尔特罗，圭丹托尼奥·达 574
Montefeltro dynasty，蒙泰费尔特罗王朝 573，574，584
Montemagno, Buonaccorso da, *Controversia de nobilitate*，蒙太马诺，博纳科尔索·达，《有关贵族的辩论》95
Montlhéry, battle of (1465)，蒙特雷战役（1465 年）410
Montreuil Jean de，蒙特勒伊，让·德 269 – 270
Montrocher, Guy de, *Manipulus curatorum* 蒙特罗彻，居伊·德《襄礼员手册》206
Moors defeat，摩尔人战败 3，5，131，162，164，609，611，615，616 – 618，779
Mora, Joan de，莫拉，让·德 185
morality, political，道德，政治的 28
Morat (Murten), battle of (1476)，莫拉特（穆尔滕）战役（1476 年）455，664
Moraw, Peter，莫劳，彼得 347n. 2
More, Thomas，莫尔，托马斯
　and Papacy and councils，与教宗和公会议 84
　Utopia，《乌托邦》667
Morea, the，摩里亚 779 – 782
　agriculture，农业 780

Chronicle，编年史 802
Ottoman rule，奥斯曼统治 780，784，788，794，821，824，826
population，人口 780 – 781
and Venice，与威尼斯 129，167，565，805 – 806，808，810
Morineau, M.，莫里诺，M. 421
Moro, Cristoforo，摩洛，克里斯托弗罗 563
Morocco, and Portugal，摩洛哥，与葡萄牙 629 – 630，636，638，640 – 643
mortality rates，死亡率 106 – 107，125，140 – 141
Mortimer's Cross, battle of (1461)，莫蒂默克罗斯战役（1461 年）542
Morton, Robert，莫顿，罗伯特 324
Moscow，莫斯科公国
 administration，行政管理 760 – 761
 agriculture，农业 757，758 – 759，763
 art and architecture，艺术和建筑 130，767 – 768
 and the Baltic，与波罗的海 696，750 – 751，757
 boyars，波雅尔 752，753，759 – 764，767
 as capital，作为首都 128
 and the Church，与教会 764 – 765，766 – 767，775
 climate and geography，气候与地理 757 – 758
 consolidation，统一 753
 diplomacy，外交 768
 expansion，扩张 750 – 758
 history，历史 764 – 65，768 – 770

 justice system，司法制度 761，762
 landholding，土地占有 759 – 63
 and Lithuania，与立陶宛 696，748，750 – 753，755 – 757，768 – 769
 and military service，与军役 758，760 – 761
 and Orthodox Church，与东正教会（正教）758
 peasantry，农民 758 – 759，761 – 763
 power of，所拥有的权力 3
 and representation，与代议制 761
 revenues，岁入 761 – 762
 saints and heroes，圣徒和英雄 765 – 767，768，769 – 770
 social structure，社会结构 758 – 761
 and succession disputes，与继承权纷争 752 – 753
 and trade，与贸易 132 – 133，750 – 751，752，755，770
 and the Volga，与伏尔加河 750 – 751，752
 see also Kiev; Novgorod; Pskov; Rus'; Russia; Tver'，也见基辅、诺夫哥罗德、普斯科夫、罗斯、俄罗斯、特维尔等条
Mosto, Alvise Da，摩斯托，阿尔维斯·达 191
motet, isorhythmic，322 – 323，324，325，332，333
Mount Athos，圣山 777，790 – 791，793
mudejares, expulsion from Granada，穆德哈尔，从格拉纳达驱逐 5
Müller, Johannes (Regiomontanus)，缪勒，约翰内斯（里吉奥蒙坦努

斯）233

Münsingen, Treaty of (1482), 明辛根条约（1482年）363

Müntz, E., 缪茨, E. 244

Münzer, Hieronymus, 缪泽尔, 希尔罗尼穆斯 194

Murad Ⅱ, Sultan, 穆拉德二世, 素丹 790, 809, 819, 822－824, 829

Murner, Thoams, 默内尔, 托马斯 337

Musa, son of Bayazid Ⅰ, 穆萨, 巴雅兹德一世之子 816－817

music, 音乐 319－333
 and Burgundy, 与勃艮第 326, 328－330, 331, 426, 444－445
 circulation, 传播 326－327
 education in, 受教育 330－332
 and England, 与英格兰 324n. 13, 325－326, 327－328, 333
 ephemeral, 短暂的 319－320
 and France, 与法国 326－327, 426
 Franco-Flemish style, 法国—佛兰德风格 327
 and Low Countries, 与低地国家 326, 444－445
 and mathematics, 与数学 331－333
 and Papacy, 与教宗 325, 327, 329
 polyphonic, 复调的 322, 324, 325, 329－330
 religious, 宗教的 319, 321－327, 328－330, 445
 secular, 世俗的 327－328, 445

musician, 音乐师 see clerk musicians; minstrels 见教会音乐师、吟游诗人等条

Mussato, Albertino, 穆萨托, 阿尔贝提诺 253

Mustafa of Karaman, 卡拉曼的穆斯塔法 817, 819

mystery plays, 神秘剧演出 210

mysticism, 神秘主义 10, 74, 83, 233, 626
 and art, 与艺术 312
 German, 日耳曼的 209
 Roman Orthodox, 东正教 777

Naddo, Filippo di, 纳多, 菲利波·迪 259

Nanmor, Dafydd, 南莫尔, 达菲德 538

Na'od of Ethiopia, 埃塞俄比亚的纳奥德 775

Naples, 那不勒斯 571－587, 548, 589
 and absolutism, 与绝对主义 838
 andAngevins, 与安茹家族 550, 558, 565, 567, 568, 573, 575－580, 586
 and Aragon: and Alfonso Ⅴ, 与阿拉贡：与阿方索五世 73, 557, 558, 574－575, 576－581, 595－596, 604－605; and Ferdinand Ⅴ, 与费迪南五世 27, 566, 567, 585, 587, 605; and Fernando Ⅰ, 与费尔南多一世 594, 595; and Ferrante, 与费尔南多 549, 550, 557, 558, 566－567, 568, 574－587, 594, 596, 604－605
 army, 军队 163, 164, 165, 168
 court culture, 宫廷文化 578
 expenditure and resources, 消费与资源 568, 581－582, 584－585
 and Florence, 与佛罗伦萨 550, 551,

578，579，581，583，585，596

and France，与法国 412，413 – 414，428 – 429，574，586 – 587，664

and Italian Wars，与意大利战争 570

navy，海军 170，572

nobility，贵族 92，573，574 – 575，577 – 578，581；barons' revolt，男爵叛乱 567，568，585

organisation，组织机构 5

and Ottoman Empire，与奥斯曼帝国 565，583

and Papacy，与教宗 73，574 – 576，578 – 586

and politics，与政治 568，569，573

population，人口 125，572

and trade，与贸易 578，581

see also Alfonso V；Ferdinand V；Fernando Ⅰ；Ferrante；Ladislas of Naples，也见阿方索五世、费迪南五世、费尔南多一世、那不勒斯的拉迪拉斯等条

nation-states，民族国家

and consolidation，与统一 362，408

types，类型 4 – 6

national identity，民族认同

Aragonese，阿拉贡人的 594，597

Burgundian，勃艮第人的 456

Czech，捷克人的 367，373，376 – 377，379，387，389

French，法国人的 408，425 – 430

German，德国人的 337 – 340

imperial，帝国的 337 – 340，347 – 348

Ottoman，奥斯曼人的 828

and religion，与宗教 221

Russian，俄罗斯人的 766 – 770

Scottish，苏格兰人的 516 – 517

Swiss，瑞士人的 667 – 670

nationalism，民族主义

Czech，捷克人的 734

English，英国人的 462

French，法国人的 395

German，德国人的 271，340 – 341，360 – 361

Portuguese，葡萄牙人的 629

Russian，俄国人的 758

Scottish，苏格兰人的 515 – 518，530

Swedish，瑞典人的 690，691，696

Swiss，瑞士人的 669

and war，与战争 162

nature, and art，自然，与艺术 300，302 – 303，307，313 – 316

Navarre，纳瓦拉 606 – 626，607

and Achaea，与阿凯亚 801 – 802

and Aragon，与阿拉贡 613

and Castile，与卡斯蒂尔 609，620

and France，与法国 413，414，417

nobility，贵族 96

revenue，岁入 620

see also Charles Ⅲ of Navarre；Juan Ⅱ of Navarre，也见纳瓦拉的查理三世、纳瓦拉的胡安二世等条

navies，海军 170，171，568

navigation，航海 150，177 – 178，180，182，189，192

and Columbus，与哥伦布 196 – 197，200

Naxos, Latin settlements，纳克索斯，拉丁人的定居点 805 – 806，814 – 815

Nebrija, Antonio de，内布里加，安东

尼奥·德 272

Negroponte，内格罗蓬特 798，802
　war of（1470），战役（1470 年）565，810，826

neoplatonism，新柏拉图主义 233，272，781
　and art，与艺术 314，316-318
　and hierarchy，与社会等级 80，82

Netherlands，尼德兰 see Low Countries 见低地国家

Neumarkt, Johannes von，纽马克特，约翰内斯·冯 270

Neumeister, Johann，纽美斯特，约翰 292

Neveux, H.，内维优克斯，H. 422

Neville, George，内维尔，乔治 491

Neville, John, earl of Northumberland, Marquess Montagu，内维尔，约翰，诺森伯兰伯爵，蒙塔古侯爵 481-482

Neville, Ralph, earl of Westmorland，内维尔，拉尔夫，威斯特摩兰伯爵 459

Neville, Richard, earl of Salisbury，内维尔，理查德，索尔兹伯里伯爵 473-474，503

Neville, Richard, earl of Warwick，内维尔，理查德，沃里克伯爵
　and Edward Ⅳ，与爱德华四世 458，474，479-482，483
　and Henry Ⅶ，与亨利七世 490，492
　and Ireland，与爱尔兰 504-506
　and Wales，与威尔士 472，535，542

Neville family, and Percies，内维尔家族，与珀西家族 472-474，481

New World，新大陆 see Americas；Atlantic 见美洲、大西洋等条

Niccoli, Niccolo，尼科利，尼古拉 275，281

Nicholas Ⅲ, Pope (Caietanus Ursinus), and ecclesiastical wealth，教宗尼古拉斯三世，与教会财富 14

Nicholas Ⅴ, Pope (Thomas Sarzana)，教宗尼古拉斯五世（托马斯·萨尔桑那）73，247，357，558，578-579，582

Nicholas of Cusa，库萨的尼古拉斯 228，241
　De concordantia catholica，《论天主教的和谐》74，80-81，361
　De docta ignorantia，《论有学问的无知》80
　and mapping，与地图绘制 18
　and Papacy and councils，与教宗制和宗教会议 71，76，80-81，86
　and politics，与政治 10，17，75
　and popular religion，与大众宗教 218
　and reform，与改革 74，83

Nicholas of Dinkelsbuhl, Ars moriendi，丁克尔斯比尔的尼古拉斯，往生术 212

Nicholas of Hus，胡斯的尼古拉斯 370-371

Nicholas of Lynne，林恩的尼古拉斯 193

Nicholas Ujlaki of Bosnia，波斯尼亚的尼古拉斯·乌杰拉基 715

Nicopolis, battle of (1396)，尼科波利斯战役（1396 年）4，94，352，

441，709，710，800
Nilsson, Olav，尼尔森，奥拉夫 692
Nilsson, Sten 'Sture'，尼尔森，斯登 698，700－702
Nilsson, Svante，尼尔森，斯力特 696－697，698
Nino, Peralonso，尼诺，佩拉隆索 197
Nino, Pero, *El Victorial*，尼诺，佩罗，《胜利》186，618
Niphon Ⅱ, Patriarch，尼蓬二世，主教 793
nobility，贵族 89－105
 and agriculture，与农业 109－110，112
 comparative approach，比较的方法 89－95，105
 creation，产生 103－104
 definition，定义 89－91，96
 and Empire，与神圣罗马帝国 345，355，358，367
 and exploration，与探险 185
 and humanism，与人文主义 277
 levels，等级 90，96－99
 military，军事 5，832，835
 and monarchy，与君主制 98－99，101，112，119，838
 and music，与音乐 324，325，331
 numbers，数量 95－96
 and political literature，与政治文学 22
 and representation，与代议制 7，33，38，44－46，52，56－58，62，104，365－366，381，420
 revenues，税收 101，104，109－110，113，115

 and rural life，与乡村生活 115－116，117－119
 titled，有头衔的 97－100
 and towns，与城镇 136
 as universal order，与社会等级 89
 and virtue，与美德 22－23
 weakness，衰弱 100－101，103，105
 see also chivalry; gentry; heralds/heraldry; *slazchta*; war; *and under individual countries*，也见骑士、绅士、纹章官/纹章学、等条
Noli, Antonia da，诺利，安东尼奥·达 187
nominalism，唯名论 205，229－230，236，746
 and humanism，与人文主义 267
 and realism，与现实主义 12－17
Norbury, John，诺伯里，约翰 459
Normandy，诺曼底
 effects of war，战争的影响 400－401
 and Henry Ⅴ，与亨利五世 392，394－395，438，462－463，466
 and Henry Ⅵ，与亨利六世 396－401，465，468，469
 peasants，农民 116，117
 population，人口 111
 and representation，与代议制 51，60
 Valois conquest，瓦卢瓦征服 401－402，403，469，470－471
Northampton, battle of (1460)，北安普敦之战（1460年）474，506
Norway，挪威
 agriculture，农业 110，114，671，695
 and Church，与教会 689，692，700
 climatic change，气候变化 671

and economy，与经济 671，695，700

education，教育 693

and Hanseatic League，与汉萨同盟 685－686

monarchy，王权 674，675－677，683，684－685，687，689，694－695，697－698，704－706

navy，海军 680，693

nobility，贵族 97，695，699，706

peasantry，农民 97

plague outbreaks，瘟疫暴发 671

population decline，人口减少 107

and Reformation，与改革 705

revolt，叛乱 682

and Scotland，与苏格兰 530

towns，城镇 128，694，706

and trade，与贸易 114，673，678，685－687，692，694－695，699

union of crowns，王室的联合 673，674，675－676，682－688，693－695，698，705－706

see also Denmark，也见丹麦

Novara, battle of（1513），诺瓦拉之役 429

Novgorod，诺夫哥罗德

climate and landscape，气候与地形 757

decline，衰落 750－751

history，历史 765

landholding，土地占有 760，763

and Lithuania，与立陶宛 686，738，751，753－754

and Moscow，与莫斯科 132，748，752，753－756，758，762，765，768

saints and heroes，圣徒与英雄 765－766

and trade，与贸易 145，151，686，696

Nuremberg，纽伦堡

households，家庭 141

industry，工业 131－132

Nuremberg, Diet，纽伦堡帝国会议 345－346

Nuremberg globe，纽伦堡地球仪 182

Oath of the Pheasant（1454），雉鸡宣誓（1454年）94，162，441

Obrecht, Jacob，奥布雷赫特，雅各布 325

Ockeghem, Johannes，奥克冈，约翰内斯 320，323 n. 12，326

Ockham，奥卡姆 see William of Ockham 见奥卡姆的威廉

O'Hedian, Richard, archbishop of Cashel，奥希迪安，理查德，卡舍尔大主教 509

Olbracht, Jan，奥尔布拉奇，扬 724，738，739

Old Czech Annalist，《古代捷克编年史》371

Oldcastle, Sir John，约翰·奥德卡瑟爵士 461，532，541

Oldhall, Sir William，威廉·奥尔德霍尔爵士 471

oligarchy，寡头政治

Iberian，伊比利亚的 598－599，602，603，608，612，614，619

Italian city-states，意大利城市国家 54－55，264，552－553，560－

561, 567-568
Poland-Lithuania, 波兰-立陶宛 739
Swiss Confederation, 瑞士联邦 657-659, 662, 665-667
urban, 城市 125, 133, 135-136, 158, 420

Olmedo, battle of (1445), 奥尔梅多战役（1445年）614

Olmen, Ferdinand von, 奥尔门，费迪南·冯 194

Oluf of Denmark and Norway, 丹麦与挪威国王奥拉夫 674, 691

O'Neill, Niall, 奥尼尔，尼尔 508-509

Orhan (rival of Mehement Ⅱ), 奥尔汗（穆罕默德二世的对手）785

Orkney, William Sinclair, earl of, 奥克尼，威廉·辛克莱尔，伯爵 518

Orleanists, 奥尔良派
and Milan, 与米兰 398, 409, 565
and Valois monarchy, 与瓦卢瓦王朝 392, 395, 398, 403, 411-412, 445

Orleans, siege of, 围攻奥尔良 396, 465

Ormond, James Bulter, fourth earl of, 詹姆斯·巴特勒，第四代奥蒙德伯爵 499, 500-501, 503-504, 511

Ormond and Wiltshire, James Buffer, earl of, 詹姆斯·巴特勒，奥蒙德和威尔特郡伯爵 504, 506

Orsini, Giovanni Antonio del Balzo, 奥尔西尼，乔瓦尼·安东尼奥·德拉·巴尔索 573

Orsini, Virginio, 奥而西尼，弗吉尼奥 586

Orsini family, 奥尔西尼家族 573-575, 577-579, 585

Orthographia Bohemica, 《波希米亚正字法》375

Otluk Beli, battle of (1473), 奥特鲁克·贝利战役（1473年）826

Otranto, Ottoman capture of, 奥斯曼占领奥特朗托 565, 583, 810, 826, 827

Otto of Holstein-Pinneberg, 荷尔斯泰因-品内伯格的奥托 689

Ottoman Empire, 奥斯曼帝国 812-830, 772-773
agriculture, 农业 822
army, 军队 166, 820-821, 824-825, 827, 828
and battle of Ankara, 安卡拉战役 3, 771-774, 778, 800-801, 812-815
and Byzantium, 与拜占庭 771-781, 784, 814-817, 819-820
and child levy, 与孩童税 777-778, 784, 820-821
consolidation, 统一 827-828
and crusades, 与十字军 75, 94, 162, 428-429, 441, 579, 641, 725, 782
expansion, 扩张 825-827, 828-829
and exploration, 与探险 177
and Genoa, 与热那亚 738
and Greek Church, 与希腊教会 71, 775-776, 786-792, 819
historiography, 历史编纂 828
and holy war, 与圣战 162, 813, 816, 818, 823, 826, 827
and Hungary, 与匈牙利 707, 710-

711，714－717，719－721，725－726，815，819，826，828

and internal unrest，与内乱 817－820，827－828，829

interregnum，空位期 815－820

and Islam，与伊斯兰 818

and Latin east，与东方拉丁国家 798，800－802，805，807，809－811，814，821；与贸易 159－160，830

and Naples，与那不勒斯 565，585

navy，海军 170，798，819，828

nobility，贵族 89

organisation，组织 83，820－822，829

and Poland，与波兰 429，735－736，739

and revenues and taxation，与岁入和税收 822，827

revival，复兴 3－4，75，839

and Rumelia，与鲁米利亚 781，813－818，820－821

tithes，什一税 822

towns and cities，城镇与城市 822

and trade，与贸易 129，568，822－823，827－830

and Venice，与威尼斯 129，553，558，563，565－567，719－720，736，816，828－829

war-mongers versus moderates，主战派对温和派 822－824，825－827

see also Bayazid Ⅰ，Sultan；BayazidⅡ，Sultan；Constantinople；Empire；Mehemmed Ⅰ，Sultan；MehemmedⅡ，Sultan；Murad Ⅱ，Sultan，也见素丹拜齐德一世、拜齐德二世、君士坦丁堡、神圣罗马帝国、素丹穆罕默德一世、穆罕默德二世、穆拉德二世等条

Ovid, influence of，奥维德的影响 22，297

Owain, Gutun，欧文，古藤 538

Owen, George，欧文，乔治 545

Oxford University，牛津大学 220－221，242

growth of，发展 224，240－241，833

and humanism，与人文主义 227，269，272

and Lollardy，与罗拉德派 235，236

and music establishments，与音乐机构 325

and nominalism，与唯名论 13－15，230

and political theology，与政治神学 13－15，235

Pacheco, Juan，帕切科，胡安 615－616

Pacioli, Luca，帕乔利，卢卡 314，315

'pactism'，契约制

in Aragon，在阿拉贡 596－598

in Catalonia，在加泰罗尼亚 598－599

in Valencia，在巴伦西亚 597

Padua，帕多瓦

University，大学 221，230，232－233，237，238，316，810

and Venice，与威尼斯 550，554

pageants，选美活动 835

painting，绘画 299－318

and antiquity, 与古典 316 – 318

and book illumination, 与图书彩饰 283 – 284, 285

Burgundian, 勃艮第的 444

commemorative, 纪念性的 307 – 310

French, 法国的 406 – 407, 426

icons, 圣像 755, 756, 757, 766 – 768

Italian, 意大利的 305 – 307, 310, 312 – 314

and naturalism, 与自然主义 300, 302 – 303, 307, 313 – 316

Netherlandish, 荷兰的 213, 283 – 284, 285, 299 – 304, 307 – 308, 312 – 314

in oil, 油画 302 – 303, 313 – 314

Painting (*cont.*)

religious, 宗教的 312 – 313

Russian, 俄罗斯的 767 – 768

Palatinate, 巴拉丁选侯

and Empire, 与神圣罗马帝国 342 – 343, 345, 347 – 348, 350 – 351, 352, 354, 360

organisation, 与组织 5, 363, 365

Palencia, Alfonso de, 帕伦西亚, 阿方索·德 27

Palmieri, Matteo, *Della vita civile*, 帕尔米耶里, 马泰奥,《市民生活》24 – 25

Pandolfini, Agnolo, 潘多尔菲尼, 阿尼奥洛 275

Pankratios of Trebizond, 特拉布宗的潘克拉蒂奥 792

Pannartz, Arnold, 潘那茨, 阿诺德 292

Pannonius, Janus, 潘诺纽斯, 杰纳斯 721 – 722, 723

Panofsky, E., 帕诺夫斯基, E. 251, 300, 303

Papacy, 教宗

authority, 权威 11, 16 – 18, 77 – 84, 205, 211, 530, 573, 575, 681, 782, 831, 839

and Byzantium, 与拜占庭 774

and city-state rivalries, 与城市国家的对抗 557, 565 – 567

and College of Cardinals, 枢机团 69, 428, 575, 582

and concordats, 宗教协定 16 – 17

and Council of Basle, 巴塞尔公会议 70 – 74, 77, 81 – 83, 85 – 86, 355, 575, 576, 578 – 579

and Council of Constance, 康斯坦茨公会议 67 – 69, 77, 79 – 80, 83, 86, 573 – 574

and Council of Pisa, 比萨公会议 65 – 66, 79, 86

and election, 与选举 69

and Empire, 与神圣罗马帝国 72 – 73, 75 – 76, 79, 345, 348, 350, 352 – 353, 357 – 358, 388

and humanism, 与人文主义 582

and Hussite movement, 与胡斯运动 4, 70, 374 – 375, 376 – 377, 390

and Italian Wars, 与意大利的战争 428 – 429

opposition to, 反对 12 – 13, 17, 73 – 74, 569

and Ottoman advance, 与奥斯曼进攻 75, 719 – 720, 735 – 736

papal bulls, 教宗诏书 *see Summis desiderantes*; *Unam sanctam* 见教宗

训喻，教宗训令等条
papal court，教宗法庭 574，577
and Poland，与波兰 735，736
and reform，与改革 68－74，76－77，79，83
revenues，岁入 65，68－69，574，576－577，578，580，582，584－586
and Scandinavia，与斯堪的纳维亚 700－701
and schism，与教会大分裂 12，65－69，79，83－84，85，831
and secular authorities，与世俗权力 86
succession，继承权 575，584－585，586
supremacy，至高权力 13，72，76－84，782
and universities，与大学 234－235，241
and wealth，与财富 14－15
see also conciliarism；music；Vatican，也见公会议至上论、音乐、梵蒂冈等条

Papal states，教宗国 571－587，548
and Eugenius，与尤金 72，577－578
and Florence，与佛罗伦萨 566
and Julius Ⅱ，与尤利乌斯二世 76
and Martin V，与马丁五世 573－574
and Naples，与那不勒斯 66－67，577－579，581－583，655
organisation，组织 5
and Paul Ⅱ，与保罗二世 581－582
and Pius Ⅱ，庇护二世 580
and representation，与代议制 42

and Sixtus Ⅳ，与西克斯图斯四世 582－583
towns and cities，城镇与城市 571－572
and trade，与贸易 572
see also Bologna；Ferrara；Rome，也见波伦亚、费拉拉、罗马等条

paper，production，纸张生产 279，288，291，295
Pappenheim, Heinrich von，巴本海姆，海因里希·冯 358
Paradiso, Iacobus de，帕拉迪索，雅各布·德 746
parchment，羊皮纸 278，279，291，294
Paris，巴黎
and Hundred Years War，与百年战争 392－394，397，404，439，463，465－466
and plague outbreaks，与瘟疫爆发 157
and politics，与政治 139
population，与人口 125
revolt（1355），叛乱（1355年）62
revolt（1413），叛乱（1413年）62
and trade，贸易 423

Paris, University，巴黎大学 220－201，224，229，234，240
change and reform，变化与改革 231，233，235，236，238
and conciliarism，公会议至上论 67，70－71，73，76，83－84，734
and Joan of Arc，与贞德 396
and John the Fearless，与"无畏者"约翰 437
and nominalism，与唯名论 230

parish churches, 堂区教堂
　　architecture, 建筑 301
　　and episcopate, 与主教区 685
　　noble patronage, 贵族资助 370
　　and urban development, 与城镇发展 142－143
parlements, Burgundian, 议会, 勃艮第的 434, 453
parlements, French, 议会, 法国的 19, 32, 394, 404－405, 407, 420
　　and universities, 与大学 236
parliament, 议会
　　and monarchy, 与君主制 20, 82
　　as representative institution, 作为代议机构 31, 32
parliament, Danish, 议会, 丹麦的 679
parliament, English, 议会, 英格兰的
　　development, 发展 29, 31, 34, 49
　　and House of Commons, 与下院 49－50, 62, 63, 459－461, 464, 471
　　and Ireland, 与爱尔兰 498
　　'Long Parliament' (1406), "长期议会"(1406年) 459
　　and monarchy, 与君主制 47, 49－50, 62－63; Lancastrian, 兰开斯特王朝 459－461, 464－465, 470－471, 474, 504; Yorkist, 约克王朝 484, 485, 487
　　and nobility, 与贵族 96
　　and taxation, 与税收 50, 458, 459－460, 462, 475
parliament, Irish, 议会, 爱尔兰的 496, 498, 500－502, 504－505, 507, 509－510, 512
parliament, Italian, 议会, 意大利的 30
parliament, Polish, 议会, 波兰的 *see sejm* 见塞杰姆
parliament, Scottish, 议会, 苏格兰的 98, 523, 525
parties, political, and representation, 政党, 政治与代议制 55
Passion, Order of the, 受难骑士团 94
paternalism, and monarchy, 家长制, 与君主制 838
patris, and Byzantium, 乡土情怀, 与拜占庭 775, 781, 783, 789－795
patronage, 庇护
　　in Byzantium, 在拜占庭 775, 789, 791－793
　　civic, 市民的 305
　　ecclesiastical, 教会的 100
　　of education, 教育的 233, 241
　　and exploration, 与海外探寻 187－188, 191－192, 194
　　mercantile, 商业的 155
　　and monarchy, 与君主制 187, 417, 419, 466－467, 468, 475, 484, 519, 723, 838
　　of music, 音乐的 320, 324, 325, 330
　　noble, 贵族的 98－99, 282, 370, 405－406, 444, 538, 539
　　papal, 教宗的 71, 584
　　and parliament, 与议会 63
　　princely, 王室的 444
Paul Ⅱ, Pope (Pietro Barbo), 教宗保罗二世 (皮耶罗·巴尔博)
　　and George of Poděbrady, 与波德布雷迪的乔治 390, 837

and Naples，与那不勒斯 581－582

Pavia, Council of（1423），帕维亚宗教会议（1423 年）69－70

Payo, Juan，帕约，胡安 603

Pazzi, Messer Andrea de'，帕奇，梅塞·安德烈亚·德 275

Pazzi War（1478－80），帕奇战争（1478－80 年）428，567，568

peace, contemporary concerns with，和平，与当代的问题 4，22，24，839－840

peasants，农民

    and agriculture，与农业 115－117，158，422

    enserfment of，农奴化 111，116，118

    and landholding，与土地持有 109－110，116－117，371，422－423，759

    and radicalism，与激进主义 371，372，378，385

    rebellions，与叛乱 399，601

    regional variations，地区差异 117

    and representation，与代议制 31，34－35，47，56－57，61，366，423

    and rural industry，与乡村工业 112－113，114

    and taxation，与税收 115－116，118，417，761－762

    see also nobility; serfs; and under individual countries，也见贵族、农奴等条

Peasants'Revolt（1381），农民起义（1381 年）16

Pedro, constable of Portugal 佩德罗，葡萄牙警役 599

Pedro, infante of Portugal，佩德罗，葡萄牙王子 630－631，633，639－641

Pedro I ofPortugal，葡萄牙的佩德罗一世 629，634

Pedro de San Superan of Achaea，阿凯亚的佩德罗·德·圣萨佩冉 801

Pelagianism，贝拉基主义 14，205

Pelbartus of Temeswar，特默斯沃的佩尔巴图斯 207

Pensionenbrief,《佩森条约》660，666

Percy, Henry, earl of Northumberland，珀西，亨利，诺森伯兰伯爵 481

Percy, Sir Ralph，珀西，拉尔夫爵士 478

Percy family，珀西家族

    and Lancastrians，与兰开斯特家族 457，459，46，481

    and Neville family，与内维尔家族 472－474，481

Pere IV of Aragon，阿拉贡的佩雷四世 50，590，594，599

Pere I of Sicily, and representation，西西里的佩雷一世，和代议制 42

Pereira, Nun'Alvares，佩雷拉，努诺·阿尔瓦雷斯 633，635，638

Perellós, Ramon de，佩雷洛斯，拉蒙·德 508－509

Perestrelo, Bartolomeu，佩雷斯特雷洛，巴托罗缪 186

Perjés, G.，派尔耶什，G. 726 n. 5

Péronne, Treaty of（1468），佩罗讷条约（1468 年）411，451

Perotti, Niccolò，佩罗蒂，尼科洛 259

Perpetual Accord（1474），永久协议

(1474) 342, 650, 663-664

Perspective, in art, 透视画法, 艺术方面 300, 306, 311, 314-315

Peru, and exploration, 秘鲁, 与海外探险 175, 177

Perugia, 佩鲁贾 572, 573-575, 585

Perugino, 佩鲁吉诺 584

Peter, Metropolitan, 彼得, 大都会 766-767, 768, 769

Peter of Spain, *Summulae*, 西班牙的彼得, 《逻辑大全》229

Petit, Jean, 珀蒂, 让 437
　　and politics, 与政治 10, 12

Petrarch (Francesco Petrarca), 彼得拉克 189, 305
　　and humanism, 与人文主义 23-24, 248-250, 251, 252, 254, 265-266, 267
　　Trionfi,《胜利》309, 310

Petrucci, Antonella, 彼得鲁奇, 安东尼拉 581, 585

Perubach, Georg, 波伊巴赫, 格奥尔格 233

Peutinger tables, 坡廷格尔古图表 181

Pfister, Albrecht, 菲斯特, 阿尔布雷希特 279, 289

Philip Ⅲ of France, and army, 法国的菲利普三世, 与军队 48

Philip Ⅳ ('the Fair') of France, 法国的"美男子"菲利普四世 13, 51, 394

Philip Ⅱ of Spain, and religious orthodoxy, 西班牙的菲利普二世, 与宗教正统性 626

Philip 'Augustus' of France, 法国的菲利普·奥古斯都 394

Philip the Bold of Burgundy, 勃艮第的"无畏者"菲利普
　　and Empire, 与神圣罗马帝国 441
　　and Flanders, 与佛兰德 451
　　and French monarchy, 与法国君主 437
　　and Henry Ⅴ, 与亨利五世 463
　　and representation, 与代议制 53
　　territories of, 领土 431-433, 435
　　and trade, 与贸易 448

Philip of Castile, 卡斯蒂尔的菲利普 605

Philip the Good of Burgundy, 勃艮第的"好人"菲利普
　　and the arts, 与艺术 282-283, 310, 324, 329, 445-446
　　court and household, 法庭与家庭 441-443, 444, 450
　　and the Empire, 与神圣罗马帝国 352, 353, 355, 439-441
　　and French monarchy, 与法国君主 394, 396-397, 402-403, 404, 437, 438-439, 456, 465-466
　　and Low Countries, 与低地国家 397, 404, 440, 451
　　and taxation, 与税收 453
　　and wine trade, 与葡萄酒贸易 448

Philip the Magnanimous of Hesse, 黑森的伟者菲利普 365

Philip of Rethel and Nevers, 雷特尔和纳韦尔的菲利普 431

Philippa of Lancaster, and Portugal, 兰开斯特的菲利帕, 与葡萄牙 638

Philippa of Lancaster, wife of Erik of

Denmark，兰开斯特的菲利帕，丹麦的埃里克之妻 677，678，683

Philippe le Beau，菲利普，"英俊的" 446，491，492

Philology, and humanism，语言学，与人文主义 233，250－251，257，261，265－266

philosophy，哲学
 and humanism，与人文主义 245－247，250，267－269，273
 moral，道德的 262－265，268，274，277
 study，研究 227，229，233，746
 see also Aristotle; nominalism; realism，也见亚里士多德、唯名主义等条

Piast dynasty，皮亚斯特王朝 727，729，737

Picardy，皮卡迪
 and Burgundy，与勃艮第 450，451，455，488
 and England，与英格兰 394，438－439，488

Piccinino, Jacopo，皮奇尼诺，雅各布 579－580

Piccinino, Niccolo，皮奇尼诺，尼科洛 556

Piccolomini, Aeneas Sylvius，皮科洛米尼，埃涅阿斯·西尔维乌斯
 and education，与教育 233
 and Europe，与欧洲 839
 and Frederick III，与弗雷德里克三世 349，357
 and geography，与地理 184
 and law，与法律 18，85

political writings，政治著述 17
 see also Pius II, Pope，也见教宗庇护二世

Piccolomini, Antonio，皮科洛米尼，安东尼奥 580

Pico, Giovanni, Oration，皮科，乔瓦尼，《演说辞》268－269，270－271

Picquigny, Treaty of (1475)，皮基尼条约（1475 年）411，493，542

Piero della Francesca，皮耶罗·德拉·弗朗西斯卡 315，插图 19，20

piety，虔信 212－219，312－313，832
 and Hus，与胡斯 374
 lay，世俗势力 143，212－216，569，668
 see also devotio moderna，也见《新式信仰》

Pikartism，派卡尔特主义 384

Pikes，矛 48，167

Pilavaine, Jacquemart，皮拉维恩，雅克马尔 281

pilgrimages，朝圣者
 and exploration，与探险 181，190
 and indulgences，与放纵 212，218
 in Ireland，在爱尔兰 508
 to Jerusalem，去耶路撒冷 799，809
 to Rome，去罗马 578－579，584
 in Wales，在威尔士 541

Piloti, Emmanuele，皮洛蒂，埃马努埃莱 799

Piltown, battle of (1461)，皮尔顿战役（1461 年）506

Pinturrichio, Bernardino，品图里基奥，贝尔纳迪诺 584
 Life of Pius II，《教宗庇护二世

传》308

Pinzón, Vicente Yánez, 平松, 文森特·亚涅斯 197, 198

Pirckheimer, Willibald, 皮尔克海姆, 维利巴尔德 294

Pirenne, Henri, 皮雷纳, 亨利 134

Pisa, 比萨
 and Florence, 与佛罗伦萨 549, 550 - 551
 French capture, 法国人占领 570

Pisa, Councils of, 比萨宗教会议
 (1408 - 9), (1408 - 9 年) 65 - 68, 72, 77, 79, 86, 351, 376
 (1511), (1511 年) 75 - 76, 86, 428

Pisan, Christine de, 皮尚, 克里斯蒂娜·德 4, 22, 431
 Livre des faits d'armes et de chevalerie,《战争与骑士的事迹》95
 Livre du corps de policie,《国家手册》105

Pisanello, Antonio, portrait medallion, 皮萨内罗, 安东尼奥, 浮雕雕塑 308, 插图 9

Pisano, Lorenzo, 皮萨诺, 洛伦佐 269

Pius Ⅱ, Pope (Aeneas Sylvius Piccolomini), 教宗庇护二世（埃涅阿斯·西尔维乌斯·皮科罗米尼）
 and Church and state, 与教会及国家 418, 582
 and conciliarism, 与公会议至上论 74, 75
 and Congress of Mantua, 与曼图亚会议 75, 580, 839
 and crusades, 与十字军东征 4, 94, 720, 810
 and Hussites, 与胡斯派教徒 4, 388
 and Naples, 与那不勒斯 567, 580 - 581
 and Poland, 与波兰 737
 see also Piccolomini, Aeneas Sylvius, 也见皮科洛米尼, 埃涅阿斯·西尔维乌斯

plague, effects, 瘟疫, 影响 106, 111, 126, 142
 see also Black Death 也见黑死病

plainchant, 单声圣歌 319, 321 - 323, 329

Platonism, 柏拉图主义 11, 24, 262, 268 - 269, 271 - 272, 564

play writing, 戏剧写作 835

Plethon, George Gemistos, 普里松, 乔治·杰米斯塔斯 781 - 782, 783 - 784
 Book of Laws,《法律篇》781, 784

Pleydenwurff, Wilhelm, 布莱登沃夫, 威廉 294

Plunkett, Edward, 普朗科特, 爱德华 507

poetry, 诗歌
 court, 宫廷 519
 and humanism, 与人文主义 262
 Welsh, 威尔士的 538, 539, 542, 543, 544

Poggio, Gian Francesco Bracciolini, and humanism, 波乔, 吉安·弗朗切斯科·布拉乔利尼, 与人文主义 24, 248, 249 - 250, 251, 255, 265, 270

Poland-Lithuania, 波兰 - 立陶宛王国 727 - 747, 728
 administration, 行政管理 739, 740,

746

agriculture, 农业 114, 743

Angevin rule, 安茹王朝统治 729 – 730

and Bohemia, 与波希米亚 46, 353

and the Church, 与教会 16, 732, 743, 746

climate, 气候 729

culture, 文化 746 – 747

diplomacy, 外交 732, 738

and Empire, 与神圣罗马帝国 344, 352, 353

extent, 范围 727, 737, 739

Great Poland (Polonia Maior), 大波兰 729, 730, 733, 736, 741, 746

and 'Great War' (1409 – 1411), 与"伟大的战争" (1409 – 1411 年) 3, 352, 364, 733

historiography, 历史编纂学 747

and humanism, 与人文主义 746 – 747

and Hungary, 与匈牙利 712, 720, 735

and Hussites, 与胡斯派教徒 16, 734, 735

and Jews, 与犹太人 743 – 744, 745

justice, 司法 741

Little Poland (Polonia Minor), 小波兰 729 – 730, 735, 736, 741, 743, 746

monarchy: and estates, 王权：与社会等级 740 – 741; Lithuania, 立陶宛 744 – 745; and nobility, 贵族 729 – 730, 732 – 733, 735; and succession, 与王位继承 734 – 735

nobility, 贵族 98, 741 – 742; and culture, 与文化 746; and Košice charter, 与科希策特许状 730; and Lithuania, 与立陶宛 731 – 732; and monarchy, 与君主制 47, 729 – 730, 732 – 733, 734, 735, 736, 740 – 741; numbers, 数量 97, 742; and Privilege of Brest, 布雷斯特特权 734; and representation, 与代议制 33, 47

and Ottoman Empire, 与奥斯曼帝国 735 – 736, 739, 828

and Papacy, 与教宗 66, 67, 72, 73, 735, 736

peasantry, 农民 742 – 743, 744 – 745

plague outbreaks, 瘟疫暴发 727

political system, 政治制度 5, 98, 739

population, 人口 111, 727 – 729, 742

and Prussia, 与普鲁士 44, 58, 364

and representation, 与代议制 33, 47, 60, 736, 739, 740 – 741, 742, 745

and revenues, 与岁入 730, 739

and Royal Prussia, 与普鲁士皇室 727, 737, 746

and Scandinavia, 与斯堪的纳维亚 679, 697

schools and universities, 学校和大学 233, 732, 746

and Teutonic Order, 与条顿骑士团 12, 58, 677, 679, 686, 730 – 732, 733 – 735, 736; and battle of

Grunwald,与格伦瓦尔德会战 3,352,364,733

Thirteen Years War,十三年战争 364,737

tithes,什一税 /43

towns and cities,城镇与城市 60,729-730,736,740,742,745

and trade,与贸易 729,730,742

see also Casimir Ⅲ the Great; Casimir Ⅳ; Cracow; Lithuania; sejm; Władysław Ⅱ Jagiełło; Władysław Ⅲ Jagiełło,也见卡齐米尔三世大帝、卡齐米尔四世、克拉科夫、立陶宛、"塞杰姆"（议会）、瓦迪斯瓦夫二世·亚盖洛、瓦迪斯瓦夫三世·亚盖洛等条

Pole, Edmund de la,波尔,埃蒙德·德·拉 492

Pole, William de la, earl of Suffolk,波尔,威廉·德·拉,萨福克伯爵 330,464-465,466,468,469-670,475,503

Polish language,波兰语 747

politics,政治 3-28

and categories of power,与权力的分类 4-6

and history,与历史 25-28

and humanism,与人文主义 263-265,268,273-274

and law,与法律 11,17-21,27-28

and literature,与文学 11,21-25

and nobility,与贵族 98-99

and Papacy,与教宗 65-76

and political dialogue,与政治对话 6-8,564

and social structure,与社会结构 37,61,98-99

symbolism,象征主义 8-9

systems,制度 5,34-36,831-832; see also absolutism; monarchy; republicanism,也见绝对主义君主、权力、共和主义等条

and theology,与神学 7,8,11-17,27-28

theory and practice,理论与实践 10-11

and universities,与大学 235-236,746

urban,城市 124,125,128,135-144

and war and peace,与战争及和平 3-4,48

see also authority; diplomacy; language, political; power; representation,也见权威、外交、语言、政治的、权力、代议制等条

Polliziano, Angelo,波利齐亚诺,安杰洛 233,255,260,261,265-266,272

Giostra,《比武篇》317

Pollaiuolo, Antico del,波拉约洛,安提科·德尔 311

Pollaiuolo, Antonio del,波拉约洛,安东尼奥·德尔

Hercules and Antaeus,《海格力斯与安泰》311,插图 15,314

Labours of Hercules,《海格力斯的丰功伟绩》314,317

Polo, Marco,波罗,马可 182,184

Polynesians, and exploration, 波利尼西亚人, 与探险 175, 177
Pomerania, 波美拉尼亚
 and Empire, 与神圣罗马帝国 343
 and representation, 与代议制 44, 47, 60
 and Teutonic Order, 与条顿骑士团 737
Pomponazzi, Pietro, 蓬波纳齐, 皮耶罗 230
Ponce de Leon, Rodrigo, 庞塞·德·莱翁, 罗德里戈 617–618
Poncher, Etienne de, 蓬舍, 埃蒂安·德 419
Pontano, Giovanni, 蓬塔诺, 乔瓦尼 247, 581
Pontos, 蓬托斯
 and Byzantium, 与拜占庭 703, 789–790, 791, 794, 810
 and trade, 与贸易 799
Ponza, battle of (1435), 蓬扎之战 (1435年) 557, 576, 593
population, 人口
 demographic crisis, 危机 106–113, 115, 119–120, 199, 240, 369
 increase, 增长 113, 160, 421, 834
 and nobility, 与贵族 100–101
 rural, 乡村的 106–113, 157, 571
 and trade, 与贸易 156–158, 160, 292, 547
 urban, 城市 124, 125–127, 128–129, 131, 134, 158, 571
 see also under individual states 也见各个国家等条
Porcari, Stefano, 波卡里, 斯特凡诺 579
Porto, Luigi da, 波托, 路易齐·达 173
portolan charts, 波多兰航海图 150
portraiture, 肖像画 307–309, 406
ports, and trade, 港口, 与贸易 834
Portugal, 葡萄牙 627–644, 628
 absolutism, 绝对主义 644
 administration, 行政管理 636, 637
 and Castile, 与卡斯蒂尔 599, 614–615, 616, 635–636, 642
 and the Church, 与教会 630, 632–633, 639, 642
 climate, 气候 627
 consolidation, 统一 630, 636
 and Council of Pisa, 与比萨公会议 66
 dynasticism, 王朝主义 837
 and Empire, 与神圣罗马帝国 638
 and England, 与英格兰 636, 638
 and Europe, 与欧洲 638
 and expansion, 与扩张 627–629, 635, 636–637, 638, 640–641, 642–643
 exploration, 探险 177, 184, 194, 198, 830; Africa, 非洲 187, 189, 190–191, 637, 641–643; Atlantic, 大西洋 182–183, 188, 199–200, 630, 636–637, 640–641, 643; the Azores, 亚速尔群岛 183, 185, 189, 193, 637
 independence, 独立 629, 638
 'Indies Plan', "印度计划" 630, 643
 landownership, 土地所有权 631–633
 and law, 与法律 630–632, 640

monarchy, 君主 629-631, 837; authority, 统治权 637-638, 642; and landowners, 与土地所有者 633, 643; and nobility, 与贵族 631-633, 637-638, 642, 643-644; and revenue, 与岁入 638; seignorialism, 领主主义 640-642, 644

navy, 海军 643

nobility, 贵族 93, 98, 629-630; and monarchy, 与君主制 631-633, 637-638, 642, 643-644

population, 人口 627, 834

and represention, 与代议制 634, 640-641, 643

and taxation, 与税收 631, 634, 636, 638

tithes, 什一税 641

towns and cities, 城镇与城市 131, 627, 630-631, 633-634

see also Afonso V; Avis dynasty; Duarte; João I; João II; Morocco, 也见阿方索五世、阿维斯王朝、摩洛哥等条

postal system, France, 邮政制度, 法国 420

Pot, Philippe, 波·菲利普 10

Potestas absoluta / ordinata, 绝对教权/受赐教权 12-13, 16, 597

poverty, 贫困

and the Church, 与教会 14-45, 374

and nobility, 与贵族 91, 97, 101, 102-103, 109, 185

and peasantry, 与农民 117, 372, 540, 568

power, 权力

balance, 平衡 200

categories, 分类 4-6

concentration, 集中 5, 6, 7

power (*cont.*)

divine, 神圣的 12-16, 18

imperial, 皇帝的 344-347

papal, 教宗的 11-12, 13, 16-17, 18, 77-78, 205

reciprocal, 互惠的 29-30

royal, 王室的 12, 19, 30

see also authority; sovereignty, 也见权威、主权等条

Power, Leonel, 鲍威尔, 莱昂内尔 323n. 10, 330n. 30

Poynings, Sir Edward, 波宁, 爱德华爵士 512-513

Pragmatic Sanction of Bourges (1438), 布尔日国事诏书 (1438 年) 72, 73, 357, 418

Prague, 布拉格

and architecture, 与建筑 124, 301

as cultural capital, 作为文化首都 46, 128, 369, 381-382, 391

and Hussite movement, 与胡斯运动 376, 379-382, 383, 388

and trade, 与贸易 145, 369, 379

University, 大学 16, 128, 221, 235, 376, 746

preaching, 布道 206-209, 212, 218, 269

Hussite, 胡斯派教徒 371-372, 374, 377, 390

predestination, and divine power, 预定论, 与神权 13-14, 16, 374

Pribik of Klenova, 克伦诺瓦的普里比克 385

prices, agricultural, 价格, 农业的 108 – 110, 113, 157, 369, 421, 612

Prilutskii, Dmitrii, 普里卢茨基, 德米特里 766

primogeniture, 长子继承制
  and entailments, 与限嗣继承 100, 526
  and succession disputes, 与继承权的争论 40, 362 – 363, 457, 526, 752, 758

principalities, 公国
  Burgundian, 勃艮第 434 – 435, 439, 450, 453
  and *de facto* sovereignty, 与实际上的统治权 19
  French, 法国的 408, 409 – 414, 415, 419 – 420, 425, 427; see also Anjou; Armagnac; Bourbon; Burgundy; Lorraine; Orleanists; Savoy, 也见安茹、阿尔马尼克、波旁、勃艮第、洛林、奥尔良派、萨伏依等条
  German: ecclesiastical, 德国的：教会的 31, 38, 44, 350, 355, 357, 359, 361, 363 – 366; secular, 世俗的 5, 346 – 349, 355, 357, 359 – 360, 362 – 365
  Russian, 俄国的 764
  Swiss, ecclesiastical, 瑞士的, 教会的 648, 852

printing, 印刷 287 – 298
  centres, 中心 233 – 234, 288 – 289, 582, 693 – 694, 747, 835

  and chivalry, 与骑士阶层 95
  impact on language, 对语言的影响 296, 340
  impact on learning, 对学习的影响 144, 207, 226, 233 – 234, 240, 295, 298, 833 – 834
  impact on religious life, 对宗教生活的影响 209, 212 – 213, 217
  impact on trade, 对贸易的影响 148, 160, 288, 293 – 294
  and ink, 与墨水 290 – 291
  and manuscript production, 与手抄本的制作 278, 281, 294 – 296
  monopoly, 垄断 836
  and paper, 与纸张 279, 288, 291, 295
  and pilgrimage, 与朝圣 809
  and population levels, 与人口水平 292
  and type, 与类型 289 – 291, 295

Priscian, *Ianua*, 普利西安,《伊阿纽阿》229, 259, 261

privateering, 劫掠巡航 170, 185, 675, 688, 805

proctors, 代理人 33, 43, 501

professions, 职业
  development of, 发展 143 – 144
  and education, 与教育 239 – 240
  and gentry, 与乡绅 102
  and nobility, 与贵族 90 – 91, 102 – 103

progress, royal, 巡游, 皇室的 8 – 9

Prokop the Shaven, "秃头"普罗科普 386 – 387

progaganda, 宣传

papal, 教宗的 78
political, 政治的 10, 26, 138, 444, 456, 544, 552, 834, 837
royal, 皇室的 517–518, 519, 637
property, 财产
and evangelical poverty, 与福音的贫困 14–15
and law, 与法律 18
redistribution, 再分配 382
see also landholding; wealth, 也见土地占有、财富等条
prophecy, political, 预言, 政治的 10, 361
proportion, 比例
and art, 与艺术 314–35
and music, 与音乐 332–333
protest, literature of, 抗议, 文学的 23, 139
Protestantism, Scandinavian, 新教, 斯堪的纳维亚 673–674, 685, 705–706
Provence, 普罗旺斯
and Empire, 与神圣罗马帝国 341
and French kingdom, 与法兰西王国 412
population decline, 人口下降 107
and representation, 与代议制 51
Prussian, 普鲁士人
and nobility, 与贵族 94, 105
and representation, 与代议制 44, 47, 57–58, 60, 737
and Scandinavia, 与斯堪的纳维亚 675, 677, 679, 687, 692
and Teutonic Knights, 与条顿骑士团骑士 44, 344, 364, 679, 686, 727, 731, 734, 737
Prussian Union, 普鲁士联盟 344, 737
Pskov, 普斯科夫州
history, 历史 765
and Lithuania, 与立陶宛 751
and Moscow, 与莫斯科 748, 754, 757, 758
and Scandinavia, 与斯堪的纳维亚 686
trade, 贸易 750, 751
Ptáček, Hynek, 普塔色克, 海内克 389
Ptolemy (Claudius Ptolemaeus), Geography, 托勒密,《地理学》182, 184, 199, 791
Ptolemy of Lucca, 卢卡的托勒密 24, 251, 263
Public Weal, War of the, 公共福利, 战争 99, 410, 412, 414, 450
publishing houses, 出版社 278, 280–281
Pullois, Jean, 普罗瓦, 让 325
Pupilla oculi,《学生之眼》206
purgatory, 炼狱 211–212, 215, 782

Quintilian (Marcus Fabius Quintilianus), 昆体良(马尔克斯·费比厄斯)
Institutiones,《雄辩术原理》255–256, 270, 276, 277
Quirini, Giovanni, 奎里尼, 乔瓦尼 806

Radewijns, Florent, 拉德维金斯, 佛洛朗 284
radicalism, 激进主义

and Hussite movement，与胡斯运动 370 – 371, 372, 377 – 381, 391

and Taborites，与塔波尔派 382 – 387, 734

Raimendi, Cosma，莱蒙迪，考斯马 262

Rammung, Matthias von，拉蒙，马赛厄斯·冯 363

Ranchicourt, Pierre de，兰奇科特，皮埃尔·德 330

Rangoni, Gabriel，兰干尼，加布里埃尔 722

Rapondi, Dino，拉庞迪，迪诺 433, 449

Ratingk, Amplonius，雷丁克，安普罗纽斯 233

Ratisbon, Congress of (1471)，拉迪斯本会议 (1471 年) 75

Ravenna, battle of (1512)，拉文纳之战 (1512 年) 429

Ravensburg, industry，拉文斯堡，工业 131 – 132

reading，阅读 see literacy 见读写能力

realism，现实主义 85

 in art，艺术上 283, 300

 and humanism，与人文主义 244 – 245

 and nominalism，与唯名论 12 – 17

recession，衰退

 and demographic crisis，与人口危机 106 – 110, 157, 547

 and trade，与贸易 150 – 151, 153, 156

Redon, Treaty of (1489)，雷顿条约 (1489 年) 492

reform, Church，改革，教会

 and councils，与公会议 65, 68 – 74, 76 – 77, 79, 83, 86, 352 – 353, 427 – 428

 and Empire，与神圣罗马帝国 352 – 353, 357

 in capite，《从头部改革》205

 in membris，《从肢体改革》205

 and laity，与平信徒 205, 240, 833

 and monasteries，与修道院 288, 685

 and religious imagery，与宗教神像 313

 and scholarship，与学问 228, 231 – 232, 236 – 237

 and secular authorities，与世俗权威 86, 419, 836

 see also Hus, Jan; Hussite movement，也见胡斯、胡斯运动等条

reform, imperial，改革，帝国的 74, 340 – 341, 355 – 356, 361 – 363, 390

Reformacia Friderici，《弗雷德里克改革法案》358 – 359

Reformation，改革

 and appetite for the divine，与渴望神恩 219

 and Church and state，与教会及国家 16

 and humanism，与人文主义 250

 and impact of printing，与印刷术的作用 834

 see also Calvin, John; Hus, Jan; Hussite movement; Luther, Martin; Wyclif, John，也见加尔文、胡斯、马丁·路德、威克利夫等条

Reformation of Emperor Sigismund (*Reformatio Sigismundi*),《西吉斯蒙德的改革》74, 361
regency, powers of, 摄政的权力 45
regions, 地区
 Burgundian, 勃艮第的 435
 English, 英格兰的 473 – 474, 484 – 485
 French, 法国的 31, 32, 36, 51, 403 – 404, 407, 420 – 421
 Muscovite, 莫斯科大公国的 762, 765, 770
 see also state, regional, 也见国家、地区性的等条
Reichstag, German, 帝国议会，日耳曼的
 and diplomacy, 与外交 85
 and monarchy, 与君主制 345 – 346, 348 – 351
 and Papacy, 与教宗 72 – 74
 and political thought, 与政治思想 10
 and representation, 与代议制 29, 31 – 32, 61
Reinhart, Johann, 雷因哈特，约翰 292
religion, 宗教
 and art, 与艺术 213 – 214, 303 – 304, 312 – 313
 belief and practice, 信仰与实践 205 – 219
 and book production, 与图书出版 284 – 285, 295, 298
 freedom of, 自由 46, 388, 743
 and humanism, 与人文主义 250, 626
 see also bishops; Church; Church and state; clergy; laity; Papacy; piety, 也见主教、教会、教士、俗人、教宗、虔信等条
Renaissance, 文艺复兴
 and art, 与艺术 299 – 300
 and Byzantium, 与拜占庭 781
 expansion, 扩展 269 – 277
 and exploration, 与探险 184
 Italian, 意大利人 138 – 139, 143, 243 – 269
 and Middle Ages, 与中世纪 244 – 247, 252, 256, 265, 272 – 273, 276 – 277, 299 – 300
 see also humanism 也见人文主义
Renan, E., 伦南，E. 244
Rene of Anjou, 安茹的勒内
 and book production, 与图书出版 283, 285
 and Catalonia, 与加泰罗尼亚 600
 and Henry Ⅵ, 与亨利六世 468
 and Lorraine, 与洛林 440, 454
 and Naples, 与那不勒斯 401, 576 – 577
rents, 地租
 'assize', 法定 115
 'black', 以劳务、谷类或低劣货币交纳的"黑"租 510 – 511
 cash, 货币 109, 114, 371
 champart, 分成租 109
 decline, 下降 109, 112
 in kind, 实物支付 612
representation, 代议制 6 – 8, 29 – 64
 and centralised states, 与中央集权国家 30, 34, 367

and communal interests，与共同利益 53–61

concepts and terminology，概念与术语 30–32

and conciliarism，与公会议至上论 30，77–78，81–82，86

development，发展 61–64

and monarchy，与君主制 34–35，82；imperial，皇室 347–349；recognition，认同 38–47；support for，支持 48–53，61，832

and nobility，与贵族 7，33，38，44–46，52，56–58，62，104，365

and political system，与政治制度 20，34–36，831–832；analytical framework，分析框架 36–38

and representatives and constituencies，代表与选区 32–34

and towns and cities，与城镇和城市 124，136，379

see also Church；conciliarism；estates；estates general；nobility；parliament；peasants，也见教会、公会议至上论、社会等级、贵族、议会、农民等条

republicanism，共和政治

and humanism，与人文主义 24，138，245，263–264，274，305

noble，贵族 5，98

and oligarchy，与寡头政治 552–553，560–561，567–568

see also Florence；Swiss Confederation，也见佛罗伦萨、瑞士联邦等条

Resende, Garcia de，雷森迪，加西亚·德 643

resistance, right of，反抗，权利 44，52

respublica，共和 839，840

Reuchlin, Johann，赖希林，约翰 270–271

Revolutionary of the Upper Rhine, Booklet of One Hundred Chapters 上莱茵革命者，《百章手册》361

rhetoric，修辞学

in education，在教育中的 227，232–233

rhetoric (cont.)

and humanism，与人文主义 24，247–248，251，252–253，255–257，265，268，269，564

and language，与语言 28，426–427

Rhodes，罗德岛

culture，文化 810

earthquake，地震 806

government，政府 807–808

and Knights Hospitaller，与医院骑士团 796，800–801，804–805，807，811，827

and Ottoman Empire，与奥斯曼帝国 810–811，814–815

Rhys ap Thomas，莱萨普·托马斯 544–546

Riario, Girolamo，里亚里奥，吉罗拉莫 582，583

Riario, Raffaello，里亚里奥，拉法耶罗 583

Riccio Andrea，里乔，安德烈亚 311

Richard, Brother，理查德，兄弟 208

Richard, duke of York，理查德，约克公爵 see York, Richard, duke of 见约

克，理查德，公爵

Richard II of England，英格兰的理查德二世
 deposition of，废黜 47，457，458，474，477，484
 and Ireland，与爱尔兰 496，498，499，501，509

Richard III of England，英格兰的理查德三世
 as duke of Gloucester，作为格洛斯特公爵 482，484，535－536
 and Edward V，与爱德华五世 486－487，489，543
 and Henry Tudor，与亨利·都铎 487－488，490－491，493，544
 and Ireland，与爱尔兰 507，511
 and prerogative，与特许权 494
 and rebellion，与叛乱 486－487

Rickel, Denis，里克尔，丹尼斯 83－84

Riemenschneider, Tilman，里门施奈德，蒂尔曼 302

rights, communal，权利，公社的 33－34

Rinuccini, Alamanno，里努齐尼，阿拉曼诺 247，252，267－268

ritual, and political symbolism，仪式，与政治象征意义 8－9，10

rivers, and transport，河流，与运输 148，170，553，757

Rizzo, S.，雷佐，S. 254，255

roads，道路 148－149，181，553

Robert II of Scotland，苏格兰的罗伯特二世 516，524

Robert III of Scotland，苏格兰的罗伯特三世 514

Robin of Redesdale，雷德斯代尔的罗宾 480

Rohan, Pierre de，罗昂，皮埃尔·德 425

Rojas, Fernano de, *Celestina*，罗亚，费尔南多·德，《塞莱斯蒂娜》625

Rokycana, John，罗基卡纳，约翰 388，389

Rolandino of Padua，帕多瓦的罗兰迪诺 263

Rolin, Antoine, lord of Aymeries，罗林，安东尼，阿梅瑞斯的领主 443

Rolin, Nicolas，罗林，尼古拉 304，397，435，439，443，444

Romana, Francesca，罗马纳，弗朗切斯卡 217

Romania, and Ottoman Empire，罗马尼亚，与奥斯曼帝国 814

Rome，罗马
 art and architecture，艺术和建筑 75，584
 and Byzantium，与拜占庭 774
 historiography，历史编纂 26
 immigration to，移民至 571－572
 and Papacy，与教宗 74－75，127，574，578－579，582
 and representation，与代议制 42
 extent，范围 125，127，572
 University，大学 572，582
 see also Vatican 也见梵蒂冈

Rome, Council of (1412)，罗马公会议（1412 年）66，67

Roncaglia, Diet of (1158)，龙卡利亚会议（1158 年）19

Rood, Theoderic, 路德, 西奥多里克 293

rosary, 玫瑰经 212, 214

Roselli, Antonio, *Monarchia*, 罗塞利, 安东尼奥,《君主国》17 - 18

Rosselli, Cosimo, 罗塞利, 科西莫 584

Rossi, Roberto, 罗西, 罗伯托 275

Rouserge, Bernard de, *Miranda de laudibus Francie*《赞美法兰西的荣誉》19

Roussillon, and Spain, 鲁西永, 与西班牙 412, 413, 419, 599, 602

routes, 路线
  exploration, 探险 175 - 180, 188 - 201
  trade, 贸易 145 - 148, 153, 156, 179 - 180, 199

Roxburgh, siege of (1460), 围攻罗克斯堡(1460年) 519

Rucellai, Giovanni, 鲁塞莱·乔瓦尼 142

Rud, Otte, 拉德·奥特 697

Rudolf of Habsburg, and representation, 哈布斯堡的鲁道夫, 与代议制 45, 50, 52, 58

Ruffo, Marco, 鲁福, 马可 767

Rufus, Mutianus, 鲁夫斯, 马梯亚努斯 270

Rumelia, 鲁米利亚 781, 813 - 814, 815 - 818, 820 - 821

Rupert of Bavaria, and Papacy, 巴伐里亚的鲁佩特, 与教宗 66

Rupert of Palatinate, 巴拉丁选侯鲁佩特 264
  as anti-king, 作为反王者 345, 348, 350
  and Dietrich of Moers, 与莫尔的迪特里希 363, 365
  and League of Marbach, 与马巴赫联盟 351
  and Milan, 与米兰 342 - 343, 350
  and Sigismund, 与西吉斯蒙德 352

Rus', 罗斯
  and art, 与艺术 747
  and the Church, 与教会 764
  climate, 气候 757
  and Lithuania, 与立陶宛 731, 737, 738, 747, 765
  and Moscow, 与莫斯科公国 748, 753, 764 - 765, 768 - 769, 770
  and Poland, 与波兰 727, 729 - 730, 743
  sources, 资料 750
  and Tatars, 与鞑靼人 756
  and trade, 与贸易 751
  see also Kiev; Moscow; Russia, 也见基辅、莫斯科、俄罗斯等条

Russia, 俄罗斯 748 - 770, 749
  expansion, 扩张 738
  extent, 范围 748
  historiography, 历史编纂 764 - 765, 768 - 770
  and Lithuania, 与立陶宛 696, 731, 734, 737, 739
  and Scandinavia, 与斯堪的纳维亚 696 - 698, 701, 704
  sources, 资料 748 - 750
  and trade, 与贸易 696
  see also Moscow; Rus', 也见莫斯科公国、罗斯等条

rutters（routiers）航迹图 150
Rylo, Vassian, 赖罗, 瓦西安 756

sacraments, decline in importance, 圣礼, 重要性的下降 832
Sahara, routes, 撒哈拉, 路线 190-192
St Albans, 圣奥尔本斯
  battle of (1455), 1455年战役 471, 473-474, 504
  battle of (1461), 1461年战役 474
St Andrews University, 圣安德鲁斯大学 221n. 4, 234, 530
Saint-Aubin-du-Cormier, battle of (1488), 圣奥宾杜科默尔战役 (1488年) 412-413
Saint-Omer, Treaty of (1469),《圣奥梅尔条约》(1469年) 452
saints, cults of, 圣徒崇拜 215, 515, 765-766, 768, 833
Sala, Pere Joan, 萨拉, 佩雷·胡安 601
Salic Law, 萨里克法典 427
Sallust (Gaius Sallustius Crispus), influence, 萨鲁斯特 (盖乌斯·萨勒斯提乌斯·克里斯普斯), 影响 257, 263
Salonica (Thessalonica), 萨洛尼卡 (塞萨洛尼基) 776-779, 813
  and the Church, 与教会 777-778
  Ottoman conquest, 奥斯曼帝国征服 777-779, 813, 817, 823
  politics, 政治 776-777
  population, 人口 779, 788, 794
  Venetian conquest, 威尼斯征服 778, 801, 823
salt mines, 盐矿 710, 717
Salutati, Coluccio, 萨卢塔蒂, 科卢乔 24, 25, 138, 247-248, 263-264, 267-268, 275-276
Sánchez, Garci, 桑切斯, 加奇 606
Sanchez de Arevalo, Rodrigo, and Papacy and councils, 桑切斯·德·艾里瓦洛, 罗德里戈, 与教宗及公会议 73, 78
Sancho, son of Alfonso X of Castile-León, 桑乔, 卡斯蒂尔与莱昂的阿方索十世之子 40
Sandaeus, Felinus, 桑达攸斯, 费利努斯 78
Sangorgio, Giovanni Antonio, 桑戈尔吉奥, 乔瓦尼·安东尼奥 78-79
Sanguin, Guillaume, 桑吉恩, 纪尧姆 433
Santiago, Order of, 圣地亚哥, 骑士团 595, 613-614, 615, 633
Sanudo, Marino, 萨努多, 马里诺 181
Sardinia, 萨丁尼亚
  and Aragon, 与阿拉贡 50, 574, 588, 595, 603
  and demographic crisis, 与人口危机 112
Sarmiento, Pero, 萨尔米安托, 佩罗 623-624
Sarukhan, emirate, 萨鲁汗, 酋长国 812
Sauchieburn, battle of (1488), 索奇伯恩战役 (1488年) 523, 524
Saulx, Jean de, lord of Courtivron, 绍尔克斯, 简·德, 顾尔帝夫隆的领

主 435
Savona, Lorenzo Traversagni di, 萨沃纳, 洛伦佐·特拉弗尔萨·迪 233
Savonarola, Girolamo, 萨沃纳罗拉, 吉罗拉莫 86, 208, 313
Savonarola, Michele, 萨沃纳罗拉, 迈克尔 92
Savoy, 萨伏依
 court, 宫廷 329 - 330, 838
 and Empire, 与神圣罗马帝国 341, 648, 653, 663
 expansion, 扩张 137
  and Milan, 与米兰 556, 557, 566, 665
 organisation, 组织 5, 562
 and Papacy, 与教宗 66, 72
 and Swiss Confederation, 与瑞士联邦 648, 652, 658, 661, 663
Saxony, organisation, 萨克森, 组织 5, 362, 364, 365
Scala, Bartolomio della, and history, 斯卡拉, 巴托罗缪·德拉, 与历史 26, 258
Scandinavia, 斯堪的纳维亚 671 - 706, 672
 administration, 行政 693
 and Church, 与教会 676 - 677, 681, 685, 688 - 690, 691 - 692, 700, 702 - 703, 705 - 706
 education, 教育 693
 nobility, 贵族 97, 681 - 682, 693, 699
 political system, 政治体系 5
 population, 人口 674
 and representation, 与代议制 31

and revenues, 与岁入 678, 685, 689, 695
 tithes, 什一税 685, 700
 towns, 城镇 128, 694
 triple monarchy, 三重君王 674 - 687, 693, 706
 Union Charter, 《联合宪章》676, 682 - 685, 688
 see also Denmark; Finland; Iceland; Norway; Sweden, 也见丹麦、芬兰、冰岛、挪威、瑞典等条
Scarbimiria, Stanislaw de, 斯卡宾米里亚, 斯坦尼斯瓦夫·德 746
Schedel, Hartmann, *Nuremberg Chronicle*, 舍德尔, 哈特曼, 《纽伦堡纪年》294
schism, 分裂 see Great Schism 见 "教会大分裂"
Schleswig, 石勒苏道格
 and Empire, 与神圣罗马帝国 344
 and Protestantism, 与新教主义 705
 and Scandinavian crown, 与斯堪的纳维亚国王 674, 677, 679 - 680, 684, 694
Schlick, Kaspar, 施利克, 卡斯帕尔 258, 355 - 356
Schoeffer, Peter, 舍费尔, 彼得 289, 290, 292, 297
Scholarios, George, 斯科拉里奥斯, 乔治 see Gennadios II Scholarios 见根纳迪奥斯二世·斯科拉里奥斯
scholarship, 学问
 expansion of, 发展 27, 206, 689
 and humanism, 与人文主义 246 - 247, 251, 262 - 263, 267, 269,

272 - 274

and impact of printing, 与印刷术的影响 298, 833 - 834

scholasticism, 经院哲学 229 - 230, 233, 777

and Papacy, 与教宗 13, 17, 77

in Spain, 在西班牙 626

Schongauer, Martin, 舍恩高尔, 马丁 304

schools, 学校 220 - 242

ecclesiastical, 教会的 225, 234, 541, 746

growth and change, 发展和变化 225 - 228, 365, 833, 836

and humanism, 与人文主义 260 - 262, 271

as musical establishments, 作为音乐机构 325

pupils, 学生 226

and reform, 与改革 232, 234

social role, 社会角色 238 - 242

see also education; grammar schools; teachers, 也见教育、语法学校、教师等条

Scolari, Pipo, 斯科拉里, 波颇 710

Scotism, and humanism, 斯各特主义, 与人文主义 230, 267

Scotland, 苏格兰 514 - 531, 497

centre and periphery, 中心与外围 520 - 523, 527

and community of the realm, 与王国共同体 529

court culture, 宫廷文化 518 - 519

and Edward IV, 与爱德华四世 477, 485

and Europe, 与欧洲 529 - 531

factions, 宗派 514, 525 - 526

and France, 与法国 395

and Henry VII, 与亨利七世 488, 491

'Highland problem', "高地问题" 521

historiography, 历史编纂 515 - 517

institutions of government, 政府机构 525 - 526

justice, 司法 518, 521 - 525, 527 - 528

and Lancastrian dynasty, 与兰开斯特王朝 461, 477

monarchy, 君主 4, 517 - 521, 838; and justice, 与司法 522, 523 - 524, 525; marriage alliances, 婚姻联盟 529 - 530; and minorities, 与少数派 4, 514, 526 - 527; overthrow of individuals, 个人统治的推翻 514, 524 - 525; and succession, 与继位 526 - 527, 529

navy, 海军 519

nobility, 贵族 93, 105; and extinction, 与消亡 100; maintenance and manrent bonds, 维持劳役租 527 - 528; and national identity, 与民族认同 516 - 517; as proportion of population, 在人口中的比重 97, 98

and Papacy, 与教宗 66, 67 - 68, 530

Scotland (cont.)

and political theory, 与政治理论 524 - 525

and Scandinavia, 与斯堪的纳维亚 529 - 530, 693 - 694

schools and universities, 学校和大学 221n. 4, 224–225, 234, 365, 530
stability, 稳定 529
and taxation, 与征税 525, 528
towns, 城镇 128
Wars of Independence, 独立战争 50, 458, 515–516, 526
see also feud; James Ⅰ; James Ⅱ; James Ⅲ; James Ⅳ; James Ⅵ and Ⅰ; Robert Ⅱ; Robert Ⅲ, 也见封建、詹姆士一世、詹姆士二世、詹姆士三世、詹姆士四世、詹姆士六世和一世、罗伯特二世、罗伯特三世等条

script, reform, 书写体, 改革 253–254, 283–284
Scudamore, Sir John, 斯卡达摩尔, 约翰爵士 533
sculpture, 雕塑
　Burgundian, 勃艮第的 444
　French, 法国的 426
　Italian, 意大利的 307, 309–310, 317
　northern European, 北欧的 301–302, 313
sea-books, 航海书 150
Second Cities' War (1448–53), 第二次城市战争 (1448—1453年) 360
Secretum Secretorum, 《秘中之秘》21, 22
Segeberg, agreement of (1507), 塞齐伯格协议 (1507年) 697
Segovia, Edict of (1475), 塞哥维亚法令 (1475年) 601, 604

Segovia, Peace of (1411), 塞哥维亚和约 (1411年) 636
seignorialism, 庄园主义
　Hungary, 匈牙利 717
　Portugal, 葡萄牙 640–642, 644
　Scandinavia, 斯堪的纳维亚 681
sejm, "塞杰姆"（议会）
　Lithuanian, 立陶宛的 745
　Polish, 波兰的
Selim Ⅰ, Sultan, 塞利姆一世, 素丹 793, 794, 829
Semblancay, Jacques de Beaune, 塞姆布兰开伊, 雅克·德·比奥内 424, 425
seminaries, 神学院 206
Sempach, battle of (1386), 森帕赫战役 (1386年) 649, 655
Sempacherbrief, 《森帕赫条约》649–650, 660
Senlis, Treaty of (1493), 桑利条约 (1493年) 342, 413, 455
Sentence of Celada (1497), 塞拉达判决 (1497年) 601
Sentence of Guadalupe (1486), 瓜达鲁普判决 (1486年) 601
Serbia, 塞尔维亚
　and Hungary, 与匈牙利 707, 715–716, 719, 821
　and Ottoman Empire, 与奥斯曼帝国 356, 710, 771, 786, 790, 792, 814, 820, 821, 823, 826
　and Salonica, 与萨洛尼卡 776
　and Venice, 与威尼斯 159
serfs, 塞尔夫（农奴）118, 119, 744–745

abolition，废除 361，447，601
　　and legal disputes，与法律纠纷 598
　　and population changes，与人口变化 109，111，116，447
　　and representation，与代议制 61
Sergii of Radonech，拉多尼赫的塞吉 766
sermons，布道
　　impact，影响 207 – 209，212，215，312
　　political，政治的 10
Serville，塞维利亚
　　Casa de la Contratación，卡萨・德・拉・康特拉塔西翁（"交易之家"）131
　　extent，范围 125，131，611
　　and trade，与贸易 160，186，612
　　and urban unrest，与城市骚乱 622
Seyssel, Claude de，西赛尔，克劳德・德 417，419
Sforza, Asconio，斯福查，亚斯卡尼奥 586
Sforza, Francesco 斯福查，弗朗切斯科
　　and balance of power，与权力平衡 565，566，567
　　and Filippo Maria Visconti，与菲力波・马里亚・维斯孔蒂 556 – 557
　　and Milanese politics，与米兰政治 137，558，559，561 – 562，568，578 – 579
　　and Papacy，与教宗 574，575
Sforza, Giangaleazzo，斯福查，詹加莱亚佐 309，568，569
Sforza, Giovanni，斯福查，乔瓦尼 577
Sforza, Ludovico，斯福查，卢多维科 428，569，584，586
Sforza, Muzio Attedolo，斯福查，穆齐奥・亚特多罗 556，573
Sforza, dynasty，斯福查王朝 27，310，325，551，566，663
Sherwood, William, bishop of Meath，舍伍德，威廉，米斯主教 507
Shahrukh, successor to Timur，沙鲁克汗沙鲁库，帖木儿的继承人 823
shipbuilding，造船
　　in China，在中国 180
　　in Italy，在意大利 130，572
　　in Java，在爪哇 177
　　in Ottoman Empire，在奥斯曼帝国 828
　　and war，与战争 170，172
shipping，船运
　　Dutch，荷兰的 133
　　English，英国的 149 – 150
　　and exploration，与探险 187，190，198
　　and trade，与贸易 145，148 – 149，154
Sicily，西西里
　　agriculture，农业 114，118
　　and Aragon，与阿拉贡 42，50，576，594，595，599
　　diet，饮食 108
　　and nobility，与贵族 92，105
　　population，人口 111
　　and representation，与代议制 42 – 43，47
siege warfare，围攻战 168 – 169
Siemowit Ⅲ of Mazovia，马佐维亚的谢莫维特三世 730

Siena Register,《锡耶纳登记册》710 - 711, 724

Sigismund, Archduke, 西吉斯蒙德, 大公 342, 356, 372

Sigismund, king of the Romans, 西吉斯蒙德, 罗曼人国王 216, 325
 and army, 与军队 163
 and Burgundy, 与勃艮第 353 - 354, 440
 court culture, 宫廷文化 713
 and electors, 与选侯 347 - 348, 354
 and Frederick IV of Austria, 与奥地利的弗里德雷克四世 353, 355, 650
 and Frisia, 与弗里西亚 344, 680
 and imperial knights, 与帝国骑士 347, 352, 355
 as king of Bohemia, 作为波希米亚国王 216, 346, 352 - 354, 363 - 367, 372, 377 - 387, 651
 as king of Hungary, 作为匈牙利国王 346, 352, 709, 710, 711 - 714, 715, 815 - 816, 819, 823
 and Ottoman Empire, 与奥斯曼帝国 343, 351 - 352, 710 - 711, 814 - 816, 819, 823
 and Papacy, 与教宗 388, 573; Council of Basle, 巴塞尔宗教会议 70 - 71; Council of Constance, 康斯坦茨宗教会议 4, 66 - 69, 86, 352 - 353, 573
 and Poland-Lithuania, 与波兰-立陶宛 353, 730, 734, 735, 745, 751 - 752, 819
 and revenues, 与岁入 357 - 358, 712 - 713
 and Scandinavia, 与斯堪的纳维亚 679, 680
 and sovereignty, 与主权 354 - 355
 and succession, 王位继承 388 - 389, 713 - 714
 and Swiss Confederation, 与瑞士联邦 342, 650 - 651
 and Teutonic Order, 与条顿骑士团 352, 733

Sigismund, son of Kestutis, 西吉斯蒙德, 凯斯图蒂斯之子 735

Sigismund, son of Koributas, 西吉斯蒙德, 克里布塔斯之子 734

Silesia, 西里西亚
 and Bohemia, 与波希米亚 343, 387, 390, 734
 and Hungary, 与匈牙利 720
 and Poland, 与波兰 734, 735, 737, 738, 746

Silva, Pedro de, 席尔瓦, 佩德罗·德 608

silver, 白银
 bullion shortages, 银块短缺 158 - 159, 160, 609 - 610
 mining, 银矿开采 35, 132, 153, 159, 369, 712, 823

Simnel, Lambert, 西姆内尔, 兰伯特 490 - 491, 511, 512

Simonetta, Cicco, 西姆纳塔, 希科 561

sin, and predestination, 原罪和预定论 13 - 15

Sixtus IV, Pope (Francesco della Rovere), 教宗西克斯特四世 (弗朗切斯科·德拉·罗韦雷) 567, 569,

582 – 584

Skanderbeg（George Castriotes），斯坎德培（乔治·卡斯特里奥特斯）810，821，826

Skelton, John，斯克尔顿，约翰 519

slavery，奴隶制

 and exploration，与探险 186，188，192

 Moscow，莫斯科公国 759

 Poland-Lithuania，波兰－立陶宛 744 – 745

Slavonia, and Hungary，斯拉沃尼亚，与匈牙利 711，724

Slazchta, Polish，贵族共同体，波兰语 98

Sluter, Claus，斯吕特，克劳斯 301，444

Smil, John, of Kremz，克雷姆兹的斯米尔，约翰 385

Smith, Adam，斯密，亚当 200，382

society，社会

 civil，市民的 425，426 – 430

 hierarchy in，等级 380，384

 organic view，有机观 77

 political，政治的 7，8 – 9，11，424 – 425，426，476，525，745

 urban，城市的 139 – 141

 see also clergy; nobility; peasants; serfs，也见教士、贵族、农民、农奴等条

Sokol, Nicholas, of Lamberk，伦伯克的索科尔，尼古拉 385

Solari, Pietro-Antonio，索拉里，皮耶罗－安东尼奥 767

soldiers，士兵 164 – 166，173

footsoldiers，步兵 166，167

 see also army; mercenaries，也见军队、雇佣兵等条

Somerset, Charles，萨默塞特，查尔斯 546

'Somme towns'，"索姆河城镇" 439，450

Somnium Viridarii（*Songe du Verger*）《果园之梦》12 – 13

song, secular，世俗歌曲 327 – 328

Sophia of Holszany，霍尔斯扎尼的索菲娅 734，735

Sophia Palaiologa，索菲娅·巴列奥略 769，775

sorcery，巫术 218

Southworth, J.，骚思沃斯，J. 319

sovereignty，主权

 aristocratic，贵族的 709

 in city-states，在城市国家中 24

 collective, in Church，集中的，在教会中 77，80

 de jure/de facto，法理的/实际的 19

 and inalienability，与不可剥夺 18 – 19，55

 national，国家的 391

 papal，教宗的 82，83

 popular，公众的 10 – 11，77，83，367，375，385，391，657

Spain，西班牙

 agriculture，农业 112，114，119，154，157

 architecture，建筑 301

 army，军队 164，167

 and book production，与书籍出版 285，293

colonisation of New World, "新世界"的殖民化 197
and conquest of Granada, 与征服格拉纳达 4-5, 162, 164, 171
and England, 与英国 492-493
and France, 与法国 412, 413, 581, 599
and humanism, 与人文主义 224, 272, 626
and Italy, 与意大利 566, 574-587
judicial institutions, 司法机构 6
and military chivalry, 与军事骑兵 92
national history, 国家历史 25-26
navy, 海军 170
and nobility, 与贵族 98, 100, 103, 104
plague outbreaks, 瘟疫暴发 111, 157, 609
and representation, 与代议制 39
rural industry, 乡村工业 113
and Thomism, 与托马斯主义 625-626
towns and cities, 城镇和城市 125, 131, 136
and trade, 与贸易 149
universities, 大学 220, 221n.4, 224-225, 234
see also Aragon; Castile; León; Navarre, 也见阿拉贡、卡斯蒂尔、莱昂、纳瓦拉等条
Spaventa, Berttrando, 斯帕文塔, 伯特兰多 245
speeches, political, 演说词, 政治的 10
spice trade, 香料贸易 148, 188, 199, 595, 798-800, 811

Spira, Johannes de, 斯皮拉, 约翰内斯·德 292, 293, 835
Spira, Vindelinus de, 斯皮拉, 温德利努斯·德 292
Spytko of Melsztyn, 梅尔茨廷的斯柏特科 735
Stafford, Humphrey, 斯塔福德, 汉弗莱 481-482
Stafford, Humphrey, of Grafton, 斯塔福德, 汉弗莱, 格拉夫顿的 490
Stände, German, 阶层, 日耳曼 31, 34
Standonck, Jan, 斯坦敦克, 让 228, 419
Stanley, Sir John, 斯坦利, 约翰, 爵士 500-501, 544
Stanley, Sir Thomas, 斯坦利, 托马斯, 爵士 535
Stanley, William, 斯坦利, 威廉 491, 544-545
Stans, Compact of (1481), 《斯坦斯条约》(1481年) 647, 660, 662, 666
Staple Company, 英格兰的羊毛出口商公司 127-128, 151-152, 153
state, 国家
and absolutism, 与绝对主义 83, 644
centralised, 中央集权化 154, 835-836; in Aragon, 在阿拉贡 594, 604; in Bohemia, 在波希米亚 367, 382; in Burgundy, 在勃艮第 451, 455; in England, 在英国 494-495; in France, 在法国 135, 407; in the Italian city-states, 在意大利城市国家 137, 549-550, 562, 570; in Moscow, 在莫斯科公国

索 引   1175

762－765；and Ottoman Empire，在奥斯曼帝国 829；in Portugal，在葡萄牙 630，637－638，640－641，643－644；and representation，与代议制 30，34－36；in the Swiss Confederation，在瑞士联邦 658－659，662；and warfare，与战争 163，172

 and citizens，与公民 12

state（*cont.*）

 and communalism，与地方自治主义 654，655

 and costs of war，与战争花销 171

 decentralised，分散化 407，419－421，520－523，527－528，594

 and exploration，与探险 200

 extended，范围 5，559－560

 and fiscal system，与财政体系 5，6

 'modern'，"现代的" 4－5，6，11，28，64；development of，的发展 647－648，835－839；and representation，与代议制 30；and social control，与社会控制 658；and state churches，与国家教会 86；and warfare，与战争状态 48

 monarchical，君主的 34－35，407，409－421

 regional，地区性的 5，36，54－55，549，553

 and rural society，与乡村社会 118－119

 territorial，领土的 5－6，34－35，36，59，559

 and trade，与贸易 153－154

 utopian，乌托邦 361

see also Church and state；city-state；monarchy；Seignorialism，也见教会与国家、城市国家、君主、领主等条

Stefan Urosh Ⅳ Dushan，斯特凡·尤罗什·杜山 776－777

Steno, Michele，斯提诺，迈克尔 553

Stephan Lazarevic of Serbia，塞尔维亚的斯特凡·拉扎雷维克 710，823

Stephen of Moldavia，摩尔达维亚的斯特凡 739

Stewart, Sir David，斯图亚特，大卫爵士 516

Stewart dynasty，斯图亚特王朝 514，516－524

 and overthrow of individuals，与个人统治的推翻 514，524－525

Stockholm，斯德哥尔摩

 Development，发展 128

 massacre（*Blodbad*），大屠杀 703

 and Swedish monarchy，与瑞典君主 675，677

Stoke, battle of（1487），斯托克战役（1487 年）488，490－491，492，511

Stoss, Veit，斯托斯，维特 302

 The Annunciation，《圣母领报》插图 1

 Cracow altarpiece，克拉科夫祭坛 313，插图 17

Strabo, *Geography*，斯特拉波，《地理学》184

Strata, Filippo de，斯特拉塔，菲力波·德 295

Strohm, R.，斯特罗姆 326n. 19

Strozzi, Palla, 斯特罗兹, 帕拉 275
Stuart, Bérault, *Traité sur l'art de la guerre*, 斯图阿特, 伯劳尔特,《战争的艺术》173, 174
studia generalia, 通修课程 206, 220 – 224, 235 – 238
studia humanitatis, 人文学科课程
 development, 发展 227, 232
 and history, 与历史 23, 26, 257
 and humanism, 与人文主义 247 – 249, 252, 265, 270, 305
 and moral philosophy, 与道德哲学 262
 and philosophy, 与哲学 267 – 269
Sture, Nils, 斯图雷, 尼尔斯 690
Sture, Sten, 斯图雷, 斯吞 690, 691 – 292, 696 – 297
succession, 继位
 disputes, 争端 39 – 47, 61, 389, 588 – 591, 752
 and dynasticism, 与王朝主义 837
 and fratricide, 与宫廷残杀 814
Suffork, earl of, 萨福克伯爵 see Pole, William de, earl of Suffolk 见波尔, 威廉·德, 萨福克伯爵等条
Süleyman, son of Bayazid Ⅰ, 苏莱曼, 巴雅兹德一世之子 3, 814 – 817
Süleyman Ⅰ, 'the Magnificent', Sultan, 苏莱曼一世, "伟人", 素丹 726, 793, 794 – 795
Summis desiderants (papal bull), 教宗训喻 218
Surienne, Francois de, 苏里恩讷, 弗朗索瓦·德 401
Suzdal', and Moscow, 苏兹代尔, 与莫斯科公国 748, 752, 754, 757, 763, 766, 769
Svitrigaila, grand duke of Lithuania, 斯维特里盖拉, 立陶宛大公 734 – 735, 752
Swabia, and Empire, 士瓦本, 与神圣罗马帝国 136, 346 – 347, 351, 353, 354 – 355, 359, 366
Swabia League, 士瓦本联盟 359, 649, 655, 664
Swayne, John, archbishop of Armagh, 斯维讷, 约翰, 阿尔马大主教 499, 502
Sweden 瑞典
 agriculture, 农业 673
 and the Church, 与教会 677, 681, 688 – 690, 691 – 692, 702 – 703
 climatic change, 气候变化 671
 domestic policies, 国内政策 676
 education, 教育 693
 monarchy, 君主 674, 675 – 677, 681 – 685, 687 – 692, 694 – 697, 699, 701 – 702, 704 – 706; and representation, 与代议制 46 – 47
 nobility, 贵族 681 – 682, 689 – 692, 703
 Oxenstierna-Vasa faction, 奥克兴斯提耶纳 – 瓦萨小宗派 689 – 691
 peasantry, 农民 47, 689 – 690, 696, 700, 702, 706
 plague outbreaks, 瘟疫爆发 673, 697
 population, 人口 107, 113, 673
 and representation, 与代议制 34, 46 – 47, 694, 706
 and revenue 与岁入 685, 688

revolts, 叛乱 681-682, 703

and Schleswig war, 与石勒苏道格战争 680-681

and Stockholm massacre, 与斯德哥尔摩大屠杀 703

and taxation, 与税收 142, 689

towns, 城镇 128, 694

and trade, 与贸易 673, 681, 691, 696-698, 701, 704

union of crowns, 国王联盟 674-676, 677, 682-690, 693, 694-701, 706

see also Denmark; Finland; Hanseatic League; Norway; Scandinavia, 也见丹麦、芬兰、汉萨同盟、挪威、斯堪的纳维亚等条

Sweynhaim, Conrad, 斯维奈姆, 康拉德 292

Swiss Confederation, 瑞士联邦 645-670, 646

agriculture, 农业 652, 653, 659, 667

army, 军队 167, 171, 649, 687

and book production, 与书籍出版 292-293

and Charles the Bold, 与大胆查理 3, 411, 454-455, 659, 663-664

consolidation of, 巩固 648, 651-653, 656-660

and economy, 与经济 653, 659

and Empire, 与神圣罗马帝国 342, 353, 645, 648-651, 652, 670

extent, 范围 645-647, 652, 663

historiography, 历史编纂 668-669

independence, 独立 5, 342

integration and conflict, 整合与冲突 660-663, 667

and mercenaries, 与雇佣兵 652, 661, 663-668, 670

military service, 兵役 658

nobility, 贵族 648, 650, 651-652, 654-655, 667

and Papacy, 与教宗 72

peasantry, 农民 59, 649-650, 655-656, 659, 668-669

and Perpetual Accord (Ewige Richtung) (1474), 与《永久协议》(1474年) 342, 650, 663-664

political system, 政治制度 654, 656-658, 667-670, 831

population, 人口 659

and representation, 与代议制 31, 59-60, 136, 366, 656-658, 660

republicanism, 共和主义 657, 667

rural communes, 乡村公社 645, 653-656, 657-670

and state formation, 与国家形成 667-670

and taxation, 与税收 658, 659

Three Leagues, 三联盟 647, 656

towns and cities, 城镇和城市 59, 649, 652-654, 656-660, 661-662

and trade, 与贸易 653, 661, 667

unrest, 骚乱 659-660, 666

Swiss (Swabian) War (1499), 瑞士(士瓦本)战争 (1494年) 342, 664

symbolism, 象征主义

and painting, 与绘画 318

political, 政治的 8-9, 396, 429,

765–766, 769–770
Symeon, archbishop of Salonica, 西米恩, 萨洛尼卡大主教 778, 779
Symeon 'of Trebizond', "特拉布宗"的西米恩 792–793
Symeons, J. A., 西蒙斯, J. A. 244
Szapolyai, John, 斯扎珀莱尔, 约翰 725, 726
Székeky-Dózsa, George, 斯泽克基－多兹萨, 乔治 725
Szilágyi, Michael, 斯兹拉格伊, 米哈伊尔 717, 718

Taborites, 塔波尔派 371, 377, 380, 382–387, 391, 734
taille (tax), 人头税 51, 52, 399, 403, 417, 423
Taine, H., 泰因, H. 244
Talbot, John, Lord Furnival, earl of Shrewsbury, 塔尔伯特, 约翰, 费尼瓦尔勋爵, 施鲁斯伯里伯爵 402, 464–465, 500, 501
'Tale of the Princes of Vladimir', "弗拉基米尔历代王公传说" 769
Tamelane (Timur), 跛足 (帖木儿)
　　and alliance against Islam, 与反伊斯兰联盟 618
　　defeat of Ottoman Empire, 击败奥斯曼帝国 3, 771–774, 778, 785, 800–801, 812–813, 818
　　and Great Horde, 与"大汗" 750
Tannenberg, 坦能堡 see Grunwald 见格伦瓦尔德
Tatars, 鞑靼人
　　and Ottoman Empire, 与奥斯曼帝国 828
　　and Poland-Lithuania, 与波兰－立陶宛 730–732, 738–739, 745
　　and Russia, 与俄罗斯 750–752
　　see also Kipchak khanate, 也见钦察汗国
Tavernier, Jean, 塔维尼耶, 让 280
taxation, 征税
　　and cities, 与城市 56–59
　　collectors of, 收税人 23, 611
　　and consent, 与赞同 6, 20, 51–53, 55, 56, 60
　　and Empire, 与神圣罗马帝国 340, 349, 354, 358, 362, 365, 369
　　indirect, 间接的 50, 52, 64, 436; see also aides; fouage; gabelle 也见协助金, 炉灶税, 盐税
　　of Jews, 对犹太人 358
　　and monarchy, 与君主制 62, 64, 399, 423
　　papal, 教宗的 65, 68–69, 71, 74, 152
　　and peasants, 与农民 115–116, 118, 417, 761–762
　　reform of, 改革 417
　　on sales, 对出售品 611
　　and warfare, 与战争 50–51, 53, 159, 171, 399, 407, 528, 836
teachers, 教师 225–226, 237–238, 240, 261
technician, status, 技术师地位 835
technology, 技术
　　and agriculutre, 与农业 117
　　and exploration, 与探险 175–177, 196, 200

in Germany, 在德国 132
and mining, 与采矿 159
and trade, 与贸易 148, 153
and warfare, 与战争 168-169
see also printing, 也见印刷条
Teles, Fernão, 特勒斯, 费尔纳奥 194
Tell, William, 特尔, 威廉 668
Templars, dissolution, 圣殿骑士团, 解散 51
tenure, 土地保有权
changes, 变化 109, 115, 609
conditional, 有条件的 754, 760
hereditary, 继承 631-632
see also landholding, 也见土地占有条
Terracina, Peace of (1443), 泰拉奇纳和约（1443年）577
Terrevermeille, Jean de, 特雷弗梅尔, 简·德 19
Teutonic Order, 条顿骑士团
and Empire, 与神圣罗马帝国 344, 352, 364, 733
and Poland-Lithuania, 与波兰-立陶宛 12, 58, 677, 679, 686, 727, 730-732, 733-735, 736, 752; battle of Grunwald, 格伦瓦尔德战役 3, 352, 364, 733
and privateers, 与私掠船 675, 688
Prussian opposition to, 普鲁士的反对 737
and representation, 与代议制 35, 44, 57-58
and revenues, 与岁入 35
and Scandinavia, 与斯堪的纳维亚 675, 677, 679, 682, 686, 688, 696
see also Danzig; Estonia; Livonia, 也见但泽、爱沙尼亚、立沃尼亚等条
Tewkesbury, battle of (1471), 图克斯伯里战役（1471年）483, 543
textile industry, 纺织业
in Bohemia, 在波希米亚 369
in Florence, 在佛罗伦萨 126, 547-549, 559
in the Low Countries, 在低地国家 448
in Naples, 在那不勒斯 581
and population levels, 与人口水平 126-127
and trade, 与贸易 148-149, 152, 156, 157, 160, 190, 448
and urban development, 与城市发展 129
in Wales, 在威尔士 540
Thénaud, Jean, 泰诺, 让 430
Theobald of Siena, *Regule*, 锡耶纳的西奥巴尔德 259
Theodore II Palaiologos, 西奥多二世·帕莱奥罗各斯 93, 781
Theodore III Palaiologos, 西奥多三世·帕莱奥罗各斯 784
theology, 神学
and conciliarism, 与公会议至上论 76
and consensus, 与共识 17, 80-81, 86
and humanism, 与人文主义 267-268, 271
and Latin Church, 与拉丁教会 81

and law，与法律 17 – 18，20 – 21

and mendicant orders，与托钵僧团 238 – 239

and politics，与政治 7，8，11 – 17，27 – 28

and Roman Orthodox Church，与东正教会 777，789

and universities，与大学 13 – 15，67，83，224，229 – 231，233，746

Thessalonica，塞萨洛尼基 see Salonica 见萨洛尼卡

Thibault IX, lord of Neufchâtel，蒂保尔特九世，纽夫夏特尔的领主 442

Thirteen Years War，十三年战争 364，737

Thode, H.，索德，H. 244

Thoisy, Jean de, bishop of Tournai，索万西，简·德，图尔奈主教 435

Thomas Palaiologos，托马斯·帕莱奥罗各斯 802

Thomism，托马斯主义 see scholasticism 见经院哲学

Thorn (Torun)，托恩（托伦）
    First Peace of (1411) 第一次和约（1411年）352
    Second Peace of (1466)，第二次和约（1466年）344，364，737

Thott, Axel Pederson，托特，爱克塞·彼得森 690 – 691

Thuringia, and princely revenues，图灵加，国王般的收入 35

Tifernate, Gregorio，蒂夫纳特，格雷戈里奥 271

Tifernate, Lilio，蒂夫纳特，利利奥 233

Tignosi, Niccolò，蒂格诺西，尼科洛 269

Timur，帖木儿 see Tamerlane 见"跛子"帖木儿

Tiptoft, John, earl of Worcester，蒂普托夫特，约翰，伍斯特伯爵 20，270，459，460，464，507

tithes，什一税
    and demographic crisis，与人口危机 109
    see also under individual countries 也见各个国家

Toffanin, G.，托范尼，G. 245

Toggenburg Inheritance, War，托艮伯格遗产继承战争 661 – 662

Toledo, rebellion，托勒多叛乱 623 – 624

Toledo, Fernán Diáz de，托勒多，费尔南·迪亚士·德 623

Torda Union (1438)，托尔达联盟（1438年）713

Tordesillas, Treaty of (1494)，托尔德西拉斯条约（1494年）643

Toros de Guisando Agreement (1468)，托罗斯·德·圭桑多协议（1468年）616

Torquemada, Juan de, and Papacy and councils，托尔克马达，胡安·德，与教宗及宗教会议 76，78 – 79，82，83

Torun，托伦 see Thorn 见托恩

Toscanelli, Paolo del Pozzo，托斯卡内利，保罗·戴·波佐 194

Toscanelli, Pietro Paolo，托斯卡内利，皮耶罗·保罗 182

索　引　1181

tournaments, and nobility, 比武大会，与贵族 100
Tours, peace conference (1444), 图尔和平会议（1444年）400, 401, 468
towns, 城镇 121-144, 122-123
 as administrative centres, 作为行政管理中心 127, 135, 420
 and agriculture, 与农业 114-115, 118
 and churches, 与教会 142-143
 cultural role, 文化角色 834-835
 decline and recovery, 衰落与复兴 125-135
 and demographic crisis, 与人口危机 124
 garrisons in, 守卫 127
 and political authority, 与政治权威 6-7, 135-144, 834
 and religious life, 与宗教生活 207, 219
 and representation, 与代议制 33-35, 39-41, 56-58, 60-61, 63, 366, 381-382, 410, 420
 and universities, 与大学 240
 see also cities; industry; ports; textile industry; trade; urbanisation; and under individual countries, 也见城市、工业、港口、纺织业、商业、城市化等条
Towton, battle of (1461), 陶顿战役（1461年）475, 477, 481, 506, 511
Tractatus de regimine principum ad regem Henricum sextum 《献给亨利六世的君主制政府论文集》21
trade, 商业 145-160, 146-147
 and agriculture, 与农业 113-114
 in books, 在书籍中的记载 148, 160, 278, 281, 284, 288, 291, 293-296
 as cause of war, 作为战争的起因 161-162, 170
 and change, 与变化 155-160
 effects of war, 战争对商业的影响 159-160, 422, 834
 and exploration, 与探险 175, 181, 185-186, 188
 export 出口 448, 540, 611-612, 695, 780
 and infrastructure, 与基础结构 153-155, 156
 and mercantile organisation, 与重商组织 150-153, 423-424
 and nobility, 与贵族 90, 101-102, 155
 and role of government, 与政府的角色 423, 836
 routes and commodities, 路线和商品 145-148, 153, 156, 707, 751
 and social status, 与社会地位 155, 424, 447, 832
 south Asia, 南亚 179
 and transport, 与运输 148-150, 153
 and urban development, 与城市发展 129, 130-131, 133-134
 and urban representation, 与城市代议制 35, 37, 54, 59-61, 63
 and war, 与战争 161-162, 568
 see also Baltic trade; banking; customs duties; fairs; Hanseatic League; Levant; luxury goods; shipping;

wine trade，也见波罗的海贸易、银行业、关税率、集市、汉萨同盟、利凡特、奢侈品、海运、红酒贸易等条

tradition, and representation，传统，与代议制 37 – 38, 45, 47, 373

transhumance，转场放牧
  in France，在法国 107 – 108, 114
  in Italy，在意大利 114
  in the Morea，在摩里亚河 780
  and Papacy，与教宗 578
  in Spain，在西班牙 112, 154, 157, 609, 611

transport，运输
  riverine，河流运输 148, 170, 553, 757
  and trade，与贸易 148 – 150, 153
  see also roads; shipping，也见道路、海运等条

Transylvania，特兰西瓦尼亚 711, 713, 715, 717, 721, 725, 726
  salt mines，盐矿 710

travel，旅行
  and elites，与精英 564
  literature，文学 26, 183 – 184, 200
  and representation，与代议制 36 – 37

Traversagni, Lorenzo，特拉弗萨格尼，洛伦佐 272

Traversari, Ambrogio，特拉弗萨里，安布罗焦 247, 281

Trcka, Nicholas, of Lipa，特尔卡，尼古拉，利帕的，382

treason，叛逆
  in England，在英国 468 – 470, 473, 483, 484, 491, 503 – 505, 546
  in France，在法国 403, 406, 409, 416, 425
  in Hungary，在匈牙利 718
  in Ireland，在爱尔兰 507, 512 – 513
  in Scandinavia，在斯堪的纳维亚 679, 701

Trebizond，特拉布宗
  Ottoman rule，奥斯曼的统治 786, 788, 789, 790 – 794, 810, 826
  and Roman Orthodox Church，与东正教会 783
  trade，贸易 799

Trent, Council of, and seminary education，特兰托公会议，与神学院教育 206

Treviso, Ludovico da，特雷维索，卢多维科·达 577

Trieaudet, Jehan 特里奥德特，让 809

Trithemius, Johannes, De laude scriptorum，特里特米乌斯，约翰内斯，《颂歌集》291

Trivulzio, Gian Giacomo，特里武尔齐奥，吉安·贾科莫 568

Trolle, Gustav, archbishop of Uppsala，特罗利，古斯塔夫，乌普萨拉大主教 700 – 701, 702, 703

Tron, Niccolò，特隆，尼科洛 805

Troyes, Treaty of (1420)，特鲁瓦条约（1420 年）394, 397, 438, 457, 462 – 466, 474, 475

Tsamblak, Grigorii，查姆布莱克，格里戈里 764

Tübingen, Treaty of (1514)，图宾根条约（1514 年）365

Tuddenham, Thomas，图登汉姆，托马

斯 468

Tudeschis, Nicholas de (Panormitanus), 图德柴斯, 尼古拉·德 230
  and Papacy and councils, 与教宗及宗教会议 18, 76, 78

Tudor, Edmund, 都铎, 爱德蒙 487, 542, 543

Tudor, Henry, 都铎, 亨利 see Henry VII of England 见英格兰的亨利七世

Tudor, Jasper, 都铎, 贾斯帕 483, 542–544

Tudor settlement, 都铎的安置 475–476

Tunstall, Sir Richard, 邓斯塔尔, 理查德爵士 483

Tura, Cosima, 图拉, 科西马 314, 317

Turell, Gabriel, *Recort historial*, 图雷尔, 加布雷尔《历史记录》597

Turin-Milan Hours, 都灵–米兰时期 283

Tursun Beg, 图尔松·伯格 825, 826

Tver', 特维尔
  history, 历史 765
    and Moscow, 与莫斯科公国 748, 752, 753–754, 756, 758, 762
    saints and heroes, 圣徒和英雄 765–766
    social structure, 社会结构 759

tyranicide, 诛杀暴君者 12, 21, 68, 437, 839

Uccello, Paolo, 尤塞洛, 保罗 155
  Battle of San Romano, 《圣罗马诺之战》167, 310

Ullman, B. L., 乌尔曼, B. L. 248

Ulrich of Rozmberk, 罗兹伯克的乌尔里克 389

Ulrich of Württemberg, 符腾堡的乌尔里克 365

Unam sanctam (papal bull), "一圣教谕" 11

Ungut, Mainhart, 昂古特, 美因哈特 293

universities, 大学 220–242, 222–223
  and authorities, 与当局 234–236
  and book trade, 与图书贸易 281, 292, 297
  and conciliarism, 与公会议至上论 67, 70–71, 73, 76, 83
  criticisms of, 批评 230–231
  curricula of, 课程 23, 26, 228–229, 236
  and diplomacy, 与外交 85
  growth and change in, 成长与变化 206, 220–225, 227, 235, 240–241, 365, 833, 836
  and humanism, 与人文主义 271, 272, 582
  and nominalism, 与唯名论 205, 236
  and popular religion, 与公众宗教 218
  and printing, 与印刷术 233–234
  reform of, 改革 231–232, 236–238
  social and cultural role of, 社会和文化角色 224, 238–242
  students in, 学生 236–238, 241–242
  and theology, 与神学 13–15, 67, 83, 224
  and urban development, 与城市发展 128, 240

see also education; intellectuals; Oxford; Paris; scholarship; *studia generalia*; teachers, 也见教育、知识分子、牛津、巴黎、学问、教师等条

Urban Ⅵ, Pope (Bartholomeus Prignanus), and Council of Pisa, 教宗乌尔班六世（巴托罗默乌斯·普里格纳努斯），与比萨宗教会议 65 – 66

urbanisation, 城市化
 and demographic crisis, 与人口危机 125
 and markets, 与市场 113 – 115
 and representation, 与代议制 54, 61, 64
 see also towns, 也见城镇

Urgel, Jaume, count of, 乌尔格尔，焦默，伯爵 588, 590, 599

Utraquists, see Hussite movement, 圣杯派，见胡斯运动

Uzun-Hasan, lord of the Akkoyunlu, 尤祖恩 – 哈桑，阿科云鲁的领主 826

Vaclav of Bohemia, 波希米亚的瓦茨拉夫 733

Vagad, Gauberte Fabricio de, 瓦贾德，高伯特·法布里西奥·德 594n. 9

Valdemar Ⅳ of Denmark, 丹麦的瓦尔德马尔四世 687

Valencia, 巴伦西亚
 agriculture, 农业 115
 and Aragonese monarchy, 与阿拉贡君主 588, 590, 597, 599, 604
 and national identity, 与民族认同 594

 and representation, 与代议制 35, 41, 54, 592 – 593
 extent of, 范围 125
 and trade, 与贸易 131, 159, 603

Valera, Diego de, *Espejo de verdadera nobleza*, 瓦勒拉，迪耶戈·德 90 – 91, 95

Valerius Maximus, influence, 瓦莱里乌斯·马克西姆斯，影响 22

Valla, Lorenzo, 瓦拉，洛伦佐 15, 231, 251, 254, 261, 262, 266 – 267
 Adnotationes in Novum Testamentum, 《新约评注》250
 Collatio Novi Testamenti,《新约汇集》250
 De libero arbitrio,《论意志的自由选择》250
 De vero falsoque bono,《论真善与假善》250
 Elegantiae,《论拉丁语的优美》255
 Historia de Ferdinando Aragoniae rege,《阿拉贡国王斐迪南的历史》27

Valois dynasty, 法国瓦卢瓦王朝
 and Burgundy, 与勃艮第 404, 837
 and Habsburgs, 与哈布斯堡 343
 and Lancastrian monarchy, 与英国兰开斯特王朝 392 – 403, 438, 465 – 466
 see also Charles Ⅵ of France; Charles Ⅶ of France, 也见法国的查理六世、法国的查理七世等条

Valturio, Roberto, *De re militari*, 瓦尔图里奥，罗伯托，《罗马军制论》173

van der Goes, Hugo, *Portinari Triptych*, 范·德尔·高斯, 雨果, 《波提那利三联画》304

van der Weyden, Rogier, 范·德尔·威登, 罗吉尔 155, 283, 302 – 304, 307 – 308, 310, 444

Last Judgement, 《末日审判》304, 444, 插图 4

Prado*Deposition* 普拉多的《耶稣降下十字架》304

van Eyck, Hubert, 范·艾克, 休伯特 283, 303

van Eyck, Hubert and Jan 范·艾克, 休伯特和扬

The Adoration of the Lamb, 《羊的奉献》303, 插图 3

Ghent altarpiece, 根特圣坛 313

van Eyck, Jan, 范·艾克, 扬 283, 302 – 303, 307 – 308, 444

The Virgin of Chancellor Rolin, 《罗林大臣的圣母》303, 插图 2, 444

van Kempen, Jan, 范·肯彭, 扬 285

van Lingen, Egbert, 范·林根, 艾格伯特 285

van Trier, Jakob, 范·特里尔, 雅各布 285

van Weerbeke, Gaspar, 范·维尔伯克, 加斯帕尔 325

Varie, Simon de, 瓦里尔, 西蒙·德 405, 406

Varna, Ottoman victory (1444), 奥斯曼人在瓦尔纳的胜利 (1444 年) 162, 715, 736, 783, 801, 824

Vasari, Giorgio, 瓦萨里, 乔吉奥 300, 302, 312 – 313, 317

Vasilli I Dmitrievich of Moscow 莫斯科公国的瓦西里一世·底米特里维奇

and Byzantium, 与拜占庭 771

and Vytautas of Lithuania, 与立陶宛的维陶塔斯 751

Vasilli II of Moscow, 莫斯科公国的瓦西里二世 751, 752 – 753, 768, 783

and peasant mobility, 与农民流动 763

Vasilli III of Moscow 莫斯科公国的瓦西里三世

and boyars, 与贵族 763

Vasilii III of Moscow (*cont.*)

and centralisation, 与中央集权化 764

and landholding, 与土地占有 762

Vasilli Iaroslavich of Borovsk, 波罗维斯克的瓦西里·艾厄罗斯拉维奇 573

Vasilii Kosoi, 瓦西里·科索伊 752

Vatican, 梵蒂冈

as centre of Church, 作为教会中心 579

library, 图书馆 582

Sistine Chapel, 西斯廷教堂 584

Vaughan, R., 沃恩, R. 663

Veckinchusen company, 韦金楚森公司 152

Vegetius, *De re militari*, 韦吉提乌斯, 《军事论》161, 163n. 7, 172, 174, 445

venality, France, 法国的贿赂行为 417

Vener, Job, 韦纳尔, 乔布 361

Venice, 威尼斯 5, 553 – 555

administration, 行政管理 554

army, 军队 163, 165, 167,

168，171

and art and architecture，与艺术和建筑 306，314

and book production，与书籍出版 293－294，295，296

Council of Ten，十人委员会 563，568

and Dalmatia，与达尔马提亚 707，710，816

defence of，保卫 551

development，发展 124，129，137

and economy，与经济 547－549，554

and education，与教育 227，237

and the Empire，与神圣罗马帝国 343，352，566

expansion of，扩张 137，159，162－163，549－551，553－554，556，558，566

expenditure and resources of，支出与资源 551

galleys，长船 149

Great Council，大议会 554－555，563

and Milan，与米兰 137，556，557－559，665

and Naples，与那不勒斯 578，579，581，583－586

and nobility，与贵族 92，102，105，554，563

and Ottoman Empire，与奥斯曼帝国 129，558，715，719－720，736，816－817，826；defeat，击败 24，814－815，819；in Levant，在利凡特的争夺 553，565，801－802，814－815，823，828－829；and

threat to trade，对贸易的威胁 565－567

and Papacy，与教宗 66，557，567，582，586

and political symbolism，与政治象征意义 9

political system in，政治制度 139，553，554－555，562－563，568，831

population of，人口 125

and printing，与印刷术 835

republicanism in，共和主义 24－25

and Roman Orthodox，与东正教 776，778

social structure of，社会结构 554－555

and trade，与商业 130，145，149，151，158－160，162，549；Levantine，利凡特贸易 156，160，553，798－799

and war，与战争 162－163，167，811，828

see also elites；oligarchy，也见精英、寡头等条

Vérard, Antoine，韦拉尔，安东尼 295－296

Vergerio, Pier Paolo，维吉里奥，皮耶尔·保罗 713

De ingenuis moribus，《论绅士风度与自由学科》276

De republica veneta，《论威尼斯共和国》24－25，227

vernacular，方言

in education，教育 261－262，387

literature，文学 10，23，27－28，

282，289，296，836－837

in worship，在崇拜仪式中 379，387

see also Bible，也见圣经

Verneuil, battle of（1424），维纽伊尔战役（1424 年）395，464，528

Verntallat, Francesc，韦恩塔拉特，弗朗切斯克 601

Verona，维罗纳

French capture，法国人占领 570

and Venice，与威尼斯 550，553－554

Veronese, Gaspare，韦罗内塞，加斯帕尔 255

Vesconte, Pietro，维斯孔特，皮耶罗 181

Vespasiano di Bisticci 韦斯帕西尔诺·迪·彼斯提奇 281，282，295

Lives，《传记》307－308，311

Vespucci Amerigo，韦思普奇·阿美利哥 185，197，198

Vicenza, and Venice，维琴察，与威尼斯 550

Vienna, Concordat of（1448），维也纳协定（1448 年）357

Vilafranca Agreement（1461），维拉弗兰卡协议（1461 年）599－600

Villari, P.，维拉里，P. 244

Villedieu, Alexandre de, *Doctrinale*，维尔迪厄，亚历山大·德，《学说》229，260－261

virtue，美德

civic，市民的 92，310

and humanist education，与人文主义教育 275－277

and nobility，与贵族 22－23

princely，国王般的 22，25，417

Visconti, Bianca Maria，维斯孔蒂，彼安卡·马里亚 556－557

Visconti, Filippo Maria，维斯孔蒂，菲利波·马里亚 25，93－94，550，555－557，576，578

Visconti, Giangaleazzo，维斯孔蒂，詹加莱亚佐 138，550

and *de facto* sovereignty，与主权 19

defeat of，失败 350

and Florence，与佛罗伦萨 24，264，305

and humanism，与人文主义 24

Visconti, Giovanni Maria，维斯孔蒂，乔瓦尼·马里亚 550

Vitalienbrüder，供给兄弟会 675

Vitelleschi, Giovanni，韦特勒希，乔瓦尼 575，576－577

Vitelli, Cornelio，韦特利，科内利奥 272

Vitelli, Niccolò，韦特利，尼科洛 567

Vitez, John，维泰兹，约翰 717，718，721－722，723

Vitruvius Pollio, Marcus，维特鲁维·波利奥，马库斯 314

Vivaldi brothers，维瓦尔迪兄弟 185，189

Vives, Juan Luis，维乌斯，胡安·路易斯 626

Vlad of Wallachia，瓦拉几亚的弗拉德 719

Vladimiri, Paulus，弗拉基米里，鲍卢斯 12，734

Vladislav I of Bohemia 波希米亚的弗拉迪斯拉夫一世

and Hussites，与胡斯党人 388

and Mátyás Corvinus, 与马加什·科文努斯 46, 382, 390, 720, 724, 738
and Maximilian, 与马克西米利安 343

Vladislav II of Bohemia, 波希米亚的弗拉迪斯拉夫二世 390
see also under Wladislas II of Hungary, 也见匈牙利的弗拉迪斯拉斯二世

Vlaro dynasty, 瓦卢拉王朝 781, 785

Vordingborg, Treaty of (1432), 沃尔丁堡条约（1432年）680

Vorniken, William, 沃尼金, 威廉 285

Vrelant, William, 弗雷兰特, 威廉 280

Vrest'ovsky, Ales, 弗列斯托夫斯基, 阿勒斯 381

Vytautas (Vitold) of Lithuania, 立陶宛的维陶塔斯（维托尔德）
and Jews, 与犹太人 745
and Lithuanian borders, 与立陶宛边界 736, 751
and Moscow, 与莫斯科公国 734, 751, 763
and nobility, 与贵族 744
and Sigismund, 与西吉斯蒙德 353, 734, 751–752, 819
and Władysław II Jagiełło, 与瓦迪斯瓦夫二世·亚盖洛 732–733, 734–735

wage levels, 工资水平
and population decline, 与人口下降 108, 110, 158
and population increase, 与人口增长 113, 422

Wakefield, battle of (1460), 威克菲尔德战役（1460年）474, 506

Waldensians, 瓦尔多派 216, 218, 369–370

Waldmann, Hans, 瓦尔德曼, 汉斯 659, 668

Wales, 威尔士 532–546, 497
administration, 行政管理 534–535, 536, 545
agriculture, 农业 540
and bondmen, 与役农 539, 546
and church-building, 与教堂建设 540–541
culture, 文化 538–539
and Edward IV, 与爱德华四世 477, 534, 535–536, 545
gentry, 乡绅 537–541
and Henry V, 与亨利五世 533–534
and Henry VI, 与亨利六世 532, 534–535, 536–537
and Henry VII, 与亨利七世 543–546
justice, 司法 537
marcher lordships, 边境领主权 533–535, 536–537, 540, 542, 545–546
and military service, 与军事服役 541–542
penal statutes, 刑事法令 533
plague outbreaks, 瘟疫爆发 539
public order, 公共秩序 536–537
rebellion, 叛乱 458, 460, 461, 532–534, 536, 539, 542
and religion, 与宗教 541

revenue，岁入 534，536，537，539，545-546

schools and universities，学校和大学 541

and towns，与城镇 533，539，540

and trade，与贸易 540

wars with England，同英格兰的战争 49

and Wars of the Roses，与玫瑰战争 535，542-544

see also Glyn Dwr, Owain，也见格林·德乌，欧文

Wallace, Sir William，华莱士，威廉爵士 516

Wallachia，瓦拉几亚

and Byzantium，与拜占庭 775

and Hungary，与匈牙利 707，710，715，719

and Ottoman Empire，与奥斯曼帝国 814，817，819-820，826

Walther, Marx，瓦尔特，马克斯 280

war，战争 161-174

and changes in warfare，与战争状态的变化 162-167，173，832

costs of，花费 5-6，50-51，53，166，171，418，458，549，836

in defence of trade，保护商业 161-162，170

economic effects of，经济影响 172，834

effects on trade，对商业的影响 159-160，834

European，欧洲的 3-4，27

and garrison towns，与守卫城市 127

and literature，与文学 172-174

and mapping，与地图绘制 181

and military architecture，与军事建筑 130

and nobility，与贵族 104，110，127，165

and religion，与宗教 162

and representation，与代议制 59

and state formation，与国家形成 48

see also army, professional; mercenaries; navies; soldiers，也见军队、职业军队、雇佣兵、海军、士兵等条

Warbeck, Perkin，瓦尔伯克，佩金 491-493，512，545

Wars of the Roses，玫瑰战争 458，473-476，477-492，504

and Wales，与威尔士 535，542-544

Warwick, earl of，沃里克，伯爵 see Beauchamp, Richard, earl of Warwick; Edward, earl of Warwick 见博尚，理查德，沃里克伯爵、爱德华，沃里克伯爵等条

Warwick, earl of，沃里克，伯爵 see Neville, Richard, earl of Warwick 见内维尔，理查德，沃里克伯爵

Waterton, Hugh，沃特顿，休 459

Wauquelin, Jean，沃克林，让 281，282-283，445

wealth，财富

ecclesiastical，教会的 14-15，374

andHus，与胡斯 374

mercantile，商业的 155

urban, inequalities，在城市中的不平衡 139-140，275，553，560，568

weaponry *see* artillery; crossbows; firearms; pikes 见炮兵、十字弓、火器、矛等条

Weinsberg, Konrad von, 维因斯伯格, 康拉德·冯 354-355

Wemyss, Sir John, 威姆斯, 约翰爵士 516

Wenceslas Ⅳ, Emperor, 瓦茨拉夫四世, 神圣罗马帝国皇帝 345, 350, 352

 and centralisation, 与中央集权化 367

 and Council of Pisa, 与比萨会议 66, 351, 376

 deposition of, 废黜 348, 369

 and Hussite movement, 与胡斯运动 376-377

 and nobility, 与贵族 372-373

 and representation, 与代议制 46, 376

 and Swiss Confederation, 与瑞士联邦 651

Wendic towns, 文德城市 132, 679-680, 684-686, 695, 699

Werden, Jean de, *Dormi secure*, 韦尔登, 让·德 207

Werdenberg, Haug von, 维登伯格, 豪格·冯 359

Wettin dynasty, 韦廷王朝 362

Whittington, Richard, 惠廷顿, 理查德 143

Wiener Neustadt, Treaty of (1463), 维也纳新城条约 (1463年) 360

William, count of Flanders, 威廉, 佛兰德伯爵 41-42

William, count of Holland, 荷兰伯爵威廉 58

William, ap Thomas, 威廉, 阿普·托马斯 535

William of Austria, 奥地利的威廉 730

William of Bavaria, 巴伐里亚的威廉 94, 431, 436

William of Ockham, 奥卡姆的威廉 11, 12, 13, 19

William of Saxony, 萨克森的威廉 440

William of Wykeham, 威克汉姆的威廉 227

Willoughby de Broke, Lord, 威劳比·德·布罗克, 领主 495

Wimpfeling, Jakob, 威姆费灵, 雅各布 217, 270, 337

Windsor, Treaty of (1386), 温莎条约 (1386年) 636

wine trade, 红酒贸易 148, 152, 402, 448, 611

Winkelried, Arnold, 温克尔里德, 阿尔诺德 649

Wittlesbach princes, 威特斯巴赫诸王 26, 350, 360, 362, 390

Witz, Konrad, *The Miraculous Draught of Fishes*, 威兹, 康拉德《捕鱼神迹》304, 312, 插图 16

Władislas Ⅰ of Hungary, 匈牙利的弗拉迪斯拉斯一世 714-715, 717, 724-725

 see also under Władysław Ⅲ Jagiełło of Poland, 也见波兰的瓦迪斯瓦夫三世·亚盖洛

Władislas Ⅱ of Hungary, 匈牙利的弗拉迪斯拉斯二世 723-725

see also under Vladislav Ⅱ of Bohemia, 也见波希米亚的弗拉迪斯拉夫二世

Władysław Ⅱ Jagiełło of Poland, 波兰的瓦迪斯瓦夫二世·亚盖洛
 and Ottoman Empire, 与奥斯曼帝国 429, 819
 and Poland, 与波兰 729, 746
 succession, 继位 734 - 735, 745
 and Teutonic Order, 与条顿骑士团 352, 731 - 732, 733

Władysław Ⅲ Jagiełło of Poland, 波兰的瓦迪斯瓦夫三世·亚盖洛 734, 735 - 736, 747, 824
see also under Wladislas Ⅰ of Hungary, 也见匈牙利的弗拉迪斯拉斯一世

Władysław of Opole, 奥波莱的瓦迪斯瓦夫 730

Władysław the White, 瓦迪斯瓦夫, "白脸的" 729

Wolffe, B. P., 沃尔夫, B. P. 466, 473

Wolgemut, Michael, 沃尔格马特, 迈克尔 294

women, 妇女
 family role of, 家庭角色 142
 and Hussite movement, 与胡斯运动 375 - 376, 383 - 384, 386
 and religion, 与宗教 219, 832

woodland, increase in, 林地增加 108

Woodville, Elizabeth, 伍德维尔, 伊莉莎白 478 - 480

Woodville family, 伍德维尔家族 479 - 480, 486 - 487

Worcestre, William, 沃塞斯特, 威廉 194

Worms, Diet of (1495), 沃姆斯议会 (1495 年) 341, 348, 354

Wroclaw, 弗罗茨瓦夫 114, 145

Württemberg, 符腾堡
 organisation, 组织 5
 and representation, 与代议制 31, 45, 136, 365

Wyclif, John, 威克利夫, 约翰
 and Hus, 与胡斯 374, 375
 and Oxford, 与牛津 235
 and Papacy, 与教宗 15 - 17, 28
 and vernacular literature, 与方言文学 23

Wynn, Sir John, of Gwydir, 韦恩, 约翰爵士, 圭迪尔的 536, 541

York, Richard, duke of, 约克, 理查德, 公爵 467 - 468, 469, 470 - 472, 479, 480, 483, 494
 and Edmund, duke of Somerset, 与萨默塞特公爵爱德蒙 469, 470 - 471, 472 - 473
 and Ireland, 与爱尔兰 470, 474, 503 - 506
 and Normandy, 与诺曼底 467 - 468
 as protector, 作为摄政 472 - 474, 504
 and Wales, 与威尔士 534

York, Richard, duke of, son of Edward Ⅳ, 约克, 理查德, 公爵, 爱德华四世之子 491

Yorkist dynasty, 约克王朝 475, 477 - 495
 and Burgundy, 与勃艮第 451 - 452, 478 - 479, 482

and France，与法国 403，451－452，478，482

and Henry Ⅵ，与亨利六世 473－474，477－478，483

and Henry Tudor，与亨利·都铎 487－488，489－490，545

and Ireland，与爱尔兰 503－506，511－513

and legitimacy，与合法性 26

support for，支持 479－480，503－504

and Wales，与威尔士 535，542，545

see also Edward Ⅳ of England；Edward Ⅴ of England；Lancastrian dynasty；Richard Ⅲ of England，也见英国的爱德华四世、英国的爱德华五世、兰开斯特王朝、英国的理查德三世等条

Young，Thomas，扬，托马斯 471

Zabarella，Francesco，扎巴雷拉，弗朗切斯科 18

and Papacy and councils，与教宗和宗教会议 66，69，76，77，79

Zagonara，battle of（1424），扎戈那拉战役（1424 年）556

Zawisza，bishop of Cracow，扎维沙，克拉科夫主教 729

Zbigniew of Olesnica，bishop of Cracow，奥勒斯尼卡的兹比格涅夫，克拉科夫主教 734，735，736，743

Zbyněk，archbishop of Prague，兹德涅克，布拉格大主教 376

Zdeněk of Sternberk，斯特恩伯克的兹德涅克 389

Zeeland，county，泽兰县 431，439－440

Zel，Ulrich，泽尔，乌尔里克 289

Žemaitija，萨莫吉西亚 731－734

Zeno，Carlo，泽诺，卡洛 553

Žižka，Jan，日什卡，扬

and Bohemia，与波希米亚 167－168，370，380，381，384

and Hungary，与匈牙利 714－715，721

Zosima，Mettropolitan，索西马，都主教 769

Zurara，Gomes Eanes de，祖拉拉，戈麦斯·埃内斯·德 191，638

Zurich，as imperial city，苏黎世，作为帝国城市 645－647，651，652，655，658－660，661－662，670

Zurita，Jéronimo，苏里塔，杰罗尼莫 591

Zwingli，Ulrich，and religious art，慈温利，乌尔里克，和宗教艺术 313

Zygmunt Ⅰ'the Old'，"长者"齐格蒙特一世 739